MICHELIN
CHALLENGE
BIBENDUM
必比登挑战赛

CHALLENGE
BIBENDUM
RNATIONAL STRATEGY AND POLICY REVIEW
际战略及政策研讨会
Supported by
共同支持

MICHELIN
CHALLENGE
BIBENDUM

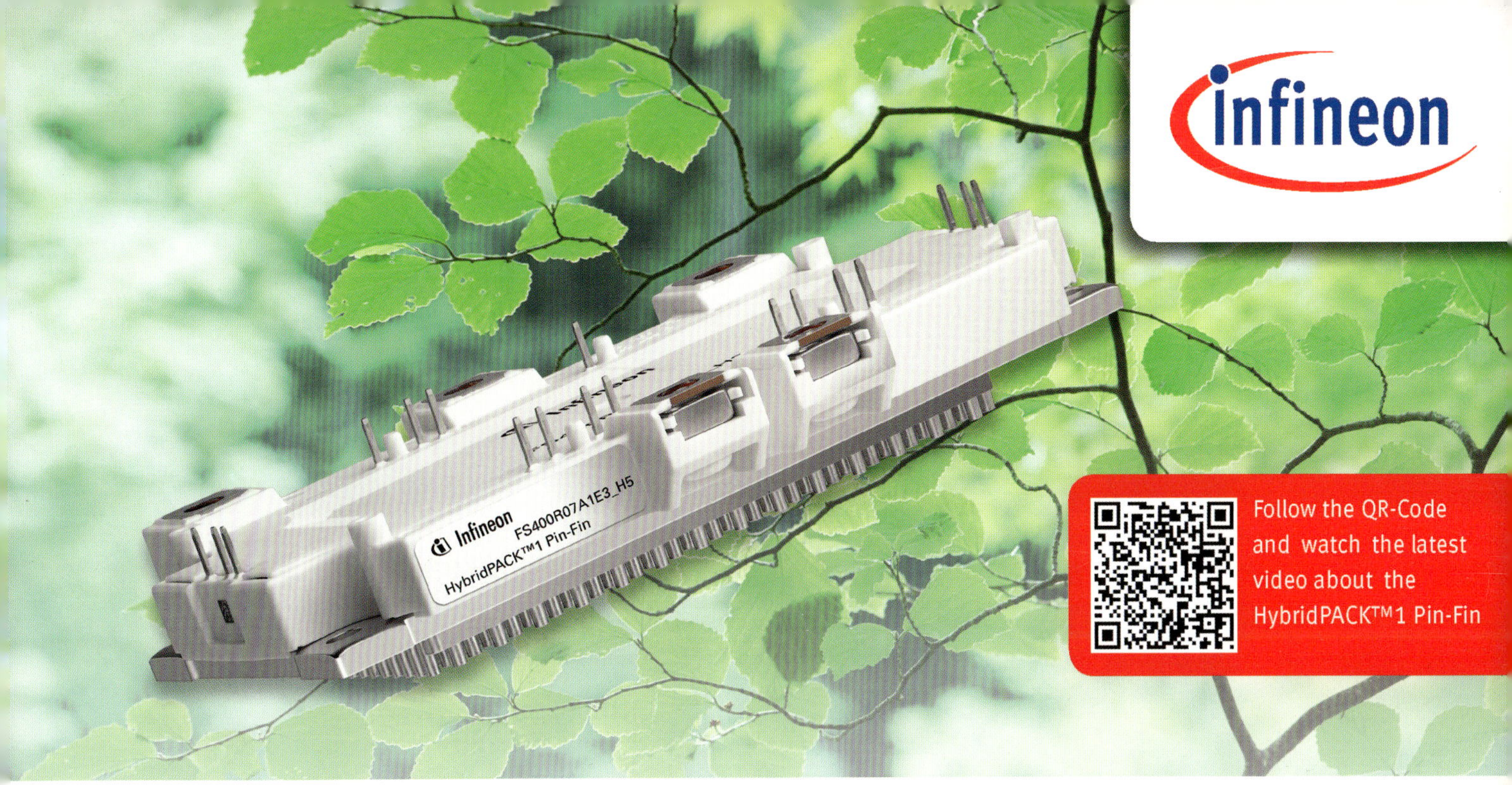

HybridPACK 1、HybridPACK 1 Pin-Fin、HybridPACK 2 全面覆盖混合动力和纯电动汽车电驱动系统

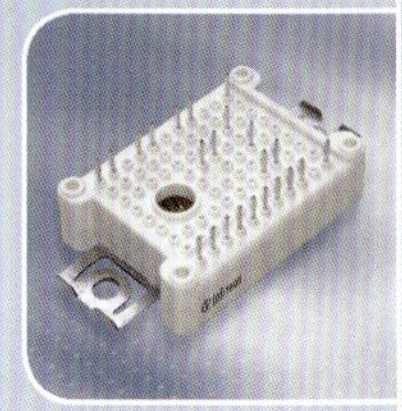

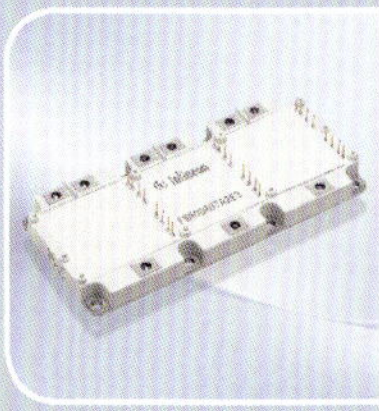

英飞凌通过推出HybridPACK ™1 Pin-Fin功率模块，进一步拓展了其HybridPACK家族，现在能全面覆盖从混合动力汽车(HEV)到纯电动汽车(EV)的驱动系统所需的各种功率等级应用。针床式基板的英飞凌HybridPACK ™1 Pin-Fin，能够提供直接水冷，大大提高了模块的工作功率，其额定功率在HybridPACK™1和HybridPACK™2之间。

英飞凌HybridPACK家族可针对任何(H)EV应用提供首选功率模块：

- 功率在20kW范围内(HybridPACK™1)或20-50kW之间(HybridPACK™1 Pin-Fin)的中混或全混合动力汽车应用
- 功率范围高达100kW的(HybridPACK™2)全混或纯电动汽车应用
- Easy模块涵盖功率范围10kW内的辅助设备、PTC加热组件、高压或低压DC/DC转换器和充电器

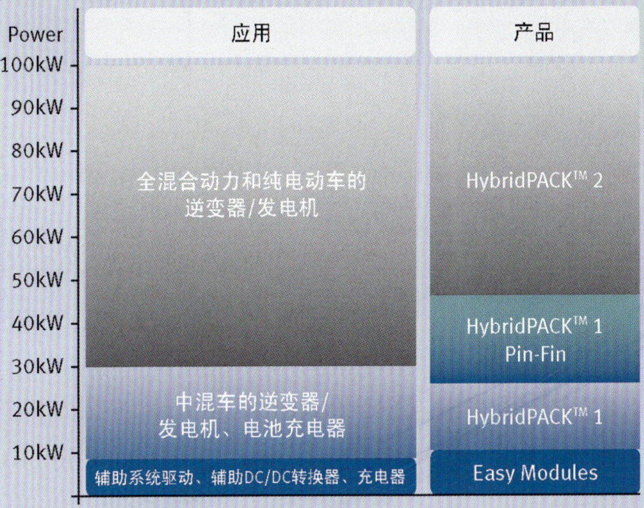

这个符合汽车应用质量要求的产品组合以英飞凌领先的650V IGBT沟槽栅场截止技术为基础，具有最低的导通和开关损耗。

英飞凌将其传动专长与汽车系统知识融合在一起，以针对电动汽车应用打造全面的解决方案。携手英飞凌意味着为您的混合动力车、燃料电池电动车和电池电动车实现了最优性价比。

www.infineon.com/hybridpack

EVTD

小型车辆、各类场地车辆用BMS

产品简介：

本产品专为小型车辆、各类场地车辆用锂电池设计的电池管理系统。可以检测电池组内各个单体电池的电压、温度以及计算SOC，并具有从外部电流传感器读取充放电电流信息等功能。产品主体通过线束与电池组内各个单体电池连接，外部通过供电线束与电源连接。此外还设有CAN通信、电流检测输入、温度检测输入的接口。当BMS检测到充放电电压及电流的设定值时，将通过CAN向VMS或其他单元发送报文。软件储存在CPU内的闪存ROM，除标准软件配置以外，还可根据用户的要求进行储存设定。

产品特点：

稳定性：系统运行稳定，系统报错率、信号占有率低。
可靠性：准确读取各项数据，并将数据准确的发送至控制器。
轻便性：采用主板全控制，无需从板控制，减轻系统重量。
经济性：可与廉价电池匹配，以低成本发挥电池最大性能。
安全性：实时监测，提前报警，防止事故的发生。

标准产品型号：

电池 电压	锂电池材料			
	磷酸铁锂	锰酸锂	三元	其他
48V	LEBM-48V/L16	LEBM-48V/M14	LEBM-48V/T14	LEBM-48V
60V	LEBM-60V/L20	LEBM-60V/M17	LEBM-60V/T17	LEBM-60V
72V	LEBM-72V/L24	LEBM-72V/M20	LEBM-72V/T20	LEBM-72V

注：可根据客户要求定制

轿车、中型车辆用BMS

产品简介：

本产品专为纯电动车、混合动力车、插电式混合动力车用锂电池设计的电池管理系统。可以检测电池组内各个单体电池的电压、温度以及计算SOC，并具有从外部分流器或电流传感器读取充放电电流信息等功能。产品主体通过线束与电池组内各个单体电池连接，外部通过供电线束与电源连接。此外还设有CAN通信、电流检测输入、温度检测输入的接口。当BMS主体检测到设定的充放电电压及电流的设定值时，将通过CAN向VMS或其他单元发送报文。软件储存在CPU内的闪存ROM，除标准软件配置以外，还可根据用户的要求进行储存设定。

产品特点：

稳定性：系统运行稳定，系统报错率、信号占有率低。
可靠性：准确读取各项数据，并将数据准确的发送至控制器。
轻便性：采用主板全控制，无需从板控制，减轻系统重量。
经济性：可与廉价电池匹配，以低成本发挥电池最大性能。
安全性：实时监测，提前报警，防止事故的发生。

标准产品型号：

电池 电压	锂电池材料			
	磷酸铁锂	锰酸锂	三元	其他
144V	LEBM-144V/L45	LEBM-144V/M40	LEBM-144V/T40	LEBM-144V
320V	SEBM-320V/L100	SEBM-320V/M88	SEBM-320V/T88	SEBM-320V
380V	SEBM-380V/L120	SEBM-380V/M104	SEBM-380V/T104	SEBM-380V

注：可根据客户要求定制

本公司产品还广泛运用于通讯基站，移动电源，家庭储能设备等项目

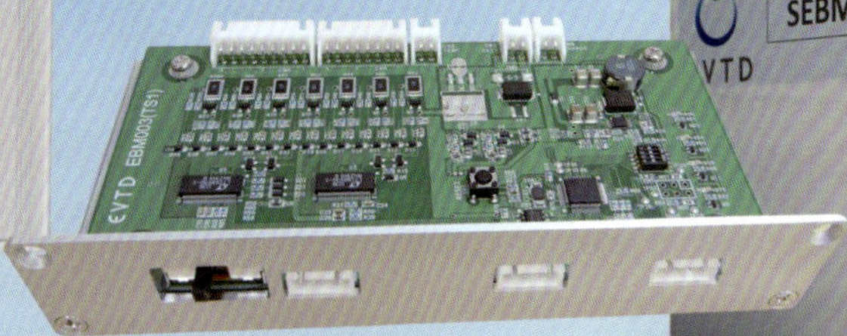

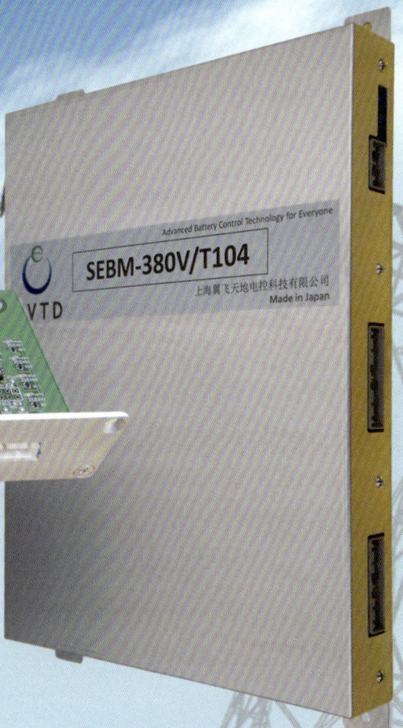

巴士、大型设备用BMS

产品简介：

本产品专为纯电动大巴、混合动力大巴及高电压大型设备用锂电池设计的电池管理系统。可以检测电池组内各个电池模块的电压、温度以及计算SOC，并具有从外部分流器或电流传感器读取充放电电流信息等功能。产品主体通过线束与电池组内各个单体电池连接，外部通过供电线束与电源连接。此外还设有CAN通信、电流检测输入、温度检测输入的接口。当BMS主体检测到设定的充放电电压及电流的设定值时，将通过CAN向VMS或其他单元发送报文。软件储存在CPU内的闪存ROM，除标准软件配置以外，还可根据用户的要求进行储存设定。

产品特点：

稳定性：系统运行稳定，系统报错率、信号占有率低。

可靠性：准确读取各项数据，并将数据准确的发送至控制器。

智能性：采用主从复合式控制，可以扩展电池箱利用领域。

经济性：可与廉价电池匹配，以低成本发挥电池最大性能。

安全性：实时监测，提前报警，防止事故的发生。

标准产品型号：

单个电池箱电压	锂电池材料			
	磷酸铁锂	锰酸锂	三元	其他
48V	BEBM-48V/L16	BEBM-48V/M14	BEBM-48V/T14	BEBM-48V
60V	BEBM-60V/L20	BEBM-60V/M17	BEBM-60V/T17	BEBM-60V
72V	BEBM-72V/L24	BEBM-72V/M20	BEBM-72V/T20	BEBM-72V

注：可根据客户要求定制

主动均衡芯片

产品简介：

本产品不仅可以应用于纯电动车、混合动力车、场地车、储能电源、备用电源、船舶、航空航天等的电池管理系统（BMS），还可以用于电池生产过程中的调试设备及其他锂电池相关应用设备。本产品能够解决电池组内各单体电池之间的不均衡问题，通过高效的能量转换增加电池组的充放电次数，并延长单体电池的使用寿命。此外，用户还可以根据自身需求并排本产品以提高均衡电流。

产品特点：

- 2个串联单体电池的双向同步升降压主动均衡器
- 可高达1.5A的均衡电流
- 同步拓扑可使均衡时间和功耗最小化
- 可高达92%的电荷转移效率
- 可堆叠式结构
- 具有各种故障保护特性
- 小尺寸包装5.6x5.0mm 带4x4缓冲保护。
- 不需要外接变压器或电感器。（不需要较大的PCB和成本）
- JDEC等级2
- 高精度，最大误差0.5%

（应用领域）

- 电动汽车和混合动力电动汽车
- 大功率移动电源
- 备用电源系统
- 电动自行车、摩托车、轻便摩托车

主动均衡芯片参数

项目	参数
型号	EHC 系列
大小	5.6mm×5mm×1.8mm
重量	0.125g
适用电池	磷酸铁、三元、锰酸、Co、Ni
工作电压	12V
温度范围	-40℃～100℃
工作湿度	90%，无结露条件
均衡电流	1.5A～（可根据要求设定）
均衡效率	＞95%

超威®
CHILWEE

动力铅酸蓄电池

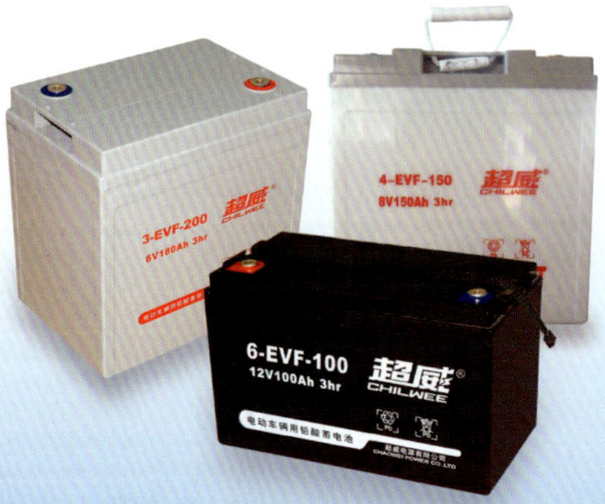

产品特点

●“超威”牌动力型铅酸蓄电池专为电动交通工具而设计，满足行业标准QC/T 742-2006 电动汽车用铅酸蓄电池和GB/T 18332.1-2009电动道路车辆用铅酸蓄电池的有关要求。

●采用耐腐蚀、低析气量、优良深循环寿命合金作板栅材料。

●采用高密度铅膏、特殊深循环寿命铅膏配方材料。

●采用气相二氧化硅胶体电解液配方，胶体电池专用隔板，能防止电解液分层，大幅提高电池使用寿命及环境温度适应性。胶体发明专利号：ZL 2005 1 0060856.9。

●采用高强度ABS塑料外壳，阀控式密封结构设计。

●采用高强度、良好的大电流导电性能的嵌铜接线端子连接设计。

●具有免维护、长寿命、大容量、耐振性好、自放电小、高低温环境适应性强、充电接受能力和快速充电能力强、耐过放电性能等主要特点。产品主要性能见下表：

序号	项　　目	稀胶体	全胶体
1	常温C_3容量%	≥100%	≥95%
2	20小时率重量比能量	≥40Wh/kg	≥38Wh/kg
3	80%DOD循环次数	≥600次	≥800次
4	100%DOD循环次数	≥400次	≥600次
5	快速充电1小时后放出容量	≥95%C_3	≥99%C_3
6	大电流放电：1C_3(A)放电到1.50V/格	≥48 min	≥45 min
7	低温大电流特性：-20℃ 2C_3(A)放电到1.40V/格	≥10 min	≥10min
8	低温容量：-20℃、C_3容量	≥62% C_3	≥65% C_3
9	其余指标	达到或超过 GB/T 18332.1-2009《电动道路车辆用铅酸蓄电池》标准	

动力铅酸蓄电池

超威®
CHILWEE

产品用途

“超威”牌动力型铅酸蓄电池广泛应用于电动汽车、电动专用车（高尔夫球车、游览车、环卫车、代步车、电动叉车等）、电动船舶、电动工具等方面。

充电参数和控制器参数要求

-EVF-系列电池典型规格型号表

型号	额定电压（V）	参考重量(Kg)	参考尺寸（mm）				额定容量（Ah）			
			长	宽	高	总高	10hr	5hr	3hr	2hr
3-EVF-150	6	32	260	180	270	273	175	166	150	133
3-EVF-180	6	35	260	180	270	273	210	200	180	160
3-EVF-200	6	36	260	180	270	273	230	220	200	180
4-EVF-135	8	35	260	180	280	280	158	148	135	112
4-EVF-150	8	36	260	180	280	280	175	165	150	135
6-EVF-70	12	26	326	167	165	168	81	77	70	62
6-EVF-100	12	36	332	176	214	218	115	110	100	88
6-EVF-120	12	43	407	174	210	216	140	133	120	106
6-EVF-150	12	52	485	170	241	241	175	166	150	133
6-EVF-150(GEL)	12	53	485	170	241	241	175	166	150	133

充电参数表

蓄电池型号	恒流电阶段		恒流充电阶段		第二恒压限流充电阶段		涓流充电阶段		浮充电阶段
	电压范围 V1～V2（V/只）	预充电流 I1（A）	电压范围 V2～V3（V/只）	恒流电流 I2（A）	最高点电压V3（V/只）	转换电流 I3(A)	最高电压 V4(V/只)	涓流电流 I4（A）	浮充电压 V5(V/只)
3-EVF-150	3.0～5.6	2.5～3.0	5.6～7.35	20～40	7.35±0.03	2.7±0.3	8.00±0.03	2.2±0.2	6.9±0.03
3-EVF-180	3.0～5.6	3.1～3.6	5.6～7.35	20～40	7.35±0.03	3.3±0.3	8.00±0.03	2.7±0.2	6.9±0.03
3-EVF-200	3.0～5.6	3.1～3.6	5.6～7.35	20～40	7.35±0.03	3.3±0.3	8.00±0.03	2.7±0.2	6.9±0.03
4-EVF-135	4.0~7.4	2.2~2.7	7.4~9.8	15~25	9.80±0.04	2.4±0.3	10.67±0.04	2.0±0.2	9.20±0.04
4-EVF-150	4.0～7.4	2.2~2.7	7.4~9.8	15~25	9.80±0.04	2.4±0.3	10.67±0.04	2.0±0.2	9.20±0.04
6-EVF-70	6.0～11.1	1.2～1.4	11.1~14.7	10～17	14.70±0.05	1.3±0.1	16.00±0.05	1.0±0.1	13.80±0.05
6-EVF-100	6.0～11.1	1.6～2.0	11.1～14.7	15～25	14.70±0.05	1.8±0.2	16.00±0.05	1.5±0.1	13.80±0.05
6-EVF-120	6.0～11.1	2.0～2.5	11.1～14.7	15～25	14.70±0.05	2.3±0.2	16.00±0.05	1.8±0.1	13.80±0.05
6-EVF-150	6.0～11.1	2.5～3.0	11.1～14.7	20～40	14.70±0.05	2.7±0.3	16.00±0.05	2.2±0.2	13.80±0.05

注：以上参数仅作为指导，不对客户作承诺之用，对用户的承诺以技术协议为准。如特殊承保期对于充电器和控制器以及电机等有特殊要求，双方另外签订合同。

东风汽车公司
DFM DONGFENG MOTOR CORPORATION
庆祝中国汽车工业60周年

电动科技 | 绿色生活

电动科技 绿色生活

爱意为纯电动车

爱意为纯电动车产品定位短途城乡代步，最高车速100km/h，城市工况续驶里程130km，0-50km/h加速时间7秒。

该产品针对“三大电”（动力电池、电机和电控）和“六小电”（电转向、电制动、电空调、电仪表、远程监控和制动能量回收）关键技术，在高效开式电池热管理系统，高精度SOC和SOH估算算法，电机与减速器高效可靠的一体化集成，独立整车控制器及故障与安全诊断等方面取得技术突破，形成产业化能力。开发出基于终端用户安全的远程监控系统，保障车辆运行安全。

产品经国家汽车质量监督检验中心（长春）等机构检测，各项性能指标符合国家、行业有关标准和法规。经安徽省经济和信息化委员会鉴定，产品技术创新点显著，达到国内领先水平。2012年全球新能源汽车大会上，江淮汽车荣获“2012年度绿色汽车最佳纯电动乘用车奖”。

该产品目前在全国25个城市累计销售超过4300辆，用户反映良好。示范应用后对培育纯电动车市场、引领推动新能源汽车产业化进程具有显著的社会意义。

爱意为增程式电动车

爱意为增程式电动车产品定位城乡短途代步，偶尔长途出行，整车最高车速120km/h，纯电里程超过50km，续驶里程超过300km，城市工况第一个100km燃油消耗量低于4L。

该产品开发出搭载1.0L发动机的高效增程器，实现了内燃机、发电机、减速器、驱动电机四个部件同轴一体化集成；基于“油耗、功率、噪声”性能平衡，开发出满足各种使用工况的六种整车工作模式；创新性的提出并应用全寿命周期抑制单体变形的“变形约束”方法，提高了电池组安全性及寿命。

产品经国家汽车质量监督检验中心（长春）等机构检测，各项性能指标符合国家、行业有关标准和法规。经安徽省经济和信息化委员会鉴定，产品技术创新点显著，达到国内领先水平。

前进的路上，江淮爱意为电动车的发展，引起广泛关注。科技部部长万钢、中国工程院院长周济及国家四部委新能源汽车示范推广督导检查组，安徽省省委书记张宝顺等国家、省市各级领导先后到江淮汽车检查指导，充分肯定江淮新能源汽车产业化成果。中央电视台“新闻联播”和“焦点访谈”栏目多次专门报道。

WULING MOTORS

五菱汽车

柳州五菱汽车有限责任公司

Liuzhou Wuling Motors Co., Ltd.

五菱集团简介

柳州五菱汽车有限责任公司（简称五菱集团）成立于1996年，是广西区政府授权经营的大型国有独资企业，其前身柳州动力机械厂成立于1958年。目前是中国汽车工业企业30强、中国制造业企业500强和信息化企业500强之一，2012年五菱集团营业收入达136亿元。已形成年产150万台套微型汽车零部件、80万台汽车发动机和10万台整车的产能，发展成为集整车、零部件、发动机三大业务为一体的科技型企业。

五菱集团自2003年开始进入新能源汽车领域，业务涉及新能源汽车核心零部件和整车。为大力推进新能源汽车业务发展，2012年成立新能源车事业部。2009年公司研制的两款微型纯电动货车获得国家产品公告，成为广西首家获得新能源车生产资质的企业。2012年承担了国家863电动汽车项目。2013年4月获得锂电池纯电动仓栅式物流车、锂电池纯电动自卸式环卫车公告，完成了锂电池纯电动邮政车开发。在发展新能源汽车产业进程中，五菱走在了国内同行业的前端！

业地址：广西柳州市河西路18号　　邮编：545007
话：0772-3750212　　传真：0772-3750018
址：http://www.wuling.com.cn

2013
节能与新能源汽车年鉴

中国汽车技术研究中心
北京国能赢创能源信息技术有限公司　　编
《节能与新能源汽车年鉴》编制办公室

中国经济出版社
CHINA ECONOMIC PUBLISHING HOUSE
北 京

图书在版编目（CIP）数据

节能与新能源汽车年鉴．2013／北京汽车技术研究中心，北京国能赢创能源信息技术有限公司，《节能与新能源汽车年鉴》编制办公室编．北京：中国经济出版社，2013.10

ISBN 978－7－5136－2838－9

Ⅰ.①节… Ⅱ.①北… ②北… ③节… Ⅲ.①节能—新能源—汽车—中国—2013—年鉴 Ⅳ.①U469.7－54

中国版本图书馆 CIP 数据核字（2013）第 246780 号

责任编辑 张玲玲
责任审读 贺 静
责任印制 张江虹
封面设计 华子图文

出版发行 中国经济出版社
印 刷 者 北京科信印刷有限公司
经 销 者 各地新华书店
开　　本 889mm×1194mm 1/16
印　　张 50
字　　数 1690 千字
版　　次 2013 年 10 月第 1 版
印　　次 2013 年 10 月第 1 次
书　　号 ISBN 978－7－5136－2838－9/U·4
定　　价 780.00 元

中国经济出版社 **网址** www.economyph.com **社址** 北京市西城区百万庄北街 3 号 **邮编** 100037
本版图书如存在印装质量问题，请与本社发行中心联系调换（联系电话：010－68319116）

2013年《节能与新能源汽车年鉴》编审委员会

主 任 委 员:(以姓氏笔划为序)

王秉刚　国家863计划节能与新能源汽车重大项目监理组
衣宝廉　中国科学院大连化学物理研究所
李万里　中国汽车工业协会
李　钢　国家发展改革委产业协调司
欧阳明高　清华大学
武　平　科技部高新技术及产业化司
胡　群　工业和信息化部产业协调司
赵　航　中国汽车技术研究中心
钱明华　工业和信息化部装备工业司

副主任委员:(以姓氏笔划为序)

干　频　上海汽车集团股份有限公司
任晓常　中国汽车工程研究院股份有限公司
孙逢春　北京理工大学
余达太　北京科技大学
余卓平　同济大学
吴志新　中国汽车技术研究中心
宋　健　清华大学
张书林　中国汽车技术研究中心
张进华　中国汽车工程学会
张建伟　中国汽车技术研究中心
李宏刚　科技部高新技术及产业化司交通处
李　骏　中国第一汽车股份有限公司
汪正胜　重庆长安汽车股份有限公司
肖成伟　中国电子科技集团第十八研究所
贡　俊　上海电驱动有限公司
陆建辉　奇瑞汽车股份有限公司
周龙瑞　浙江超威电源有限公司
郑贺悦　中机车辆技术服务中心
赵福全　清华大学
黄佳腾　东风汽车公司
黄学杰　中科院物理研究所
甄子健　科技部电动汽车重大项目管理办公室

委　　员:(以姓氏笔划为序)

1. 各省、自治区、直辖市、计划单列市

尹　跃　盐城经济技术开发区

王　珏　广西壮族自治区工业和信息化委员会
白振刚　石家庄市发展和改革委员会
石　磊　山西省新能源汽车领导小组办公室
刘志凯　苏州市交通运输局
刘泉宝　广州市科技和信息化局
刘惠忠　天津市科学技术委员会
刘　勤　上海市科学技术委员会
刘燕琨　昆明市科学技术局
孙　丽　黑龙江省工业和信息化委员会
朱　策　合肥市科学技术局
许心超　北京市科学技术委员会
闫　石　吉林省工业和信息化厅
何秀林　杭州市经济委员会
余熙鸣　厦门市科学技术局
吴　崑　乌鲁木齐市燃气管理办公室
张亚敏　四川省发展和改革委产业发展处、四川省清洁汽车工作协调领导小组办公室
张　军　济南市发展和改革委员会
张　羽　河北省工业和信息化厅
张魁伟　武汉市科学技术局
李北宁　西宁市工程咨询院
李晓军　唐山市科技情报研究所
李维宾　大连市经济和信息化委员会
陈洪基　湖北省襄阳市汽车工业办公室
陈贵如　北京市新能源汽车发展促进中心
陈　涛　甘肃省工业和信息化委员会
苗晋琦　郑州市科学技术局
郑大治　沈阳市发展和改革委员会
俞　清　上海市科学技术委员会
施跃华　成都市经济和信息化委员会
胡永梅　天津市发展和改革委员会
荣华磊　廊坊市科学技术局
赵志磊　广东省发展和改革委员会
党　钢　南昌市科技局
姬卫东　呼和浩特市生产力促进中心
徐　伟　海口市科学技术工业信息化局
郭广强　西安市发改委能源管理办公室
陶曼晞　河南省科学技术厅
黄新亮　湖南省科技厅
董晓佳　江苏省经济和信息化委员会
谢从波　重庆市科学技术委员会
蔡　羽　深圳市发展和改革委员会

2. 企事业单位

丁海强　ANSYS 公司北京分公司
马智涛　上海华普汽车有限公司

尹　伟　江铃控股有限公司
文代志　柳州五菱汽车有限责任公司
方运舟　奇瑞新能源汽车技术有限公司
王文兵　郑州宇通客车股份有限公司
卢友文　福建亚南电机有限公司
叶展宏　比亚迪汽车工业有限公司
司海健　河南环宇赛尔新能源科技有限公司
申宇翔　湖南南车时代电动汽车股份有限公司
任　勇　重庆长安新能源汽车有限公司
刘孝伟　浙江超威电源有限公司
刘明辉　中国第一汽车股份有限公司技术中心
刘　青　东风汽车公司
刘玺斌　西安兰德新能源汽车技术开发有限公司
刘跃占　威凯检测技术有限公司
孙树林　东方电气集团东风电机有限公司
孙晓楠　艾尔维汽车工程技术(上海)有限公司
曲家琪　上海赢双电机有限公司
郇品芳　张家港富瑞特种装备股份有限公司
严　刚　安徽江淮汽车股份有限公司
佀　海　北京汽车新能源汽车有限公司
余　平　精进电动科技(北京)有限公司
余建东　上海循道新能源科技有限公司
吴永智　北京公共交通控股(集团)有限公司
吴晓光　郑州宇通客车股份有限公司
吴　森　武汉理工通宇新源动力有限公司
张一鸿　江苏裕成(集团)公司
张大伟　高瞻电动车有限公司
张　禾　北京亿华通科技有限公司
张建平　上海电巴新能源科技有限公司
张杰夫　深圳市依思普林科技有限公司
张泱渊　深圳市科列技术有限公司
张福成　江西凯马百路佳客车有限公司
李书利　长城汽车股份有限公司
李宁一　深圳市五洲龙汽车有限公司
李宏民　江苏吉泰科电气股份有限公司
李　珩　重庆瑞驰汽车实业有限公司
李　强　长城汽车股份有限公司
李　磊　苏州绿控传动科技有限公司
杨建中　海马轿车有限公司
杨剑波　成都客车股份有限公司
杨晓伟　中航锂电(洛阳)有限公司
肖自友　福建尤迪电机制造有限公司
陈　凌　菲尼克斯(中国)投资有限公司
卓　斌　广西玉柴机器股份有限公司

林文鹏　中国重汽集团成都王牌汽车商用车有限公司
林仕供　福建尤迪电机制造有限公司
林　程　北京理工华创电动车技术有限公司
苑文学　波士顿电池有限公司
范宗武　山东沂星电动汽车有限公司
郑　瑞　北京华林特装车有限公司
侯赛因·安华　加拿大西港创新公司
赵子亮　中国第一汽车股份有限公司技术中心
赵春明　天津清源电动车辆有限责任公司
赵善麒　江苏宏微科技股份有限公司
赵景光　北汽福田汽车股份有限公司
钟再敏　上海燃料电池汽车动力系统有限公司
夏顺礼　安徽江淮汽车股份有限公司
徐卫东　湘电莱特电气有限公司
徐春江　江西博能上饶客车有限公司
徐　锋　华域汽车电动系统有限公司
秦兴才　天津力神电池股份有限公司
曹宏斌　普天新能源有限责任公司
曹　颖　厦门金龙旅行车有限公司
黄尔佳　湖南科霸汽车动力电池有限责任公司
黄　平　宁波拜特测控技术有限公司
谢俊淋　东南(福建)汽车工业有限公司
韩　彭　杭州新亚低温工业设备有限公司
窦步海　福建冠龙新能源汽车科技有限公司
熊　宇　东风扬子江汽车(武汉)有限责任公司
熊良平　安徽安凯汽车股份有限公司
戴建侠　苏州工业园区多思达科技有限公司

3. 科研院所

万仁君　中国汽车技术研究中心
方茂东　国家轿车质量监督检验中心(天津)
王子冬　中国北方车辆研究所
王冬梅　北京交通大学
王贺武　清华大学、中美清洁汽车联盟
左曙光　同济大学——国家燃料电池汽车及动力系统工程技术研究中心
任瑞铭　大连交通大学
吴伯荣　北京理工大学
张纪鹏　青岛大学机电学院
李　君　吉林大学汽车工程学院
李　亮　清华大学
杨晓松　国家汽车质量监督检验中心(襄阳)
宗志坚　东莞中山大学研究院
范欣愉　中国科学院宁波材料技术与工程研究所
侯　明　中国科学院大连化学物理研究所燃料电池研究室
姚　勇　中机车辆技术服务中心

高　松　山东理工大学
黄启忠　中南大学粉末冶金研究院
龚进峰　中国汽车技术研究中心
谢　辉　天津大学内燃机燃烧学国家重点实验室
潘　牧　武汉理工大学
颜文胜　昆明理工大学交通工程学院

2013年《节能与新能源汽车年鉴》特约编辑
（按姓氏笔画排列）

1. 各省、自治区、直辖市、计划单列市

马春燕　大连市节能技术服务中心
尤启萌　西宁市工程咨询院
王　欣　河北省工业和信息化厅
王　辉　唐山市科技情报研究所
邓光智　海口市科学技术工业信息化局
叶　明　昆明市科学技术局
刘巧生　山西省新能源汽车领导小组办公室
刘先卿　郑州市科学技术局
刘铁兵　湖南省科学技术厅
刘　赭　济南市发展改革委员会
吕　彬　西安市发改委能源管理办公室
孙　乐　北京市新能源汽车发展促进中心
朱　刚　上海清洁能源研究与产业促进中心
齐　鹏　天津市科学技术委员会
张松苍　黑龙江省工业和信息化委员会
李天舒　广州市科技和信息化局
苏超然　广西壮族自治区工业和信息化委员会
陆象桢　深圳市节能与新能源汽车示范推广领导小组办公室
陈　健　武汉市科学技术局
罗西临　成都市经济和信息化委员会
郑学宇　成都市经济和信息化委员会
宫亚清　呼和浩特市生产力促进中心
洪京武　湖北省襄阳市汽车工业办公室
胥亮亮　盐城经济技术开发区
赵宗涛　石家庄市发展和改革委员会
赵　明　山东省经济和信息化委员会
赵晓曦　广州市科技和信息化局
盛会隆　南昌市科技局
黄中荣　四川省清洁汽车产业协会
黄燕南　乌鲁木齐市燃气管理办公室
谢铁生　苏州市交通运输局
戴　兵　合肥市科学技术局
魏兆宏　杭州市经济委员会
魏国栋　廊坊市生产力科技发展有限公司

2. 企事业单位

王万金　福建冠龙新能源汽车科技有限公司
王丰超　中航锂电（洛阳）有限公司
王心宏　江西凯马百路佳客车有限公司
王方龙　安徽江淮汽车股份有限公司
王钊桐　威凯检测技术有限公司
王　佳　西安兰德新能源汽车技术开发有限公司
王建东　苏州工业园区多思达科技有限公司
王　耕　上海燃料电池汽车动力系统有限公司
王　谦　北京汽车新能源汽车有限公司
邓先泉　深圳市五洲龙汽车有限公司
仝瑞军　深圳市科列技术有限公司
冯语欣　波士顿电池有限公司
田晓川　中国第一汽车股份有限公司技术中心
田韶鹏　武汉理工通宇新源动力有限公司
刘延爽　山东沂星电动汽车有限公司
刘志康　江苏吉泰科电气股份有限公司
刘　宝　长城汽车股份有限公司
刘　凌　湖南南车时代电动汽车股份有限公司
刘润辉　长城汽车股份有限公司
吕　彪　上海万象汽车制造有限公司
孙　伟　北京理工华创电动车技术有限公司
朱光海　郑州宇通客车股份有限公司
朱怡静　华域汽车电动系统有限公司
江建平　普天新能源有限责任公司
闫金华　普天新能源有限责任公司
齐垂辉　北京华林特装车有限公司
严春兰　上海赢双电机有限公司
何　睿　柳州五菱汽车有限责任公司
冷少敏　精进电动科技（北京）有限公司
吴　俊　安徽安凯汽车股份有限公司
张国强　北京亿华通科技有限公司
张荣森　厦门金龙旅行车有限公司
李信南　上海循道新能源科技有限公司
杨　敏　普天新能源有限责任公司
杨　敏　成都客车股份有限公司
沈永辉　艾尔维汽车工程技术（上海）有限公司
陈经宁　浙江超威电源有限公司
庞雷保　上海华普汽车有限公司
林　宏　天津力神电池股份有限公司
林崇富　丹东黄海汽车有限责任公司
郑　欣　重庆长安新能源汽车有限公司
姜兆朋　福建尤迪电机制造有限公司
胡　蓉　湖南科霸汽车动力电池有限责任公司

幸红光　江铃控股有限公司

殷劲松　张家港富瑞特种装备股份有限公司

贾爱萍　上海电驱动有限公司

梁泊山　福建亚南电机有限公司

章佚明　杭州新亚低温工业设备有限公司

童成军　深圳市依思普林科技有限公司

蒋志强　江西博能上饶客车有限公司

谢正良　广西玉柴机器股份有限公司

韩　祎　中国第一汽车股份有限公司技术中心

雷　华　ANSYS 公司北京分公司

廖友安　东方电气集团东风电机有限公司

谭小川　中国重汽集团成都王牌汽车商用车有限公司

霍早明　奇瑞新能源汽车技术有限公司

魏　巍　天津清源电动车辆有限责任公司

3. 科研院所

王　旭　中国汽车技术研究中心

王　芳　国家轿车质量监督检验中心(天津)

王　辉　国家汽车质量监督检验中心(襄阳)

王震坡　北京理工大学电动车辆国家工程实验室

张　浩　中国汽车工程研究院股份有限公司

张静一　清华大学汽车安全与节能国家重点实验室

李晓争　北京交通大学

陈　芬　中国北方车辆研究所

陈觉晓　同济大学——国家燃料电池汽车及动力系统工程技术研究中心

高　莹　吉林大学汽车工程学院

温　泉　中国汽车技术研究中心

谢志勇　中南大学粉末冶金研究院

詹志刚　武汉理工大学

2013 年《节能与新能源汽车年鉴》编辑委员会

2013年《节能与新能源汽车年鉴》

一、**理事单位**（排名不分先后）

安徽安凯汽车股份有限公司
安徽江淮汽车股份有限公司
北京汽车新能源汽车有限公司
比亚迪汽车工业有限公司
东风汽车公司
福建尤迪电机制造有限公司
广西玉柴机器股份有限公司
河南环宇赛尔新能源科技有限公司
湖南科霸汽车动力电池有限责任公司
湖南南车时代电动汽车股份有限公司
江西凯马百路佳客车有限公司
柳州五菱汽车有限责任公司
米其林（中国）投资有限公司
奇瑞新能源汽车技术有限公司
山东沂星电动汽车有限公司
上海循道新能源科技有限公司
EVTD
深圳市五洲龙汽车有限公司
深圳市依思普林科技有限公司
苏州绿控传动科技有限公司
武汉理工通宇新源动力有限公司
浙江超威电源有限公司
郑州宇通客车股份有限公司
重庆长安新能源汽车有限公司

二、**支持单位**（排名不分先后）

艾尔维汽车工程技术（上海）有限公司
安徽安凯汽车股份有限公司
安徽江淮汽车股份有限公司
安徽亿诺新能源有限责任公司
安世辅伦特（上海）工程软件贸易有限公司
奥地利 AVL 李斯特公司北京联络处
北京汽车新能源汽车有限公司
北京亿华通科技有限公司
北京亿马先锋汽车科技有限公司
比亚迪汽车工业有限公司
常州市裕成电子有限公司
东方电气集团东风电机有限公司
东风汽车集团股份有限公司
东风日产乘用车有限公司
东明机电（深圳）有限公司
东莞中山大学研究院
福建福安闽东亚南电机有限公司
福建冠龙新能源汽车科技有限公司
福建尤迪电机制造有限公司
广西玉柴机器股份有限公司
河南环宇赛尔新能源科技有限公司
湖北华声机电有限公司
湖南科霸汽车动力电池有限责任公司
湖南南车时代电动汽车股份有限公司
江铃控股有限公司
江苏宏微科技股份有限公司
江苏吉泰科电气股份有限公司
江西凯马百路佳客车有限公司
凯迈嘉华（洛阳）新能源有限公司
柳州五菱汽车有限责任公司
米其林（中国）投资有限公司
南京菲尼克斯电气有限公司
奇瑞新能源汽车技术有限公司
山东梅亿邦赛电动车制造有限公司
山东沂星电动汽车有限公司
上海加冷松芝汽车空调股份有限公司
上海燃料电池汽车动力系统有限公司
上海循道新能源科技有限公司
EVTD
上海赢双电机有限公司

深圳市科列技术有限公司
深圳市五洲龙汽车有限公司
深圳市依思普林科技有限公司
苏州工业园区多思达科技有限公司
苏州绿控传动科技有限公司
苏州瑞佳新能源动力科技有限公司
苏州智绿环保科技有限公司
天津大学内燃机国家重点实验室
威凯检测技术有限公司
微宏动力系统(湖州)有限公司
武汉理工通宇新源动力有限公司
西安兰德新能源汽车技术开发有限公司
西门子(中国)有限公司工业业务领域驱动集团
湘电莱特电气有限公司
英飞凌科技(中国)有限公司
浙江超威动力能源有限公司
郑州宇通客车股份有限公司
中航锂电(洛阳)有限公司
重庆瑞驰汽车实业有限公司
株洲市达能科技有限公司

编制说明

《节能与新能源汽车年鉴》(以下简称“《年鉴》”)为年度出版物,每年跟踪上年度我国节能与新能源汽车行业各方面的发展情况,是全面反映我国节能与新能源汽车行业的事实性、连续性、综合性及权威性大型工具书,为我国节能与新能源汽车行业的规划、科研、生产、销售及新产品开发等提供支持与服务。《年鉴》由中国汽车技术研究中心组织编制,自2010年创刊以来,得到了国家科技部、国家工信部、国家发改委等主管部门的关怀、指导,以及相关企业、科研院所的大力支持,受到了广大读者的欢迎。

2013年《年鉴》内容涵盖了政策法规、研发情况、产业发展、示范推广、产量统计、配套量统计、主要地区和城市发展情况、企事业单位发展情况、车型参数等,车型涉及节能汽车、新能源汽车、天然气汽车几大部分,全面展现了我国节能与新能源汽车2012年所取得的技术和产业发展成果。

2013年《年鉴》在保持历年结构框架的基础上,广泛听取广大读者的建议,在内容上做了部分补充和调整。主要体现在:1.数据统计截止日期由上年年底调整到当年的3月底,这些数据包括整车产量、示范城市推广数量、零部件配套数量及充电设施建设情况,方便读者了解更新的产业发展情况。2.应广大读者要求,《年鉴》编制办公室邀请美国、日本电动汽车行业专家介绍国外电动汽车的发展情况,增加了国际新能源汽车技术和产业发展情况。3.增大技术交流相关信息。“技术应用案例”栏目自2012年版首次推出后,受到广大读者的欢迎,今年这部分内容有所增加,可以把更多的先进技术及应用情况介绍给广大读者。

2013年《年鉴》邀请了“十一五”863计划节能与新能源汽车重大项目总体专家组的专家及相关行业专家,针对我国节能与新能源汽车发展情况,分领域介绍了节能与新能源汽车示范推广、混合动力客车、混合动力乘用车、纯电动专用车、纯电动乘用车、燃料电池汽车、天然气汽车、车用动力电池、车用燃料电池技术进展、动力电池关键原材料、驱动电机、天然气发动机、电动汽车标准、美国电动汽车研发及产业化、日本电动汽车技术及推广情况等内容,就国内进展、国际趋势、国内外差距等问题进行分析,盘点我国节能与新能源汽车在2012年的成绩与不足,提出下一步发展建议。

2013年《年鉴》共收集了58家主要节能与新能源汽车产学研单位的发展概,以及生产经营、产能建设及技术研发能力进展、合资合作等进展情况。2013年《年鉴》共统计了我国30多个重点地区和城市推广节能与新能源汽车的数据及车型。本书附录重点收集了我国在2012年发布的节能与新能源汽车领域的相关标准、公告车型目录、节能与新能源汽车示范推广应用工程推荐车型目录及车型参数。

2013年《年鉴》(英文版)同期出版,集中收录中文版的主要内容,包括分领域发展综述、地区发展情况、产销及示范推广数据统计、节能与新能源汽车示范推广程序目录及参数等,供国内外同行查阅。

2013年《年鉴》在征集资料及编辑过程中,得到了国家有关部门、各省、自治区、直辖市、计划单列市节能与新能源汽车行业主管部门,各节能与新能源汽车示范推广城市领导小组、燃气汽车示范推广城市领导小组,各汽车工业集团(公司),各生产企业科研院所及其他有关部门的大力支持和协助,在此表示诚挚的谢意。《节能与新能源汽车年鉴》将以更翔实权威的数据,更全面客观的内容为追求目标,回报编委单位和广大读者的厚爱。

由于时间仓促和水平有限,书中不足之处在所难免,恳请读者批评指正。希望今后能够继续得到有关方面及广大读者的大力支持,欢迎对本书的改进提出建设性意见和建议,编制办公室同人将不胜荣幸与感谢。

中国汽车技术研究中心

《节能与新能源汽车年鉴》编制办公室

2013年9月

目 录 |CONTENTS|

第一篇 分领域发展综述

第二篇 政策与规划

第三篇 地区发展概况

第五篇　产量统计

第七篇　示范推广数据统计

第八篇　技术成果应用案例

第九篇 大事记

第十篇 附 录

企业形象专版目录

艾尔维汽车工程技术(上海)有限公司
湘电莱特电气有限公司

后 插 页

安徽安凯汽车股份有限公司
中国第一汽车股份有限公司技术中心
江铃控股有限公司
奇瑞新能源汽车技术有限公司
比亚迪汽车工业有限公司
上海中科力帆电池汽车有限公司
重庆瑞驰汽车实业有限公司
西安兰德新能源汽车技术开发有限公司
山东梅亿邦赛电动车制造有限公司
节能与新能源汽车网
东莞中山大学研究院
深圳市欣锐特科技有限公司
上海加冷松芝汽车空调股份有限公司
上海赢双电机有限公司
安徽亿诺新能源有限责任公司
凯迈嘉华(洛阳)新能源有限公司
株洲市达能科技有限公司
苏州工业园区多思达科技有限公司
湖北华声机电有限公司
北京亿马先锋汽车科技有限公司

循道新能源
XUNDAO NEW ENERGY TECHNOLOGY

循环新道

上海循道新能源科技有限公司
SHANGHAI XUNDAO NEW ENERGY TECNOLOGY CO.,LTD

电话：021-31166663　传真：021-31166660　地址：上海市松江区金玉路1152号　E-mail:sales@shxund

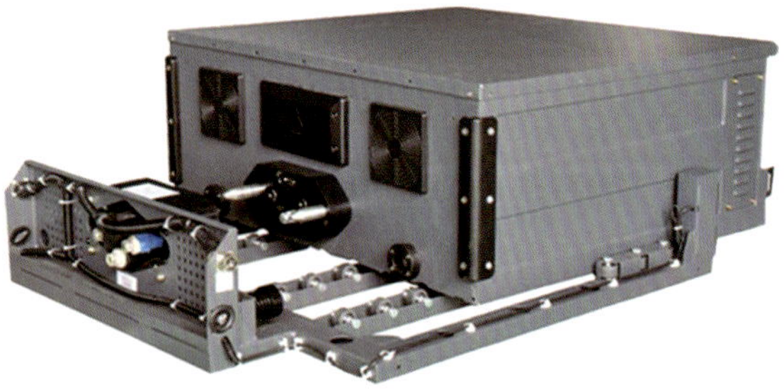

上海循道新能源科技有限公司成立于2011年，注册资金3000万元，专业从事电动汽车充换电基础设施产品研发、制造、销售为一体的高新技术企业。公司坐落于上海市松江区永丰工业开发区，厂房面积近6000余平方米。

公司拥有一支高素质的研发团队，具有丰富的研发经验、深厚的技术积累、完善的产品开发、工程设计和配套能力，通过自主开发、联合研制等多种模式，获得了多项国家专利，其核心技术处于业界领先水平。公司产品包括：电动汽车交直流充电桩、一体式直流充电机、车载充电机、充换电站电池内外箱、充电连接器等系列产品。其中XDJ-21系列交流充电桩，已经在上海、天津、合肥等各大城市的新建居民小区、上海市人民政府地下车库、嘉定汽车城以及青岛薛家岛等国网电动汽车充换电站投入运行；大功率车载托架和电池箱已经被上汽集团申沃客车指定为其电动客车的配套产品。

公司已与国网许继集团、上海交通大学软件学院、中科院上海硅酸盐研究所、郑州日产、美国Aero-Vironment公司、新加坡新科动力、正泰集团、韩国亿恩电气等国内外知名企业和研发机构建立了战略合作伙伴关系，共同合作开发新能源电动汽车充电基础设施产品。

公司致力于国家七大战略新兴产业——新能源电动汽车产业，秉承“创新、绿色、清洁、和谐”的经营理念，走“循环新道”之路。未来公司将以“打造全球知名品牌”为目标，开拓创新，锐意进取，努力把公司打造成为世界一流的电动汽车充电设施企业！

Chilye 智绿

电动汽车/混合动力汽车高压连接与配电专家

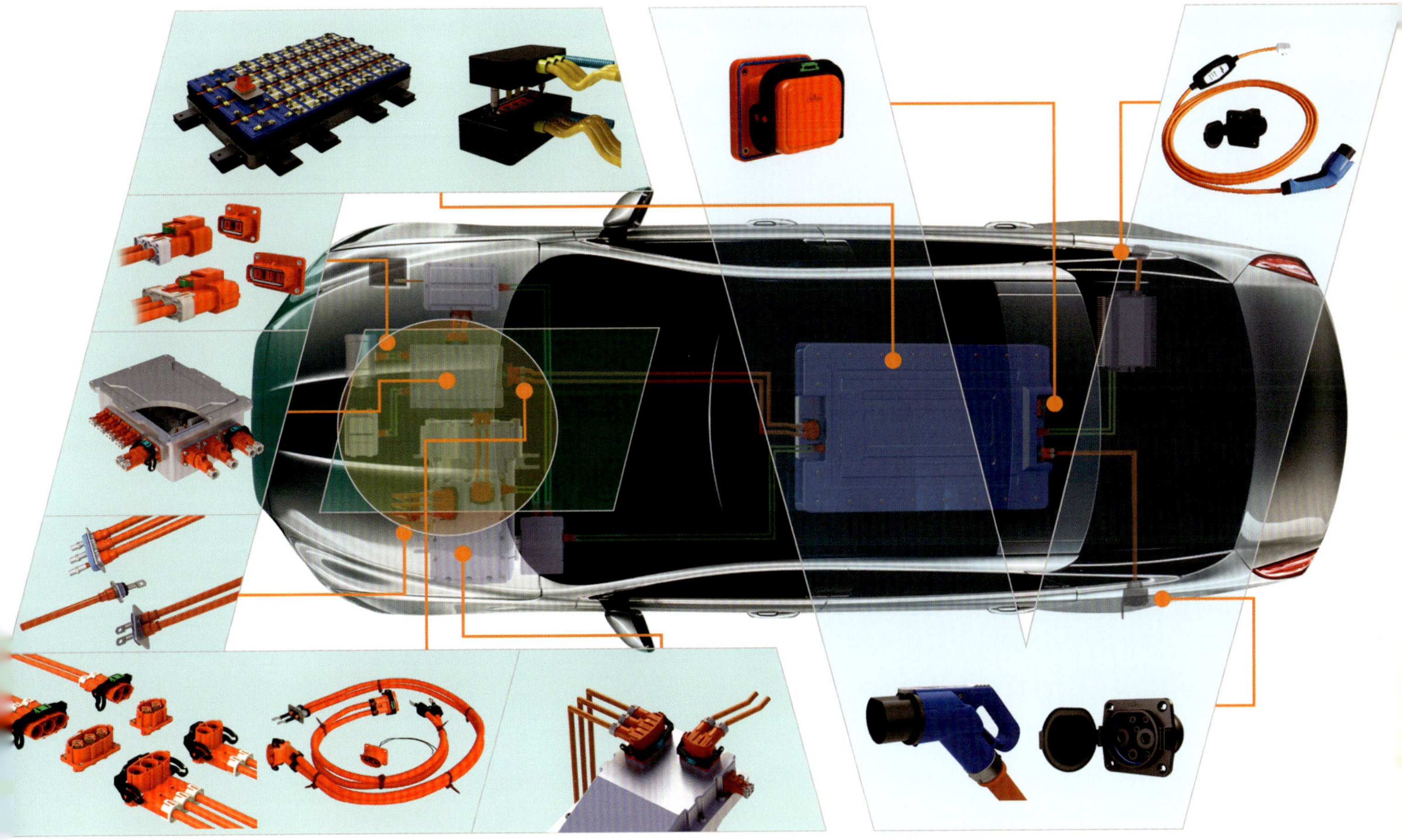

智绿 EV/HEV 高压电气产品构成

混合动力和电动汽车对高压电气系统有着非常苛刻要求。首先是安全性，要绝对保护乘客与汽车服务技术人员的安全。智绿在高压系统的电连接与配电系统对此都有应对方案：高压互锁回路（HVIL），防触碰设计与被动安全，高通载与防短路，全面运用电磁屏蔽技术，产品设计能应对残酷的使用环境（如在剧烈且频繁的震动工况、涉水行驶，在严寒酷暑的环境中行驶等）。其次是持久性与耐用性，这就要求连接器等需要有更好的结构，使用更好的材料。除此之外，我们重点考虑用户使用安装的便捷性，用户可以快速熟练的安装使用我们的产品，实用性、便利性，连接件尺寸以及其成本等也是我们的优势。

智绿为混合动力和电动汽车领域提供的产品包含了充换电系统、电池系统、电机系统、配电系统及辅助系统。大部分的产品已经批量生产并投入应用，我们还在不断完善产品线，以满足不同用户的多样需求。

苏州智绿环保科技有限公司

电话：0512-69566052　传真：0512-69566055

网址：www. chilye. com　邮箱：evsales@chilye. com

DEC 东方电气集团东风电机有限公司
DEC DONGFENG ELECTRIC MACHINERY CO.,LTD.

东方电气集团东风电机有限公司简介

东方电气集团东风电机有限公司是中国东方电气集团有限公司全资子公司，是我国较早从事电动车驱动系统研发、设计及制造的大型骨干企业。2010年随中国东方电气集团加盟由16家央企组成的“中央企业电动车产业联盟”。

东风电机在电动车驱动系统领域具有很强的研发能力。上世纪90年代初，东风电机成功为美国休斯公司研发出20kW交流异步电机驱动系统。经过20多年持续研发，公司已成为国家“863”计划电动汽车重大专项主研单位之一，先后参加过多项“863”电动车驱动相关科研项目，已建成高性能电驱动系统实验室以及年产五万台电动车驱动系统的自动化生产线。这些平台成为东风电机向客户提供优质服务的坚实基础。东风电机电动电驱动产品门类齐全，包括直流、交流异步及永磁同步等电动车驱动系统；产品功率等级涵盖小功率场地车、轿车、中型面包车、大型公交车以及市政专用的环卫、物流等电动车型；产品适用于纯电动、混合动力和燃料电池三类电动汽车。东风电机生产的电驱动系统已广泛应用于国内主要新能源汽车制造企业。

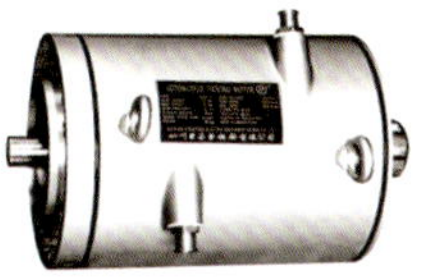

交流异步电机

永磁同步电机

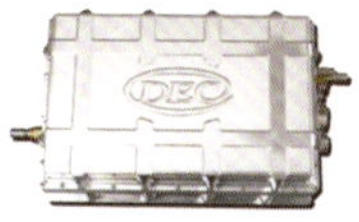

永磁同步电机控制器

交流异步电机控制器

交流异步系统总成

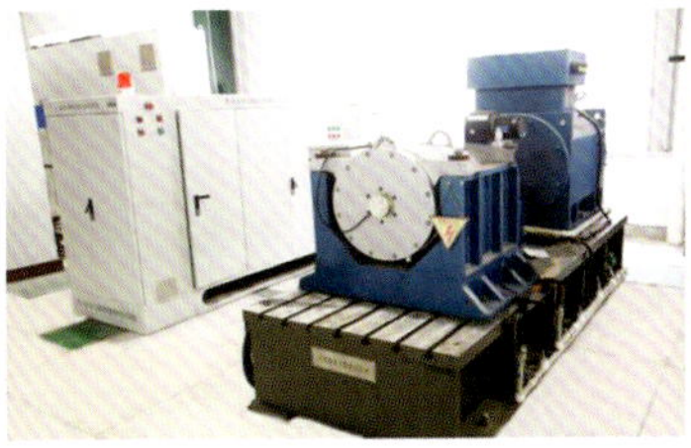

地址：四川省乐山市五通桥区桥沟镇 电话：0833-3251195 3251013 传真：0833-3251408 邮箱：DEC_drive@163.com 网址：www.dongfengem.com.cn

中领航科（苏州）新能源汽车动力科技有限公司

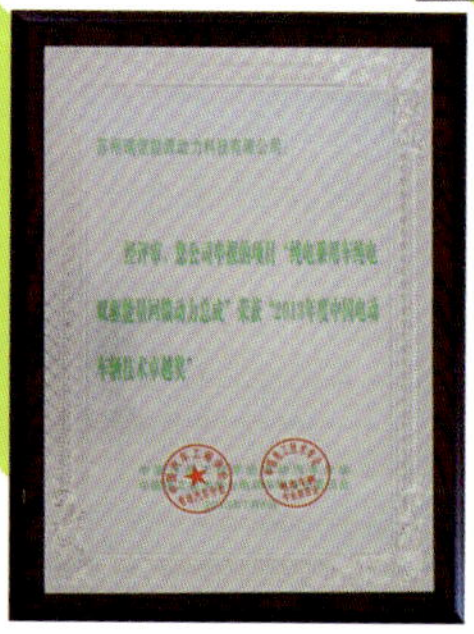

一、项目摘要

本项目立项目的是攻克纯电动汽车动力不足，续航里程短，高成本，高电压，无法动态持续车载充电问题和电动汽车目前普遍存在的车辆起步，超车，爬坡，越沟坎动力不足等技术难题，该项研究项目对于促进国家电动汽车的发展，具有重大的现实价值和深远意义。

我公司为克服因低电压的驱动电机所产生的初速低，扭矩不足的现象，选用2台相同功率的动力驱动电机，组合为双动力驱动机组，双动力驱动主机和驱动辅机为整车的动力源。在双机组动力驱动的模式下采用独立的双动力驱动电源，保证了动力驱动电机的额定功率与峰值功率的低能耗应用，实现车辆重负荷下的动力互补与动力驱动电源的额定容量周期输出，延长电动车辆的续航里程。由车载智能电控系统控制驱动机组的单机和并机切换工作模式，有效克服了车辆起步，超车，爬坡，越沟坎动力不足等问题。并可在纯电动车辆动态行进中智能切换变更主机和辅机动力机组中动力电源不足的机组，切换下的电源不足机组。而且车辆装置车载大功率发电系统，利用行车与车辆滑行的惯性发电。对车载动力电源的欠压容量给予及时的补充，从而实现可连续不间断延长驱动机组的工作周期和极大限度提高车辆续航的能力。

二、公司简介

“中领航科（苏州）新能源汽车动力科技有限公司”坐落于苏州东太湖科技金融城内（吴中科技园）。公司拥有近2000平米的研发场所，汇聚了一批志向宏远的优秀科技研发人才，专业致力于研发新能源汽车动力驱动系统产品的江苏省民营科技型企业。现已成功开发出“纯电双驱能量回馈动力驱动总成”、“干式双向大扭矩自动离合动力驱动电机”、“干式双向自动离合能量回馈动力驱动电机以及电动汽车专用干式大扭矩自动离合器”等相关产品，并拥有完全自主的知识产权。公司坚持以科研成果广泛应用于市场为企业目标导向，不断的推陈出新追求卓越。

公司拥有的“纯电双驱能量回馈动力驱动总成”可以在运行中进行自动并机与自动单机切换工作，无需停机操作，处于国内领先地位。

三、项目介绍

目前国内外纯电动汽车的技术原理结构仍停留在电池、电机、充电桩的基本模式上。车辆动力电机需高电压大功率的电机为驱动动力源，以达到电动车辆的有效载荷与速度，为提高车辆的续航能力则完全依赖整车的电池容量，而一味的增加电池的容量势必增加电池的体积和重量，而增加电池的体积和重量后又直接影响到整车的载荷，同时也增加了整车的成本(电池周期性报废更换成本会更大)。由于目前国内外纯电动汽车普遍存在着至今还无法克服的动态车辆车载持续充电的难题，一旦整车电池能量耗尽，则完全需依靠地面的固定充电桩进行充电。电动汽车的发展进入了一个相互矛盾的循环，这也是当前国内外纯电动汽车发展普遍停滞不前的主要技术瓶颈与难题，同时也制约了纯电动汽车的广泛普及与推广。

本项目研发内容主要有以下四个方面： ①提高纯电动汽车的动力驱动能力；②完善纯电动车的稳定起步和瞬间提速的整车性能；③研发纯电动汽车的离心式动力输出自动耦合传动系统，解决高能、低耗大扭矩的物理性难题； ④保证纯电动汽车的增程和续航能力；避免电池大电流放电，延长电池寿命。

联系人：张永
电　话：0512-65855725
地　址：苏州市吴中区吴中大道1368号
吴中科技园研发A楼619

理工动力 WUTEP

武汉理工通宇新源动力有限公司

WUT Epower Co.,Ltd

基于EMT的混合动力系统

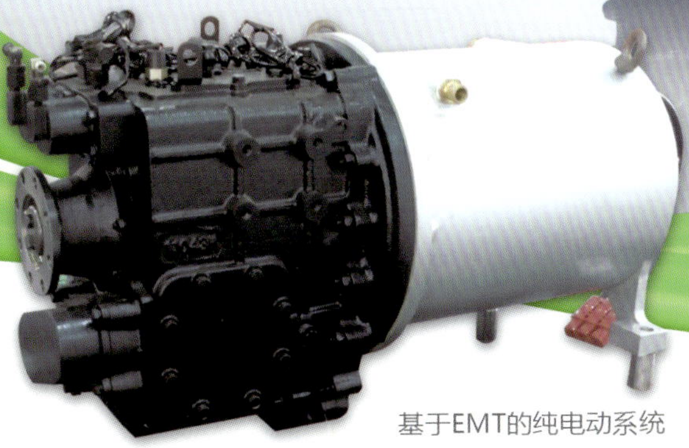

基于EMT的纯电动系统

WUT Epower Co.,Ltd

武汉理工通宇新源动力有限公司是一家拥有自主知识产权并致力于新能源汽车驱动系统及关键零部件的高新技术企业，集设计、研发、制造、销售和服务于一体。公司位于华中地区最具竞争力的“中国光谷”——武汉东湖国家自主创新示范区。公司拥有新能源汽车驱动系统相关技术专利10余项，并于2010年通过ISO/TS 16949：2009质量体系认证，同期公司产品通过国家质检中心检测。

公司首期注册资金5 000万元，为武汉理工大学在电动汽车动力系统方面的科研成果转化及产业化基地。公司主要从事基于电驱动自动变速器（EMT）的电动汽车动力系统的研发、生产和销售，该产品广泛用于各种新能源汽车，包括纯电动汽车、混合动力汽车和燃料电池汽车，该技术为国内首创，产品处于国内领先地位，拥有较强的竞争力。公司承担国家多项电动汽车领域的重大科技与开发项目，以及湖北省、武汉市有关配套项目，在电动汽车系统的集成与控制方面，形成自主开发能力，是国内电动汽车研究与开发领域的重要的力量之一，在国内具有较大的影响。

扬子江纯电动公交车

2013年南京亚青会纯电动客车

安凯混合动力客车

插电式混合动力垃圾车

电话：（027）87926376　87926306　87922915

传真：（027）87859189

Http://www.wutep.com

中航锂电（洛阳）有限公司
AVIC
CALB
打造全球锂电池金牌供应商
Dazaoquanqiulidianchijinpaigongyingshang
电动车应用
商用车、乘用车、特种车辆、低速车

CORUN 科力远
CPEV
矢志成为全球最值得信赖的新能源系统服务商
湖南科霸汽车动力电池有限责任公司，于2008年8月18日成立，是湖南科力远新能源股份有限公司旗下动力电池制造公司之一。公司致力于汽车动力电池及能量包的研发、生产和销售。在汽车动力电池及能量包方面拥有关键技术和自主知识产权，是全球HEV动力电池前三甲，在国内具有产业化水平最高、技术水平最先进、产品应用最成熟、配套供货能力最强的国际专业汽车动力电池及能量包制造厂商。
Hunan CPEV Battery co., LTD was established on August 18, 2008. We are one of the subsidiary companies of Hunan Corun New Energy Co., Ltd; and are specialized in HEV battery manufacturing. Since the establishment, we constantly put all our efforts on HEV battery and related energy pack R&D, manufacture and sale. Enjoying the advantage of the key technology and independent intellectual property rights in the field of HEV power batteries, we can proudly to declare we are one of the world's top three HEV power batteries manufacturing companies. Nationally, we are widely recognized as the top leading professional HEV battery and energy package manufacturer, with the most advanced technology and industrial capacity, the most mature product application and the strongest supply capacity.
湖南科力远新能源股份有限公司
HUNAN CORUN NEW ENERGY CO.,LTD.
湖南科霸汽车动力电池有限责任公司
HUNAN CPEV EV BATTERY CO.,LTD

microvast
POWER SYSTEMS
THINKING FORWARD.
POWERING NOW.
澎湃动力. 创想未来.
微宏 | LpTO™ 改性钛酸锂快速充电锂离子电池系统
MICROVAST | LpTO MODIFIED LITHIUM TITANATE FAST CHARGING LI-ION BATTERY SYSTEM
快速充电 新能源客车
HENGTONG
新浪微博 @微宏动力
微宏动力系统（湖州）有限公司成立于2006年12月，致力于提供创新的动力系统解决方案，从事动力电池及储电技术的研发、生产与销售。
澎湃动力. 创想未来.，这正是微宏人正为之奋斗的梦想。秉承垂直整合的战略思路与对产品创新与品质的坚定信念，微宏为客户提供从原材料开发到最终产品的先进动力系统与解决方案，并时刻保持对环境的关注与责任感。
2011年11月，微宏与恒通客车在美丽的山城重庆共同成立了恒通电动客车动力系统有限公司。凭借国际领先的十分钟快充技术，恒通电动客车为中国各地政府部门与公交公司提供最具商业价值的电动绿色公交系统解决方案，用国际领先绿色动力科技服务中国城市公交。
核心技术
全新LpTO™改性钛酸锂快速充电电池系统
从化学根本上解决了普通钛酸锂电池的胀气难题
十分钟快速充电，可在十分钟内充满电，极大地节约充电等待时间，车辆得到高效利用
超长循环寿命，单体6CC/6CD，100%DOD循环寿命超过25,000次，电池组15,000次
截至2013年9月，装配LpTO™改性钛酸锂电池系统的纯电动与插电
混合动力公交客车总量达到1,000辆；
已在重庆等城市公交运营两年多的时间，累积运营里程近六千万公里
恒通快速充电
扫描二维码
了解更多信息
微宏动力系统(湖州)有限公司
MICROVAST POWER SYSTEMS CO., LTD.
www.microvast.com
U.S.A. Corporate Offices
12603 Southwest Freeway, Suite 210 Stafford,
Texas 77477 USA
电话 +1 281 491 9505
传真 +1 281 491 9520
中国
浙江省湖州市红丰路2198号
邮编 313000
电话 (0572) 275 6888
传真 (0572) 275 6889

上海燃料电池汽车动力系统有限公司

SHANGHAI FUEL CELL VEHICLE POWERTRAIN CO.,LTD.

企业愿景：新能源汽车动力系统技术领域的总成产品和服务供应商

电动汽车平台化嵌入式动力总成控制器

动力系统集成与控制

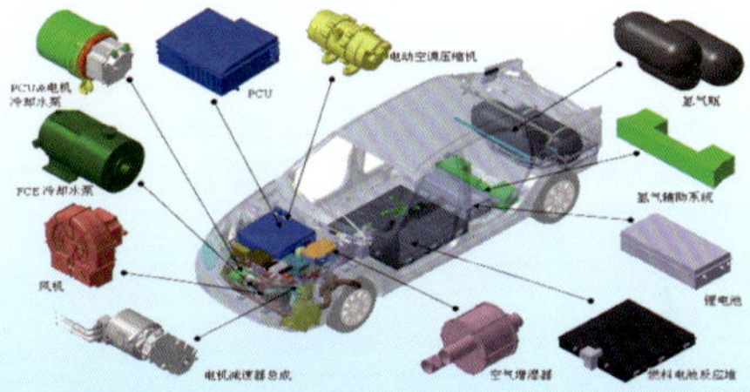

集成动力控制单元

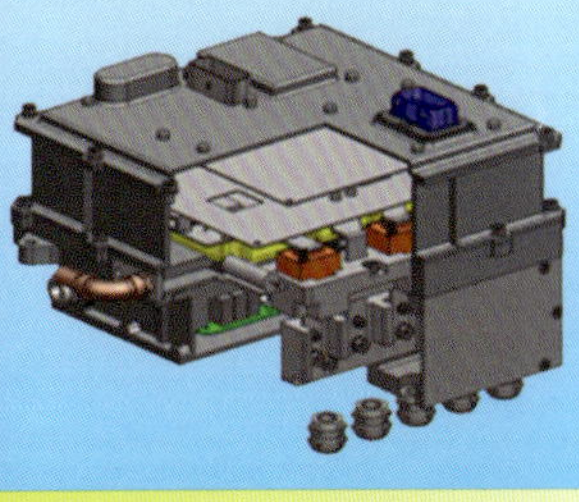

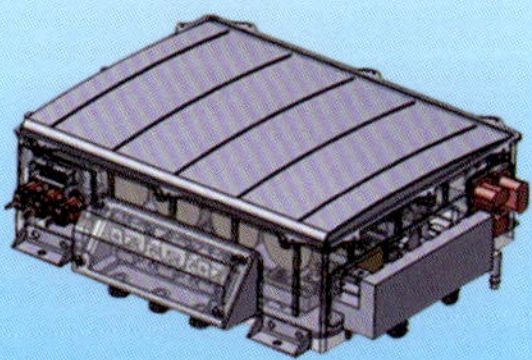

电动汽车动力底盘集成开发服务

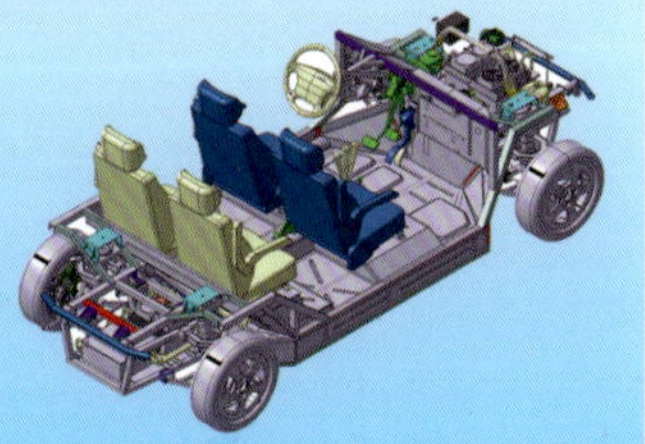

车用燃料电池发动机系统集成

应用范围可涵盖场馆车、微型车、轿车、巴士以及各种特种车辆

由燃料电池电堆、气体供应系统、加湿系统、冷却系统等组成

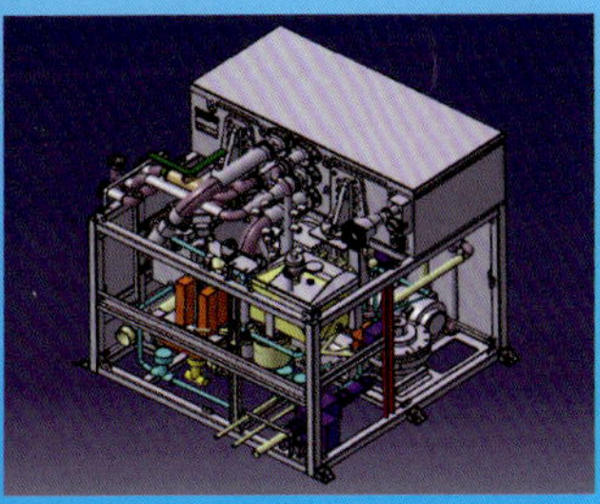

25kW车载燃料电池发动机系统总成

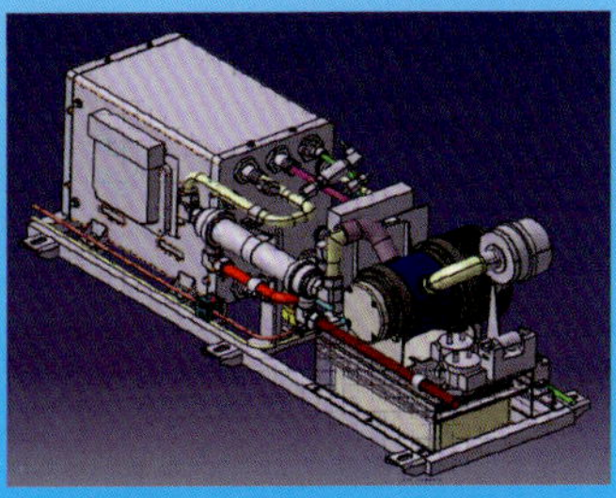

5kW车载燃料电池发动机系统总成

远程监控网络拓扑图

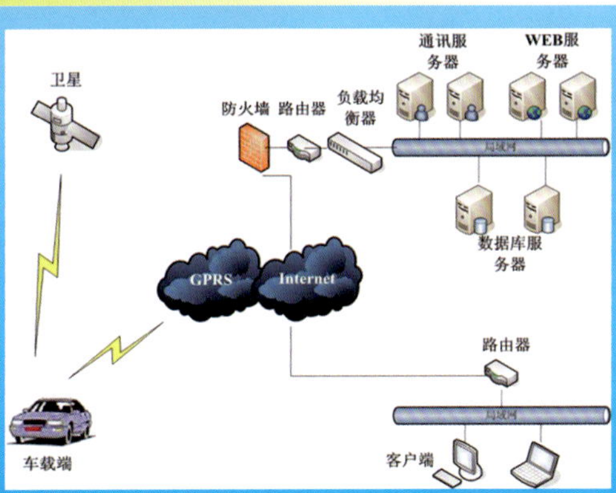

轮边驱动单元

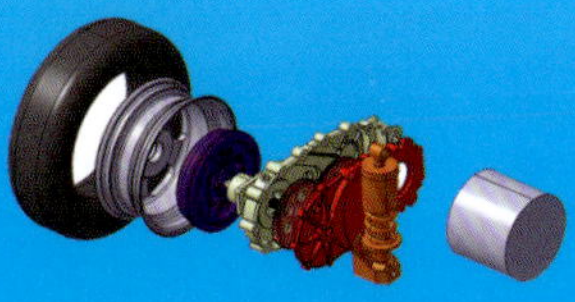

车载供氢系统集成开发

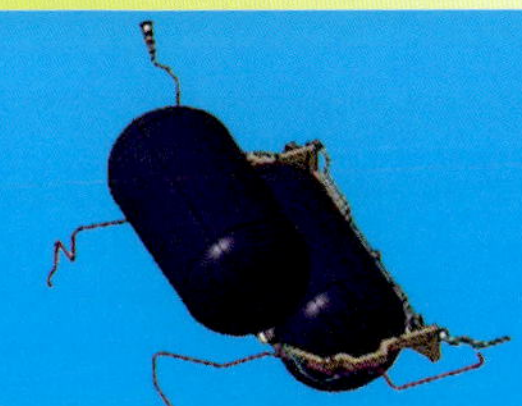

地址：上海嘉定区嘉松北路6655号（201804）

电话：021-51650025

传真：021-51650002

主页：www.fcv-sh.com

打造科技服务新航

汽车安全试验室

汽车安全试验室占地超过4万㎡，新增投资2亿元，是中心新园区占地面积最大的试验室，由实碰撞试验室与模拟碰撞试验室两部分组成。

实车碰撞试验室总长310m，宽165m。试验室共设置8条跑道，呈扇形结构，直线跑道有效牵引分全长260m。试验室软、硬件能力均位于国际领先地位，可完成实车多角度对撞试验，并且可依据国法规、C-NCAP、ECE&EC、FMVSS、GCC、Euro NCAP等标准进行认证试验及被动安全开发试验。

新模拟碰撞试验室拥有两台日本三菱重工生产的液压伺服控制的高精度试验台车，可以承担车及零部件动态冲击性能、约束系统匹配等台车试验，并能很好的创造出基于实车波形的碰撞环境模拟碰撞试验室试验能力可以覆盖全国乃至美国、欧洲、日本、海湾等国家及地区的相关标准法规

整车排放试验室

整车排放试验室由5个试验间组成。分别为海拔环境仓、低温环境仓、常温4驱转鼓、常温2驱转鼓和密闭室。其中海拔环境仓是国内首创的，性能在世界上屈指可数的测试系统，总投资达1亿元。

主要功能：

海拔模拟：0～5 000㎡；

温度模拟：-40～+60℃；

湿度模拟：10%～95%相对湿度；

阳光模拟：600W/㎡～1200W/㎡，全光谱；照射角度可调

底盘测功机：4轮4电机

排放测试系统：可以完成美标试验和三高标定。

整车耐久试验室

整车耐久试验室于2011年初完成建设并投入运行，是国内规模最大、设施最完善的整车排放耐久试验室。

试验室总投资达6 000多万元，其中试验室基础建设投入达2 000多万元，设备投入达4 000多万元

该试验室拥有总计19套可独立开展道路模拟试验工作的试验系统。其中，奥地利AVL公司生产的两驱整车底盘测功机16套、四驱整车底盘测功机2套；自主研制开发的整车底盘测功机1套；另外，该试验室还配备了德国STAHLE生产的自动驾驶仪9套。

本试验室可依照欧盟指令、美国EPA法规、日本汽车排放法规及中国排放法规要求完成耐久性试验此外，还可完成与整车道路模拟相关的整车性能试验。

发动机综合试验室

发动机综合试验室于2010年建成，2011年开始正式投入使用，总投入达2亿元。试验室下设重型转鼓试验间、发动机性能排放试验间以及化学分析试验间，主要承担发动机及重型整车的性能、排放、耐久、油耗等测试，以及汽车材料禁限物质分析评价、车内空气质量分析测试、催化剂贵金属含量分析等业务。

试验室引进国内第一台四驱重型转鼓设备，在此之前，亚洲仅有3台。该试验室拥有AVL电力测功机9台、国内外一流的全流定容稀释采样系统2套、发动机部分流采样系统3套、性能耐久台架15台以及先进的化学分析设备。实验装置一流，处于国际领先行列。

力汽车产业新升级

新能源汽车试验室

新能源汽车试验室主要进行电动汽车关键零部件的测试评价和论证，包括动力电池、电机、电控、充电接口等，综合测试能力国内第一。

试验室一期投入4 000万元，建成了电池试验室、电机试验室和充电部件试验室，引进并开发了多套电机实验台、电池模拟器、电池性能和安全试验台等一流设备，测试能力覆盖当前国内外的所有相关的标准。

试验室还承担了电动汽车测试评价的国家课题，并负责锂电池等标准的制定，在试验和评价技术方面的能力处于国内领先行列。

汽车电子试验室

汽车电子试验室拥有国内技术最先进、具有国际高水准的综合性电磁兼容试验平台，该平台从2008年3月开始筹建，2012年3月正式投入使用，投资约6 000万元，测试平台配备的10m法电波暗室、四轮独立驱动的转毂测功机、多功能气动机器人、电磁兼容测试系统都由国际最高水平的供应商提供。该试验室可以进行最大整备质量20t、最大车长13.7m的所有车型的电磁兼容试验，可以进行ABS等主动安全系统的电磁兼容相关测试，抗扰试验能力达到200V/m，不仅满足欧洲出口认证的要求，也满足国际一流汽车制造商企业标准要求，同时也承担了国家的“863”课题、国际交流研究以及标准制定过程的验证试验。

零部件试验室

零部件试验室设备总投入4 000万元，试验室总占地面积2万m²，其中温控试验面积7 000m²。零部件试验室拥有各类试验设备83台(套)，主要进行汽车主、被动安全零部件(如约束系统、底盘零部件、车身系统、车身附件系统)的性能测试、可靠性试验及相关研究工作。近年来，零部件试验室高速发展，逐步建成了以强制性认证试验为基础，以行人碰撞保护、零部件可靠性试验为特色，以出口认证服务、企业合作研发为增长点的发展模式，具备了国内一流，国际领先的试验研究水平。

性能开发综合试验室

性能开发综合实验室所有试验设备主要应用于汽车产品性能开发测试与验证，已经初步形成了从整车到总成、零部件，涵盖汽车NVH性能、底盘开发、疲劳耐久以及汽车电子的综合测试评价能力，总体投资约1.5亿元。其中NVH实验室所有测试设备全部使用进口主流设备，NVH试验评价与开发能力处于国内一流、国际领先水平。悬架KC特性试验室采用英国ABD双轴KC试验台，能进行整车质心转动惯量测量，是目前国内功能最齐全的KC试验台。

中国汽车技术研究中心汽车产业发展研究所（即中国汽车技术研究中心北京工作部）是中国汽车技术研究中心在北京开展技术服务的窗口，代表中心在北京开展政府服务、行业工作、公共关系、项目咨询与国际合作等业务。

汽车产业发展研究所一直坚持“以政府服务为重点，行业服务、国际合作为优势，开拓创新、人才培养为源动力”的发展理念，不断提升研究与服务能力，经过多年发展，已经形成政策法规研究、节能和新能源汽车相关研究、汽车市场研究与咨询、道路交通安全研究、汽车排放测试技术 研究、会展与培训等六大业务板块。常年为汽车行业政府主管部门提供技术支撑，协助其开展行业管理工作，同时向行业提供专业的研究咨询和信息分析等服务。

汽车产业发展研究所的成长与发展与汽车产业的蓬勃发展息息相关，我们将长期坚持回报行业和社会的理念，并愿以全部的资源和专业的研究能力，向行业提供全方位的技术服务，成为业内卓越企业及机构的智囊与伙伴，共同为中国汽车产业的持续繁荣贡献力量！

中国汽车技术研究中心
China Automotive Technology & Research Center

汽车产业发展研究所
（北京卡达克科技中心）
Automotive Industry Development Institute

- 综合管理部 Management & Administration Dept.
- 规划发展部 Planning & Development Dept.
- 政策法规研究部 Policy & Regulation Research Dept.
- 清洁汽车生产力促进中心 New Energy Vehicle Productivity Center
- 市场研究部 Market Research Dept.
- 道路交通安全研究部 Road Traffic Safety Research Dept.
- 会展培训部 Exhibition & Training Dept.
- 排放技术研究部 Emission Technology Research Dept.
- 燃料电池项目办公室 UNDP/GEF/MOST Fuel Cell Bus Demonstration Project Office
- China Auto 杂志社 China Auto

项目接洽-规划发展部
Project contact-Planning&Development Dept.
联系电话(Tel)：86-10-63702983　　传系电真(Fax)：86-10-63702995
E-mail：aidi@catarc.ac.cn

国家轿车质量监督检验中心（天津汽车检测中心）

新能源汽车试验室

新能源汽车试验室主要从事新能源汽车关键部件的测试评价及论证工作，测试对象主要包括动力电池、电机、电控、充电部件等，覆盖国内外主要标准，综合测试能力国内第一。同时承担新能源领域主要测试标准的制修订工作以及多项重大科研项目。

主要工作

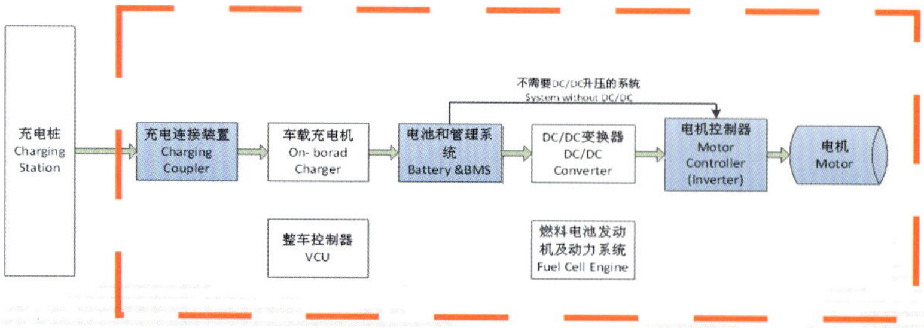

电动汽车关键部件测试评价

1. 动力电池：

动力电池试验室主要进行电池单体、模块、电池包及管理系统的测试评价，包括电性能测试、循环寿命测试和安全性测试，测试能力覆盖范围最广。

测试依据行业标准：QC/T 743-2006电动汽车用锂离子蓄电池

QC/T 741-2006,QC/T 742-2006 ,QC/T 744-2006, QC/T 897-2011

国家标准：GB/T 18332.1-2009、GB/T 18332.2-2001、GB/Z 18333.1-2001

国外标准：UL2580 Standards for batteries of use in EV

ISO12405 Electrically propelled road vehicles — Test specification for lithium-Ion traction battery packs and

UL1624、UL810A,UL2594、SAE J2929、SAE J2646等

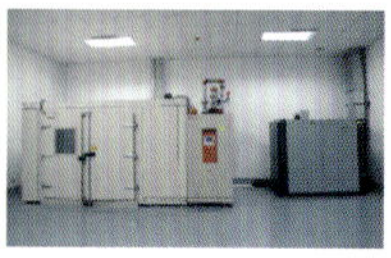

2. 动力电机：

测试能力：

☒3套进口电力测功机
☒测功机功率
☒电池模拟器功率
☒扭矩
☒转速

依据标准：

☒GB/T 18488.1-2006 电动汽车用电机及其控制器 第1部分:技术条件
☒GB/T 18488.2-2006 电动汽车用电机及其控制器 第2部分:试验方法
☒GB/T 24347-2009电动汽车用DC-DC变换器
☒ECE R85 30min最大功率测量

3. 接插件：

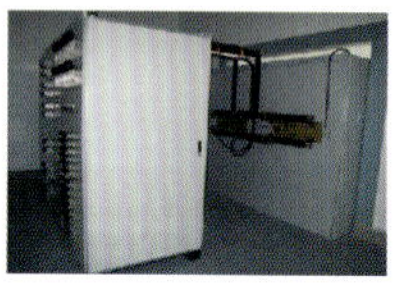

测试能力：

充电部件实验室主要进行充电接口，车载充电机等产品的性能和安全测试，率先具备新国标充电接口的测试能力和资质。

依据标准：

GB/T 18487.1-2001 电动车辆传导充电系统 第一部分：一般要求
GB/T 20234.1-2011 电动汽车传导充电用连接装置 第1部分：通用要求
GB/T 20234.2-2011 电动汽车传导充电用连接装置 第2部分：交流充电接口
GB/T 20234.3-2011 电动汽车传导充电用连接装置 第3部分：直流充电接口
GB/T 27930-2011 电动汽车非车载传导式充电机与电池管理系统之间的通信协议
QC/T 895-2011 电动汽车用传导式车载充电机

4. 环境适应性：

环境适应性测试实验室拥有全面的相关零部件的环境可靠性评价能力，可以完成温湿度，温度冲击，三综合振动，机械冲击，盐雾，防水防尘，海水浸泡等试验。

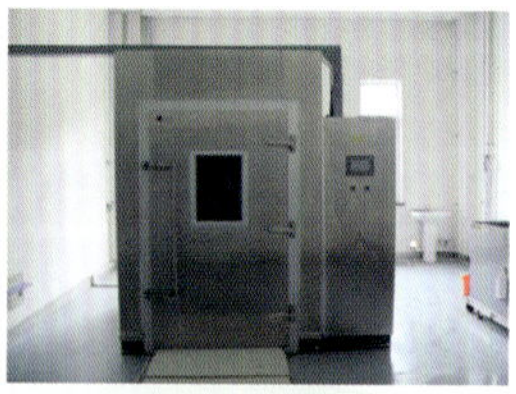

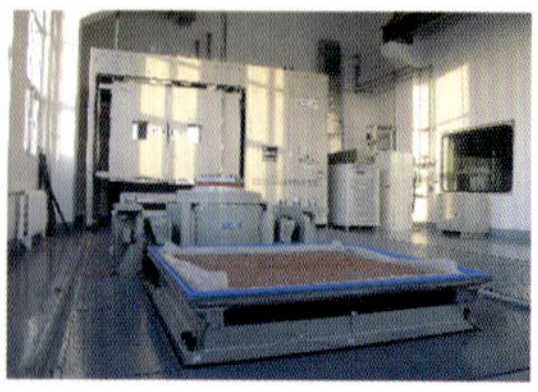

科研及标准：

（1）十一五863燃料电池电动汽车安全性测试评价课题；
（2）承担十二五863电动汽车测试评价国家课题；
（3）起草“电动汽车用锂离子蓄电池”新标准；
（4）参与“电动汽车用电驱动系统”等相关标准制修订；
（5）与国家电网合作“电动汽车动力电池梯次利用技术研究与示范”。

地址：天津市东丽区先锋东路68号 邮编300300
张振鼎 022-84379690 zhangzhending@catarc.ac.cn
王芳 022-84379666转6974 fangwster@gmail.com
黄炘 022-84379666转6973 huangxin@catarc.ac.cn
传真：022-84379663

GTAKE 吉泰科新能源汽车电机控制器

公司通过的认证：

ROHS CE

ISO/TS16949认证

国家机动车质量监督检验中心(重庆)
北京理工大学电动车辆工程技术中心

“以客户为中心，让控制更简单”是吉泰科的核心价值观，做中国驱动器行业的领者是吉泰科永恒的目标。完全自主产权，使其新能源汽车电机控制器极具优势：

1、高品质器件的选择、充足的设计裕量、强化的应力测试、以及完善的过程控制，保产品的高可靠性。
2、产品适用于异步电机和同步电机，通过优异的控制算法，将电机损耗降到最小，异步机系统效率高达94%，同步电机系统高达96%。
3、优良的力矩特性，在整个速度范围内都有优异的力矩输出能力，即使在恒功率区，力也可平滑输出。
4、无中间转接的CAN总线控制，可靠性强、实时性高，同时支持其它通讯方式。
5、对电机温度变化自适应，使电机在冷态和热态都具备同样的力矩输出能力。
6、轻松调整电机相序，通过更改“电机相序”功能码，即可保证电机旋转的正确方向，去电机相序错误时重新接线的麻烦。
7、完善的保护功能，同时可设定对电池的保护，防止电池出现过度充电。
8、防溜坡功能，可根据负载和路面坡度情况自动输出匹配力矩，提高车辆起步安全性。

公司联系方式：
地址：深圳市宝安区石岩塘头一号路中运泰科技工业园10栋
电话：86-0755-86379551-8052 86-0755-86392609 网址：Http://www.gtake.com

天津大学内燃机燃烧学国家重点实验室

天津大学内燃机燃烧学国家重点实验室建成于1989年，是我国内燃动力工程领域唯一的国家重点实验室。现有中国工程院院士1人，教授20多人，副教授20余人，博士和硕士研究生近300人。研究方向涉及内燃机燃烧、控制、排放、振动噪声、燃料及先进动力系统等多领域，先后主持我国内燃机领域连续4个国家“973”项目。现有动力台架20多个，建成了控制技术、可视化、化学分析、瞬态性能、噪声室、燃油系统、计算分析中心等20多个专业试验室。实验室先后与德国Infineon科技公司、ETAS公司建立了汽车电子联合实验室，围绕控制器硬件可靠性及诊断技术、软件规范和测试评价技术等问题展开深入合作研究，形成了策略仿真、硬件开发、自动代码生成、硬件在环测试、台架试验、环境试验等完整的工具链和先进的技术平台。

开发了面向国5的共轨柴油机ECU、汽油机控制器GEMS，已完成样车三高实验。在国家863项目支持下，先后负责20余款纯电动/混合动力汽车的整车控制系统规划，完成了共四代新能源汽车主控制器平台的开发，应用于纯电动、混合动力、plugin等多种动力类型车辆，部分样车出口美国。“十二五”之初，承担863课题“下一代纯电驱动汽车整车电子控制系统”和973课题“热电混合动力系统复合能量管理策略及优化控制的基础研究”，并参与 “电动汽车通用型整车控制技术”、“纯电驱动动力系统部件技术研发” 等863项目。

开发了具有能量、里程、故障、工况等统计分析能力的新能源汽车无线远程监控及统计分析系统，先后应用于天津、济南、郑州、临沂等多个城市的电动汽车运营管理。2012年，在该平台基础上，开发了基于驾驶行为和道路工况分析的公交客车节油管理平台，并在天津滨海公交公司试用，监控里程超过30万公里。

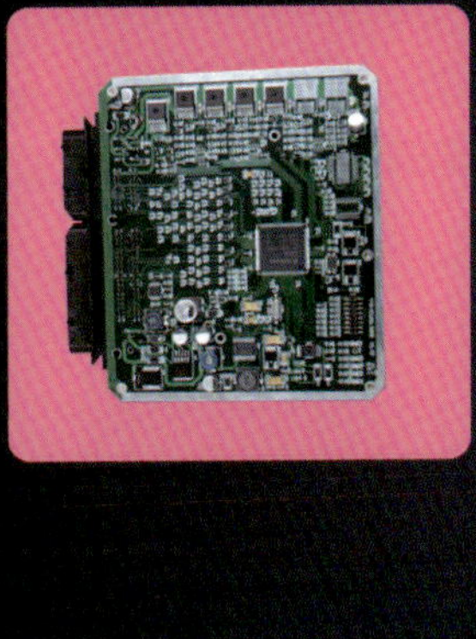

BONLUCKBUS

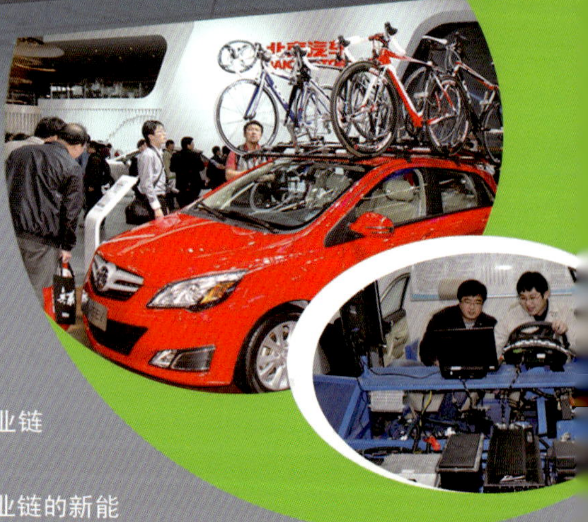

北京汽车新能源汽车有限公司（简称“北汽新能源公司”）成立于2009年11月，其建成是北汽集团响应国家和北京市大力发展新能源汽车的政策号召，致力于打造“绿色北京”，优化首都生态环境的重要举措，同时也是提升北汽自主创新能力，实现北京汽车工业跨越式发展的重大战略步骤。

北汽新能源公司是北汽集团新能源汽车技术研发、资源集约、产业整合的项目管理平台，是北汽新能源乘用车及核心零部件的研发、生产基地。自挂牌成立以来，北汽新能源公司历经三年多的艰苦建设和潜心研发，掌握了新能源汽车关键技术，完善了产业链建设，开发出了多款纯电动车型并取得产品公告，实现了批量生产及规模化示范运营。

北汽新能源公司是国内目前少数掌握“电池、电机、电控”三大核心技术和完整产业链的新能源整车企业之一。经营范围覆盖纯电动乘用车、混合动力汽车与核心零部件的研发、生产、销售和服务，同时还进行配套充电系统、电池更换系统等装置的研发、生产和销售。

经过多款新能源汽车产品的开发，公司已经建立较完整的产品开发流程体系、量产车型技术开发平台、以及整车及关键零部件测评规范与测试平台，基本掌握了系统匹配、整车控制、系统集成等核心技术开发能力。同时，公司逐步建立起较为完备的新能源汽车零部件供应商体系，形成以纯电动汽车技术路线为主，多种技术路线共存的整车技术开发能力，为北汽实现新能源汽车更大规模、更多领域的应用打下了坚实基础。作为组织和人才保障，公司凝聚和打造了一支专门从事新能源汽车技术研发与产品开发的人才队伍，其中包括入选“千人计划”、“海聚工程”等多名海归和高端人才，高素质的研发团队为新能源汽车产业化发展奠定了坚实基础。

为了充分体现新能源汽车“绿色、低碳、环保、科技”的诉求特点，近年来，北汽新能源公司建设完成了“北京新能源汽车体验中心、试验中心、监控中心，以及包括光伏发电、中水系统、电能回馈及电池梯次利用为主要内容的节能环保工厂项目”等四大亮点工程，北汽新能源公司已逐步打造为集研发、制造、办公、国际交流为一体的综合性的新能源汽车基地，成为北京市重要的形象工程和对外窗口。

2011年2月23日，国家电网与北汽集团在北京汽车新能源汽车有限公司签订了战略合作框架协议

2012年4月19日，全国政协副主席、国家科技部部长万钢来到北汽新能源汽车公司，出席了北京市纯电动出租汽车示范运营交车仪式，并对新能源汽车产业园区的发展情况进行了专题调研

2012年4月23日，北京国际车展隆重开幕。车展期间北京市委副书记、市长郭金龙等领导亲临北汽展台参观指导

2012年4月19日，万钢部长亲自试驾了北汽新能源公司自主研发试制的C70GB纯电动轿车，并给予了充分肯定

北京汽车新能源汽车有限公司

BAIC Motor Electric Vehicle Co.,Ltd.

地址：北京市大兴区采育经济技术开发区采和路1号 邮编:102606
电话：010-80271603 传真：010-80278363
网址：www.baicmotor.com

启辰 来自东风日产
品质新启辰
能效新价值
启辰2013款全新上市
D50
R50
启辰 D50
启辰 R50
动价：6.88万起
辰 D50
辰 R50
2013款启辰D50、启辰R50全新上市，以同级领先优势，带来全新价值体验。
百公里油耗6.0L，任你纵驰天地；宽适大空间轻松驾乘，全新动感尾翼时尚倍增；更有NISSAN全球标杆品质、启辰专属服务，让你舒享更多，伴你畅快前行。
"节能挑战6.0•省多少，送多少"启辰节油赛5月火热开赛，参与挑战即可赢取启辰购车礼包，省油越多，惊喜越大，快来挑战吧！
阅世界·悦中国
启辰
服务热线
400 830 8899
800 830 8899
东风日产

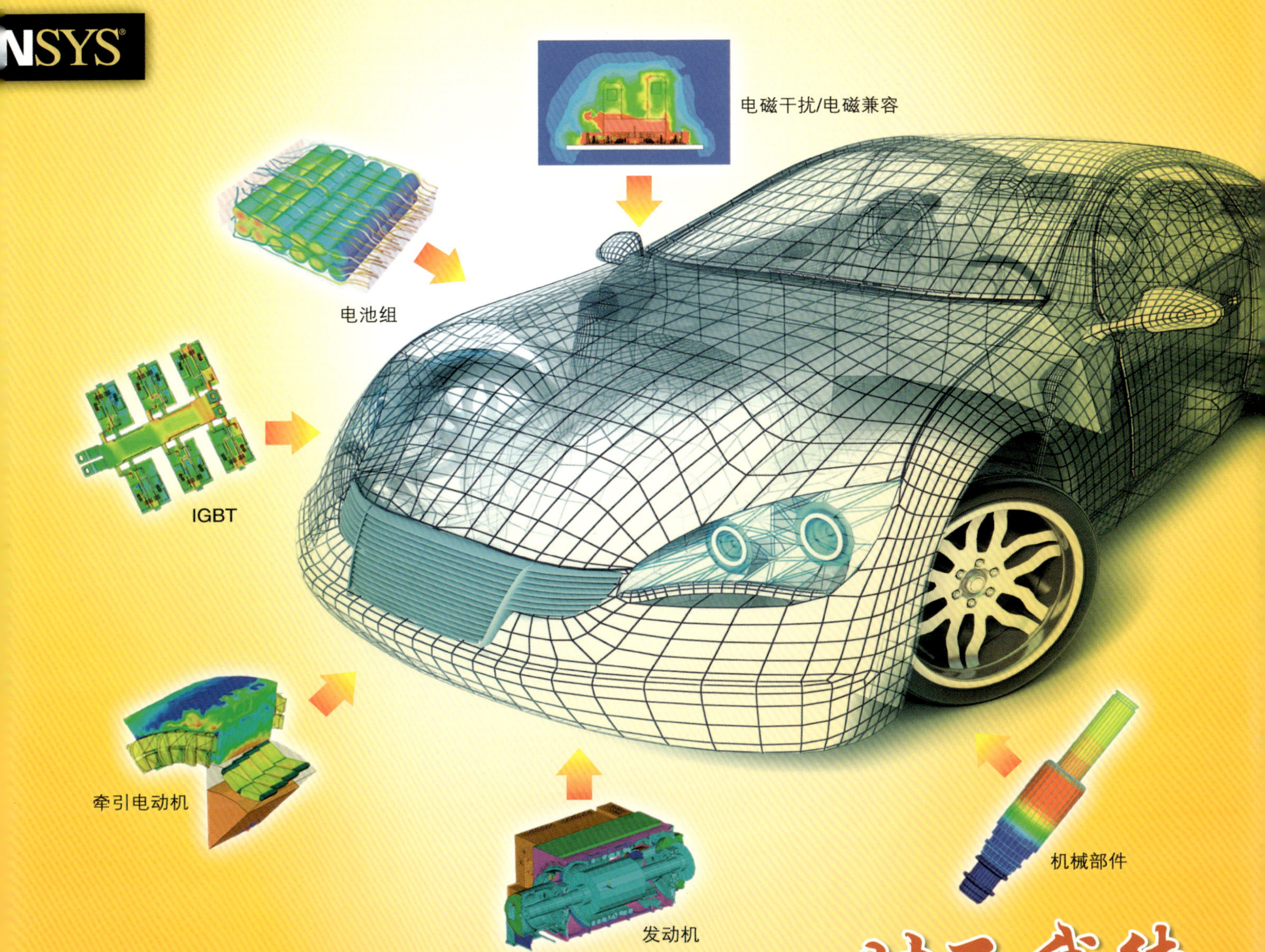
NSYS
电磁干扰/电磁兼容
电池组
IGBT
牵引电动机
发动机
机械部件

湘电莱特电气有限公司
XELE Electric Co.,Ltd

湘电莱特电气有限公司（湘电莱特）是由湘潭电机股份有限公司（湘电股份）引进美国莱特工程技术公司先进电机电控技术，由双方共同投资成立的中美合资企业，是研发、生产、销售新型高效电机及其控制系统、电动车辆及其关键零部件、风力发电设备及配套零件的高新科技公司。公司投资1.25亿元，位于湖南湘潭国家高新区内。

公司应用发明专利技术，成功的将非晶合金材料用在电机上，实现了电机的高频化运行，显著提升了电机的效率、转矩密度和功率密度，大幅度减少了铜铁用量，所开发的主导产品永磁同步电机具有世界领先水平，产品性能优异、工作可靠，广泛应用于电动汽车、新能源发电、机床和航空、军工等领域。

母公司湘电股份在十一五期间承担国家863计划“节能与新能源汽车重大项目”课题，对电机系统集成设计及整车匹配技术进行了深入研究，对驱动电机系统的使用工况和性能需求进行了工程化验证，形成了系列化的产品。在永磁同步发电机驱动系统、交流感应电机驱动系统、混合动力发动机总成等电动车关键零部件方面，建立了产业基础。

湘电莱特通过引进国际先进技术，依托现有电机产业优势基础，着力于打造新能源汽车关键部件产业，成为国内车用驱动电机系统首选供应商，并逐步向电动客车和电动特种车、高效节能电机生产基地发展，致力于成为全球领先的高效能电机和驱动系统开发创新及制造公司。

湘电莱特电气有限公司/XELE Electric Co.,Ltd
销售部/Sales Dept.
地址/ADD:湖南省湘潭市书院东路38号创新创业园
Innovation Park,No.38 ShuYuan East Road,Xiangtan,Hunan,China
网址/Website:Http://www.xele.com.cn
邮编/PC:411101
电话/Tel:0731-52863886
传真/Fax:0731-52863889

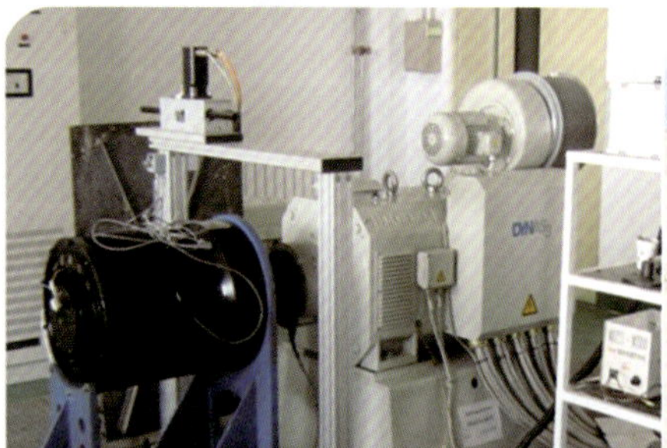

第一篇
分领域发展综述

一、节能与新能源汽车示范推广

1. 2012 年示范推广情况

截至 2012 年年底，我国首期节能与新能源汽车示范工作告一段落。2012 年 12 月，财政部、科技部、工信部、发改委四部委组织专家对 25 个开展公共领域节能与新能源汽车示范工作的城市（其中包含 6 个开展私人购买新能源汽车试点城市）进行了验收。验收工作主要依据国家对示范工作的要求及四部委批复的各城市的实施方案，对相关的工作开展了实地检查。经过核实，截至 2012 年 12 月底，25 个示范城市共推广各类示范车辆 27432 辆（仅包括符合示范推荐目录且正在运行中的车辆），其中公共服务领域各类车辆共 23032 辆，私人购买新能源汽车 4400 辆。按车辆种类统计，混合动力客车 12156 辆，混合动力乘用车 3703 辆，纯电动客车（含插电式）2526 辆，纯电动乘用车（含插电式）6853 辆，其他车辆 2194 辆。示范车辆数量按种类分布见图 1，各示范城市公共和私人购买领域推广情况见图 2、图 3。

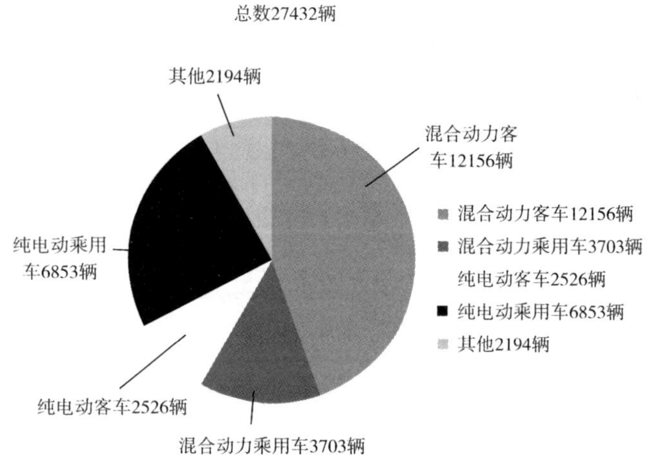

图 1　示范车辆数量按车型分布图

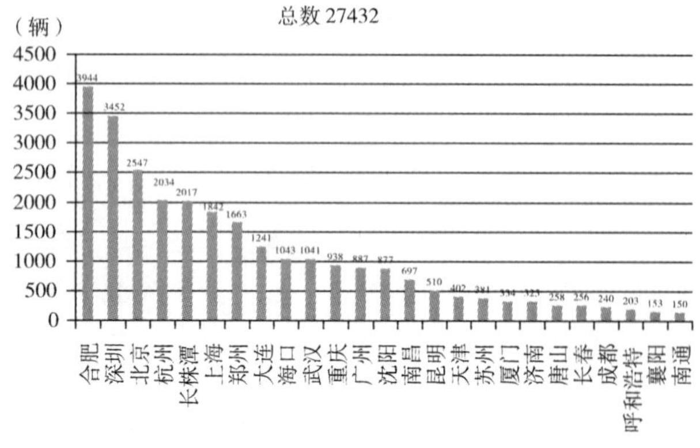

图 2　示范城市推广数量（公共领域）

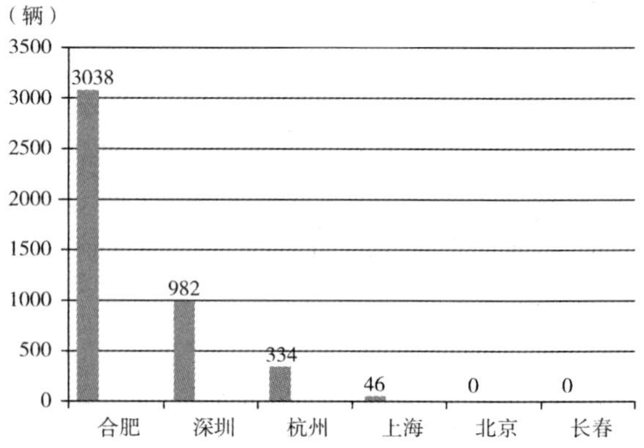

图 3　私人购买示范城市推广数量

(1) 示范城市工作情况

深圳市结合 2011 年大运会，推广力度较大，示范车辆种类多，各类示范运行车辆数量达到 3452 辆，累计行驶里程超过 3.5 亿公里。

合肥市以整车及零部件企业员工集中购买的模式推广纯电动乘用车，总量已达 3000 多辆，在私人购买纯电动汽车示范取得初步突破。

郑州市政府支持力度大，产业发展迅速，示范推广节能与新能源公交车共 1573 辆，占本市大型公交车总量的 42%，实现了公交领域的大规模示范。

北京市 2012 年的示范推广工作取得明显进展。各类示范车辆总数已达到 2547 辆，实现了纯电动出租车的小规模区域化运行。

长株潭示范区域重点推广混合动力公交车，取得了较大成绩，推广总量已达 2017 辆，其中株洲城区全部使用混合动力公交车。

但仍然有少数城市示范工作进展缓慢效果较差。在私人购买新能源汽车领域，工作难度较大，少数城市尚未实现新能源汽车的私人购买。

(2) 示范车辆及相关企业情况

混合动力公交车是示范推广车辆中数量最多的种类，由全国 20 家企业生产，其中主要由五洲龙、南车时代、宇通、厦门金龙等企业提供，占总量的 61%。多数车辆运行正常，有明显节油效果，比较先进的混合动力公交车的实际运行百公里油耗降到 24 升以下。但个别车型的节能效果不明显。

纯电动公交车采用了换电和充电的两种能源供给模式，由全国 23 家企业生产，其中主要由安凯、比亚迪、申沃等企业提供，占总量的 70%。

混合动力乘用车主要是启停式车型和中度混合车型，主要由华晨、长安、上汽、东风等企业提供，占总量的 87%。

纯电动乘用车（含插电式）在2012年有较大增长，在各类车型数量中位居第二位，其中主要由江淮、比亚迪、北汽、长安、海马、众泰、奇瑞等企业提供，占总量的98%。

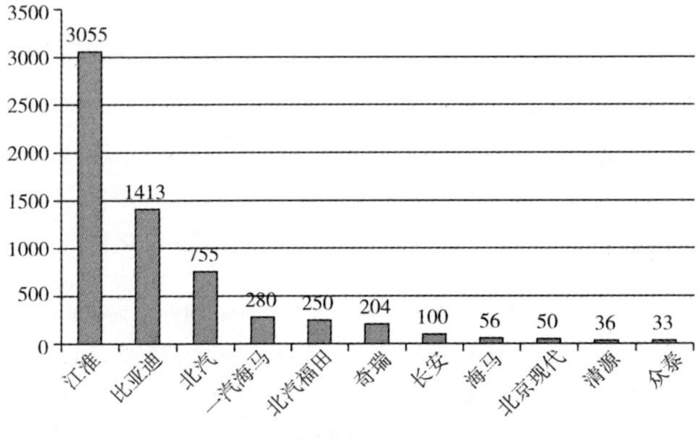

图4　示范推广车辆数量及生产企业（单位：辆）

(3)基础设施建设情况

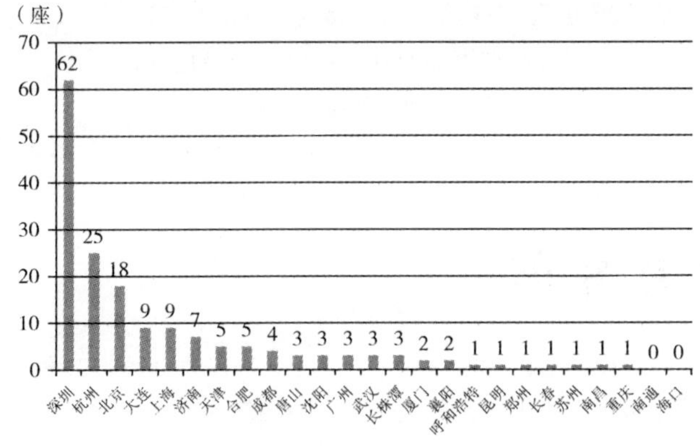

充（换）电站合计：170

图5　各示范城市充（换）电站数量分布

经统计，共计建成174座充（换）电站、6462个充电桩。分散充电桩、集中充电站与换电站三种方式都得到应用，取得了有价值的经验。基础设施建设较好的城市有深圳、杭州、北京、成都、合肥、大连。充电接口国家标准已被普遍采用。

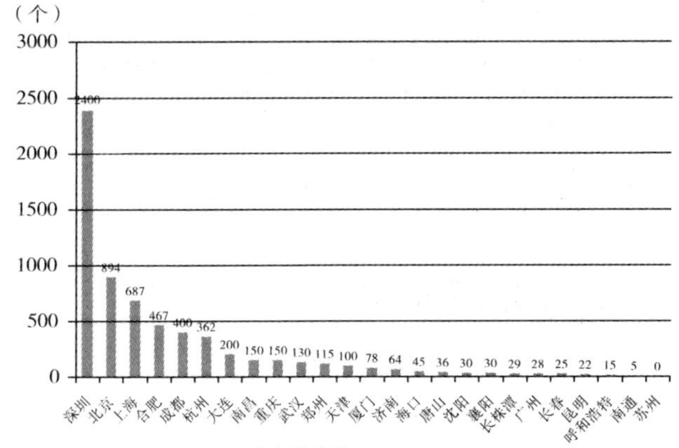

充电桩合计：6462

图6　各示范城市充电桩数量分布

(4)安全管理及数据采集

各示范城市在安全机制及实施方面总体较好，示范工作开展以来未出现因车辆原因发生的重大安全事故。深圳、郑州等城市的安全监控系统建设较好。大部分城市的安全监控系统仍处于建设阶段。在部分城市开展了数据采集与分析工作。

(5)运行模式、配套鼓励政策与财政补贴资金使用情况

各城市开展了多种运营模式的试验。例如，深圳市探索了“融资租赁”的推广模式，引入了社会资本进行新能源汽车的商业化运营；合肥市在私人纯电动汽车推广中，采取首先在生产企业内部员工使用，再逐步推向社会的路径；厦门市开展了纯电动乘用车的租赁示范。各城市制定了相关的鼓励政策，主要集中于车辆购置补贴、支持基础设施用地及产品研发与产业化。对私人购买新能源汽车，上海市免征新能源汽车牌照费政策已发布，北京市免摇号鼓励政策即将发布。

2. 取得的主要成果

(1)示范推广数量快速增长

2012年新增节能与新能源汽车11622辆，是示范第一年（2009年2566辆）的4.5倍。2012年年底累计保有量达2.74万辆。97家生产企业的600余款节能与新能源汽车产品纳入“推荐车型目录”。

(2)混合动力公交车数量多、成效显著

截至2012年年底，共推广1.21万辆，车型多、技术较为成熟，多数产品质量稳定、有明显节油效果，部分车型节油率超过25%，公交公司购买积极性高，后续推广势头良好。

(3)纯电动乘用车数量明显增长，商业模式获得多方探索

动力电池技术可靠性、安全性等方面的提升，带动纯电动乘用车示范数量明显增长，截至2012年年底已超过6800辆。杭州、上海等开展了纯电动乘用车租赁模式的探索，深圳、北京、杭州开展了纯电动出租车的运营推广，示范城市短途物流、邮政等专用车数量提升较快。私人购买纯电动汽车示范取得初步突破。合肥市以整车及零部件企业员工集中购买的模式推广纯电动乘用车，到2012年年底共推广私人购买新能源汽车超过3000辆。

(4)政策适时跟进，扩大混合动力公交车示范范围，技术创新工程启动

混合动力公交车示范已取得较好进展，车辆技术趋于成熟，四部委决定扩大示范，通过联合招标确定了17家企业的70个混合动力客车车型在全国推广。宇通、中通、厦门金旅等企业不到3个月时间在全国多个城市销售出2000

多辆混合动力公交车。

根据国家“节能与新能源汽车产业发展规划”的任务要求，财政部、科技部、工信部共同启动了技术创新工程，首批24个企业获得25个支持项目，奖励资金达16.22亿元。

(5)企业研发与产业化投入加大

主要汽车企业纷纷加大对节能与新能源汽车的研发及产业化投入，加快了产品的研发进程，初步形成了以企业为主体的研发体系。

3. 存在问题

（1）示范总量距离预期目标有较大差距，各示范城市工作发展不均衡。部分城市对外地车辆仍不够开放。

（2）节能与新能源乘用车的推广相对滞后。截至2012年年底，混合动力乘用车推广数量仅为3700辆，混合动力总成技术与国际先进水平差距较大。纯电动乘用车品种少，成本高。插电式混合动力乘用车基本处在产品开发与验证阶段。普遍反映纯电动公交车的综合成本高。燃料电池示范工作停滞。

（3）对车辆技术水平与成本影响大的关键因素仍是核心零部件。磷酸铁锂电池安全性较好，是当前我国动力电池的主流技术，但其能量密度较低，在北方冬季使用条件下存在启动困难、性能衰减的问题。新能源汽车的产业链尚未成熟。

（4）充电设施建设规划思路不够明确，一些城市过分强调换电方式，少数先期建设的大型充（换）电站利用率不高，普遍对私人领域的分散慢充充电桩建设不够重视。对新能源汽车充电电价无统一规定。

4. 建议

（1）已经取得的示范工作成果对推动节能与新能源汽车研发与产业化具有重要作用，但总体来说产业成长还处于培育阶段，因此必须继续开展示范工作。在总结第一阶段示范工作基础上，扩大示范范围。

（2）产品研发水平是开展示范工作的前提与保障，应该高度重视新能源汽车的研发与技术进步，做好以企业为主体的新能源汽车创新工程，带动产业链的建设。

（3）研究制订更加明确的充电基础设施建设的指导意见与全国统一的新能源汽车的指导电价。

（节能与新能源汽车重大项目监理组组长　王秉刚）

二、混合动力客车

1. 2012年混合动力客车发展情况

(1)综述

随着能源紧张、环保压力加大，节能、环保的新能源汽车无疑将成为未来汽车的发展方向。国内外各车辆生产企业对混合动力、纯电动汽车技术研究方面都投入了极大的热情，但由于目前电池技术及成本等问题尚未得到突破，相关标准体系尚未建立，充电站等基础设施相对缺乏，纯电动汽车的普及受阻，而混合动力客车需要的配套设施较少，推广不受充电设施滞后等因素制约，使用起来较方便。

政策方面，2009年1月，由科技部、财政部、发改委、工信部共同启动了“十城千辆”节能与新能源汽车示范推广应用工程，《节能与新能源汽车产业发展规划（2012—2020）》中，明确将混合动力技术作为节能汽车的重点内容，加大研发力度，推广普及。而插电式混合动力汽车与纯电动汽车一起列为新能源汽车，作为主要的战略取向，重点推进其产业化。由此可见，混合动力汽车对我国汽车产业发展具有十分重要的意义。

(2)推广情况

截至2012年年底，共有25个城市被列为“十城千辆”示范运营试点城市，共运营新能源公交车11777辆，完成了推广规划数量的48%左右。其中，2012年上半年新能源客车销量变化平缓，进入年底则出现了突然性增长。在示范城市中，推广新能源公交车最多的城市为深圳，共2024辆。其次为北京，1120辆。长沙推广新能源汽车的数量为875辆。

此外，至少有16个非示范城市主动进行了新能源公交车的运营，推广新能源客车772辆。在新能源公交车推广总量上，“十城千辆”示范城市远远超过非示范城市。

(3)厂家车型分布

国内主要厂家新能源厂家技术路线见表1。

表1　国内主要厂家新能源厂家技术路线统计表

技术路线	厂　　家
以纯电动为主	安凯、东风旅行车、成都客车、川汽、少林、中大、常隆、中文沂星
以混合动力为主	金旅、大金龙、一汽新能源客车、东风扬子江、青年、申龙、广汽客车、南车
混合动力和纯电动并存	福田、苏州金龙、五洲龙、宇通、申沃、恒通、中通、黄海、亚星

现有混合动力主要以并联和混联为主，厂家分布情况见表2。

表 2 混合动力主要以并联和混联为主的厂家分布情况

车型	整车厂家	型号	投放城市	运营数量
并联	东风	EQ6110HEV	武汉	400
	中通客车	LCK6121HEV	杭州	10
		LCK6101GEV	天津	5
	北汽福田	BJ6123C7C4D	杭州	40
	大金龙	XMQ6127AGH43	杭州余杭	—
	恒通	CKZ6126HENV	重庆	50
	一汽	CA6124SH8	大连	222
		CA6126SH8	大连	—
		CA6120URH2	长春	—
并联	黄海	DD6118HES21	南昌	51
	安凯	HFF6110G03PHEV	—	21
	安凯	HFF6100G03PHEV	—	5
	南车时代	TEG6102PHEV	长株潭	1500
			天津	20
			朔州	5
	金旅	XML6105JHEV13C	—	5
	海格	KLQ6129GHE2	苏州	—
	广汽	GZ6121HEV	—	14
	深圳市五洲龙	FDG6111HEVG1	—	—
		FDG6111HEVG2	—	—
		FDG6111HEVG	—	—
混联	厦门金旅	XML6125JHEV93C	杭州、萧山	355
		XML6125JHEV	南通	—
		XML6125JHEV28C	厦门	—
		XML6125DHEV93C	杭州	—
	郑州宇通	ZK6126MGQA9	杭州	130
		ZK6126CHEVGQCA	杭州	—
	南车时代	TEG6129CHEV	长沙	150
			昆明	20
			海口	35
	大金龙	XMQ6121GRH5	厦门	—
		XMQ6127GH3	杭州余杭	—
	申沃	SWB6127HE2	上海、南通	—
	海格	KLQ6119GHE1	苏州	—
		KLQ6109GHE1	苏州	—
	五洲龙	FDG6111HEVG2	沈阳	10

在“十城千辆”示范运营试点城市推广的新能源公交车中以混合动力推广较多，混合动力客车占比 85%，纯电动客车占 15%。

目前，市场上示范运营的混合动力城市客车中，并联约占 3000 余台，是推广最多的车型。厂家主要集中在南车时代电动、东风扬子江（东风电动）、五洲龙、北汽福田、黄海、骏威等厂家。采用混联的企业有金旅、大金龙、福田、苏州金龙、五洲龙、宇通、申沃等。混联技术路线获得了一定市场认同，具有较好的应用前景。

而非示范运营城市新能源客车类型大多为单一的纯电动客车，或者混合动力客车，混合动力占比达到 47%，其比例远低于“十城千辆”示范运营试点城市。

2. 混合动力客车重点突破技术

(1) 国内外的发展情况

2012 年，在国家政策的大力支持下，国内混合动力客车主要是混联技术应用不断成熟，获得了快速发展，已经能够满足公交车日常运营需要，具有较高的可靠性及节能效果，在 2012 年推广数量近万台，在上百个城市运营。

(2) 技术特点

目前推广的混合动力客车动力系统主要有混联式动力系统、并联式动力系统、增程式动力系统，其中混联式动力系统推广数量较多，应用效果好；增程式动力系统作为未来纯电动发展的基础，对基础设施有一定的依赖，目前发展受到一定的限制；并联式混合动力系统成本较低，但节能效果有限，市场接受度逐渐降低。

混联式动力系统主要特点是根据公交工况低速的特点，采用大扭矩电机实现车辆低速时的驱动，高速采用发动机直接驱动的方式，此种技术巧妙避免了复杂的机械变速技术难点，采用一种简单的方式，实现了车辆的无级变速。

2012 年我国混合动力客车技术在以往的研究成果基础上，向着平台化、控制系统集成化的方向又迈进了坚实的一步。在控制策略的研究、安全系统研究以及空调转向等附属领域的研究上都取得了较大的成绩。主要的成果如下：

①技术平台的结构与方案优化设计与研究

我国的混合动力技术平台多采用混联、并联的混合动力结构形式，此方案具有性能好、成本低的优点，同时，结构简单、系统紧凑、对整车系统改动不多，因此，是最具有产业化前景的混合动力方案之一。通过国际合作、借鉴国际先进理念、充分消化与吸收，研究并优化了具有自主知识产权的混联式混合动力技术平台。

②混合动力控制策略研究

混合动力控制策略研究是混合动力系统开发的核心内容，它决定了混合动力系统能量流向和扭矩分配、整车安全等重要内容。因此通过对控制策略的优化和匹配，提高了发动机和电机的工作效率，改善了发动机和电机的工作性能，从而提高了整车的燃油经济性和驾驶舒适性。

③混合动力控制系统研究与设计

混合动力控制系统是在新增混合动力控制系统的基础上集成传统汽车控制系统形成完整的一体化的混合动力控

制系统。借用国际合作经验并自主创新，来研究与优化控制系统的设计，进一步优化控制系统的拓扑结构和嵌入式系统的结构设计，提高了混合动力控制系统的效率。

④混合动力系统发动机匹配和优化

为了提高燃油经济性，混合动力系统的设计采取了减小发动机排量和优化变速箱速比的方式。这样就使得发动机的运行区间发生了很大的变化，通过对发动机的匹配和优化，取得了理想的效果。

⑤空调系统、转向系统的匹配设计

对空调系统和转向系统与混合动力系统技术平台进行了匹配设计，重新设计和匹配了电动空调和电动动力转向泵以符合通用性技术平台的设计要求。

⑥混合动力系统技术平台工程化集成设计

混合动力系统结构方案的优化设计，优化设计混合动力系统平台。进一步优化设计了混合动力系统的参数配置，并进行了结构优化和效率优化等。

动力总成结构方案的优化，优化设计动力总成系统轴系和轮系的结构，提高了动力总成系统连接的可靠性和耐久性。

通过仿真分析和试验验证，对动力耦合方案进行了优化设计，并局部优化动力系统的连接，提高了动力总成系统的传递效率。研究分析混合动力总成系统的 NVH，优化设计以降低动力总成系统的 NVH。优化设计动力总成系统在整车平台中的布置，提高了整车平台的可靠性和耐久性，降低了整车 NVH。

(3)未来的趋势

在能源和环保的压力下，世界各大汽车公司无不涉足电动汽车领域，但是由于技术和经济上存在的各种困难，电动汽车还有相当长的路要走才有可能实现商品化，而混合动力汽车技术相对更为成熟，由于采用了精湛的机电耦合技术和智能化的整车控制策略，从而实现整车的高性能、低能耗和低排放。因此日本、美国等国的多家汽车公司已经向市场推出各种混合动力汽车产品。从国内市场来看，由于经济的持续快速增长，城市规模不断扩大，各大城市的政府部门已纷纷将推广使用清洁燃料汽车作为净化空气、改善环境的一项重要措施，空气污染越来越受到重视，建设洁净型城市为电动汽车提供了极佳的市场机遇。

随着石油资源的枯竭、人们环保意识的提高，电动汽车及混合动力汽车将成为 21 世纪前几十年汽车发展的主流，这一点也是我国汽车界所有业内人士的共识。在我国大中城市都普遍存在着十分严重的汽车尾气排放污染问题，其中轿车排放为城市汽车尾气排放污染的主要污染源之一。因此混合动力汽车有着广阔的市场空间，特别是开发用于城市和城际交通的混合动力汽车在我国有着得天独厚的发展条件和广阔的应用前景。

从目前混合动力技术的节能效果来看，混联式混合动力系统车型实际工况节油率约 20%，如果继续提升，需要采用更加复杂的机械变速装置辅助，技术难度加大，成本提高，但节油效果提升有限。由于电池技术的不断发展，未来将主要推广增程式及纯电动汽车，增程式车辆是纯电动车辆的一个过渡产品，

(4)需要着力解决的问题

2012 年中国的混合动力车虽然取得了一定的成绩，但技术发展遇到瓶颈，主要原因是：零部件配套体系还不完善，零部件企业没有在混合动力关键零部件研发上深度投入，如传统的发动机企业、变速器企业在混合动力部件研发上投入不足，缺乏积极性，电机企业多原为工业电机企业，对电动车专用电机积累不足，缺乏对电动汽车专用电机研发的投入；电池企业数量较多，但研发力量薄弱，尤其是在大批量工艺及生产一致性保证方面，与国外企业有较大的差距。这些关键零部件，严重制约了混合动力系统及整车技术的进步。

①国内零部件的研发水平和配套能力是混合动力汽车实现大规模产业化的基础和前提，国内零部件的技术水平和配套能力必须形成规模化的批量生成能力。电池、电机、电控和相关辅助系统是实现转型的基础和关键，技术标准、检测能力和基础设施必须加快基础研究、前沿探索，持续、稳定、扎扎实实地推进，重点突破动力电池的安全性、一致性、耐久性、低成本等关键技术，重点开发具有高舒适性、高可靠性的城市客车和纯电动小型乘用车等适用于市场需求，在当前的技术条件和产业规模下，生产性价比较高、容易被市场接受的电动汽车的产品。

②混合动力系统的某些技术和材料还在开发和优化之中，目前还没有达到国际先进水平，性价比还比较低。

③混合动力系统的可靠性和耐久性还在进一步的验证之中，特别是关键零部件的首次故障里程和售后保修里程还有待进一步的考验。

④知识产权及专利技术风险：由于在混合动力汽车的研发和产业化方面，发达国家具有先发优势。国外公司在国际和我国国内已经注册了大量的专利，这将使项目的研发过程中，存在一定侵犯知识产权及专利技术风险，从而给项目的成功实施提出严峻的挑战。因此，必须将专利风险上升到战略的高度予以重视，项目组将成立一个专利研究小组来研究国内外的技术专利，尽量规避风险，同时积极将自己的创新与发明申报专利，保护自己的知识产权。

⑤需要重点解决的问题

通过国家与整车企业的持续推动，加大关键零部件企业在混合动力关键部件的研发投入，尤其是在机电一体化方面；通过规模化的示范推广应用，重点培养部分电池企业的工艺及一致性保证能力，减小和国外的差距。

(湖南南车时代电动汽车股份有限公司　李雪峰　蒋时军　汪伟　王坤俊　周灿)

三、混合动力乘用车

1. 2012 年国内技术发展情况

面对日益加重的节能减排压力，未来 5—15 年中国汽车工业将面临电动化产业的结构性调整，传统内燃机的高效化与电驱动系统的科学结合是中国汽车低碳化的关键技术路线。随着混合动力汽车科技攻关和示范推广，国内的一汽、二汽、北汽、奇瑞、吉利和哈飞等公司相继攻克了多能源动力总成控制、混合动力发动机匹配、制动能量回收等关键技术，依据模块化、通用化和标准化的轿车动力系统技术平台战略，开发出了轻度、中度、深度以及 plug-in 等混合动力乘用车。经国际权威 TUV 认证：一汽的双电机深混 B70HEV 轿车最高时速达到 180km/h，0～100km/h 加速时间仅需 10.5s，NEDC 油耗 5.9L/100km，并且满足欧洲 2015 年 CO_2 排放 130g/km 标准，整车技术达到了国际先进水平，整车价格可以控制在 20 万元以内。

经过前两个五年计划的科技攻关以及奥运、世博、“十城千辆”示范平台的应用拉动，结合产业化需求，国内各大公司已经完成了混合动力零部件采购渠道的搭建工作，整合了国内混合动力汽车零部件资源，加强了产、学、研的一体化合作，甚至专门成立了电子公司，以利于能够集中精力开发生产出车用电子产品，推动了我国新能源汽车自主研发的能力的整体提升。主要的研究成果为：

①动力总成参数确定与整车性能仿真分析；

②整车控制策略与多能源控制器开发；

③混合动力轿车发动机适应性控制研究开发；

④节能离合器机构集成设计及其控制系统开发；

⑤电池及其控制系统开发；

⑥电机及其控制系统开发；

⑦多信息显示器与故障诊断开发；

⑧CAN 总线通信协议开发；

⑨样车的研制和试制。

2. 2012 年国内产业发展情况

结合先进的计算机辅助设计和强大的试验试制能力，国内众多乘用车企业已经突破了混合动力整车与动力系统集成、整车匹配设计、试验验证及批量化生产装备与工艺技术，建立了批量化生产配套体系和质量管理体系，可以实现混合动力汽车规模产业化。

截至 2011 年年末，一汽已经形成了 300 辆/年的新能源轿车小批量生产能力，可进行总成试制、车身改制、整车装配、下线检测等中试工作，2013 年达到单班 1 万辆/年的生产能力。

结合国家“十城千辆”计划，东风汽车公司制定了混合动力汽车的生产和市场计划。将基于东风公司传统车采用基础，形成新的生产能力，实现混合动力汽车与传统汽车的共线生产。乘用车方面，依托东风乘用车公司，形成 5000 台/年的生产能力。依托东风柳州汽车有限公司，形成 5000 台/年混合动力 MPV 的生产能力。在核心零部件方面，依托东风电动车辆股份有限公司，在东风电动汽车产业园内新建了电子生产基地，已形成 1 万台（套）/年各类电子控制器生产能力，可保证混合动力汽车所需的整车控制器、AMT 控制器、智能仪表和强电控制器的生产供应。电机和电池单位正在进行生产体系建设，将形成配套供货的能力。

3. 2012 年国际相关技术及产业发展情况

未来 10 年低碳化是全球汽车新的和最具挑战的法规约束，各汽车大国均制定了严格的乘用车 CO_2 排放法规，例如：日本、美国分别将其 2020 年 CO_2 排放指标设定为 95g/km 和 117g/km。日本的汽车行业在混合动力汽车技术方面表现得最为强劲，且其混合动力汽车产品在全球的销售情况也最好。2011 年日本的混合动力汽车销量已经占到新车销量的 17.1%。但由于技术封锁等原因，日本的混合动力汽车在全球范围内并没有得到热捧或更大程度的发展。在全球第二大的汽车市场美国，销售量也只有 30 万辆左右，占整个市场销售额的不到 2%。

4. 国内外技术水平比较及下一步攻关重点

经过“十一五”科技攻关与产业化推动，各承担单位在平台研发及整车开发中的车型经济性参数均都满足实施方案的要求，部分企业也已经具备了产业化技术条件。例如，中国一汽自主开发的双电机混合动力系统构型 TMHTM 与丰田 PRIUS 对标得出的技术水平对比结论为：

汽车动力源完全解偶——发动机、电动机、发电机三大动力源可独立工作，使动力混合应用最灵活；

可实现相同的混合度——具备“无怠速、减小发动机排量和制动能量回收”三大混合动力节油功能；

制动能量回收效率更高——主电机与变速器输出轴直接传动，车轮制动能量传递与变速器挡位无关。

但随着示范运行的继续推广，仍暴露出相关若干技术问题需进一步解决并进行重点攻关：

整车及关键总成可靠性、耐久性指标上的验证还不够充分，在大规模示范运行中可靠性问题对整车的出勤率有一定影响；

对机电耦合装置研究不够，如自动变速器不能被多数厂家采用，不能够充分利用发动机高效区；自动离合器的控制不够精确，影响了换挡品质，降低了整车平顺性；

由于电机和电池的生产体系还没有完全建成，电机和电池的产品一致性不能完全得到保证，对整车的产品质量有一定影响；

整车制动能量回收方式多采用串联方式，不能最大限度地回收整车制动能量。

5. 相关政策建议

近年来我国基本完善了混合动力标准体系和公告政策，迈出了混合动力汽车市场准入的重要一步，但由于整车的市场化条件还没有完全成熟，混合动力汽车的产业化仍依赖于政府推动，对此，提出如下六点建议：

第一，提高汽车企业的自主创新能力，这是十二五期间由汽车大国向汽车强国转变的关键。十二五期间要完成产品结构和技术结构的升级，逐步创建有国际竞争能力的自主品牌，加强、引进、消化、再创新，加大信息化与汽车产业的结合，加强与自主创新的财政税收政策等激励机制，引导企业不断加大研发投入，加强自主创新能力建设。

其次，加快培育发展节能汽车新能源产业，进一步提高传统汽车节能环保和安全水平，加快新能源汽车发展，组织实施节能与新能源创新工程，掌握关键技术，突破动力电池驱动等核心技术，稳步推进新能源汽车的试点、示范范围，加快充电设备建设，健全管理制度。

第三，加大大型企业集团的发展，建设成市场化运作，发挥企业主体作用，消除制度障碍，推动优势企业实现强强联合，实现产业集中度，建立完善的营销服务网络，坚持品牌建设，大力打造具有竞争力的大型汽车企业集团，建立公开公平公正的汽车竞争环境。

第四，加快零部件发展，鼓励企业开发和生产关键零部件，发展具有较强开发能力的关键零部件开发供应商。鼓励汽车零部件覆盖企业进行跨地区的兼并重组，支持有条件的发展产业技术。

第五，加强“走出去”战略，积极引导汽车零部件企业实施“走出去”战略，鼓励企业在境外设立研发机构，实现产品出口与“走出去”结合，技术出口和技术输出结合，在主要市场建立完善的生产和网络布局。

第六，完善法规建设，推行道路机车管理条例工作，为汽车产业健康发展创造良好的环境，继续发展标准体系建设，特别是重点领域和标准的修订，大力推动企业标准的建设，发挥标准法规在汽车发展的作用。

6. 其他重要的方面

尽管混合动力汽车在结构上与传统汽车有一定区别，但由于技术上对传统汽车的继承性，所以在产业组织模式上，我国还应该继续沿用传统汽车产业研发组织模式即以产业链为纽带，建立整车或整机厂牵头——纵向整合零部件企业的产业技术联盟，由整车整机厂负责整车与系统开发、生产，并纵向组织零部件企业进行零部件研发与生产，最终面向用户进行销售和售后服务。

（一汽技术中心　刘东勤）

四、纯电动专用车

1. 我国纯电动专用汽车发展概况

发展新能源汽车已经成为全球共识，国际新能源汽车产业正在全面快速发展。以美国、日本、欧盟为代表的国家和地区相继发布实施了新的新能源汽车发展战略，进一步明确了产业发展方向，明显加大了研发投入与政策扶持力度。对于新能源汽车的发展，我国政府高度重视，从科研开发、示范推广和产业化发展等方面陆续出台了一些支持性的政策，如《新能源汽车生产企业及产品准入管理规则》《关于开展节能与新能源汽车示范推广试点工作的通知》《私人购买新能源汽车试点财政补助资金管理暂行办法》等。我国除了中央政府出台的政策之外，各地方政府在消费者购车、用电和基础设施建设等方面也出台了一系列配套政策。2010 年，我国将新能源汽车列入重点发展的战略性新兴产业，2012 年发布《节能与新能源汽车产业规划（2012—2020 年）》，将新能源汽车发展上升到国家战略的高度，明确了以纯电驱动为汽车工业转型的主要战略取向，并提出了到 2015 年实现纯电驱动汽车保有量达到 50 万辆，2020 年达到 200 万辆的发展目标。

作为我国汽车工业重要组成部分的专用汽车，尤其是市政类的专用作业车型，主要在城区范围或固定线路运行，其运行特点和使用工况非常适合采用纯电驱动动力系统，是新能源汽车市场化比较现实的切入点。北京理工大学在 2008 年起提出了电动专用车动力系统平台的概念，与福田、青岛一汽等整车企业合作开发出多款电动化专用汽车底盘，涵盖了 N1、N2、N3 三大系列专用汽车车型，充分考虑了底盘系列化、标准化、易于改装的特点，并与专用汽车企业合作研发出洒水车、垃圾压缩车、道路清扫车、吸尘车、小型垃圾收集车、物流运输车等 10 余种车型，填补了我国高性能纯电动专用汽车的多项空白，目前动力系统平台技术和底盘布置方案已为我国主流专用汽车制造公司广泛应用，生产的车辆投入运行数量最多，使用区域最广，总体技术水平达到国际先进，多项技术指标处于国际领先水平。

（a）纯电动专用汽车动力系统平台

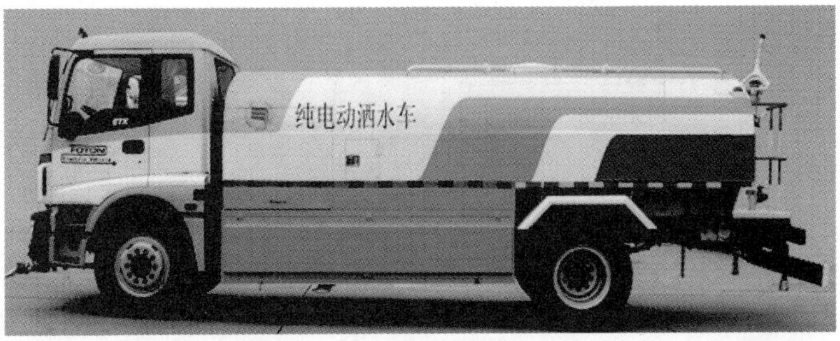

（b）纯电动洒水车

（c）纯电动分类垃圾收集车

（d）纯电动自卸式垃圾车

（e）纯电动多功能吸污车

（f）纯电动扫路车

图 7　纯电动汽车车型

2. 我国纯电动专用车领域主要技术突破、创新与特色

我国从 20 世纪 90 年代初开始进行纯电动汽车的研发，经过两个五年计划的重点支持，我国的纯电动汽车技术取得巨大的技术进步，基本形成了纯电动汽车关键技术体系，为纯电动汽车技术向环卫、物流等领域进行技术转移奠定了坚实基础。2008 年北京市启动了纯电动环卫车项目，同年以北京理工大学牵头的项目组研制出 4 种不同类型的纯电动环卫车功能样车并于 2008 年年底在西城区金融街地区正式投入试验运行。

我国针对纯电动专用汽车工况运行特点，对专用汽车作业与行驶能量分配与控制、多电机集群驱动系统控制及永磁同步电机与机械自动变速器的一体化等瓶颈技术取得了重大进展，一批装备了先进动力电池的纯电动专用汽车已经进入消费市场，并形成了自己的技术特色。

（1）以环卫车型的典型道路运行和作业工况为基础，归纳出专用汽车特有的作业能量分配系数，使之成为纯电动专用汽车动力分配与控制的重要依据和参数，建立了系列车型作业与行驶能量分配与控制方法，并设置了“工作挡”，制定了各类纯电动专用车独有的工作控制模式，构建了系列化纯电动专用车动力系统平台及整车集成设计方法，大幅提高了整车的能量利用率。

（2）针对电动专用汽车多电机运行的特征，创建了基于资源共享和分时利用的多电机集群驱动系统冗余量控制设计方法，使得 40% 以上的重要元器件共用，大幅减少了控制器的体积与重量，实现了能量高效利用。分析获得了共模干扰电压、频率与共模阻抗的临界关系曲线，开发了专用共模抑制装置，解决了主电路对控制电路的共模耦合干扰难题；采用高压隔离双屏蔽技术，解决了传感器信号之间的差模干扰技术难题；开发了高效迷宫式散热水道，提高了水冷散热器的利用率。提出了驱动系统数字化信息控制方法，实现了上装与整车电驱动系统的集成控制和信息资源共享，开发了分布式故障诊断、信息处理及平台参数定制系统。针对专用车作业时电机转速低的特点，提出了低转速永磁同步电机电压频率解耦高效驱动技术，提高了上装工作模式下电机的驱动效率。

（3）开发了基于大功率高效永磁同步电机与机械自动变速器的一体化电驱动与传动系统。提出了一种永磁电机快速调速乒乓式控制策略，实现了电机转速的快速阶跃，提高了 AMT 系统的换挡速度和平顺性；将 AMT 技术应用于纯电动专用车，开发出基于专用车常备气源技术特征的气动换挡 AMT 换挡操纵机构及控制系统，减轻了质量、降低了成本；针对气动执行机构强非线性特性，提出了具备柔性换挡特性的无离合器换挡过程控制策略，解决了换挡冲击问题，有效提高了 AMT 换挡系统的可靠性，并经受了多年的连续实际应用考核。

（4）根据电动专用车的总体布置特点，提出了将动力电池与高压配电系统进行一体化集成设计的思路，研发出一体化高压电源及配电系统，有效减少了连接点，缩短了电力线缆长度，提高了电能使用效率，方便了维护保养；开发出用于专用车的系列化、标准化与兼容多种类型电池的动力电池箱，并可与其他电动商用车型共用电池快速更换装备，发明了多连杆式锁止结构；实现了整车对动力电池和高压部件状态的实时远程监测和智能控制，确保整车运行安全。

3. 纯电动专用汽车发展前景展望

我国目前正处于工业化、城镇化加速期。随着城市化进程的加快、城市规模的扩大、城市功能的增强及现代化水平的提高，建筑、环卫、园林等城市建设服务类专用车的需求空间将进一步增加。现有的专用车大多采用燃油发动机系统（部分车型采用双发动机系统），具有能耗高、噪声大、排放差等缺点，部分采用柴油发动机的车型产生的细微颗粒物排放，更是城市雾霾的重要来源之一。机动车尾气排放已成为我国城市空气最主要的污染物来源。我国温室气体减排的国际压力巨大，温室气体排放问题无疑成为我国汽车工业发展所面临的一个巨大挑战。

未来市场的需求、全球对于环境要求不断提升的压力和现有的电动专用汽车技术基础，为我国实现专用汽车工业的技术转型和跨越发展提供了难得的历史机遇。随着机动车环保法规和国家对新能源汽车激励政策的进一步实施，预计未来几年传统的污染程度较高的专用汽车必将会逐渐被淘汰出局，最终留在市场中的将是纯电动专用汽车等高效节能环保的产品。

（北京理工大学电动车辆国家工程实验室　王文伟、程兴群）

五、纯电动乘用车

1. 纯电动乘用车整体进展情况

2001 年，我国确立“十五”国家高新技术研究发展计划（863 计划）电动汽车重大专项项目，提出“三横三纵”研发布局。2006 年开始实施的国家中长期科技规划对电动汽车研发战略也大体相同。至 2013 年，几乎国内所有汽车企业均涉足纯电动乘用车领域，并密切关注其相关零部件的发展。虽然在传统汽车的开发上，我国与世界先进水平相比有较大差距，但在纯电动汽车技术开发上，几乎是站在同一起跑线上的。

据统计，2012 年全国共生产纯电动轿车 9618 辆。江淮通过定向内部员工及配套厂商销售的方式，从而突破产品销量。受到国家政策鼓励和各车企积极推广电动车等因素，与 2011 年相比，2012 年纯电动轿车产量总体增长 103.9%。为应对油耗法规，预计 2013 年我国汽车企业将会在纯电动轿车方面会有更快增长，如图 7 所示。

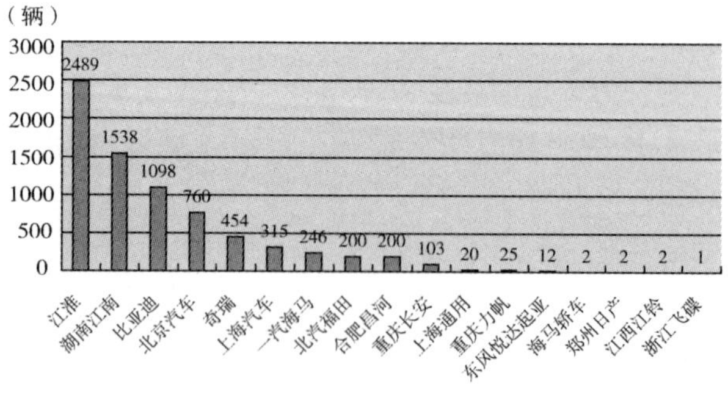

图 8　2012—2013 年 3 月纯电动乘用车产量统计

2. E30 北京示范案例分析

2012 年，长安在北京房山区投入了 100 辆 E30 纯电动轿车进行示范运营，E30 一直处于稳定状态，表现出色。

（1）在技术与运营模式方面

①在行驶里程上，据最新统计，E30 单车最高累计行驶里程已达 7 万公里，共计行驶里程突破 500 万公里（100

辆车)，日均出车率达 98%，日均载客率为 62%。E30 较同类车的运行里程多出 30%~60%。

②在运行模式上，长安探索并建立了一种合理的运营模式，采用“裸车销售、电池租赁”的销售模式，长安销售纯电动整车产品，而出租车公司则负责电池、管理等，此种运作模式大大降低了整车企业与消费者的压力，平衡了新能源汽车生产企业、出租车企业和驾驶员的利益，有效降低示范运行的社会风险，保证了项目的有序推进。

(2)在满足出租车运营条件方面

总的来说，作为出租车，E30 纯电动轿车必须满足车辆的安全性、运行的经济性、较好的动力性等要求，这也是任何作为出租车运行的车辆所具备的要求，客观地说，通过近一年时间的示范运行情况看，E30 满足以下条件：

第一，在安全性方面，E30 采用了适用于电动车安全的车身结构设计，局部采用高强钢板设计，拥有完善的高压保护，带电碰撞结果达到 C-NCAP 五星水平，开创了中国电动车的先河。同时，E30 采用专门设计的高压线束互锁结构，任意高压部件接插件意外脱落时，高压回路就会自动断开，并通过动力电池管理系统，对整车绝缘进行检测，更进一步的保障了车辆的安全性。

第二，在经济性方面，该车的平均电耗为 17 kW·h/100km，按照目前北京市一般工业用电约 0.8 元/kW·h计算，E30 纯电动轿车每百公里费用为 13.6 元，与此相当的传统 AT 车油耗为 8L/100km，按照 7.5 元/L 的汽油价格核算，传统车每百公里费用为 60 元，纯电动车的经济性远远优于传统车，与此同时，传统车会带来每公里约 180g 的 CO_2 排放，而纯电动车实现了零排放。

第三，在动力性方面，该车发动机峰值公里/扭矩为 80kW/280N·m，充分发挥纯电动低速扭矩大等特点，该车动力性能优越。E30 的电池合理的布置在底盘上，车辆的重心较低，且采用通过精细匹配的电动助力转向系统，车辆的操控性明显优于同类型传统车。

3. 纯电动汽车面临的问题探讨

(1) 技术争议。这几年，通过实施 863 计划，我国纯电动车的研发能力大大提高，技术难点正逐步克服，检测手段也不断增强，整车技术已能够达到或非常接近国际水平，部分技术能够达到国际先进水平。但是，当前的纯电动汽车技术还存在不少问题，如电池的使用寿命不长而成本高；国产零部件尚未完全过关，关键元器件均需进口；低温条件下电池超快充电技术未根本解决等，因此存在很多争议。

通过 E30 的示范运行可以看出，纯电动汽车的技术还是非常稳定可靠的，具备了投放市场的基础。E30 用于出租车市场，故障率较低，出租车司机也接受并乐于使用纯电动汽车。同时，通过长时间不同的道路环境的示范运行，更能从整车性能上验证产品，以便进一步优化纯电动汽车技术，最终日臻成熟。

(2) 运行经济性。纯电动汽车不使用燃油，不受油价飞涨的影响，但是由于纯电动汽车需要改变整个动力体系，要花一部分额外的成本来装电机、电池，而电机控制系统的成本较高，带动整车销售价格也提高。如果没有政府的政策鼓励性经济补贴，用户选择购买价格昂贵的纯电动汽车并不见得划算。这也成为纯电动汽车产业化的瓶颈之一。当然，随着电池价格不断下降和纯电动汽车产量的增加，购买价格将会逐渐降低。

通过 E30 的示范进行分析可得出，由于目前房山充电桩只能慢充，平均每天的行驶里程约 200 公里。暂时无法实现盈利，但使用快充或换电的方式，则会实现收支平衡或盈利，这样就可以实现自身营运的良性循环。因此，我们认为，在国家提供前期的支持下，推广规模化使用纯电动汽车是可行的。

(3) 基础设施装备。纯电动汽车商业化的基础设施包括充电站网络、车辆维修服务网络、多种形式的电池营销、服务网络等。建立一定数量的公用充电站、配备专用电缆及插座等是延长行驶里程、实现纯电动汽车产业化的关键。基础设施的健全性决定了纯电动汽车发展的普及性，是基础，也是关键，因此，可以采取阶段性方案来应对。在示范运行阶段，我们可以采用“集中式”补电的方式，比如设置专门的充电机构，这种方式既保证了纯电动汽车的示范运行，又可研究车—电网的体系。步入商业化阶段时，则采用“点—面式”：“点”即为建立一些大型的充换电站；“面”即为在停车场、小区等建立充电桩群。只有形成“蜘蛛网”的补电设施，才能推动纯电动车的大规模商业化和个人使用。

(4) 政府政策支持。纯电动汽车在技术上、运行经济上、基础设施上还存在着一些问题，纯电动的推广也需要强力的统筹，所以需要国家、地方政府、企业三方共同努力，推动纯电动汽车的商业化进程。建议政府政策支持主要集中在三个环节。

首先是研发环节，设立国家专项资金支持，吸收汽车企业、电池制造企业与研发单位组建共同的研发平台。第二是销售环节，借鉴世界各国发展高新技术产业的通用做法，建立一套完整的税收补贴政策，免征购置税、燃油税等，在这方面，我国还没有相关政策措施，而美国、日本较成功。第三是使用环节，制定配套优惠政策措施，包括无偿提供停车场地、发行正式营运牌证、提供充电基础设施等，促进电动汽车的消费与使用环境，这方面我国正在积极探索与进行中。

4. 结论

纯电动汽车作为我国新型战略性产业，是我国扶持发展的重点项目。我国纯电动汽车虽然正处于快速发展的阶段，尽管在技术、基础设施等方面有所进步，但仍然需要时间进行不断摸索、尝试、验证，这需要国家、社会甚至消费者给予汽车生产企业一定时间和空间，使新能源汽车行业在经历重重磨炼后逐渐成熟起来。只有我国政府高度重视，企业积极努力，双向联合才能对电动汽车未来的市场推广奠定坚实基础，从而加速纯电动汽车的发展。

（重庆长安新能源汽车有限公司　周安健）

六、燃料电池汽车

1. 国内燃料电池汽车技术研发现状

在国家最早从“八五”开始，直到“十二五”“863 计划”等重大科技专项的支持下，国内燃料电池汽车及相关技术研发取得了初步进展。上汽集团、一汽集团、长安汽车、奇瑞汽车、北汽福田等整车厂与同济大学、清华大学、上海交大等高校和上海燃料电池动力系统有限公司、神力科技、新源动力等单位产学研联合，研究开发了具有自主知识产权的燃料电池轿车和燃料电池客车等样车。但是在整个燃料电池产业链的建设上，中国还是很不够。氢燃料电池的关键部件如：膜、催化剂、炭纸等材料目前主要以进口为主。这些关键部件或材料具有技术含量高、处于相对垄断，进口价格昂贵。

（1）燃料电池轿车

在近 10 年里，“超越”系列、“帕萨特”、“奔腾”、“志翔”、“东方之子”、“上海牌”等燃料电池轿车相继投入示范运行。其中，最突出的当属上汽集团在荣威 750 车型平台上自主开发的“上海牌”燃料电池轿车，累计数量超过了 40 辆，道路试验运行累计超过了 30 万公里，积累了大量试验数据。由此可见，国内初步掌握了燃料电池整车、动力系统与关键零部件的核心集成技术，形成了燃料电池系统、动力电池、DC/DC、DC/AC 变换器、驱动电机、储氢与供氢系统等关键零部件配套研发体系，已初步建成了燃料电池整车、动力系统与关键零部件的集成开发能力和小批试制试验的能力。

2012 年 1 月 14 日“中国燃料电池汽车产业化技术创新联盟”在同济大学成立。该联盟是由同济大学、上海汽车集团股份有限公司、上海燃料电池汽车动力系统有限公司、新源动力股份有限公司、弗尔赛（上海）能源科技有限公司等单位发起。现有近二十家左右成员单位的联盟探索在国家政策和资金引导下建立以企业为主体、市场为导向、产学研结合的开发式技术创新机制。联盟的成立意味着中国燃料电池汽车向产业化方向迈出了重要的一步，为那些愿意积极投身燃料电池汽车技术进步、产品研发和公共支撑平台（包括政策法规、测试环境、标准通则、基础设施）建设，从事相关技术与产品研究、开发、生产、制造、示范、服务的企业、科研单位和大专院校等相关机构建立了广泛联系，有利于中国燃料电池汽车产业发展。

（2）燃料电池客车

从国家第八个五年计划（“八五”规划）开始，燃料电池客车研发一直得到国家的财政支持。到“九五”规划结束，一些单位，如东风汽车、清华大学相继开发出了燃料电池中型客车。但是，燃料电池客车真正开始系统化开发，则始于国家“十五”规划。2001 年，国家启动了“十五”863 电动汽车重大专项，包括燃料电池客车在内的新能源汽车开发正式列入科技部制定的“三纵三横”发展战略。清华大学牵头，联合北京客车厂、北方车辆厂、东风汽车公司等单位，承担了燃料电池城市客车整车开发项目。与此同时，联合国开发计划署（UNDP）和全球环境基金（GEF）在北京启动了燃料电池城市客车计划的一期项目，戴克通过竞标，赢得燃料电池客车 UNDP 北京项目，三辆由戴克生产的燃料电池城市客车 2005 年交付北京市，并在随后进行了示范运行。“十五”863 规划，清华大学等单位开发出 5 辆采用不同技术方案的燃料电池客车功能样车，初步建立了燃料电池客车整车开发体系，部分车辆与戴克的三辆 UNDP 燃料电池客车一起，在北京的示范线路运行。

2006 年，上汽集团、北汽福田承担了国家“十一五”863 电动车重大专项——燃料电池客车整车开发项目。其中清华大学作为燃料电池客车动力平台承担单位，对上汽集团和北汽福田的整车项目进行技术支持。上汽集团开发的 2 辆燃料电池客车及北汽福田开发的 5 辆燃料电池客车均完成开发目标，通过科技部的验收。北汽福田的部分车辆在 2008 年北京奥运会期间进行了示范运行。与此同时，上汽集团连同清华大学、同济大学一起，成功竞标 UNDP 上海二期项目。2010 年 UNDP 二期的 6 辆燃料电池客车在上海世博会期间作为 VIP 用车，服务于世博会；2010 年世博会后，至 2012 年，这 6 辆燃料电池客车在上海嘉定燃料电池汽车示范基地进行示范运行，取得良好的示范效果，得到好评。2011 年，上汽集团经过竞标取得国家“十二五”

863 燃料电池客车开发项目，上汽集团正连同清华大学及大连新源、上海神力等公司，在 2011 年至 2013 年，开发出两辆燃料电池示范样车和一辆燃料电池平台样车。

2. 国外在燃料电池汽车技术和产品研发方面的情况

(1)燃料电池汽车和纯电动汽车的发展态势

近几年电动车的热潮一浪超过一浪，燃料电池汽车似乎沉寂了一段时间。2012 年随着电动车在美国市场销售遇冷，无论政府还是整车企业都有了点谨慎。一些国际车企在 EV 销售受挫后转而在燃料电池汽车（FCV）投入更多精力，寻求新能源车的新出路。在 2013 年 2 月日本东京举办的第 9 届国际氢燃料电池展中，丰田 FCHV-adv、日产 X-TRAIL FCV、本田 FCX Clarity 等全面展示了日系燃料电池汽车的研发成果。全球汽车厂家间合作开发燃料电池汽车的项目骤然增多，预示着燃料电池汽车的热潮可能再次来临。2013 年 1 月 24 日，丰田与宝马宣布合作。丰田将于 2015 年上市燃料电池汽车，而宝马将为其提供基础技术。同时，丰田与大众宣布共同开发 2020 款车型的基础系统以及电池。2013 年 1 月 28 日，日产表示将与戴姆勒、福特合作开发燃料电池汽车，3 家公司计划在 2017 年分别量产并出售燃料电池汽车。如果这些合作开发富有成果，燃料电池汽车将会在 2、3 年后开始在市场上销售。

在纯电动汽车逐步成为热潮的过程中，燃料电池汽车有点被边缘化的味道，但实际上并没有被放弃。欧美日韩、甚至中国车企都一直在燃料电池汽车研发上继续默默努力。现在纯电动汽车遇到了瓶颈，燃料电池汽车被寄予了更多的期待。不过，燃料电池汽车要再次成为下一个新能源热点并不容易，与纯电动汽车相比，它面临更高的技术门槛和经济性障碍。我们认为发展各种新能源汽车可以相互促进，发展燃料电池汽车并不需要否定纯电动汽车，燃料电池汽车可能是更长远的机会，而深耕挖掘纯电动汽车也可能更快找到突破口。多种方案并行，或许有利于新能源汽车能更快突围。国际车企巨头似乎持有另一种观点，认为氢燃料电池汽车的产业化与混合动力、纯电动汽车的产业化并没有明显的先后关系，而是重叠的，多家车企都把 2015 年作为氢燃料电池汽车的产业化起点。国际车企经过前期技术积累，现已进入第二阶段，戴姆勒、福特、本田、丰田、日产、通用、现代等汽车公司进行收购燃料电池企业作为其下属零部件公司，或车企直接成立燃料电池电堆开发部门，自行开发燃料电池电堆，纷纷形成了自主的燃料电池电堆开发能力。

(2)关于燃料电池领域的专利排名

从 2012 年燃料电池领域相关专利排名来看：大多集中在日本的企业中，少数在美国、韩国、德国和法国。日本的企业在前十的企业中所占比例长期高达 60% 以上。可见，目前日本企业在燃料电池技术研发仍占据了绝对的优势。经德温特世界专利索引数据库检索，2012 年 12 月—2013 年 1 月公开的燃料电池领域相关专利排名第一的公司为日本的丰田汽车，有 109 项专利，占当月所有公开专利数的 14.75%；排第二位的是本田汽车公司，有 43 项，占比 5.82%；排名第三的为松下电器，有 30 项，占比 4.06%；排名前三位的企业公开的专利数接近当月公开总数的 1/3。

(3)关于燃料电池轿车

2012 年前后，国际车企的燃料电池轿车技术已经基本达到产业化要求。现代 ix35 改款氢动力车在韩国蔚山工厂开始生产，并预计到 2015 年 ix35 氢动力版的保有量将达到 1000 辆；奔驰氢燃料车原计划在 2013 年量产；本田、丰田、日产、通用的氢燃料电池车都计划在 2015 年上市。

(4)关于燃料电池客车

国际上，燃料电池客车持续发展，从纯燃料电池动力系统走向燃料电池 + 动力蓄电池的电—电混合动力系统，这已成为趋势。早在 1991 年，New Flyer 联合 Ballard 公司在加拿大的布纳比启动燃料电池客车功能样车验证项目。1994 年欧洲尤里卡计划，在比利时布鲁塞尔启动的燃料电池客车项目采用燃料电池电—电混合动力客车。2003 年，CUTE 规划启动，27 辆 FCB 在欧洲九城市示范运行；2006 年 HyFleet CUTE 项目，在三大洲十城市（欧洲八城市 + 北京 + 帕斯）推出 33 辆燃料电池大客车；2010 年欧洲 CHIC 项目，26 辆燃料电池客车在欧洲五市专线运行，伦敦 8 辆（已经有 5 辆在专线运行）。

3. 国内外燃料电池汽车技术水平比较

在中国，上汽集团处于领先地位，我们在此就以上汽集团和国际综合情况进行列表对比，从而可知道国内和国际上的差距。

表 3　上汽集团与国际燃料电池汽车技术水平比较

	国内水平（上汽）	国际水平（综合）
材料成本	68 万元/辆	5 万美元
最高车速（km/h）	150	150~160
加速 0~100（km/h，s）	15	12
氢瓶压力（bar）	350	700
续驶里程（km）	>300	>400
冷起动温度（℃）	-10	-30
驱动电机峰值功率（kW）	88	90~100
燃料电池系统功率（kW）	30	80~100
平均无故障里程（km）	2000	近传统车
耐久性/寿命（km）	50000	200000

从表 3 可以看出，关键在于性能指标、可靠性、耐久性以及成本都存在巨大差距。

4. 国内燃料电池汽车下一步攻关重点

除了上汽集团，国内车企对氢燃料电池汽车逐渐的冷落，导致与国外燃料电池技术的差距主要体现在性能、寿命和成本等三个方面。

(1)性能

电堆功率密度

据相关报道，目前国内燃料电池电堆的最高体积比功率为1800W/L，最高质量比功率为1200W/kg。而国外的燃料电池电堆早在2010年就已经达到了这一水平，据日产公司最新的报道，其生产的电堆质量比功率甚至是超过了2125W/kg。

低温冷启动

燃料电池不能在0℃以下正常起动是阻碍燃料电池商业化的主要障碍之一。丰田公司的燃料电池汽车已经实现了在-40℃下正常启动。相比较而言，国内燃料电池电堆的技术水平却相差较大。最近，上汽集团与新源动力合作，实现了自制燃料电池系统在-10℃的环境舱多次启动，这是目前国内燃料电池低温冷启动的最高水平。

(2)寿命

中国车企的氢燃料电池技术，已经全面落后于欧美日车企，更重要的一点还体现在电池寿命上。国外电堆的平均寿命已接近美国能源部DOE预订的目标5000h，而目前国内所报道的燃料电池电堆的寿命很少有超过1500h，相关企业开发的燃料电池经历动态循环工况实验的运行寿命最高也未突破2000h。影响燃料电池寿命的主要动态工况为动态快速变载，多次变载，启停和怠速，而燃料气体中和燃料电池系统内部的杂质对燃料电池堆的性能影响也很大。目前，国内开发的燃料电池电堆，一方面应该加强材料的鲁棒性使材料能适应这些动态工况，另一方面应采用适当的控制策略来防止这些因素所导致的寿命衰减。

(3)成本

国内车企对燃料电池技术的研究热度不高，其中一个主要原因是氢燃料电池汽车的成本较高，短期内市场前景不明朗。目前，美国车企所报道的燃料电池系统成本为73美元/kW，韩国为66美元/kW，而中国的成本为130美元/kW，远远超过了国外车企的水平。为了缩小与国外技术的成本差距，必须依赖于国产材料的研发和技术进步。目前，国内已经初步形成了的国产燃料电池用材料的生产和供应链，如中南大学的国产碳纸，山东东岳的国产质子交换膜和上海攀业的国产催化剂等。国产的燃料电池用材料在性能上与进口材料还存在一定程度的差距，通过国家科技计划和国内企业的共同努力，相信在不远的将来，纯国产的燃料电池电堆将能够被应用到氢燃料电池汽车上。

5. 中国燃料电池汽车产业化需要各方努力

(1)标准法规完善

尽快制定出我国自己的燃料电池电动汽车标准，能够促进我国的燃料电池电动汽车工业的技术进步。我国在"十五"初期进行了燃料电池电动汽车的标准体系研究并初步建立。已经完成的标准有：①《燃料电池电动汽车安全要求》；②《燃料电池电动汽车术语》；③《燃料电池发动机性能试验方法》；④《加氢车技术条件》。除了上述4项标准外，我国已经推出或即将推出的燃料电池电动汽车相关标准如：车载储氢系统标准、加氢口、加氢枪、燃料电池汽车动力性、燃料电池汽车氢气消耗量测量方法标准等。这些标准的完成，加上对于燃料电池汽车同样适用的传统汽车标准，可以初步满足国内的需求。

加强同国际的交流，直接参与国际上一些标准或法规的制定工作，有利于加快我国标准的制定进程，减少国际协调中的理解偏差和困难，同样有利于把我国的观点意见在国际标准中反映出来。

(2)加快加氢基础设施建设

作为给燃料电池汽车提供氢气的基础设施，全球加氢站的数量在不断增长。美欧日政府对加氢基础设施的支持力度是相当大的，成立了各种国际性或地区性的组织，如：国际氢能经济合作组织（IPHE）、加州燃料电池合作组织(CaFCP)、日本氢能 & 燃料电池实证示范工程（JHFC）、欧洲清洁城市运输计划（CUTE）等。而韩国规划新建加氢站数量在全世界新建加氢站中的比重迅速增大，发展最为强劲。截至2012年年底，中国加氢站仅2座，北京和上海各1座，相比美国、欧美、日本和韩国少得多。解决我国加氢基础设施的问题，亟须中国政府给予大力扶持，出台中长期氢能发展规划，引导各方力量积极投入到加氢基础设施的建设中来。

（上海汽车集团　黄晨东、章道彪）

七、天然气汽车

1. 2012年天然气汽车相关

（1）国家发改委2012年10月底公布新版的《天然气利用政策》自2012年12月起正式实施。新《政策》将天然气汽车尤其是双燃料及液化天然气汽车列为优先类用户，规定：对优先用气项目的加气站建设，地方各级政府可在规划、用地、融资、收费等方面出台扶持政策，予以鼓励和支持。

（2）国家发改委于2013年2月22日发布《战略性新兴产业重点产品和服务指导目录》，明确新能源汽车产业只包括纯电动汽车、插电式混合动力汽车、燃料电池汽车。不包括天然气汽车。

（3）2012年12月3日，国家环境保护部发布《关于实施国家第五阶段气体燃料点燃式发动机与汽车排放标准的公告》，其中明确规定：自2013年1月1日起，所有生产、进口、销售和注册登记的气体燃料点燃式发动机与汽车必须符合国V标准的要求，相关企业应及时调整生产、进口和销售计划。

（4）车用CNG钢瓶新标准实施悄悄支持发展：国家质监部门制订的GB17258-2011《汽车用压缩天然气钢瓶》于2012年12月1日实施，该新标准取代的是GB17258-1998，这是我国天然气汽车事业起步发展14年之后，国家有关部门在新形势推动之下所做的一项必不可少的基础工作。新发布这一标准有着明显的进步之处：将气瓶的使用寿命期延长了50%，这减少了巨大的资源浪费，降低了天然气汽车车主的使用成本。

2. 2012年我国天然气汽车发展情况

（1）产业发展

经《中国天然气汽车》编辑部对2012年5月以来的不完全最新统计，全国天然气汽车保有量新增47.3万辆，总保有量已达到157.7万辆（剔除一年来因报废和自行拆除装置数约6.1万辆），增幅约40%，增幅比去年有所下降。

在157.7万辆天然气汽车的保有量中，液化天然气商用车（LNG汽车）超过7.1万辆，主要是液化天然气载货卡车和大巴车。CNG汽车仍为我国天然气汽车保有量的绝对主体。

在全年新增的47.3万辆天然气汽车中，新增原厂生产天然气商用车（含LNG商用车和CNG大巴车）虽仅5.7万辆，但却意义非凡，其背景是一年来全国重卡销量减幅25%以上，但LNG重卡销量增幅超150%，天然气客车销量增幅达78%，年总销量超3.3万辆。

近一年来天然气汽车加气站新增446座，总量达到2784座，增幅为19%；增幅与上一年基本持平，其中637座为LNG加气站，占比22.8%。

2012年，进入天然气汽车产业的市场主体继续增加，更多地方政府的投资平台公司介入；中石油更重视内部整合和协调发展；中石化抓紧在煤制天然气上取得主动；中海油则继续全力登陆拓展。

一年来，因天然气汽车改装、OEM制造、天然气汽车加气、以营销CNG/LNG为主要目的的企业设立、装备投资、土地占用等发生经济总量约为1072亿元，增幅达36.5%，包括：天然气汽车制造及改装达275亿元（其中仅5.7万辆天然气商用车价值就达230亿元，增幅大）；企业设立装备投资/购地约327亿元；天然气汽车用气126亿立方米，产值约470亿元。

（2）技术发展

陕重汽进一步提升天然气重卡运行性能的稳定性，实现年销量7000辆重卡，全国领先；其双燃料重卡通过国家排放认证，取得三款新车公告。

中国重汽LNG产品独家采用更高品质的车架、车桥、HUV橡胶悬架及铝壳轻量化变速箱等先进技术，销量列全国第二。

联合卡车今年新推出配置国内领先的国V“K金版”即K13N新型天然气发动机重卡，采用高效逆向冷却技术，气缸盖集成进气管的整体缸盖以及缸内制动技术、新一代ESI燃气控制系统等，极具新的市场竞争力。

原厂产LNG商用车的热销和良好性能，刺激了在用燃油商用车车主的改车欲望，由此也推动了改装LNG商用车（双燃料）的技术进步：如易控公司开发的专用控制系统，目前已具备：批量改装潍柴WP10系列发动机车型；批量改装玉柴YC4G\6G系列和6K12\6L系列发动机车型；以精确控制LNG喷射为核心实现发动机最佳工作状态，系统失效时即自动转移控制权。

受益于天然气汽车及加气站设备需求日益旺盛的富瑞特装股份公司于2013年2月以自有资金出资1.9亿元在江苏省张家港市实施可再制造为LNG发动机的再制造一期项目。

3. 2012年天然气汽车加气站建设情况

在国内车用天然气加气站购地方面，单站购地价陆续出现超3000万元、4000万元个案；继2012年2月贵阳市白云区白云南路加气站用地4亩出价逾3000万元购地之后，4月17日沈阳石油天然气公司以4626万元购得一块面积仅4亩的LNG/CNG加气站地块。

昆仑能源有限公司正在成为国内以气代油发展LNG汽车的领跑者。近一年已建成投运LNG加气站220座，开发LNG车辆3万辆；昆仑能源旗下华油天然气股份有限公司近一年已建成投运LNG加气站50座，开发LNG车辆1万辆。

新奥能源继续保持国内单体企业车用天然气销量领先的位置，开始内联外攻，既联手昆仑能源在上海发展LNG汽车，还首创赴海外发展天然气汽车，现已宣布进军美国，首批拟建50座LNG加气站。

广汇能源公司近一年新建加注站47座，还大手笔投资4亿元提升淖柳公路运力使其下属的LNG运输公司年盈利超千万，近期还正式提出三年建800~1000座LNG加气站的部署。

4. 车用设备及站用设备情况

（1）车用设备

天然气汽车产业设备装备提供商士气高涨，收益靓丽：富瑞特装股份有限公司、成都华气厚普股份有限公司等设备制造企业受益于国内LNG汽车发展，2012年业绩大好。富瑞特装今年一季度，更是因其LNG车用瓶产品销售大增，以致该公司实现营业收入4.33亿元，同比增长85.01%；实现归属于公司普通股股东的净利润 4875 万元，同比增长 134.87%；实现每股收益 0.36 元，业绩远超证券界预期。

我国将气瓶的使用寿命期延长了 50%，这减少了国内巨大的资源浪费，降低了天然气汽车车主的使用成本。

（2）站用设备

受益于天然气汽车及加气站设备需求日益旺盛的富瑞特装股份公司于 2013 年 2 月以自有资金出资 1.9 亿元在江苏省张家港市实施可再制造为 LNG 发动机的再制造一期项目。

实用型低成本吸附式家用天然气汽车技术问世并首先进入新疆。

5. 技术趋势

国内生物天然气开发利用技术走向成熟。中国农业大学生物质工程中心的程序教授频繁发声，以实例介绍生物天然气潜力呼吁重视开展车用生物天然气。

最近海归罗臬利用其在美国留学的研发成果，设立潞翔能源公司推广 ANG 储存技术与天然气汽车，此举可能助推国内平民天然气汽车快速发展。

6. 存在问题及建议

（1）较大金额的投资风险陆续显现

全国目前至少有 100 座已建成加气站因多种情况无法营业或存在销售困难或成本倒挂；杭州等地一些 LNG 加气站因手续难办而被查出并被重罚；投资风险主要集中在部分政府平台投资公司的非实业性运作和加气站终端，对设备供应商、气源供应商无直接影响。

（2）积极应对第五阶段气体机排放标准

燃气汽车排放实行国Ⅴ标准的公告发布日期距实施日期不足一个月，在一定程度上留给车企准备的时间并不充足，但从技术上来讲，燃气汽车升级国Ⅴ技术上难度不大，整车生产企业应积极做好产品换型和公告准备，并在尾气后处理与发动机效率的协调上加大技术研发力度，尽快推出更多的国Ⅴ排放车型投放市场。

（3）重视改装车安全

近年来，改装天然气汽车在很多地方城市蓬勃发展，目前已经形成了可观的产业规模。各地也通过制定地方性法规，为改装天然气汽车上路提供许可，但改装天然气汽车的安全性不可放松，地方城市应该加大对机动改装管理制度和技术标准的研究，严格改装车企业资治管理，对违规和非法改装严令禁止，以保证车主的使用安全和产业的健康发展。

（华油天然气股份有限公司　饶川）

八、车用动力电池

1. 动力蓄电池总体概况

中国从第九个五年计划开始支持动力电池的研发工作，在目前制定的国家规划中，动力电池作为电动汽车最为重要的关键零部件，对其重视程度和支持力度前所未有，其中尤以能量型动力电池作为支持的重点。

2012 年 3 月 27 日科学技术部公布了电动汽车科技发展“十二五”专项规划，规划继续坚持“三纵三横”的基本研发布局，根据“纯电驱动”技术转型战略，进一步突出“三横”共性关键技术，其中动力电池作为三横的最为关键的内容得到了重点支持。

动力电池的相关规划内容如图 8 所示。

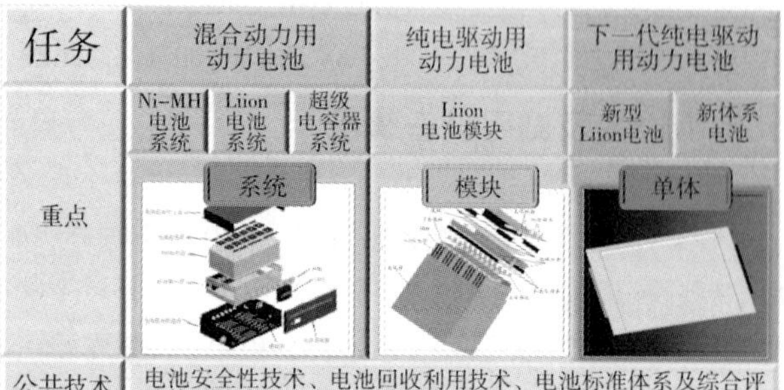

图 9　动力蓄电池总体规划示意图

2012 年 6 月 28 日国务院印发了《节能与新能源汽车产业发展规划（2012—2020 年）》，规划规定：到 2015 年，纯电动汽车和插电式混合动力汽车累计产销量力争达到 50 万辆；到 2020 年，纯电动汽车和插电式混合动力汽车生产能力达 200 万辆、累计产销量超过 500 万辆；动力电池等关键零部件技术整体上达到国际先进水平，关键零部件技术水平和生产规模基本满足国内市场需求。

动力电池规划内容的相关指标如图 9 所示。

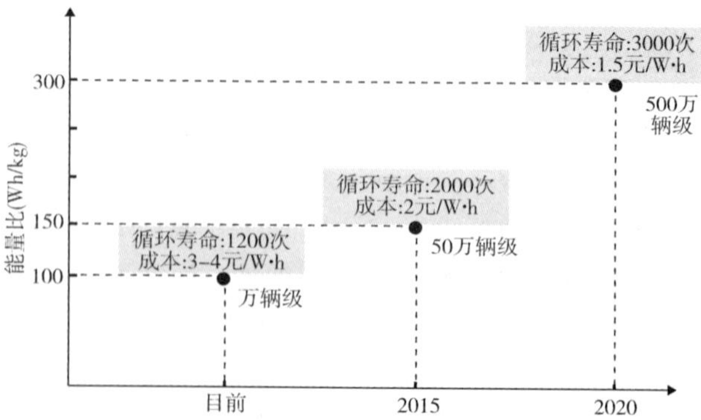

图 10　动力电池相关指标

通过对镍氢电池、锂离子电池、超级电容器单体、模块、标准、评价及关键原材料的研发进行技术攻关，我国动力电池技术水平得到了很大提升，自主研发出用于混合电动汽车的高功率型动力电池和用于纯电动汽车的高能量型动力电池，形成了镍氢和锂离子系列车用动力电池产品。

目前，中国形成了珠江三角洲、长江三角洲、北京—天津地区和中原地区为主的四大动力电池产业化聚集区域。截至2013年3月，在动力电池领域有超过百亿元产业资金的投入，年产能近200亿W·h，总计超过百家动力电池及配套企业从事动力电池、关键原材料、生产装备及管理系统等的研发及产业化工作。动力电池产品目前正在城市公交大巴车、公务用车、出租车、环卫和邮政用车及私人购买的乘用车等领域进行规模应用与示范考核，配套了“十城千辆”大规模示范工程中的2.74万辆节能与新能源汽车，其中配套私人购买的新能源汽车达到了4400辆，动力电池总体运行情况良好。

中国主要动力电池企业的年产能统计见表4。

表4 主要动力电池产业年产能统计表

序号	企业名称	企业所在地	电池种类	年产能（亿A·h）	备注
1	比亚迪	广东惠州	锂离子	3.75	—
2	万向	浙江杭州	锂离子	1.2	—
3	宁德	福建宁德	锂离子	1	—
4	普莱德	北京	锂离子	0.75	仅系统集成
5	力神	天津	锂离子	1	—
6	中航锂电	河南洛阳	锂离子	1.8	—
7	国轩	安徽合肥	锂离子	1.3	—
8	盟固力	北京	锂离子	0.6	—
9	比克	天津、深圳	锂离子	1.5	—
10	沃特玛	广东深圳	锂离子	1.4	—
11	捷威	天津	锂离子	1.1	—
12	星恒	苏州	锂离子	0.5	—
13	环宇	河南新乡	锂离子	0.5	—
14	威能	山东潍坊	锂离子	1.5	—
15	科力远	湖南长沙	镍氢	6.8（万套）	—

2. 动力蓄电池技术进展及发展动向

我国动力电池的技术水平得到了很大的提升，自主研发出用于混合电动汽车的高功率型电池和用于纯电动汽车的高能量型电池，形成了镍氢和锂离子6～200A·h多个系列车用动力电池产品，建立了批量化生产线，安全性、功率密度、能量密度及寿命等关键指标具有明显进步，电池成本显著降低。镍氢电池已经批量用于混合动力轿车、客车及纯电动客车开展了示范运行，锂离子电池在“十城千辆”电动汽车大规模示范工程及私人用纯电动轿车中得到了应用和验证。我国动力蓄电池技术水平的迅猛发展得到国际社会的高度关注。

在镍氢电池方面，我国研制的镍氢动力电池主要用于混合电动轿车（小容量）和混合电动客车（较大容量），单体电池的比能量达到了55W·h/kg，电池系统的比能量达到了36W·h/kg。

在锂离子动力电池方面，研发的10A·h的混合动力汽车用功率型锂离子动力电池样品，功率密度达到4500W·h/kg左右；研发的50A·h纯电动汽车用高能量型磷酸铁锂动力电池样品，能量密度接近140W·h/kg；研发的25W·h纯电动汽车用层状锰酸锂动力电池样品，能量密度达到160W·h/kg；研发的25A·h纯电动汽车用锰酸锂混合材料动力电池样品，能量密度达到162W·h/kg。

在镍氢电池领域，我国完整掌握了材料、电池开发、制造技术等核心技术，并具备了大规模产业化制造技术，具备了产业化基础条件，在系统集成技术和能力方面取得较大进展和突破，有效地支撑了混合动力汽车示范运行。

由于国家规划重点支持纯电驱动技术研发，因此对镍氢动力电池的支持力度日益减弱，中国各镍氢动力蓄电池生产厂家在技术研发和产业化投入方面呈现逐渐萎缩的态势，其前景主要依靠混合动力汽车市场的快速启动及集成技术成熟度和产品价格竞争力。

表5 中国镍氢动力电池生产企业产品统计表

企业名称	电池形状（代表产品）	外壳材料	容量（A·h）	应用领域
湖南科霸	方形（六连体）	塑料	6.5	HEV轿车和客车
江苏春兰	方形	不锈钢	30、40	HEV客车
内蒙古稀奥科	D型圆柱	不锈钢	6.5	HEV轿车
上海万宏动力	圆柱环形	不锈钢	17	HEV轿车和客车
山东齐盛	方形	不锈钢	200	纯电动客车
备注	产品容量从6.5A·h到200A·h不等，能量密度从45Wh/kg左右到55Wh/kg左右不等			

在锂离子电池领域，我国在尖晶石型锰酸锂、橄榄石型磷酸铁锂材料及层状三元正极材料、石墨类负极材料等关键原材料方面掌握核心技术并具备产业化制造技术能力；在动力电池制造技术方面，逐步从半自动中试向全自动大规模制造技术过渡，掌握了动力电池的配方设计、结构设计和制造工艺技术，在系统集成技术和能力方面取得较大进展和突破。锂离子动力电池技术水平已经具备支撑电动汽车开展大规模商业化运行的技术和产业条件。

从锂离子动力电池目前应用的材料形势看，主要有以下几个显著的特点：

正极材料方面，主要有锰酸锂、镍钴锰、镍钴铝和磷酸铁锂等材料。日本、韩国与中国、美国技术路线有较大不同。日韩企业正极材料目前以锰酸锂、镍钴锰、镍钴铝及其混合材料为主，中国目前主要以磷酸铁锂为主，美国则是二者兼有。

负极材料方面，石墨仍然是主流材料（包括人造石墨和天然石墨），部分企业采取石墨与硬碳及软碳材料混合的方式。少部分企业采用钛酸锂做负极材料制作电池。日、韩以天然石墨材料为主，而中国则以人造石墨为主。

隔膜材料方面，聚丙烯和聚乙烯及其复合膜是目前的主流产品，改性隔膜的技术目前已进入应用及量产供货阶段。国内外技术趋势基本相同。新型隔膜，如聚酰亚胺高温隔膜等，研发力度在逐步加强。

电解液方面，碳酸酯类作为溶剂，六氟磷酸锂作为溶质，是目前的主流产品。

在锂离子电池领域，国内锂离子动力蓄电池生产厂家目前众多，投资金额由千万元到亿元，直至几十亿元不等。在应用材料方面，正极材料以磷酸铁锂为主，部分企业采用锰酸锂、三元材料及其混合材料，负极材料基本上以人造石墨、硬碳、软碳、MCMB 及其混合材料为主，少部分企业采用钛酸锂材料。电池外壳有方形、圆柱形和软包装结构；极片有卷绕和叠片等不同的生产工艺方式等。

表 6　国内锂离子动力蓄电池主要生产企业产品统计表

企业名称	材料体系（代表产品）	壳体形状	极片卷绕方式	电池形状
比亚迪	磷酸铁锂/石墨	铝壳	卷绕 + 叠片	方形
天津力神	磷酸铁锂/石墨	铝壳	卷绕 + 叠片	方形
深圳比克	磷酸铁锂/石墨 三元材料/石墨	铝壳 不锈钢	卷绕	圆柱
哈尔滨光宇	磷酸铁锂/石墨	不锈钢	叠片	方形
天津捷威	磷酸铁锂/石墨	软包装	叠片	软包装
万向电动汽车	磷酸铁锂/石墨	软包装	叠片	软包装
北京盟固利	混合材料/石墨	软包装	叠片	软包装
苏州星恒	磷酸铁锂/石墨	铝壳	叠片	方形
中航锂电	磷酸铁锂/石墨	塑料	叠片	方形
上海航天电源	磷酸铁锂/石墨	铝壳	叠片	方形
宁德新能源	磷酸铁锂/石墨	铝壳	卷绕 + 叠片	方形
湖州微宏	三元/钛酸锂	软包装	叠片	软包装
备注	电池产品容量从 2A·h 到 200A·h 不等，能量密度从 110Wh/kg 左右到 160Wh/kg 左右不等（不含钛酸锂体系） 我国动力电池目前以磷酸铁锂正极材料/石墨负极材料为主要的材料体系。随着 2012 年度新能源汽车产业技术创新工程项目的启动，我国动力电池的材料体系逐步转向三元正极材料/石墨负极材料，已满足创新工程提出的技术指标要求			

据统计，我国混合电动汽车锂离子动力蓄电池的价格在 6 元/W·h 左右（含管理系统），而插电式混合电动汽车及纯电动汽车锂离子动力蓄电池的价格在 3 元/W·h 左右（含管理系统）。而混合电动汽车镍氢动力蓄电池的价格 8 元/W·h 左右（含管理系统）。

3. 与国外先进技术的比较

就全球锂离子电池布局来说，日本、韩国和中国厂商占据主导地位。从技术上看，日本企业仍居于领先地位，其生产设备自动化程度高，中国和韩国的高端装备均是从日本引进技术和设备，通过消化和吸收，不断完善和提高。近年来，中国和韩国迅速崛起，日本锂离子电池的市场份额逐渐下跌。

自锂离子电池正式进入市场以来，应用领域日新月异，从照相机、摄像机领域，进入到手机和笔记本电脑领域、电动工具、电动助力车，以及进入各国政府关注度很高的电动汽车领域和储能领域。锂离子电池研究的快速发展令人瞠目，电池性能得到了快速的发展。在电池容量方面，锂离子电池容量大约以每 10 年翻一番的速度增长。在电池倍率特性方面，锂离子电池的倍率放电性能不断提升，15C 和 20C 的锂离子电池被广泛地应用于电动工具，并占据越来越多的市场。在充电特性方面，锂离子电池快速充电性能进展迅速，5 ~10 分钟能充电 90% 以上锂离子电池已具商业化的可能，将促进电动汽车用动力蓄电池技术的快速发展。同时从锂离子电池价格趋势看，消费类锂离子蓄电池价格平均以每年 5%~8% 的速度下降。

我国在镍氢动力蓄电池方面已形成产品系列，产品性能已有明显提高，部分产品可与量产车型配套。国内主要镍氢电池生产厂家通过自主研发或合资方式，研制出 6 ~200A·h 多个系列产品。

我国在锂离子动力蓄电池方面已形成产品系列，产品性能已有明显提高，能支持样车和示范车型配套，国内主要锂离子电池生产厂家通过自主研发方式，研制出 8 ~200A·h 多个系列产品，安全性能指标取得明显进步，具有明显的价格优势。目前我国建立了较为先进的自动化生产线，产能规模位居世界第一。

同时我们也看到，相比日本、美国等发达国家的车用蓄电池技术产业发展情况，我国车用蓄电池产业发展仍存在以下不足：

（1）尽管有一定的产业规模优势，但是动力电池的性能相比较国际先进水平仍然存在差距，如产品的均匀一致性、使用寿命等；

（2）在电池模块化技术，尤其是在电池系统集成技术方面，我国的技术指标体系尚未完全建立起来，不能较好地与整车技术需求对接，制约了车用动力蓄电池的快速发展；

（3）产业化装备和工程化技术研究需要更加深入，我国在小容量锂电池积累的工程经验将会在大容量、大功率、大数量电池成组应用的车用蓄电池产业化过程中面临巨大的考验。

4. 动力电池标准体系现状及发展动向

目前，动力电池相关标准引起了国内外相关标准化机构的高度重视，对标准内容及制定权的争夺日趋激烈，这一点从国际电工委员会（IEC）和国际标准化组织（ISO）对动力电池标准的制定工作中可见端倪。中国目前在动力电池国际标准的制定中还处于参与和跟随状态，但参与的力度在逐步加大加深，相关标准部分体现了中方的意见和建议。

目前，中国建立了较为完整的动力电池标准框架，用以指导电池标准的制定工作，如图 11 所示。

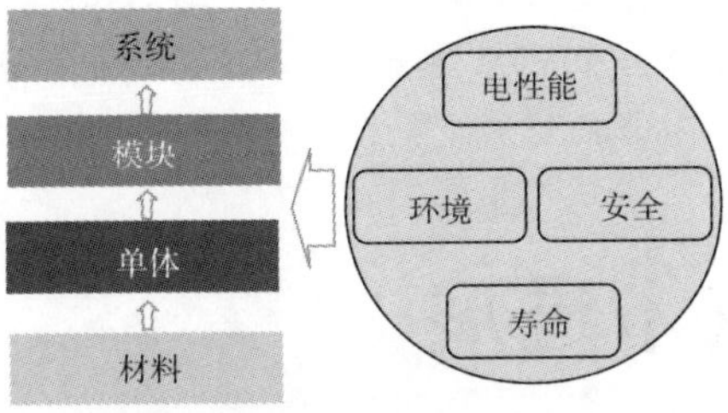

图 11 动力电池标准框架示意图

国内动力电池相关标准的大致概况见表 7。

表 7 国内动力电池相关标准一览表

标准类别		标准名称
中国国家标准	电池	已发布实施标准： 1. GB/T 18332. 1—2009 电动道路车辆用铅酸蓄电池 2. GB/T 18332. 2—2001 电动道路车辆用金属氢化物镍蓄电池 3. GB/Z 18333. 1—2001 电动道路车辆用锂离子蓄电池 4. GB/Z 18333. 2—2001 电动道路车辆用锌空气蓄电池
中国国家标准	材料	正在制定的标准： 1. 锂离子二次电池石墨类负极材料（GB/T 24533-2009） 2. 锂离子动力电池磷酸铁锂正极材料（GB/T ＊＊＊＊，编写中） 3. 锂离子动力电池钛酸锂负极材料（GB/T ＊＊＊＊，编写中） 4. 锂离子电池隔膜（GB/T＊＊＊＊，编写中）
中国行业标准		已发布实施标准： 1. QC/T 741-2006 车用超级电容器（修订过程中） 2. QC/T 742-2006 电动汽车用铅酸蓄电池 3. QC/T 743-2006 电动汽车用锂离子蓄电池（修订过程中） 4. QC/T 744-2006 电动汽车用金属氢化物镍蓄电池（修订过程中） 5. QC/T 840-2010 电动汽车用动力蓄电池产品规格尺寸 6. QC/T 897-2011 电动汽车用电池管理系统技术条件 正在制定的标准： 1. 电动汽车用动力蓄电池循环性能要求 2. 电动汽车用高功率锂离子动力蓄电池系统测试规程
强制法规		1. ECE R100：有关动力电池的安全测试内容 2. UN38. 3：危险品货物运输测试和标准手册 3. EVS-GTR 全球电动汽车安全法规（已成立非正式工作组，讨论过程中，预计 2014 年完成）

续表

标准类别	标准名称
国内测试规范/手册	科技部 863 计划节能与新能源汽车重大项目： 1. HEV 用高功率金属氢化物镍动力蓄电池性能测试规范 2. HEV 用高功率锂离子动力蓄电池性能测试规范 3. EV 用锂离子动力蓄电池性能测试规范 4. 电动汽车用电化学超级电容器性能测试规范 备注：上述规范已上升为行业标准。

动力电池国内标准化机构及测试机构情况见表 8。

表 8 国内动力电池标准化机构及测试机构一览表

国别	标准化机构	测试机构
中国	中国电子科技集团公司第十八研究所（全国碱性蓄电池标准化委员会）和中国汽车技术研究中心（全国汽车标准化委员会电动汽车分委员会）联合成立了动力电池工作组，负责动力电池相关标准的制定工作，其中十八所负责国家标准的制定工作，汽研中心负责行业标准的制定工作 十八所对口 IEC，汽研中心对口 ISO	1. 国家轿车质量监督检验中心 2. 国家汽车质量监督检验中心 3. 国家汽车质量监督检验中心（襄樊） 4. 国家机动车产品质量监督检验中心（上海） 5. 国家机动车质量监督检验中心（重庆） 6. 国家客车质量监督检验中心 7. 中国电子科技集团公司第十八研究所 8. 北方汽车质量监督检验鉴定试验所

电动汽车用动力电池标准发展趋势

针对中国电动汽车技术和产业的快速发展的良好预期，动力电池相关标准的制修订迫在眉睫，从产业链的角度开展电池标准的制（修）订工作，需涵盖动力电池的全寿命周期，即从动力电池原材料、动力电池车载使用、动力电池循环利用及动力电池的报废处理等方面建立完善的标准体系，在标准体系中要突出动力电池的安全性要求、对环境影响及电池单体、模块标准化的要求。同时考虑到动力电池在电动汽车产业发展过程中的重要性和关键性，考虑建立加强动力电池产品管理的标准体系和要求，对动力电池产业的发展进行规范和约束。

5. 总结

近年来新能源汽车在全球处于快速发展阶段，锂离子电池在新能源汽车领域中的应用已是大势所趋。

锂离子动力电池的具体技术发展趋势如下：

（1）进一步改善电池高低温性能，技术途径是在电极材料电导率提高、电解质组分与添加剂优选，以及电极黏合剂等方面取得突破。

（2）进一步提升电池寿命（包括日历寿命），技术措施是通过电池材料优化与表面处理、电解质有效添加剂；采用高度自动化的生产装备，提升电池的均匀一致性，以及 BMS 对 SOC、SOH 以及 DOD 精确控制等。

(3) 进一步降低成本，技术途径是与材料供应商密切合作，降低材料成本，同时寻求国产化与本地化；同时采用新型的生产工艺，提高生产效率与产品合格率等。

(4) 进一步提高电池、模块与系统安全性和可靠性。电池的技术途径是采用基体上涂敷导电层以提高集流和导电效果；电极及隔膜界面涂敷微米级耐热涂层改善析锂及枝晶问题；电池 CID 技术；电池内部 PTC 技术；电池模块与电池系统有效热设计、高可靠、低电阻连接以及高可靠 BMS 有效监控等。

(5) 进一步提高能量密度及系统集成能力和水平，针对中国目前动力电池的研发及产业化现状，首先立足磷酸铁锂等电池技术的改进与提高，单体电池达到 130～140W·h/kg 和电池系统水平达到 100W·h/kg 左右；发展锰酸锂、安全型三元材料或其复合材料体系，单体电池达到 160W·h/kg 左右和电池系统水平达到 130W·h/kg；同时加强新材料研究与应用（如富锂层状高比容量正极材料、硅碳复合负极材料、高温隔膜、高电压及阻燃型电解液等），单体电池达到 200W·h/kg 左右和电池系统水平达到 150W·h/kg 以上。

(6) 深入开展新体系电池的研究工作，在锂硫和锂空气领域取得技术先发优势，提早做好技术和专利的战略布局。

（中国电子科技集团公司第十八研究所　肖成伟）

九、车用燃料电池技术进展

燃料电池汽车以其动力性能高、续驶里程长及与燃油车类似的加注方式，一直得到了各国政府、各大汽车公司的持续关注，并不断取得进展。从国际上看，燃料电池电堆的功率密度从 2005 年的 1kW/L 提高到目前的 3kW/L；轿车用燃料电池系统寿命从 2000h 提高到 5000h 以上，客车用燃料电池系统寿命超过 12000h，实现了-30℃低温环境下运行。丰田公司车用燃料电池系统的成本预计到 2015 年再降低一半以上，届时燃料电池轿车售价在 5 万~10 万美元，具备市场竞争力。国内车用燃料电池技术在科技部“973”与“863”项目的支持下，针对燃料电池存在的寿命与成本问题，开展了关键材料、核心部件、系统优化与控制策略方面的研究，并取得了一定的进展。

1. 车用燃料电池近期国际发展动态

燃料电池汽车是电动汽车的高端产品，各大汽车公司都在持续的投入研发力量。最引人注目的是 2013 年年初汽车公司三大阵营的建立：1 月 24 日，丰田和宝马签订协议，到 2020 前将共同组建一个燃料电池汽车基础平台，分享一系列燃料电池技术；主要涉及燃料电池电堆、系统、氢储存罐、电机和配套二次电池等。紧接着，4 天后，戴姆勒、福特和雷诺—日产又签订三方协议，共同出资研发燃料电池车用电堆技术，计划 2017 年量产用；主要目的是降低成本，成本问题被认为是目前量产的主要障碍。2013 年 7 月，本田与通用公司也宣布结成联盟，共同促进燃料电池产业化进程。这是继 2009 年 9 月 7 家汽车企业（戴姆勒、福特、通用汽车、本田、现代起亚、雷诺—日产和丰田）联合发表声明后，国际大汽车公司对燃料电池发展的又一重要举措。此外，韩国的现代汽车公司的燃料电池汽车也取得了较大的进展，成为后起之秀，2013 年的布鲁塞尔车展上，现代起亚赢得了 FuturAuto 荣誉，制造商已经确认系列生产现代 ix35 燃料电池电车（如图 12），从现在到 2015 年间将会有 1000 辆车在韩国公司的蔚山制造厂制造，2015 年将会开始 1 万辆的车产量。ix35 的动力系统是由 100kW 燃料电池和 24kW-Li 聚合物电池组成，最高时速达 160 km/h，充一次氢气可运行 588 km。作为老牌的燃料电池劲旅，Toyota 也在 2012 年 9 月宣布其燃料电池电堆取得新的进展，电堆功率密度为目前 FCHV-adv 在用电堆的两倍，最高功率密度输出达到 3kW/L，但尺寸和重量仅为原来的一半，将在 2015 年左右装配于新一代燃料电池轿车；此外，该公司计划在 2014 年开始批量生产的燃料电池版普瑞斯（如图 13），从 2015 年开始在日本，美国和欧洲市场销售。目前主要挑战仍然是成本问题，目前估计成本为 10 万欧元以下，要达到商业化还要降低 30%~40%。

图 12　现代-ix35

相比之前的 2015 年前达到商业化的预期，不同公司相继制定了不同的燃料电池汽车商业化时间表，且相对 2015 年有了不同程度的推迟。主要原因有两个：一是城市的氢基础设施的缺乏和燃料电池车成本控制问题，其中成本问题仍是燃料电池汽车量产的主要障碍。高端轿车被认为是一个市场突破口，在燃料电池汽车早期市场中，有着更加广阔的市场空间；二是燃料电池汽车初期市场，可能还需

图 13　丰田普瑞斯

要大量的政府补助以帮助其扩大市场。

2. 寿命、成本依然是商业化的瓶颈问题

燃料电池汽车已进入产业化的前夜，除了加氢等基础设施有待于逐步完善外，成本与寿命仍然是要解决的瓶颈问题，各国政府及各大汽车还将继续进行研发投入，旨在进一步降低成本、提高寿命，满足车用燃料电池商业化的需要。

（1）寿命方面

寿命是制约商业化的一大技术难题，近年来在燃料电池延长寿命方面不断探索一些解决方案，并取得了显著的进展。主要研究工作集中在分析燃料电池衰减机理，进而从材料创新与系统控制策略等方面着手，切实可行地提高燃料电池耐久性。

研究发现车载工况存在的高电位及电位扫描是引起燃料电池衰减的直接原因，针对不同工况采取不同的控制策略及研究高稳定性材料是提高燃料电池寿命的有效手段之一。

第一，燃料电池开路、怠速及低载状态衰减及策略。针对 H_2/Air 燃料电池，其开路状态单电池电压一般为 0.9～1.0V，且氢气与空气均为高浓度非流动滞留状态，此时，除了高阴极电位会导致燃料电池碳腐蚀加剧外，对膜的降解也会加剧，这是因为阴阳极两侧反应气的相互渗透，导致氢氧自由基的形成，使膜材料衰减速率增加，大连化物所赵丹等人进行了开路状态下膜衰减测试，结果表明，电极中 Pt 的存在会加速开路状态下膜的衰减。此外，怠速或低载运行也是燃料电池汽车的常见工况，此时，单电池电压常常会在 0.85V 以上，会出现与开路状态类似的阴极高电位引起的膜与碳材料腐蚀。因此，在控制策略上，要尽量减少开路状态停留时间，也可给二次电池充电等办法来使电位降低 0.85V 以下，从而缓解燃料电池的衰减。从膜材料方面，研究者制备了带有自由基淬灭剂的复合膜，也可有效缓解膜的降解，提高膜的化学稳定性。赵丹等人采用在 Nafion 膜中加入 1wt.% 的 $Cs_xH_{3-x}PW_{12}O_{40}/CeO_2$ 纳米分散颗粒制备出了复合膜，利用 CeO_2 中的变价金属可逆氧化还原性质淬灭自由基，$Cs_xH_{3-x}PW_{12}O_{40}$ 的加入在保证了良好的质子传导性同时还强化了 H_2O_2 催化分解能力，这种复合膜组装成 MEA 在开路电压下进行了耐久性试验，结果表明它比常规的 Nafion 膜以及 CeO_2/Nafion 复合膜在氟离子释放率、透氢量等方面都有所缓解。

第二，启动停车过程的衰减与策略。启停是车辆运行另一常见工况，对于燃料电池汽车，频繁的启停过程在燃料电池阴极侧会产生高达 1.6V 高电位，研究表明车辆在目标寿命 5500 h 内，启动停车过程阴极累积暴露 1.2V 以上时间可达 100h，这会引起燃料电池内部催化剂炭载体的氧化，导致燃料电池性能的衰减。通过启动停车过程衰减过程研究，探明了其启动或停车时，燃料电池阳极侧形成的氢/空界面是引起高电位的主要原因。

控制策略方面，要避免启停过程的氢空界面。大连化物所研究的停车过程放电方法对高电位起到了控制作用。UTC 公司披露的启动停车过程利用辅助负载限电位法，也可有效地抑制高电位产生。此外，炭腐蚀速率与进气速度密切相关，在启动过程中快速进气可以降低高电位停留时间，达到减少炭载体损失的目的。除了通过控制策略抑制高电位外，研究高稳定性的催化剂载体也是研究的热点，综合近期研究成果，高稳定性的催化剂载体主要分为炭材料与金属化合物两大类。炭材料方面，研究人员在炭纳米管（carbon nanotube，CNT）、炭纳米球、石墨纳米纤维、富勒烯 C60、介孔炭、炭气凝胶等方面进行了有益的尝试。金属化合物作为催化剂载体材料，也得到越来越多的重视，如以 W_xC_y、氧化铟锡（indium tin oxide，ITO）等，为代表的金属氧化物与金属碳化物等得到了关注。大连化物所研制的 Pt/WO_3 金属氧化物载体催化剂表现出较高的稳定性，当用其作为阳极催化剂时，其电池性能与 Pt/C 接近，但其稳定性远高于 Pt/C。3M 公布了纳米薄膜电极（NSTF）在催化剂载体、催化层形貌、制备过程、电极结构等方面与传统的 MEA 都有本质的区别。其催化剂载体是基于商品化大量使用的染色剂二萘嵌苯杂环有机物经过高温升华沉积形成定向、高密度的单层单晶须，该材料为 P-型有机光导体（Organic photoconductor），带宽为 2V，因此作为催化剂的载体，不会发生电化学腐蚀，且具有高的比表面积；这种催化剂载体打破了载体必须为导电材料的传统理念，是一个创新性的概念。

第三，动态工况循环电位扫描衰减与策略。车辆的加速、减速动态循环对应着燃料电池发电加载、减载过程，在此过程中燃料电池输出电压是动态变化的，相应的燃料电池催化剂等材料承受着电位动态扫描。研究表明，在电位动态扫描情况下，催化剂会发生迁移、团聚及流失，造成 Pt 流失与晶粒长大，从而导致燃料电池性能衰减。目前，控制策略方面可以采用燃料电池与二次电池或超级电容器的电—电混合模式，需要深入研究燃料电池输出功率变化速率对其性能衰减的影响，制定优化的燃料电池加载方案，为电—电混合控制策略提供依据。在材料方面，研究高活性、高稳定性的催化剂是关键。通过贵金属元素对Pt/C进行修饰，可提高催化剂的稳定性。如以Au cluster修饰Pt纳米粒子，此外，加入Pd也可提高Pt的氧还原活性、改善其抗氧化能力。研究表明，Pt_3Pd/C与Pt/C相比较，在循环伏安（cyclic voltammetry，CV）扫描加速衰减实验中的抗衰减能力得到较大提高。采用其他过渡金属与Pt形成的二元合金催化剂Pt-M/C，也是提高催化剂稳定性与降低成本的一个有效途径。利用过渡金属M与Pt之间的电子与几何效应，提高了Pt的稳定性及比活性，同时，降低了贵金属的用量，使催化剂成本也得到大幅度降低。如Pt-Co/C、Pt-Fe/C、Pt-Ni/C等二元合金催化剂，展示出了较好的活性与稳定性。

第四，动态加载反应气不足引起的衰减与策略。研究显示，燃料电池在加载的瞬间，由于供气响应滞后于加载的电信号，会引起燃料电池出现短期“饥饿”现象，即反应气供应不能维持所需要的输出电流，造成电压瞬间过低，尤其是当燃料电池堆各单节阻力分配不完全均匀时，会造成阻力大的某一节或几节首先出现反极。当空气供给不足时，造成电流密度分布不均，局部会出现热点，当深度反极时会使空气侧产生氢气，严重时会发生爆炸。为了防止动态加载时的燃料电池空气饥饿现象，还可采用“前馈”控制策略，即在加载前预置一定量的反应气，可以减轻反应气饥饿现象。此外，在电堆的设计、加工、组装过程中保证各单电池阻力分配均匀，避免电池个别节在动态加载时出现过早的饥饿，也是预防衰减的重要控制因素。

在动态加载时除了会发生空气饥饿外，氢气供应不足会发生燃料饥饿现象。瞬间的燃料饥饿会使阳极侧的局部电位达1.6V以上，导致炭氧化反应的发生，造成催化剂炭载体的严重腐蚀。

此外，阳极侧积水也会发生局部燃料饥饿，产生类似启动停车过程的氢空界面引起的阴极高电位。因此，避免阳极侧水累积，及时排除燃料电池阳极侧的水，是避免局部燃料饥饿的根本。燃料电池阳极侧的水是来源于由于阴极生成水的反扩散，目前，燃料电池技术追求高性能，使用的膜越来越薄，随着膜的减薄，反扩散水量增加，阳极水管理带来更多的挑战。氢气系统上采用氢气回流泵或喷射泵等部件可实现尾部氢气循环，是避免燃料饥饿的最有效途径。通过燃料氢气的循环，可提高气体流速，改善水管理；同时燃料循环也相当于提高了反应界面处燃料的化学计量比，有利于减少局部或个别节发生燃料饥饿的可能。

UTC power公司水传递双极板板（WTP）是水管理的成功典范（如图14），这种双极板与传统双极板具有相似的导电、传热能力及机械强度，不同之处在于双极板为具有合适孔径的多孔板，能够透水、阻气，工作时循环水压力低于两侧反应气，电化学生成水从水腔排出；当反应气侧增湿不足时，还可以从双极板表面通过蒸发补充水分，简化了增湿系统。WTP板由于排水是通过双极板微孔直接进入水腔，与传统的燃料电池依靠反应气挟带动态排水方式比较，流场不积水，有利于电流密度均匀分布，避免由于局部反应气饥饿带来的局部反极现象，使燃料电池寿命延长。

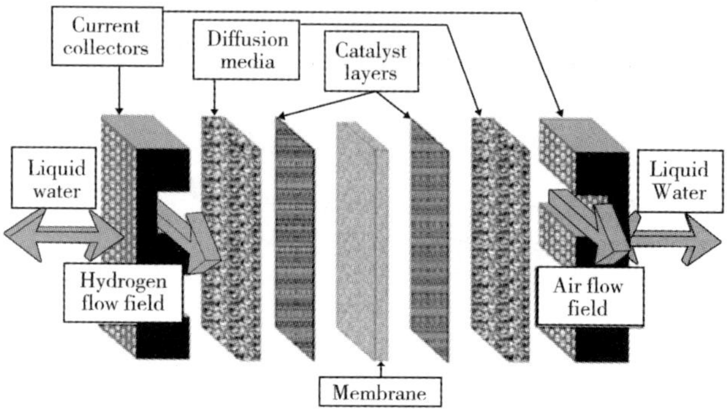

图14　UTC透水板专利技术结构示意图

但是这种多孔的WTP板孔内会有残存水，在0℃以下由于水、冰相变带来的体积变换，可能会给电池操作带来一定的问题。然而，WTP板快速的湿度响应及流道内不积水的优点带来燃料电池运行的长寿命是值得我们在双极板及流场设计时借鉴的。对于常规动态排水的双极板，如薄金属冲压双极板，如何能通过流场设计、调整双极板与膜电极界面亲疏水性实现流场内不积水，是决定能否达到设计预期性能的关键。

（2）成本方面

国际先进水平燃料电池预测成本（按每年50万辆80kW系统批量）2012年已降低至47美元/千瓦，距离目标成本30美元/千瓦还有一些差距（如图15），而且低量产时成本仍然还会更高（如图16）。在成本控制方面要从材料、部件、系统多方面着手，降低Pt及贵金属催化剂的用量、提高电堆的功率密度、简化系统等手段是降低成本的有效途径。其中，重点和难点是降低Pt的用量，此外，有限的Pt资源也需要低的Pt使用量。近些年研究者通过不断努力，使得Pt用量有了大幅度降低，国际先进水平从2007年的0.6g/kW，降低到现在的0.2g/kW。国内技术在降低Pt用量方面也取得了较大的进步，十一五末期Pt用量达到1.0g/kW；目前，相关研究单位，通过低Pt核壳催化剂、MEA结构优化的研制，Pt用量已降至0.4~0.6g/kW。下一步，要通过技术进步进一步降低Pt用量，满足商业化需求。

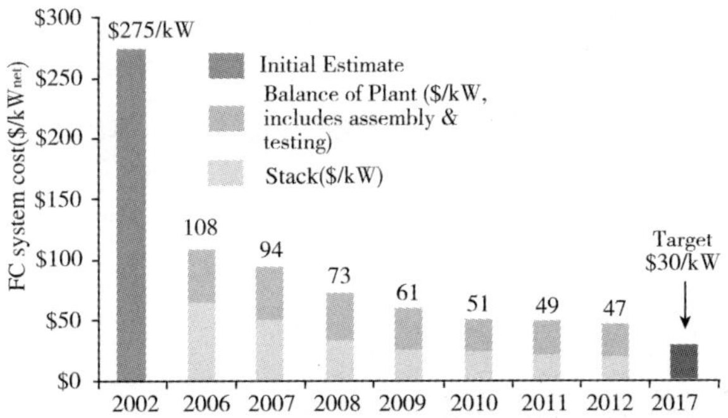

图 15 DOE 公布的燃料电池系统成本

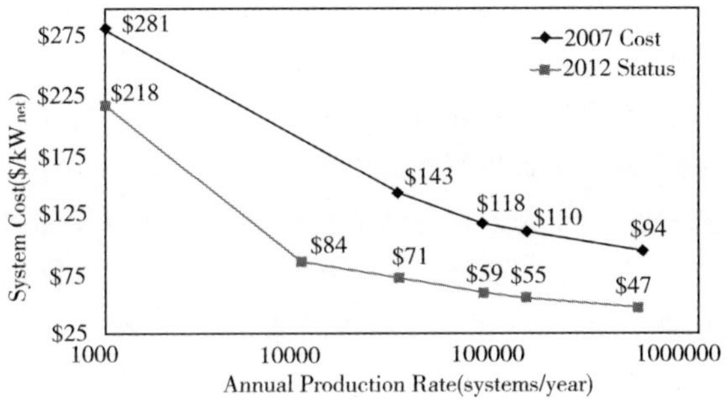

图 16 燃料电池系统成本与批量生产的关系

除了通过提升电堆功率密度手段减少 Pt 用量外，提高 Pt 催化剂的质量比活性是国际上的研究热点，研究者通过形貌控制、合金化、核壳催化剂等使催化剂活性提高或利用率提高，可有效降低 Pt 用量。

(3)低 Pt 核壳催化剂

利用非贵金属为支撑核，表面贵金属为壳的结构，可降低 Pt 用量，提高质量比活性。如采用欠电位沉积方法制备的 Pt-Pd-Co/C 单层核壳催化剂总质量比活性是商业催化剂 Pt/C 的 3 倍，利用脱合金（de-alloyed）方法制备的 Pt-Cu-Co/C 核壳电催化剂，质量比活性可达 Pt/C 的 4 倍。国内 zhang 等采用了连续还原法在水溶液中制备了 Pd 核@ Pt 壳结构的二元金属催化剂。在两亲性的嵌段共聚物同时作为还原剂、稳定剂和晶面保护剂的条件下，Pt 选择性的沉积在 Pd 纳米粒子的表面，得到粒径小于 10nm 的 Pd 核@ Pt 壳结构纳米粒子，制备的 Pd_2@ Pt_1 催化剂则表现出较高的质量比活性，是商业化 20% Pt/C 催化剂的 2.3 倍。全电池测试表明，使用 Pd_2@ Pt_1 作为阴极催化剂，Pt 担量为 0.12mg/cm^2，电池性能与商业化 Pt/C 催化剂担量为 0.26mg/cm^2 的电池性能相当，并表现出了良好的电化学稳定性：经过 3 万圈动电位扫描后活性面积仅衰减了 13%，而相应的 Pt/C 催化剂的衰减则超过 50%。此外，大连化物所目前正在研究中空结构的 Pt 合金壳催化剂，有望进一步降低催化剂的贵金属含量。

(4)纳米铂薄膜催化层

3M 公司 NSTF 电极催化层为 Pt 多晶纳米薄膜，结构上不同于传统催化层的分散孤立的纳米颗粒，氧还原比活性是 2~3nmPt 颗粒的 5~10 倍，催化剂包裹的晶须比纳米颗粒具有较大的曲率半径，Pt 不易溶解，降低了活性面积对电位扫描动态工况下催化剂发生团聚和流失的敏感性，使稳定性得到大幅提高。电极厚度比传统催化层薄 20~30 倍，在低 Pt 载量下，电极厚度只有 0.25~0.4μm，负载催化层的晶须一端直接与质子交换膜相连，建立了从催化层表面到膜表面非常短的质子传递路径。采用该技术制备的燃料电池性能在 Pt 载量为 0.15mg/cm^2 下 1A/cm^2 达到 0.7V，而且进一步增大电流密度也没有明显的传质极化增大现象，2A/cm^2 下接近 0.6V，Pt 用量仅为 0.18g/kW 并表现出较高的耐久性。大连化物所利用阳极氧化法在 Ti 基底生长成有序的二氧化钛纳米管阵列（TNTs），为提高 TNT 的电导率，采用氢气气氛退火处理，产生较多的氧空位，有利于 TNT 结构上自由电子的传输，从而提高了 TNTs 的电导率；同时利于 Pt 的担载，降低了 Pt 用量，组装成膜电极进行全电池测试，功率达 0.37gPt/kW。

(5)非 Pt 催化剂

非贵金属催化剂的研究主要包括过渡金属原子簇合物、过渡金属螯合物、过渡金属氮化物与碳化物等。近年来，N 掺杂的非贵金属催化剂显示了较好的应用前景，Lefèvre 等以乙酸亚铁 FeAc 为前驱体通过吡啶制备了碳载氮协同铁电催化剂 Fe/N/C，以担载量为 5.3mg/cm^2 的非贵金属 Fe/N/C 电催化剂制备的电极，在电压不小于 0.9V 时，与 Pt 载量为 0.4mg/cm^2 的 Gore 电极性能相当。大连化物所 Jin 等采用简单的聚合物碳化过程，合成了氮掺杂碳凝胶催化剂。该催化剂价格低廉；氧还原活性优良，最大功率密度达到商业化 20wt% Pt/C 的 1/3；加速老化测试表明，该催化剂具有优良的稳定性，成为 PEMFC 阴极 Pt 基催化剂有力竞争者。华南理工大学 Peng 等，以三氧化铁、三聚氰胺和苯胺为前驱体，通过聚合、热解等过程，制备了 Fe-PANI/C-Mela 性催化剂，该催化剂具有清晰的石墨烯结构和较高的比表面积（702 m^2/g），在酸性介质中表现出较高的 ORR 活性，半波电位仅比商业化的 Pt/C 催化剂（担量 51 μg Pt/cm^2）低 60mV，单电池初性能达到 0.33W/cm^2，但是电池的稳定性还有待于提高。

3. 结束语

成本、寿命仍然是燃料电池商业化的瓶颈问题。发展低 Pt 和非 Pt 燃料电池是降低成本的核心问题。车用燃料电池以低 Pt 为主，从载体、催化层结构的创新出发，提高催化剂利用率，改善传质极化，提高了大电流输出下电池性能。非Pt质子交换膜燃料电池，由于催化剂载量较高，高电流密度下传质极化较大，可以用于低电流密度操作，如用于民用发电等领域。透水的静态排水双极板或氢循环，解决了增湿与排水问题，适应动态工况水管理，延长了燃料电池使用寿命，提供了电堆设计新思路。可以通过膜电极与电堆结构设计，使燃料电池阳极不积水，达到提高燃料电池寿命的目的。总之，我们需要通过技术进步提高燃料电池寿命、降低成本，尽快缩小与国际先进水平的差距，推进我国燃料电池商业化步伐。

（中科院大连化学物理研究所　侯明、衣宝廉）

十、动力电池关键原材料

动力电池关键原材料的性能对动力蓄电池的各项性能起着决定性的作用，经过近几年电动汽车的研发与推广实践的逐步深入，2012年，国内动力电池关键原材料（主要包括正极、负极、隔膜、电解液）在技术指标、生产规模等方面取得了较大的进展，并且在新型正极材方面进行了多方的探索，取得了较为显著的进展。

1. 正极材料

（1）正极材料技术进展

目前我国形成了以京津地区、华中地区和华南地区为三大聚集地的锂离子电池正极材料产业集群，并分别以北京和天津、湖南和广东为发展中心。

目前国内正极材料的生产企业主要有北京当升、湖南杉杉、湖南瑞翔、余姚金和、中信国安盟固利、天津巴莫、天津斯特兰、常州博杰、深圳天骄、深圳源源、广州洪森、北大先行等。据统计，中国锂离子电池正极材料以接近24%的速度迅猛增长，目前已占世界40%以上的市场份额，部分厂家的产品实现了出口。目前国内正极材料主要包括钴酸锂、锰酸锂、三元材料和磷酸铁锂，以及其他正极材料。从近年的锂离子电池正极材料产量数据可以看出，钴酸锂的总需求量仍呈现上升趋势，但相随份额呈现下降趋势，磷酸铁锂、三元材料和锰酸锂逐步应用于动力电池中，并实现了批量生产。随着电动汽车产业的发展，将为锂离子正极材料的成长带来巨大的市场空间，以磷酸铁锂、锰酸锂和三元材料为主的正极材料领域将得到快速的发展。

各类正极材料的性能及应用现状比较见表9。

表9　各类正极材料的性能及应用现状比较一览表

产品类别	应用现状	技术指标	发展方向	优点	缺点
钴酸锂	已批量应用于小型锂离子电池	容量150mA·h/g，压实密度3.9~4.3 g/cm3	改善安全性	技术及配套工艺成熟，循环好，倍率性能好	安全性能差，成本高
镍钴锰三元材料	已批量应用于小型锂离子电池，并在动力电池上试用	4.3~3.0V容量160mA·h/g，可用容量可达200 m A·h/g	提高低温性能，提高倍率性能，提高体积比能量，改善安全性	循环性能好，容量高，安全性优于钴酸锂，成本较低	压实密度低，倍率性能和低温性能比钴酸锂差，安全性能仍有待改善
镍钴铝三元材料	已批量应用于小型锂离子电池，并在动力电池上试用	4.3~3.0V容量190mA·h/g	改善安全性	容量高，成本低于钴酸锂	安全性能差，加工性能差，表面pH高
尖晶石锰酸锂	已批量应用于小型电池，功率型锂离子电池和动力电池	容量110mA·h/g	改善高温循环性	技术及配套工艺成熟，倍率性能好，成本低，安全性能较好	比能量低，高温循环性能差
磷酸铁锂	已产业化，已经批量在动力电池中应用	容量达到160mA·h/g	改善倍率性能、低温性能和加工性能，降低成本	安全性能优异，循环性能优异	体积比能量低，加工性能差，低温性能不好
层状富锂锰基材料	开发阶段，可用于HEV和圆柱锂离子电池	3~4.3V容量130mA·h/g以上，4.6~3.0V，容量>200mA·h/g	提高首次效率，改善安全性，提高体积比能量	可逆容量高，容量提升空间大，成本较低，高温循环性优异	技术及配套工艺不成熟，安全性能有待改善
高电压锰酸锂材料	开发阶段，可用于动力电池	容量150mA·h/g以上	解决高电位材料与电解液的匹配性问题	倍率性能优异，高低温性能优异，循环性能优异，安全性能优异	技术及配套工艺不成熟，成本高，比能量低

磷酸盐系列材料 由于具有较高的比容量、安全性能、循环寿命以及原材料成本相对低廉的特点，是电动汽车锂离子动力电池的主要正极材料之一，主要应用国家是美国和中国，近来日本也加快了对磷酸铁锂材料及其和应用技术的研发工作。

目前国内磷酸铁锂材料生产企业众多，据统计，目前国内磷酸铁锂正极材料企业超过100家（包括台湾地区），实现批量生产的企业接近60家，如台湾力凯、青海泰丰、天津斯特兰、苏州恒正、合肥国轩等。国内生产厂家众多，市场竞争激烈，但只有少数厂家的产品能满足车用动力电池要求。

总体来说，我国磷酸铁锂的产业化发展与国际基本同步，目前国内产品在性能、产能方面差距并不大，产品的成本比国外低。与国际先进材料相比的主要技术差距是：相同碳含量下，制备的电池内阻较大；材料制备过程中铁偏析较大，制备的电池自放电较大；材料的一致性及批次稳定性较差，成品率较低等。

磷酸铁锂材料的主要技术发展趋势从制备技术上是由目前的三价铁源向二价铁源发展；从材料形貌上是由目前的纳米或亚微米的细粉向一次粒子纳米化二次微米化的球形形貌发展。

磷酸盐材料的整体发展趋势是开发更高电压平台的材料体系，以提高电池的比能量密度，目前主要材料有磷酸锰铁锂材料和磷酸钒锂材料。

完善磷酸铁锂材料的生产技术和生产工艺，提高产品的批次稳定性和均匀一致性。

磷酸铁锂的原始专利问题需要关注和解决。

尖晶石锰酸锂材料 具有价格低廉、耐过充性好、放电平台高、倍率性能良好以及安全性能较好的优点被认为是电动汽车锂离子动力电池的理想正极材料之一，目前已在日本、韩国和中国开始批量生产应用。

国内生产企业主要有湖南杉杉、青岛乾运、河北强能、无锡晶石、北京盟固力等。

与国外产品相比，国内材料的主要差距在于：材料倍率性能差，尤其是高倍率性能；在55℃时的高温循环寿命较低。目前尖晶石锰酸锂产品的主要技术发展趋势是：改善55℃时的高温循环性能；在保证材料良好高温性能的基础上提升材料的比容量；5V级尖晶石锰酸锂材料的开发。

三元层状系列材料 主要指以镍锰或镍钴金属络合离子簇为骨架结构的层状正极材料，该材料体系具有良好的结构稳定性和热稳定性能，是下一代高电压体系小型锂离子电池和中型锂离子动力电池的理想正极材料之一，目前以三元层状材料为正极的中型锂离子动力电池的技术开发工作在国家节能与新能源汽车技术创新工程中得到了大力支持。

国内生产企业主要有宁波金和、深圳天骄、深圳振华、厦门钨业、长沙杉杉、北大先行等。目前国内三元材料的技术水平与国外材料厂家相当，主要在材料一致性和磁性不纯物的控制能力方面有差距。

三元材料的主要技术发展趋势是：进一步提高材料的碾压密度以提高材料的能量密度；低成本铁系三元材料的开发；进一步提升材料的安全稳定性。

(2) 正极材料最新开发方向

整体而言，车用动力电池正极材料的发展趋势是低成本、高安全性、高比能量，现有正极材料很难满足电动汽车真正商业化的要求。因此，除了通过对现有正极材料进行改进提高材料性能之外，许多企业正在开发新型动力电池用正极材料。目前主要的开发方向有：

①高安全、高比能量正极材料的开发。该方向主要集中在磷酸盐正极材料和硅酸盐正极。新型磷酸盐正极材料，如磷酸锰锂，磷酸铁锰锂，磷酸钴锂，磷酸镍锂等，不仅保持了磷酸盐正极材料的高安全特性，而且提高了放电平台，因此比能量有较大的提高，但这些材料均存在磷酸盐所固有的缺陷——导电性差，而且其较高的电位使得现有的电解液难以满足其应用的需要。新型硅酸盐主要是硅酸锰锂，硅酸铁锰锂等正极材料，该类正极材料具有较好的安全性能，而其理论容量是磷酸铁锂的1.5倍以上。但硅酸盐材料的电子导电率和离子导电率均较低，因此倍率性能和低温性能较差。

②高功率、高比能量正极材料的开发。该方向主要包括尖晶石型高电压正极材料和层状富锂氧化物正极材料，由于无论是尖晶石结构还是层状结构均能提供锂离子快速脱嵌的通道，因此该类材料能实现高功率充放电，特别适合于HEV电池。尖晶石型高电压正极材料如尖晶石镍锰酸锂，其放电电位为4.7V，因此其比能量远高于现有的尖晶石锰酸锂，而且其高温循环性能要优异得多。层状富锂正极材料其理论容量可达330mA·h/g，而且根据组分的变化可调节其容量发挥。该材料的可利用容量远超过现有正极材料，可达到260mA·h/g，但需要充电至4.6V左右。

2. 负极材料

(1) 技术进展

负极材料的生产以日本与中国为主，约占世界总量的90%。目前国内负极材料以人造石墨与天然石墨为主，中间相碳微球（MCMB）次之，硬碳、软碳、钛酸锂及合金材料得到了初步应用。国内企业主要有深圳贝特瑞、杉杉科技和长沙海容等企业，部分企业的产品实现了出口。

据统计国内负极材料生产企业已超过40家，多数以天然石墨与低端人造石墨为主，在低端领域展开竞争。国内规模较大的负极材料生产企业主要是上海杉杉、贝特瑞和长沙摩根海容（外资），其中部分企业的负极材料已进入了国际高端市场。

锂离子负极材料方面，我国锂离子负极材料生产企业发挥自主创新，解决了石墨负极材料生产技术难点，一方面通过改性、包覆和纳米化等技术提高产品容量和加工性能，另一方面拥有明显的价格比较优势，市场占有率逐年提升。随着电动汽车产业的快速发展，材料生产企业一方面进一步改善石墨类负极材料的性能，另一方面积极开展研发成本低、高低温性能好、循环性能稳定的新一代锂离子动力蓄电池负极材料，其中金属氧化物如钛酸锂和合金负极材料得到了高度关注。

目前动力锂离子电池主要采用的负极材料包括：人工石墨、天然石墨、中间相碳微球和硬碳等。

从技术角度来看，未来锂离子电池负极材料将会呈现出多样性的特点。随着技术的进步，目前的锂离子电池负极材料已经从天然石墨、MCMB 和人工石墨为主，发展到其与硬碳、钛酸锂及 Si-C 合金等多种负极材料共存的局面。各类负极材料的性能和发展现状对比见表 10。

表 10　各类负极材料的发展现状对比

产品类别	应用现状	技术指标	发展方向	优点	缺点
天然石墨	已批量应用于小型锂离子电池，并在动力电池中试用	容量可达 360mA·h/g	低成本化，改善循环	技术及配套工艺成熟，成本低	比能量已到极限，循环性能及倍率性能较差，安全性能差
人造石墨	已批量应用于小型锂离子电池，并在动力电池上小量应用	容量可达 350mA·h/g	提高容量、低成本化	技术及配套工艺成熟，循环性能好	比能量低，倍率性能较差，安全性能差
MCMB	已批量应用于功率型锂离子电池和动力电池	容量可达 340mA·h/g	提高容量、低成本化	技术及配套工艺成熟，倍率性能好，循环性能好	比能量低，安全性能较差，成本高
硬碳	已产业化，小批量在动力电池中试用	商业化材料容量达到 430mA·h/g，首次效率 >80%	提高首次效率，降低成本	可逆容量高，容量提升空间大，倍率性能好，安全性能好	技术及配套工艺不成熟，首次效率低，成本高，加工性能差
Si-C 合金	开发阶段，用于超高容量圆柱锂离子电池	容量 450mA·h/g 以上，首次效率 >90%，300 次循环 >80%	提高首次效率，抑制膨胀，改善循环性	可逆容量高，容量提升空间大，安全性能比石墨类材料好	技术及配套工艺不成熟，首次效率不高，成本高，加工性能差，极片膨胀大，循环性能及倍率性能较差
钛酸锂	已产业化，小批量在高功率动力电池中试用	容量达 160mA·h/g	解决钛酸锂与正极、电解液的匹配问题，提高电池能量密度	倍率性能优异，高低温性能优异，循环性能优异，安全性能优异	技术及配套工艺不成熟，成本高，比能量低

（2）负级材料技术发展趋势

动力电池负极材料将向着低成本、高比能量、高安全性和优异的循环性方向发展，其主要技术发展趋势主要有以下三个方面：

①高能量密度负极材料。该类材料包括硅基负极，锡基负极材料。该类材料的能量密度远超过现有的石墨类负极材料，而且其安全性能要优于现在的石墨类材料。该类材料目前面临的主要问题是循环性能较差，体积膨胀效应严重。

②高功率密度、高安全性负极材料。主要以钛酸锂、硬碳为代表。该类材料的功率特性和温度特性较好，能够实现锂离子的快速脱嵌而不会析锂。目前该类材料的比能量较低，而且与现有的电解液体系的匹配性也成问题，而且成本较高。因此，如何攻克该类材料的低成本产业化技术，并发展相匹配的电解液是该类材料规模化应用的关键。

③低成本、高性能石墨负极材料。主要是在现有的石墨材料基础上继续提高功率密度和安全性，并且大规模降低成本，以满足现有电动汽车的需求。

3. 隔膜

（1）技术及产业发展概况

锂离子电池隔膜按制备工艺的不同主要分为干法和湿法两大类，它们的主要区别在于隔膜微孔的成孔机理不同。

目前国产化的隔膜均为单层隔膜，分别是单层聚丙烯隔膜（干法）和单层聚乙烯隔膜（湿法），实现了批量生产和销售，产品主要应用于锂离子低端产品。2010—2012

年，国内多家塑料制品相关企业、薄膜生产企业及其他企业，看中锂电隔膜产业预期的超高经济回报，投资建设隔膜生产线，据不完全统计总数有40多家，主要有三种工艺，即干法拉伸聚丙烯工艺、湿法拉伸聚乙烯工艺和纳米纤维工艺。代表性的企业有：新乡中科、深圳星源材质、佛山金辉、南通天丰、河北金力、佛山东航光电、中兴新材、沧州明珠、比亚迪股份、日东电工、天津东皋膜、安徽铜陵晶能、深圳惠程电气、江苏宿迁景宏、北京首科喷薄、吉林宏图纸业等。

(2)国内外差距

虽然国内隔膜生产企业不断增加，国产化隔膜的市场占有率和产品质量水平也在不断提高，但总体来说与国外技术领先企业相比，还存在较大差距。主要表现在：

①技术创新投入不足。企业尚未形成良好的技术创新投入产出机制，制约了企业的技术进步。在市场相对供求不足的情况下，产品、技术的升级缺乏动力。国内目前隔膜主要以单层结构产品、干法工艺为主，多层结构的产品开发力度不够。

②生产规模不大。企业均处在发展初期，企业受资本积累的条件所限，尚未形成投入扩大再生产的条件，外部资本又因技术风险的制约，不敢大规模投资。新建生产装置规模均不大，技术进步不明显。

③产品档次水平不高。由于企业技术创新投入不足，研发水平相对较低。由于都是单层结构，单一材料的隔膜，其综合性能与国外产品相比差距较大，产品性能指标大多仅能适应与一般性移动电子设备。

(3)发展方向及建议

①改善隔膜的性能。通过材料改性、增强等技术手段提高隔膜物性指标，如穿刺强度、拉伸强度、热收缩率等。

②多层结构隔膜的研发。以现有的单层隔膜为基础，开发以聚烯烃材料为核心的多层结构隔膜，满足安全性要求。

③大规模产业化生产工艺技术及装备研究。提高企业技术水平，实现规模优势，降低隔膜综合成本。

④高熔点、高性能的新型隔膜成为未来发展的主要方向，如高温聚酰亚胺材料的开发等。

4. 电解液

(1)基本情况

我国的电解液从2002年开始进入市场并逐步取代进口产品，通过不断改进和提高，产品质量已达到国际先进水平。目前国内电池企业的电解液配套已基本实现国产化，只有少部分电池企业使用进口电解液。国内电解液企业（含电解质盐）主要有国泰华荣、天津金牛、东莞杉杉、珠海赛纬电子、广州天赐、深圳新宙邦等企业。年生产能力均在千吨以上，涉及高、中、低端各个市场，可满足我国锂离子电池生产的需要，并有部分企业实现了出口。5年来，电解液生产总量保持每年增长20%的强劲势头。

作为锂离子电池电解液所用的电解质六氟磷酸锂材料，生产涉及低温、高温、真空、高压、耐腐、安全以及环保等方面的多种技术和要求，设备要求高，工艺难度大，在国家支持下，通过技术攻关，天津金牛和河南多氟多以实现了六氟磷酸锂的产业化，实现了对国外产品的替代，产品品质与国外同类产品相当，成本更低。

(2)主要技术发展趋势

①发展高纯度、高稳定性和长寿命电解液

电解液与电池正极物质、负极物质、甚至黏结剂等都有一定程度的相互作用，这些相互作用通常会导致电池的性能恶化，抑制或削弱这些相互作用对发展长寿命电池具有重要的意义。因此，要发展长寿命动力锂离子电池，就必须加强电解液在电池中与各物质相互作用与影响的基础研究，保证电解液的高纯度和高稳定性。这方面的工作包含电解液的溶剂纯化、锂盐电解质的生产和纯化、电解液添加剂的生产和纯化、高性能电解液系统的组配和优化几个方面。

②高安全性电解液

高安全性是锂离子动力电池至关重要的指标，要保证电池的安全性，必须首先保证电解液的安全性，这方面的发展主要包括三个方面：一是发展高度氟化的溶剂；二是合理开发和使用电解液的阻燃剂；三是大力发展不可燃的全固态锂离子电池。

③宽液程电解液

发展在-40～80 ℃之间稳定的电解液系统，保证电池在极冷和极热条件下安全和稳定的工作，这不仅要求电解液的液态温度范围宽，而且要求电解液在高温条件下不溶解正极活性物质和不破坏负极表面SEI膜成分。

④高压电解液

高压电池材料和高压锂离子电池是未来5～10年中高比能锂离子电池发展的主要方向，与此相应，必须开发具有高压稳定性的电解液体系，包括高抗氧化性的溶剂和新型锂盐电解质。

⑤全固态电解质体系

无机固体电解质在电导率等方面已经日益成熟，特别是基于这种电解质的锂离子电池具有液体电解质难以比拟的优点，车用锂离子电池使用全固态无极电解质将会是锂离子电池发展史上的一次技术飞跃。

（中国电子科技集团第十八研究所 肖成伟）

十一、驱动电机

1. 电动汽车用驱动电机系统发展现状、趋势与挑战

(1)发展现状

车用驱动电机系统是电动汽车的核心零部件，其性能的优劣直接决定了电动汽车的动力性、经济性和舒适性。车用驱动电机对我国电动汽车的快速发展和产业化，尤其是对培养我国自主的电动汽车关键零部件产业体系至关重要。

经过十余年的科技攻关和产业化发展，我国新能源汽车领域围绕“三纵三横”的发展路线，自主开发了满足各类电动汽车需求的驱动电机系统产品，并逐步掌握了具有核心竞争力的关键技术。在现代电机设计方法、系统集成匹配、车载应用、关键制造工艺、检测规范、产业配套等方面取得了一批先进技术和应用成果，并初步建立了自主知识产权体系，申请和获得了国内外众多专利和著作权。特别是在功率（转矩）等级、功率密度和效率等方面，我国车用电机系统的主要技术指标业已达到或者接近国际先进水平。

目前，我国车用电机系统的设计和生产能力已基本能够满足国内各类电动汽车的需求，研发和产业化具有以下明显特点：

①高效永磁同步电机系统在乘用车中获得了广泛应用，并在国内形成了统一的技术应用路线。虽然目前在电动大客车中，交流异步电机系统的应用相对较广，但永磁同步电机系统的比例在逐年增加。

②车用电机的关键制造工艺，如整体充磁技术、拼块式铁芯、高密度绕线和低损耗端部绕线工艺获得快速发展和应用。

③机电耦合技术迅速发展，电机与变速箱、电机与发动机的集成设计获得广泛研究和初步应用，电机控制器、DC/DC、整车控制器以及车载充电器的集成应用开始出现。

④产业技术创新联盟工作也取得明显实效，如依托上海电驱动的电动汽车电驱动系统全产业链产业技术创新联盟和依托潍柴动力的商用车与工程机械新能源动力系统产业技术创新联盟等产业联盟带动了电驱动系统关键材料和关键部件等研发和产业化工作。

⑤车用电机系统的标准工作积极推进。现行国家标准或行业标准由原来的 2 项增至 5 项。同时，在永磁同步电机、交流异步电机、增程用发电机以及电机减速器总成等方面开展了标准立项和研究工作，并在车用电机系统 EMI/EMC、系统振动噪声等方面开展了前期技术研究。

⑥部分高校和企业对新型原理电机，如双机械端口电机（EVT）、混合励磁电机系统等进行了积极探索和样机研制。在我国驱动电机系统产业发展方面，国家“十城千辆”和 6 个给予私人购买电动汽车补贴示范城市等多个利好政策拉动下的中国电动汽车市场，驱动电机系统几乎全部采用了国内电机生产企业的产品。在示范运营的各种规格的电动汽车应用中，电动公交客车（其中混合动力为主）超过了半数以上。目前驱动电机系统的主要生产企业有南车时代、上海电驱动、上海大郡、精进电动、中山大洋、深圳比亚迪等，这些企业已经实现了与国内整车企业的中小批量配套，部分企业的产品已走出国门。

2012 年 7 月国家发布了《国务院关于印发节能与新能源汽车产业发展规划（2012—2020 年）的通知》，其中鼓励发展一批符合产业链聚集要求、具有较强技术创新能力的关键零部件企业，并明确提出在驱动电机、高效变速器等领域分别培育 2~3 家骨干企业。2012 年 10 月份为贯彻落实节能与新能源汽车产业发展规划，进一步提高新能源汽车产业技术创新能力，加快产业化进程，报经国务院批准，财政部、工业和信息化部、科技部组织实施新能源汽车产业技术创新工程。从目前技术创新工程的前期实施情况来看，在电机及其控制系统领域初步形成了相对的聚集效应，为下一步我国驱动电机系统产业发展打下了扎实基础。

(2)发展趋势与面临挑战

从国内外车用电机系统的发展来看，有以下几个趋势：首先，整车对电机的功率密度、效率和可靠性等指标要求不断提高，电机工作转速也不断提高，回馈制动高效区不断拓宽；其次，电驱动系统的集成化和一体化趋势更加明显。再次，电驱动系统的混合度与电功率比不断增加。另外，车用电驱动系统的集成化和数字化程度不断加大。

相较国际先进水平，我国的车用驱动电机系统发展也面临着严峻的挑战：由于我们在 IGBT、薄膜电容等关键器件技术方面的落后，加之前期对动力性、高效率、电磁兼容性、可靠性和低成本等多目标要求、技术指标体系的理解和评价方法不完善，导致了国内车用驱动电机系统产品在性能和应用方面的差异。由于配套数量较小，多数企业在电机制造环节的投入都不太大，制造规模都还较小，生产自动化水平较低，这使得车用驱动电机系统在产品集成度、可靠性、舒适性和成本控制等方面，需要进一步提高竞争力。

2. 电驱动系统功率器件存在的问题与对策

以车用 IGBT 功率模块及其封装为例，进行电驱动系统的关键技术剖析，并提出应对的策略。

(1) 车用 IGBT 功率模块的国内外发展现状

IGBT（绝缘栅双极型晶体管）作为第三代电力电子器件，是目前电力电子技术领域中最具有优势的功率器件之一［如图 17（a）］，具有电压型控制，输入阻抗大，驱动功率小，开关速度快，工作频率高、安全频率高、安全区大等优点，是目前电动汽车应用领域的核心电力电子器件。IGBT 功率模块是将单个或多个 IGBT 芯片和二极管等元器件用先进的封装技术在同一绝缘外壳内封装后的产品［如图 17（b）］。由于模块外形尺寸和安装尺寸的标准化及芯片间的连接已在模块内部完成，具有体积小、重量轻、结构紧凑、可靠性高、外接线简单、互换性好等优点，在各类车辆牵引领域应用广泛。

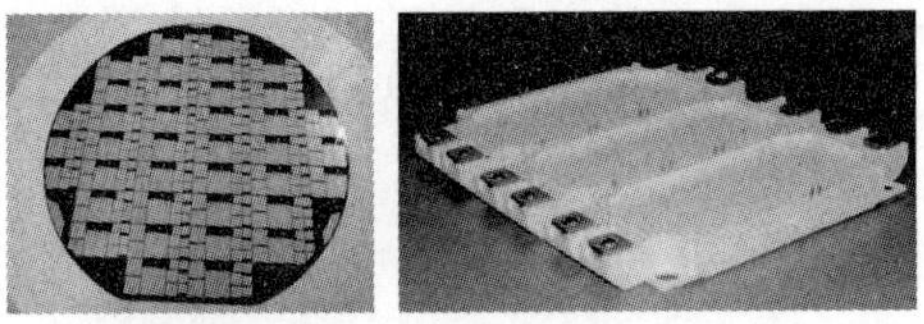

（a）IGBT 芯片　（b）IGBT 模块

图 17　IGBT 芯片与 IGBT 模块

目前国际上主要的 IGBT 供应商有欧洲的英飞凌，ABB，Semikron（西门康），IXYS，美国的 Fairchild 和 International Rectifier（IR），和日本的三菱电机和富士电机等。这些供应商除芯片制造外，大部分还生产 IGBT 模块，其工业用 IGBT 产品占据了世界主要的市场，技术上已经非常成熟。针对电动汽车应用推出专用模块的主要有英飞凌、西门康、富士及三菱等厂家，每一家的封装技术各不相同。英飞凌主要推出 HybridPack1 和 HybridPack2 两款产品，分别是 650V/400A 和 650V/800A，芯片采用英飞凌改进型第三代产品［如图 18（a）］。芯片表面采用铜线键合技术，芯片和 DBC 采用高温焊料和创新的焊接技术，大幅提高模块的抗功率循环和温度循环能力，散热底板采用 Pin-pin 结构，将水冷散热器和模块直接结合在一起，大幅降低了系统的热阻，在电动汽车行业得到广泛的应用。西门康采用压接技术研制出汽车级 IGBT 模块［如图 18（b）］，同时也推出了集成 SKiiP 和 SKAI 系列产品，集成了功率模块、驱动电路、保护电路以及散热器，形成一个完整系统，但是价格一般较贵，通用性和灵活性不够。富士电机推出电动汽车专用 IGBT 模块，包括采用 M254 封装的 600V/600A 和 1200V/450A 半桥模块和采用 P401 封装的 1200V/600A 半桥和斩波模块，该系列采用新的焊接工艺，在无铅焊接的基础上提高了温度循环的可靠性。三菱开发了 HEV-IPM 模块，其最新一代功率半导体芯片利用集成在 IGBT 芯片上的二极管作温度检测，利用集成在 IGBT 芯片上面的一部分 IGBT 胞元作为流过该芯片的电流检测，应用于丰田 Pruis 的混合动力汽车。

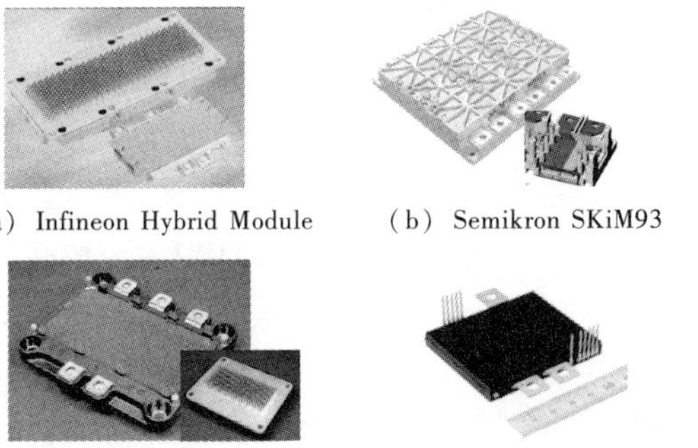

（a）Infineon Hybrid Module　（b）Semikron SKiM93

（c）Fuji M652　（d）Mitsubishi J-Series T-PM

图 18　国外几家汽车级 IGBT 模块产品

我国 IGBT 模块产业起步较早，1995 年，西安电力电子技术研究所与美国 IR 公司合资成立西安爱帕克（IR-PERI）电力电子有限公司，从 IR 购买 IGBT 及 FRD 封装模块，但产量和品种有限，始终未成规模化生产。由于看好 IGBT 模块的经济效益和社会效益，国内先后有一些企业研发 IGBT 模块并取得了一定的成绩，在工业自动化应用领域应用较多。我国在汽车级功率模块研发上尚属起步阶段，嘉兴斯达微电子有限公司已经开发出 1200V/900A、650V/800A、600V/450A 等多个规格的汽车级功率模块，目前处于样品验证阶段。

(2) 电力电子集成技术的国内外发展现状

功率半导体器件的成本（占电机控制器成本的 30%）和性能直接影响着车用驱动系统产业化实现。电力电子集成技术是解决目前车用控制器原材料（器件）成本高、生产成本高以及功率密度小的最佳方案。

电力电子集成技术主要分为三个不同的层次和形式：单片集成、混合集成和系统集成。单片集成是采用半导体集成电路的加工方法将功率器件、驱动、控制和保护电路制作在同一硅片上，目前仅在小功率范围有所应用，如 TopSwitch 等。混合集成是采用封装的技术，将功率器件、驱动、保护和控制电路的多个硅片封入同一模块中，形成具有部分或完整功能且相对独立的单元。这种集成方法可以较好地解决不同工艺的电路之间的组合和高电压隔离等问题，具有较高的集成度，有效地减小体积和重量，是目前电力电子集成技术的主流，最为典型的是丰田 Pruis 系统采用混合集成技术的 IPU 系统。系统集成是将多个电路或装置有机地组合成具有完整功能的电力电子系统，是一种功能集成，集成度和技术难度较低，易于实现，因此是目前工程技术领域普遍采用的集成方案。但因集成度低，无法明显降低体积和重量，设计、制造都较复杂，不能明显体现集成优势。系统集成多用于功率很大，结构和功能复杂的系统。目前，我国车用电机控制器多采用系统集成技术。

电力电子混合集成的关键是电力电子封装技术，是指把构成电力电子器件、模块的各个元件，按规定的电路要求合理布局、互连的一个综合的设计与制造技术。封装技术直接影响着器件、模块和系统的电、热、机械、EMC 等性能，还影响其成本。世界各国都纷纷启动了电力电子专项研究计划，如美国能源部组织开展了 FCVT 计划以改变美国当前的能源消费结构、促进能源安全。在 FCVT 项目中有 7 个子项目，电力电子是其中之一。国际汽车系统巨头和电气厂商如德国大陆［图 19（a）］、西门康［图 19（b）］、电装、博世等一直致力于电力电子集成技术在电动汽车的应用研究，已经取得了很大成绩，其产品在电动汽车领域获得了广泛的应用。最为典型的例子是应用于凯美瑞、雷克萨斯混合动力轿车的丰田第三代集成控制器 THSⅢ，将 PCU、ECU、逆变器、升压转换器、DC-DC 转换器等全部集成，大大降低了系统的体积和重量，如图 19（c）所示。

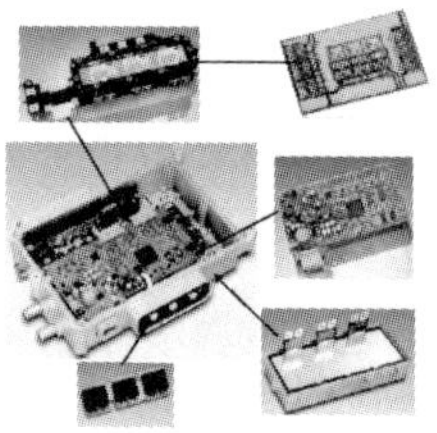

（a）德国大陆
（12kW/L，10.5kW/kg）

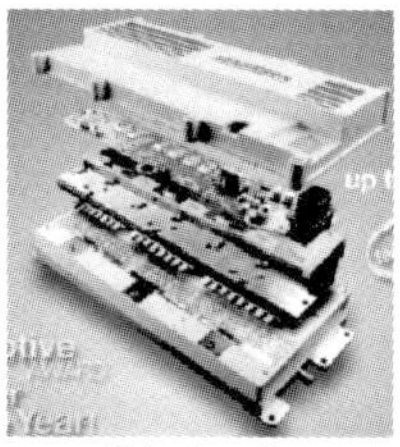

（b）Semikron
（9.5kW/L，9.9kW/kg）

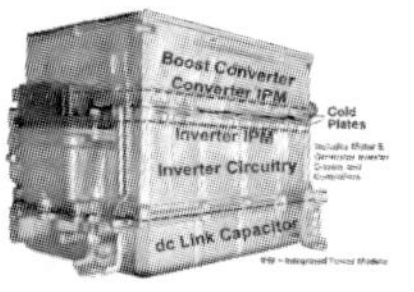

（c）Pruis THSIII
（11.7kW/L，9.3kW/kg）

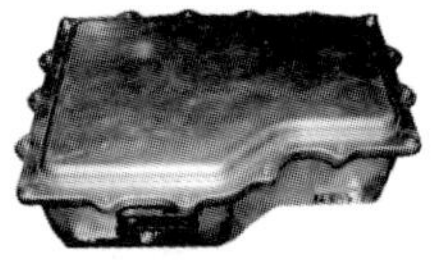

（d）国内水平
（6.6kW/L，5.6kW/kg）

图 19　国内外电力电子集成技术与集成控制器对比

我国的学术界及时关注了电力电子系统集成这一重要发展趋势。2002 年，国家自然科学基金会电气工程学科确定了“电力电子系统集成基础理论及若干关键技术研究”的重点项目，由浙江大学、西安交通大学和西安电力电子技术研究所承担，开始电力电子系统集成的初步研究。在 2007 年，科技部启动的“十一五”国家科技支撑计划重点项目《电力电子关键器件及重大装备研制》中也涉及电力电子集成技术的研究工作。从 2010 年开始，国家科技部、工信部启动多个科研项目开展 IGBT 研发及封装技术攻关，我国的电力电子水平进一步提升。但是，我国电力电子集成控制器水平与国外先进电机驱动系统技术水平相差较大，单从电力电子集成控制器功率密度和体积密度比较，仍存在 50%~60% 的差距［如图（18d）］，在结构集成设计、热设计、产品化设计方面差距更大。

（3）我国车用电力电子产业发展对策

国外应用于电动汽车的电力电子控制器的发展模式按照电力电子全产业链模式进行发展，即从半导体器件研制、功率模块封装、电力电子集成开发、电机控制器总成设计、动力系统集成到整车开发的完整全产业链或者大部分全产业链发展（如图 20 所示）。比如：日本丰田公司与电装通过战略合作，联合开发应用 Pruis 系统的集成控制器，丰田公司以注资形式联合电装共同进行电力电子集成控制器开发，电装通过与三菱合作开发方式，利用其自身在变流技术的技术优势，形成了从产业链优势；本田公司与三菱同样以战略合作模式，在半导体器件、功率模块封装、电力电子集成形成优势；博世公司则利用其在电力电子集成、动力系统总成方面的开发优势，以电动汽车系统集成抢占市场。相比较而言，我国国内汽车企业和电机系统生产企业在半导体研发、功率模块封装、电力电子集成等方面基本处于空白，在与国际同行竞争差距尤为明显。

对比与国外在电力电子集成方面的差距，我国已经涌现出如嘉兴斯达、常州宏微等半导体研制和功率模块封装企业，通过产业聚集，产生了如上海电驱动、上海大郡、南车时代、中山大洋等电机系统领域的优势企业，动力系统集成与整车开发能力也逐步增强，具备了电力电子全产业链组建条件。我国通过优势企业之间的战略合作与联合，聚集整车、电机、半导体供应商的技术和产业优势，能够有效地形成电力电子全产业链优势。

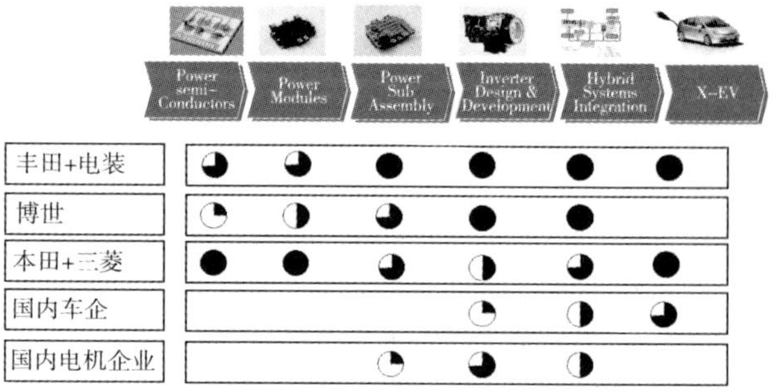

注：图中圆圈中黑色部分比例越大表明优势越明显。

图 20　国内外电力电子全产业链发展

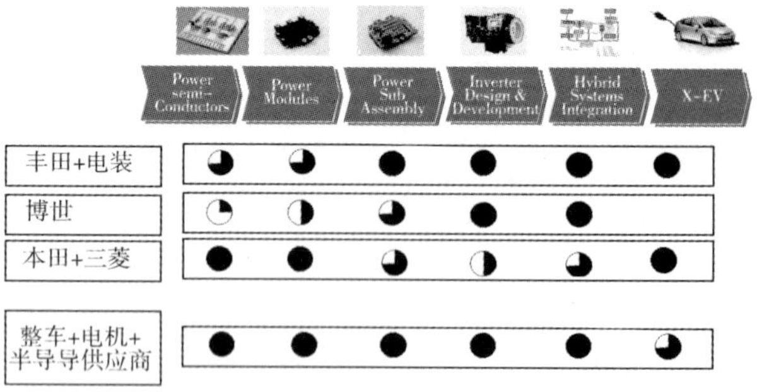

注：图中圆圈中黑色部分比例越大表明优势越明显。

图 21　战略整合后的我国电力电子全产业链优势

在项目设置方面，车用电力电子领域计划目标是通过电力电子集成产业链技术开发，显著减少部件数量、机械/电气接口和制造过程。在我国在电动汽车电机其控制系统已经取得的成果基础上，进一步突出电力电子集成全产业链技术，以系统项目的形成进行立项支持，如图 22 所示。

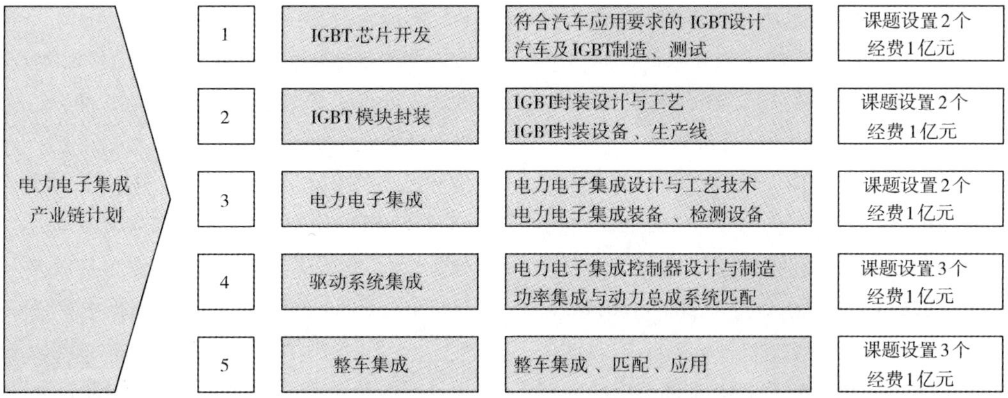

图 22　电动汽车电力电子集成产业链项目设置

我国通过优势企业之间的战略合作和国家项目的集中支持，从 IGBT 芯片研发、功率模块封装、电力电子集成装备研发、系统集成等方面全面提升，必定能够带来电力电子产业的技术进步，与国际一流企业同场竞技。

（上海电驱动有限公司　贡俊）

十二、天然气发动机

1. 2012 年我国天然气汽车发展状况

2012 年以来，中国天然气汽车进入快速发展期。据统计，2012 年天然气汽车产量为 165832 辆，其中单一燃料天然气客车 40543 辆，单一燃料天然气卡车 16775 辆，两用燃料客车 13020 辆，两用燃料专用车 7769 辆，两用燃料轿车 87725 辆。2013 年一季度的天然气汽车产量为 69590 辆，其中单一燃料天然气客车 6684 辆，比 2012 年同比增长了 13.7%，单一燃料天然气卡车 4796 辆，比 2012 年同比增长了 237.7%，两用燃料客车 2190 辆，比 2012 年同比增长了 80.3%，两用燃料卡车 2708 辆，比 2012 年同比增长 272.5 了%，两用燃料轿车 31771 辆，比 2012 年同比增长了 123.1%。

天然气客车产量占客车总产量的 10.6%，郑州宇通、金龙、重庆恒通、成都客车、中通客车、厦门金龙、丹东黄海、扬州亚星、东风扬子江等 62 家客车公司生产单一燃料天然气客车，城市客车和公路客车的车型和配置丰富，达到 1384 种，覆盖 6～18m 各种客车。两用燃料客车主要是 3.9～5m 的汽油/天然气客车，由重庆长安、南京长安、重庆力帆、河北长安、东风汽车等 14 家企业生产，车型和配置达到 25 种。

天然气卡车增长速度最快，单一燃料天然气卡车由陕西汽车集团、一汽解放青岛、北汽福田、中国重汽、包头北奔、东风汽车等 33 家企业生产，车型和配置达到 413 种，涵盖牵引汽车、载货汽车、自卸汽车、混凝土搅拌运输车。2012 年 300Ps 以上天然气卡车的产量占 94%，2013 年第一季度 300Ps 以上天然气车的产量占 96.4%，单一燃料重型天然气卡车成为市场上的主流车型和新的热点。两用燃料专用车以厢式运输车、仓栅式运输车、轻型卡车、多用途货车为主，发动机 1～2.5L 汽油/天然气两用燃料发动机，由北汽福田、东风汽车、河北长安、重庆长安等 9 家汽车企业生产。

两用燃料轿车也成为各轿车生产企业不可或缺的产品，一汽大众、北京现代、上海大众、神龙汽车、东风悦达起亚、比亚迪、重庆长安、奇瑞等 24 家汽车公司生产汽油/天然气两用燃料轿车和客车，2012 年车型种类 38 种，2013 年第一季度车型种类达到 47 种。

2. 2012 年我国天然气发动机发展状况

(1) 乘用车天然气发动机

乘用车天然气发动机主要是 1～2.5L 汽油/天然气两用燃料发动机，轿车以 1.4～1.8L 发动机为主，功率范围 70～95kW。天然气气道喷射、发动机由两个 ECU 控制，排放达到国 4 水平。2.0～2.5L 发动机主要用于轻型客车、厢式运输车、仓栅式运输车、垃圾车和轻型载货车，功率范围 76～102kW。1～1.3L 发动机主要用于 4m 左右的两用燃料客车和轻型卡车。发动机在原汽油机的基础上变化很小，但是功率比原汽油机降低约 10%～15%，大部分发动机为自然吸气式。

(2) 商用车天然气发动机

大多数商用车天然气发动机在柴油机基础上开发而成，多数为增压中冷发动机。天然气客车用发动机以 6 缸机为主，功率 120～380Ps，最常用的功率范围为 210～300Ps。卡车用天然气发动机功率覆盖 230～420Ps，以 300Ps 以上发动机为主，追求低速大扭矩和加速性能。

3. 商用车天然气发动机的技术发展及主要特点

(1) 国 V 排放技术

自国家从 2012 年 1 月 1 日起开始执行 GB17691-2005

《车用压燃式、气体燃料点燃式发动机与汽车排气污染物排放限值及测量方法》中的中国V阶段排放标准后，2013年1月1日起不允许销售排放达不到国V的天然气发动机，2012年成为各企业天然气发动机的排放升级年。

从2011年9月29日第一款国V天然气发动机获得国家产品公告起，到2013年5月中旬，共有13家发动机和汽车企业的283款天然气发动机获得国V产品公告，发动机额定功率覆盖80～430Ps，最大扭矩范围260～1800N. m。其中只有Cummins的ISLGEEV发动机采用带EGR的当量比燃烧加三元催化器技术，其余都是沿用国Ⅳ采用的稀薄燃烧加氧化催化器技术路线来实现国V排放，发动机的基本配置与国Ⅳ时相同，氧化催化器不同，增加了OBD功能。可见，稀薄燃烧加氧化催化器技术成为国内中重型天然气发动机达国V排放的主流技术路线。

(2)天然气专用发动机产品化

针对市场上重型天然气卡车批量应用所体现出来的可靠性问题，有些企业加大研发投入，坚定不移地走天然气发动机专用化的道路，对气缸盖、活塞、活塞环、气门座圈、气门导管等关键件进行专用化开发，并进行严格的可靠性考核。比如一汽的CA6SM、CA6SN系列重型天然气发动机采用全新开发铸造火花塞孔、特殊进排气道的天然气专用四气门气缸盖，彻底解决了火花塞处经常出现的漏油漏水以及气缸盖开裂问题。采用特殊材料的气门导管和气门座圈，解决了过度磨损问题。经过一年多的试验考核，2012年下半年开始批量投放市场，为重型天然气发动机向柴油机的可靠性水平又迈进了一步。

(3)电控系统多样化

随着天然气发动机国V排放升级，天然气电控系统更加多样化。国外系统供应商除Econtrols公司、woodward公司、METATRON公司外，Bosch公司正式加入到商用车天然气发动机中，潍柴的WP5NG、WP6NG、WP7NG、WP10NG国V天然气发动机同时采用了Bosch和Woodward两种电控系统。国产电控系统开始大范围应用，玉柴和云内的各系列国V天然气发动机都采用了国产电控系统。这些电控系统多数采用集中供气的方式，少数采用了多点喷射的方式。电控系统的多样化，将使系统供应商的竞争更加激烈，会有利于进一步提高电控系统的质量，降低成本，有力地推动天然气发动机的应用。

(4)柴油/天然气发动机无认证标准

2011年9月中机中心提出了《柴油/天然气双燃料发动机认证试验的建议》提案后，陕汽和重庆恒通各有柴油/天然气双燃料车于2011年产品销售。但是，2012年国家推出天然气发动机执行国V排放标准后，柴油/天然气双燃料发动机认证试验标准一直没有出台，柴油/天然气双燃料发动机不能上产品公告和销售。虽然国内玉柴、潍柴、一汽等公司在电控柴油机的基础上，采用辅助ECU控制天然气供给，进行了双燃料发动机的研发，但是，这些柴油/天然气双燃料发动机无法产品销售。

因此，2012年出现了整车企业只生产了1辆陕汽SX4256NR384H型柴油/天然气双燃料牵引汽车，而在用车的柴油/天然气双燃料改装却炙手可热的现象。在用车通常在整车上进行改造，保持原柴油机不变，加装天然气供给和控制系统。由于无法在车上对发动机功率、油耗、排放和燃烧状况等进行精确的测量，因此，发动机的标定偏于保守，天然气的替代率较低。

4. 2012年国际相关技术及产业发展情况

国际上天然气发动机的排放技术走向有两种，一种以美国Cummins公司为代表。美国由于页岩气的发现，极大地推动了其天然气发动机和整车产品的应用。美国Cummins公司的天然气发动机占美国市场的90%以上，它采用当量比燃烧加EGR和三元催化器技术在使发动机的IMEP达到20bar的同时，排放达到EPA2010水平。2012年ISL G投产，2013年上半年ISX G投产。针对EGR使发动机排温提高的情况，发动机结构上做了改进。

另一种是天然气发动机采用稀薄燃烧技术加SCR和氧化催化器，它的主要好处是沿用原柴油机采用的SCR后处理系统技术，整车布置上不需要做大的变化。Scania公司和Iveco公司采用这种技术路线。如SCR后处理系统的成本很低，则这种技术路线可以与EGR路线达到相当的性价比。

国外对柴油/天然气双燃料技术也有新的研发进展。Magna公司开发了一种多点电控双燃料系统，并在一款7L柴油发动机上采用2000bar共轨系统，外部冷却EGR，DOC和DPF后处理系统，进行了柴油/天然气双燃料发动机研究，研究结果表明：双燃料模式可以大幅度降低颗粒和CO_2排放。CO_2排放至少降低18%。不改变EGR率情况下，NOx升高，通过增加ECR率和推迟燃烧可以进一步降低。HC排放是一个需要关注的问题，预计通过优化燃烧室，改进缸盖提高进气运动。提高天然气喷射压力和喷射位置的天然气喷射优化，以及后处理系统优化可以降低HC排放。

5. 下一步攻关重点

(1)国Ⅵ排放技术研究

2013年1月1日国内禁止销售达不到国V排放标准的重型天然气汽车，按照国内排放升级的时间周期推算，三四年后国Ⅵ排放标准很有可能发布执行。从欧Ⅵ排放标准来看，引入WHSC（Worldwide Heavy Duty Steady-state Cycle）和WHTC（Worldwide Heavy Duty Transient Cycle）两种新的测试循环，同时对后处理系统的退化问题进行了规定，提出了更为严格的劣化系数。对PM颗粒物的排放进行限制，增加了对影响排放的相关技术如 EGR、增压技术、故障喷嘴等的监测。国Ⅴ阶段的排放控制经验不再完全使用于欧Ⅵ阶段，需要对发动机的欧Ⅵ排放技术进行深入研究。应对稀薄燃烧加 SCR 后处理技术路线和采用 EGR 的当量比燃烧加三元催化器两种技术路线按照新的测试循环、新的控制检测方法进行深入研究，确定出最合适的欧Ⅵ天然气发动机技术。

对于欧Ⅵ的 OBD 诊断技术需要研究和开发，并需要进行长期的测试考核。

有些国产的天然气电控系统没有 EGR 控制功能或 SCR 控制功能，应该尽早开始研究，为下一步的排放升级做好前期准备。

(2) 天然气发动机节能技术

随着天然气发动机机型和产量的增大，已经解决了有无的问题，但是对发动机油耗的潜力还没有挖潜到极限。

在商用车上油耗永远是用户的最关注点，优化发动机燃烧、降低摩擦功优化控制功能，以实现对不同燃烧成分、不同使用环境的自适应能力等节能技术将是重点。

(3) 关键零部件技术

天然气发动机的可靠性好坏是决定其成功与否的关键，现在发动机本体的问题越来越少了，但是一些关键零部件的可靠性不过关。点火线圈、火花塞、线性氧传感器故障率居高不下。这些零部件的供应商最好与主机厂联合攻关，甚至开发天然气发动机专用的零部件产品。相信随着天然气发动机产量的增大，供应商的投入会取得良好的回报。

（一汽技术中心　窦慧莉）

十三、电动汽车标准

标准法规具有基础性、综合性和战略性。新能源汽车标准法规在支撑和规范产业发展，促进新能源汽车技术改进和水平提升方面发挥着重要作用；标准法规在促进新能源汽车领域科技创新和产业发展中也起到了重要的桥梁和纽带作用，对于加快培育和发展新能源汽车这一战略性新兴产业具有重要意义。在《节能与新能源汽车产业发展规划（2012 — 2020 年）》中，为保证规划的贯彻落实，在规划的保障措施中第一条就指出要“完善标准体系和准入管理制度”，要求“加强新能源汽车安全标准的研究与制定，根据应用示范和规模化发展需要，加快研究制定新能源汽车以及充电、加注技术和设施的相关标准”，“积极参与制定国际标准。基本建立与产业发展和能源规划相适应的节能与新能源汽车标准体系”。新能源汽车标准法规的完善是保障新能源汽车产业发展规划的重要条件。

2012 年度我国新能源汽车标准制修订工作也取得重要进展。

1. 标准化体系更加完善

2012 年，根据新能源汽车产业化要求和政府管理需要，由全国汽车标准化技术委员会牵头研究制定“电动汽车综合标准化”，该标准综合体系统开展新能源汽车和电动汽车标准体系研究，完成了标准体系规划、标准体系明细表、标准化工作方案与建议等工作。该综合标准化由工业和信息化部正式发布。

截至 2012 年 6 月底，由全国汽车标准化技术委员会归口管理的电动汽车领域已经发布且现行有效的国家和行业标准共有 63 项（含混合动力和电动摩托车），涉及电动汽车整车、电池、电机、电控、充电基础设施等多个方面，初步建立了新能源汽车相关领域的标准体系，对促进和规范行业发展、协助政府加强行业管理起到了重要作用。已完成制修订工作、上报待批的标准共有 5 项，已经立项正在制修订的标准项目 32 项。另外有其他标委会归口的并已发布的和新能源汽车相关的标准大约有 10 项。

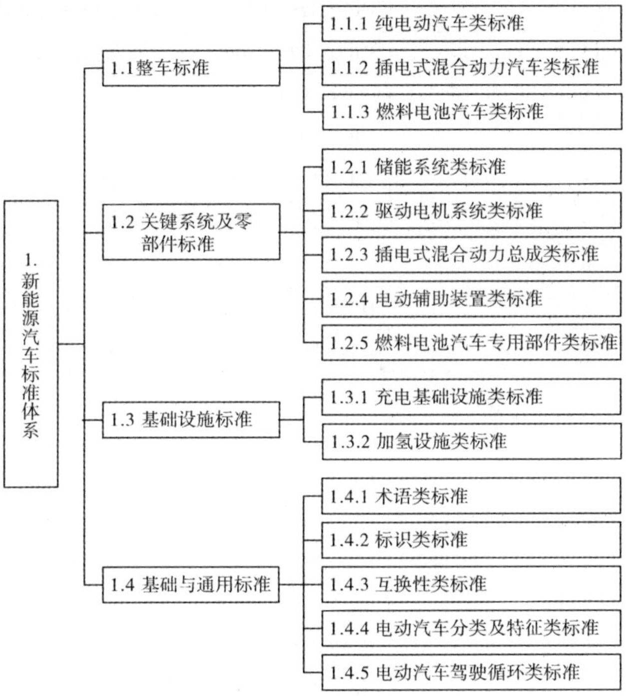

图 23　我国新能源汽车标准体系规划

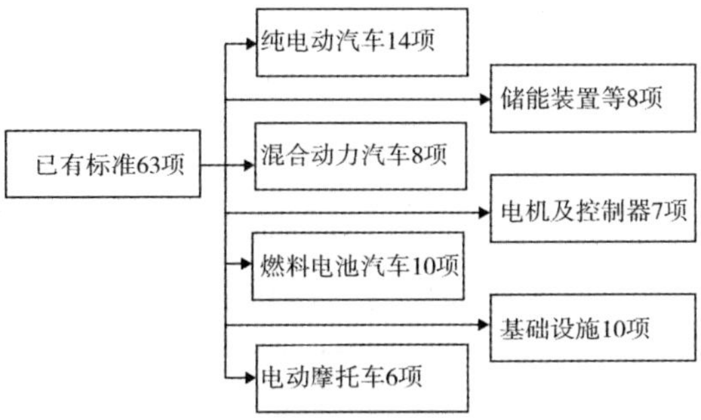

图 24　现有新能源汽车标准及其分布

表 11　现有效电动车辆标准项目列表

序号	类别	标准编号	标准名称	状态
1	纯电动 14	GB/T 18384. 1-2001	电动汽车　安全要求　第 1 部分：车载储能装置	现行有效，正在修订
2		GB/T 18384. 2-2001	电动汽车　安全要求　第 2 部分：功能安全和故障防护	现行有效，正在修订
3		GB/T 18384. 3-2001	电动汽车　安全要求　第 3 部分：人员触电防护	现行有效，正在修订
4		GB/T 4094. 2-2005	电动汽车操纵件、指示器及信号装置的标志	现行有效
5		GB/T 19596-2004	电动汽车术语	现行有效
6		GB/T 18385-2005	电动汽车　动力性能　试验方法	现行有效
7		GB/T 18386-2005	电动汽车　能量消耗率和续驶里程　试验方法	现行有效
8		GB/T 18387-2008	电动车辆的电磁场发射强度的限值和测量方法，宽带，9kHz~30MHz	现行有效
9		GB/T 18388-2005	电动汽车　定型试验规程	现行有效
10		GB/T 24552-2009	电动汽车风窗玻璃除霜除雾系统的性能要求及试验方法	现行有效
11		GB/T 19836-2005	电动汽车用仪表	现行有效
12		GB/T 28382-2012	纯电动乘用车　技术条件	现行有效
13		QC/T 838-2010	超级电容电动城市客车	现行有效
14		QC/T 925-2013	超级电容电动城市客车　定型试验规程	2013-09-01 实施
15	混合动力 8	GB/T 19751-2005	混合动力电动汽车安全要求	现行有效
16		GB/T 19750-2005	混合动力电动汽车　定型试验规程	现行有效
17		GB/T 19752-2005	混合动力电动汽车　动力性能　试验方法	现行有效
18		GB/T 19753-2005	轻型混合动力电动汽车　能量消耗量　试验方法	修订，已报批
19		GB/T 19754-2005	重型混合动力电动汽车　能量消耗量　试验方法	修订，已报批
20		GB/T 19755-2005	轻型混合动力电动汽车　污染物排放　测量方法	现行有效
21		QC/T 837-2010	混合动力电动汽车类型	现行有效
22		QC/T 894-2011	重型混合动力电动汽车　污染物排放　车载测量方法	现行有效
23	燃料电池 10	GB/T 24554-2009	燃料电池发动机性能试验方法	现行有效
24		GB/T 24549-2009	燃料电池汽车安全要求	现行有效
25		GB/T 24548-2009	燃料电池汽车整车术语	现行有效
26		GB/T 26990-2011	燃料电池电动汽车　车载氢系统　技术要求	现行有效
27		GB/T 26779-2011	燃料电池电动汽车　加氢口	现行有效
28		GB/T 26991-2011	燃料电池电动汽车　最高车速　试验方法	现行有效
29		QC/T 816-2009	加氢车技术条件	现行有效
30		GB/T 29123-2012	示范运行氢燃料电池电动汽车技术规范	2013-07-01 实施
31		GB/T 29124-2012	氢燃料电池电动汽车示范运行配套设施规范	2013-07-01 实施
32		GB/T 29126-2012	燃料电池电动汽车　车载氢系统　试验方法	2013-07-01 实施
33	储能装置 8	GB/Z 18333. 1-2001	电动道路车辆用锂离子蓄电池	现行有效
34		GB/Z 18333. 2-2001	电动道路车辆用锌空气蓄电池	现行有效
35		QC/T 741-2006	车用超级电容器	现行有效，正在修订
36		QC/T 742-2006	电动汽车用铅酸蓄电池	现行有效
37		QC/T 743-2006	电动汽车用锂离子蓄电池	现行有效，正在修订
38		QC/T 744-2006	电动汽车用金属氢化物镍蓄电池	现行有效，正在修订
39		QC/T 840-2010	电动汽车动力蓄电池结构形式及尺寸	现行有效
40		QC/T 897-2011	电动汽车用电池管理系统技术条件	现行有效

续表

序号	类别	标准编号	标准名称	状态
41	电机及控制系统 7	GB/T 18488.1-2006	电动汽车用电机及其控制器　第 1 部分：技术条件	修订，已报批
42		GB/T 18488.2-2006	电动汽车用电机及其控制器　第 2 部分：试验方法	修订，已报批
43		GB/T 24347-2009	电动汽车 DC/DC 变换器	现行有效
44		QC/T 896-2011	电动汽车用驱动电机系统接口	现行有效
45		QC/T 893-2011	电动汽车用驱动电机系统故障分类及判断	现行有效
46		GB/T 29307-2012	电动汽车用驱动电机系统可靠性试验方法	现行有效
47		QC/T 926-2013	轻型混合动力电动汽车（ISG 型）用动力单元可靠性试验方法	2013-09-01 实施
48	能源供给 10	GB/T 18487.1-2001	电动车辆传导充电系统　一般要求	现行有效
49		GB/T 18487.2-2001	电动车辆传导充电系统　电动车辆与交流/直流电源的连接要求	现行有效
50		GB/T 18487.3-2001	电动车辆传导充电系统　电动车辆交流/直流充电机（站）	现行有效
51		QC/T 839-2010	超级电容电动城市客车供电系统	现行有效
52		QC/T 841-2010	电动汽车传导式充电接口	现行有效
53		QCT/ 842-2010	电动汽车电池管理系统和非车载充电机之间的通信协议	现行有效
54		GB/T 20234.1-2011	电动汽车传导充电　充电连接装置　第 1 部分：通用要求	现行有效
55		GB/T 20234.2-2011	电动汽车传导充电　充电连接装置　第 2 部分：交流充电接口	现行有效
56		GB/T 20234.3-2011	电动汽车传导充电　充电连接装置　第 3 部分：直流充电接口	现行有效
57		QC/T 895-2011	电动汽车用传导式车载充电机	现行有效
58	电动摩托车 6	GB/T 24158-2009	电动摩托车和电动轻便摩托车通用技术条件	现行有效
59		GB/T 24157-2009	电动摩托车和电动轻便摩托车能量消耗率和续驶里程试验方法	现行有效
60		GB/T 24156-2009	电动摩托车和电动轻便摩托车　动力性能　试验方法	现行有效
61		QC/T 791-2007	电动摩托车和电动轻便摩托车定型试验规程	现行有效
62		QC/T 792-2007	电动摩托车和电动轻便摩托车用电机及控制器技术条件	现行有效
63		GB 24155-2009	电动摩托车和电动轻便摩托车安全要求	现行有效

2. 重要标准的制修订取得了重要进展

除了已经完成（批准发布）的标准外，还有一批重要标准取得重要进展，其中部分标准是准入规则所引用的标准的修订，有些是新制定的涉及整车安全的标准，将来很可能也会被准入规则引用。这些标准包括：

QC/T 741、743、744 系列标准完成修订；

电动汽车正面碰撞要求国家标准即将公开征求意见；

插电式混合动力汽车技术条件、电动汽车低速行驶提示音两项国家标准已立项。

3. 国际标准法规工作稳步推进

2012 年我国在电动汽车国际标准法规协调中稳步推进，并取得了重要的阶段性成果：电动汽车直流充电 3 项系列国际标准即将进入到 FDIS（最终草案）阶段；电动汽车换电站国际标准正式立项；和全球技术法规协调论坛（WP29）中电动汽车安全（EVS）、电动汽车与环境（EVE）相对应，我国成立了“电动汽车国际标准法规制定与协调工作组”，同时作为 WP29 的副主席国家，我国也积极参加了 EVE 和 EVS 的活动，并在电动客车安全、电池安全等方面提出了重要意见。EVS 第 4 次会议和 EVE 第 7 次会议将于 2013 年 10 月份在中国北京召开。

（中国汽车技术研究中心　孟祥峰）

十四、美国电动汽车研发及产业化

前言

中国和美国是世界上最大的轿车和轻型货车市场。为了满足国内大规模的个人交通需求，中美两国也成为世界最大的石油消费国和温室气体排放国。两国消耗的石油超过半数需要从国外进口。为了摆脱对石油的依赖，美国设立了很多重大的电动汽车研究项目，尤其是在电池领域。此外，美国在其他领域也投入了大量的研究：车用替代能源（尤其是在纤维素乙醇和生物柴油），扩建天然气加气设施，改良传统内燃机的燃烧系统，轻量化材料的使用（这一技术可以使电动汽车和传统汽车都受益）。本文主要分析与“中国新能源汽车计划”相似的美国（公共和私营部门）对电动汽车的推广和商业化的所做的努力。电动汽车包括：混合动力汽车（HEV），插电式混合动力汽车（PHEV）和纯电动汽车（AEV）。而插电式电动汽车（PEV）包括插电式混合动力汽车和纯电动汽车。

1. 发展电动汽车的初衷

(1)石油消耗和温室气体排放

根据美国能源信息协会（EIA）的数据，交通运输领域占美国70%的石油消耗量和30%的温室气体排放量（如图25所示）[1]。实际上，仅交通运输领域消耗的石油就已经超过美国国内生产的石油总量。据预测，到2035年用于交通运输的石油消耗将超过1500万桶/天。而这也将造成美国常规石油产量与交通运输原油需求之间550万桶/天的缺口[1]。为了寻求未来能源的可持续发展之路，美国总统在2005年提出：到2050年，美国目标将温室气体排放量和石油消耗量在2005年的水平上减少80%。

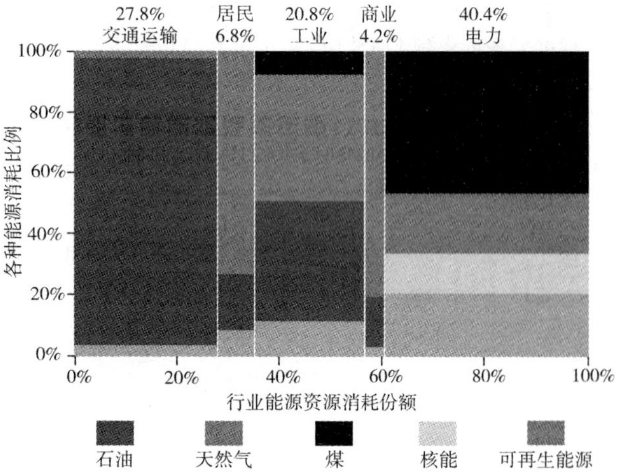

图25 能源消耗的种类和行业份额

(2)能源经济标准

2012年8月28日，美国环境保护署（EPA）和美国国家公路交通安全管理局（NHTSA）联合发布了最终规则将全国统一的温室气体和燃油经济性标准的计划延长到2017款到2025款乘用车。这个标准预期在2025年把轿车和轻型货车的燃油经济性提高到54.5英里每加仑[2]。上述标准是建立在2010年制定的针对2011—2016年轿车和轻型货车（排放和能耗）的标准之上[3]。届时，新标准将使得汽车的燃油经济性较目前水平翻倍，而这也将促使汽车生产厂商更加发展电力汽车技术。

(3)电力驱动汽车的潜在效益

一般来说，比起传统汽车电动汽车消耗更少的油，排放更少的污染物，而且每英里（约1.6km）的使用费用也更少。然而从生命周期角度评价，石油消耗和排放的减少量取决于发电结构。以插电式混合动力汽车为例，有研究表明：与传统汽车相比插电式混合动力汽车整个生命周期最多可以降低30%的温室气体排放和减少70%的油耗，但这取决于具体的使用模式[4]。图26从生命周期角度对比了插电式混合动力汽车和传统汽车[5]。根据发电能源的不同，纯电动汽车的排放量可以降低10%到100%。

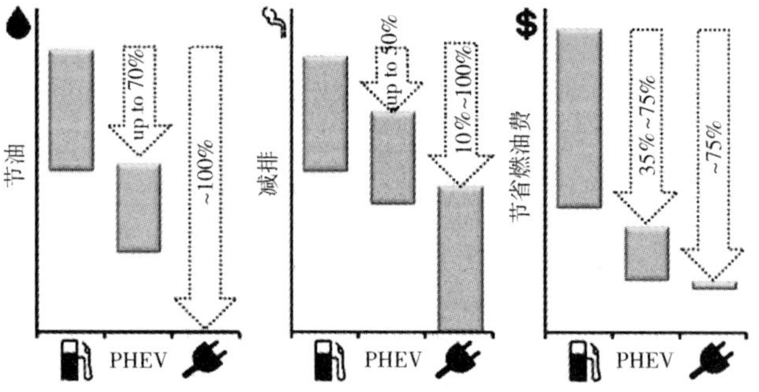

图26 PHEV一个生命周期（按英里折算）的潜在效益

2. 政策和法规

(1)联邦

由于1970年的《清洁空气法案》和1975年的《平均燃油经济性标准》（CAFE）的出台，联邦政府在减少车辆的排放和油耗方面扮演重要角色[6]。1992年《能源政策法案》增强了联邦政府的职权，法规要求使用替代性燃料，同时要求特定大小的车队购买使用替代性燃料的车辆。

2007年，《能源独立和安全法案》（EISA）将2020年的CAFE燃油经济性标准提高到35英里每加仑（折合6.7L/100km），这大大推动了电动汽车的发展。EISA也资助纤维素乙醇和电动技术的发展，其中包括对插电式混合动力汽车的资助。两年后，经济刺激法案（《美国复苏与再投资法案》）将8000亿美元投资到可再生能源和能源效率领域以增加工作岗位和促进经济增长，其中包括购买插电式混合动力汽车的税收抵免。

(2)加利福尼亚州

加利福尼亚先于联邦政府采取的方法：《零排放汽车法》(ZEV) 推出一个协同评价标准控制乘用车（包括轿车和轻型货车）的烟雾致癌污染物和温室气体排放[7]。新举措是建立在加州第一版标准之上，而后被联邦政府采纳。借助这一标准，政府期望温室气体的排放在2016年的水平之上降低34%，此外，形成烟雾的污染物也应较2014年水平减少75%。由于《零排放汽车法》的推出，有人预计2025年将会有150万辆“零排放”汽车上路（约占2025年汽车销售量的15%）。同时，应该建设更多的加氢站以支持“零排放”氢燃料电池汽车的发展。

3. 电动汽车的商业化

(1) 混合动力汽车、插电式混合动力汽车和纯电动汽车的销售、库存(历史和趋势)

混合动力汽车首次登陆美国市场是在1999年12月，当月17辆本田 Insight 第一代混合动力汽车在美国售出。11年之后的2010年12月，雪佛兰和日产相分别在美国市场推出了第一代插电式混合动力汽车 Volt 和纯电动汽车 Leaf。现在，市场上的电动汽车车型包括轿车、SUV、皮卡和小型货车等。增程式混合电动车 Volt 仅靠锂离子电池驱动最多可以行驶40英里，而纯电动汽车 Leaf 的纯电动续驶里程为100英里。2012年，美国市场共销售53169辆插电式电动汽车和434638辆混合动力汽车。截至2012年年底，美国市场累计售出71277辆插电式电动汽车（其中包括24696辆纯电动汽车和46581辆插电式混合动力汽车）和2588134辆混合动力汽车（其中包括2172832辆轿车和415302辆轻型货车）。2012年，混合动力汽车的销量约占美国新型汽车（LDV，轿车和轻型货车）总销售量的5.5%，约占轻型汽车（LDV）销售量的3%。插电式电动汽车加上混合动力汽车的销售量约占新型汽车销售总量的6%。插电式电动车销量的增速要高于混合动力汽车。图27按月份统计了插电式混合动力汽车和纯电动汽车的累计销售量[8]。图28统计了1999—2012年电动汽车销售量占轻型汽车总销售量的份额[8]。

(2)汽车制造商

自2000年起，丰田公司生产的 Prius 已经成为美国混合动力汽车的销量冠军。目前，丰田公司有10款混合动力车型在美国销售，并且在2012年占领了美国超过70%的混合动力汽车销售份额。目前有超过40款混合动力汽车在市场上销售，其中6款是2012年上市的。雪佛兰 Volt 以23461辆的销售量领衔2012年美国插电式电动汽车的销量。

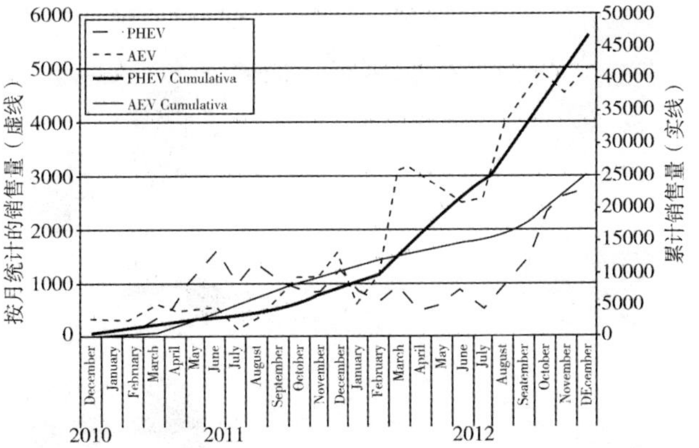

图27 美国插电式混合动力汽车、纯电动汽车按月份和累计的销售量

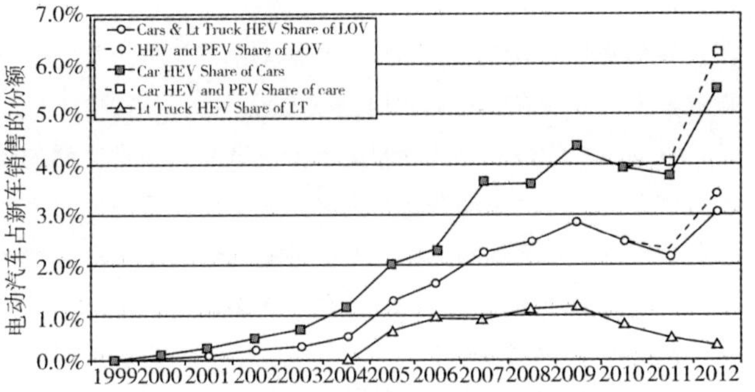

图28 电动汽车占美国新型汽车销售的份额

插电版 Prius 和日产 Leaf 分为别以12746辆和9819辆的销售辆占据第二、第三位[8]。

(3)充电设施

增加充电设施将会有效地推动插电式电动汽车的商业化。根据“美国住户统计调查”的研究表明：半数美国家庭的汽车晚间停车点有充电插座[9]。然而，根据“全国居民出行调查”的研究表明：在工作日，大约有50%的家庭汽车停放在工作场所或者是公共场所的停车场，这些停车场已经开始提供充电器[10]。美国能源部已经启动“工作场所无障碍充电挑战”，该项目希望能够在5年之内将可提供汽车充电的工作场所的数量提升10倍。目前，美国有1级、2级交流充电桩和1级、2级直流充电桩供商业和居民充电使用（图29）[11]。

4. 能源车辆技术部电池研发项目

(1)影响市场广泛接受电动汽车的阻碍

目前，电动汽车只占轻型汽车保有量的1%。要发挥插电式电动车的潜力和实现其市场扩张必须克服众多的障碍——技术阻碍、社会阻碍和制度阻碍。最大的阻碍就是电池技术：电力驱动里程（大多在100英里），长时间充电和高昂的成本。享受了政府补助和税收抵免政策后插电式电动车的价格仍然比传统乘用车高1万美元。没有足够的充电设施加重了人们对纯电动汽车续驶里程的担忧，例如

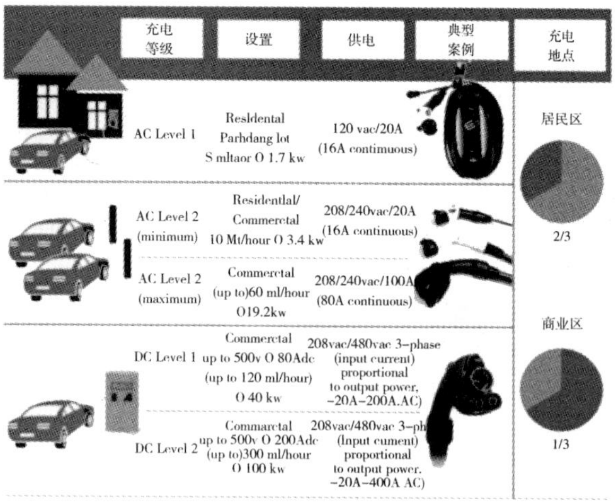

图 29　充电等级和充电时间

在人口稠密地区没有足够的专用停车场。此外，人们也担心汽车电力系统在发生碰撞时的安全性。

电动汽车的燃油经济性要优于传统汽车，但是高昂的购置价格延长了电动车消费者的投资回报，也就是说只有当驾驶电动汽车行驶更远的里程时才有可能（借助电动汽车燃油经济性的优势）收回购置时（比传统车多出的）成本。

(2) 电池研发计划

计划目标

攻克电池的技术壁垒使其能大规模商业化应用在电动汽车上需要大量而长期的研发投入。插电式电动汽车关键技术领域在 2022 年的电池性能和成本目标：

将电池成本从目前的 500 美元/kW·h 降低到 125 美元/kW·h。

利用轻量化技术降低汽车 30% 的重量。

将电力驱动系统的价格从 20 美元/kW 降低到 8 美元/kW。

这些目标在某些专家看来有些激进，但仍然有望实现。若能够实现上述目标，那么对于纯电力驱动里程为 40 英里的插电式混合动力汽车和纯电力驱动里程为 300 英里的纯电动汽车 5 年的使用成本（包括初始购置价格加上 5 年内使用的燃料费用）可以控制在 4 万美元之内[11,12]。

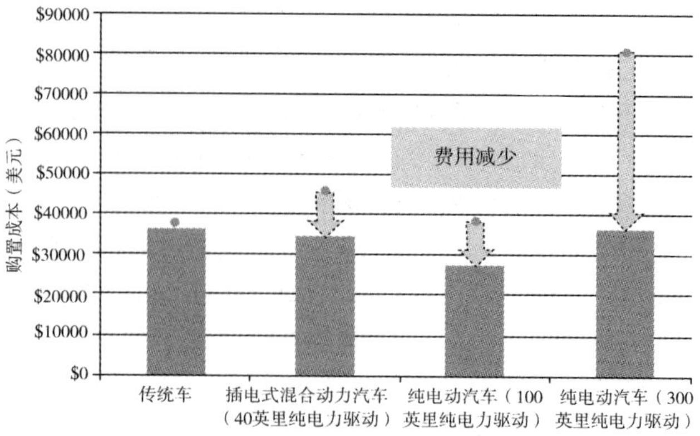

图 30　2022 年汽车的使用成本（包括购置价格和 5 年内的燃油价格）以 2012 年美元折算

电动汽车和插电式混合动力汽车电池技术的目标和现状：

如今，电动汽车的购置价，优化设计和性能的提升在很大程度上取决于电池的尺寸、重量和成本。轻型电力驱动汽车需要更经济、耐用和高容错的电池，此外，未来现代化电网也需要这样的电池。表 12 列出了美国能源部关于电动汽车和插电式混合动力汽车电池技术的现状和目标[13]。在短期内（2012—2017 年），通过采用高能量阴极材料，高电压电解质，高容量硅或基于锡的金属间化合物合金取代石墨阳极等手段，电池的能量密度将有望从 100W·h/kg提高到 250W·h/kg。从长远来看（2017—2027 年），“超越锂离子”电池（例如，锂—硫、镁离子，锌—空气，锂—空气）的应用会使电池的能量密度较 2022 年设定的目标值有更大幅度的提升，不仅如此，而且成本会下降[11]。

表 12　电动汽车和插电式混合动力汽车电池技术的目标和现状

美国能源部能量储存目标	插电式混合动力汽车（10 英里纯电续驶里程）		插电式混合动力汽车（40 英里纯电续驶里程）	
	目标	现状（2011）	目标	现状（2011）
放电脉冲功率：10 秒（kW）	45	~70	38	~95
回收脉冲功率：10 秒（kW）	30	~40	25	~70
可用能量（kW·h）	3.4	3.4	11.6	11.6
寿命（年）	15	8 ~10	10 +	8 ~10
循环寿命（深度循环）	5000	3000 ~5000	5000	3000 ~5000
系统最大重量（kg）	60	~57	120	~175
系统最大容量（l）	40	~45	80	~100
系统制造价格（10 万台/年）（美元）	1700	~2600	3400	~6850

5. 加快电动汽车普及策略

（1）电动汽车无处不在

2012 年 3 月，美国总统奥巴马宣布了“电动汽车无处不在的挑战”项目：目标到 2022 年美国的汽车制造商为普通的美国家庭生产更便宜，更方便使用的电动汽车，就像现在的汽油车一样。为了加快电动汽车的大规模商业化，需要在以下关键领域降低成本和提高技术：电池、电机、动力电子设备、轻量化材料和车身结构、快速充电技术[11]。

（2）清洁城市

1992 年的《能源政策法案》通过支持地方做出的关于降低石油在交通运输领域的消耗，以达到提高美国的能源、经济和环境安全的目的[14]。为了响应《能源政策法案》，1993 年“清洁城市联盟”成立。近 100 个清洁联盟城市联合公共和私营部门投入到部署替代燃料和可再生燃料，减少车辆空转，提升燃油经济性以及新兴的运输技术等领域。通过替代能源或者其他技术的使用减少对石油的消耗，以达到 2020 年实现每年 250 亿加仑的温室气体的减排目标。

（3）爱达荷国家实验室（INL）的电动汽车项目（EV）

EV 项目是美国电动汽车最大的规划，该规划也把充电设施纳入其中。INL 联合北美 ECOtality、日产、通用汽车、超过 40 个城市/地区/州的政府、电力公司和其他组织在 16 个主要城市部署了约 14000 个Ⅱ级充电器（208～240V）和 300 个快速充电器[15]。EV 项目中涉及 5700 辆日产 Leaf 和 2600 辆通用 Volt 在私人住宅、车队和公共场所充电。所有的车辆和充电设施都安装有计量表或/和数据记录仪。

（4）阿冈国家实验室（ANL）的电动汽车测试

利用 ANL 中的先进动力总成研究设施（APRF）研究人员可以对插电式混合动力汽车进行冷启动和热启动下的城市道路循环工况（UDDS）测试，电池消耗模式（CD）和燃油消耗模式（CS）的公路循环测试[16]。完整的充电测试和简略的测试（如测试空调的运行）都可以实现，充电过程中的数据会被收集和分析。油耗和耗电的测量对于表征插电式混合动力汽车的具体操作及其影响有着重要作用。而且，道路测试应该要考察插电式混合动力汽车的电池在极限温度下工作的油耗。插电式混合动力汽车的基准数据以及测试分析都放在互联网上供政府，行业和学术界人士查阅。数据几乎应用于每一个美国政府与行业合作的 DRIVE 项目中（车辆效率和能源的可持续性的研究和创新）。

（5）充电站

自 2010 年后，充电站的数量激增（图 31）[16]。到 2013 年 4 月充电站的数量是 2010 年的 30 倍。目前，有 15 个州建有超过 300 座充电站，加利福尼亚、德克萨斯和华盛顿是数量最多的 3 个州。图 32 中给出了美国各州可使用的充电站数量[17]。

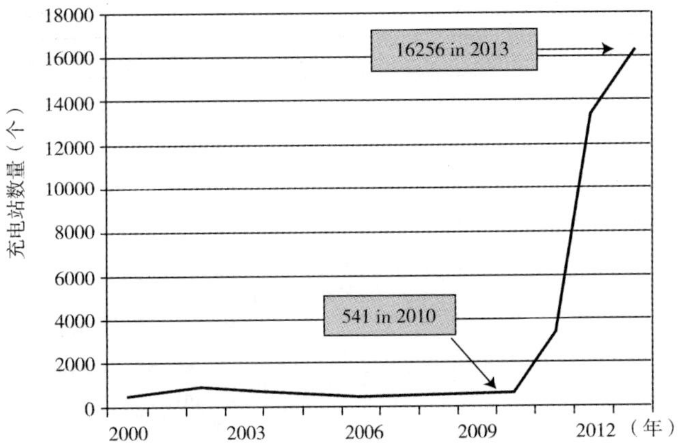

图 31　美国充电站的数量

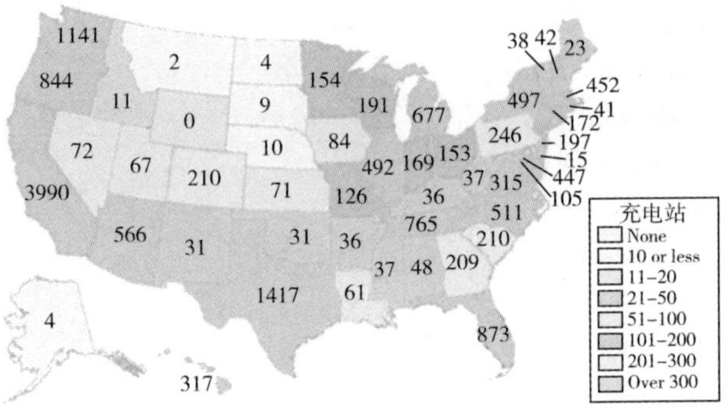

图 32　美国各州充电站的数量示意图

（6）联邦/州的鼓励措施和税收减免

为了解决插电式电动车购置的价格壁垒，在 2010 年之后（含 2010 年）购买插电式电动车的纳税人即有资格获得联邦的所得税抵免。抵免的金额在 2500 美元到 7500 美元之间，具体金额取决于购买汽车的动力电池容量（4 kW·h 到 16 kW·h）。这种由美国复苏与再投资法案（的经济刺激计划）在 2009 年授权的税收抵免，会在每个制造商在美国市场售出 20 万辆达到要求的电动汽车后终止。所有针对混合动力汽车的联邦的所得税抵免在 2010 年年底前已全部终止。表 13 中列出了联邦所得税对不同型号插电式电动汽车的补助细则[18]。

此外，很多州都有本州的补助政策，如为“高占用车辆（HOV）”（车上有两位或两位以上的乘客）专用道和税收抵免，表 14 总结了这些政策。同时，某些电力公司也提供的低价电专供插电式电动汽车充电[18]。

表 13　有资格申请联邦所得税抵免的插电式电动车类型

$ 7500	$ 3751	$ 3626	$ 2500
AMP GCE EV	—	—	—
AMP MLE EV	—	—	—
BMW Active E	—	—	—
BYD E6 EV	—	—	—
Chevrolet Volt	—	—	—

续表

$ 7500	$ 3751	$ 3626	$ 2500
CODA Sedan	—	—	—
EVI MD Electric Truck	—	—	—
EVI WI Electric Truck	—	—	—
EMC E36 7 Passenger Wagon	—	—	—
EMC E36t Pick-up Truck	Ford - C - Max Energi	—	—
EMC E36v Utility Van	Ford Fusion Energi	Honda Accord PHEV	Toyota Prius PHEV
Ford Focus EV	—	—	—
Ford Transit Connect	—	—	—
Fiat 500e	—	—	—
Fisker Karma Seden	—	—	—
Mitsubishi i-MiEV	—	—	—
Nissan Leaf	—	—	—
Smart fortwo EV	—	—	—
Tesla Model S	—	—	—
Tesla Roadster	—	—	—
Think City EV	—	—	—
Toyota RAV4 EV	—	—	—
WheegoLiFe	—	—	—

表 14 美国各州和私营企业电动汽车激励政策总结

激励	州
"高占用车辆"绿色通道	亚利桑那州，加利福尼亚州，科罗拉多州，佛罗里达州，佐治亚州，夏威夷州，马里兰州，新泽西州，纽约州，北卡罗来纳州，田纳西州，犹他州，弗吉尼亚州
插电式电动车购买激励：税收抵免和退税	加利福尼亚州，佐治亚州，伊利诺伊州，马里兰州，俄克拉荷马州，南卡罗来纳州，田纳西州，得克萨斯州，犹他州，西弗吉尼亚州
专供插电式电动汽车充电的低价电	亚拉巴马州，亚利桑那州，佐治亚州，夏威夷，印第安纳州，堪萨斯州，密歇根州，明尼苏达州，内华达州，弗吉尼亚州
充电设备/安装激励	亚利桑那州，加利福尼亚州，科罗拉多州，伊利诺伊州，印第安纳州，马里兰州，密歇根州，田纳西州，德克萨斯州
车辆检验/排放测试豁免	爱达荷，密歇根州，密苏里州，内华达州，北卡罗来纳州，弗吉尼亚州
停车激励	亚利桑那州，康涅狄格，夏威夷，内华达州
销售税豁免	新泽西州，华盛顿
燃油税豁免	威斯康星州，犹他州
减少牌照和/或使用税	亚利桑那州，华盛顿
减少注册费	伊利诺伊州，爱荷华州
转换税收抵免	蒙大拿
车一电网能源抵免	特拉华州

续表

激励	州
减少车辆空转技术的税收抵免	科罗拉多州
重量限制豁免	科罗拉多州
办理所有权税免税	哥伦比亚特区
降低收费公路金额	新泽西州

(7)基础设施的复苏法案

交通电气化提案收到复苏法案提供的4亿美元资助。在该提案下，公司正在研发、规划和分析电动汽车以及与电动汽车相关的基础设施，并且加强对公众的教育，这为人们接受先进电动汽车市场打下基础[19]。交通电气化提案下有8个项目(其中包括库伦项目)，它们代表世界上最大的电动汽车示范项目。预计在该项目的带动下到2013年12月将有超过13000辆连接电网的车辆和超过22000个遍布在全国范围内的住宅，商业和公共场所的充电点。通过这些成本共享项目，美国能源部将会收集电动汽车消费者使用和充电信息，这些信息对于电动汽车和充电器在国内的成功推广至关重要。

库伦项目涉及电动汽车的规划（其中包括2000辆通用Volt、200辆福特Transit Connect、100辆福特Focus EV和100辆Smart EV）和全美国4600个电动汽车充电设施的建立。在美国奥斯汀市，洛杉矶市，纽约市，奥兰多，雷德蒙德，萨克拉门托，旧金山，南密歇根州和华盛顿等地区的住宅、工作场所和公共场所都将建立车辆及充电的基础设施。

6. 与中国的合作

中美两国将携手解决共同面对的能源消耗和温室气体排放的问题。2009年11月，奥巴马总统和胡锦涛主席共发表几项声明，强调中美两国在清洁能源领域要进一步加强合作，合作领域中就包括两项主要的汽车提案。

(1)清洁能源合作中心——清洁汽车合作联盟

"清洁汽车合作联盟"（CVC）是三项清洁能源研究(CERC）的活动之一（另两项是建筑能源效率和先进的煤炭技术）。中美两国分别设有研究中心：美国是由密歇根大学牵头的CERC-CVC联盟（包括其他高校、国家实验室和行业）；中国是由清华大学牵头的CVC联盟（包括其他高校、研究所和公司）[20]。

中美两国共同资助研究的重点项目。这些资助来自公共和私营部门，而且美国的资金只投向美国的研究机构，同样中国的资金也只支持中国的研究机构。研究分为以下六大重点领域：车辆—电网接口，车辆电气化，电池和能量转换，先进的生物燃料和清洁燃烧，车辆结构的轻量化，能源系统研究。双方期望这些研究可以形成一些可专利化的技术理念。同时依照技术管理计划用来解决双方知识产权问题。

(2)中美电动汽车提案

在电动汽车法案(EVI)发布会上白宫公布了一个简报，提到中美两国在电动汽车领域有共同的利益：降低对石油的依赖，减少温室气体排放，促进经济增长[21]。

电动汽车法案(EVI)法案下的活动包括：联合标准的制定(包括电池和电动汽车常规的测试协议)，电动汽车示范运行的数据共享(包括美国洛杉矶和中国上海嘉定地区)，联合技术路线，集中在下一代电池化学或先进的诊断工具的基础性研究，开发宣传材料用以提高公众对电动汽车技术的认识。每年会在两国间交替举行两次研讨会。通过员工交流互访的形式促进合作研究，达到联合出版论文，更好地理解车辆和电池标准、测试协议的目的。

(Argonne National Laboratory, Zhou Yan, Ph. D Larry Johnson, Ph. D)

参考文献

[1] 2012 Vehicle Technologies Market Report, Oak Ridge National Laboratory, ORNL/TM-2013/51, February 2013, http://cta.ornl.gov/vtmarketreport/index.shtml.

[2] EPA and NHTSA Set Standards to Reduce Greenhouse Gases and Improve Fuel Economy for Model Years 2017-2025 Cars and Light Trucks, U. S. Environmental Protection Agency, EPA-420-F-12-051, August 2012, http://www.epa.gov/otaq/climate/documents/420f12051.pdf.

[3] Model Year 2012-2016 Light-Duty Vehicle Greenhouse Gas Emissions Standards and Corporate Average Fuel Economy Standards, U. S. Environmental Protection Agency, May 2010, http://www.gpo.gov/fdsys/pkg/FR-2010-05-07/pdf/2010-8159.pdf.

[4] A. Elgowainy, et al., Well-To-Wheels Analysis of Energy Use and Greenhouse Gas Emissions of Plug-in Hybrid Electric Vehicles, Center for Transportation Research, Argonne National Laboratory, 2010, www.transportation.anl.gov/pdfs/TA/629.pdf.

[5] J. Ward, Primer on PEVs for Practitioners: Taxonomy, Potential Benefits, Metrics of Interest, Challenges of Electrification, presentation made at 2013 Transportation Research Board Annual Meeting, Washington. D. C., January 2013.

[6] A Chronology of Federal Legislation, U. S. Department of Energy, Alternative Fuel Data Center, http://www.afdc.energy.gov/laws/key_ legislation.

[7] 2013 ZEV Action Plan: A Roadmap toward 1.5 Million Zero-Emission Vehicles on California Roadmap by 2025, February 2013. http://opr.ca.gov/docs/Governor's_ Office_ ZEV_ Action_ Plan_ (02-13).pdf.

[8] Light Duty Electric Drive Vehicles Monthly Sales Updates, Argonne National Laboratory, http://www.transportation.anl.gov/technology_ analysis/edrive_ vehicle_ monthly_ sales.html.

[9] American Housing Survey, U. S. Census Bureau, http://www.census.gov/housing/ahs/.

[10] Y. Zhou, A. Vyas and D. Santini, Tracking National Household Vehicle Usage by Type, Age, and Area in Support of Market Assessments for Plug-In Hybrid Electric Vehicles, Journal of Transportation Technologies, Vol. 3, No. 2, PP. 174-183, April 2013.

[11] EV Everywhere Grand Challenge Blueprint, U. S. Department of Energy, January 2013.

[12] Annual Energy Outlook 2013 Reference Case, U. S. Energy Information Administration, May 2013.

[13] David Howell, EV Everywhere Grand Challenge: Battery Status and Cost Reduction Prospects, presentation made on EV Everywhere Battery Workshop, Chicago, IL, July 26th, 2012. http://www1.eere.energy.gov/vehiclesandfuels/pdfs/ev_ everywhere/5_ howell_ b.pdf.

[14] Clean Cities, U. S. Department of Energy, http://www1.eere.energy.gov/cleancities/.

[15] The EV Project, Idaho National Laboratory, http://avt.inel.gov/evproject.shtml.

[16] Advanced Powertrain Research Facility, Argonne National Laboratory, http://www.transportation.anl.gov/facilities/aprf.html.

[17] Alternative Fuel Research Data Center, U. S. Department of Energy, http://www.afdc.energy.gov/, Accessed on April 9, 2013.

[18] Qualified Vehicles Acquired after 12-31-2009, U. S. Internal Revenue Service, http://www.irs.gov/Businesses/Qualified-Vehicles-Acquired-after-12-31-2009, Accessed on April 9, 2013.

[19] More Than 1, 800 Electric Vehicle Chargers Installed Under the Recovery Act, May 2013, http://energy.gov/articles/secretary-chu-highlights-more-1800-electric-vehicle-chargers-installed-under-recovery-act.

[20] Clean Energy Research Center, Clean Vehicle Consortium, http://cerc-cvc.research.umich.edu/.

[21] Fact Sheet: U. S. -China Electric Vehicles Initiative, The White House Office of Press Secretary, http://www.chinafaqs.org/files/chinainfo/US-China_ Fact_ Sheet_ Electric_ Vehicles.pdf.

十五、日本电动汽车技术及推广情况

1. 简介

纵观汽车行业，日本制造商一直在下一代汽车方面（如混合动力汽车，电动汽车和插电式混合动力汽车）领先于世界，但是目前与海外对手的竞争已日趋激烈。作为我们工业政策的一部分，我们的目标是占领保持我国绿色产业增长的关键领域——下一代汽车领域的全球市场。为此，我们想通过提升性能和质量从而超越其他国家，并试图挖掘在全球范围内传递其潜在价值的下一代汽车的潜在市场。

具体来说，电动车的行驶里程将基于对锂离子电池的研究和开发的努力成果上，在2020年得到成倍的提高。同时，通过一种逐步并行的方式针对不同型号典型车型的初级要求和随后提升的创造，成功地降低了成本。此外，除了被用于“驱动电源”，新的高附加值功能将被创造，例如峰值降低和应急电源功能，以及通过与信息技术融合获得安全和便利。另外，我们将在国内外推动相关项目，以最佳的方式揭示电动车的独特价值，例如它的零排放和稳定性。并且开发相关的社会基础设施，如加速和系统化电池充电设施和为燃料电池车供应燃料的氢气供给设施。

在实施上述措施的同时，我们将针对电池充电器等推行适用适当的国际化标准，在公共部门和私营部门合作的情况下，确保其兼容性并着眼于全球市场。

在接下来的章节中，我们将详细介绍日本汽车产业以及主要的措施和政策，同时也将触及现在中日汽车领域交流现状并对今后推进中日汽车领域交流提出相关建议。

2. 日本汽车产业现状

日本汽车工业比世界其他国家相比拥有一项竞争优势，那就是通过近2200万辆的汽车销量证明，日本汽车的销量占世界汽车总销量的30%；而且其国内汽车生产值可达到约900万辆，是世界上第二大汽车制造大国，仅次于中国。这个行业对其他行业也有着巨大的影响力，包括服务性行业以及各种基础材料产业，如铝和钢。此外，汽车行业的收入约为13万亿日元，约占日本贸易顺差的一半，正因为如此，它成为支撑日本这个自然资源贫乏、高度依赖进口的国家国内经济的重点产业。此外，汽车业可以提供稳定的就业保证，而其他行业如电力行业和纺织行业一直在减少他们的劳动力。更重要的是，汽车行业保持了其高水平的平均工资，因此它在维护和提高员工生活质量中扮演一个重要的角色。

汽车行业已经为日本经济和就业形势做出了巨大贡献，但它现在面临着一场艰苦的战斗，包括在全球竞争之中日元快速升值。例如，现在国内新车销售水平低于500万台，与销售高峰达到800万辆的1990年相比，减少了超过300万辆。由于日元快速升值及其他因素，作为一个生产地的吸引力也在消失。

我们的目标是捕捉到更多的海外需求，将这种全球市场的增长纳入到我国经济增长中去。首先，作为其基础，我们将积极的推进高水平的符合我国经济利益的经济伙伴关系。

在此基础上，我们将鼓励公共部门和私营部门联合起来努力赢得基础设施领域的新兴国家的订单，同时在专利技术和标准技术上推行战略性联合的商业策略。

在下一代汽车领域，日本汽车行业一直处于世界领先水平，我们已经制定了一个雄心勃勃的目标，既到2020年，下一代汽车的销售率将占日本新车的销量比率的50%。为了这个目标，我们将采取必要的措施。

3. 下一代汽车的发展趋势

让我们来看看下一代汽车的在全球市场上的表现（图33），我们可以看到，除了混合动力汽车，其他下一代汽车仍处在市场的形成阶段。预计在2015年后，电动汽车和插电式混合动力汽车才脱离市场的形成阶段。

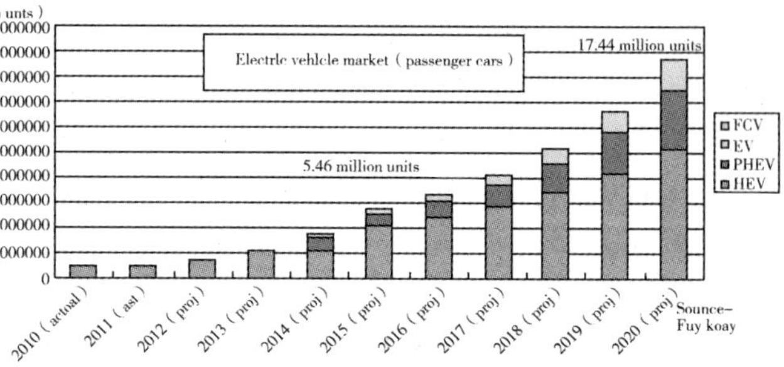

图33　下一代汽车的市场发展状态

中国和其他国家的政府也对下一代汽车进行了积极的支持，因此，加强了电动汽车和插电式混合动力汽车等的发展竞争力。相应的，这个市场预计在今后几年里将不断扩大。

例如，在美国，奥巴马政府已定下目标，到2015年将有100万辆电动汽车投入使用，并通过提供高达7500美元每辆车的补贴来鼓励消费者购买电动汽车。与此同时，在法国，根据“国家新能源汽车发展计划”，到2020年，该国的目标是将有200万辆电动汽车和插电式混合动力汽车投入使用，并于同一年完成设立75000座充电站建设的任务。此外，在德国，到2020年，该国的目标是将有100万辆电动汽车和插电式混合动力汽车投入使用，而在英国，到2020年，也将有170万辆电动汽车和插电式混合动力汽车投入使用。正如前面的例子所示，在世界各国政府的支持下，各国都在下一代汽车发展领域设立了雄心勃勃的目标。

其中，根据“节能与新能源汽车产业发展规划（2012—2020年）”，我们认识到，中国当局已为电动汽车和插电式混合动力汽车的销量设定了累计生产销售总值，分别为在2015年达到50万辆，并在2020年达成500万辆或以上的目标。为了实现这些目标，大量企业开始开发和引进下一代汽车，作为这一成就的一部分，源于日本的下一代汽车技术（图34、图35、图36）也被引入或将引入中国市场，或以其他方式被开发。

图34　东风日产启辰品牌下的纯电动车“E30”（已推出）

图35　本田讴歌品牌下的混合动力汽车“ILX”

图36　装备由丰田汽车研发中心（中国）有限公司开发的混合动力部件配的概念模型车“运东双清Ⅱ”（正在开发）

4．日本政治趋势

交通运输领域的能耗占到了全日本20%的终端能源消耗。因此，推动在交通运输领域的节能和CO_2减排有以下两方面重要影响：第一，通过车身轻量化和提高能源效率促进传统汽车降低燃料消耗；第二，加速推广作为我国绿色能源增长的关键部分的下一代汽车（例如，混合动力汽车，电动汽车以及插电式混合动力汽车）。总之，下一代汽车拥有极高的增长潜力。

在2010年4月，日本经济贸易产业省（METI）宣布了“2010下一代汽车战略”并且由政府散布目标（例如新车销售百分比）并以此推动每种下一代汽车的发展。为了实现这些目标，我们建议，我国政府应该积极主动地实施奖励措施（发展及采购补贴，相关的税收制度，基础设施建设，等等）。此外，日本内阁于2012年7月批准了“关于重振日本的综合策略”，规定“占领全球下一代汽车市场”是“绿色增长策略”的一项优先行动方针。在这种背景下，“实现下一代汽车销量占总汽车销量的50%”以及“安装200万个普通充电桩和5000个快充装置”被设为政府在2020年前达成的目标，并且推动设立各种为与全球市场接轨的措施。

为了扩散下一代汽车政策，以下三种措施被特别的提出：

（1）电池的研究与开发；

（2）基础设施的发展；

（3）采购下一代汽车的鼓励政策。

首先，关于电池的研究与开发，发展高性能和低成本的电池被认为是下一代汽车尤其是电动车推广的关键。因此，日本政府自20世纪90年代前半期就开始在研发锂电池项目上采取积极主动的措施。目前，锂电池的研发目标是，到2020年使锂电池的能力翻倍增长达到理想的极限表现，即满足电动车行驶240~400km距离的能力。更具体的来说，开展并“关于锂离子电池的应用和实际使用的先进技术发展项目”（项目规模：22亿日元）和“创新蓄电池的先进科学基础研究项目”（项目规模：31亿日元）两个项目进行研发。为了增强锂离子电池的安全性和其他性能，为增强材料进行创新，并建立基本的创新蓄电池技术，后一项项目包含以下四项主题：①为蓄电池的发展开发先进专业的分析技术；②依靠先进的分析技术对电池反应机制进行必要的说明；③大幅度提高锂离子电池的性能，包括安全性；④开发具有在实际应用上以及成本和安全等方面具备高潜能的创新蓄电池。

其次，在推广电力汽车方面，无论是电动汽车还是插电式混合动力汽车，不仅要推广汽车本身，对于相关车辆的充电基础设施的推广也很重要。自2009年起，根据“推广和使用清洁能源汽车的补贴办法”这一项目（项目规模：2012财政年规模440亿日元），日本经济贸易产业省（METI）对购买电动汽车和插电式混合动力汽车的购买者进行了补贴，并对相关充电的基础设施进行补贴。自2013财政年开始，这一措施将持续增强并根据“提高发展下一代汽车充电基础设施项目”（项目规模：1005亿日元）和“推广使用清洁能源汽车补贴办法”（项目规模：300亿日元）这两个补贴项目，在补贴电动车和充电基础设施两个方面双管齐下。随着补贴强度的增加，对电动车和相关充电基础设施的初始需求将增加，而价格将逐渐降低。与过去相比较大的差额直到2012财经年才出现，如果充电基础设施的发展得到无条件的满足，除了购买充电设施本身的花费，安置费仍耗费部分补贴。在此之上，“电动汽车和插电式混合动力汽车城倡议”被合理的提出，将在日本进行推广电动汽车和插电式混合动力汽示范市项目。根据这项倡议，18个日本自治市被选为示范地区，以最理想的方式努力发展开拓电动汽车和插电式混合动力汽车。通过这种集中式的努力，该倡议旨在为包括相关充电基础设施的发展在内的下一代汽车建立扩散模型，并以在日本扩展这种模型为最终目标。

展望未来，我们希望通过国内的努力与外国政府和海外企业的合作，并打算促进公共部门和私营部门之间的合作，以开发全球充电基础设施，并确保相关设备的兼容性。

5. 日本为走向标准化而做出的努力

快充在电动汽车的推广过程中发挥了重要的作用，这种技术已经逐渐被引入到日本及海外的家庭中。在这种情况下，日本已经向国际电工委员会（IEC）针对快充车辆间通信、快充的连机器以及相关快充的车身设计等提出了建议。

至于普通的充电系统，示范试验已经在日本国内和国外不断开展关于车辆和普通充电设施以及电动车用普通充电设施基础设施方面的控制之间的沟通，与此同时，电网通信接口（V2GCI）与车辆的国际联合 ISO/IEC 标准化的研究正在不断进行。

另外，另一项关于车用锂离子电池的国际 ISO 标准的研究也在进行，作为电动汽车普及的一项重要因素，日本正积极参与到这项国际研究中。

展望未来，除了电动车充电技术，我们还期望开展包括与电动车放电和/或汽车控制相关的技术标准化的讨论。因此，我们将继续对我们所关注的日本已提出的焦点标准问题采取积极的应对措施。在这种背景下，不断推动中日技术交流，并同时与中国以外的海外主要参与者交换意见。

正如前面所提到的，下一代汽车市场是一个很有前途且具有高增长潜力的市场，因此我们认为，要通过全球市场的合作来培育它。为了实现这一个理想的情况，我们认为所有在工业、政府和学术界与其相关的人员应该考虑以下几点：（1）最优先考虑使用者的利益；（2）所有有关的国家和参与者不但不互相反对，而且要进行有建设性的合作。这可以通过“标准化”这一工具从而得到实现。

6. 促进中日在汽车领域的交流

如前所述，日本的汽车产业占了全球汽车总生产销售额的 30%，对各个地区和国家的经济社会都做出了贡献。

中国本土汽车产业把中国视为最重要的市场之一。作为近些年的快速机动化的结果，中国已经成为世界上最大的汽车国家，自 2009 年以来，每年产销超过 1800 万辆汽车。2012 年，中国已注册的汽车销量 1931 万辆以及相关产品 1927 万个（套）的销量打破了自己的记录。事实上，“2000 万”这个里程碑式的目标将能够很快得以实现。大部分的日本主要汽车制造商已经提高了他们在中国的产业基础，基于迅速扩展的中国市场和科技升级的能力。

国际上两大机动化国家的产业交流极其重要，日本政府（经济贸易产业省，METI）组织了同中国政府的定期的交流会。

最近，首日本经济产业省（METI）同中国工业信息科技部副部长级常务于 2012 年 5 月进行对话。这次对话达成了一个针对机动化领域部长级的对话框架。基于协议，“首次中日两国汽车产业发展部长级对话”在同年 10 月举行。在这次对话会议中，达成了双方有关节能或新能源汽车的宣传政策和电动汽车的标准的信息交流，以及对私营部门对下一代汽车的交易标准化的支持。

此与标准化相关的信息交流得到了提升。上述部长级对话承认私营部门的交流有助于中日两国汽车产业的发展，并对其表示支持。

基于中日两国政府的支持，以日本汽车研究学会和中国汽车技术研究中心为主要中心的技术交流稳步提升，在 2012 年 11 月至 2013 年 3 月期间进行了 7 次相关会议。日本政府打算继续对此支持，为了保证中日两国有意义的技术交流，以及对中日两国下一代汽车数量的预期。

7. 结束语

如前所述，下一代汽车的市场是有潜力的，尽管其具有一些困难，诸如性能增强，成本减少和下一代汽车普及燃料基础设施的建设问题。首先，国际下一代汽车合作市场的培养是十分重要的，不仅仅是日本与中国，二者都已经坚定地推动下一代汽车的发展，世界上的其他国家也需要共同合作。

其次，不像常规的汽油汽车和其他，电池电力汽车、混合动力汽车和其他新能源汽车被寄希望于能够在社会中扮演新的角色，就像个“行驶的动力能源”，拥有包括峰值降低和能源危机的功能。就这点而论，这些汽车具有成为家用或社会重要组成部分的潜力。

随着这些新的可能性的出现，我们愿意支持汽车工业的发展，它将会成为中日两国经济的中心角色，并最终延伸到全球经济。

同时，为了提升这些新的可能性，对话交流的相关平台极其重要。随着贸易和投资关系越来越贴近，经济交易中的和机构方面的问题更加容易暴露出来。此外，当它随着下一代汽车和相关产品的交易出现，新的法规、标准和说明也应该进行考虑，因此政府间的讨论和私营企业间的讨论并不能覆盖全部的主题。目前，汽车小组委员会，作为中日综合节能环保论坛的一部分，是唯一一个公私结合的对话平台。然而在这个平台中，除了节能环保的主题，其余问题很难得到讨论，并且在时间上亦有限制。预计在不久的将来，我们希望在未来建立一个平台，这个平台能够让政府和私营企业一起针对中日汽车产业的问题，讨论包括以汽车为中心的经济系统，建立未来双赢结构关系。

（日本经济产业省，小川纯一）

十六、车辆全生命周期生态设计和成本分析综合评价

汽车工业是能源和资源消耗较多，污染物排放较严重的部门之一。在资源能源消耗、环境排放、成本控制等多重压力下，汽车产业可持续发展所必须面临的生态环境问题和成本控制问题得到强烈的关注，通过开展车辆全生命周期生态设计和成本分析评价，定量描述汽车对生态环境的影响以及全生命周期成本控制，对于汽车产业可持续发展具有重大意义。

车辆生态设计：产品可持续发展的有效途径

为贯彻落实《国务院关于加强环境保护重点工作的意见》和《工业清洁生产推行“十二五”规划》，引导企业开展产品生态设计，促进工业向绿色低碳、清洁安全转变，工信部会同发展改革委和环境保护部于 2013 年 2 月 27 日联合发布了《关于开展工业产品生态设计的指导意见》，明确提出选择汽车和电子电器等产品，制定相应生态设计实施细则，开展生态设计试点工作。由于汽车产业链长，示范作用广，通过推动汽车产品生态设计评价，可以实现资源能源科学利用，引导企业从整个生命周期角度产品进行系统性生态化设计，实现资源价值利用的最大化，削减污染物产生，同时推动企业技术创新，保障公众健康。

汽车产品的生态设计是在汽车生产之前就充分考虑其生产制造、销售、使用及报废后的回收、再使用和处理等各个环节可能对环境造成的影响，从而在设计阶段就尽可能的采取各种措施减少汽车全生命周期的环境影响，对产品的耐用性、再使用性、再循环性、加工过程的能耗以及最终处理难度等进行系统、综合的评价。以宝马汽车的 BMW i3 纯电动汽车为例，BMW i3 的设计主要使用碳复合材料、铝和高强度塑料，前者具有特殊的成型工艺，而后两者比钢材更容易喷涂上色，因此生产 i3 的德国莱比锡生产线没有设立专门的涂装和冲压车间，而涂装和冲压本来是汽车生产的两个主要步骤。此外，i3 在车辆各种关键零部件的生产阶段采用了大量回收及可再生材料，并采用零 CO2 排放的风电进行车辆生产，通过这一系列生态设计，在车辆生产过程中可以节约 50% 的能源和 70% 的用水。

车辆 LCA：全生命周期综合能耗和环境效应评价

生态设计以 LCA（生命周期评价，Life Cycle Assessment，简称 LCA）为工具，综合考虑产品整个生命周期相关的生态环境问题，设计出既对环境友好的，又能满足人类需求的新产品。LCA 是对某种产品系统或行为相关的环境负荷进行量化评价的过程。它首先通过辨识和量化所使用的物质、能量和对环境的排放，然后评价这些使用和排放的影响。评价包括产品或服务的整个生命周期，即包括原材料的开采和生产、产品制造、产品营销、使用、维护、循环再利用以及废弃处置，它关注的环境影响包括生态系统健康、人类健康和能源消耗三个领域。

汽车的生命周期评价可以在多个层次上进行，包括原材料生产、零部件生产及加工处理、整车组装、使用过程、废弃处理等。其中整车的 LCA 最复杂，也最具代表性。汽车作为一种复杂的工业产品，在原材料加工阶段使用多种工业材料；制造阶段分布在多个厂家；使用周期比较长；废弃处理过程复杂。因此，汽车的 LCA 具有过程复杂、数据收集难度大、建模困难等特点。另外，在我国进行汽车产品生命周期评价，还要考虑资源利用和环境状况，开发适合中国国情的汽车 LCA 分析。

北京工作部近年来在车辆全生命周期综合能耗和环境效应评价方面开展了大量基础工作，引入了德国全生命周期商业软件 GaBi 模型和美国阿冈实验室 GREET 模型，形成了包括金属和非金属等车用原材料、车用燃料、一级关键零部件、整车 LCA 分析等多个数据模块，对车辆和车用燃料的生产、车辆使用和回收再利用的车辆全生命周期过程的能耗、酸雨效应、温室效应、PM 排放等进行综合评价。

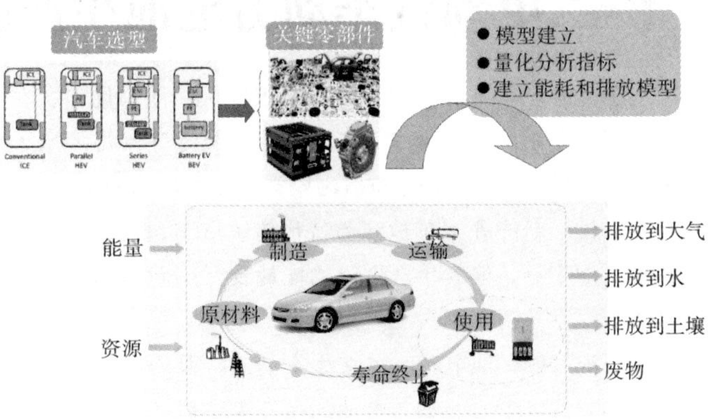

图 37　车辆 LCA 模型构建

车辆 LCC：全生命周期费用管理的利器

LCC（生命周期成本，Life Cycle Cost，简称 LCC）也被称为全生命周期费用，是指在产品经济有效使用期间所发生的与该产品有关的所有成本，包括开发（计划、设计和测试）、生产（加工作业）以及后勤支持（广告、销售和保证等）。具体而言包括产品设计成本、制造成本、使用成本、废弃处置成本、环境保护成本等。LCC 比目前企业

关注的由生产者负担的成本（包括产品策划、开发、设计、制造、营销、物流等过程中产生的成本），又多了包括用户购入后所发生的使用成本、废弃成本和处置等成本，更广义的还包括社会责任成本。

车辆的 LCC 分析的核心原则是不仅要考虑获取车辆生产所需原材料的价格、性能、服务，还要综合考虑其后期的运行、维护成本，以及在车辆生命周期结束后的处置成本，如对环境、健康和安全的影响等。车辆的 LCC 分析使得成本控制更全面。以客车为例，从 LCC 成本结构来看，采购成本仅是车辆全生命周期成本的冰山一角，只占 LCC 的 15% 左右。而后期持续产生的燃料成本、维保成本等使用成本占比则高达 70%。因此，对于客车使用成本的考量，目前在用户价值中比以往任何时候都显得突出，其突出位置甚至超过了采购成本。

汽车的 LCC 分析还有利于不同类型汽车成本对比。与传统燃油汽车相比，电动汽车整车销售成本相对较高，但因为其在行驶过程中采用价格相对较低的电能作为车用燃料，所以电动汽车在使用过程的成本相比于传统燃油汽车要少得多。对于单独的某个生命周期阶段，我们没有办法判断两种类型汽车的总生命周期成本的高低。只有从汽车生产的全生命周期过程考虑，才会使得成本控制问题更全面，更具体。另外，对电动汽车而言，LCC 分析不仅包括电动汽车产品本身的分析，还包括对不同来源形式的电能（如火电、水电、风电等）成本，以及充电基础设施、智能电网等成本进行详细论证与分析。

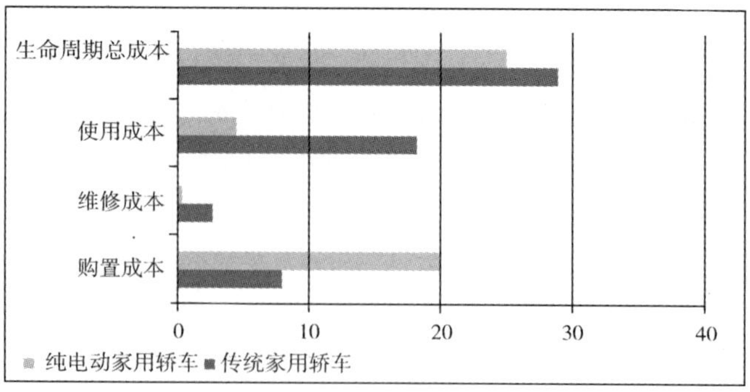

图 38 电动汽车与传统汽车 LCC 成本对比

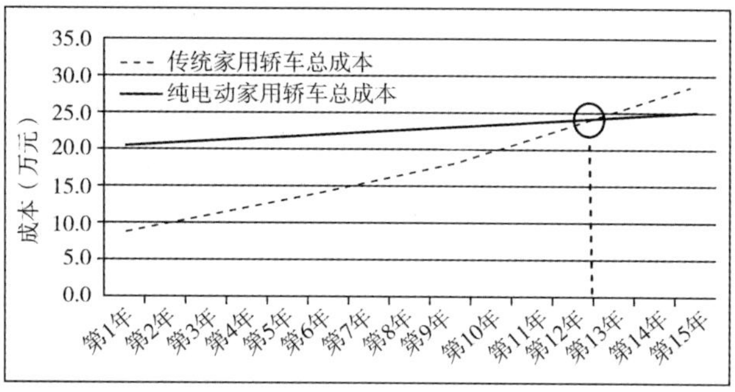

图 39 纯电动家用轿车的成本回收时间

（中国汽车技术研究中心，王成，尤可为，沈万霞）

十七、电动汽车动力电池生产制造及回收阶段的环境影响分析

新能源汽车在行驶过程中具有节能、环保等优点，在我国目前汽车保有量激增、能耗总量和温室气体排放量不断增大，城市交通对城市空气污染贡献日益增加的情况下，应用和推广新能源汽车被视为替代传统汽车、减缓环境危害的重要工具，但其生产阶段的能耗及污染问题同样不容忽视。

研究表明，纯电动汽车在生产制造阶段的能耗是传统汽车的一倍以上。而动力电池的生产制造能耗又占纯电动汽车整车生产能耗的一半左右。因此，针对动力电池的环境综合影响研究非常必要。

动力电池对环境的影响可以分为以下几个阶段：电池材料的制备、电池产品的制造、电池的使用和电池的回收（如图 40）。本文主要分析动力电池生产制造以及回收阶段的环境影响。电池使用阶段会涉及到车辆特性、驾驶习惯、电力生产等方面的影响，所以在此没有考虑电池使用过程的环境影响。

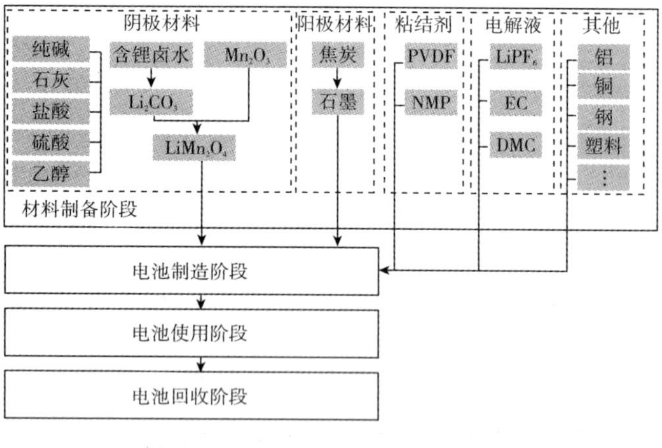

图 40 动力电池生命周期的各个阶段

动力电池的材料制备阶段

锂离子电池主要由正极、负极、电解液、电极基材和隔膜等材料组成。目前，用于锂离子电池的正极材料包括钴酸锂（LiCoO2）、锰酸锂（LiMn2O4）、镍钴锰三元材料和磷酸铁锂（LiFePO4）。负极材料主要包括碳材料（石墨、碳纳米管）、锂合金以及化合物等。目前，已实际用于

锂离子电池的负极材料一般是碳素材料，如石墨、软碳、硬碳等。目前采用的电解液是在有机溶剂中溶有电解质锂盐的离子型导体，其中性能较好、应用最广的是将 EC 和 DMC 作混合溶剂，以 LiPF6 作为导电锂盐。锂离子电池是通过分别在铝箔和铜箔的集流体上涂正/负极活性物质并干燥而成的。在此工艺中，为了将集流体与活性物质粘在一起，要使用粘合剂。通常使用的粘合剂有聚四氟乙烯、聚亚乙烯氟等。锂离子电池外壳主要有铝壳、镀镍铁壳（圆柱电池使用）、铝塑膜（软包装）、盖帽（电池的正负极引出端）等。

不同材料生产阶段的能耗相差很大，所以它们对动力电池生产阶段的环境影响也有所不同。国外研究表明，铜和铝的制备过程会对环境造成非常大的影响。这两种材料约占电池重量的 1/3，但是制备它们所需的能耗和排放的温室气体占电池材料制备阶段的一半以上。其次，正负极材料和电解液的制备也会对环境造成较大影响，如图 41 所示。

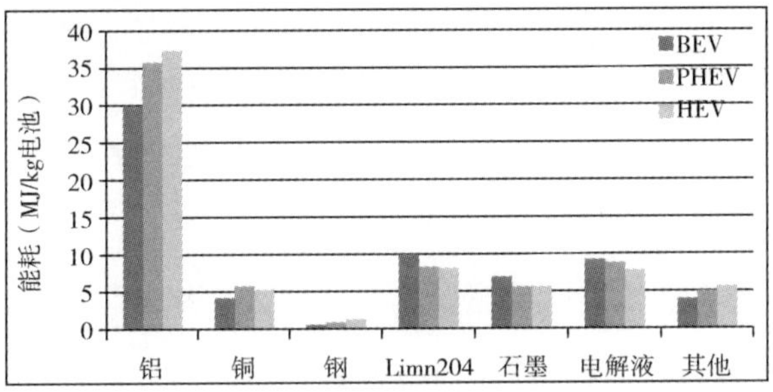

a　材料制备能耗

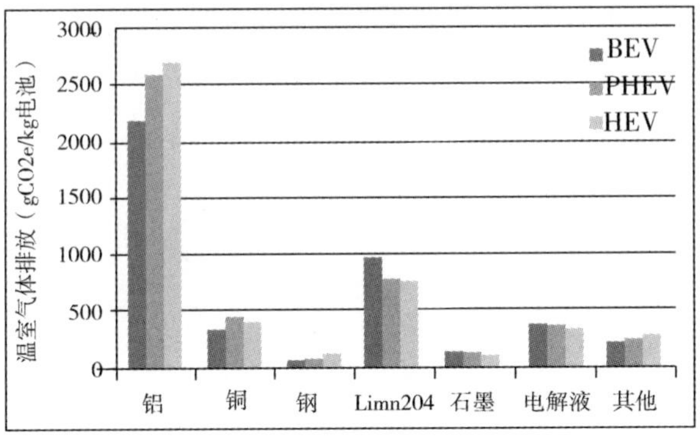

b　材料制备温室气体排放

图 41　动力电池材料制备过程的环境影响

动力电池产品的制造阶段环境综合影响

动力电池产品的制造流程至少要包括：①匀浆（又称制浆、合浆、混浆等），主要是指原材料（正极、负极）的配料；②涂覆（又称涂布、涂膜等），主要是指将配好的浆料涂在集电体（一般为铜箔或铝箔）上，形成极片，之后烘干；③压片分切（又称辊压剪切等），主要是指通过辊压设备将涂布在极片上的正负极材料压实，之后分切成相应的形状。④叠片/卷绕，此过程主要是指要将正、负极片之间加入隔膜，之后进行叠片（或卷绕）工艺；⑤封装，此过程主要指将卷绕（或叠片）好的极芯加入极耳进行入壳装配，之后烘干；⑥注液，此过程主要是在封装好的电池内注入电解液；⑦化成，此过程主要指对电池进行充放电，激活电极上的活性物质；⑧分容，此过程主要指通过对电池进行充放电测试，检测电池实际容量，同时检测电压、内阻等各项电池参数，提供电池分选依据。

国际研究报告普遍认为，电池制造阶段主要的能耗是在干燥室内和化成阶段，约占电池产品的制造能耗的 60% 左右。根据美国阿冈实验室 J. B. Dunn 等人的研究，制造 1kg 电池的能耗约为 4. 2MJ，排放的温室气体约为 323g（转化为二氧化碳当量）。通过与电池材料制备过程对比可知，电池产品的制造过程对环境造成的影响比电池的材料制备过程的影响小。

动力电池的回收阶段

采用原生材料会对环境造成很大的负担。若使用再生材料，则材料制备阶段的能耗会大幅降低（见表 15）。因此，对动力电池进行回收利用将有利于电池生产行业的节能减排，从而使得电动汽车产业变得更加环保。

动力电池是影响电动汽车发展的关键零部件，同时电池生产制造阶段的环境影响也会在很大程度上决定电动汽车整体的节能减排潜力。对电池回收阶段的分析可知，电池回收的意义不仅仅在于回收电池的阴极材料中的贵金属，而且通过回收铝、铜等金属可以大大降低电池生产阶段的环境负担。

表 15　原生材料与再生材料能耗对比

材料	原生材料（百万 Btu/吨）	再生材料（百万 Btu/吨）	减少率（%）
锻铝	157. 3	40. 7	74. 1
铸铝	132. 9	39. 0	70. 7
钢	38. 6	29. 1	24. 6
铜	94. 2	34. 3	63. 6

（中国汽车技术研究中心，王薛超，尤可为，王成）

第二篇

政策与规划

一、国家主要扶持政策与规划

1. 节能与新能源汽车产业发展规划(2012—2020年)

汽车产业是国民经济的重要支柱产业，在国民经济和社会发展中发挥着重要作用。随着我国经济持续快速发展和城镇化进程加速推进，今后较长一段时期汽车需求量仍将保持增长势头，由此带来的能源紧张和环境污染问题将更加突出。加快培育和发展节能汽车与新能源汽车，既是有效缓解能源和环境压力，推动汽车产业可持续发展的紧迫任务，也是加快汽车产业转型升级、培育新的经济增长点和国际竞争优势的战略举措。为落实国务院关于发展战略性新兴产业和加强节能减排工作的决策部署，加快培育和发展节能与新能源汽车产业，特制定本规划。规划期为2012—2020年。

一、发展现状及面临的形势

新能源汽车是指采用新型动力系统，完全或主要依靠新型能源驱动的汽车，本规划所指新能源汽车主要包括纯电动汽车、插电式混合动力汽车及燃料电池汽车。节能汽车是指以内燃机为主要动力系统，综合工况燃料消耗量优于下一阶段目标值的汽车。发展节能与新能源汽车是降低汽车燃料消耗量，缓解燃油供求矛盾，减少尾气排放，改善大气环境，促进汽车产业技术进步和优化升级的重要举措。

我国新能源汽车经过近10年的研究开发和示范运行，基本具备产业化发展基础，电池、电机、电子控制和系统集成等关键技术取得重大进步，纯电动汽车和插电式混合动力汽车开始小规模投放市场。近年来，汽车节能技术推广应用也取得积极进展，通过实施乘用车燃料消耗量限值标准和鼓励购买小排量汽车的财税政策等措施，先进内燃机、高效变速器、轻量化材料、整车优化设计以及混合动力等节能技术和产品得到大力推广，汽车平均燃料消耗量明显降低；天然气等替代燃料汽车技术基本成熟并初步实现产业化，形成了一定市场规模。但总体上看，我国新能源汽车整车和部分核心零部件关键技术尚未突破，产品成本高，社会配套体系不完善，产业化和市场化发展受到制约；汽车节能关键核心技术尚未完全掌握，燃料经济性与国际先进水平相比还有一定差距，节能型小排量汽车市场占有率偏低。

为应对日益突出的燃油供求矛盾和环境污染问题，世界主要汽车生产国纷纷加快部署，将发展新能源汽车作为国家战略，加快推进技术研发和产业化，同时大力发展和推广应用汽车节能技术。节能与新能源汽车已成为国际汽车产业的发展方向，未来10年将迎来全球汽车产业转型升级的重要战略机遇期。目前我国汽车产销规模已居世界首位，预计在未来一段时期仍将持续增长，必须抓住机遇、抓紧部署，加快培育和发展节能与新能源汽车产业，促进汽车产业优化升级，实现由汽车工业大国向汽车工业强国转变。

二、指导思想和基本原则

（一）指导思想

以邓小平理论和“三个代表”重要思想为指导，深入贯彻落实科学发展观，把培育和发展节能与新能源汽车产业作为加快转变经济发展方式的一项重要任务，立足国情，依托产业基础，按照市场主导、创新驱动、重点突破、协调发展的要求，发挥企业主体作用，加大政策扶持力度，营造良好发展环境，提高节能与新能源汽车创新能力和产业化水平，推动汽车产业优化升级，增强汽车工业的整体竞争能力。

（二）基本原则

坚持产业转型与技术进步相结合。加快培育和发展新能源汽车产业，推动汽车动力系统电动化转型。坚持统筹兼顾，在培育发展新能源汽车产业的同时，大力推广普及节能汽车，促进汽车产业技术升级。

坚持自主创新与开放合作相结合。加强创新发展，把技术创新作为推动我国节能与新能源汽车产业发展的主要驱动力，加快形成具有自主知识产权的技术、标准和品牌。充分利用全球创新资源，深层次开展国际科技合作与交流，探索合作新模式。

坚持政府引导与市场驱动相结合。在产业培育期，积极发挥规划引导和政策激励作用，聚集科技和产业资源，鼓励节能与新能源汽车的开发生产，引导市场消费。进入产业成熟期后，充分发挥市场对产业发展的驱动作用和配置资源的基础作用，营造良好的市场环境，促进节能与新能源汽车大规模商业化应用。

坚持培育产业与加强配套相结合。以整车为龙头，培育并带动动力电池、电机、汽车电子、先进内燃机、高效变速器等产业链加快发展。加快充电设施建设，促进充电设施与智能电网、新能源产业协调发展，做好市场营销、售后服务以及电池回收利用，形成完备的产业配套体系。

三、技术路线和主要目标

（一）技术路线

以纯电驱动为新能源汽车发展和汽车工业转型的主要战略取向，当前重点推进纯电动汽车和插电式混合动力汽车产业化，推广普及非插电式混合动力汽车、节能内燃机汽车，提升我国汽车产业整体技术水平。

（二）主要目标

1. 产业化取得重大进展。到2015年，纯电动汽车和插电式混合动力汽车累计产销量力争达到50万辆；到2020年，纯电动汽车和插电式混合动力汽车生产能力达200万辆、累计产销量超过500万辆，燃料电池汽车、车用氢能源产业与国际同步发展。

2. 燃料经济性显著改善。到2015年，当年生产的乘用车平均燃料消耗量降至6.9升/百公里，节能型乘用车燃料消耗量降至5.9升/百公里以下。到2020年，当年生产的乘用车平均燃料消耗量降至5.0升/百公里，节能型乘用车燃料消耗量降至4.5升/百公里以下；商用车新车燃料消耗量接近国际先进水平。

3. 技术水平大幅提高。新能源汽车、动力电池及关键零部件技术整体上达到国际先进水平，掌握混合动力、先进内燃机、高效变速器、汽车电子和轻量化材料等汽车节能关键核心技术，形成一批具有较强竞争力的节能与新能源汽车企业。

4. 配套能力明显增强。关键零部件技术水平和生产规模基本满足国内市场需求。充电设施建设与新能源汽车产销规模相适应，满足重点区域内或城际间新能源汽车运行需要。

5. 管理制度较为完善。建立起有效的节能与新能源汽车企业和产品相关管理制度，构建市场营销、售后服务及动力电池回收利用体系，完善扶持政策，形成比较完备的技术标准和管理规范体系。

四、主要任务

（一）实施节能与新能源汽车技术创新工程

增强技术创新能力是培育和发展节能与新能源汽车产业的中心环节，要强化企业在技术创新中的主体地位，引导创新要素向优势企业集聚，完善以企业为主体、市场为导向、产学研用相结合的技术创新体系，通过国家科技计划、专项等渠道加大支持力度，突破关键核心技术，提升产业竞争力。

1. 加强新能源汽车关键核心技术研究。大力推进动力电池技术创新，重点开展动力电池系统安全性、可靠性研究和轻量化设计，加快研制动力电池正负极、隔膜、电解质等关键材料及其生产、控制与检测等装备，开发新型超级电容器及其与电池组合系统，推进动力电池及相关零配件、组合件的标准化和系列化；在动力电池重大基础和前沿技术领域超前部署，重点开展高比能动力电池新材料、新体系以及新结构、新工艺等研究，集中力量突破一批支撑长远发展的关键共性技术。加强新能源汽车关键零部件研发，重点支持驱动电机系统及核心材料，电动空调、电动转向、电动制动器等电动化附件的研发。开展燃料电池电堆、发动机及其关键材料核心技术研究。把握世界新能源汽车发展动向，对其他类型的新能源汽车技术加大研究力度。

到2015年，纯电动乘用车、插电式混合动力乘用车最高车速不低于100公里/小时，纯电驱动模式下综合工况续驶里程分别不低于150公里和50公里；动力电池模块比能量达到150瓦时/公斤以上，成本降至2元/瓦时以下，循环使用寿命稳定达到2000次或10年以上；电驱动系统功率密度达到2.5千瓦/公斤以上，成本降至200元/千瓦以下。到2020年，动力电池模块比能量达到300瓦时/公斤以上，成本降至1.5元/瓦时以下。

2. 加大节能汽车技术研发力度。以大幅提高汽车燃料经济性水平为目标，积极推进汽车节能技术集成创新和引进消化吸收再创新。重点开展混合动力技术研究，开发混合动力专用发动机和机电耦合装置，支持开展柴油机高压共轨、汽油机缸内直喷、均质燃烧以及涡轮增压等高效内燃机技术和先进电子控制技术的研发；支持研制六挡及以上机械变速器、双离合器式自动变速器、商用车自动控制机械变速器；突破低阻零部件、轻量化材料与激光拼焊成型技术，大幅提高小排量发动机的技术水平。开展高效控制氮氧化物等污染物排放技术研究。

3. 加快建立节能与新能源汽车研发体系。引导企业加大节能与新能源汽车研发投入，鼓励建立跨行业的节能与新能源汽车技术发展联盟，加快建设共性技术平台。重点开展纯电动乘用车、插电式混合动力乘用车、混合动力商用车、燃料电池汽车等关键核心技术研发；建立相关行业共享的测试平台、产品开发数据库和专利数据库，实现资源共享；整合现有科技资源，建设若干国家级整车及零部件研究试验基地，构建完善的技术创新基础平台；建设若干具有国际先进水平的工程化平台，发展一批企业主导、科研机构和高等院校积极参与的产业技术创新联盟。推动企业实施商标品牌战略，加强知识产权的创造、运用、保护和管理，构建全产业链的专利体系，提升产业竞争能力。

（二）科学规划产业布局

我国已建设形成完整的汽车产业体系，发展节能与新能源汽车既要利用好现有产业基础，也要充分发挥市场机制作用，加强规划引导，以提高发展效率。

1. 统筹发展新能源汽车整车生产能力。根据产业发展的实际需要和产业政策要求，合理发展新能源汽车整车生产能力。现有汽车企业实施改扩建时要统筹考虑建设新能源汽车产能。在产业发展过程中，要注意防止低水平盲目投资和重复建设。

2. 重点建设动力电池产业聚集区域。积极推进动力电池规模化生产，加快培育和发展一批具有持续创新能力的动力电池生产企业，力争形成2~3家产销规模超过百亿瓦时、具有关键材料研发生产能力的龙头企业，并在正负极、隔膜、电解质等关键材料领域分别形成2~3家骨干生产企业。

3. 增强关键零部件研发生产能力。鼓励有关市场主体积极参与、加大投入力度，发展一批符合产业链聚集要求、具有较强技术创新能力的关键零部件企业，在驱动电机、高效变速器等领域分别培育2~3家骨干企业，支持发展整车企业参股、具有较强国际竞争力的专业化汽车电子企业。

（三）加快推广应用和试点示范

新能源汽车尚处于产业化初期，需要加大政策支持力度，积极开展推广试点示范，加快培育市场，推动技术进步和产业发展。节能汽车已具备产业化基础，需要综合采用标准约束、财税支持等措施加以推广普及。

1. 扎实推进新能源汽车试点示范。在大中型城市扩大公共服务领域新能源汽车示范推广范围，开展私人购买新能源汽车补贴试点，重点在国家确定的试点城市集中开展新能源汽车产品性能验证及生产使用、售后服务、电池回收利用的综合评价。探索具有商业可行性的市场推广模式，协调发展充电设施，形成试点带动技术进步和产业发展的有效机制。

探索新能源汽车及电池租赁、充换电服务等多种商业模式，形成一批优质的新能源汽车服务企业。继续开展燃料电池汽车运行示范，提高燃料电池系统的可靠性和耐久性，带动氢的制备、储运和加注技术发展。

2. 大力推广普及节能汽车。建立完善的汽车节能管理制度，促进混合动力等各类先进节能技术的研发和应用，加快推广普及节能汽车。出台以企业平均燃料消耗量和分阶段目标值为基础的汽车燃料消耗量管理办法，2012年开始逐步对在中国境内销售的国产、进口汽车实施燃料消耗量管理，切实开展相关测试和评价考核工作，并提出2016—2020年汽车产品节能技术指标和年度要求。实施重型商用车燃料消耗量标示制度和氮氧化物等污染物排放公示制度。

3. 因地制宜发展替代燃料汽车。发展替代燃料汽车是减少车用燃油消耗的必要补充。积极开展车用替代燃料制造技术的研发和应用，鼓励天然气（包括液化天然气）、生物燃料等资源丰富的地区发展替代燃料汽车。探索其他替代燃料汽车技术应用途径，促进车用能源多元化发展。

（四）积极推进充电设施建设

完善的充电设施是发展新能源汽车产业的重要保障。要科学规划，加强技术开发，探索有效的商业运营模式，积极推进充电设施建设，适应新能源汽车产业化发展的需要。

1. 制定总体发展规划。研究制定新能源汽车充电设施总体发展规划，支持各类适用技术发展，根据新能源汽车产业化进程积极推进充电设施建设。在产业发展初期，重点在试点城市建设充电设施。试点城市应按集约化利用土地、标准化施工建设、满足消费者需求的原则，将充电设施纳入城市综合交通运输体系规划和城市建设相关行业规划，科学确定建设规模和选址分布，适度超前建设，积极试行个人和公共停车位分散慢充等充电技术模式。通过总结试点经验，确定符合区域实际和新能源汽车特点的充电设施发展方向。

2. 开展充电设施关键技术研究。加快制定充电设施设计、建设、运行管理规范及相关技术标准，研究开发充电设施接网、监控、计量、计费设备和技术，开展车网融合技术研究和应用，探索新能源汽车作为移动式储能单元与电网实现能量和信息双向互动的机制。

3. 探索商业运营模式。试点城市应加大政府投入力度，积极吸引社会资金参与，根据当地电力供应和土地资源状况，因地制宜建设慢速充电桩、公共快速充换电等设施。鼓励成立独立运营的充换电企业，建立分时段充电定价机制，逐步实现充电设施建设和管理市场化、社会化。

（五）加强动力电池梯级利用和回收管理

制定动力电池回收利用管理办法，建立动力电池梯级利用和回收管理体系，明确各相关方的责任、权利和义务。引导动力电池生产企业加强对废旧电池的回收利用，鼓励发展专业化的电池回收利用企业。严格设定动力电池回收利用企业的准入条件，明确动力电池收集、存储、运输、处理、再生利用及最终处置等各环节的技术标准和管理要求。加强监管，督促相关企业提高技术水平，严格落实各项环保规定，严防重金属污染。

五、保障措施

（一）完善标准体系和准入管理制度

进一步完善新能源汽车准入管理制度和汽车产品公告制度，严格执行准入条件、认证要求。加强新能源汽车安全标准的研究与制定，根据应用示范和规模化发展需要，加快研究制定新能源汽车以及充电、加注技术和设施的相关标准。制定并实施分阶段的乘用车、轻型商用车和重型商用车燃料消耗量目标值标准。积极参与制定国际标准。2013年前，基本建立与产业发展和能源规划相适应的节能与新能源汽车标准体系。

（二）加大财税政策支持力度

中央财政安排资金，对实施节能与新能源汽车技术创新工程给予适当支持，引导企业在技术开发、工程化、标准制定、市场应用等环节加大投入力度，构建产学研用相结合的技术创新体系；对公共服务领域节能与新能源汽车示范、私人购买新能源汽车试点给予补贴，鼓励消费者购买使用节能汽车；发挥政府采购的导向作用，逐步扩大公共机构采购节能与新能源汽车的规模；研究基于汽车燃料消耗水平的奖惩政策，完善相关法律法规。新能源汽车示范城市安排一定资金，重点用于支持充电设施建设、建立电池梯级利用和回收体系等。

研究完善汽车税收政策体系。节能与新能源汽车及其关键零部件企业，经认定取得高新技术企业所得税优惠资格的，可以依法享受相关优惠政策。节能与新能源汽车及其关键零部件企业从事技术开发、转让及相关咨询、服务业务所取得的收入，可按规定享受营业税免税政策。

（三）强化金融服务支撑

引导金融机构建立鼓励节能与新能源汽车产业发展的信贷管理和贷款评审制度，积极推进知识产权质押融资、产业链融资等金融产品创新，加快建立包括财政出资和社会资金投入在内的多层次担保体系，综合运用风险补偿等政策，促进加大金融支持力度。支持符合条件的节能与新能源汽车及关键零部件企业在境内外上市、发行债务融资工具；支持符合条件的上市公司进行再融资。按照政府引导、市场运作、管理规范、支持创新的原则，支持地方设立节能与新能源汽车创业投资基金，符合条件的可按规定申请中央财政参股，引导社会资金以多种方式投资节能与新能源汽车产业。

（四）营造有利于产业发展的良好环境

大力发展有利于扩大节能与新能源汽车市场规模的专业服务、增值服务等新业态，建立新能源汽车金融信贷、保险、租赁、物流、二手车交易以及动力电池回收利用等市场营销和售后服务体系，发展新能源汽车及关键零部件质量安全检测服务平台。研究实行新能源汽车停车费减免、充电费优惠等扶持政策。有关地方实施限号行驶、牌照额度拍卖、购车配额指标等措施时，应对新能源汽车区别对待。

（五）加强人才队伍保障

牢固树立人才第一的思想，建立多层次的人才培养体系，加大人才培养力度。以国家有关专项工程为依托，在节能与新能源汽车关键核心技术领域，培养一批国际知名的领军人才。加强电化学、新材料、汽车电子、车辆工程、机电一体化等相关学科建设，培养技术研究、产品开发、经营管理、知识产权和技术应用等人才。按照《国家中长期人才发展规划纲要（2010—2020年）》的有关要求推进人才引进工作，鼓励企业、高校和科研机构从国外引进优秀人才。重视发展职业教育和岗位技能提升培训，加大工程技术人员和专业技能人才的培养力度。

（六）积极发挥国际合作的作用

支持汽车企业、高校和科研机构在节能与新能源汽车基础和前沿技术领域开展国际合作研究，进行全球研发服务外包，在境外设立研发机构、开展联合研发和向国外提交专利申请。积极创造条件开展多种形式的技术交流与合作，学习和借鉴国外先进技术和经验。完善出口信贷、保险等政策，支持新能源汽车产品、技术和服务出口。支持企业通过在境外注册商标、境外收购等方式培育国际化品牌。充分发挥各种多双边合作机制的作用，加强技术标准、政策法规等方面国际交流与协调，合作探索推广新能源汽车的新型商业化模式。

六、规划实施

成立由工业和信息化部牵头，发展改革委、科技部、财政部等部门参加的节能与新能源汽车产业发展部际协调机制，加强组织领导和统筹协调，综合采取多种措施，形成工作合力，加快推进节能与新能源汽车产业发展。各有关部门根据职能分工制定本部门工作计划和配套政策措施，确保完成规划提出的各项目标任务。

有关地区要按照规划确定的目标、任务和政策措施，结合当地实际制定具体落实方案，切实抓好组织实施，确保取得实效。具体工作方案和实施过程中出现的新情况、新问题要及时报送有关部门。

国务院

二〇一二年六月二十八日

2. 电动汽车科技发展“十二五”专项规划

一、形势与需求

发展电动汽车是提高汽车产业竞争力、保障能源安全和发展低碳经济的重要途径。未来五年将是电动汽车研发与产业化的战略机遇期。“十二五”期间，国家科技计划将加大力度，持续支持电动汽车科技创新，把科技创新引领与战略性新兴产业培育相结合，组织实施电动汽车科技发展专项规划。

（一）发展形势

从国际发展趋势看，随着技术的不断创新与突破，面对金融危机、油价攀升和日益严峻的节能减排压力，2008年以来，以美国、日本、欧盟为代表的国家和地区相继发布实施了新的电动汽车发展战略，进一步明确了产业发展方向，明显加大了研发投入与政策扶持力度。日本以产业竞争力为第一目标，全面发展混合动力、纯电动、燃料电池三种电动汽车，研发和产业化均走在世界前列；美国以能源安全为首要任务，强调插电式电动汽车发展；欧盟以CO_2排放法规为主驱动力，重视发展纯电驱动汽车，仅德国国家电动汽车平台计划就投入近50亿欧元。

从技术层面看，混合动力电动汽车技术逐步成熟，已进入产品市场竞争期，率先实现产业化，正成为汽车市场销售新的增长点，其中，日本市场混合动力电动汽车已达到汽车销量的10%左右；纯电动汽车电池技术进步加速，整车产品更加接近消费者需求，插电式电动汽车作为一种具有纯电动和混合动力双重特征的电动汽车技术成为全球新的研发热点，以电池租赁为代表的纯电动汽车商业模式创新取得进展，世界主要汽车制造商加快了纯电动汽车量产步伐，率先上市的日产LEAF车型销售势头良好，各大汽车公司多种小型纯电动轿车将在2013—1015年密集上市；车用燃料电池技术取得重大进展，通用汽车公司轿车燃料电池发动机贵金属催化剂Pt的用量从上一代的80克降低到30克，并计划2015年降至10克，燃料电池轿车在动力性、安全性、续航里程、低温启动等性能指标方面已接近汽油车水平，燃料电池汽车整车成本显著下降，丰田公司宣布，2015年将实现燃料电池车零售价格为5万美元/辆的目标。

经多年探索实践，国际汽车产业界达成了电动汽车产业化战略共识：在技术路线上，近期（2010—2015年），在依靠内燃机汽车技术改进和推进车辆小型化实现降低油耗和排放的同时，为满足更为严格的节能减排法规目标要求，应尽快推进混合动力技术的应用，并发展小型纯电动汽车和插电式混合动力车；中期（2015—2020年），在混合动力技术得到广泛应用的基础上，提高汽车动力系统电气化程度，加大小型纯电动汽车和插电式混合动力汽车推广力度；中远期（2020年以后），各种纯电驱动技术将逐步占据主导地位，通过进一步发展纯电动汽车和燃料电池汽车，实现大幅度降低石油消耗和CO_2排放。在车型应用方面，纯电动、混合动力和燃料电池等不同类型的电动汽车技术各自具有最优的交通出行适用范围。对于城市短途出行需求，小型纯电动汽车具有优势；对长途出行需求，适合采用混合动力汽车、插电式混合动力汽车或者燃料电池汽车。

我国高度重视电动汽车技术的发展。“十五”期间，启动了863计划电动汽车重大科技专项，确立了“三纵三横”（三纵：混合动力汽车、纯电动汽车、燃料电池汽车；三横：电池、电机、电控）的研发布局，取得了一大批电动汽车技术创新成果。“十一五”期间，组织实施了863计划节能与新能源汽车重大项目，聚焦动力系统技术平台和关键零部件研发。经过两个五年计划的科技攻关以及北京奥运会、上海世博会、深圳大运会、“十城千辆”等示范工程的实施，我国电动汽车从无到有，在关键零部件、整车集成技术以及技术标准、测试技术、示范运行等方面都取得重大进展，初步建立了电动汽车技术体系，已申请专利3000余项，颁布电动汽车国家和行业标准56项，建成30多个节能与新能源汽车技术创新平台。科技创新为我国新能源汽车战略性新兴产业的形成奠定了良好基础。

当前，我国电动汽车发展已进入关键时期，既面临重大的发展机遇，也面临着严峻的挑战。我国电动汽车发展中还存在很多需要解决的问题，例如核心技术还不具竞争优势，企业投入不足，政府的协调统筹潜力还没有充分发挥等。总体看，我国电动汽车研发起步不晚，发展不慢，但由于传统汽车及相关产业基础相对薄弱、投入不足，差距仍在，中高端技术竞争压力越来越大。因此，必须加大攻坚力度，推动我国汽车工业向创新驱动转型，抢占技术制高点，培育新能源汽车战略性新兴产业，引领产业变革，确保我国汽车行业可持续发展。

（二）国家重大需求

面对节能减排的严峻挑战和培育新能源汽车战略性新兴产业、实现自主创新与科技跨越的历史任务，发展电动汽车已成为我国重大的科技战略需求与战略重点。

1. 产业升级的需求

从汽车行业节能减排趋势看，发展电动汽车是汽车技术进步与产业升级的必然选择。我国从2000年开始进入汽车产销快速发展期，新车年销售量从209万辆增加到2011年的1851万辆，12年间增长了将近8倍。自2009年以来已连续3年成为全球第一大新车生产国和消费国。随着汽车保有量的快速增长，道路交通燃料消耗量也持续上升，导致石油消费进入快速增长期，全国原油年消费量从2000年的2.3亿吨增长到2011年的4.2亿吨，对外进口依存度超过55%。我国面临着汽车节能减排的严峻挑战，迫切需要产业技术升级。

为了使我国2020年乘用车燃油经济性达到国际同期水平，平均油耗应降至5升/百公里以内，采用以混合动力为代表的重大汽车节能技术势在必行。同时，以混合动力技术为龙头，可带动传统汽车节能减排技术的综合集成与全面进步。

2. 技术转型的需求

从国家战略性新兴产业看，发展电动汽车是我国汽车工业技术转型和培育战略性新兴产业的历史机遇。

从车用能源角度看，电可以作为我国车用主体替代能源之一。预计到2020年和2030年我国乘用车保有量将会达到1.5亿辆和2.5亿辆的规模，假设这些车辆全部使用电力驱动，所使用总电量低于电网总发电量的10%。电动汽车大规模应用后，可在电网负荷低谷时段常规充电，对电网起到“填谷”作用，提高发电设备的综合利用率，起到节能减排的效果。

我国发展电动汽车具有独特的资源和市场优势。我国在锂离子动力电池、永磁电机等电动汽车关键零部件的核心材料方面具有资源优势。我国具有巨大的、多元化的汽车市场优势，而且在电动汽车基础设施建设方面有后发优势。我国城镇化、城市化过程中，电动汽车充电站等基础设施建设具有较大的发展空间。

总之，我国的资源状况、市场特点和战略性新兴产业培育的现状，适合推动汽车动力电气化技术转型。

3. 科技跨越的需求

从国际新一轮低碳科技竞争角度看，“十二五”电动汽车自主创新是中国汽车工业实现科技跨越的攻坚战。

我国在电动汽车关键零部件高端技术方面总体上尚未形成竞争优势。在电池成组技术、燃料电池发动机技术、车用电机电力电子集成技术、强混合动力机电耦合技术等方面，与国际先进水平仍有一定差距。

同时，我国在整车动力系统发展方面也面临着国际新一轮低碳科技竞争压力。针对能源及环境的压力，各国纷纷制定了更加严格的汽车 CO_2 排放法规，促进了低碳技术的发展与竞争。从排放标准来看，汽车厂商仅仅依靠燃油车的技术进步难以满足排放限值，必须依靠汽车动力电气化技术变革。从技术的潜力分析结果来看，将 CO_2 排放降低40%以上的技术途径主要集中在深度混合动力、插电式混合动力、纯电动和氢能燃料电池技术。

为此，必须加大攻坚力度，实现科技跨越，推动我国汽车工业从投资驱动向创新驱动迅速转型。否则，将会形成新一轮技术引进的高潮。

二、发展战略与目标

（一）指导原则

1. 自主创新

发展电动汽车要依靠自主创新，掌握核心技术。根据混合动力、纯电动和燃料电池三种基本的电动汽车动力系统技术特征与发展阶段，灵活运用不同的自主创新方式，坚持以科技为支撑，以人才为根本，推动电动汽车技术的快速进步。

2. 重点突破

紧紧把握汽车动力系统电气化的战略转型方向，重点突破电池、电机、电控等关键核心技术，以及电动汽车整车关键技术和商业化瓶颈。

3. 协调发展

发展电动汽车是一项系统工程，在研发、示范和市场导入初期需要一个有利的政策环境。通过制定引导性政策，产、学、研、用和社会各方力量形成合力，构建中国特色的电动汽车产业发展环境，推动我国电动汽车产业快速、健康发展。

（二）技术路线

电动汽车按动力系统电气化水平分为两类：一类是全部或大部分工况下主要由电机提供驱动功率的电动汽车（称为“纯电驱动”电动汽车，例如纯电动汽车、插电式电动汽车、增程式电动汽车以及燃料电池电动汽车）；另一类是动力电池容量较小，大部分工况下主要由内燃机提供驱动功率的电动汽车（称为常规混合动力电动汽车）。从培育战略性新兴产业角度看，发展电气化程度比较高的“纯电驱动”电动汽车是我国新能源汽车技术的发展方向和重中之重。要在坚持节能与新能源汽车“过渡与转型”并行互动、共同发展的总体原则指导下，规划电动汽车技术发展战略。

1. 确立“纯电驱动”的技术转型战略

顺应全球汽车动力系统电动化技术变革总体趋势，发挥我国的有利条件和比较优势，面向“纯电驱动”实施汽车产业技术转型战略，加快发展“纯电驱动”电动汽车产品。实施这一技术转型战略，要依靠自主创新，坚持自主发展，突破电动汽车核心瓶颈技术；同时要充分利用国际资源，进一步提升我国汽车共性基础技术水平，服务于“纯电驱动”的技术转型战略。

2. 坚持“三纵三横”的研发布局

我国电动汽车研发在“三纵三横”的技术创新战略指导下，经过“十五”“三纵三横、整车牵头”和“十一五”“三纵三横、动力系统技术平台为核心”两个阶段的技术攻关，取得了重大技术突破，形成了中国特色的电动汽车研发体系。“十二五”期间，继续坚持“三纵三横”的基本研发布局，根据“纯电驱动”技术转型战略，进一步突出“三横”共性关键技术。在“三纵”方面，纯电动汽车、增程式电动汽车和插电式混合动力汽车作为纯电驱动汽车的基本类型归为一个大类；燃料电池汽车作为纯电驱动汽车的特殊类型继续独立作为一“纵”；混合动力汽车主要为常规混合动力汽车。在“三横”方面，“电池”包括动力电池和燃料电池；“电机”包括电机系统及其与发动机、变速箱总成一体化技术等；“电控”包括“电转向”“电空调”“电制动”和“车网融合”等在内的电动汽车电子控制系统技术。

（三）规划目标

1. 面向产业升级需求：产品研发，支撑发展

“十二五”是以汽车电控化和动力混合化两大技术相结合为标志的产品换代与产业升级期。要推进各种常规混合动力汽车的产业化技术研发与大规模产业化。力争使我国混合动力客车综合性价比和市场占有率处于国际先进水平；力争使我国混合动力轿车具备国际市场竞争力。以混合动力技术为龙头带动传统汽车节能减排技术的综合集成与全面进步。为我国汽车行业实现汽车产业政策和油耗与排放法规的“十二五”目标提供技术支撑。

2. 面向技术转型需求：规模示范，产业引领

“十二五”是将汽车小型化和动力电气化相汇合，发展我国小型电动轿车的机遇期。要实施“纯电驱动”技术转型战略，探索纯电驱动汽车技术解决方案、新型商业模式和能源供应体系。使我国在以小型电动轿车为代表的各类纯电动汽车普及程度、以示范城市为平台的电动汽车全价值链整合水平、以锂离子动力电池为重点的车用电池产业竞争能力等方面处于国际先进水平，为培育我国电动汽车战略性新兴产业发挥引领作用。

3. 面向科技跨越需求：前瞻部署，创新突破

“十二五”是将能源多元化和动力一体化两大趋势相统一，研究下一代纯电驱动平台，抢占电动汽车高端前沿制高点的科技攻坚期。要攻克以先进燃料电池/新型动力电池等为代表的一批前沿高端难点技术。开发出具有关键技术

综合集成性、先进成果展示标志性、系列化、高级别电动汽车，其综合技术指标达到国际先进水平。为实现我国从汽车制造大国向汽车技术强国转型奠定坚实基础。

到2015年，在整车、关键零部件、公共平台等29个技术创新方向上实现关键技术突破，全面掌握核心技术，预期申请电动汽车核心技术专利达3000项以上。形成整车及零部件研发和产业化体系，建设新能源汽车基础设施、产业标准体系和检验检测系统，新增建节能与新能源汽车领域技术创新平台25个以上，组建各类产业技术创新战略联盟，培育形成一批国际知名的具有自主知识产权的关键零部件与整车企业。在30个以上城市进行规模化示范推广，在5个以上城市进行新型商业化模式试点应用，为实现电动汽车规模产业化，尤其是纯电驱动汽车销量达到同类车型总销量1%左右的重要门槛提供科技支撑，引领新能源汽车战略性新兴产业进入快速成长期，使我国跻身节能与新能源汽车产业先进国家行列。

（四）发展路径

电动汽车科技创新支撑新能源汽车战略性新兴产业发展的路线图，具体可概括为技术平台“一体化”、车型开发“两头挤”、产业化推进“三步走”。

1. 技术平台“一体化”

为了应对电动汽车技术多元化和车型多样化问题，紧紧抓住“电池、电机、电控”三大共性关键技术，以关键零部件模块化为基础，推进动力总成模块化，促进动力系统平台化，实现电动汽车技术平台“一体化”。

动力电池、电机、电子控制单元等关键部件模块化，有利于规模化生产和应用，便于电池的维修、更换、租赁、梯级利用和回收处理。以通用化、系列化的动力电池模块为核心，可以形成多样化的车用动力电池系统，结合电机等基础模块，可开发各种纯电驱动汽车；车用动力总成方面，以动力电池等关键零部件模块为基础，进一步提升系统集成层次，可发展出各种新型电气化动力总成；混合动力、纯电动和燃料电池汽车在电驱动总成方面核心技术相通，容易实现电动汽车技术平台的“一体化”，并可以共同培育一体化的零部件产业基础。

2. 车型开发“两头挤”

我国中高级别以上轿车的纯电驱动平台技术尚不成熟，需要继续深入研究开发，并作为科技跨越的重点研究内容。与此同时，对于电动汽车科技发展，充分发挥我国技术特色、产业优势和市场潜力，在城市公共用大客车和私人小型轿车上优先发展“纯电驱动”电动汽车，然后逐步从两端向中间发展，形成“两头挤”格局，启动大规模市场，并滚动发展，逐步挤占中高档燃油轿车这一市场空间。

一方面，要以城市公交车为重点，在现有常规混合动力大客车推广应用的基础上，加强各种纯电驱动大客车的开发、推广力度，形成主流商业模式，并继续开展燃料电池—动力电池的电—电混合式大客车的研发和示范。另一方面，发展小型电动汽车（尤其是小型电动轿车）。燃油汽车小型化和电动汽车小型化是全球主流趋势，在中国最具技术特色、产业优势和市场潜力。小型电动汽车可以成为我国汽车工业自主创新的重要突破口，可以满足我国快速城市化进程中交通可持续发展需求，可以促进我国电动汽车与充电设施以及电池产业之间的良性互动和滚动发展，可以形成大规模市场需求。

3. 产业化推进“三步走”

电动汽车产业化初期，电动汽车产业化推进按照“三步走”的推进战略，结合不同阶段的技术进步程度和市场需求状况，把握节奏，分步实施。

（1）第一阶段：2008—2010年

在大中城市公共服务领域开展新能源汽车示范。2008年开始的奥运示范项目，首次实现电动汽车规模化示范运行；2009年启动“十城千辆”大规模示范推广工程，全国13个示范城市约5000辆节能与新能源汽车投入示范运营；到2010年，示范城市从13个增加到25个，重点转向纯电驱动汽车，全国25个示范城市约8000辆节能与新能源汽车投入示范运营。

（2）第二阶段：2010—2015年

实现混合动力汽车产业化技术突破。开展以能量型锂离子动力电池为重点，电池模块化为核心的动力电池全方位技术创新，实现我国车用动力电池大规模产业化的技术突破。开展以小型电动汽车为代表的纯电驱动汽车大规模商业化示范。开展电动汽车能源供应体系技术攻关，到2015年左右，在20个以上示范城市和周边区域建成由40万个充电桩、2000个充换电站构成的网络化供电体系，满足电动汽车大规模商业化示范能源供给需求。为实现电动汽车规模产业化，尤其是纯电驱动汽车销量达到同类车型总销量1%左右的重要门槛提供科技支撑。

同时，攻克新型锂电池、深度机电耦合、新型电机驱动等前沿技术，研发以燃料电池汽车为代表的下一代纯电驱动动力系统平台，实现燃料电池汽车在公共服务领域小规模示范考核。为下一代纯电驱动汽车产业化做好准备。

（3）第三阶段：2015—2020年

继续推进以小型电动汽车为代表的纯电驱动汽车规模产业化，并开始启动下一代纯电驱动汽车产业化进程。

在此阶段，以下一代动力电池技术路线为主导，开启下一代动力电池和燃料电池产业化。确立纯电驱动轿车主导商业模式，并完善发展基础设施网络，提高车网融合程度。到2020年左右，为实现各类电动汽车推广普及提供技术支撑。

三、科技创新的重点任务

“十二五”电动汽车科技发展重点任务是：紧紧围绕电动汽车科技创新与产业发展的三大需求，继续坚持“三纵三横”的研发布局，突出“三横”共性关键技术，着力推进关键零部件技术、整车集成技术和公共平台技术的攻关与完善、深化与升级，形成“三横三纵三大平台”（三纵：混合动力汽车、纯电动汽车、燃料电池汽车；三横：电池、电机、电控；三大平台：标准检测、能源供给、集成示范）战略重点与任务布局（见表1）。

表1　重点技术方向任务布局

研究领域	研究方向		任务编号	任务分解
关键零部件技术	电池/燃料电池	动力电池	1	高功率型动力电池系统产业化技术研发
			2	能量型与能量/功率兼顾型锂离子动力电池技术研究
			3	新型锂离子动力电池开发
			4	新体系动力电池技术研究
		燃料电池	5	开发面向示范和产品验证的燃料电池系统
			6	研发面向技术突破的下一代燃料电池系统
	车用电机		7	开发满足混合动力产业化需求的电机/发动机总成
			8	开发满足纯电驱动车辆大规模示范需求的车用电机
			9	突破下一代纯电驱动系统关键技术
	电子控制		10	开发面向混合动力汽车产业化的电控技术
			11	开发面向纯电动汽车大规模商业化示范的电控技术
			12	突破下一代纯电驱动汽车电控技术
整车集成技术	混合动力汽车		13	常规混合动力汽车产业化技术攻关
	纯电动汽车		14	小型纯电动轿车产业化技术攻关
			15	纯电动商用车产业化技术攻关
			16	插电式混合动力汽车产业化技术攻关
			17	下一代纯电动汽车动力系统技术平台
	燃料电池汽车		18	燃料电池汽车与动力系统平台技术研发
公共平台技术	标准、检测与数据平台		19	电动汽车相关技术标准研究
			20	电动汽车测试评价技术研究
			21	电动汽车数据采集及数据库软硬件开发
	能源供给基础设施平台		22	充/换电系统规划设计及关键设备研发
			23	先进智能充/换电关键技术研究与示范
			24	制氢、储氢、加氢关键技术装备研究与示范
	应用开发与集成示范		25	面向示范与技术验证的电动汽车全产业链产品应用开发
			26	电动汽车及其基础设施应用技术研究与规模化示范
			27	基于示范推广和产业化准备的应用服务支撑平台建设与示范
			28	电动汽车新型商业化模式配套技术与配套体系研究
			29	电动汽车技术评价与前沿技术国际科技合作

（一）“三横”关键零部件技术突破

1. 电池

（1）以动力电池模块为核心，实现我国以能量型锂离子动力电池为重点的车用动力电池大规模产业化突破

以车用能量型动力电池为主要发展方向，兼顾功率型动力电池和超级电容器的发展，全面提高动力电池输入输出特性、安全性、一致性、耐久性和性价比等综合性能。强化动力电池系统集成与热—电综合管理技术，促进动力电池模块化技术发展；实现车用动力电池模块标准化、系列化、通用化，为支撑纯电驱动电动汽车的商业化运营模式提供保障。

瞄准国际前沿技术，深入开展下一代新型车用动力电池自主创新研究，为电动汽车产业中长期发展进行技术储备。重点研究新型锂离子动力电池。研究新型锂离子动力

电池设计、性能预测、安全评价及安全性新技术。新体系动力电池方面，重点研究金属空气电池、多电子反应电池和自由基聚合物电池等，并通过实验技术验证，建立动力电池创新发展技术研发体系。

到2015年，为我国车用动力电池产业提升市场竞争能力提供科技支撑。通过新型锂离子动力电池和新体系电池的探索，确立我国下一代车用动力电池的主导技术路线。

（2）突破燃料电池关键技术和系统集成，推进工程实用化，为新一代燃料电池汽车研发与产业化奠定核心技术基础

重点推进燃料电池的工程实用化，建立小批量生产线，进一步提升燃料电池性能，降低成本，强化电堆与系统的寿命考核，改进提高燃料电池系统控制策略与关键部件性能，提升燃料电池系统可靠性与耐久性，为燃料电池汽车示范运行提供可靠的车用燃料电池系统。

加强燃料电池基础材料和系统集成科技创新，研发高稳定性、高耐久性、低成本的关键材料和部件。保证电堆在高电流密度下的均一性，提高功率密度，进一步增强系统的环境适应能力，为下一代燃料电池汽车研发奠定核心技术基础。

2. 电机

面向混合动力大规模产业化需求，开发混合动力发动机/电机总成（发动机 + ISG/BSG）和机电耦合传动总成（电机 + 变速箱），形成系列化产品和市场竞争力，为混合动力汽车大规模产业化提供技术支撑。

面向纯电驱动大规模商业化示范需求，开发纯电动汽车驱动电机及其传动系统系列，同步开发配套的发动机发电机组（APU）系列，为实现纯电动汽车大规模商业示范提供技术支撑。

面向下一代纯电驱动系统技术攻关，从新材料/新结构/自传感电机、IGBT芯片封装和驱动系统混合集成、新型传动结构等方面着手，开发高效率、高材料利用率、高密度和适应极限环境条件的电力电子、电机与传动技术，探索下一代车用电机驱动及其传动系统解决方案，满足电动汽车可持续发展需求。

3. 电控

重点开发混合动力专用发动机先进控制算法（满足国Ⅳ以上排放法规）、混合动力系统先进实时控制网络协议、多部件间的转矩耦合和动态协调控制算法，研制高性能的混合动力系统（整车）控制器，满足混合动力汽车大规模产业化技术需求。

重点开发先进的纯电驱动汽车分布式、高容错和强实时控制系统，高效、智能和低噪音的电动化总成控制系统（电动空调、电动转向、制动能量回馈控制系统），电动汽车的车载信息、智能充电及其远程监控技术，满足纯电动汽车大规模示范需要。

重点开发基于新型电机集成驱动的一体化底盘动力学控制、高性能的下一代整车控制器及其专用芯片、电动汽车智能交通系统（ITS）与车网融合技术（V2X，包括V2G：汽车到电网的链接，V2H：汽车到家庭的链接，V2V：汽车到汽车的链接等网络通信技术），为下一代纯电驱动汽车开发提供技术支撑。

（二）“三纵”集成技术创新

1. 混合动力汽车

针对常规混合动力汽车大规模产业化需求，开展系列化混合动力系统总成开发，协调控制、能量管理等关键技术攻关和整车产品的产业化技术研发，将节能环保发动机开发与电动化技术有机结合，重点突破产品性价比，形成市场竞争优势。突破混合动力汽车产业化关键技术，构建混合动力汽车零部件配套保障体系，开展批量化生产装备与工艺、质量管理体系以及配套的维修检测设备开发，建成混合动力汽车专用的装配、检测、检验生产线。

中度混合动力方面，突破混合动力汽车关键技术，深化发动机控制技术研究，解决动力源工作状态切换和动态协调控制，以及能源优化管理，掌握整车故障诊断技术，进一步提高整车的可靠性、耐久性、性价比，开发出高性价比、具有市场竞争力、可大规模产业化的混合动力汽车系列产品。

深度混合动力方面，突破混合动力系统构型技术，能量管理协调控制技术，开发深度混合动力新构型。开发出高性价比、可大规模批量生产的深度混合动力轿车和商用车产品。

表2 混合动力汽车产业化研发主要技术指标

指标			轿车	城市客车
动力电池	镍氢电池	能量密度	系统≥30W·h/kg	系统≥40W·h/kg
		功率密度	系统≥900W/kg	系统≥700W/kg
		使用寿命	25万公里或10年	
		系统目标成本	<3元/W·h	
	功率型锂离子动力电池	能量密度	≥50W·h/kg（系统）	
		功率密度	≥1800W/kg（系统）	
		使用寿命	20万公里或10年	
		系统目标成本	<3元/W·h	

续表

指标			轿车	城市客车
	超级电容	功率密度	≥4000W/kg	
		能量密度	≥5W·h/kg	
		使用寿命	≥40 万次或 10 年	
		系统成本	<60 元/W·h	
车用电机		系统成本	200 元/kW	300 元/kW
		ISG 电机功率密度	>1.5kW/kg	>2.7 kW/kg
		驱动电机功率密度	>1.2kW/kg	>1.8 kW/kg
		系统最高效率	>94%	
电子控制			满足国 IV 和国 V 排放法规的混合动力专用发动机（油电和气电）电控关键技术 研制面向多能源动力总成技术需求的 16 位或 32 位机高性能控制器	
整车平台		节油率	≥25%（中混） ≥40%（深混）	≥40%
		附加成本	≤1.5 万元	≤15 万元

2. 纯电动汽车（含插电式/增程式电动汽车）

以小型纯电动汽车关键技术研发作为纯电动汽车产业化突破口，开发纯电动小型轿车系列产品（包括增程式），并实现大规模商业化示范；开发公共服务领域纯电动商用车并大规模商业示范推广；加强插电式混合动力汽车研发力度，开发系列化插电式混合动力轿车和商用车系列产品。

小型纯电动汽车方面，针对大规模商业化示范需求，开发系列化特色纯电驱动车型及其能源供给系统，并探索新型商业化模式。实现小型纯电动汽车（包括增程式）关键技术突破，重点掌握电气系统集成、动力系统匹配和整车热—电综合管理等技术。开发出舒适、安全、性价比高的小型纯电动轿车系列产品。

纯电动商用车方面，重点研究整车 NVH、轻量化、热管理、故障诊断、容错控制与电磁兼容及电安全技术。

插电式混合动力汽车方面，掌握插电式混合动力构型及专用发动机系统研发技术；突破高效机电耦合技术、轻量化、热管理、故障诊断、容错控制与电磁兼容技术、电安全技术；开发出高性价比、可满足大规模商业化示范需求的插电式混合动力轿车和商用车系列产品。

表 3 纯电驱动大规模商业化示范的主要技术指标

指标		纯电动				插电式	
		小型纯电动轿车			公共服务领域纯电动商用车	插电式轿车	插电式城市客车
		全新结构设计	升级型	增程式			
动力电池	能量密度	模块≥120W·h/kg				系统≥100W·h/kg	
	循环寿命	≥2000 次（100% DOD）				≥3000 次	
	日历寿命	≥10 年				≥10 年	
	目标成本	模块≤1.5 元/W·h				系统≤2 元/W·h	
车用电机	成本	≤200 元/kW			≤300 元/kW	≤200 元/kW	≤300 元/kW
	功率密度	≥2.7kW/kg			≥1.8kW/kg		
	最高效率	≥94%					
电子控制		纯电动汽车电动化总成控制系统 先进的纯电动汽车分布式控制系统 纯电动汽车车载信息、智能充电和远程监控系统					

续表

指标		纯电动				插电式	
		小型纯电动轿车			公共服务领域纯电动商用车	插电式轿车	插电式城市客车
		全新结构设计	升级型	增程式			
整车平台	最高车速	≥75km/h（微型） ≥100km/h（≤980kg） ≥100km/h（≤1100kg）	≥100km/h	≥ 75km/h（≤1100kg） ≥ 100km/h（≤1300kg）	≥80～110km/h	与传统车相当	与传统车相当
	纯电续驶里程	≥100km	≥100km	≥100km	≥150km（非快充类）	≥30km	≥50km
	附加成本	与同级别燃油车辆或基础车型相当（不包括储能系统）				≤5 万	≤20 万
支撑平台	基础设施	交流充电桩 40 万个以上，集中充/换电站 2000 座					
	示范城市	≥25 个					

注：纯电续驶里程测试工况为 ECE 城市循环工况。

3. 以燃料电池汽车为代表的下一代纯电驱动汽车

集成下一代高性能电机与电池系统，突破下一代高性能新型纯电动轿车动力系统技术平台关键技术，到 2015 年左右，完成下一代高性能、纯电驱动动力系统技术平台，完成纯电驱动轿车和下一代高性能大型纯电动客车整车产品开发，技术水平处于国际先进水平。

面向高端前沿技术突破需求，基于高功率密度、长寿命、高可靠性的燃料电池发动机技术，突破新型氢—电—结构耦合安全性等关键技术，攻克适应氢能源供给的新型全电气化底盘驱动系统平台技术，研制出达到国际先进水平的燃料电池轿车和客车，并进行示范考核；掌握车载供氢系统技术，实现关键部件的自主开发，掌握下一代燃料电池汽车动力系统平台技术，研制下一代燃料电池轿车和客车产品，并进行运行考核。

表 4　下一代纯电驱动技术突破的主要技术指标

指标			下一代纯电动动力系统平台		燃料电池汽车动力系统平台	
			轿车	客车	轿车	客车
动力电池	能量型电池单体能量密度	新型	≥250W·h/kg			
		新体系	≥400W·h/kg			
	功率型单体功率密度		≥5000W/kg			
燃料电池	电堆比功率		—		1000W/kg（L）（面向示范考核） 1500W/kg（L）（面向技术突破）	
	系统比功率				300W/kg（面向示范考核） 450W/kg（面向技术突破）	
	低温贮存与启动				-10℃（面向示范考核） -20℃（面向技术突破）	
	寿命				≥5000h	
车用电机	功率密度		3.0kW/kg			
	最高效率		94%			
电子控制			新型电机集成驱动的底盘动力学控制技术 下一代纯电驱动整车控制系统关键技术 纯电驱动汽车 ITS 及车网融合（V2G，V2H）技术			

续表

<table>
<tr><th colspan="2" rowspan="2">指标</th><th colspan="2">下一代纯电动动力系统平台</th><th colspan="2">燃料电池汽车动力系统平台</th></tr>
<tr><th>轿车</th><th>客车</th><th>轿车</th><th>客车</th></tr>
<tr><td rowspan="4">整车平台</td><td>最高车速</td><td>≥180km/h</td><td>≥80km/h</td><td>≥160km/h</td><td>≥80km/h</td></tr>
<tr><td>纯电续驶里程</td><td>≥250km</td><td>≥200km</td><td>≥350km</td><td>≥350km</td></tr>
<tr><td rowspan="2">经济性</td><td rowspan="2">≤140Wh/km</td><td rowspan="2">≤0.05kWh/km·t</td><td>≤1.2kg/100km 示范</td><td>≤8.8kg/100km 示范</td></tr>
<tr><td>≤1.1kg/100km 下一代</td><td>≤8.5kg/100km 下一代</td></tr>
</table>

注：纯电续驶里程测试工况为 ECE 城市循环工况。

（三）“三大平台”公共技术与应用开发

1. 标准、检测与数据平台

实现以纯电驱动汽车及其配套充/换电技术标准为代表的电动汽车标准突破，在技术规范基础上研究提出 100 项以上国家级技术标准；攻克电动汽车、关键零部件、重要元器件、关键材料以及充电、加氢装备与基础设施系统测试评价等一系列测试技术，逐步建成 8 个整车测试基地、15 个关键零部件测试基地；深入开展技术分析、技术对标，建立电动汽车自主创新核心技术数据库和共享平台。

在技术标准领域，深入研究分析国内外电动汽车技术发展最新趋势，制定我国电动汽车自主创新的技术标准法规体系战略，形成我国电动汽车相关技术标准法规体系。研究制定和完善电动汽车充电接口、充电通信协议、充电机技术标准、充电站设计规范，以及电池尺寸、电池更换用电池箱谱系化等技术标准；研究制定和完善小型纯电动汽车的定义和技术条件标准，各类电动汽车（尤其是小型纯电动汽车、插电式混合动力汽车、深度混合动力汽车）技术标准，以及关键零部件的规格、型号、系列型谱等重要标准，为大规模示范和产业化提供技术标准法规支持；着力开展电动汽车创新技术领域的标准法规和技术规范研究制定，开展我国电动汽车行驶工况标准的研究制定和完善，加强技术法规国际协调。

在测试评价领域，重点针对技术标准需求，开展电动汽车整车、关键零部件、重要元器件、关键材料以及充电装备、充电站安全管理系统测试评价技术研究。

在电动汽车开发数据库建设方面，构建服务全行业的电动汽车产品数据库软硬件平台，开发共享数据库，建立电动汽车整车及零部件产品开发、测试评价、产品检验认证和示范运行的数据库，为行业提供产品开发所需的基础技术数据支持。

2. 能源供给基础设施平台

开展电动汽车基础设施建设规划设计研究。研究制定充电/换电基础设施设计、建设、运行规范，提高整体设计水平、安全保障能力。研究电动汽车基础设施网络总体发展规划和推进计划，为形成全国统一标准的充/换电综合网络体系提供技术支撑。

研究开发场站直流（包括快速）充电机、车载充电机及快速充换电站等各种充/换电技术及成套装备；研制与下一代纯电驱动平台和与智能电网配套的电动汽车能量双向转换技术与装备，研究与可再生能源分布式发电结合的相关技术与产品。

面向下一代纯电驱动平台技术突破需求，系统开展制氢、储氢、加氢关键技术装备研究与示范。对已建氢燃料加注站进行运行评价、技术升级和系统扩展；进行副产氢提纯技术的规模化应用研究与示范；开展高效、低排放、低成本水电解制氢技术研究；进行小型高效低成本的化石燃料制氢系统研究；开展高压氢气加注技术、系统配置集成技术和控制技术的研究，开发先进压缩机和加注枪等关键设备；开展太阳能光解等新型制氢技术研究；开展低成本可再生制储—加注一体化系统集成加氢站示范。

3. 应用开发与集成示范平台

结合“十城千辆”节能与新能源汽车示范推广工程实施，在做好公共服务领域和私人用车领域电动汽车示范推广试点的基础上，稳步扩大电动汽车示范推广规模。深入开展示范运行模式研究，建立完善的车辆和基础设施示范运行监控网络与数据采集平台。

建设电动汽车及基础设施示范运行数据采集和信息化管理平台，通过采集分析车辆行驶数据及基础设施运行数据，解决电动汽车性能评估、安全预警及隐患识别等问题。

研究适用于各类车辆、设施及装备的运行维护快速保障技术，建立故障诊断及快速维保操作规范及运行体系。构筑示范城市电动汽车及充电基础设施快速维保体系，提高系统效率、安全性和示范运行效果。

通过多种商业模式在电动汽车发展初期的示范推广应用，从形成产品市场竞争力、配套系统技术和装备的科学性、能源供给基础设施建设与服务的方便性等方面，展开对电动汽车商业模式及配套装备技术研究，探索出适合中国电动汽车可持续发展的商业化模式。

开展电动汽车国际科技合作研究；开展中外电动汽车技术评价与数据交流项目；建立国际电动汽车综合示范区。

四、组织与保障

（一）建立“三纵三链”产业技术创新联盟

面向电动汽车科技发展需求，落实电动汽车科技发展“十二五”专项目标和任务，切实加强电动汽车产业所涉及的汽车企业、关键零部件企业、能源运营商以及高校和科研院所之间的合作，建立产业创新联盟，汇集优势资源，推动电动汽车走向产业化。

1. 建立以产业链为纽带的混合动力汽车产业技术创新联盟

探索以产业链为纽带的研发组织机制，建立整车整机厂牵头，纵向整合零部件企业的产业技术创新联盟，组织承担产业化研发科技创新任务。

对于混合动力汽车，建立整车/整机厂牵头，纵向整合零部件企业的产业技术联盟，由整车/整机厂负责整车与动力系统开发、生产，并纵向组织零部件企业进行零部件研发与生产，最终面向用户进行销售和售后服务。

2. 建立以价值链为纽带的纯电动汽车跨产业技术创新联盟

探索以价值链为纽带的研发组织机制，建立“能源供应商—汽车厂商—电池电机厂商”跨产业技术创新联盟，组织承担面向大规模商业化示范需求的重点科技创新任务。

对于纯电动汽车（包括增程式、插电式电动汽车），结合其跨产业、跨行业的特点，融合汽车整车厂、动力电池企业、能源企业、网络运营商企业等方面的资源和力量，以实现电动汽车的商业价值为核心，以价值链为纽带跨行业整合资源，建立新型的产业组织模式。

支持电动汽车技术与商业运营模式的集成创新，鼓励汽车企业、电池电机等关键零部件企业、能源基础设施企业以及示范应用城市紧密配合，积极探讨电动汽车的新型交通模式和新型商业化模式，实现纯电驱动汽车“技术融合、商业可行、协调发展”的新型产业机制的突破，研究和探索整车租赁、电池租赁等新型商业模式。

3. 建立以技术链为纽带的燃料电池汽车等前沿技术创新联盟

探索以技术链为纽带的研发组织机制，建立产学研结合、以国家研究基地为骨干、以燃料电池汽车为代表的下一代前沿技术创新联盟，组织承担前瞻研究和科技创新任务。

对于以燃料电池汽车为代表的下一代纯电驱动核心技术，结合其整个研发技术链涉及多项基础学科技术、具有更广泛的跨产业性的特点，以技术链为纽带，全面整合各个领域的相关技术环节。建成以国家研究基地为骨干的前沿技术创新联盟，实施技术联合开发、突破高端电驱动技术。

（二）统筹安排与科学管理实施计划

统筹规划组织科技计划相关任务，落实资金投入，支撑电动汽车领域的科技创新活动，协调推进研究开发、示范推广、产业发展和环境建设等工作。

1. 创新组织管理方式

坚持自主创新、市场导向的原则，优化组织管理，充分调动各种资源，鼓励竞争，择优支持，实施过程控制，加强项目监理，拓宽交流合作，形成以企业为主体的产学研创新机制。发挥相关部委和地方政府的支撑和协调作用，形成研发、示范与产业化互动的新能源汽车战略性新兴产业的培育机制。

2. 统筹安排与协调相关任务

围绕《电动汽车科技发展“十二五”专项规划》，统筹安排863计划、973计划、科技支撑计划等相关项目和经费，支持电动汽车相关基础研究、高技术研究、产业化支撑技术攻关与示范考核等全方位的科技创新。

3. 落实经费投入

充分发挥政府资金的引导作用，逐步形成以国家和地方资金为引导、企业资金为主体的多层次、多渠道资金投入体系，支持科学研究、新产品研发和示范推广。

（三）加强国际合作

根据已经签订的国际合作协议，积极开展与美国、德国等国家和相关国际组织在电动汽车前沿基础技术研究、测试与标准规范制定、联合示范与考核、技术发展路线图等方面的合作。

建立联合研发互助平台，组织国际电动汽车发展论坛，为我国学者参与国际交流和访问提供平台；在制定和完善我国电动汽车相关标准的基础上，针对电动汽车涉及各种已有和未制定标准，开展交流与合作，积极参与国际标准的研究与制定，争取在优势产品和技术领域发挥主导作用；共同开展包括电动汽车技术路线图、电动汽车基础设施战略规划与总体设计、电动汽车新型商业模式等战略研究。

选择有条件的城市（区域），建立国际电动汽车综合示范区，开展新一代燃料电池汽车、下一代纯电动汽车、下一代可充电式或里程延长式电动汽车等下一代纯电驱动电动汽车的技术示范和考核，使其成为道路交通电动化全面转型的试验和展示区域。鼓励行业、企业以各种形式参与国际性电动汽车示范项目，促进开展电动汽车产品的道路适应性研究。

（四）完善创新平台与支撑环境

1. 动态科学规划

前瞻制定战略规划，并通过持续研究、示范过程，不断修正与完善，逐步形成电动汽车技术与产业发展规划蓝图，指导战略方向、整车和核心零部件技术发展目标、标准制定计划、市场应用推广规划以及配套设施建设规划等，起到明确科技发展重点，引领产业发展方向的作用。

2. 完善协调机制

针对电动汽车从单纯技术研发转变为全创新链协调发展的需求，建立和完善跨部门的协调管理体系。同时，政企协作、产学研结合，共同制定产业技术创新规划、政策措施，确保有限的公共和社会资源用在解决核心问题上，提高资源的使用效率。

3. 培育创新主体

适应电动汽车科技发展的新阶段，进一步突出企业的创新主体作用。通过完善创新平台、推动产学研合作等方式，提升企业的创新能力；发挥标准法规、财政政策等手段在技术产业化过程中的积极作用，增强企业创新动力。

4. 加快人才培养

根据国家总体人才培养战略与相关规划，结合科技人才专项的实施，培育造就新能源汽车高级人才，尤其是领军人才。充分调动社会各界研究机构、高校、企业的积极性，培养一批新能源汽车研发的骨干人才团队，建立过硬的研究开发队伍。充分利用海外华人智力资源，大力引进新能源汽车高级人才。加强电动汽车技术的专业教育与培训，培养电动汽车工程化专业人才。

中华人民共和国科学技术部

二〇一二年三月二十七日

3. “十二五”国家战略性新兴产业发展规划（新能源汽车节选）

战略性新兴产业是以重大技术突破和重大发展需求为基础，对经济社会全局和长远发展具有重大引领带动作用，知识技术密集、物质资源消耗少、成长潜力大、综合效益好的产业。根据“十二五”规划纲要和《国务院关于加快培育和发展战略性新兴产业的决定》（国发〔2010〕32号）的部署和要求，为加快培育和发展节能环保、新一代信息技术、生物、高端装备制造、新能源、新材料、新能源汽车等战略性新兴产业，特制定本规划。

一、背景

二、指导思想、基本原则和发展目标

（一）指导思想

（二）基本原则

（三）发展目标

引领带动作用显著增强。战略性新兴产业规模年均增长率保持在20%以上，形成一批具有较强自主创新能力和技术引领作用的骨干企业，一批特色鲜明的产业链和产业集聚区。到2015年，战略性新兴产业增加值占国内生产总值比重达到8%左右，对产业结构升级、节能减排、提高人民健康水平、增加就业等的带动作用明显提高。

到2020年，力争使战略性新兴产业成为国民经济和社会发展的重要推动力量，增加值占国内生产总值比重达到15%，部分产业和关键技术跻身国际先进水平，节能环保、新一代信息技术、生物、高端装备制造产业成为国民经济支柱产业，新能源、新材料、新能源汽车产业成为国民经济先导产业。

三、重点发展方向和主要任务

（一）节能环保产业

1. 高效节能产业。发展高效节能锅炉窑炉、电机及拖动设备、余热余压利用、高效储能、节能监测和能源计量等节能新技术和装备；鼓励开发和推广应用高效节能电器、高效照明等产品；提高新建建筑节能标准，开展既有建筑节能改造，大力发展绿色建筑，推广绿色建筑材料；加快发展节能交通工具；积极开发和推广用能系统优化技术，促进能源的梯次利用和高效利用；大力推行合同能源管理新业态。

专栏1 高效节能产业发展路线图

时间节点	2015年	2020年
发展目标	重大节能技术装备得到推广应用，主要终端用能产品能效接近国际先进水平，高效节能产品市场占有率大幅提升，采用合同能源管理机制的节能服务业销售额年均增长30%以上	形成适合我国国情的节能技术装备和产品体系，主要节能装备、主要行业单位产出能耗指标达到国际先进水平
重大行动	关键技术开发：重点开发高效内燃机和混合动力汽车，高压变频调速、稀土永磁无铁芯电机等电机节能技术，蓄热式高温空气燃烧、等离子点火等高效锅炉窑炉技术，高效换热器及系统优化等能源梯次利用技术，中低品位余热余压回收利用技术，能源优化技术等	
重大政策	严格实施固定资产投资项目节能评估和审查制度 制定重点用能产品能效标准和重点行业能耗限额标准，扩大能效标识实施范围，推行能效领跑者制度 加大财政支持力度，完善能源价格机制	

2. 先进环保产业。

3. 资源循环利用产业。大力发展源头减量、资源化、再制造、零排放和产业链接等新技术，推进产业化，提高资源产出率。重点发展共伴生矿产资源、大宗固体废物综合利用，汽车零部件及机电产品再制造、资源再生利用，以先进技术支撑的废旧商品回收体系，餐厨废弃物、农林废弃物、废旧纺织品和废旧塑料制品资源化利用。

专栏2　资源循环利用产业发展路线图		
时间节点	2015 年	2020 年
发展目标	减量化、再利用、资源化的先进资源循环利用技术得到推广应用。工业固体废物综合利用率达到72%以上，初步建立起现代废旧商品回收体系，以先进技术支撑的废旧商品回收率达到70%，重要资源回收和再生利用能力明显提高	形成再利用、资源化产业技术创新体系，形成一批具有核心竞争力的资源循环利用技术装备和产品制造企业，建成技术先进、覆盖城乡的资源回收和循环利用产业体系
重大行动	关键技术开发：重点开发低品位共伴生矿产资源高效选冶、稀贵金属分离提取技术，大宗固体废物大掺量高附加值利用、废弃电器电子产品资源化利用、废旧材料分离与改性、废旧车用动力电池及蓄电池回收处理和利用、汽车零部件及机电产品再制造技术，城市及产业废弃物的生产过程协同资源化处理、餐厨废弃物资源化利用、农林废物高效利用技术，循环利用产业链接技术等 产业化：实施再制造产业化行动、废弃物资源化利用示范行动，加快"城市矿产"示范基地建设。促进区域循环经济体系建设。加快海水淡化产业发展	
重大政策	推进资源税费改革 建立生产者责任延伸制，建立强制回收的产品和包装物名录和管理制度。发布《国家鼓励的循环经济技术工艺和设备名录》 建立资源循环利用产品认证体系和再制造产品标识管理制度	

（二）新一代信息技术产业

（三）生物产业

（四）高端装备制造产业

（五）新能源产业

（六）新材料产业

（七）新能源汽车产业

以纯电驱动为新能源汽车发展和汽车工业转型的主要战略取向，当前重点推进纯电动汽车和插电式混合动力汽车产业化，推进新能源汽车及零部件研究试验基地建设，研究开发新能源汽车专用平台，构建产业技术创新联盟，推进相关基础设施建设。重点突破高性能动力电池、电机、电控等关键零部件和材料核心技术，大幅度提高动力电池和电机安全性与可靠性，降低成本；加强电制动等电动功能部件的研发，提高车身结构和材料轻量化技术水平；推进燃料电池汽车的研究开发和示范应用；初步形成较为完善的产业化体系。建立完整的新能源汽车政策框架体系，强化财税、技术、管理、金融政策的引导和支持力度，促进新能源汽车产业快速发展。

专栏3　新能源汽车产业发展路线图		
时间节点	2015 年	2020 年
发展目标	新能源汽车动力电池、电机和电控技术取得重大进展，动力电池模块比能量达到150瓦时/千克以上，电驱动系统功率密度达到2.5千瓦/千克以上。纯电动汽车和插电式混合动力汽车累计产销量力争达到50万辆。初步形成与市场规模相适应的充电设施体系和新能源汽车商业运行模式	形成新能源汽车动力电池、电机和电控技术创新发展能力，动力电池模块比能量达到300瓦时/千克以上。纯电动汽车和插电式混合动力汽车累计产销量超过500万辆。充电设施网络满足城际间和区域内纯电动汽车运行需要，实现规模化商业运营。整体水平达到国际先进水平
重大行动	创新能力建设：推进新能源汽车及零部件研究试验基地建设，建立全行业共享的测试平台、数据库和专利数据库等 关键技术研发：实施新能源汽车重大创新工程，突破产业化过程中的车身材料及结构轻量化等共性技术和工艺技术，研发新能源汽车全新底盘、动力总成、汽车电子等产品，加大力度联合研制动力电池及其关键材料，以及生产、控制与检测装备等，构建全行业共享的共性技术平台。建立健全新能源汽车、充电技术及设施标准体系 产业化推广：稳步推进公共服务领域新能源汽车示范，开展私人购买新能源汽车补贴试点，加强综合评价，积极推进充电基础设施建设，探索新能源汽车整车租赁、电池租赁以及充换电服务等多种商业模式，形成完善的市场推广体系	
重大政策	完善财税激励政策，鼓励新能源汽车消费和使用 建立动力电池回收和梯级利用管理制度	

四、重大工程

（一）重大节能技术与装备产业化工程

围绕应用面广、节能潜力大的高效锅炉窑炉、余热余压利用、热电联产、电机系统和大容量低成本蓄能等领域，实施重大技术装备产业化示范工程；推进高效风机、水泵、变压器、空调机组、内燃机、节能家电等技术装备和产品的发展。到2015年，形成一批以高效燃烧、能源梯级利用、高效蓄能、绿色节能建材、节能监测和能源计量等为重点的节能技术装备与产品制造骨干企业和产业化示范基地，高效节能技术与装备市场占有率提高到30%左右，创新能力和装备开发能力接近国际先进水平。

（二）重大环保技术装备及产品产业化示范工程

以烟气脱硫脱硝、机动车尾气高效净化等大气污染治理装备，城镇生活污水脱氮除磷深度处理、新型反硝化反应器等水污染治理成套装备，高效垃圾焚烧和烟气处理、污泥处理处置等固体废物处理装备，重金属、氨氮在线监测等环境监测专用仪器仪表，环境应急监测车、阻截式油水分离及回收设备等环境应急装备为重点，实施一批产业化示范工程。推进重金属污染防治、土壤污染防治技术开发与示范应用，加快高性能膜、脱硝催化剂纳米级二氧化钛载体、高效滤料等污染控制材料的产业化。到2015年，培育一批在行业具有领军作用的环保企业集团及一批“专、精、特、新”的环保配套生产企业，创建10~15个区位优势突出、集中度高的环保技术及装备产业化基地。

（三）重要资源循环利用工程

（四）宽带中国工程

（五）高性能集成电路工程

（六）新型平板显示工程

（七）物联网和云计算工程

（八）信息惠民工程

（九）蛋白类等生物药物和疫苗工程

（十）高性能医学诊疗设备工程

（十一）生物育种工程

（十二）生物基材料工程

（十三）航空装备工程

（十四）空间基础设施工程

（十五）先进轨道交通装备及关键部件工程

（十六）海洋工程装备工程

（十七）智能制造装备工程

（十八）新能源集成应用工程

（十九）关键材料升级换代工程

（二十）新能源汽车工程

建设新能源汽车公共测试平台、试验验证和应用综合评价体系，建立产品开发和专利数据库，重点研发动力电池、电机及控制系统等关键核心技术和新产品，加速纯电动、插电式混合动力汽车系列产品产业化，加大公共服务领域示范推广力度，扩大私人购买新能源汽车补贴试点城市范围和规模。推进充电网络体系和设施建设，探索新型商业化运行模式。

五、政策措施

（一）加大财税金融政策扶持

（二）完善技术创新和人才政策

（三）营造良好的市场环境

1. 完善市场培育、应用与准入政策。鼓励绿色消费、信息消费、健康消费，促进消费结构升级。加大节能环保、新能源、新能源汽车等市场培育与引导力度，培育发展新业态。加快建立有利于战略性新兴产业发展的相关标准和重要产品技术标准体系，优化市场准入的审批管理程序。

2. 深化国际合作。引导外资投向战略性新兴产业，丰富外商投资方式，拓宽外资投资渠道，不断完善外商投资软环境。继续支持引进先进的核心关键技术和设备。鼓励我国企业和研发机构在境外设立研发机构，参与国际标准制定。扩大企业境外投资自主权，支持有条件的企业开展境外投融资。完善相关出口信贷、保险等政策，支持拥有自主知识产权的技术标准在国外推广应用。支持企业通过境外注册商标、境外收购等方式，培育国际化品牌，开展国际化经营，参与高层次国际合作。国家支持战略性新兴产业发展的政策同等适用于符合条件的外商投资企业。

（四）加快推进重点领域和关键环节改革

六、组织实施

（一）加强统筹协调

（二）加强宏观引导

（三）培育发展产业示范基地

（四）完善规划体系

根据本规划提出的重点方向和任务，研究制定战略性新兴产业分类及重点产品和服务指导目录，健全统计监测体系。制定实施节能环保、新一代信息技术、生物、高端装备制造、新能源、新材料、新能源汽车产业等专项规划，明确实施内容和实施机制。鼓励相关省（区、市）联合编制区域性发展规划，推进战略性新兴产业差别化、特色化协同发展。各专项规划和地方规划要加强与本规划的衔接。

（五）加强组织实施

国务院办公厅

二〇一二年七月九日

4. “十二五”节能环保产业发展规划(新能源汽车节选)

节能环保产业是指为节约能源资源、发展循环经济、保护生态环境提供物质基础和技术保障的产业，是国家加快培育和发展的7个战略性新兴产业之一。节能环保产业涉及节能环保技术装备、产品和服务等，产业链长，关联度大，吸纳就业能力强，对经济增长拉动作用明显。加快发展节能环保产业，是调整经济结构、转变经济发展方式的内在要求，是推动节能减排，发展绿色经济和循环经济，建设资源节约型环境友好型社会，积极应对气候变化，抢占未来竞争制高点的战略选择。

根据《国务院关于加快培育和发展战略性新兴产业的决定》(国发〔2010〕32号)和《国务院关于印发“十二五”节能减排综合性工作方案的通知》(国发〔2011〕26号)有关要求，为推动节能环保产业快速健康发展，特制定本规划。

一、节能环保产业发展现状及面临的形势

(一) 发展现状

(二) 面临的形势

二、指导思想、基本原则和总体目标

(一) 指导思想

(二) 基本原则

(三) 总体目标

三、重点领域

(一) 节能产业重点领域

1. 节能技术和装备

2. 节能产品

节能汽车。加快研发和示范具有自主知识产权的汽油直喷、涡轮增压等先进发动机节能技术，以及双离合式自动变速器(DCT)等多档化高效自动变速器等节能减排技术，新型车辆动力蓄电池和新型混合动力汽车机电耦合动力系统、车用动力系统和发电设备等技术装备；推广采用各类节能技术实现的节能汽车；大力推广节能型牵引车和挂车。

3. 节能服务

专栏1 节能产业关键技术

汽油直喷技术：用于汽车节能领域，汽车平均油耗比常规电喷汽油车降低10%~20%。研发重点是系统精确控制

启动-停车混合动力汽车技术：降低汽车怠速时所需的能量和减少废气排放，回收制动能量，重点是BSG(皮带传动启动机和发电机系统)混合动力轿车技术和ISG(集成的启动机和发电机系统)混合动力轿车技术

(二) 资源循环利用产业重点领域

专栏2 资源循环利用产业关键技术(略)

(三) 环保产业重点领域

专栏3 环保产业关键技术(略)

四、重点工程

(一) 重大节能技术与装备产业化工程

(二) 半导体照明产业化及应用工程

(三) “城市矿产”示范工程

(四) 再制造产业化工程

(五) 产业废物资源化利用工程

(六) 重大环保技术装备及产品产业化示范工程

(七) 海水淡化产业基地建设工程

(八) 节能环保服务业培育工程

五、政策措施

(一) 完善价格、收费和土地政策

(二) 加大财税政策支持力度

(三) 拓宽投融资渠道

(四) 完善进出口政策

(五) 强化技术支撑

(六) 完善法规标准

(七) 强化监督管理

六、组织实施

国务院

二〇一二年六月十六日

5. 财政部、国家税务总局关于城市公交企业购置公共汽电车辆免征车辆购置税的通知

财税〔2012〕51号

各省、自治区、直辖市、计划单列市财政厅(局)、国家税务局，新疆生产建设兵团财务局：

为减轻城市公交企业负担，促进道路运输行业健康稳定发展，经国务院批准，现将城市公交企业购置公共汽电车辆免征车辆购置税政策通知如下：

一、对城市公交企业自2012年1月1日起至2015年12月31日止购置的公共汽电车辆，免征车辆购置税。

上述城市公交企业是指：由县级以上（含县级）人民政府交通运输主管部门认定的，依法取得城市公交经营资格，为公众提供公交出行服务的企业。

上述公共汽电车辆是指：由县级以上（含县级）人民政府交通运输主管部门按照车辆实际经营范围和用途等界定的，在城市中按照核定的线路、站点、票价和时刻表营运，供公众乘坐的经营性客运汽车和无轨电车。

二、免税车辆因转让，改变用途等原因不再属于免税范围的，应按照《中华人民共和国车辆购置税暂行条例》第十五条的规定补缴车辆购置税。

三、城市公交企业在办理车辆购置税纳税申报时，需向所在地主管税务机关提供所在地县级以上（含县级）交通运输主管部门出具的城市公交企业和公共汽电车辆认定证明，主管税务机关依据证明文件为企业办理免税手续。

城市公交企业办理免税手续的截止日期为2016年3月31日，逾期不办理的，不予免税。

四、城市公交企业2012年1月1日后购置的公共汽电车辆，在本通知下发前已缴纳车辆购置税的，主管税务机关按规定退还已征税款。

财政部

国家税务总局

二〇一二年六月十五日

6. 关于节约能源使用新能源车船车船税政策的通知

各省、自治区、直辖市、计划单列市财政厅（局）、地方税务局、工业和信息化主管部门，有关企业，西藏、宁夏自治区国家税务局，新疆生产建设兵团财务局：

为促进节约能源、使用新能源的汽车、船舶产业发展，根据《中华人民共和国车船税法》第四条、《中华人民共和国车船税法实施条例》第十条有关规定，经国务院批准，现就节约能源、使用新能源车船车船税政策通知如下：

一、自2012年1月1日起，对节约能源的车船，减半征收车船税；对使用新能源的车船，免征车船税。

二、对于减免车船税的节约能源、使用新能源车船，由财政部、国家税务总局、工业和信息化部通过联合发布《节约能源使用新能源车辆（船舶）减免车船税的车型（船型）目录》实施管理。

对于不属于车船税征收范围的纯电动乘用车、燃料电池乘用车，由财政部、国家税务总局、工业和信息化部通过联合发布《不属于车船税征收范围的纯电动燃料电池乘用车车型目录》实施管理。

三、节约能源、使用新能源车辆减免车船税目录管理规定：

（一）认定标准

1. 节能型乘用车的认定标准为：（1）获得许可在中国境内销售的燃用汽油、柴油的乘用车（含非插电式混合动力乘用车和双燃料乘用车）；（2）综合工况燃料消耗量优于下一阶段目标值，具体要求见附件1；（3）已通过汽车燃料消耗量标识备案。

2. 新能源汽车的认定标准为：（1）获得许可在中国境内销售的纯电动汽车、插电式混合动力汽车、燃料电池汽车，包括乘用车、商用车和其他车辆；（2）动力电池不包括铅酸电池；（3）插电式混合动力汽车最大电功率比大于30%；插电式混合动力乘用车综合燃料消耗量（不含电能转化的燃料消耗量）与现行的常规燃料消耗量标准中对应目标值相比应小于60%；插电式混合动力商用车（含轻型、重型商用车）综合工况燃料消耗量（不含电能转化的燃料消耗量）与同类车型相比应小于60%；（4）通过新能源汽车专项检测，符合新能源汽车标准要求。具体要求见附件2。

3. 节能型商用车和其他车辆的认定标准另行制定。

（二）申报程序

符合上述认定标准的节约能源、使用新能源的车辆，包括目前正在生产（进口）及已经生产（进口）的车辆，由汽车生产企业或进口汽车经销商向工业和信息化部提出列入《节约能源使用新能源车辆减免车船税的车型目录》或《不属于车船税征收范围的纯电动燃料电池乘用车车型目录》（以下统一简称为《目录》）的申请。申请材料格式见附件3。

（三）《目录》审查、发布

财政部、国家税务总局、工业和信息化部将根据申请情况组织审查，不定期发布《目录》公告，明确不属于车船税征收范围的纯电动、燃料电池乘用车的车型，明确属于车船税减免范围的节约能源、使用新能源车辆的车型。

（四）《目录》核查

财政部、国家税务总局、工业和信息化部将组织开展《目录》车型专项检查，对《目录》车型产品质量、性能指标进行抽样核查。汽车生产企业、进口汽车经销商对申报材料的真实性和产品质量负责。对产品与申报材料不符，产品性能指标未达到要求，或者提供其他虚假信息骗取《目录》资格的汽车生产企业、进口汽车经销商，取消该申报车型享受车船税相关优惠政策资格，并依照相关法律法规予以处理。

四、节约能源、使用新能源船舶的认定标准、目录管理规定另行制定。

五、为促进节能和新能源技术的不断进步，根据我国车船的标准体系、节能评价体系、技术进步和型号变化，财政部、国家税务总局、工业和信息化部将适时修订、调整节约能源、使用新能源车船的认定标准，完善相关认定办法。

六、本通知所称节能汽车，是指以内燃机为主要动力系统、综合工况燃料消耗量优于下一阶段目标值的汽车。

所称新能源汽车，是指采用新型动力系统，主要或全部使用新型能源的汽车，包括纯电动汽车、插电式混合动力汽车和燃料电池汽车。其中，纯电动汽车，是指由电动机驱动，且驱动电能来源于车载可充电蓄电池或其他能量储存装置的汽车。插电式混合动力汽车，是指具有一定的纯电动行驶里程，且在正常使用情况下可从非车载装置中获取电能量的混合动力汽车。燃料电池汽车，是指以燃料电池为动力源的汽车。

七、各级财政、税务部门应当按照本通知要求制订具体落实办法，认真做好《目录》车型车船税减免工作。各地工业和信息化主管部门要及时将本通知传达到本地区内相关汽车生产企业、进口汽车经销商，并督促汽车生产企业、进口汽车经销商做好《目录》申报等工作，积极落实好节约能源、使用新能源车辆车船税优惠政策。

请遵照执行。

财政部
国家税务总局
工业和信息化部
二○一二年三月六日

附件1：节能型乘用车综合工况燃料消耗量要求
附件2：新能源汽车产品专项检验标准目录
附件3：《节约能源　使用新能源车辆减免车船税的车型目录》《不属于车船税征收范围的纯电动燃料电池乘用车车型目录》申请报告

附件1　节能型乘用车综合工况燃料消耗量要求

整车整备质量（CM）kg	具有两排及以下座椅且装有手动挡变速器的车辆（L/100km）	具有三排或三排以上座椅或装有非手动挡变速器的车辆（L/100km）
CM≤750	4.8	5.2
750＜CM≤865	5.1	5.4
865＜CM≤980	5.3	5.7
980＜CM≤1090	5.6	6.0
1090＜CM≤1205	6.0	6.3
1205＜CM≤1320	6.3	6.6
CM＞1320	6.7	6.9

附件2　新能源汽车产品专项检验标准目录

序号	标准编号	标准名称
1	GB/T 4094.2-2005	电动汽车操纵件、指示器及信号装置的标志
2	GB/T 18384.1-2001	电动汽车 安全要求 第1部分：车载储能装置
3	GB/T 18384.2-2001	电动汽车 安全要求 第2部分：功能安全和故障防护
4	GB/T 18384.3-2001	电动汽车 安全要求 第3部分：人员触电防护
5	GB/T 18385—2005	电动汽车 动力性能 试验方法
6	GB/T 18386—2005	电动汽车 能量消耗率和续驶里程 试验方法
7	GB/T 18387—2008	电动车辆的电磁场辐射强度的限值和测量方法 宽带9kHz~30MHz
8	GB/T 18388—2005	电动汽车 定型试验规程

续表

序号	标准编号	标准名称
9	GB/T 18488. 1-2006	电动汽车用电机及其控制器 第1部分：技术条件
10	GB/T 18488. 2-2006	电动汽车用电机及其控制器 第2部分：试验方法
11	GB/T 19750-2005	混合动力电动汽车 定型试验规程
12	GB/T 19751-2005	混合动力电动汽车安全要求
13	GB/T 19752-2005	混合动力电动汽车 动力性能 试验方法
14	GB/T 19753-2005	轻型混合动力电动汽车能量消耗量 试验方法
15	GB/T 19754-2005	重型混合动力电动汽车 能量消耗量试验方法
16	GB/T 19755-2005	轻型混合动力电动汽车 污染物排放测量方法
17	GB/T 19836-2005	电动汽车用仪表
18	GB/Z 18333. 2-2001	电动道路车辆用锌空气蓄电池
19	QC/T 741-2006	车用超级电容器
20	QC/T 743-2006	电动汽车用锂离子蓄电池
21	QC/T 744-2006	电动汽车用金属氢化物镍蓄电池

附件3 《节约能源 使用新能源车辆减免车船税的车型目录》、《不属于车船税征收范围的纯电动 燃料电池乘用车车型目录》

申请报告

企业名称：____________________（盖公章）

企业所在地：________省________市

编制日期　　　年　　　月

根据《中华人民共和国车船税法》、《中华人民共和国车船税法实施条例》和国家有关规定，＊＊＊＊＊＊（申请企业名称）提出《节约能源 使用新能源车辆减免车船税的车型目录》和/或《不属于车船税征收范围的纯电动 燃料电池乘用车车型目录》申请，提交下述文件正本一份，副本三份，电子版本一份，并对文件的真实性负责。

一、企业基本情况

二、申请《节约能源 使用新能源车辆减免车船税的车型目录》车型的基本情况

三、申请《不属于车船税征收范围的纯电动 燃料电池乘用车车型目录》车型的基本情况

与申请有关的一切正式往来信函请寄：

地址____________ 联系人______________

电话____________ 传真______________

网址____________ 电子邮件______________

法定代表人签章__________ 日期__________

一、企业基本情况

企业名称			
企业注册地址			
企业法定代表人		注册商标名称	
组织机构代码		营业执照	
车辆生产地址			
联系人		联系电话	
E-MAIL		邮政编码	
通信地址			

注：请提供企业工商登记文件及营业执照复印件。

二、申请《节约能源　使用新能源车辆减免车船税的车型目录》车型的基本情况

1. 节能型乘用车

表 1.1　节能型乘用车车型

序号	车辆型号	通用名称	车辆商标	燃料类型③	整车整备质量(kg)	排量(ml)	额定功率(kW)②	最大净功率(kW)①	变速器型式	综合工况燃料消耗量(L/100km)	额定载客	公告批次②	车辆一致性证书编号	油耗标识备案通告时间	备注

注:①进口整车填写;②国产车填写;③填写汽油或柴油或两用燃料。

表 1.2　非插电式混合动力乘用车车型

序号	车辆型号	通用名称	车辆商标	排量(ml)	额定功率(kW)②	最大净功率(kW)①	燃料类别	整车整备质量(kg)	变速器型式	动力蓄电池组种类③	动力蓄电池组额定能量(kW·h)	动力蓄电池组比能量(W·h/kg)	综合工况电能消耗量(kWh/100km)	综合工况燃料消耗量(L/100km)④	额定载客	公告批次②	车辆一致性证书编号	油耗标识备案通告时间	备注

注:①进口整车填写;②国产车填写;③填写/镍氢电池/锂电池/超级电容/其他(请注明);④填写修正后(电能平衡值为0)的燃料消耗量。

2. 新能源汽车

表 2.1　插电式混合动力乘用车车型

序号	车辆型号	通用名称	车辆商标	排量(ml)	最大净功率(kW)	燃料类别	整车整备质量(kg)	变速器型式	纯电动模式下续驶里程(工况法)(km)④	动力蓄电池组种类③	动力蓄电池组额定能量(kW·h)	动力蓄电池组比能量(W·h/kg)	纯电动模式下最高车速(1公里)(km/h)④	电功率比	综合工况电能消耗量(kW·h/100km)⑤	综合工况燃料消耗量(L/100km)⑤	额定载客	公告批次②	车辆一致性证书编号①	备注

注:①进口整车填写;②国产车填写;③填写镍氢电池/锂电池/超级电容/其他(请注明);④有纯电动模式的车辆填写;⑤填写加权平均值。

表 2.2 插电式混合动力商用车车型

序号	车辆型号	通用名称	车辆商标	车辆种类③	排量(ml)	最大净功率(kW)	燃料类别	整车整备质量(kg)	额定载质量(kg)/载客数	最大设计总质量(kg)	纯电动模式下续驶里程(km)⑤⑦	动力蓄电池组种类④	动力蓄电池组额定能量(kW·h)	动力蓄电池组比能量(W·h/kg)	电功率比	纯电动模式下最高车速(1公里)(km/h)⑤	电能消耗量(工况法)(kW·h/100km)⑤⑥⑧	燃料消耗量(工况法)(L/100km)⑥⑧	公告批次②	车辆一致性证书编号①	备注

注:①进口整车填写;②国产车填写;③填写货车、半挂牵引车、客车;④填写镍氢电池/锂电池/超级电容/其他(请注明);⑤有纯电动模式的车辆填写;⑥轻型商用车填写加权平均值;⑦重型商用车采用等速法;轻型商用车采用工况法;⑧重型商用车采用中国典型城市工况。

表 2.3 纯电动商用车车型

序号	车辆型号	通用名称	车辆商标	车辆种类③	整车整备质量(kg)	额定载质量(kg)/载客数	最大设计总质量(kg)	续驶里程(km)⑤	动力蓄电池组种类④	动力蓄电池组额定能量(kW·h)	动力蓄电池组比能量(W·h/kg)	30分钟最高车速(km/h)	电能消耗量(kW·h/100km)⑤	公告批次②	车辆一致性证书编号①	备注

注:①进口整车填写; ②国产车填写; ③填写货车、半挂牵引车、客车; ④填写镍氢电池/锂电池/超级电容/其他(请注明); ⑤重型商用车采用等速法;轻型商用车采用工况法。

表 2.4 燃料电池商用车车型

序号	车辆型号	通用名称	车辆商标	车辆种类③	整车整备质量(kg)	额定载质量(kg)/载客数	最大设计总质量(kg)	燃料电池燃料类型	燃料电池额定功率(kW)	动力蓄电池组种类④ ⑤	动力蓄电池组额定能量(kW·h)	续驶里程(km)⑤ ⑥	燃料电池电堆功率密度(kW/L)	动力蓄电池组比能量(W·h/kg)	最高行驶车速(km/h)⑤	燃料消耗量(kg/100km)⑤ ⑦	公告批次②	车辆一致性证书编号①	备注

注:①进口整车填写;②国产车填写;③填写货车、半挂牵引车、客车; ④填写铅酸电池/镍氢电池/锂电池/超级电容/其他(请注明);⑤非必填项;⑥重型商用车采用等速法;轻型商用车采用工况法;⑦重型商用车填写采用中国典型城市工况的数据。

三、申请《不属于车船税征收范围的纯电动　燃料电池乘用车车型目录》车型的基本情况

表 1　纯电动乘用车车型

序号	车辆型号	通用名称	车辆商标	整车整备质量(kg)	驱动电机类型	驱动电机额定功率	综合工况续驶里程(km)	动力蓄电池组种类③	动力蓄电池组额定能量(kW·h)	动力蓄电池组比能量(W·h/kg)	30分钟最高车速(km/h)	综合工况电能消耗量(kW·h/100km)	额定载客	公告批次②	车辆一致性证书编号①	备注

注:①进口整车填写;②国产车填写;③填写镍氢电池/锂电池/超级电容/其他(请注明)。

表 2　燃料电池乘用车车型

序号	车辆型号	通用名称	车辆商标	整车整备质量(kg)	燃料电池燃料类型	燃料电池额定功率(kW)	动力蓄电池组种类③ ④	综合工况续驶里程(km)④	燃料电池电堆功率密度(kW/L)	动力蓄电池组比能量(W·h/kg)	最高行驶车速(km/h)④	综合工况燃料消耗量(kg/100km)④	额定载客	公告批次②	车辆一致性证书编号①	备注

注:①进口整车填写;②国产车填写;③填写镍氢电池/锂电池/超级电容/其他(请注明);④非必填项。

7. 关于组织开展新能源汽车产业技术创新工程的通知

各省、自治区、直辖市、计划单列市、新疆建设兵团财政厅（局）、工业和信息化主管部门、科技厅（局）：

为贯彻落实《国务院关于印发节能与新能源汽车产业发展规划（2012—2020 年）的通知》（国发〔2012〕22 号），进一步提高新能源汽车产业技术创新能力，加快产业化进程，报经国务院批准，财政部、工业和信息化部、科技部将组织实施新能源汽车产业技术创新工程。

为加强资金管理，提高资金使用效益，我们制定了《新能源汽车产业技术创新财政奖励资金管理暂行办法》（见附件），现印发给你们，请遵照执行。

请你们按办法的有关要求，抓紧组织符合条件的企业进行申报（具体的申报指南将另行发布），并积极推动企业联合有关单位加强自主技术创新，扎实推进我国新能源汽车重大关键技术突破与产业化进程。

财政部

工业和信息化部

科技部

二〇一二年九月二十日

附件：

新能源汽车产业技术创新工程财政奖励资金管理暂行办法

第一章 总 则

第一条 为加快新能源汽车产业技术创新和产业化进程，财政部、工业和信息化部、科技部组织实施新能源汽车产业技术创新工程，中央财政从节能减排专项资金中安排部分资金（以下简称奖励资金），支持新能源汽车产业技术创新。为加强财政资金管理，提高资金使用效益，特制定本办法。

第二条 奖励资金安排和使用将坚持“集中投入、重点突破”的原则，重点支持全新设计开发的新能源汽车车型及动力电池等关键零部件。

全新设计开发的新能源汽车车型由整车企业牵头，并联合电池、电机、电控等零部件企业和有关研发单位，形成产学研产业技术创新团队，进行联合设计攻关；关键零部件主要指动力电池关键材料、生产工艺、制造装备的研究与开发等。

第三条 奖励资金的安排和使用接受社会各方面监督，确保财政资金使用的安全性、规范性与有效性。

第二章 支持对象与条件

第四条 奖励资金支持对象包括新能源汽车整车项目（包括纯电动、插电式混合动力、燃料电池汽车）和动力电池项目两大类。

第五条 申请奖励资金的企业应当具有较强的研发能力和产业化基础。其中，整车企业必须具备新能源汽车整车设计集成和持续开发能力，研发投入占主营业务收入不低于一定比例；动力电池企业应掌握核心技术，并具有较强的研发、生产和售后服务保障能力，拥有电池单体的知识产权。鼓励开展产学研联合技术攻关。

第六条 奖励资金支持的新能源汽车整车和动力电池项目的技术指标将另行制定发布。

第三章 奖励资金申请与审核

第七条 省级财政、工业和信息化、科技部门负责本地区企业（包括中央直属企业）有关项目的推荐。申报企业按相关要求编制新能源汽车产业技术创新工程申报材料，并按属地原则经企业注册所在地省级财政、工业和信息化、科技部门审核、汇总后上报财政部、工业和信息化部、科技部。

第八条 财政部、工业和信息化部、科技部将组织专家对申报材料进行评审，根据评审结果选择支持项目并对项目实施方案进行批复。

第九条 财政部、工业和信息化部、科技部将对拟支持项目在网上进行公示，接受社会监督。

第四章 奖励资金拨付与绩效考评

第十条 财政部会同工业和信息化部、科技部根据技术研发和产业化投入等情况核定支持项目奖励资金数额。

第十一条 有关企业应根据批复的方案，抓紧开展项目实施工作。有关省级财政、工业和信息化、科技部门应动态掌握项目进展情况，并及时将进展情况报财政部、工业和信息化部、科技部。财政部、工业和信息化部、科技部将及时跟踪了解所支持项目的进展情况，并组织专门机构进行评估。

第十二条 财政部将根据项目进展情况及有关评估意见分期分批拨付奖励资金，其中：实施方案启动后拨付 40%，中期评估通过后再拨付 50%，完成实施方案并通过验收后再拨付剩余 10% 资金。对进度较慢的项目，将视情况缓拨或停拨奖励资金；对未达到预计目标的项目，将相应扣减奖励资金。

第五章 资金监督管理

第十三条 各项目申报企业对申报材料的真实性负责。对弄虚作假、骗取财政奖励资金的企业或单位，将采取加倍扣减奖励资金、对社会曝光等方式予以惩罚。

第十四条 奖励资金必须专款专用，任何单位不得以任何理由、形式截留、挪用。对违反规定的，将依照《财政违法行为处罚处分条例》（国务院令第 427 号）等有关规定，依法追究有关单位和人员的责任。

第六章 附 则

第十五条 本办法由财政部、工业和信息化部、科技部负责解释。

第十六条 本办法自印发之日起实施。

8. 关于扩大混合动力城市公交客车示范推广范围有关工作的通知

各省、自治区、直辖市、计划单列市财政厅（局）、科技厅（委、局）、工业和信息化主管部门、发展改革委、新疆生产建设兵团财务局、科技局、工业和信息化主管部门、发展改革委：

节能与新能源汽车示范推广试点启动以来，各项工作进展顺利，产业化步伐不断加快，关键核心技术取得明显进步。为贯彻落实《国务院关于印发节能与新能源汽车产业发展规划（2012—2020年）的通知》（国发〔2012〕22号），加快节能与新能源汽车推广应用和试点示范，报经国务院批准，财政部、科技部、工业和信息化部、国家发展改革委（以下简称四部委）决定，将混合动力公交客车（包括插电式混合动力客车）推广范围从目前的25个节能与新能源汽车示范推广城市扩大到全国所有城市。现将有关事项通知如下：

一、推广范围和方式

本次扩大推广将采取集中招标方式，选择一批节能减排效果显著、性能稳定的混合动力公交客车产品，由中标企业在非试点城市内进行推广。中央财政对相关单位购买混合动力公交客车给予一次性定额补助（具体补助标准见附表1），由生产企业在销售时兑付给购买单位。同时，将采取总量控制的方式，推广目标为3000～5000辆，四部委将根据市场推广情况明确截止时间。

节能与新能源汽车示范推广试点城市继续按照《财政部科技部关于开展节能与新能源汽车示范推广试点工作的通知》（财建〔2009〕6号）中相关规定，开展混合动力公交客车推广工作。

二、支持条件

推广的混合动力公交客车必须符合下述条件：

（一）必须纳入《节能与新能源汽车示范推广应用工程推荐车型目录》，且车长≥10米。

（二）节油率必须达到10%以上。

（三）最大电功率比和节油率必须经具备资质的第三方检测机构依据GB/T19753-2005《轻型混合动力电动汽车能量消耗量试验方法》、GB/T19754-2005《重型混合动力电动汽车能量消耗量试验方法》等检测后确定。

（四）生产企业对动力电池等储能装置、驱动电机、电机控制器等关键零部件必须提供不低于三年或十五万公里（以先到者为准）的质保期限。

（五）混合动力公交客车生产企业和动力蓄电池等关键零部件生产企业必须具备一定的产能规模，其产品已在25个节能与新能源汽车示范城市中得到较大规模应用，且节能效果明显、性能可靠。

三、资金的申报和下达

（一）生产企业（包括中央直属企业）在月度终了后5日内根据实际推广数量、补助标准，提出财政补助资金申请报告（具体格式见附表2和附表3），经生产企业工商注册所在地财政部门、科技部门、工业和信息化部门、发展改革部门审核后，报省级财政部门、科技部门、工业和信息化部门、发展改革部门。

（二）省级财政部门会同省级科技部门、工业和信息化部门、发展改革部门对生产企业资金申请报告进行汇总审核，于月度终了后15日内上报财政部、科技部、工业和信息化部和国家发展改革委。

（三）财政部综合考虑预算安排、地方上报材料等因素预拨补助资金。各级财政部门按照财政国库管理制度等有关规定及时将补助资金拨付给生产企业。

（四）财政部、科技部、工业和信息化部、国家发展改革委组织对混合动力公交客车推广情况进行专项核查。

（五）推广结束后，生产企业要认真总结推广情况，编制补助资金清算报告，及时提供相关销售合同、销售发票及税收凭证等相关证明材料。省级财政部门、科技部门、工业和信息化部门、发展改革部门汇总审核后上报财政部、科技部、工业和信息化部、国家发展改革委。财政部根据清算报告和专项核查情况对补助资金进行清算。

（六）节能与新能源汽车示范推广试点城市仍按财建〔2009〕6号文件相关规定申请补助资金。

四、监督管理

（一）各混合动力公交客车生产企业对申报材料的真实性负责。对弄虚作假、骗取财政补助资金的企业或单位，将采取加倍扣减补贴资金、在新闻媒体上曝光等方式予以惩罚。

（二）推广补助资金必须专款专用，任何单位不得以任何理由、形式截留、挪用。对违反规定的，将依照《财政违法行为处罚处分条例》（国务院令第427号）等有关规定，依法追究有关单位和人员的责任。

五、其他事项

（一）节能与新能源汽车示范推广试点城市相关政策不变，各试点城市要继续加强示范推广试点工作，确保完成上报的节能与新能源汽车示范推广实施方案。

（二）本通知自招标结束并确定推广车型之日起开始实施。

附件：1. 混合动力公交客车示范推广补助标准

2. 混合动力公交客车示范推广财政补助资金汇总表

3. 混合动力公交客车示范推广信息表

财政部

科技部

工业和信息化部

国家发展改革委

二〇一二年八月六日

附表 1　混合动力公交客车示范推广补助标准

单位：万元/辆

节能与新能源汽车类型	节油率（%）	使用铅酸电池的混合动力系统	使用镍氢电池、锂离子电池/超级电容器的混合动力系统	
			最大电功率比　20%~50%	最大电功率比　50%以上
混合动力汽车	10~20	5	20	—
	20~30	7	25	30
	30~40	8	30	36
	40 以上	—	35	42

附表 2　混合动力公交客车示范推广财政补助资金汇总表

本月申请补助资金（万元）			本月推广数量（辆）		
累计拨付补助资金（万元）			此前累计推广数量（辆）		
车型	车辆运营单位	汽车生产企业	补助标准（万元/辆）	推广数量（辆）	申请补助资金（万元）

编制单位：　　　　　　　联系人及电话：　　　　　　　　　　　　年　　月　　日

附表 3　混合动力公交客车示范推广信息表

编制单位：　　　　　　　联系人及电话：　　　　　　　　　　　　年　　月　　日

一、车辆推广使用信息			
序号		运营单位	
推广车辆类型		生产企业	
推广车型		购车时间	
购车价格（万元）		车用电机规格及生产企业	
车辆识别代码（VIN）		动力电池规格及生产企业	
发票号		牌照号	
截止报告日期运行时间（小时）		截止报告日期运行里程（公里）	
实际运行平均油耗（升/百公里）		节油率及基础对比车型	
主要运行故障			
备注			
……			
示范车辆总规模（辆）		比上月新增（辆）	
二、售后服务网点建设情况（总数量、新增网点数量、服务能力等）			
三、问题、建议及其他			

二、各省、自治区、直辖市、计划单列市支持政策与规划

1. 北京市"十二五"时期汽车产业发展规划

序言

经过多年发展，北京汽车工业已成为拉动北京工业增长、带动城乡就业、推动工业结构调整、走新型工业化道路的重要力量。"十一五"期间，北京汽车产销、产值年均增速均超过 20%。2010 年，北京汽车工业实现产值近 2000

亿元，占全市工业产值的比重达到15%，整体竞争力和对工业的支撑作用进一步增强。

未来五年，是北京汽车工业夯实基础、提升核心竞争力的重要阶段，是实现由追赶者向竞争者、由国内竞争向参与国际竞争转变的重要战略机遇期。为抓住机遇，推动北京汽车产业跻身于国际一流，为首都经济社会发展发挥更大作用，特制定本规划。

本规划依据《北京市国民经济和社会发展第十二个五年规划纲要》《北京市“十二五”时期工业发展规划》等文件和国家及北京市汽车产业相关政策编制。

规划年限为2011年至2015年。

一、当前面临的竞争形势和挑战

（一）全球汽车产业正经历变革

2009年全球金融危机后，全球汽车产业格局发生重大变化，突出表现为：跨国企业兼并重组加剧；节能与新能源汽车受到前所未有的重视；国际汽车产业加快向低成本国家转移；汽车出口市场差异化发展，美日韩等一类市场汽车进口标准趋严、俄巴印泰等二类市场提高汽车进口的本地化要求、亚非拉等三类市场需求空间仍较大等。据预测，2011年至2015年，全球汽车产量预计将保持增长，年均增速约为3%左右。

（二）中国汽车工业正处于由大转强的发展阶段

1. 产业规模将持续快速增长。未来几年，随着中国经济的持续增长、城市化进程的加快、居民消费水平的不断提高和汽车新一轮更换需求的到来，据预测，2015年国内汽车产量有望达到3000万辆，年均增速在10%左右。

2. 自主创新全面加快。“十一五”以来，国家和各大企业对自主开发更加重视，自主品牌企业得到的支持力度明显增强，国内零部件研发生产能力提高。通过发展新能源汽车和突破传统汽车重点技术，“十二五”期间，我国汽车技术水平将继续提升，自主创新能力将明显增强。

3. 外向型发展趋势明显。“十一五”期间，一批国内汽车企业积极走出国门，通过国际并购、合资合作等方式，探索并实施全球资源重组，扩大了中国汽车产业在全球的影响力。进入“十二五”，随着国内汽车市场竞争加剧，各企业融入国际市场的意愿将更加强烈。加紧开拓海外市场，实施外向型发展战略，将是大势所趋。

4. 汽车产业结构调整力度加大。2009年，为应对金融危机，国家出台了《汽车产业调整和振兴规划》，在刺激消费的同时，也明确提出要加大兼并重组力度，推进汽车产业结构调整。预计“十二五”期间，兼并重组将成为国内汽车产业结构调整的主要特征和手段。

（三）北京汽车工业发展面临全新挑战

国内的区域间竞争正在加剧。各地汽车项目相继启动，区域汽车产业间的竞争渐趋白热化。

国家产业政策调整力度加大。随着一批汽车扩能项目的开工，国家对汽车产能进行调控的预期逐步增强。

外向型发展面临着国内外竞争对手挤压。初期需面对国内企业同质化竞争，后期面临日、韩、德等国老牌企业封堵。此外，价格竞争优势因人民币升值等因素而逐步削弱。

建设世界城市对汽车产业提出更高要求。中国特色的世界城市建设需要外向型的世界级产业作为支撑。北京汽车产业拥有外向型发展的基础，下一步需加快发展，融入全球汽车产业，丰富世界城市的内涵。

同时，北京汽车产业仍需加快解决自主品牌轿车实力不强、零部件基础薄弱等内在问题。

二、指导思想、总体思路与发展目标

（一）指导思想

抓住机遇，营造发展氛围，举全市之力，推动北京汽车产业高端化、全方位、外向型发展，使其成为北京工业和首都经济的重要支柱产业，将北京建设成为国际一流的汽车研发制造城市，为建设中国特色的世界城市做出贡献。

（二）总体思路

以重大项目为抓手，夯实产业基础，培育一批具有国际竞争力的汽车企业，加快产业调整升级。推进自主创新和自主品牌乘用车发展，巩固并扩大商用车竞争优势，提升合资合作水平，促进节能与新能源汽车研发和产业化，强化本地配套能力，推动汽车二、三产业融合，同时着眼全球，实现产业外向型发展，打造具有较强核心竞争力的汽车产业集群。

（三）发展目标

2015年，北京汽车工业产值力争达到5600亿元。具体目标为：

区域竞争地位稳步提高。2015年，北京汽车工业产值在国内省市和主要城市排名进入前列，努力带动并实现与周边区域的协调发展，成为国内外汽车工业发展的重要力量。

支撑作用进一步增强。2015年工业增加值率力争达到全市工业平均水平，对全市工业和首都经济的贡献显著提升。

产业竞争力不断提升。力争培育一个产值3000亿元以上跨国企业集团、三个千亿元以上整车企业、若干个百亿元零部件企业。北汽福田成长为世界级商用车企业。自主品牌轿车企业在国内轿车市场占据一定份额。

新能源汽车技术和应用规模国际领先。在整车集成及动力电池等关键零部件研发制造领域具备国际一流水平。同时跟踪推进节能与新能源汽车其他技术产业化。

资源利用率更高。规模以上工业耗能总量和新鲜水耗用总量分别控制在135万吨标煤和2500万立方米左右。

三、重点工作

（一）推进自主创新，增强产业核心竞争力

加紧建设和推进一批重大项目，增强产业竞争力。

1. 提升自主品牌整车产业实力。加快关键技术的消化、吸收和再创新，推进北汽自主品牌乘用车高端基地建设，塑造北京自主品牌中高端轿车形象。支持将北汽有限公司打造为国内一流的越野车、军车、SUV产品生产基地。支持北京长安汽车公司建设成为长安汽车在国内的中高端轿车和电动汽车研发制造基地，以及发动机、变速箱等关键零部件的生产基地。推动北汽福田公司一批重点项目尽快建成，加大研发投入，完善产品结构，提高盈利能力，打造具有国际竞争力的跨国汽车企业。

2. 增强零部件自主研发制造与配套能力。调动央企、市属国有企业积极性，发挥其资金、管理等优势和本市产业资源，在京建设高端零部件基地，主动打造产业链。

支持重点零部件企业加大研发投入，着力提高在发动机、变速箱等动力总成系统，转向、减震与制动等底盘系统，电子电控等三大关键零部件系统领域的自主研发、制造能力。围绕整车企业，在东北、东南、西南等区域打造零部件配套产业园，形成汽车零部件产业集聚区。

推动北汽动力总成基地、福田发动机、长安动力总成等项目建设，提高本地动力总成系统配套能力。吸引一批央企在京布局制动、转向等底盘系统产业。

立足高端，统筹资源，充分利用本市电子信息、装备、软件等优势产业基础，加强国际合作，强化关联产业协同效应，迅速壮大车载电子设备产业。重点突破功能性汽车电子产品，加速提升汽车电子产业竞争力。

（二）抢占高点，打造国际领先的新能源汽车产业

充分发挥资源优势，加强与在京科研院所合作，积极引入国际一流先进技术，高水平、多技术路线地促进电动汽车产业发展，建设电动汽车全绿色产业链。重点推进纯电动汽车整车及其关键零部件的研发和产业化，兼顾混合动力汽车发展，密切跟踪燃料电池及其他先进技术路线的新能源汽车发展，将北京打造成为国际一流的电动汽车研发制造中心。

掌控新能源汽车研发制造关键技术。加大研发投入，通过自主开发和引进、消化、吸收再创新等多种方式，重点突破电池及其管理系统、电机及其控制系统、整车控制系统等领域的核心技术，抢占技术高点。

完善产业链建设。推动自主品牌整车企业建设电动汽车生产线。促进合资整车企业明确在京电动汽车发展规划，加快关键技术本地化。以整车企业为龙头，培育动力电池、电机、电动助力转向、电动助力制动、电动空调等关键零部件及电池隔膜等上下游产品在京形成产业链，带动充电设备、检测设备等相关行业的发展。到2015年，建成一批具有国际竞争力的动力电池、电机等研发制造企业。

创新电动汽车示范运营模式。探索电动汽车整车租赁、电池租赁等多种商业运营模式，建立电动汽车租赁服务、电池梯级利用与回收再利用体系，形成一批电动汽车服务企业和专业化电池回收企业。在公交、公务、公安、环卫、出租、邮政、物流等领域扩大示范运行，逐步推广私人购买电动汽车，使北京成为国内外在用电动汽车最多的城市。同时，统筹规划，科学确定充电设施的建设规模和选址布局，完善标准制定，集中力量开展充电配套设施建设。

推进新能源汽车与新能源产业协调发展。鼓励使用风能、太阳能等绿色能源为电动汽车充电，使绿色能源贯穿电动汽车产业链的全过程。促进电池的梯级利用，通过增加电池储能、电池回收等产业链环节，分摊电动汽车电池成本。

（三）面向国际，建设具有国际竞争力的汽车产业

1. 不断提升合资合作水平。促进福田戴姆勒项目成立合资公司并尽快投入运营，提高产品竞争力，抢占国内外市场。支持北京奔驰公司引入新车型，进一步提升零部件本地化率，充分发挥奔驰品牌优势，拓展国内外市场，成为国内高端乘用车品牌标杆企业和德国奔驰海外重要的乘用车与动力总成制造基地。

推动北京现代公司三工厂建设，扩充产品线，推进深度本地化，保持并提高市场竞争力，力争进入轿车企业第一阵营。

适时引进其他有竞争力的国际汽车企业在京发展。

2. 建设面向全球供应的高端零部件产业体系。支持德国奔驰等在京建设面向全球市场的发动机等动力总成制造基地。推动重点企业适时开展国际并购，统筹利用国际资源，在京建设国际性汽车零部件公司总部、高端零部件产业基地和全球研发中心，进一步提升本地研发制造水平及配套能力，参与国内外市场的竞争，形成国际竞争力。

（四）营造氛围，推进汽车二、三产业融合

利用本市在汽车等相关产业形成的环境和市场优势，提高北京作为重点汽车企业集团总部的控制力、影响力，吸引跨国汽车企业总部、研发机构落户北京，建设国际性汽车总部、研发、服务贸易中心，提升世界级城市的品牌形象。

发挥首都在政策制定、产品研发、标准修订、检测认证等方面的优势，利用在京建设国家汽车质量监督检验中心的契机，大力发展汽车研发、设计等生产性服务业，带动本市汽车销售、服务、物流等领域企业的发展，推动汽

车有形市场、汽车超市等新型销售模式的发展，支持企业建立汽车金融公司。营造汽车文化氛围，努力提升汽车交易、汽车展会、汽车赛事、汽车媒体等领域在国内外的知名度和影响力。跟踪并促进车联网发展，在商用车应用领域率先突破。

（五）合理规划，促进产业集群化发展

统筹空间资源，强化手段，加强产业布局的主动性，严格土地集约利用，在北部、东北部、东南部、西南部等地区，优化整车布局，建设新能源汽车、高端零部件、专用车等特色产业基地，并充分发挥北京的地域优势，带动周边省市地区的协调发展，成为环渤海区域汽车产业集群中心。

（六）全球布局，推动产业外向型发展

推动北京汽车产品在出口结构、贸易方式和售后服务体系等方面实现转变，不断扩大出口规模，使汽车出口成为推动“十二五”北京汽车产业发展重要支撑。

加快全球布局，针对不同市场实施差异化出口战略。提升出口产品质量，力争在美日韩等一类市场实现突破。加大海外投资建厂力度，重点拓展俄印泰等二类市场。发挥成本优势，巩固并扩大亚非拉等三类市场。

创新出口方式，多渠道扩大出口规模。利用福田康明斯、福田戴姆勒等合资公司海外渠道，带动整车及零部件出口。推动本市国际型汽车零部件企业利用全球供应链，促进关键零部件出口。支持本市汽车企业与央企强化合作，借助其资金实力、海外渠道等资源，共同拓展海外市场。

四、保障措施

明确职责，举全市之力，加快北京汽车产业调整升级。

（一）推动重大项目落地和建设

充分利用北京汽车工业领导小组协调机制，对于领导小组会议确定的汽车产业重大项目，实行“一事一议”，优先列入市重大工业项目并给予支持。

（二）制定并完善新能源汽车发展支持政策

制定并出台鼓励本市新能源汽车产业发展的政策和具体措施。充分发挥“北京新能源汽车联席会议制度”作用，在土地、规划、资金等方面优先保障新能源汽车发展，鼓励私人购买、使用新能源汽车，营造国内最好的新能源汽车发展环境。

（三）增强产业持续融资能力

在争取国家重大专项资金支持的同时，充分发挥本市产业化统筹资金的引导作用，加大支持力度。鼓励并支持企业通过上市、吸引战略投资、加强与央企合作等方式，拓宽融资渠道，增强持续发展能力。

（四）拓展产品市场

创新工作手段和机制，结合老旧汽车淘汰更新，支持企业拓展本地和国内市场。研究、制定汽车出口规划和实施方案；建立、完善汽车出口协调机制，加强汽车出口基地建设，引导、鼓励有实力的企业及相关机构建设境外营销体系和售后服务体系、检验检测、国际认证等出口公共服务平台。

（五）促进人才集聚

完善相关人才政策，通过企业引进、新项目带动引进、海外吸收等方式，丰富人才引进渠道，重点培育和引人汽车研发、管理、服务等领域的高端国际型人才，同时加大汽车专业技工培养力度和培训机构建设，打造国内汽车产业相关人才的集聚高地。

北京市经济和信息化委员会

二〇一一年十月

2. 上海市汽车产业“十二五”发展规划(新能源汽车节选)

一、“十一五”发展回顾

“十一五”时期，在国家汽车产业调整和振兴规划和各项利好政策的推动下，我国汽车制造业发展迅猛，汽车产量从2005年的570.49万辆增长到2010年的1865.4万辆，5年间增长了2.3倍，成为全球第一大汽车生产国。

本市汽车制造业抓住有利机遇，锐意进取，建设具有世界先进水平的轿车整车和零部件生产、研发体系，实现自主品牌汽车、新能源汽车等领域质的突破，形成合资品牌和自主品牌多产品、多车型共同发展的良好局面，行业核心竞争能力显著提高。

1. 汽车产业整体规模和实力稳步提升

2. 新能源汽车产业化稳步推进

新能源汽车产品逐步上市。其中，上海通用君越混合动力车型ECO-Hybrid、上汽荣威BSG混合动力轿车实现了小批量投产和上市销售。超级电容、电池电容和二甲醚公交车进行示范运行。华普甲醇汽车做好了量产准备。上海顺利完成了“十城千辆”第一阶段任务，私人购买试点方案正在积极准备，嘉定国际电动汽车示范区正在建设，启动了充电设施地方建设规范的制定，基本完成了一批充换电站和400个充电桩的布点建设。上海世博会1538辆10多种技术路线、20多款新能源汽车184天载客超过2亿人次，运行里程超过2000万公里，实现了规模最大、品种最多、水平最高、运行最集中、频次最强的示范运行。

加大招商引资与产业基地建设力度，吸引多家国内外三电（电池、电机、电控）企业落户上海，形成了较完整的产业链。上海机动车检测中心获得了国际级新能源机动车检测中心资质，并基本具备了22项新能源汽车检测能力。新增5位专家进入国家千人计划；引进了一批从事电池及隔膜、电机、电驱系统研发的核心团队。上海汽车产业整合国内外资源，上汽集团与美国 A123 电池公司设立合资企业，加快产业化。

3. 自主创新和自主品牌建设不断加强

4. 汽车现代服务业发展迅速

5. 国际国内资源整合形成新局面

2006 年，吉利汽车与英国锰铜控股组建新合资公司，在上海华普生产 TX4 伦敦出租车。上汽集团在北美、欧洲、日本、韩国等地设立海外公司，在中国香港成立全资的上海汽车香港投资有限公司。通用汽车与上汽集团成立香港合资投资公司，注册资金为 1 亿美元；上汽集团以 51% 的股权获得上海通用控股权；上汽集团与通用汽车将以印度市场为起点，联手拓展亚洲新兴市场业务。上汽集团与通用汽车签订以新能源技术为主的开发和应用技术合作协议，标志着中国汽车企业首次与跨国公司在动力总成这一核心技术上进行联合开发。吉利汽车完成对瑞典沃尔沃汽车的收购，沃尔沃中国总部、销售总部和沃尔沃汽车中国技术中心已落户上海嘉定工业区北区。

此外，在循环经济方面的探索也取得了新成果，上海世博会“零排放”的用车理念带来了崇尚低碳、崇尚绿色的用车环境。2010 年，上海汽车制造业增加值综合能耗比 2005 年下降 35%。

二、“十二五”发展环境和趋势

（一）国际环境

在后金融危机时代，发展中国家和发达国家都在回归实体经济，低碳经济正成为新的经济增长点，新兴市场国家在世界市场的地位将越来越重要，全球投资和贸易保护主义倾向更趋明显；全球汽车工业格局将发生剧烈变动，可能出现日韩系、美系、欧系以及以中印为代表的发展中国家车系四股力量并立的局面；传统汽车的能源动力系统持续优化；汽车电子技术、新材料和新能源汽车的研发成为竞争制高点；汽车电子信息技术应用水平不断提高；零部件技术创新的支撑作用日趋显著；全球技术合作战略联盟日益盛行。

（二）国内环境

中国已经成为全球汽车生产和消费大国，预计至 2015 年年底，国内汽车的产能将达到 3800 万辆，消费量将达到 3000 万辆，中国汽车消费将占全球汽车总消费的 25% 左右。未来 10 年将是中国汽车产业自主创新、加快发展的重要机遇期。

国家出台各类政策，鼓励推广使用节能和新能源汽车，鼓励汽车行业兼并重组，鼓励自主创新，鼓励汽车产品出口等。

汽车租赁、汽车金融、车联网等成为汽车服务业新的发展热点。

随着人民币的升值，中高端整车进口量将较快增长，零部件进口价格也将相对降低，一方面有利于国内企业优先采用先进的零部件模块和总成，另一方面将使零部件出口企业面临激烈的竞争。

（三）上海环境

后世博时代，上海将按照“创新驱动、转型发展”的方针，重点增强自主创新能力，加快技术升级步伐，大力培育发展战略性新兴产业。同时，新能源汽车示范运行的综合效应将提高我国新能源汽车的发展速度。此外，上海处于加快建设“四个中心”的关键时期，大力发展现代服务业，为汽车服务产业的能级提升创造了条件。

（四）上海汽车产业发展面临的机遇

国际汽车产业呈现由汽车制造向汽车研发转移的趋势。中国是新兴国家的代表，上海的总部经济效应明显，将从国际汽车产业研发转移中获取更多机会。全球性采购促成汽车高端零部件向低成本国家转移。中国将获得承接制造更高等级汽车零部件的机遇。上海汽车零部件合资企业将在高端零部件制造和采购转移中获得更快发展。低碳技术与低碳经济是未来 20 年内国际竞争的制高点，上海经济实力强，科技水平高，城市开放度高，智力资源丰富，有能力在低碳经济上率先发展。国家支持大型汽车龙头企业并购重组。这对具有自主研发能力、自主品牌产品和规模优势的上海整车及零部件企业是利好。汽车服务行业方兴未艾，现代汽车服务业展现巨大潜力。上海具有综合性汽车产业基地的功能配套优势，市场和消费者的成熟度更高，汽车服务市场具有更好的发展机遇。上海信息服务产业的发展将带动汽车产业在相应的智能信息、汽车电子商务、汽车金融、汽车物流以及云计算改造等方面取得新的发展，有利于促进产业的转型升级。上海拥有国内一流大学智力资源和研发机构集聚的教育研发优势。上海作为国际化大都市，国际化经营意识强，具有多元化国际经营的新思路。

（五）上海汽车产业发展面临的挑战

汽车节能减排和新能源汽车研发面临的挑战。传统汽车的节能减排工作在很大程度上受制于合资外方的技术支持和技术改进。新能源汽车研发在先进技术和资金投入方面仍有差距。汽车零部件工业面临“三明治效应”。零部件技术竞争承受“三明治效应”的压力，即高端产品开发受到来自发达国家的技术压力，且对汽车电子技术的掌控还有待加强，产品成本优势受到来自新兴国家的低价压力。低技术含量的汽车制造环节向中西部转移。上海土地、劳动力等各项制造成本日益升高，劳动密集型的传统整车制造和零部件生产将不断向成本更低的中西部转移，汽车产业的产值也将随之转移。国内各城市汽车产业之间的发展竞争日益激烈。其中，长春、武汉、广州、成都、北京等发展较快。上海汽车产业取得的专利数量较少。专利的数量表示对先进技术和先进设计的掌控程度，上海汽车专利数量处于相对较低的水平。

三、"十二五"发展思路和目标

（一）"十二五"指导思想

深入贯彻落实科学发展观，按照创新驱动、转型发展的方针，注重内涵式发展，围绕"全面提高自主创新能力"主线，利用上海的产业基础和综合优势，大力发挥引领和服务的作用，推进自主创新能力和自主品牌建设、节能与新能源汽车产业化、汽车产业信息化与服务化等领域的全面发展，成为率先支撑我国汽车产业由大国向强国转变、率先支撑上海创新驱动和转型发展的重要力量。

（二）"十二五"发展原则

1. 具体功能定位

（1）我国汽车产业的自主集成和创新示范区；

（2）我国节能与新能源汽车的研发创新和产业化集聚区；

（3）我国自主品牌和中高档整车研发制造功能区；

（4）我国汽车电子等关键零部件研发制造核心区；

（5）我国信息化和现代汽车服务业创新引领区。

2. 主要发展原则

（1）坚持自主品牌产品与合资品牌产品统筹均衡发展，既保持一定的中高级轿车产品和产业规模，又突出自主品牌产品加快发展，提升产品档次和技术水平。

（2）坚持汽车自主创新与抢占节能与新能源汽车制高点相结合，不断健全传统汽车的自主创新体系，同步攻克节能技术和新能源汽车核心技术，率先实现产业化。

（3）坚持产业链高附加值环节和重点领域的优先发展，积极发挥高附加值整车的带动效应，提高汽车零部件的技术水平，集聚国内领先的产业链关键环节。

（4）坚持汽车产业国内外布局和本地发展的有机结合，保持总部、研发、销售和中高档整车制造等功能在本地的发展，同步推进在全球和国内的合理布局，扩大市场占有率。

（5）坚持汽车产业信息技术的应用，促进汽车产业绿色化制造和集约式发展，利用信息技术提高生产、物流等环节的效率，创新节能减排技术。

（三）"十二五"发展目标

1. 总目标

上海汽车产业继续成为支撑上海新一轮经济发展的主要支柱产业之一。到2015年：（1）上海汽车产业实现汽车产销550万辆左右，其中本地生产210万辆左右；（2）本土和自主品牌汽车产销200万辆，其中本地生产30万辆左右；（3）节能与新能源汽车国内市场占有率达到20%，其中新能源汽车"十二五"期间产销累计达到3万辆以上规模；（4）成为我国汽车产业重要的研发制造中心、创新引领和示范基地。

2. 分类目标

（1）产业规模。巩固汽车产业在上海支柱产业中的地位，到2015年，汽车制造业产值占全市工业总产值比例不低于10%，工业增加值占全市生产总值不低于4%；汽车工业总产值达到4600亿元左右，5年平均增幅不低于6%；上海汽车生产企业（含外地控股企业）生产能力达到600万辆；上海汽车及零部件生产企业固定资产投资5年累计达800亿元左右，其中本地企业占50%左右。

（2）自主品牌汽车。到2015年，国内本土品牌和自主品牌汽车的产销达到200万辆规模，其中上汽集团180万辆左右、其他汽车企业20万辆左右；商用车得到加速发展，市场占有率稳步提高；全面形成整车及动力总成的自主研发和工程开发能力，并力争达到国际同步水平。

（3）新能源汽车。促进新能源汽车关键技术研发实现重大突破，加快推动混合动力汽车、纯电动汽车的产业化和燃料电池汽车的技术提升。到2015年，插电式混合动力、纯电动和燃料电池等新能源汽车具备5~10万辆的产能，累计产销3~5万辆；节能与新能源汽车产值达到600亿元左右，其中插电式混合动力、纯电动和燃料电池等新能源汽车产值达到200亿元左右。

（4）专用车及零部件。加快发展高技术、高附加值专用车，重点发展冷链、消防、工程机械、市政环卫、通信等专用车产品，力争2015年产值翻一番，达到100亿元左右。加快发展并自主掌握发动机、变速器等动力总成以及动力电池、驱动电机、汽车电子及控制系统等关键零部件核心技术，完善具有独立产品开发能力的、面向国内外市场的零部件配套体系，2015年产值规模超过2000亿元。

（5）国际经营。开拓国际市场，增加出口创汇能力。到2015年，海外营销（出口及海外生产）汽车整车达到50万辆左右。

（6）汽车服务业。汽车研发设计、租赁、金融、会展、文化等汽车现代服务业实现功能提升和规模壮大。

四、"十二五"发展主要任务

（一）加快汽车及零部件核心技术的自主化

一是加快自主品牌汽车发展。围绕自主品牌乘用车发展，形成动力总成、底盘、电控系统的集成能力和同步开发能力，培育一批本土化的、具备与整车同步开发的模块供货能力的系统供应商。

二是鼓励汽车技术改造和技术进步。鼓励汽车企业采取先进适用技术，加强技术改造和技术进步，促进信息化和工业化融合发展，提高生产效率和自动化生产水平；注重知识产权保护，加大专利申请力度。

三是充分发挥公共技术平台优势。跟踪国际汽车发展趋势，发挥上海机动车检测中心、同济大学、上海交通大学等机构的研发和测试功能，利用社会研发资源，发展具有完全自主知识产权和国际竞争力的自主品牌汽车系列产品。

四是积极利用外资研发资源。依托合资企业平台，主动参与外方的全球开发体系，充分利用通用、大众、沃尔沃等全球资源，力争掌握开发主动权，实现自主集成创新。

五是大力引进国际研发机构。依托零部件配套园区以及汽车城产业基地，顺应国际汽车产业电子化的趋势，引进国际级汽车零部件研发机构，重点发展具有巨大市场潜力的电动机、电控系统、电转、车身控制电子配件等高端关键零部件制造和研发。

六是加强商用车技术研发。依托上汽商用车技术中心，整合上汽红岩中重卡、南汽依维柯轻客、南汽跃进轻卡、上海申沃客车、上汽商用车以及上柴股份等整车和零部件公司，充分利用国外先进技术，加快研发适应市场需求的产品，形成紧密配套产业链，稳步扩大商用车市场占有率。

（二）大力推动新能源汽车的产业化

一是明确新能源汽车技术路线。聚焦插电式混合动力汽车、纯电动汽车和动力电池、驱动电机和电控等关键零部件，加快推出一批产业化车型产品。同步支持燃料电池汽车技术研发和示范运行。

二是构建关键零部件产业链。依托上汽捷新、电驱动等企业，实现动力电池、驱动电机和电控及其关键部件和原材料的产业化、国产化，推进新能源汽车与国产零部件实现协同产业化，保持国内领先优势。

三是实施新能源汽车 3~5 万辆专项。加快支持推动以上海汽车、上海大众、上海通用为主体的荣威、天越、赛欧品牌量产电动车上市，力争达到 6~8 个乘用车车型；以上海申沃、申龙等为主体，加快推动纯电动公交客车产业化；以电动环卫车为突破，积极推进新能源专用车的研发和示范。

四是探索商业模式创新发展。大力探索整车租赁、电池租赁、融资租赁、汽车共享等商业模式，加快完善相应的政策补贴、政府采购措施和充电设施等配套，积极在上海国际汽车城、杨浦创智天地等区域先行先试。

五是建立有效的共性技术平台共享机制。充分发挥同济大学、上海交通大学、上海大学等高校以及中科院上海分院等科研院所的优势，加快共性技术攻关，全面掌握机电耦合技术、底盘控制技术以及相关电控技术，加强关键生产装备的研制，开展电池回收技术研究。

六是建立上海新能源汽车地方标准化委员会。积极参与国家新能源汽车标准化的研究和制定，健全完善标准体系。先期在车载远程监控系统、社会公共充电桩建设、电池准入及回收利用等方面开展地方标准制定工作。

七是开展新能源汽车配套设施规划建设。争取在“十二五”期末建成5000个公共充电桩和若干个充换电站。先期在部分道路、停车场所建设一批分散的交流慢充桩。做好充电设施建设规划和技术标准规范编制工作，大力推动新能源汽车试点示范工作。

（三）鼓励汽车研发生产与信息化融合

一是加强上海汽车产业与信息产业的融合。按照国际汽车先进开发理念和经验，加大信息化投入，使用先进的软件技术，逐步提高汽车研发和制造工艺的信息化水平。开展汽车工业信息化共性技术研发，支撑产品创新、管理创新和服务创新。探索汽车工业新型制造模式和服务模式。

二是提升生产手段和过程的信息化水平。积极利用信息技术，按照严格的生产工艺，提高生产线的柔性化水平，逐步提升生产手段和生产过程的信息化水平，实现零部件的模块化和可追溯的信息化管理。

三是积极做好车联网的技术、项目储备。借鉴通用安吉星等的发展经验和技术特点，大力推动自主软件和信息网络技术的开发及其在自主品牌汽车上的示范应用。促进车载网络、娱乐、导航等相关信息产品在整车上的应用。

四是做好新能源汽车与信息化的对接应用。充分利用新能源汽车发展机遇，积极推动车载远程监控、全时网络在线、在线呼叫服务等相关信息技术的自主研发，鼓励专业化服务运营商发展，促进新兴技术的试点应用。

（四）支持提高汽车产业的国际化竞争能力

一是加快明确海外发展战略和规划。按照融入全球分工体系和国际经营管理的要求，鼓励和支持上海汽车企业加强海外市场的研究和国际合作，与合作伙伴达成共同的愿景和发展规划，在海外研发、海外制造、海外营销和海外融资等方面取得全方位的突破。

二是重点支持优势企业的海外项目运作。支持上汽集团等企业围绕英国、印度市场，稳步拓展营销网络和制造基地，扩大在海外的影响力。

三是推动优势零部件企业拓展海外市场。推进汽车电子以及内饰、控制器、照明、燃油系统等重点零部件领域的国际经营能力建设，直接参与全球市场客户交流，加快零部件企业的海外配套和市场拓展。

四是积极关注核心技术寻求重组合作机遇。围绕自主掌控的核心业务和新能源产业发展，积极关注国外拥有先进技术和全球配套资源的企业，寻求兼并重组的机会，加快缩小技术差距。

（五）推动汽车现代服务功能的集群化

一是加速抢占服务产业链高端。结合上海建设国际金融中心的定位，整合国内外资源，鼓励本土汽车企业与国际汽车服务业巨头结为战略合作伙伴，发展汽车金融产业；鼓励汽车物流企业向全国乃至世界范围发展，特别是率先有效利用上海国际港口的码头资源，大力发展面向国内外的汽车海运物流；鼓励汽车租赁业的“规模联合”；全力推动车载信息业务的整体布局。

二是吸引国际汽车服务机构入驻上海。加快吸引更多国际汽车巨头将研发、营销、销售总部或中国区分部迁到上海，发挥总部经济对产业链的提升与拉动效应。

三是大力发展高端化、细分市场型汽车贸易。吸引国外汽车区域总代理商和总经销商入驻上海，将上海建成国内进口车和豪华汽车的贸易集散地。

四是建立二手车交易的连锁互动服务网络。完善二手车经纪公司、二手车鉴定评估机构、二手车品牌连锁店，打造全国服务最便捷、设施最先进、配套最齐全的二手车交易市场。

五是加快汽车会展、博览等文化产业大发展。办好上海国际汽车展及零部件专业展，举办各类车迷会、高峰论坛以及汽车赛事，形成特色化、品牌化的汽车会展和博览文化。

五、“十二五”发展空间布局

上海汽车产业的布局按照制造业和服务业联动发展、区域配套协调、功能高效整合、资源合理配置的原则进行，原则上新增项目向产业基地集聚，产业升级、技术改造、新能源汽车发展等方面的政策资源原则上也向产业基地集聚。

（一）嘉定地区

依托上海国际汽车城已建成的核心区、整车制造及零部件配套区、同济大学嘉定校区等主要区域，重点集聚新能源汽车及关键零部件产业化资源，大力发展自主品牌和新能源汽车的整车研发、试验和示范，加快完善汽车贸易、博览、旅游、信息服务等功能，建成具有国际水平的综合性汽车产业基地。

依托嘉定工业区北区菲亚特、沃尔沃中国研发中心等资源，加快集聚一批技术含量、附加值较高的整车及关键零部件配套企业。加快嘉定地区汽车零部件的产业升级和调整，加快工业区块外的零星零部件企业向园区集中，进一步提高产业附加值，形成产业集聚集约效应。

（二）浦东地区

继续依托金桥的产业集聚优势和张江的创新优势，提升以上海通用汽车为核心的汽车产业集群的能级，促使汽车产业不断向产业高端和高附加值方向发展；聚焦汽车电子、研发设计等生产性服务业，推进新能源汽车研发和制造，加快建设具有规模效应的、国内领先的整车及汽车电子产业基地。

充分依托临港产业区的区位优势，完善基础设施配套，加强人才集聚，提升汽车产业的自主研发能力，建设以自主品牌新能源汽车、整车和发动机制造为核心的汽车产业基地，加快吸引关键零部件项目的配套，鼓励发展出口型、外向型、技术密集型产品和现代服务业，大力吸引国外先进企业的汽车及新能源汽车零部件项目落沪发展，建设具有国内领先水平的自主品牌汽车产业基地。

（三）金山地区

继续依托上海华普汽车有限公司，进一步提高产品技术含量和品牌附加值，促进华普汽车产品的升级换代，加快推进混合动力轿车、甲醇轿车等新能源整车与关键零部件产品的自主研发与产业化。同时，加快在枫泾地区规划建设自主品牌中高端汽车的研发和制造产业基地，聚焦政策资源，加快发挥新材料和区位等优势，推动与上汽集团等大企业的合作，推动专用车资源的集聚发展，力争五年内实现汽车产值翻一番。

六、“十二五”发展政策措施

（一）大力支持自主创新和自主品牌发展

鼓励企业按照国际先进标准建立整车设计开发流程，与领先的科研机构、零部件企业加强合作，设立前沿性、基础性研发项目平台，提高自主品牌汽车整车开发和关键零部件的技术研发水平。鼓励企业设立专利奖项，对在整车和关键零部件领域取得专利权的个人给予奖励。大力支持汽车产品检测服务认证平台能力建设，扩大国际交流和合作，为进入国际市场提供技术和标准支撑。继续加大自主品牌汽车的政府采购力度，努力形成支持自主品牌汽车发展的社会氛围。

（二）积极推动新能源汽车产业化和市场化

继续加大统筹协调，制订专项规划，全力推进节能与新能源汽车技术研发、推广应用和产业化发展。通过战略性新兴产业专项对新能源汽车研发和产业化予以大力支持。增加对动力电池新型材料体系、燃料电池等基础性前沿性关键技术联合攻关的研发资助。鼓励风投、创投等社会资本投资节能与新能源汽车及关键零部件相关产业。建立新能源汽车研发公共平台和产业联盟，鼓励联合共建国家级研发实验室和检测服务机构。建立健全新能源汽车技术标准和检测评价体系，积极参与新能源汽车国家标准的研究和制定工作。鼓励嘉定等区域先行先试，积极探索新型商业运营模式，加快建设充电设施等配套体系。落实国家和本市购买使用新能源汽车的鼓励政策，扩大政府采购种类和规模。

（三）鼓励加大汽车产业投资和技术改造力度

加强与区县、开发区等对接，协调服务项目的开工建设和技术改造，并落实相关鼓励政策。推动全市“十二五”

期间汽车产业总投资超过800亿元，其中本地汽车制造业达到400亿元规模。重点推动以下领域加大投资：一是自主品牌及合资品牌乘用车，形成覆盖A0、A、B、C级以及SUV等主流乘用车细分市场的全系列车型平台，加强自主创新能力体系建设。二是新能源汽车，聚焦新能源汽车整车集成、动力系统和“三电”关键零部件开发和产业化，形成一批国内领先的量产产品。三是关键零部件，提高发动机开发、设计、试验和工程化以及新技术产业化的能力，完成双离合器产品的系列化设计与应用，形成动力总成电子系统集成能力和底盘模块集成能力。四是中高档商用车及专用车，鼓励形成一批技术较为领先、市场前景较好的拳头产品。五是现代服务业，优先发展汽车研发、金融、信息服务、租赁以及二手车等业务。

（四）支持汽车服务业和汽车文化加快发展

完善招商环境，进一步完善促进服务业发展的政策体系，引进更多著名汽车品牌的地区营销总部和汽车服务企业。鼓励汽车大集团牵头整合现有汽车消费性服务业资源，打造优质服务品牌，提升行业水平。支持大型专业汽车服务企业的发展，创立国内知名品牌。加大资本市场化、国际化运作的力度，争取吸引国内外战略投资者的大资本、大基金参与上海汽车项目建设。全力拓展汽车博物馆、国际赛车场等实体功能，放大品牌效应，将上海国际汽车城建设成为重要的文化功能区。以汽车文化为主题，结合汽车展示、汽车赛事等大型活动，构建属于上海的汽车专题节庆。积极推进汽车创意产业稳步发展。

（五）加大汽车产业结构调整和转移力度

加快四个调整：一是行业结构的调整。传统汽车向节能与新能源汽车转型；以制造业为主、服务业为辅，向制造业和服务业并举发展转型。二是产品结构的调整。乘用车产品向中高端车型提升，经济型车型向节能环保型提升；大力发展高技术、高附加值专用车；一般零部件加快向附加值高的零部件转型。三是规划布局的调整。加快汽车制造类项目向园区和产业基地集中。四是制造工艺的调整。优化汽车制造，加快向信息化、柔性化、集约化生产转变，提高模块化开发和供应能力。“十二五”期间重点调整的四个领域：一是普通改装车。调整或转移一般厢式车、半挂车、低速车等附加值较低的改装车。二是传统摩托车。调整或转移排放标准较低的一般汽油摩托车及其零配件。三是一般零部件。重点调整园区外的、规模以下的、非本地配套的汽车零部件生产企业。四是零散“四大工艺”。加快调整和淘汰园区外的高污染、高耗能的“四大工艺”；确需保留的，向园区集中并加快提升技术能级和环保水平。

（六）加强政策导向和行业管理

加强汽车产业的导向分析，编制上海汽车产业发展报告，引导社会投资和产业布局。加强汽车行业管理，加快整合行业资源，实行企业兼并重组，促进优势互补。加强企业生产一致性管理，按照国家要求开展相应的监督管理和检查，做好企业的生产条件准入和产品检测认证。根据国家节能政策，继续开展节能汽车产品惠民工程，鼓励企业研发节能汽车，扩大市场销售。支持行业组织加快发展，发挥桥梁和纽带作用，为政府提供决策咨询，为企业提供市场信息。

（七）加大汽车产业人力资源的保障力度

通过高新技术产业化等多种渠道，加快汽车产业的人才引进、培养。加强企业与高校和科研院所的合作，深化知识溢出效应，设立更多的博士后流动站，鼓励科技创新，扶持人才创业，支持科技成果转化为生产力。鼓励向引进人才提供启动资助、住房保障、技术入股等多项配套服务，在户籍、住房、配偶就业、子女入学、医疗保健、出国签证、专业技术职务评定等方面给予一定的优惠待遇。鼓励汽车公司独立创办或与教育机构合作创办人才培养机构，加大产学研一体化发展的力度，构建多元化、多层次汽车产业人才教育培养体系。

上海市经济和信息化委员会

二〇一二年七月十七日

3. 上海市鼓励私人购买和使用新能源汽车试点实施暂行办法

第一章 总则

第一条 为了贯彻国务院印发的《节能与新能源汽车产业发展规划（2012—2020年）》和财政部、科技部、工业和信息化部、国家发展改革委《关于开展私人购买新能源汽车补贴试点的通知》、《关于进一步做好节能与新能源汽车示范推广试点工作的通知》要求，在中央财政专项资金补助的基础上，本市财政对私人购买和使用新能源汽车给予补助，并对新能源汽车给予牌照额度支持，鼓励新能源汽车示范应用。为加强补助资金和新能源汽车牌照额度管理，特制定本暂行办法。

第二条 本暂行办法所称新能源汽车，是指符合国家有关公告要求的插电式（plug-in）混合动力乘用车和纯电动乘用车。

第三条 补助资金和牌照额度，按照“科学合理、公正透明”的原则安排使用。

第四条 市发展改革委、市财政局、市经济信息化委、市科委、市交通港口局、市公安局、市建设交通委、市质量技监局等有关部门按照部门职责分工和本暂行办法的规定，落实本市鼓励私人购买和使用新能源汽车的资金补助及牌照额度支持政策。

市发展改革委会同有关部门负责总体协调推进实施，

从节能减排专项资金中落实本市补助资金，并对本暂行办法实施效果进行评估。

市财政局、市科委负责向国家有关部委上报私人购买新能源汽车年度推广计划，申请中央财政补助资金。市财政局负责中央财政补助资金和本市补助资金的实际拨付和使用监管。

市经济信息化委负责受理补助资金申请、编制和申报本市补助资金年度使用计划，并会同市科委、市建设交通委、市交通港口局、市质量技监局等部门负责新能源汽车产品条件的认定及开具确认凭证，定期发布符合条件的新能源汽车产品目录。

市交通港口局负责发放新能源汽车专用牌照额度（以下简称“专用牌照额度”），并进行使用监督。

市公安局负责办理新能源汽车注册登记，以及向补助资金申请的受理部门提供新能源汽车在本市注册登记的相关信息。

第二章　条件和标准

第五条　私人购买和使用新能源汽车包括私人直接购买和整车租赁两种形式。

（一）直接购买：对汽车生产企业给予补助，汽车生产企业按照扣除补助后的价格，将新能源汽车销售给私人用户。

（二）整车租赁：对汽车生产企业给予补助，汽车生产企业按照扣除补助后的价格，将新能源汽车销售给租赁企业，新能源汽车的“使用性质”为“租赁”。

第六条　新能源汽车产品及其汽车生产企业应符合下列条件：

（一）新能源汽车产品纳入《节能与新能源汽车示范推广应用工程推荐车型目录》。企业保证销售新能源汽车与目录产品的一致性。

（二）纯电动乘用车动力电池组能量不低于15千瓦时，插电式混合动力乘用车动力电池组能量不低于10千瓦时（纯电动模式下续驶里程不低于50公里）。动力电池不包括铅酸电池。

（三）汽车整车和动力电池等关键零部件生产企业具备一定的产能规模和完善的售后服务体系，对动力电池等关键零部件提供不低于5年或10万公里（以先到者为准）的质保。

（四）汽车生产企业销售新能源汽车，应向消费者提供按照国家有关标准规定的试验方法测定的产品性能参数保证：在纯电动模式下行驶的汽车30分钟最高车速、插电式混合动力汽车的最高时速、0~50公里/小时加速时间、最大爬坡度、百公里耗电量（工况法）、续驶里程（工况法），电机类型和功率、动力电池类型及总储能量、充电（快充、慢充）方式和时间、车载充电机的功率和输入电压等。

（五）汽车生产企业应对示范运行的新能源汽车安装远程监控装置，对整车、动力电池、电机及其他安全系统的日常运行状态进行监控，采集、统计和分析运行数据。在本市建立维护保养和应急维修网点，并承诺对整车和动力电池按照一定的折旧率进行回收。

（六）汽车生产企业应向消费者公布新能源汽车市场指导价，以及可申请的中央和本市补助资金金额。

（七）汽车生产企业应向市经济信息化委备案，备案内容包括本暂行办法第六条第（一）至（六）款规定的各项条件有关证明。其中，第（二）、（三）、（四）款规定的产品有关参数证明文件，应由市质量技监局认可的检测机构出具。

（八）新能源汽车应在本市购买、开具购车发票、缴纳车辆购置税，在取得购车发票后3个月内，在本市公安局交警总队车辆管理所完成注册登记。

第七条　对私人用户直接购买的符合本暂行办法第六条规定的新能源汽车，由本市机动车额度审查部门（以下简称“额度审查部门”）免费发放专用牌照额度。对整车租赁企业购买的新能源汽车，按照《上海市城市交通公共资源配置项目招投标管理规定》（沪交法〔2011〕200号）获取租赁车辆营运额度，并按照程序办理注册登记。

第八条　对符合第五条、第六条规定的新能源汽车，中央财政按国家有关文件规定给予补助。在此基础上，对符合本市确定的安全性、动力性、维护保障等有关条件的（具体条件由相关部门另行制订），本市按照以下标准给予补助：

（一）对汽车生产企业，插电式混合动力乘用车补助3万元/辆，纯电动乘用车补助4万元/辆。

（二）对组织员工一次性购买新能源汽车超过10辆的法人单位（以下简称“团购单位”），给予2000元/辆的补助，补助资金必须用于协调落实在本单位建设充电设施、进行维护管理及营造良好的新能源汽车使用条件和环境等。

（三）对汽车生产企业，每回收一套新能源汽车动力电池给予300元的补助。

第三章　专用牌照额度申请、审核与发放流程

第九条　汽车生产企业在销售新能源汽车前，应凭机动车出厂合格证明等材料，向市经济信息化委申领新能源汽车产品符合本暂行办法第六条第（一）至（七）款有关规定的确认凭证。市经济信息化委对汽车生产企业提供的机动车产品信息进行审核，符合条件的，开具确认凭证。确认凭证上应注明汽车生产企业名称、车辆厂牌型号、车辆识别代号、发动机号（插电式混合动力乘用车）等信息，

每车一张。

第十条 汽车生产企业在销售新能源汽车时，应将确认凭证随机动车出厂合格证一同交付。

第十一条 购买新能源汽车并缴纳车辆购置税的私人用户，凭上海市居民身份证或居住证件（不含临时居住证，以下称“身份证明”）、购车发票、市经济信息化委开具的确认凭证等额度审查所需材料，向设于车辆购置税征收点的额度审查部门申请专用牌照额度。额度审查部门审核上述材料并认定其符合要求后，收取确认凭证，在车辆购置税完税凭证上标注“新能源”，确认同意申请人使用专用牌照额度。

第十二条 私人用户向市公安局交警总队车辆管理所申请办理新能源汽车注册登记，车辆管理所审核购置税完税凭证上额度审查部门的确认信息，对额度审查部门同意使用专用牌照额度的，核发专用号牌专段号码。对使用专用牌照额度的新能源汽车，实行一车一牌制度，不予办理退牌业务，且办理辖区外转移登记、注销登记、失窃业务的，不予发放额度更新凭证。

第四章 补助资金申请、审核与发放流程

第十三条 新能源汽车完成注册登记后，汽车生产企业凭新能源汽车购车发票、车辆购置税完税凭证、机动车登记证书和行驶证、私人用户的身份证明或租赁企业的有关证明（包括组织机构代码证和企业营业执照）复印件等相关材料，以书面形式向市经济信息化委申请补助资金。

第十四条 团购单位凭新能源汽车购车发票、车辆购置税完税凭证、机动车登记证书和行驶证、团购单位组织机构代码证、企业营业执照或法人证书、团购补助使用方案，以及私人用户的身份证明、劳动关系证明复印件等材料，以书面形式向市经济信息化委申请团购补助资金。

第十五条 新能源汽车动力电池回收补助，由汽车生产企业凭回收凭证及有关证明材料，以书面形式向市经济信息化委申请。

第十六条 市经济信息化委收到汽车生产企业、团购单位提交的补助资金申请材料后，会同有关部门对申请材料进行审核。对符合补助要求且材料齐全的，由市经济信息化委核定补助资金，并向市财政局提出资金拨付申请报告。市财政局根据资金拨付申请报告，将补助资金直接拨付到汽车生产企业或团购单位开设的账户。对不符合补助要求的，由市经济信息化委以书面形式告知汽车生产企业或团购单位。

第五章 监督管理

第十七条 市发展改革委、市财政局、市经济信息化委、市科委、市交通港口局、市公安局、市质量技监局等部门应在各自职责范围内，加强对新能源汽车购置、补助资金发放、实际销售价格、新能源汽车专用额度发放等情况的跟踪检查和监督管理，确保补助资金和专用牌照额度安全、及时发放，用好支持政策。市经济信息化委应于每年 4 月 15 日前，向社会公开上一年本市补助资金使用情况。

第十八条 私人用户、租赁企业、团购单位和汽车生产企业对各自提供的申请材料的真实性负责，汽车生产企业对产品一致性负责。凡新能源汽车产品与申报材料不符、性能指标未达到要求，提供虚假信息、骗取补助资金和专用牌照额度，以及未按照扣除补助金额销售新能源汽车产品的，一经查实，视具体情况、情节轻重与责任主体给予追缴补助资金、通报批评、取消资格等处罚。

第十九条 补助资金必须专款专用，任何单位不得以任何理由、形式截留、挪用。对违反规定的，由有关部门依照《财政违法行为处罚处分条例》（国务院令第 427 号）等有关规定，依法追究有关单位和人员的责任。

第六章 附则

第二十条 本暂行办法由市发展改革委、市财政局、市经济信息化委、市科委、市交通港口局、市公安局按职责分工负责解释。

第二十一条 市有关部门依据本暂行办法，制订私人购买新能源汽车补助试点的操作性文件。

第二十二条 本暂行办法自发布之日起施行，有效期至 2013 年 12 月 31 日。中央财政补助政策实施期限按国家有关文件规定执行。2010 年 5 月 31 日以后购买新能源汽车的适用本暂行办法。

上海市发展和改革委员会
上海市财政局
上海市经济和信息化委员会
上海市科学技术委员会
上海市交通运输和港口管理局
上海市公安局
二〇一二年十二月二十四日

4. 上海市推进战略性新兴产业“新能源汽车与汽车电子”专项工程实施方案(2012-2015 年)

为贯彻落实国家和上海市培育发展战略性新兴产业的部署，继续围绕“有舍有取”、“四个聚焦”的要求，发挥上海的综合优势和巩固高新技术产业化取得的先发效应，率先推进新能源汽车产业化和汽车电子产业能级提升，争取国际先进水平，更好地服务汽车大国向汽车强国转变和上海“创新驱动、转型发展”，制订本实施方案。

一、产业发展现状

从国际情况看，美国、日本和德国等发达国家为抢占新一轮产业制高点，投入巨资加紧在国家战略层面部署推进新能源汽车和高端汽车电子产业化，不断拓展产业技术新的领先优势。从国内情况看，近年来国家在科技攻关、产业布局、示范运行、鼓励政策等方面加大支持力度，新能源汽车产业化布局和产业链体系初步确立，汽车电子自主创新和产业化配套能力不断提高，新能源汽车在公共服务和私人购买领域的示范规模逐步扩大。从上海情况看，在市委、市政府的领导下，2009年明确了新能源汽车和电子信息高新技术产业化行动方案，加大了对新能源汽车及关键零部件、汽车电子产业链的支持力度，明确了产业化发展规划，确定了技术路线和量产目标，制定了专项产业政策。目前，一批混合动力轿车、电动客车等产品实现了批产上市，以“三电”为核心的产业链初步形成配套能力；汽车电子产业规模快速增长，自主化水平和协同开发、产业配套能力不断提高；嘉定等区域为主的产业基地集聚效应显现，国家级检测认证公共服务平台加快建设；成为国家首批公共服务领域示范、私人购买试点和国际电动汽车示范城市，发挥世博效应累计示范推广了约2000辆新能源汽车，加强了国际交流和技术合作；同步开展制定了配套鼓励政策、充电设施建设规划和标准规范，推进新型商业模式探索和一批充电配套设施的建设等。

总体而言，本市新能源汽车和汽车电子产业发展取得了阶段性的成果和一定的国内领先优势，但也要清醒地认识到，新能源汽车技术积累较少、产品性能不够成熟、全新量产车型不多、初期成本较高，动力电池技术薄弱和配套能力不足，标准体系尚未完全建立；自主品牌汽车电子软件开发等研发能力有待提升，产品性能有待整车认可，公共技术平台功能有待完善。公共服务、私人领域购买使用新能源汽车配套政策有待加强；商业模式创新需要政策扶持。充电等配套设施的建设规划和管理办法有待明确，区域性综合性示范应用需要实践以积累推广经验，需要统筹全市规划、交通、能源、科技等政策资源积极支持。

二、专项工程实施指导思想、基本原则和发展思路

（一）指导思想

贯彻落实国家培育发展战略性新兴产业和新能源汽车战略的要求，按照“创新驱动、转型发展”的总体部署，进一步强化以整车为龙头，电池、电机和汽车电子控制系统为核心，示范应用为先导，科技研发、基础设施和鼓励政策为支撑的产业化格局，加快完善产业技术自主创新体系、产业链协同配套体系和社会化系统支持体系，继续保持和巩固国内领先、追赶国际先进的先发效应和综合优势，率先实现新能源汽车产业化，形成国际市场竞争能力。

（二）基本原则

坚持服务国家战略与发挥自身优势相结合，坚持自主集成创新与传统产业结构提升相结合，坚持整机牵引带动与关键零部件突破配套相结合，坚持市场导向与企业主体、政府推动相结合，坚持产业推广与区域性综合示范应用和城市总体功能定位相结合。

（三）发展思路

1. 聚焦重点，系统布局。进一步聚焦高性能电动汽车和先进汽车电子控制系统，即以电驱动为特征的插电式混合动力、纯电动和燃料电池汽车三大技术路线，先进动力总成和底盘电子控制系统、车身电控系统、车联网和车载电子信息系统、汽车总线网络及嵌入式系统、汽车芯片、传感器及执行器等关键元器件五大电控系统。

2. 自主创新，突破瓶颈。强化以整车为牵引，拉动本土化零部件的自主开发和协同配套，实现整车集成、动力系统、动力电池、驱动电机系统和总线网络、车联网等汽车电子关键技术的重大突破，加快提升核心竞争能力和自主化配套产业规模，保持国内领先优势。

3. 产业引领，规模应用。加快支持动力电池、驱动电机等新能源汽车核心零部件和汽车电子控制系统提升产业化水平，形成稳定的量产规模，加快抢占并进入上海以及国内外主流车型的规模化配套供应体系，率先推进车联网、电动汽车及远程监控服务等示范应用和充电配套设施建设。

三、专项工程主要发展目标

（一）投资及产值规模。到2015年，预计专项工程领域五年新增研发和产业化投资累计150亿元左右，其中新能源汽车约100亿元；年产值达到930亿元左右，约占本市汽车工业产值的20%，其中汽车电子780亿元。

（二）产销及应用规模。到2015年，预计本市新能源汽车企业形成年产6万~10万辆的产能，其中本地产能在5万~8万辆；争取本市五年累计新增3万辆以上的市场销售，占全国6%以上，其中乘用车、商用车分别约占90%（27000辆）和10%（3000辆）；争取5~8款全新开发的新能源乘用车量产，形成整车和关键零部件的本土化供应体系；汽车电子产业国内市场份额占比达到30%左右；产业整体实力和产销规模继续保持国内领先水平。

（三）技术及成本目标。到2015年，全面掌握整车集成及动力电池等核心技术，动力电池模块比能量达到150瓦时/公斤以上，成本降至2元/瓦时以下，循环使用寿命稳定达到2000次或10年以上；电驱动系统功率密度达到2.5千瓦/公斤以上，成本降至200元/千瓦以下。燃料电池电堆性能进一步提升，整车成本大幅度降低；进一步保持动力系统和汽车电子等技术在国内的领先优势；自主品牌汽车电子和核心技术实现重大突破，核高基等重大项目成果实现产业化应用，汽车电子基础软件保持国内领先水平。

（四）商业模式及配套设施目标。到2015年，除整车购买外，探索整车/电池租赁、汽车共享等新型商业推广模式，促进远程监控网络服务和车联网等技术的示范应用；

预计示范及配套基础设施建设投资 10 亿元左右，力争累计建设 5000 个左右道路、P + R 等社会停车场所的公共充电桩、若干个单位/私人自用充电桩和 50 个公共充换电站，结合现有加氢站改建或新建 5 座加氢站，完善配套设施运营和安全保障运行体系。

四、专项工程实施重点领域

（一）新能源汽车

1. 插电式混合动力汽车

进行插电式混合动力汽车、增程式电动汽车动力系统关键技术研发，突破国外专利技术，同步开展动力系统控制器研发，形成自主知识产权的核心技术和自主开发及万辆级产业化能力，带动相关关键零部件产业链的发展，在动力、节油与排放等整车性能方面争取达到国际同类产品先进水平。

2. 纯电动汽车

进行高性能纯电动汽车动力系统关键技术研发，形成动力系统研制、底盘设计、系统匹配、整车开发和定型试验等产业化开发能力，完善生产工艺及安全性研究，同步开展动力系统控制器研发，形成自主核心技术，带动电池等国产零部件规模化发展，整车性能争取达到国际同类产品先进水平。

3. 燃料电池汽车

建立燃料电池汽车自主开发能力，完善整车布置、燃料电池发动机系统集成技术方案，提升关键部件新材料、新结构和新工艺技术水平和整车可靠性、耐久性和安全性技术，形成自主核心技术；同步开展动力系统控制器研发，带动燃料电池动力系统产业链的发展，形成批量生产和配套能力。

4. 动力电池及管理系统

进行锂电池新型关键材料和工艺研发，在电池单体一致性、管理技术、系统寿命、可靠性等技术实现突破性进展，形成自主知识产权的核心技术，在电池功率、能量密度和系统集成等方面争取达到国际先进水平，形成符合汽车工业标准的动力电池系统产品批量生产与供货能力。

5. 驱动电机及控制系统

自主开发满足整车需要的驱动电机及控制产品，突破永磁材料、耐久性等关键技术，系统性能争取达到国际同类产品的先进水平，形成符合汽车工业标准的电机系统产品批量生产与供货能力；根据插电式/增程式汽车的技术要求，开发具有自主知识产权的混合动力机电耦合动力传动总成。

6. 新能源汽车整车控制系统

研制出高容错、高可靠性、低成本的新能源汽车整车控制器硬件及底层软件，进行控制器硬件的开发设计、抗干扰设计、容错保护设计、生产与测试、产品性能验证等，满足驱动控制、整车能量管理、动态协调、故障诊断、安全容错保护、网络管理通信等功能需求；制定整车控制器技术规范等基础性标准，为产业化提供技术支持。

7. 配套设施及示范应用

满足新能源汽车市场化需求，完善车载充电器、交流充电桩、直流充电机、充换电设施、远程监控等技术，形成系列化标准产品，结合电网平衡要求和区域性综合示范需求，依托公共停车场所等区域，适度超前布局充电桩、充换电等基础设施，构建电动汽车智能充换电服务网络，形成网络化配套设施和市场化运营服务体系；支持有条件的地区开展区域性综合性新能源汽车示范应用，结合车联网等技术，积极探索新型商业运营模式。

（二）汽车电子

1. 先进动力总成和底盘电控系统

加快推进符合欧 IV 标准的柴油发动机控制系统、汽油缸内直喷电控（GDI）的研发和产业化。支持 DCT、AMT 等汽车变速传动电子控制系统开发和应用。重点突破底盘电控系统一体化技术，形成自主核心技术并实现产业化配套。

2. 车身电控系统

推进 LED 前照大灯等智能灯光系统研发及产业化。推进集成化、网络化综合功能的中高端车身控制器（BCM）等模块及零部件规模化配套应用发展。实现新型显示和总线控制、人机界面等技术在组合仪表中的应用，推进产业升级换代。

3. 车联网和车载电子信息系统

加快车载信息终端在多模导航、短距离通信、网关集成、多媒体显示等重点领域关键技术产业化发展，实现前、后装市场的规模应用。推进本市 3 ~5 个车联网应用示范工程建设，培育完善车联网与车载电子信息系统产业链，推进技术标准与应用规范的制定。

4. 汽车总线网络和嵌入式系统

重点以 FlexRay、MOST 总线产品为主线，推进整车网络体系构架、网络操作系统，以及应用软件设计、仿真和测试开发工具、嵌入式系统平台等的自主研发。重点发展整车和关键汽车电子零部件产品嵌入式软件的应用和产业化。

5. 汽车芯片、传感器及执行器等关键元器件

大力发展片上系统（SoC）技术，重点支持车身、车载终端核心芯片、汽车级移动通信芯片、MCU 控制芯片、传感芯片、IGBT 等大功率电力电子器件、排放气体传感器、雷达传感器、关键传感器等自主技术研发及产业化。推动直喷喷油器、直喷高压喷油泵及高压油轨、可变气门

正时机构（VVT）等关键执行器形成自主技术产品和配套。

五、产业发展总体布局

（一）重点建设嘉定新能源汽车及关键零部件产业基地，率先形成具备国内一流的研发、制造、试验、示范和检测认证、成果转化、贸易等综合性产业和服务功能。

（二）加快建设浦东（金桥、临港）、金山（枫泾）新能源乘用车产业基地，继续建设闵行、松江等新能源商用车产业基地，促进浦东、嘉定汽车电子产业集聚区的技术改造和能级提升。

（三）大力推进徐汇、闵行、松江、青浦、杨浦、奉贤等汽车电子产业拓展区的协调发展，形成汽车电子芯片、模块、关键零部件、总线网络等国内领先的完整产业链体系。

六、主要举措

（一）积极对接国家产业规划，努力承担国家专项。贯彻落实国家新能源汽车、汽车电子、物联网等相关战略性新兴产业规划要求，建立上海重点项目库。优先推荐并积极争取代表上海水平的优秀项目进入国家相关产业与科技重大专项和创新工程试点项目。加大地方配套支持力度，推动新能源汽车和汽车电子产业链合作，争取率先开展相关产业链试点并实现产业化突破。

（二）加快突破关键技术，形成自主化产业链配套能力。以上汽等整车企业为龙头，带动本地零部件的协同开发和配套体系建设。重点聚焦掌控新型高效动力电池材料、工艺等核心技术，达到整车量产要求。加快突破电驱变速箱、汽车电子控制器等关键技术瓶颈，形成自主化的产业化配套能力。加快推动驱动电机和电控系统等产品扩大到10万套级的产能，拓展国内外市场。同时，继续推进隔膜、电力电子功率模块（IGBT）、燃料电池质子交换膜及电堆等技术攻关和国产化。

（三）完善相关政策措施，大力推动新能源汽车产品上市。进一步落实国家公共服务领域、私人购买等配套政策，制订新能源汽车示范应用准入的地方标准规范，并加大资金支持力度。制定实施扩大政府采购、鼓励建桩、专用停车位、租赁牌照等配套政策措施。积极推动纯电动、插电式混合动力轿车和新一代电动客车等产品的上市，推动公交、环卫、公务等行业率先采购和高校、园区、央企等大客户团购。到2015年，力争实现20款左右的新能源乘用车、客车和专用车批产上市。支持融资性租赁等商业模式创新，支持整车企业建设完善的远程监控网络服务平台和维护保养应急体系，保障安全运行。

（四）聚焦龙头企业和重大项目，发挥产业集聚效应。继续支持嘉定、浦东等区县引进一批电芯等优秀企业和产业链关键项目，推动零部件产业的上下游合作整合。落实土地、人才、专项等支持政策，优先保障和推进一批重大项目的落户、开工建设，支持一批企业加快产业化并进入国内外主流配套供应体系。对接产业创投、基金、银行等金融机构，扶持一批掌握核心技术的中小企业发展，形成新能源汽车和汽车电子产业集群效应。

（五）加强公共平台功能建设，提升服务产业水平。继续支持机动车检测中心形成国内领先的完整的新能源汽车整车和关键零部件的试验认证和检测能力。发挥新能源汽车工程中心等公共平台作用，支持同济、交大、中科院上海分院等科研院所加强与企业的产学研合作。加快完善汽车电子零部件检测、关键芯片制造、嵌入式软件测试等公共平台。鼓励嘉定建设新能源汽车技术成果展示、交易平台。支持建立新能源汽车和汽车电子等地方标委会，研究制定整车、关键零部件、配套设施、远程服务、电池回收等标准规范。推动车联网与车载信息服务、电池、电机等产业联盟建设和功能完善。

（六）加快配套设施建设，扩大示范应用规模。支持嘉定、杨浦、闵行、崇明等区域率先开展新能源汽车综合性示范应用工程，带动公交、通勤、环卫等商用车和私人乘用车的市场推广，逐步扩大到浦东、徐汇、松江等区县。推进车联网与车载信息服务应用示范工程和园区建设。同时，完善充电、加氢等配套设施规划和电价方案、运营机制，近期以满足市场需求为主、以综合示范区域为主、以分散交流慢充为主，大力支持相关企业超前在道路、P+R等公共停车场所布局建设一批社会公共充电桩及专用停车位。同步推进企事业单位建设自用充电设施，鼓励有条件的地区建设一批充换电站和加氢站，逐步形成全市配套设施网络。

七、组织实施

市政府相关部门要按照实施方案的工作分工，加强沟通协商，密切配合，尽快制订和完善各项配套政策措施，确保实现新能源汽车及汽车电子专项工程发展目标。要建立联合发布信息制度，适时向社会发布新能源汽车及汽车电子专项工程实施的有关信息。相关部门和区县要按照实施方案确定的目标、任务和政策措施，结合当地实际抓紧制订具体落实方案，确保取得实效。相关部门和区县要及时将具体工作方案和实施过程中出现的新情况、新问题报送市经济信息化委。

附件 1 有关部门、单位工作分工一览表

序号	工作任务	牵头单位	参加单位	启动时间
1	制定本市私人购买使用新能源汽车的支持政策	市发展改革委	市经济信息化委、市财政局、市科委、市建设交通委、市交通港口局等	2012 年 8 月
2	制定本市鼓励公交、公务、环卫、出租、物流等行业购买使用新能源汽车的支持政策	市发展改革委、市经济信息化委	市科委、市建设交通委、市交通港口局、市绿化市容局等	2012 年 8 月
3	争取国家科技部 863 等项目支持，大力扶持前瞻性研发和创新能力建设，协调落实“十城千辆”等补贴政策	市科委	市经济信息化委、市财政局等	2012 年 8 月
4	争取工信部技术创新工程等项目支持，协调推进新能源汽车产业化和配套体系、创新体系建设	市经济信息化委	市发展改革委、市科委、市财政局等	2012 年 8 月
5	制定本市新能源汽车配套充电等基础设施布局建设专项规划和管理办法	市发展改革委	市规划国土资源局、市建设交通委、市经济信息化委、市交通港口局等	2012 年 8 月
6	制定本市公交行业采购使用新能源汽车的实施计划	市交通港口局	市建设交通委等	2012 年 8 月
7	制定支持新能源汽车商业模式创新和综合示范应用区的实施办法	市经济信息化委	市建设交通委、市发展改革委、市交通港口局、市财政局等	2012 年 8 月
8	研究制定新能源汽车标准体系和相关管理标准	市质量技监局	市发展改革委、市科委、市经济信息化委、市建设交通委	2012 年 8 月
9	制定相关鼓励政策，包括配套支持市级专项项目的资金支持办法，参与和协助相关充电基础设施规划和建设等	嘉定、浦东新区等区县政府	——	2012 年 8 月

附件 2 “新能源汽车与汽车电子”专项工程项目指南

一、插电式乘用车

产业目标：建立插电式乘用车自主开发和产业化能力，带动锂离子电池、电驱动变速箱等关键零部件产业链的发展。进行插电式乘用车动力系统关键技术研发，形成具有自主知识产权的核心技术，在动力、节油与排放等整车性能方面达到国际同类产品先进水平。

主要内容：（1）整车系统集成、布置和轻量化技术；（2）集成式电驱变速箱、高容量大功率动力电池系统匹配标定和控制策略；（3）满足系统要求的发动机、电驱变速箱/减速系统、整车控制技术、电动辅助系统等；（4）整车高压电安全和系统热管理等技术；（5）制动能量回馈系统；（6）故障诊断及远程监控系统技术；（7）整车定型试验、批产工艺与质量控制技术。

二、增程式商用车

产业目标：建立增程式商用车自主开发和产业化能力，带动增程式动力系统等产业链的发展。进行动力系统关键技术研发，形成具有自主知识产权的核心技术，在节油与排放等方面达到国际同类产品先进水平。

主要内容：（1）整车系统集成、布置和轻量化技术；（2）高效增程器 APU 技术；（3）增程式动力系统、匹配标定和控制策略；（4）整车高压电安全技术；（5）制动能量回馈系统；（6）故障诊断及远程监控系统技术；（7）整车定型试验及生产工艺、质量控制技术。

三、纯电动乘用车

产业目标：建立高性能纯电动乘用车自主开发和产业化能力，带动高比能量动力电池、驱动电机、电子控制、动力系统以及上下游产业链的发展。进行高性能纯电动乘用车动力系统关键技术研发，形成具有自主知识产权的核心技术，在整车能效、性能等方面达到国际同类产品的先进水平。

主要内容：（1）纯电动动力系统匹配与优化、机械与电气集成、碰撞与高压电安全、测试与标定、车载充电等技术；（2）电池热、电、结构设计一体化等系统集成与管理技术；（3）制动能量反馈系统；（4）故障诊断及远程监控系统技术；（5）整车定型试验，批产工艺与质量控制技术。

四、纯电动商用车

产业目标：建立高性能纯电动商用车（包括轻型宽体客车等）自主开发和产业化能力，带动驱动电机、高效变速器、动力系统等产业链的发展。进行高性能纯电动商用车动力系统关键技术研发，形成具有自主知识产权的核心技术。

主要内容：（1）高性能纯电动商用车动力系统研制、底盘设计、系统匹配与整车开发；（2）制动能量回馈技术；（3）高压电、热管理系统技术；（4）故障诊断及远程监控系统技术；（5）整车定型试验，生产工艺及质量控制技术。

五、燃料电池乘用车

产业目标：建立燃料电池乘用车自主开发能力，形成具有自主知识产权的核心技术。带动燃料电池电堆、动力系统产业链的发展，鼓励采用新材料、新结构和新工艺技术，形成批量生产和配套能力。

主要内容：（1）整车总布置、整车模块划分和系统集成技术；（2）车身和底盘关键部件新材料、新结构和新工艺技术；（3）综合使用环境条件下的防水、防尘和抗振等可靠性技术与耐久性技术，低温启动和环境适应性技术；（4）中高压燃料电池发动机系统集成及关键零部件的开发；（5）制动与能量回收技术；（6）高压电安全、储氢、加氢和碰撞安全性技术等。

六、动力电池

产业目标：进行锂电池关键材料和工艺研发，形成自主知识产权的核心技术，在锂电池单体一致性、内阻性能上有重大进步，在电池功率和能量密度、能量效率等方面达到国际先进水平。形成符合汽车工业标准的锂离子动力蓄电池及管理系统（包括电、热、高压安全管理）产品批量生产与供货能力。

主要内容：（1）锂离子电池关键材料技术；（2）电池单体、模块、系统的设计、研制、工艺、制造技术；（3）电池系统的热管理、高压安全、自动均衡技术、运行状态监控和荷电量（SOC）精确估计，电池健康状态（SOH）诊断专家系统；（4）电池全生命周期使用成本与回收利用技术。

七、驱动电机

产业目标：开发满足整车需要的驱动电机及控制产品，在系统性能及耐久性方面达到国际同类产品的先进水平。掌握具有自主知识产权的关键技术，形成符合汽车工业标准的电机系统产品批量生产与供货能力。

主要内容：（1）驱动电机及其控制系统设计、开发和产业化关键技术；（2）系统功率密度、转矩密度、效率和可靠性等性能提升技术；（3）驱动电机及其控制系统的可靠性、耐久性、环境适应性、电磁兼容以及减振降噪技术；（4）批量生产的先进制造和质量控制技术。

八、电驱变速箱(EDU)

产业目标：根据插电式/增程式汽车的技术要求，开发具有自主知识产权的混合动力机电耦合动力传动总成，整机性能及可靠性达到定型产品要求，形成一定的批产和配套供应能力。

主要内容：（1）驱动电机与变速器机电耦合的动力合成装置结构方案和关键技术；（2）混合动力用变速器、混合动力合成装置专用电机系统；（3）动力合成装置的自动换挡操纵控制装置和控制算法；（4）电驱变速器批产工艺、质量控制及检测技术。

九、新能源汽车整车控制系统

产业目标：研制出高容错、高可靠性、低成本的新能源汽车整车控制器硬件及底层软件，建立具有自主知识产权的动力总成控制技术开发能力；在节油与排放等方面达到国际同类产品先进水平，形成一定的批产和配套能力。

主要内容：（1）整车控制器关键技术，新能源汽车整车控制用高性能控制器硬件平台及底层软件；（2）整车控制器技术规范等基础性标准；（3）整车控制器批产工艺、质量控制及检测技术。

十、充电桩等基础设施

产业目标：鼓励开展新能源汽车相配套的基础设施建设、运营、保障等服务和动力电池租赁等商业模式创新，推动上海形成新能源汽车配套的基础设施体系和市场化运营服务体系，为新能源汽车发展提供系统化、网络化支撑。

主要内容：新能源汽车相配套的充电桩、充换电站、加氢站等技术标准、建设规范、基础设施建设、运营保障等服务。

十一、综合性示范应用

产业目标：建立新能源公交、出租、邮政、环卫、物流、通勤等车辆示范运行线路，鼓励私人购买、租赁、共享等商业模式创新，建立示范必需的维护、培训、运行和管理功能以及维护保养基地。建设相关检测、数据分析、展示等公共平台。

主要内容：（1）新能源公交车队、出租车队、邮政车队、环卫车队、物流车队和通勤车队等综合示范运行；（2）整车租赁、汽车共享、动力电池租赁等商业模式创新；（3）示范运行区、维修基地，设计和实施相应的培训、运行和管理体系，收集和整理运营数据，统计分析和优化；（4）相关检测、展示等公共平台。

十二、先进动力总成和底盘电控系统

产业目标：加快推进柴油发动机电子控制、汽油缸内直喷电控（GDI）的自主研发和产业化。支持汽车变速传动电子控制系统开发和应用。重点突破底盘电子一体化车辆动态管理的电子控制技术，通过引进、消化和吸收，形成自主核心技术并实现产业化应用配套。

主要内容：（1）汽车发动机电喷电子控制系统研发及产业化；（2）DCT、AMT汽车变速传动电控系统研发及产业化；（3）基于底盘电子一体化集成技术的车辆动态管理系统及相关电控模块研发及产业化。

十三、车身电控系统

产业目标：实现LED大灯等领域的产品化；推进中高端BCM等规模化配套应用发展；加快发展智能化汽车数字

组合仪表，车身电子控制及系统的技术水平达到与国际同步；培育自动巡航系统等领域的自主研发和技术创新。

主要内容：（1）汽车智能灯光控制模块与系统研发及产业化；（2）汽车车身电子控制模块与集成技术研发及产业化；（3）汽车组合仪表集成控制模块与系统研发及产业化；（4）汽车自动巡航控制系统（ACC）研发及应用。

十四、车联网和车载电子信息系统

产业目标：加快车联网与车载电子信息系统核心技术突破，培育完善相关产业链，推进应用示范工程建设。加快车载信息终端在线整车故障诊断、多模导航、短距离通信、网关集成、多媒体显示等重点领域关键技术产业化发展。

主要内容：（1）车载智能终端研发及产业化；（2）基于车联网的传感与网关集成控制模块研发及产业化；（3）车联网与车载信息综合系统平台建设与示范应用。

十五、汽车总线网络和嵌入式系统

产业目标：以总线为主线，自主开发整车网络体系构架和功能强大的网络操作系统，推进整车嵌入式系统等的自主技术研发和产业化应用。重点构建和发展关键性、共性化的嵌入式操作系统与嵌入式软件平台，保持国内技术领先水平。

主要内容：（1）基于开放技术的汽车嵌入式平台软件研发及产业化；（2）汽车电子关键零部件嵌入式软件系统研发及产业化；（3）汽车总线诊断配置开发工具及数据管理系统研发及产业化；（4）汽车电子综合仿真与测试技术研究与开发。

十六、汽车芯片、传感器及执行器等关键元器件

产业目标：推动车载终端核心芯片、大功率电力电子器件IGBT等关键元器件和排放气体传感器等传感器自主技术研发和产业化。支持发动机直喷喷油器等关键执行器的研发。

主要内容：（1）车身、车载电子芯片关键技术研发及产业化；（2）IGBT等功率芯片关键技术研发及产业化；（3）汽车电子关键传感器研发及产业化；（4）汽车关键执行器研发及产业化。

上海市人民政府办公厅

二〇一二年八月一日

5. 重庆市汽车工业三年振兴规划（新能源汽车节选）

汽车工业是重庆市第一支柱产业，是全市工业经济最强支撑。为实现“做大做强重庆汽车工业，打造中国汽车名城”战略，根据国发〔2009〕3号文件和市第四次党代会精神，结合我市汽车工业实际，编制本规划。规划期为2013—2015年。

一、产业发展现状及趋势

（一）主要成就

新能源汽车发展顺利起步，具有了可持续发展的基础。我市是全国新能源汽车试点城市之一，自主开发的纯电动汽车、混合动力汽车、插电式混合动力汽车已取得一定进展，其中长安公司的混合动力汽车、恒通公司的纯电动客车在全国居领先地位。随着新能源汽车整车的发展，一批关键零部件配套企业正在逐渐向我市聚集。

（二）存在的主要问题（略）

（三）发展趋势（略）

二、指导思想、基本原则和主要目标

（一）指导思想

深入贯彻落实科学发展观、“314”总体部署及国发〔2009〕3号文件精神，走新型工业化道路。将产业结构调整和优化作为未来最重要任务，努力提升产品（特别是轿车产品）的附加值和盈利能力；加强关键技术研发，提升自主品牌市场形象；加大招商引资和技术改造力度，壮大产业链，建立高水平配套体系；加大新能源汽车研发力度，争取在部分关键技术和关键零部件研发上取得突破；延伸产业链，力争在汽车金融、产品售后服务及回收再利用等方面有所建树。努力实现汽车工业“上水平、上质量、上规模、上效益”，为全市经济增长做出贡献。

（二）基本原则

坚持市场导向。围绕生产资料及私人消费两大市场，加强对汽车细分市场研究，调整优化产品结构，提前布局未来具有增长潜力的市场。

坚持系统推进。支持合资品牌和自主品牌、国有控股企业和民营企业、内资和外资企业协同发展。支持合资品牌不断引进中高端产品，占领中高端细分市场；自主品牌上水平、上质量，不断提升附加值；鼓励合资及国有控股企业将低附加值产品向民营企业转移。

坚持技术创新。以自主开发与引进技术相结合，支持整车企业加大整车及发动机研发力度，指导扶持本地零部件企业提升研发能力；支持合资企业建立技术中心。

坚持可持续发展。在生产领域加强节能减排及资源综合利用，淘汰落后产能，发展循环经济。在产品领域加强新能源汽车及节能汽车研发，发展节能环保技术和产品。

（三）主要目标

努力建成结构优化、技术先进、布局合理、产业融合的国际一流、国内领先的现代汽车产业高地。到2015年：

汽车总量快速增长。全市汽车整车产销达到350万辆，年均增长27%，全国市场占有率达到14%，力争突破400万辆，产能达到480万辆。轿车、SUV、MPV产能达到260万辆，产销210万~225万辆；微车产能达到150万辆，产销达到100万~120万辆；商用车产能达到70万辆，产销达到40万辆；新能源汽车累计产销量达到5万辆。

表1 行业转型升级主要指标

类别	指 标	2011 年	2015 年	平均增（降）幅（%）
经济总量	产量（万辆）	172	350	26.7
	销售收入（亿元）	2141	5000	23.6
	销售利润率（%）	5.1	8.0	11.9
	全员劳动生产率（万元/人/年）	29	34	4.1
	单车平均售价（万元）	7.4	10	7.8
技术创新	R&D 占主营收入比重（%）	1	2	18.9
	其中：整车企业（%）	3	5	13.6
产业结构	前三家销量占比（%）	55	80	9.8
节能减排	万元产值能耗（吨/万元）	0.04	0.035	3.3
产品结构	轿车及 SUV、MPV 比重（%）	55	60	2.2

三、重点任务

（一）加强调控，确保我市汽车工业平稳增长（略）

（二）系统推进，打造中国最大汽车工业制造基地

1. 规划建设“1+6+1000”产业体系

以长安在渝企业长安股份、长安福特、长安铃木及长安跨越为龙头，招商引资，吸引国内6大知名企业来渝发展，做强1000家配套企业，形成布局合理的产业体系。

努力将长安打造成世界知名汽车品牌。大力支持长安汽车建设鱼嘴千亿汽车城，发展集技术研发、制造、物流、营销服务、合资合作、新能源汽车、综合服务体、生活配套八大功能为一体的全流程产业基地，形成国内领先的核心竞争力，力争向国际化汽车集团发展。到2015年，长安汽车在我市形成整车产能260万辆以上，实现销售产值2000亿元。

2. 着力发展四大特色产业集群

3. 重点建设两大千亿产业基地

4. 大力扶持“十百千亿”重点企业

（三）重点突破，全面提升核心竞争力

提升研发能力，掌握整车及关键零部件开发技术。以企业为主体，加强产品开发能力建设。建立整车设计开发流程，掌握车身、底盘开发技术及整车、发动机、变速器的匹配技术、排气净化技术；突破碰撞安全性、NVH（振动、噪声、平顺性）等关键技术；控制新能源汽车的设计和制造成本。提高传统乘用车的节能、环保和安全技术水平。重点支持小排量、满足国家排放标准的车用直喷汽油机的研制。突破重型商用车底盘集成关键技术，提高整车驾驶舒适性和操控稳定性。重点支持大功率柴油机及其高压燃油喷射电控系统、后处理系统和商用车自动换挡机械变速器（AMT）等关键技术研发。建立汽车工业战略联盟，形成产、学、研长效合作机制。

专栏1 重点技术攻关的新产品

1. 整车：纯电动汽车、插电式混动汽车、混合动力汽车、中高级轿车、高端微车、高性能小排量汽车、SUV、MPV、重型车、高品质商用车等

2. 汽车关键零部件：汽油机增压器、电涡流缓速器、轮胎气压监测系统（TPMS）、随动前照灯系统、数字化仪表、电控系统执行机构用电磁阀、低地板大型客车专用车桥、空气悬架、大中型客车变频空调、高强度钢车轮、载重车后盘式制动器等

3. 双离合器变速器（DCT）、电控机械变速器（AMT）等

4. 轻量化材料应用：高强度钢、铝镁合金、复合塑料、粉末冶金、高强度复合纤维等；先进成形技术应用：激光拼焊板的扩大应用、内高压成形、超高强度钢板热成形、柔性滚压成形等；环保材料应用：水性涂料、无铅焊料等

5. 高效柴油发动机；后处理系统（包括颗粒捕捉器、氧化型催化器、还原型催化器）；电控直列式喷油泵、电控高压共轨喷射系统、电控高压单体泵以及喷油器、喷油嘴

6. 高效汽油发动机

7. 新能源汽车关键零部件：能量型动力电池组，电池正极材料，电池隔膜；电池管理系统，电机管理系统，电动汽车电控集成；电动汽车驱动电机，车用 DC/AC，大功率电子器件；插电式混合动力机电耦合驱动系统

8. 车载充电机、非车载充电设备

9. 电动空调、电制动、电动转向；怠速起停系统

10. 汽车电子控制系统：发动机控制系统（ECU）、变速箱控制系统（TCU）、制动防抱死系统（ABS）、牵引力控制（ASR）、电子稳定控制（ESP）、网络总线控制、

车载故障诊断仪（OBD）、电控智能悬架、电子驻车系统、自动避撞系统、电子油门等

11. 汽车产品开发、试验、检测设备及设施建设

（四）强化创新，努力培育新能源汽车产业

1. 重点发展纯电动汽车。充分发挥本地整车企业优势，产学研结合，通过自主开发和引进、消化、吸收再创新等多种方式，突破电池及其管理系统、电机及其控制系统、整车控制系统等领域的核心技术，加快推进研发成果的产业化，建设电动汽车绿色产业链。

2. 推动混合动力汽车产业化。以大幅度降低油耗为目标，发展重、中、轻度混合动力汽车，力争实现轻度混合动力汽车普遍化，中、重度混合动力汽车系列化，到2015年实现全市汽车油耗水平下降20%以上。鼓励开发混合动力专用发动机、机电耦合装置、发动机启停系统，建设全国领先的混合动力汽车生产基地。

3. 扶持关键零部件企业。自主研发与招商引资相结合，加快关键技术本地化步伐。重点发展动力电池、电机、电动助力转向、电动助力制动、电动空调等关键零部件及电池隔膜、阳极材料、电解液等基础材料，带动充电设备、检测设备等相关行业发展。

4. 抓好新能源汽车试运行。强化体制创新，尽快成立"重庆市新能源汽车运营公司"，开展新能源汽车示范运行。示范运行公司由整车企业独资或合资组建，政府给予部分补贴，不以营利为目的，选择纯电动轿车和中、重度混合动力轿车为运营车型，定点、定线、定区域运行。

（五）扩大开放，形成全球配置资源的新机制

（六）促进融合，积极发展汽车服务业

四、保障措施

（一）加强组织领导与协调

（二）努力确保行业的平稳增长

（三）着力建设行业共性技术平台

（四）积极拓展本地及周边汽车市场

加强汽车销售市场的规划，鼓励在本地及周边合适的区域成规模地建设汽车超市和4S店等，形成汽车消费的良好氛围和环境。鼓励汽车金融发展，推行汽车消费信贷，规范和培育二手车交易市场。同等条件下，政府引导本市财政投资项目优先采购重庆地方产品，在政府公务车及出租车的采购中放宽条件、向本地企业倾斜。研究制定新能源汽车产业支持政策，促进新能源汽车市场拓展。

（五）切实加强人才队伍建设

积极研究出台优惠政策，鼓励企业引进国外技术和专业人才。对行业急需引进的高级人才提供路费及生活补助，对个人所得税实行先征后返优惠政策。依托重庆大学、重庆理工大学等高等院校培养汽车工业急需人才，鼓励职业学校培养熟练技术工人。

附表　2013—2015年重庆汽车工业整车及零部件重点项目

序号	项目名称	建设期限（年）	投资（万元）	销售收入（万元）
1	长安股份鱼嘴总部基地项目	2009—2020	2000000	8000000
2	长安福特三工厂项目	2012—2017	380000	4500000
3	长安福特发动机工厂项目	2010—2015	480000	640000
4	长安福特变速器工厂项目	2010—2015	300000	640000
5	长安铃木二工厂项目	2012—2015	500000	2000000
6	上汽依维柯红岩二工厂项目	2013—2015	300000	1000000
7	庆铃扩能技改项目	2012—2015	400000	1500000
8	力帆两江新区基地项目	2013—2016	200000	600000
9	北汽银翔合川基地项目	2010—2014	200000	600000
10	潍柴陕汽江津基地项目	2013—2016	200000	600000
11	上汽通用五菱两江新区基地项目	2013—2018	300000	1000000
12	力帆校车项目	2013—2015	120000	250000
13	吉利变速器项目	2011—2015	80000	360000
14	韩泰轮胎项目	2011—2015	178000	500000
15	正新轮胎项目	2010—2015	700000	500000
16	福特研发中心项目	2013—2015	100000	—
17	东风小康新能源汽车项目	2013—2015	90000	500000

续表

序号	项目名称	建设期限（年）	投资（万元）	销售收入（万元）
18	菲亚特高性能小型柴油发动机项目	2013—2015	130000	200000
19	东风小康配套零部件项目	2013—2015	50000	150000
20	东风小康研发中心项目	2013—2015	54200	—
21	宗申特种车项目	2013—2015	120000	256000
22	恒通客车扩能项目	2011—2015	50000	143000
23	康明斯发动机搬迁项目	2011—2015	130000	230000
24	长风机器整体搬迁技改项目	2011—2015	50000	150000
25	万盛镁合金汽车轮毂项目	2011—2015	100000	420000
26	中国汽车工程研究院北部新区基地建设项目	2011—2015	110000	200000
27	江森汽车用电池项目	2011—2015	180000	300000
28	卡斯马汽车零部件项目	2011—2015	31000	80000
29	考泰斯燃油系统关键零部件项目	2011—2015	20000	50000
30	蒂森克虏伯金属成型汽车关键零部件	2011—2014	18000	43000
31	德尔福派克汽车连接器及线束	2011—2016	40000	70000
32	尼玛克汽车发动机缸盖项目	2012—2016	60000	300000
33	霍尼韦尔摩擦片项目	2012—2016	64000	80000
34	英拉法汽车天窗系统项目	2012—2016	30000	60000
35	大茂伟世通车灯项目	2011—2015	12000	50000
36	跨越商用车整车及汽车零部件项目	2010—2015	110000	200000
37	戴卡捷力轮毂铝镁硅合金轻量化轮毂项目	2011—2015	100000	200000
38	华晨鑫源技改扩能项目	2013—2015	90000	250000
39	施尔奇汽车汽车电子、座椅骨架项目	2011—2015	30000	100000
40	蓝石博奥汽车照明系统	2011—2015	2000	10000
41	本特勒汽车系统	2010—2015	70000	200000
42	路西法苏特汽车 ST 特钢曲轴生产	2011—2015	10000	30000
43	博耐特机电园建设项目	2010—2014	80000	150000
44	红岩方大汽车悬架系统技改项目	2011—2015	70000	110000
45	亿和精密公司模具项目	2011—2015	65000	100000
46	西源凸轮轴扩能技改项目	2011—2015	60000	100000
47	隆鑫插电式混合动力汽车项目	2011—2015	50000	300000
48	凯尊车桥轴管、车桥总成制造项目	2011—2015	50000	100000
49	綦江齿轮传动公司重卡变速器产业化项目	2011—2015	50000	80000
50	上汽依维柯红岩车桥扩能技改项目	2011—2015	50000	100000
51	海特排气催化剂	2012—2017	100000	300000
52	双桥汽车铸造件项目	2011—2015	50000	70000
53	爱思帝变速器技改扩能	2011—2015	45000	70000
54	长安汽车涡轮增压器项目	2013—2015	50000	150000
55	延锋江森汽车电子仪表及座椅项目	2011—2015	38000	100000
56	卡福汽车制动转向系统技改扩能	2011—2015	100000	400000
57	长江轴承转向系统产品扩能项目	2011—2015	30000	50000
58	红岩专用车技改扩能项目	2011—2015	30000	50000

续表

序号	项 目 名 称	建设期限（年）	投资（万元）	销售收入（万元）
59	重钢汽车钢板项目	2013—2016	100000	150000
60	标准件工业公司产业化生产基地建设项目	2011—2015	25000	40000
61	戴徕密客新能源汽车电池	2013—2015	20000	100000
62	金美通信混合动力汽车电池管理系统	2013—2015	10000	50000
63	长安新能源汽车锂离子电池系统项目	2013—2016	20000	50000
64	中国汽车工程研究院新型动力电池包产业化项目	2013—2017	50000	200000
65	力帆乘用车电动车整车控制系统平台项目	2013—2017	30000	100000
66	金美通信汽车车身控制器项目	2013—2017	50000	150000
67	红宇 BSG、ISG 和驱动电机及控制器项目	2013—2017	20000	100000
合计	—	9432200	30132000	—

重庆市人民政府办公厅

二〇一二年八月一十六日

6. 四川省“十二五”清洁汽车产业发展规划

为充分发挥我省资源优势，调整车用能源结构，改善城市空气质量，推进资源节约型环境友好型社会建设，落实《四川省国民经济和社会发展第十二个五年规划纲要》部署，根据《四川省压缩天然气汽车安全管理办法》（四川省人民政府令第 256 号）规定，结合我省清洁汽车产业发展实际，制订本规划。规划期为 2011—2015 年。

一、发展基础及面临形势

（一）发展概况

“十一五”期间，我省清洁汽车产业持续发展。压缩天然气（以下简称 CNG）汽车产业已形成加气站建设、整车生产、改装及装备制造、检测服务等较为完整的产业体系。液化天然气（以下简称 LNG）、电动汽车等产业科研开发积极推进。

1. 清洁汽车产业健康有序发展

产业发展成效显著。到目前为止，全省累计建成 CNG 加气站 247 座，形成覆盖 20 个市（州）、100 余个县的 CNG 加气站网络。累计推广应用 CNG 汽车 25.2 万辆，占全省汽车保有量的 7%，推广应用数量和规模居全国第一。全省清洁汽车累计节约和替代成品油 691 万吨，减少汽车尾气污染物排放 106 万吨。经济社会效益显著。

产业创新积极推进。“十一五”期间，全省清洁汽车产业科研和技术创新取得较大进展。天然气汽车运行试验与技术考核、代用燃料汽车区域化示范技术研究等 9 项成果通过国家鉴定验收。天然气加气站装备、储气井技术、节能型压缩机等 20 余项科技成果获国家专利。一批新产品、新技术、新工艺的开发应用促进了产业加快发展。

装备制造发展壮大。“十一五”末，全省从事天然气汽车生产、装备制造、汽车改装维修、加气站运营企业达 400 多家。通过引进、消化、吸收、创新，提升了装备制造及核心零部件研发制造水平，形成了比较完整的装备制造产业链。我省清洁汽车装备及零部件制造业竞争力不断提高。装备制造技术达到国内先进水平。

2. 存在的主要问题

CNG 加气站建设滞后。受气源、土地等要素制约，“十一五”期间，全省新建 CNG 加气站 57 座，远低于 CNG 汽车增速。“加气难”的矛盾还未得到根本改善。

清洁汽车代用燃料单一。清洁汽车推广应用主要集中在 CNG 汽车领域，LNG 汽车推广应用还未开展，电动汽车、煤层气及生物质能等代用燃料汽车开发应用滞后。

推广应用区域发展不平衡。受天然气管网等因素限制，攀枝花和甘孜、阿坝、凉山及部分边远县（市、区）天然气汽车还未得到推广应用。城际间天然气汽车的推广应用不适应发展需要。

安全管理需进一步加强。安全生产事故时有发生，企业主体责任还需进一步提高，部分从业人员安全意识不强，部分设备装置日趋老化，隐患整治不彻底，安全管理制度和应急体系建设亟待完善。

（二）产业发展面临的形势

1. 国内外清洁汽车发展态势。截至 2010 年年底，全世界已有 70 余个国家推广应用天然气汽车 1379 万辆，建成天然气加气站约 1.87 万座。据测算，到 2015 年，全球电动汽车市场容量将达 500 万辆。全国 30 个省（自治区、直辖市）推广应用天然气汽车 100 余万辆，建成天然气加气站 1600 余座。清洁汽车推广应用持续加快。

2. 国家推动车用能源结构调整。近年来，国家出台了一系列支持清洁汽车发展的政策措施，国务院《关于加快培育和发展战略性新兴产业的决定》《汽车产业调整振兴规划》等文件明确支持清洁汽车和新能源汽车的研发及推广使用。国家进一步加大节能减排工作力度，大力淘汰排放超标车辆，减少氮氧化合物等有害气体排放，为清洁汽车产业发展创造了良好的政策环境。

3. 资源保障能力进一步提高。四川盆地天然气资源探明储量达2.2万亿立方米，随着普光、龙岗、罗家寨、元坝等重点气田陆续建成，预计到2015年四川盆地天然气产量将突破400亿立方米。“十二五”期间，中亚、中缅等输气管线对我省供气规模将逐步达到130亿立方米。近年来在川东北布局建设的相关生产装置也将陆续投产。我省已形成多气源供应格局。

4. 产业发展前景广阔。2015年，我省城市化率将达48%，规划培育10个左右100万人口以上的特大城市，10个左右50万~100万人口的大城市，城市化进程将进一步加快。据测算，到2015年，全省汽车保有量将达745万辆，高速公路通车里程将达6500公里。清洁汽车产业发展潜力巨大。

二、指导思想和发展目标

（一）指导思想

以科学发展为主题，以结构调整为主线，充分发挥我省资源及产业优势，重点发展天然气汽车，积极扩大应用范围，推进代用燃料及新能源汽车研发应用，调整优化产业布局，大力发展装备制造，提升产业技术水平。推进体制机制创新，强化安全生产管理，构建优势突出、布局合理、清洁环保的产业发展新格局。

（二）发展目标

总体目标：着力建设网络完善、安全经济的清洁汽车应用体系，把我省建成为国内领先的清洁汽车产业基地。

产业发展目标。“十二五”期间，全省新增CNG加气站180座，新增CNG汽车11万辆；建设LNG加气站166座，推广LNG汽车0.83万辆。推进电动汽车试点示范，建设充电站38个。建成CNG/LNG汽车整车制造能力5万辆，CNG/LNG气瓶15万只，装备（装置）48万台（套）生产能力，产业竞争力进一步提高。

综合效益目标。“十二五”期间，全省清洁汽车产业新增产值100亿元，替代油料990万吨，减少汽车尾气CO、HC排放151万吨，CO_2排放38万吨。新增国家技术专利20个以上，一批装备及关键零部件研发制造水平显著提高。

“十二五”四川省CNG、LNG加气站、车发展目标表

市州	CNG加气站（座）	CNG汽车（辆）	LNG加气站（座）	LNG汽车（辆）
成都市	34（其中：天府新区14座）	20000	22（其中：高速公路6个，天府新区5座）	1100
绵阳市	21	6000	7（其中：高速公路2座）	350
德阳市	21	6000	3	150
自贡市	6	3500	5（其中：高速公路2座）	250
南充市	9	9500	10	500
达州市	11	6000	14（其中：高速公路2座）	700
乐山市	9	7000	8	400
内江市	9	7000	8（其中：高速公路4座）	400
宜宾市	8	5500	5	250
泸州市	7	5000	7（其中：高速公路2座）	350
雅安市	6	6000	8（其中：高速公路4座）	400
资阳市	6（其中：天府新区2座）	5000	6（其中：高速公路4座，天府新区2座）	300
广元市	5	3500	10（其中：高速公路2座）	500
遂宁市	8	7000	10（其中：高速公路6座）	500
广安市	4	2500	12（其中：高速公路2座）	600
眉山市	7（其中：天府新区2座）	3500	6（其中：天府新区2座）	300
巴中市	6	3000	6（其中：高速公路2座）	300
甘孜州	0	100	2	100
阿坝州	—	2000	2	100
凉山州	0	500	5	250
攀枝花	2	1400	10	500
总计	180（其中：天府新区18座）	110000	166（其中：天府新区9座，高速公路38座）	8300

三、发展重点和主要任务

稳步推进 CNG 汽车推广应用，积极推广 LNG 汽车，支持电动汽车试点示范，推进技术进步和自主创新，支持生物质能等汽车技术开发应用，促进清洁汽车产业持续健康发展。

（一）稳步发展 CNG 汽车

1. 有序推广 CNG 汽车。重点在城市公交车、出租车、中短途客运班车等领域推广应用 CNG 汽车，根据资源及配套条件逐步扩大应用领域。鼓励社会车辆采用 CNG 汽车整车，逐步减少在用车改装。

2. 完善 CNG 加气站布局。加快重点城市 CNG 加气站建设，结合天然气管线布局建设实际，推进沿线地区及城市 CNG 加气站建设。完善 CNG 加气站网络及服务功能，努力实现站、车协调发展。根据资源及市场情况，在确保安全的前提下，规范母子站、合建站等建设。

（二）积极推广 LNG 汽车

抓好 LNG 汽车试点工作，构建 LNG 汽车推广应用体系。积极推进 LNG 加气站建设，构建 LNG 加气站网络。在高速公路及无管网地区因地制宜建设 LNG、L-CNG 加气站，加快干线公路城际客（货）运车辆、城市公交车和定线物流车等车辆 LNG 汽车的推广应用。支持长江上游乐山、宜宾、泸州以及嘉陵江沿江南充、广元等港口城市开展船用 LNG 试验。

（三）开展电动汽车试点示范

支持成都、绵阳、乐山等有条件的城市开展电动汽车试点示范，加快电动汽车充电站建设。优先在 城市公交车、出租车等领域应用电动汽车。抓好技术创新平台、标准化体系、充换电设施、推广应用示范等重大工程建设。

（四）研究开发其他代用燃料汽车

根据资源、技术及市场条件，支持开展生物柴油汽车技术和沼气汽车技术及装置研究。支持有条件的地区开展煤层气汽车技术研究。

（五）提升产业技术水平

加强创新体系建设，增强自主创新能力，积极开发具有自主知识产权的新产品新技术。加快节能型压缩机、智能加气机、新型储气井等 CNG 加气站核心装备和大功率天然气发动机、燃气多点喷射等 CNG 车用关键部件研发，开展 LNG 加气站及车用装置研究开发。提升 LNG 和 CNG 汽车控制氮氧化物排放技术水平。大力加强电动汽车动力电池、驱动电机、整车控制系统等关键技术研发。提高装备成套设计、制造和集成能力，大力推广数字化、信息化技术，推进产业制造技术升级换代。提高我省清洁汽车产业核心竞争力和安全运营管理水平。

（六）培育发展产业基地

依托科研技术优势和产业基础，鼓励产、学、研相结合，着力打造一批特色鲜明、优势突出的清洁汽车装备制造业基地。

CNG 装备生产基地。以成都、自贡、南充为重点，研发生产 CNG 节能型压缩机、智能加气机、新型储气井与天然气汽车检测技术、加气站节能型脱水装置、新型气质检测仪、NGV 转换装置等系列产品，提升产品市场占有率 。建设地下储气井检测中心，提升地下储气井检测能力 。

LNG 装备生产基地。以成都、资阳为重点，提升 LNG 气瓶、储罐、汽化器、低温泵及 LNG 撬装装置 等装备研发制造水平，建设具有国内领先水平的 LNG 站用设备和车用储运装置等系列产品研发生产基地。

天然气汽车研发制造基地。以成都、资阳、南充、达州为重点，推进 天然气发动机、CNG/LNG 客货车、CNG 轿车、LNG 拖车 等产品研发，形成批量生产，建设天然气汽车发动机质检中心，推动 CNG/LNG 汽车产业发展。

电动汽车研发制造基地。以成都、绵阳、乐山为重点，大力加强 快速充电装置、动力电池、驱动电机等技术研发，加快推进产业化 。

四、规划实施

（一）切实加强规划组织实施。根据《四川省压缩天然气汽车安全管理办法》（省政府令第 256 号）明确的职责分工，省发展改革委及省清洁汽车工作协调领导小组办公室会同省级有关部门进一步研究完善促进清洁汽车产业发展的相关政策和管理办法，加强部门间协调配合，形成工作合力。各市州发展改革委及清洁汽车工作管理部门要进一步建立健全工作机制，按照本规划提出的发展目标和主要任务，研究制定本地区清洁汽车产业发展规划和实施方案，并报省发展改革委备案。积极加强与相关部门的沟通衔接，统筹做好土地、天然气、电力等要素保障工作，推进清洁汽车产业持续健康发展。

（二）搞好规划统筹衔接。各市州发展改革委要切实加强规划指导，做好清洁汽车产业发展规划同城镇发展规划、土地利用规划、燃气发展规划及能源、交通等专项规划的衔接协调，统筹利用现有加油、加气站土地资源，做好全域范围加气站、改装厂等建设布局，形成规范完善的加气站网络和产业服务体系。各县（市、区）要把加气站建设纳入城市总体规划，根据资源和市场情况，有序推进加气站建设，切实抓好清洁汽车推广应用。重点保障公交车、出租车等公共交通车辆的需要。

（三）积极改善产业发展环境条件。各市州发展改革委及清洁汽车工作管理部门要积极指导，帮助企业和项目单位加强与有关部门沟通衔接，切实落实国家和省出台的支持清洁汽车产业发展和新能源汽车推广应用等的优惠政策。做好天然气等资源总量平衡工作，新增气源在重点保障居民生活用气的前提下，要优先满足加气站用气。各资源产地相关管理部门要加强督促协调，LNG 生产企业要优先满足省内清洁汽车推广应用需要。对清洁汽车产业发展的重大项目和关键技术开发，省级相关专项资金给予支持。

（四）强化安全管理规范市场行为。各市州发展改革委及清洁汽车工作管理部门要会同有关部门，进一步建立健全“企业主体、部门监管、行业自律、社会参与”的清洁汽车安全运营管理体系，进一步完善安全监督管理机制，健全安全责任制度，加强特种设备、CNG 汽车专用装置安全监管，加强从业人员安全技术培训。省清洁汽车产业协会要加强行业统计和调查研究工作，积极开展技术开发、技术交流和推广应用，会同相关单位推进行业信息化建设，积极宣传国家法律法规，收集反映行业“乱收费、乱摊派、乱罚款”等问题，维护企业合法权益，营造公平有序的市场环境。

四川省发展和改革委员会

二〇一二年三月二十八日

7. 山东省人民政府关于贯彻国发〔2012〕22 号文件加快发展节能与新能源汽车产业的实施意见

各市人民政府，各县（市、区）人民政府，省政府各部门、各直属机构，各大企业，各高等院校：

为贯彻落实《国务院关于印发节能与新能源汽车产业发展规划（2012—2020 年）的通知》（国发〔2012〕22 号）精神，加快我省节能与新能源汽车产业发展，现制定如下实施意见：

一、提高认识，切实增强发展节能与新能源汽车产业的紧迫感

汽车工业是国民经济的重要支柱产业。随着燃油供求矛盾和环境污染问题的日益突出，加快发展节能与新能源汽车已经成为国际汽车产业实现可持续发展的必然选择。当前，世界主要汽车生产国纷纷将新能源汽车作为新的发展战略，加快部署，国内各省也在迅速行动、快速推进。我省是一个汽车生产和消费大省，2011 年全省生产汽车 167 万辆，较上年下降 7%；生产新能源客车 1230 辆、新能源专用车 6500 辆、低速电动车 7.8 万辆，合计较上年增长 163%；截至 2011 年年底，全省保有载客汽车 696 万辆、载货汽车 149 万辆，其中新能源汽车 1100 辆、天然气等替代能源汽车 6.8 万辆。加快发展节能与新能源汽车，既是优化产业结构、再造山东汽车产业新优势、促进汽车产业可持续发展的重要途径，也是培育新的经济增长点、推进经济发展方式转变、建设资源节约型和环境友好型社会的战略举措，必须提高认识，强化措施，积极推进。

二、统一思想，明确发展节能与新能源汽车产业的目标要求

（一）指导思想。以邓小平理论和“三个代表”重要思想为指导，深入贯彻落实科学发展观，以转变汽车产业发展方式、培育战略性新兴产业为目标，加强自主创新能力建设，加快重点产品产业化进程，加大示范推广工作力度，优先发展纯电动汽车和插电式混合动力汽车，加快发展新能源专用车，有序发展低速电动车，积极发展节能环保汽车与新能源汽车关键零部件，着力培植一批具有较强竞争力的企业集团和产业集聚区，尽快把我省建设成为品种齐全、优势突出、配套完善、核心竞争力强的节能与新能源汽车产业强省。

（二）基本原则。加快培育和发展节能与新能源汽车产业必须坚持统筹规划，科学布局；重点突破，区域带动；科技先导，创新驱动；产业集聚，链条延伸；政府引导，市场运作；整体推进，配套联动。

（三）发展目标。

1. 产业规模显著扩大。到 2015 年年底，全省纯电动汽车和插电式混合动力汽车生产规模力争达到 5 万辆，低速电动车 30 万辆，新能源专用车 5 万辆，天然气等替代能源汽车 5 万辆；新能源汽车行业销售收入达到 1000 亿元。到 2020 年，纯电动汽车和插电式混合动力汽车、低速电动车、新能源专用车、天然气等替代能源汽车生产规模分别达到 20 万辆、100 万辆、20 万辆、20 万辆；新能源汽车行业销售收入达到 3000 亿元；发展一批具有较强竞争力的节能与新能源汽车企业集团和产业集聚区。

2. 燃油经济性显著改善。到 2015 年，当年生产的乘用车平均燃料消耗量降至 6.7 升/百公里，节能型乘用车燃料消耗量降至 5.7 升/百公里以下，混合动力商用车平均节油率达到 30% 以上，插电式混合动力商用车平均节油率达到 50% 以上。到 2020 年，当年生产的乘用车平均燃料消耗量降至 5.0 升/百公里以下，节能型乘用车燃料消耗量降至 4.5 升/百公里以下；商用车新车燃料消耗量达到国际先进水平。

3. 自主创新能力显著提高。到 2015 年，全省节能与新能源汽车研发投入占销售收入的比重达到 3% 以上，省重点企业均建立起比较完善的技术开发体系。新能源汽车、动力电池及关键零部件技术达到国内领先水平，掌握混合动力、先进内燃机、高效变速器、轻量化车身等汽车节能关键技术。到 2020 年，全省节能与新能源汽车产业技术开发能力进一步提高。

4. 零部件配套能力显著增强。培植起一批“专精特新”零部件企业，先进内燃机、高效变速器、动力电池、驱动电机、控制系统、充换电设备等关键零部件技术水平和生产规模满足全省节能与新能源汽车发展需要，并能大量供应省外市场，部分产品进入国际市场。

5. 示范推广取得显著效果。节能汽车在全省得到普及应用，新能源汽车在17个设区市全面示范推广，低速电动车在重点区域试点取得实质效果。城市公交、班线旅游、出租、物流运输等公共交通领域推广应用率显著提高。建立起覆盖全省、布局合理、设备先进的智能充换电服务网络，充分满足新能源汽车运行需要。

三、突出重点，加快发展六大类优势产品

根据国务院《节能与新能源汽车产业发展规划（2012—2020年）》的总体要求，结合我省实际，2012年至2020年我省节能与新能源汽车产业重点发展以下六大类产品。

（一）新能源客车。围绕城市公共交通、机关团体通勤、班线旅游、景区游览、厂区参观等各类消费群体，重点开发生产各种规格的纯电动客车和插电式混合动力客车，完善和提升非插电式混合动力客车，加大技术开发投入，加快新车型开发，进一步提高整车技术水平，形成规模化、系列化生产。鼓励企业超前开发燃料电池汽车和其他先进储能器汽车，尽快形成生产能力，打造我省的优势产品。

（二）新能源乘用车。重点发展车速高于80公里/小时的纯电动乘用车和插电式混合动力乘用车（包括轿车、微型客车、MPV客车和SUV客车）。支持现有汽车生产企业独立建设新能源汽车生产设施，鼓励与省内低速电动车企业联合重组，加强技术开发，形成规模化生产。到2015年，纯电动乘用车和插电式混合动力乘用车最高车速不低于100公里/小时，纯电驱动模式下综合工况续驶里程分别不低于150公里和50公里；到2020年各项技术性能达到国际先进水平。

（三）新能源专用车。重点发展插电式混合动力和纯电动货车、飞机牵引车、机场摆渡车、通讯服务车、旅游观光车、除雪车、警用车、高尔夫球场车、厂矿专用车、环卫车、医疗专用车等产品。支持现有汽车生产企业加快技术改造和新产品开发，扩大生产规模，尽快把新能源专用车发展成为优势产品。

（四）节能汽车。以大中型客车和中重型载货车为重点，积极采用油电混合动力、高压共轨、涡轮增压等高效内燃机，以及机电耦合装置、自动控制机械变速器等先进技术，推进整车车身轻量化设计及轻量化材料应用，提高汽车节油效果。加快发展天然气（包括液化天然气）、氢燃料、生物质燃料等替代能源汽车。到2015年，全省商用车平均燃油消耗量降低15%以上，到2020年达到国际先进水平。自主创新和技术引进相结合，加快乘用车节能技术改造，进一步提高传统汽车节油效果，燃油消耗量达到国内领先水平。

（五）低速电动车。根据市场需求重点发展车速低于80公里/小时的纯电动车。支持低速电动车企业加快技术改造，提升工艺装备水平，引用欧美等国家的质量标准，提高产品质量，扩大低速电动车出口规模。鼓励企业加大研发投入，提高整车匹配、动力系统、控制系统等关键技术水平，加强质量标准体系建设，不断提高低速电动车的安全性、可靠性、耐用性和节能效果，尽快达到国家纯电动乘用车技术标准。支持企业积极申请国家公告资质，采用新能源动力电池发展纯电动乘用车。鼓励低速电动车企业与有资质的汽车企业进行联合重组，推动低速电动车生产能力加快向纯电动乘用车转化，实现规模化生产。

（六）关键零部件。以提高汽车燃油经济性水平为目标，积极开发生产混合动力发动机和机电耦合装置，加快发展柴油机高压共轨、涡轮增压等高效内燃机技术和先进电子技术，以及商用车自动控制机械变速器、轻量化材料等。以促进新能源汽车规模化发展为目标，积极发展动力电池、驱动电机、电控系统、电动空调、电动转向等新能源汽车关键零部件及正负极、隔膜、电解质等关键材料和充电机、换电机器人等配套基础设备，加快产业化项目建设，尽快形成规模化配套能力。到2015年，动力电池模块比能量达到150瓦时/公斤以上，成本降至2元/瓦时以下，循环使用寿命稳定达到2000次或10年以上；电驱动系统功率密度达到2.5千瓦/公斤以上，成本降至200元/千瓦以下。到2020年，动力电池模块比能量达到300瓦时/公斤以上，成本降至1.5元/瓦时以下。

四、明确任务，推动节能与新能源汽车产业快速健康发展

（一）提升产业核心竞争力

要强化企业在自主创新中的主体地位，引导创新要素向优势企业集聚，迅速提升产业核心竞争力。

1. 加强关键核心技术研究。积极支持骨干企业加大研发投入，在混合动力专用发动机、柴油机高压共轨、高效变速器、轻量化材料等节能技术上实现突破。把握世界新能源汽车发展动向，大力推进新能源汽车及关键零部件技术创新，进一步提高整车性能、质量和技术水平，加快动力电池系统安全性、可靠性、高比能研究和轻量化设计，推进整车电控系统、驱动电机系统及核心材料、电机控制器、电动空调、电动转向、电动制动器、新型超级电容及其与电池组合系统等关键零部件开发。到2015年，纯电动汽车、动力电池、电驱动系统功率密度等新能源汽车与关键零部件主要技术指标均达到国内领先水平；到2020年达到国际先进水平。

2. 加强企业自主创新能力建设。加强财税政策引导，激励企业增加研发投入，不断提高研发投入占销售收入的比重。支持企业与高等院校、科研院所共建高水平的技术开发机构，参与国家或省科技计划和重大工程项目。鼓励以骨干企业为主体、科研机构和高等院校共同参与，实施重大技术创新项目，引导创新要素向企业集聚，提高企业核心竞争力。到2015年骨干企业研发投入占销售收入的比重力争超过5%。

3. 加强公共技术创新平台建设。以省科学院自动化研究所（省汽车电子技术重点实验室）为核心，联合省内外高校汽车工程学院及新能源汽车和关键零部件企业，组建山东省新能源汽车行业技术中心。鼓励整车企业、科研院校、关键零部件企业，建立跨行业的技术创新联盟，搭建节能与新能源汽车共性技术研发平台，整合资源，加强合作，对新能源汽车关键共性技术进行联合研发，为新能源汽车产业发展提供有力的技术支撑。

4. 加强人才队伍建设。积极引进省外和海外的创新领军人才，尽快形成山东新能源汽车产业的人才高地。鼓励企业与高等院校、科研院所进行人才共建，加强人才培养和培训，促进创新型、应用型、复合型、技能型人才的培养。引导企业建立科学合理的薪酬制度和完善的人才激励政策，鼓励企业实行股权、期权、技术入股等多种形式的激励机制，促进高素质人才向新能源汽车产业集聚。

（二）构建产业发展支撑体系

充分利用现有产业基础，依托骨干企业和重点地区，加大资金投入，尽快形成集约化、规模化产业发展格局。

1. 加快发展一批具有较强竞争力的新能源汽车生产企业。综合评估企业生产条件、技术开发能力、产品技术水平等要素，以济南青年汽车、中通客车等8至10家企业为重点，在产品技术开发、重大项目建设等方面给予连续扶持，使其迅速成长为自主创新能力强、产品技术水平高、市场竞争力强、年生产乘用车超过10万辆（商用车超过2万辆）的新能源汽车生产企业，成为全省新能源汽车产业发展的主体。

2. 培植壮大一批新能源汽车关键零部件优势企业。充分发挥新能源汽车关键零部件财政扶持资金的引导作用，加大对企业产品技术开发、重大产业化项目的扶持力度，在动力电池、驱动电机、电控系统、节能环保发动机、高效变速器等关键零部件领域，集中择优扶持10至15家（每个领域2至3家）重点企业，使其成为创新能力强、技术水平高、生产规模大、年销售额过10亿元的“专精特新”企业，成为配套支撑新能源汽车生产的重要基础。

3. 培育形成一批新能源汽车产业发展集聚区。按照优化产业布局、提高配套效率、延伸产业链条、增强区域竞争力的要求，发挥新能源汽车自主创新示范园区扶持资金的导向作用，引导企业、资金、技术、人才等生产要素向优势区域集聚，尽快将济南、聊城等3至5市培育成为以新能源汽车企业为核心、关键零部件企业为支撑、年营业收入过百亿元的新能源汽车产业集聚区，成为我省新能源汽车产业发展的重要载体。

（三）加快推广应用和示范试点

节能汽车具有燃油经济性好、污染排放少的特点，要加快普及应用。新能源汽车和低速电动车均处于产业化初期，需要加大政策支持力度，积极开展示范推广和市场培育，推动技术进步和产业发展。

1. 积极推广应用节能汽车。以城市公交、班线旅游、出租、物流运输等公共服务领域为节能汽车推广重点，大力推广油电或气电混合动力等先进节能技术汽车。加快城市周边、高速和国道省道沿线天然气（包括液化天然气）、氢燃料、生物燃料等经营网点规划建设，促进替代燃料汽车推广应用。严格执行国家汽车燃料消耗量限值规定，加强汽车尾气排放检测管理，加快老旧汽车淘汰步伐。认真落实国家鼓励节能汽车消费的相关政策，推动节能汽车在全省各地快速普及应用。到2015年，全省公交、旅游、出租行业节能汽车比重达到50%，物流运输行业达到10%；到2020年节能汽车得到全面普及应用。

2. 大力推进新能源汽车示范推广。以城市公交、机关团体通勤、景区游览、厂区参观等领域为重点，加快推广大中型新能源客车，总结济南、青岛等市示范推广试点经验，扩大示范推广范围，在全省17个设区市全面示范推广新能源客车。以行政执法、环卫、快递等领域为重点，加大政府采购力度，重点推广新能源乘用车和中小型客车及新能源专用车。鼓励出租车行业和私人消费者购买使用新能源乘用车。到2015年，全省新能源汽车保有量力争达到10万辆；到2020年超过50万辆。

3. 扎实做好低速电动车示范试点。积极争取国家将我省确定为低速电动车试点省，支持有条件的市开展低速电动车示范试点，以低速电动车重点生产企业所在地（县、市）为试点区域，建立生产企业与车辆运行状态信息跟踪反馈机制，完善车辆牌照、道路规则、保险及电池回收等相关管理办法，及时总结示范试点经验，适时扩大推广使用范围，促进低速电动车规范有序发展。

（四）完善智能充换电服务网络

加强充电设施接网、车网融合等关键技术开发和应用，支持发展各类充、换电方式，现阶段以换电为主、插充为辅，满足新能源汽车市场化发展需要。将充换电设施纳入城市综合交通运输体系规划和城市建设与公共服务相关行业规划，科学确定建设规模和选址分布，以公交车站、大型公共停车场、高速公路服务区和居民小区为重点，积极推进智能充换电服务网络建设。加大投资和政府扶持力度，根据当地电力供应和土地资源状况，因地制宜，适度超前建设慢速充电桩、公共快速充换电站等设施。充分发挥电网企业建设与服务的主体作用，吸引社会资金参与充换电站建设，鼓励成立独立运营的充换电企业，建立科学合理的充换电服务价格体系，引导消费者合理选择充电时段，逐步实现充换电设施建设和管理市场化、社会化。到2015年，全省投运充换电设施3000个以上；到2020年，建成覆盖全省、布局合理、标准统一的智能充换电服务网络，充分满足新能源汽车产业发展需要。

（五）加快新能源汽车重大项目建设

将新能源汽车重大建设项目作为各级政府服务的重点，保证水、电、汽、土地等生产要素供应。按照以企业为主体、政府引导和市场化运作的原则，多渠道筹措资金，加快重点企业、重点项目建设进程，重点支持以新能源客车、新能源乘用车、新能源专用车及关键零部件为主的关系全省新能源汽车产业发展大局的重大建设项目。省里每年在节能专项、技术改造、科技创新、新能源汽车专项资金安排上给予倾斜，促进产业快速发展。

（六）推进企业联合重组与合资合作

按照汽车工业发展要求，遵循市场经济发展规律，发挥政府导向作用，积极推动企业联合重组与合资合作，加快培育具有较强竞争力的大型企业集团。支持拥有国家公告资质的新能源汽车企业兼并重组省内企业，整合资源，提高研发和生产能力，扩大市场优势。引导具备条件的低速电动车企业与省内外有资质的企业进行联合重组，发展纯电动乘用车，使其生产设施尽快发挥经济效益。鼓励关键零部件企业与国内外优势企业进行合资合作，提高产品技术水平，扩大生产规模，尽快发展成为技术水平高、生产规模大、品牌影响力强的大型新能源汽车关键零部件企业。

五、强化措施，为节能与新能源汽车产业发展提供有力保障

（一）加大财政支持力度。省级财政要进一步优化专项资金支出结构，加大投入，支持节能与新能源汽车推广应用，重点支持关键共性技术研发、提高创新能力建设、新能源汽车产业化等。各市要结合实际，建立新能源汽车产业发展专项资金，加大支持力度，形成上下配套联动的资金投入机制，着力推进节能与新能源汽车产业发展。

（二）加强金融信贷支持。引导商业银行调整优化信贷结构，积极支持节能与新能源汽车产业发展。每年筛选确定一批省级项目、重点产业链和重点产业基地，搞好与金融机构的对接，争取更多的信贷资金扶持。积极争取政策性银行的扶持，鼓励政策性信贷资金向新能源汽车产业倾斜。支持符合条件的企业在境内外上市融资，支持各级设立节能与新能源汽车创业投资基金。引导专业担保公司为新能源汽车企业提供担保，扩大担保资金总量，为新能源汽车产业发展提供服务。

（三）完善相关管理办法。各市要制定和落实新能源汽车示范运行安全管理办法，加强车辆运行监控，确保人民群众生命财产安全；要制定动力电池回收利用管理办法，建立动力电池梯级利用和回收管理体系，引导动力电池生产企业加强对废旧电池的回收利用，鼓励发展专业化的电池回收利用企业，加强监督管理，严格落实各项环保规定，严防重金属及其他污染；要结合本地实际，制定相关扶持办法，鼓励消费者购买使用节能与新能源汽车。将节能与新能源汽车推广应用纳入节能减排目标考核体系，建立完善考核管理办法，以城市公交、班线旅游、出租、物流运输等公共交通领域为重点，推动节能与新能源汽车推广应用。

（四）优化产业发展环境。大力发展有利于扩大节能与新能源汽车市场规模的专业服务、增值服务等新业态，建立新能源汽车金融信贷、保险、租赁、物流、二手车交易等市场营销和售后服务体系，发展新能源汽车及关键零部件质量安全检测服务平台。认真实施“节能与新能源汽车示范推广应用工程”，落实国家支持节能与新能源汽车产业发展和鼓励消费的有关政策，研究制定新能源汽车停车费减免、充电费优惠等扶持政策，为节能与新能源汽车产业创造良好的发展环境。

（五）建立产业发展协调机制。成立由省经济和信息化委牵头，省发展改革委、科技厅、财政厅、环保厅等部门参加的新能源汽车产业发展工作协调机制，研究制定促进产业发展的政策措施，协调解决产业发展中的重大问题，合力推进节能与新能源汽车产业加快发展。成立由省交通运输厅牵头，省发展改革委、财政厅、住房和城乡建设厅、电力公司等部门参加的新能源汽车示范推广工作协调机制，研究制定促进新能源汽车示范推广的政策措施，协调解决示范推广中的重大问题，合力推进节能与新能源汽车推广应用。成立由省发展改革委牵头，省财政厅、国土资源厅、住房和城乡建设厅、交通运输厅、环保厅、电力公司等部门参加的新能源汽车充换电设施建设工作协调机制，研究制定相关工作措施，协调解决充换电设施建设中的重大问题，合力推进充换电设施建设。

山东省人民政府

二〇一二年九月十三日

8. 广东省战略性新兴产业发展“十二五”规划（新能源汽车节选）

前言

战略性新兴产业是以重大技术突破和重大发展需求为基础，对经济社会全局和长远发展具有重大引领带动作用，知识技术密集、物质资源消耗少、成长潜力大、综合效益好的产业。当前，全球经济竞争格局正在发生深刻变革，科技发展正孕育着新的革命性突破，发展战略性新兴产业成为世界主要国家抢占新一轮经济和科技发展制高点的重大战略选择。面对世界经济格局的变革与调整新趋势，国家着眼于我国经济社会可持续发展，及时做出加快培育和发展战略性新兴产业的重要决定，把战略性新兴产业培育成为国民经济的先导产业和支柱产业。

省委、省政府认真贯彻落实国务院决策部署，把加快培育和发展战略性新兴产业作为推进产业结构调整和转型升级，加快经济发展方式转变，建设幸福广东的重要举措和突破口，按照“有所为，有所不为”的原则，确定了高端新型电子信息、新能源汽车、半导体照明（LED）、生物、高端装备制造、节能环保、新能源和新材料等领域作为我省重点培育和发展的战略性新兴产业。

根据《关于贯彻落实国务院部署加快培育和发展战略性新兴产业的意见》（粤府〔2011〕87号）的要求，为进一步推动我省战略性新兴产业发展，特编制《广东省战略性新兴产业发展“十二五”规划》。本《规划》是我省“十二五”重点专项规划，是我省培育和发展战略性新兴产业的指导性文件。

一、发展基础与面临形势

（一）发展基础

近年来，我省战略性新兴产业发展迅速，日益成为新的经济增长点，在全国战略性新兴产业发展中具有举足轻重的地位。

1. 产业规模位于全国前列。2010年全省战略性新兴产业规模达1.1万亿元，增加值2800亿元，居全国前列。其中，高端新型电子信息产业产值约4848亿元，增加值约1212亿元；新能源汽车动力电池产量约占全国的40%，居全国首位，部分混合动力汽车、纯电动汽车和液化天然气（LNG）客车车型已开始批量生产；LED封装产量约占全球一半，2010年全行业总产值约800亿元；生物医药成为我省重要支柱产业之一，各项经济指标居全国前列；新材料、新能源、节能环保等产业发展迅速；轨道交通装备、航空等产业技术进步和发展速度走在全国前列。

2. 掌握了一批关键核心技术。在高端新型电子信息、新能源汽车、LED三大领域共申请专利1800多项，其中发明专利300多项，取得突破性技术50多项。如广晟数码技术有限公司自主研发并具有自主知识产权的“数字音频编解码技术规范（DRA）”成为国家标准和国际蓝光光盘标准。东莞宏威数码机械有限公司自主研发的国内首条薄膜太阳能电池生产线顺利投产。深圳华星光电技术有限公司自主建造的国内8.5代液晶平板显示（TFT-LCD）生产线成功试产。在新材料领域，取得了纳米冷阴极及其器件制备、木质素磺酸盐资源化高效利用的改性技术、新型高分子光电功能材料及发光器件制备、微胶囊电泳显示的电子纸制备等重要成果。

3. 拥有一批行业龙头骨干企业。培育发展了一批核心竞争力较强的战略性新兴产业龙头骨干企业，华为、中兴、广晟、TCL、彩虹、金发科技、风华高科、比亚迪、晶科电子、达安基因等公司已分别发展成为我国电子信息、改性塑料、电子元器件、电动汽车、大功率LED芯片、分子诊断行业的龙头企业。广药集团、联邦制药、三九医药、丽珠集团、康美药业等发展成为生物医药领域的优势骨干企业。中山明阳电器成为国内风电领域的主要设备供应商之一。

4. 初步形成产业集聚发展态势。珠三角地区已成为全国半导体照明、新型显示、太阳能光伏和生物医药产业的集聚地。其中，广州成为全国信息、软件、生物、新材料产业基地；深圳成为全国电子信息、生物医药、电动汽车等产业基地；深圳、佛山、东莞、河源等地成为太阳能光伏产业聚集地。新一代通信、新型显示和软件业已发展成为规模超千亿元的大产业。

但同时必须看到，我省的战略性新兴产业发展还处于培育阶段，仍存在产业链尚不完整，产业自主创新能力不强，产品附加值较低，产业同构化明显，市场有待培育，规划引导和政策支持有待加强等问题。

（二）面临形势。

1. 国际环境。当前，全球经济竞争格局正发生深刻变革，世界主要发达国家和地区为振兴经济、获取发展新优势，纷纷制定新的国家发展战略，加大科技投入，加速重大科技成果转化，加快新兴技术和产业发展布局，培育后国际金融危机时代引领全球经济的新能源、新材料、生物、新通信、节能环保等新兴产业，努力抢占新一轮科技经济竞争制高点。全球进入空前的创新密集和产业振兴时代，科技发展正孕育着新的技术革命和产业革命，一场绿色能源科技和低碳经济发展的浪潮正在全球掀起。世界经济格局的大调整，为我国深度参与国际产业分工，缩短与发达国家发展战略性新兴产业的差距，调整优化产业结构等带来难得的历史机遇，有利于我国站在高起点上构建国际竞争新优势、掌握发展主动权。但另一方面，当前发达国家对新兴产业关键核心技术特别是专利技术的封锁，国际技术性贸易壁垒日益严峻，也为我国引进顶尖技术、消化运用国际产业革命最新成果带来新挑战。

2. 国内环境。我国正处于经济社会发展的战略转型期和全面建设小康社会的关键时期，面临着日趋紧迫的人口、资源和环境压力，现有发展方式难以为继，必须深入贯彻落实科学发展观，加快形成新的经济增长点，突破资源环境瓶颈制约，促进产业结构升级和经济发展方式转变。党中央、国务院审时度势，把培育和发展战略性新兴产业作为经济结构调整的重点方向，做出加快培育和发展战略性新兴产业的战略部署，明确“十二五”期间有序发展新一代信息技术、节能环保、生物、高端装备制造、新能源、新材料、新能源汽车等七大产业，为全国各地发展战略性新兴产业指明了方向。根据国家部署，各地纷纷制订出台了鼓励战略性新兴产业发展的政策措施，以培育和发展战略性新兴产业为重点的新一轮地区之间资金、技术、人才、标准、市场等资源配置竞争更加激烈，给广东抢占发展先机带来新挑战。

3. 省内环境。经过30多年的高速发展，我省已具备较强的经济实力和综合竞争力，为培育和发展战略性新兴产业提供了基础设施、研发创新、人才培育、产学研合作等必要保障。特别是随着《珠江三角洲地区改革发展规划纲要（2008—2020年）》的实施，珠三角产业一体化格局加快形成，为促进战略性新兴产业发展营造了良好的环境，奠定了坚实的基础。

二、总体要求

（一）指导思想

深入贯彻落实科学发展观，把握世界技术和产业发展历史机遇，结合广东经济社会发展的现有基础、独特优势和现实需求，以调整和优化产业结构为主线，以体制创新和技术创新为动力，以抢占世界产业发展制高点为目标，立足自主创新，强化政策支持，促进产业规模显著扩大、技术水平显著提升、产业支撑体系显著完善、企业市场竞争力显著增强，推动战略性新兴产业成为主导产业和支柱产业，将广东建设成为全国战略性新兴产业发展的重要策源地和高端产业集聚地，成为国家战略性新兴产业发展示范区。

（二）基本原则

1. 坚持市场主导与政府推动相结合。利用我国市场需求的巨大优势，充分发挥市场配置资源的基础性作用。加强政府规划引导、政策激励和组织协调，为战略性新兴产业发展营造良好的市场环境，拉动产业快速发展。

2. 坚持自主发展与开放合作相结合。突出自主创新，坚持原始创新和集成创新，强化引进消化吸收再创新，充分利用全球创新资源，掌握具有自主知识产权的关键核心技术，促进创新成果转化，以新技术突破带动形成新产业。

3. 坚持着眼当前与谋划长远相结合。选择我省最有基础和条件的优势产业作为突破口，统筹规划、系统布局、集中资源、重点突破、分步实施、有序推进，实现产业重点领域跨越发展与整体协调发展。

4. 坚持项目引领与产业集聚相结合。以重大项目为支撑，以产业基地为载体，以骨干企业为依托，培育完善产业链，打造一批创新能力强、创业环境好、特色鲜明的战略性新兴产业基地，形成一批产业链完善、辐射带动作用强的战略性新兴产业集聚区。

（三）发展目标。

到2015年，高端新型电子信息、新能源汽车、LED三大产业率先突破，生物、高端装备制造、节能环保、新能源和新材料等产业初具规模，全省战略性新兴产业总产值突破2.5万亿元，增加值占生产总值比重达到10%左右，对经济增长的贡献率显著增强；在主要领域突破掌握一批具有自主知识产权的关键技术和标准，自主创新能力和产业技术水平显著提升；形成一批具有国际影响力的大企业和创新力强的中小企业，企业实力显著增强；形成3～5个产业链较完整、配套体系较完善、产值超千亿元的新兴产业集群，产业体系进一步完善。

三、产业发展重点

（一）高端新型电子信息产业

（二）新能源汽车产业

充分依托现有产业基础，以技术创新、产业化、示范应用和环境建设为重点，大力发展新能源汽车产业，到2015年形成20万辆以上新能源汽车（含中、重混动力汽车）综合生产能力。

1. 整车制造。重点发展插电式混合动力、纯电动和中混以上混合动力客车及乘用车，鼓励发展特种用途电动汽车、新一代轻型纯电动汽车和LNG汽车，支持新能源汽车整车生产企业和项目获得国家核准和行业准入。布局发展燃料电池汽车等其他新能源汽车。

2. 关键零部件。围绕新能源汽车整车生产项目，规划、整合、发展上游配套企业，重点发展新能源汽车动力电池、驱动电机和电控等关键零部件。动力电池方面，重点发展动力锂离子电池及其管理系统，支持优化发展镍氢动力电池；支持燃料电池研发及产业化，鼓励发展下一代高比能动力电池；加快发展锂离子电池隔膜等关键材料。电机方面，重点发展大功率永磁电机及其控制系统，加快发展永磁电机耐高温材料、电力电子模块、高可靠控制器等配套产品。在电控方面，重点发展电动汽车整车控制系统，加快开发混合动力多能源管理系统，积极发展大功率车用绝缘栅双极晶体管（IGBT）等车用功率型电子元器件。积极发展车用电动助力转向、能量回馈式电动助力制动、电动空调以及LNG储气罐等零部件。

3. 应用环境建设。加快新能源汽车充电、充气、维护等基础设施建设，探索裸车销售、电池租赁、整车租赁、快换电池等新型商业模式。完善新能源汽车技术研发、检测和试验公共服务平台，争取建设国家级新能源汽车质量监督检验中心。在现有国家、行业标准的基础上，进一步研究制定新能源汽车的能量消耗、污染物排放等地方标准，率先建立较为完善的新能源汽车地方标准体系，支持成熟的地方标准申请成为行业和国家标准。

（三） LED 产业

（四） 生物产业

（五） 高端装备制造产业

（六） 节能环保产业

（七） 新能源产业

（八） 新材料产业

四、产业空间布局

（一） 总体空间布局

1. 研发创新轴。

2. 主体产业带。

3. 特色产业带。

（二） 重点产业布局

1. 高端新型电子信息产业。

2. 新能源汽车产业。促进产业集聚发展，建设一批新能源汽车整车生产项目，支持深圳市建设国内领先的电动汽车研发与产业化基地，广州市建设国家新能源汽车产业基地，珠海、佛山、中山、梅州市建设广东省新能源汽车产业基地，形成“二大四新”整车生产格局。围绕整车生产项目发展上游关键零部件配套产业，积极打造新能源汽车产业链。推进深圳、珠海、惠州、东莞等地建设锂离子动力电池生产基地，推进中山市建设电机驱动产业基地，支持深莞惠、广佛地区发展电控以及电动空调、电动助力转向、电动助力制动等电动化附件产业，打造珠江口岸新能源汽车关键零部件产业带。鼓励江门、肇庆等地以及环珠江三角洲地区引导当地优势产业向新能源汽车延伸，发展新能源汽车零部件、结构件、元器件、材料等相关配套产业，形成环珠三角新能源汽车配套产业带。

3. LED 产业。

4. 生物产业。

5. 高端装备制造产业。

(1)航空装备。

(2)轨道交通装备。

(3)海洋工程装备。

(4)智能制造装备。

6. 节能环保产业。

(1)节能产业。

(2)环保产业。

7. 新能源产业。

(1)核电。

(2)太阳能。

(3)风电。

8. 新材料产业。广州以新材料国家高技术产业基地为核心，发展优势特色新材料产业，重点建设新材料创新平台、改性塑料生产基地和碳纤维生产基地，形成国家级新材料产业重要基地。深圳加快建设电子信息材料、纳米材料、二次电池材料、超材料（新型特种功能材料）产业基地。珠海重点发展有机高分子材料、电子化学品、二次电池材料产业基地。汕头重点发展新型锆材料、高端锆产品，特种玻璃、超净高纯电子化学品、云母新材料等产业。佛山依托国家火炬计划佛山新材料产业基地，重点建设高端金属结构材料、新型无机非金属材料、先进高分子材料和高性能复合材料产业基地。韶关重点建设先进金属材料、高性能稀土材料、特种功能涂料、环境友好材料产业基地。河源重点建设稀土发光、硬质合金及新型特种功能材料产业基地。惠州重点建设新型显示材料、二次电池材料、稀土金属材料、石油化工精细化学品产业基地。东莞重点建设电子基材研究生产基地和半导体照明材料、太阳能光伏材料、二次电池材料产业基地。中山重点建设新型电子材料、特种功能涂料、环境友好材料产业基地。江门重点建设纺织化纤、新能源材料、磁性材料产业基地。茂名重点发展石化新材料产业基地。肇庆重点建设高纯稀土、电子功能材料、稀土金属功能材料产业基地。清远重点建设光电子材料、高纯度稀土材料以及轻质高强度结构型材产业基地。云浮重点建设纳米级粉体材料、精细化工新材料产业基地。

五、主要任务

（一） 产业发展创新工程

1. 加强技术攻关与产业化。

2. 提升自主创新能力。

3. 深化政、产、学、研合作。

4. 强化知识产权和技术标准工作。

（二） 骨干企业培育工程

1. 实施骨干企业培育计划。

2. 建设骨干企业重大项目。

（三） 产业集聚发展工程

1. 建设产业核心区。

2. 打造重大产业基地。

3. 推进重大项目建设。

4. 完善产业配套体系。

（四） 市场应用示范工程

坚持以应用促发展，积极探索创新战略性新兴产业产品市场应用的商业模式。重点围绕新能源汽车、LED、新能源等领域，研究制定重大技术和产品示范应用优惠政策，实施重大应用示范工程，引导消费模式转变，培育市场，拉动产业发展。支持广州、深圳市开展国家节能与新能源汽车推广应用试点，实施广东省新能源汽车推广应用示范工程，推动电动汽车、LNG 汽车等新能源汽车在公交、出租、公务、市政和家用领域的应用，推动珠三角地区成为国家新能源汽车产业发展与推广应用试点示范区，全省新能源汽车示范应用规模达5万辆。扩大LED照明示范应用规模和范围，建设300万盏户外照明灯具、3000万只LED室内照明灯具，以及10个左右LED照明综合应用示范区。探索以“合同能源管理”方式在大型社区、公园、空旷道路等照明设施中推广应用风光互补照明装置。发挥我省海岸线长、海岛多、风力资源丰富的优势，规划建设若干海上风力发电示范电场。抓住国家实施“节能惠民”、“金太阳示范工程”、“三网融合试点”和“新能源汽车应用试点”等项目的有利时机，努力开拓我省战略性新兴产业国内市场。

（五）产业国际合作工程

加快推进我省战略性新兴产业的生产经营国际化，进一步深化合作领域，拓展国际市场，充分利用两种资源、两个市场，加快我省战略性新兴产业发展。

1. 深化国际合作领域。提升承接和吸纳国际产业转移的规模和能力，大力引进著名跨国企业在我省建设产业化项目和设立研发机构。支持企业实施走出去战略，与国外先进企业建立合作伙伴关系，鼓励有条件的企业通过境外注册商标、境外收购等方式，到出口目标市场设立研发机构、生产基地，在国外申请专利，开展国际并购，培育具有国际竞争力的跨国公司。鼓励我省企业吸引国际风险投资，到海外上市，拓宽融资渠道。积极引进国际战略性新兴产业领军人才和创新团队到广东讲学或开展研究工作。积极支持企业参与国际重大前沿技术的研究开发和国际标准的制定。积极应对国际知识产权争端和技术性贸易壁垒。

2. 加强粤港澳台合作交流。充分发挥香港连接国际市场的桥头堡作用，帮助广东企业走出去拓展国际市场，吸引国际资本、技术和人才向广东转移。建设粤港澳联合创新区，实施广州—深圳—香港创新主轴战略，打造区域创新中心。加强与香港高校、研发机构合作，推进重大科研成果在广东实现产业化。支持粤港两地企业联合开展战略性新兴产业关键共性技术攻关，联合设立研发机构，加强粤港澳知识产权服务业合作。加强与台湾在战略性新兴产业领域的深度合作，特别是在光电产业、LED和新能源汽车领域加大合作力度，抓住广东台资企业转型升级的机遇，带动形成台资企业投资广东战略性新兴产业热潮。

（六）人才引进培养工程

1. 大力引进领军人才。

2. 大力培养尖端人才。

3. 大力培养职业技能人才。

六、保障措施

（一）强化组织协调

（二）加强政策扶持

（三）深化体制改革

广东省人民政府办公厅

二〇一二年三月六日

附件2 广东省战略性新兴产业重大项目表（节选）

序号	项目名称	建设单位	建设内容及规模	起止年限	总投资（亿元）	所在地区
	合计148项，总投资3885.88亿元。					
一、新端新型电子信息产业（共33项，合计投资756.22亿元）						
二、新能源汽车产业（共12项，合计投资153.2亿元）						
34	陆地方舟新能源汽车项目	深圳陆地方舟电动汽车有限公司	年产20万辆电动车的生产基地及配套体系	2011—2016	24.30	佛山
35	新能源汽车二期建设项目	深圳市五洲龙汽车有限公司	形成年产各类客车1万辆生产能力	2010—2013	18.80	深圳
36	自主品牌混合动力轿车开发项目	广州汽车集团股份有限公司	基于广汽集团首款自主品牌乘用车底盘平台，研发与生产适应国家环保、节能、安全法规要求的先进混合动力四驱车	2009—2012	1.00	广州
37	高性能磷酸铁锂动力电池和高效钛酸锂储能电池	珠海银通新能源有限公司	形成年产10亿安时新型磷酸铁锂电池和高效钛酸锂储能电池，1万辆新能源大巴车（包括纯电动、混合动力和LNG车）和10万套电动车动力总成的能力	2004—2015	50.00	珠海
38	年产3.63亿安时汽车镍氢动力电池总成扩产项目	中山中炬森莱高技术有限公司	形成年产不同型号汽车镍氢动力电池3.63亿安时的生产能力	2011—2015	13.15	中山

续表

序号	项目名称	建设单位	建设内容及规模	起止年限	总投资(亿元)	所在地区
39	基于锂离子电池体系的储能与动力电池系统	惠州亿纬锂能股份有限公司	建设储能锂离子电池关键材料研发、测试和产业化平台，形成规模超100亿安时的储能动力电池生产能力	2010—2015	10.00	惠州
40	电动汽车动力电池	惠州市德赛集团有限公司	建设电动汽车动力电池电芯、BMS与电池包的研产销软硬件，形成年产50万台套的产销能力	2010—2014	8.00	惠州
41	动力型锂离子电池及电动汽车电池的研发和产业化	东莞市迈科科技有限公司	购置涂布机、冷压机、动力电池化成与分容等主要生产设备，配套X—RAY机和短路测试机等检测仪器，并配备起重运输设备及设备、工位器具等。扩建5万平方米的生产厂房（分2期建设）	2010—2012	5.00	东莞
42	电动汽车用电源材料项目	江门市芳源环境科技开发有限公司	建设规模15万平方米，形成年产混合动力汽车用镍氢电池正极材料1万吨和纯电动汽车用锂电池正极材料5000吨的生产能力	2010—2013	10.00	江门
43	新能源电池动力系统专用氢气加湿泵、滤化压缩机、高效电机的研发	佛山市广顺电器有限公司	研发新能源电池动力系统专用氢气加湿泵、滤化压缩机、高效电机	2010—2015	5.70	佛山
44	锂离子电池膜项目	佛山塑料集团股份有限公司	形成年产6000万平方米锂离子电池膜的能力；二期产能扩至1.2亿平方米	2010—2012	2.05	佛山
45	新能源动力及控制系统产业化	中山大洋电机股份有限公司	形成年产车辆驱动电机及控制系统3万套的能力	2009—2012	5.20	中山

三、LED产业（共13项，合计投资116.36亿元）
四、生物产业（共25项，合计投资176.5亿元）
五、高端装备制造产业（共14项，合计投资1644亿元）
六、节能环保产业（共12项，合计投资244.85亿元）
七、新能源产业（共19项，合计投资605.36亿元）
八、新材料产业（共20项，合计投资189.4亿元）

＊注：

1. 以上重大建设项目是从省战略性新兴产业100强项目以及各地市、省直各部门推荐的战略性新兴产业重点项目中择优选出，各项目主体在具体实施规划项目时须按规定办理立项、土地、环保、安全等相关手续。
2. 对项目实行动态管理，建立项目遴选跟踪评估制度，根据实际情况定期对项目清单进行调整，确保入选项目符合相关产业发展规划。

9. 江苏省新能源汽车产业发展行动计划(2012年)

为全面贯彻落实《江苏省汽车产业调整和振兴规划纲要》《江苏省新能源汽车产业发展专项规划纲要》《江苏省新能源汽车推广应用指导意见》，加快新能源汽车研发创新和产业化步伐，提升江苏汽车产业竞争力，特制定2012年新能源汽车产业发展行动计划。

一、年度目标

以整车产品规模化、重要部件本地化、关键技术自主化、产品应用多样化为主要目标，加快新能源汽车整车和车用发动机、动力电池及管理系统、驱动电机及控制系统、车用附件（电转向、电空调、电制动等）等关键部件的研发制造步伐，培育若干整车产品和关键部件自主品牌。初步建立以科研院所为支撑、骨干企业为主体、品牌产品占市场、示范应用促产业的研发、制造、应用、服务体系；示范运行的混合动力汽车实现批量生产和销售，纯电动汽车实现小批量生产和销售；加快新能源汽车推广应用步伐和配套基础设施建设，示范运行的车辆进一步增加、范围进一步扩大。

力争列入国家汽车产品公告和推荐车型目录的新能源汽车产品数量新增20个、累计超过45个。力争全省新能源汽车产业年销售收入达到180亿元。

二、工作重点

（一）加大示范推广应用力度。按照《江苏省新能源汽车推广应用指导意见》，做好南京、苏州、南通等省内第一批试点城市新能源汽车推广应用工作，今年形成一定的运行规模。积极推荐并争取将南京市列入国家“十城千辆”示范运行城市。做好试点城市新能源汽车（包括电动汽车）推广应用车辆的选型、推荐工作和示范运行方案，改善推广使用环境，探索运营管理模式，重点在公交、环卫、邮政、园区等公共服务领域推广应用电动汽车。督促企业在示范应用产品上安装实时监控系统，加强示范运行的跟踪监督。

（二）加快突破关键核心技术。加强产学研合作，联合整车企业、零部件重点企业、相关高校和科研院所，充分发挥各方优势，大力组织开展动力电池及其管理系统、驱动电机及控制系统、动力系统总成、整车系统集成等核心技术和关键产品研发，突破电池能量密度、电池组控制、充换电等关键技术，推进电池、电机、电控等核心零部件的产业化，抢占新能源汽车产业制高点，提高产业核心竞争力。

（三）加强产业协作配套。重点支持部分规模较大、技术较强的整车企业和动力电池、驱动电机等关键部件企业，积极打造以龙头企业为核心、上下游配套的比较完整的新能源汽车产业链。加强汽车企业和电池等关键零部件企业的协同开发，以整车带动部件，以部件促进整车，增强我省整车与关键零部件配套能力，推动我省新能源汽车产业全面协调发展。

（四）积极培育特色产业基地。充分利用现有重点企业的技术优势和产品优势，引导和促进产业链上下游企业集聚集约发展，加快培育新能源汽车整车和零部件特色产业基地。在现有常州、盐城新能源汽车产业基地的基础上，再组织认定若干省级新能源汽车整车和动力电池及管理系统、驱动电机、电控系统、车用附件等零部件特色产业基地，增强我省新能源汽车产业的整体实力。

三、工作措施

一是落实相关配套政策。认真贯彻国家、省汽车产业政策，做好与国家、省有关部门的衔接，落实好有关新能源汽车研发、企业和产品市场准入、产业化项目、示范运行配套基础设施建设等方面的财政、税收优惠政策，以及节能与新能源汽车示范推广中央财政补贴政策。组织实施《江苏省新能源汽车推广应用指导意见》，与省有关部门实施《江苏省新能源汽车产业专项推进方案》，明确工作重点，创新推进措施，促进我省新能源汽车产业科学健康发展。

二是支持创新能力建设。鼓励和引导企业加大研发投入，加强以新技术、新产品为核心的自主创新能力建设。积极培养引进高水平的专业技术人才，建立一支高素质的技术开发队伍。协调和促成企业扩大与高等院校、科研机构的技术合作，建立长期稳固的合作关系，合力攻克核心技术。充分发挥省汽车行业协会、省新能源汽车产业联盟及其整车、电池、电机分会的作用，加强联盟成员单位合作，共享信息资源，共克共性技术难关，尽快突破影响企业长远发展和竞争力提升的核心技术，掌握一批具有自主知识产权的科技成果，为全省新能源汽车产业的发展提供引领和支撑。

三是加快基础设施建设。积极支持和配合有关部门加快新能源汽车示范运行、推广应用所需的充电、维护等基础设施规划和建设，加强与省有关部门和单位的沟通联系，做好全省范围内尤其是试点城市换（充）电站（桩）等新能源汽车运行配套设施的布局和建设，协助做好新能源汽车及相关设备招投标管理，促进我省新能源汽车示范运行环境的改善，推进我省新能源汽车产业化。

四是提供优质高效服务。及时宣传国家、省新能源汽车产业相关政策规划，及时发布产业发展相关信息。按照国家汽车产业政策和相关要求，为企业开展政策咨询和业务技术指导，做好企业新能源汽车产品的市场准入和产品示范运行的协调和服务工作。帮助相关企业做好新能源汽车兼并重组、目录资源争取、项目建设推进，尽早获得国家生产条件的准入审查许可。积极搭建交流合作平台，加强和推动行业内、企业间和国内外高校、科研院所的联合协作、对接洽谈、供需衔接。组织开展专题讲座、信息交流、技术合作等有关主题活动。

江苏省经济和信息化委员会

二〇一二年三月二十八日

10. 江苏省新能源汽车推广应用指导意见

为贯彻落实国家和省《汽车产业调整和振兴规划》，促进节能减排，优化能源消费结构，加快资源节约型、环境友好型社会建设，根据国家有关部委关于开展节能与新能源汽车示范推广试点工作的部署要求，结合我省实际，现就新能源汽车推广应用工作提出如下指导意见：

一、总体思路

以科学发展观为指导，按照“政府引导、市场配置、企业运作”的原则，鼓励和支持有条件的城市在公交、出租、公务、环卫、邮政、电力等公共服务领域以电动汽车为重点，有计划、分阶段推广新能源汽车，有序建设新能源汽车应用试点城市。在推广应用中遵循以下原则：

（一）坚持阶段推广与全面推进相结合。采取“以点带线、由线到面”的推广方式，以建设试点城市和示范行业为切入点，逐步推广应用新能源汽车，进而实现在更广区域和更多领域的规模应用。

（二）坚持示范应用与产业发展相结合。按照“以示范带动市场、以市场促进产业”的思路，在全省有条件的地区推进新能源汽车应用示范，通过示范运营培育和扩大市场需求，进而实现节能减排和带动产业发展的双重目的。

（三）坚持政府推动与市场运作为主相结合。示范推广初期采取加强政府推动、鼓励市场参与的方式，努力培育推广环境，探索运营管理模式，重点在公共服务领域推广新能源汽车；条件具备时逐步过渡到以市场运作为主的推广应用。

二、发展目标

（一）2012—2014年，重点加快南京、苏州、南通新能源汽车应用试点城市建设，确保完成目标任务。

（二）2013—2015年，在总结经验的基础上，扩大试点推广范围，在无锡、常州、盐城、扬州、镇江等城市中选择有条件的地区继续开展新能源汽车推广应用。

（三）全省新能源汽车应用试点城市在3年试点期内分别推广应用新能源汽车1000辆以上，优先发展纯电动公交车、出租车，兼顾发展环卫、邮政、电力等公共服务领域纯电动汽车，鼓励相关企业事业单位和市民使用纯电动汽车，使纯电动汽车占所推广应用新能源汽车的50%以上。各试点城市可结合实际研究确定各类纯电动汽车及其他新能源汽车发展数量，报省审核同意后实施，各试点城市要优化充换电站建设布局，以满足需要。

三、重点任务

（一）培育新能源汽车应用试点城市

1. 确保完成国家节能与新能源汽车试点城市建设目标任务。南京市要加快创建国家节能与新能源汽车试点城市。南京、苏州、南通等试点城市要严格按照国家相关部委《节能与新能源汽车示范推广实施方案》中确定的各项任务要求，确保2014年年底前分别推广应用新能源汽车1000辆以上，并保证50%以上为纯电动汽车。试点城市新增公交、出租车应首先推广应用纯电动汽车。

2. 鼓励和支持无锡、常州、盐城、扬州、镇江等城市争创国家节能与新能源汽车试点城市，进入国家“十城千辆”工程范围，力争2013年年底完成创建申报工作，2015年完成试点任务，推广应用新能源汽车1000辆以上，其中50%以上为纯电动汽车。

3. 积极鼓励和推动新能源汽车的示范应用。将我省确定的试点城市积极争取列入国家“十城千辆”工程范围，并在国家财政补助政策的基础上，省、市财政再按照一定的比例配套支持纯电动汽车的示范应用。其他类型的新能源汽车，由各试点城市争取国家补助和自行补助。

4. 确保新能源汽车推广应用安全。各试点城市要建立新能源汽车事故预警信息系统及紧急处置机制。示范运营的插电式混合动力汽车、纯电动汽车要全部安装车辆运行技术状态实时监控装置，进行可靠有效的监控和管理。要加强对新能源汽车从业人员的专业技术培训，对车辆驾驶员、充电站从业人员、车辆维修人员等进行专业安全培训，考核合格后才能上岗。

（二）探索新能源汽车推广应用模式

1. 电动公交车方面。试点城市电动公交车应由本地区1~2家规模较大、管理经验丰富的公交公司采取公司化模式经营。运行线路应满足首末站较大、能够进行充换电站改造等条件，并满足纯电动公交车充换电需求，运行周期与纯电动公交车续航里程相吻合。车型选择上重点支持纯电动大巴，其续航里程应能达到180公里以上，安全性能好。

2. 电动出租车方面。试点城市电动出租车应采取公司化模式进行运营和管理，由本地区规模较大、管理经验丰富的出租汽车企业负责经营。纯电动出租车续航里程应能达到180公里以上，安全性能好。

3. 充换电站、充电桩建设和充换电服务方面。试点城市要本着“节约用地、确保安全”的原则，对加油（气）站点、充换电站、充电桩等建设统筹规划，统一布局，建设场地由试点城市公交公司或站场经营企业提供，如场地不能满足要求，由试点城市政府予以保障。采取“换电为主、插充为辅”模式集中充换电，电池完全充放电次数不低于2000次，重量比能量不低于110瓦时/公斤，由专业公司提供充换电服务。充换电收费可采取收取不高于用油（气）成本费用、电池租赁等多种形式。

（三）以示范应用带动产业发展

1. 以城市公共交通为重点，加快开发新能源客车。充分利用我省现有优势客车企业研发制造基础，加快开发具有自主知识产权的纯电动、混合动力大中型客车，完善制造工艺，提高质量水平，形成批量生产能力。充分利用我省大型企业集团整体优势和研发成果，加强自主研发、合作开发，加快发展纯电动乘用车。

2. 以各类市政用车和园区用车为重点，加快开发新能源专用车。围绕市政、邮政、电力等特种公用行业需要，加快发展纯电动、混合动力轻型商务专用车。根据风景区、开发区、高校园区和工业园区的特点，积极研发新能源观光客车和区内短途交通客车。积极开发具有自主知识产权的纯电动微型车以及其他特定场地新能源专用车。围绕节能减排、降低噪声，在邮政、电力、环保等领域和各类景区、园区，率先示范应用新能源专用车。

3. 培育新能源汽车产业基地。充分发挥现有客车企业优势，在南京、无锡、苏州、盐城、南通等地加快培育主要面向城市公交和公共服务领域、具有中等批量生产能力的大、中型及轻型新能源客车产业基地。在泰州、常州、苏州等地建设具有较大产业规模、较高技术水平的动力电池及管理系统特色产业基地。积极引导传统汽车零部件企业加快转型，促进骨干企业加速发展。在南京、常州、苏州、南通、镇江等地逐步形成具有一定产业规模、较强竞争力的驱动电机、电控系统等关键部件及专用材料特色产业基地。

四、保障措施

（一）加强组织领导。省成立以分管副省长为组长的协调小组，分管副秘书长，省发展改革委、经济和信息化委、科技厅、公安厅、财政厅、国土资源厅、环保厅、住房城乡建设厅、交通运输厅、质监局、安监局、物价局、电力公司分管负责同志以及试点城市分管副市长为成员。协调小组办公室设在省经济和信息化委，由分管副秘书长任主任，省经济和信息化委、科技厅、财政厅、交通运输厅分管负责同志为副主任。各试点城市要成立市长为组长的工作机构，建立工作协调机制，加强规划指导和统筹协调，有力有序推进电动汽车示范应用和产业发展。

（二）加大扶持力度。对购买使用纯电动汽车给予财政补贴，纯电动大巴车每辆除中央财政补贴 50 万元外，省财政补贴 20 万元，市财政补贴 30 万元；纯电动乘用车每辆除中央财政补贴 6 万元外，省财政补贴 2 万元，市财政补贴 4 万元。省补资金由省财政厅从财政预算、省级战略性新兴产业发展专项引导资金、省级节能减排专项引导资金等方面筹集安排，具体补贴办法另行制定。积极争取国家对电动公交车免收车辆购置税。对电动公交车和电动出租车按照燃油车辆类型申报国家燃油补贴。电动出租车运价与普通出租车运价一致，但不收取燃油附加费。实施电动出租车经营权有偿使用费用减免政策。此外，对电动汽车使用过程中的各种收费尽可能予以减免，具体办法由省物价局另行制定。省有关部门要加大对新能源汽车制造及关键零部件研发和技术攻关的支持力度。各试点市也要制定财政补贴政策和办法，并对充换电站、充电桩建设和充换电服务在规划、用地和建设运营等方面给予政策支持。

（三）探索运营模式。充分调动民营资本的积极性，在建设公交示范线路进行示范运营的基础上，积极探索民营资本与国有资本合作模式，通过租赁、特许经营等方式，加快新能源汽车的推广应用。

（四）完善发展环境。加强充换电站及其他维修保养等配套标准、体系建设。加大宣传力度，加强舆论引导，提高社会各界对新能源汽车的认知和接受程度，形成广大群众易于接受、乐于使用新能源汽车的良好氛围。

江苏省人民政府

二〇一二年三月二日

11. 浙江省人民政府关于加快节能与新能源汽车产业发展的实施意见

各市、县（市、区）人民政府，省政府直属各单位：

为贯彻落实《节能与新能源汽车产业发展规划（2012—2020 年）》、《中共浙江省委浙江省人民政府关于加快培育发展战略性新兴产业的实施意见》（浙委〔2011〕76 号）和《浙江省新能源汽车产业发展规划》，加快节能与新能源汽车产业发展，促进汽车产业技术进步和优化升级，抓住战略性新兴产业发展先机，推动经济转型升级，现提出如下实施意见：

一、重要意义

加快培育发展节能与新能源汽车产业，是有效缓解能源和环境压力、促进可持续发展的内在要求，是促进汽车产业技术进步和优化升级、构建竞争新优势的有效途径，是加快培育发展战略性新兴产业、促进经济发展方式转变的重要举措。我省是节能与新能源汽车研发和应用推广启动较早的地区之一，在关键技术研发、生产制造及示范应用等方面形成了一定的基础和先发优势。面对全球节能与新能源汽车技术不断突破、市场需求快速增长及国家扶持力度不断加大的良好机遇，各地、各有关部门必须充分认识加快培育发展节能与新能源汽车产业的重要意义，按照国务院的统一部署和省委、省政府的要求，强化组织领导，明确工作重点，创新体制机制，加大政策扶持，推进节能与新能源汽车产业加快发展。

二、指导思想和主要目标

（一）指导思想

坚持以科学发展观为指导，依托现有产业基础，以纯电动汽车为主攻方向，充分发挥企业的主体和主导作用，集聚科技、人才、资金等要素资源，加大扶持力度，优化发展环境，突出整车设计、关键技术研发、生产制造和商业模式创新等重点环节，以建设省级重点企业研究院为载体构建技术协同创新体系，以培育发展骨干企业为重点促进产业做大做强，以创新商业模式为抓手加快示范推广应用，建立完善企业主导的新能源汽车产业技术创新体制机制，构建创新能力强、产业化水平高、示范应用水平走在全国前列的节能与新能源汽车产业发展体系，推动我省汽车产业转型升级。

（二）主要目标

1. 产业规模位居全国前列。力争到 2015 年，形成年产纯电动汽车 5 万辆、动力电池 10 亿安时、电机与电控系统总成 15 万套的生产能力，节能与新能源汽车关键零部件形成一定规模，并初步构建以3~4家纯电动汽车整车企业为骨干，关键零部件配套企业协调发展的节能与新能源汽车产业发展体系。

2. 关键技术创新取得重大进展。力争到2015年，重点在纯电动汽车整车及电池、电机、电控等关键零部件领域取得一批重大技术突破。纯电动乘用车续驶里程不低于150公里，最高车速不低于100公里/小时；动力电池模块比能量达到150瓦时/公斤以上，成本降到2元/瓦时以下，循环使用寿命达到2000次或10年以上。

3. 商业模式创新取得成效。积极探索整车租赁、特许经营、充换电便利服务等多种商业模式，力争到2015年，全省推广应用节能与新能源汽车3万辆以上，其中杭州市2万辆、金华市5000辆。各类节能与新能源汽车在公共服务领域得到广泛应用，纯电动汽车在公务、出租车与商业租赁领域得到大力推广，运营模式创新取得突破，并初步建立适应重点城市区域和城际间运行需要的充换电配套设施及安全服务体系。

三、主要任务

（一）开展企业主导的纯电动汽车产业技术创新综合试点

1. 建设纯电动汽车省级重点企业研究院。依托具有一定研发基础、较强创新能力的整车和关键零部件企业，组建8~10家省级重点企业研究院，开展纯电动汽车整车及电池、电机、电控、充换电设备等关键零部件的技术研究攻关。

2. 开展纯电动汽车重大技术攻关。由省级重点企业研究院主持，编制技术创新路线图，提出需要攻关的技术难题。省、市、县（市、区）设立纯电动汽车重大技术攻关专项，实施一批技术难题攻关项目，突破一批瓶颈技术。逐步建立完善由企业研究院向企业交题、企业向科技部门结题、用户评价、政府持续支持的产业技术创新推进机制。

3. 实施青年科学家培养计划。按照个人自愿、双向选择的原则，组织省内高校、科研院所青年科技人才到省级重点企业研究院工作，工作时间原则上不少于3年，以推动纯电动汽车领域青年科学家的培养。也可根据企业与人才的需求，把专业对口的国外工程师、博士引进到相关高校、科研院所，并选送到省级重点企业研究院工作。

（二）促进产业做大做强

1. 建设杭州、金华两大产业基地。以杭州大江东产业集聚区、金华经济开发区和永康经济开发区为核心，重点发展纯电动、插电式混合动力乘用车和纯电动、混合动力商用车及其关键零部件；引导研发、设计、检测、物流、金融等生产性服务机构向产业基地集聚发展，逐步形成产业集聚、产业链上下游协同、制造与服务联动的空间布局。

2. 强化重点骨干企业培育。重点扶持众泰集团、青年集团、吉利集团等骨干企业加大新能源汽车技术与产品开发力度，重点发展纯电动、插电式混合动力乘用车及纯电动、混合动力商用车，逐步提高节能与新能源汽车的比重；重点支持万向集团、超威集团、大东南集团等企业开展动力电池的研发与产业化，加快锂电池隔膜、正负极材料、电解质等关键材料的研发与生产；支持行业骨干企业加快发展电动汽车电控系统、驱动电机、电动转向、电动空调、电子制动器等关键零部件的研发和制造。

（三）加快示范推广应用

1. 加大公共服务领域推广应用力度。鼓励各级行政事业单位、公共服务机构、国有企业的一般公务用车、商务用车、特定业务用车和固定区域内执勤执法用车等优先采购、使用纯电动汽车；积极倡导车改城市的公务员租用纯电动汽车；鼓励在城市公交系统大力推广应用节能与新能源汽车；支持通过增加营运权证数量、支持整车企业直接参与运营、鼓励传统汽车更新为纯电动汽车、设立区域性运营示范点等方式，加快纯电动汽车在城市出租车领域的推广。

2. 鼓励商业租赁模式创新示范。鼓励采用分时租赁与分期租赁相结合、换电与充电相结合的方式，开展纯电动汽车商业租赁模式创新，大力发展以市区短途代步出行为目的的纯电动汽车自驾租赁服务系统。

3. 积极推动纯电动汽车在景区的示范运营。围绕缓解景区交通压力、优化景区空气环境，采取逐步控制传统汽车通行、加快换乘设施建设、加大外围交通疏导工程建设等措施，积极推进纯电动公交车、乘用车等在有条件的景区的示范运营。

（四）积极推进充换电等配套设施及安全服务体系建设

1. 加快充换电设施等网络建设。以杭州、金华两市为重点，根据能源供应和土地资源状况，将充换电设施等纳入城市综合交通运输体系和相关专项规划，科学确定建设地址和规模。支持国家电网公司开展纯电动汽车动力智慧服务网络建设。支持有条件的企业参与建设节能与新能源汽车运行配套服务体系。加快制定合理的收费管理方法，逐步实现充换电等设施建设和管理的市场化与社会化。

2. 加快建设纯电动汽车安全服务体系。加快车联网建设，形成基于物联网的纯电动汽车安全运营管理系统，建成覆盖所有电动汽车、充换电站、服务设备的统一服务网络，实现数据实时采集、信息交互和智慧服务。通过对车辆及电池性能的实时监测和预警，加强安全防范工作。

3. 加强动力电池梯级利用和回收管理。制定动力电池回收利用管理办法，建立动力电池梯级利用和回收管理体系。引导电池生产企业加强对废旧电池的回收利用，鼓励发展专业化的电池回收利用企业。严格设定动力电池回收利用企业的准入条件，明确动力电池收集、存储、运输、处理、再生利用及最终处置等各环节的技术标准和管理要求。

四、保障措施

（一）加强组织领导

在省促进战略性新兴产业发展工作领导小组框架内，建立省节能与新能源汽车产业发展协调小组，统筹协调节能与新能源汽车产业发展和推广应用工作。各有关市、县（市、区）要结合当地实际，建立相应领导小组，切实抓好组织实施，确保取得实效。

（二）推进新能源汽车推广应用示范基地建设

支持杭州市建设新能源汽车规模化推广应用与产业发展示范基地。支持杭州市深入开展国家新能源汽车“十城千辆”和私人购买新能源汽车补贴试点工作；支持金华市深入开展省级新能源汽车推广应用试点，并创造条件争取成为全国新能源汽车试点城市。各试点城市要制订公共交通领域节能与新能源汽车推广应用计划，每年更新的车辆中节能与新能源汽车要达到1/3以上；鼓励有条件的企业经营纯电动汽车出租公司；现有出租车更新的，纯电动汽车要达到每年更新车辆的1/3以上；公务用车、固定区域内执勤执法车有增配和更新的，纯电动汽车要达到每年增量的1/3以上；重点景区要制订新能源汽车应用计划。

（三）加大财政扶持力度

从省战略性新兴产业及省财政科技资金中安排一定资金，对企业研发投入占主营业务收入的比重达到5%以上的纯电动汽车省级重点企业研究院，每家补助1000万元；对企业研发投入占主营业务收入的比重达3%~5%的，每家补助500万元；省里每年安排给纯电动汽车省级重点企业研究院主持的技术攻关课题项目每家不少于1项，每项资助金额不少于150万元，连续支持3年。有关市、县（市、区）按不低于1:1的比例予以配套。对列入智慧城市建设示范试点的纯电动汽车动力智慧服务网络建设项目，省财政给予积极支持。省发改委、省经信委、省科技厅等部门在安排省级技术改造、技术创新、高技术产业化、重大科技创新等专项资金时，对新能源汽车及关键零部件项目要给予倾斜支持。积极争取国家各类专项资金的支持。

（四）加大税收优惠支持力度

对符合条件的节能与新能源汽车及关键零部件生产企业，优先认定为高新技术企业，减按15%的税率征收企业所得税。对企业为开发新技术、新产品、新工艺发生的研究开发费用，未形成无形资产计入当期损益的，在按照税法规定据实扣除的基础上，按照研究开发费用的50%加以扣除；形成无形资产的，按照150%摊销。

（五）完善配套政策

各地、各有关部门要在车辆上牌、年检、路桥通行费及停车费等方面研究制定有利于节能与新能源汽车产业发展和推广应用的政策措施。实行限号行驶、牌照额度拍卖、购车配额指标等措施的城市，应对纯电动汽车区别对待，放宽条件。通过允许不拍号牌予以登记、免交或减半交纳出租车运营费用等措施，支持新建纯电动出租车公司。发挥政府采购的导向作用，逐步扩大公共机构采购节能与新能源汽车的规模。各新能源汽车推广应用试点城市和纯电动汽车制造基地所在县（市、区）要率先鼓励使用纯电动汽车，并安排专项资金支持纯电动汽车的推广应用。积极探索研究纯电动出租车环保贡献补贴替代燃油补贴方案。

（六）加快人才队伍建设

支持省内高校加强新能源汽车及关键零部件领域相关学科建设，培养科研人才。支持通过职业教育和岗位技能提升培训，加大工程技术人员和专业技能人才的培养力度。鼓励企业、高校和科研机构从国内外引进新能源汽车产业一流人才。省内高校、科研院所青年科技人才到省级重点企业研究院工作期间保留原单位身份、职称和待遇，并在同等条件下优先晋升专业技术职务。对组织工作成效显著的高校、科研院所及业绩突出的青年科技人才，要给予通报表彰。受表彰的青年科技人才。

优先推荐列入省“千人计划”“151”人才工程，我省培养“两院院士”计划、重点学科带头人培养计划，并争取列入国家有关人才培养计划。

浙江省人民政府

二〇一二年十月二十三日

12. 河北省人民政府关于贯彻落实国家节能与新能源汽车产业发展规划的实施意见

各设区市人民政府，省政府有关部门：

为贯彻落实国务院《节能与新能源汽车产业发展规划》精神，抓住汽车产业结构升级机遇，加快我省节能与新能源汽车产业发展，现提出如下实施意见：

一、产业现状及面临形势

我省节能与新能源汽车产业经过近几年发展，基本具备产业化发展基础。2011年以来，我省长城汽车有29款车型列入国家“节能惠民工程”节能汽车推广目录，一款纯电动车型列入国家《车辆生产企业及产品公告》。省内初步形成了长城新能源汽车整车产品；河北神州巨电、钢中锂能、唐山锂源、河北洁神、河北敬众等一批锂离子动力电池生产企业；唐山普林亿威和秦皇岛普林赞威等新能源汽车配套电机生产企业；保定宇能、石家庄凯翔拥有充电站和充电桩技术；河北金力新能源拥有锂离子动力电池隔膜技术。但总体上看，行业规模偏小，省内只有长城汽车具有新能源汽车生产资质，且尚未量产；动力电池企业规模小，产量低，主要面向低端电子产品或电动自行车。技术研发能力和技术水平较低，全省只有长城汽车、保定长安客车开展了新能源汽车研发，而且处于起步阶段；动力电池企业多是加工制造，研发力量十分薄弱。缺乏龙头骨干企业，从整车企业到动力电池、电机企业，尚未形成新能源汽车产品规模化生产。未来10年是全球汽车产业转型升级的重要战略机遇期。必须抓住机遇，加快培育和发展节能与新能源汽车产业，加快推动我省汽车工业结构调整，在激烈的竞争中抢占先机。

二、指导思想、基本原则和发展目标

（一）指导思想。以国家节能与新能源汽车产业发展规划为指导，以“电池、电机、电控”关键零部件为突破口，以纯电动汽车和插电式混合动力汽车为主攻方向，立足当前、着眼长远，加强政策引导，整合相关资源，培育骨干企业，推动我省节能与新能源汽车产业尽快形成规模和优势，逐步成为推动我省经济发展新的产业支撑。

（二）基本原则。坚持立足当前，着眼长远。加快推动我省汽车工业技术进步，实现产品节能型升级改造，扩大市场份额。加快纯电动汽车和插电式混合动力汽车研发进度，培育新能源汽车消费市场和环境坚持市场为主，政府引导。充分调动企业的主动性和积极性，加大技术创新投入，加快形成具有自主知识产权的技术、标准和品牌。坚持整车带动，共同进步。以整车为龙头，以节能、高效汽车产品为依托，带动先进内燃机、高效变速器、动力电池、电机等配套产业发展。坚持试点先行，有序推进。抓住国家“十城千辆”试点契机，以唐山市为重点，开展节能与新能源汽车示范推广，加快建设完善充电设施、电池回收利用等配套体系，提高新能源汽车的社会认知度，为逐步扩展到其他条件成熟的设区市创造条件。

（三）发展目标。到2015年，形成5000辆纯电动汽车/插电式混合动力汽车生产能力，培育3~5家具有一定竞争力的纯电动汽车整车和零部件生产骨干企业。到2020年，形成10万辆纯电动汽车/插电式混合动力汽车生产能力。

三、主要任务

（一）依托现有产业基础，打造六大产业基地。依托长城汽车、长安汽车、中兴汽车、保定长安客车、风帆电池等企业，重点打造保定节能与新能源汽车基地。依托石家庄双环、河北长鹿客车、河北电机等企业建设石家庄电动汽车基地。依托河北红星汽车、河北神州巨电动力电池、钢中锂能动力电池、河北善鑫泰瑞电池材料等企业打造邢台电动汽车基地。依托上汽唐山客车、唐山锂源动力电池、唐山普林亿威电机等企业打造曹妃甸节能与新能源汽车基地。依托衡水电机、河北海伟薄膜、河北敬众动力电池等企业打造衡水电动汽车核心部件基地。依托河北洁神新能源、河北金力新能源等企业打造邯郸动力电池基地。（省发展改革委牵头，省工业和信息化厅、省国土资源厅、省住房和城乡建设厅负责）

（二）大力培育骨干企业，做大产业规模。积极扶持现有企业，快速推进重大项目建设，支持有条件的企业做大做强。重点支持长城汽车、上汽唐山客车、河北长安、河北红星等一批整车企业发展节能型内燃机汽车、纯电动汽车、插电式混合动力汽车、天然气汽车，积极申报国家节能与新能源汽车公告。积极推动唐山普林亿威、河北电机、衡水电机、秦皇岛普林赞威电机发展电动汽车用高效电机。鼓励河北神州巨电、唐山锂源、邢台钢中锂能、河北金力新能源和河北洁神、河北敬众等动力电池企业加大研发投入，重点提高电池比能量和降低成本。支持保定宇能、河北金力新能源、河北凯翔、沧州明珠、河北海伟交通设施集团开展动力电池充放电设备、动力电池隔膜和正负极材料产业化应用。（省工业和信息化厅牵头，省财政厅、省发展改革委负责）

加大新能源汽车产业项目引进力度，加强与国内外企业的战略合作，深入挖掘与央企合作对接新能源汽车领域相关合作。充分发挥我省现有产业和市场优势，大力开展招商引资，积极引进战略投资者，争取国内外新能源汽车的整车和关键零部件企业来我省投资建厂。（省发展改革委牵头，省工业和信息化厅负责）

（三）加强核心技术研发，推动建立自主创新体系。加强对节能与新能源汽车产业发展的关键技术、共性技术和前瞻性技术的研发，重点开展柴油机高压共轨、汽油机缸内直喷、均质燃烧、涡轮增压及智能启停等高效内燃机技术和先进电子控制技术的研发。着力提高动力电池的一致性、比能量和安全可靠性，提升电池生产企业自动化和标准化水平，努力降低电池成本。重点突破锂离子动力电池隔膜、正负极材料、电池管理系统等关键技术。做好纯电动汽车动力系统技术平台、插电式混合动力汽车整车控制和机电耦合等整车生产技术的攻关。（省科技厅牵头，省发展改革委、省工业和信息化厅、省财政厅、省质监局负责）

整合科技资源搭建研发平台。依托省汽车工程技术研究中心、新能源汽车骨干企业和省内外重点大学，搭建技术开发合作平台，促进“产、学、研、用”紧密结合。积极创造条件，力争早日建成国家级新能源汽车工程技术研究中心或企业重点实验室。依托新能源汽车骨干企业的研发机构，以技术合作、合资、参股、专业化配套等形式整合国内外研发资源，加快建立新能源汽车技术创新联盟。（省科技厅牵头，省发展改革委、省教育厅、省工业和信息化厅负责）

（四）搞好示范引导，培育新兴市场。加大新能源汽车推广应用力度，鼓励有条件的设区市和环京津县（市）进行省级新能源汽车示范试点。鼓励在城市公交、出租车、环卫等公共领域应用新能源汽车，积极发展替代燃料汽车。鼓励天然气（包括液化天然气）、生物燃料等替代燃料汽车的应用，探索其他替代燃料汽车技术应用途径，促进车用能源多元化发展。各设区市要根据新能源汽车产业化进程配套开展新能源汽车供能设施规划和建设，相关配套设施建设要纳入城市相应专业系统规划。积极稳妥建立动力电池回收体系，做好废旧动力电池管理。支持唐山做好国家节能与新能源汽车示范试点工作。（省发展改革委牵头，省科技厅、省财政厅、省工业和信息化厅、省交通运输厅、省住房和城乡建设厅、省环境保护厅负责）

四、保障措施

（一）加强组织领导。各级各有关部门要高度重视，加强沟通，形成合力，切实抓好组织实施，抢占新能源汽车发展制高点。省各有关部门要按照工作分工，抓紧制定和完善相关配套政策，加强指导和监督检查，大力推进工作实施。各设区市要按照确定的目标和任务，结合当地实际，抓紧制定具体落实方案，认真组织实施。各重点企业要加大研发投入，加快发展步伐，积极争取国家和省相关政策资金支持，尽快形成规模化生产。

（二）加大财政支持力度。依托重大项目和配套资金，积极争取国家有关部门对我省新能源汽车研发、产业化和市场示范推广等方面的专项资金支持。充分发挥地方相关专项资金的作用，支持节能与新能源汽车产业发展。发挥省、市担保体系融资担保作用，引导金融机构对符合条件的新能源汽车研发和产业化项目、产业基础设施和公共服务平台项目提供信贷支持。鼓励新能源汽车企业扩大利用外资规模，鼓励民间资金参与新能源汽车产业发展。支持创业投资基金进入新能源汽车领域，推动有条件的企业到境内外资本市场上市融资。（省财政厅牵头，省发展改革委、省科技厅、省工业和信息化厅负责）

（三）营造有利于节能与新能源汽车发展的政策环境。支持节能与新能源汽车生产企业按照有关规定享受技术研发投入、新能源、环保、节能和综合利用等方面的扶持政策。支持符合条件的新能源汽车企业申报认定高新技术企业，按照国家规定享受有关税收优惠政策。优先将新能源汽车项目列入省重点项目，在土地、资金等生产要素上给予倾斜。战略性新兴产业发展专项资金和工业企业技术改造专项资金优先支持节能与新能源汽车项目。各级政府要在产业发展初期投入必要引导资金，积极引导建设充换电设施，加强土地集约化利用，鼓励成立独立运营的充换电企业，建立分时段充电定价机制，逐步实现充换电设施建设和管理市场化、社会化。使用财政性资金采购汽车时，优先购买列入国家节能产品政府采购清单和环境标志产品政府采购清单的省产汽车产品；鼓励企事业单位及公交公司购置节能与新能源汽车参与示范运营。（省财政厅牵头，省发展改革委、省科技厅、省工业和信息化厅、省住房和城乡建设厅、省国土资源厅、省交通运输厅负责）

（四）强化人才引进和培养。努力创造条件积极吸引新能源汽车领域的优秀领军人才和技术团队，推动国内外研发机构在我省设立分支机构。支持有条件的高等院校设立新能源汽车相关学科和专业，加快优势学科培育和人才队伍建设，大规模培养新能源汽车专业技术人才。支持有条件的企业与省内外科研院所加强合作，积极转化相关科研成果。（省教育厅牵头，省科技厅、省工业和信息化厅负责）

河北省人民政府

二〇一二年十二月二十七日

13. 江西省节能与新能源汽车及动力电池产业“十二五”发展规划

前言

汽车产业是国民经济重要的支柱产业，是体现国家竞争力的标志性产业。节能与新能源汽车基于驱动技术的重大升级和转型，是汽车产业应对能源安全、气候变化和产业结构升级问题的重要突破口，是推动世界未来经济增长的重要新兴产业之一。我国已成为世界第一汽车产销国，在今后较长一段时期内我国汽车产销量将保持持续快速增长的势头，预计到2020年汽车保有量将超过2亿辆，按当前汽车燃油经济性水平估计，车用燃油年消耗量将突破4亿吨，由此带来的能源安全和环境问题将更加突出。大力发展节能与新能源汽车，加快推进节能与新能源汽车的产业化进程，既是有效应对能源和环境挑战，实现汽车产业可持续发展的必然选择，也是把握战略机遇，缩短与先进国家差距，实现汽车产业跨越式发展的重要举措。《鄱阳湖生态经济区规划》也明确指出：以环湖中心城市为重点，重点开发乘用车、商用车、特种车、混合动力汽车和纯电动汽车，以及小型高速柴油机、汽油发动机、变速器、柴油车超低排放后处理装置。为贯彻落实国家关于节能减排和培育战略性新兴产业的总体要求，按照《鄱阳湖生态经济区规划》《江西省科技创新“六个一”工程实施意见》等相关精神，特制定本规划。规划期为2011—2015年。

一、发展现状和现实基础

（一）基本概况

汽车工业作为江西的支柱产业之一，在国民经济中占有重要地位。到目前为止，全行业从业人数6万人，汽车、专用汽车（民用改装车）及零部件生产企业200多家。全省汽车行业主要整车生产企业有：江铃汽车集团公司（江铃控股有限公司、江铃汽车股份有限公司、江西江铃集团晶马汽车有限公司、江西江铃汽车集团改装车有限公司、江西江铃专用车辆厂、南昌江铃新动力汽车制造有限公司）、昌河汽车有限责任公司、江西消防车辆制造有限公司、安源客车制造有限公司、江西博能上饶客车有限公司、江西凯马百路佳客车有限公司等。“十一五”期间，我省汽车工业固定资产累计投资达420亿元，新产品开发2000余项；2010年全行业已完成主营收入515亿元，工业增加值139亿元，利税55亿元，同比年均增长率分别为22.2%、29%和23.7%，超额完成了“十一五”发展目标。

1. 在新能源汽车方面

江铃汽车集团公司、昌河汽车公司、安源客车公司、百路佳客车公司、上饶客车公司等汽车生产企业和南昌大学先后都开始了新能源汽车的研究开发。南昌大学和江铃汽车集团公司联合组建“江西省汽车电子工程技术研究中心”，一直致力于推动汽车高新技术成果转化、产业化及人才培养等方面的工作；2010年1月，南昌市成立了“南昌市新能源汽车技术创新产业联盟”。

江铃汽车集团公司利用已有轻型客车、轻型卡车、轿车的基础，已经搭建了纯电动汽车研发及产业化平台。分别与南昌大学、华中科技大学、清华大学、万向集团等单位合作，有效发挥合作双方的优势，已开发出全顺电动服务车、陆风风华电动轿车、电动高尔夫等多款产品，其中，江铃全顺牌JX5041XEV—LI型纯电动服务车、JX5033XGCEV纯电动工程车、陆风牌JX7002纯电动轿车、JX7152混合动力轿车已列入国家《车辆生产企业及产品公告》。同时纯电动服务车、纯电动工程车、纯电动轿车均列入了国家《节能与新能源汽车示范推广应用工程推荐车型目录》。

昌河汽车有限责任公司与南昌大学、中山大学等单位合作研发铅酸蓄电池、磷酸铁锂电池等多种纯电动汽车，并已试制出样车，已完成认证试验，公司正在申报新能源汽车生产资质的相关工作。

南昌福瑞德科技有限公司已完成多款电动车的开发。其中全地域电动车、电动微型单排卡车、电动微型双排卡车已经出口美国。电动微型单排卡车也已经完成国家检测中心的全部检测试验，已列入国家《车辆生产企业及产品公告》和推荐车型目录。福瑞德公司还与华中科技大学合作，研发了电动汽车的核心技术—电动汽车整车智能控制系统。

安源客车制造有限公司与株洲南车时代、杭州万向集团、宝琪高新有限公司等公司合作，已开发出PK6112AGH混合动力城市客车，并已列入国家《车辆生产企业及产品公告》。

江西凯马百路佳客车有限公司与杭州万向集团、中信国安集团公司、上海奥威科技开发有限公司等公司合作已经完成轻混、重混的并联模式的油电混合动力城市客车、磷酸铁锂电池纯电动大型城市客车及中型客车的研发。

江西博能上饶客车有限公司与上海中科深江电动车辆有限公司联合开发新能源汽车，成立了专门的新能源汽车研发团队，设计开发了纯电动客车，并已通过了新能源企业准入现场审查和技术审查。

江西鸿翔电动车辆制造有限公司主要从事厂（场）内专用电动车辆的研发、生产、销售和服务。产品有电动观光车、巡逻车、清运车、自卸式运载车、高尔夫球车等。公司与上海同济大学、江西理工大学等高校建立了长期合作关系，产品现已通过国家质检总局的检验，取得了《国家特种设备生产许可证》。

目前我省新能源汽车研发已在锂电池、电动汽车电源管理系统、电机控制系统、超级电容系统等关键技术方面取得一定成果。

2. 在动力电池方面

江西理工大学利用在材料、矿业、冶金、机电等方面的特色和优势，建立了较为完善的动力电池及其材料的科研平台，自主研发了富锂锰基正极材料，具有动力锂离子电池的开发基础，在动力电池材料及动力电池设计领域有一定的研究基础。

宜春市、新余市都开辟了锂电产业基地，其中宜春市经济技术开发区锂电产业园被国家科技部授予国家锂电新能源高新技术产业化基地。该基地目前正在大力推进锂电产业的发展，加大锂电池生产的研发，并尽快实现规模化生产。

我省动力电池产品主要以锂离子电池及正极材料为主，具体生产企业及产品主要有：

江西江特锂电材料有限公司。主要生产富锂锰基和三元正极材料，已建立一条生产线，正在新建年产1200吨富锂锰基生产线和扩产三元正极材料的生产线。

江西中投新能源有限公司。制造锂聚合物动力电池的生产商，主导产品锂电动自行车电池、锂动力电动摩托车电池均成为全国锂动力电池市场的前列。2010年3月已成功开发出锂动力汽车电池。

孚能科技（赣州）有限公司。与美国法拉塞斯能源公司合作，主要生产锰酸锂汽车动力电池及相关产品。已建立了日产635MWh的18650型锂离子电池全自动生产线和日产2000颗30A·h汽车动力电池的半自动生产线。

江西科慧电池新能源有限公司。主要从事锂离子动力电池及上下游产业等研发、制造、销售。

江西美亚能源股份公司。已形成年产4000万安时的磷酸铁锂动力电池生产线，配套用于电动汽车和电动自行车。

江西福斯特新能源科技有限公司。在宜春市新建了锂离子电池生产线，配套用于移动通讯、电动工具、笔记本电脑。

江西金钢能源科技有限公司。已在铅山工业园建成1条日产500只26650圆柱形磷酸铁锂动力电池生产线，主要配套用于电动工具。

吉安市优特利科技有限公司。已建成年产6000万颗锂离子电池生产线，配套用于手机、笔记本电脑等电子产品，并开发出车用动力电池。

江西联威新能源有限公司。正在新建锰酸锂和磷酸亚铁锂动力电池生产线，配套用于电动汽车和电动自行车。

赣锋锂业公司。是全球最大的金属锂生产供应商之一，产品包括碳酸锂、丁基锂在内的共25个品种。

江锂新材料科技有限公司。国家主要的碳酸锂、氢氧化锂生产企业，已达到年产3000吨碳酸锂生产能力。

江西金锂科技有限公司。投资建设的磷酸铁锂电池材料生产项目已于2010年3月底正式开工建设，建成后年产能达到6000吨。

3. 在节能汽车方面

近年来，通过严格执行国家乘用车燃料消耗量限值标准，应用先进内燃机、高效变速器、轻量化和优化设计等节能技术，我省汽车产品的平均油耗明显降低。

昌河汽车有限责任公司北斗星、浪迪、利亚纳系列多种车型入选《“节能产品惠民工程”节能汽车推广目录》，开发生产的K系列小型高效节能发动机，在国内处于领先地位。

江铃汽车集团公司柴油发动机已形成4JB1、VM、PUMA三个产品系列，技术水平在国内处于领先地位。

随着国内外市场对锂电汽车需求的大增，车用锂电池的需求也必将大增。因此，我省应加大锂电池生产的研发，并尽快实现规模化生产，形成从锂矿原料→碳酸锂→锂电池材料→锂电池→锂电汽车的完整的产业链条，创立我省又一个支柱性高新技术产业。

（二）拥有的优势

1. 关键技术研究取得一定成果

我省有关大学、企业在新能源汽车关键技术（如永磁电机、动力电池、正极材料和整车控制系统等）研究方面已取得一定突破，且具有自主知识产权，为新能源汽车产业化形成了一定的技术储备。相关企业已研制出样机（品），并成功应用于整车的开发。

2. 具有丰富的资源优势

就新能源汽车产业发展而言，我省有着丰富的资源优势。我省锂矿资源丰富，宜春钽铌矿是世界上最大的锂矿山，可开采氧化锂的储量为110万吨，占全国的31%，世界的12%，居矿石锂矿的世界首位；赣州市也具有一定的锂资源优势，位于宁都的锂资源主要产出伟晶岩脉型锂辉石，该矿山现已探明420万吨锂辉石储量，氧化锂储量4.2万吨；可为生产锂离子动力电池提供坚实的资源支撑。我省稀土、有色金属资源丰富，赣南地区是我国乃至世界重要的中、重稀土和有色金属生产基地，可为汽车用高性能永磁驱动电机提供优质的原料资源。

3. 基本形成了实力较强的企业群体

汽车工业是我省重点发展的支柱产业之一，江铃和昌河两大企业（集团）在国内具有一定实力和影响力，依托这些传统骨干企业推进产业升级和技术进步具有坚实基础。近几年来，在省委、省政府大力鼓励发展下，全省各地已有一批有实力、有技术、成长性强的高科技企业积极开展新能源汽车和动力电池的研发和生产，支持这些企业推进产业裂变和扩张具有广阔前景。

4. 有较为优越的发展环境

国家在节能及新能源汽车上的政策导向，南昌市成为全国首批13个示范推广新能源汽车的试点城市，进一步激发了我省地方政府和相关企业的积极性，我省地方政府相应出台了一系列优惠政策，形成了较为优越的发展环境，有利于新能源汽车的应用与推广。

（三）存在的主要问题

1. 技术水平有待进一步提高。目前我省新能源汽车的专有技术水平在国内处于平均偏上水平，还没有建立领先优势。研制的新能源汽车技术水平还比较低，新能源汽车关键部件的开发基本还停留在研发阶段：个别电池企业具备了生产大容量电动汽车动力电池的技术，但仍未实现商业化生产；驱动电机也仅处于样机试产的起步阶段。

2. 企业投入规模不大。省内新能源汽车还处在制作“样车”、“样品”的阶段，要使其成为广大用户满意的主流商品，无论整车还是零部件都还须做大量后续开发工作。新能源汽车产业投入规模不大。

3. 研发体系建设尚不够完善。行业科技力量整体而言比较薄弱，科研条件较差，科技水平较低，没有建立面向全行业的服务平台，对科技成果转化的聚集效应和服务功能未能形成，难以适应汽车产业快速发展的需要。

4. 锂资源开发成本较高，大容量动力电池有待发展。宜春锂资源虽然丰富，但锂云母提取碳酸锂工艺还不成熟，生产成本较高，影响了锂资源的规模化开发和利用。在动力电池开发方面，目前我省锂电池生产企业主要生产单体10安时以下的动力电池，单体50安时以上的动力电池生产仍是空白，与其他动力电池发展速度较快的省份相比仍有差距，技术上的短板也限制我省高端动力电池发展。

5. 新能源汽车的市场有待扶持和培育。一是新能源汽车充电基础设施建设的缺失，二是新能源汽车商业运行模式有待探索与创新（关键是解决动力电池成本、寿命、二次污染问题及车辆的售后服务），三是新能源汽车发展初期，在车辆开发、制造、购买、使用环节政策补贴及税收减免等应明确并公示。

6. 地方政府的政策引导作用有待加强。节能与新能源汽车产业的发展是一项宏大的系统工程，地方政府的政策引导不应该是国家相关优惠政策的简单叠加，而应从地方的实际出发，找准突破口，全方位、多渠道给予政策支持。

（四）发展趋势

1. 国际新能源汽车现状和趋势

美国、日本、欧盟等发达国家对新能源汽车技术高度重视，从汽车技术变革和产业升级的战略出发，颁布制定了优惠的政策措施，积极促进本国新能源汽车工业发展，以期提升本国汽车工业国际竞争力、在全球汽车工业新一轮竞争中占据有利地位。据不完全统计，国际金融危机爆发之前，发达国家每年用于新能源汽车的科研开发和产业化发展的资金不低于10亿美元，累计投入已达100多亿美元。

在政策的激励和引导下，全球各主要汽车生产厂家都加快了新能源汽车产业化的步伐。目前，“低排放”的混合动力汽车已进入大规模产业化阶段，在全球的累计销量已超过100万辆，在当前新能源汽车市场上占据主导地位。“零排放”纯电动汽车的批量生产时间已提前到2015年，新能源汽车将成为拉动经济发展新的增长点。

在动力电池领域，新能源车动力电池应具有比能量高、比功率大、自放电少、使用寿命长及安全性好等特性。铅酸蓄电池的性能可靠，价格低廉，技术较成熟，目前在电动自行车领域应用广泛；但其质量重，过充电、过放电性能差，易自放电，比能量、能量密度和寿命不够理想，快速充电困难，已逐步被其他高能蓄电池所取代。目前技术较成熟、应用较广泛、商业化较成功的是混合动力车用的镍氢电池，各国研发的重点是锂离子电池，燃料电池则因可以做到完全零排放，而被视作远期目标。

锂离子电池具有重量轻、储能大、功率大、寿命长、自放电系数小、温度适应范围较宽等优点，正逐渐取代铅酸和镍氢电池，成为纯电动汽车中的主要品种。

2. 国内新能源汽车现状和趋势

我国新能源汽车发展始于20世纪90年代。“九五”至“十一五”期间，按照国家中长期科技发展纲要部署，结合汽车技术发展趋势，开展了电动汽车、混合动力汽车、燃料电池汽车三种整车和关键零部件的核心技术研发，展开了应用示范，瞄准汽车新型能源动力系统技术，远近结合、梯度推进，建立了整车牵头，动力系统平台为核心，关键零部件和共性技术为基础的技术创新体系；节能与新能源汽车的研发和产业化取得了重大进展，纯电动汽车、混合动力汽车、燃料电池汽车动力系统技术平台初步建立，产学研结合日益紧密，技术平台核心作用逐步体现，电池、电机等关键零部件性能进一步优化，整车、平台、零部件系统开发取得了阶段性进展；整车示范逐步深入，带动了零部件产业体系的建立。从而迅速推动了我国节能与新能源汽车技术创新、产品开发和市场开拓。其中，混合动力汽车已初步具备了产业化生产能力，进入了小批量商业示范应用；纯电动汽车有效开拓了特定区域的市场；燃料电池汽车重要技术性能接近国际先进水平。

二、指导思想和基本原则

（一）指导思想

深入贯彻落实科学发展观，紧紧把握鄱阳湖生态经济区建设的良好机遇，积极探索产业发展规律，加大政策扶持力度，发挥企业主体作用，强化科技创新成果产业化，着力营造良好的发展环境，抢占经济和科技竞争制高点，推进经济社会的可持续发展。

坚持“突出重点，创新驱动，加快应用，协调发展”，推进节能与新能源汽车产业的快速发展。着力突破动力电池、驱动电机和电子控制领域关键核心技术，推进插电式混合动力汽车、纯电动汽车推广应用和产业化。充分发挥资源优势，大力发展锂离子动力电池和相关配套体系，实现我省汽车产业跨越式发展。

加强自主创新，掌握节能与新能源汽车关键核心技术，增强产业自主发展能力；以试点示范为突破口，发挥政策法规对市场的引导作用，逐步扩大节能与新能源汽车的应用范围和应用规模；加快培育节能与新能源汽车产业链，完善产业布局，推进充电设施、电池回收利用、资源开发利用等方面的协同发展。

（二）基本原则

坚持推动产业转型与加快技术升级相结合。重点发展纯电动汽车（含低速电动车）、插电式混合动力汽车，加快推动汽车工业转型。同时，坚持统筹兼顾，大力发展节能汽车及节能高效发动机。

坚持开放与加快自主发展相结合，通过与国内外大集团的战略合作，以及国内各省市节能与新能源汽车产业联盟的合作，实现资源上的优势互补和共享、技术上的借鉴与融合。

坚持政策引导与市场推动相结合。在产业培育期，采取财税等一揽子扶持政策，聚集科技和产业资源，引导市场消费，促进节能与新能源汽车的开发、生产和应用。进入产业成熟期后，将主要发挥市场机制作用，以市场为导向配置资源。

坚持产业链培育与应用环境建设相结合。以整车为龙头，培育动力电池、电机、电控及其关键材料和元器件、先进内燃机、高效变速器、汽车电子等产业链的发展；以基础设施建设为保障，营造有利于新能源汽车应用推广的使用环境，形成完善的社会配套体系，系统推进节能与新能源汽车产业发展。

三、战略定位和发展目标

（一）战略定位

1. 产品发展方向

以纯电动汽车（含低速电动车）、插电式混合动力汽车、节能汽车及高效节能发动机为重点，实现部分新能源汽车经示范运行考核后，达到批量生产的条件。实现低速电动车大规模化生产。大力推进高能效、低排放节能汽车发展，实现节能汽车产业规模化，不断提高节能汽车的节能水平，努力扩大节能汽车在销量中的占有率。大力推进配套零部件的发展，积极研发生产永磁电机、锂电池、超级电容和整车控制系统，带动锂电池正负极材料、电解液、隔膜等产品的生产，提升锂矿矿产采选冶水平，形成较完整的产业链。

2. 技术发展方向

选择制约我省汽车产业发展的共性技术、关键技术、核心技术等重点项目进行集中攻关，在纯电动汽车开发及关键技术研究、混合动力城市客车的研制开发和相关汽车关键零部件研究开发等方面开展技术攻关，力争实现阶段性突破，缩小与国际先进水平的差距。

研究更高效率的纯电动汽车驱动及其控制系统，包括：驱动电机、控制器、传动系统及动力总成控制技术、纯电动汽车的结构设计、系统装配设计、试验设计及可靠性验证等。开发基于纯电动汽车专用底盘的成本更低、性能更好的新型电动汽车。

开发纯电动汽车驱动及其控制系统、动力电池及管理系统和新能源汽车共性技术发展的前沿技术；开发并掌握相关的系统设计、结构设计、装配设计、试验设计等关键技术。

通过技术攻关，改进生产技术，最大化地利用好本地的锂矿资源，最大限度地提高资源的附加值；有效降低生产成本，改善产品质量，增强市场竞争力，扩大市场份额；为我国锂电正极材料的发展提供优质的原料保障，为电池厂家提供优质的锂电池正极材料；为电动车企业提供安全、优质的动力电池。最终达到优化产业结构，打通上下游产业链。

（二）发展目标

到2015年，全省节能与新能源汽车及动力电池产业主营收入达1000亿元，工业增加值300亿元，利税总额150亿元。

1. 节能与新能源汽车发展目标

全面突破和掌握高效动力总成、汽车轻量化等先进节能技术。掌握柴油机高压共轨，汽油机缸内直喷、稀薄燃烧、涡轮增压等高效内燃机技术；六挡及以上手动和双离合器式自动变速器技术；高强度钢、轻质合金材料、塑料复合材料等材料应用和激光拼焊等先进成型技术；掌握以动力电池及混合动力驱动的新能源汽车的整车及关键零部件最新设计制造技术；技术创新能力和产品开发能力有一个明显提高，部分产品要达到国内领先水平。

到2015年，初步建立以骨干企业为核心的节能和新能源汽车产业链，部分核心技术达到国内先进水平；形成纯电动汽车和插电式混合动力汽车3万辆，低速电动车30万辆、年产节能汽车55万辆的综合生产能力。力争到2015年，新能源汽车实现销售收入150亿元，低速电动汽车实现销售收入50亿元，节能汽车实现销售收入300亿元。

2. 动力电池发展目标

充分利用我省的锂云母资源，以资源为依托、不断延伸资源深加工的产业链，在锂云母提取锂及其深加工、新型动力电池正极材料、高容量大功率动力电池三大领域有新的突破，并逐步形成完整的产业链。最大限度地提高资源的附加值，使资源优势转化成产业优势，又以产业优势转化成经济优势，使资源型产业向资源和科技型产业转变，从而形成有竞争力的产业，推动我省新能源动力锂电池产业快速、持续、健康发展。

到2015年，形成年产动力电池10亿安时，含锂正极材料1.2万吨，镍氢电池负极材料稀土贮氢合金粉2万吨，碳酸锂1.2万吨的综合生产能力。力争到2015年，动力电池及材料实现销售收入400亿元。

3. 其他相关配套产品发展目标

通过自主创新，掌握新能源汽车控制系统的优化设计技术、规模生产工艺和成本控制技术，并实现产业化。

到2015年，形成年产电子控制系统1万台套，高性能永磁驱动电机2万台套的生产能力。稳步推进新能源汽车充电设施建设，逐步形成与市场规模相适应的基础设施体系。力争到2015年，零部件产业实现销售收入100亿元。

四、区域布局和产业重点

根据产业政策积极引导地方和社会投资，既要鼓励积极性高、具备一定条件的企业从事新能源汽车及零部件生产，又要防止一哄而起，避免低水平盲目投资和重复建设。

（一）重点发展地区：南昌、宜春、新余、景德镇、上饶、赣州

南昌：以江铃汽车集团为核心，大力发展节能型轻型

汽车、商务车以及 MPV 多功能用途车、轿车等乘用车，重点发展纯电动汽车、插电式混合动力汽车。以凯马百路佳客车公司为重点，加快客车产品的升级换代，改进生产工艺，提高产品性能、质量和档次，重点发展纯电动客车和混合动力客车。以南昌小蓝经济开发区汽车零部件产业基地为依托，进一步做大做强节能高效发动机、变速器、传动系统、制动系统、悬挂系统、汽车总线控制系统中的零部件产业。整车重点抓好江铃汽车集团公司年产 1.5 万辆各类新能源汽车项目，实现销售收入 35 亿元；南昌福瑞德科技有限公司年产 5000 辆电动汽车项目，实现销售收入 3 亿元；江西凯马百路佳客车有限公司年产 1000 辆新能源客车项目，实现销售收入 10 亿元。关键零部件重点抓好格特拉克（江西）传动系统有限公司年产 55 万套双离合器变速箱项目，实现销售收入 47 亿元；南昌福瑞德科技有限公司年产 2 万套电动汽车专用自动变速箱项目，实现销售收入 1.6 亿元；江西直方数控动力有限公司年产 20 万套柴油发动机电控单体泵，实现销售收入 20 亿元；江西江钨浩运科技有限公司年产 2 万吨镍氢电池储氢合金粉项目，实现销售收入 9 亿元。到 2015 年南昌市节能与新能源汽车及关键零部件销售收入达 270 亿元（其中出口创汇 5 亿元），工业增加值 80 亿元，利税总额 40 亿元。

宜春：以国家锂电新能源高新技术产业化基地为平台，大力发展正极材料、锂电池、新能源汽车等，形成较为完整的锂电产业链。力争在宜春建立起年产 35 万~50 万组汽车用锂离子电池生产基地，锂云母的产能达到 16 万吨以上，形成年产 6 万吨锂电池正极材料、17 万吨左右的锂离子电池，10 万组以上大、中、小型汽车用锂离子电池组的生产能力，加大招商引资力度，发展电动汽车产品；同时抓好国家级锂电技术研发及检测中心建设项目、锂离子电池隔膜生产项目、光伏照明锂离子储能电池项目、电动车用驱动电机生产项目、锂电池循环综合利用项目、充电站、充电桩项目等重点项目建设。重点项目主要包括：江特锂电池材料有限公司富锂锰基正极材料项目年产 4000 吨富锂锰基正极材料、1000 吨三元正极材料，实现销售收入 8 亿元；江西福斯特新能源有限公司年产 5 亿 A·h 锂离子电池，实现销售收入 20 亿元；江西联威新能源有限公司年产 1 亿 A·h动力型锂离子电池，实现销售收入 7 亿元；宜春合纵锂业科技有限公司锂云母固氟重构低成本提取电池级碳酸锂产业项目，实现销售收入 8 亿元；江西本源新材料科技有限公司年产碳酸锂 10800 吨、硫酸铷 2000 吨、硫酸铯 280 吨项目，实现销售收入 6 亿元：国家电网江西分公司建设 500 个充电桩、5 个中型电动汽车充电站等项目，实现销售收入 1 亿元。力争至 2015 年，宜春市的锂能产业初具规模，形成锂云母采选→碳酸锂→锂电池材料→锂电池→新能源汽车的关键零部件→锂电汽车的完整的锂能产业链条，实现销售收入 130 亿元，工增加值 39 亿元，利税总额 20 亿元。

新余：按照“掌控上游、突破中游、集聚下游”的发展路径，重点发展锂电产业，特别是电池级碳酸锂的生产。打造动力与储能电池包括电池材料、成品电池、应用产品及其配套产品的完整产业链。以江西江锂新材料公司、赣锋锂业公司为依托，进一步提高碳酸锂等锂盐的产业化和规模化水平，做大电池级碳酸锂等锂盐的生产规模，力争产能规模占到全国的 40% 以上，提高产业发展的掌控引领能力。发挥碳酸锂等锂盐的产业优势，发展锂电池材料、锂电池、锂制品，拓展产业发展空间。通过招商引资发展电动车、电动工具等产品，提高下游产品的产业化、规模化和商业化水平。重点抓好江西赣锋锂业股份有限公司年产 3 万吨电池级碳酸锂项目，实现销售收入 4 亿元；江西金锂科技有限公司年产 6000 吨磷酸铁锂项目，实现销售收入 10 亿元；江西江锂新材料科技有限公司年产 2 万吨锂盐项目，实现销售收入 10 亿元。到 2015 年，新余市新能源汽车锂电材料及新能源汽车销售收入达 120 亿元，工业增加值 36 亿元，利税总额 18 亿元。

景德镇：以昌河汽车公司为核心，重点发展轿车、多功能车、节能微型车等乘用车、商用车以及小排量高效节能发动机，重点发展纯电动汽车、插电式混合动力汽车。以昌河汽车重组为契机，加快 YV5 等新车型的研发生产及项目建设，发展汽车产业园，扩大汽车发动机生产规模，构建新型汽车生产基地，力争到“十二五”末期汽车产量达 50 万台，汽车发动机产量达 30 万台。同时，推进汽车零部件生产基地建设，全力打造汽车零部件产业基地。重点抓好昌河汽车有限责任公司年产 5000 辆纯电动汽车项目，实现销售收入 7 亿元；55 万辆节能汽车项目，实现销售收入 248 亿元；35 万台节能发动机项目，实现销售收入 32 亿元；到 2015 年，景德镇市节能汽车销售收入达 280 亿元，工业增加值 70 亿元，利税总额 42 亿元。

上饶：依托上饶客车厂的优势，丰富客车产品品种，拓宽产品市场。重点发展纯电动客车（含增程式电动车）和插电式混合动力客车、低速电动车等新能源客车，引进战略投资者，提升上饶客车的核心竞争力。重点抓好江西博能上饶客车有限公司年产 1500 辆新能源大中型客车及年产 2 万辆低速电动车项目的建设。销售收入达 50 亿元，工业增加值 13 亿元，利税总额 8 亿元。

赣州：依托现有产业基础和比较优势，大力发展动力锂电池和新能源汽车（低速电动车）。重点抓好赣州晶泰锂业有限公司年产 2500 吨碳酸锂项目，实现销售收入 1.3 亿元；孚能科技（赣州）有限公司年产 2 亿安时锂离子动力电池，实现销售收入20亿元；江西鸿翔电动车辆制造有限公司年产3万辆低速电动汽车项目，实现销售收入10亿元。到2015年，赣州市新能源汽车锂电材料及低速电动汽车销售收入达110亿元，工业增加值33亿元，利税总额17亿元。

（二）产业重点

1. 节能与新能源汽车

新能源汽车：以纯电动汽车（含低速电动车）、插电式混合动力汽车作为重点技术研发对象，研究整车分布式控制系统，掌握基于新型电机集成驱动的底盘动力学控制、整车控制系统、智能交通、车网融合（V2G）等前沿技术；研究电动汽车制动能量回收的分析与控制系统，优化产品性能，提高产品的可靠性、实用性，逐步实现新能源汽车的产业化。

节能汽车：为我省汽车产业发展主导方向，重点发展高能效、低排放节能发动机和节能汽车，通过优化产品设计，强化系统匹配，研究和应用节能、减排新技术，实现产品技术升级，使发动机及整车产品在保证优秀的综合性能的前提下不断降低能耗和排放指标。同时，通过不断改进生产工艺，加大技改投入，系统优化产品生产线，实现高效的规模化生产。

2. 动力电池

重点突破动力电池核心技术，提高电池性能和寿命，降低成本。开发新型正极材料和高容量合金负极材料，加强电池管理可靠性研究和轻量化设计，提高电池比能量；改进电极材料循环性能，开发长寿命电池体系；提升电池体系低成本制备技术，推进电池零配件和系统组合件的标准化和规模化，进一步降低成本。重点开展电池优化设计、工艺创新和装备改进，提高电池及关键材料的生产一致性；开发电池充放电压控制和热控制等新技术，提高电池安全性；充分利用我省丰富的锂资源和装备制造业优势，加快推进动力电池关键材料和生产装备自主化。重点支持具有技术基础和发展潜力的企业，自主研发和生产锂离子电池、正负极材料、隔膜、电解质等关键材料。同时，鼓励和支持有条件的装备制造企业，自主研制动力电池及关键材料的生产、控制与检测装备，打破国外垄断。

依托动力电池研究试验和产业化基地，建立动力电池技术发展体系，开展下一代高质量动力电池及高比能动力电池新材料、新体系的前瞻性研究，以及新结构、新工艺等应用技术研究，取得核心知识产权。

3. 关键零部件

建立和完善新能源汽车关键零部件自主研发能力。重点支持有条件的企业自主研发驱动电机硅钢片、高性能绝缘材料和永磁材料等核心零部件技术，以及相关检测、制造装备。突破电动化总成控制系统（电动空调、电动转向、制动能量回馈控制系统）技术。研制生产高效电力驱动传动系统，并逐步形成产业化。

五、发展举措和政策建议

（一）发展举措

1. 建设产业创新体系，提升创新能力

全面构建节能与新能源汽车共性技术研发平台。集中全行业科技资源，共同开展系统集成、动力总成、电磁兼容、高压安全等关键共性技术研究，加快建立先进的整车设计与开发流程。重点支持骨干整车企业联合开发纯电动汽车和插电式混合动力汽车共用车型平台，以及先进汽车节能共性技术平台，全面提升我省汽车工业整体水平。

建立有效的共性技术平台共享机制。根据“整合、共享、完善、提高”的原则，加强产学研协作针对不同类型共性技术平台的特点，采用灵活多样的共享模式，建立全行业共享的技术平台和产品开发数据库，打破目前相互封闭、重复分散的格局。加快建立以企业为主体的技术创新体系，增强自主创新能力。以实现节能与新能源汽车大规模产业化为专项主要目标，突破和掌握一批节能与新能源汽车关键核心技术，形成一批具有较强国际竞争力的自主品牌纯电动汽车、插电式混合动力汽车等节能与新能源汽车产品。支持建立四个新能源汽车与动力电池相关的省级工程（技术）中心：江西省新能源汽车研究与试验工程（技术）中心、江西省新能源动力电池工程（技术）中心、江西省新能源汽车驱动电机工程（技术）中心、江西省新能源汽车控制与安全工程技术中心。

组建节能与新能源汽车、动力电池产业技术创新战略联盟。产业技术创新战略联盟是由企业、大学、科研机构或其他组织机构，以企业的发展需求和各方的共同利益为基础，以提升产业技术创新能力为目标，以具有法律约束力的契约为保障，形成联合开发、优势互补、利益共享、风险共担的技术创新合作组织。组建产业技术创新战略联盟的构建是加强产学研结合，促进技术创新体系建设的重要举措；有利于提高产学研结合的组织化程度，在战略层面建立持续稳定、有法律保障的合作关系；有利于整合产业技术创新资源，引导创新要素向优势企业集聚；有利于保障科研与生产紧密衔接，实现创新成果的快速产业化；有利于促进技术集成创新，推动产业结构优化升级，提升产业核心竞争力。结合我省实际，现阶段应引导和支持组建节能与新能源汽车产业技术创新战略联盟，可以聚集签约各方的科技资源，加强产学研的紧密结合，共同致力于解决节能与新能源汽车产业关键技术的创新开发和产业化问题，增强我省节能与新能源汽车工业的核心竞争力。

2. 加大技术改造

实施节能与新能源汽车研发和产业化专项。财政安排专项资金，重点支持节能与新能源汽车技术改造。积极培育壮大新能源汽车龙头企业和上下游配套制造企业，打造以龙头企业为核心的完整的电动汽车产业链，形成要素集聚、规模集中、配套齐全的电动汽车产业集群。吸引和支持境内外整车生产企业和零部件厂商来赣投资建厂。

3. 实施人才和知识产权战略

加强人才培养与队伍建设，以专项工程为依托，培养一批知名的领军人才。加强电化学、新材料、汽车电子、车辆工程、机电一体化等相关学科建设，培养技术研究、产品开发及管理人才。培养技术应用型专门人才。实施人才引进计划，鼓励企业、大学和科研机构从国外引进专业人才。加快人才培养基地建设，积极培养和引进新能源汽车高端领军人才和专业研发人才，为新能源汽车产业发展提供人才支撑。广泛开展技术培训，提高相关从业人员的职业技能。

部门合作、统筹规划、系统设计，构建全产业链的专利体系。加强知识产权的应用和保护，激励原创性技术的研究与开发，改进高校和科研机构知识产权的评价使用制度，建立高效的知识产权评估交易办法，加大对创新成果的奖励力度。

4. 推进体制机制创新

大力推进改革创新，加强组织领导和统筹协调，为节能及新能源汽车产业发展提供动力和条件。编制相关专项规划，制定产业发展指导目录，开展产业统计监测调查，加强与相关规划和政策的衔接。加强对各地发展战略性新兴产业的引导，优化区域布局、发挥比较优势，形成各具特色、优势互补、结构合理的战略性新兴产业协调发展格局。各地区要根据总体部署，从当地实际出发，突出发展重点，避免盲目发展和重复建设。

（二）政策建议

1. 加大资金扶持力度

在中央财政安排专项资金的基础上，省财政安排专项配套资金，重点支持省产新能源汽车示范推广和以混合动力汽车为重点的节能汽车推广，包括用于支持私人购买新能源汽车、建设充电设施、开展电池回收。

引导社会资金投入新能源汽车产业，设立新能源汽车产业发展和应用推广专项资金，用于扶持新能源汽车的研发与产业化、示范应用及建设配套服务设施的补助。鼓励社会资金通过参股或债权等多种方式投资新能源汽车产业。进一步拓宽企业融资渠道，优先支持符合条件的节能与新能源汽车及关键零部件企业在境内外上市、发行企业（公司）债券等，充分发挥现有上市公司的再融资功能。

2. 落实税收激励政策

在全面落实现行各项促进科技投入和科技成果转化、支持高技术产业发展等方面的税收政策的基础上，结合税制改革方向和税种特征，针对节能和新能源汽车产业的特点，研究完善鼓励创新、引导投资和消费的税收支持政策。对节能和新能源汽车及其关键零部件生产、研发给予税收减免，以提高企业研发和生产新能源汽车及关键零部件的积极性。对消费者购买纯电动汽车、充电式混合动力汽车免征车辆购置税，减半征收节能汽车车辆购置税和消费税。

3. 完善新能源汽车使用环境

各级地方政府应根据本地情况，对新能源汽车免除现行的限号行驶、牌照拍卖等限制政策，制定实行新能源汽车过路过桥费、停车费减免，充电费优惠等扶持政策。

根据节能与新能源汽车产业发展规划，制定新能源汽车充电设施总体发展规划，制定充电设施设计和建设规范，推进标准化。逐步建设节能与新能源汽车配套服务设施。有条件的地区应做好规划，有计划，有步骤地建设节能与新能源汽车服务网络。南昌市以节能与新能源汽车产业发展与示范应用推广为契机，在公交、出租、公务等公共领域推广应用节能与新能源汽车；建设新能源汽车充电站和电池交换站，建立节能与新能源汽车维修服务网络，逐步完善节能与新能源汽车使用环境。通过节能与新能源汽车的示范应用推广，推进新能源汽车的自主研发和产业化，促进汽车产业结构的优化与调整，实现汽车产业的创新发展。

4. 建立动力电池回收和资源利用管理制度

执行国家相关政策，制定新能源汽车动力电池回收利用管理办法，设定动力电池回收及再生企业准入条件，明确动力电池收集、存储、运输、再生处理等环节的管理要求。研究制定促进电池再生企业提高技术水平和环保水平的优惠政策。完善行业准入等相关管理办法，合理利用锂、稀土等战略性资源。

5. 公共机构采购公务用车向节能与新能源汽车倾斜

将符合条件的节能与新能源汽车产品列入有关节能环保和自主创新产品政府采购清单（目录），享受国家关于自主创新产品、节能产品等政府优先采购的扶持政策。各级政府及公共机构，实行节能与新能源汽车强制性采购，逐步扩大采购规模，至 2015 年新能源汽车采购比例不低于 10%，节能汽车不低于 50%。

六、重大建设项目

江西省新能源汽车及动力电池“十二五”规划重点项目表（略）

江西省工业和信息化委员会

二〇一二年二月十五日

14. 广州市节能与新能源中小客车购置补贴试行办法

第一条 为实施中小客车总量调控管理，落实国家节能减排政策，根据《广州市中小客车总量调控管理试行办法》（穗府办〔2012〕32号）制定本办法。

第二条 本办法所称的节能与新能源中小客车购置补贴（以下简称购置补贴），是根据《广州市中小客车总量调控管理试行办法》，市本级财政对单位和个人2012年7月1日后购置符合工业和信息化部《节能与新能源汽车示范推广应用工程推荐车型目录》所列的新能源中小客车和节油率超过20%的混合动力中小客车（以下统称节能与新能源中小客车），在办理车辆注册登记后，按每辆1万元的标准给予的购置补贴。

第三条 购置补贴管理遵循公开透明、发放便捷的原则，接受社会监督。

第四条 市财政局负责购置补贴资金筹集、核拨和监督管理工作。

第五条 市中小客车指标调控服务中心（以下简称市指标调控中心）负责购置补贴的申请受理、审核、汇总和发放，配合做好购置补贴监督检查工作。

第六条 市公安局交警支队指定部门（以下简称市交警支队）负责办理已取得配置指标的节能与新能源中小客车车辆注册登记，复核申请人递交的购置补贴申请资料。

第七条 市经贸委、工商局负责协调和指导本市行政区域范围内的节能与新能源中小客车销售经营单位在经营场所明示本办法，并在签订购销合同时书面提示购车人。

第八条 单位和个人（以下统称申请人）应当在完成节能与新能源中小客车注册登记之日起3个月内申领购置补贴。逾期未提出申请的，视为放弃申领购置补贴资格。

第九条 申请人办理节能与新能源中小客车注册登记后，填写《广州市节能与新能源中小客车购置补贴申请审核表》［一式四份，格式见附件1（略），可在市财政局、市指标调控管理系统网站下载］，向市指标调控中心申请领取购置补贴，并提供以下资料复印件（交验原件）：

（一）指标证明文件；

（二）车辆登记证书；

（三）与申请人名称（姓名）一致的银行账户信息（包括存折、银行卡等）；

（四）机动车行驶证；

（五）补贴发放单位要求的其他相关证明材料。

第十条 市指标调控中心应当现场审核申请人提交的《广州市节能与新能源中小客车购置补贴申请审核表》及第九条规定的相关资料，信息不实或有误的，应当退回并注明原因，提示申请人在规定时间内重新申报。

第十一条 每月终了后3个工作日内，市指标调控中心将符合补贴条件的申请人名称（姓名）、车辆品牌型号以及拟发放购置补贴数额等汇总信息送市交警支队复核；市交警支队收到送达资料之日起3个工作日内进行复核；复核无误后，市指标调控中心3个工作日将上述资料送市财政局。

第十二条 市财政局收到市指标调控中心送达的资料之日起3个工作日内进行复核，复核无误后，按照国库集中支付管理规定将购置补贴支出计划下达市指标调控中心，市指标调控中心5个工作日内将补贴划至申请人提供的银行账户［具体流程见附件2（略）］。

第十三条 申请人获得的购置补贴归本单位或个人所有和支配。其中，单位获得的购置补贴应当按国家规定的财务会计制度核算和处理。

第十四条 申请人应当对提交的申领购置补贴相关材料的真实性、合法性负责。提供虚假信息，盗用、冒用他人信息以及变造、伪造材料等骗取购置补贴的，市财政局应当会同市指标调控中心、市交警支队等部门依法追回购置补贴，并视情节追究相关责任。

第十五条 本办法所称单位是指各类机关、企事业单位、社会团体及其他组织。

第十六条 本办法自颁布之日起实施，有效期至2014年3月31日止。

广州市政府
二〇一二年十二月九日

15. 石家庄市新能源汽车供能设施示范工程实施方案

按照河北省人民政府办公厅《关于印发河北省新能源汽车供能设施示范工程方案的通知》（办字〔2010〕161号）的要求，我市被列为全省推广新能源公交车的示范城市之一，城区公共交通从2011年到2013年实现新能源汽车（包括天然气汽车、混合动力汽车、纯电动汽车等）达90%的目标。现结合我市实际制定方案如下：

一、我市新能源公交车现状

2010年我市城区共有公交车2910辆，其中天然气公交车2000辆，占68.7%。2011年我市新购天然气公交车400辆。天然气公交车数量达到2400辆，在城区范围内，天然气公交车占比达到了75%以上。目前公交系统拥有加气站6座，电力系统建有充电站一座。

近年来，我市下大力气更新购置天然气公交车，2009年安排资金33738万元购置公交车600台；2010年安排资金12280万元购置公交车302台；2011年安排资金23500万元购置天然气公交车400辆。正在建设的南位停车场概算资金为8665万元，目前已投入资金6000多万元，预计2012年“五一”前完工。

二、总体思路和主要目标

（一）总体思路

1. 政府引导，企业运作。政府要统一规划，协调行动，把新能源汽车供能设施示范工程与新能源汽车推广计划紧密结合起来，加大政策性资金支持力度。坚持以市场为导向，以企业为主体，规范运作，依法经营，保障新能源汽车正常运行。

2. 循序渐进，示范带动。按照“积极推进，稳步实施”的要求，用三年左右的时间，将城区90%以上的公交车分批次替换成新能源公交车。建立健全节能与新能源汽车的运营组织管理、政策支持和技术服务体系，实现节能减排，改善生态环境的目的。

（二）主要目标

1. 积极推广新能源公交车，实现公交由传统能源汽车向新能源汽车的转变。2011年城区新能源公交车数量达到75%以上；2012年达到80%以上；2013年实现新能源公交车达到90%以上的目标。

2. 加快供能设施建设，保障新能源汽车供能需要。配套建设4座综合场站（包括综合楼、加油、加气、充换电、车辆维修、停车等）、5座始发站和3座简易加气站。在现有一座充电站的基础上，进一步规划完善充电设施建设，逐步实现供能设施便利化和网络化。

三、工作步骤

（一）实施方案制定阶段（2011年上半年）。根据《河北省新能源汽车供能设施示范工程方案》（以下简称《方案》），结合我市实际，制定具体的实施方案，报省政府备案后组织实施。

（二）供能设施规划和建设启动阶段（2011年上半年）。与新能源汽车运营需要相匹配，做好供能设施规划，按照国家相关标准，启动供能设施建设。

（三）示范应用阶段（2011年7月—2013年7月）。采用新增、正常更新、提前更新等方式，在公交系统逐步加大新能源汽车投放数量。同时加快新能源公交车供能设施建设，基本形成布局合理、快速便捷、标准统一的供能设施网络，保障新能源汽车加气及充换电的需求。

（四）总结评估阶段（2013年下半年）。我市要对新能源汽车应用进行认真总结评估，对三年来新能源公交车运营的效果进行分析总结，迎接省政府对我市新能源汽车应用进行评估验收，为我市新能源汽车进一步发展提出意见和建议。

四、供能设施的建设与运营

（一）调整新能源车辆结构，增加购买新能源汽车力度、增建配套设施以便达到《方案》关于新能源车比例的要求。按照省政府《方案》，2011年、2012年、2013年示范城市公交车新能源汽车比例分别达到75%、80%、90%计算，我市要加快调整车辆结构，增加购买新能源汽车力度。2011年到期报废柴油车128辆，相应购买更新天然气车400辆，主城区实现营运车辆总量达到3182辆，其中天然气车总数达到2400辆，年内实现新能源车比例75%以上（达75.4%）的目标；2012年需报废柴油车250辆，年内购置新能源车450辆，实现营运车辆总数为3382辆，其中新能源车总数为2850辆，可实现新能源车80%以上（达84.3%）的目标；2013年报废柴油车250辆，购置新能源车450辆，实现营运车辆总量3582辆，其中新能源车为3300辆，可实现新能源车90%以上（达92.1%）的目标。

根据以上测算，2011—2013年需累计报废柴油车628辆，购置新能源车1300辆。

（二）供能设施建设。按照国家公交始发站停车场规划建议标准200平方米/辆，需要63万平方米用于车辆停放，缺口达40多万平方米，远不能满足车辆停放的需求。目前2087部车辆是靠租用、借用的43个停车场地和在城区道路两边临时停放的，由于场站不足给运营生产带来很大困难。为保障公交运营生产及可持续发展，改善广大市民的乘车及换乘条件，拟建设公交场站、油气站方案如下：

在三环周边规划建设公交综合停车场及始发站，各有关县（市）、区用地不少于100亩。先期建设公交综合场站4个、始发站5个，共计9个场站。其中长安区3个、裕华区2个、新华区1个、桥西区1个、高新区2个。在二环周边建设加气站3个，占地面积各20亩。

（三）充（换）电站设施建设方案。我市现建成一座充电站——位同充电站，建筑面积约2230平方米，规划建设规模为10台直流充电机和4台交流充电桩，一座综合楼和其他相关辅助设施。2010年一期工程竣工并投入使用，规模为5台直流充电机和3台交流充电桩，一座综合楼和其他相关辅助设施。公交车充换电站设施的建设，将根据电动公交车发展情况、运营数量、运行线路起始站点、停车场的位置，以及预留的占地面积，适时建设电动公交车充换电站。

五、保障措施

（一）组织保障

市政府成立石家庄市新能源汽车供能设施示范工程领导小组。组成如下：

组长：　王大虎　市政府常务副市长
副组长：蒲国良　市政府常务副秘书长
　　　　贾东旭　市发改委党组成员、能源办主任
　　　　刘生彦　市财政局副局长
　　　　张国庆　市交通局副局长
成员：杜敏海　市国土局副局长
　　　王晓维　市建设局副局长
　　　杨若威　市规划局副局长

崔同英　市安监局副局长

李新启　市科技局副局长

白振刚　市能源办副主任

魏锁均　石家庄电业局副局长

朱华卫　市消防支队防火处处长

领导小组下设办公室，办公室设在市发改委，办公室主任由市能源办副主任白振刚兼任，办公室工作人员由相关部门人员兼任。具体负责新能源汽车供能设施示范工程的组织、协调、推进和监督考核工作，制定新能源汽车供能设施示范工程方案、供能设施建设和运营准入政策及管理办法等工作。办公室定期召开会议，向领导小组汇报工作进展情况，存在问题及下一步工作设想等。

（二）政策及资金保障

一是落实好国家对新能源汽车的优惠扶持政策；二是积极争取省政府对新能源汽车示范推广的资金和政策支持；三是加大资金筹措力度，支持新能源公交车项目建设和开展试点推广工作。

（三）开展交通影响评价

组织开展供能设施建设前对周边交通影响的评价，达到充电车辆数量、停放出入与周边道路条件相适应，保证交通安全畅通。

六、组织实施及职责分工

市发改委牵头负责新能源汽车供能设施示范工程的组织、协调、推进和监督考核工作，制定新能源汽车供能设施示范工程总体方案、供能设施建设和运营准入政策及管理办法。市交通局负责指导城市公交系统新能源汽车运营及维护，根据省、市下达的考核任务，制定年度更新替代计划及方案并负责落实。市财政局负责制定和落实新能源汽车推广应用财政支持政策，与市交通局沟通衔接，参与年度更新计划的制定及资金的落实，并负责争取省补助资金的协调沟通。市规划局负责指导新能源汽车供能设施建设规划的有关工作，落实场站规划选址及有关手续的办理。市国土局负责依据规划选址，做好供地办理的相关工作。市科技局牵头争取全国新能源汽车试点城市，指导和支持新能源汽车及供能设施的关键技术研发及产业化，推动新能源汽车科技创新平台建设。市建设局负责指导协调天然气加气站施工过程中的审查、监督及加气站燃气经营许可等工作。市消防支队负责指导新能源汽车供能设施建设的消防工作。市安监局负责监督新能源汽车供能设施安全生产工作。石家庄电业局根据公交场站的建设和运营线路，负责指导电动汽车充换电站的建设。市公交总公司负责新能源汽车的安全运营、场站建设，与规划、土地部门衔接，做好市区与组团县交通枢纽规划和建设，实现城市快速交通接力；安排好电动汽车运营线路，做好司乘人员培训；积极探讨加气站及场站建设的多元化投入模式，减少财政负担。各有关县（市）、区政府负责本辖区内新能源汽车项目建设、应用推广、场站选址、供能设施建设中有关土地、规划协调工作及拆迁补偿等工作。

七、试点工作总结

2013 年下半年对试点工作进行全面总结，为我市下一步发展新能源汽车产业和新能源汽车推广应用积累经验，奠定基础。同时对在试点工作中做出突出贡献的单位和个人给予表彰奖励。

石家庄市人民政府办公厅

二〇一二年二月一十五日

16. 武汉市节能与新能源汽车产业发展“十二五”规划

节能与新能源汽车基于驱动技术的重大升级和转型，是应对能源安全、气候变化和结构升级等问题的重要突破口，将成为推动世界经济增长的重要新兴产业之一。为推进我市节能与新能源汽车产业持续、快速、健康发展，根据《国务院关于加快培育和发展战略性新兴产业的决定》（国发〔2010〕32 号），《武汉市工业发展“十二五”规划》和武汉市工业发展“倍增计划”，编制武汉市新能源汽车产业发展规划。规划期为 2011—2015 年。

一、武汉市节能与新能源汽车产业基本情况

（一）研发情况

武汉市是全国重要的汽车生产基地，也是国家“863”电动汽车成果产业化基地。早在“九五”期间，东风汽车公司就研发了纯电动轿车、纯电动中巴和燃料电池中巴；2001 年，又率先在我市成立了东风电动车辆股份有限公司，专门从事电动汽车及其关键技术的研究开发；“十五”期间，东风汽车公司承担了国家 863 重大专项中“混合动力城市公交客车”和“混合动力轿车”的开发；“十一五”期间，东风汽车公司继续承担国家 863 重大专项，并致力于电动汽车的产业化，节能与新能源技术已初步形成竞争优势。其中，已获得多项关于集成开发技术、仿真技术、控制器开发、电子电器及专用总成、整车检测及评估系统等的专利技术。

目前，东风汽车公司已经开发了混合动力客车、燃料电池中巴、纯电动客车、纯电动大巴、纯电动 MPV、纯电动工程车、纯电动物流车、纯电动轿车、纯电动环保车等节能与新能源汽车，一些产品已经或将要进入产业化阶段。

我市已形成了以企业为主体的汽车产业技术研究体系，依托东风汽车公司技术中心、东风汽车有限公司商用车技术中心、东风汽车股份有限公司商品研发中心、神龙汽车有限公司技术中心，以及以武汉理工大、华中科技大学为主的研究机构，初步形成了我市节能与新能源汽车及关键零部件的测试与开发能力，在研发服务方面发挥了重要作用。

（二）生产投资情况

我市从事节能与新能源汽车整车研发和生产的企业，包括东风汽车公司、东风汽车有限公司、东风汽车股份有限公司、神龙汽车有限公司、东风扬子江汽车有限公司等均有新能源汽车发展计划。2010 年，我市有 6 款混合动力公交车、2 款混合动力轿车、3 款纯电动城市客车和 1 款纯电动工程车，被纳入国家节能与新能源汽车产品推荐目录。2011 年东风扬子江汽车公司又有 4 款纯电动客车被纳入国家公告管理。武汉已经成为全国拥有节能与新能源汽车品种最多的城市之一。

东风公司节能与新能源汽车型谱多样。东风电动车辆有限公司已形成年单班生产 1000 辆混合动力公交车的改装生产能力。在混合动力轿车生产方面，由东风风神 S30 改进而成的混合动力轿车已于 2010 年 5 月份下线。在纯电动轿车生产方面，东风公司首批纯电动轿车生产基地已开工建设，一期总投资 11.28 亿元，建成后年产能 10 万辆。

东风扬子江公司主要从事城市客车生产，已形成年产 6000 台纯电动城市客车的能力。其纯电动汽车整车项目，一期投资 30 亿元，完全达产后可年产 1 万辆纯电动城市客车，二期项目达产后可年产 2 万辆各类纯电动专用车。同时，东风扬子江公司将建设驱动电机及其控制系统、专用底盘等自主配套项目，计划 2015 年达产后实现工业总产值 150 亿元。

国通青扬公司动力电池生产基地已被列为湖北省重大项目，预计一期投资 10 亿元，达产后可实现动力电池产能 10 亿瓦时，二期投资 20 亿元，达产后可实现新型锂离子动力电池产能 40 亿瓦时，计划 2015 年实现工业总产值 60 亿元。

武汉理工新能源有限公司生产燃料电池发动机核心组件——膜电极，已批量应用于燃料电池发动机和通信基站备用电源，并出口美国 10 万件，成为国内最大的膜电极供应商。

（三）商业推广现状

我市是首批全国 13 个节能与新能源汽车示范推广试点城市之一。2003 年，东风汽车公司率先发起，在我市成立电动汽车示范运行公司，致力于电动汽车的商业化示范运行。截至目前，有超过 400 辆的东风品牌电动大客车在城市公交线路上运营，超过 100 台的混合动力轿车在政府公务用车和企业商务用车中示范运行，新能源汽车示范运行良好，节油与环保效果明显，实际运行超过预期目标。

充换电基础设施建设是发展纯电动汽车的重要环节。我市已建成三角湖充电站，车城充电站和佛祖岭充电站等 3 座充电站与 130 个充电桩。按照《武汉市十二五电动汽车智能充换电服务网络发展规划》，到 2012 年，我市将在武汉市经济技术开发区、武汉市东湖新技术开发区两个电动汽车示范区和省市政府、党政机关较为集中配置交流充电桩。到 2015 年充换电基础设施初步覆盖主要中心城区，远期发展目标是建成全面覆盖中心城区的换电网络，打通武汉至襄阳、武汉至宜昌的城际互联换电网络。

二、指导思想和发展目标

（一）指导思想

贯彻《国务院关于加快培育和发展战略性新兴产业的决定》（国发〔2010〕32 号）、实施市委、市政府“工业强市”战略，以重点企业为龙头，整车开发为主线，加强和关键核心技术研发产业配套，组建武汉节能与新能源汽车技术创新战略体系，实现关键共性技术联合研发和共享，初步形成比较完整的新能源汽车产业。

（二）发展目标

1. 初步实现节能与新能源汽车规模化发展。到 2015 年，节能与新能源汽车产能达 20 万辆，产销 18 万辆，实现工业产值 380 亿元，力争新能源汽车产能、产值达到全市汽车产业产能、产值的 15% 以上。

2. 建成较为完善的节能与新能源汽车产业链。到 2015 年重点培育 5 ~8 家混合动力、纯电动和燃料电池整车和关键零部件产业化龙头企业，燃料电池汽车示范运营、技术水平国内领先，关键零部件取得突破，建成以主导企业为核心的多个产业联盟，推动配套企业发展，实现本地零部件配套率 50% 以上。

3. 节能与新能源汽车总体技术水平国内领先。以混合动力和纯电动客车、轿车为代表的新能源汽车整体技术及关键零部件技术达到国内一流、国际先进水平；部分关键技术在国际新能源汽车领域达到领先水平并取得 8 ~10 项专有核心技术。

4. 建立健全新能源汽车应用基础服务平台。建立我市新能源汽车应用示范样板区，在全市中心城区分批建立适应不同动力需求的新能源汽车能源供应站，全市建成 20 座充电站、2000 个充电桩，做好充电电力（充电电池组）等能源供应和基础设施建设，满足城市公用交通和公务、家用新能源汽车能源需求，逐步建设适应新能源汽车发展的基础设施。

5. 建立综合配套的新能源汽车产业发展政策体系。建立稳定高效的推动新能源汽车产业发展和消费的政策法规体系、科学合理的新能源汽车税费制度，为新能源汽车产业发展提供政策保障。

三、我市新能源汽车产业发展重点

（一）发展方向

1. 积极推进纯电动汽车。在完善充电设施的基础上，积极推进目前东风汽车公司和东风扬子江汽车（武汉）有限责任公司纯电动汽车示范运营。

2. 重点发展混合动力汽车。东风电动车辆股份有限公司的混合动力汽车、东风扬子江汽车（武汉）有限责任公司混合动力公交车为混合动力汽车的产业化奠定了坚实的基础，抓住国家实施“节能与新能源汽车示范推广”的机遇，重点发展混合动力客车和轿车。

（二）发展重点

1. 积极支持东风公司新能源汽车与东风扬子江纯电动城市客车的产业化工作，形成新能源汽车批量生产能力。

2. 加快新能源汽车研发基地的建设。支持华中科技大学、武汉理工大学、东风汽车公司、东风扬子江客车公司等联合研究、开发电动汽车、混合动力汽车、清洁燃料汽车，抢占新能源汽车制高点。

3. 重点发展新能源汽车关键零部件。重点发展新能源汽车动力模块、先进动力电池系统、电池管理系统、电机及驱动系统、电驱动变速系统、电动车用大功率电子器件、车用DC/DC、车载充电机、混合动力汽车专用动力耦合及传动装置、乘用车用空调电动压缩机等关键零部件。

4. 大幅度提高新能源汽车使用比例。公交车、出租汽车广泛使用新能源汽车，在公务用车、市政、环卫和邮政等领域大规模推广新能源汽车，在旅游景区、车站、机场、高校、公园等公共场所推广使用节能和新能源汽车。

5. 完善加气站、充电区（站）、停车场等相关基础设施。

（三）重点项目

东风汽车公司纯电动汽车产业化项目、东风扬子江汽车有限责任公司新能源汽车整车产业化项目、国通青扬新能源汽车发展有限公司核心动力电池产业化项目等。

四、主要措施

（一）加大政策扶持力度

认真落实《国务院关于加快培育和发展战略性新兴产业的决定》（国发〔2010〕32号），市电动汽车产业化领导小组和市新能源汽车产业振兴工作组各成员单位和有关实施单位按照各自分工，加强协作，及时解决企业和产业发展中出现的各种问题。

（二）加大财税支持力度

加大政府采购力度，鼓励各级政府部门、事业单位和国有控股企业按不低于20%的比例采购本地生产的新能源汽车，财政按政策给予一定补贴；对新能源车所需的基础与配套设施建设贷款给予部分贴息，并对其土地出让费给予优惠；对购买本地生产的新能源汽车，免征本地通行的过路过桥费；对新能源轿车作为出租车进行运营的，适当减免其示范经营期内的有偿出让费；争取尽快纳入国家私人购买新能源汽车补贴试点城市。

（三）加强资金筹措，建立多方位资金筹措渠道

加大招商引资力度，采用多种形式和途径引进国内外资金；积极支持企业上市筹资，利用资本市场进行增资扩股；鼓励民营资本和各种类型的风险投资和产业基金进入新能源汽车产业。

引导企业增加研发投入，加大对车型和关键零部件研发的支持力度。发挥国家、省、市各级财政支持新能源汽车发展资金引导作用，对新能源汽车购车差价、技术研发进行补贴，对新能源汽车示范和基础设施建设进行贷款贴息等。

（四）加强平台建设，建立多功能综合服务体系

建立新能源汽车技术研发共享平台与创新战略联盟。集合新能源汽车产业相关科研院所、大专院校和企业的设备、人才和技术资源优势，成立技术联盟和制订相关技术标准，实现关键共性技术联合研发和共享。

建立新能源汽车示范运行数据采集和处理公用平台，为相关整车生产单位提供包括车辆实际工况试验、车辆性能改进、车辆性能评估在内的车辆研发、改进、制造的整体解决方案。

建立新能源汽车产业信息服务和国际合作平台，为新能源汽车产业的发展提供全面及时可靠的技术、资金、人才和市场信息。

（五）加强汽车产业环境建设

制定有地方特色的限制性政策，限制高污染、高噪声汽车的生产和销售，加大老旧汽车的报废更新力度。

研究制定有关售后服务、废旧电池回收、应急机制、监管等方面的政策措施，确保新能源汽车在商业化过程中真正体现节能环保和方便用户低成本使用的要求。

武汉市人民政府办公厅

二〇一二年二月一十五日

17. 杭州市“十二五”汽车及新能源汽车产业发展规划

前言

中国汽车消费市场继续快速增长。2010年，中国汽车产销量仍居世界第一，汽车产销量双双超过1800万辆，分别达到1826.47万辆和1806.19万辆，同比分别增长32.44%和32.37%。

新能源汽车研发应用如火如荼。上从中央政府下至地方政府，上至新能源汽车车企下至老百姓消费群体，无不密切关注新能源汽车研发应用，特别是电动汽车、混合动力汽车的研发应用热潮更加高涨，并在国内多个城市展开。

如何利用杭州汽车现有发展基础，紧紧抓住中国汽车市场特别是新能源汽车市场飞速发展的机遇，加快杭州汽车产业发展，创造杭州汽车产业辉煌是杭州市政府推行“主攻工业、决战工业、稳定工业”的战略举措关键环节，也是杭州“十二五”蓝图规划的重要组成部分。为此，市政府决定在2009年汽车产业规划的基础上进一步构建杭州市“十二五”汽车产业及新能源汽车产业发展规划。

本次规划的范围为杭州市域，规划期分三个阶段：近期(2010—2012年)；中期(2013—2015年)；远期(2016—2020年)，其中以近期和中期为重要规划期。

本次规划的依据主要有：

(1)《中国汽车工业发展年度报告》，中国汽车研究中心、中国汽车工业协会，2010。

(2)《中国汽车流通行业发展报告》，中国汽车流通协会，2010。

(3)《我国汽车行业研究报告》。

(4)《我国汽车零部件行业研究报告》。

(5)《大江东区域发展战略规划》。

(6)《杭州市产业调整和振兴三年行动计划汇编》(2009-2011年)，杭州市经济委员会。

(7)《杭州市国民经济和社会发展第十二个五年规划纲要》，杭州市政府。

(8)《国务院关于加快培育和发展战略性新兴产业的决定》。

(9)《长江三角洲地区区域规划》。

(10)《杭州市城市总体规划(2001—2020年)》。

(11)《浙江省新能源汽车“十二五”发展规划》。

(12)《杭州市“十二五”工业发展规划》。

(13)《杭州市汽车产业基地空间布局规划》。

1 杭州市汽车产业发展环境与趋势

1.1 汽车消费环境

国际汽车消费市场变革。国际汽车消费市场可划分为两大阵营，一是以西方发达国家为代表的传统汽车消费市场；二是以发展中国家为代表的新兴汽车市场。其中传统汽车消费市场主要包括以美国为代表的北美市场、以德国为代表的欧洲市场和日本市场，新兴汽车市场则以中国为代表。然而国际汽车消费市场的现存格局并不风平浪静，正在发生变革，这种变革主要体现在两个方面，一是发展中国家的汽车消费群体逐渐增大；二是发达国家的汽车消费群体逐渐萎缩。

国内汽车消费市场广阔。国内汽车销量逐年递增：中国汽车销量21世纪以来销量逐年增长，自2001年至2010年销售总量年平均增长率为25%；2010年汽车销售总量达到1806万辆，继续超越美国成为全球最大的汽车销售市场。汽车出口呈上升态势：2010年，我国汽车企业累计出口56.67万辆，同比累计增长52.86%。其中，轿车出口18万多辆，同比累计增长75.67%。国内汽车消费潜力巨大：根据汽车产业自身固有的发展规律及其国内外汽车发展环境条件的限制，我们对中国汽车产业未来发展空间进行了预测，其结果如图1、图2所示。

从图中可知：中国GDP持续稳定增长导致中国整车销售市场会持续增长，预计至2018年左右会出现滞涨拐点；中国汽车销售总量将在2015年预计逼近2600万辆，其中轿车销售总量将达1700万辆左右；中国轿车将在2010年后进入稳定增长期，至2020年中国汽车保有量将有可能达到3.5亿辆左右，其中轿车保有量将会超过1亿辆，汽车消费量进入相对饱和期。

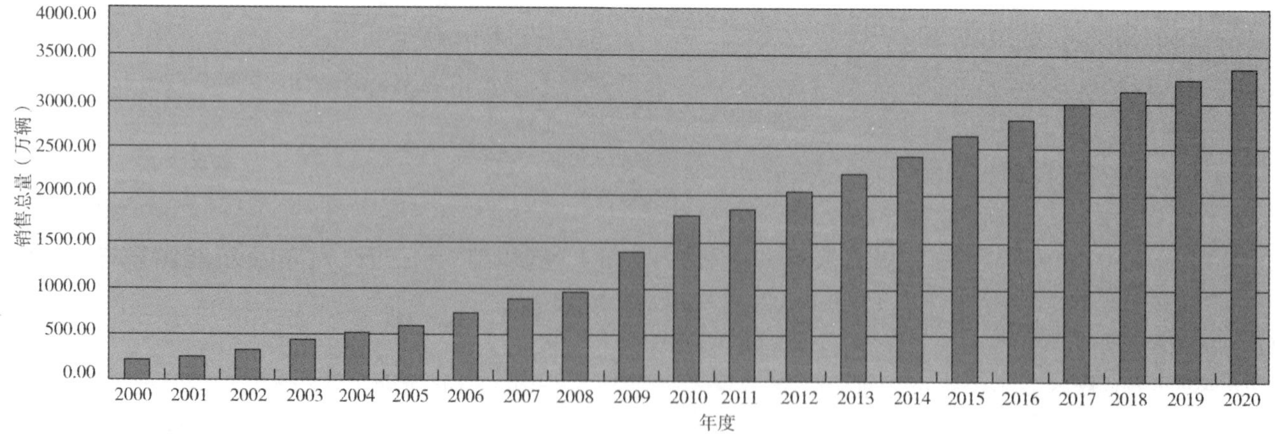

图1 我国汽车销量预测

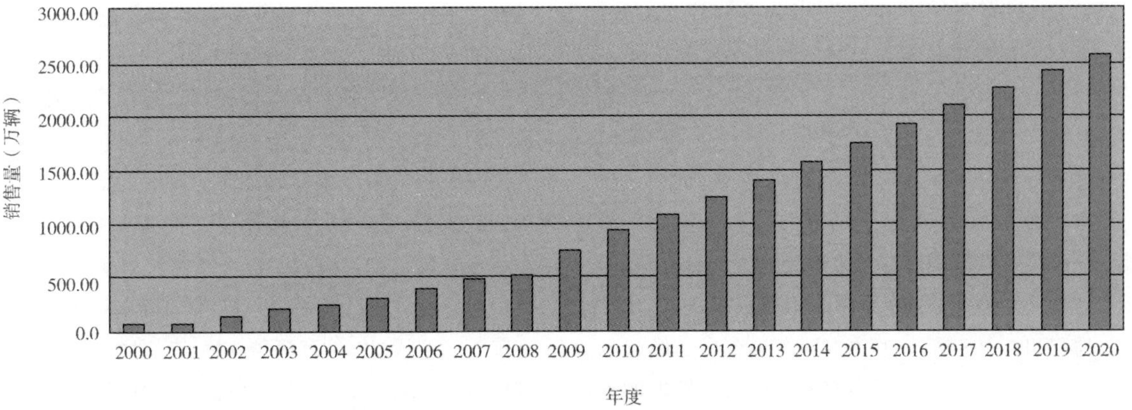

图2 我国轿车销量预测

杭州地区汽车消费迅猛增长。浙江省特别是杭州地区是我国经济最发达的地区，浙江省2010年GDP为27226亿元，人均GDP为52058元人民币。杭州市2010年GDP为5945.82亿元，按可比价格计算，比上年增长12%，连续20年保持两位数增长。全市按常住人口计算的人均GDP为68398元，按户籍人口计算的人均GDP为86642元，分别增长9.7%和11.4%，按国家公布的2010年平均汇率折算，分别达到10103美元和12797美元。发达的经济，具备了良好的汽车消费环境。根据车管部门提供的数据，杭州2008年全年新增汽车13万辆，2009年新增汽车21万余辆，2010年新增汽车29.39万辆。

1.2 汽车制造环境

汽车制造环境主要针对汽车制造企业产能分布与扩张、汽车制造车企的经营与研发进行分析，透过车企所处的制造环境发现制造车企竞争生存、创新发展的内外在条件。

国际汽车制造格局不断变化。首先，国际汽车制造格局的变化体现在制造格局的此消彼长，全球汽车制造产业市场在地域格局上总体形成了美日欧为成熟市场、金砖四国为新兴市场的产业发展格局。其次，国际汽车制造格局的变化体现在制造车企的兼并重组。随着全球汽车市场竞争的加剧，汽车产业的兼并重组、战略联盟将会频现，长期稳定、一成不变的汽车托拉斯将不复存在。

国际车企由复苏进入常态运营。受到金融危机的影响，国际汽车产业2008年持续低迷，亏损与破产接连不断；2009年开始呈现复苏，部分企业完成重组实现扭亏；2010年则彻底走出危机，全行业大部分企业产销实现了快速增长和不同程度的盈利，完成了从复苏到健康之路。

国内汽车生产格局基本形成。经过近几年的发展，我国汽车产业围绕大型主机厂而建立起来的中国本土的汽车产业制造格局已经形成。这些集群大致分布在东北、京津、中部（湖北安徽）、西南（重庆）、珠三角、长三角六个地区。这些区域依托各自的区位优势，发展了具有区域特色的汽车产业。中国本土的汽车产业可由六个区域圈构成，分别是东北圈、华北圈、华中圈、华南圈、华东圈、西南圈。

国内汽车制造产能相对过剩。我国目前已有27个省、自治区和直辖市生产整车，中国的整车厂超过120家，若将改装厂计入则有六七百家，这是全球汽车发达国家里都没有的情况，发达国家主要车企一般不会超过5家。我国主要的30家汽车企业2009年年底整车产能达到1359万辆，2015年年底规划产能为3124万辆。“十二五”末期规划产能已经远大于市场需求。从此种观点出发产能相对过剩的危机会存在。但是，在这超过120家的整车厂中，大多车厂盈利能力较低，导致出现了“无效产能”，这些“无效产能”加大了所谓“产能过剩”的分母数值。专家认为，目前的产能过剩问题就是结构性产能过剩的问题，也就是无效产能过剩，有效产能不足。以东风日产、一汽大众、北京现代等销量突出的企业为例，产能已经成为企业进一步发展的瓶颈，因此，必须通过建新工厂或扩产来突破瓶颈。但不是所有车企的产品都如此畅销，部分小企业的产品并没有得到市场认可，其部分产能是过剩的。因此，产能过剩是一种相对的过剩。另外，从市场调节的客观规律讲，企业会根据市场进行调节，并且绝大部分企业有这个调节能力。现有汽车行业正常的产能利用率为75%左右，在年均增长20%的市场里，产能有30%的富余属正常情况。市场调节的客观规律告诉我们，产能过剩就会产生竞争，竞争的结果总是增强汰弱，从某种意义上讲也有利于市场健康发展。

国内汽车部件综合技术水平低。我们长期以来只重视整车行业，产业发展、产业规划都是只强调整车行业，但在发展汽车产业最关键的汽车零部件行业，我们的研发水平又较差，这将限制整车行业的发展。

国内汽车核心技术掌控程度低。从目前情况看，国外汽车企业主要依靠技术优势和专利限制影响中国汽车产业的发展，特别是功率大、体积小的发动机已经成为国外企业的发展重点，而国内一些企业在没有自己核心技术的情况下，在轿车的悬架、底盘的开发包括转向和制动系统、发动机供油系统、电控系统等一批先进技术的发展上都还要依靠购买国外企业的技术来维持自己的发展，生产成本居高不下，影响了市场竞争力。统计资料显示，我们的制造业企业对国外先进技术的依存度达到34.46%~50%，汽车企业的依存度越高，说明我们的企业自主创新能力严重不足。例如，双质量飞轮离合器至今仍受国外的专利保护，多挡自动变速技术也依赖国外。

国内汽车研发投入较低。虽然中国汽车市场已经超越美国成为全球第一大市场，但国内汽车集团对于研发的投入不足。目前跨国公司的研发投入比例一般占到企业销售收入的5%~6%，有些企业甚至更高。我国车企尤其是商用车企业的研发投入则远低于这个比例，据了解目前国内商用车企业研发投入只占销售总收入的1%~2%，与国际水平有很大差距。

自主品牌乘用车目前现状主要以低端产品开发为主，典型代表主要有奇瑞、吉利、比亚迪等。2009年销售的产品主要集中在排量1.6升以下，排量在1.6升以上的产品销量相对较小。造成此种现状的因素主要有：一是企业高端产品的品牌度较低；二是利润空间相对较小。但未来会随着市场的开发成熟，自主品牌乘用车也会进入到中高端产品类型，利润空间就会呈现。

杭州地区具有良好的汽车制造环境。杭州地区汽车制造整车厂虽然起步较晚，但已经初具规模，发展势头迅猛，近期规划产能已经超过100万辆，建成产能超过50万辆。主要的整车制造厂商有：

东风裕隆汽车有限公司。公司位于萧山的临江新城汽车产业园，总投资39亿元，拥有“纳智捷”品牌，计划产能目标为48万辆。目前，第一阶段的12万辆生产线已全部建成，2011年6月正式批量生产。初期将投产一款SUV、一款MPV和一款轿车。

“东风”是大陆三大汽车企业集团之一，“裕隆”是台湾最大的汽车生产厂商，二者的结合，是国内自主品牌车企的强强联合。东风裕隆的入驻，带动了大批台资配套生产企业的跟进。目前，已吸引了14家汽车零部件关联生产企业的进驻，且还有不少台资企业在积极申请之中。一批配套企业的陆续跟进，使临江工业园区成为我市台商投资新的热点。

浙江青年莲花汽车有限公司。公司位于杭州市萧山经济技术开发区江东工业园区，规划年产轿车15万辆，项目一期建设用地1000亩，总投资26亿元，于2008年6月开工建设，目前已建成冲压、焊装、涂装、总装四大生产线及配套设施。浙江青年莲花汽车轿车项目主要是生产以L5系列为主的莲花汽车，莲花L5在动力性、运动性、操控性以及安全性等方面，仍然保持着英国莲花独特的技术基因。L5轿车已于2011年4月正式下线。

杭州益维汽车工业有限公司。公司是众泰控股集团新成立的一家子公司，位于杭州下沙经济技术开发区，主要生产意大利整车技术品牌的派力奥、力博朗、多博朗平台等新款轿车。众泰控股集团总部在浙江永康，是以汽车整车、汽车发动机、模具、钣金件等关键零部件为核心业务的民营企业，集团本部连续三年纳税永康排名第一。集团在前进工业园的20万辆整车生产基地，总投资26亿元，2011年开工建设，集团母公司——中国铁牛集团在临安总投资50亿元，专注研发、制造、销售乘用车变速箱。众泰集团和铁牛集团在杭州累计总投入不少于100亿元发展汽车产业。

广汽吉奥汽车有限公司。公司成立于2010年12月9日，是由广州汽车集团股份有限公司与浙江吉奥控股集团有限公司共同组建而成的合资公司，双方股比为51:49。坐落于萧山经济技术开发区的江东工业园区，项目建设一期用地48.5万平方米，50万台整车生产能力，累计投资60亿元人民币。广汽吉奥汽车有限公司吉奥研究院现有在职员工200人，其中工程技术人员120人，占人员总数的60%，具备每年推出1~2款全新的车型和机型的能力。

东风杭州汽车有限公司。公司由杭州市区搬迁到临江开发区江东三路。东风杭州汽车有限公司通过易地搬迁改造将形成年产大客车5000辆、客车底盘1000辆，轻型客车35000辆的生产能力。

其他整车和改装车生产厂商有东风日产柴汽车有限公司、浙江中誉汽车有限公司、杭州爱知工程车辆有限公司、杭州专用汽车有限公司、中汽商用汽车有限公司（杭州）。

杭州地区零部件制造业发达。杭州地区汽车零部件制造业在国内处于领先地位，部分汽车零部件制造水平达到国际先进水平，具有很强的国际竞争力。目前主要的汽车零部件制造厂商有：

万向集团。中国最大的汽车零部件供应商之一；始创立于1969年，位于国家级经济开发区——杭州市萧山区经济技术开发区。综合规模中国企业500强第127位，制造业第58位；机械行业第15位，汽车行业第8位，汽车零部件业第1位。主要汽车零部件产品有：各类万向节、各类传动轴转向柱、各类汽车轴承、各类制动器及附件、平衡悬挂、轮毂、各类阀体、泵类、各类减震器、消声净化器、前后悬挂系统、橡胶件、保险杆、仪表等，万向主业致力于汽车零部件产业。

杭州中策橡胶有限公司。公司目前是中国最大的轮胎生产企业，综合规模中国企业500强第363位，制造业第204位。在世界轮胎企业排名中位列第13名。公司拥有2

万余名员工和上千名工程技术人员。公司采用国际先进的生产技术及国际顶尖轮胎制造、检测设备。轮胎技术和生产能力在中国处于领先地位。公司第一批获得“中国轮胎产业强制性认证（CCC）”；获得轮胎出口欧共体 ECE 认证；获得轮胎出口美国的 DOT 确认；是中国为数不多的同时获得“中国驰名商标”和“中国名牌产品”的企业。杭州地区共有各类汽车零部件制造厂商近 300 家，生产规模和技术水平均较高，有完善的汽车零部件制造产业链。

1.3 汽车流通环境

国内营销服务网络延伸扩张。受汽车消费浪潮的刺激，汽车经销商扩张的热情被激发。据不完全统计，2010 年汽车品牌 4S 店数量的增速近 13%，曾出现在家电、房地产领域的排浪式消费开始在中国车市集中爆发。随着汽车市场增长的重心向二、三线城市转移，众多车企也将市场拓展渠道重点放在了二、三线城市。中国车企已将网络重点布局方向瞄准二、三线甚至四线城市市场，以加大市场覆盖率。

国内二手汽车市场正在扩容。中国汽车流通协会预计，2010 年，中国二手车交易量近 400 万辆，而这一数量还不足新车交易数量的 23%。但伴随着汽车保有量的增加，二手汽车市场交易量将会逐年扩大，市场潜力是十分巨大的。

汽车维修需求渐增。随着汽车迅速进入千家万户，我国汽车维修业也进入了发展的黄金时期，汽车维修业和汽车保修设备行业在市场的洗礼中开始由传统的劳动密集型向资金技术密集型转型、由生产型向服务型过渡，形成了利润丰厚的汽车后市场。目前，全国汽车维修行业有一二类企业 30 多万家，从业人员近 300 万人，每年都在以 10% 左右的速度快速增长。国营、集体、股份制、私营、个体、中外合资等多种经济成分的汽车维修企业在共同发展，4S 店、特约维修服务站、综合维修厂、快修连锁店、专项维修店等多样化的经营方式各展其长，形成了一个门类齐全、品种多样，分布广泛，服务方便，能够满足不同消费层次需求的汽车维修市场体系。

汽车美容养护需求渐增。随着汽车产量和汽车保有量的不断增长，汽车美容市场将迎来巨大的发展空间，特别是随着私家车拥有量的增加，汽车的日常维护已经从“以修为主”逐渐转变成“以养为主”。一项调查显示，目前我国 60% 以上的私人高档汽车车主有给汽车做外部美容养护的习惯，30% 以上的私人低档车车主也开始形成了给汽车做美容养护的观念，50% 以上的私车车主愿意在掌握基本技术的情况下自己进行汽车美容和养护，30% 以上的公用高档汽车也定时进行外部美容养护。随着工业经济的强劲发展，未来生活工作的节奏将大大加快，汽车将不可避免地成为大众的代步工具，汽车养护美容服务必将成为大众日常的消费内容。

国内汽车租赁业务方兴未艾。美国一些发达国家的汽车租赁行业较为成熟，其中从事租赁的车辆占据整个汽车运营量的 55%，很多公司和个人都采用租赁方式解决用车问题；中国汽车租赁市场正在起步，但是发展迅速，中国租车行业是个极具潜力的新型市场；我国汽车租赁行业从 20 世纪 90 年代开始起步，目前从事汽车租赁的企业有 5000 多家，据相关数据预测，中国汽车租赁产业每年均以 20% 到 30% 的速度增长，到 2015 年，国内汽车租赁市场的车辆需求将达到 30 万到 40 万辆，营业收入将达到 180 亿元。汽车租赁将作为汽车流通领域中连接生产和需求的重要渠道，目前正发挥着越来越大的作用，除了提供实惠和便利外，也是资源共享，是绿色、低碳的出行方式。

1.4 新能源汽车发展环境

政府普遍重视新能源汽车产业。为应对全球能源和环境问题，世界主要国家和地区积极推行交通能源转型战略，通过制定相关法律、专项行动计划鼓励各种新型车用能源技术的发展，同时通过颁布执行各种优惠政策等鼓励措施，加快新能源汽车的市场推广。国内新能源汽车产品实用度较高的主要集中在电动商用车上，特别是电动客车上，而电动乘用车的实用程度仍然有限。

新能源汽车销售还未形成规模。目前，市场上销售使用的新能源汽车覆盖了新燃料汽车、纯电动汽车和混合动力汽车，但销售数量与传统能源汽车相比均未形成市场规模，其中新燃料汽车主要以 LNG 和 LPG 为主；纯电动汽车以小排量电动汽车为主；混合动力汽车则以油电混合为主。混合动力汽车市场接受程度最高，销量相对较大。

电动车消费得到市场广泛关注。根据国家新能源汽车发展战略规划，我国未来新能源汽车发展的主要产品为电动汽车，同时兼顾其他新能源汽车的发展；为此，国家在出台多项鼓励电动汽车消费政策的同时，大力推动电动汽车消费环境的完善；由于中国是汽车消费大国，所以国际汽车业界自然而然就极为重视电动汽车的发展，许多国家都纷纷出台政策支持电动汽车的研发和市场开拓，力度之大前所未有。各国实施的经济刺激计划都包含了发展电动汽车的条款。

新能源汽车消费市场逐步放大。据 JP 摩根预测，2020 年全球混合动力汽车年销量将达到 1128 万辆，占全球汽车总销量的 13.3%。根据贝恩公司预测，到 2012 年，纯电动汽车市场有望达到 150 万辆规模，其中中国将以 20 万辆的份额占据全球最大市场份额；2015 年，纯电动汽车市场有望达到 300 万辆，中国将以 75 万辆即 25% 的市场份额位居世界电动车销量第一。我国混合动力汽车正处于刚起步阶段，参照国外的发展经验，预计未来十年内将会是我国新能源汽车发展的黄金时期，新能源汽车的销量将大量增长。根据国家工信部牵头的《汽车与新能源汽车产业发展规划》，如果我国政策得当，包括对油耗的限制、新能源汽车的优惠与补贴，并考虑油价升高较快等因素，新能源汽车在2015年要达到初步产业化，混合动力汽车销量达到250万辆以上（包括BSG、ISG和各类混合动力汽车），纯电动汽车销量达到100万辆以上（包括小型纯电动汽车）；到2020年，以混合动力汽车为代表的节能汽车销量达到世界第一，年产销量达到1500万辆；其中电动汽车保有量达到500万辆。

国际混合动力汽车推广应用日趋成熟。以日本混合动力汽车为先导的混合动力汽车其应用技术已经较为成熟，目前已经达到量产规模，具备了与传统能源汽车竞争的成本优势。

新能源汽车全球标准体系构建尚待时日。由于新能源汽车应用技术成熟度、透明度的限制，新能源汽车技术标准在一定时期内只能在局部地区或国家构建，而且技术的先进性将决定其标准的先进性和引导性。新能源汽车中以混合动力汽车技术标准发展最快，日本是其有力推动者，现已将其提交相关国际组织，期望全球推广。

电池技术是电动汽车推广应用主要瓶颈。电动汽车应用的瓶颈主要集中体现在车用电池上，具体包括以下几方面。续驶里程短：由于蓄电池单位重量及其体积的限制，其储存的能量密度较低，所以电池的续驶里程较小。电池成本高：电池成本离商业化要求还有一定距离。当前成本高已经成为制约电动汽车产业化发展的重要因素。因此，电池成本的下降、电池租赁等商业模式的创新是电动汽车产业化的关键。电池寿命短：由于电池的充电次数限制，电池循环使用的时间较小，因此电池的寿命离市场化要求还较远。行驶可靠性程度不理想：由于电池充放电过程的安全性限制，电池实用化所需要的可靠性尚待提升。车用锂电成组技术仍然有待提升，锂离子电池成组后，安全性大幅下降，使用寿命大幅缩短，甚至有发生燃烧、爆炸等恶性事故的危险，这些技术在一定程度上制约着电动汽车产业的发展，深入研究不断提升锂电成组技术是电动汽车发展的需要。针对电池应用瓶颈，国际上许多国家都提出了科技研发战略，如日本经产省提出到2030年，他们的车用电池蓄电量要比现在提高6倍，成本降至目前的1/40。我国必须加强原创性研究，全面提升动力电池的研发能力，为5~10年后的纯电动汽车动力电池提供具有自主知识产权的核心技术，逐步实现纯电动汽车的总体成本低于内燃机汽车，续驶里程逼近内燃机汽车。

电动汽车运行支撑系统逐步形成。电动汽车运行支撑系统主要包括电动车运行所需要的基础设施和相关标准，其中基础设施中最亟待建设的就是充电站的建设。充电站是电动汽车运行支撑系统的重要的组成部分。目前，国家电网、南方电网、中石化以及中海油等能源巨头为了抢占先机，纷纷大力兴建电动汽车充电站/桩，各大省市及地区也均极力推进当地电动汽车充电设施的建设。一股兴建充电站/桩的热潮正随着国家对新能源汽车尤其是纯电动汽车明确的扶持政策而迅速掀起。

杭州地区新能源汽车特别是电动汽车发展有良好的基础：目前杭州地区从事电动汽车生产的企业具有很强的技术实力，具体企业如下：

万向电动汽车有限公司。万向电动成立于2002年，是万向集团全资子公司，万向电动致力于掌握清洁能源技术，发展节能环保汽车。按照“电池—电机—电控—电动汽车”的发展战略，在大功率、高能量聚合物锂离子动力电池、一体化电机及其驱动控制系统、整车电子控制系统、汽车工程集成技术以及试验试制平台等方面取得了显著的成果。万向电动多年来共承担国家“863”计划课题7项，工信部电子产业基金项目1项，省重大产品科技攻关项目6项，累计申报电动汽车类专利120余项，授权80余项，部分项目成果已经成功实现产业化。目前万向电动已成功开发了电动轿车、电动公交车、双能源电车、电动电力服务车、电动电力工程车等车型，承担着十一五“863”计划节能与新能源汽车重大项目“纯电动乘用车动力系统平台技术研究与开发”课题，成为“三纵三横”国家研发布局中“纯电动汽车”课题群的牵头单位，标志着万向电动在行业内的地位取得了质的飞跃。

众泰控股集团。杭州益维汽车工业有限公司的母公司，始建于2003年，是一家以汽车整车及发动机、模具、钣金件、变速器等汽车关键零部件的研发制造为核心业务和发展方向的现代化民营企业集团。现有浙江、湖南两大整车生产基地，形成“众泰”、“江南”两大汽车整车自主品牌，具有国内外先进水平的冲压、焊装、涂装、总装四大工艺生产线和整车动态性能检测线。是目前国内拥有轿车、轻型客车、轻型货车和纯电动汽车等完整汽车生产资质的民营汽车专业制造商之一，企业注册资本4.6亿元。

集团主导产品为“众泰2008”“众泰5008”“朗悦”轿车、0.8~2.0L排量环保型汽车发动机。其中“众泰2008EV”是中国第一款经过国家工信部认证，获得生产销售许可的纯电动乘用车，该车采用大容量锂离子电池，突破了电机、控制系统等核心技术，真正实现低噪声、零排放。

东风裕隆汽车公司。公司宣布在推出华系车高端品牌的同时，将以发展新能源汽车为差异化战略，2012年将推出量产电动车。

纳智捷电动汽车采用高性能锂离子电池组，利用220V充电，提供高达40kW·h的电能来源，马力达到180kW，扭力超过265N·m。其能耗仅为11.43kW·h/100km，0~100km/h加速仅为8.9秒，最佳节能模式下续航高达350公里以上。东风裕隆电动汽车尽管起步晚，但电动汽车基础好、起点高，发展势头强劲。

1.5 杭州市汽车产业发展现状

杭州下辖上城、下城、江干、拱墅、西湖、滨江、萧山、余杭八个城区，建德、富阳、临安3个县级市，桐庐、淳安两个县。杭州汽车产业在各个辖区内都有不同程度的发展。

为了更好发展汽车产业，杭州规划建设了35平方公里的汽车产业园，设在大江东新城的大平台内，分布于临江新城、江东新城和前进工业园内。杭州良好的创业环境、丰富的人才资源、优质高效的服务等综合优势都为杭州市汽车及零部件生产企业提供了有力的基础保障。

杭州市汽车整车制造企业主要集中在杭州汽车产业园内，部分辐射到杭州经济技术开发区及其他辖区；汽车零部件及商贸服务主要集中在江干区、下城区、拱墅区、萧山区、余杭区等；汽车研发企业则主要集中在大型的整车制造企业内，目前吉利研发中心已进驻临江新城。

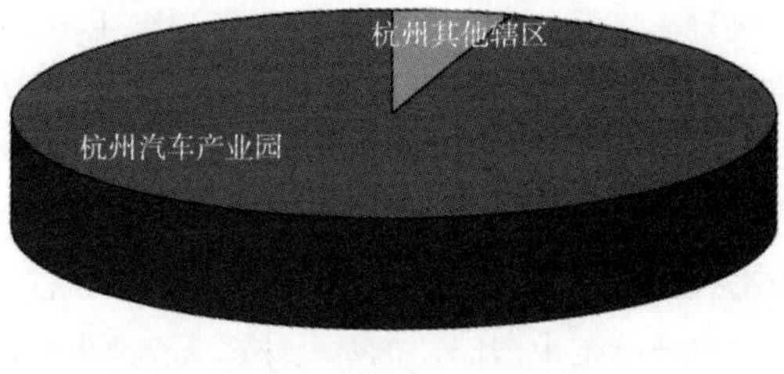

图3 未来整车收入区域分布

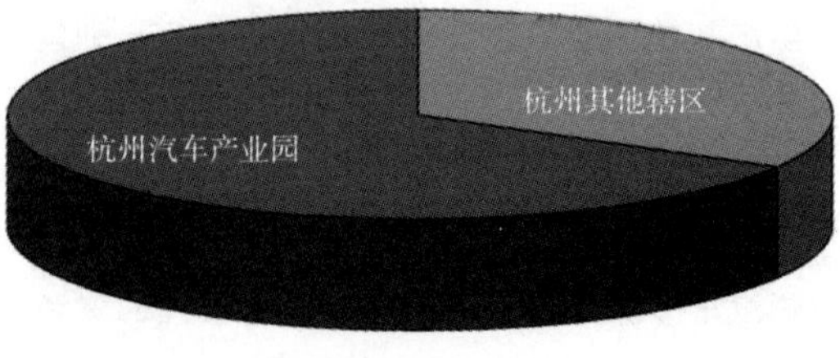

图4 未来零部件收入区域分布

近年来，杭州汽车产业坚持引进和培育“两轮驱动”，形成了从零部件生产到整车制造的产业链，2010年汽车产业实现销售产值超900亿元。

杭州的整车制造业正在起步，整车涉及轿车、商务车、微型车、商用车、改装车等车型。目前万向新能源电动汽车、青年商用车、越西客车、东风裕隆等整车项目都在如火如荼地建设之中，其中部分厂家已经在2009年年底到2010年年底之间陆续投产。

广汽吉奥汽车有限公司总部落户于萧山经济技术开发区；吉利控股集团总部和销售中心设立于滨江区，吉利研发中心落户临江工业园汽车产业园内；东风杭汽、东风日产柴也迁移或将迁移杭州汽车产业园，所有这些都对杭州未来打造汽车城在产业规模方面奠定了坚实的基础。

杭州的整车尽管起步晚，但是整车制造发展的前景宽广，杭州的汽车产业正从原来的以零部件工业为主，逐步转向以整车工业带动、零部件工业为支撑的产业格局。

杭州汽车产业不仅拥有汽车整车企业，同时拥有零部件生产企业，从业人员超过42000人，汽车零部件在全国的市场占有率超过16%，全国市场占有率在省内位列第一。杭州汽车零部件产业在浙江省乃至全国具有明显优势，零部件产业规模以上企业300余家。2010年实现工业销售产值10亿元以上的汽车产业企业有4家，分别为万向集团有限公司645.3亿元，中国重汽集团杭州发动机有限公司41.3亿元，浙江亚太机电股份有限公司、杭州前进齿轮箱集团股份有限公司均超过15亿元，销售产值1亿~10亿元的有11家。杭州市汽车产业中国家重点扶持的高新技术企业有23家（见附录5），列入国家公告目录的汽车企业有4家。

在零部件产品方面，杭州汽车产业的汽车零部件产品主要涉及动力、传动、转向控制、制动、行走、内饰等领域；相关产业拥有中国世界名牌1个，中国驰名商标4个，中国名牌产品7个，省名牌产品1个，省著名商标3个，荣获中国汽车工业科技进步一等奖1项。

在研发方面，杭州汽车产业的汽车及零部件产业拥有自主知识产权的企业有13家，其专利总数共707项；杭州市汽车产业现有国家级企业高新技术（研发）中心有4家；拥有国家级实验室的企业有1家；拥有省级企业高新技术（研发）中心10家；拥有市级企业高新技术（研发）中心有17家（详见附录4）；拥有博士后工作站3个；共起草发布国家和行业标准18项。

杭州商用车生产企业以专用车生产制造为主，其销售收入规模约为20亿元。商用车公司主要有杭州经济技术开发区的杭州爱知工程车辆有限公司、杭州专用汽车有限公司、浙江爱知工程机械有限公司；西湖区的中汽商用汽车有限公司（杭州）、浙江通普特种车有限公司；余杭区的浙江飞碟汽车制造有限公司。

杭州汽车商贸、维修等服务目前主要集中在拱墅区、下城区、江干区、萧山区、余杭区等。

1.6 杭州新能源汽车产业发展现状

杭州市新能源汽车不论是整车还是零部件都具备了发展的基础，特别是纯电动汽车及其零部件产品在国内都走在前列。杭州新能源汽车及其零部件企业主要集中在杭州汽车产业园，较少企业分布在西湖、滨江、拱墅等地。

从事新能源整车研发制造并开始走向市场化的企业主要有众泰控股集团和万向电动汽车有限公司，另外吉利汽车和东风裕隆电动汽车生产也已在计划之中。新能源整车研发制造产品中市场化程度相对较高的是众泰控股集团的电动乘用车和万向电动汽车有限公司电动乘用车客车。

从事新能源汽车零部件企业7家，主要研发制造电动汽车用锂电，其中包括万向电动汽车有限公司、浙江普众科技有限公司、赛诺索欧电池有限公司、赛恩斯能源科技有限公司、乐荣有量锂电科技有限公司、杭州海久电池有限公司、龙威能源科技有限公司；其中万向电动汽车有限公司非常重视技术创新，在动力电池领域，拥有电动汽车拆换电池的机械装置10项专利，拥有换电池“比加油时间还短”的技术；赛恩斯开发出新能源汽车动力系统的实验平台，在业界具有领先水平；众泰的纯电动轿车在全国首家列入国家工信部节能与新能源轿车的公告目录。

目前，杭州市锂离子电池的年生产能力为8000万安时，新能源汽车及相关企业总投资50多亿元，其中已投资到位15亿元。项目全部建成投产后，每年将生产新能源汽车2.5万辆，动力电池3.9亿安时。

2009年2月，杭州市被列为全国13个节能与新能源汽车示范推广试点城市之一。在市委、市政府的高度重视下，市电力局、交通局、公交集团等单位大胆探索，积极推广，试点工作取得了初步成效。2010年，杭州又被国家四部委列入开展私人购买新能源汽车补贴试点的6个城市之一，杭州市的工作也多次得到国家科技部等部委的表扬。

此外，杭州电动汽车运行支撑网络建设方面也取得一定的进步。为了能让消费者更方便地使用新能源汽车，杭州电网在杭州市加紧建设充电站和中型充（换）电站，既可充电，也可换电池；同时还建有流动的换电站。目前，杭州电网有6座充、换电站投入使用。在2012年之前，全市大约要建成32座。

1.7 杭州汽车产业发展现状分析综述

1.7.1 杭州汽车产业发展成就

经过多年的发展，杭州市汽车产业尤其是汽车零部件产业已取得较好的产业基础，并初步形成以萧山区为主导，辐射其他区、县的汽车产业集群雏形，汽车产业已成为杭州市工业经济的主要增长点之一。“十一五”以来，全市汽车产业快速发展，整车和零部件产业取得了长足的进步。规模以上整车及零部件汽车生产企业超过300余家，其中整车生产企业7家，改装、专用车生产企业15家，汽车整车规划设计生产能力（中期）约132万辆。2010年全市汽车及零部件规模以上企业工业总产值912亿元，占全市机械工业产值的29.7%左右，已成为加速推进新型工业化的重要产业。

1. 整车制造即将形成规模

“十一五”以来杭州市汽车产业发展势头良好，现有汽车整车、改装车及专用车企业共22家，其中拥有整车生产资质的企业有7家（东风裕隆、青年莲花、众泰汽车、广汽吉奥、东风日产柴、东风杭汽、浙江飞碟），主要产品有轿车、商务车、多用途车、微型客车、大中型客车及底盘、中重型货车、低速载货车、新能源汽车；另有15家改装、专用车生产企业，主要产品有高级商务车、高级房车、高空作业车、文化专用车（舞台车）、沥青洒布车、臂架式混凝土泵车、混凝土搅拌车、油罐车、工程抢险车、电讯发射车、环卫车、医疗急救车等。

近几年来，杭州爱知工程车有限公司、杭州专用汽车有限公司、中汽商用汽车有限公司等企业的专用汽车生产已有相当规模，已形成杭州特色的专用汽车生产基地。

目前，已有4家企业的5个整车项目在杭州市35平方公里汽车产业园落户，分别是东风裕隆“乘商并进”项目、青年汽车集团的莲花轿车和商用车两个项目、众泰、广汽吉奥微型汽车项目；此外，万向集团在汽车产业园内正在规划新能源汽车产业化基地。其中，广汽吉奥微型汽车已于2009年11月正式投产，众泰汽车也于2010年6月底实现第一辆轿车下线，标志杭州市拥有了自己生产的轿车。全市整车规划产能到2015年预计达到132万辆，所有项目达产后，将形成一个年销售收入达千亿元的产业。

吉奥与广汽正式达成战略合作，成立合资公司，杭州汽车制造强势出击国内微面市场；吉利收购沃尔沃，意味着杭州汽车开始走出国门，布局全球；众泰纯电动汽车已在杭州正式营运；永源与美国ZAP公司合作研发新能源车型；青年莲花汽车开始提升自己的品牌知名度，在杭州建设整车生产基地；东风裕隆成立合资企业，共创自主品牌“纳智捷”；所有这些都说明杭州汽车正在飞速发展，即将步入一个新的发展阶段。

2. 零部件产业集群效应增强

杭州汽车零部件制造业在国内具有很强的竞争力，有较高的美誉度，已形成以万向集团为龙头，亚太机电和西湖汽车零部件等近300多家企业组成的产业体系，产品门类较全、具有较强配套能力、销售收入达900多亿人民币规模的产业集群。杭州零部件产业拥有门类较全的汽车配套产品，基本具备了为整车配套的能力。主要产品有：动力系统、传动系统、制动系统、悬挂系统、转向系统等。其中有动力系统中的大马力柴油发动机；传动系统中的变速器、离合器、传动轴、万向节、汽车轮毂单元等；制动系统中的盘式和鼓式制动器总成、ABS系统、气制动器、制动主缸带真空助力器总成、各类摩擦材料等；制动系统中的盘式和鼓式制动器总成、ABS 系统、气制动器、制动主缸带真空助力器总成、各类摩擦材料等；汽车板簧、独立悬挂总成、减振器系列等；转向系统中的循环球转向机和液压助力转向机、齿轮齿条转向机、转向管柱等系列方向机；汽车电器、汽车标准件、各类弹簧、轴承、轴瓦、曲轴、座椅调角器等功能件、汽缸垫、塑料仪表板、滤清器、汽车空调器、密封件、安全玻璃等。杭州市汽车零部件产业正在向模块化、系统化配套发展。

汽车零部件产业的规模和研发能力不仅为整车生产提供了较强的配套产品，也为新能源汽车发展提供了强有力的支撑。万向集团、亚太机电、杭汽发等企业都是具有雄厚实力、在全国领先专业零部件生产厂家，其产品已进入了全球汽车零部件供应链，为大众、通用、一汽等众多著名的整车企业配套，部分汽车零部件产品在全国的市场占有率名列前茅，杭州已形成了汽车零部件产业的规模优势和集聚优势。

杭州汽车零部件企业中超亿元的企业拥有多家，具体参见附录 3，其中万向集团以年工业销售产值 645 亿元人民币居各个企业之首。

随着东风裕隆等乘用车企业入驻杭州，许多与乘用车配套的零部件企业也纷纷入驻杭州，为杭州汽车零部件企业发展注入了新的活力，增强了杭州汽车零部件企业的集群效应。

3. 汽车研发具有一定基础

杭州市汽车整车和零部件企业一直以来都重视汽车技术的引进——主要通过合资、合作或直接引进国外发达国家的先进技术。至今为止，杭州市已有 21 家企业引进先进产品或技术，这些先进产品或技术使得企业在行业内竞争中具有一定的相对优势。

万向集团、浙江吉利、亚太机电和前进齿轮箱集团被认定为国家级企业高新技术（研发）中心，10 家企业为省级企业高新技术（研发）中心，17 家企业为市级企业高新技术（研发）中心。此外，东风杭州汽车有限公司拥有专门的汽车研究所——东风汽车工程研究院杭州研究所，配备有整车与底盘检测线及 4000 平方米的试车场。万向集团的钱潮牌万向节被评为中国世界名牌产品，万向牌轴承、汽车制动系统和亚太机电的湘湖牌汽车制动系统被评为中国名牌产品。

杭州市多家汽车产品的市场占有率居国内前列，其生产工艺及汽车零部件的质量均采用国际高新技术，已经达到国际先进水平，产品走出国门，进入了国际汽车配件市场。

4. 汽车服务市场健康发展

杭州汽车保有量逐年增加，杭州汽车保有量、销售量与国内同等城市相比，都处于发展前列，杭州市机动车保有总量截至 2009 年年底达到 157.9 万辆、其中杭州市区达到 55.3 万辆，2010 年全市机动车保有量超越 170 万辆，汽车保有量的规模不断扩大的同时也带动了汽贸、汽配行业、汽车维修保养、汽车培训等诸多汽车后服务市场的发展。

在汽车商贸销售方面，经过多年的发展，初步形成了四大汽车销售集中地，分别是拱墅区的石祥路汽车贸易街区、江干区的艮山西路汽车长廊和下城区绍兴路汽车文化精品街和余杭区的金恒德汽配城。在汽车配件销售方面，杭州市逐渐形成了以大型专业配件经销市场为主导，4S 店、零散配件经销商为补充的基本格局。

目前，杭州市区专业汽配市场主要有浙江汽配城、浙江华浙汽车市场有限公司、浙江金恒德国际汽配物流中心等，配件市场内机动车配件经销商户约 2025 家，浙江汽配城的市场汽配交易额占了全市配件交易额的 60% 左右。其中，浙江金恒德所打造的国际汽配物流中心已呈现快速发展、商家逐渐积聚的趋势，有望成为中国最大的汽车用品、汽配采购中心。

在汽车维修行业方面，杭州市有 6100 多家机动车维修企业，每年完成维修业务量为 430 多万辆次。其中汽车快修连锁业逐步进入杭州市汽车维修市场，并获得了快速发展，救援服务网络覆盖整个杭州地区。

在汽车培训方面，杭州市驾培行业由急剧膨胀逐步走向平稳发展的时期，杭州市有 100 多家驾培机构，形成了良好的培训体系。

5. 出台汽车产业扶持政策

杭州市汽车产业起步较晚，以前一直缺乏明确的政策，属于自由发展状态。但近 2 年来，杭州市委、市政府紧紧围绕“把汽车产业当作战略产业来抓”和“以整车为突破口，实现汽车工业的跨越式发展”的重大决策，为汽车产业的快速发展创造良好的政策环境。2008 年杭州市成立了汽车工业发展领导小组，2009 年成立了市节能与新能源汽车产业发展协调小组，并颁布实施了《杭州市人民政府关于加快我市汽车产业发展的若干意见》（杭政〔2009〕4 号），提出要优先发展乘用车，积极发展大中型客车和新型先进专用车，适度发展载货车等措施，为杭州市汽车产业发展指明了方向。同年颁布实施《关于杭州市汽车产业发展专项资金管理办法（试行）的通知》（杭政办函〔2009〕171 号），提出重点支持整车和零部件生产企业的产业升级、自主创新、兼并重组的保证措施，设立了杭州市汽车产业发展专项资金 3000 万元、新能源汽车产业发展的专项资金 2000 万元。

6. 新能源汽车产业已经起步

杭州新能源汽车产业几年来获得了长足发展，主要体现在电动汽车整车与配套零部件产品的自主创新研发设计和市场化制造能力上。其杰出代表为万向集团下设的万向电动汽车有限公司。万向电动汽车有限公司自从2002年成立以来已累计投入13亿元用于电动汽车和锂离子动力蓄电池的研究开发，自主开发研制了8A·h、20A·h、50A·h、100A·h锂离子动力蓄电池，通过国家863计划锂离子电池指定检测机构天津18所与北京201所的性能测试，获得了CE认证和UL认证。2009年开始，万向电动投资13.65亿元的锂电池生产基地在萧山区正式奠基，目前已具备了1.2亿A·h/年产能规模。万向电动与国内多家主机厂、国家电网公司等均有广泛的合作，与杭州公交总公司合作成立了电动汽车运营公司，应用万向电动电源系统的电动大巴车在杭州西湖Y9线路上累计运行70万公里，载客50多万人次。万向电动为国家电网开发的电力流动服务车、电力工程车、电力商务车分别上工信部193批、195批以及203批新车公告，与百路佳合作开发的WX6120RCEV型纯电动城市公交客车上工信部214批新车公告。万向电动是2010年上海世博会电动汽车最大零部件供应商，同时也是2010年广州亚运会纯电动汽车核心零部件供应商。

作为13个节能与新能源汽车示范推广试点城市之一和国家开展私人购买新能源汽车补贴试点的6个城市之一的政策扶持示范城市，杭州已具备电池、电动机、电动控制器、汽车零配件、整车等一整套新能源汽车的研发制造基础，杭州在新能源汽车产业方面已起步，在发展的征途上已经扬帆起航。

7. 汽车教育事业蓬勃发展

汽车教育是杭州汽车产业发展的优势所在。杭州素以“人杰地灵”著称，具备完善的人才培养体系。拥有全国著名的学府浙江大学等33所高等院校和30多个国家重点实验室及国家技术中心。专业开设门类齐全，浙江大学、浙江理工大学、浙江工业大学、浙江电子科技大学、浙江理工大学等都有为汽车产业服务的机械与车辆工程相关专业。杭州市在校大学生近30万人，在全国居于前列。在美国《福布斯》杂志、中国社会科学院等权威机构发布的城市人才竞争力排行榜中，杭州已连续多年位居全国大城市前列。全市人才总量以每年约10万人的速度递增，年均增长超过11%。此外，杭州市还有多所中等职业学校，按照人才需求方向开设专业。如在杭州汽车产业园临江新城内浙江理工大学已设立汽车专业分院，为企业提供各类技术人才。人才集聚可为杭州提供充裕的人才资源和技术创新成果，有利于推进汽车产业的发展。

1.7.2 杭州汽车产业发展不足

1. 零部件企业小而多产品多处低端

杭州300多家汽车零部件企业中，规模以下的小企业数量占到1/4，销售收入只占行业的3%左右，这些企业大都竞争力弱、产品单一、技术含量低、效益差，难以进入汽车产业链的配套体系，只能面向售后市场，主要产品仍然集中在一些低附加值的部件上。部分规模以上企业产品档次也不高，主要以低价竞争取得低端市场。有些企业虽具有一定的研发能力和市场占有率，但仍处于汽车产业链配套体系的中低端，缺少话语权。

杭州汽车零部件企业中，绝大多数为商用车企业配套，乘用车零部件配套能力相对较弱。具有国内竞争水平的乘用车，其零部件配套要求比较高，技术难度也较大，目前很多零部件企业的产品，在产品竞争力方面还不具备明显优势，技术上还需要提升，才能满足新上乘用车项目配套的要求。然而，国内乘用车市场是汽车发展的主流，偏离了这一主流发展的零部件企业其收益必然较差。

2. 整车企业自主创新能力需要提升

由于大多数企业规模偏小，汽车企业整体研发实力较弱，技术含量、品牌价值都有待提升。从杭州市汽车企业来看，杭州主要汽车整车企业的研发中心刚刚设立或正在筹建，自主研发起步较晚，投入的资金有限，很难迅速开展系统化的技术开发。国外汽车企业每年的技术开发费投入约占年销售额的3%~5%，而杭州规模以上汽车骨干企业这一比例还不足1%。汽车零部件产品的开发投入的比例更少，投入总量与国外的差距很大。

3. 汽车研发缺乏长效机制

汽车技术研发其复杂程度、综合程度、多学科渗透程度都很高，其核心技术的掌握与创新绝不是一朝一夕的事情，需要常抓不懈，制定长远的战略，坚持不懈的努力，杭州汽车研发缺乏其长效机制，主要体现在：一是研发人才的匮乏；二是研发政策扶持力度不够。

汽车产业是技术密集型产业，强大的研发队伍是汽车产业能够持续发展的重要保证，汽车产业的发展需要多层次、多方面的专业人才。尽管杭州目前已有汽车整车企业，汽车产业发展迅猛，但高素质的汽车技术开发、产品设计、企业管理、市场营销等高层次人才缺乏。一是汽车领军人才匮乏。杭州大多数汽车企业自主研发能力较弱，缺乏掌握核心技术的关键人物，无法在原创性，关键技术上取得突破；二是汽车研发设计人才匮乏。随着制造厂商自主研发受到的程度不断加深，东风裕隆、广汽吉奥等厂商陆续加大在杭州的投资，汽车零部件、整车方面的研发工程师的缺口不断增大；三是汽车技能型人才匮乏。杭州汽车制造业正面临着一场“技工荒”，多数企业面临高级技工、技师的招工难题，严重制约了企业的生产规模的扩大，如数控机床的使用与维修的人力资源远不能满足企业发展需要；四是后服务市场人才匮乏。相对而言，杭州现有的汽车人才还主要集中在生产制造领域，汽车后市场领域的人才储备极少，缺口更大。汽车营销和售后服务，汽车体育、博览和汽车文化，汽车金融人才更加匮乏。如在汽车服务和维修方面，从业人员大多学历低、资质差、经验少、素质低，高级汽车制造业技术工人、汽车维修服务人才紧缺，这都制约着杭州汽车工业和服务业的发展与提升。

汽车技术人才资源的严重不足，影响了杭州汽车自主品牌的开发和汽车技术的储备，人才问题已经成为发展汽车产业的瓶颈。预计未来5年内，随着整车项目与零部件企业的快速发展，杭州汽车制造业各项人才缺口将超过10万人，尤其是技能型技术人才缺口近3万人。

杭州目前在人才引进和稳定上的措施力度还不够，造成引进人才难，稳定人才更难的突出问题。目前主要问题有：一是汽车产业重点布局的萧山大江东平台—杭州汽车产业园内，偏离主城区，生活配套设施还不够完善，公共交通配置相对缺乏；二是虽然杭州市政府有一定的住房解决政策，但过高的房价和落户政策不对等因素使得高层次人才稳定性有一定影响。

4. 政策对车企支持力度还不够

虽然杭州市出台制定了一些政策，如汽车发展专项资金等，但由于周期较短，还存在着政策落实的问题，在科技投入政策、税收激励政策、金融支持政策、科技创新基地和平台建设政策等创新激励政策的落实与其他城市存在一定差距。

5. 汽车服务市场不够规范

与国外成熟的汽车后市场相比，杭州的汽车售后服务市场进入门槛低，出现了大量小规模的汽车售后服务企业。很多企业运作不规范、人员业务素质不高，设施不完备、服务不到位，与厂家缺乏有效的互动机制，缺乏必要的专业设备和技术支持，种种现实情况导致服务质量低劣，不能满足消费者的要求，其原因可归结为：一是缺乏统一标准和管理：由于在汽车后服务方面法律法规与行业标准的缺失，阻碍着杭州汽车后服务行业的健康发展。在汽车维修及汽车美容装饰市场，目前杭州市场上无正规培训、无专业品牌产品、无专业机械设备、无服务质量保证的“四无”维修装饰、美容保养店遍地开花，企业利润主要来自用料的差价以及工时费，多数商家为了得到更多的利润，常常以次充好，对此普通消费者根本无法辨识。在汽车报废市场，由于国家取消对部分汽车强制报废年限，加上相关机构缺乏有效的指导规范，杭州实际报废车辆不到实际可报废车辆的1/10；二是服务意识、观念淡薄：在销售汽车时给客户的承诺，到售后往往不能够得到完整的实现，多数汽车服务店缺乏严格的管理制度，诚信度低，市场观念淡薄、服务不到位。

6. 空间格局需进一步优化

伴随着汽车整车项目入驻杭州汽车产业园，其配套汽车零部件项目也陆续会进驻，统一有序规划布局新引进的汽车零部件企业和原有汽车零部件企业“退二进三”项目的选址显得更加紧迫；此外，伴随汽车产业的发展，汽车商贸服务空间也需要进一步拓展空间，进行合理规划选址。

2 杭州汽车发展机遇

2.1 汽车消费市场发展的机遇

汽车市场发展空间是杭州发展汽车产业最基础的动力之一。汽车消费市场包括国内和国际两个方面。国际方面：包括美国在内的欧美等发达国家汽车产业初步摆脱低迷，正步入回暖通道。国内方面：中国汽车产业对外出口量将逐步提升，中国汽车企业将会延续金融危机之前的对外出口势头，占据国际汽车消费空间的比例将会不断扩大。

相对国际汽车消费市场，中国国内的汽车消费市场潜力巨大。如前所述，汽车消费增长特别是乘用车消费增长会持续相当一个阶段，至少2020年前总体都是呈现正增长（平均10%）；到2020年中国汽车消费市场容量发展空间巨大，约为目前市场空间的2倍；其中轿车消费市场空间更为巨大，约为目前市场空间的3倍。中国潜在的巨大的汽车消费市场空间为中国各地提供了不可多得的发展汽车产业机遇，杭州也是如此。国内汽车消费市场的扩容机遇又直接表现为汽车制造销售市场扩容机遇和汽车后服务市场扩容机遇。汽车制造销售市场的扩容将驱动杭州加大汽车制造产业规模扩大，为杭州近期加速扩大汽车产业规模解除了后顾之忧；汽车后服务市场的扩容为杭州发展外向型汽车服务奠定了良好的市场基础。

2.2 汽车产业区域转移的机遇

汽车产业特别是汽车制造企业区域性转移是杭州发展汽车产业的驱动动力。汽车产业区域性转移体现在两个方面，一个是国际汽车产业集团发展中心的转移，一个是中国汽车产业集团发展领地向二、三线城市的转移。首先，金融危机后，全球汽车产业市场重心从欧、美、日为代表的发达国家转移到了以中国为代表的发展中国家，中国和印度成为全球最大的汽车生产和消费市场，这表明中国各地有承接国际汽车产业集团发展资源的机会；其次，伴随着中国经济结构的调整转型和一线城市产业发展资源成本的上升，中国汽车产业正在从一线城市向二、三线城市转移，东风裕隆、青年莲花、浙江吉利、广汽吉奥、众泰集团的入驻杭州汽车产业园也说明了国内汽车产业区域级转移。与上海、北京等一线大城市相比，杭州是我国核心一线城市和二线城市接轨的纽带城市，它既有核心一线城市的人文、人才、财力等资源优势，同时又具二线城市创新活力，所以承接国内外区域转移汽车产业将成为杭州发展汽车产业的驱动动力。

2.3 新能源汽车强劲发展的机遇

新能源汽车强劲发展机遇为杭州发展汽车产业带来了新生动力。由于解决世界能源紧缺和环境污染的刚性需求，发展和使用新能源汽车已经成为汽车发展历史进程中不可回避的事实，由于新能源汽车市场还处在初步发展阶段，进入标准、产品认知度、品牌影响力、市场占有率都尚未成形，市场的进入门槛较低，新项目上马并占有市场的可能性较成熟的市场高。

未来5~10年是我国新能源汽车发展的关键时期，国家新能源汽车联盟和产业基地的成立、新能源汽车示范工程的展开以及政府部门对新能源汽车发展的重视使我国新能源汽车不仅有了政策和技术的支持，还有了实现企业优势互补的规模化产业配套体系，而且，我国颁布的《汽车产业调整和振兴规划》中也明确提出“形成50万辆纯电动、充电式混合动力和普通型混合动力等新能源汽车产能”，因此，进一步推动新能源汽车关键技术的研发和产业化进程，是我国汽车产业发展的必然趋势，也必将成为我国汽车产业今后发展的重要领域。

新能源汽车发展强劲还体现在新能源汽车消费市场空间广阔，到2020年全球新能源汽车销量将达500多万辆，其中，中国的电动汽车将达100多万辆，预计2012年前后将迎来国际电动汽车产业化发展的一次高潮。电动汽车，其上游需要依赖于新能源、智能电网、节能建筑、新材料、信息产业等产业的发展。初步估算，到2020年，电动汽车核心产业（整车、电池、电机、基础设施）能够带来3.66万亿元的产值，为整个汽车行业带来8.5万亿元的产值。

顺应汽车发展客观规律要求，发展新能源汽车领域是杭州汽车产业发展的发展战略之一。

3 杭州汽车发展优势

3.1 乘用车整车企业入驻杭州的优势

东风裕隆“乘商并进”项目、青年汽车集团的莲花轿车和商用车两个项目、众泰汽车项目以及广汽吉奥微型汽车项目入驻杭州，不仅可以提升杭州整车制造规模，而且为杭州本地汽车零部件发展提供了更大的空间；不仅为杭州汽车服务提供了发展环境，而且为杭州提升汽车研发能力奠定了良好产业基础。

与其他城市引进整车制造企业所不同的是杭州整车制造企业都对经济型轿车产能进行了规划并保证其在有限时间内达产，适应汽车消费市场发展的趋势。中国未来是经济型汽车的产销大国，除了总产量占市场主导外，中国也将诞生一些能够成为市场领军的成功品牌。乘用车整车企业入驻为杭州发展汽车带来了现实的和长远之优势动力。

3.2 新能源汽车制造基础较强的优势

杭州地区新能源汽车特别是电动汽车起步较早，科研基础好，杭州作为首批节能与新能源汽车示范推广试点和私人购买新能源汽车补贴试点的城市，在节能与新能源汽车的研发和推广方面已奠定了一定基础，取得了初步成绩，拥有万向电动汽车有限公司、众泰控股、杭州赛恩斯能源科技有限公司和浙江品森科技有限公司等一批节能与新能源汽车及其关键零部件的研发机构和生产企业。万向电动汽车有限公司在新能源汽车的研发和产业化方面已积累了大量的经验，具备了“电池—电机—电控—电动汽车”的技术研发平台和规模产业能力，是目前国内唯一同时具备电池、电机、电控等电动汽车关键零部件和动力总成系统产业能力的单位。赛恩斯能源科技有限公司目前拥有三大核心技术，分别为：专用电芯、专用电池组、专用管理系统。

3.3 汽车零部件制造基础较强的优势

杭州市部分汽车零部件产品在国内美誉度较高，并具有较高的市场占有率。

如万向集团的“钱潮”（QC）牌万向节、“万向”牌轴承、“万向”牌汽车制动系统，浙江亚太机电股份有限公司“湘湖”牌汽车制动系统，先后被评为中国名牌产品。“钱潮”（QC）牌万向节在全国汽车零部件产品中被评为中国世界名牌，万向集团是国家重点扶持的520家大型企业和国务院120家试点企业集团之一。

据现有调查资料，杭州全市近年来包括改装车有9个产品在市场占有率居国内第一。

表1 杭州部分汽车零部件和改装车企业市场占有率情况

序号	企业名称	产品	产销量	国内市场占有率
1	中汽商用	舞台车	210辆	65%
2	爱知工程	高空作业车	500辆	50%左右
3	美通机械	沥青洒布车	185辆	35%左右
4	万向钱潮	万向节	3800万套	65%左右
5	西湖零部件	离合器	520万套	30%左右
6	亚太机电	制动系统	120万份	25%左右
7	浙江金固	无内胎钢制滚型车轮	600万套	20%左右
8	万向钱潮	轮毂单元	700万套	20%左右
9	万向钱潮	传动轴	150万根	18%左右

另外，杭州有不少厂家的生产工艺及汽车零部件的质量已经达到国际先进水平，产品走出了国门，进入了国际汽车配件市场。其中，出口量占总销售量10%以上的企业有：萧山区的万向钱潮、亚太机电、兆丰制造、正强万向节，余杭区的西湖零部件，下沙开发区的浙江世宝，富阳市的浙江金固。

杭州市这些产品美誉度高、市场占有率位居前列的汽车企业，不仅为杭州市汽车工业的发展提供坚实的产品基础，更成为杭州市汽车工业未来良性发展和运作的中坚力量。

3.4 技术研发知识资源厚重的优势

杭州具有众多的工业技术资源，首先体现在杭州拥有许多传统产业在全国、全省都处于先进地位，如杭州的装备制造产业、新型重化工产业等，其中杭汽轮的汽轮机、杭氧的空分设备等在行业都处于垄断地位；其次体现在高新技术的发展上，多年来，杭州大力加强高新技术产业的发展，不仅开发出许多国内外名优的高新技术产品，而且吸引了大量高新技术人才入杭。如通信设备制造、软件产业在国内具有较强的竞争力；集成电路设计、数字电路产品在国内具有较高的知名度；动画、网络游戏产业在国内最具发展活力；物联网、电子商务领域技术也在国内外处于先进水平。

此外，杭州还拥有大量的高等学府和研究院所，集聚了大量的知识与人力资源。

正是杭州高新技术研发设计环境和大量知识人力资源为杭州汽车研发设计发展奠定了一定的技术与人力基础，形成了推动汽车技术革新的动力。

3.5 杭州人居环境优美的优势

元代奥尔都敦“上有天堂，下有苏杭”的名句道出了杭州这座城市的美丽迷人，杭州不仅是驰名中外历史名城，而且是享誉全球的宜居城市，2001 年被联合国人居署授予“联合国人居奖”；2002 年被国际公园协会授予“国际花园城市”；2004—2008 年连续 5 年被世界银行评为“中国城市总体投资环境最佳城市”；2004—2008 年连续五年被《瞭望东方周刊》评为“中国最具幸福感城市”；2004—2009 年连续 6 年被《福布斯》评为“中国大陆最佳商业城市”；2007、2008 年荣获“倾国倾城—最值得向世界介绍的中国名城”。

杭州环境宜人、山水秀美将吸引众多有识之士来杭州创业发展，汽车领域也不例外，这是其他城市所不具备的优势，这些都将转化成杭州发展汽车产业的动力。

4 杭州汽车发展劣势

4.1 乘用车整车制造起步较晚

与其他一线城市相比，杭州引进乘用车整车制造企业的时间较晚，现在还没能完全达产，这是杭州汽车产业发展的劣势。然而由于落户杭州的乘用车企业正在全力建设，产能达产已在计划之中，所以，加速落实和推动各个乘用车达产迎头赶上国内汽车产业发展大市将不会成为一句空话。为此，乘用车整车产能规模落后的劣势将会变成当前各级单位变革的动力。

4.2 周边汽车产业竞争影响

杭州周边城市布局着一些已经有一定规模的汽车产业集团，这在一定程度上形成了对杭州汽车产业发展起到了竞争与制约。到 2010 年，杭州周边的上海和合肥基本形成了 200 万辆汽车制造能力、南京和盐城具有 50 多万辆的汽车制造能力、宁波也同样在挑战 50 万辆汽车制造产能，周边城市汽车制造产能的不断扩大，在一定程度上形成了对杭州汽车产业竞争的态势，周边城市会分流杭州汽车产业资源，这是杭州在发展汽车产业上的不利因素。但是，从另一个侧面讲，这种不利因素也会促使杭州发奋图强，优化入驻企业结构，采取个性化发展，借用这些地区的产业发展基础将其发展劣势转变为有利于杭州汽车发展的变革动力，将其竞争压力变成相应的动力，争取在同周边城市进行产业竞争中处于有利地位。

4.3 汽车技术自主创新能力需要提升

伴随着中国汽车产业规模的扩张，“做大”已经不再是汽车业界有识之士的终极目标，而把中国汽车产业“做强”则成为其终极目标，这也将成为杭州发展汽车产业的终极目标。

“做强”在产业上的直接体现就是追求产业协调健康持续发展，在企业上直接体现高利润、高回报，而所有这些仅仅靠依赖外资技术是不可能的，只有通过汽车核心技术的自主创新，才会降低企业成本、缩短产品周期和加速市场扩张，把企业“做强”，进而把产业“做强”。

目前，杭州汽车产业无论是在传统能源汽车上还是在新能源汽车上，无论是在汽车整车还是汽车零部件上，都与世界发达国家的汽车技术存在相当的差距，为此，发展杭州汽车产业需要不断提升杭州汽车技术的自主创新能力。

5 杭州汽车发展定位

5.1 指导思想

在科学发展观引领下，以汽车规模化制造推动汽车系统化服务，以汽车系统化服务拉动汽车自主化研发，培育杭州汽车产业园成为一个国际级创新型汽车产业名城。

指导思想突出表达了“四个一”的精神，即一个引领，一个推动，一个拉动，一个名城。

指导思想的核心在于确保杭州汽车产业发展进程中产业结构合理高效，这与我国当前实施工业转型升级的总体目标相一致，这是汽车产业迈向节约发展、环保发展、安全发展、可持续发展的大势所趋。

5.2 发展原则

1. 坚持持续发展的原则

所谓坚持持续发展原则，就是要充分利用杭州自然与社会资源，在发展杭州汽车产业的过程中既要保护原有资源，又要集约利用现有资源，特别是汽车产业发展对土地空间资源的集约利用，合理规划布局杭州汽车产业。

此外，坚持持续发展的原则还体现在正确处理好引进和培育的关系，引进是杭州汽车产业的发动机，培育则是杭州汽车产业的动力能源；引进是“借梯”培育是“登高”，引进是“借船”培育是“出海”，引进是“借鸡”培育是“生蛋”。

2. 坚持循序渐进发展的原则

我国汽车产业发展阶段决定了汽车产业未来发展必须坚持循序渐进的原则，不能再搞“大跃进”和“空中楼阁”，其决定因素在于：一是伴随着汽车产业规模的扩大，汽车产业利润率突变性增长阶段已经结束，通过技术创新降低产业成本正式进入竞争轨道；二是中国正在实施汽车大国向汽车强国的转型，“强”字是靠掌握核心技术来实现的，而汽车产业核心技术不是靠单级跳实现的，必须扎扎实实持续努力方可做到。

坚持循序渐进发展原则并不是代表我们缓慢前行，而是采取有效的方法连续进击，用最短的时间完成最大的目标。为此，我们需要在建立总目标的同时，分解总目标，分期实施达成。

3. 坚持持续创新研发的原则

产业的竞争最终必然是产业核心技术的竞争，杭州汽车产业要想在未来的竞争中占据有利地位，掌握汽车工业核心技术是其通向这一有利地位的必由之路；而掌握汽车核心技术必须通过不断的创新研发机制来实现，杭州市政府扶持汽车产业发展道路上，需要大力扶植与鼓励汽车企业进行创新研发，助推企业研发产品市场化、产业化，实现自主品牌，民族品牌向“华系品牌”转变的战略目标。

4. 坚持车企兼并重组的原则

企业都有一个从小到大、从弱到强的发展过程，然而这个发展过程所经历的周期将依据企业自身条件所要限制，即企业的规模、企业的品牌、企业的管理等，然而，通过企业间的兼并重组可以使企业找到走向强大的捷径。杭州市汽车零部件企业乃至专用整车厂都存在着企业数量多、规模小、综合技术能力较差，进而导致其市场竞争综合能力较弱，所以，通过实施车企兼并重组快速提升杭州汽车产业国内外竞争力是不可缺少的手段，而政府则应在其中扮演企业兼并重组的推手，这样有助于杭州汽车产业快速做大做强。同时应鼓励在杭企业兼并重组国内与国外的整车企业和关键零部件企业，通过兼并重组实现技术快速提升和规模不断扩大。

5. 坚持新能源汽车及其零部件优先发展的原则

同其他汽车生产区域相比，杭州的传统汽车产业特别是整车制造方面起步较晚、技术实力、制造水平和研发能力并无优势；整车生产企业在全国缺乏影响力，但是传统汽车产业还是需要大力发展，以便为新能源汽车的发展进行人力资源和技术资源的储备。

同传统汽车产业相比，杭州的新能源汽车发展具备良好的基础，发展水平、技术力量、人才储备等均有明显的优势。同时杭州作为国家首批节能与新能源汽车示范推广试点和私人购买新能源汽车补贴试点的城市，出台了鼓励新能源汽车特别是电动汽车发展的一系列政策措施，有利于杭州地区新能源汽车特别是电动汽车的发展。

5.3 发展路线

杭州汽车产业发展路线需要经历三次跳跃才能跨上三级发展大平台：第一跳跃，跨上汽车制造大平台，点燃汽车服务与汽车创新引擎；第二跳跃，跨上共荣大平台，实现杭州汽车制造与杭州汽车服务共荣，实现杭州汽车引进与杭州汽车自主创新共荣，助推汽车自主创新引擎加速；第三跳跃，跨上自强大平台，实现杭州汽车产业结构优化、汽车整车与零部件全面自主创新，正式驶入汽车产业自强快轨。按照规划时段，近期奠定跃跳基础；中期实现第一跃跳；远期实现第二跃跳；2025 年左右全面实现第三跃跳。伴随着产业发展周期的延长，杭州汽车产业利用 10~15 年的时间将走出一条由汽车产业“小市”到汽车产业“大市”再到汽车产业“强市”的路线。

5.4 发展目标

5.4.1 总体目标

扩大汽车制造产业规模，提升汽车零部件配套能力，完善汽车服务环境，增强汽车创新竞争能力，建设国际化、现代化的创新型杭州汽车产业园，使之成为国内外重要的乘商并举汽车产业基地、新能源汽车产业基地、零部件制造与贸易基地、华系品牌及世界知名品牌汽车生产基地。

支撑总体目标达标的主要量化指标为：

（1）销售收入量化指标

近期目标（至 2012 年）：实现汽车整车及其汽车零部件销售收入 1540 亿元，其中汽车整车销售收入 340 亿元，汽车零部件销售收入 1200 亿元。

中期目标（至 2015 年）：实现汽车整车及其汽车零部件销售收入 2800 亿元，其中汽车整车销售收入 1000 亿元，汽车零部件销售收入 1800 亿元。

远期目标（至 2020 年）：实现汽车整车及其汽车零部件销售收入 4800 亿元，其中汽车整车销售收入 1900 亿元，汽车零部件销售收入 2900 亿元。

（2）整车产能量化指标

近期（至 2012 年）：形成 32 万辆整车生产能力，其中乘用车形成 28 万辆的生产能力，商用车形成 4 万辆的生产能力。

中期（至 2015 年）：形成 132 万辆整车的生产能力，乘用车形成 122 万辆生产能力，商用车形成 10 万辆的生产能力。

远期（至 2020 年）：形成 177 万辆整车生产能力，其中乘用车形成 162 万辆生产能力，商用车形成 15 万辆生产能力。

支撑总体目标达标的主要定性指标为：

零部件配套目标：近期巩固商用车配套企业规模，本地形成一定规模的乘用车配套车企，重点招商引进乘用车配套企业。在新能源汽车零部件上继续以降低锂电产品的成本和提升产品实用度为主，扩大新能源汽车零部件产品招商入杭范围，争取新能源汽车零部件企业家数达20家左右；中期形成以乘用车配套为主的汽车零部件生产研发基地，本地乘用车零部件配套产品一半以上为高附加值汽车零部件产品；配套零部件产品中拥有自主知识产权的配套零部件产值达到30%；新能源汽车零部件特别是锂电实现小批量市场化生产。远期形成国际上具有一定竞争能力的配套零部件生产研发基地，本地乘用车零部件配套产品大部分为高附加值汽车零部件产品；配套零部件产品中拥有自主知识产权的配套零部件品种（产值）达到50%；新能源汽车零部件特别是锂电实现批量市场化生产。

设计研发目标：构建具有核心竞争力的汽车技术研究开发体系。短期内建立品牌零部件为主的研发中心；中期建立以整车企业研发为主的研发中心；长期内建立集整车研发、核心零部件研发于一体的区域级汽车研发中心。到2015年，实现5~8家具有竞争力的国家级企业高新技术（研发）中心，15家省级企业高新技术（研发）中心，25家以上市级企业高新技术（研发）中心。积极争取国际知名设计研发企业落户杭州。逐步加大研发投入，主要汽车整车零部件企业短期内争取研发经费占销售收入比例达2%以上；中期内企业研发经费占销售收入比例达3%以上；远期内企业研发经费占销售收入比例达5%以上。

服务市场目标：短期进行汽车后服务市场的全面规划与建设，初步形成集汽车整车零部件销售、二手车交易、汽车维修美容于一体的汽车商贸市场，初步启动汽车博览与汽车创意设计汽车文化市场；中期形成包括汽车整车、零部件销售、二手车交易、汽车租赁、汽车金融保险、汽车维修、汽车保养美容、汽车旅游、汽车商贸展示、汽车博览论坛等于一体的完整的汽车后服务市场，包括汽车创意设计在内的汽车创意市场实现一定的规模效应；远期形成多个汽车后服务中心，并在国内外具有品牌效应，如国内知名的汽车二手车交易中心、国内知名的汽车租赁中心、国内知名的汽车博览中心、知名的国际汽车创意设计中心。

5.4.2 新能源汽车发展目标

大力扶持新能源汽车自主品牌产品设计研发，积极支持新能源汽车本地化研发产品市场化推广，努力引进国内外具有竞争力的市场化新能源汽车产品入驻，将杭州汽车产业园打造成为国内重要的新能源汽车产业园。

（1）新能源汽车及其零部件销售收入量化指标

近期（至2012年）：实现新能源汽车整车及其零部件销售收入35亿元，其中新能源汽车整车销售收入25亿元；零部件销售收入10亿元。

中期（至2015年）：实现新能源汽车整车及其零部件销售收入200亿元，其中新能源汽车整车销售收入100亿元，零部件销售收入100亿元，动力电池销售量达到12.5亿A·h。

远期（至2020年）：实现新能源汽车整车及其零部件销售收入480亿元，其中新能源汽车整车销售收入280亿元，零部件销售收入200亿元，动力电池销售量达到25亿A·h。

（2）新能源整车产能量化指标

近期（至2012年）：形成1.1万辆的整车年产能，其中新能源乘用车形成1万辆的年产能，新能源商用车形成0.1万辆的年生产能力。

中期（至2015年）：形成9万辆整车生产能力，新能源乘用车形成8.5万辆生产能力，新能源商用车形成0.5万辆生产能力。

远期（至2020年）：形成22万辆整车制造产能，其中乘用车形成20万辆生产能力，新能源商用车形成2万辆生产能力。

6. 杭州汽车发展重点

基于杭州汽车产业发展总体目标，杭州汽车产业未来发展的重点主要集中在五个方面，一是加速扩大整车制造规模；二是提升汽车零部件配套能力；三是完善汽车服务环境；四是增强企业自主创新能力；五是大力支持新能源汽车特别是电动汽车的发展。

6.1 加速扩大整车制造规模

汽车整车的产销规模对汽车产业发展影响甚大，要想提升整车制造规模，就必须在确保杭州商用车制造规模稳定增长的同时提升乘用车制造规模，目前，杭州已经具备了提升乘用车制造规模的条件，杭州目前已经引进了四家具有乘用车制造资质的企业，这四家整车制造企业已经在杭州建厂，预计全部车企至2015年其整车年制造能力可达百万辆规模。

杭州在整车制造招商方面完成了跨越性的一步，实现了杭州乘用车制造能力零突破，而现在摆在杭州整车制造产业发展面前的是如何加速实现或保证上述四家整车企业迅速达产，影响车企达产的因素很多，其中重要因素之一就是杭州市政府如何做好整车企业建设生产基地的服务工作，如基地配套设施建设、市政道路建设、管网建设、环境的整治等，所以制定加速整车企业达产的相关扶持政策与建立相应的服务资源，协同整车企业搞好基地的建设是当前的首要任务。

只有保证整车企业迅速达产，产业规模的扩张才会得以保证，也才会使更多的整车企业再度进驻杭州，扩大产能才会迅速得以实现。

6.2 提升汽车零部件配套能力

提升汽车零部件配套能力重点主要包括：一是支持乘

用车零部件制造厂与整车配套生产能力达产；二是支持汽车零部件企业。

6.2.1 支持乘用车零部件车企配套生产能力达产

1. 配套乘用车零部件生产厂招商

由于上述的乘用车整车企业已落户杭州，其乘用车整车达产已成定局，所以与此同时，乘用车企业配套的零部件企业也获得了不可多得的商机，特别是那些低集中度的零部件企业。我们选择招商企业时可以依据企业产品的集中度择优选择。

配套企业的招商引资主要集中在高集中度和中低集中度的汽车零部件。继续做好乘用车零部件企业的招商其他工作，包括汽车零部件产业园控制性详细规划的修编、汽车整车零部件企业配套规划、招商活动策划与实施等。

2. 加强本地配套乘用车零部件生产厂房建设服务

对于已经落户的乘用车零部件企业，杭州市政府需要做好招商后的服务工作，成立专门机构对已经进驻杭州的乘用车零部件制造企业进行跟踪服务，其中包括征地、规划报建、建设、市政工程、金融保险、工商税务、人力资源等服务。汽车物流运输支持和协助企业尽早达产，这也是加速整车制造规模形成的必要条件。

6.2.2 支持汽车零部件企业生产改进

1. 支持配套零部件制造企业生产技术改造

通过企业生产技术改造，可以有效提升零部件企业配套能力的提升。支持配套零部件制造企业生产技术改造。对通过生产技术改造提升配套产品质量的企业给予支持，其中包括技术装备升级的支持；制定具体的包括财政和税收等方面支持在内的政策；对技改跟踪落实。

要把支持配套零部件制造企业生产技术改造与有效监控评价企业技改项目实施效果紧密结合起来，如在项目引进技术改造投入和消化吸收创新投入的比例等指标中引入评价体系。

2. 支持部分零部件制造企业扩建

支持部分零部件制造企业扩建。对产品畅销的零部件企业的扩产要求给予支持，制定相应的土地、税收等优惠政策。

乘用车零部件企业的落户对强化杭州零部件发展规模起着良好的推动作用，可以使杭州汽车零部件产业做大做强。

6.3 完善汽车后服务环境

完善汽车后市场服务的重点也就是做好杭州汽车后服务产业链的建设，主要包括：

1. 规划建设汽贸市场

整治现有的汽车贸易网点；规划并建设包括区域级零部件贸易在内的新型汽贸园，其中包括汽贸园的选址、规划、建设与招商。

2. 建设二手车交易中心

规划建设二手车网络服务平台；整治现存的二手汽车贸易网点；规划并建设新型二手车交易中心，其中包括选址、规划、建设与招商；制定相应的地方性交易法规政策。

3. 建设汽车租赁市场

制定相应的地方性租赁法规政策；建立汽车租赁网络平台；整治现存的汽车租赁市场；规划并建设新型汽车租赁中心，其中包括选址、规划、建设与招商。

4. 建设汽车保养维修中心

规划建设汽车保养维修网络平台；整治现存的汽车保养维修网点；规划并建设新型汽车保养维修中心，其中包括汽车保养维修中心的选址、规划、建设与招商。

5. 发展汽车金融保险业

推动汽车金融中心的招商工作，力争保险中心总部落户杭州。

6. 发展汽车旅游事业

成立专门组织，发展汽车工业旅游、汽车文化娱乐旅游、汽车赛事和汽车论坛策划，将杭州传统旅游与新兴汽车工业旅游紧密结合，助推杭州旅游的深入发展。

6.4 增强企业自主创新能力

增强企业自主创新能力，重点工作包括：一是提升零部件车企品牌知名度；二是创建优良的汽车研发设计环境。

6.4.1 提升汽车零部件企业品牌知名度

1. 支持汽车零部件企业产品研发设计

选择杭州本地具有一定技术基础汽车零部件企业如万向、亚太等企业给予研发设计方面的支持，包括产品的改进、升级与新产品的研发，支持主要包括财政、税收、人才入驻杭州等方面的补贴与奖励。

2. 支持汽车零部件企业兼并重组

对汽车零部件企业兼并重组给予支持，包括兼并重组中的财政等方面的支持，通过兼并重组形成国内具有相当规模又具市场知名度的汽车零部件企业。

6.4.2 创建优良的汽车研发设计环境

1. 建立汽车研发设计技术公共服务平台

通过联合、引进、培育建立2~3家汽车研发技术公共平台，其中联合主要通过驻杭及其国内外大专院校科研院所联合建立公共技术服务平台，政府给予相应的扶持政策。

2. 办好汽车教育事业

创建新型的杭州汽车教育学院，其中包括汽车职业技术学院、汽车职业技术培训学校；鼓励现有大学院所设立汽车相关的专业；鼓励和支持科研院所实施重大汽车技改项目攻关课题和推动产学研结合的生产阵地的建设。

3. 吸纳海内外汽车人才入驻杭州

创办汽车人才安居园，向汽车专业人才提供优越的居住环境；向入杭的海内外汽车研发设计人才提供汽车研发项目启动经费，对重大汽车研发项目实施财政鼓励扶持政策。

4. 创办国际级汽车博览与汽车论坛

成立专门组织，定期举行国际级汽车展销博览会、汽车高峰论坛，吸引国内外汽车精英汇聚杭州。

5. 完善政府支持体系扶植企业自主创新

汽车研发设计是一项投入大见效慢的产业，所以，提升杭州本地汽车研发设计能力绝不是一朝一夕之事，需要从长计议，做长远规划；并且，政府对汽车产业研发设计能力提升的支持也不能仅仅靠单一的行政政策，需要周密研究，形成一整套支持体系，加大工业和科技专项资金扶持力度，引导企业加强技术研发，建好公共研发平台。

首先，杭州市需要制定较为客观实际的支持汽车产业研发设计的中长期规划，需要对支持体系进行全面设计，其中包括扶持的企业实体、扶持的系列政策、扶持的分期时序、扶持的考核指标等。

其次，杭州市政府需要根据中长期规划配置有效的资源，其中包括支持体系所需要的人力资源、财力资源，并根据配置的资源制定近期的行动计划并加以推动实施。

在建立健全汽车研发设计支持体系的前提下，有选择地重点支持一些企业自主研发设计，实施产品快速自主升级，其中可以选择如下10家企业作为重点支持的企业：万向集团有限公司、东风裕隆汽车有限公司、浙江青年莲花汽车有限公司、广汽吉奥汽车有限公司、中国重汽集团杭州发动机有限公司、杭州益维汽车工业有限公司、杭州依维柯汽车变速器有限公司、浙江亚太机电股份有限公司、东风日产柴汽车有限公司、杭州易辰孚特零部件有限公司；其产品应该包括：轿车、乘用车、高档客车、轻型客车、中高档重型卡车、新能源汽车及通用零部件、节能环保的发动机、无级变速和自动变速器、双离合器式自动变速器、电子液压制动器、汽车电子驻车制动器、行车记录仪、汽车爆胎自动制动系统等。

6.5 支持新能源汽车——电动汽车发展

新能源汽车产品是未来国内外汽车产业竞争的制高点，为了在新能源汽车市场占有一席之地，支持和扶持杭州发展新能源汽车产业意义重大。根据国家新能源汽车发展规划，国家将大力支持新能源汽车中的电动汽车发展，把纯电动汽车作为汽车工业转型的主要战略取向。

杭州发展新能源汽车应主要放在电动汽车上，不仅因为这在产业发展总体上与国家战略保持一致，而且因为电动汽车有着其他新能源汽车所不能比拟的特点，未来也有望成为新能源发展的主流产品。

在发展电动车时我们需要秉着“规时避风险、倚树乘凉”的发展策略，在周边强者如林的区域内，有选择地进行重点发展，这样才会有效利用资源，提高发展效力。

杭州电动汽车整车应该放在电力能源电池电动车，零部件应该放在电机和电池上；电动乘用车整车可以选择诸如众泰、吉利、东风裕隆等整车企业作为典型支持与扶持的电动乘用车整车企业；电动汽车零部件可以选择诸如万向集团锂电等作为典型扶持与支持的电动汽车零部件企业。杭州万向集团的锂电产品在技术研发与推广应用上都有一定的竞争力，杭州新能源汽车零部件的发展应积极扶植万向集团锂电产品做强做大。支持电动汽车发展主要包括如下工作。

1. 建立电动汽车招商引资组织

建立电动汽车招商引资组织，配置相应资源，制定电动汽车整车及其配套零部件入杭的优惠政策；加大国内外电动汽车整车及其配套零部件的研发设计企业招商引资力度；加大国内外电动汽车整车及其配套零部件的制造企业招商引资。

2. 建设新能源汽车产业园

合理规划选址新能源汽车产业园，包括电动汽车等新能源汽车制造与研发产业园的规划和建设。

3. 支持电动汽车整车研发设计

选择杭州本地具有一定技术基础电动汽车整车（电动乘用车、电动商用车）企业如众泰、东风裕隆等给予支持，特别是对电动乘用车的研发设计给予支持，其中包括财政、税收、人才驻杭等方面的支持与奖励政策；通过支持与鼓励培育出2~3家具有国内竞争力电动汽车整车企业。

4. 支持电动汽车配套零部件研发设计

选择杭州本地具有一定技术基础电动汽车整车（电动乘用车、电动商用车）零部件企业如万向集团等给予支持，特别是对电动乘用车配套零部件的研发设计给予支持，其中包括财政、税收、人才驻杭等方面的支持与奖励；电动汽车乘用车零部件研发设计支持重点放在锂电上。通过支持服务，培育出5家左右在国内具有相当竞争力的电动车配套零部件企业。

5. 建设支持电动汽车产业发展体系

建立专门的组织，进行电动汽车城市运行体系建设与试运营工作，其中包括地方性电动汽车运行需要的法规与优惠政策；规划与建设电动汽车充电站；规划和建设电动汽车售后服务体系，其中包括营销中心的建设、服务网络平台建设等。

具体措施如下：

（一）政策措施

市财政每年安排相应的专项资金，重点支持基础设施建设、电池的维护保养、关键技术研发等。

加快新能源汽车充换电站等基础设施的建设。政府积极协调解决用地、电网布置、专用设施配备等方面的问题。

截至2012年年底，在公共领域，地方财政主要对节能与新能源汽车的维护保养等给予一定的财政补助，在私人领域，地方财政对新能源汽车购买、租赁、电池回收等和基础设施建设给予一定的财政补助，探索、建立具有杭州特色的商业创新模式。

支持企业产品创新、技术攻关并形成产业体系，为节能与新能源汽车示范试点提供产品和技术支撑。每年从工业和科技专项资金中安排一定资金用于支持企业节能与新能源汽车及关键零部件的研发。

将节能与新能源汽车纳入政府采购范围，要求各级政府部门优先采购。“十二五”期间，各级政府公务、公交车、环卫、邮政车等公共用车要推广应用节能与新能源汽车。

积极争取国家节能与新能源汽车及其关键零部件共性技术研制和检测平台的建设。

（二）资金保障

结合国家节能与新能源汽车资金管理办法，杭州市设立专项资金，资金主要来源于政府财政新增、城市建设资金、公交建设资金和环保建设资金，资金由市财政和各区（县）市财政按比例筹备，同时制定资金管理办法，建立健全资金使用和监督管理规范。

（三）能量供应站保障

对新能源车辆均需装备专用充电器，达到充电器及控制系统、充电接口等通用化、规范化、标准化，从源头解决影响节能与新能源汽车的普及问题。初步确定建设4座大型充（换）电站，配套停车、保养、维修功能。能量供应站和充电柱的建设充分利用公交停保基地、公交中心站（首末站）、出租车服务区、停车场以及变电站等设施用地。将能量供应站纳入到市规划局的城市整体规划。根据新能源汽车示范试点的发展和市场使用情况科学合理配置。充分发挥市电力公司在能量供应站建设和管理中的作用。

6.6 汽车产业发展重大项目

“十二五”期间，根据汽车产业发展总体目标，确定杭州市“十二五”汽车及新能源汽车产业重点项目，具体详见附录1。

6.7 汽车产业发展重点支持企业

“十二五”期间，根据汽车产业发展总体目标，确定了杭州市“十二五”汽车及新能源汽车产业重点企业名单，具体详见附录2。

7 杭州汽车发展空间规划

杭州市汽车产业发展主要集中在萧山区、余杭区、江干区、拱墅区、西湖区和经开区等。总体形成“一心、一基地、多节点”发展格局。“一心”指：指以杭州城区为主要节点的商贸中心；“一基地”指：杭州市已确定了35平方公里杭州汽车产业园，在萧山大江东新城内，由三个区块组成汽车产业园，分别是江东新城、临江新城和前进工业园内的一部分汽车产业基地。“多节点”指：大江东平台以外辐射到其他区县市发展的汽车产业。

整个杭州汽车产业园均以发展与汽车产业相关的上下游产业链为主，主要的功能有：整车生产、零部件生产、汽车研发、汽车教育、汽车物流、汽车贸易、汽车博览与文化、汽车旅游等，各园区在招商引资时也要结合自身优势特点及周边情况错位发展。

7.1 整车制造空间规划

结合汽车产业园现状，形成以东风裕隆、青年莲花、广汽吉奥、众泰汽车、东风日产柴、东风杭汽为主，爱知工程、中汽商用等专用车、改装车企业为辅的空间发展格局。其中临江新城以发展乘用车、高档客车、轻型客车和关键零部件为主，江东新城和前进工业园以发展轿车、SUV、微型客车、重型卡车、新能源汽车为主兼顾部分专用车、改装车的制造。随着整车生产产能的提升用地规模也会随之扩大，故在规划建设时要合理预留其发展空间，减少未来的工艺干扰和实施的难度。

7.2 汽车零部件制造业空间规划

形成以杭州汽车产业园为主，萧山区、余杭区、富阳市、拱墅区、滨江区、经开区为补充的空间发展格局。江东新城以发展汽车机械零部件、汽车电子零部件制造为主；临江新城以发展新能源汽车零部件及其乘用车零部件配套制造为主；前进工业园则兼顾杭州本地为乘商配套的汽车零部件企业，在规划建设汽车零部件基地时要注重汽车产业的集聚效应，并围绕着整车厂的布局进行规划建设。

7.3 汽车商贸和服务业空间规划

形成以杭州城区内拱墅区、江干区、余杭区为主的商贸中心及其他区为辅的汽车商贸和服务业空间布局。整车商贸主要以拱墅区石祥路汽车贸易街区、江干区艮山西路汽车长廊和下城区绍兴路汽车文化精品街为主的汽贸及服务业空间布局，汽配商贸主要以江干区浙江汽配城、浙江华浙汽车市场有限公司、浙江德胜汽配城、拱墅区杭州汽车城汽配市场、浙江金通汽配城、余杭浙江金恒德国际汽配物流中心为主的汽配及服务业空间布局。随着杭州汽车产业园的市场发展成熟，也可在适当的时机考虑在临江新城内落实汽车商贸园区的规划建设。

7.4 汽车研发教育空间规划

形成以汽车省级、市级、企业级研发中心、综合研发教育汽车研发空间体系。其中零部件企业研发空间主要配置在大江东平台的江东新城；汽车整车研发空间主要配置在基地的临江新城，其中东风裕隆、吉利汽车、东风杭汽等企业级研发中心目前已经落户在临江新城；综合研发中心、职业技术培训学校、汽车教育学院空间布局主要设在临江新城。

7.5 汽车物流空间规划

汽车物流仓储主要集中在大江东新城的海港物流园区、十桥仓储物流园区、临江仓储物流园区、空港物流园区，总体构成一心三辅的布局，即以空港新城为核心，临江新城、江东新城和前进工业园为补充的汽车仓储物流配置空间；汽车整车物流仓储空间主要配置在临江新城、江东新城和前进工业园，并且主要集中在整车汽车制造企业内部；汽车零部件仓储物流空间则主要集中在空港新城。汽车物流通路上形成两港、两环、两通、多联的交通网络。“两港”主要指萧山国际空港、杭州湾出海港；“两环”主要指联通仓储空间的高速公路环线和快速公路环线；“两通”主要指联通两港的高速公路与高速铁路通道；“多联”主要指联通汽车物流仓储的多条快速公路。

8 杭州汽车发展保障措施

8.1 对自主创新研发设计实施“推”“拉”“控”策略

自主创新研发设计是汽车产业做强的根本，坚持创新发展，鼓励企业把原始创新、系统集成和引进消化吸收再创新结合起来，突出重点，着力攻坚，进一步提高汽车及零部件制造企业的自主创新和品牌创建能力，建立产、学、研、用相结合的技术创新体系，引导企业逐步由依赖引进技术向自主创新转变，并通过技术改造，推进新产品产业化。杭州市政府为了保证杭州汽车产业技术自主创新的发展提出一系列应对措施，其中重点实施“推”“拉”“控”政策。

所谓“推”就是积极鼓励企业实施自主创新设计的研发能力，其中包括：建立重点自主研发设计项目实施计划监控体系，制定并落实企业自主创新研发监控计划；通过监控体系评价企业自主创新研发效果，对效果好的企业鼓励并发放奖励津贴，对效果差的企业进行监督和整改；

所谓“拉”就是积极扶持企业实施自主创新研发，其中包括：建立政府自主创新研发资助基金并搭建基金管理体系，通过基金管理评价体系对自主研发监控，对重点项目且资金确有困难的企业进行资助扶持；

所谓“控”就是建立健全企业研发考核体系，通过企业申请公共资源（如土地等指标）上设置相应的考核指标，对于不能达标的企业在配置发展资源和实施税收优惠等方面给予严格控制，让企业能够真正领悟自主创新研发的责任重要性。

8.2 继续加大招商力度引进知名品牌整车及零部件企业入驻杭州

为促进杭州地区汽车产业发展，应充分利用我市的区位优势、体制优势、政策优势，进一步加大对汽车产业的招商引资力度，在加强与东风、北汽、广汽等国内汽车企业深入洽谈的同时，利用国外汽车企业纷纷看好中国汽车市场的契机，积极开展与奔驰、克莱斯勒、沃尔沃、日产等国外著名企业的交流合作，力争引进新的大项目。

在现有汽车整车企业及零部件企业招商的基础上，进一步完善杭州汽车基地规划、完善招商策划与落实工作，继续加大招商力度引进国内外知名品牌整车及零部件企业入驻杭州汽车产业园

8.3 对汽车后服务市场采取协同推进发展策略

杭州市政府将对汽车后服务市场采取协同推进发展的策略，进一步发展汽车后服务市场。

根据汽车销售市场的需求适时整合现有汽贸市场和规划建设汽贸园；

根据二手车交易未来发展需求适时整合和规划建设二手车交易市场；

根据汽车租赁未来的需求适时建立和建设汽车租赁市场管理体系；

根据汽车未来维修保养需求适时扩建汽车保养维修中心；

根据汽车产业未来发展的需要发展汽车旅游事业。

8.4 着力抢占汽车后服务市场制高点：搭建汽车金融保险平台

汽车金融保险在汽车后服务市场中占有相当重要的位置，这主要基于广阔的汽车金融保险市场空间。

我国汽车工业的蓬勃发展预示着汽车保险和汽车保险产业链相关主体都将获得更加广阔的发展空间。随着我国私家车的数量越来越多，汽车逐渐成为城市居民家庭财产的主要部分，中国将是世界上最大最有潜力的汽车保险市场。

杭州市政府积极争取与国内外汽车金融企业合作，争取国际级汽车金融企业入驻汽车产业园，建立汽车金融保险平台，为杭州汽车后服务市场提供保障，奠定杭州汽车金融保险未来发展的基础。

8.5 有效支持和协调汽车零部件企业兼并重组

汽车行业目前相对还是比较分散，所以，并购与联盟是全球汽车产业发展中不可或缺的手段，是汽车产业做大做强的必然选择，兼并重组所带来的力量将会对未来创造绿色汽车，提高能源效率、减少排放会更有帮助。

企业兼并重组不仅仅是企业自身发展的需要，也是杭州市汽车产业做强做大的需要。杭州市政府应成立专门机构，协调和帮助企业进行兼并重组，有效调动和利用社会资源，实施强强联合、强弱联合等多种方式。使企业共享资源，有效实施产品品牌战略。

8.6 坚持倡导重中兼高的乘用车发展战略

着力倡导经济型汽车已经成为全球趋势，在巴西、捷克、印度、伊朗、墨西哥、波兰、罗马尼亚、俄罗斯、西班牙和土耳其等国家，无论是正在生产或即将生产的车型，

基本上都是经济型车。

中国将是经济型汽车的最大生产国，除了总产量占市场主导外，中国也将诞生一些能够成为市场领军的品牌。在经济型汽车领域，未来中国本土品牌汽车生产商会有一定的市场地位。

在倡导发展经济型轿车的同时也要重视中端轿车发展并兼顾高端轿车需求。乘用车高端产品能否引进本土制造关键因素在于：其一是高端产品市场规模；其二是产品配套能力。由于我国对高端奢侈品消费理念的根深蒂固，所以对高端轿车的需求相当一段时期内都不会降低，仍呈上升趋势，所以高端汽车在国内仍具一定的消费市场；由于国内客商投资环境的不断改善与利润预期的达成，一些高端轿车的配套商将会伴随着高端汽车国内本土制造落户中国，所以，高端轿车的配套能力也将得以提升。为此，高端轿车的国内制造仍然有一定的市场。

8.7 继续支持中高档客车和专用车发展

政府继续建立相关的扶持政策，充分发挥杭州客车和专用车车企生产技术和优势，通过降低成本，扩大生产现有适销对路的产品，研发生产国内空白的先进适用的专用汽车产品，敦促和扶持车企在专业化调整的基础上把企业做大做强。

8.8 坚持传统能源与新能源汽车并举发展战略

新能源汽车未来消费市场潜力巨大，但是，由于新能源汽车应用技术瓶颈突破尚需一段时间，所以新能源汽车发展还有一个发展过程。可以预见，以节能为基调的传统能源汽车在一定时期内仍然占据市场的主流。为此，我们发展传统汽车产业的同时也要放眼未来，必须坚持传统能源与新能源汽车并举发展的战略，在制定汽车产业发展扶持鼓励政策时要相互兼顾。

杭州汽车产业发展需要兼顾传统能源汽车和新能源汽车两个方面的发展，按照我国节能与新能源汽车发展战略做到：中短期大力提升传统能源汽车的技术水平，重点发展节能汽车，一方面提高传统汽车的燃油经济性；另一方面实现普通混合动力汽车的规模化生产；远期将传统汽车的燃油经济性提高至国际先进水平；大规模发展和普及混合动力汽车，并彻底实现纯电动汽车和插电式混合动力汽车的产业化。

8.9 建立政策配套体系支持电动汽车发展

规划建设电动汽车产业园，加大国内外电动汽车整车及其配套零部件的研发设计企业的招商引资力度；配置相应资源，制定电动汽车整车及其配套零部件入杭的优惠政策。

支持电动汽车整车研发设计企业，选择杭州本地具有一定技术基础电动汽车整车（电动乘用车、电动商用车）企业给予支持，包括财政、税收、人才入驻杭等方面的支持与奖励政策。

建设电动汽车运行体系和市场营销平台，推动电动汽车城市运行体系建设与建设的协调工作，包括地方性电动汽车运行法规与优惠政策；规划与建设电动汽车充电站指南；规划和建设电动汽车售后服务体系、电动汽车网络服务平台和市场营销平台的建设。

8.10 加大汽车研发设计中心落户杭州的招商力度

实现自主创新提升本地研发设计能力，是让杭州逐步具备汽车研发设计能力走向汽车强市的途径之一，其研发力量不可小视，壮大研发力量的方式有多种，针对国内外汽车研发环境不失时机地引进一些国际研发机构也是其捷径之一。近年来，国际汽车研发机构在不断加大向新兴市场转移的力度。如德尔福、博世、伟世通等汽车零部件巨头都在中国建立了技术研发中心；阿文美驰也在上海设立了技术中心并设立了亚太区总部；通用在上海建成了具有国际先进水平的整车安全研发机构泛亚汽车技术中心车辆安全实验室，并成立了通用汽车中国科学研究院；博格华纳中国技术中心将在2012年成为博格华纳全球最大的技术中心。

有关咨询调查表明，至2015年全球范围内的汽车业务离岸工程开发项目投资将会从2005年的6亿欧元增长至45亿欧元，而研发中心也将计划迁往中国、印度和东欧等地将会降低成本，其中中国是国外研发中心的重要选择之一。

本土化研发与车型本土化改装、与经营理念本土化转变一样，都是外资公司为了更好地适应中国市场做出的战略部署。不管这些本土化研发中心，所发挥的功能有多大，他们的迁入都会对中国研发环境的改善起到积极的作用，同时也为各大城市提供了招商引资的机会动力，故要加大汽车研发设计中心落户杭州的招商措施和力度。

8.11 大力发展汽车教育培养引进汽车专业人才

支持和发展汽车教育事业，在汽车产业园内配置相应的职业技术学院和高级技工培训学校；建立汽车研发技术公共服务平台，制定相应的政策扶持优惠政策，吸纳海内外汽车专业的高级人才入驻杭州。

8.12 保证基地建设资金到位加快基础设施建设

根据近、中、远期汽车产业发展目标，做好汽车产业园的配套基础设施的规划，进一步做好汽车整车物流、零部件物流的专项规划，加快出海码头、铁路、公路等的配套建设，保证汽车产业中远期产能达产后相关配套的汽车物流运输畅通；按计划分期分批投入相应的基础设施配套建设资金，保质保量做好基础设施配套建设，为改善汽车产业园环境提供基础的保障。成立专门机构对汽车产业园提供一站式服务，包括征地、拆迁、市政道路建设、项目落实、金融财政、工商税务和人力资源等一系列服务。

附录1 杭州市“十二五”汽车及新能源汽车产业重点项目

序号	项目名称	项目内容	总投资（亿元）	建设起止年限	建设地点
1	万向电动汽车有限公司锂离子电池二期项目	锂离子电池（新增8000万安时）	6.5	2010-10—2011-12	萧山经济技术开发区
2	东风裕隆汽车有限公司整车及新能源汽车项目	轿车（SUV、MPV）、发动机制造、纯电动乘用车（1.5万辆）	39	2008-10—2012-12	临江工业园区
3	东风杭汽商用车搬迁项目	商用车4.1万辆	12	2010—2015	临江工业园区
4	众泰汽车整车及纯电动轿车项目	20万辆整车生产基地（其中纯电动乘用车5万辆）	26	2011—2013	江东开发区
5	赛恩斯能源科技有限公司的锂离子电池	锂离子电池（6250万安时、用地150亩）	3	2011-01—2015-12	西湖区或临江工业园区
6	杭州万好万家新能源集团有限公司锂离子动力及储能电池生产线项目	锂离子动力及储能电池（1.5亿安时、用地105亩）	3	2010-12—2012-06	钱江经济开发区
7	浙江青年汽车有限公司整车项目	乘用车、商用车	53	2011—2012	江东开发区
8	浙江铁牛汽车车身有限公司杭州分公司年产汽车覆盖件模具、夹具300套技改项目	汽车车身模具和汽车车身覆盖件	2	2011—2012	余杭经济开发区
9	杭州易辰孚特汽车零部件有限公司年产50万台CVT汽车无级变速器项目	年产50万台CVT汽车无级变速器项目	50	2009—2011	临安市横畈镇
10	杭州益维汽车有限公司乘用车项目	乘用车、纯电动汽车	26	2010—2012	经济技术开发区
11	广汽吉奥汽车的微型面包车项目	微型面包车	50	2009—2015	江东开发区
12	杭州依维柯变速器有限公司双离合器项目	干式双离合器自动变速器	12	2011—2012	萧山开发区
13	东风日产柴汽车有限公司搬迁项目	重型卡车整车项目	15	2011—2012	汽车产业园
14	重汽集团杭州发动机有限公司	德国曼发动机	6	2011—2012	萧山开发区

附录2 杭州市“十二五”汽车及新能源汽车产业重点企业名单

序号	企业名称	主要产品	2010年销售产值（亿元）	2015年预计销售产值（亿元）	2015年目标（规模、行业地位）	备注
1	杭州益维汽车工业有限公司（众泰汽车）	电动汽车、各类乘用车	2010年新投产	50	由开发区江北区块120亩和江东前进工业园1200亩用地组成的众泰生产基地，5年内形成年产各类乘用车20万辆的生产能力	经开区
2	杭州青年汽车有限公司	商用车（青年客车）、商务车、SUV	4.89	50	江东前进工业园占地900亩，年产商务车15万辆，年产商用车2000辆	经开区
3	浙江三花钱江汽车部件集团	汽车空调膨胀阀、贮液器、冷凝器、散热器、汽车车桥、汽车齿轮、微通道换热器	16.81	65	—	经开区
4	浙江金固股份有限公司	汽车钢制车轮	6.4	100	年产5000万只钢制车轮，国内第一，全球前十。	富阳
5	东风裕隆（杭州）汽车有限公司	24万辆整车、20万台发动机、纯电动汽车	试生产	475	汽油车225840台，电动车14160台	临江
6	赛恩斯新能源科技有限公司	电动车、蓄能用电动锂电池系列产品产业化项目	基建中	15	打造国际一流水平的电动车和蓄能用动力锂电池系列产品生产基地	临江

续表

序号	企业名称	主要产品	2010年销售产值（亿元）	2015年预计销售产值（亿元）	2015年目标（规模、行业地位）	备注
7	浙江吉利汽车技术有限公司	汽车及零部件研发中心	试生产	3	技术行业领先	临江
8	杭州易辰孚特汽车零部件有限公司	汽车无级变速箱CVT	—	60	形成年产35万台汽车变速器的生产能力，使CVT系统产品占据国产自动变速器的领先地位	临安
9	杭州西湖汽车零部件集团股份有限公司	汽车离合器、摩擦材料、分离轴等汽车零部件	12.86	21	行业排名第一，传统离合器升级换代，制动系统模块化供货，开发新能源车动力传动系统部件	余杭
10	浙江青年莲花汽车有限公司	L5型莲花轿车、发动机	少量试生产	100	年产10万辆轿车、25万台发动机	萧山
11	广汽吉奥汽车有限公司	微面、微卡、微轿	2.3	75	年产25万辆微型车（国内第二）	萧山
12	万向集团	新能源电动车、万向节十字轴总成、差速器总成、等速驱动轴	661.33	国内龙头	—	萧山
13	中国重汽集团杭州发动机有限公司	商用（重型）汽车发动机	36.05	100	25万台先进发动机	萧山
14	浙江亚太机电股份有限公司	各类盘式制动器、鼓式制动器、ABS、系统真空助力器	14.79	50	国内龙头	萧山
15	杭州万达汽车方向机有限公司	手动动力转向器、齿轮齿条转向器、转向管柱	4.99	10~15	国内领先	萧山
16	杭州依维柯汽车变速器有限公司	DCT汽车自动变速器	1.69	50	国内外领先	萧山
17	东风日产柴汽车有限公司	重型卡车（5万台）	4.2	200	国内外领先	拱墅
18	杭州万好万家新能源集团有限公司	锂离子动力、储能电池1.5亿安时	基建中	6	国内领先	余杭

附录3 杭州市部分产值超亿元的汽车零部件企业名单

序号	企业名称	主要产品
1	万向集团	转向系统、传动轴等底盘配件
2	杭州前进齿轮箱集团股份有限公司	齿轮传动装置
3	中国重汽集团杭州发动机有限公司	重型高速柴油机
4	浙江亚太机电股份有限公司	汽车制动系统
5	杭州依维柯汽车变速器有限公司	汽车传动/汽车变速器
6	杭州汇丰车桥有限公司	汽车前后桥
7	杭州世宝汽车方向机有限公司	液压动力循环球转向器、机械式循环球转向器、液压动力齿轮齿条转向器、机械式齿轮齿条转向器、电动助力转向器、转向节、转向垂臂及转向管柱等
8	杭州西湖汽车零部件集团股份有限公司	汽车离合器、摩擦材料、分离轴承、真空助力器、树脂、汽车电器、涡轮增压器
9	杭州万达汽车方向机有限公司	手动动力转向器、齿轮齿条转向器、转向管柱
10	杭州矢崎配件有限公司	汽车用蓄电池电线、车用精密仪表、组合开关、车用中央控制集成器、模具及专用机等
11	浙江龙生汽车部件股份有限公司	汽车座椅滑轨、调角器、升降机构等关键零部件
12	浙江远翅控股集团有限公司	汽车内饰件、方向盘

续表

序号	企业名称	主要产品
13	浙江金固股份有限公司	大小汽车钢制车轮（钢圈）
14	杭州兆丰汽车零部件制造有限公司	轮毂单元轴承
15	杭州正强万向节有限公司	万向节、EPS 系统
16	杭州万通气门嘴有限公司	气门嘴
17	浙江久远车辆部件有限公司	汽车橡胶配件、履带
18	浙江春风动力股份有限公司	摩托车、全地形车

附录 4　杭州市汽车产业现有市级以上企业高新技术（研发）中心名单

序号	拥有研发中心企业名称	类别
1	万向集团公司	国家级
2	浙江亚太机电股份有限公司	国家级
3	浙江吉利控股集团有限公司	国家级
4	杭州前进齿轮箱集团股份有限公司	国家级
5	杭州橡胶集团有限公司	省级
6	中国重汽集团杭州发动机有限公司	省级
7	杭州人人集团有限公司	省级
8	杭州东华链条集团有限公司	省级
9	浙江兆丰机电股份有限公司	省级
10	浙江南都电源动力股份有限公司	省级
11	浙江远翅控股集团有限公司	省级
12	杭州依维柯汽车变速器有限公司	省级
13	浙江万达汽车方向机有限公司	省级
14	浙江金固股份有限公司	省级
15	中汽商用车有限公司（杭州）	市级
16	杭州大有科技发展有限公司	市级
17	杭州福鼎交通器材有限公司	市级
18	杭州汽车内饰件有限公司	市级
19	杭州东风散热器有限公司	市级
20	杭州西门子石川岛停车设备有限公司	市级
21	杭州杭挂机电有限公司	市级
22	杭州正向万向节有限公司	市级
23	浙江萧山固陵汽配有限公司	市级
24	浙江三花汽车控制系统有限公司	市级
25	杭州专用车有限公司	市级
26	杭州万向精工有限公司	市级
27	万向钱潮股份有限公司	市级
28	杭州爱知工程车辆有限公司	市级
29	浙江万向系统有限公司	市级
30	杭州万通气门嘴有限公司	市级
31	杭州西湖离合器有限公司	市级

杭州市经济和信息化委员会

二〇一一年七月二十七日

18. 合肥市人民政府关于进一步推进新能源汽车试点工作的若干意见

各县（市）、区人民政府，市政府各部门、各直属机构：

为加快推动我市新能源汽车示范推广工作开展，促进以纯电驱动为主的新能源汽车产业发展，现就进一步推进新能源汽车试点工作提出如下意见。

一、加大政策支持力度。全市科技创新、新型工业化和战略性新兴产业等政策资金优先支持新能源汽车及关键零部件的技术研发、成果转化及产业化。相关部门要积极引导和帮助新能源汽车及关键零部件企业申报各类项目，优先将新能源汽车项目列入各级重大项目予以支持。

二、加快在公共服务领域推广应用新能源汽车。各级党政机关、事业单位和国有企业购买或更新公务用车，原则上采购新能源汽车；市政、环卫、公安交警等用车，优先采购新能源汽车；2012 年新增的出租车，原则上采用新能源汽车；市区公交购买或更新公交车，原则上采购新能源汽车；加大电动微型客（卡）车在城市物流等领域推广应用。

三、鼓励私人购买新能源汽车。市财政对新能源汽车生产企业予以补助，插电式混合动力乘用车补助标准为 1.5 万元/辆，纯电动乘用车补助标准为 1 万元/辆，企业须按扣除中央和地方财政补助后的价格销售新能源汽车。私人以自有燃油汽车换购新能源汽车，再给予 3000 元/辆的一次性补助。

四、鼓励私营企业购买或使用新能源汽车。对购买、使用电动微型客（卡）车、企业通勤车等新能源汽车的单位，市财政给予补贴，电动微型客（卡）车补贴标准为中央财政补贴资金的 10%，企业通勤车补贴标准为中央财政补贴资金的 20%。

五、鼓励专业运营商投资建设、运营新能源汽车充（换）电设施网络。投资建设新能源汽车充（换）电设施的单位，市财政给予设备投资总额 5% 补助，单个设施最高补助不超过 100 万元，建成后依据运营效果，适时给予运营补贴。工程须采取招投标形式建设，决算审计后兑现补贴资金，专项用于充（换）电设施建设和运营。

六、市财政设立电池回购专项资金，按照整车厂 500 元/辆、市财政 200 元/辆的标准，提取资金并专户存储，专门用于新能源汽车动力电池回收处理。

七、专门从事新能源车租赁或服务的企业，运营车辆规模在 500 辆以上的，自开业经营之日起，按其租赁所缴纳的营业税和企业所得税本市留成部分等额标准，前两年给予全额奖励，后三年按 50% 比例给予奖励。

八、新能源汽车在市区道路免收临时停车费，具体办法由市公安部门制定。

九、本意见执行期暂定至 2013 年 12 月 31 日。执行期内，若国家和省出台优于本意见的新政策，按从优原则执行，不重复享受。

十、本意见由市科技局、市财政局负责解释。

合肥市人民政府办公厅

二〇一二年五月三十日

19. 合肥市新能源汽车充电桩建设暂行规定

第一条 为加快新能源汽车推广应用，营造良好的使用环境，制定此暂行规定。

第二条 新建办公楼、商场、酒店等公建类项目新能源汽车充电桩按不少于总规划停车位数 20% 的比例进行配建。

第三条 新建住宅小区充电桩按不少于小区总规划停车位数 10% 的比例进行配建。若新能源汽车保有量超过小区已预留充电桩数目，充电桩数量应随之增加。

第四条 新建社会公共停车场充电桩按不少于总规划停车位数 20% 的比例进行配建（不具备条件的小型立体停车场除外）。

第五条 鼓励已建、在建的公建类项目、住宅小区和社会公共停车场，结合实际需求和场地建设条件，自建或引进其他投资主体增建充电桩。

第六条 新建公建类项目、住宅小区和社会公共停车场充电桩由项目建设主体或其他投资主体进行投资、建设，供电部门须积极配合。

第七条 规划和国土管理部门须在土地出让条件中明确新建公建类项目、住宅小区和社会公共停车场的充电桩配置要求，供电部门负责在供电方案审查阶段对充电桩的布设方案进行同步审查，并与小区配套电力设施同步验收。

第八条 新建公建类项目、住宅小区和社会公共停车场内车用充电桩的设计、安装，必须满足国家通用性规范要求。

第九条 各投资主体负责或委托相关企业对自身投资的车用充电桩进行日常维护、管理。

第十条 本规定自发布之日起执行，有效期至 2013 年 12 月 31 日。

第十一条 本规定由市规划局、市科技局负责解释。

合肥市人民政府办公厅

二〇一二年六月二日

20. 东莞市高技术产业发展“十二五”规划（新能源汽车节选）

一、规划背景与意义

（一）背景

（二）战略意义

（三）规划依据

二、发展的基础与环境

（一）现状基础

（二）发展优势

（三）面临问题

（四）发展机遇

1. 政策规划相继出台，发展高技术产业的政策环境更加明朗。继先后出台多项高技术产业扶持和优惠政策之后，随着珠三角规划纲要的批复，珠三角的发展上升到国家战略，为贯彻落实纲要精神，《中共广东省委 广东省人民政府关于加快高新技术产业开发区发展的意见》（粤发〔2009〕13号）提出要积极推动东莞等条件成熟的高新区升格为国家级高新区，大力发展通信设备、精密制造、新材料、生物医药、新能源与节能、软件及集成电路、资源与环保等高新技术产业，引进高新技术龙头企业到高新区投资创业，注重培育发展内生高新技术企业；引导高新技术产业向高端环节发展。

三、规划原则与发展目标

（一）指导思想

（二）基本原则

（三）主要任务与发展目标

四、重点发展领域

结合国际和珠三角地区产业发展的变化规律，分析东莞高技术产业发展的关键性驱动因素与发展趋势，提出东莞高技术产业发展的重点领域：高端新型电子信息产业、LED产业、太阳能光伏产业、电动汽车产业、高端装备制造产业、生物医药产业以及高技术服务业。加快信息技术、清洁技术、生物技术、装备技术、新材料、新工艺等在纺织服装、制鞋、家具、造纸、玩具、食品、五金模具等传统产业渗透，推动传统产业优化升级。

（一）高端新型电子信息产业

1. 新型电子元器件产业。

2. 集成电路（IC）产业。

3. 物联网产业。

（二）太阳能光伏产业

（三）LED产业

（四）电动汽车产业

1. 产业链分析。电动汽车是在传统汽车产业链基础上进行延伸，增加了电池、电机、电控系统等环节。其中电池是电动汽车产业链中最关键的环节之一，尤其在纯电动汽车中，电池的性能决定了整车的行驶速度及续驶里程，电池的稳定性决定了整车的安全性和可靠性。电动汽车用驱动电机系统主要分为永磁电机、交流异步电机和开关磁阻电机三种，目前以永磁电机为主要产品。电动汽车充电站设备主要包括配电设备（变压器、开关等）、直接充电设备（充电机等）以及管理辅助设备（监控系统等）三部分。

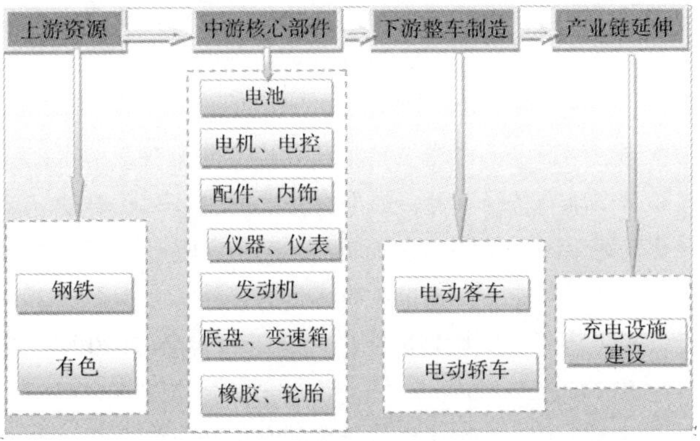

图1 电动汽车产业链

2. 发展前景与趋势。在能源日趋减少与环境污染日趋严重的双重压力下，寻找替代石油的新能源汽车已成为当今汽车产业的发展热点。各国政府纷纷采取措施抢占这一制高点，推进新能源汽车的研发和产业化，颁布制定优惠政策措施，积极促进本国电动汽车产业发展。美国计划未来10年在能源技术领域投入巨资，推动先进电池和电动汽车的研发。美国及时出台的一揽子政策，加上主流汽车厂家行动较快，使得美国在电动汽车研发和产业化方面会走在世界前列。日本将在今后5年中，每年投入2亿美元进行电动汽车技术研发，目标之一是短期内使电池制造成本下降一半。法国将在未来的4年中，投入4亿欧元进行混合动力汽车和纯电动汽车的研发。德国于2009年9月制定了国家电动汽车发展规划，计划到2020年推广使用100万辆电动汽车。我国早在“九五”期间，就将电动汽车列入国家重大科技产业工程。“十五”“十一五”期间电动汽车列入国家863计划。《国务院关于加快培育和发展战略性新兴产业的决定》（国发〔2010〕32号）将新能源汽车列入七大战略性新兴产业。国际能源机构称，为将全球气温上升幅度控制在2℃内，2030年前，混合动力汽车和纯电动汽车占汽车总销量的比例要从当前的1%提高到60%，电动汽车的产业化时代正在到来。节能高效、绿色环保特性的电动汽车成为未来汽车产业升级的主流方向。

全球知名汽车咨询公司CSM预测，到2015年，中国混合动力和纯电动乘用车产销量将超过10万辆，占整个中国乘用车市场的1%左右，其中纯电动汽车产销量将维持在2万辆左右。最为乐观的是国家科技部，其预测，到2012年，国内有10%新生产的汽车将是节能与新能源汽车；2015年中国纯电动汽车保有量有望达到266万辆。

3. 发展必要性分析。日益增加的汽车保有量以及由此带来的能源安全和环境问题越来越突出。面临如今的环境和能源压力，发达国家先后提出针对汽车几近苛刻的环保标准，欧洲的欧V标准，美国的ZEV（零排放标准）。大力推进传统汽车节能减排和新能源汽车产业化，成为中国汽车产业亟须解决的重大课题。

电动汽车的发展，无论从哪一国的发展计划看，都是政府引导的结果，也正是政府不断地创造条件与对厂商的引导，才使得作为电动汽车研发主体的企业得以顺利发展。在我国，尽管电动汽车及电池技术会不断突破，但电动汽车还是很难具备经济性。如果没有政策引导和政府的“第一推动力”，电动汽车很可能因缺乏经济驱动力而步履维艰。我国对新能源汽车的扶持力度也是空前巨大的。2010年《新兴能源产业规划》提出，从2011年至2020年，将累计增加投资5万亿元，主要用于新能源开发、包括核能、风能、太阳能、生物质能、升级传统能源，洁净煤、智能电网和电动汽车的产业化等。

总的来说，我国电动汽车发展具备了产业发展的基础和有利条件。影响国内电动汽车市场的关键还是政策扶持不够。未来几年，电动汽车仍将是“政策车”，并且支持的力度需进一步扩大。

东莞虽在汽车整车生产方面不具有优势，但其配件特别是锂电池产业已经形成了一定的规模，动力电池技术在国内处于领先地位，聚集了一批知名企业，如全球知名的锂电车生产商——ATL的两个全资子公司东莞新能源电子科技有限公司和新能源科技有限公司，其产品都以锂聚合物电池为主。此外还有迈科科技（新能源）有限公司、东莞彬彬电池材料有限公司。“十二五”期间，包括松山湖、生态园、塘厦、寮步等多个镇区都有发展电动汽车的意向。

4. 重点发展方向。结合东莞市产业基础和发展实际，电动汽车产业重点发展纯电动汽车，全面攻克纯电动汽车关键技术，加快开发高性能动力电池关键材料及动力电池产品，重点开展锂离子电池材料、电芯及单体电池关键技术及新产品研发，加快系列化、模块化动力电池组（PACK）、电池管理系统（BMS）、电池包标准的研发及产业化；加快掌握先进驱动关键技术，及时攻克整车控制关键技术，完善大功率驱动电机及控制系统产业链，推动高性能驱动电机及控制器产品并实现产业化；选择性攻克新型电力电子关键技术。

（五）生物医药产业

（六）高端装备制造业

（七）高技术服务业

五、产业空间布局

（一）总体布局结构

多片区：即高技术产业发展的各重点片区，包括主城区、生态园片区、石碣片区、长安片区、塘厦片区和厚街片区。主城区包括南城、东城、莞城和万江区，重点发展高端新型电子信息、太阳能光伏、LED、高端装备制造和高技术服务等产业；生态园片区包括生态园和寮步、东坑、常平、企石等镇，重点发展太阳能光伏、LED、电动汽车、高端装备制造和生物医药等产业；石碣片区包括石碣、石龙和高埗镇，重点发展高端新型电子信息、LED和高端装备制造等产业；长安片区包括长安镇、长安新区和虎门港，重点发展高端新型电子信息、太阳能光伏和高端装备制造等产业；塘厦片区包括塘厦镇和黄江镇，重点发展高端新型电子信息、电动汽车和高端装备制造等产业；厚街片区包括厚街、虎门和大岭山镇，重点进行传统产业的高技术改造。

（二）重点产业布局

在“一核、三带、多片区”的主导格局下，各镇区具体空间布局如表1。

表1　各镇区具体空间布局

产业类别	重点发展镇区	后备发展镇区
高端新型电子信息产业	松山湖、南城区、塘厦镇、长安镇、石碣镇、清溪镇、黄江镇	—
太阳能光伏产业	南城区、企石镇、常平镇、万江区、麻涌镇、虎门港	—
LED产业	南城区、常平镇、东城区、高埗镇、东坑镇	—
电动汽车产业	松山湖、生态园、塘厦镇	—
生物医药产业	松山湖、生态园	—
高端装备制造业	石龙镇、黄江镇、塘厦镇、寮步镇	万江区、凤岗镇、东坑镇、麻涌镇、长安新区
高技术服务业	松山湖、南城区、莞城区	—

（1）高端新型电子信息产业。

（2）太阳能光伏产业。

（3）LED产业。

（4）电动汽车产业。按照核心园区——整车基地——关键零部件基地思路布局电动汽车产业的发展，重点建设“松山湖电动汽车产业园”，努力打造集新一代纯电动汽车研发机构、测试机构、整车生产、关键零部件配套企业及应用示范为一体的产业基地；努力推动东莞生态产业园混合动力汽车和新能源汽车的关键零部件产业链的培育完善和塘厦科苑城电动汽车产业群的形成。

（5）生物医药产业。

（6）高端装备制造业。

（7）高技术服务业。

六、保障措施

（一）加强政府引导，强化政府对产业的带动作用

（二）发挥市场潜力，积极培育和引入高科技服务机构

（三）加快人才队伍建设，重视科技人才的开发和培养

（四）建立健全监督体系，提高政策实施的效率和效益

（五）加强生态环境保护，优化软硬件环境

（六）构建科技投入体系，形成对高新技术企业有效支撑

附件1　预测目标解释说明（略）

附件2　东莞市高技术产业发展“十二五”规划重大项目

序号	所属行业	项目名称	依托单位
1	电动汽车	动力型锂离子电池及电动汽车电池的研发和产业化	东莞市迈科科技有限公司
2	电动汽车	圆柱型锂离子动力电池产业化	东莞市创明电池技术有限公司
3	电动汽车	电动汽车用高能量密度、高安全性锂离子电池的开发及其产业化	东莞新能源科技有限公司
4	电动汽车	汽车用动力型锂离子电池系统的开发和产业化	TL公司、清华大学深圳研究生院、香港大学

附件3　东莞市国家认定高新技术企业现状分布图（略）

东莞市高技术产业规划布局图（略）

东莞市人民政府办公室

二〇一二年十月一十一日

21. 东莞市新能源汽车示范应用项目工作计划

一、示范应用项目的组织与分工

东莞市新能源汽车示范应用（以下简称示范项目）的目的是：以轻量化纯电动中巴产业化为突破口加快培育东莞电动汽车产业链、促进东莞新能源汽车产业的发展；以LNG公交车推广应用为主要手段促进东莞交通领域的节能减排。

东莞市新能源汽车示范应用将围绕两大类车辆和两大应用领域展开，两类车：天然气汽车和电动汽车；两大应用领域：公共交通和出租车。第一类车辆选择LNG天然气汽车，其应用领域为公共交通；第二类车辆选择电动汽车，分两种车型即纯电动汽车、混合动力汽车，分别在公共交通和出租车领域开展示范应用。示范项目资金采用省专项资金启动、东莞财政配套、企业自主融资等多模式筹措，近期以政府支持作为起步，中远期实现运营企业的自我可持续发展。

示范项目由东莞市人民政府统筹推进，由市发展和改革局具体组织实施，由市财政局、市经济和信息化局、市交通运输局、东莞供电局、市公安局交警支队、中国人保东莞分公司、松山湖管委会、大朗镇政府、东莞中山大学研究院、东莞松山湖电动出租车公司（筹）等有关单位共同参与。具体见表1-1。

表1-1　示范项目内容、组织与分工

序号	组织单位	分工	详细内容
1	市发展和改革局	总体组织实施	过程组织与监督检查、政策制定与落实
2	市财政局	保障财政资金	市财政对新能源汽车示范应用项目予以3000万元配套
3	市交通运输局	配合推进应用示范	配合推进200辆LNG公交、40辆纯电驱动中巴、70辆混合动力出租车的示范应用工作
4	市经济和信息化局	LNG加气站规划	规划设置示范应用所需的LNG加气站
5	松山湖管委会	电动中巴公交示范	轻量化纯电动中巴示范应用（25辆） 纯电动小汽车示范应用（10辆）
6	大朗镇政府	电动中巴公交示范	轻量化纯电动中巴示范应用（15辆）
7	有关镇街（园区）	LNG公交应用	在全市选取部分镇街（园区）开展200辆LNG公交应用工作
8	市公安局交警支队，人保公司	牌照、保险	研究提出示范应用车辆上牌和购买保险流程和方案
9	电动出租车公司（筹）	混合动力出租车示范	混合动力出租车示范应用（70辆）
10	东莞供电局	充电站建设	综合充电站1座（松山湖）

续表

编号	组织单位	分工	详细内容
11	东莞中山大学研究院（及其孵化企业：东莞三新公司）	研发纯电动中巴、纯电动小汽车等示范车辆，组建并运行电动汽车示范服务中心	研发穿梭中巴、商务中巴、轻量化轿车三款示范车辆 研发并与深圳五洲龙合作生产40辆轻量化纯电动中巴 研发并组织生产10辆轻量化轿车 充电点建设 电动汽车运营监控、数据采集、维修维护及信息发布

二、LNG汽车示范应用工作计划

（一）实施内容

表2-1　LNG汽车示范内容

车型	数量	示范类型	实施单位
LNG公交车	200辆	LNG公交应用	市发展和改革局、有关镇街（园区）
加气站	按实际需求	规划设置LNG加气站	市经济和信息化局、市发展和改革局、各镇街（园区）

注：LNG维修服务由使用单位利用燃油车维护设施自行解决。

（二）年度计划

表2-2　LNG汽车示范年度计划

时间	示范内容
2012-11—2013-12	规划建设示范应用所需的LNG加气站
2012-11—2013-12	在全市选取部分镇街（园区）投入200辆LNG大巴进行营运

（三）实施说明

开展LNG公交应用工作目的是为了促进和提高我市交通领域节能减排。LNG（液化天然气）汽车比CNG（压缩天然气）汽车排放的污染物更少、燃烧效率更高，被认为是最有前途的清洁能源汽车之一，目前在大巴使用上获得快速应用；此外，随着LNG汽车技术的发展日趋成熟，车辆的价格也与普通汽车越来越接近。基于此，示范工作选择LNG大巴开展公交应用，旨在为我市的交通节能减排积累经验。我市LNG汽车示范应用工作将选用纯LNG汽车或LNG气电混合动力汽车两种车型。

根据《东莞市人民政府与深圳市五洲龙汽车有限公司全面开展电动汽车产业化合作的框架协议书》，我市将通过委托东莞中山大学研究院与五洲龙公司开展合作的方式于2012年年底前生产40辆纯电动中巴供示范应用，并由五洲龙公司向国家申报目录公告，而我市将积极支持五洲龙公司生产的LNG大巴进入东莞市场。为了强化双方合作关系，确保我市具有自主知识产权的纯电动中巴能够顺利获得生产和运营资质，在同等价格及配置条件下，我市LNG汽车示范应用工作所需的200辆LNG公交车鼓励采用五洲龙公司生产的LNG单燃料大巴或气电混合动力大巴。

LNG汽车示范应用工作将在全市选取部分镇街（园区）的区域内公交承担实施，由各镇街（园区）按市政府确定的公交车辆淘汰更新LNG车型补贴标准给予购车企业购置补贴，示范应用专项资金将予以所属镇街（园区）财政每车4万元专项补贴。

三、电动汽车示范应用工作计划

（一）实施内容

表3-1　电动汽车示范内容

活动	数量	示范类型	实施单位	线路或地址
纯电动中巴示范应用	40辆	松山湖公交应用示范25辆	松山湖管委会	根据实际安排运营路线
		大朗镇公交应用示范15辆	大朗镇	根据实际安排运营路线
电动小汽车示范应用	80辆	纯电动小汽车10辆	松山湖管委会 东莞中山大学研究院	松山湖区域
		混合动力出租车70辆	电动出租车公司（筹）	全市范围

续表

活动	数量	示范类型	实施单位	线路或地址
充电设施建设	1座综合充电站	在松山湖选址建设1座综合充电站及配套停车场，配16台32kW智能充电机。	南方电网（东莞供电局）松山湖管委会	松山湖客运站
	1个固定充电点	在东莞中大研究院建设停车场及充电点，配4台32kW智能充电机。	东莞中山大学研究院	松山湖总部一号8栋
电动汽车综合服务中心建设	1个中心	监控中心、充电点、维修站、信息服务网站	东莞中山大学研究院	松山湖总部一号8栋

（二）年度计划

表3-2 电动汽车示范年度计划

时间	示范内容
2011-05—2013-12	示范车辆的研发、试验及生产装配（40辆纯电动中巴、10辆纯电动小汽车）
2012-12—2013-03	停车场、充电站建设
2012-09—2012-12	与五洲龙合作生产40辆示范车辆
2013-01—2013-03	在松山湖投入25辆进行营运
2013-01—2013-03	在大朗镇投入15辆进行营运

（三）实施说明

开展电动汽车示范应用的主要目的是为了加快培育和发展我市电动汽车产业。

电动汽车示范车型选用具有全部自主知识产权的轻量化纯电动中巴和轻量化轿车，是为了促进东莞自主车型的发展，尽快形成具有东莞特色、有强大竞争力的轻量化纯电动汽车产业；电动汽车示范项目以公共交通示范为主，主要是考虑到公交示范组织难度较小、公交应用市场广阔；选择松山湖和大朗镇为主要示范区域，主要是考虑到两个镇区在地理位置上毗邻，有利于示范的组织及资源共享。

示范项目同时开展出租车示范，以社会成熟车型为主，以松山湖为基地，旨在探索商业模式和应用模式，强化社会认识，推动市场普及。

示范项目的资金筹措将采用省下拨的项目资金启动、地方政府配套、企业自主融资等多模式，近期以财政资金起步，中远期实现企业自我可持续发展。示范项目通过以点带面的形式展开，即以东莞松山湖科技产业园区为起点，积累经验并逐步扩展覆盖全市。

1. 纯电动中巴公交示范应用

项目将投入40台拥有东莞自主知识产权的轻量化纯电动中巴，供东莞市城镇开展区域公交服务和商务使用。车辆将采用项目经费和市财政配套资金购买，并分别由松山湖和大朗镇的公交公司负责营运。

拟选用车型为东莞中山大学研究院研发的轻量化纯电动中巴，该车型适合城市中短距离出行交通服务，具有节能、性价比高、性能先进等特点，预计推出后将具有很强的市场竞争力，有望成为东莞率先产业化的一类电动汽车产品，促进东莞电动汽车产业以及相关产业的发展。2012年8月23日，东莞市政府与深圳市五洲龙汽车有限公司签订了全面开展电动汽车产业化合作的框架协议；同时，东莞中山大学研究院及其孵化企业——东莞三新电动汽车技术有限公司与五洲龙公司签订了合作生产40辆轻量化纯电动中巴的合同；五洲龙公司将帮助东莞申请穿梭中巴和商务中巴两款轻量化纯电动中巴的生产公告，并对合作生产的车辆发放合格证。

表3-3 纯电动中巴示范年度计划

时间	示范内容
2011-05—2012-12	示范车辆研发、生产
2012-12—2013-03	停车场、充电站建设
2012-09—2012-12	与五洲龙合作生产40辆示范车辆
2013-01—2013-03	在松山湖投入25辆进行营运
2013-01—2013-03	在大朗镇投入15辆进行营运

示范车辆的服务以及数据检测等由电动汽车综合服务中心负责。

2. 电动出租车和小汽车示范应用

根据“政府扶持、市场配置、企业运作、规模经营”的原则，示范应用项目计划扶持一家电动出租车公司，通过出租车这种高强度的营运以及营运车辆的实时监测，获取电动汽车实际营运经验，发现电动汽车在实际营运中存在的问题，积累电动汽车车辆维护、电池维护技术，制定电动汽车检测、年审及维护标准并力争推广。

项目将实现80辆电动小汽车的示范应用，其中10辆纯电驱动小汽车交由松山湖管委会进行行政和商务示范应用，70辆混合动力小汽车交由政府成立的电动出租车公司进行示范应用。

由政府授权专项许可的方式，组建成立电动出租车公司，选择以松山湖及周边地区或其他中心镇为基地，进行70辆混合动力出租车示范应用。出租车公司将在政府的支持和引导下，在经营上走市场化路线，并最终实现盈利。

政府在建设和经营初期，提供相关的保障措施，包括特批70个免费电动出租车牌照，辅助建设充电基础设施、允许企业进行附加服务（如餐饮、车辆维护）以及给予场地优先使用权等。

表 3-4　电动出租车示范年度安排

时间	示范应用内容
2013-02—2013-12	前期准备，服务管理中心建设
2013-06—2013-10	投入10辆轻量化纯电动轿车在松山湖园区内进行行政和商务示范应用
2013-05—2013-12	投入70辆混合动力出租车示范应用

3. 充电站建设

（1）实施内容。项目规划在2012—2013年建设1个电动汽车综合服务中心和1座综合充电站，为东莞市电动汽车的示范应用工程提供充电配套，为电动汽车应用推广积累经验。

综合充电站建设在松山湖客运站，为40辆电动中巴、10辆纯电动轿车及70辆混合动力出租车提供充电、电池保养、车辆保养等服务。由于示范应用选用高效节能的新型纯电动中巴及纯电动轿车，对电池的需求量大大降低，对充电机的功率需求也大为降低，因此充电站的建设成本也将得到大量节约。

充电站配备16台32千瓦的智能充电机，总面积2000平方米，其中：充电区600平方米（含电房）、维修区400平方米、电池及配件储存区300平方米、办公及休息区200平方米、停车区500平方米。

项目还将在松山湖总部一号（东莞中山大学研究院所在地）建设充电点1个，配备4台32千瓦的智能充电机以及15个中巴停车位。

（2）实施单位。综合充电站和充电点由市发展和改革局联合南方电网（东莞供电局）进行合作建设，地址分别由松山湖管委会公汽公司和东莞中山大学研究院无偿提供。所需充电设备采购、基建、电网改造以及日后的运营维护等费用由南方电网公司负责。

（3）年度计划

表 3-5　充电站建设年度计划

时间	示范内容
2012-01—2013-03	前期准备、充电点建设
2012-11—2013-03	停车场、综合充电站建设

4. 电动汽车示范服务中心

（1）实施内容。建设1个电动汽车示范服务中心，全面支持电动汽车应用示范工程。该服务中心由4个功能区组成：监控中心、充电点、维修站、信息服务网站。

该中心提供以下服务：在线采集每一辆运行车辆的运行数据、特别是电池数据；集中监控每一辆汽车的运行状态，并提供网络发布；途中车辆充电；示范车辆保养与维护；人员培训。

（2）实施单位。电动汽车综合服务点的建设由东莞中山大学研究院负责实施。

（3）进度安排

时间	示范内容
2012-10—2012-12	前期准备
2013-01—2013-12	服务点建设
2013-01—2013-12	开展示范服务应用

四、东莞市新能源汽车示范应用项目资金计划

表 4-1　东莞新能源汽车示范应用工程总经费预算

单位：万元

序号	项目			负责单位	预算					说明
					合计	省资金	市配套	镇街配套	社会资金	
1	LNG汽车示范应用	LNG公交车	200辆大巴（≥10m）	市交通运输局、市发展和改革局、公汽公司	10000	200	600	0	9200	每辆车购置价按50万元的参考价计算。对纳入示范应用工作的200辆LNG汽车，在新能源汽车示范应用工程予以每车购置补贴4万元，并参照全市公交车辆更新淘汰工作方案的补贴标准，由示范应用工作承担镇街（园区）对补贴差额部分另行补贴
		LNG加气站	按实际需求	市经济和信息化局、发展和改革局、各镇街（园区）	—	0	0	0	—	每座投资预计约200万元，由相关运营企业全额投资建设
	LNG项目统计				10000	200	600	0	9200	不含LNG加气站建设费用

续表

<table>
<tr><th rowspan="2">序号</th><th colspan="3" rowspan="2">项目</th><th rowspan="2">负责单位</th><th colspan="5">预算</th><th rowspan="2">说明</th></tr>
<tr><th>合计</th><th>省资金</th><th>市配套</th><th>镇街配套</th><th>社会资金</th></tr>
<tr><td rowspan="6">2</td><td rowspan="5">电动汽车示范应用</td><td>轻量化纯电动中巴车</td><td>40 辆，其中穿梭中巴 25 辆，商务中巴 15 辆</td><td>松山湖：25 辆
大朗镇：15 辆</td><td>1700</td><td>520</td><td>1180</td><td>0</td><td>0</td><td>40 辆中巴的申报目录、工装夹具、模具、零部件采购、加工、装配、配件等费用共计 1700 万元，其中：穿梭中巴制造费用每台 31 万元（合 775 万元），商务中巴制造费用每台 35 万元（合 525 万元），其他各种费用合计 400 万元</td></tr>
<tr><td colspan="2">70 辆混合动力出租车</td><td>松山湖管委会
电动出租车公司（筹）</td><td>1750</td><td>140</td><td>70</td><td>0</td><td>1540</td><td rowspan="2">70 辆混合动力出租车按每辆车身价 25 万元计，每辆补贴 3 万元，并免费提供 70 个出租车牌。10 辆纯电动汽车的研发、设计、生产、检测等费用合计 640 万元，全补贴。其中车价 200 万元，研发设计等 440 万元</td></tr>
<tr><td colspan="2">10 辆纯电动小汽车</td><td>松山湖管委会
东莞中山大学研究院</td><td>640</td><td>30</td><td>610</td><td>0</td><td>0</td></tr>
<tr><td>充电站</td><td>1 座综合充电站</td><td>南方电网
（东莞供电局）</td><td>550</td><td>0</td><td>0</td><td>0</td><td>550</td><td>由南方电网公司全额投资。40 辆纯电动中巴和 10 辆纯电动共需配 16 台 32kW 充电机，设备 150 万元，基建加电网改造 200 万元，停车场 200 万元，合计 550 万元</td></tr>
<tr><td colspan="2">电动汽车示范服务中心</td><td>东莞中山大学研究院
（东莞三新公司）</td><td>860</td><td>110</td><td>540</td><td>0</td><td>210</td><td>含固定充电点</td></tr>
<tr><td colspan="4">电动汽车项目统计</td><td>5500</td><td>800</td><td>2400</td><td>0</td><td>2300</td><td>—</td></tr>
<tr><td>3</td><td>总计</td><td colspan="2">320 辆车，1 座综合充电站，1 个电动汽车示范服务中心</td><td>市发展和改革局、各示范应用承担单位</td><td>15500</td><td>1000</td><td>3000</td><td>0</td><td>11500</td><td>—</td></tr>
</table>

表 4-2　轻量化纯电动中巴示范应用车辆资金需求预算

序号	项目	数量	单价（万元）	总价（万元）	备注
1	穿梭中巴公告	1 款	50	50	第一款检测内容较多
2	商务中巴公告	1 款	20	20	与第一款相同的部分无需重复检测
3	生产准备	2 款	50	110	—
4	穿梭中巴制造	25 台	31	775	不计利润
5	商务中巴制造	15 台	35	525	不计利润
6	电池配件	10 台	13	130	快换电池用
7	各类维修配件	40 套	0. 5	20	维修
8	管理费	（1～5 项）	5%	70	—
总计	—	—	—	1700	—

（1）电池和动力总成厂家承诺保修 3 年或 10 万公里，不做维修预算。

（2）以上预算不包含后期技术服务费用，由使用单位根据实际与东莞中山大学研究院协商支付。

表 4-3　电动汽车充电站费用详细预算

项 目	数 量	预 算（万元）	备 注
综合充电站	1 座	550	充电机 16 台、32kW：150 电网改造：150 维修设施、工具：50 基建施工：200
研究院固定充电站	1 个	计入示范服务中心	—
合计	—	550	—

表 4-4 电动汽车示范服务中心费用详细预算

项目	数量	单价（万元）	合计（万元）	备注
车载数据监控盒开发	1 项	10	10	无现成的系统采购，必须自主开发
车载数据监控盒制造	50 个	1	50	材料、制造成本、外协成本
运行监控中心硬件设备	1 批	80	80	电视监控屏幕墙 30 万元，数控服务器 + 应用服务器 8 万元、网络设施 10 万元、数据存储设备 6 万元、台式计算机 6 万元、监控台及操作界面 10 万元、防火级机房装修（含家具空调）30 万元等
电动汽车示范数据库	1 批	40	40	数据库平台、GIS 平台软件、数据库开发工具、应用工具软件套件
电动汽车运行监控软件	1 套	40	40	应用系统开发、数据库开发
电池配组系统	2 套	60	120	电池参数检测、电池故障诊断、电池管理系统
电池环境测试系统	1 套	50	50	电池温度测试、电池湿度测试、电池组耐久测试
电机测试电源	1 套	20	20	电机测功平台电源（120kW），3C 供电，逆变上网，价格 120 万元，其中 100 万元从其他项目支出
电池、电机等配件材料费	3 年	50	150	按 1 万元/辆/年计
研究院固定充电站	1 个	70	70	充电机 4 台、32kW：35 万元 变电及安全设备改造：10 万元 维修设施、工具：5 万元 基建施工：20 万元
维修、管理人工费用	3 年	40	120	5 人，8 万元/人/年
外协费用	1 批	20	20	维修工具、材料、加工费用
场地、水电	3 年	20	60	场地租金、水电、充电等
管理费	3 年	10	30	宣传、交流、国际合作、验收
合计	—	—	860	—

五、保障措施

（一）补贴政策

1. LNG 汽车购置补贴。东莞市将在现有公交车辆中抓紧淘汰一批超标排放严重的黄标车，陆续更新为 LNG 新能源汽车，并对公交企业购置 LNG 新能源汽车予以适当的财政补贴。对纳入示范应用项目的 200 辆 LNG 大巴，在新能源汽车示范应用专项资金中予以每辆 4 万元的购置补贴；此外，参照全市公交车辆更新淘汰工作方案的补贴标准，由示范应用工作承担镇街（园区）对补贴差额部分另行补贴。

2. 轻量化纯电动汽车购置补贴。为了促进东莞轻量化电动汽车产业化发展，本次示范应用工程集中资金补贴纯电动汽车，其中：40 辆纯电动公交中巴共补贴资金 1700 万元；10 辆纯电动乘用车的研发、设计、生产等费用共补贴 640 万元。70 辆混合动力小汽车的购置，按国家有关政策执行。

（二）运行资质

1. 上路政策。为了发展东莞新一代纯电动汽车产业，鼓励纯电动中巴开展公交运营，允许纯电动乘用车在松山湖园区开展定型试验，需临时上道路行驶的，按规定申领临时行驶车号牌。

2. 电动汽车上牌。通过与深圳五洲龙公司的合作，纯电动中巴在获得国家《车辆生产企业及产品公告》后，将可以申领机动车牌证，正式上路行驶。轻量化纯电动轿车尚处于定型试验期，还暂时无法申请《车辆生产企业及产品公告》。根据《机动车登记规定》（公安部 102 号令）第三十六条规定：进行科研、定型试验的机动车需要临时上道路行驶的，机动车所有人应向车辆管理所申领临时行驶车号牌。我市应用示范的电动汽车可按照“进行科研、定型试验”的机动车情况办理，核发有效期不超过 90 日的临时行驶车号牌，临时行驶车号牌有效期满后可申请新的临时行驶车号牌，待申请到新型轻量化纯电动轿车《车辆生产企业及产品公告》后即可申领机动车牌证。

3. 电动汽车购买保险。中国人民财产保险股份有限公司东莞市分公司为推进纯电动汽车示范应用工作，拟成立“东莞市纯电动汽车示范应用保险服务小组”，为项目提供保险保障支持。电动汽车参照普通汽车相关产品予以承保，具体承保车辆使用性质以交通部门核准的使用性质为准。纯电动中巴取得生产和上路资质后，可按普通公交车模式购买保险。纯电动轿车在取得东莞市公安部门发放的临时号牌及市交通运输局发放的营运资格证书后，可投保交通强制保险及商业保险。承保流程如下：

（1）投保流程。投保人提供车辆临时号牌、车辆信息（含电机号码、车驾号码、车辆型号等信息）、投保人机构代码证书、营业执照、税务登记证、投保单（保险公司提供）等相关资料，由“人保公司”审核无误后予以承保。保费支付由投保人通过同名账户转账。

（2）批改流程。投保车辆由公安部门每3个月变更临时号牌，号牌变更后由投保人书面通知“人保公司”，“人保公司”在接到相关批改申请材料后于1个工作日内予以处理，并出具批改证明。

（3）理赔流程。示范应用期间纯电动汽车理赔流程参照普通营运客车服务标准执行，涉及纯电动汽车配件价格定损标准，由“人保公司”参照相关同类型电动汽车定损标准与被保险人协商处理。

（三）经营许可权

由市发展和改革局牵头有关部门研究制定优惠政策，探索电动出租车在我市的应用模式，对承担示范应用项目的电动出租车公司（筹）由市政府特批70辆出租车经营许可牌照，并规定新增经营许可必须采用混合动力小汽车，经营许可期限大于5年，对购置的车辆按政策予以补贴。

（四）其他支持政策

1. 允许充电企业进行附加服务，如餐饮、车辆维护等服务。

2. 为保障我市新能源汽车示范应用以及新能源汽车产业的培育发展，由市财政和镇街（园区）财政支持新能源汽车基础设施体系建设，推进新能源汽车在公共交通领域的推广应用，并对新能源汽车在其他领域的应用按政策提供购置补贴。

3. 市政府和镇街（园区）政府优先提供充电站等新能源汽车基础设施建设用地，城市规划应为新能源汽车未来发展预留足够空间。

东莞市人民政府办公室

二〇一二年十二月十八日

22. 东莞市战略性新兴产业发展“十二五”规划（新能源汽车节选）

前言

当前，世界主要发达国家和地区纷纷提出发展战略性新兴产业，抢占新一轮经济和科技发展制高点，世界科技发展正孕育着新的技术革命和产业革命，一场绿色能源科技和低碳经济发展的浪潮正在全球掀起。着眼于经济社会发展全局，国家、广东省做出加快培育和发展战略性新兴产业的战略决策部署，提出把培育发展战略性新兴产业作为加快经济发展方式转变的重要举措和突破口。

经过30多年的发展，东莞市经济社会建设取得了令人瞩目的成就，但伴随着工业化城镇化加速发展，现有发展方式的局限性、经济结构状况以及资源环境矛盾也越来越突出，传统外向型、粗放式发展方式难以为继，东莞市必须深入贯彻落实科学发展观，缓解资源环境瓶颈制约，促进产业结构升级和经济发展方式转变。因此，在东莞市经济社会发展双转型和加快经济发展方式转变的关键时期，把握世界新科技革命和产业革命的历史机遇，立足于重大技术突破和重大发展需求，加快培育和发展对经济社会全局和长远发展具有重大引领带动作用，知识技术密集、物质资源消耗少、成长潜力大、综合效益好的战略性新兴产业，是东莞市构建国际竞争新优势、掌握发展主动权、增强经济发展后劲的必然选择。

基于此，参照国家和省提出的战略性新兴产业重点领域，结合东莞市产业发展实际以及未来发展趋势，东莞市选择确定了高端新型电子信息、LED产业、新能源汽车、太阳能光伏、生物产业、新材料、节能环保七大战略性新兴产业。根据《国务院关于加快培育和发展战略性新兴产业的决定》、《珠江三角洲地区改革发展规划纲要（2008—2020年）》，以及《广东省战略性新兴产业发展“十二五”规划》等，编制《东莞市战略性新兴产业发展“十二五”规划》。本《规划》是东莞市培育和发展战略性新兴产业的指导性文件。规划范围包括东莞市域范围，规划期至2015年年底。

一、发展基础与面临形势

（一）发展基础

近年来特别是金融危机以来，伴随加工贸易转型升级，东莞市承接国际产业转移逐步向产业高端化发展，带动产业升级步伐加快，以高端新型电子信息、LED产业、太阳能光伏、新能源汽车等产业为代表的一批新兴技术、新兴项目和新兴产业迅速崛起，正在成为东莞新的经济增长点。

一是部分领域产业规模位居全国前列。东莞市新能源汽车已经具备一定的规模，拥有多家锂离子动力电池生产领军企业，产品涵盖液态锂离子电池以及聚合物锂离子电池等，并拥有一大批电池材料相关生产企业，形成动力电池正负极材料、电池隔膜、电解液、电池管理系统相配套的产业链。

二是关键领域掌握了一批核心技术。在新能源汽车领域，已初步掌握了电动汽车锂离子动力电池生产的核心技术，开发出的以磷酸铁锂为正极的锂离子动力电池已应用于国内多款电动汽车。

三是重点产业初步形成较为完整的产业链。

四是初步形成以官产学研合作为特色的开放型创新体系。

五是拥有一批战略性新兴产业骨干企业。锂离子电池制造领域拥有东莞新能源科技有限公司、东莞迈科科技有限公司、东莞杉杉电池材料有限公司、东莞钜威新能源股份有限公司。

（二）面临形势

一是顺应国内外产业技术发展趋势的必然要求。

二是融入珠江三角洲地区新一轮改革与发展的必然要求。《珠江三角洲改革规划发展纲要》将珠三角的改革发展上升为国家战略。《纲要》的实施，将推进珠三角在发展规划、基础设施、公共服务和环境保护等各方位全面对接，有利于珠三角各城市充分发挥比较优势，共同构筑结构合理、功能互补和协调发展的产业体系，为东莞市融入珠三角产业布局一体化创造了重要的机遇。东莞市位于深莞惠经济圈，与广佛肇经济圈相接。承接深圳产业辐射是长期以来东莞市产业发展的突出特征。在新的历史条件下，深圳撤关扩区为深圳的发展提供了巨大的发展空间，同时也为东莞市提供了难得的发展机遇，为三市携手发展生物工程、新材料、新能源汽车、装备制造等高端先进制造业全球制造基地创造了条件。而广州城市东拓战略的实施，东部工业带与中新知识城建设的深化也为东莞承接广州经济辐射创造了条件。随着珠三角一体化规划的实施以及粤港澳、广佛肇、深莞惠、珠中江合作的不断深入，珠三角城市之间的竞争日趋激烈，抢占未来产业发展制高点正成为珠三角各市角逐的焦点。因此，发展战略性新兴产业是东莞市在珠江三角洲地区新一轮改革与发展中，增强区域竞争优势，抢得发展先机的必然选择。

三是促进产业转型升级和经济发展方式转变的必然要求。

二、指导思想、基本原则与发展目标

（一）指导思想

（二）基本原则

1. 创新驱动，制造切入。

2. 市场导向，政府引导。

3. 分类指导，重点突破。

4. 集约集聚，区域协调。

5. 开放合作，内生发展。

6. 优化存量，改善增量。

（三）发展目标

到2015年，全市战略性新兴产业规模争取突破2500亿元产值。增加值占生产总值的比重达到10%左右。其中，高端新型电子信息、LED产业、新能源汽车、太阳能光伏四大产业总规模达到2000亿元产值；新材料、节能环保、生物等产业加强技术攻关和产业布局，做好技术储备、人才储备和产业化储备，争取“十二五”中后期四大产业形成500亿元产业规模，具有较强综合竞争力，成为我市战略性新兴产业新的经济增长点。

到2020年，东莞战略性新兴产业产值比2010年翻两番，增加值占生产总值的比重力争达到18%左右，东莞成为世界先进、全国领先、广东关键的战略性新兴产业基地。

（四）战略定位

再经过5~10年或更长一段时期的努力，东莞市建设成为国家转型升级科学发展创新型城市，国家战略性新兴产业先导区，世界级高端电子信息、LED、新能源汽车、太阳能光伏制造基地，全国物联网产业中心，与广州、深圳共同构成国家战略性新兴产业发展高地，为建设珠三角现代产业核心区和创新型东莞做出重要贡献。

国家转型升级科学发展创新型城市。

国家战略性新兴产业发展先导区。

国际级战略性新兴产业制造基地。

坚持高端发展的战略取向，突出自主创新和产业集聚，科学选择培育东莞战略性新兴产业发展重点，本着“有所为，有所不为”和集中力量办大事的原则，“推升价值链”，做大做强做优高端新型电子信息、半导体照明（LED）、物联网等优势产业，“打造产业链”推动新能源汽车及其配件、太阳能光伏等产业实现规模化发展，形成一批产业优势突出、示范效应明显、创新能力较强、产业链完善、具有世界影响力的战略性新兴产业基地和一批具有国际竞争力与知名度的世界级企业和品牌，推动东莞制造走向高端，成为真正意义上能够引领全球战略性新兴产业发展的制造基地。

与广州、深圳共同形成国家战略性新兴产业发展高地。

三、产业发展重点

按照近期突破和长远布局发展相结合、分层次推进产业发展的总体思路，结合东莞市现有产业基础和产业发展导向，重点培育和发展高端新型电子信息、LED产业、新能源汽车、太阳能光伏、生物产业、新材料、节能环保等七大战略性新兴产业。其中，高端新型电子信息、LED产业、新能源汽车、太阳能光伏为近期重点突破产业，生物产业、新材料、节能环保为中远期培育发展产业。

（一）高端新型电子信息

1. 新型显示。

2. 新一代通信。

3. 物联网。

4. 新型电子元器件。以顺应OLED、新一代通信、LED、物联网、新能源汽车等新兴产业发展需求为导向，以支撑应用为牵引力，以生产技术改造和增强自主创新为驱动力，以产品优化升级为抓手，以聚合资本、信息、资源为手段，大力发展中小尺寸OLED显示器件、高亮度

LED、新型光通信器件、新型片式元器件、新型印制电路板及覆铜板、新型半导体分立器件、新型电池、新型传感器、新型敏感元件、新型电源类元器件。力争用 2~3 年的时间，促使中小尺寸 OLED 显示器件研发及生产技术保持国内领先水平，达到或接近国际技术，产品走向产业化；促使新型光通信器件、新型片式元器件、新型半导体分立器件、新型印制电路板及覆铜板、新型电源类元器件等通信类电子元器件升级，以有力支撑新一代通信产业发展；加快新型大容量、高可靠绿色电池研发进度，推动光伏电池技术更新和产业化；加快 LED 衬底材料和 LED 封装工艺的研发进度，促进其产业化；促进新型传感器、新型敏感元件实现产业化；促进 SiC 半导体材料及元器件的产业化。

5. 云计算。

6. 三网融合。

7. 下一代互联网及网络增值服务。

8. 软件及集成电路设计。

9. 高端消费电子产品。

（二）LED 产业

1. 关键技术突破与产业化。

2. 应用示范与市场。

3. 产业支撑体系建设。

（三）新能源汽车

坚持融合性发展、差异化发展、特色化发展原则，发挥东莞现有的产业基础，以技术创新、产业组织、示范应用和环境建设为重点，坚持产业发展与产品应用相结合、政府推动与市场需求相结合，以“整车为龙头、核心产业链为支柱、公共创新平台为支撑”，大力发展以电动汽车为重点的新能源汽车产业，力争用 10 年左右时间，将东莞打造成特色明显、技术领先、有核心竞争力的新能源汽车产业基地。

1. 整车制造。重点发展插电式混合动力、纯电动、中混以上混合动力乘用车和客车，鼓励发展微型电动车、特种用途电动汽车、新一代轻型纯电动汽车和 LNG（液化天然气）汽车生产，引进国内或者国外新能源汽车整车厂，获得生产资质、取得生产论证、建立整车生产能力，整合东莞现有基础，建设中巴和轻型车生产厂，支持新能源汽车整车生产企业和项目获得国家核准和行业准入。引导发展燃料电池汽车等其他新能源汽车。

2. 关键零部件。围绕新能源汽车整车生产项目，规划、整合、发展上游配套企业，重点发展新能源汽车动力电池、电机和电控等关键零部件，积极发展车用电助力转向、能量回馈式电助力制动、电动空调等零部件，掌握自主知识产权。动力电池方面，重点发展锂离子电池及其管理系统，支持发展镍氢电池等；支持燃料电池研发及产业化，鼓励发展下一代高比能动力电池；加快发展锂离子电池隔膜、正极、负极等关键材料。电机方面，重点发展大功率永磁电机及其控制系统，加快永磁电机耐高温材料、电力电子模块、高可靠控制器、传感器、执行器、能量优化管理系统等配套产品。在电控方面，重点发展电动汽车整车控制系统，加快开发混合动力多能源管理系统，积极发展大功率 IGBT（车用绝缘栅双极晶体管）等车用功率型电子元器件。

3. 关键技术与标准。重点加强新能源汽车动力电池、电机、电控系统及相关高性能材料等关键技术和产品科技攻关，积累关键技术知识产权。建设公共技术服务平台，加强产学研结合，依托中山大学东莞研究院、清华大学深圳研究院和相关科研机构，开展核心技术研发和新产品开发服务，鼓励新能源汽车骨干企业、相关机构组建工程技术研究开发中心、重点实验室等。依托市质检中心，联合其他研究机构和相关单位，建设国家级新能源汽车关键零配件检测中心。积极参与锂离子电池、微型电动车、特种车等新能源汽车标准的研究和制定。积极推动专利标准化和标准产业化。

4. 应用环境建设。制定新能源汽车购置和使用财政扶持政策及税收优惠政策，出台支持充电、充气设施建设的优惠措施，完善政策环境。加强与国家、省及周边地区合作，积极参与国家节能与新能源汽车示范推广试点工作，积极参与广东省新能源汽车示范工程，选取城巴部分路线、松山湖、常平镇等若干区域开展新能源公交车、出租小汽车的示范运营；筹建专业运营公司，支持大型企业集团和物流服务企业开展特种新能源汽车的应用。通过应用示范工程带动基础设施建设，完善示范车辆性能，积累应用经验，强化社会认识，带动市场普及。由政府牵头，引导社会力量共同参与加快新能源汽车充电、充气、维护等基础设施建设，探索裸车销售、电池租赁、整车租赁、快换电池等新型商业模式，完善新能源汽车技术研发、检测和试验公共服务平台。

（四）太阳能光伏

1. 重点领域。

2. 重点技术。

3. 重点建设工程。

（五）生物产业

1. 创新药物。

2. 现代中药。

3. 新型疫苗和诊断试剂。

4. 生物医学工程（新型医疗器械）。

5. 海洋生物。

6. 生物育种。

（六）新材料

围绕东莞市产业发展需求，优先发展高端新型电子信息、新能源汽车、半导体照明三大产业赖以发展的关键新材料，成为广东电子基材研究生产基地。

1. 高端新型电子信息、新能源汽车、LED产业关键新材料。在高端新型电子信息产业方面，大力开发平板显示材料、大规模集成电路生产所需的多晶硅、单晶硅、硅及锗硅的外延材料及封装材料；新能源汽车产业方面，重点开发镁铝合金材料、复合材料等关键结构和功能材料；LED产业方面，着重开发衬底材料、外延材料、封装材料、MO金属有机源及高纯气体等，提高东莞战略性新兴产业的技术水平及价值。

2. 新能源、节能环保绿色材料。大力发展太阳电池用配套材料等；混合动力汽车或纯电动汽车用镍氢动力电池材料、锂离子动力电池材料，以及分布式发电储能电池所需要的储能材料。鼓励发展新型节能环保材料和建筑材料，包括优质节能复合门窗、新型墙体材料、绝热隔音材料、高效密封材料、环保涂层材料以及家具、制鞋等传统产业的绿色环保新材料开发与生产。

（七）节能环保

1. 研究开发节能产品。

2. 开发并推广应用节能技术。

3. 培育节能服务市场。

4. 加强资源综合利用，发展循环经济。

5. 加快发展环保产业。

四、产业空间布局

（一）总体布局

研发创新中心：突出创新驱动和科技引领，依托广州和深圳两个国家创新型城市构建“广佛创新圈”和“深港创新圈”形成的广东战略性新兴产业研发创新轴的两个核心城市，西面利用广州东部科学城、中新知识城大发展契机，推进东莞市西部区域对广州产业与先进技术的承接，南面推进松山湖对深圳高端产业与技术的承接，以融合两个创新中心城市的技术辐射为基础，整合国内外创新资源，构建开放型的全球创新网络，推进东莞市成为广东战略性新兴产业研发创新轴关键一环，在高端新型电子信息、LED产业、新能源汽车、太阳能光伏等产业研发水平与创新能力的提高，以新技术带动形成新兴先导产业，形成辐射带动东莞的两个“创新源”和“动力源”。

主体产业发展组团：突出高端制造和规模发展，南北充分利用广州、深圳战略新兴产业发展强大的带动力，集成全球产业要素，发挥集成制造优势，构建高端化、自主化、集成化主体产业区，集约集聚发展新兴主导产业，形成新的经济增长极，奠定东莞在全国战略性新兴产业发展版图中的领先地位。主要包括：

一是以松山湖为龙头的主体产业带，进一步深化战略性新兴产业发展的莞深同城，强化与深圳高新技术产业带的融合发展，对接深圳龙岗、光明高新技术产业基地，公明、观澜、横岗优势传统产业基地。以松山湖、横沥、东坑、企石、常平、大朗、塘厦、清溪、黄江、凤岗、谢岗、长安等镇为主体，建设战略性新兴产业高端制造基地，重点发展高端新型电子信息业、LED产业、新能源汽车、太阳能光伏、生物、新材料等产业。加快建设东莞松山湖高新技术产业园区成为国内外著名企业聚集中心、研发创新服务中心、人才教育中心、战略性新兴产业基地和总部经济基地，带动东莞南部战略性新兴产业崛起。

二是以东莞市城区为核心的主体产业带。推进东莞市城区战略性新兴产业高端服务业发展，东城、南城、厚街、石龙、石碣、高埗等镇为主体，建设战略性新兴产业服务与制造基地，加强与广州东部工业区、广州科学城与广州中新知识城建设的互动，重点发展新型显示、LED封装、新材料、生物制药与高端服务。

（二）重点产业布局

1. 高端新型电子信息。

2. LED产业。

3. 新能源汽车。

以东莞新能源电子科技有限公司和东莞迈科科技有限公司、东莞市杉杉电池材料有限公司为龙头推进锂电池制造基地形成，形成动力电池正负极材料、电池隔膜、电解液、电池管理系统相配套的产业链。建设松山湖和常平镇成为新能源汽车产业的试验基地，整合长安、厚街、凤岗现有汽车配套企业，发展汽车五金塑料件、汽车专用模具、车用轴承、车用电机等产品，然后进一步发展轿车用发动机配套件、驱动系统配套件、转向系统配套件、悬挂系统配套件、制动系统配套件扩展，推进东莞汽车配套集群。

4. 太阳能光伏。

5. 生物产业。

6. 新材料。

以松山湖广东生益科技股份有限公司中国大陆最大的覆铜板专业生产基地为核心，推进东莞软性光电材料产研中心以及高性能覆铜板基地建设。推进松山湖研发及生产节能环保幕墙、低碳新材料项目建设。以麻涌东莞南玻太阳能玻璃有限公司为龙头，打造全国最大的太阳能超白玻璃供应基地。以企石中镓半导体科技有限公司的氮化镓（GaN）基衬底材料产业化项目为基础建立衬底材料制备基地。以东莞新能源电子科技有限公司和东莞迈科科技有限公司、东莞市杉杉电池材料有限公司为龙头发展混合动力汽车或纯电动汽车用镍氢动力电池材料、锂离子动力电池材料，以及分布式发电储能电池所需要的储能材料。进一步壮大节能环保绿色材料企业。

7. 节能环保

五、重点任务

（一）提升自主创新能力

一是突破一批关键核心技术。

二是建设一批重大创新平台。

三是加强官产学研合作。

四是实施重点突破计划。在东莞市具有比较优势的新型平板显示、LED、3G及4G移动通信系统、太阳能光伏、新能源汽车等战略性新兴产业，率先实施一批产业带动性强、关联度大、优势资源集成度高的重点项目，分别制定系统的政府突破计划：人才突破计划（培养与引进人才）；技术突破计划（建设研发平台、整合创新资源）；产业创新突破计划（引进项目、培育企业、完善配套等），予以全方位支持，力争率先取得重大突破。

（二）加强重大项目建设

加快推进战略性新兴产业重大技术成果产业化。围绕重点领域，谋划一批“十二五”期间拟建设的涉及国民经济重要布局，带动作用强的重大产业化项目。在高端新型电子信息、LED领域、太阳能光伏、新能源汽车产业选择东莞若干个拥有核心技术、具有较强产业带动效果的重大战略性新兴产业化项目，采取无偿资助、贷款贴息与代建免租等多种方式给予扶持。以企业为依托，引导企业、民间资本按一定比例投入，尽快在东莞建立和部署一批上规模的战略性新兴产业重大产业化项目。

（三）培育骨干龙头企业

（四）强化知识产权引领

加强战略性新兴产业领域的技术标准、发明专利、PCT国际专利申请、国外发明专利申请等的资金支持力度。促进技术标准战略和专利战略相互融合，探索建立技术、专利与标准相结合的机制，加快知识产权转化，推动企业具有自主知识产权的核心技术专利化，专利标准化。当前重点在物联网、LED产品检测、太阳能光伏、新能源汽车等领域加强与相关行业技术标准委员会的合作，支持企业参与并争取主导行业、国家和国际标准的研究制定工作，积极参与国家有关部委共建战略性新兴产业产品的技术标准测试基地，掌握新兴产业领域标准制修订话语权。倡导依托产业的骨干企业成立产业技术联盟，集合产业链上下游资源，推动整个产业的发展。进一步加强战略性新兴产业的技术性贸易措施预警及应对工作，加快建立健全与知识产权相关的法律法规，充分发挥知识产权中介机构的作用，为积极应对国际知识产权争端和技术壁垒创造良好的法律支持环境。加快国际化认证体系建设，及时跟进国际产业标准，推动新兴产业领域先进标准体系和专业标准化技术委员会（TC/SC）建设。

（五）促进产业集聚发展

（六）加强市场应用示范

加快战略性新兴产业市场培育，努力创造需求，以需求促进供给，带动产业发展。充分发掘战略性新兴产业产品在民用消费市场的应用，以政策扶持和补贴相结合的方式，鼓励终端生产厂商积极开发产品应用新概念与新形态，大力推动民用LED室内照明、太阳能光伏、新能源汽车的市场应用，推动战略性新兴产业终端应用市场的迅速发展。结合“广货全国行”和“家电下乡”，借助“广东商贸城”“广东商品直销中心”等内销平台，帮助东莞市战略性新兴产业产品积极拓展国内市场，抢占市场份额。支持企业“走出去”设立研发、生产基地，建立国际营销渠道，积极拓展国际市场。加大战略性新兴产业领域的政府采购力度，新兴产业自主创新产品和服务产品优先列入政府采购目录。

尽快启动、谋划实施一批具有重要促进作用的市场培育重大示范工程。结合国家“节能惠民”工程，在LED路灯路段示范的基础上，继续实施“千里十万”“风光互补”等应用示范工程；结合节能减排，大力开展广东省绿色照明示范城市建设，在城市公共设施中全面推广LED照明产品和LED显示产品的应用示范；以东莞市太阳能发电站示范工程、光伏屋顶发电工程示范为突破口，结合国家“金太阳示范工程”，带动东莞市太阳能特别是薄膜太阳能的开发利用；加快推进南方现代物流公共信息平台应用示范工程等十大物联网应用示范工程；加强与国家、省及周边地区合作，积极参与国家“新能源汽车应用试点”，争取广东省新能源汽车示范工程。

（七）推进产业国际化发展

一是深化国际合作领域。

二是加强粤港澳台合作交流。充分发挥香港连接国际市场的桥头堡作用，帮助东莞企业走出去拓展国际市场，吸引国际资本、技术和人才向广东转移。加强与香港高校、研发机构合作，推进重大科研成果在东莞市实现产业化。加强与台湾地区在战略性新兴产业领域的深度合作，特别是在光电产业、LED和新能源汽车领域加大合作力度，抓住东莞市台资企业转型升级的机遇，带动形成台资企业在东莞市战略性新兴产业发展上的新一轮投资高潮。

六、保障措施

（一）加强组织领导协调

1. 发挥好东莞市战略性新兴产业发展领导小组作用。

2. 落实促进战略性新兴产业发展的责任分工。

（二）完善产业政策体系

1. 完善产业规划和扶持政策。

2. 完善产业创新支撑体系。

3. 加快形成战略性新兴产业发展投入体系。

4. 建立跟踪新兴产业发展的动态机制。

（三）加大财税支持力度

1. 设立东莞市战略性新兴产业发展扶持资金。重点支持重大产业项目建设、关键技术研发、重大创新成果产业化、重大创新平台建设、产业基地建设、产业推进、市场应用示范、标准制定等。在市战略性新兴产业发展专项资金中设立高端新型电子信息产业、LED产业、太阳能光伏、新能源汽车等产业发展专项。资金额度以东莞市“十二五”时期“科技东莞”工程专项资金安排方案的专项资金额度为准。

2. 认真落实国家激励自主创新的税收政策。

3. 完善政府采购和订购制度。探索政府采购对东莞市新兴产业发展扶持的制度与机制，以政府采购与补贴为手段全面推进应用示范工程建设。近期重点以太阳能发电站示范工程、光伏屋顶发电工程、LED路灯照明推广应用及标杆指数测定为突破口，择机推动在东莞市公交示范电动汽车应用示范，率先选取东莞市有代表性的示范单位与区域，以政府采购或订购的方式，通过建设一批太阳能光伏并网发电示范项目、光伏屋顶发电站，LED路灯照明公共项目，完善东莞政府新兴产业产品的采购与订购制度，进而推进东莞太阳能光伏产业、LED照明产业、新能源汽车的推广与应用，特别是薄膜太阳能的开发利用，为东莞市太阳能光伏产业、LED产业、新能源汽车提供初始的市场。

（四）保障要素资源投入。

（五）拓宽产业融资渠道

1. 加大对新兴产业的信贷扶持。

2. 建立新兴产业投资基金。

3. 完善创业风险投资环境。

4. 利用多层次资本市场融资。

（六）强化人才智力支撑

1. 大力引进高层次人才。

2. 完善人才激励制度。

3. 大力培养职业技能人才。

东莞市人民政府办公室

二〇一二年一月十九日

23. 柳州市新能源汽车示范推广规划(2011—2013年)

一、背景

汽车作为一种现代化的交通工具已与人们的生活息息相关、密不可分。随着经济社会的不断发展和人们生活水平的不断提高，我国民用汽车保有量快速增长，2005年我国民用汽车保有量为4329万辆，到2010年我国民用汽车保有量快速增长至9086万辆，5年平均增长速度为16%。

然而，汽车在为人们提供快捷、舒适、方便的同时，传统的以石油为燃料汽车也给社会带来了不可忽视的负面影响。国际原油供求矛盾逐步加深，全球气候变暖日益明显，生态环境日益恶化。城市交通污染已经上升为我国城市大气和噪声污染的主要污染源之一。在交通拥堵比较严重的城市，机动车排放的气态污染物以及颗粒污染物占城市大气污染物40%以上。有调查显示，全球大概25%的二氧化碳是来自于汽车的尾气排放。

面对当前能源、环境问题的严峻挑战，世界主要汽车生产国家都把发展新能源汽车作为提高产业竞争能力、保持经济社会可持续发展的重大战略举措。促进新能源汽车自主创新和快速发展，对提高我国能源安全和加强环境保护、适应市场需求和实现汽车工业可持续发展、保持经济稳定增长和提高人民生活水平都具有重要的战略意义。

2006年，国务院颁布了《国家中长期科学和技术发展规划纲要（2006—2020）》，把低能耗与新能源汽车作为国家发展的重点领域及其优先主题。国家《汽车产业发展政策》和《能源发展“十一五”规划》均明确提出把新能源汽车作为我国汽车产业的重要发展方向。2009年，国家科技部、财政部、发改委、工信部启动了“十城千辆”工程，确定在北京、上海、重庆等13个城市（2010年7月增加到25个城市）开展了节能与新能源汽车示范推广试点工作；2010年6月，国家四部委又颁布了《私人购买新能源汽车试点财政补助资金管理暂行办法》，确定上海、长春、深圳、杭州、合肥等5个城市启动私人购买新能源汽车补贴试点工作。新能源汽车已经开始进入寻常百姓家。

柳州是广西的工业重镇，2010年汽车产业超过千亿元，是柳州市第一个过千亿元的产业，同时也拉动汽车工业成为广西第二个超千亿元产业。在发展传统汽车工业的同时，柳州也在寻求产业发展的新突破，加快新能源汽车的发展并积极推广，有利于抢占汽车产业发展的新高地。自治区领导非常重视新能源汽车的发展，2010年4月，马飚主席参观广西汽车工业新车型样车展示时表示，广西要“抢占新能源汽车市场的先机”。为进一步加快我区新能源汽车研发和产业化，2010年，自治区人民政府颁布了《关于推进新能源汽车产业发展的意见》，并于11月出台了《2010年广西新能源汽车示范推广试点工作实施方案》，为新能源汽车在我区示范推广创造了条件。为贯彻自治区的指示精神，推动我市新能源汽车的应用推广及产业化发展，促进我市资源节约型、环境友好型社会建设，特制定此规划，规划期限为2011—2013年。

二、柳州基本概况

柳州，又称龙城，位于广西中部，是以工业为主、综合发展的区域性中心城市和山水景观独特的中国优秀旅游城市和历史文化名城。

柳州市辖六县四区，总面积 1.86 万平方公里，总人口 355.4 万人。2010 年全市实现生产总值 1260.3 亿元，全社会固定资产投资 1005.1 亿元，财政收入 201.2 亿元，城镇居民人均可支配收入 17715 元。三次产业比重由 2005 年的 11.5:52.0:36.5 发展为 8.3:63.0:28.7。市区面积由原 658 平方公里扩大为 1016.75 平方公里。在全区率先实现工业化示范城市的奋斗目标基本完成。是全国唯一独揽“2010 中国最具创新力城市”“2010 中国经济转型示范城市”和“中国最具竞争力特色经济市”三项殊荣的城市。目前正在积极争创“国家卫生城市”和“全国文明城市”。

柳州是广西最大的工业中心和第二大中心城市，是我国西南地区的老工业基地。经过多年发展，柳州工业现已形成“354”的格局，即汽车、冶金、机械三大支柱产业；化工、制糖、造纸、建材、日化五大传统优势产业；新材料、生物及制药、机电仪一体化与电子信息、新能源及环保四个新兴产业。“十二五”期间，柳州将按照市委、市政府提出的“二次创业”“经济升级、城市转型”战略要求，以产业结构调整为主线，按照三个有利于，即有利于三大支柱产业的完善，有利于传统产业的提升，有利于新兴产业发展，加快产业结构由“354”向“543”（汽车、钢铁、机械、化工、有色金属新材料五大支柱产业、制糖、建材、造纸、日化四个优势产业、新能源环保、机电一体化、生物制药三个新兴产业）转变，形成产业发展新格局，增强柳州制造业竞争力。2010 年，柳州市工业总产值完成 2652.6 亿元，占全区工业经济的比重达到 22.8%。全市百亿元企业 5 家；产值过亿元企业 260 家；规模以上工业企业达 984 家；县区工业总产值突破 1000 亿元。产业结构优化升级加快，支柱产业不断壮大，全市汽车产销突破 130 万辆，汽车工业总产值突破 1000 亿元，成为柳州首个、广西第二个突破千亿元的产业；钢和钢材产量双双突破 1000 万吨，柳钢跻身中国千万吨钢企行列；工程机械产量突破 5 万台，柳工轮式装载机销量保持国际第一。培育新支柱产业初见成效，化工产业产值突破 100 亿元，柳化完成六大生产基地布局，成为亚洲最大的保险粉和国内最大的双氧水生产企业。传统优势产业改造升级加快。新兴产业快速发展，新能源汽车、热电联产等项目加快推进。

未来几年，柳州工业将向绿色环保型、高新技术型、节能型、循环型和外向型方向发展，打造面向东盟、辐射西南的区域性先进制造业基地，使柳州成为泛珠三角经济区最具活力的工业城市之一。

（一）柳州城市交通发展情况

柳州市区地形独特，柳江横穿市区而过，将市区分为河北、河南两大部分，过江道路交通有柳江大桥、文昌桥、红光桥、文惠桥等 10 多座跨江大桥承担。市区内的交通主要通过南北及东西两大交通主线实现，彼此构成了柳州市的交通主干网。近年来，随着柳州经济社会的快速发展、城市框架不断扩大，城市交通运输业的发展步伐也在快速提升。截至 2010 年年底，市级管养城市道路 169 条、道路长度 315km、道路面积 865 万 m^2。

近年来，柳州市机动车保持了较快的发展速度，年均增幅超过 20%。截至 2011 年 3 月 20 日，柳州市市区机动车保有量 299759 辆：其中汽车 149772 辆。（包含：中型以上载客汽车 3002 辆，小型与微型载客汽车 121662 辆；中型以上载货汽车 10056 辆，轻型与微型载货汽车 11576 辆；汽车类其他车辆 1456 辆；挂车 1961 辆；其他类型车 59 辆。）公共交通方面，出租车 1751 辆，公共汽车 1052 辆。

（二）城市大气环境状况

根据监测，2010 年，柳州市环境空气质量优良天数 355 天，优良率为 97.25%。主要污染物为可吸入颗粒物、二氧化氮及二氧化硫。

2010 年，柳州市区域环境噪声平均等效声级 55.8 分贝，声源主要以生活和交通噪声为主，其中交通噪声平均等效声级为 67 分贝。

随着交通运输业快速发展，机动车排放和噪声对我市城市环境的影响将会越来越大。特别是不少公交车辆使用年限较长，噪声大，排放只能达到国Ⅰ、国Ⅱ排放标准。开展节能与新能源汽车示范推广，对我市推进节能减排，改善城市生活环境，推进“三个同步”、实施“二次创业”，创建“国家卫生城市”、构建现代宜居城市、构建“工业城市中山水最美，山水城市中工业最强”总体目标的实现均具有重要意义。

（三）柳州市汽车工业发展现状

自 1969 年第一台“柳江”牌汽车问世，经过近 40 多年的发展，汽车工业已成为柳州第一大支柱产业。柳州现有汽车整车及零部件生产企业 440 多家，规模以上企业资产总额达到 578 亿元，从业人员达到 6.6 万人。其中：整车生产企业 3 家，专用车生产企业 4 家，低速载货车生产企业 2 家。全市已形成年产微型车 110 万辆、载货车 9 万辆、多功能乘用车 8 万辆、专用车 10 万辆、低速车 2 万辆、发动机 120 万台的生产能力。培育出了“五菱”“乘龙”“霸龙”“风行”“景逸”“宝骏”等具有自主知识产权的中国知名品牌。其中，“五菱”微型车连续 5 年领跑国内微车市场。柳州是目前全国唯一同时拥有上汽、一汽、东风、重汽等中国四大汽车集团整车生产基地的城市。作为面向东盟市场的汽车产业桥头堡，柳州已成为中国南方重要的汽车生产基地，具有广阔的拓展空间和巨大的发展潜力。

2010年，柳州市汽车产销分别达到137.19万辆和134.75万辆；汽车工业总产值达到1027亿元；实现利税80.3亿元。汽车工业成为柳州首个产值突破千亿元的产业，也是广西第二个突破千亿元的产业。其中，上汽通用五菱汽车产销突破120万辆，产值突破400亿元；东风柳汽迈上新台阶，汽车产销突破10万辆，产值突破130亿元，一跃成为国内主流汽车制造商。

柳州的汽车零部件产业在整车企业的拉动下，已形成较为完整的产业链和聚集效应，具备了发动机、变速器、车桥、钢圈、减振器、制冷压缩机及空调系统、车身覆盖件、冲压焊接件等重要零部件的批量生产能力。截至2010年年底，柳州具有一定批量生产能力的零部件企业有430多家，资产总额为265亿元，从业人员5万多人，规模以上汽车零部件企业实现产值396亿元。

（四）柳州市新能源汽车研发情况

悠久的汽车制造业历史和长期的技术积累形成了柳州市较强的汽车研发能力。在自治区及柳州市政府的大力支持及引导下，柳州市新能源汽车取得了长足的发展。目前，已有柳州五菱汽车有限责任公司、柳州延龙汽车有限公司、上汽通用五菱汽车股份有限公司、东风柳州汽车有限公司等四家企业具备新能源汽车研发生产能力。

柳州五菱汽车有限责任公司是国家高新技术企业，拥有自治区级技术中心、自治区专用汽车工程技术研究中心、自治区千亿元产业汽车零部件研发中心。中心约400人，在整车开发、汽车零部件整车匹配及系统设计、工艺工装设计与工程实现等方面有很强实力。从2003年起该公司开始研发纯电动汽车，经过多年的积累，已经掌握了车用电机驱动控制系统、电动汽车整车控制系统、电动汽车安全防护系统等核心技术，并已构建了较完整的新能源汽车开发、测试和检验的设备和手段，是国内少数几家具有新能源汽车研发能力、掌握核心技术、拥有自主产权的汽车企业之一。2009年，该公司的纯电动微型货车通过了国家工业和信息化部的审查，并在《车辆生产企业及产品公告》发布，这标志柳州五菱获得了国内首个新能源（纯电动）货车生产资质，并填补了广西新能源汽车产品空白。目前，该公司已成功开发了电动货车、电动客货车、电动观光车、社区电动车、电动邮政车、电动救护车、电动垃圾车及城市公交客运V2电动客车等产品，并已有三款产品列入国家产品公告，完成了新能源车产品设计、生产、营销、售后服务以及生产一致性保证能力构建，建立了零部件供应体系。2010年，柳州五菱共销售各类纯电动汽车121辆。

柳州延龙汽车有限公司是国家高新技术企业，拥有自治区级技术中心。为了加快新能源汽车的研发，公司组建了专门的研发团队，两年来累计投入3500多万元，通过联合开发，掌握了整车系统匹配优化、基于CAN总线的整车控制系统、驱动系统（含驱动电机）、助力转向系统、制动助力系统、一体化节能空调、电机防盗系统等关键技术。该公司采用东风柳汽、上汽通用五菱、南汽依维柯、江铃汽车等国内著名汽车厂底盘，成功开发了纯电动风行、景逸乘用车、五菱之光客车、小旋风货车、小旋风垃圾收集车、依维柯电动服务车、江铃皮卡工程车，以及纯电动洒水车，压缩垃圾车等十几款电动汽车产品。

上汽通用五菱汽车股份有限公司是由上海汽车集团股份有限公司、通用汽车公司、柳州五菱汽车有限责任公司三方共同组建的大型中外合资汽车公司，拥有国家级技术中心和经国家人事部批准成立的“企业博士后科研工作站”，以通用汽车公司GVDP（全球整车开发流程）和GMS（全球制造系统）为主要方法，形成了“以我为主，集成各方优势资源”的共享式商用车自主研发新模式和“集成全球资源，联合开发”的乘用车研发模式，为企业的发展提供了强劲创新驱动力。2009年上汽通用五菱成立了新能源汽车项目组，开展新能源汽车技术的开发，该项目组以公司技术中心为主导，集成通用中国、上汽技术中心、湖南大学、武汉理工大学等优势资源，并且与车用动力电池系统、车用牵引电机系统等新能源汽车关键零部件供应商建立战略合作关系，探索新能源汽车技术，培养新能源汽车技术研发人才。目前，该公司已开发出五菱之光纯电动样车、五菱宏光混合动力样车以及乐驰纯电动样车，样车各项性能指标均满足国家相关标准要求。通过第一轮样车的研发，已基本掌握整车集成与整车控制技术，为公告试验、小批量试制与量产车打下较好的基础。

东风柳州汽车有限公司拥有自治区级企业技术中心，该技术中心有较强的自主研发能力。该公司已成立新能源汽车项目组，并自主或联合开发出风行汽油/CNG两用燃料汽车、油电混合动力汽车、纯电动厢式运输车等产品。其中，风行汽油/CNG两用燃料汽车填补了东风柳汽在天然气汽车领域的空白，并成功进入伊朗市场；油电混合动力汽车是在风行LZ6460Q84WD车基础上与东风电动车辆股份有限公司合作开发，具有四驱功能，该车通过了863项目组验收；纯电动厢式运输车是基于风行菱智底盘车身与东风旅行车合作开发，第1批试制完成的10辆样车都已销售，后续将进行大批生产。目前，东风柳汽还在开发微、中、重度混合动力汽车及纯电动汽车等新能源汽车产品。

为推动我市新能源汽车产业发展及示范推广，柳州市人民政府与广西电网公司签订电动汽车充电设施建设战略合作框架协议。2010 年 8 月，广西首座电动汽车充电站——柳州潭中电动汽车充电站开工建设，11 月 22 日正式投入运营。

在 2010 年世界水上极速运动大赛（柳州站）上，8 辆五菱新能源电动货车和电动观光车被组委会指定为大赛工作用车，服务于国内外宾朋及参赛选手，成为赛场中一道靓丽的风景线。这意味着新能源汽车作为我市汽车产业的新增长点开始走进公众视线中。

三、试点工作总体要求

（一）总体思路

以科学发展观为统领，贯彻落实国家和广西汽车产业调整和振兴规划精神，围绕市委提出的“二十八字方针”，扎实推进“三个同步”，全面实施“二次创业”，坚持“重点突出，创新驱动，政策引导，加快应用，协调发展”思路。坚持自主创新和引进技术相结合，坚持示范推广与产业化相促进，以整车发展带动关键零部件突破，以点带面，推进新能源汽车的有序推广，推动节能减排，减少城市交通污染，改善城市交通能源结构，努力打造“碧水蓝天”新柳州。

（二）工作目标

通过示范推广运行，逐步建立柳州市新能源汽车示范推广运行组织协调机制和推进体系；探索新能源汽车示范运营模式，建立健全示范运行管理信息化平台、技术服务及售后保障体系；注重科普宣传，提高公众对新能源的认知度和接受度；制定柳州市新能源汽车中长期发展规划，完善扶持政策，优化发展环境，提升整车研发及匹配能力，引进新能源汽车电机、控制系统及电池等关键部件配套企业，推动新能源汽车产业化发展。

自 2011 年起到 2013 年，柳州企业向各市场、各领域投放示范运营的新能源汽车达到 1000 辆；建设充电站 1 座，建成公共充电桩（柜）150 个；建立 5 家新能源汽车维修服务网点，初步形成具有柳州特色的新能源汽车示范体系。同时推进新能源汽车研发及产业化进程，力争到 2015 年形成年产 2 万辆新能源汽车生产能力，成为广西新能源汽车研发生产基地。

四、工作计划

（一）车型选择、车辆规模及示范推广领域

1. 车型选择

柳州市新能源汽车示范运行主要目的是带动产业发展，在车型选择上借鉴上海、长春、武汉等地的经验，拟以当地生产的成熟车型为主。按照有利于示范、管理、维护的原则，并结合柳州市产品特点，优先在城市物流、城市代步、旅游观光、社区服务、警务巡逻、供电服务、环卫清洁、邮政服务、公务用车及公交车等领域推进实施。

在城市物流及供电服务领域，主要目标车型为纯电动货车、纯电动微型客车等；在旅游观光、社区服务及警务巡逻等领域，主要目标车型为电动社区车、电动观光（巡逻）车、观光车、巡逻车；在环卫清洁领域，主要目标车型为纯电动自卸垃圾车；在邮政服务领域，主要目标车型为邮政服务车；在公务用车领域，主要目标车型为混合动力、纯电动微型客车、电动社区车、混合动力乘用车；公交车领域，主要目标车型电动公交车。（上述领域优先采用本地企业生产的车型，详见附件《柳州市新能源汽车示范推广推荐车型参考目录》）。

2. 车辆规模及示范推广领域

柳州市新能源汽车示范推广在市场选择上，以柳州市场为主，同时积极开拓区内、国内、海外市场；在推广领域上，结合柳州新能源汽车产品特点，向工厂物流、城市代步、旅游观光、社区服务、警务巡逻、供电服务、环卫清洁、邮政服务、公务用车及公交车等领域全面铺开，形成宽范围、多领域的推广模式。在投放时间及规模上，结合柳州市新能源汽车产业发展情况及政府财力状况，分阶段、分步骤推进实施。第一阶段为 2011 年，以柳州市和海外市场为主，推广新能源汽车 215 辆，重点面向工厂物流、供电服务、社区代步等领域；第二阶段为 2012 年，示范运行车辆规模扩大到 330 辆，推广范围逐步向区内、国内甚至海外市场铺开，面向领域拓宽至工厂物流、旅游观光、社区服务、供电服务、环卫清洁、城市公交等；第三阶段为 2013 年，向各市场推广新能源汽车 455 辆，试点对象拓宽到工厂物流、旅游观光、社区服务、警务巡逻、供电服务、环卫清洁、邮政服务、城市公交及公务用车等领域。

3. 配套设施

新建 1 座纯电动汽车充电站及 150 个汽车充电柱（柜）。

建设 5 家新能源汽车维修服务站等配套设施。

（二）试点工作任务与年度推进计划

1. 第一阶段（2011 年）

建立新能源汽车示范推广组织协调机构，明确领导机制、组织模式、工作机制和沟通协调机制；制定柳州市新能源汽车示范推广规划；启动一期 215 辆新能源汽车的推广。

（1）建立组织协调机构

成立柳州市新能源汽车示范应用推广领导小组，设立办公室、示范推广工作组、采购工作组、宣传组、评估监测机构等日常管理机构。同时，设立专家组，提供智力支持。

（2）制定新能源汽车示范推广规划

研究国家及先进地区新能源汽车产业发展和应用推广相关政策，在充分调研的基础上，组织专家论证，制定符合我市实际、切实可行的新能源汽车示范推广规划，经上级有关部门批准后组织实施。

（3）第一阶段示范运营

向各大型企业、物流公司、供电系统、邮政系统及新能源汽车生产厂家的关联企业投放纯电动微型货车30辆作示范运行。

向公园景区等旅游服务场所投放旅游观光车、社区服务车15辆作示范运行。

向公安、城管等公共服务部门投放20辆警务巡逻及公务用车。

向海外市场推广社区用车150辆。

2. 第二阶段（2012年）

对第一阶段示范运营车辆进行综合评价；完善运营机制，建立适宜运营模式；新增示范运营新能源汽车330辆；启动建设配套工程，建设纯电动汽车公共充电柱（柜）50个，建设2家新能源汽车维修服务站；建设示范运行管理信息化平台。

（1）第一阶段试点综合评价

根据第一阶段示范运营的新能源汽车运行各种数据采集的情况，综合对比分析各种新能源汽车技术和经济性能，组织专家对试点运行车辆论证，提出技术保障措施和经济运营模式。

根据国家、自治区和我市制定的相关政策，对第一阶段示范运营新能源汽车给予补贴等政策兑现。

（2）完善运营机制

根据第一阶段新能源汽车示范运营，综合新能源汽车技术及经济指标，结合我市实际，制定节能与新能源汽车市场准入规则，建立相适应的市场运营机制。

（3）第二阶段示范运营

向区内外各试点城市投放纯电动微型货车、纯电动微型客车（客货车）90辆，在大型企业、物流公司、供电系统、邮政系统、政府及新能源汽车生产厂家的关联企业等作示范运行。

投放电动观光车、电动社区服务车15辆，在旅游景区、大型社区、学校、楼盘、酒店等领域作示范运行。

向区内公安系、城管统投放纯电动警务巡逻车20辆作示范运行。

向区内环卫系统投放纯电动环卫车15辆作示范运行。

向柳州市公交系统投放新能源公交车10辆作示范运行。

向海外市场推广社区用车180辆。

对车辆运营进行综合监测，采集相关数据，加以处理与分析。

（4）建设配套工程

建设50个公共电动汽车充电柱（柜）；建立2家新能源汽车维修服务站。对于试点运营车辆超过10辆的单位，鼓励建设自用电动汽车充电站或充电桩（柜）。

（5）建设示范运行管理信息化平台

建设示范运行管理信息化平台，对所有试运行新能源汽车技术指标和经济指标进行全面采集与处理。

3. 第三阶段（2013年）

继续推进455辆各类新能源汽车的示范推广；新增1座公用电动汽车充电站；新增新能源汽车维修服务站3家，新增电动汽车充电柱（柜）100个。对车辆运营进行综合监测，采集相关数据，加以分析处理。

向区内外投放纯电动微型货车纯电动微型客车（客货车）200辆，在大型企业、物流公司、供电系统、邮政系统、政府及新能源汽车生产厂家的关联企业等作示范运行。

向区内公安、城管系统投放纯电动警务巡逻车20辆作示范运行。

向区内环卫系统投放纯电动环卫车15辆作示范运行。

向柳州市公交系统投放新能源公交车10辆作示范运行。

向海外市场推广社区用车210辆。

通过三个阶段的示范运营，对运行效果进行综合评价，提升管理机制日常协调管理能力，完善基础设置建设及配套体系的搭建，确定我市新能源汽车商业运营模式，推动我市新能源产业生产规模化、运行规范化发展。

表1　新能源汽车示范运行计划汇总表

	车型	运营单位	2011年	2012年	2013年	小计
新能源汽车	微型货车	企业、物流公司、供电局、邮政系统等	30	50	80	160
	微型客车、乘用车	企业、物流公司、供电局、邮政系统等	0	20	60	140
		政府部门	0	20	40	
	观光车、社区服务车	景区、大型社区、学校、楼盘、酒店等	15	15	—	30
	社区车等	海外市场	150	180	210	540
	警务巡逻及公务用车	市公安局、城管等公共服务部门	20	20	20	60
	环卫清洁车	环卫系统	0	15	15	30
	公交车	公交公司	0	10	10	20
	合计	—	215	330	455	1000

续表

	车型	运营单位	2011 年	2012 年	2013 年	小计
配套工程	充电站（电池交换站）	广西电网公司	0	0	1	1
	充电桩	广西电网公司	0	50	100	150
	维修服务站	社会企业	0	2	3	5

五、保障措施

（一）加强组织领导

1. 成立领导小组

为加强新能源汽车产业发展和示范应用推广试点工作的领导，形成高效的组织协调机制，成立柳州市新能源汽车示范应用推广领导小组，领导小组办公室设在市工信委。领导小组由市政府主要领导担任组长，分管领导为副组长，成员由市工信委、财政局、科技局、发改委、公安局、交通局、规划局、国土局、环保局、供电局、物价局等相关职能部门主要领导及有关企业负责人组成。领导小组负责研究制定柳州市新能源汽车示范应用推广计划、产业发展规划及相应的配套政策、措施；制定服务机构及配套设施的规划；定期召开领导小组协调会，协调解决新能源汽车产业发展及示范推广工作中遇到的重大问题，部署下一步的工作。

2. 明确部门分工

市工业和信息化委：负责制定新能源汽车产业发展规划；帮助企业协调解决工程实施中的有关问题，制定和帮助企业落实新能源汽车产业化相关政策；协调上级业务部门支持新能源汽车产业的发展；对我市新能源汽车示范运行工作进行统筹协调和综合管理；对新能源汽车推广的节能效果进行监测和评价。

市财政局：负责研究制定并落实节能与新能源汽车示范推广和产业化发展中的财政支持政策，并对资金的使用进行监督；负责中央财政和地方财政补助资金的审核报批和资金拨付；负责制定并落实新能源公务用车采购计划，引导公务用车采购向新能源汽车倾斜。

市科技局：负责协调上级部门，争取国家科技部、自治区科技厅支持新能源汽车产业发展；整合本地优势科技资源，搭建新能源汽车创新发展平台，引导支持新能源汽车整机企业及零部件企业加强产学研合作，积极引进先进技术和尖端人才，建立新能源汽车研发中心，开展新能源汽车关键技术和共性技术研究；负责研究解决新能源汽车推广和运营过程中关键技术问题。

市发展改革委：负责组织协调推进新能源汽车示范推广相关的重大建设项目；协调上级业务部门及有关金融机构支持节能与新能源汽车示范推广和产业发展。

市公安局：负责新能源汽车上路的安全运行管理工作；负责充电站的消防审核和验收。

市供电局：负责编制柳州电动汽车充电设施年度实施计划，同时积极与广西电网公司协调落实电动汽车充电基础设施建设，确保电力对新能源汽车安全可靠供应。

市交通运输局：负责制定节能与新能源公交汽车更新计划，落实公交示范线路，协调出租车示范推广工作。

市规划局：负责制定节能与新能源汽车充（换）电站建设的规划，并将充、换电站的建设纳入城市建设总体规划。

市国土资源局：负责将新能源汽车充（换）电站的用地纳入年度用地报批计划，协调充（换）电站用地中出现的问题。

市环境保护局：负责新能源汽车产业规划的环境影响评价审查，帮助落实产业环保政策；对新能源汽车推广后城市环境监测和评价；监控新能源车用电池的回收、处理等问题。

市物价局：协调制定充电站运营价格。

（二）制定落实配套政策

首先，将新能源汽车列为我市战略性高新技术产业，对新能源汽车整车及关键零部件的研发予以重点支持，并享受高新技术、环保、新能源、节能和综合利用等方面的扶持政策。其次，市政府各有关部门要认真落实国家制定的促进节能与新能源汽车消费的支持政策，积极争取国家及自治区有关部门对我市新能源汽车在研发、产业化、生产准入等方面的支持。再次，结合我市实际制定有地方特色、可操作性的新能源汽车产业发展和示范应用推广的相关扶持政策，扶持生产企业提升技术、降低成本、完善产品；采取购车财政补贴，鼓励和引导运营企业及社会用户购买使用节能与新能源汽车，为新能源汽车示范推广试点工作提供政策保障。由市工信委、财政局牵头，研究并落实新能源汽车示范推广试点工作及产业化发展中的财政支持政策和专项资金，制定《柳州市新能源汽车示范推广财政补助资金管理暂行办法》；由工信委牵头，制定柳州市新能源汽车产业发展规划，推动柳州新能源汽车相关配套产业的发展。规划、土地部门将电动汽车充电站建设用地纳入城市规划和土地利用总体规划，按规划用途给予用地保障。对新能源汽车充电站运营用电给予优惠。鼓励行政事业单位在采购公务用车和专用车时，优先采购我市新能源汽车。同时，着力改善新能源汽车的消费与使用环境，创造条件积极争取将我市列为国家新一轮“节能与新能源汽车示范推广城市”。

（三）加大资金扶持力度

为鼓励新能源汽车产业的发展及应用推广，市财政设立柳州市新能源汽车发展资金和新能源汽车示范推广专项资金。从2012年起，市财政每年安排新能源汽车发展资金支持新能源整车和零部件的研发投入、固定资产投入、产业化投入、人才引进投入、配套设施投入等，以后每年按当年财力增长情况适当增加资金预算；示范推广专项资金主要支持新能源车的市场推广，每推广使用1辆我市生产的新能源车给予使用者不高于5000元的补贴。同时，积极争取国家、自治区经费支持，凡获得国家中央财政资金支持的新能源汽车项目，市财政按照国家要求的比例配套支持；凡获得自治区财政资金支持的项目或获得自治区新能源汽车示范推广专项资金支持的企业或产品，市财政按照2:1的比例配套支持。

对我市尚未取得国家新能源汽车准入条件的企业，有关部门要积极创造条件，争取国家认可新能源汽车生产资格，对列入《全国机动车辆生产企业及产品公告》的新能源汽车产品，市财政给予一次性给予30万元/款车型补贴。

（四）探索创新推广运营模式

目前，新能源汽车应用推广的最大障碍是购车成本高、车辆续航里程短、充电时间长、基础设施不完善等。要想在短时间内普及推广新能源汽车，务必在应用推广及商业运营模式等方面有所创新。

在车辆推广方面，采取定向销售方式，即围绕整车利益相关者进行定向销售，如新能源汽车生产企业配套商、电池电机等关键部件供应商、电网公司等相对稳定的销售配套服务体系，共同研究解决在车辆使用中存在的问题。在推广品种上，选择成熟、稳定的产品品种，集中推广一批。在推广范围上，不限于柳州本地，以广西新能源汽车试点工作为契机，在全区范围内推广柳产新能源汽车，并大力开拓国内、海外市场。在推广领域方面，首先考虑公共服务行业、政府服务机构、企业自用等，其次在私人购车方面则优先考虑新能源汽车企业自身的研发人员或管理骨干等。在基础设施建设方面，一方面要推进与广西电网公司签订的《电动汽车充电设施建设战略合作框架协议》的实施；另一方面推动电网公司与电池生产企业、电动汽车生产企业联合组建充电站（换电站）、充电桩等，以降低电网公司风险、提高电池企业及电动车生产企业推广新能源汽车的积极性。

（五）探索上路管理新模式

积极探索新能源汽车推广时期的管理模式，对未取得国家公告的产品，核发市内机动车辆临时牌照，并在指定区间（固定路段、工业园区、旅游景区等）内运行。研究制定上路示范推广的新能源车的保险问题等，为新能源车的上路推广提供宽松的上路管理环境。

（六）搭建信息平台

以柳州市实施新能源汽车示范推广为契机，由企业和政府共同建立新能源汽车示范运营信息化服务平台。采用先进的运行车辆、场站的数据采集系统，全面采集示范车辆运行的各种动态数据，保证数据可靠性，实现远程监控系统对接和数据共享，统计运行基础数据，分析节油率、排放、可靠性、运行成本等经济技术指标。同时，建立示范车辆数据档案库，定期评估示范运行效果和车辆零部件的技术状态。

（七）强化智力支持

成立柳州市新能源汽车示范推广专家工作组。专家工作组由生产企业、应用企业、科研机构和高等院校的相关领域专家组成。专家工作组结合柳州市汽车产业发展的特点，对节能与新能源汽车示范推广和产业发展中出现的问题进行分析、评估，提出意见和建议。配合政府职能部门制定节能与新能源汽车示范推广和产业发展规划，对示范推广工作过程提供智力支持

（八）建立售后服务体系

以生产销售企业为基础，建立“售前、售中、售后”全程呵护式服务保障体系。在产品交付前，由技术服务工程师、技术调试工程师实施产品的调试、调修，严把产品质量关，确保上路运行的车辆安全可靠；在产品交付时，由技术服务工程师开展客户应知培训，针对客户方多层次人员：操作驾驶员、安全管理员、维护保养员、营运管理员开展有针对性的培训；在产品交付后，建立定期回访制度和主动的维护保养制度，服务技师定期协助客户进行维护保养工作，适时掌握产品运行状态。2011—2013年在全市范围内布局5家新能源汽车维修服务网点，建立维修服务网络。

新能源汽车生产销售企业要与客户签署环保协议书，建立废旧动力电池回收管理制度，确保废旧动力电池无公害化处置。

（九）注重科普宣传

充分利用公交广告、新闻媒体、互联网络、各种会议及各种重要活动等形式，向公众介绍新能源汽车发展背景及其对环境保护的重要作用，宣传国家支持新能源汽车行业发展的政策措施，介绍新能源汽车技术知识及其发展趋势，倡导正确的消费理念，提高公众认知度和接受度。强化各级领导干部和工作人员对实施新能源汽车示范应用推广重要性的认识，营造促进节能与新能源汽车示范应用推广工程建设的氛围。

同时，积极宣传国家、自治区及柳州市在节能与新能源汽车研发、生产、市场推广、售后服务及回收利用等方面的优惠政策，引导企业加大对节能与新能源汽车的投入，促进汽车产业结构的调整。

附件：柳州市新能源汽车示范推广推荐车型参考目录

序号	企业名称	产品名称	产品型号	类别
1	柳州五菱汽车有限责任公司	ED 纯电动仓栅车	LQG5020CCYBEV	物流
2		C1 电动社区车、巡逻车	WLD4020C	城市代步、巡逻、社区服务、区间交通、旅游观光、校园交通等
3		V1-8 座电动观光车	WLD1082	
4			WLD2080	
5		V1-11 座电动观光车	WLD1111	
6			WLD1112	
7		威威 8 座电动观光车	WLD1083	
8		威威 11 座电动观光车	WLD1113	
9		LNG \ CNG 双燃料客车	GL6481NGQ	城市公交、城市客运、单位接送、城市物流、巡逻、救护等
10		纯电动公交车	GL6500BEV	
11		纯电动邮政车	LQG5020XYZBEV	邮政服务
12	柳州延龙汽车有限公司	纯电动客车/客货车	LZL5026XXYLBEV	客货两用
13		纯电动自卸式垃圾车	LZL5025ZLJBEV	环卫
14			LZL5010ZLJBEV	
15		纯电动物流车	LZL5025×YKBEV	物流
16		纯电动物流车	LZL5027×YKBEV	
17		纯电动仓栅式运输车	LZL5025CCYBEV	
18		纯电动厢式运输车	LZL5020GCBEV	
19		纯电动厢式运输车	LZL5027×LCBEV	
20		贵宾车 4 座	YF8040GD	城市代步、巡逻、社区服务、区间交通、旅游观光、校园交通等
21		山地观光车 V8	YF8080GD	
22		观光车 11 座	YF8110GD	
23		纯电动警车	LZL5029×KCBEV	
24		巡警车 4 座	YF8040×L	
25		巡警车 6 座	YF8060×L	
26	上汽通用五菱汽车股份有限公司	五菱之光 EV	—	物流、公务
27		五菱宏光 HEV/EV	—	物流、公务
28		五菱之光货车 EV	—	货运
29	东风柳州汽车有限公司	菱智四驱混合动力汽车	LZ6460Q84WD	公务
30		景逸混合动力汽车	—	公务

注：推荐参考车型根据企业发展及车型成熟情况逐年调整。

柳州市人民政府办公室

二〇一二年三月十三日

24. 乐山市“十二五”清洁汽车产业发展规划

为充分发挥乐山的资源优势、人才优势、行业管理优势和推广应用清洁汽车成果，调整车用能源结构，节约和替代石油，削减燃油汽车尾气污染物排放，构建清洁汽车城市，建设清洁汽车产业基地，以科学发展观统领全市清洁汽车产业健康、有序、快速发展。根据《四川省“十二五”清洁汽车产业发展规划》，结合《乐山市国民经济和社会发展第十二个五年规划纲要》及《乐山市节能减排综合性工作方案》提出的战略目标，特制定本规划，规划年限 2011—2015 年。

一、乐山市清洁汽车产业发展现状

CNG 汽车作为新兴的节能环保产业，具有良好的经济和社会效益。按照《四川省人民政府关于加快发展压缩天然气汽车产业的通知》精神，1999 年结合乐山实际，市政府出台了《关于加快发展压缩天然气汽车产业的通知》。按照通知要求，市天然气汽车工作协调领导小组对全市加快发展 CNG 汽车产业作了具体安排部署，明确了 CNG 汽车产业的发展方向和产业布局，确保我市清洁汽车推广应用工作健康、有序发展。

“十一五”以来，根据统筹安排、合理布局、注重效益的原则，按照市场需求合理配置资源，CNG 汽车的改装及推广应用与加气站的建设有机结合，通过几年的发展已初具规模。截至 2010 年 12 月底，全市 7 个区（市）县建成 CNG 加气站 11 座、LPG 加气站 1 座，其中：市中区建成 4 座 CNG 加气站、峨眉山市建成 2 座 CNG 加气站和 1 座 LPG 加气站、犍为、五通、井研、夹江、沙湾各建成 1 座 CNG 加气站，日供气能力达 13 万立方米（表 1）。现有改装企业 2 户，即乐山大修厂和乐山华川汽车技术服务有限公司，全市改装天然气汽车 11353 辆（表 2）。其中：私家车 8861 辆，运营车辆 2080 辆（出租车 1198 辆，客运公交车 882 辆），教练车 412 辆，安装车用汽瓶 15710 只。其中，公交车、出租车和环卫车三类车型已全部改装完毕。乐山大修厂是省清洁办核准的天然气汽车定点改装企业，连续 5 年被省清洁办评为先进改装企业，达 AAA 标准；有天然气汽车检测中心和气瓶检测站各 1 个。

2010 年，我市 11 座 CNG 加气站累计售气（CNG）21124.92 万立方米、液化石油气累计（LPG）4221 吨，累计销售收入 60464.15 万元，利税 6182.23 万元，清洁汽车行业从业人员 400 余人。随着天然气清洁汽车的推广，城市空气质量也得到明显改善，中心城区天气优良，取得了良好的经济效益和社会效益。

表 1　乐山市现有 CNG（LPG）加气站企业情况表

序号	企业名称	建成时间	供气规模（m^3/日）	气站地址
1	乐山市蓉嘉压缩天然气有限责任公司	2000.08	10000	市中区
2	乐山市中嘉压缩天然气有限公司	2001.03	10000	市中区
3	乐山市利嘉压缩天然气有限公司	2001.11	10000	市中区
4	中油西南油气田销售分公司乐山中油加气站	2002.03	15000	市中区
5	峨眉山天旅压缩天然气有限公司	2000.12	10000	峨眉山市
6	峨眉山市天佛压缩天然气加气站	2003.11	15000	峨眉山市
7	峨眉山市民生液化气（LPG）加气站	2001.04	12t	峨眉山市
8	犍为县广盛加气站	2003.011	10000	犍为县
9	井研县远兴压缩天然气有限公司	2004.03	10000	井研县
10	夹江县三益压缩天然气有限公司	2002.06	10000	夹江县
11	乐山润森压缩天然气有限公司	2006.03	15000	五通桥区
12	沙湾赛福天然气有限公司	2007.12	10000	沙湾区
总计	12 个		125000 + 12t	—

表 2　乐山市 2010 年 CNG 汽车分布情况表

车辆类区、县	出租车（辆）	客运公交车（辆）	教练车（辆）	私家车（辆）	合计（辆）	气瓶使用量（只）
市中区	715	376	187	3426	4704	15710
五通桥区	32	84	36	857	1009	
沙湾区	62	40	20	396	518	
峨眉山市	114	171	53	1620	1958	
犍为县	55	61	75	975	1166	
井研县	60	90	17	760	927	
夹江县	100	60	24	672	856	
沐川县	30	—	—	81	111	
金口河区	10	—	—	26	36	
峨边县	20	—	—	36	56	
马边县	—	—	—	12	12	
合 计	1198	882	412	8861	11353	

二、清洁汽车产业发展中面临的问题

（一）发展不平衡。我市11个区（市）、县由于马边县、峨边县、金口河区尚未布局天然气管网，无法建设CNG加气站，导致CNG汽车推广受限。沐川县于去年铺设了天然气管网，正在开展新建CNG加气站的前期工作。

（二）规范化管理尚须进一步加强。清洁汽车产业涉及面广，政策性强。为推动清洁汽车产业健康、有序发展，我市清洁汽车产业以法律法规为支撑的管理体系建设尚须进一步加强。

（三）CNG加气站的布局和数量已远不适应清洁汽车产业的发展。我市现有的11座压缩天然气（CNG）加气站，1座液化石油气（LPG）加气站，其设计供气规模已远远达不到目前供气需求，且由于历史原因，已建成站点都集中在老城区，新建城区站点布局薄弱。

（四）天然气供应紧张。当前，全省天然气供应紧张形势不会有较大改变，我市境内天然气管网建设又落后于天然气需求增长，加之我市处于西南油气田公司管网末端，供气压力不足，特别是冬季气温低，天然气输送端气压下降减弱了管线输送能力，加剧了我市天然气供应不足。中心城区CNG加气站日供气只有4万立方米左右，而需求量在10万立方米，CNG加气站只能满足运营车辆加气，非运营车辆加气难，供需矛盾特别突出。

（五）新建CNG加气站困难较多。新建CNG加气站不但取得天然气供气指标相当困难，而且由于城市建设发展迅速，新建CNG加气站站点建设用地选址也十分困难。“十一五”期间，中心城区未新增一座CNG加气站。

三、乐山市清洁汽车产业面临的形势

随着汽车保有量的快速增长，车用能源消耗量不断增加，汽车尾气污染加大。世界各国从能源安全和环境保护的角度出发，在大力推进汽车技术进步的同时，积极开发代用燃料汽车，电动汽车、液化石油气汽车、醇类汽车等代用燃料汽车的技术已经成熟。目前，我国有30个省市自治区80多个城市开展车用天然气（CNG）、液化天然气（LNG）、液化石油气（LPG）汽车、醇类汽车和电动汽车业务。

（一）四川省清洁汽车产业发展的概况

四川省清洁汽车产业经过“十五”的起步、“十一五”的发展，已形成以天然气汽车为核心的产业体系，初步实现了区域化、产业化发展，推广应用和管理体系进一步完善。天然气汽车推广应用范围、数量名列全国第一。甲醇、生物质能等其他代用燃料研发及应用也迈出实质性的步伐，其规模和水平在全国清洁汽车产业中占有十分重要地位。四川发展清洁汽车产业获得良好的社会经济效益，到目前为止，全省天然气汽车推广应用达20个市（州）、100余个县（市、区），累计建成CNG加气站247座，累计推广天然气汽车25.2万辆，占全省汽车保有量的7%，推广应用数量和规模居全国第一。累计节约和替代成品油约691万吨，削减汽车有害物质排放106万吨，经济社会效益显著。

（二）我市清洁汽车产业发展面临的机遇和挑战

1. 国家高度重视清洁汽车产业发展。我国是一个石油资源短缺的国家，为调整车用能源结构，国家制定了一系列政策措施，鼓励开发天然气、液化石油气、醇、醚、电动汽车等代用燃料汽车，把发展节能环保型汽车纳入国民经济和社会发展规划，在政策、资金等方面给予扶持。

2. 省内清洁汽车发展给我市创造了持续发展空间。到2015年，预计全省将新增天然气（CNG）汽车11万辆，LNG汽车8300辆，总保有量达到37万辆，并向出租车和公交车以外的车辆扩展，新建天然气（CNG）加气站180座，液化天然气（LNG）加气站166座。醇、醚类汽车和电动汽车也将快速增长，会给乐山清洁汽车产业发展创造广阔的市场前景和发展空间。

3. 面临的挑战。随着清洁汽车产业的发展，市场竞争将日趋激烈，特别是当天然气汽车遇到价格阻击，买车、改车受天然气涨价影响，对我市清洁汽车产业的发展带来一定的制约。

4. 面临的机遇。我国新能源汽车发展不仅明确了今后10年内我国新能源汽车发展的总体目标和阶段目标，并且对新能源发展路线以及扶持政策提出了明确的要求。我国新能源汽车发展的总体目标：到2015年，新能源汽车初步实现产业化，动力电池、电机、电控等关键零部件核心技术实现自主化；纯电动汽车和插电式混合动力汽车市场保有量达到50万辆以上；到2020年，新能源汽车累计产销量达到500万辆，中/重度混合动力乘用车占乘用车年产销量的50%以上，我国节能与新能源汽车产业规模位居世界前列。

（三）发展清洁汽车产业的优势及需求预测

1. 资源优势。我市天然气资源丰富，犍为麻柳场气田地质储量100亿立方米，目前正加快开发。中石油在犍为的液化天然气生产将由现在的5万立方米/日扩充产能达30万立方米/日，将大大缓解我市用气压力。市境内输气管网密布，中石油威五管线、丹、夹、峨、沙管线和眉夹管线长约100公里，市境内新建金山—犍为、金山—嘉农、蔡金—高新区、麻柳—金山、麻柳—沐川等管线长约180公里，管网覆盖市中区、夹江、沙湾、峨眉山、五通、井研、沐川。丰富的资源和配套的输气管网，为发展清洁汽车产业奠定了良好的资源等基础条件。沐川及周边地区焦藕和红薯资源丰富，具备发展10万吨燃料乙醇等其他车用代用燃料的基础。

2. 潜在的市场优势。乐山位于成都、川南、攀西三大经济区结合部，是东向南向通江达海的重要通道和物质集散地。同时，随着我市“两航、五铁、十高速、一中心”的建设，“路、铁、水、空”立体交通网络的形成，随着乐山交通次枢纽的建成，我市将成为西部综合交通枢纽的重要节点，市境内车辆数将会不断增加。随着石油价格的不断上涨，为清洁汽车产业的发展提供了潜在的市场。

3. 技术优势。我市在清洁汽车研发上有很大的技术优势，特别是在电动汽车发展过程中，整车控制系统、电机驱动系统的技术研发上已经取得一定成果，东方电气集团东风电机有限公司5万套驱动电机、控制系统和乐山华发电子科技股份有限公司15万套电动汽车交流驱动系统基础建设工程，两个项目已于2010年经省发改委立项并开工建设，同时乐山电动汽车发展的两大主要系统技术列入了国家重大科技产业工程。因此，在《四川省“十二五”清洁汽车产业发展规划》中将乐山纳入到电动汽车研发制造基地之一，为我市清洁汽车产业发展带来了良机。

4. 需求预测。车用天然气用量预测。到2015年，将新建CNG加气站9座，新建LNG加气站8座，全市CNG加气站总数将达到20座，LNG加气站8座。LPG加气站1座，年需天然气约1.4亿立方米，实现年销售收入5亿元，利税1亿元。

四、清洁汽车产业发展的指导思想、原则、目标

指导思想：坚持政府引导、统筹规划，合理布局、健康发展，强化安全、科技先导，企业主体、市场调节的总体指导思想，充分发挥市场配置资源的基础性作用，坚持可持续发展，采取经济、法规、行政措施相结合，积极进行科技创新，改造提升清洁汽车产业，实现全市清洁汽车产业的快速、协调发展。

发展原则：“十二五”期间，我市清洁汽车产业发展要坚持政府引导与市场调节相结合原则；坚持科学规划、合理布局的原则；坚持社会效益和经济效益相结合的原则；坚持规范管理有序推进的原则；坚持全社会公众参与的原则，促进我市清洁汽车产业可持续发展。

发展目标：加快城市加气站网络化建设，“十二五”规划新建CNG加气站9座：市中区4座，沙湾区1座，夹江县1座，五通桥区1座，井研县1座，沐川县1座。新建LNG加气站8座，市中区4座，沙湾区1座，夹江县1座，五通桥区1座，峨眉山市1座。新改装天然气（CNG）汽车7000辆，推广应用LNG汽车400辆。（表三），预计增加天然气用量达25万立方米/日。

表3　乐山市“十二五”规划新建天然气加气站、改装CNG汽车

序号	区（市）县	CNG（座）	改装CNG汽车（辆）	LNG（座）	LNG汽车（辆）
1	市中区	4	2500	4	200
2	沙湾区	1	400	1	50
3	五通桥区	1	800	1	50
4	峨眉山市	—	700	1	50
5	夹江县	1	500	1	50
6	井研县	1	600	—	—
7	犍为县	—	800	—	—
8	沐川县	1	500	—	—
9	峨边县	—	90	—	—
10	马边县	—	30	—	—
11	金口河区	—	80	—	—
合计		9	7000	8	400

五、清洁汽车产业发展方向和重点

（一）重点抓好天然气汽车的推广应用。在确保公交车、出租车、环卫车等100%使用清洁汽车的基础上，重点推动长途客车、长途货车、旅游客车、私家车、商务车推广为CNG汽车和LNG汽车，扩大清洁汽车推广应用领域。

（二）合理规划布局CNG/LNG加气站。加快城区和县城加气站建设，逐步开展重点集镇和高速公路沿线、绕城环线加气站建设，形成以市区为中心，县城为支点，市到县城、高速公路沿线为链条，延伸到重点乡镇的CNG/LNG加气站网络。

（三）抓好LNG汽车试点工作，构建LNG汽车推广应用体系。积极推进LNG加气站建设，构建LNG加气站网络，加快干线公路城际客（货）运车辆、城市公交车和定线物流车等车辆LNG汽车的推广应用。充分利用乐山港口城市的优势，积极开展船用 LNG 试验。

（四）规范“车、瓶、气”的检验与监管。依托现有天然气汽车检测中心和气瓶检测站，结合我市燃气汽车发展需要，研究车用天然气气质检测的新方法、技术和装备，健全相关的管理制度，进一步规范车用天然气气质的检测管理。

（五）重点加强新能源汽车推广应用。国家《节能与新能源汽车产业发展规划》已获得国务院批准并颁布实施。我市将大力推进东风电机、华发电子两家企业在新能源汽车装备制造业上规模、上水平、上档次，增强核心竞争力，并积极开拓省外市场。

六、对策与措施

（一）加强组织领导。发展清洁汽车产业是全面落实科学发展观，贯彻落实国家《节能中长期专项规划》，实施节约和替代石油工程，缓解资源瓶颈制约，保障国民经济持续健康发展的重大举措。在省清洁汽车办公室的领导和关心下，市发改委切实负起全市清洁汽车的领导、组织、协调职责，市级相关部门要大力支持、积极配合。继续贯彻落实中央、省关于清洁汽车发展的各项政策，进一步制定和完善清洁汽车产业政策、规定，促进我市清洁汽车产业健康有序发展。

（二）强化管理。加强清洁汽车（CNG/LNG 汽车）产业的研究和管理，加快产品结构调整，增强清洁汽车产业持续发展的能力。进一步制定、完善加气站及清洁汽车改装、维修的技术标准和管理办法。加强清洁汽车产业的安全管理，完善加气站安全管理办法和安全应急预案，强化安全检查，确保清洁汽车产业安全健康发展。

（三）积极培育市场。培育和规范清洁汽车产业市场。继续坚持投资多元化，充分调动国有、集体、民营、个体参与清洁汽车产业发展的准入制度，通过招、拍等市场化方式配置资源，加快全市清洁汽车产业的发展。

（四）筹建网络信息平台。建设、完善我市清洁汽车产业信息网络，及时发布国内外清洁汽车产业的政策、标准、技术、产品等信息。建设全市清洁汽车产业信息网和数据库，提高全市清洁汽车产业现代化管理水平。

乐山市发展和改革委员会

二〇一二年五月九日

第三篇

地区发展概况

北京市

一、2012 年节能与新能源汽车扶持政策与措施

1. 2011 年年底，北京市财政局会同市发改委、市科委、市市政市容委研究并制发了《关于印发〈北京市纯电动汽车示范推广市级补助暂行办法〉的通知》（京财经一〔2011〕2730 号），对北京地区发展纯电动车市级补助原则及车辆充电等相关运营费用标准予以明确，为北京市公共领域纯电动汽车示范运行推广提供了政策和资金保障。

2. 制定出台节能与新能源汽车北京市地方标准。北京市专门成立了由政府部门牵头，相关高校、企业、协会、研究院所等 40 余家单位组成的标准制定工作组，完成了涉及充电基础设施、电能供给设备、电池系统、充电设施运行管理等四个方面，共 16 项标准的制定工作，现已全部发布。

同时，为了便于新能源汽车的统一管理，北京市发布与实施了《电动汽车识别标志》，实现电动车标志的统一。此外北京市还启动了电动车验车及定期检验项目、标准及规程制定工作，正在建设国家级电动车检测平台。

3. 部市协同共建新能源汽车体验中心。北京市于 2011 年启动了“部市共建”北京新能源汽车体验中心建设工作。体验中心由 800 余平方米室内展厅、2000 余平方米整车展厅及专业试车跑道等组成。主要通过展板、视频、模型、实物等科普展示、模拟体验与观众互动、参观整车及零部件生产车间及工程实验室、试乘试驾新能源汽车、体验各种充换电模式以及浏览网上体验中心等形式，向公众普及新能源汽车知识，宣传国家产业政策，培育新能源汽车用车文化。

二、北京市节能与新能源汽车生产经营情况

2012 年，北京市各主要新能源汽车企业积极推动新能源汽车推广应用，在生产经营方面取得了长足的进步。

1. 北京汽车新能源汽车有限公司

北汽新能源汽车公司 2012 年共生产 1285 辆纯电动汽车，销售 818 辆纯电动汽车，其中包括 Q60FB 纯电动轿车 120 辆，M30RB 纯电动汽车 40 辆，C30DB 纯电动轿车 658 辆。

2. 北汽福田汽车股份有限公司

北汽福田公司 2012 年新能源汽车累计产量 2498 台，累计销量 2245 台。

3. 长安新能源汽车有限公司

2012 年 4 月，房山陆续投入 100 辆长安 E30 纯电动出租车示范运行。截至目前，总体运营情况良好。

三、节能与新能源汽车示范推广工作进展情况

至 2012 年年底，北京市建成 4 座大中型充换电站、49 个充电群及 1740 个充电桩，示范车辆累计行驶 1.7 亿公里，综合减排二氧化碳 8.53 万吨。

1. 示范运行情况

北京市以“纯电驱动”为核心，按照实施方案有序开展节能与新能源汽车示范推广工作。分别在公交、环卫、出租、物流及公务等公共服务领域开展新能源汽车示范应用。

本着安全、便捷、科技服务民生、绿色出行理念，北京市在房山、平谷、密云、怀柔、昌平、延庆、大兴等七个区县开展了全国最大规模的区域纯电动出租车示范运行，共 750 辆。

2. 安全管理

（1）制定应急预案和应急事故处理机制

北京市针对充换电设备及设施日常运行中发生的一般性缺陷或异常情况、充换电设备及设施日常运行中突发情况以及有可能导致影响人员安全和设备损坏或导致充换电服务延缓或终止的故障等制定了相应的处理流程。另外，充换电设备及设施日常运行中如遇有恶劣灾害天气或突发火灾、人身事故、设备或设施被盗、外部人为破坏等事件，应对及处理工作将按应急事件处理流程管理。

（2）人员技术培训

北京市已制定纯电动汽车运行保障相关人员的培训计划，编制了培训手册《电动环卫车培训手册（试行版）》、《电动公交客车技术手册 HFF6112GK50EV 型》、《电动公交客车技术手册 HFF6850GK60EV 型》等，截至 2012 年年底已完成共计近 4000 人次培训工作。

（3）安全管理和技术研究

为保障北京新能源汽车示范运行的安全，北京市先后多次组织相关单位开展了示范运行保障体系建设课题研究，主要在安全监控和充电安全技术方面开展了技术研究，同时开展北京电动汽车电能供给与保障体系标准的研究与制定，从技术上确保示范运行车辆科学、安全地推广运行。

四、基础设施建设及运行情况

在推进基础设施建设方面，北京目前已建成 4 座大中型充换电站，即高安屯、北土城、航天桥、马家楼充换电站，以及 49 个充电桩群。另外，北京市还将陆续完成四惠、西黄庄、祁家豁子等 8 个充换电站建设。通过充电基础设施建设，北京目前已形成换电与充电相结合，集中与

分布相结合，快充与慢充相结合的充电模式。

在示范运行服务保障平台建设方面，北京市搭建了统一的电动汽车运行保障平台，所有示范运行车辆都纳入平台管理，实现电动车辆在线监控和故障实时处理。

五、节能与新能源汽车产业基地及园区建设情况

北京市持续完善并优化产业链布局，积极推进昌平新能源汽车设计制造产业基地、房山高端现代制造产业基地和大兴新能源汽车科技产业园的建设。通过一园两基地的建设引导相关零部件企业在北京周边聚集，形成以整车为龙头，涵盖动力电池、电机等环节的核心产业链，目前累计完成投资23亿元，积极引导国内外优势企业入园。整车设计产能达到7万辆，锂离子动力电池产能达到5.7亿瓦时，永磁电机产能达到4万套。

六、主要节能与新能源汽车企业情况

在整车方面形成了以北京汽车新能源汽车有限公司、长安新能源汽车有限公司为主的乘用车和以北汽福田汽车股份有限公司为主导的商用车发展格局。电池方面以磷酸铁锂（北京普莱德新能源电池科技有限公司）和锰酸锂（中信国安盟固利动力科技有限公司）构成两大技术体系，同时积极推动北京首科喷薄科技发展有限公司的动力锂电池隔膜的中试和产业化工作。主要电机企业有大洋电机新动力科技有限公司、精进电动科技有限公司、北京中纺锐力机电有限公司等。配套充（换）电设施则是以北京华商三优新能源科技有限公司和北京优科利尔能源设备有限公司为主导。

七、发展规划

坚持以纯电驱动为核心，积极跟踪燃料电池汽车。实施创新驱动，加大引进来、走出去力度，实现技术上水平；统筹规划建设基础设施，积极稳妥开展示范应用，力争产业上规模。领跑国内新能源汽车，到2015年，建成完整的核心产业链，新能源汽车保有量达到国家规划的10%，预计5万辆。把北京建设成为一流的新能源汽车特别是纯电动汽车生产基地、研发基地、标准制定和高端人才聚集地。

八、节能与新能源汽车推广情况统计表

1. 电动汽车示范推广数量

（1）2012年电动汽车示范推广数量

单位：辆

车型	大中型客车	轻型客车	载货车	公务车	出租车	电力工程车	邮政车	环卫车	观光/场地车	私人车	其他	合计	同期增长（%）
纯电动汽车	310	0	0	0	750	0	0	995	0	0	70（物流）	2125	39.8
混合动力汽车	66	0	0	0	0	0	0	0	0	0	0	66	—
插电式混合动力汽车	0	0	0	0	0	0	0	0	0	0	0	0	—
增程式电动汽车	0	0	0	0	0	0	0	0	0	0	0	0	—
燃料电池汽车	0	0	0	0	0	0	0	0	0	0	0	0	—
其他	0	0	0	0	0	0	0	0	0	0	0	0	—
合计	376	0	0	0	750	0	0	995	0	0	70	2191	44.1

注：北京市推广的66辆混合动力大中型客车均为超级电容混合动力汽车。

（2）2012年电动汽车示范推广车型及数量

车型	公告批次	目录序号	数量（辆）
华林牌HLT5074ZYSEV型纯电动压缩式垃圾车	238	（一）31	29
华林牌HLT5165GSSEV型纯电动洒水车	232	（一）31	60
华林牌HLT5072ZZZEV纯电动自装卸式垃圾车	228	（一）31	87
华林牌HLT5022ZLJEV型纯电动自卸式垃圾车	232	（一）31	223
华林牌HLT5023ZLJEV型纯电动自卸式垃圾车	220	（一）31	133
华林牌HLT5024CTYEV型纯电动桶装垃圾运输车	222	（一）31	175
华林牌HLT5026CTYEV型纯电动桶装垃圾运输车	223	（一）31	66
华林牌HLT5031CTYEV型纯电动桶装垃圾运输车	234	（一）31	156
天路牌BTL5072TSLEV型纯电动吸尘车	208	（一）44	40
中联牌ZLJ5071TSL型纯电动扫路车	235	（十八）20	26

续表

车　　型	公告批次	目录序号	数量（辆）
福田牌 BJ5036XXYEV-1 型纯电动厢式运输车	240	9	40
北京牌 BJ5020XXYV3R-BEV 型纯电动厢式运输车	230	11	30
北京牌 BJ7000B3D-BEV 型纯电动轿车	240	11	250
长安牌 SC7005EV 型纯电动轿车	232	96	100
北京现代首望牌 BH7000BEVAA 型纯电动轿车	240	11	50
福田牌迷迪 BJ6438EV1 型纯电动多用途乘用车	220	9	50
福田牌迷迪 BJ6438EVAA3 型纯电动多用途乘用车	233	9	100
福田牌迷迪 BJ6438EV3 型纯电动多用途乘用车	223	9	200
福田牌 BJ6123EVCA 纯电动城市客车	236	9	310
宇通牌 ZK6105CHEVNG1 型混合动力电动城市客车	236	71	21
宇通牌 ZK6120CHEVNG2 型混合动力电动城市客车	232	71	45

（3）2013 年 1—3 月电动汽车示范推广数量

单位：辆

车　型	大中型客车	轻型客车	载货车	公务车	出租车	电力工程车	邮政车	环卫车	观光/场地车	私人车	其他	合计
纯电动汽车	0	0	0	0	0	0	0	244	0	0	0	244
混合动力汽车	0	0	0	0	0	0	0	0	0	0	0	0
插电式混合动力汽车	0	0	0	0	0	0	0	0	0	0	0	0
增程式电动汽车	0	0	0	0	0	0	0	0	0	0	0	0
燃料电池汽车	0	0	0	0	0	0	0	0	0	0	0	0
其他	0	0	0	0	0	0	0	0	0	0	0	0
合　计	0	0	0	0	0	0	0	244	0	0	0	244

（4）2013 年 1—3 月电动汽车示范推广车型及数量

车　　型	公告批次	目录序号	数量（辆）
华林牌 HLT5074ZYSEV 型纯电动压缩式垃圾车	238	（一）31	24
华林牌 HLT5022ZLJEV 型纯电动自卸式垃圾车	232	（一）31	15
华林牌 HLT5023ZLJEV 型纯电动自卸式垃圾车	220	（一）31	35
华林牌 HLT5024CTYEV 型纯电动桶装垃圾运输车	222	（一）31	24
华林牌 HLT5026CTYEV 型纯电动桶装垃圾运输车	223	（一）31	26
华林牌 HLT5031CTYEV 型纯电动桶装垃圾运输车	234	（一）31	120

2. 2012 年代用燃料汽车（含 CNG、LNG、LPG 及醇醚类）示范运行保有量统计

单位：辆

车　　型		LPG	LNG	CNG	合计	同期增长（%）
燃气汽车	大中型客车	0	790	2749	3539	6%
	轻型客车	0	0	0	0	—
	货车	0	0	0	0	—
	出租车	0	0	0	0	—
	私人用车	0	0	0	0	—

续表

车型		LPG	LNG	CNG	合计	同期增长（%）
燃气汽车	其他	0	0	0	0	—
	小计	0	790	2749	3539	6%

3. 电动汽车充(换)电站(桩)统计

（1）2012年电动汽车充（换）电站（桩）统计

充电站					充电桩		换电站
城市名称	数量（座）	充电机功率总计（kW）	充电站占地面积（m^2）	投资金额（万元）	慢充（个）	快充（个）	数量（座）
北京市	56	16545	87940	69000	1080	38	4

（2）2013年1—3月电动汽车充（换）电站（桩）统计

充电站					充电桩		换电站
城市名称	数量（座）	充电机功率总计（kW）	充电站占地面积（m^2）	投资金额（万元）	慢充（个）	快充（个）	数量（座）
北京市	—	—	—	—	15	1	1

上海市

一、节能与新能源汽车扶持政策与措施

1. 2012年1—12月

2012年8月，上海市人民政府办公厅印发《上海市推进战略性新兴产业"新能源汽车与汽车电子"专项工程实施方案（2012—2015）》，将新能源汽车产业明确为上海市"十二五"期间重点推进的战略性新兴产业重点专项工程，重点支持插电式混合动力、纯电动、燃料电池等新能源整车，动力电池及管理系统、驱动电机及控制系统、整车控制系统、汽车电子等关键零部件领域发展。

根据财政部、科技部、工业和信息化部、国家发展改革委《关于上海市私人购买新能源汽车补助试点实施方案的批复》，2012年12月，上海市人民政府办公厅转发了市发展改革委等六部门制定的《上海市鼓励私人购买和使用新能源汽车试点实施暂行办法》。办法明确：对试点期间在上海市购买的符合国家试点要求的新能源汽车，将免费发放新能源汽车专用牌照。同时，在中央财政补助基础上，上海市对符合一定安全性、动力性、维护保障等条件的新能源汽车再给予3万~4万元的地方财政补助。

2. 2013年1—3月

为鼓励本市电动汽车充换电设施建设，促进上海市电动汽车应用和产业发展，2013年3月，上海市人民政府办公厅转发了市发展改革委等七部门制定的《上海市鼓励电动汽车充换电设施发展暂行办法》，对符合上海市建设（布局）原则的充换电设施给予财政、土地、供电、用电价格等方面的支持。如对充（换）电设施建设运营公司投资且符合扶持条件的充换电设施给予不超过30%的财政资金支持。

截至2012年年底，上海市发展改革委、上海市财政局正会同相关部门积极研究制定公共领域新能源汽车推广应用补助政策，为下一步的推广工作的全面开展提供相关政策支持。

二、节能与新能源汽车生产经营情况

截至2012年年底，上海市已建立起较为齐全的配套零部件产业链，如生产动力电池的上海航天电源、上海捷新、上海恒动等；生产车用驱动电机的上海电驱动、华域电机、上海大郡等；生产动力系统与电控的上海雷博、上燃动力、中科深江等。2012年新能源汽车产值35亿元左右，同比增长25%，其中零部件约占65%。

三、节能与新能源汽车示范推广工作进展情况

1. 2012年1—12月

截止到2012年年底，上海市示范运行的节能与新能源汽车总数为2361辆（公共领域2115辆，私人领域246辆），从车辆类型来看，主要包括公交客车425辆、乘用车843辆、旅游客车88辆、观光车230辆、特种用车245辆、环卫用车247辆、中巴车19辆、牵引车3辆、工程车10辆、物流车5辆、私人购买乘用车246辆。从驱动类型来看，示范车辆以纯电动为主体，达到1349辆，混合动力汽

车816辆，燃料电池汽车196辆。

2012年1—12月，公共领域共推广381辆，其中：混合动力乘用车273辆，纯电动客车65辆，纯电动特种车3辆，纯电动乘用车36辆，混合动力公交车4辆。私人领域共推广240辆。

2. 2013年1—3月

截止到2013年3月底，新增节能与新能源汽车135辆，其中纯电动公交车11辆，混合动力公交车18辆，混合动力公务用车106辆。

四、基础设施建设及运行情况

1. 2012年1—12月

上海市编制完成了《上海市电动汽车充电基础设施规划》并报国家能源局，2012年7月，市政府发布了《电动汽车充电基础设施建设技术规范》作为城市基础设施建设规范正式实施。

截止到2012年年底，在住宅小区、超市、高速公路服务区、各级政府办公地、企事业单位等，建成充电站11座、换电站5座、充电桩1160个、充电架142个、加氢站3座（其中移动加氢站2座）；累计充电量超过2316万kW·h;加注氢气2.9万kg。

2. 2013年1—3月

2013年，上海市电力公司对接上海市新能源汽车应用需求，大力推进电动汽车智能充换电服务网络建设运营工作。

在公共交通领域，按照上海市政府的发展电动公交工作方案，有序推进世博换电站、高科西路、内江路、双流路公交充电站等项目建设。2013年1月浦东高科西路充电站正式投运，为787路、785路公交电动客车提供充电服务。完成世博充电站改建搬迁修改方案和过渡实施方案。在乘用车方面，全力支持上汽荣威E50纯电动汽车市场开拓，首先在上海市政府办公基地按需配建充电桩，逐步推广到居民电动汽车客户按需配建。

成立了电动汽车服务公司作为充换电服务专业运营单位，负责电动汽车智能充换电服务网络和营业网点建设、运营与维护，在“95598”设立电动汽车专席、在南丹东路营业厅设置电动汽车专柜，“一口对外”为客户提供业务咨询、受理、配套充电桩建设和设施运营服务。建成覆盖全市充换电设施，具备客户服务、资产管理、计费管理、收费账务等一体化功能的电动汽车运营管理系统及监控中心。

根据上海市政府发布的《上海市鼓励电动汽车充换电设施发展暂行办法》，修订完善了公司《电动汽车充电桩用电业务管理暂行办法》，可实现用户充电桩按需配建，明确公共充电桩由上海市电力公司投资建设、运营维护，用户充电桩在示范推广阶段由上海市电力公司免费提供增容服务。

五、节能与新能源汽车产业基地及园区建设情况

在上海市委、市政府的支持与推动下，上海新能源汽车及关键零部件产业基地于2009年7月批准挂牌成立。产业基地在紧抓先进制造领域产业的同时，以鼓励上海新能源汽车领域高新技术产业化发展为契机，加快推进新能源汽车及关键零部件产业基地建设；吸引高新技术产业化项目为目标，壮大新能源汽车及关键零部件产业集群，推动新能源整车及关键零部件企业的孵化、发展。

产业基地规划面积9.5平方公里，分期实施，滚动开发。首期开发2平方公里，初步形成新能源汽车及关键零部件的重要生产基地。截至2013年上半年，产业基地已入驻企业32家。其中，新能源汽车企业10家，涵盖了如奇瑞、格菱堡、电驱动等新能源整车、电池、电机、电控等关键零部件产业。高新技术和先进制造业企业21家，涵盖了如莱尼、华翔等汽车内饰、汽车线束、仪表板总成、汽车电子、中央通道等相关产业。初步形成汽车产业尤其是新能源汽车整车及零部件生产的上下游产业链。同时，为了提升现代生产型服务业的发展比重，产业基地引进了1个“联东U谷”总部综合体项目，该项目将打造以新能源汽车研发、销售总部为主，同时也吸引汽车检验、检测、服务等方面的总部型企业入驻，预计项目建成后将引进20~30家有影响的总部研发型企业。产业基地已发生投资额为11.7亿元，总投资将达到100亿元；产值20.5亿元，全面达产产值147亿元。

六、主要节能与新能源汽车企业情况

2012年上汽集团大力发展新能源汽车产品，共有11款新能源汽车车型进入推荐目录（乘用车3款，商用车8款）。荣威新750 HYBRID混合动力轿车综合节油率超过20%，2012年销售504辆。荣威E50纯电动轿车2012年销售了238辆。荣威550插电强混汽车2012年已实现小批量生产，计划于2013年年底实现正式量产。燃料电池汽车项目入围了2012年度国家新能源汽车技术创新工程项目。上海通用赛欧SPRINGO率先在上海小批量试点销售。上海申沃全年完成550辆纯电动、混合动力大客车销售，销量比去年同期增加了6倍。上汽通用五菱顺利完成新能源汽车生产企业与产品准入，获得新能源汽车产品生产资质，五菱之光纯电动邮政车进入新能源汽车推荐目录。南京依维柯销售纯电动服务车28辆，纯电动客车3辆，同时跃进纯电动汽车、依维柯混合动力客车及越野车的开发工作也在加紧进行中。上汽按照“自主创新、内外结合，两条腿走路”的原则，在国家和上海市有关部门的积极支持下，重点推进电池系统、电机、电力电子、电动转向和电动空调

等新能源关键零部件的产业链建设工作。

中科深江电动车辆有限公司2012年全年继续从整车和核心部件方面持续推进项目建设。在电动乘用车方面，中科深江与力帆集团合作，新开发一款纯电动轿车（LF7002CEV），整车操控性、机动性、经济性与人性化得到了大幅提升。在新能源客车领域完成一款7米增程式中巴和11米插电式混合动力大巴开发研制工作。在核心零部件领域，中科深江继续对原有电驱动系统、传动系统、整车控制系统、电池管理系统不断升级和完善，上述核心部件已经定型并应用于力帆、一汽专用车、海马等多个品牌车型。

关键零部件企业（如上燃动力、电驱动、大郡、奥威等）与一汽、东风、奇瑞、上汽、长安、广汽、北汽等国内知名整车企业密切合作，开发的产品系列，涵盖了乘用车、轻型商务车、公交车以及工程机械等各类应用需求。这些产品经过了奥运会、世博会、大运会以及“十城千辆”等示范运行的考验，并已经有部分企业开始了小批量供货。

七、节能与新能源汽车发展规划

2012年7月，上海市政府发布了《上海市汽车产业“十二五”发展规划》，在回顾“十一五”工作的同时，提出了有关节能与新能源汽车的总体目标：节能与新能源汽车国内市场占有率达到20%，其中新能源汽车“十二五”期间产销累计达到3万辆以上规模；分类目标：促进新能源汽车关键技术研发实现重大突破，加快推动混合动力汽车、纯电动汽车的产业化和燃料电池汽车的技术提升。到2015年，插电式混合动力、纯电动和燃料电池等新能源汽车具备5~10万辆的产能，累计产销3~5万辆；节能与新能源汽车产值达到600亿元左右，其中插电式混合动力、纯电动和燃料电池等新能源汽车产值达到200亿元左右。

八、节能与新能源汽车推广情况统计表

1. 电动汽车示范推广数量

（1）2012年电动汽车示范推广数量

单位：辆

车　型	大中型客车	轻型客车	载货车	公务车	出租车	电力工程车	邮政车	环卫车	观光/场地车	私人车	其他	合计
纯电动汽车	65	0	0	36	0	0	0	0	0	240	3	346
混合动力汽车	4	0	0	273	0	0	0	0	0	0	0	277
插电式混合动力汽车	0	0	0	0	0	0	0	0	0	0	0	0
增程式电动汽车	0	0	0	0	0	0	0	0	0	0	0	0
燃料电池汽车	0	0	0	0	0	0	0	0	0	0	0	0
其他	0	0	0	0	0	0	0	0	0	0	0	0
合　计	69	0	0	309	0	0	0	0	0	240	3	621

（2）2012年电动汽车示范推广车型及数量

车　型	公告批次	目录序号	数量（辆）
宇通牌ZK6126CHEVG2型混合动力电动城市客车	225	71	2
宇通牌ZK6108CHEVG2型混合动力电动城市客车	231	71	2
力帆牌LF7002EV型纯电动轿车	218	93	6
象牌SXC6105GBEV型纯电动城市客车	238	（九）26	30
陕汽牌SX4186ZG331N型纯电动牵引汽车	216	110	3
常隆牌YS6128BEV型纯电动客车	222	（十）17	5
安凯牌HFF6127K46EV型电动客车	240	33	30
众泰牌JNJ7000EVM1型纯电动轿车	234	84	30
荣威牌CSA7180ACHEV型混合动力轿车	237	122	273
荣威牌CSA7000BEV型纯电动轿车	237	122	215
力帆牌LF7002EV型纯电动轿车	218	93	13
力帆牌LF7002CEV型纯电动轿车	238	93	4
瑞麒牌SQR7001ELS18型纯电动轿车	218	119	5
赛欧（SAIL）牌SGM7001EV型纯电动轿车	241	6	3

（3）2013 年 1—3 月电动汽车示范推广数量

单位：辆

车　型	大中型客车	轻型客车	载货车	公务车	出租车	电力工程车	邮政车	环卫车	观光/场地车	私人车	其他	合计
纯电动汽车	11	0	0	0	0	0	0	0	0	0	0	11
混合动力汽车	10	0	0	106	0	0	0	0	0	0	0	116
插电式混合动力汽车	8	0	0	0	0	0	0	0	0	0	0	8
增程式电动汽车	0	0	0	0	0	0	0	0	0	0	0	0
燃料电池汽车	0	0	0	0	0	0	0	0	0	0	0	0
其　他	0	0	0	0	0	0	0	0	0	0	0	0
合　计	29	0	0	106	0	0	0	0	0	0	0	135

（4）2013 年 1—3 月电动汽车示范推广车型及数量

车　型	公告批次	目录序号	数量（辆）
荣威牌 CSA7180ACHEV 型混合动力轿车	237	122	106
象牌 SXC6105GBEV 型纯电动城市客车	238	（九）26	11
申沃牌 SWB6107SHEV1 型混合动力城市客车	240	42	8
申沃牌 SWB6107CHEV 型混合动力城市客车	241	42	10

2. 代用燃料汽车(含 CNG、LNG、LPG 及醇醚类)示范推广数量统计

（1）2012 年代用燃料汽车（含 CNG、LNG、LPG 及醇醚类）示范运行保有量统计

单位：辆

车　型		LPG	LNG	CNG	合　计	同期增长（%）
燃气汽车	大中型客车	0	0	110	110	—
	轻型客车	0	0	0	0	—
	货车	0	50	0	50	—
	出租车	1800	0	3230	5030	66
	私人用车	0	0	0	0	—
	其他	280000	0	0	280000	—
	小计	281800	50	3340	285190	—

（2）2013 年 1—3 月代用燃料汽车（含 CNG、LNG、LPG 及醇醚类）示范推广数量统计

单位：辆

车型		LPG	LNG	CNG	合计	同期增长（%）
燃气汽车	大中型客车	0	0	0	0	—
	轻型客车	0	0	0	0	—
	货车	0	70	0	70	140
	出租车	100	0	70	170	3.4
	私人用车	0	0	0	0	—
	其他	0	0	0	0	—
	小计	100	70	70	240	—

天津市

一、2012年节能与新能源汽车扶持政策与措施

1. 2012年1—12月

（1）2012年2月28日，天津市第85次政府常务会议审议通过了《天津市纯电动公交车运行示范工程方案》，决定到2015年在津投运纯电动公交车2000辆，建设充换电站16座，并带动出租、公务、邮政、环卫、私人用车等领域的新能源汽车应用。根据方案，市财政将对纯电动公交车购置和运营给予相应的补贴，对充换电站建设用地给予相应的支持。

（2）利用财政切块资金为示范单位提供专项补贴。2011—2012年，在中央财政购车补贴基础上，我市以市和区县两级财政为主，确保地方配套资金落到实处。环保局、市商务委、市科委等部门充分利用财政切块资金，对示范运营单位提供专项补贴。利用环保专项资金对运行节能与新能源汽车的单位，给予一定的补贴；利用商业发展资金对基础设施建设给予适当补贴；利用科技发展资金对示范推广车辆的技术改造提升给予补贴。截至2012年12月底，我市地方财政累计配套资金累计达到25966.2万元。

（3）为充换电站建设提供土地及资金支持。为落实《天津市纯电动公交车示范运行实施方案》的要求，推动充换电配套基础设施建设，我市公交、电力、规划和土地部门按照“节约中心城区用地、均衡分布、重点围绕公交场站设施、用地指标与公交线网布局相结合”等主要原则，完成海泰、津门湖、大卞庄、公交四公司等充换电站选址；并参照天津市对停车场用地供应政策，由市政府出资负责土地整理，并参照停车场建设相关政策，将土地划拨给电力公司并对基础设施建设给予相应的资金支持。

2. 2013年1—3月

（1）进一步落实《天津市纯电动公交车运行示范工程方案》，对示范运营单位和基础设施建设提供资金补贴和土地政策支持。

二、节能与新能源汽车生产经营情况

（1）整车方面：位于天津开发区的天津清源电动车辆有限公司建成了国内第一条电动汽车整车生产线和电动汽车总成生产线，具备了年产2万辆电动汽车和3万套电动汽车动力总成的生产能力，是国内最大的电动汽车整车生产基地。天津一汽夏利纯电动汽车产品已经列入《公告》，目前正在积极推进电动乘用车量产。天津一汽丰田在基于威驰平台打造的纯电动汽车郎世（英文名称RANZ），于2013年4月上海车展实现首次亮相。天津公交集团已与比亚迪汽车合资组建天津市比亚迪汽车有限公司，计划实现年生产1万辆新能源汽车的目标。

（2）关键零部件方面：锂离子电池厂商市场份额约占全国的31.5%~38.7%。驱动电机企业松正电动车连续3年研发投入比重超过7%，先后自主开发出四代混合动力技术、电动助力转向、电池管理技术，累计申请专利300多项，在国内电动汽车领域位居第三。

三、节能与新能源汽车示范推广工作进展情况

1. 2012年1—12月

2012年度（2012年4月1日至2012年12月31日）我市共推广节能与新能源汽车76辆，共申请中央财政补贴资金3296万元。比克国际采购充电式纯电动轿车1辆，获中央财政补贴6万元；滨海公交采购宇常规混合动力公交车30辆，获中央财政补贴1260万元；绿源公交采购换电式出电动公交车40辆，获中央财政补贴2000万元；中国汽车技术研究中心采购充电式纯电动乘用车5辆，获中央财政补贴30万元。以上资金现已全部落实。

2. 2013年1—3月

2013年，我市进一步加大节能与新能源汽车示范推广投入力度，一季度天津市公交集团就购入220辆节能与新能源公交车，共获得中央财政补贴资金9256万元。其中，购买宇通客车生产的常规混合动力公交车218辆，分别由公交一公司、公交三公司、公交四公司、巴士实业公司负责运营，获得补贴资金9156万元；购买长沙比亚迪客车生产的充电式纯电动公交车2辆，由天津市绿源公交公司负责运营，获得补贴资金100万元。

四、基础设施建设及运行情况

2012年度，完成了海泰充换电站（一期）、北塘充换电站（二期）和80个交流充电桩的建设应用。海泰充换电站于2012年5月9日开工建设，历时48天建成，创造国内大型充换电站设施建设速度之最。海泰综合充换电站总体占地面积12800平方米，一期建建设建筑面积5320平方米，可同时为4辆12米长电动公交车提供充换电服务，具备每天为120辆车充换电的能力，每天最大换电车次为240次，每次换电时间为10分钟左右；项目终期建设6个公交车换电工位、2个乘用车换电工位、2个电池集中充电配送单元，可满足180辆纯电动公交车换电和480辆纯电动乘用车电池集中充电、自动配送的需求；北塘充换电站（二期）作为其2011年度一期工程的扩展建设工程，于2012年年底建成。该站建有1个商用车换电工位，日换电能力72次；10个商用车整车充电车位（每个车位配有1个直流

充电桩)；1个乘用车车位，日换电能力为200车次。

五、节能与新能源汽车项目投融资及建设情况

1. 2012年1—12月

(1) 天津公交集团已与比亚迪汽车合资组建天津市比亚迪汽车有限公司，计划实现年生产1万辆新能源汽车的目标。

(2) 自主研发的高能镍碳超级电容器具有大功率、大容量、快速充电、可完美替代锂离子电池等优异的物理化学性能，正在滨海高新区建设年产120万只规模的高能镍碳超级电容器产业化基地，推动实现规模产业化，将率先在公交系统推广应用

2. 2013年1—3月

2013年年初，天津中聚新能源科技有限公司首条1.3亿安时、总投资2.6亿元锂电池生产线投产，产品广泛用于国家电网、电动汽车、煤矿救生舱等领域电能储备，全年生产产值将达到10亿元。

六、节能与新能源汽车产业基地及园区建设情况

经过多年发展，天津已基本形成了以整车企业为龙头、关键零部件和原材料配套、拥有汽车检测和标准制定能力的节能与新能源汽车产业体系，在纯电动汽车、动力总成和电池系统研发方面基础雄厚。天津开发区、滨海高新区、北辰、西青、宝坻、东丽等初步形成若干新能源整车和配套企业相对聚集的产业集群。

七、主要节能与新能源汽车企业情况

1. 2012年1—12月

(1) 整车产业化不断推进。我市拥有一汽丰田、一汽夏利、长城汽车等国内大型乘用车生产企业，各企业在传统汽车平台基础上不断研发节能与新能源汽车产品，取得了较大进展；其中一汽夏利威志V5纯电动轿车已上公告并计划2013年选择旅游区域开展出租示范运行。天津清源具备年产2万辆电动汽车和3万套动力总成的生产能力，共有11款纯电动专用车和1款纯电动底盘列入国家公告，纯电动轿车出口美国累积近3000辆。客车方面，天津公交集团与比亚迪公司签署合作协议，盘活了天津金马客车生产资质，拟开工建设万辆规模的新能源大客车产业化基地。

(2) 动力电池技术和产业优势明显。我市已经形成了产业链齐备的动力电池及原材料（包括高端隔膜）产业集群，拥有力神、比克、捷威、巴莫、贝特瑞、金牛、东皋膜、华夏宏源等一批国内外知名企业，且聚集度还在不断提高，多家有实力的电池企业计划在津建厂，目前已经形成了“三老三新”的产业格局（“力神、比克、捷威”和“神鹿、光宇、中聚”）。其中，力神公司已具备2亿安时圆形动力电池及2亿安时方型动力电池的年生产能力，2012年启动的“下一代动力电池研究与产业化项目”成功入围2012年度国家新能源汽车产业技术创新工程，力神公司申报的国家锂离子电池先进工艺工程中心已经获得批复，成为我国首个该领域的国家级工程技术研究中心。

(3) 专用零部件产业链日趋完善。在驱动电机及控制系统方面，松正、清源等企业已为国内多家骨干汽车企业配套。松正公司累计申请专利410多项，在电动汽车电机及控制领域的专利量居国内首位，2012年混合动力公交车驱动系统销售3000余套、实现销售收入3.9亿元，占全国市场总量40%以上份额，发展势头迅猛。同时，我市还自主培育了新能源汽车电动助力转向专业化企业，引进美国团队在津开展高端电池管理系统研发生产，逐步形成了较强的新能源汽车配套支撑体系。

(4) 试验检测和标准制定有力支撑。我市具备较完整的新能源汽车及关键零部件试验检测能力，拥有中汽中心、中电集团十八所等国家级试验检测机构，在动力电池、电磁兼容、整车碰撞试验等方面达到国际先进水平，动力电池性能检测水平位居国内前列。组织制定了数十项电动汽车国家标准、行业标准，参与了多项国家相关产业政策的研究与制定工作。

八、节能与新能源汽车发展规划

1. 推广应用取得重要进展。2015年，各类节能与新能源汽车保有量达到3.5万辆。2020年，各类节能与新能源汽车保有量达到7.2万辆。

2. 产业发展形成规模优势。到2015年，全市节能与新能源汽车整车生产企业达到6家，其中龙头企业1~2家，总产能达到6万辆，产业规模达到300亿元；到2020年，节能与新能源汽车整车生产企业达到7~8家，形成2~3家龙头企业，总产能达到30万辆，产业规模达到1500亿元。

3. 技术研发能力大幅提高。新能源汽车、动力电池及关键零部件技术整体上达到国际先进水平，掌握非插电式混合动力、替代燃料汽车等关键核心技术，突破以燃料电池汽车为代表的下一代新能源汽车前沿技术。

4. 基础设施建设稳步推进。适度超前、稳步推进基础设施建设，形成满足城际互联、区域间交通及市内各区域节能与新能源汽车充换电与加气服务网络，实现网络互联，满足节能与新能源汽车运行需要。

5. 公共服务能力显著增强。到2015年，初步建立新能源汽车车辆安全监控、维修保养、试验检测、认证和动力电池回收利用管理体系，争取在试验检测等领域建成1~2个国家重点实验室。2020年，形成完整的安全使用、市场营销、回收利用和售后服务体系；整车及关键零部件

试验检测、认证等走在全国前列，在国际上具有重要影响力。

九、节能与新能源汽车推广情况统计表

1. 电动汽车示范推广数量

（1）2012年电动汽车示范推广数量

单位：辆

车　型	大中型客车	轻型客车	载货车	公务车	出租车	电力工程车	邮政车	环卫车	观光/场地车	私人车	其他	合计
纯电动汽车	40	0	0	6	0	0	0	0	0	0	0	46
混合动力汽车	30	0	0	0	0	0	0	0	0	0	0	30
插电式混合动力汽车	0	0	0	0	0	0	0	0	0	0	0	0
增程式电动汽车	0	0	0	0	0	0	0	0	0	0	0	0
燃料电池汽车	0	0	0	0	0	0	0	0	0	0	0	0
其他	0	0	0	0	0	0	0	0	0	0	0	0
合计	70	0	0	6	0	0	0	0	0	0	0	76

（2）2012年电动汽车示范推广车型及数量

车　型	公告批次	目录序号	数量（辆）
江淮牌HFC7000AEV型纯电动轿车	242	56	5
瑞麒牌SQR7001ELS18型纯电动轿车	218	119	1
宇通牌ZK6108CHEVG2型混合动力电动城市客车	231	71	30
申沃牌SWB6121EV7型纯电动城市客车	243	42	10
安凯牌HFF6128G03EV型纯电动城市客车	237	55	10
宇通牌ZK6125BEVG1型纯电动城市客车	235	71	10
青年牌JNP6120BEV型纯电动城市客车	238	7	10

（3）2013年1—3月电动汽车示范推广数量

车　型	大中型客车	轻型客车	载货车	公务车	出租车	电力工程车	邮政车	环卫车	观光/场地车	私人车	其他	合计
纯电动汽车	2	0	0	0	0	0	0	0	0	0	0	2
混合动力汽车	218	0	0	0	0	0	0	0	0	0	0	218
插电式混合动力汽车	0	0	0	0	0	0	0	0	0	0	0	0
增程式电动汽车	0	0	0	0	0	0	0	0	0	0	0	0
燃料电池汽车	0	0	0	0	0	0	0	0	0	0	0	0
其他	0	0	0	0	0	0	0	0	0	0	0	0
合　计	220	0	0	0	0	0	0	0	0	0	0	220

（4）2013年1—3月电动汽车示范推广车型及数量

车　型	公告批次	目录序号	数量（辆）
宇通牌ZK6126CHEVG4型混合动力电动城市客车	235	71	218
比亚迪牌CK6120LGEV型纯电动城市客车	227	79	2

2. 代用燃料汽车(含 CNG、LNG、LPG 及醇醚类)示范推广数量统计

(1) 2012 年代用燃料汽车(含 CNG、LNG、LPG 及醇醚类)示范运行保有量统计

单位:辆

车型		LPG	LNG	CNG	合计
燃气汽车	大中型客车	0	355	170	525
	轻型客车	0	0	0	0
	货车	0	11	0	11
	出租车	0	0	19304	19304
	私人用车	0	0	0	0
	其他	0	0	0	0
	小计	0	366	19474	19840

(2) 2013 年 1—3 月代用燃料汽车(含 CNG、LNG、LPG 及醇醚类)示范推广数量统计

单位:辆

车型		LPG	LNG	CNG	合计
燃气汽车	大中型客车	0	52	0	52
	轻型客车	0	0	0	0
	货车	0	589	0	589
	出租车	0	0	1553	1553
	私人用车	0	0	0	0
	其他	0	641	1553	2194

3. 2012 年电动汽车充(换)电站(桩)统计表

充电站					充电桩		换电站
城市名称	数量(座)	充电机功率总计(kW)	充电站占地面积(m^2)	投资金额(万元)	慢充(个)	快充(个)	数量(座)
天津市	2	—	7453	2.98	80	0	0

重庆市

一、2012 年节能与新能源汽车扶持政策与措施

1. 2012 年 1—12 月

简化充电站的建设审批流程。

2. 2013 年 1—3 月

启动重庆市汽车产业转型升级专项计划;

启动重庆市新能源汽车“3 + x”重大科技专项。

二、节能与新能源汽车生产经营情况

1. 2012 年 1—12 月

产销 25 辆恒通纯电动客车,450 辆插电式混合动力客车,4459 辆长安逸动弱混轿车,78 辆长安志翔中度混合动力汽车,100 辆长安 E30 纯电动汽车。

2. 2013 年 1—3 月

产销 1 辆气电混合动力客车,105 辆插电式混合动力客车。

三、节能与新能源汽车示范推广工作进展情况

1. 2012 年 1—12 月

在重庆示范推广 25 辆恒通纯电动公交车,450 辆插电式混合动力公交车,624 辆长安逸动弱混乘用车,20 辆长安志翔中度混合动力汽车。

2. 2013 年 1—3 月

在重庆推广 165 辆插电式混合动力公交车。1 月,示范推广 55 辆;2 月,示范推广 50 辆;3 月,示范推广 60 辆。在贵阳推广 35 辆插电式混合动力公交车。

四、基础设施建设及运行情况

1. 2012 年 1—12 月

建成 1 座充电站,1 座换电站,50 个充电桩。

2. 2013 年 1—3 月

建设 1 座充电站。

五、节能与新能源汽车项目投融资及建设情况

1. 2012 年 1—12 月

重庆恒通客车有限公司于微宏动力系统（湖州）有限公司合资成立了重庆恒通电动客车动力系统有限公司。

新厂建设投资 4000 万。

2. 2013 年 1—3 月

六、节能与新能源汽车产业基地及园区建设情况

1. 2012 年 1—12 月

两江新区新能源汽车国家高新技术产业化基地，2012 年建成两江新区新能源汽车产业集群。

2. 2013 年 1—3 月

引进全球两大汽车零部件巨头英纳法、埃驰，为长安福特提供天窗、内饰等配套产品，标志着重庆两江新区汽车产业基地配套能力进一步增强，也为重庆市汽车产业竞争力增添重磅砝码。

七、主要节能与新能源汽车企业情况

1. 2012 年 1—12 月

重庆恒通电动客车动力系统有限公司成立于 2011 年 11 月，是中国客车领域中唯一一家以“快速充电”为核心战略的客车企业，新建成的厂区位于重庆市空港工业园 A045-1 号地块，占地面积为 56542 平方米，距江北国际机场 3 公里，交通便捷。项目总占地面积为 61333 平方米，建设总投资 10 亿元，建设轻钢结构生产厂房及综合用房共 13344 平方米，设有装配车间、调试车间、电控车间、测试区、试制车间及维修区。新生产基地将在 2012 年年底投入使用，届时将具备 2000 ~4000 辆新能源客车产能。

恒通电动客车融合美国科技与中国智慧，引入国际最领先的快速充电环保动力技术，用国际领先绿色动力科技服务中国城市公交，为中国各地政府部门与公交公司提供最具商业价值的电动绿色公交系统解决方案，是各地政府和公交公司打造绿色、低碳、宜居现代化城市绿色交通系统的优质合作伙伴。

重庆长安汽车股份公司作为重庆独家量产混合动力和纯电动汽车的企业，2012 年实现混合动力汽车销售 78 辆，其中重庆市公务车领域销售 20 辆，实现 E30 纯电动汽车销售 100 辆。长安汽车股份公司为加大新能源汽车研发投入，成立了重庆长安新能源汽车有限公司，2012 年投入研发经费 5000 余万元，实现了 CX30-HEV、E30 纯电动的示范运行。同时，深入新能源核心零部件研发工作，实现镍氢动力电池、电池管理系统、电机控制器、整车控制器等零部件的产业化生产及装车运行。

2. 2013 年 1—3 月

2013 年 2 月，由重庆市科学技术委员会认定的重庆市快速充电电动客车工程技术研究中心落户恒通电动客车公司。

2013 年 3 月，恒通电动客车参加“2013 第十三届中国（南京）国际客车及零部件暨城市交通设施展览会”，并荣获了“组织奖”和“最佳新能源客车创新奖”两项大奖。

2013 年 1 月，参加了在海南举行的“全球新能源汽车大会”、深圳 CBU 第二届年度电动车研讨会；3 月参加了“中国电动汽车产业展览会”，有效的宣传了长安新能源汽车。

八、节能与新能源汽车发展规划

发展思路：我市新能源汽车发展思路是：坚持“自主创新、分线突破、协同发展”的方针，以整车龙头企业带动产业链发展，支持关键零部件系统形成产业集群，以混合动力汽车作为我市传统汽车节能技术改造升级换代的主要方向，着力推广示范、营造市场，实现混合动力汽车产品市场化；以纯电动汽车作为我市新能源汽车发展主要战略取向，以动力电池、电机、电控技术为突破口，着力推进纯电动汽车、插电式电动汽车产业化；建立健全新能源汽车产业体系，着力自主创新，掌握关键核心技术，把新能源汽车产业培育成为我市战略性新兴产业和国民经济新的增长点，实现我市汽车工业跨越式发展。

总体目标：到 2015 年，基本形成较完善的新能源汽车产业链，布局合理的产业集群，建立实质运行、对产业发展具有较大促进作用的产业联盟，包括整车（客车、乘用车、商用车、低速电动汽车）到关键零部件（电池、电机、电控、电空调、电制动、电助力转向）等，新能源汽车产量达到 28 万辆，整车销售收入达到 503 亿元。把重庆建设成为国内新能源汽车研发和制造能力最具竞争力和影响力的城市。

九、节能与新能源汽车推广情况统计表

1. 电动汽车示范推广数量

（1）2012 年电动汽车示范推广数量

单位：辆

车　型	大中型客车	轻型客车	载货车	公务车	出租车	电力工程车	邮政车	环卫车	观光/场地车	私人车	其他	合计
纯电动汽车	25	0	0	0	0	0	0	0	0	0	0	0
混合动力汽车	0	0	0	14	0	0	0	0	0	0	0	0

续表

车　型	大中型客车	轻型客车	载货车	公务车	出租车	电力工程车	邮政车	环卫车	观光/场地车	私人车	其他	合计
插电式混合动力汽车	450	0	0	0	0	0	0	0	0	0	0	0
增程式电动汽车	0	0	0	0	0	0	0	0	0	0	0	0
燃料电池汽车	0	0	0	0	0	0	0	0	0	0	0	0
其他	0	0	0	0	0	0	0	0	0	0	0	0
合　计	475	0	0	14	0	0	0	0	0	0	0	489

（2）2012 年电动汽车示范推广车型及数量

车型	公告批次	目录序号	数量（辆）
长安牌 SC7155HEV 型混合动力汽车	224	96	14
恒通客车牌 CKZ6116HNHEVA4 型混合动力城市客车	245	（三十一）14	450
恒通客车牌 CKZ6127HBEV 型纯电动城市客车	236	（十七）8	25

（3）2013 年 1—3 月电动汽车示范推广数量

单位：辆

车　型	大中型客车	轻型客车	载货车	公务车	出租车	电力工程车	邮政车	环卫车	观光/场地车	私人车	其他	合计
纯电动汽车	0	0	0	0	0	0	0	0	0	0	0	0
混合动力汽车	0	0	0	0	0	0	0	0	0	0	0	0
插电式混合动力汽车	165	0	0	0	0	0	0	0	0	0	0	165
增程式电动汽车	0	0	0	0	0	0	0	0	0	0	0	0
燃料电池汽车	0	0	0	0	0	0	0	0	0	0	0	0
其他	0	0	0	0	0	0	0	0	0	0	0	0
合　计	165	0	0	0	0	0	0	0	0	0	0	165

（4）2013 年 1—3 月电动汽车示范推广车型及数量

车型	公告批次	目录序号	数量（辆）
恒通客车牌 CKZ6116HNHEVA4 型混合动力城市客车	245	（三十一）14	165

2. 2012 年电动汽车充（换）电站（桩）统计表

充电站					充电桩		换电站
城市名称	数量（座）	充电机功率总计（kW）	充电站占地面积（m^2）	投资金额（万元）	慢充（个）	快充（个）	数量（座）
重庆市	11	6555	5352	4634	200	0	1

四川省

一、2012 年节能与新能源汽车发展情况

2012 年新增 CNG 汽车 3.53 万辆，累计达 34.95 万辆；运行的 LNG 汽车 1048 辆；整车生产 6705 辆，其中 LNG 汽车 400 余辆；已投运电动汽车 1030 辆。

二、节能与新能源汽车生产情况

成都客车股份有限公司生产天然气汽车 3000 辆，其中 LNG 汽车 400 余辆；电动汽车 330 辆。

重汽王牌生产电动汽车 141 辆。

一汽客车（成都）有限公司生产天然气汽车 473 辆。

四川汽车工业股份有限公司生产电动汽车 30 辆。

四川省客车制造有限责任公司生产天然气汽车 300 辆。

东风南充汽车有限公司生产天然气汽车 1500 辆。

四川南骏汽车有限公司生产天然气汽车 600 辆。

一汽（四川）专用汽车有限公司生产电动汽车 124 辆。

三、节能与新能源汽车示范推广情况

2012 年，四川省新增 CNG 加气站 6 座，已建和在建 LNG 加气站 41 座，全省 CNG 加气站累计 274 座（已扣除停运的加气站），新增 CNG 汽车 3.53 万辆，累计达 34.95 万辆，新增 LNG 汽车 933 辆，累计达 1048 辆。全年销售天然气 12 亿立方米，节约燃料费 50 亿元，替代油料 102 万吨以上，累计替代油料 700 多万吨，减少汽车尾气排放 33 万吨，累计达 150 多万吨。继续推进、提高了成都、自贡、南充、资阳清洁汽车装备基地建设，产业链不断延伸，产品在全国销售，并出口中亚和东南亚等国家。全省已建成投产或在建的广安、达州、苍溪、广元、巴中、德阳、成都 LNG 厂，年生产能力达 200 多万吨。全省已建成充电站 8 座）累计 14 座，充电桩 350 个，累计 700 个，投运电动汽车 1030 辆。

四、节能与新能源汽车产业基地建设情况

2012 年，继续推进、提高了成都、自贡、南充、资阳 CNG/LNG 汽车装备基地建设，产业链不断延伸，CNG/LNG 产品在全国销售，约占全国的 40%～50%，储气井在全国占有率为 100%，CNG 气瓶生产达 20 万支以上，车用装置 50 万套以上，天然气发动机生产能力 1 万套以上，LNG 成套装置达 300 套以上，产品不仅满足国内需要，还出口中亚和东南亚等国家。

五、节能与新能源汽车产业示范的主要措施

一是制定了《关于促进天然气汽车产业健康发展的意见》，提出了促进清洁汽车产业发展的政策措施；二是在成都、广安、乐山、广元等 8 个城市开展了 LNG 汽车、在成都开展了电动汽车试点示范；三是举办了多次 CNG/LNG 汽车发展及技术研讨会和展览会；四是编制了 LNG 加气站和 LNG 汽车安全管理办法和安全操作手册，对促进节能与新能源汽车产业健康发展起了积极作用。

六、节能与新能源汽车产业发展规划

到 2015 年，新建 CNG 汽车加气站 180 座，液化天然气汽车加气站 166 座。新推广应用 CNG 汽车 11 万辆，LNG 汽车 8000 辆以上。形成 5 万辆 CNG/LNG 汽车整车制造能力，显著提升天然气汽车装备及关键零部件研发制造水平。全省天然气汽车产业新增产值 100 亿元，减少汽车尾气 CO、HC 排放 151 万吨，累计节约和替代燃料油 990 万吨。到 2020 年，力争全省推广应用天然气汽车 100 万辆以上，全面建成天然气加气站网络体系，成为国内领先的天然气汽车产业基地。

七、节能与新能源汽车推广情况统计表

1. 燃气汽车示范运行保有量统计

（1）2012 年代用燃料汽车（含 CNG、LNG、LPG 及醇醚类）示范运行保有量统计表

单位：辆

车型		LPG	LNG	CNG	合计
燃气汽车	大中型客车	180	641	23546	24367
	轻型客车	0	0	0	0
	货车	0	407	10003	10410
	出租车	0	0	29309	29309
	私人用车	0	0	236628	236628
	其他	0	0	50014	50014
	小计	180	1048	349500	350728

（2）2013 年 1—3 月代用燃料汽车（含 CNG、LNG、LPG 及醇醚类）示范推广数量统计

单位：辆

车型		LPG	LNG	CNG	合计
燃气汽车	大中型客车	180	964	24134	25278
	轻型客车	0	0	672	672
	货车	0	623	10255	10878
	出租车	0	0	30247	30247
	私人用车	0	0	239638	239638
	其他	0	0	52044	52044
	小计	180	1587	356990	358757

2. 电动汽车充(换)电站(桩)统计表

（1）2012 年电动汽车充（换）电站（桩）统计表

城市名称	充电站				充电桩		换电站
	数量（座）	充电机功率总计（kW）	充电站占地面积（m^2）	投资金额（万元）	慢充（个）	快充（个）	数量（座）
成都市	13	17442	6813	27500	171	—	3
乐山市	1	—	—	—	—	—	—

（2）2013 年电动汽车充（换）电站（桩）统计表

充电站					充电桩		换电站
城市名称	数量（座）	充电机功率总计（kW）	充电站占地面积（m^2）	投资金额（万元）	慢充（个）	快充（个）	数量（座）
成都市	1	3060	809	2500	30	0	0

山东省

一、山东省促进新能源汽车产业发展出台的有关政策措施

山东省高度重视新能源汽车产业发展，2009 年，山东省政府印发了《山东省汽车工业调整振兴规划》（鲁政发〔2009〕44 号），将新能源汽车产业作为全省汽车工业的发展重点，提出“实施新能源汽车战略”。之后结合全省实际，又出台了《关于推进新能源汽车产业发展的若干意见》（鲁政办发〔2009〕64 号），指出“实施新能源汽车发展战略，是关系我省汽车产业和国民经济长远发展的一件大事”，要求各地、各部门要按照国家和省发展新能源汽车的要求，抓住机遇，强化措施，加快全省新能源汽车产业的创新发展进程。为指导全省新能源汽车产业科学发展，2011 年 5 月，山东省经信委联合科技厅、财政厅、交通运输厅印发了《山东省新能源汽车产业“十二五”规划》。2012 年 7 月国务院印发《节能与新能源汽车产业发展规划（2012—2020 年）》后，山东省政府制定出台了《山东省人民政府关于贯彻国发〔2012〕22 号文件加快发展节能与新能源汽车产业的意见》（鲁政发〔2012〕33 号），对新能源汽车产业发展、示范推广应用、充换电设施建设等作了统一部署，为新能源汽车产业发展创造了良好环境和政策保障。为促进山东省新能源汽车产业的快速发展，山东省于 2010 年以来先后出台了《山东省新能源汽车示范推广财政扶持办法》（鲁政办发〔2009〕130 号）、《山东省新能源汽车关键零部件财政扶持暂行办法》（鲁财建〔2010〕72 号）、《关于创建新能源汽车自主创新示范园区的通知》等政策措施，为新能源汽车产业发展提供了必要的政策和资金支持。在这些政策措施的鼓励和支持下，全省新能源汽车产业发展呈现出积极健康的发展势头。

二、新能源汽车生产经营情况

2012 年，受国家和山东省实施鼓励战略性新兴产业发展政策的有力推动和市场旺盛需求的拉动，山东省新能源汽车产销实现快速增长。2012 年全省共生产各类新能源汽车 141344 辆，同比增长 67.4%；销售各类新能源汽车 136717 辆，同比增长 66.4%；出口各类新能源汽车 8023 辆，同比下降 4%。2013 年一季度累计，共生产各类新能源汽车 39696 辆，同比增长 61.3%；销售各类新能源汽车 38808 辆，同比增长 77.8%；出口各类新能源汽车 1840 辆，同比增长 19.2%。

三、节能与新能源汽车示范推广工作情况

2009 年以来，山东省财政每年安排 5000 万元专项资金用于支持新能源公交客车示范推广。目前，新能源公交客车示范推广范围已由济南 1 个市扩大到 17 个市。2012 年，新增各类新能源汽车 19093 辆，其中，新增各类新能源公交车 2241 辆，出租车 13353 辆，长途旅游客车 1138 辆，货车 2361 辆。同时，山东省积极探索小型纯电动汽车规范发展和安全运行模式，在聊城、淄博等市制定了相关小型纯电动汽车的试点运行方案和管理办法，并积极协调公安交管部门，为小型纯电动汽车注册上牌，为销售车辆办理保险手续。山东省在小型纯电动汽车管理方面的积极态度，得到业内院士、专家的高度赞赏和有关媒体的广泛关注，得到业内企业的积极响应。

四、基础设施建设情况

自 2009 年以来，山东电力集团公司积极推进电动汽车智能充换电服务网络建设，以国家电网公司重点示范工程——青岛薛家岛智能充换储放一体化示范站和电动汽车运营管理系统建成投运为标志，全省电动汽车智能充换电服务网络建设运营取得重大突破。2012 年在济南、青岛、日照、淄博等地共建立 5 座充换电站，建设充电桩 35 个。规划到 2015 年，全省投运充换电设施 3000 个以上；到 2020 年建成覆盖全省、布局合理、标准统一的智能充换电服务网络，充分满足新能源汽车产业发展需要。

五、新能源汽车企业情况

目前，全省新能源汽车行业拥有各类生产企业 70 多家，其中整车生产企业 20 多家，关键零部件企业 50 多家，具有良好的产业发展基础。中通客车是国家级高新技术企业，建立了国家级企业技术中心，具有较强的技术开发能力，其开发生产的混合动力新能源客车具有国内领先水平，并已在济南市公交总公司示范运营，目前公司根据国家规划确定的技术路线正在开发插电式混合动力车型，已取得重要突破。临沂中文沂星开发的纯电动新能源客车性能稳定，主要技术指标居国内领先水平，已实现规模化生产；

山东时风、唐骏欧铃、山东宝雅等企业积极开展创新升级活动，技术装备水平和产品质量有了极大提升，开发生产的小型纯电动汽车及旅游观光车等专用车，深受国内外消费者欢迎，具有广阔发展前景。潍坊威能环保电源、山东润峰集团、荣成荣佳电机公司、山东申普等企业，开发生产的锂离子电池、电机、电控系统等关键零部件，技术日益成熟，已为我省整车企业大量配套，成为我省发展新能源汽车产业的重要支撑。

六、节能与新能源汽车规划目标

1. 产业规模显著扩大。到2015年，全省纯电动汽车和插电式混合动力汽车生产规模力争达到5万辆，低速电动车30万辆，新能源专用车5万辆，天然气等替代能源汽车5万辆；新能源汽车行业销售收入达到1000亿元。到2020年，纯电动汽车和插电式混合动力汽车、低速电动车、新能源专用车、天然气等替代能源汽车生产规模分别达到20万辆、100万辆、20万辆、20万辆；新能源汽车行业销售收入达到3000亿元；发展一批具有较强竞争力的节能与新能源汽车企业集团和产业集聚区。

2. 燃油经济性显著改善。到2015年，当年生产的乘用车平均燃料消耗量降至6.7升/百公里，节能型乘用车燃料消耗量降至5.7升/百公里以下，混合动力商用车平均节油率达到30%以上，插电式混合动力商用车平均节油率达到50%以上。到2020年，当年生产的乘用车平均燃料消耗量降至5.0升/百公里以下，节能型乘用车燃料消耗量降至4.5升/百公里以下；商用车新车燃料消耗量达到国际先进水平。

3. 自主创新能力显著提高。到2015年，全省节能与新能源汽车研发投入占销售收入的比重达到3%以上，省重点企业均建立起比较完善的技术开发体系。新能源汽车、动力电池及关键零部件技术达到国内领先水平，掌握混合动力、先进内燃机、高效变速器、轻量化车身等汽车节能关键技术。到2020年，全省节能与新能源汽车产业技术开发能力进一步提高。

4. 零部件配套能力显著增强。培植起一批“专精特新”零部件企业，先进内燃机、高效变速器、动力电池、驱动电机、控制系统、充换电设备等关键零部件技术水平和生产规模满足全省节能与新能源汽车发展需要，并能大量供应省外市场，部分产品进入国际市场。

5. 示范推广取得显著效果。节能汽车在全省得到普及应用，新能源汽车在17个省区市全面示范推广，低速电动车在重点区域试点取得实质效果。城市公交、班线旅游、出租、物流运输等公共交通领域推广应用率显著提高。建立起覆盖全省、布局合理、设备先进的智能充换电服务网络，充分满足新能源汽车运行需要。

七、山东省2012年新能源汽车推广情况

单位：辆

2012年		新增车辆		退出车辆		报告期
		本月	本年累计	本月	本年累计	末车辆
公交车	纯电动	0	66	0	0	537
	油电混合	106	211	0	0	543
	CNG	334	1600	0	0	8541
	LNG	102	364	0	0	963
出租车	纯电动	0	20	0	0	20
	油电混合	0	0	0	0	0
	CNG	1160	13333	850	4070	56778
长途客车（班线客车、旅游包车）	CNG	12	176	0	4	253
	LNG	88	962	0	0	1523
货车	CNG	3	673	0	0	714
	LNG	223	1688	16	46	2486
合计		2028	19093	866	4120	72358

八、2012年山东省新能源汽车充电设施建设情况

城市名称	充换电站					充电桩		换电站
	充电站数（座）	换电站数（座）	充电机功率总计（kW）	充电站占地面积（m^2）	投资金额（万元）	交流（个）	直流（个）	数量（座）
济南市	1	0	641	2000	1300	15	6	3

续表

城市名称	充换电站					充电桩		换电站
	充电站数（座）	换电站数（座）	充电机功率总计（kW）	充电站占地面积（m^2）	投资金额（万元）	交流（个）	直流（个）	数量（座）
青岛市	0	2	5880	2600	9829	0	0	4
日照市	1	0	1400	3672	1596	0	14	0
淄博市	1	0	1440	500	1000	0	6	0

吉林省

一、2012 年节能与新能源汽车扶持政策与措施

2012 年，吉林省新能源汽车产业工作重点主要放在加强技术攻关，稳步推进长春市示范运行以及配套设施建设，为开拓新能源汽车市场奠定基础。

1. 落实国家和省政府新能源汽车产业政策。根据国家出台的《节能与新能源汽车产业发展规划（2012-2020 年）》，修改完善了吉林省新能源汽车产业十二五发展规划，编制完成了落实国家《节能与新能源汽车产业发展规划（2012—2020 年）》的实施方案，继续落实吉林省政府出台的支持吉林省新能源汽车产业发展的 19 条政策意见。引导企业加大研发投入，加快研发进度。协调推进长春市节能与新能源汽车和私人购买新能源汽车试点工作。

2. 继续对吉林省新能源汽车产业研发资金。2012 年吉林省政府安排省级财政资金 3000 万元用于支持吉林省新能源汽车产业发展。重点支持吉林省新能源汽车产业联盟成员单位开展的纯电动轿车和客车，插电式混合动力轿车和其他类型新能源汽车及其关键部件的研发项目，以及企业新能源汽车专业技术中心建设项目。支持了一汽等 12 家企事业单位 14 个项目，带动企业投入资金 1.5 亿元。

3. 推进吉林省新能源汽车产业联盟工作。召开了吉林省新能源汽车产业联盟第四次工作会议，组织开展了应用吉林省内零部件企业研发的新能源汽车三大关键部件装配的 10 米纯电动客车和奔腾 B50 纯电动轿车试验平台的第二轮改进开发。协调建立由启明公司牵头的省内第三个整车试验平台——开利纯电动轿车试验平台，提升吉林省内关键部件研发企业的研发水平和技术标准。

4. 开展招商引资扩展新能源汽车产业链。利用吉林市整车生产资质，通过招商引资模式发展小型新能源汽车。先后与北汽新能源汽车与金沙江创业投资基金公司对接，成立项目推进组，制定项目工作方案，协调各方进度，组织召开推进组工作会议。达成《吉林市人民政府和金沙江创业投资管理有限公司建设新能源汽车产业园合作框架》签约。

二、吉林省新能源汽车产业发展情况

截止到 2012 年年底，吉林省从事新能源汽车及关键部件生产与研发企事业单位 16 家，其中：新能源汽车整车企业 4 家（一汽新能源汽车分公司、一汽客车有限公司、长春华奥汽车制造有限公司和吉林高新电动汽车有限公司），锂离子电池企业 2 家（吉林中聚新能源有限公司、长春国基电子有限公司），电池材料企业 1 家（辽源鸿图锂电隔膜科技股份有限公司），电机企业 4 家（富奥汽车零部件股份公司、北方凯达汽车技术研发有限公司、辽源汇丰电机制造有限公司、一汽辽源汽车电器有限公司），电控企业 2 家（富奥汽车零部件股份公司、启明信息技术股份有限公司），其余从事相关研发的单位还有吉林大学汽车学院、一汽技术中心、中国科学院长春应用化学研究所、东北师范大学。

2012 年，吉林省新能源汽车产业稳步推进，取得了较大的进展。

1. 新能源整车产业化取得实质性成效。截止到 2012 年年底，吉林省共计有 16 款节能与新能源汽车进入国家公告，以一汽集团为主的省内共有 13 款新能源汽车进入国家公告（奔腾 B50 插电式和纯电动、B70 强混和纯电动、一汽大众开利、B70 燃料电池等 6 款轿车和 7 款 7.3~12 米纯电动客车）。地方新能源整车企业有 3 款车型进入国家公告，华奥汽车制造有限公司 2 款（混合动力和纯电动各一款），吉林高新电动汽车有限公司 1 款。其中，一汽集团的奔腾 B50 插电式和纯电动轿车全省现已具备单班年产 1 万辆新能源汽车生产能力，最大生产能力可达到 2 万辆。混合动力客车进入了小批量生产，生产能力达到 2000 辆，纯电动客车 500 辆。

2. 一汽集团加快新能源整车产品研发。2012 年，一汽集团开展了奔腾 B50EV、森雅 EV、威志 EV 等过渡车型的开发。其中 B50EV 优化改进工作已完成，并进行了生产准入；森雅 EV 已完成二轮样车试制，并开展了相关适应性试验；威志 EV 工作已完成优化设计并开展了适应性试验；

A0EV 纯电动平台开发项目已完成整车定义。一汽客车开公司联合一汽技术中心、吉林大学汽车学院开展了 12 米纯电动公路旅游客车和新一代电电复合式 12 米纯电动客车产品的开发，该产品的电机、电池、电控三大关键部件完全是应用省内资源。一汽大众公司在新宝来平台基础上开发研制了开利纯电动轿车，2012 年 5 月份开始在广东佛山和长春市进行了道路试验。

3. 三大核心部件的研发取得较大进展。在吉林省新能源汽车产业专项资金支持下开展的应用吉林省内新能源汽车三大关键部件开发的 10 米纯电动客车、奔腾 B50 和开利纯电动轿车三个整车试验平台，进入第二轮的开发阶段。启明公司承担了开利纯电动轿车整车控制系统、动力电池系统、电动附件及车载信息系统的开发设计。辽源汇丰电机制造有限公司承担了一汽客车 12 米纯电动客车驱动电机的研发，驱动电机产品样机经国家强制检验合格后，配合整机厂完成国家产品目录公告。富奥汽车零部件股份公司、一汽辽源汽车电器有限公司研制的纯电动轿车用驱动电机和控制系统完成了第一轮样机的试制和试验，进入第二轮性能改进和提高阶段。吉林中聚新能源科技有限公司采用三元材料和低温电解液对软包电池开展了原材料成分及配比、电池内外部结构、生产工艺等方面的研究，减少了电池体积、提高了单体比能量，并通过了联合国运输安全测试规范，产品已经交付富奥和启明公司进行 B50 和开利试验车装车。

4. 动力电池及材料产业链初步形成。吉林中聚新能源科技有限公司现已具备年产 1.2 亿安时锂离子电池生产能力，车用动力电池通过国家强检，辽源鸿图锂电隔膜科技股份有限公司引进韩国技术和生产线建设的年产 4400 万平方米的电池隔膜纸项目已经小批量投产，产品技术国内领先，已为吉林中聚新能源科技有限公司等国内企业生产的锂离子动力电池小批量的配套。中国科学院长春应用化学研究所正在进行 Mn 基正极材料的中试生产与电极材料的应用研究，批量制备技术制备的 Mn 基正极材料进行了电池材料的应用实验，组装了电池组，使容量达到千瓦级，验证了 Mn 基电池材料的稳定性、一致性和高倍放电容量等重要指标，并与一汽技术中心合作，对这制备技术进行评估与改进，提出产业化规划。东北师范大学在磷酸亚铁锂电池正极材料的低温特性方面也取得一定的突破。

三、节能与新能源汽车示范推广工作进展情况

在国家和吉林省新能源汽车发展战略的指导和长春市试点工作的带动下。2012 年吉林省继续积极推进新能源汽车的示范应用。在保障已经上线的一汽客车生产的 200 辆气电混合动力公交客车的正常运行下，长春市又投入 2 辆由华奥汽车公司生产的 12 米低地板纯电动客车在 160 路公交线路开展了试运行。为了推进长春市“私人购买”新能源汽车试点工作的开展，又鉴于新能源汽车还不具备商品车的全部条件，为避免因车辆性能不稳定可能导致的负面影响，确定首批上线运行在吉林省政府和长春市政府及直属单位公务用车的“可控”领域，完成了 50 辆奔腾 B50 插电式混合动力轿车政府公务用车的采购和分配。并对一汽新能源汽车公司下达了 200 辆新能源汽车的采购计划，准备在长春市出租车领域首先实现批量示范应用。

为了保障这批 50 辆奔腾插电式混合动力轿车正常的示范运行，一汽新能源汽车分公司联合一汽技术中心，成立了专门的 24 小时售后服务组。做好了全员、全时、全过程、全体系的“TQC 全品质售后服务”。示范运行以来，累计行驶里程 45349Km，累计救援 82 次，共计工时 901 小时，探索构建了完整的销售服务，保险服务，售后维修网络建设，充电服务等运行模式，经受住了示范运营的考验，为新能源汽车的推广示范奠定了基础。通过示范运行，一汽新能源汽车分公司对该车在技术上改进和优化达 40 余项。

另外，在新能源客车方面，截至 2012 年年底，一汽累计销售了 520 辆混合动力客车。

四、基础设施建设及运行情况

2012 年，吉林省新能源汽车充电等配套基础设施建设稳步推进。国家电网公司投资 5000 万元在长春市净月开发区建设一座充电站，在 2011 年完成主体工程的基础上，2012 年完成了设备安装调试等工作，并正式投入运行，使吉林省充（换）电站数量达到两座（2010 年在长春市高新区建成一座充电站并投入运行），每天可以满足 40 辆客车和部分乘用车充电需求。同时，在长春市规划了 125 个充电桩点位，完成了部分充电桩的建设，截止到 2012 年吉林省共计建有充电桩 167 个。

五、节能与新能源汽车推广情况统计表

1. 电动汽车示范推广数量

（1）2012 年电动汽车示范推广数量

单位：辆

车　型	大中型客车	轻型客车	载货车	公务车	出租车	电力工程车	邮政车	环卫车	观光/场地车	私人车	其他	合计
纯电动汽车	2	0	0	0	0	0	0	0	0	0	0	2

续表

车　型	大中型客车	轻型客车	载货车	公务车	出租车	电力工程车	邮政车	环卫车	观光/场地车	私人车	其他	合计
混合动力汽车	0	0	0	0	0	0	0	0	0	0	0	0
插电式混合动力汽车	0	0	0	50	0	0	0	0	0	0	0	50
增程式电动汽车	0	0	0	0	0	0	0	0	0	0	0	0
燃料电池汽车	0	0	0	0	0	0	0	0	0	0	0	0
其他	0	0	0	0	0	0	0	0	0	0	0	0
合　计	2	0	0	50	0	0	0	0	0	0	0	52

（2）2012 年电动汽车示范推广车型及数量

应用城市	车型	公告批次	目录序号	数量（辆）
长春市	金华奥牌 CCA6120BEV 型纯电动城市客车	232	40	2
	一汽牌 CA7155PHEV1 型混合动力轿车	235	1	50

江苏省

一、2012 年节能与新能源汽车扶持政策与措施

2012 年，省政府出台了《江苏省新能源汽车推广应用指导意见》和《江苏省“十二五”新能源汽车产业推进方案》，提出了今后几年新能源汽车推广应用及产业发展的目标任务，明确了 2012—2014 年，重点加快南京、苏州、南通新能源汽车应用试点城市建设，各试点城市在 3 年试点期内分别推广应用新能源汽车 1000 辆以上，其中纯电动汽车占 50% 以上。对于试点城市推广应用的纯电动汽车省市财政按照一定比例给予补贴。

二、节能与新能源汽车生产经营情况

江苏汽车工业在全国具有重要地位，借助传统燃油汽车强大的产业基础，“十一五”以来，江苏新能源汽车产业发展取得了较大的成绩。初步统计，截至 2012 年年底，江苏全省从事新能源汽车整车及关键零部件研发生产企业 80 余家，部分新能源客车产品和关键零部件技术已达到国内先进水平。

2012 年，江苏新能源汽车产业实现产值 98 亿元，增长 25%；全省从事新能源汽车整车及关键零部件研发和生产的重点企业 80 余家，新增 10 个企业的 35 款新能源汽车产品列入《国家节能与新能源汽车示范推广应用工程推荐车型目录》，累计列入推荐车型目录的江苏产品达 64 款。2013 年一季度又有 3 个企业的 4 款新能源汽车产品列入《国家节能与新能源汽车示范推广应用工程推荐车型目录》，累计列入推荐车型目录的江苏产品 68 款。12 家企业研发生产的新能源汽车产品在苏州、南通、盐城等城市示范运行或试运行。

三、节能与新能源汽车示范推广工作进展情况

苏州市和南通市分别于 2010 年 5 月和 2010 年 9 月被列入国家第二批和第三批“十城千辆”示范推广工程试点城市，除此之外，盐城、南京、常州等市也积极开展新能源汽车的试运行。各地加强了充电站、充电桩等配套基础设施建设，新能源汽车应用环境明显改善。2012 年 3 月 2 日，省政府出台《江苏省新能源汽车推广应用指导意见》，我省将按照“政府引导、市场配置、企业运作”的原则，鼓励和支持有条件的城市在公交、出租、公务、环卫、邮政、电力等公共服务领域以电动汽车为重点，有计划、分阶段推广新能源汽车，有序建设新能源汽车应用试点城市。截至 2012 年年底，3 个试点城市在线运营或试运营的节能与新能源公交车 719 辆，其中南京 33 辆（纯电动 23 辆、混合动力 10 辆）、苏州 386 辆（纯电动 5 辆、油电混合 212 辆、气电混合 169 辆）、南通 300 辆（纯电动 10 辆、混合动力 290 辆）。全省有 10 个市（除镇江、徐州、连云港市外）已建纯电动汽车充电站 18 座、13 个市已建充电桩 1230 个。2012 年 8 月，全省首座全自动电动公交车充换电站（南京药科大学充换电站）正式投运。《指导意见》的出台，将对江苏新能源汽车应用市场的培育壮大和促进新能源汽车技术不断成熟、加快形成新的经济增长点，从而带动汽车产业更好更快发展产生积极和深远的影响。

四、节能与新能源汽车项目投融资及建设情况

江苏依托传统汽车制造特别是零部件工业较好的产业基础，依托南京理工、东南大学、江苏大学等高校院所，初步建立了新能源汽车从技术攻关、产品研发、零部件生

产、充电装备配套等较为完整的产业链。整车方面，南汽集团、苏州金龙、江苏常隆、扬州亚星等一批国家公告内汽车生产企业（集团）积极开展新能源汽车研发制造。此外，南京嘉远、江苏奥新、江苏益茂等一批具有一定技术积累、资本实力较强的民营科技企业也积极探索小型电动汽车或电动专用车辆研发创新，并取得重要成果，其中江苏奥新多款纯电动专用车进入国家节能与新能源汽车产品推荐目录；动力电池方面，春兰集团（春兰清洁能源研究院）镍氢动力电池技术领先并形成产业化规模，江苏新源动力有限公司车用氢燃料电池技术水平处于国内先进行列。此外，常州华日升、江苏双登、苏州星恒、协鑫动力、海四达电源等一批企业正积极推进锂离子动力电池的研发创新和产业化；电机、电控、电转向等方面，江苏微特利、三上机电、南京绿控、奥特佳冷机等一大批企业围绕新能源汽车配套，纷纷介入相关零部件（系统）的研发制造。

2013 年，江苏一批重点新能源汽车关键零部件项目加速推进。常州市裕成富通电机有限公司的电动汽车驱动电机及控制系统项目，驱动电机标称功率 10 千瓦，电机效率 >90%，控制器功率密度 12.5 千瓦/公斤；江苏春兰清洁能源研究院有限公司的新能源汽车动力锂离子电池及其管理系统项目，将形成年产 5000 套车用动力电源系统的生产能力；南京绿展科技有限公司高效环保电动汽车充电设备机器监控系统的技术及设备正在研发之中；江苏新源动力有限公司质子交换膜燃料电池产业化项目已开始批量生产，正进一步优化生产工艺，实现产业化。

五、节能与新能源汽车产业基地及园区建设情况

为引导产业集聚发展、加快形成经济规模、提升新兴产业竞争力，盐城、常州、南通（如皋）等市积极扶持相关龙头企业发展，并完善基础配套条件、加强招商引资和项目建设，着力打造新能源汽车产业基地。2010 年，盐城经济开发区被认定为我省首个新能源汽车产业化基地，至 2012 年年底该基地（新能源汽车产业园区）2.21 平方公里起步区“十通一平”基础设施配套全面完成；围绕“电池、电机、电控”三大关键领域的项目招商和项目建设全面跟进，协鑫动力电池、台湾锂科锂电、福特力电控、中航锂电等 18 个新能源汽车关键零部件项目总投资达 38.8 亿元，其中世界 500 强企业项目 2 个；东南大学盐城新能源汽车研究院、江苏省新能源汽车计量检测中心等一批公共研发服务平台加快建设，中大动力电池研究所和博士后工作站、奥新新能源汽车研究院等一批企业研发平台初步建成。2011 年，该园区年又成功获批“中国汽车零部件特色产业基地”“江苏省新型工业化示范基地”“江苏省特色产业园”和“中国产学研合作创新示范基地”。

六、主要节能与新能源汽车企业情况

1. 金龙联合汽车工业（苏州）有限公司

公司成立于 1998 年年底，具备年产 3.5 万辆大中型客车及底盘的能力。先后成功推出 5 至 18 米，六大系列 300 多款产品。2012 年销售额 88.6 亿元，市场保有量 18 万台，综合实力行业领先。金龙新能源客车以“智慧科技”打造新一代高价值、低能耗、绿色环保的新能源城市客车，为客户提供混合动力、插电式混合动力、纯电动、燃料电池等四种新能源动力系统。

凭借成熟的技术、优异的品质受到行业客户的广泛青睐，目前已在苏州、昆明、蚌埠、海口、天津、宁波、深圳、澳门、新加坡等十多个城市（国家或地区）示范运营。

2. 扬州亚星客车股份有限公司

亚星客车是全国著名品牌，公司主要生产高科技新能源混合动力客车、纯电动客车及欧 V 低排放豪华客车及普通客车。

公司长期坚持纯电动和混合动力城市客车研发和生产，共有四款混合动力客车进入国家财政补贴推广混合动力公交客车示范推广项目范围。2013 年公司“超级电容纯电动客车开发与产业化”获得江苏省科技成果转化项目。目前，公司有多款新能源客车在省内示范运行，并取得良好的销售业绩。

3. 东风悦达起亚汽车有限公司

东风悦达起亚于 2010 年启动了自主品牌电动轿车的开发项目，成功开发制作了纯电动样车，并进行了 1.5 万公里耐久试验和碰撞试验，试验结果均符合国家法规要求。通过电动汽车的开发试验以及与天津清源电动车辆有限责任公司的技术合作，东风悦达起亚已经完全掌握了纯电动轿车的核心技术之一——整车控制系统技术，具备了电动汽车整车控制系统软硬件开发能力。

目前，东风悦达起亚主要立足盐城本地开展示范运营工作。2012 年 10 月，东风悦达起亚首批投放两台在盐城进行示范运行。2013 年 5 月 9 日，又在盐城投放 10 台“华骐”纯电动轿车进行示范运行。

4. 江苏奥新新能源汽车有限公司

公司位于盐城国家级经济开发区，是专门从事新能源汽车研发、制造和销售的国家“高新技术企业”。公司专注于纯电力驱动车辆的轻量化和产品结构、工艺技术、新材料应用、商业模式的系统创新，产品技术全部为自主研发，具有自主知识产权。

公司研发试制的纯电动专用车，包括纯电动车厢可卸式垃圾车、自卸式垃圾车、扫路车、纯电动厢式运输车等，在武汉、昆明、厦门、盐城等城市实现销售，并小批量出

口美国、新西兰、西班牙、德国等国家。

5. 南京依维柯汽车有限公司

南京依维柯汽车有限公司是1995年12月，由中国南京汽车集团有限公司（上海汽车集团全资子公司）和意大利菲亚特集团依维柯公司共同出资成立的中外合资公司。是中国一流的商用车企业，拥有依维柯、跃进两大产品平台以及温馨360服务平台，产品线横跨客车、卡车、厢货车、越野车、底盘和专用车，拥有超过860余种丰富车型。公司的销售和服务网络遍布全国各地，并建立了海外经销渠道。近几年，国内销量大幅增长，市场份额逐年上升，同时整车远销拉美、南非、中东欧、中东、东南亚等地区。

近年来公司加大力度进行纯电动汽车的研发，涵盖纯电动服务车和纯电动客车，并在省内部分城市示范运行。

6. 南京金龙客车制造有限公司

公司成立于2000年，现有江宁、溧水两个生产基地，主要生产6~12米城市客车、旅游客车、长途客运、校车、CNG客车、LNG客车、纯电动和混合动力等新能源客车。

目前南京金龙新能源客车在南京、南通等地运行。2012年上半年10辆NJL6129HEV混动客车交付南京中北巴士使用，上线运营一年来，乘客、车辆运营的驾驶员以及公交公司机务科等相关人士，对车辆的舒适度、操控性、节能减排等多方面给予很高的评价。2012年下半年NJL6129BEV纯电动公交车批量交付南京东山公交，服务于江宁区17路公交线路，这批车零污染，零排放，噪声小，得到市民和驾驶员的好评。2013年年初交付南通市50辆NJL6118BEV纯电动通勤车，成功打开外地新能源汽车市场。

黑龙江省

一、2012年节能与新能源汽车扶持政策与措施

黑龙江省政府高度重视节能和新能源汽车产业发展，2012年，黑龙江省政府将交通运输装备制造产业列入全省重点发展的十大产业之中，新能源汽车作为汽车产业重要的组成部分，在资金和政策等方面得到了大力的支持和帮助。省政府对列入省级重点产业项目的节能和新能源汽车产业项目，先后拿出1300万元用于支持新能源汽车项目建设和示范运行。省政府积极支持省内各市地新能源汽车产业发展，全力推动齐齐哈尔市进入“十城千辆”示范城市，引导并培育企业组建新能源汽车工程技术研究中心，推动产学研用紧密合作，加快低温天气下电池充换电等关键技术攻关。同时将进一步加大对充电基础配套设施建设扶持力度，优先解决建设需求，扩大纯电动和混合动力公交线路示范区，支持电力企业建设充电基础配套设施，进一步推动黑龙江省电力公司高寒地区新能源汽车充、换电服务运营模式的规范建设与发展。齐齐哈尔市政府出台的《关于支持新能源汽车产业发展政策的意见》，对新能源汽车推广及相关产业链、基础设施建设等进行全方位支持政策，明确今后在进行充换电设施建设等方面加大扶持力度，将建设用地纳入城市发展规划，优先解决建设需求。

二、节能与新能源汽车生产经营情况

黑龙江省节能与新能源汽车产业整车的企业共有两户企业，分别是哈尔滨哈飞汽车集团和黑龙江龙华新能源汽车有限公司。哈尔滨哈飞汽车生产的“哈飞赛豹纯电动轿车”是在“863”赛豹纯电动轿车开发项目基础上，与美国CODA公司合作开发的满足美国汽车市场需求的电动车，2012年实现产业化生产并批量出口美国，截止到2012年年底，累计生产386辆，其中出口281辆。黑龙江龙华汽车有限公司，是由上海联孚集团在兼并重组原黑龙江汽车改装厂的基础上成立的。主要产品有电动车专用电机、太阳能电动公交车、客车，及薄膜太阳能电池。项目总投资21.3亿元，项目按5年规划3期建设。项目建成达产后，可年产1万辆新能源公交车及客车、100万台电动汽车专用电机和100MW太阳能光伏发电组件。年可实现销售收入486亿元，利税57亿元，可提供就业岗位5000余个。2012年7月18日实现投产下线，目前已经形成了年产新能源客车3000辆的生产能力，在手订单850辆。

三、节能与新能源汽车示范推广工作进展情况

黑龙江省分别在哈尔滨市、齐齐哈尔市等地进行了节能与新能源汽车公交客车的示范运行。哈尔滨市运行的节能与新能源公交客车共有2790台，其中：气电混合80台、天然气2710台。齐齐哈尔市首批投入使用的20台具有低噪声、低排放，空间宽敞的新能源和清洁能源公交车正式投入运营。公交车示范线路的开通，对于推进该市低碳绿色交通、改善出行条件及加快新城区建设，将起到积极推动作用。

四、基础设施建设及运行情况

1. 充电桩建设

哈尔滨市电业局规划出资500万元，在各主要公共区域建设110个充电桩及线路铺设。部分地区已经达成协议，机场、火车站、各大超市地下停车场等地正在进行协商。哈市电业局已将该规划报市发改委、规划局等负责部门备案，准备开工建设。

2. 充(换)电站建设

黑龙江省电力公司规划建设专用充（换）电站，投资建站起始面积1000平方米以上，可由政府出面协调统一锂电池规格，国家电网将完全担负换电电池所有费用，在负责充电站建设和充电服务的同时，可以为电动汽车提供更为直接的更换电池服务，提高电动汽车推广应用的实际意义。

3. 充电桩运行示范站

阿城继电器股份公司凭借在国内外电力系统继电保护领域的经验和业绩，加大了对电动汽车充电桩的研发力度，同时还参与了国家电动汽车充电站标准制定，现已成功研制出锂电池充电桩，在省电科院内建成了具备商业运行条件的电动汽车充电示范站，并已成功运行。公司还进行了电动汽车充电站系统项目建设，改建智能装置制造中心，建成智能配电装置模拟试验和测试系统等。阿继现已具备年产电动汽车充电站及配电系统45套的能力。

五、主要节能与新能源汽车企业情况

1. 哈尔滨哈飞汽车工业集团公司。是中国汽车骨干生产企业和研发基地。主要产品有哈飞骏意、路尊小霸王、民意等微型客车与货车系列，路宝微型轿车系列，赛马、赛豹经济型轿车系列及新能源汽车。赛豹纯电动轿车在美国高速公路保险协会（IIHS）NCAP正面40%偏置碰撞测试中成功通过，成为国际上第一辆成功完成该项试验的锂离子动力电池纯电动轿车。

2. 黑龙江龙华新能源汽车公司。主要产品有电动车专用电机、太阳能电动公交车、客车，及薄膜太阳能电池。公司规划三期建设项目，一期设计生产能力为1500辆新能源公交车、新能源客车及专用车、10万台汽车专用电机。

3. 哈尔滨光宇集团。主要生产电源产品和电力自动化设备等，公司主导产品是锂离子电池，目前国内市场占有率5%。公司研制的磷酸铁锂电池，用于电动自行车。具备年产180万套电动自行车锂离子电池生产能力，正在研发汽车动力电池项目。

4. 哈尔滨巨容新能源有限公司。已具备生产最大容量15万法拉电容器能力，在国内超级电容产品领域排在第2位。企业在电容管理和热量管理等方面有自己的专利技术。企业可独立完成储能、热量管理、充放电管理能量包集成。

5. 哈尔滨冠拓电源设备有限公司。生产锂电池储能、热量管理、充放电管理的集成能量包，为纯电动车的提供动力能源，其中锂电管理相关产品占国内市场80%以上。

6. 黑龙江中强能源科技有限公司。主要从事聚合物锂离子电池及相关产品的研发、生产和销售。产品有电动客车用电池、电动轿车用电池、电动摩托车用电池、船用电池等数百种产品。正在集中发展聚合物锂离子电池和纳米技术在电池上的应用。

六、节能与新能源汽车推广情况统计表

1. 2013年1—3月电动汽车示范推广数量

单位：辆

车　型	大中型客车	轻型客车	载货车	公务车	出租车	电力工程车	邮政车	环卫车	观光/场地车	私人车	其他	合计
纯电动汽车	0	0	0	0	0	0	0	0	0	0	0	0
混合动力汽车	81	0	0	0	0	0	0	0	0	0	0	81
插电式混合动力汽车	—	0	0	0	0	0	0	0	0	0	0	0
增程式电动汽车	0	0	0	0	0	0	0	0	0	0	0	0
燃料电池汽车	0	0	0	0	0	0	0	0	0	0	0	0
其他	0	0	0	0	0	0	0	0	0	0	0	0
合　计	81	0	0	0	0	0	0	0	0	0	0	81

2. 2013年1—3月电动汽车示范推广车型及数量

应用城市	车型	公告批次	目录序号	数量（辆）
哈尔滨市	宇牌通ZK6120CHEVG1型混合动力电动城市客车	232	71	80
	金旅牌XML6125JHEV38CN型混合动力城市客车	238	（十七）124	1

河北省

一、2012 年节能与新能源汽车扶持政策与措施

2012 年 12 月 27 日，河北省政府印发了《关于贯彻落实国家节能与新能源汽车产业发展规划的实施意见》，提出以“电池、电机、电控”关键零部件为突破口，以纯电动汽车和插电式混合动力汽车为主攻方向，整合相关资源，培育骨干企业，推动节能与新能源汽车产业尽快形成规模和优势。

二、节能与新能源汽车示范推广工作进展情况

2010 年 5 月，唐山市被国家四部委确定为“第二批国家节能与新能源汽车示范推广试点城市”。截至 2012 年年底，唐山市已落实的节能与新能源汽车示范推广总数为 1060 辆；新能源公交车已占到全市公交车保有量的 7%，新能源出租车将占到全市出租车保有量的 16.4%，有 47% 的县（市）区参与示范推广，参与示范单位涉及了 15 个政府部门、6 家生产企业、16 家运营企业、1 家充换电设施建设单位、8 家高校和科研院所、18 家运营维护机构；建成充电站 3 座、换电站 1 座、充电桩 36 个；建立维护保养站点 10 个；已发放国家补贴资金 5460 万元，投入地方财政专项资金近 1.5 亿元。节能与新能源汽车的示范运营，使全市累计节省燃油消耗 2241.96 吨、减少 CO_2 排放 5564.86 吨、减少 CO 排放 2.989 吨。

三、节能与新能源汽车项目投融资及建设情况

河北省内初步形成了长城新能源汽车整车产品；河北神州巨电、钢中锂能、唐山锂源、河北洁神、河北敬众等一批锂离子动力电池生产企业；唐山普林亿威和秦皇岛普林赞威等新能源汽车配套电机生产企业；保定宇能、石家庄凯翔拥有充电站和充电桩技术；河北金力新能源拥有锂离子动力电池隔膜技术。上汽集团在唐山市曹妃甸注册成立了上汽唐山客车有限公司，一期投资 3.2 亿元，可年产 3000 辆新能源汽车；河北（迁安）力通新能源公司锂电池正极材料及动力电池项目，总投资 2.6 亿元，产能达 4000 万安时，已经投产；唐山普林亿威科技有限公司的自充电双绕组电机及其控制系统、唐山优克利尔能源设备公司的车载充电机等一批新产品已投入批量生产。长城汽车有 29 款车型列入国家“节能惠民工程”节能汽车推广目录，一款纯电动车型列入国家《车辆生产企业及产品公告》。

四、节能与新能源汽车发展规划

到 2015 年，形成 5000 辆纯电动汽车\插电式混合动力汽车生产能力，培育 3~5 家具有一定竞争力的纯电动汽车整车和零部件生产骨干企业。到 2020 年，形成 10 万辆纯电动汽车\插电式混合动力汽车生产能力。

依托长城汽车、长安汽车、中兴汽车、保定长安客车、风帆电池等企业，重点打造保定节能与新能源汽车基地。依托石家庄双环、河北长鹿客车、河北电机等企业建设石家庄电动汽车基地。依托河北红星汽车、河北神州巨电动力电池、钢中锂能动力电池、河北善鑫泰瑞电池材料等企业打造邢台电动汽车基地。依托上汽唐山客车、唐山锂源动力电池、唐山普林亿威电机等企业打造曹妃甸节能与新能源汽车基地。依托衡水电机、河北海伟薄膜、河北敬众动力电池等企业打造衡水电动汽车核心部件基地。依托河北洁神新能源、河北金力新能源等企业打造邯郸动力电池基地。

山西省

山西汽车工业是山西省产业结构调整的重点培育产业。现有的产业规模已成为山西省装备制造业的重要组成部分，开始具备了成为地方经济支柱产业的基础条件。

山西省是全国的公路运输大省，多年来公路货运量一直位居全国第三位（广东、山东位于前两位），但就汽车工业而言，山西又是汽车生产小省，整车产量很少。随着山西省产业结构的调整，汽车工业面临新的发展机遇。

战略布局，谋划发展

一、山西汽车工业发展战略

“十二五”时期，山西汽车工业实施“北、中、南合理布局，基本型和专用车同步发展”的发展战略。

北部，以大同市经济开发区为基地，东引中国重汽，完成了大齿集团的新厂重建；西引陕西重汽，建设陕汽集团大同专用车公司，建成后将成为山西省最大的专用车生产基地。

中部，以太原、晋中同城化建设为依托，完成了江铃

重汽 1.5 万辆的能力建设，晋中市打造了山西新能源汽车·机械装备制造园区。

南部，通达集团大运汽车制造公司具备年产 5 万辆生产能力，具有一流的冲压、焊装、涂装、总装四大工艺。二期工程扩大为 10 万辆规模，完成车架、车厢和专用车联合车间建设。

山西卓里集团有限公司具有年产 5 万辆三、四轮运输车和 5000 辆克劳耐商用挂车生产能力。

微型车发展异军突起，民营企业成功集团近年来在成功准海发动机、贵州航天汽车的基础上，在长治市经济开发区建设 60 万台微型车发动机，30 万辆微型车（包括甲醇燃料发动机和整车）。

二、山西新能源汽车发展战略

新能源汽车一直是山西汽车工业发展的特色和亮点。按照山西省委、省政府转型跨越战略和“四化”率先发展的要求，发挥大太原经济圈核心区优势，晋中市打造了山西新能源汽车·机械装备制造园区。制造区位于晋中主城区的东北部，规划面积 9.84 平方公里。该制造区将以乘用车为核心，以中重卡车为基础，以特种车、专用车为补充，聚集零部件产业群，建设中国中部地区新能源汽车和零部件的重要生产基地。到 2015 年形成轿车 20 万辆，中、重卡车及专用车 15 万台，产值达 500 亿元，零部件配套本地化实现产值 250 亿元。

目前，山西新能源汽车项目（吉利）和中航特种装备及车辆制造项目已落户开工。

1. 吉利集团山西新能源汽车项目在晋中从新能源汽车·发动机及零部件研发试制产业化项目切入，投资建设集整车生产、发动机制造、职业培训、技术研发四位一体，形成以山西为中心向周边五省延伸、供产销输配相对独立的北方轿车生产基地。初步规划年产 20 万辆甲醇灵活燃料轿车，占地 1409 亩。一期总投资 26.8 亿元，建设冲压、焊装、涂装、总装、发动机等生产车间以及与之配套的管理中心、研发中心、销售中心、生活配套区等各种辅助设施，形成年产 10 万台整车和 10 万台发动机生产能力。

2. 位于晋中市经济开发区的中航美运兰田特种装备制造有限公司完成了向中航集团的股权转移，年产 3 万台的新厂开始建设，将打造成中航集团所属的多种专用车产品的生产基地。

3. 我国大马力甲醇燃料发动机的主要生产企业一汽靖烨发动机制造有限公司顺应发展要求，平稳实现了民营股份由靖烨集团向“北大新能源”的顺利转股扩股，在晋中市建新厂的方案开始实质性实施。一期项目投资 33 个亿，占地 1500 亩，形成年产 10 万台新能源发动机、1 万台新能源汽车生产能力。

4. 电动汽车项目也在顺势而上，选址晋中的山西百成新能源公司的电动车项目，预计投资 40 亿元，年产量为 5000 辆。新能源电动汽车项目计划总投资 40 亿元，其中一期投资 4.98 亿元。一期工程总建筑面积 208256 平方米，建设汽车改装生产线及 19 条电池生产线，生产规模确定为年产电池 5000 台套、电机 5000 台套、电控 5000 台套、改装豪华大巴 2500 台、公交大巴 2500 台。

5. 晋城皇城相府集团公司开发的锂电池项目已在晋城市投产，年产 5000 辆中型客车项目在完成对山西客车总厂控股后，正计划在国家级太原经济开发区异地建厂。

6. 华夏动力科技有限公司将在太原建成年产 100 万套电动轿车电机、10 万套电动客车电机及年产 5 亿 A·h 钇铁锂离子动力电池生产能力。

7. 晋城高平唐一新能源科技有限公司生产纯电动汽车用磷酸铁锂动力电池组，年产 36000 万 A·h，总投资为 15 亿元。项目建成后主要生产“金唐锂电”为品牌的大容量纳米动力单体锂离子电池。

立足优势，打造特色

在用车甲醇化改造是山西省推进燃料甲醇及甲醇汽车的一大特色。几年来，以三个厂家三种工艺路线改车为主，辅以地方优惠政策，有力推动了甲醇燃料的应用，三家企业在市场竞争中，有力助推了 ECU 核心技术的不断更新换代。

三、在用车甲醇化改造发展情况

在用车甲醇化改造是在发动机不变的情况下，通过增加一些装置使原汽油车变成双燃料车。即在汽油机上增加一个甲醇—汽油电子控制器（ECU），将原燃油泵、油管等更换成耐醇的电子燃油泵、耐醇管并增加一个电路保护装置，以解决电化学腐蚀问题。在使用过程中，对专用润滑油、甲醇品质加以控制，使在用车可以 100%~85% 烧甲醇，并能自动切换成烧汽油。目前全省在用车甲醇化改造技术有资质的企业有三家公司：山西佳新能源化工实业有限公司、山西博世通汽车新技术开发有限公司、山西丰喜新能源开发有限公司，三家企业都是应用 ECU 技术，但技术各有千秋。

自 2000 年始，山西佳新能源化工实业有限公司针对点燃式发动机不断探索并研发成功五代甲醇汽车改装技术。甲醇/汽油双燃料发动机改装技术（ECU）于 2005 年通过山西省科技成果鉴定，

四、承担国家“863”出租车甲醇应用项目

2006年由山西佳新能源化工实业有限公司承担了国家“863”计划《现代交通技术领域节能与新能源汽车“出租车甲醇应用技术研究”项目》，共改造出租车2400多辆，甲醇汽油替代比达1.68:1，尾气排放达国Ⅲ标准，耐醇燃油泵寿命达到6万公里，整车动力、加速性基本保持原汽油机水平。2010年12月通过国家科技部组织的专家验收，结论是：“原车增加一套具有自主知识产权的甲醇燃料发动机控制系统（ECU），不改变在用发动机结构，即可使用添加剂的甲醇燃料又可使用汽油；成熟易行的冷启动技术；耐醇油泵使用寿命达6万~9万公里；车辆具有良好的动力性，燃料经济性，尾气排放达标。”

在车用燃料多元化的今天，甲醇可作为一种替代燃料，在实际应用过程中，必须解决高比例混烧时车辆如何适应燃料的问题，中低比例掺烧时燃料如何适应车辆。对于汽油车改造的甲醇车而言，甲醇燃料虽然有许多优点，但毕竟是在汽油车上加以改造，不是真正意义的甲醇发动机汽车，和传统汽柴油比仍有许多不足，如何充分利用其优势，控制其劣势，做到汽油车使用甲醇燃料后和原来汽油车比在排放、安全、经济性等方面比原来好，这样才有推广的价值。

为了解决这些问题，10多年来，山西省在坚持科学发展观的前提下，本着勇于创新、放手创新、不断创新、通过工程实践创新的精神和做法，解决了在示范运营中出现的诸多问题，打开了推广在用汽油车烧甲醇燃料的新局面。

1. 充分调动企业的力量，开展实用技术的研究

由于山西省没有轿车制造厂，因此我们从在用车改造入手，开始了甲醇汽车、甲醇燃料事业的万里长征。山西佳新能源化工实业公司和一些科研院所联合首创开发了，将在用汽油车改烧为M85-100甲醇燃料汽车以及甲醇加注机等应用甲醇燃料的实用技术。

10多年来山西佳新、博士通、丰喜公司始终坚持“顺应市场需求、走自主研发之路”，不断推陈出新，逐步完善了以发动机控制单元为核心的在用车甲醇化改造成套应用技术，并得到了市场的广泛认可。示范推广与产业化实践证明，无论是在灵活燃料发动机的控制技术、零部件的抗腐蚀技术，还是M100的冷启动技术都得到了长足的发展，取得了多项发明专利、实用新型技术，科技进步奖，使在用车甲醇化改造的技术更加具有实用性，并得到了市场的充分验证，加快了市场产业化应用的步伐。

2. 政府引导，政策鼓励

为了使在用车甲醇化改造市场化，省政府出台了鼓励的相关文件，省安监局将甲醇燃料加注体系列入了危险化学品管理、省工商局准予增加经营品种、省科技厅通过实用技术成果鉴定、省技术监督局出台了地方标准、省公安交管局准予在用车辆改造后通过年检、同时晋中市、太原市也出台了资金补贴政策、运城市协调甲醇供应企业给予价格优惠政策等引导。省发改委、财政厅为了进一步推动我省节能减排工作，加大推广甲醇汽车的力度，于2008年出台了节能补贴政策“对改造一辆甲醇汽车，补贴2000元，甲醇公交车每辆补贴1万元，下一年补贴减半”。在政策的推动下，改造车辆出现爆发式的增长，仅当年一年山西省就改造了6000多辆小型汽车，包括出租车、私家车。2009年国家出台了《M85甲醇汽油》标准，极大鼓励和推动了此项工作的产业化进程。

3. 和示范工程结合，不断解决示范中出现的问题，逐步规范市场运作

山西省先后承担并完成“九五”和“十五”期间二项国家甲醇汽车示范项目以及2006年国家“863”计划“出租车甲醇应用技术研究项目”，同时企业与科研院所合作承担了省科技厅、发改委、经贸委等项目，解决了多项市场实际应用中的实用技术，总结了一套产品进入市场的操作规程、售后服务、安全培训、突发事件预案等推向市场的系统管理经验。

4. 地方标准的制订规范和助推了产业化的发展

为了规范化推广在用车改烧甲醇燃料，我省在企业标准的基础上，先后出台了《乘用车甲醇/汽油两用燃料装置装调技术要求》《M85、M100车用甲醇燃料》《车用燃料甲醇》《车用甲醇燃料安全作业》等地方标准，配合助推了在用车甲醇化改造的技术创新、提升、发展的速度，也为今天国家甲醇汽车试点工作铺垫和创造了基础条件。

5. 产品的实用性，带动了全国的市场

在用车甲醇化改造技术产生了质的突破。简单实用的电子装置取代了繁杂昂贵的机械改造技术，运城市（企业所在地）的甲醇汽车改造量迅猛增加，尤其在售后服务与燃料供应模式方面的大胆尝试和探索，

多年来，在政府的引导、政策的到位，再加上不断提升产品质量、完善售后服务体系、加强服务与安全培训，通过租赁、合作的方式引导社会加油站参与甲醇燃料供应，迅速掀起了一个山西乃至全国的甲醇汽车改造风暴，开启了甲醇替代燃料应用技术的新时代。

2012年，在用车甲醇化改造（主要是出租车、私家车）省内1.3496万辆、省外3.744万辆，合计5.0936万辆。省内低比例M15甲醇汽油销售57.68万吨，替代汽油8.65万吨；M85-100高比例甲醇燃料销售5.8万吨（按1.6:1替代汽油计算）替代汽油3.63万吨，共替代汽油12.28万吨。

国家试点，扎实推进

国家工信部下发了《关于开展甲醇汽车试点工作的通知》（〔2012〕42 号），确定山西省、陕西省和上海市作为甲醇汽车试点省份。山西省开展甲醇汽车试点工作以来，山西省新能能源汽车领导组及省经信委精心组织，制定实施方案。

五、启动国家甲醇汽车试点工作

山西是我国开展甲醇燃料及汽车研发和推广最早的省份，既有资源的优势和条件，又有技术、标准等产业化推广方面基础和经验。逐步将在甲醇轿车、公交车、载货车、微型车进行试点运行。甲醇汽车试点启动一年来，试点实施方案编制、甲醇汽车公告等各项准备工作取得了积极进展。按照工信部的统一部署，我省编制了《山西省甲醇汽车试点总体方案》，全省试点启动工作扎实推进。

山西省晋中市勇于担当，相关部门通力合作为试点创造了良好条件；车辆生产、燃料供应、承运公司等企业做了大量基础工作，确保了试点的启动运行。山西省首先启动晋中市甲醇汽车试点，使用 150 辆吉利英伦 SMA7151K05M 甲醇汽车，将通过两年的运营，通过技术数据的采集、管理、评估等工作完成对高比例甲醇汽车适用性、可靠性、经济性、安全性的评价，将为产煤地区能源产业带来新的机遇，对经济结构转型和产业链的延伸起到积极的推动作用。

六、甲醇出租车试点稳妥推进

2013 年 1 月，工信部正式批复山西省晋中市甲醇汽车试点实施方案，3 月 13 日由吉利集团和山西骏泰汽车销售服务有限公司组建晋中福桥出租汽车有限公司甲醇试点出租车队，启动甲醇汽车试点工作。甲醇燃料由山西佳新能源公司提供保障，前期在榆次区由 1 座民营加油站和 1 座中石化加油站加注 M100 甲醇燃料。为了稳妥安全运行，甲醇汽车试点车辆分批、分次投入运营，首批有 20 辆甲醇汽车先行投入试点运行，目前已增加至 40 辆，运行一个季度后再投入 60 辆运营（6 月底前），8 月底前 150 辆全部投入运行。加注站点根据车辆运行情况进行调整站点数量。

晋中市甲醇汽车试点运行正式启动，是甲醇汽车试点里程碑事件，标志着甲醇汽车试点工作新阶段的开始。试点要求我省加强组织领导，加强试点安全管理和技术数据管理，确保试点顺利进行。通过试点积累数据、经验以及事件紧急预案，为国家下一阶段推广甲醇汽车提供支撑依据。

晋中市甲醇出租车试点已运行两个多月，出租车公司、驾驶员司机、燃料供应、燃料加注站从开始的不适应到现在已逐步走过磨合适应期。目前情况运行稳定，甲醇汽车动力性、安全性、经济性良好。每公里花费约 0. 35 ~0. 38 元，百公里平均消耗 14 ~15 升甲醇燃料，与汽油的替代比在 1:1. 6 ~1. 55 左右，与汽油车动力性相当、比天然气车动力性好，同时解决了甲醇汽车的腐蚀溶胀以及冷启动问题，每台车一年比汽油车节省 3 万多元。

积极探索、重点规划

中国富煤少油，发展煤基醇醚燃料作为重要的替代能源，是满足我国日益增长的能源需求，促进国家经济社会快速健康发展的战略选择。20 世纪 90 年代初期，美国在全世界率先发展甲醇新能源汽车，带动了中国、日本、德国等许多国家，影响很大，后因种种客观原因而止步。

山西省先行先试，是中国最早涉足这一领域的省份，在甲醇汽油、甲醇新能源汽车的研发、试验、产业化推广上积极探索，坚持不懈地进行甲醇汽油、甲醇汽车的试点推广工作。随着对甲醇燃料是一种安全、清洁、环保、经济的替代燃料的认识加深和掺烧技术、甲醇发动机研发技术的提高，试点推广工作取得显著成果，在国内产生了很大影响，引起国家高度重视，各地也出台了一系列鼓励发展甲醇燃料的扶植政策，使甲醇替代燃料逐步发展起来。

山西省从 20 世纪 80 年代在政府的推动下开始进行甲醇燃料和甲醇汽车的研究，90 年代逐项进行试验示范，21 世纪由点到面全方位展开。经过 20 多年坚持不懈的研发、推广，取得了重要的阶段性成果：制定出台了甲醇燃料七个地方标准；在用车甲醇化改造技术成熟；甲醇发动机研发取得重大突破；开发出适合山西省高硫、高灰劣质煤制甲醇的“灰熔聚”气化炉。使山西省开展的甲醇燃料和新能源汽车产业化示范运营工作处于全国领先水平。根据目前发展态势，山西省规划到 2015 年，甲醇汽油发展到 300 万吨，在用车改造达到 15 万辆，新增甲醇载重车 5 万辆、发展甲醇灵活燃料轿车 10 万辆，年消耗燃料甲醇 500 万吨；焦炉煤气、劣质煤制甲醇发展到 1000 万吨，将成为山西省的战略性新兴产业。

同时，在国际上也产生了一定的影响。目前以色列、巴基斯坦、马来西亚等国都来山西洽谈合作事宜，希望通过合作交流在各自国内发展甲醇燃料和甲醇新能源汽车。

七、节能与新能源汽车推广情况统计表

1. 甲醇汽车推广情况数量

（1）2012 年 1—12 月甲醇汽车推广数量

车　型	大中型客车	轻型客车	载货车	公务车	出租车	电力工程车	邮政车	环卫车	观光/场地车	私人车	其他	合计（辆）
甲醇汽车	0	0	0	0	15200	0	0	0	0	35736	0	50936

注：以上推广的 50936 辆甲醇汽车均为改装车、属未上公告车型。

（2）2013 年 1—3 月底甲醇汽车推广数量

车　型	大中型客车	轻型客车	载货车	公务车	出租车	电力工程车	邮政车	环卫车	观光/场地车	私人车	其他	合计（辆）
甲醇汽车	0	0	0	0	1600	0	0	0	0	3959	0	5559

注：以上推广的 5559 辆甲醇汽车均为改装车、属未上公告车型。

2. 甲醇汽车试点情况数量

（1）2013 年 1—3 月底国家甲醇汽车试点数量

车　型	大中型客车	轻型客车	载货车	公务车	出租车	电力工程车	邮政车	环卫车	观光/场地车	私人车	其他	合计（辆）
甲醇轿车	20	0	0	0	40	0	0	0	0	0	0	60

注：以上推广的 60 辆甲醇汽车均为上公告车型。

（2）2013 年 1—3 月底国家甲醇汽车试点示范推广车型及数量

车型	生产企业	公告批次	目录序号	数量（辆）
英伦牌 SMA7151K05M 型甲醇轿车	上海华普汽车有限公司	240	52	60

广东省

一、2012 年节能与新能源汽车扶持政策与措施

广东省出台的促进新能源汽车发展的政策措施情况。

一是在《广东省战略性新兴产业发展“十二五”规划》中明确将新能源汽车产业列为近期率先突破的战略性新兴产业之一，并印发了《广东省新能源汽车产业发展规划（2013—2020 年）》。二是建立了以常务副省长为召集人的广东省新能源汽车发展联席会议制度，统筹、指导全省新能源汽车发展工作，研究解决产业发展中的重大问题。三是省政府与南方电网公司签署了电动汽车充电设施建设战略合作框架协议，积极推进配套基础设施建设。四是政府部门为新能源汽车的牌证办理、项目环评审批、标准化工作开设了“绿色通道”。五是严格落实企业研发支出税前加计扣除等方面的国家税收优惠政策；制定电动汽车充电设施用电价格优惠政策，对电动汽车路桥通行费“一免两减半”政策进行了研究。六是印发广东省电动汽车产业标准体系规划与路线图，不断健全我省电动汽车标准体系。七是“十二五”期间省财政在省战略性新兴产业专项资金中每年安排 3 亿元用于发展新能源汽车，并抓紧研究制定新能源汽车政府采购制度，建立优先采购新能源汽车的政府采购便捷通道。八是全面推进广东省新能源汽车推广应用示范工程，以鼓励新能源汽车在公交、公务等领域的应用为切入点，大力培育新能源汽车市场需求。

二、节能与新能源汽车生产经营情况

2012 年实现工业总产值 61.6 亿元，同比增长 28%；新能源乘用车产量 4011 辆，同比增长 345.7%。

三、节能与新能源汽车示范推广工作进展情况

截至 2013 年一季度，全省新能源汽车推广应用规模超过 8000 辆，其中深圳市超过 5000 辆。详细情况见下表。

单位：辆

城市名称	纯电大巴	纯电中巴	纯电乘用车	电动市政车	混动大巴	混动乘用车	燃料电池汽车	LPG公交车	LPG出租车	LNG公交车	CNG出租车	合计
广州市	81	15	63	0	1744	808	60	7257	18761	421	0	29210
深圳市	1253	26	1226	0	1771	801	62	0	0	0	0	5139
珠海市	20	0	5	0	0	0	0	0	0	858	0	883
佛山市	0	0	96	17	66	0	0	0	0	1500	1100	2779
韶关市	5	0	0	0	0	0	0	0	0	113	90	208
惠州市	4	1	0	0	0	0	0	0	0	444	100	549
东莞市	0	6	0	0	0	0	0	0	0	0	0	6
中山市	14	0	36	283	0	0	0	0	0	412	1000	1745
梅州市	0	10	0	0	0	0	0	0	0	150	0	160
湛江市	0	0	0	0	0	0	0	0	0	370	1200	1570
江门市	0	0	0	0	0	0	0	0	0	299	0	299
肇庆市	0	0	0	0	0	0	0	0	0	169	0	169
合计	1377	58	1426	300	3581	1609	122	7257	18761	4736	3490	42717

四、基础设施建设及运行情况

截至2012年年底，全省累计投运各类充电站89座，充电桩超过3000个。南方电网公司还分别在广州亚运城、跑马场建设了电动汽车充电、换电体验中心，积极探索不同的充换电模式。普天新能源公司在深圳、广州、珠海等地积极探索融资租赁、车电分离、充换电服务等新型商业模式，推动新能源汽车产业由政府大规模补贴向成熟商业化运作过渡。

五、节能与新能源汽车发展规划

2013年2月，经广东省政府同意，省发展改革委印发了《广东省新能源汽车产业发展规划（2013—2020年）》。《规划》简要介绍了我省新能源汽车发展基础和发展环境，提出了产业发展总体要求和发展目标，明确了发展任务和发展重点，并提出了一系列保障措施。

规划提出以纯电驱动为新能源汽车发展和汽车产业转型的主要战略取向，重点推进纯电动汽车、插电式混合动力汽车、增程式电动汽车开发和产业化，按照市场主导、创新驱动、标准先行、重点突破、协调发展的要求，着力推进产业技术创新、壮大产业规模、改善发展环境和推动产品应用，争取用5年左右建立以骨干企业为核心的新能源汽车产业链，用10年左右将广东建设成为产业规模、创新能力和品牌影响均达到国际前列的新能源汽车产业基地。到2015年，全省新能源汽车综合生产能力达到20万辆以上，累计产销量力争达到5万辆，推广应用规模争取达到5万辆。

广西壮族自治区

一、2012年节能与新能源汽车扶持政策与措施

一是自治区设立新能源汽车发展专项资金，推动产业加快发展。2012年，共安排了广西战略性新兴产业（新能源汽车）发展专项资金3000万元，对柳州五菱汽车有限责任公司等6个企业共9个项目给予了资金支持，支持节能与新能源汽车及关键核心部件的研发和产业化项目。二是加强节能与新能源汽车生产准入和标准的指导协调。指导新能源汽车生产企业做好生产准入工作，协调企业节能与新能源汽车产品公告申报的相关问题，帮助企业争取节能与新能源汽车生产资质。三是积极推进区内节能与新能源汽车的示范推广。2012年开展了《广西节能与新能源汽车示范推广研究》课题编写工作，为做好节能与新能源汽车的示范推广工作提供有力支撑。

二、节能与新能源汽车生产经营

2012年，全年生产新能源汽车343辆，其中柳州五菱汽车工业有限公司生产纯电动货车、纯电动休闲观光车共221辆；柳州延龙汽车有限公司生产电动汽车100辆；上汽通用五菱汽车股份有限公司生产纯电动邮政车、纯电动乘用车和混合动力交叉型乘用车22辆。柳州五菱汽车工业有限公司生产的ED150电动货车、C1电动社区车等产品已逐步打开国际市场，远销至美国和泰国。

三、节能与新能源汽车示范推广情况

2012年，柳州市新增推广50辆纯电动环卫车、184辆纯电动观光车和75辆电动专用改装车。为做好节能与新能源汽车示范推广工作，2012年6月，南宁市工信委、交通运

输局、市公交总公司等相关部门赴株洲、郑州、昆明等市对节能与新能源公交车示范推广工作进行学习和考察，并向南宁市政府提出了混合动力公交车示范推广的建议。南宁市计划于2013年采购150辆混合动力公交车进行示范运营。

四、基础设施建设

目前，广西建成并投入使用的电动汽车充电站有南宁国际会展中心和南宁竹溪立交的2座电动汽车充电站、柳州潭中电动汽车充电站以及位于桂林市机场路桂林福达机器厂区西侧的电动汽车充电站。

五、节能与新能源汽车项目投融资及建设情况

2012年，广西汽车行业重点企业继续加快节能与新能源汽车项目建设步伐。重点项目主要有：上汽通用五菱汽车股份有限公司新能源乘用车产品研发项目，总投资6000万元；柳州五菱汽车工业有限公司电动仓栅车及电动低速城市代步车产业化项目，总投资1.83亿元，将形成年产3000辆纯电动仓栅车和2000辆纯电动低速城市代步车的生产能力；广西玉柴机器股份有限公司混合动力专用气体发动机产业化项目，总投资4861万元，将形成年产2000台混合动力专用气体发动机的生产能力；广西七星精进能源科技有限公司车用高安全性锂聚合物动力电芯及标准化模块产业化生产项目，总投资4510万元，将形成年新增1200万A·h车用高安全性锂聚合物动力电池的生产能力。

六、节能与新能源汽车产业基地及园区建设情况

1. 柳州节能与新能源汽车产业基地

主要生产企业有上汽通用五菱汽车股份有限公司、东风柳州汽车有限公司、柳州五菱汽车工业有限公司、柳州延龙汽车有限公司和柳州五菱柳机动力有限公司等，发展方向有纯电动专用车、纯电动乘用车、混合动力交叉型乘用车、控制系统研发制造和增程式发动机等。东风柳州汽车有限公司进行景逸混合动力车型的研发，完成了基准车型的定型，制定了项目的核心技术路线，并与德国博世公司和德国格特拉克公司共同开发核心动力系统。柳州延龙汽车有限公司除了完全自制的电动观光车系列产品外，公司采用东风柳汽、上汽通用五菱等本地汽车厂家底盘，成功开发纯电动挂桶式环卫车、拉臂钩垃圾车等电动化环卫产品，以及低速乘用车系列产品。2012年，柳州市新增上汽通用五菱汽车股份有限公司LZW5027XYZEV型纯电动邮政车和柳州五菱汽车工业有限公司LQG5021CCYBEV型纯电动仓栅式运输车列入国家《车辆生产企业及产品公告》。

2. 桂林市节能与新能源汽车产业基地

主要生产企业有桂林客车工业集团有限公司、桂林大宇客车有限公司、桂林电器科学研究院、桂林星辰科技有限公司、桂林星火机械制造有限公司、桂林永鑫光机电节能技术系统开发有限公司等。截至2012年年底，桂林客车工业集团有限公司有11款客车分别获得国家纯电动客车、插电式油电混合动力客车、燃气客车公告，还获得了电动汽车安全节能型电池箱和电动液压混合纯电动汽车两项专利。目前，该公司生产的13辆纯电动公交车在南宁市和桂林市公交投入运营。

3. 梧州市新能源汽车动力电池生产基地

主要生产企业为广西七星精进能源科技有限公司。该公司主要从事研发、制造和销售锂聚合物电池产品，其车辆用锂聚合物动力电池（公共大巴、公共小巴、特种车辆等动力电池）产品的型号有3.7V/10A·h、3.7V/20A·h、3.7V/40A·h等。2012年12月，该公司年产5.71亿A·h锂聚合物动力电池扩建及技术改造项目开工建设。该项目总投资约18亿元，新征土地200亩，规划建设标准厂房、综合厂房、研发中心、宿舍楼等13万平方米，建设锂聚合物动力电池等产品全自动生产线26条。

4. 玉林市混合动力总成生产基地

主要生产企业为广西玉柴机器股份有限公司。该公司与上海交通大学和上海海能汽车电子有限公司联合开发了商用车混合动力总成系统，目前已开发了YC6J、YC4F、YC4E、YC4G系列混合动力专用柴油机，功率覆盖65~180马力。2012年玉柴混合动力总成系统销售1200多台，产值超3亿元，在重庆恒通、苏州金龙、厦门金龙、武汉扬子江、江淮客车、东风商用车、中通客车、广州客车、桂林大宇等整车企业实现批量配套，具备年产4000台混合动力总成的生产能力。

七、主要节能与新能源汽车企业

广西主要节能与新能源汽车企业有桂林客车工业集团有限公司、柳州五菱汽车有限责任公司、柳州延龙汽车有限公司、上汽通用五菱汽车股份有限公司、东风柳州汽车有限公司、广西七星精进能源科技有限公司、桂林星辰科技有限公司、广西玉柴机器股份有限公司、桂林永鑫光机电节能技术系统开发有限公司、柳州科尔数字化制造技术有限公司等。

八、节能与新能源汽车发展规划

广西节能与新能源汽车产业发展“十二五”规划目标是：到“十二五”期末，初步实现节能与新能源汽车产业化发展的全面起步，夯实节能与新能源汽车产业发展的技术和产业基础，初步形成有利于节能与新能源汽车产业发展的体制和机制。到2015年，节能与新能源汽车生产能力达到10万辆，混合动力总成生产能力达到5万套，形成多品种、多系列、多领域的节能与新能源汽车产品体系，基本建立节能与新能源汽车关键零部件体系；全区各市在公交、出租、公务、市政、邮政等领域开展推广使用节能与新能源汽车示范

运营，全区节能与新能源汽车保有量进一步提高，城市公交客车、出租车等公共服务领域节能与新能源汽车占一定比例；节能与新能源汽车配套设施建设逐步完善。

九、节能与新能源汽车推广情况统计表

1. 电动汽车示范推广数量

（1）2012 年电动汽车示范推广数量

单位：辆

车　型	大中型客车	轻型客车	载货车	公务车	出租车	电力工程车	邮政车	环卫车	观光/场地车	私人车	其他	合计
纯电动汽车	0	0	0	0	0	0	0	50	184	0	75	309
混合动力汽车	0	0	0	0	0	0	0	0	0	0	0	0
插电式混合动力汽车	0	0	0	0	0	0	0	0	0	0	0	0
增程式电动汽车	0	0	0	0	0	0	0	0	0	0	0	0
燃料电池汽车	0	0	0	0	0	0	0	0	0	0	0	0
其他	0	0	0	0	0	0	0	0	0	0	0	0
合　计	0	0	0	0	0	0	0	50	184	0	75	309

注：广西壮族自治区推广的 309 辆新能源汽车均属未上公告车型。

（2）2012 年电动汽车示范推广车型及数量

车型	公告批次	目录序号	数量（辆）
纯电动挂桶式环卫车	—	—	19
纯电动拉臂钩环卫车	—	—	31
纯电动观光车（8 座）	—	—	15
纯电动观光车（11 座）	—	—	35
电动休闲观光车	—	—	134
电动专用改装车	—	—	75

2. 2012 年代用燃料汽车（含 CNG、LNG、LPG 及醇醚类）示范运行保有量统计

单位：辆

车型		LPG	LNG	CNG	合计
燃气汽车	大中型客车	0	0	0	0
	轻型客车	0	0	0	0
	货车	0	0	0	0
	出租车	0	0	395	395
	私人用车	0	0	0	0
	其他	0	0	0	0
	小计	0	0	395	395

湖南省长株潭地区

一、2012 年节能与新能源汽车扶持政策与措施

1. 2012 年 1—12 月

（1）2012 年，湖南省对节能与新能源汽车的示范推广延续前几年的扶持政策。设立了省管电动汽车产业资金，贯彻落实省电动汽车产业发展领导小组以湘电汽〔2009〕1 号文出台的《关于长株潭节能与新能源汽车示范推广首批 500 台车辆运营维护的资金补助意见》文件精神。

（2）长沙市设立了公交发展专项资金，对公交公司购置节能与新能源公交车优先给予补贴；继续设立节能与新能源汽车重大科技专项，重点支持比亚迪开展纯电动客车关键技术的研究与产业化开发。

（3）株洲市大力推动株洲市城区公交车辆电动化三年

行动计划顺利实施。2012 年的 1000 万元专项经费，提前到 2010 年、2011 年分期拨付以解决公交企业新增和更新车辆的资金难题。截至 2013 年上半年，株洲市三年行动计划的已顺利实施完成，专项资金 6000 万元已补贴到位。

2. 2013 年 1—3 月

2013 年 3 月 21 日，湖南省人民政府办公厅下发了湘政办函〔2013〕39 号文件，正式将湖南省电动汽车产业发展领导小组并入以时任省委副书记、省长周强为领导小组组长的湖南省汽车工业发展领导小组，领导小组办公室设省经信委。

二、节能与新能源汽车生产经营情况

1. 2012 年 1—12 月

株洲湖南南车时代电动汽车股份有限公司，2012 年，公司实现大型客车销售 800 余辆，其中九成以上为节能与新能源公交车。公司累计销售节能与新能源公交车 2500 余辆，市场占有率全国第一。累计运营里程超过 3 亿公里，单台运营里程最长超过 40 万公里，车辆出勤率和满载率平均达到 98% 和 96%，综合节油率达 30%。

长沙比亚迪有限责任公司，2012 年，销售 262 台，实现销售收入约 5. 5 亿元。中联重科的 ZLJ5071TS 纯电动环卫车已陆续销往全国大中城市。众泰公司生产的新能源汽车也已批量生产。

2. 2013 年 1—3 月

株洲湖南南车时代电动汽车股份有限公司，2013 年 1 季度生产销售近 300 台车节能与新能源客车，实现 2 亿元销售收入。2013 年公司预计销售节能与新能源客车 1500 辆。

长沙比亚迪有限责任公司，比亚迪纯电动大巴在哥伦比亚试运营，比亚迪新能源产品正式进入印度市场，并与美国长滩签订 1400 万美金电动巴士采购合同。

三、节能与新能源汽车示范推广工作进展情况

1. 2012 年 1—12 月

2012 年，长株潭示范推广节能与新能源汽车 444 辆，车型为南车时代电动。

2. 2013 年 1—3 月

2013 年第一季度湖南省生产销售近 300 台车节能与新能源客车。

四、基础设施建设及运行情况

1. 2012 年 1—12 月

开展汽车东站的充电站建设工作，预计建成后可供 60 台纯电动大巴同时充电。

2. 2013 年 1—3 月

截至 2013 年 3 月底，长沙汽车东站的充电站建设工作已接近尾声，该充电站主要用于即将上路的比亚迪纯电动客车的充电，共设有 60 个充电桩，采用交流充电。5 月份已正式投入运行。

五、节能与新能源汽车项目投融资及建设情况

1. 2012 年 1—12 月

截至 2012 年 12 月底，长株潭混合动力公交车示范规模达到 2014 辆（长沙 1267 辆、株洲 634 辆、湘潭 113 辆）。经过 2008 年到 2012 年 5 年的推广，湖南省混合动力汽车、纯电动汽车整车研发能力由弱变强，其中南车株洲电力机车研究所有限公司形成年产 1 万台以上新能源客车整车与年产 2 万套电机驱动系统等关键零部件的产业化规模，打造中国最大的新能源客车产业化基地；比亚迪已顺利实现的年产纯电动大巴 2000 台/年的生产能力，该公司的纯电动客车关键技术研究与产业化项目获得专利 40 余项，获得的专利均围绕纯电动大巴电池、电机和电控核心技术。通过项目的实施，为湖南省本地培养了大批新能源车研发与制造专业人才，带动了湖南省新能源汽车产业的发展，带动了上下游相关产业的发展及其市场的繁荣，增强区域经济自身发展的能力。

2. 2013 年 1—3 月

加强对南车电动。长沙比亚迪、湖南吉利汽车工业有限公司的支持和建设，促进湖南省电动汽车产业的发展。

六、节能与新能源汽车产业基地及园区建设情况

（1）2012 年 2 月，福田汽车长沙新基地建设项目正式启动，将重点发展新能源汽车，新工厂将成为达到国内行业领先水平的科技型工厂。

（2）长沙市汽车及零部件产业技术创新战略联盟共有 50 家成员单位，涵盖了 6 个整车厂、6 所高等院校，2 家技术咨询服务公司、36 家零部件生产企业，工业人员 4 万多人，科研人员近 5000 人，涵盖在长新能源汽车整车及零部件行业的多家企业。

七、主要节能与新能源汽车企业情况

湖南南车时代电动汽车股份有限公司：公司拥有现代化客车制造工艺技术的底盘、焊装、涂装、总装四大生产线，关键零部件车间和试验检测中心，拥有年产混合动力公交车整车 2000 辆、电传动系统及关键零部件 5000 台（套）的生产能力。2012 年，公司实现大型客车销售 800 余辆，其中九成以上为节能与新能源公交车。2013 年一季度生产销售近 300 台车节能与新能源客车，实现 2 亿元销售收入。2013 年公司预计销售节能与新能源客车 1500 辆。截至目前，公司累计销售节能与新能源公交车 2500 余辆，市场占有率全国第一。

长沙比亚迪有限责任公司：比亚迪在湖南环保产业园投资设立新能源客车的生产基地，主要从事汽车及汽车零

部件生产，计划年产量为40万辆。长沙将继西安、深圳之后，成为比亚迪第三个新能源汽车生产基地。

长沙众泰汽车工业有限公司：拥有冲压、焊装、涂装、总装四大整车工艺生产线和整车动态性能检测线。公司在原有“江南奥拓”、“众泰”车型平台基础上，通过与国际知名汽车公司菲亚特FIAT展开合作，整合全球资源，开发、储备了多款轿车车型，可形成年产轿车20万辆的生产能力，包括节能与新能源汽车。

中联重科环卫机械分公司：专业从事环卫环保设备研发、制造和营销的事业部，包括新能源环保设备。目前生产清扫机械、洗扫车系列、清洗机械、市政养护设备、除雪机械、垃圾收运设备、垃圾压缩站成套设备、垃圾填埋场成套设备和餐厨垃圾收运及资源化处理系统等九大类近100个品种的环卫机械产品和系统，年产生产能力1万台/套。

湖南科霸汽车动力电池有限公司：致力于汽车动力电池及能量包的研发、生产和销售，在汽车动力电池及能量包方面拥有关键技术和自主知识产权，是我国汽车动力电池能源领域产业化水平最高、技术水平最先进、产品应用程度最成熟、配套供货能力最厚实的国际专业汽车动力电池及能量包制造厂商。

八、节能与新能源汽车发展规划

湖南省在现有节能与新能源汽车技术与产业的优势上，以及城市公交车示范推广的良好成效，将继续扩大范围、加强力度示范推广混合动力城市公交车，重点仍以示范推广混合动力公交为主。为持续落实好节能与新能源汽车示范推广工作，建设好长株潭两型社会，湖南省政府出台《关于在长株潭两型社会建设综合配套改革实验区推广清洁低碳技术的实施方案》湘政发〔2012〕41号文（以下简称“湘政发〔2012〕41号文”），明确了十项子方案推动长株潭两型社会建设综合配套改革实验区推广清洁低碳技术的实施方案的落实。湘政发［2012］41号文中第九个子方案即《长株潭城市公共客运行业清洁节能与新能源汽车推广实施方案》明确了在长株潭三市更新和新增清洁能源、新能源公交车4957辆（其中100辆纯电动、3771辆油电混合动力、1086辆CNG），新建加气站24座，充电站2座、充电桩110个。2013年3月21日，湖南省人民政府办公厅下发了湘政办函〔2013〕39号文件，正式将湖南省电动汽车产业发展领导小组并入以时任省委副书记、省长周强为领导小组组长的湖南省汽车工业发展领导小组。该领导小组明确提出将重点培育扶持6大汽车骨干企业，并将在汽车产业用地、销售、技术创新等方面出台一揽子扶持措施，为本土汽车产业大发展“保驾护航”；贯彻落实国务院发布的《节能与新能源汽车产业发展规划（2012—2020年）》（国发〔2012〕22号）文件，尽快研究制定《湖南省节能与新能源汽车发展规划（2012—2020年）》，进一步明确湖南省未来5年节能与新能源汽车产业发展政策和市场推广计划，努力发展具有湖南优势和特色的节能与新能源汽车产业，将湖南打造成中国节能与新能源汽车大省。

九、节能与新能源汽车推广情况统计表

1. 电动汽车示范推广数量

（1）2012年电动汽车示范推广数量

单位：辆

车　型	大中型客车	轻型客车	载货车	公务车	出租车	电力工程车	邮政车	环卫车	观光/场地车	私人车	其他	合计	同期增长（%）
纯电动汽车	0	0	0	0	0	0	0	0	0	0	0	0	—
混合动力汽车	444	0	0	0	0	0	0	0	0	0	0	444	-20
插电式混合动力汽车	0	0	0	0	0	0	0	0	0	0	0	0	—
增程式电动汽车	0	0	0	0	0	0	0	0	0	0	0	0	—
燃料电池汽车	0	0	0	0	0	0	0	0	0	0	0	0	—
其他	0	0	0	0	0	0	0	0	0	0	0	0	—
合　计	444	0	0	0	0	0	0	0	0	0	0	444	—

（2）2012年电动汽车示范推广车型及数量

车型	公告批次	目录序号	数量（辆）
南车时代牌TEG6102PHEV型混合动力城市客车	245	（十八）23	102
南车时代牌TEG6106PHEV型混合动力城市客车	245	（十八）23	155
南车时代牌TEG6129CHEV型混合动力城市客车	233	（十八）23	184
南车时代牌TEG6128SHEV型混合动力城市客车	232	（十八）23	3

（3）2013 年 1—3 月电动汽车示范推广数量

单位：辆

车　型	大中型客车	轻型客车	载货车	公务车	出租车	电力工程车	邮政车	环卫车	观光/场地车	私人车	其他	合计	同期增长(%)
纯电动汽车	0	0	0	0	0	0	0	0	0	0	0	0	—
混合动力汽车	2	0	0	0	0	0	0	0	0	0	0	2	—
插电式混合动力汽车	212	0	0	0	0	0	0	0	0	0	0	212	46
增程式电动汽车	0	0	0	0	0	0	0	0	0	0	0	0	—
燃料电池汽车	0	0	0	0	0	0	0	0	0	0	0	0	—
其他	0	0	0	0	0	0	0	0	0	0	0	0	—
合　计	214	0	0	0	0	0	0	0	0	0	0	214	—

（4）2013 年 1—3 月电动汽车示范推广车型及数量

车型	公告批次	目录序号	数量（辆）
南车时代牌 TEG6129CHEV 型混合动力城市客车	233	（十八）23	186
南车时代牌 TEG6127PHEV 型混合动力城市客车	213	（十八）23	26
福田牌 BJ6123PHEV-1 型混合动力城市客车	217	（十七）9	2

2. 2012 年代用燃料汽车（含 CNG、LNG、LPG 及醇醚类）示范运行保有量统计

单位：辆

车型		LPG	LNG	CNG	合计	同期增长（%）
燃气汽车	大中型客车	0	0	646	646	40
	轻型客车	0	0	0	0	—
	货车	0	0	0	0	—
	出租车	0	0	0	0	—
	私人用车	0	0	0	0	—
	其他	0	0	0	0	—
	小计	0	0	646	646	40

3. 2012 年电动汽车充（换）电站（桩）统计表

充电站					充电桩		换电站
城市名称	数量（座）	充电机功率总计（kW）	充电站占地面积（m^2）	投资金额（万元）	慢充（个）	快充（个）	数量（座）
长沙市	2	3625	7500	4182	慢充、快充总计 65 个，可以调节相互转换		0

沈阳市

一、2012 年节能与新能源汽车扶持政策与措施

1. 2012 年 1—12 月

按照《科技部 财政部关于开展节能与新能源汽车示范推广试点工作的通知》（财建〔2009〕6 号）、《财政部 科技部 工业和信息化部 国家发展改革委关于增加公共服务领域节能与新能源汽车示范推广试点城市的通知》（财建〔2010〕434 号）、《关于加强节能与新能源汽车示范推广安全管理工作的函》（国科办函高〔2011〕322 号）和国家四部委《关于进一步做好节能与新能源汽车示范推广试点工作的通知》（财办建〔2011〕149 号）的要求，作为国家节能与新能源汽车示范推广试点城市，2012 年，沈阳市积极

推进了新能源汽车产业发展与示范运行，在车辆采购、运营及充电站建设方面给予了大力支持。

1. 根据国家四部委批复的《沈阳市节能与新能源汽车示范推广试点实施方案》，地方财政将安排各类补贴资金1.27亿元，我市确定将需市财政拨付的补贴资金列入2011、2012年城建资金计划。2012年，对国有公交企业的购车补贴，传统车按车价的30%补贴，新能源汽车按车价的40%、50%给予补贴。

2. 目前充电电价直接享受充电辽宁省峰谷电价优惠政策。

3. 在《沈阳市汽车产业发展的若干意见》中明确提出加快新能源汽车的研发生产。

4. 目前充电站所在区政府给予充电站用地按照工业用地征用的优惠政策。

5. 市科技部门每年将新能源汽车的研究及示范推广作为高新技术产业发展的重点予以支持。

6. 公平市竞争政策。沈阳市新能源汽车公交车的采购，由城建部门通过招标，确定生产厂家及产品。外地车所占比例为15%。

2. 2013年1—3月

计划进一步提高对新能源公交车的地方补贴比例。

二、节能与新能源汽车生产经营情况

1. 2012年1—12月

沈阳市沈北新区努力打造沈阳新能源汽车生产基地，沈阳五洲龙新能源客车生产项目，一期工程，投资16亿元，年产整车1万辆，2012年，完成主厂房及办公用房建设和设施安装工作，11月份工程全面竣工。

华晨汽车集团控股有限公司是以汽车整车、发动机、核心零部件的研发、

设计、制造、销售和汽车后市场业务为主体的国有独资公司。依托传统车的生产优势，2012年研发生产了多款节能汽车、和新能源汽车。其中，中华、金杯CNG已批产，中华LNG已开发样车，微混动力轿车骏捷FSV起停已批产，轻混动力轿车尊驰ISG小批量投产，启动开发1.0~1.5吨发动机平台；A0纯电动和大海狮纯电动已经列入国家新能源汽车推广目录；Plug-in（串联增程型）A平台H530轿车已经研究出样车，正在申报国家目录。

华晨宝马公司2012年开发了合资自主品牌的纯电动乘用车和基于全新宝马5系的插电式混合动力汽车，计划2013年在沈阳生产，并投放市场。

2. 2013年1—3月

沈阳五洲龙新能源客车生产正在工信部办理汽车生产资质等相关手续，准备实现首批新能源客车下线。华晨汽车公司一季度完成100辆新能源汽车的生产。

三、节能与新能源汽车示范推广工作进展情况

1. 2012年1—12月

公交车方面，结合我市冬季气候寒冷的实际情况，年初，沈阳市新能源汽车领导小组办公室组织混合动力公交车按照暖库、冷库和露天停车充电三种方式进行试运行。暖库停车充电运行线路为沈北新区179路公交车，配备混合动力公交车20辆；冷库停车充电运行线路为209路和222路公交车，原有配车数量不变，各增加10台混合动力公交车，运营主体为沈阳市客运集团。2012年年底前又增加了100辆油电混合动力公交车的运行，线路为236路60台、255路和141路各20台。

出租车方面，截至2012年11月底共推广825辆，为华晨公司生产的起停式混合动力车。

公务车方面，确定100辆由公安局交警支队来使用，分配给战斗在公安第一线的交警支队各处、大队，车型选用小型轿车，安装警灯警报器、喷涂警用标识，作为市内交通巡逻警车使用。公安局成立了纯电动公务车示范使用组织领导机构，由后勤装备处负责具体工作，并制定了工作方案。

沈阳市按照国家四部委要求，加强了安全管理、车辆维保工作，积极开展了技术培训、数据采集与分析研究，推进了信息平台建设，对电池实现实时监控，无安全事故。

随着西气东输天然气管线进入我市，2012年沈阳市在推进节能与新能源汽车的同时，积极组织了天然气汽车的推广应用，天然气汽车呈暴发式增长，已经建成天然气加气站15座，发展天然气汽车4000余辆，其中LNG汽车300余辆。

沈阳市节能与新能源汽车、燃气汽车一年来共替代成品油约20万吨，减少CO_2排放50余万吨，CO排放3.19吨，HC0.132吨，NO_x排放0.33吨。

2. 2013年1—3月

《辽宁省人民政府关于蓝天工程的实施意见》（辽政发〔2012〕36号），其中要求全省内公交、出租汽车除使用节能与新能源汽车外，全部采用天然气汽车。

四、基础设施建设及运行情况

1. 2012年1—12月

基础设施建设，由蒲河新城管委会投资850万元，建成辉山交通枢纽站，提供暖库停车充电服务。冷库和露天停车充电利用客运集团现有两处停车场站设施。

电力设施建设由省电力公司负责，主要包括外部线路、充电机和充电配套系统，以及充电监控系统，投资2600万元。2012年沈阳供电公司成立了电动汽车公司，专门负责新能源汽车充电基础设施建设等相关业务，全面完成三处

充电设施的建设工作。充电站建设按照国家电网统一标准，采取24小时不间断值班制度，记录当天充电站内所有充电汽车进行的充电情况，保留数据并存档；同时充电站安装有24小时不间断摄像头，保证充电站的安全正常运行。

2. 2013年1—3月

按国家电网的统一安排招标采购本年度所需充电设备。

五、节能与新能源汽车项目投融资及建设情况

沈阳五洲龙新能源汽车项目2009年年底落户沈阳，位于沈阳市沈北新区盛京大街9号，占地面积39.8万平方米，总建筑面积17.1平方米。主要建设内容有：焊装车间、涂装车间、总装车间、检测线及其他辅助生产设施，购置火焰自动切割机、数控弯管机、立式钻铣机、开卷校平剪切机、蒙皮涨拉机、涂装喷烤房、淋雨间及检测线等生产检测设备200余套。本项目固定资产投资为2亿元。现已基本具备投产条件。

华晨汽车公司依托传统车基础，投入500余万元由新能源汽车研究院，研发生产了节能与新能源汽车。包括海狮纯电动、A0纯电动汽车。

六、节能与新能源汽车产业基地及园区建设情况

沈阳汽车城位于沈阳市东部，规划总面积为55.5平方公里。目前汽车城已聚集了华晨宝马、华晨中华、华晨金杯、上海通用北盛四大整车生产企业，拥有宝马、中华、别克、雪佛兰、金杯五大汽车品牌，生产宝马3系、5系，金杯海狮、阁瑞斯，中华尊驰、骏捷、酷宝，别克GL8，雪佛兰科鲁兹等九大乘用车类型。同时拥有汽车零部件企业115家。2012年9月，总投资70亿元、年产整车30万辆、发动机45万台的上海通用汽车北盛三期项目正式落户沈阳汽车城，并带动一批为该项目配套的零部件企业落户，促进了沈阳汽车城的快速发展。

2012年沈阳汽车城建设全面提速，不仅华晨宝马积极扩产，宝马F18新5系顺利投产，整车生产能力将从年产10万辆增长到16万辆。华晨中华也在不断扩张，中华A0车项目正在进行设备安装，计划年内竣工投产。上海通用北盛三期建设项目厂房主体钢结构基本完成。

七、主要节能与新能源汽车企业情况

（1）沈阳五洲龙新能源汽车有限公司

是由深圳五洲龙汽车集团投资16.5亿元成立的以研发、生产、销售新型油电混合动力客车、纯电动客车、清洁能源客车等节能环保客车为主的高新技术企业。是辽宁省、沈阳市招商引进的重点企业。公司坐落于沈阳市沈北新区道义开发区盛京大街9号，占地面积600亩。

公司以“五洲龙”牌客车为主导产品。目前，五洲龙集团已经形成了150多个品种，车长范围6~18米的欧Ⅲ以上排放混合动力客车、纯电驱客车、纯电动客车、清洁燃料客车、柴油客车等产品系列，整车性能居于国内领先水平。

（2）华晨汽车集团控股有限公司

注册资本2亿元。以集汽车整车、发动机、核心零部件的研发、设计、制造、销售和汽车后市场为主体，涉及新能源等行业。拥有“中华、金杯”两大自主汽车驰名商标，是我国汽车工业民族自主品牌的主力军。

2009年起华晨研究院成立新能源开发事业部，下设新能源工程及电控工程两个处室，目前已拥有专职新能源开发技术人员40余人，8年以上产品开发核心技术骨干人员近10人，极大地推动了华晨新能源汽车的开发工作。

重点研发的产品有，起停微混合动力车型，中华尊驰弱混合型动力轿车，基于A平台的延程型插电式混合动力轿车，和基于A平台的纯电动轿车，

八、节能与新能源汽车发展规划

沈阳市政府规划到“十二五”末，全市整车年产量将达165万辆，汽车发动机年生产能力达到150万台。沈阳市将形成汽车研发与制造、汽车展示与贸易、物流与金融服务同步发展的格局，成为国内重要的汽车产业及综合配套基地之一。

以现有汽车生产企业为基础，高起点、高标准引进国外校车生产技术并进行生产，力争将沈阳市打造成我国重要的高端校车制造基地；引进和自主创新并举，发展以城市客车、出租汽车为起点，以混合动力、纯电动为主的新能源汽车及其关键零部件系统，实现新能源汽车领域的新突破。

到“十二五”末，沈阳市汽车整车及零部件产业产值达3000亿元；到2020年，整车年产量达330万辆，汽车整车及零部件产业产值达7500亿元。沈阳市将以现有东部汽车产业核心区和西部先进装备业聚集区为主要依托，做强以乘用车和新能源汽车为发展重点的整车制造业，做大以本地配套市场为主、区域相对集中的零部件制造业，着力提高汽车整车及零部件的技术创新能力。

九、节能与新能源汽车推广情况统计表

1. 电动汽车示范推广数量

（1）2012 年电动汽车示范推广数量

单位：辆

车 型	大中型客车	轻型客车	载货车	公务车	出租车	电力工程车	邮政车	环卫车	观光/场地车	私人车	其他	合计	同期增长（%）
纯电动汽车	0	0	0	0	0	0	0	0	0	0	0	0	—
混合动力汽车	0	0	0	0	825	0	0	0	0	0	0	825	—
插电式混合动力	140	0	0	0	0	0	0	0	0	0	0	140	—
增程式电动汽车	0	0	0	0	0	0	0	0	0	0	0	0	—
燃料电池汽车	0	0	0	0	0	0	0	0	0	0	0	0	—
其他	0	0	0	0	0	0	0	0	0	0	0	0	—
合 计	140	0	0	0	825	0	0	0	0	0	0	965	77

（2）2012 年电动汽车示范推广车型及数量

车型	公告批次	目录序号	数量（辆）
五洲龙牌 FDG6111HEVG2 型混合动力城市客车	230	（十九）47	140
中华牌 SY7150X1SHEVBA 型混合动力轿车	235	（十二）33	825

2.2012 年代用燃料汽车（含 CNG、LNG、LPG 及醇醚类）示范运行保有量统计

单位：辆

车型		LPG	LNG	CNG	合计	同期增长（%）
燃气汽车	大中型客车	1000	174	387	1561	-37
	轻型客车	0	0	0	0	—
	货车	0	60	0	60	—
	出租车	3500	0	11500	15000	1.4
	私人用车	200	0	300	500	—
	其他	300	100	100	500	—
	小计	5000	334	12287	17621	4

3.2012 年电动汽车充（换）电站（桩）统计

充电站					充电桩		换电站
城市名称	数量（座）	充电机功率总计（kW）	充电站占地面积（m^2）	投资金额（万元）	慢充（个）	快充（个）	数量（座）
沈阳市	3	400	3600	2718	40	130	0

杭州市

一、节能与新能源汽车扶持政策与措施

1.2012 年 1—12 月

浙江省人民政府关于节能与新能源汽车产业发展的实施意见（浙政发〔2012〕90 号）。

（1）推进新能源汽车推广应用示范基地建设。支持杭州市建设新能源汽车规模化推广应用与产业发展示范基地。支持杭州市深入开展国家新能源汽车“十城千辆”和私人购买新能源汽车补贴试点工作；支持金华市深入开展省级新能源汽车推广应用试点，并创造条件争取成为全国新能源汽车试点城市。各试点城市要制订公共交通领域节能与新能源汽车推广应用计划，每年更新的车辆中节能与新能源汽车要达到 1/3 以上；鼓励有条件的企业经营纯电动汽车出租公司；现有出租车更新的，纯电动汽车要达到每年更新车辆的 1/3 以上；公务用车、固定区域内执勤执法车有增配和更新的，纯电动汽车要达到每年增量的 1/3 以上；重点景区要制订新能源汽车应用计划。

（2）加大财政扶持力度。从省战略性新兴产业及省财政科技资金中安排一定资金，对企业研发投入占主营业务收入

的比重达到5%以上的纯电动汽车省级重点企业研究院，每家补助1000万元；对企业研发投入占主营业务收入的比重达3%至5%的，每家补助500万元；省里每年安排给纯电动汽车省级重点企业研究院主持的技术攻关课题项目每家不少于1项，每项资助金额不少于150万元，连续支持3年。有关市、县（市、区）按不低于1:1的比例予以配套。对列入智慧城市建设示范试点的纯电动汽车动力智慧服务网络建设项目，省财政给予积极支持。省发改委、省经信委、省科技厅等部门在安排省级技术改造、技术创新、高技术产业化、重大科技创新等专项资金时，对新能源汽车及关键零部件项目要给予倾斜支持。积极争取国家各类专项资金的支持。

（3）加大税收优惠支持力度。对符合条件的节能与新能源汽车及关键零部件生产企业，优先认定为高新技术企业，减按15%的税率征收企业所得税。对企业为开发新技术、新产品、新工艺发生的研究开发费用，未形成无形资产计入当期损益的，在按照税法规定据实扣除的基础上，按照研究开发费用的50%加计扣除；形成无形资产的，按照150%摊销。

（4）完善配套政策。各地、各有关部门要在车辆上牌、年检、路桥通行费及停车费等方面研究制定有利于节能与新能源汽车产业发展和推广应用的政策措施。实行限号行驶、牌照额度拍卖、购车配额指标等措施的城市，应对纯电动汽车区别对待，放宽条件。通过允许不拍号牌予以登记、免交或减半交纳出租车运营费用等措施，支持新建纯电动出租车公司。发挥政府采购的导向作用，逐步扩大公共机构采购节能与新能源汽车的规模。各新能源汽车推广应用试点城市和纯电动汽车制造基地所在县（市、区）要率先鼓励使用纯电动汽车，并安排专项资金支持纯电动汽车的推广应用。积极探索研究纯电动出租车环保贡献补贴替代燃油补贴方案。

2. 2013 年 1—3 月

杭州市人民政府关于推进新能源汽车示范试点工作的专题会议纪要（杭府纪要〔2013〕3号）。

对纪要中计划安排的新能源汽车给予：

（1）私人租赁纯电动汽车的租赁费补助由市财政按照每辆车每月600元的标准执行，每辆车可享受3年；每辆纯电动汽车充换电费补助仍按照在3年或6万公里（以先到为准）内每公里补助0.5元、最高补助不超过3万元的标准执行，其他私人租赁的纯电动汽车按原规定的补助标准执行。

（2）对每辆纯电动公交车给予25万元的购车补贴和3万元的维护保养补贴。对市公交集团推广应用纯电动公交车可能增加的运营成本，市财政按实测算后给予适当补助。

（3）对每辆纯电动出租车给予3万元的购车补贴和3600元的维护保养补贴。

二、节能与新能源汽车示范推广工作进展情况

1. 2012 年 1—12 月

截至2012年年底，我市已投入使用2083辆节能与新能源汽车（公共领域1725辆、私人领域358辆）。

2. 2013 年 1—3 月

截至2013年5月底，我市已投入使用2563辆节能与新能源汽车（公共领域2205辆、私人领域358辆），其中，混合动力1095辆、新能源汽车1468辆。

三、基础设施建设及运行情况

1. 2012 年 1—12 月

杭州市已完成67座充换电站以及配送站、620个充电桩的建设任务。其中，17座充换电站已投入使用，较好地满足现有新能源出租车和私人租赁车的充换电需求。截至2012年12月，杭州市充换电站总换电次数为25.5万次、日均换电次数608次、充电量241.19万度。

2. 2013 年 1—3 月

杭州市已完成67座充换电站以及配送站、620个充电桩的建设任务。其中，17座充换电站已投入使用，较好地满足现有新能源出租车和私人租赁车的充换电需求。截至2013年5月底，杭州市充换电站总换电次数为36.5万次、日均换电次数608次、充电量348.65万度。

四、杭州市节能与新能源汽车推广情况统计表

1. 电动汽车示范推广数量

（1）2012年电动汽车示范推广数量

单位：辆

车 型	大中型客车	轻型客车	载货车	公务车	出租车	电力工程车	邮政车	环卫车	观光/场地车	私人车	其他	合计
纯电动汽车	0	0	0	13	305	0	0	0	0	140	0	458
混合动力汽车	214	0	0	11	0	0	0	0	0	0	0	225
插电式混合动力汽车	0	0	0	1	0	0	0	0	0	19	0	20
增程式电动汽车	0	0	0	0	0	0	0	0	0	0	0	0
燃料电池汽车	0	0	0	0	0	0	0	0	0	0	0	0
其他	0	0	0	0	0	0	0	0	0	0	0	0
合 计	214	0	0	25	305	0	0	0	0	159	0	703

（2）2012 年电动汽车示范推广车型及数量

车型	公告批次	目录序号	数量（辆）
荣威牌 CSA7180ACHEV 型混合动力轿车	237	122	11
宇通牌 ZK6126CHEVG2 型混合动力电动城市客车	225	71	21
金旅牌 XML6125JHEV38C 型混合动力城市客车	238	（十七）124	143
金龙牌 XMQ6127GHEV4 型混合动力城市客车	247	123	50
比亚迪牌 QCJ7100ADM 型混合动力轿车	228	108	20
比亚迪牌 QCJ7006BEVF 型纯电动轿车	243	79	2
众泰牌 JNJ6400EVL1 型纯电动轻型客车	232	84	5
众泰牌 JNJ6401EVL1 型纯电动轻型客车	232	84	73
众泰牌 JNJ7000EVM 型纯电动轿车	239	84	26
众泰牌 JNJ7000EVM1 型纯电动轿车	234	84	5
众泰牌 JNJ6290EV 型纯电动多用途乘用车	245	84	335
海马牌 HMC7000EVMO 型纯电动轿车	245	88	12

（3）2013 年 1—3 月电动汽车示范推广数量

单位：辆

车　型	大中型客车	轻型客车	载货车	公务车	出租车	电力工程车	邮政车	环卫车	观光/场地车	私人车	其他	合计
纯电动汽车	130	0	0	0	300	0	0	0	0	0	0	430
混合动力汽车	0	0	0	0	0	0	0	0	0	0	0	0
插电式混合动力汽车	0	0	0	0	0	0	0	0	0	0	0	0
增程式电动汽车	0	0	0	0	0	0	0	0	0	0	0	0
燃料电池汽车	0	0	0	0	0	0	0	0	0	0	0	0
其他	0	0	0	0	0	0	0	0	0	0	0	0
合　计	130	0	0	0	300	0	0	0	0	0	0	430

（4）2013 年 1—3 月电动汽车示范推广车型及数量

车型	公告批次	目录序号	数量（辆）
江西牌 JXK6121BEV 型纯电动客车	243	（十四）03	100
众泰牌 JNJ7000EVM1 型纯电动轿车	234	84	300
青年牌 JNP6120BEV1 型纯电动城市客车	247	7	30

合肥市

一、2012 年节能与新能源汽车扶持政策与措施

1. 2012 年 1—12 月

2012 年 5 月 30 日，合肥市人民政府出台了《关于进一步推进新能源汽车试点工作的若干意见》（合政〔2012〕97 号），2012 年 6 月 2 日，合肥市人民政府出台了《合肥市新能源汽车充电桩建设暂行规定》（合政办〔2012〕28 号）。政策的主要内容：

（1）购车补贴。国家补贴之外，合肥市财政对插电式混合动力乘用车补助标准为 1.5 万元/辆，纯电动乘用车补助标准为 1 万元/辆，私人以自有燃油汽车换购新能源汽车，市财政再给予私人 3000 元/辆的一次性补助。市财政给予电动物流车中央财政补贴资金 10% 配套。鼓励私营企业购买或使用新能源汽车，市财政给予企业通勤车中央财政补贴资金 20% 配套。

（2）基础设施方面。支持专业运营商创新模式，投资

建设并运营合肥市新能源汽车充（换）电设施网络。对投资建设新能源汽车充（换）电设施的单位，市财政给予设备投资总额5%补助，单个设施最高补助不超过100万元。

此外，合肥市政府明确新建办公楼、商场等共建类项目新能源汽车充电桩不少于总规划停车位数20%的比例进行配置，新建住宅小区充电桩按不少于小区总规划停车位数10%的比例进行配置。新建社会公共停车场充电桩按不少于总规划停车位数20%的比例进行配建。规划和国土管理部门须在土地出让条件中明确新建公建类项目、住宅小区和社会公共停车场的充电桩配置要求。合肥市政府有关部门在今年会对以上涉及区域进行检查，督促执行。

（3）对专门从事新能源车租赁或服务的企业，运营车辆规模在500辆以上的，自开业经营之日起，按其租赁所缴纳的营业税和企业所得税本市留成部分的等额资金标准，前两年给予100%奖励，后三年给予50%奖励。

（4）设立电池回购专项资金，按照整车厂500元/辆、市财政200元/辆标准提取资金专户存储，专门用于新能源汽车动力电池回收处理。

2. 2013年1—3月

合肥市公安局出台《电动汽车市区道路免费停车管理办法》，明确电动汽车车主持行驶证即可到指定地点免费办理“纯电动汽车专用停车卡”，持卡车辆在市区道路停车免费。截至2013年3月底，发放免费停车牌1000多张。

二、节能与新能源汽车生产经营情况

1. 2012年1—12月

安徽江淮汽车股份有限公司生产销售新能源乘用车2216辆，安徽安凯汽车股份有限公司生产销售新能源客车293辆，奇瑞汽车股份有限公司生产销售新能源乘用车156辆，合肥昌河汽车有限责任公司生产销售196辆CH6390BEV纯电动多用途乘用车。

2. 2013年1—3月

安徽江淮汽车股份有限公司生产销售425辆新能源乘用车，安徽安凯汽车股份有限公司生产销售425辆新能源客车，奇瑞汽车股份有限公司生产销售81辆电动轿车。

三、节能与新能源汽车示范推广工作进展情况

1. 2012年1—12月

合肥市推广总量2244辆，推广江淮新能源乘用车1986辆，推广安凯新能源客车102辆，推广奇瑞新能源乘用车156辆。

2. 2013年1—3月

合肥市推广总量957辆，推广江淮新能源乘用车425辆，推广安凯新能源客车255辆，推广奇瑞新能源乘用车81辆。推广196辆CH6390BEV纯电动多用途乘用车，效果良好。

四、基础设施建设及运行情况

1. 2012年1—12月

新建3座大型电动公交车充换电站，新建电动轿车充电桩1986个。

2. 2013年1—3月

新建电动轿车充电桩425个。

五、节能与新能源汽车项目投融资及建设情况

1. 2012年1—12月

安徽安凯汽车股份有限公司2011年募集资金44228万元（净额）用于新能源汽车扩建及关键动力总成制造及研发一体化项目的建设，2012年共投资8679万元。与政府部门签订土地购置协议，进行厂区的场地平整，厂区部分道路及围墙的施工，焊装车间厂房招投标并确定施工单位，完成厂房基础浇筑、墙体砌筑、辅房结构及墙体施工、钢结构安装及内维护系统的安装、地坪整理及垫层敷设；总装车间厂房招投标并确定施工单位，完成厂房基础浇筑；研发中心总包工程招投标并确定施工单位，进行基础试桩及土方开挖。

合肥昌河汽车有限责任公司投入1400万元进行项目开发、试验及生产线改造。

2. 2013年1—3月

2013年1—3月份，安徽安凯汽车股份有限公司共投资4899万元。焊装车间完成部分外围护板的安装，总装车间主钢构系统的吊装、内维护系统开始安装，厂区围墙和一期道路施工完成，研发中心地下室开挖、主楼基础及地下室结构浇筑。

六、主要节能与新能源汽车企业情况

1. 2012年1—12月

合肥国轩高科动力能源股份公司是一家拥有自主知识产权核心技术的国家火炬计划重点高新技术企业，是国家“863”重大课题承接单位，是国内从事动力电池材料、动力电池、动力电池组、BMS系统研发、生产和经营的主要企业之一。公司成立于2006年5月，位于安徽省合肥市新站区瑶海工业园珍珠路7号，注册资金20221万元。现有职工1100余人，专职研发队伍150余人，硕士以上研发人员129人，其中博士27人。2012年1—12月，生产磷酸铁锂材料500吨，生产磷酸铁锂电芯5610万安时，（179520千瓦时），生产BMS1178套，601辆大巴电池组和3384辆轿车及特种车电池组。销售601辆大巴电池组和3184辆轿车及特种车电池组，其中出口台湾地区8辆纯电动大巴电池组（1721千瓦时），销售收入6.7亿元。2012年公司共申请专利61项（发明专利42项、实用专利19项），发表论文15篇，软件著作权5项。

合肥昌河汽车有限责任公司新基地双班年产 30 万辆整车，分两期实施，一期总投资 17.29 亿元，占地 722 亩，建筑面积 23.4 万平方米，新建冲压、焊装、涂装、总装生产线及公用辅助配套设施，主要生产微型客车、微型货车、轻型客车、轻型商用车，双班年产 15 万辆整车，已经完成。目前可批量生产 CH6390BEV（面包车）、CH1021BEV（双排载货）、CH1020BEV（单排载货）三款纯电动车型。

2. 2013 年 1—3 月

合肥国轩高科动力能源股份公司生产磷酸铁锂材料 156 吨，生产磷酸铁锂电芯 1747 万安时（55900 千瓦时），生产 BMS 系统 168 套，138 辆大巴电池组和 158 辆轿车及特种车电池组 1247 万安时（39900 千瓦时）。销售 108 辆大巴电池组和 158 辆轿车及特种车电池组（1721 千瓦时），销售收入 1.2 亿元。共申请专利 42 项（发明专利 16 项、实用专利 26 项），累计申请专利 212 项，其中，发明专利 110 项，已获授权 79 项。

七、节能与新能源汽车发展规划

稳步推进新能源汽车推广工作。在私人领域推广乘用车，2013 年计划新增约 5000 辆，年末将达到约 1 万辆；2014 年计划新增约 1 万辆，年末将达到约 2 万辆；2015 年计划新增约 2 万辆，年末将达到 4 万辆。在公共服务领域推广新能源汽车，2013 年计划新增 500 辆电动出租车，更换 500 辆新能源客车，计划新增电动物流车等其他车辆 1000 余辆，年末预计近 3000 辆左右；2014 年，预计新能源公交车将达到 1000 辆左右，计划新增电动物流车等其他车辆 2000 余辆，年末预计达到 6000 辆左右；2015 年年末公共服务领域新能源车辆预计达到 8000 辆。

合肥将紧跟世界新能源汽车发展趋势，大力实施“五个一”推进计划，重点扶持一批龙头骨干企业、打造一批研究院、聚集一批高端人才、建设一批重点项目、制定一批专项支持政策。依托安徽江淮汽车股份有限公司、安徽安凯汽车股份有限公司、合肥国轩高科动力能源股份公司、合肥昌河汽车有限责任公司等整车及关键零部件企业，以及国家电动客车整车系统集成工程技术研究中心、合肥新能源汽车研究院等产学研合作研发机构，按照“龙头企业—产业链—产业集群—产业基地”的发展思路，完善产业链条，将合肥打造成全国乃至全球重要的新能源汽车研发与生产基地。

八、节能与新能源汽车推广情况统计表

1. 电动汽车示范推广数量

（1）2012 年电动汽车示范推广数量

单位：辆

车　型	大中型客车	轻型客车	载货车	公务车	出租车	电力工程车	邮政车	环卫车	观光/场地车	私人车	其他	合计	同期增长（%）
纯电动汽车	102	0	0	5	0	0	0	0	0	2137	0	2244	79.52
混合动力汽车	0	0	0	0	0	0	0	0	0	0	0	0	—
插电式混合动力汽车	0	0	0	0	0	0	0	0	0	0	0	0	—
增程式电动汽车	0	0	0	0	0	0	0	0	0	0	0	0	—
燃料电池汽车	0	0	0	0	0	0	0	0	0	0	0	0	—
其他	0	0	0	0	0	0	0	0	0	0	0	0	—
合　计	102	0	0	5	0	0	0	0	0	2137	0	2244	79.52

（2）2012 年电动汽车示范推广车型及数量

车型	公告批次	目录序号	数量（辆）
江淮牌 HFC7000AEV 纯电动轿车	242	56	1986
安凯牌 HFF6100G03EV 纯电动城市客车	247	55	100
安凯牌 HFF6121G03EV 纯电动城市客车	232	55	1
安凯牌 HFF6122G03EV 纯电动城市客车	247	55	1
瑞麟牌 SQR7001ELS18 纯电动轿车	218	119	62
瑞麟牌 SQR7000BEVS184 纯电动轿车	218	119	94

（3）2013 年 1—3 月电动汽车示范推广数量

车　型	大中型客车	轻型客车	载货车	公务车	出租车	电力工程车	邮政车	环卫车	观光/场地车	私人车	其他	合计	同期增长(%)
纯电动汽车	105	0	196	0	0	0	0	0	0	506	0	807	100
混合动力汽车	0	0	0	0	0	0	0	0	0	0	0	0	—
插电式混合动力汽车	100	0	0	0	0	0	0	0	0	0	0	100	100
增程式电动汽车	50	0	0	0	0	0	0	0	0	0	0	50	100
燃料电池汽车	0	0	0	0	0	0	0	0	0	0	0	0	—
其他	0	0	0	0	0	0	0	0	0	0	0	0	—
合　计	255	0	196	0	0	0	0	0	0	506	0	957	100

（4）2013 年 1—3 月电动汽车示范推广车型及数量

车型	公告批次	目录序号	数量（辆）
江淮牌 HFC7100B1HEVF 型混合动力轿车	242	56	40
江淮牌 HFC7000AEV 型纯电动轿车	242	56	385
安凯牌 HFF6125G03SHEV 型混合动力城市客车	243	55	100
安凯牌 HFF6124G03SHEV 型混合动力城市客车	243	55	50
安凯牌 HFF6100G03EV 型纯电动城市客车	247	55	98
安凯牌 HFF6101K10EV 型纯电动城市客车	241	55	2
安凯牌 HFF6127K46EV-6 型纯电动客车	245	55	4
安凯牌 HFF6100G03EV 型纯电动城市客车	247	55	1
昌河牌 CH6390BEV 型纯电动多用途乘用车	243	59	196
瑞麟牌 SQR7000BEVS184 型纯电动轿车	218	119	81

2. 代用燃料汽车(含 CNG、LNG、LPG 及醇醚类)示范推广保有量统计

（1）2012 年代用燃料汽车（含 CNG、LNG、LPG 及醇醚类）示范推广保有量统计

单位：辆

车型		LPG	LNG	CNG	合计
燃气汽车	大中型客车	0	0	815	815
	轻型客车	0	0	0	0
	货车	0	0	0	0
	出租车	0	0	8395	8395
	私人用车	0	0	0	0
	其他	0	0	0	300
	小计	0	0	9210	9210

（2）2013 年 1—3 月代用燃料汽车（含 CNG、LNG、LPG 及醇醚类）示范推广保有量统计

单位：辆

车型		LPG	LNG	CNG	合计
燃气汽车	大中型客车	0	0	200	200
	轻型客车	0	0	0	0
	货车	0	0	0	0
	出租车	0	0	0	0
	私人用车	0	0	0	0
	其他	0	0	0	0
	小计	0	0	200	200

3. 电动汽车充(换)电站(桩)统计

(1) 2012 年电动汽车充（换）电站（桩）统计

充电站					充电桩		换电站
城市名称	数量（座）	充电机功率总计（kW）	充电站占地面积（m^2）	投资金额（万元）	慢充（个）	快充（个）	数量（座）
合肥市	7	75	45000	17978.6	2819	—	2

(2) 2013 年 1—3 月电动汽车充（换）电站（桩）统计

充电站					充电桩		换电站
城市名称	数量（座）	充电机功率总计（kW）	充电站占地面积（m^2）	投资金额（万元）	慢充（个）	快充（个）	数量（座）
合肥市	—	—	—	—	425	17	—

济南市

一、2012 年节能与新能源汽车扶持政策与措施

2012 年 10 月，为加快纯电动物流车推广示范，在全面落实国家、省有关节能与新能源汽车财政补贴等鼓励政策的基础上，借鉴先进试点城市经验，济南市政府确定对 2012 年购买的 300 辆出电动物流车给予每辆 3 万元的市级财政补贴。该补贴已列入 2013 年财政预算，待国家补贴到位后拨付。另外，研究了减免路桥费、停车费及城市道路不限行等一系列优惠政策，以引导社会资本参与新能源汽车的推广应用。

二、节能与新能源汽车示范推广工作进展情况

1. 2012 年 1—12 月

2012 年 9 月份，济南通过政府公开招标方式，采购中通客车 300 辆混合动力新能源公交车并于 2012 年年底投入运营。其中，油电混合动力 200 辆，气电混合动力 100 辆。截止到 2012 年年底，我市累计示范推广节能与新能源汽车 526 辆，其中，混合动力公交车 500 辆，纯电动汽车 26 辆。争取中央预算内补贴 14196 万元，省财政补助 5200 万元。

2. 2013 年 1—3 月

2013 年一季度，我市通过政府采购方式进行公开招标采购纯电动物流用车 300 辆，目前正在招标过程中。

三、节能与新能源汽车项目投融资及建设情况

截止到 2013 年 5 月 22 日，充换电站安全运行 263 天，累计充（换）电 3569 次，充（换）电量为 41996.37 千瓦时，日充（换）电量 282.25 千瓦时。

四、节能与新能源汽车推广情况统计表

1. 电动汽车示范推广数量

(1) 2012 年电动汽车示范推广数量

单位：辆

车　型	大中型客车	轻型客车	载货车	公务车	出租车	电力工程车	邮政车	环卫车	观光/场地车	私人车	其他	合计
纯电动汽车	0	0	0	0	0	0	0	0	0	0	0	0
混合动力汽车	300	0	0	0	0	0	0	0	0	0	0	300
插电式混合动力汽车	0	0	0	0	0	0	0	0	0	0	0	0
增程式电动汽车	0	0	0	0	0	0	0	0	0	0	0	0
燃料电池汽车	0	0	0	0	0	0	0	0	0	0	0	0
其他	0	0	0	0	0	0	0	0	0	0	0	0
合　计	300	0	0	0	0	0	0	0	0	0	0	300

(2) 2012 年电动汽车示范推广车型及数量

车型	公告批次	目录序号	数量（辆）
中通牌 LCK6125PHENV 型混合动力城市客车	243	125	200
中通牌 LCK6121HEV 型混合动力城市客车	243	125	100

郑州市

一、节能与新能源汽车扶持政策与措施

2013年1月30日，郑州市人民政府出台了《郑州市新能源汽车产业发展行动计划（2013—2015年）》。

二、节能与新能源汽车生产经营情况

1. 2012年1—12月

2012年郑州市企业生产销售节能与新能源汽车3000辆，实现销售收入30亿元。

2. 2013年1—3月

2013年第一季度郑州市企业生产销售节能与新能源汽车1420辆，实现销售收入13.1亿元。

三、节能与新能源汽车示范推广工作进展情况

1. 2012年1—12月

2012年，郑州市示范推广节能与新能源汽车1117辆，均为混合动力公交车。

2. 2013年1—3月

2013年第一季度郑州市示范推广节能与新能源汽车4辆，均为混合动力公交车。

四、主要节能与新能源汽车企业发展

截至2012年1—12月，主要有以下节能与新能源企业：郑州宇通客车股份有限公司、郑州日产汽车有限公司、河南少林汽车股份有限公司、海马轿车有限公司、中航电动汽车（郑州）有限公司。

五、节能与新能源汽车发展规划

郑州市人民政府出台了《郑州市新能源汽车产业发展行动计划（2013—2015年）》

六、节能与新能源汽车推广情况统计表

电动汽车示范推广数量

（1）2012年电动汽车示范推广数量

单位：辆

车型	大中型客车	轻型客车	载货车	公务车	出租车	电力工程车	邮政车	环卫车	观光/场地车	私人车	其他	合计	同期增长(%)
纯电动汽车	0	0	0	0	0	0	0	0	0	0	0	0	—
混合动力汽车	1117	0	0	0	0	0	0	0	0	0	0	1117	259
插电式混合动力汽车	0	0	0	0	0	0	0	0	0	0	0	0	—
增程式电动汽车	0	0	0	0	0	0	0	0	0	0	0	0	—
燃料电池汽车	0	0	0	0	0	0	0	0	0	0	0	0	—
其他	0	0	0	0	0	0	0	0	0	0	0	0	—
合计	1117	0	0	0	0	0	0	0	0	0	0	1117	223

注：郑州市推广的1117辆混合动力大中型客车中有1087辆为超级电容混合动力汽车。

（2）2012年电动汽车示范推广车型及数量

车型	公告批次	目录序号	数量（辆）
宇牌通ZK6126CHEVG4型混合动力城市客车	235	71	82
宇牌通ZK6120CHEVG1型混合动力电动城市客车	232	71	725
宇牌通ZK6125CHEVNG1型混合动力电动城市客车	236	71	204
宇牌通ZK6180CHEVG1型混合动力电动城市客车	237	71	71
宇牌通ZK6120CHEVNG2型混合动力电动城市客车	232	71	30
宇牌通ZK6106PHEVG1型混合动力电动城市客车	232	71	1
宇牌通ZK6108CHEVG2型混合动力电动城市客车	231	71	1
宇牌通ZK6126CHEVG2型混合动力城市客车	225	71	1
宇牌通ZK6126CHEVGQCA型混合动力电动城市客车	232	71	1
宇牌通ZK6140CHEVG1型混合动力电动城市客车	238	71	1

（3）2013 年 1—3 月电动汽车示范推广数量

单位：辆

车 型	大中型客车	轻型客车	载货车	公务车	出租车	电力工程车	邮政车	环卫车	观光/场地车	私人车	其他	合计
纯电动汽车	0	0	0	0	0	0	0	0	0	0	0	0
混合动力汽车	4	0	0	0	0	0	0	0	0	0	0	4
插电式混合动力汽车	0	0	0	0	0	0	0	0	0	0	0	0
增程式电动汽车	0	0	0	0	0	0	0	0	0	0	0	0
燃料电池汽车	0	0	0	0	0	0	0	0	0	0	0	0
其他	0	0	0	0	0	0	0	0	0	0	0	0
合 计	4	0	0	0	0	0	0	0	0	0	0	4

（4）2013 年 1—3 月电动汽车示范推广车型及数量

车型	公告批次	目录序号	数量（辆）
宇牌通 ZK6105CHEVNG1 型混合动力城市客车	236	71	1
宇牌通 ZK6120CHEVG1 型混合动力电动城市客车	232	71	1
宇牌通 ZK6120CHEVG2 型混合动力城市客车	239	71	1
宇牌通 ZK6126CHEVG4 型混合动力电动城市客车	235	71	1

武汉市

一、2012 年节能与新能源汽车扶持政策与措施

《武汉市加快高新技术产业发展五年行动计划（2012—2016 年）》的通知武文〔2012〕20 号文件：（一）加强组织领导与评价考核。（二）加强财税政策支持。（三）推进科技金融体系创新。（四）加大人才培养和引进力度。（五）完善区域科技创新服务体系。（六）推动高新技术领域的开放合作。

二、节能与新能源汽车示范推广工作进展情况

1. 2012 年 1—12 月

截至 2012 年年底，示范运营规模达 1081 台，建成 4 个大型充电站，1 个可移动式集成充电岛，135 个交流充电桩，8 个大型混合动力城市客车公交停保场。

2. 2013 年 1—3 月

截至 2013 年 3 月 31 日，武汉市节能与新能源汽车新增纯电动轿车 2 台、即充式纯电动公交车 5 台，示范运营规模达 1088 台，其中混合动力城市客车 705 辆，混合动力轿车 50 辆，混合动力出租车 300 辆，纯电动城市客车 10 辆，即充式纯电动客车 5 台，纯电动环卫车 1 辆，《节能与新能源汽车示范推广应用工程推荐车型目录》外的纯电动轿车 17 辆。

三、基础设施建设及运行情况

截至 2012 年 12 月，建成 4 座大型充电站，1 个可移动式集成充电岛，135 个交流充电桩，8 个大型混合动力城市客车公交停保场。

2012 年，在武汉市原有 3 条示范线路的基础上，新增 35 条混合动力公交营运线路，混合动力公交车示范运营线路达到 38 条，分布在 6 个运营公司，示范运行线路覆盖武汉三镇。

四、主要节能与新能源汽车企业发展情况

2012 年 1—12 月，新能源汽车示范推广试点推动了节能与新能源汽车及相关零部件产业发展，武汉市现已基本形成研发、产业化、示范运营三位一体的电动汽车产业链，并着力打造节能与新能源汽车特色产业园区和基地，实现链条式组合、区域化布局、集群化发展、基地化生根。坚持以东风汽车公司为产业龙头，带动神龙汽车公司、东风本田、东风电动车辆股份有限公司、东风乘用车公司、东风扬子江客车公司、元丰汽车零部件、武汉理工通宇等一批整车及零部件企业集约化发展。

五、节能与新能源汽车发展规划

为进一步加快武汉节能与新能源汽车产业的发展。主攻节能与新能源乘用车产业，壮大节能与新能源客车产业，

改造提升电驱动专用汽车产业，打造新能源动力总成及相关零部件产业，发展动力电池产业，培育示范运营与配套产业。到2016年实现节能与新能源汽车专项的发展目标是：建成中部最大的新能源汽车研发与生产基地，打造国家新能源汽车示范运营和应用推广中心；加大节能与新能源汽车示范推广力度，探索具备市场基础的商业运营模式。具体内容包括：建设武汉节能与新能源汽车六大基地；建立和完善节能与新能源汽车示范运营模式；加大节能与新能源汽车政府采购力度；建立节能与新能源汽车国际交流与合作平台。

六、节能与新能源汽车推广情况统计表

1. 电动汽车示范推广数量

（1）2012年电动汽车示范推广数量

单位：辆

车　型	大中型客车	轻型客车	载货车	公务车	出租车	电力工程车	邮政车	环卫车	观光/场地车	私人车	其他	合计
纯电动汽车	10	0	0	15	0	0	0	1	0	0	0	26
混合动力汽车	705	0	0	50	300	0	0	0	0	0	0	1055
插电式混合动力汽车	0	0	0	0	0	0	0	0	0	0	0	0
增程式电动汽车	0	0	0	0	0	0	0	0	0	0	0	0
燃料电池汽车	0	0	0	0	0	0	0	0	0	0	0	0
其他	0	0	0	0	0	0	0	0	0	0	0	0
合　计	715	0	0	65	300	0	0	1	0	0	0	1081

（2）2012年电动汽车示范推广车型及数量

车型	公告批次	目录序号	数量（辆）
东风牌EQ6110HEV型混合动力城市客车	216	3	500
东风牌EQ6120CPHEV型混合动力城市客车	230	3	1
风神牌DFM7162B1ABSG型轿车	231	3	350
扬子江牌WG6120BEVHM型纯电动城市客车	232	（十七）48	10
金龙牌XMQ6127GH4型混合动力城市客车	232	123	201
海格牌KLQ6129GHE2型混合动力城市客车	216	112	1
福田牌BJ6113C7M4D型混合动力城市客车	174	9	1
宇通牌ZK6126CHEVGAA型混合动力电动城市客车	224	71	1
九通牌KR5020ZXXEV型纯电动车厢可卸式垃圾车	232	29	1
日产Leaf纯电动轿车/FSDALD9ZE0BGA	—	—	15

（3）2013年1—3月电动汽车示范推广数量

单位：辆

车　型	大中型客车	轻型客车	载货车	公务车	出租车	电力工程车	邮政车	环卫车	观光/场地车	私人车	其他	合计
纯电动汽车	5	0	0	2	0	0	0	0	0	0	0	7
混合动力汽车	0	0	0	0	0	0	0	0	0	0	0	0
插电式混合动力汽车	0	0	0	0	0	0	0	0	0	0	0	0
增程式电动汽车	0	0	0	0	0	0	0	0	0	0	0	0
燃料电池汽车	0	0	0	0	0	0	0	0	0	0	0	0
其他	0	0	0	0	0	0	0	0	0	0	0	0
合　计	5	0	0	2	0	0	0	0	0	0	0	7

（4）2013年1—3月电动汽车示范推广车型及数量

车型	公告批次	目录序号	数量（辆）
日产 Leaf 纯电动轿车/FSDALD9ZE0BGA	—	—	2
扬子江牌 WG6121BEVHM 型纯电动城市客车	247	（十七）48	5

2. 2012年代用燃料汽车（含CNG、LNG、LPG及醇醚类）示范推广保有量统计

单位：辆

车型		LPG	LNG	CNG	合计
燃气汽车	大中型客车	400	0	1600	2000
	轻型客车	0	0	0	0
	货车	0	0	0	0
	出租车	1500	0	13000	14500
	私人用车	0	0	0	0
	其他	0	0	300	300
	小计	1900	0	14900	16800

3. 2012年电动汽车充（换）电站（桩）统计表

充电站					充电桩		换电站
城市名称	数量（座）	充电机功率总计（kW）	充电站占地面积（m^2）	投资金额（万元）	慢充（个）	快充（个）	数量（座）
武汉市	4	2630	25974	7300	135	18	0

西安市

一、2012年节能与新能源汽车扶持政策与措施

《陕西省财政厅、陕西省工信厅关于省产节能汽车专项资金补贴办法的通知》（陕财办企〔2011〕118号），在2011年11月至2012年10月31日期间，对符合条件的购车用户购买比亚迪节能汽车补助1000元/辆，累计补贴额度不超过1000万元。

《西安市促进工业地产品配套采购奖励办法》（市政办发〔2012〕177号）中规定，出租车汽车公司新能运营车辆以及非地产运营出租车辆更新采购使用地产汽车的，每辆车补助采购单位1000元。

二、节能与新能源汽车生产经营情况

1. 2012年1—12月

2012年比亚迪汽车公司完成节能与新能源汽车产销45.5万辆，其中出口2.28万辆，出口额1.7亿美元。

陕汽控股集团合计销量6668辆，其中西安地区71辆，均为大型客车。

2. 2013年1—3月

2013年一季度，比亚迪汽车公司完成节能与新能源汽车产销9.4万辆，其中出口3006辆，出口额2131万美元。

陕汽控股集团合计销售1899辆，其中西安地区49辆，均为大型客车。

三、节能与新能源汽车示范推广工作进展情况

1. 2012年1—12月

在西安市204路公交线路上运行4辆纯电动大巴车。LNG汽车全面市场化。

2. 2013年1—3月

由于电价及线路问题，2013年第一季度无新增新能源车运行。今年预计新增50辆纯电动大巴车K9，20辆纯电动出租车e6的示范运行。

四、基础设施建设及运行情况

2012年1—12月运行情况：

（1）2012年西安市高新区已建成两座专业充电站（分别设置20个和30个直流充电机，目前已完成调试，具备运行条件）和一个临时充电站。目前，临时充电站已正式投运，供4辆204路纯电动大巴车充电。其余2座专业充电站可供给50辆纯电动大巴车充电。曲江新区和浐灞生态区各建成1座充电站，全市共建有交流充电桩36个。

（2）2009年，陕汽集团和中石油合建的LNG撬装站运行

良好，能够满足陕汽2012年LNG汽车生产环节的加注需要。

（3）和陕西燃气集团就合作建立L.G加气站达成意向，项目实施地泾渭工业园。

五、主要节能与新能源汽车企业发展情况

1.2012年1—12月

2012年比亚迪汽车公司完成产销45.5万辆，工业总产值251亿元，同比增长19.25%；上缴税金12.6亿元，同比增长7.98%。其中西安基地产销量为27.7万辆，工业总产值128.8亿元，上缴税金6.3亿元，出色地完成了工业保增长任务。

2.2013年1—3月

2013年一季度，比亚迪汽车公司产量为9.4万辆，同比增长36.33%；工业总产值46亿元，同比增长66.52%；销量为9.3万辆，同比增长30.41%；上缴税金2.6亿元，同比增长69.28%。

六、节能与新能源汽车发展规划

比亚迪汽车公司在陕将形成年产60万辆节能与新能源汽车、5000辆纯电动大巴，以及与整车产能相配套的发动机等关键零部件产能，预计实现工业总产值500亿元以上，上缴税金20亿元以上，解决就业约7万人，将为陕西省及西安市经济发展做出更大的贡献。

七、节能与新能源汽车推广情况统计表

1. 电动汽车示范推广数量

（1）2012年电动汽车示范推广数量

单位：辆

车　型	大中型客车	轻型客车	载货车	公务车	出租车	电力工程车	邮政车	环卫车	观光/场地车	私人车	其他	合计
纯电动汽车	4	0	0	0	0	0	0	0	0	0	0	4
混合动力汽车	0	0	0	0	0	0	0	0	0	0	0	0
插电式混合动力汽车	0	0	0	0	0	0	0	0	0	0	0	0
增程式电动汽车	0	0	0	0	0	0	0	0	0	0	0	0
燃料电池汽车	0	0	0	0	0	0	0	0	0	0	0	0
其他	0	0	0	0	0	0	0	0	0	0	0	0
合　计	4	0	0	0	0	0	0	0	0	0	0	4

（2）2012年电动汽车示范推广车型及数量

车型	公告批次	目录序号	数量（辆）
比亚迪牌CK6120LGEV纯电动城市客车	227	108	4

（3）2013年1—3月电动汽车示范推广数量

单位：辆

车　型	大中型客车	轻型客车	载货车	公务车	出租车	电力工程车	邮政车	环卫车	观光/场地车	私人车	其他	合计
纯电动汽车	50	0	0	0	0	0	0	0	0	0	0	50
混合动力汽车	0	0	0	0	0	0	0	0	0	0	0	0
插电式混合动力汽车	0	0	0	0	0	0	0	0	0	0	0	0
增程式电动汽车	0	0	0	0	0	0	0	0	0	0	0	0
燃料电池汽车	0	0	0	0	0	0	0	0	0	0	0	0
其他	0	0	0	0	0	0	0	0	0	0	0	0
合　计	50	0	0	0	0	0	0	0	0	0	0	50

（4）2013年1—3月电动汽车示范推广车型及数量

车型	公告批次	目录序号	数量（辆）
比亚迪牌CK6120LGEV纯电动城市客车	227	108	50

2. 2012 年代用燃料汽车（含 CNG、LNG、LPG 及醇醚类）示范推广保有量统计

单位：辆

车型		LPG	LNG	CNG	合计
燃气汽车	大中型客车	0	0	7393	7393
	轻型客车	0	0	0	0
	货车	0	0	0	0
燃气汽车	出租车	0	0	12230	12230
	私人用车	0	0	0	0
	其他	0	0	0	0
	小计	0	0	22623	22623

3. 2012 年电动汽车充（换）电站（桩）统计

充电站					充电桩		换电站
城市名称	数量（座）	充电机功率总计（kW）	充电站占地面积（m^2）	投资金额（万元）	慢充（个）	快充（个）	数量（座）
西安市	5	3060	—	—	36	58	0

成都市

一、2012 年节能与新能源汽车扶持政策与措施

2012 年，成都市出台了《成都市人民政府办公厅关于加快发展先进制造业实现工业率先倍增若干政策的意见》（成办发〔2012〕23 号），其中新增了支持新能源汽车示范推广的政策措施，对采用整车融资租赁、动力电池租赁模式从事电动汽车示范运行、能源供给的运营企业给予资金补助。同时，编制了《2012 年成都市产业发展技术支撑计划—自主创新重大科技成果转化项目工作方案》，发布了《2012 企业自主创新一般项目申报指南》，引导企业开展新能源汽车安全技术、动力电池、电机电控系统等领域技术攻关。

二、节能与新能源汽车生产经营情况

1. 2012 年 1—12 月

截至 2012 年年底，成都市共有新能源汽车工业企业 18 户，其中整车企业 5 户，动力电池、驱动电机及关键材料企业 13 户，已形成年产各类新能源整车 1500 辆、锂动力电池 6000 万安时、镍氢动力电池 3000 万安时的生产能力。2012 年，成都市新能源汽车规模以上工业企业实现主营业务收入 45 亿元，累计生产新能源汽车整车 380 辆，其中，纯电动公交客车 122 辆、增程式气电混合动力公交客车 90 辆、纯电动专用车 150 辆、纯电动出租车 18 辆。

2. 2013 年 1—3 月

2013 年 1 月—3 月，成都市新能源汽车规模以上工业企业主营业务收入突破 14 亿元，累计生产新能源汽车整车 200 辆，其中，纯电动公交客车 91 辆、纯电动专用车 109 辆。

三、节能与新能源汽车示范推广工作进展情况

1. 2012 年 1—12 月

截至 2012 年年底，成都市新能源汽车示范推广总数达到 765 辆，其中，2012 年新增 709 辆，包括纯电动公交车 129 辆、增程式气电混合动力公交车 90 辆、纯电动公务车 203 辆、纯电动专用车 269 辆、纯电动出租车 18 辆。示范车辆累计行驶近 270 万公里，节约燃油 1000 余吨，减少 CO_2 排放 2300 余吨。

2. 2013 年 1—3 月

截至 2013 年 3 月底，成都市新能源汽车示范推广总数达到 923 辆，其中，2013 年一季度新增 158 辆，包括纯电动公交车 71 辆、纯电动公务车 17 辆、纯电动专用车 70 辆。示范车辆累计行驶 430 万公里，节约燃油 1800 余吨，减少 CO_2 排放 4100 余吨。

四、基础设施建设及运行情况

1. 2012 年 1—12 月

截至 2012 年 12 月底，成都市累计建成充电站 6 座、充电桩 620 个，其中，2012 年新建成红旗、槐树店、龙泉 3 座充电站和 270 个交流充电桩。另外，还有 8 座充电站在建。6 座充电站累计充电 270 万千瓦时。

2. 2013 年 1—3 月

截至 2013 年 3 月底，成都市累计建成充电站 13 座、充电桩 620 个，其中，2013 年 1—3 月新建成八里桥、金信源、万兴、城南立交、成渝立交、红牌楼北街、银沙南街 7

座充电站。另外，还有1座充电站在建。13座充电站累计充电560万千瓦时。

五、节能与新能源汽车项目投融资及建设情况

1. 2012年1—12月

2012年，成都市引进了川汽集团新能源汽车生产基地和研发中心项目、韩国SK集团锂电池隔膜项目、瑞声新材料年产新型锂离子电池隔膜和水性黏合剂生产基地项目。重点推进项目中，卡倍亿电动汽车电控系统生产基地项目一期竣工投产；成客公司气电混合动力及纯电动客车产业化项目、成都瑞声新材料公司新型锂离子电池隔膜和水性黏合剂生产基地项目一期、成都紫光电气公司充电设备项目等3个项目加快建设；成都瑞华特新能源汽车项目、川汽集团新能源汽车生产基地等项目进行了环评等前期准备工作。

2. 2013年1—3月

2013年一季度，成都紫光电气公司充电设备项目完工；成客公司气电混合动力及纯电动客车产业化项目、成都瑞声新材料公司新型锂离子电池隔膜和水性黏合剂生产基地项目一期加快建设；成都瑞华特新能源汽车项目、川汽集团新能源汽车生产基地等项目开始场平。

六、主要节能与新能源汽车企业发展情况

1. 2012年1—12月

2012年，成都客车股份有限公司生产纯电动公交车110辆、增程式气电混合动力公交车90辆，新研发的CDK6122CA2BEV镍氢电池纯电动客车、CDK6122CSHEV增程式气电混合动力客车取得国家公告；中国重汽集团成都王牌商用车有限公司生产纯电动专用车57辆，新研发的16吨CDW5160XLJEV纯电动厢式垃圾运输车等9款新车型取得国家公告；一汽（四川）专用汽车有限公司生产纯电动专用车93辆，新研发的SCZ5090GQXBEV高压清洗车、SCZ5031ZLJBEV小型垃圾车取得国家公告；四川汽车工业集团有限公司生产纯电动公交车12辆、纯电动乘用车18辆，新研发的SQJ6452纯电动乘用车取得国家公告。

2. 2013年1—3月

2013年一季度，成都客车股份有限公司生产纯电动公交车91辆；中国重汽集团成都王牌商用车有限公司生产纯电动专用车109辆。

七、节能与新能源汽车发展规划

2012年，成都市编制完成了《成都市新能源汽车产业“十二五”发展规划（初稿）》，拟定了“十二五”期间新能源汽车示范推广的工作目标、推进措施和支持政策。目前，成都市正按照国家《节能与新能源汽车产业发展规划（2011—2020）》的精神和要求，进一步修改完善《成都市新能源汽车产业“十二五”发展规划（初稿）》，并将尽快出台。

八、节能与新能源汽车推广情况统计表

1. 电动汽车示范推广数量

（1）2012年电动汽车示范推广数量

单位：辆

车型	大中型客车	轻型客车	载货车	公务车	出租车	电力工程车	邮政车	环卫车	观光/场地车	私人车	其他	合计
纯电动汽车	129	0	0	203	18	0	0	269	0	0	0	619
混合动力汽车	0	0	0	0	0	0	0	0	0	0	0	0
插电式混合动力汽车	0	0	0	0	0	0	0	0	0	0	0	0
增程式电动汽车	90	0	0	0	0	0	0	0	0	0	0	90
燃料电池汽车	0	0	0	0	0	0	0	0	0	0	0	0
其他	0	0	0	0	0	0	0	0	0	0	0	0
合计	219	0	0	203	18	0	0	269	0	0	0	709

（2）2012年电动汽车示范推广车型及数量

车型	公告批次	目录序号	数量（辆）
蜀都牌CDK6122CABEV型纯电动城市客车	232	（二十二）10	129
蜀都牌CDK6122CEHEV型混合动力城市客车	235	（二十二）10	90
江淮牌HFC7000AEV型纯电动轿车	242	56	203
野马牌SQJ6452BEV型纯电动乘用车	242	101	18
远达牌SCZ5160GSSBEV型纯电动洒水车	240	（二十二）01	85
王牌牌CDW5164GSSEV型纯电动洒水车	235	101	61

续表

车型	公告批次	目录序号	数量（辆）
王牌牌 CDW5030XGCEV1 型纯电动工程车	241	101	35
王牌牌 CDW5080ZLJEV 型纯电动垃圾车	239	101	28
中联牌 ZLJ5071TSLHBEV 型纯电动扫路车	240	（十八）20	40
天路牌牌 BTL5071TSLEV 型纯电动吸尘车	239	（一）44	20

（3）2013 年 1—3 月电动汽车示范推广数量

单位：辆

车　型	大中型客车	轻型客车	载货车	公务车	出租车	电力工程车	邮政车	环卫车	观光/场地车	私人车	其他	合计
纯电动汽车	71	0	0	17	0	0	0	70	0	0	0	158
混合动力汽车	0	0	0	0	0	0	0	0	0	0	0	0
插电式混合动力汽车	0	0	0	0	0	0	0	0	0	0	0	0
增程式电动汽车	0	0	0	0	0	0	0	0	0	0	0	0
燃料电池汽车	0	0	0	0	0	0	0	0	0	0	0	0
其他	0	0	0	0	0	0	0	0	0	0	0	0
合　计	71	0	0	17	0	0	0	70	0	0	0	158

（4）2013 年 1—3 月电动汽车示范推广车型及数量

车型	公告批次	目录序号	数量（辆）
蜀都牌 CDK6122CABEV 型纯电动城市客车	232	（二十二）10	71
江淮牌 HFC7000AEV 型纯电动轿车	242	56	17
远达牌 SCZ5160GSSBEV 型纯电动洒水车	240	（二十二）01	45
王牌牌 CDW5164GSSEV 型纯电动洒水车	235	101	25

2. 电动汽车充（换）电站（桩）统计

（1）2012 年电动汽车充（换）电站（桩）统计

	充电站				充电桩		换电站
城市名称	数量（座）	充电机功率总计（kW）	充电站占地面积（m^2）	投资金额（万元）	慢充（个）	快充（个）	数量（座）
成都市	13	17442	6813	27500	171	—	3

（2）2013 年 1—3 月电动汽车充（换）电站（桩）统

	充电站				充电桩		换电站
城市名称	数量（座）	充电机功率总计（kW）	充电站占地面积（m^2）	投资金额（万元）	慢充（个）	快充（个）	数量（座）
成都市	1	3060	809	2500	30	—	—

苏州市

一、2012 年节能与新能源汽车扶持政策与措施

1.《苏州市人民政府专题会议纪要》（〔2011〕123 号）。明确 72 辆新能源上线运营公交车的购置问题及 61 辆新购新能源公交车采购问题。

2.《关于我市公交企业 2011 年度购车贷款贴息及担保费用的请示》（苏财综字〔2011〕36 号）。明确车辆采购具

体补贴。

3.《苏州市战略性新兴产业重点领域技术指引》（苏府办〔2010〕24号），提出“加强大功率锂离子电池及其管理模块生产技术研发，推进电动城市客车的开发与商业化应用，特别是大行程纯电动客车新型整车设计制造技术”。

4. 市政府办文单2012年下字938号，落实新能源公交车购车借款，对我市2012年公交企业购车（包括普通柴油车、LNG车和新能源公交车）给予3亿元无息借款，还款期为8年。

二、节能与新能源汽车生产经营情况

1. 2012年1—12月

2012年，苏州金龙销售总额突破85亿元，累计销售客车24824台，稳居行业第二位。其中新能源客车销售283台，实现销售总额2.46亿元。

苏州金龙新能源客车面对客车行业竞争日益加剧的新形势，顺应世界汽车行业绿色低碳的潮流，通过潜心研发，坚持“生产一代、开发一代、储备一代”的新能源客车研发思路，形成了完善的新能源产品线，包括混合动力，纯电动，燃料电池客车产品。混合动力涵盖10米以上公交客车产品，包涵油电混合，气电混合。节油（节气）率达到40%以上，达到领先水平。纯电动客车作为发展方向，苏州金龙首次采用国际先进水平的轮毂电机技术以及自主研发的控制技术。为未来的产品发展打下了坚实的基础。

新能源客车作为未来我国交通的战略方向，苏州金龙加大研发投入，投资兴建了新能源客车研究院，并以研究院、工程技术研究中心和博士后工作站为支撑，聘请行业专家、博导为顾问，形成独立完整的新能源客车全过程研发体系。为了掌握新能源客车的自主核心技术，公司还高薪引进以30名博士、硕士为主导的技术团队，专门从事新能源客车核心技术电控系统的研发，全力打造新能源客车研发高地，目前已有32款新能源客车产品进入国家公告补贴目录。

苏州金龙新能源产品已经在国内许多城市形成批量销售，诸如昆明，苏州，南通，海口，宁波，威海等地。通过技术，销售，售后等综合实力为用户提供强有力的支持，使客户了解海格产品，用得放心，客户反响良好。

2. 2013年1—3月

2013年1—3月份，苏州金龙已经获取新能源客车订单超千台，同比增长300%，发展势头迅猛，市场前景广阔。

三、节能与新能源汽车示范推广工作进展情况

1. 2012年1—12月

截至2012年12月底，共投入示范运行车辆471辆，其中：油电混合动力公交车212辆，气电混合动力公交车249辆，纯电动乘用车10辆。混合动力公交车累计示范运行里程2438.9万公里，纯电动乘用车累计示范运行里程约5.1万公里。

2. 2013年1—3月

2013年1—3月份，我市共推广使用节能与新能源汽车44辆，其中气电混合动力公交车14辆，气电混合动力客车5辆，油电混合动力客车16辆，纯电动客车9辆。使用领域主要是在公交运营、厂包车等公共服务领域。初步拟定了邓蔚路电动汽车充换电站升级改造可行性研究方案。

四、基础设施建设及运行情况

2012年1—12月，建成邓蔚路电动汽车充换电站，可为6辆公交车、5辆乘用车提供整车充电服务。建成“苏沪杭城际互联工程”3座换电站（宁沪高速阳澄湖服务区1座、苏嘉杭高速白洋湖服务区2座），初步实现了苏沪杭城际间的互联互通，满足了电动乘用车用户在苏沪杭地区自由行驶的要求，截止到2012年11月底，已为跨省运行的电动乘用车提供换电服务216车次。完成80个交流充电桩的布设，为电动乘用车提供整车充电服务。

五、节能与新能源汽车产业基地及园区建设情况

2012年1—12月，苏州金龙为扩大产能，在苏州政府的大力支持下，新建了及新能源客车研发制造于一体的基地，占地面积达430亩，项目一期投资15亿元，建成后将形成年产1万台新能源客车的生产能力。

海格新能源客车基地建成后，将从根本上突破产能不足的瓶颈，极大地提升该司新能源客车的整体竞争力。根据规划，海格新能源客车基地将采用客车整车电泳、机器人焊接、车身蒙皮点焊、多工位车身合装、数控高速锯切系统等多项先进的工艺技术。同时，追踪全球先进的智能控制技术、快充纯电动技术、大数据云技术，引进先进的开发软件、试验、测试设备，构建一个高水平的研发平台，形成混合动力、纯电动、燃料电池技术体系，全面提升新能源客车的低碳化水平和可靠性、安全性及稳定性，建成国内一流、国际领先的新能源客车研发、生产基地。

海格电控计划在年内完成HIL测试平台的建设，以此完善汽车电子的“V”字形开发模式，提升产品开发效率和开发质量。计划于明年扩大公司的办公和生产场地，构建整车控制系统的生产检测线，达到年产2000台（套）的生产能力。

六、主要节能与新能源汽车企业发展情况

金龙联合汽车工业（苏州）有限公司；江苏友谊汽车有限公司；张家港市江南汽车制造有限公司；昆山专用汽

车制造厂；常熟华东汽车有限公司；苏州市杰作电气成套有限公司；苏州双航机电有限公司；苏州新同创汽车空调有限公司；苏州市微纳巨能新能源有限公司；苏州星恒电源有限公司；协鑫动力电池有限公司；江苏索尔新能源科技有限公司等。

七、节能与新能源汽车发展规划

初步拟定苏州市新能源汽车推广应用方案（2012—2014 年）初稿。

八、节能与新能源汽车推广情况统计表

1. 2012 年电动汽车示范推广数量

单位：辆

车　型	大中型客车	轻型客车	载货车	公务车	出租车	电力工程车	邮政车	环卫车	观光/场地车	私人车	其他	合计
纯电动汽车	0	0	0	0	0	10	0	0	0	0	0	10
混合动力汽车	461	0	0	0	0	0	0	0	0	0	0	461
插电式混合动力汽车	0	0	0	0	0	0	0	0	0	0	0	0
增程式电动汽车	0	0	0	0	0	0	0	0	0	0	0	0
燃料电池汽车	0	0	0	0	0	0	0	0	0	0	0	0
其他	0	0	0	0	0	0	0	0	0	0	0	0
合　计	461	0	0	0	0	10	0	0	0	0	0	471

2. 2012 年电动汽车示范推广车型及数量

车型	公告批次	目录序号	数量（辆）
海格牌 KLQ6129GHE2 型混合动力城市客车	216	112	74
海格牌 KLQ6129GHEV4 型混合动力城市客车	238	112	38
海格牌 KLQ6109GHEV1 型混合动力电动城市客车	232	112	45
海格牌 KLQ6109GCHEV1A 型混合动力城市客车	236	112	27
海格牌 KLQ6129GQHEV1 型混合动力城市客车	247	112	20
海格牌 KLQ6129GQHEV2 型混合动力城市客车	247	112	12
宇通牌 ZK6126PHEVGQDA 型混合动力电动城市客车	234	71	23
宇通牌 ZK6120CHEVG1 型混合动力电动城市客车	232	71	84
宇通牌 ZK6125CHEVNG1 型混合动力电动城市客车	236	71	26
宇通牌 ZK6105CHEVNG1 型混合动力电动城市客车	236	71	112
海马牌 MC7000EVM0 型纯电动汽车	245	88	10

3. 2013 年 1—3 月电动汽车示范推广数量

单位：辆

车　型	大中型客车	轻型客车	载货车	公务车	出租车	电力工程车	邮政车	环卫车	观光/场地车	私人车	其他	合计
纯电动汽车	9	0	0	0	0	0	0	0	0	0	0	9
混合动力汽车	35	0	0	0	0	0	0	0	0	0	0	35
插电式混合动力汽车	0	0	0	0	0	0	0	0	0	0	0	0
增程式电动汽车	0	0	0	0	0	0	0	0	0	0	0	0
燃料电池汽车	0	0	0	0	0	0	0	0	0	0	0	0
其他	0	0	0	0	0	0	0	0	0	0	0	0
合　计	44	0	0	0	0	0	0	0	0	0	0	44

4. 2013 年 1—3 月电动汽车示范推广车型及数量

车型	公告批次	目录序号	数量（辆）
海格牌 KLQ6109GCHEV1A 型混合动力城市客车	236	112	16
海格牌 KLQ6109GHEV1A 型混合动力城市客车	237	112	6
海格牌 KLQ6119GCHEV1A 型混合动力城市客车	237	112	2
海格牌 KLQ6119GHEV1A 型混合动力城市客车	237	112	2
海格牌 KLQ6129GCHEV1A 型混合动力城市客车	238	112	1
海格牌 KLQ6129GHEV4A 型混合动力城市客车	238	112	6
海格牌 KLQ6129GQHEV2 型混合动力城市客车	247	112	2
海格牌 KLQ6129GEV 型纯电动城市客车	217	112	6
海格牌 KLQ6129GEV2 型纯电动城市客车	236	112	3

南昌市

一、节能与新能源汽车生产经营情况

1. 2012 年 1—12 月

截至 2012 年年底，南昌市已有 20 个新能源汽车产品纳入了《国家节能与新能源汽车示范推广应用工程推荐车型目录》。其中江铃汽车集团有限公司 9 个、江西凯马百路佳客车有限公司 11 个。

列入试点城市以来，南昌市节能与新能源汽车销售 306 辆，总销售收入 2. 35 亿元，创汇 607 万美元。南昌自主研发的新能源客车实现了产业化并在我市示范工程中得到批量运营。江西凯马百路佳客车有限公司生产的 156 辆新能源客车（纯电动客车 10 辆、混合动力客车 146 辆）已在我市投放运营。我市生产的新能源客车造型美观、噪声小，产品质量稳定，得到了市公交公司的肯定。以示范工程为先导，积极推动本地产业创新发展的做法，取得了初步成效。

2. 2013 年 1—3 月

根据财政部、科技部、工业和信息化部、国家发展改革委员会《关于扩大混合动力城市公交客车示范推广范围有关工作的通知》（财建〔2012〕633 号）（以下简称《通知》），江西凯马百路佳客车有限公司生产的型号为 JXK6116BPHEV1 的混合动力城市客车已入围“财政补贴混合动力公交客车示范推广项目”。2013 年 2 月，该款车型已在江西省贵溪市销售 8 辆并与赣州市签订了 20 台新能源客车的销售合同。

二、节能与新能源汽车示范推广工作进展情况

1. 2012 年 1—12 月

南昌市自 2009 起开始对新能源汽车示范车型进行调研和试用选型。车辆选型原则按照财政部、科技部《关于开展节能与新能源汽车示范推广工作的通知》（财建〔2009〕6 号文）和相关招投标程序的规定由承担示范任务的各应用单位自主选型、采购并完成全部车辆的示范运营工作。2010 至 2012 年共示范推广节能与新能源汽车 1025 辆，涉及汽车生产厂家共 11 个，车辆型号 16 个，总采购金额 3. 77 亿元。

南昌市节能与新能源汽车示范推广计划进度情况

单位：辆

示范用途	运营单位	责任单位	2010 年	2011 年	2012 年	2013 年（1—3 月）	累计
			完成数	完成数	完成数	完成数	完成数
混动公交车	公交公司	市交通局	70	76	101	—	247
纯电动公交			—	10	—	—	10
混动出租车	出租公司	市交通局	200	160	0	300	660
纯电物流车	汽车租赁公司	市交通局	—	—	1	0	1
混动公务车	机关事务局	市机管局	30	23	6	8	67
纯电环卫车	市城管委	市城管委	—	5	33	—	38
纯电工程车	供电公司	供电公司	—	—	2	—	2
合　计			300	274	143	308	1025

2. 2013 年 1—3 月

2013 年一季度，南昌市共有示范推广新能源汽车 308 辆。其中混合动力出租车 300 辆，汽车生产单位为东风汽车公司，汽车型号为 DFM7161B1B；混合动力公务车 8 辆，其中上海汽车集团股份有限公司生产的 CSA7180ACHEV 型号混合动力乘用车 7 辆，重庆长安汽车股份有限公司生产的 SC7155HEV 型号混合动力乘用车 1 辆。所有一季度完成的示范车辆均为 2012 年度工作任务。

三、基础设施建设及运行情况

在充电设施建设方面，南昌市按照“保障运营、适度超前”的原则推进充电配套设施建设。目前我市运营的纯电动汽车数量非常有限，只有 51 辆。而我市的充电设施的充电能力已经远远超出了现有纯电动车辆使用需求。2010 年，是我市配套基础设施的建设起步期。我市建成了南昌市高新区首座充电站。初步落实了第 2 座充电站的规划和选址。同时，完成了 105 个充电桩的铺设，预先做好了我市纯电动汽车的运行保障安排。2011 年，全面完成了高新区首座充电站设备调试，并正式投入使用并对该站启动二期换电站建设。同时完成了 45 个充电桩的安装。2012 年，高新区二期换电站主体工程基本完成建设。鉴于我市示范应用单位采购的纯电动汽车数量较少，对 50 个充电桩实行按需安装。

在维修、保养配套设施方面，我市已建成 6 座新能源汽车维修服务站，各运营单位、维保单位多次组织人员培训，保障了新能源汽车的正常运行。市公交公司通过采购维修设备、厂家维修培训等方式，已在公交公司 2 个维修厂针对新能源公交车完成了基本维保设施的配置和人员培训。此外，在红谷滩新区建设了新能源车综合维修厂，从车辆维修、车身修复、车辆维修质量检测一条龙的维修作业，以确保车辆的维修质量，修理厂建筑面积 23000 平方米，造价 2500 万元，维修设备投入 506 万元。同时加强对昌南维修厂的建设力度，提升其维修技术能力，从而确保新能源公交车的正常营运。长安公司在南昌建立了新能源汽车维修服务中心，重点面向示范运营的 196 辆志翔、4 辆杰勋混合动力出租车和公务车提供维护保障，为新能源车新增了专用通道和 4 个专用工位，开通了急缺配件专供渠道，配件储备 50 万元。丰田公司为 205 辆凯美瑞混合动力出租车进行了维护设施的配套建设。市机关车辆修理厂也相应增加了新能源公务车的维修软硬件建设。市公交公司还根据司机的操作习惯联合生产厂家对新能源汽车进行了部分技术改造，进一步提高了车辆的节油性能。

四、节能与新能源汽车项目投融资及建设情况

江西凯马百路佳客车有限公司将在 2013 年将通过增资方式，在原厂区内建设综合性研发实验大楼、集成式物流配套中心、现代化新能源车辆试制中心、车辆检测房、机加工及车辆调试厂房，共计约 63000 平方米。计划总投资：约 6000 万元人民币。该项目现已正式启动，预计年底竣工。项目实施完成后，公司总装线将从 1 条增加到 3 条，可同时安排常规客车、新能源客车或特种改装车的下线，产能从日产 5 台提高到日产 10 台，为公司快速发展打下坚实的基础。同时为我司申报国家级研发中心做好准备，有利于实现江西省新兴产业战略规划的实施和促进地方经济发展。

五、主要节能与新能源汽车企业发展情况

江西凯马百路佳客车有限公司是南昌昌北经开区一家集客车研发、制造、销售于一体的专业客车制造商。公司于 2005 即推出第一代基于铅酸蓄电池的混合动力客车；2006 年推出第二代混合动力客车；2007 年与美国 EATON、CUMMINS 进行混合动力车型的研发与推广，并成功登陆澳洲及欧洲市场；与万向集团、美国 AEV 联合开发纯电动客车成功进入澳洲市场；与台湾立凯、台塑联合开发纯电动大巴，目前已批量出口，得到用户的一致好评。2010 年取得工信部新能源准入认证，联合加拿大 TM4、苏州 ZF、万向、玉柴、清华绿控、南车时代及福工动力联合开发纯电动及混合动力城市客车，目前新能源客车销量合计 200 多辆，其中江西地区已达 164 辆。

江西江铃汽车集团改装车有限公司是一家集研发、生产、销售、技术服务为一体的国内最大的轻型商用车改装企业之一，在全国救护车、警用车、检测车等改装车行业处于龙头地位。已形成 12 大系列产品，拥有国家车辆公告 238 个。公司现有员工 532 人，其中大专以上学历的科技人员 173 人，占员工总数的 32.52%，研发人员 69 人，占员工总数的 12.97%。近 3 年来，公司生产经营管理情况良好，销售收入年平均增长率达 18.2%，总资产年平均增长率达 47.5%。公司自主研发的 12 大系列，200 多个品种的专业改装车及新能源汽车均具有自主知识产权。近 3 年来，新增授权专利 34 项，其中实用新型 25 项，外观 9 项；新增申请专利 6 项，其中发明专利 3 项，实用新型 3 项。江西江铃汽车集团改装车有限公司致力于清洁新能源汽车的研究开发。早在 2007 年，就开始纯电动专用车开发。2008 年 8 月，首款 JX5041XEV-LI 纯电动服务车取得工信部汽车产品公告，是首批列入“国家节能与新能源汽车示范推广应用工程推荐目录”车型。公司具有纯电动工程车、自制自用 N1 类纯电动底盘生产资质。具有新能源汽车整车控制器开发能力，掌握了动力系统匹配设计选型、各系统和子系统之间的通信协议和数据代码的开发、电池及其控制系统的匹配、选用、布置等。已研制了 6 款纯电动车型。JX5041XSWMEV 纯电动商务车、

JX5041XEV-LI 纯电动服务车、JX5033XGCEV 纯电动工程车、JX5020CCYMEV 纯电动仓栅式运输车、JX5020ZXXMEV 纯电动车厢可卸式垃圾车、JX5020XXYMEV 纯电动厢式运输车。在 2012 年，JX5020ZXXMEV 纯电动垃圾车产销 26 辆，使用单位有：青云谱环卫所、西湖区城管局、经开区城管局、红谷滩管委会、青云谱镇市容所、高新区管委会。上述车辆的推广使用，有力地推动了南昌市推广新能源汽车工作的进展，取得了较好的社会效应和经济效益。

六、节能与新能源汽车推广情况统计表

1. 电动汽车示范推广数量

（1）2012 年电动汽车示范推广数量

单位：辆

车　型	大中型客车	轻型客车	载货车	公务车	出租车	电力工程车	邮政车	环卫车	观光/场地车	私人车	其他	合计	同期增长（%）
纯电动汽车	0	0	1	0	0	2	0	33	0	0	0	36	140
混合动力汽车	101	0	0	6	0	0	0	0	0	0	0	107	—
插电式混合动力汽车	0	0	0	0	0	0	0	0	0	0	0	0	—
增程式电动汽车	0	0	0	0	0	0	0	0	0	0	0	0	—
燃料电池汽车	0	0	0	0	0	0	0	0	0	0	0	0	—
其他	0	0	0	0	0	0	0	0	0	0	0	0	—
合　计	101	0	1	6	0	2	0	33	0	0	0	143	—

（2）2012 年电动汽车示范推广车型及数量

车型	公告批次	目录序号	数量（辆）
江西牌 JXK6116BPHEV1 型混合动力城市客车	243	（十四）03	37
江西牌 JXK6116BPHEV2 型混合动力城市客车	243	（十四）03	63
安凯牌 HFF6111G03PHEV 型混合动力城市客车	237	55	1
江铃牌 JX5020XXYMEV 型纯电动厢式运输车	240	（十四）15	1
东风牌 ZN5033XGCH2C 型纯电动工程车	232	72	1
依维柯牌 NJ5056XFWD 型纯电动服务车	232	44	1
长安牌 SC7155A4 型混合动力轿车	232	96	2
长安牌 SC7155HEV 型混合动力轿车	230	96	2
荣威牌 CSA7180ACHEV 型混合动力轿车	237	122	2
江铃牌 JX5020ZXXMEV 型纯电动车厢可卸式垃圾车	238	（十四）15	18
清源牌 QY5020ZXXBEVYC 型纯电动车厢可卸式垃圾车	245	（二）22	15

（3）2013 年 1—3 月电动汽车示范推广数量

车　型	大中型客车	轻型客车	载货车	公务车	出租车	电力工程车	邮政车	环卫车	观光/场地车	私人车	其他	合计	同期增长（%）
纯电动汽车	0	0	0	0	0	0	0	0	0	0	0	0	—
混合动力汽车	0	0	0	8	300	0	0	0	0	0	0	308	64.6
插电式混合动力汽车	0	0	0	0	0	0	0	0	0	0	0	0	—
增程式电动汽车	0	0	0	0	0	0	0	0	0	0	0	0	—
燃料电池汽车	0	0	0	0	0	0	0	0	0	0	0	0	—
其他	0	0	0	0	0	0	0	0	0	0	0	0	—
合　计	0	0	0	8	300	0	0	0	0	0	0	308	—

（4）2013 年 1—3 月电动汽车示范推广车型及数量

车型	公告批次	目录序号	数量（辆）
风神牌 DFM7161B1B 型混合动力轿车	227	3	300
长安牌 SC7155HEV 型混合动力轿车	230	96	1
荣威牌 CSA7180ACHEV 型混合动力轿车	237	122	7

2. 2012 年代用燃料汽车（含 CNG、LNG、LPG 及醇醚类）示范运行保有量统计

单位：辆

车型		LPG	LNG	CNG	合计
燃气汽车	大中型客车	0	0	42	42
	轻型客车	0	0	0	0
	货车	0	0	0	0
	出租车	0	0	620	620
	私人用车	0	0	0	0
	其他	0	0	0	0
	小计	0	0	662	662

3. 2012 年电动汽车充（换）电站（桩）统计

充电站					充电桩		换电站
城市名称	数量（座）	充电机功率总计（kW）	充电站占地面积（m^2）	投资金额（万元）	慢充（个）	快充（个）	数量（座）
南昌市	1	870	666	1791	150	—	1

广州市

一、2012 年节能与新能源汽车扶持政策与措施

1. 2012 年 1—12 月

（1）财政资金支持。2012 年，广州市出台了《广州市节能与新能源汽车示范推广配套资金管理办法》，将用于新能源汽车发展的专项资金纳入市战略性主导产业专项资金同意安排、管理，全年共安排专项资金约 2.5 亿元，用于支持新能源汽车示范推广、研发与产业化、检测平台等。同时，广州市积极推荐新能源汽车有关项目申请广东省新能源汽车转向资金支持，2012 年，包括广汽集团轻型纯电驱动汽车研发与产业化项目在内的 4 个项目获省专项资金支持，支持额度为 6100 万元。在国家财政支持方面，广州市作为国家节能与新能源汽车示范推广试点城市，在示范期间，广州市通过积极示范推广各类新能源汽车共获得国家财政支持 4.81 亿元。

（2）成立专家咨询委员会助推新能源汽车发展。2012 年，广州市成立新能源汽车发展专家咨询委员会，制定了《广州市新能源汽车产业发展咨询委员会组建工作方案》，将秘书处与广东省电动汽车省部产学研创新联盟和广东省新能源汽车产业联盟两大联盟秘书处共同设在广汽研究院，充分依托省两大联盟的战略平台，整合政府、高校、科研机构、企业的有力资源联合推动新能源汽车发展工作。委员会主要职责：根据国内外新能源汽车发展趋势，对关系我市新能源汽车发展的重大工作和问题提出咨询意见和建议；协助新能源汽车发展工作领导小组推进新能源汽车示范推广、研发与产业化等重大工作；围绕新能源汽车产业发展和重大技术突破，及时开展宣传、普及工作，等等。

（3）新能源汽车上牌享受优惠政策。2012 年 7 月 31 日，广州市出台了《广州市中小客车总量调控管理试行办法》，对中小客车上牌采取限牌措施。为了支持新能源汽车的行业发展，在限牌政策中，对新能源汽车的上牌制定了优惠政策，即每个月新增的 1 万台中小客车的指标中，10% 专用于新能源汽车，每月将单独对新能源汽车指标进行摇号，单位和个人取得的节能与新能源车增量指标应当用于符合国家工信部《节能与新能源汽车示范推广应用工程推荐车型目录》所列的新能源中小客车和节油率超过 20% 的混合动力中小客车办理登记。同时，广州市对于每

台上牌的新能源汽车由市财政给予1万元的补贴。

2. 2013年1—3月

在3年示范运行期满后，广州市继续探索研究制定有关新能源汽车的政策措施，以更进一步推进新能源汽车在全社会的推广应用。一是研究制订新能源汽车示范推广系列鼓励政策。借鉴国内外有关城市在私人领域推广电动汽车的做法经验，评估限牌一年来对新能源汽车示范推广的影响，研究包括减免过路过桥费、上路优先、停车免费、个人碳账户及小区、公共停车场按比例建设充电设施等有关工作，鼓励私人购买、使用新能源汽车、尤其是纯电动汽车的有关政策。二是研究编制公务车领域示范推广方案。整合有关部门、企业的资源，率先在市直机关、市属国有企业集团启动200辆新能源汽车示范试点工作。

二、节能与新能源汽车生产经营情况

2012年1—12月

经过开展试点工作，广州市依托省级新能源汽车产业基地、三大汽车产业集聚区和发展战略性新兴产业的重大战略部署，形成了包括新能源整车、动力电池及其管理系统、电控系统、电动空调等在内的较完整产业链，车型涵盖轿车、客车、专用车等各类车型，新能源客车年产能达到3000辆，新能源轿车年产能约3万辆，拥有2个自主品牌新能源轿车车型平台。

新能源乘用车方面。广汽集团自主研发生产并以租赁形式投入示范运营200辆混合动力“传祺”轿车，带动了广州德尔福、惠州亿能、广州博捷等5家省内的零部件供应商进行新能源汽车零部件研发和技术升级，初步奠定了新能源汽车零部件供应的产业基础。正在推进的插电式混合动力轿车、增程式纯电动轿车两款新能源车型已完成国家公告手续。东风日产自主品牌“启辰”纯电动轿车已开始小规模试生产，广汽丰田混合动力版凯美瑞车型于2010年进入新能源汽车示范推广推荐目录。北汽集团在穗建设的华南基地预计2013年年底建成，正在开展纯电动轿车导入的相关前期工作。

新能源商用车方面。广汽集团研发生产的新能源客车超过1700辆，实现销售收入约17亿元。通过示范推广，新能源客车产品不断取得改进和创新，现已拥有LPG+电混合动力、LNG+电混合动力、油+电混合动力、纯电动等近10个系列、20多个车型，并收集掌握了大量运营数据，积累了丰富的运营经验，为下一步扩大应用奠定了基础。以此为带动，广汽集团与近20个新能源汽车零部件配套商建立了合作关系，带动地方配套企业实现产值约4.5亿元，同时也吸引新能源汽车部件、配套充电设施等企业落户广州。正在推进的插电式公交车、纯电动垃圾收集车与纯电动物流车等车型2013年已陆续投产。

新能源汽车关键零部件方面。在东风日产纯电动车“启辰”项目的带动下，为之配套的动力电池项目落户广州（公司已注册），项目建成后可实现动力电池及其控制系统年产能5万台（套）。广州力柏能源科技有限公司、广州鹏辉能源科技股份有限公司、广州市益维电动汽车有限公司、广州天赐高新材料股份有限公司正在推进锂离子动力电池及其管理系统和关联新材料的研发与产业化，预计“十二五”末期具备年产2500辆以上纯电动大巴的车用磷酸铁锂动力电池及其管理系统组件的产业化配套能力。广州精益实业集团有限公司具备年产高效电动客车空调8000台、高效电动轿车及其他电动车辆空调10万台的生产能力。

三、节能与新能源汽车示范推广工作进展情况

（1）新能源汽车示范运行情况。2012年，广州新能源汽车发展工作领导小组办公室统筹会同市科技和信息化、经贸、财政、交通等行政部门，明确思路，集中力量，选择技术相对成熟、稳定的气电混合动力公交车作为示范推广重点，新增示范公交车辆1310辆，另新增示范公务车辆200辆，区域综合示范车辆117辆。

（2）国家试点验收工作顺利完成。2012年12月27日，国家财政部、科技部、工信部、发改委组织专家组对广州市节能与新能源汽车示范推广试点工作进行验收。试点期间，广州市示范推广纳入国家试点任务车辆数为2067辆，包括：混合动力公交车1684辆、纯电动公交车81辆、纯电动出租车30辆、混合动力公务车245辆、纯电动公务车12辆、纯电动客车15辆，超额完成试点任务。除此之外，广州市还示范推广了未获得国家补贴的704辆各类节能与新能源汽车，包括：混合动力公交车60辆、燃料电池观光车60辆、混合动力公务车96辆、纯电动公务车15辆、纯电动出租车6辆、混合动力社会乘用车467辆。总示范车辆规模达2771辆。专家组认为，广州市试点工作组织机构健全，推广工作力度大，效果良好。

四、基础设施建设及运行情况

试点期间，广州市按照配套充电设施“适度先行”原则，相对超前部署充电设施，并按照财政资金与社会资本共同参与的模式，鼓励充电设施加快布局。积极引入中国南方电网、中国普天等中央企业加入，发挥央企在资金、技术和人才等方面的优势，在花都区、增城市、番禺区按照“集中布局、集中展示、以点带面、逐步推开”的原则，优先建设配套充电设施。广州市共建设配套充电站（桩）52座（个）。包括大学城充（换）电站、亚运城电动汽车充电站、赛马场电动汽车换电体验站、加氢站和48个充电桩。

五、节能与新能源汽车产业基地及园区建设情况

通过开展试点工作，广州市新能源汽车产业发展工作得到广东省政府高度认可，广东省于2012年授予广州市首批战略性新兴产业（新能源汽车产业）基地称号。广州市也已启动第一批新能源汽车产业基地建设工作，有力推动新能源汽车产业集聚发展，包括“北部、东部、南部”的新能源汽车产业走廊雏形基本形成。北部以白云区、花都区为主，依托广汽客车、东风日产，重点发展新能源商用车、纯电动乘用车、动力电池、电动空调等新能源整车及关键零部件产业；东部以增城市为主，涵盖萝岗区、黄埔区，依托广汽本田、北汽广州公司，充分发挥增城省级“绿道”示范项目带动作用，重点发展动力电池、新材料等产业，建设新能源汽车检测平台和配套设施运营综合试验区；南部以番禺区为主，涵盖南沙区、海珠区，依托广汽研究院、广汽乘用车、广汽丰田，重点建设包括新能源乘用车研发与生产、动力电池、检测平台等在内的新能源乘用车产业基地。

六、主要节能与新能源汽车企业发展情况

（1）广汽集团：自主研发生产的混合动力“传祺”轿车已投入示范运营，插电式混合动力轿车、增程式纯电动轿车两款新能源车型已完成国家公告手续；广汽丰田混合动力版凯美瑞车型于2010年进入新能源汽车示范推广推荐目录；广汽客车研发生产的新能源客车超过1700辆，实现销售收入约17亿元。通过示范推广，新能源客车产品不断取得改进和创新，已拥有LPG＋电混合动力、LNG＋电混合动力、油＋电混合动力、纯电动等近10个系列、20多个车型，

（2）东风日产：东风日产自主品牌“启辰”纯电动轿车已开始小规模试生产。

（3）有关新能源汽车零部件企业：广州力柏能源科技有限公司、广州鹏辉能源科技股份有限公司、广州市益维电动汽车有限公司、广州天赐高新材料股份有限公司正在推进锂离子动力电池及其管理系统和关联新材料的研发与产业化，预计“十二五”末期具备年产2500辆以上纯电动大巴车用磷酸铁锂动力电池及其管理系统组件的产业化配套能力。广州精益实业集团有限公司具备年产高效电动客车空调8000台、高效电动轿车及其他电动车辆空调10万台的生产能力。

七、节能与新能源汽车发展规划

在总结国家试点经验的基础上，广州市继续深化示范推广工作，进一步增强示范车型。拓宽示范领域。依托汽车整车龙头企业和产业基地，积极支持自主创新和自主品牌发展，以车用动力电池及其关键配套产业、控制系统研发为重点，以配套充电社会司规划建设为突破口，加强城际合作。坚持政府推动和市场运作相结合、政策支持和宣传引导相结合，产学研紧密结合，推动广州市新能源汽车产业不断发展。

（1）进一步完善应用环境建设。完善广州市新能源汽车配套充电设施专项规划，并适度超前有序推进全市充（换）电及充气基础设施规划建设战略合作协议，以花都区、增城市、番禺区为先行区，探索适合广州市新能源汽车应用发展的模式标准。

（2）继续扩大示范领域。在条件成熟的情况下，在公交领域、出租领域、专用车领域继续推进新能源汽车，尤其是纯电动汽车及LNG汽车的示范规模。在商用车方面，研究将示范领域向LNG＋电混合动力公交车、插电式混合动力公交车、纯电动及LNG公交车、垃圾车、物流车、校车等领域适度扩大的可行性，并研究完善有关扶持政策和配套设施建设工作。在乘用车方面，公务车、出租车领域示范推广增程式纯电动、插电式混合动力、纯电动乘用车，争取实现集中、规模化示范。重点通过示范运营研究可持续推广的商业模式和配套设施规划建设方案。

（3）进一步推动省、市新能源汽车产业基地建设。加快推进以广汽集团为龙头企业，包括番禺、白云、增城和花都在内的首批广东省战略性新兴产业（新能源汽车产业）记得的规划建设，研究制定广州市新能源汽车产业基地建设若干意见。根据《广东省电动汽车行动计划》精神，加快与国家发展改革委沟通，依托初步形成的“东部—北部—南部新能源汽车产业长廊”，积极争取国家级新能源汽车研发与产业基地。

八、节能与新能源汽车推广情况统计表

1. 电动汽车示范推广数量

（1）2012年电动汽车示范推广数量

单位：辆

车　型	大中型客车	轻型客车	载货车	公务车	出租车	电力工程车	邮政车	环卫车	观光/场地车	私人车	其他	合计
纯电动汽车	50	0	0	0	0	0	0	0	0	0	0	50
混合动力汽车	870	0	0	0	0	0	0	0	0	0	0	870

续表

车型	大中型客车	轻型客车	载货车	公务车	出租车	电力工程车	邮政车	环卫车	观光/场地车	私人车	其他	合计
插电式混合动力汽车	0	0	0	0	0	0	0	0	0	0	0	0
增程式电动汽车	0	0	0	0	0	0	0	0	0	0	0	0
燃料电池汽车	0	0	0	0	0	0	0	0	0	0	0	0
其他	0	0	0	0	0	0	0	0	0	0	0	0
合 计	920	0	0	0	0	0	0	0	0	0	0	920

(2) 2012 年电动汽车示范推广车型及数量

车型	公告批次	目录序号	数量（辆）
广汽牌 GZ6111HEV1 型混合动力城市客车	231	89	870
宇通牌 ZK6120BEVG2 型纯电动城市客车	236	71	50

(3) 2013 年 1—3 月电动汽车示范推广数量

单位：辆

车型	大中型客车	轻型客车	载货车	公务车	出租车	电力工程车	邮政车	环卫车	观光/场地车	私人车	其他	合计
纯电动汽车	0	0	0	0	0	0	0	0	0	0	0	0
混合动力汽车	400	0	0	0	0	0	0	0	0	0	0	400
插电式混合动力汽车	0	0	0	0	0	0	0	0	0	0	0	0
增程式电动汽车	0	0	0	0	0	0	0	0	0	0	0	0
燃料电池汽车	0	0	0	0	0	0	0	0	0	0	0	0
其他	0	0	0	0	0	0	0	0	0	0	0	0
合 计	400	0	0	0	0	0	0	0	0	0	0	400

(4) 2013 年 1—3 月电动汽车示范推广车型及数量

车型	公告批次	目录序号	数量（辆）
广汽牌 GZ6111HEV1 型混合动力城市客车	231	89	400

2. 2012 年代用燃料汽车(含 CNG、LNG、LPG 及醇醚类)示范运行保有量统计

单位：辆

车型		LPG	LNG	CNG	合计
燃气汽车	大中型客车	7257	421	0	7678
	轻型客车	0	0	0	0
	货车	0	0	0	0
	出租车	18761	0	0	18761
	私人用车	0	0	0	0
	其他	0	0	0	0
	小计	26018	421	0	26439

昆明市

一、节能与新能源汽车扶持政策与措施

1. 2012 年 1—12 月

2009—2012 年，由昆明市本级财政安排补助资金共计 13120 万元，按《实施方案》年度计划实施节能与新能源汽车的推广、示范、运营和维护保养等专项补贴。由昆明市财政局、昆明市科技局颁发了《昆明市节能与新能源汽车示范推广财政补助资金管理办法》，云南省财政厅和云南省科技厅也对节能与新能源汽车的示范推广和产业化发展

给予了大力支持。

2012 年度国家财政清算补助及预拨资金到位 13238 万元，实际支出 13238 万元。2012 年度昆明市地方财政补助已支出资金 804 万元。

根据 2011 年 10 月 20 日国家四部委发布的《关于进一步做好节能与新能源汽车示范推广试点工作的通知》（财办建〔2011〕149 号）要求，以及四部委对我市督导检查意见，自 2012 年起我市示范推广的新能源出租车已不再对经营权进行拍卖，采用向示范运行主体单位授予经营权的方式，提出了相应的管理要求和严格执行昆明市数据采集工作等要求。

2. 2013 年 1—3 月

2013 年第一季度昆明市地方财政补助资金共支出 2241. 95 万元，主要用于对示范运营单位车辆维护、修理等进行补贴以及新能源汽车示范推广工作经费和数据采集等相关工作。

二、节能与新能源汽车生产经营情况

截至 2012 年年底，昆明市尚无新能源汽车产业，仅东风云汽公司、云南美的客车公司和明船舶设备集团有限公司具有研发的纯电动汽车和增程式混合动力客车样车，暂不具备量产能力，无节能与新能源汽车整车销售。

昆明云内动力股份有限公司与南车时代电动汽车股份有限公司（以下简称“南车时代”）合作，开发了以云内动力 D19TCI 高压共轨柴油机为辅助动力的 APU 系统，成功搭载南车时代的增程式电动汽车，首批 66 辆增程式电动公交客车投放昆明示范运行。

三、节能与新能源汽车示范推广工作进展情况

1. 2012 年 1—12 月

截至 2012 年 12 月 30 日，昆明市已完成总计划 1000 辆节能与新能源汽车示范运行车辆的招标采购任务。正常投入示范运行车辆 510 辆，其中常规混合动力公交客车及纯电动公交客车 400 辆，中度混合动力出租车 100 辆，中度混合动力公务车 5 辆，小型纯电动环卫车 5 辆，多数车辆具有较好的节能减排效果。

2012 年目标计划任务为 490 辆，其中公交客车 350 辆、出租车 100 辆、公务车 15 辆和纯电动环卫车 25 辆。截至 2012 年年底已完成全部 490 辆新能源汽车的招标采购工作。

2. 2013 年 1—3 月

截至 2013 年 1—3 月，昆明市 2012 年 490 辆新能源汽车的目标计划任务中，其中 441 辆以投入示范运营，包括 66 辆增程式电动公交客车、235 辆混合动力公交客车、100 辆混合动力出租车、25 辆纯电动环卫车和 15 辆混合动力公务车，49 辆混合动力公交客车因厂家生产线问题暂未运到昆明市，示范运行单位一直与生产企业保持联系并督促该批车辆尽快到昆明市上线运营。

四、基础设施建设及运行情况

1. 2012 年 1—12 月

2012 年昆明公交拟采购 66 辆增程式电动公交客车，在领导小组办公室和市工信委的组织协调下，云南电网与昆明公交完成充电桩场地选址工作。拟在 6 个公交车场建 66 辆电动公交车的交流充电桩，1 个桩配有 1 ~2 个接口，所有充电桩按 1:1. 1 的比例建设备用桩。

2. 2013 年 1—3 月

云南电网公司、昆明公交集团、南车时代就 66 增程式电动公交客车充电桩建设进行多次现场交流，根据昆明公交场站的实际条件和运营需求，开展了电网的改造及 40 个直流充电桩的施工建设工作，确保纯电驱动电动车辆正常上线示范运营。

五、节能与新能源汽车项目投融资及建设情况

云南省高度重视我国加快培育和发展新能源汽车产业的战略举措，积极抓住汽车动力系统电动化转型的历史发展机遇。于 2012 年 9 月 5 日，云南省投资控股集团有限公司与比亚迪公司签定了战略合作协议，由比亚迪公司在云南昆明建立纯电动客车生产基地，将以公共交通车辆的电动化作为切入口，推进新能源汽车的示范应用，推广范围拟扩大至整个西南地区乃至南亚周边国家。昆明市委市政府积极推动比亚迪公司在昆明落地建设纯电动客车生产基地的工作，于 2012 年 11 月分别由昆明市张组林市长和黄云波常务副市长带团到比亚迪公司进行考察和开展推进落实工作，引进新能源汽车整车企业的各项进程处于积极推进过程中。

六、主要节能与新能源汽车企业情况

东风云南汽车有限公司已研发纯电动客车样车，拟开展增程式混合动力客车研发；

昆明船舶集团公司重点研发增程式电动汽车的 APU 系统。

云南美的客车制造有限公司已研发纯电动客车样车，与中南大学、昆明理工大学合作，掌握了金属燃料电池和磷酸铁锂电池的生产技术，拥有国家发明专利和实用新型专利 15 项，已研发出金属燃料电动客车样车。

昆明云内动力股份有限公司拟以 D09 TCI /D16TCI/D19TCI/D25TCI/D30 TCI /D38TCI 不同排量的高压共轨柴油机开发系列化的 APU 系统，可覆盖乘用车到商用车的增程式电动汽车范围。

七、节能与新能源汽车发展规划

按照国家财政部、科技部、工业和信息化部和国家发展改革委员会《关于扩大混合动力公交客车示范推广范围有关工作的通知》（财建〔2012〕633 号）文件的精神，国家在 25 个示范推广试点城市以外，面向全国所有城市，采取总量控制的方式，推广 3000 ~5000 辆混合动力公交客车，同时，节能与新能源汽车示范推广试点城市继续加强示范

推广试点工作，表明了国家拟加快加强节能与新能源汽车示范推广和商业化运行的决心，为昆明市节能与新能源汽车示范推广工作的后续开展指明了方向。

昆明市市委市政府高度重视新能源汽车示范推广工作，昆明市节能与新能源汽车领导小组办公室已编制《昆明市节能与新能源汽车示范推广实施方案（2013—2016 年）》（征求意见稿）、《昆明市节能与新能源汽车示范推广财政补助资金管理办法（2013—2016 年）》（征求意见稿）。拟在昆明市进一步扩大节能与新能源汽车示范推广范围的同时，将示范推广范围延伸至云南省具有旅游特色的区域，初步计划在 2013 年至 2016 年完成 2500 辆节能与新能源汽车，其中纯电驱动模式电动汽车数量拟占推广车辆总数的 70%（2009—2012 年度的《方案》为 10%），最终方案将以国家出台新的新能源汽车示范推广计划及政策为准。2016—2020 年的中长期规划也在积极准备中，拟通过昆明市节能与新能源汽车示范推广试点工作，进一步推动云南省节能与新能源汽车示范推广工作及新能源汽车整车及关键零部件企业发展。拟在节能与新能源汽车的优惠政策、财政资金配套政策及产业化政策等方面进一步加强支持力度。

八、节能与新能源汽车推广情况统计

1. 电动汽车示范推广数量

（1）2013 年 1—3 月份电动汽车示范推广数量

单位：辆

车　型	大中型客车	轻型客车	载货车	公务车	出租车	电力工程车	邮政车	环卫车	观光/场地车	私人车	其他	合计	同期增长(%)
纯电动汽车	0	0	0	0	0	0	0	25	0	0	0	25	—
混合动力汽车	284	0	0	15	100	0	0	0	0	0	0	399	159.6
插电式混合动力汽车	0	0	0	0	0	0	0	0	0	0	0	0	—
增程式电动汽车	66	0	0	0	0	0	0	0	0	0	0	66	—
燃料电池汽车	0	0	0	0	0	0	0	0	0	0	0	0	—
其他	0	0	0	0	0	0	0	0	0	0	0	0	—
合　计	350	0	0	15	100	0	0	25	0	0	0	490	196

（2）2013 年 1—3 月份电动汽车示范推广车型及数量

车　型	公告批次	目录序号	数量（辆）
南车时代牌 TEG6129PEV 型混合动力城市客车	229	（十八）23	66
宇通牌 ZK6126CHEVG2 型混合动力城市客车	225	71	70
海格牌 KLQ6129GHEV4A 型混合动力城市客车	238	112	65
金旅牌 XML6125JHEV38C 型混合动力城市客车	238	（十七）124	55
金龙牌 XMQ6127GHEV8 型混合动力城市客车	240	123	45
青年牌 JNP6120PHEV 型混合动力城市客车	237	7	49
长安牌 SC7155HEV 型混合动力轿车	230	96	115
达福迪牌 JAX5020ZXXBEV 型纯电动车厢可卸式垃圾车	246	（十）74	25

2. 代用燃料汽车(含 CNG、LNG、LPG 及醇醚类)示范推广数量统计

（1）2012 年代用燃料汽车（含 CNG、LNG、LPG 及醇醚类）示范运行保有量统计

单位：辆

车　型		LPG	LNG	CNG	合计
燃气汽车	大中型客车	0	50	86	136
	轻型客车	0	0	0	0
	货车	0	0	0	0
	出租车	0	0	0	0
	私人用车	0	0	0	0
	其他	0	0	0	0
	小计	0	50	86	136

（2）2013 年 1—3 月份代用燃料汽车（含 CNG、LNG、LPG 及醇醚类）示范推广数量统计　　单位：辆

车　型		LPG	LNG	CNG	合计
燃气汽车	大中型客车	0	0	180	180
	轻型客车	0	0	0	0
	货车	0	0	0	0
	出租车	0	0	0	0
	私人用车	0	0	0	0
	其他	0	0	180	180

3. 2013 年 1—3 月份电动汽车充（换）电站（桩）统计

充电站					充电桩		换电站
城市名称	数量（座）	充电机功率总计（kW）	充电站占地面积（m^2）	投资金额（万元）	慢充（个）	快充（个）	数量（座）
昆明市	0	—	—	—	40	—	—

西宁市

一、2012 年节能与新能源汽车扶持政策与措施

增强做好节能减排的紧迫感和责任感，强化节能减排目标责任，加大淘汰落后产能力度，严控高耗能、高排放行业过快增长，加快实施节能减排重点工程，切实加强用能管理，推动重点领域节能减排，大力度推广节能技术及产品。

二、节能与新能源汽车生产经营情况

由青海省经委、北汽控股公司牵头，由福田汽车和青海洁神集团有限公司共同出资，成立青海福田装备制造有限公司，该企业位于青海省西宁市经济开发区装备制造园。主营业务为专用车的生产制造及销售，以及对销售后的产品进行维修服务，销售各类汽车（不含专控）、专用汽车、汽车配件。销售市场主要以青海省为主，同时覆盖甘肃、宁夏、西藏三个省区。

三、节能与新能源汽车示范推广工作进展情况

西宁市自 2001 年逐年开展天然气清洁汽车推广应用工程以来，卓有成效，取得了显著的社会、经济、环保和能源代替效益；建立了由市发改委牵头的组织机构和 CNG 项目的管理模式；构建了与 CNG 车辆规模相匹配的天然气加气网络。通过技术改造和技术攻关，不仅解决了在高海拔寒冷缺氧地区因自然条件造成的天然气加气站压缩系统能耗偏高、车辆转化装置及高压管路产生“冰堵”严重及天然气车辆动力不足等技术问题，也为今后培养了管理、技术团队。为下一步在青海省内有条件推广应用清洁能源的市、县起到了示范作用。

四、基础设施建设及运行情况

截至 2013 年 3 月底，西宁地区共建成 CNG 加气站 14 座、LNG 加气站 2 座，其中 CNG 加气站设计加气能力为 22.5 万立方米/日。

五、节能与新能源汽车项目投融资及建设情况

CNG 加气站的建设分别由西宁中油公司、西宁市公交公司承担，其中：西宁中油公司投资约 2730 万元，新建了生产能力为 5 万立方米/日子母站一座。（其中子加气站加气能力为 1.5 万立方米/日）；西宁市公交公司投资约 1800 万元，新建了生产能力为 3 万立方米/日标准站 2 座，目前，均已投入运营。

六、主要节能与新能源汽车企业发展情况

1. 青海泰丰先行锂能科技有限公司万吨级磷酸铁锂产业基地，该企业主要生产电动大巴锂电池和动车启动辅助电源。

2. 青海福田装备制造有限公司，主营业务为专用车的生产制造及销售，以及对销售后的产品进行维修服务，销售各类汽车（不含专控）、专用汽车、汽车配件。

七、节能与新能源汽车发展规划

1. 建立完善的天然气燃料汽车政策法规体系和管理制度。

2. 建立完善的城市 CNG 汽车安全运行监测系统。

3. 建立天然气燃料排放监控体系。

八、节能与新能源汽车推广情况统计

1. 电动汽车示范推广数量

（1）2012 年电动汽车示范推广数量

单位：辆

车型	大中型客车	轻型客车	载货车	公务车	出租车	电力工程车	邮政车	环卫车	观光/场地车	私人车	其他	合计
纯电动汽车	0	0	0	0	0	0	0	0	92	0	0	92
混合动力汽车	0	0	0	0	0	0	0	0	12	0	0	12
插电式混合动力汽车	0	0	0	0	0	0	0	0	0	0	0	0
增程式电动汽车	0	0	0	0	0	0	0	0	0	0	0	0
燃料电池汽车	0	0	0	0	0	0	0	0	0	0	0	0
其他	0	0	0	0	0	0	0	0	0	0	0	0
合　计	0	0	0	0	0	0	0	0	104	0	0	104

注：本市推广的车辆均属未上公告车型。

（2）2013 年 1—3 月底电动汽车示范推广数量

单位：辆

车型	大中型客车	轻型客车	载货车	公务车	出租车	电力工程车	邮政车	环卫车	观光/场地车	私人车	其他	合计
纯电动汽车	0	0	0	0	0	0	0	0	3	0	0	3
混合动力汽车	0	0	0	0	0	0	0	0	0	0	0	0
插电式混合动力汽车	0	0	0	0	0	0	0	0	0	0	0	0
增程式电动汽车	0	0	0	0	0	0	0	0	0	0	0	0
燃料电池汽车	0	0	0	0	0	0	0	0	0	0	0	0
其他	0	0	0	0	0	0	0	0	0	0	0	0
合　计	0	0	0	0	0	0	0	0	3	0	0	3

注：本市推广的车辆均属未上公告车型。

2. 2012 年代用燃料汽车（含 CNG、LNG、LPG 及醇醚类）示范推广数量统计

单位：辆

车型		LPG	LNG	CNG	合计	同期增长（%）
燃气汽车	大中型客车	0	0	2248	2248	19.1
	轻型客车	0	0	364	364	9.0
	货车	0	0	780	780	10.02
	出租车	0	0	5516	5516	13.2
	私人用车	0	0	311	311	11.3
	其他	0	0	79	79	7.5
	小计	0	0	9298	9298	13.9

3. 2012 年电动汽车充（换）电站（桩）统计

城市名称	充电站				充电桩		换电站
	数量（座）	充电机功率总计（kW）	充电站占地面积（m^2）	投资金额（万元）	慢充（个）	快充（个）	数量（座）
青海西宁市	1	750	2374	10	0	10	0

呼和浩特市

一、节能与新能源汽车示范推广工作进展情况

从2010年7月呼和浩特市被财政部、科技部、发改委、工信部列入全国25个节能与新能源汽车示范推广工作试点城市以来，到2012年年底，全市已推广气电混合动力公交客车400辆，建设充（换）电站2座、充电桩5个，建设节能与新能源汽车维保和技术服务网点6个，培养了一批节能与新能源汽车监测、评估、管理、维修服务等专业人才。400辆气电混合动力公交车已全部上线运行，呼和浩特市新能源公交线路增加为16条。

在纯电动汽车示范推广方面，内蒙古电力科学研究院分批采购了28辆纯电动汽车。其中，2辆纯电动中巴、1辆纯电动通勤大巴车已顺利运行近1年多，其余2台纯电动中巴车、13辆纯电动工程车及10辆纯电动轿车已完成招标采购，正在陆续投入运行。

二、基础设施建设及运行情况

建成了6家新能源公交客车维保站，均已投入运营；为配合单位所采购的纯电动客车的运行，内蒙古电力科学研究院已建成2座充电站，5台直流充电桩。为配合下一步纯电动轿车及工程车的投入使用，现已购进直流充电设备11套，交流充电桩20台，正在安装调试阶段。

三、节能与新能源汽车推广情况统计表

1. 电动汽车示范推广数量

（1）2012年电动汽车示范推广数量

单位：辆

车 型	大中型客车	轻型客车	载货车	公务车	出租车	电力工程车	邮政车	环卫车	观光/场地车	私人车	其他	合计
纯电动汽车	3	0	0	0	0	0	0	0	0	0	0	3
混合动力汽车	150	0	0	0	0	0	0	0	0	0	0	150
插电式混合动力汽车	0	0	0	0	0	0	0	0	0	0	0	0
增程式电动汽车	0	0	0	0	0	0	0	0	0	0	0	0
燃料电池汽车	0	0	0	0	0	0	0	0	0	0	0	0
其他	0	0	0	0	0	0	0	0	0	0	0	0
合 计	153	0	0	0	0	0	0	0	0	0	0	153

（2）2012年电动汽车示范推广车型及数量

车型	公告批次	目录序号	数量（辆）
亚星牌JS6126GHEV3型混合动力城市客车	233	49	50
解放牌CA6120URH2型混合动力城市客车	225	1	50
福田牌BJ6123PHEV型混合动力城市客车	231	9	50
海格牌KLQ6129GEV型纯电动城市客车	217	112	1
海格牌KLQ6702EV型纯电动客车	227	112	2

（3）2013年1—3月电动汽车示范推广数量

单位：辆

车 型	大中型客车	轻型客车	载货车	公务车	出租车	电力工程车	邮政车	环卫车	观光/场地车	私人车	其他	合计
纯电动汽车	0	0	0	0	0	0	0	0	0	0	0	0
混合动力汽车	200	0	0	0	0	0	0	0	0	0	0	200
插电式混合动力	0	0	0	0	0	0	0	0	0	0	0	0
增程式电动汽车	0	0	0	0	0	0	0	0	0	0	0	0

续表

车　型	大中型客车	轻型客车	载货车	公务车	出租车	电力工程车	邮政车	环卫车	观光/场地车	私人车	其他	合计
燃料电池汽车	0	0	0	0	0	0	0	0	0	0	0	0
其他	0	0	0	0	0	0	0	0	0	0	0	0
合　计	200	0	0	0	0	0	0	0	0	0	0	200

（4）2013 年 1—3 月电动汽车示范推广车型及数量

车型	公告批次	目录序号	数量（辆）
亚星牌 JS6126GHEV3 型混合动力城市客车	233	49	50
中通牌 LCK6125PHENV 型混合动力城市客车	243	125	50
金旅牌 XML6125JHEV38CN 型混合动力城市客车	238	（十七）124	50
五洲龙牌 WZL6123PHEVGEG4 型混合动力城市客车	237	（二十一）07	50

2. 代用燃料汽车(含 CNG、LNG、LPG 及醇醚类)示范推广数量统计

（1）2012 年代用燃料汽车（含 CNG、LNG、LPG 及醇醚类）示范运行保有量统计表

单位：辆

车型		LPG	LNG	CNG	合计
燃气汽车	大中型客车	0	0	1554	1554
	轻型客车	0	0	0	0
	货车	0	0	0	0
	出租车	0	0	5568	5568
	私人用车	0	0	0	0
	其他	0	0	0	0
	小计	0	0	7122	7122

（2）2013 年 1—3 月代用燃料汽车（含 CNG、LNG、LPG 及醇醚类）示范推广数量统计

单位：辆

车型		LPG	LNG	CNG	合计
燃气汽车	大中型客车	0	0	350	350
	轻型客车	0	0	0	0
	货车	0	0	0	0
	出租车	0	0	0	0
	私人用车	0	0	0	0
	其他	0	0	0	0
	小计	0	0	350	350

3. 电动汽车充(换)电站(桩)统计

（1）2012 年电动汽车充（换）电站（桩）统计

充电站					充电桩		换电站
城市名称	数量（座）	充电机功率总计（kW）	充电站占地面积（m^2）	投资金额（万元）	慢充（个）	快充（个）	数量（座）
呼和浩特市	1	200	300	150（不含土地费）	3	3	0

（2）2013 年 1—3 月电动汽车充（换）电站（桩）统计表

充电站					充电桩		换电站
城市名称	数量（座）	充电机功率总计（kW）	充电站占地面积（m^2）	投资金额（万元）	慢充（个）	快充（个）	数量（座）
呼和浩特市	1	180	600	154（不含土地费）	4	0	0

乌鲁木齐市

一、2012 年节能与新能源汽车扶持政策与措施

1. 2012 年 1—12 月

2012 年我市未出台新的节能与新能源汽车扶持政策。

2. 2013 年 1—3 月

2013 年 3 月 4 日乌鲁木齐市召开大气污染治理工作专题会议，为进一步推进我市大气污染治理工作，2013 年市政府决定开展我市市政工程用车、重型车辆“油改气”、“油改电”及混合动力车的研究推广工作。计划编制乌鲁木齐市燃气汽车、电动车基础设施布点规划。

二、节能与新能源汽车示范推广工作进展情况

1. 2012 年 1—12 月

截至 2012 年年底，乌鲁木齐市机动车保有量已达 54.5 万辆，比去年同期增长了 1.24 倍，其中私家车 36 万辆，公交车 3307 辆，出租车 8743 辆。乌鲁木齐市加气车辆总数 15 万辆（包括挂外地牌照的燃气车辆），其中公交车、出租车中燃气化率已达 99%，总计 11828 辆；2012 年乌鲁木齐市全市车用天然气供应量为 3.6 亿立方米。

2. 2013 年 1—3 月

2013 年 3 月底，乌鲁木齐市机动车保有量已达 56 万辆，其中私家车 38.4 万辆。2013 年第一季度乌鲁木齐市车用天然气供应量为 7790 万立方米。乌鲁木齐市已投运 2 辆纯电动中型流动服务车、3 辆纯电动小型乘用轿车，共计行驶里程 20811 公里，交流充电电量 9184 千瓦时。

三、基础设施建设及运行情况

1. 2012 年 1—12 月

截至 2012 年年底，乌鲁木齐市境内累计建成各类车用天然气加气站 91 座，其中压缩天然气（简称 CNG）母站 4 座，管道站 29 座，子站 57 座，液化天然气转压缩天然气（简称 L-CNG）加气站 1 座。乌鲁木齐市已建成 31 个交流充电桩，中型充电站 1 座，乌鲁木齐城市充电设施设计能力为小型乘用纯电动力轿车 140 辆次/日，中型纯电动力流动服务车 35 辆次/日，大型中型纯电动力流动服务车 12 辆次/日。

2. 2013 年 1—3 月

正在建设中型换电站 1 座，2013 年 6 月投运。

四、节能与新能源汽车发展规划

乌鲁木齐市已计划组织编制乌鲁木齐市加气站、充/换电设施布点规划。

五、节能与新能源汽车推广情况统计表

1. 电动汽车示范推广数量

（1）2012 年电动汽车示范推广数量

单位：辆

车　型	大中型客车	轻型客车	载货车	公务车	出租车	电力工程车	邮政车	环卫车	观光/场地车	私人车	其他	合计
纯电动汽车	0	3	0	0	0	0	0	0	0	0	2	5
混合动力汽车	0	0	0	0	0	0	0	0	0	0	0	0
插电式混合动力汽车	0	0	0	0	0	0	0	0	0	0	0	0
增程式电动汽车	0	0	0	0	0	0	0	0	0	0	0	0
燃料电池汽车	0	0	0	0	0	0	0	0	0	0	0	0
其他	0	0	0	0	0	0	0	0	0	0	0	0
合　计	0	3	0	0	0	0	0	0	0	0	2	5

（2）2012 年电动汽车示范推广车型及数量

车型	公告批次	目录序号	数量（辆）
江铃全顺牌 JX5041XEV-LI 型纯电动服务车	232	（十四）15	2
海马牌 HMC7000EVM0 型纯电动轿车	217	88	3

(3) 电动汽车使用情况

单位名称	车辆信息								电池参数			
	使用单位	品牌	型号	车辆类型	车辆用途	车身尺寸(长*宽*高)(mm)	车辆总总量(kg)	数量(辆)	电池厂家	电池类型	标称电压(V)	总容量(kWh)
新疆电力公司	新疆电力公司乌鲁木齐电业局	南京依维柯(万向改装)	JX5041XEVLI	充电	客服车	5418 * 1974 *2820	3914	1	杭州万向电动汽车有限公司	锰酸锂	3	65.52
新疆电力公司	新疆电力公司乌鲁木齐电业局	江铃福特全顺(万向改装)	JX5041XEVLI	充电	客服车	5418 * 1974 *2820	3510	1	杭州万向电动汽车有限公司	磷酸铁锂	4	57.6
新疆电力公司	新疆电力公司乌鲁木齐电业局	普力马(万向改装)	HMC7000EVM0	换电	公务车	4295 * 1705 *1555	1923	1	杭州万向电动汽车有限公司	磷酸铁锂	3	19.2
新疆电力公司	新疆电力公司电力科学研究院	普力马(万向改装)	HMC7000EVM0	换电	公务车	4295 * 1705 *1555	1923	2	杭州万向电动汽车有限公司	磷酸铁锂	3	19.2

2. 代用燃料汽车(含 CNG、LNG、LPG 及醇醚类)示范推广数量统计

(1) 2012 年代用燃料汽车(含 CNG、LNG、LPG 及醇醚类)示范运行保有量统计

单位:辆

车型		LPG	LNG	CNG	合计	同期增长(%)
燃气汽车	大中型客车	0	0	3085	3085	47.9
	轻型客车	0	0	0	0	0
	货车	0	0	0	0	0
	出租车	0	0	8743	8743	0.9
	私人用车	0	0	145113	145113	27.5
	其他	0	0	0	0	0
	小计	0	0	156941	156941	27.8

(2) 2013 年 1—3 月代用燃料汽车(含 CNG、LNG、LPG 及醇醚类)示范推广数量统计

单位:辆

车型		LPG	LNG	CNG	合计
燃气汽车	大中型客车	0	0	0	0
	轻型客车	0	0	0	0
	货车	0	0	0	0
	出租车	0	0	0	0
	私人用车	0	0	4760	4760
	其他	0	0	0	0
	小计	0	0	4760	4760

3. 2012 年电动汽车充(换)电站(桩)统计

城市名称	充电站				充电桩		换电站
	数量(座)	充电机功率总计(kW)	充电站占地面积(m^2)	投资金额(万元)	慢充(个)	快充(个)	数量(座)
乌鲁木齐市	1	620	6000	500	31	—	—

海口市

一、节能与新能源汽车扶持政策与措施

1. 2012 年 1—12 月

（1）2012 年 3 月，海口市科工信局等四部门联合发出通知《关于在党政机关事业单位开展节能与新能源汽车示范推广的通知》（海科工信字〔2012〕53 号），加大示范推广力度。

（2）2012 年度海口示范推广数量大，国家预拨补助资金缺口大，到位慢，海口市先行安排财政资金进行垫付，减轻企业资金压力。

2. 2013 年 1—3 月

一季度示范推广的 10 辆节能与新能源汽车补助资金已先行预拨到相关企业。

二、节能与新能源汽车生产经营情况

1. 2012 年 1—12 月

根据海口市示范运营的需求，2012 年度海南一汽海马公司共生产 253 辆普力马纯电动轿车，实现销售额 4301 万元。

三、节能与新能源汽车示范推广工作进展情况

1. 2012 年 1—12 月

投入节能与新能源汽车 901 辆。其中按车辆类型分：充电式纯电动公交车 60 辆，换电纯电动乘用车 253 辆，常规混合动力公交车 457 辆，常规混合动力通勤车 15 辆，常规混合动力乘用车 116 辆。引进中通客车、北汽福田、一汽海马等 11 家生产企业共 19 种车型，推广车辆涵盖公共交通、出租和公务用车等领域，其中公交交通 517 辆，出租 253 辆，通勤 15 辆、公务 116。车辆采购由企业根据运营实际需要自筹资金，公开招标，自主采购，海口市政府按有关标准给予相应补贴

2. 2013 年 1—3 月

2013 年 1—3 月，海口市已推广节能与新能源汽车 10 辆，其中常规混合动力通勤车 2 辆，常规混合动力乘用车 8 辆。

四、基础设施建设及运行情况

1. 2012 年 1—12 月

建成充电站 1 座，投资 618 万元，装机容量 800 KV，充电桩位 23 个，服务于充电式纯电动公交车，累计服务车次 2.88 万车次，累计充（换）电量 166.3 万度。建成换电站 1 个，总投资 4430 万元，服务于换电式纯电动乘用车。2011 年建成的 45 个充电桩服务于充电式纯电动出租车，累计服务车次 0.62 万车次，累计充（换）电量 11.3 万度。2011 年建成的节能与新能源汽车维修服务网点 6 个，为油电、汽电混动客车、油电混动轿车提供服务保障。

2. 2013 年 1—3 月

纯电动出租车换电站已建成并投入试运营，一季度累计服务 0.1 万车次，累计充换电 19.3 万 kWh。投资 430 万元，扩建充电站，新增加装机容量 2000kV，充电柜 42 个，基本满足 90 辆纯电动公交车正常运营。

五、节能与新能源汽车项目投融资及建设情况

1. 2012 年 1—12 月

国家高技术研究发展计划（863 计划）“纯电动轿车研发与产业化技术攻关”课题将投入国拨经费 920 万元，一汽海马汽车有限公司及协作单位自筹资金 5201.76 万元。

海南一汽海马公司投入 400 万元用于电池控制系统（BMS）、纯电动汽车动力控制系统（PCU）、整车控制系统（VCU）等三个关键零部件系统的研究。

2. 2013 年 1—3 月

国家高技术研究发展计划（863 计划）“纯电动轿车研发与产业化技术攻关”课题将投入国拨经费 920 万元，一汽海马汽车有限公司及协作单位自筹资金 5201.76 万元。

海南一汽海马公司投入 400 万元用于电池控制系统（BMS）、纯电动汽车动力控制系统（PCU）、整车控制系统（VCU）等三个关键零部件系统的研究。

六、节能与新能源汽车产业基地及园区建设情况

截至 2012 年年底，一汽海马汽车已建成一个年产量 1 万多台的电动汽车专用生产车间，完成一个电动汽车检测培训中心建设的基础建设。

七、主要节能与新能源汽车企业情况

节能与新能源汽车整车企业：一汽海马汽车有限公司；

八、节能与新能源汽车发展规划

1. 纯电动：短期内示范运营采用普力马纯电动车辆进行，纯电动项目技术研发短期内在传统车型新普力马、新福美来、丘比特车型基础上进行相应的技术研发，以满足示范运营的需求，积累相应的技术经验；纯电动长期研发规划，一汽海马汽车有限公司以量产为目标开发一款全新车型的纯电动。

2. 2016 年实现一款量产化的插电式混合动力 SUV 车型；2020 年实现混合动力技术在 MPV、B 级轿车、SUV 车型上的全覆盖。

九、节能与新能源汽车推广情况统计表

1. 电动汽车示范推广数量

(1) 2012 年电动汽车示范推广数量

单位：辆

车型	大中型客车	轻型客车	载货车	公务车	出租车	电力工程车	邮政车	环卫车	观光/场地车	私人车	其他	合计	同期增长(%)
纯电动汽车	60	0	0	0	253	0	0	0	0	0	0	313	449
混合动力汽车	472	0	0	116	0	0	0	0	0	0	0	588	600
插电式混合动力汽车	0	0	0	0	0	0	0	0	0	0	0	0	—
增程式电动汽车	0	0	0	0	0	0	0	0	0	0	0	0	—
燃料电池汽车	0	0	0	0	0	0	0	0	0	0	0	0	—
其他	0	0	0	0	0	0	0	0	0	0	0	0	—
合计	532	0	0	116	253	0	0	0	0	0	0	901	539

(2) 2012 年电动汽车示范推广车型及数量

车型	公告批次	目录序号	数量（辆）
海马牌 HMC7000EVM0 型纯电动轿车	217	88	253
马可牌 YS6120DG 型纯电动城市客车	167	17	8
金龙牌 XMQ6127AGBEV2 型纯电动城市客车	232	123	22
金龙牌 XMQ6106AGHEV5 型混合动力城市客车	242	123	35
安凯牌 HFF6120G03EV 型纯电动城市客车	232	55	30
宇通牌 ZK6108CHEVG2 型混合动力电动城市客车	231	71	36
宇通牌 ZK6126CHEVG4 型混合动力电动城市客车	235	71	18
宇通牌 ZK6126CHEVG2 型混合动力电动城市客车	225	71	2
宇通牌 ZK6126CHEVGAA 型混合动力电动城市客车	224	71	2
宇通牌 ZK6108CHEVG1 型混合动力电动城市客车	231	71	10
金旅牌 XML6125JHEV88C 型混合动力城市客车	234	（十七）124	7
金旅牌 XML6125JHEV28C 型混合动力城市客车	219	（十七）124	2
金旅牌 XML6105JHEV38C 型混合动力城市客车	242	（十七）124	183
金旅牌 XML6125JHEV38C 型混合动力城市客车	238	（十七）124	2
荣威牌 CSA7180ACHEV 型混合动力轿车	237	122	114
中通牌 LCK6105PHENV 型混合动力城市客车	237	125	40
南车时代牌 TEG6106CHEV 型混合动力城市客车	236	（十八）23	35
海格牌 KLQ6109GHEV1 型混合动力电动城市客车	232	112	100
长安牌 SC7155HEV 型混合动力轿车	224	96	2

(3) 2013 年 1—3 月份电动汽车示范推广数量

单位：辆

车型	大中型客车	轻型客车	载货车	公务车	出租车	电力工程车	邮政车	环卫车	观光/场地车	私人车	其他	合计
纯电动汽车	0	0	0	8	0	0	0	0	0	0	0	8
混合动力汽车	2	0	0	0	0	0	0	0	0	0	0	0
插电式混合动力汽车	0	0	0	0	0	0	0	0	0	0	0	0
增程式电动汽车	0	0	0	0	0	0	0	0	0	0	0	0
燃料电池汽车	0	0	0	0	0	0	0	0	0	0	0	0

续表

车型	大中型客车	轻型客车	载货车	公务车	出租车	电力工程车	邮政车	环卫车	观光/场地车	私人车	其他	合计
其他	0	0	0	0	0	0	0	0	0	0	0	0
合计	2	0	0	8	0	0	0	0	0	0	0	10

（4）2013 年 1—3 月电动汽车示范推广车型及数量

车型	公告批次	目录序号	数量（辆）
宇通牌 ZK6126CHEVG2 型混合动力电动城市客车	225	71	1
宇通牌 ZK6126CHEVG4 型混合动力电动城市客车	235	71	1
荣威牌 CSA7180ACHEV 型混合动力轿车	237	122	8

2. 2012 年代用燃料汽车（含 CNG、LNG、LPG 及醇醚类）示范运行保有量统计

车型		LPG	LNG	CNG	合计
燃气汽车	大中型客车	0	248	320	568
	轻型客车	0	0	0	0
	货车	0	0	0	0
	出租车	0	0	977	977
	私人用车	0	0	0	0
	其他	0	0	0	0
	小计	0	248	1297	1545

3. 电动汽车充（换）电站（桩）统计表

1. 2012 年电动汽车充（换）电站（桩）统计

充电站					充电桩		换电站
城市名称	数量（座）	充电机功率总计（kW）	充电站占地面积（m^2）	投资金额（万元）	慢充（个）	快充（个）	数量（座）
海口市	1	800	13340	618	23	—	—
	1	48	2900	4430	0	0	1

2. 2013 年 1—3 月电动汽车充（换）电站（桩）统计表

充电站					充电桩		换电站
城市名称	数量（座）	充电机功率总计（kW）	充电站占地面积（m^2）	投资金额（万元）	慢充（个）	快充（个）	数量（座）
海口市	1	2000	13340	430	42	—	—

大连市

一、2012 年节能与新能源汽车发展概况

示范车辆：共投入示范车辆 405 辆，其中混合动力客车 30 辆，纯电动客车 25 辆，混合动力出租车 350 辆。

充电设施：建设 1 座换电站、75 个充电桩。

数据采集系统：进一步完善，可对所有混合动力和纯电动公交车进行实时监控。

产业发展：奇瑞汽车股份有限公司大连分公司正式投产，东风日产大连工厂奠基，均有节能与新能源汽车发展规划；大连旅顺电力电子设备有限公司生产的充电机应用于国内大型换电站。

二、节能与新能源汽车生产经营

一汽客车（大连）有限公司生产并销售混合动力公交

车30辆，纯电动客车20辆；大连鹏迪电动车辆有限公司生产纯电动服务车16辆。

三、节能与新能源汽车示范推广情况

截至2012年年底，共投放示范车辆共计1306辆，其中混合动力客车282辆，纯电动客车81辆，混合动力出租车850辆、混合动力公务车57辆，纯电动电力工程车5辆，纯电动服务车31辆。

四、基础设施建设

换电站：共建有2座。其中，友谊街换电站可为50辆纯电动公交车服务；金石滩换电站可为30辆纯电动客车服务。

充电站：已建设8座，可为纯电动公交车和电力专用车提供服务。

充电桩：已建设275个，分布在政府机关、高等院校和大型产业园区等的停车场内。

五、节能与新能源汽车项目投融资及建设情况

燃料电池：投资800万元进行第五代客车用燃料电池系统技术开发。项目总体进展顺利，已完成前期寿命、低温启动、系统控制策略的研究和优化，改进了燃料电池电堆和关键系统部件，初步进入商业化示范应用阶段。

驱动电机：投资950万元进行驱动电机研发设计，包括车用水冷式IPM永磁同步电机、纯电动直驱电机等，已在设计、工艺等方面取得较大进展，总结了提高电机转速、电气控制性能和运行稳定性、扩大调速范围的基本因子，部分型号产品已正式装车使用。

动力电池：投资1300万元开展高性能动力锂离子电池及正极材料的研发与应用，产品小试已达到标准。

六、节能与新能源汽车产业基地及园区建设情况

二十里堡汽车零部件产业园区一期工程竣工，奇瑞汽车大连分公司正式投产，东风日产大连工厂奠基；在建的汽车零部件项目近40个，投产28个。这些项目中，包括节能与新能源汽车整车及零部件。

七、主要扶持政策及措施

对2012年所购置的混合动力公交车，采取差价补贴方式购置，即部分高于传统车价格的资金由政府补贴；对2012年所购置的纯电动公交车，除中央财政示范推广补助资金外，余额全部由政府承担；安排了专项资金支持节能与新能源汽车的整车集成开发、关键零部件的技术突破和产业化。

八、主要节能与新能源汽车企业

1. 整车

客车：一汽客车（大连）公司成为一汽集团节能与新能源客车生产基地，已于2010年11月投产，设计产能3000辆。

乘用车：鹏迪电动车公司生产的纯电动服务车开始示范应用；奇瑞汽车大连公司正式投产，东风日产大连工厂2012年6月奠基，这两个项目均包括节能与新能源汽车发展规划。

2. 核心零部件

燃料电池：新源动力自主研发的燃料电池发动机功率密度已达到300W/kg，并实现可在零下10℃下启动，居国内领先地位。至2015年，产能将达到3万千瓦。

驱动电机：车用水冷式IPM永磁同步电机已成为国内多个整车生产企业的固定供应商。

3. 研发能力

燃料电池及氢源技术国家工程研究中心、洁净能源国家实验室已通过国家验收并投入使用；理工大学研制的驱动电机控制系统、海通技术公司研发的控制器已装车试验效果良好；交通大学动力电池检测实验室投入使用。

九、发展规划

至2015年，形成百家相关企业集聚、2万辆电动汽车整车及零部件产业规模；示范运行的节能与新能源汽车达到3000辆；完成相关服务体系建设。

十、节能与新能源汽车推广情况统计表

1. 电动汽车示范推广数量

（1）2012年电动汽车示范推广数量

单位：辆

车型	大中型客车	轻型客车	载货车	公务车	出租车	电力工程车	邮政车	环卫车	观光/场地车	私人车	其他	合计	同期增长(%)
纯电动汽车	25	0	0	0	0	0	0	0	0	0	0	25	-31
混合动力汽车	0	0	0	0	350	0	0	0	0	0	0	350	—
插电式混合动力汽车	30	0	0	0	0	0	0	0	0	0	0	30	—
增程式电动汽车	0	0	0	0	0	0	0	0	0	0	0	0	—
燃料电池汽车	0	0	0	0	0	0	0	0	0	0	0	0	—
其他	0	0	0	0	0	0	0	0	0	0	0	0	—
合计	55	0	0	0	350	0	0	0	0	0	0	405	134

（2）2012 年电动汽车示范推广车型及数量

车型	公告批次	目录序号	数量（辆）
中华牌 SY7150X1SHEVBAB 型混合动力轿车	217	（十二）33	350
黄海牌 DD6129CHEV2 型混合动力城市客车	236	29	30
安凯牌 HFF6101G03EV 型纯电动城市客车	231	55	5
解放牌 CA6127URE31 型纯电动客车	216	28	20

2. 2012 年电动汽车充（换）电站（桩）统计表

充电站					充电桩		换电站
城市名称	数量（座）	充电机功率总计（kW）	充电站占地面积（m^2）	投资金额（万元）	慢充（个）	快充（个）	数量（座）
大连市	—	1500	3200	7800	75	—	1

厦门市

一、2012 年节能与新能源汽车扶持政策与措施

为深化推动厦门市新能源汽车示范推广试点工作，厦门市计划在公交、公务、出租、租赁等公共服务领域进一步加大新能源汽车的推广应用力度，并采取有效措施推动示范试点工作。2012 年 10 月，厦门市政府转发由市科技局、市交通运输局《关于推进厦门市节能与新能源汽车示范推广试点工作的意见》，结合厦门市实际情况，提出四条新举措加快我市新能源汽车示范推广试点进程：一是继续加大市公交集团混合动力公交车的投放力度；二是积极推动纯电动公交车示范试点；三是在出租车新增或更新中推广纯电动出租车；四是在各机关和事业单位积极推广节能与新能源公务车。

二、节能与新能源汽车示范推广工作进展情况

1. 2012 年 1—12 月

2012 年厦门市共推广节能与新能源汽车 152 辆，其中混合动力公交车 135 辆，混合动力通勤车 10 辆，纯电动汽车 7 辆。实际运营数据表明，节能与新能源汽车节能减排效果明显。截至 2012 年 11 月底，厦门市投放运营的混合动力公交已累计运行 2115 万公里，总油耗 6377 万升，平均百公里油耗 30. 15 升，厦门公交 12 米自动挡柴油公交车百公里油耗平均为 39. 45 升，与 12 米常规自动挡公交车相比平均节油率为 25%。使用混合动力公交车共约节油 196. 7 万升，按照 2012 年 11 月柴油价格 7. 26 元/L 计算共节约燃油成本 1428 万元，减排 CO_2 约 5173 吨，减排碳约 1410 吨并且驾驶轻松，起步稳，噪声小，行驶过程中完全杜绝黑烟和尾气。厦门华天纯电动汽车租赁有限公司投放的 33 辆纯电动租赁车辆累计运行 37. 7 万公里，总充电量 92950 千瓦时，平均百公里充电量 24. 6 千瓦时，对比同级别燃油（汽油）小汽车百公里油耗约 9L，使用纯电动车节油约 3. 39 万升，按现行商业用电平均 1 元/度计算，按照今年 11 汽油价格 6. 9 元/升计算，共节约燃油成本 14. 1 万元，减排二氧化碳约 89 吨，减排碳约 24 吨。标志有“厦门市十城千辆新能源示范车”的混合动力公交车，深受广大市民喜爱和欢迎，对保护我市空气质量和生态环境，建设美丽厦门起到了一定的作用。

2. 2013 年 1—3 月

2013 年 1—3 月，厦门市新增投放运营纯电动汽车 18 辆。

三、基础设施建设及运行情况

为了配合新能源汽车的运营，厦门市前瞻性布局和建设了配套基础设施。目前已建成投运华荣、双涵、西堤、会展、机场 5 座小型车充换电站，并在思明、湖里、海沧三个行政区供电营业厅及部分小区停车场、公共停车场建成 80 个交流充电桩。初步形成覆盖岛内五个核心区域的充换电服务网络，服务半径 6 公里、服务能力 960 车次/天。集美大型电动公交充换电站也将启动建设。

四、节能与新能源汽车产业基地及园区建设情况

为了抓住国家推广应用新能源汽车的发展契机，推动厦门市大、小金龙等整车企业研发制造纯电动汽车，打造具有优势的高端汽车制造产业基地。厦门市科技局于 2012 年组织策划实施了市重大科技计划项目——“纯电动汽车重大科技专项（Ⅰ期）”。该项目采取联合攻关形式，充分发挥“产学研用”相结合的优势，围绕着电池材料、电池、整车到终端用户整个产业链环节共确立了包括纯电动大型城市客车关键技术研究及产业化、金旅牌海狮系列纯电动轻型客车关键技术研究及产业化、大容量动力型锂离子电

池开发等8个研究课题。项目实施期为2012年1月初至2013年12月底，市财政安排2000万元科技经费予以资助，带动企业研发投入9889万元。通过项目实施，预计到2013年实现100辆纯电动客车的销售，项目产品实现2.746亿元的年销售收入，至2016年，实现12.41亿元的销售收入，并通过该项目的实施，完善和发展厦门纯电动汽车产业链，促进厦门市新能源汽车产业的发展。

五、节能与新能源汽车推广情况统计表

1. 电动汽车示范推广数量

（1）2012年电动汽车示范推广数量

单位：辆

车　型	大中型客车	轻型客车	载货车	公务车	出租车	电力工程车	邮政车	环卫车	观光/场地车	私人车	其他	合计
纯电动汽车	0	0	0	0	0	0	0	0	0	0	7	7
混合动力汽车	145	0	0	0	0	0	0	0	0	0	0	145
插电式混合动力汽车	0	0	0	0	0	0	0	0	0	0	0	0
增程式电动汽车	0	0	0	0	0	0	0	0	0	0	0	0
燃料电池汽车	0	0	0	0	0	0	0	0	0	0	0	0
其他	0	0	0	0	0	0	0	0	0	0	0	0
合　计	145	0	0	0	0	0	0	0	0	0	7	152

（2）2012年电动汽车示范推广车型及数量

车型	公告批次	目录序号	数量（辆）
金龙牌XMQ6127GH5型混合动力城市客车	221	（十八）123	61
金旅牌XML6125JHEV28C型混合动力城市客车	219	（十七）124	84
瑞麒牌SQR7001ELS18型纯电动轿车	218	119	7

（3）2013年1—3月电动汽车示范推广数量

单位：辆

车　型	大中型客车	轻型客车	载货车	公务车	出租车	电力工程车	邮政车	环卫车	观光/场地车	私人车	其他	合计
纯电动汽车	0	0	0	0	0	0	0	0	0	0	18	18
混合动力汽车	0	0	0	0	0	0	0	0	0	0	0	0
插电式混合动力汽车	0	0	0	0	0	0	0	0	0	0	0	0
增程式电动汽车	0	0	0	0	0	0	0	0	0	0	0	0
燃料电池汽车	0	0	0	0	0	0	0	0	0	0	0	0
其他	0	0	0	0	0	0	0	0	0	0	0	0
合　计	0	0	0	0	0	0	0	0	0	0	18	18

（4）2013年1—3月电动汽车示范推广车型及数量

车型	公告批次	目录序号	数量（辆）
瑞麒牌SQR7001ELS18型纯电动轿车	218	119	15
众泰牌JNJ7000EVM1型纯电动轿车	234	（十）84	3

2. 2012年电动汽车充（换）电站（桩）统计表

充电站					充电桩		换电站
城市名称	数量（座）	充电机功率总计（kW）	充电站占地面积（m^2）	投资金额（万元）	慢充（个）	快充（个）	数量（座）
厦门市	5	235	—	—	80	—	5

青岛市

一、节能与新能源汽车扶持政策与措施

（1）2012年3月25日，在青岛市第十五届人民代表大会第一次会议上青岛市市长张新起做了青岛市政府工作报告，在报告中，谈到2012年的主要工作安排，其中第二项工作为：加快推进高端产业聚集区建设，在结构调整、产业升级上奋力突破。在该项工作中重点提及了推动战略性新兴产业突破发展问题，发展新能源汽车产业，加快新能源材料产业园等园区建设被列入其中；在第六项工作中，重点强调了加快推进生态市建设，在节能减排、环境保护上奋力突破工作，把抓好建设、交通运输等领域污染减排，加强电动汽车应用推广工作。积极推进低碳交通运输体系试点城市建设，新增800辆节能环保型公交车等作为重点工作。

（2）2012年3月7日，青岛市人民政府发布了关于印发青岛市“十二五”节能减排综合性工作实施方案的通知，出台了青岛市“十二五”节能减排综合性工作实施方案，在加强节能减排管理的第20条中，强调了‘推进交通运输节能减排’工作。具体内容为：加快构建综合交通运输体系，积极发展城市公共交通，科学合理配置交通资源，优化交通运输结构。有序推进城市轨道交通建设。鼓励推广新能源汽车等高效低耗车型。实施低碳交通运输体系建设城市试点，深入开展“车船路港”千家企业低碳交通运输专项行动，推广应用通用型交通节能技术。积极推进天然气汽车发展及天然气加气站建设和纯电动汽车的发展及配套电动汽车充换电站建设，扩大交通运输领域清洁能源利用，降低城市尾气污染。到2015年，营运车辆单位运输周转量能耗比2005年下降10%，其中营运客车、营运货车分别下降6%和12%；营运船舶单位运输周转量能耗下降16%，港口生产单位吞吐量综合能耗下降8%。“十二五”期间，完成省下达的不停车收费（ETC）车道建设任务。严格执行国家新车排放标准，禁止不达标车辆在我市销售、挂牌及转入；严格执行老旧机动车强制报废制度，对达到国家规定机动车强制报废标准的机动车予以强制报废；实施黄标车提前淘汰经济鼓励政策，建设黄标车限行电子监控系统，扩大黄标车区域限行范围，2013年年底前在七区禁止黄标车通行，到2015年基本淘汰2005年以前注册运营的黄标车；大力推进城市公交车、出租车、客运车、货运车等的集中治理或更新淘汰，鼓励使用节能环保车型，推广使用混合动力和零排放的新能源汽车；加快车用燃油低硫化步伐，推广使用国Ⅳ车用燃油，建立健全油品质量抽查监管制度，全面保障车用燃油质量。全面推行机动车环保标志管理，探索城市调控机动车保有总量。建立交通综合信息平台。推广甩挂运输，加快实施中韩陆海联运甩挂运输项目。

（3）2012年10月29日，青岛市经济和信息化委员会关于印发《青岛市高端制造业和新兴产业发展指导目录（2012—2016年）》的通知，在指导目录中，确定了包括新兴产业在内的七大产业，其中在第二新型产业（高端装备制造）中设立了包括轨道交通装备、海洋工程装备、智能制造装备、航空航天装备和新能源汽车的5项内容。在新能源汽车的发展目录中，突出了纯电动汽车、插电式混合动力汽车及其关键系统和部件（电池、电机、电控系统），超级电容器，充电站及换电站设备等运行基础设施配套体系；在第三新型产业（新材料）中设立了包括‘锂离子电池正负极材料’等内容；在第三新型产业（新能源）中设立了包括风能、太阳能、生物质能、海洋能、地热能及页岩气、核能、智能电网的项目。

二、节能与新能源汽车示范推广工作进展情况

（1）2012年7月，10辆深圳五洲龙汽车有限公司生产的纯电动大巴从深圳出发，在高速路上行驶了36个小时后抵达青岛，被安排在岛城的316公交线路上进行示范运营。这批车每辆的售价在200万元以上，是岛城史上最贵的公交车辆。

（2）2012年上半年，青岛已经从上海申沃、北汽福田等企业采购了将近200辆纯电动公交车。

（3）青岛市黄岛区LNG货运车和新能源公交车也是开发区低碳交通运输体系建设的一大亮点。目前，黄岛区物流企业已经购置LNG运输车辆100余辆，计划在2012年至2014年期间，更新LNG运输车辆1000余辆。青岛市黄岛区已有四大类20多个项目正式纳入青岛市低碳交通运输体系建设试点。黄岛区也正在抓紧推进新能源公交车的上线。目前，新能源车辆总数为245辆，占车辆总数的35%。2013年计划采购新能源车辆156辆，更新车辆140辆，2013年年底车辆总数达到713辆，其中新能源车辆315辆。到2014年，新能源公交车逐步替代柴油动力公交车。

（4）2012年青岛交运集团温馨巴士公司将于年内实现青岛至日照整条线路全部班线车辆的纯电动化；王村路（延安一路）附近的充换电站于11月21日正式竣工，汽车东站（深圳路）充换电站也将于年底建成。届时交运集团“换电为主、充电为辅、集中充电、统一配送”的低碳环保交通运输体系将逐步完善和落实；实现温馨巴士31路线全部城市公交车的纯电动化，首批10辆将于2013年12月上路，其余车辆年底前交付，届时市区沿海一线的公交车将陆续换成电

动公交；为迎接2014年世界园艺博览会，计划建设世园会充换电站，为拟推广的300辆电动公交车提供服务。

三、基础设施建设及运行情况

（1）位于黄岛区薛家岛的电动汽车智能充换储放一体化示范电站，每天可满足1440辆次电池的更换需求。

（2）国家电网山东电力集团公司着眼于提供电动汽车充、换、储、放多种不同类型的充电方案：建设了青岛薛家岛充换储放一体化示范电站、薛家岛集中充电站

（3）继世界功能最全、规模最大、服务能力最强的青岛薛家岛电动公交车充换电站落成之后，天津力神投资的30亿元动力电池项目紧跟其后在青岛市黄岛区落户。

四、主要节能与新能源汽车企业发展情况

（1）青岛申沃客车股份有限公司是青岛公交集团与上海申沃客车有限公司的合资项目，主要采用沃尔沃客车生产技术标准，生产城市用高中档公交客车。上海申沃客车有限公司在胶州的投资由单一规模扩大到多样化的车辆生产，并将上海申沃客车有限公司总部、研发中心、新能源汽车研发基地及生产基地落户胶州，项目计划总投资15亿元，2015年预计年可生产客车5000辆，年销售额40亿元。

（2）山东泰丰新能源科技有限公司坐落于山东省青岛市高新技术产业开发区内，总占地面积500亩，是一家专业从事电动汽车及锂离子电池、BMS、驱动电机以及电动运载工具研究开发和生产销售的高新技术企业。山东泰丰新能源科技有限公司所属企业包括：青岛动力集成及储能系统工程研发中心、山东泰汽电动车辆有限公司、潍坊威能环保电源有限公司、青岛威能电动车辆动力系统有限公司、青岛威能电动车辆电控有限公司等，分布在山东青岛、寿光、昆山等地。2011年6月，与德国富瑞格集团在电池组装、电池和整车电控、电机研发、零部件集成匹配等方面签约，标志着泰丰新能源市场由国内转向国外，产品出口德国、法国和意大利等国家。

（3）2012年11月30日，博世汽车柴油系统股份有限公司青岛分公司在青岛国家高新技术产业开发区破土动工。根据协议，该生产基地的投资总额约16亿元。青岛分公司建成后，将主要用于制造重型、轻型商用车和乘用车的共轨喷油器。

（4）青岛海霸能源集团有限公司是一家集科、工、贸于一体的高新技术企业，是以新能源及新能源汽车开发及应用为发展目标。现有青岛、枣庄、烟台、徐州四大生产基地。集团公司主要从事新能源材料、磷酸铁锂动力电池（包括新能源汽车车用动力电池组、汽车启动电源）、电机、汽车智能电控系统生产和销售。

（5）青岛格仑特新型能源车辆有限公司也是因为看好青岛的市场扎根青岛，其负责人表示，“青岛的市场发展确实非常好，比如现在市政环卫处，有200到300辆的电动环卫车。

（6）青岛德尔新能源车业制造有限公司位于青岛西海岸胶州市艾山工业园区。公司第一期投资2.7亿元，用于技术研发、总装流水线。第二期投资5亿元建造世界先进的电动汽车生产基地。公司生产的德尔牌纯电动汽车，具有整车设计自主创新研发的优势。

（7）2013年01月07日，青岛青博投资有限公司、国能电力集团有限公司及其瑞典公司正式签署项目投资协议，计划投资100亿元在青岛设立整车厂，生产萨博品牌的传统燃油及新能源汽车。青岛市委副书记、市长张新起，市委常委、西海岸经济新区工委书记张大勇，副市长刘明君，国能电力集团有限公司董事长蒋大龙出席项目签约仪式。

五、节能与新能源汽车发展规划

（1）青岛市制定了两年内更新1000辆纯电动公交车的新能源汽车推广规划。

（2）2012年12月17日，青岛电视台报道：从青岛市经信委了解到，“十二五”期间，青岛市将加快引进混合动力汽车等整车生产企业，推动新能源及新能源汽车产业快速发展。在新能源汽车方面，重点突破电池正负极材料、电解液、隔膜及大容量锂离子电池制造技术，拉长动力型锂离子电池产业链。同时，加快引进整车生产企业、电机及控制系统制造企业。以城市公共用车和私人小型乘用车为突破口，带动规模市场，迅速提升我市新能源汽车产业。

六、节能与新能源汽车推广情况统计表

1. 电动汽车示范推广数量

（1）2012年电动汽车示范推广数量

单位：辆

车型	大中型客车	轻型客车	载货车	公务车	出租车	电力工程车	邮政车	环卫车	观光/场地车	私人车	其他	合计	同期增长(%)
纯电动汽车	450	0	0	0	0	0	0	0	0	0	0	450	225
混合动力汽车	0	0	0	0	0	0	0	0	0	0	0	0	—
插电式混合动力	0	0	0	0	0	0	0	0	0	0	0	0	—

续表

车 型	大中型客车	轻型客车	载货车	公务车	出租车	电力工程车	邮政车	环卫车	观光/场地车	私人车	其他	合计	同期增长（%）
增程式电动汽车	0	0	0	0	0	0	0	0	0	0	0	0	—
燃料电池汽车	0	0	0	0	0	0	0	0	0	0	0	0	—
其他	0	0	0	0	0	0	0	0	0	0	0	0	—
合 计	450	0	0	0	0	0	0	0	0	0	0	450	225

（2）2012 年电动汽车示范推广车型及数量

车型	公告批次	目录序号	数量（辆）
申沃牌 SWB6121EV 型纯电动城市客车	234	42	330
五洲龙牌 FDG6123EVG 型纯电动城市客车	242	（十九）47	30
飞燕牌 SDL6120EVG1 型纯电动城市客车	237	（十五）25	10
飞燕牌 SDL6120EVG4 型纯电动城市客车	249	（十五）25	50
解放牌 CA6121URBEV80 型纯电动城市客车	238	（十）10	30

2. 代用燃料汽车（含 CNG、LNG、LPG 及醇醚类）示范推广数量统计

（1）2012 年代用燃料汽车（含 CNG、LNG、LPG 及醇醚类）示范运行保有量统计

单位：辆

车型		LPG	LNG	CNG	合计	同期增长（%）
燃气汽车	大中型客车	0	120	1710	1830	56
	轻型客车	0	0	0	0	—
	货车	0	0	0	0	—
	出租车	0	0	9353	9353	2
	私人用车	0	0	1912	1912	76
	其他	0	0	261	261	587
	小计	0	120	13236	13356	—

（2）2013 年 1—3 月代用燃料汽车（含 CNG、LNG、LPG 及醇醚类）示范推广数量统计

单位：辆

车型		LPG	LNG	CNG	合计
燃气汽车	大中型客车	0	100	546	646
	轻型客车	0	0	0	0
	货车	0	0	0	0
	出租车	0	0	300	300
	私人用车	0	0	66	66
	其他	0	0	0	0
	小计	0	100	912	1012

盐城市

一、节能与新能源汽车扶持政策与措施

1. 2012 年 1—12 月

新能源汽车产业是国家七大战略新兴产业之一，《盐城市依托风力发电发展新能源汽车产业规划》（“风电车”规划），引起了国家部委的重视，并顺利通过国家相关部委和知名专家的评审；是江苏省十大战略性新兴产业之一，盐城亦是江苏寄予厚望的新能源汽车产业重镇；盐城也将新能源汽车产业作为全市四大新兴产业重点发展，并制订了

发展规划；江苏省经信委将盐城经济开发区作为第一家新能源汽车产业基地，与盐城市签订了合作共建协议。

为进一步做大做强做优汽车和新能源汽车产业，盐城制订了《关于促进汽车产业又好又快发展的意见》和《关于促进新能源汽车产业发展的若干政策规定》，优先保证汽车产业项目用地；实行汽车产业项目基础设施配套补贴；建立汽车产业发展专项基金；积极引进汽车产业发展人才；帮助汽车企业拓展市场；鼓励新能源汽车研发推广；引导汽车及零部件企业规范用工。抢占汽车和新能源汽车产业链高端，全力打造中国盐城汽车城。

2. 2013 年 1—3 月

2013 年一季度，盐城市人民政府采购 10 辆东风悦达起亚纯电动汽车作为公务车；通过了采购 400 辆奥新纯电动环卫用车的采购方案。

二、节能与新能源汽车生产经营情况

1. 2012 年 1—12 月

2012 年，盐城新能源汽车产业实现销售收入 26 亿元，销售收入增长 15%，完成投资 21 亿元，增长 25%，研发投产 1. 56 亿元，完成 5 个省级以上研发平台创建。

2. 2013 年 1—3 月

2013 年一季度，盐城新能源汽车产业实现销售收入 8 亿元，销售收入增长 23%，完成投资 6 亿元，增长 10%。

三、节能与新能源汽车示范推广工作进展情况

1. 2012 年 1—12 月

从 2011 年开始，盐城着手推进地方政府自费示范运行，已有近 50 辆纯电动乘用车、客车和环卫物流车进入示范运行，建成新能源汽车实时监控系统。

2. 2013 年 1—3 月

一季度，盐城新增 10 台 DYK 第二代纯电动轿车进入示范运行。2013 年盐城市将在城市公交领域推广 103 辆混合动力大巴、20 辆纯电动大巴，在汽车租赁（出租）领域推广 50 辆纯电动乘用车、在环卫物流领域推广 400 辆纯电动专用车。

四、基础设施建设及运行情况

1. 2012 年 1—12 月

新能源汽车充换电基础设施逐步完善，已建成东环路充电站和松江路乘用车底盘换电站，新城变充换电站即将建成，漓江路大型智能充换储放一体化示范电站年底开工建设。

2. 2013 年 1—3 月

新增慢充桩 20 个，快充桩 3 个。

五、节能与新能源汽车项目投融资及建设情况

1. 2012 年 1—12 月

盐城新能源汽车关键零部件本土配套体系初步形成，中大、奥新和东风悦达起亚分别掌握了电池、电机、电控关键技术，中大集团在盐城和南京两地建成 2000 万安时/年动力电池生产线，东南大学新能源汽车电机生产线正在建设之中，奥新电驱动总成系统已形成小批量产能，绿展等 3 家充换电设备制造商入驻。

2. 2013 年 1—3 月

台湾实联电池等项目正式开工建设，新增汽车及零部件项目 6 个，竣工投产项目 5 个，盐城新能源汽车产业园区企业数达 36 家，一季度完成开票销售 5. 1 亿元，税收 3950 万元，固定资产投约 4. 85 亿元。

六、节能与新能源汽车产业基地及园区建设情况

1. 2012 年 1—12 月

为科学规划产业发展，2010 年我市委托国务院发展研究中心资源与环境政策研究所、中国企业评价协会编制完成了《盐城市新能源汽车产业发展规划》和《盐城市新能源汽车产业园区发展规划》。成立了盐城市新能源汽车产业发展工作领导小组，形成了发展新能源汽车的合力。目前，新能源汽车产业园已投资近 4 亿元，基础设施全部配套完善，形成了四纵四横的道路体系，建成了国内首家新能源汽车产业主题展览馆、4 幢计 1. 5 万平方米的研发用房和 12 幢计 5. 54 万平方米的孵化用房。已吸纳 22 个项目，总投资达 44. 2 亿元，成为江苏省第一家新能源汽车产业基地、江苏省新型工业化示范基地和特色产业园。

2. 2013 年 1—3 月

启动园区研发平台二期建设，采购研发设备 1000 万元，不断完善园区综合配套和承载重大项目能力。

七、主要节能与新能源汽车企业情况

1. 2012 年 1—12 月

中大、DYK、奥新三家整车企业全部通过新能源汽车生产条件验收，先后获得新能源汽车企业生产资质。DYK 专门成立了新能源汽车开发领导小组，中大集团年产 3000 辆纯电动客车项目通过工信部备案。盐城市成为江苏省仅有、全国少有的同时拥有新能源乘用车、商用车和专用车的全系列生产企业的城市。

2. 2013 年 1—3 月

盐城累计已有 16 款新能源汽车产品进入工信部汽车公告目录，其中 4 款为中大集团纯电动客车，10 款为奥新纯电动环卫物流专用车，2 款为东风悦达起亚纯电动乘用车。DYK 专门成立了以韩方牵头的新能源汽车开发领导小组，中大集团年产 3000 辆纯电动客车项目通过工信部备案，奥新新能源专用车项目得到了东风集团和东风设计院的高度重视。虽然三个企业目前的生产批量和市场容量都处于起步阶段，但在技术储备和产品储备等方面都取得了阶段性

成果，为我市未来新能源汽车产业的发展奠定了良好的基础。

八、节能与新能源汽车发展规划

我们委托中国汽车工程学会对我市新能源汽车产业发展规划进行了修编，并于2012年11月18日通过评审。规划确定今后一段时期，我市新能源汽车产业发展的突破口是打造国家电动汽车绿色产业链示范中心、中国“风电车”绿色智能示范区、世界低碳智慧城市。到2015年新能源汽车形成10万辆产能、100亿元销售，建成“江苏第一、国内一流”新能源汽车产业园区；到2020年新能源汽车形成20万辆产能、500亿元销售，建成“中国第一、世界领先”新能源汽车产业园区。

九、节能与新能源汽车推广数据统计

1. 电动汽车示范推广数量

（1）2012年1—12月电动汽车示范推广数量

单位：辆

车　型	大中型客车	轻型客车	载货车	公务车	出租车	电力工程车	邮政车	环卫车	观光/场地车	私人车	其他	合计
纯电动汽车	1	0	0	2	0	0	2	4	0	0	8	17
混合动力汽车	0	0	0	0	0	0	0	0	0	0	0	0
插电式混合动力汽车	0	0	0	0	0	0	0	0	0	0	0	0
增程式电动车	0	0	0	0	0	0	0	0	0	0	0	0
燃料电池汽车	0	0	0	0	0	0	0	0	0	0	0	0
其他	0	0	0	0	0	0	0	0	0	0	0	0
合　计	1	0	0	2	0	0	2	4	0	0	8	17

（2）2012年1—12月电动汽车示范推广车型及数量

车型	公告批次	目录序号	数量（辆）
达福迪牌JAX5021XXYBEV型纯电动厢式运输车	239	（十）74	2
达福迪牌JAX5020ZLJBEVF135LAB15M1Z1型纯电动自卸式垃圾车	243	（十）74	4
达福迪牌JAX5020XXYBEV型纯电动厢式运输车	237	（十）74	8
华骐牌YQZ7001BEV型纯电动轿车	245	47	2
中大牌YCK6128BEVC型纯电动城市客车	221	（十）62	1

（3）2013年1—3月电动汽车示范推广数量

单位：辆

车　型	大中型客车	轻型客车	载货车	公务车	出租车	电力工程车	邮政车	环卫车	观光/场地车	私人车	其他	合计
纯电动汽车	0	0	0	10	0	0	0	0	0	0	0	10
混合动力汽车	0	0	0	0	0	0	0	0	0	0	0	0
插电式混合动力汽车	0	0	0	0	0	0	0	0	0	0	0	0
增程式电动汽车	0	0	0	0	0	0	0	0	0	0	0	0
燃料电池汽车	0	0	0	0	0	0	0	0	0	0	0	0
其他	0	0	0	0	0	0	0	0	0	0	0	0
合　计	0	0	0	10	0	0	0	0	0	0	0	10

（4）2013年1—3月电动汽车示范推广车型及数量

车型	公告批次	目录序号	数量（辆）
华骐牌YQZ7001BEV型纯电动轿车	42	47	10

2. 电动汽车充(换)电站(桩)统计表

(1) 2012 年 1—12 月电动汽车充（换）电站（桩）统计表

充电站					充电桩		换电站
城市名称	数量（座）	充电机功率总计（kW）	充电站占地面积（m^2）	投资金额（万元）	慢充（个）	快充（个）	数量（座）
盐城市	1	400	2914	1070	4	2	2

(2) 2013 年 1—3 月电动汽车充（换）电站（桩）统计表

充电站					充电桩		换电站
城市名称	数量（座）	充电机功率总计（kW）	充电站占地面积（m^2）	投资金额（万元）	慢充（个）	快充（个）	数量（座）
盐城市	—	—	—	—	20	3	—

唐山市

一、2012 年节能与新能源汽车扶持政策与措施

为了促进示范推广工作落实，发展节能与新能源汽车产业，我市围绕节能与新能源汽车生产、使用、运营、维护等各个关键环节，积极谋划鼓励、支持关键技术研发、市场培育、产业发展的相关扶持政策和补贴措施。在“中共唐山市委、唐山市人民政府关于2011 年节能减排工作的实施意见”“关于加快先进装备制造业发展的指导意见”中明确提出了鼓励节能与新能源汽车的指导意见。2012 年5 月制定出台的《唐山市节能与新能源汽车示范推广及产业发展支持政策》，提出综合采取财政、价格、政府采购、技术标准等手段，支持节能与新能源汽车的推广应用、生产技术研发、产品制造产业化及消费，为节能与新能源汽车产业发展和示范推广营造了良好的政策环境。

二、节能与新能源汽车示范推广工作进展情况

从 2012 年 1 月开始，我们重新充实调整了市节能与新能源汽车示范推广领导小组，完善了组织领导机构；编制了《唐山市电动汽车产业发展规划》和《唐山市充电设施总体规划》；出台了《唐山市节能与新能源汽车示范推广及产业发展支持政策》；先后 10 次系统组织政府相关部门和示范运营单位到北京、天津、上海、山东、杭州、深圳、沈阳等地进行学习观摩，在电视、电台、报纸等媒体上宣传报道 70 余次，在唐山电动汽车网、唐山环渤海信息网等网站上发布 2 万余条有关节能与新能源汽车示范推广信息，极大程度地提高了各单位和广大市民对示范推广新能源汽车的认知程度和支持力度，为示范推广工作营造了良好的社会环境。

经过一年来的艰苦努力，截至 2013 年上半年，已落实的节能与新能源汽车示范推广总数为 1060 辆，其中 176 辆已投入运营，年底前上路运营车辆总数可达 600 辆；新能源公交车已占到全市公交车保有量的 7%，新能源出租车将占到全市出租车保有量的 16.4%，有 47% 的县（市）区参与示范推广，参与示范单位涉及了 15 个政府部门、6 家生产企业、16 家运营企业、1 家充换电设施建设单位、8 家高校和科研院所、18 家运营维护机构；建成充电站 3 座、换电站 1 座、充电桩 36 个；建立维护保养站点 10 个；已发放国家补贴资金 5460 万元，投入地方财政专项资金近 1.5 亿元。节能与新能源汽车的示范运营，使全市累计节省燃油消耗 2241.96 吨、减少 CO_2 排放 5564.86 吨、减少 CO 排放 2.989 吨。

三、基础设施建设及运行情况

为满足我市示范推广计划中各类新能源汽车充电的需要，按照《唐山市节能与新能源汽车示范推广任务分解》的要求，我们重点发挥华北电网唐山供电公司的优势，制定了《唐山市充电设施总体规划》。按照规划方案，到 2015 年，唐山市城区将建成商用车大型标准化充（换）电站 3 座，乘用车电池集中充电站 8 座，电池配送站 23 座，城际互联充换电站 5 座。

截至 2013 年上半年，唐山市已建成充电站 3 座、换电站 1 座、充电桩 36 个。包括 2009 年 10 月为曹妃甸论坛示范车辆运营建设的唐海县海天充电站、2010 年 3 月由华北电网唐山供电公司建设的国家电网首座典型设计的大型充电站——南湖电动汽车充电站、2010 年 10 月为曹妃甸公交示范线配套的充电站，以及即将建设完成的曹妃甸大型充（换）电站。在 2010 年年底由华北电网唐山供电公司完成了 36 个充电桩的建设，在市区及曹妃甸形成了 8 个充电桩群。另外，投资 1.2 亿元的市区北郊大型充（换）电站，

已于2012年7月底获得了国务院批复的项目开工建设用地手续。

四、节能与新能源汽车项目投融资及建设情况

随着示范推广工作在我市的开展，唐山的节能与新能源汽车产业开始从零起步，上汽、东风、锂源等一批电动汽车项目纷纷落户我市。特别是上汽集团在曹妃甸注册成立了上汽唐山客车有限公司，一期投资3.2亿元，可年产3000辆新能源汽车；河北（迁安）力通新能源公司锂电池正极材料及动力电池项目，总投资2.6亿元，产能达4000万安时，已经投产；唐山普林亿威科技有限公司的自充电双绕组电机及其控制系统、唐山优克利尔能源设备公司的车载充电机等一批新产品已投入批量生产。目前，以整车、电机、电池和电控为主导的电动汽车产业体系已见雏形，为我市以资源型重化工业为主体的传统产业优化升级，注入了新的活力。

五、主要节能与新能源汽车企业情况

随着示范推广工作在我市的开展，唐山的节能与新能源汽车产业开始从零起步，上汽、东风、锂源等一批电动汽车项目纷纷落户我市。特别是上汽集团在曹妃甸注册成立了上汽唐山客车有限公司，一期投资3.2亿元，可年产3000辆新能源汽车；河北（迁安）力通新能源公司锂电池正极材料及动力电池项目，总投资2.6亿元，产能达4000万安时，已经投产；唐山普林亿威科技有限公司的自充电双绕组电机及其控制系统、唐山优克利尔能源设备公司的车载充电机等一批新产品已投入批量生产。目前，以整车、电机、电池和电控为主导的电动汽车产业体系已见雏形，为我市以资源型重化工业为主体的传统产业优化升级，注入了新的活力。

六、节能与新能源汽车推广情况统计表

1. 电动汽车示范推广数量

（1）2012年电动汽车示范推广数量

单位：辆

车型	大中型客车	轻型客车	载货车	公务车	出租车	电力工程车	邮政车	环卫车	观光/场地车	私人车	其他	合计
纯电动汽车	30	0	0	0	0	0	0	0	0	0	0	30
混合动力汽车	106	0	0	2	170	0	0	0	0	0	0	278
插电式混合动力汽车	0	0	0	0	0	0	0	0	0	0	0	0
增程式电动汽车	0	0	0	0	0	0	0	0	0	0	0	0
燃料电池汽车	0	0	0	0	0	0	0	0	0	0	0	0
其他	0	0	0	0	0	0	0	0	0	0	0	0
合　计	136	0	0	2	170	0	0	0	0	0	0	308

注：唐山市推广的106辆混合动力大中型客车中有25辆为超级电容混合动力汽车。

（2）2012年电动汽车示范推广车型及数量

车型	公告批次	目录序号	数量（辆）
东风牌EQ6102EVL型纯电动城市客车	215	3	10
申沃牌SWB6127HE2型混合动力城市客车	232	42	6
申沃牌SWB6127CHEV型混合动力城市客车	236	42	10
申沃牌SWB6107CHEV型混合动力城市客车	241	42	35
黄海牌DD6129CHEV1型混合动力城市客车	236	29	30
宇通牌ZK6108CHEVG2型混合动力电动城市客车	231	71	25
广通牌GTQ6107BEVB1型纯电动城市客车	232	（十九）28	10
荣威牌CSA7180ACHEV型混合动力轿车	237	122	2
中华牌SY7150X1SHEVBAB型混合动力轿车	217	（十二）33	170
申沃牌SWB6121EV6型纯电动城市客车	227	42	10

（3）2013 年 1—3 月电动汽车示范推广数量

单位：辆

车型	大中型客车	轻型客车	载货车	公务车	出租车	电力工程车	邮政车	环卫车	观光/场地车	私人车	其他	合计
纯电动汽车	12	0	0	0	0	0	0	0	0	0	0	12
混合动力汽车	0	0	0	4	170	0	0	0	0	0	0	174
插电式混合动力汽车	0	0	0	0	0	0	0	0	0	0	0	0
增程式电动汽车	0	0	0	0	0	0	0	0	0	0	0	0
燃料电池汽车	0	0	0	0	0	0	0	0	0	0	0	0
其他	0	0	0	0	0	0	0	0	0	0	0	0
合　计	12	0	0	4	280	0	0	0	0	0	0	186

（4）2013 年 1—3 月电动汽车示范推广车型及数量

车型	公告批次	目录序号	数量（辆）
中华牌 SY7150X1SHEVBAB 型混合动力轿车	217	（十二）33	170
申沃牌 SWB6121EV6 型纯电动城市客车	227	42	10
荣威牌 CSA7180ACHEV 型混合动力轿车	237	122	2
恒通客车牌 CKZ6127HBEVB 型纯电动城市客车	245	127	2
别克（BUICK）牌 SGM7240PHEV 型混合动力轿车	224	6	2

2. 2012 年代用燃料汽车(含 CNG、LNG、LPG 及醇醚类)示范运行保有量统计

单位：辆

车型		LPG	LNG	CNG	合计
燃气汽车	大中型客车	0	0	250	250
	轻型客车	0	0	0	0
	货车	0	0	0	0
	出租车	0	0	870	870
	私人用车	0	0	0	0
	其他	0	0	0	0
	小计	0	0	1120	1120

3. 2012 年电动汽车充(换)电站(桩)统计

充电站					充电桩		换电站
城市名称	数量（座）	充电机功率总计（kW）	充电站占地面积（m^2）	投资金额（万元）	慢充（个）	快充（个）	数量（座）
唐山市	1	1200	3330	3259	36	0	1

廊坊市

一、节能与新能源汽车扶持政策与措施

1. 2012 年 1—12 月

廊坊市清洁汽车发展以 CNG 和 LNG 为主要代用能量源，以行驶频率高、排放污染重的公交车、出租车和环卫用车等城市在用车辆为重点。截至 2012 年 12 月底，全市代用燃料汽车保有量达到 5186 辆，其中公交车 528 辆，全部使用代用燃料，此外还包括 100 使用 LNG 燃料公交车。廊坊目前有出租车 3970 辆，全部使用 CNG 燃料，私家车

有 688 辆改用 CNG 代用燃料。

2. 2013 年 1—3 月

廊坊市加大 CNG 燃油公共汽车的推广范围，2013 年加开了 22 路、23 路 CNG 燃油公共汽车行车线，增加 50 余台。

二、节能与新能源汽车生产经营情况

1. 2012 年 1—12 月

廊坊市总投资 5 亿元的固安威孚专用汽车制造暨联孚新能源项目正在加紧建设，项目投产后，将具备年产 100MW 太阳能电池片和组件及年产 2000 辆专用汽车的生产能力。北京中华汽车制造有限公司电动车项目落户大厂潮白河工业区，建成后将形成以新能源汽车整车、零部件、电池、设备等为主的完整产业链。

2. 2013 年 1—3 月

固安威孚专用汽车制造公司目前还没有形成规模生产。

三、节能与新能源汽车示范推广工作进展情况

1. 2012 年 1—12 月

廊坊市通过节能与新能源汽车示范推广项目的实施，有力推动了清洁汽车产业的发展。目前，廊坊市已经形成了集整车生产、燃气供应、燃气汽车改装、维护和保养、车用加气站设备生产、太阳能电池等较为完整的清洁汽车产业体系。据统计，清洁汽车重点推广应用程式项目自实施以来，为廊坊市新增就业岗位 1000 多个，新增就业人员 1500 多人。目前，廊坊市清洁汽车相关企业已经发展到 28 家，从业人员达到 3500 多人，实现产值 5.8 亿元，利税 1500 多万元，清洁汽车产业已经成为廊坊市快速发展的新兴产业和新的经济增长点。

2. 2013 年 1—3 月

2013 年廊坊加大了燃油公共汽车、燃油出租车及观光电动汽车的推广。

四、基础设施建设及运行情况

1. 2012 年 1—12 月

到 2012 年 12 月底，廊坊市 CNG 加气站已经发展到 15 座，LNG 加气站 1 座，月总加气量超过 280 万立方米。廊坊市车用加气站网店布局分为东、南、西、北格局，已经初步形成了遍布城区和附近郊县的车用天然气加气站网络体系，各个加气站运行正常。

2. 2013 年 1—3 月

廊坊市在永清县设立 CNG 加气站 1 座。

五、节能与新能源汽车项目投融资及建设情况

截止到 2012 年 12 月底，节能与新能源汽车项目已经完成投资 5640 万元，形成了集整车生产、燃气供应、燃气汽车改装、维护和保养、车用加气站设备生产、太阳能电池等较为完整的清洁汽车产业体系。

六、节能与新能源汽车产业基地及园区建设情况

北京中华汽车制造有限公司电动车项目落户大厂潮白河工业区，随着这个项目的入驻，大厂潮白河工业区正在规划大厂中华汽车城产业园，建成后将形成以新能源汽车整车、零部件、电池、设备等为主的完整产业链，在大厂县打造新能源产业集群。

七、主要节能与新能源汽车企业情况

香河港龙汽车配件制造有限公司成立于 1996 年，其前身为集体所有制企业，拥有 20 年汽车配件生产历史。目前公司已发展成为集汽车零部件研发、生产、销售于一体的专业公司，是河北省汽车工业协会、河北省汽车技术协会会员单位，系省级科技型 民营企业。固安威孚专用汽车制造暨联孚新能源项目由固安联孚电子科技有限公司和固安威孚专用汽车制造有限公司共同出资建设，是国内第一家生产汽车专用新能源产品的企业。河北中华电动汽车有限公司由北京中华汽车制造有限公司和廊坊大厂潮白河工业区共同组建，中华电动汽车公司在燃料电池技术的研究上有所创新，创造了电动汽车在充电后可持续行驶 200 公里，续航后行驶 400 公里的佳绩，其成熟技术在国内电动车领域较为领先。

八、节能与新能源汽车发展规划

1. 推动电动汽车产业园建设

作为中华电动汽车项目的承载地和京东新城的规划所在地，大厂潮白河工业区需要积极行动起来，聘请国内知名汽车研究领域专家学者，依托中华电动汽车项目规划大厂中华汽车城产业园，积极筹措面向全国新能源汽车、电动车产业开展招商工作，促进区域新能源汽车产业链的快速发展。

2. 建立完善清洁汽车安全运营体系

在进一步建立健全燃气汽车改装制度、车用燃气检测制度、燃气汽车定期保养制度、车用燃气价格监控制度的基础上，建立燃气安全预警机制，利用新奥燃气集团安全监控中心遍布全市的监测点对市内加气设施进行全天候监测，并定期发布燃气安全监测报告。

3. 深入开展清洁汽车推广工作

一是在廊坊市区双燃料汽车改造的基础上，向全市八个县市延伸，按照《全市环保五大工程实施方案》的要求，于 2013 年年底前，完成全市（包括各县市）全部公交车、出租车的双燃料改造和更新工作；二是进一步加快车用天

然气加气站网点建设，到2013年年底，行政遍布全市及各县（市、区）的加气网点，加气网点达到18座，月总加气量达到300万立方米以上。

九、节能与新能源汽车推广情况统计表

1. 电动汽车示范推广数量

（1）2012年电动汽车示范推广数量

单位：辆

车型	大中型客车	轻型客车	载货车	公务车	出租车	电力工程车	邮政车	环卫车	观光/场地车	私人车	其他	合计
纯电动汽车	0	0	0	0	0	0	0	0	50	0	0	50

注：廊坊市推广车辆均属未上公告车型。

2. 代用燃料汽车（含CNG、LNG、LPG及醇醚类）示范推广数量统计

（1）2012年代用燃料汽车（含CNG、LNG、LPG及醇醚类）示范运行保有量统计

单位：辆

车型		LPG	LNG	CNG	合计	同期增长（%）
燃气汽车	大中型客车	0	0	200	200	更新旧车辆未增长
	轻型客车	0	0	0	0	—
	货车	0	0	0	0	—
	出租车	0	0	4020	4020	5
	私人用车	0	0	2600	2600	50
	其他	0	0	0	0	—
	小计	0	0	6820	6820	—

（2）2013年1—3月代用燃料汽车（含CNG、LNG、LPG及醇醚类）示范推广数量统计

单位：辆

车型		LPG	LNG	CNG	合计	同期增长（%）
燃气汽车	大中型客车	0	0	230	230	15
	轻型客车	0	0	0	0	—
	货车	0	0	0	0	—
	出租车	0	0	0	0	—
	私人用车	0	0	0	0	—
	其他	0	0	0	0	—
	小计	0	0	230	230	15

襄阳市

一、2012年节能与新能源汽车扶持政策与措施

2012年7月，襄阳市人民政府下发《关于加快推进我市新能源汽车示范运营和产业发展工作的通知》（襄政办发〔2012〕80号）文件，明确落实“三项”经费，推动商业化示范运行。

一是落实运营主体采购资金。市财政局在产业发展专项资金中安排800万元，作为资本金注入襄阳绿捷新能源汽车公司。各商业银行积极为襄阳绿捷新能源汽车公司采购新能源公交车、停保场建设等提供贷款，市财政对该公司给予一年的全额贷款贴息。

二是落实新能源汽车补贴资金。市政府除对购买10米以上大型车给予相应补助外，还对市政环卫系统和相关单位购买纯电动轻型商用车（锂电池）每辆补助2万元，并将其列入每年的财政预算。市财政对襄阳绿捷新能源汽车公司每辆新能源公交车每年给予3万元的运营补贴，并列入财政预算，该公司缴纳的营业税，由高新区以产业发展

专项资金的方式全额返还。

三是落实基础设施建设经费。对襄阳绿捷新能源汽车公司停保场征地费用问题，在该公司依法履行征地手续并足额缴纳土地出让金后，市财政对该公司缴纳的土地出让金（扣除国家规定缴纳的基金、资金）以产业发展专项资金的方式全额奖励给企业。

二、节能与新能源汽车生产经营情况

襄阳是国家汽车动力和部件制造基地，拥有东风集团和不同规模的汽车零部件企业300多家，汽车及零部件产业的市场、人才、技术、环境，为发展新能源汽车产业提供了丰富的资源和条件，初步形成了纯电动汽车、插电式混合动力汽车、动力电池、驱动系统、控制系统的“两纵三横”产业格局。在自主创新与技术引进转化上，全市从事新能源汽车研发和生产的企业及院所30多家，拥有近200项自主研发的专利和实用技术，已经有100多项专利和实用技术成功转化使用到工艺制造。

2012年，尽管襄阳市传统汽车产业出现负增长，但襄阳市以宇清传动、骆驼海峡等为代表的一批新能源汽车零部件生产企业迅速崛起，推动了新能源汽车产业的快速增长。2012年，襄阳市规模以上新能源汽车产业实现产值15.6亿元，同比增长108%。

三、节能与新能源汽车示范推广工作进展情况

1.2012年1—12月

根据市场实际需求和满足襄阳市公交运营中加大混合动力客车投放的需要，2012年10月18日，襄阳市人民政府向财政部、科技部和国家“863”计划电动汽车重大项目管理办公室上报了《关于调整襄阳市新能源汽车示范城市车辆结构的函》（襄阳政函〔2012〕132号），申请在示范推广1070辆总目标不变的前提下，结构调整为：纯电动大客车123台，混合动力大客车277台，环卫车300台，出租、物流、执法等公共服务用车370台。

截至2012年12月底，襄阳市已完成示范推广任务230台。其中：纯电动大客车90台，混合动力大客车20台，锂电池垃圾车70台，铅酸电池垃圾车50台。

2.2013年1—3月

截至2013年3月底，我市已完成示范推广任务389台，其中：纯电动大客车99台，混合动力大客车40台，纯电动环卫垃圾车250台（其中锂电池200台，铅酸电池50台）。

四、基础设施建设及运行情况

1.2012年1—12月

截止到2012年年底，襄阳市已建成并投入运营3座大型充电站。2010年8月10日，由湖北省电力公司投资建设的邓城充电站正式竣工投入使用。该充电站配有直流充电机6台、交流充电桩8个，能够同时为6台大巴或中巴、8台小型轿车充电。2011年2月28日，襄阳市第二座总投资2000多万元、占地5.12亩的三桥北新能源汽车充电站建成并投入使用，该充电站有6个交流充电桩和4台直流充电机，能够同时为4台大巴和6台小型轿车充电。第三座新能源汽车充电站是2012年1月10日，国家电网湖北省电力公司投入5000万元在襄阳高新区正式开工建设，该充电站建有8台直流充电机，能够满足60台大巴充电。

2012年2月，国家动力电池产品质量监督检验中心在襄阳高新区开工建设。该中心是经国家质检总局批准在襄阳建设的国家级动力电池综合检验研发机构，总建筑面积10.47万平方米，建设环境及安全检测试验室、动力电池检测试验室、动力系统综合检测试验室等5大试验室，同时打造襄阳公共检测与技术服务平台，中心建成后将填补动力电池产品的质量、安全性检验在国内的空白。

2.2013年1—3月

第三座高新区新能源汽车充电站正在设备调试之中，于2013年5月投入使用。

五、节能与新能源汽车项目投融资及建设情况

2012年4月10日，襄阳南车工业园项目启动暨中国南车株洲所重组襄阳电机周年庆典仪式在襄阳南车电机技术有限公司举行。中国南车投资10亿元在襄阳布局和打造襄阳南车工业园，整个工业园计划分两期建设，布局工业电机及变流系统产业化建设项目、船舶及矿用车辆电机产业化建设项目、汽车电机及驱动系统产业化建设项目、机电产业转移项目、桥梁产品及汽车零部件建设项目、专用汽车产业化建设项目等。

2012年10月，襄阳宇清传动科技有限公司投资3.5亿元的电动汽车电机自动变速驱动系统项目正式完成，该公司已新建厂房6万平方米，新建系统装配生产线一条、控制生产线一条、系统检测线一条以及其他配套设施，增加主要电动汽车零部件关键加工、检测设备159台/套。年生产电动汽车电机自动变速驱动系统1万台/套，预计年新增销售收入1.5亿元。

2012年4月27日，戴瑞米克襄阳电池隔膜有限公司开线仪式在襄阳深圳工业园隆重举行。戴瑞米克襄阳电池隔膜有限公司成立于2010年6月，其主要生产设备及技术工艺均从戴瑞米克国外工厂引进。公司的进一步投产将为骆驼集团建成亚洲最大的蓄电池生产基地提供原材料保障，同时也将有效降低骆驼牌电池的成本，提升骆驼品牌的市

场竞争力。

六、节能与新能源汽车产业基地及园区建设情况

2010 年 4 月 27 日，襄阳市人民政府与东风汽车公司签订《促进襄阳汽车产业发展战略合作框架协议》。协议约定在 2010—2015 年期间，双方共同努力把襄阳建设成为 100 万辆级整车和发动机、变速箱、车桥等重要总成及汽车电子等零部件制造基地，东风公司在新能源汽车产业的发展战略中把襄阳确定为新能源汽车研发、生产和检测基地。目前在襄阳国家级高新区占地近 1000 亩的东风新能源车制造基地正在全面开工建设。一期投资 6.5 亿元的东风汽车股份有限公司新能源客车基地项目基本建成。

2012 年 4 月 27 日，襄阳特种车产业园孵化基地暨东风汽车股份特种车阵地隆重奠基。特种车新阵地占地面积 178 亩，总体布局一次规划，分期实施，滚动发展。一期工程将于 2013 年年底完工，建成后年产能为 1 万辆；二期工程 2015 年完工，建成后产能将提升到 2 万辆，销售收入将达到 20 亿元。

七、主要节能与新能源汽车企业情况

东风汽车股份有限公司是经国家证监会证监发行字〔1999〕68 号文批准，由东风汽车公司独家发起，采取公开募集方式于 1999 年 7 月 15 日创立。“十一五”期间被东风汽车公司确定为电动汽车的研发和生产基地，其生产的纯电动、插电式混合动力电动汽车性能优越，是国内第一家同时获得纯电动、混合动力电动汽车两个整车生产目录的企业。公司投资 16.5 亿元的新能源客车项目正在加快建设之中。同时，东风汽车股份有限公司已经研发纯电动和混合动力微型面包车、特种车，其中开发出纯电动车辆 12 款，涉及纯电动大客车、电动卡车、MPV、SUV、皮卡、微客和代步车等多款车型，为襄阳新能源汽车产业基地建设奠定更加坚实的基础。东风汽车股份有限公司已经投放的混合动力客车实际运行数据表明，该车型排放降低 30% 以上，噪声降低 2 分贝以上，节油 15% 左右，最早装车使用的动力电池最长使用里程已超过 15 万公里。

东风襄阳旅行车公司集合内外优势资源，已在电池应用管理技术、驱动控制技术、辅助动力系统、整车设计方面取得 17 项实用新型及发明专利，掌握了驱动控制核心技术。同时，它也是国内目前唯一采用一体化设计的纯电动客车，实现了纯电动动力系统与高档公交客车的集成匹配。截至 2012 年年底，东风旅行车公司共研制开发纯电动公交、混合动力客车、电动物流运输车三大系列 7 个品种新能源产品，并已在唐山、襄阳等城市示范运行。东风天翼纯电动客车已试验运行了 32000 余公里，实现了零灾害、零故障的“双零”目标。

襄阳东风汽车电气有限责任公司在低功率开关磁阻电机技术上具有一定的优势，而且正在积极开发新产品，保持创新的持续性。该公司已发展成为一个拥有年产汽车、机动车用起动机、发电机、微电机、电子电器共 70 万台（套）的专业化制造企业；也是东风汽车股份有限公司电机产品的开发基地，负责汽车、机动车用起动机、发电机以及电动汽车用驱动电机的研究、设计开发、验证、评估及适应性改善工作，并紧紧追踪东风汽车股份有限公司电动汽车的开发和生产。

襄阳宇清传动科技有限公司新能源汽车动力系统成功进入世博会，同国内多家客车厂合作开发新能源城市公交车，现已经有多款新能源汽车获得国家公告，正在计划批量生产，公司动力系统关键技术（EMT 自动变速驱动系统）已经获得国家多项专利。2009 年，被湖北省评为 100 家新能源汽车产业重点培育扶持单位，被省市政府指定为新能源汽车动力系统主要供货商，并成为襄阳市新能源基地建设的排头兵；2010 年，被湖北省发改委列为重点培养的上市后备企业。公司主要技术成果：采用先进的三相交流异步电机高压变频调速控制技术，实现了电机的智能化随机控制，获得强劲的动力性能和高效的系统配置；采用人性化、柔性化设计技术，实现了对车辆的智能化控制，混合动力汽车采用单轴并联技术，结构紧凑、安全可靠性高。该公司自主研发的电驱动变速同步驱动系统（即 EMT 系统控制技术）为国内首创，插电式混合动力系统汽车节油率可达 60% 以上，已经达到国际先进水平，2012 年一季度该公司驱动电机和动力总成控制系统产销已达 1000 多套。

八、节能与新能源汽车发展规划

基于襄阳汽车产业的发展基础，襄阳新能源汽车产业将建设中国新能源汽车产业基地和产学研基地。计划到“十二五”末，整车产能达到 10 万辆左右，动力电池产能达到 10 亿~15 亿安时，驱动系统和电控系统产能达到 5 至 10 万套产能。至 2020 年，襄阳整车产能达到 20 万辆左右，动力电池产能达到 15 亿~30 亿安时水平，驱动系统和电控系统产能达到 25 万套左右。

九、节能与新能源汽车推广情况统计

1. 电动汽车示范推广数量

（1）2012 年电动汽车示范推广数量

单位：辆

车　型	大中型客车	轻型客车	载货车	公务车	出租车	电力工程车	邮政车	环卫车	观光/场地车	私人车	其他	合计
纯电动汽车	60	7（警务车）	0	0	0	0	0	70	0	0	0	137
混合动力汽车	0	0	0	0	0	0	0	0	0	0	0	0
插电式混合动力	20	0	0	0	0	0	0	0	0	0	0	20
增程式电动汽车	0	0	0	0	0	0	0	0	0	0	0	0
燃料电池汽车	0	0	0	0	0	0	0	0	0	0	0	0
其他	0	0	0	0	0	0	0	0	0	0	0	0
合　计	80	7	0	0	0	0	0	70	0	0	0	157

（2）2012 年电动汽车示范推广车型及数量

车型	公告批次	目录序号	数量（辆）
东风牌 EQ6102BEVL1 型纯电动城市客车	232	3	30
东风牌 EQ6102EVL 型纯电动城市客车	215	3	37
扬子江牌 WG6120PHEVCA 型混合动力城市客车	245	（十七）48	20
东风牌 EQ5020ZZZACBEV2 型纯电动自装卸式垃圾车	243	3	70

（3）2013 年 1—3 月份电动汽车示范推广数量

单位：辆

车　型	大中型客车	轻型客车	载货车	公务车	出租车	电力工程车	邮政车	环卫车	观光/场地车	私人车	其他	合计	同期增长（%）
纯电动汽车	0	0	0	26	0	0	0	0	0	0	0	26	—
混合动力汽车	224	0	0	0	0	0	0	0	0	0	0	224	51.22
插电式混合动力汽车	0	0	0	0	0	0	0	0	0	0	0	0	—
增程式电动汽车	0	0	0	0	0	0	0	0	0	0	0	0	—
燃料电池汽车	0	0	0	0	0	0	0	0	0	0	0	0	—
其他	0	0	0	0	0	0	0	0	0	0	0	0	—
合　计	224	0	0	26	0	0	0	0	0	0	0	250	51.22

（4）2013 年 1—3 月份电动汽车示范推广车型及数量

车型	公告批次	目录序号	数量（辆）
东风牌 EQ6102EVL 型纯电动城市客车	215	3	26
扬子江牌 WG6120PHEVCA 型混合动力城市客车	245	（十七）48	224

2. 2012 年代用燃料汽车(含 CNG、LNG、LPG 及醇醚类)示范运行保有量统计

单位：辆

车型		LPG	LNG	CNG	合计
燃气汽车	大中型客车	0	0	900	900
	轻型客车	0	0	0	0
	货车	0	0	0	0
	出租车	0	0	1700	1700
	私人用车	0	0	0	0
	其他	0	0	0	0
	小计	0	0	2600	2600

（3）2012 年电动汽车充（换）电站（桩）统计

充电站					充电桩		换电站
城市名称	数量（座）	充电机功率总计（kW）	充电站占地面积（m^2）	投资金额（万元）	慢充（个）	快充（个）	数量（座）
襄阳市	1	900	6667	2000	0	30	0

第四篇

重点企事业单位发展概况

东风汽车公司

一、发展概况

东风汽车公司是中国特大型国有骨干企业，构建有完整的研发体系，拥有雄厚的技术、研发基础和丰富的人才资源，产品和技术覆盖乘用车、商用车、新能源汽车及其核心总成等方面，综合研发能力居国内领先水平。

为实现打造一个“永续发展的百年东风，面向世界的国际化东风，在开放中自主发展的东风”的事业愿景，东风汽车公司将自主创新能力的建设和新能源汽车事业作为支撑公司发展的战略重点。东风公司董事长、党委书记徐平明确要求，大力发展新能源汽车是汽车行业的发展趋势，也是东风公司实施可持续发展战略的必由之路，东风要把发展新能源汽车当作东风发展战略的首要任务之一，抢占技术制高点和市场份额。

东风公司是国内最早从事新能源汽车研发的企业之一，早在“九五”期间，东风汽车公司就研发出了纯电动轿车、纯电动中巴和燃料电池中巴；2001 年，又率先成立了东风电动车辆股份有限公司，专门从事电动汽车及其关键技术的研究开发；“十五”期间，东风汽车公司承担了国家 863 计划电动汽车重大专项“混合动力城市公交客车”和“混合动力轿车”的开发；“十一五”期间，东风汽车公司继续承担国家 863 项目，并致力于电动汽车的产业化。

此外，东风汽车公司还率先发起成立电动汽车示范运营公司，致力于电动汽车的商业化示范运行；我国首个国家级电动汽车专利产业化试点基地——东风电动汽车产业园试点基地隆重揭牌，为东风新能源汽车创新成果的知识产权化、商品化和产业化搭建优良平台；东风混合动力城市客车节能减排关键技术成果荣获 2009 年度国家科技进步二等奖；

进入“十二五”以来，新能源汽车行业发展出现了新的变化和新的需求，东风公司适时调整新能源汽车事业体制，对东风电动车辆股份有限公司增资重组，为东风公司新能源汽车事业打造更合理的发展平台。

二、生产经营

东风公司重视新能源汽车的发展，各事业单元积极开展相关工作，从产品研发、技术积累到示范运营、市场推广，产品已覆盖纯电动大客车、纯电动物流车、纯电动乘用车到混合动力商用车、混合动力乘用车等。截至 2012 年年底，东风公司累计有近 1300 辆各类节能与新能源汽车在各地开展示范运营工作。其中，500 辆混合动力大客车在武汉市开展示范运营；500 余辆混合动力乘用车在武汉、南昌等地开展出租车和公务用车的示范运营；此外，纯电动大客车在襄樊、唐山等地，纯电动物流车在上海等，也在积极开展示范运营工作，为东风公司完善节能与新能源汽车技术、探索商业模式等方面积累丰富的经验。

三、产能建设

2012 年，东风公司完成对东风电动车辆股份有限公司的增资重组工作，同时启动了东风新能源汽车工厂的建设工作，工厂设计产能为一期 6 万辆/年，二期 10 万辆/年，拟建设焊装、涂装和总装车间，项目计划投资逾 10 亿元。

此外，东风公司还在襄阳市完成建设新能源客车基地，一期用地 672 亩，完成建设底盘、制件、焊装、涂装、总装（检测）生产车间、公用动力及相关辅助设施。一期产能为新能源整车 2000 辆/年，新能源客车底盘 5000 辆/年。

四、技术进展及研发能力进展

经过 10 多年的研发积累，东风公司建立了电动汽车整车构型分析、性能控制、控制策略、关键总成、试制、试验以及产品认证等开发流程，制定了各类整车及关键总成的试验规范；自主完成了混合动力专用发动机、电机耦合 AMT 自动变速器以及整车控制器等关键总成产品开发；掌握了整车性能控制、控制策略以及电机、电池控制等核心技术；并建设完成电子试验室、动力链试验室、多能源试验室、电机试验室、电池试验室、道路试验室、转鼓试验室等你，自主完成了电动汽车的标定技术开发，包括整车驾驶性、经济性、排放以及环境适应性等。

目前产品已覆盖纯电动大客车、纯电动物流车、纯电动乘用车到混合动力商用车、混合动力乘用车等，2012 年北京车展，东风公司展出强大的新能源汽车阵容，全新平台纯电动车型 E30 \ E30L，纯电动 S30-EV、中度混合动力车型 A60-ISG 等，此外东风公司新一代中度混合动力大客车也开始了示范运营；近百台纯电动天翼大客车也在襄阳等城市开展批量示范运营。

五、主要产品

整车

序号	名称
1	东风牌 EQ6121CLPHEV 型混合动力客车
2	东风牌 EQ6102BEVL1 型纯电动客车
3	风神牌 DFM7000B1ABEV 型纯电动轿车
4	风神牌 DFM7000H2BBEV 型纯电动轿车

重庆长安新能源汽车有限公司

一、发展概况

重庆长安新能源汽车有限公司（以下简称“新能源公司”）于2008年6月成立。经过发展壮大，截至2013年3月底，已建立了一支包括归国专家、高级人才在内的450余人混合动力系统研发专业团队，培养了一支高学历、高素质、高能力的新能源汽车研发核心人才队伍。拥有总体技术部、科技项目部、电子电器部、运营管理部、综合管理部、北京研发中心等高新科技企业。

在整车研发上依托长安汽车工程研究院，目前已具备了汽车及发动机产品前期策划、产品造型、工程化设计、产品试制、工艺及试验检测能力。在新能源系统研发上构建了包括清华大学、重庆大学、北京理工大学、北京航空航天大学、重庆邮电大学、重庆理工大学等高校为支撑的产学研支撑团队。

在开发手段上，已建成混合动力试验室、环境试验室、电池试验室，具有专用设备30多台套，可实现混合动力系统控制策略研究、开发、验证试验；硬件在环试验；系统功能、性能试验；关键零件性能、可靠性试验等。通过不断的技术积累、知识沉淀，已经完全掌握仿真分析能力、电机控制器软件开发、电池集成设计、整车控制器开发、新能源系统策略开发能力。在控制策略方面，已经形成了平台化、模块化开发能力；试验室现有各类大中型设备近20套，总价值5000余万元。

技术能力上已掌握了整车系统集成和标定匹配、CAN通信协议优化、安全控制策略设计、诊断系统开发等混合动力轿车关键核心技术，基本掌握了混合动力最核心的技术——整车控制技术、镍氢动力电池管理技术，占据中度混合动力汽车技术上国内领先的地位；已搭建ISG型中混合动力系统平台，完成了杰勋、志翔、CX30混合动力汽车的研发。获得混合动力技术专利80余项，其中发明专利20项。在生产能力方面，依托长安汽车实现混合动力汽车与传统汽车混线生产，混合动力汽车产能达10000辆/年。由新能源公司开发的纯电动动力系统已成功运用于长安E30纯电动汽车，安全性能达到了碰撞安全五星标准，并开展了纯电动车示范运行。

新能源公司作为新能源汽车行业带头单位，积极推动参与行业战略规划编制，派驻专人到央企联盟、中汽协等汽车产业政策研究单位工作，积极参与《2012-2020节能与新能源汽车产业发展规划》《国资委“十二五”中央企业电动车发展规划》《汽车产业由大变强发展规划》《北京市“十二五”新能源汽车发展规划》等国家、地方汽车产业发展规划及实施方案的编制。组织与欧、美、日及国内等汽车行业间访问交流，了解国际国内汽车产业最新动向、发展趋势等信息，为国家政策制定、规划制定等等提供信息保障。同时，与地方科委、经信委、交通局等政府部门和清华大学、上海交通大学、重庆大学等高校以及天汽中心、中国汽车研究院等科研机构搭建了顺畅的沟通平台，保持了良好的关系，为政企合作、校企院企合作奠定坚实的基础。

二、技术进展及研发能力进展

1. 2012年1—12月情况说明

2012年全面完成新能源领域核心技术能力建设，包括建设HIL试验测试能力、线束高压安全设计能力、新能源系统级安全与诊断开发、建立车用驱动电机系统性能仿真分析能力、基于INCA的CCP标定底层软件设计、电池总成热管理系统设计。

核心能力掌控由2008年公司成立之初规划的五大领域66项核心技术拓展到2012年年底的九大领域97项；电控系统、电池系统和电机系统三大核心领域技术已全面掌握，核心技术的产品应用处于国内领先水平。

截至2012年12月初，实际完成专利申报63项，其中发明专利52项，发明专利占比为82.5%，完成率达157.5%。（目前，累计申请专利324项，其中授权180项。）

建立了与传统车开发流程兼容的新能源系统开发体系。根据CA-PDS框架体系，结合新能源公司实际情况，完成新能源动力系统、控制系统、电池系统及控制器同步图的制定，并发布了120余项工作文件及模板，较之于研发体系建立前，新能源汽车开发周期缩短了20%以上。

2. 2013年1—3月情况说明

深入探索，全面提升新能源研发技术实力。

深入控制器产品设计，成本控制能力大幅提升；通过PCB优化设计和核心元器件的成本分析，实现了32位HCU和锂电BCU成本的大幅下降，分别实现了63%和39%的降本率。

基于matlab仿真模型生成的电流波形数据，结合IGBT损耗计算工具，实现电机系统效率仿真。在考虑开关损耗的前提下，系统仿真精度达到90%以上，缩短了电机系统台架匹配周期。

基于AUTOSAR标准完成19个核心零部件仿真模型搭建，首次实现全部仿真模型模块化开发。

三、主要产品

1. 整车

序号	名称	型号	类别
1	逸动 HEV	SC7158BHEV	混合动力轿车
2	CX30	SC7155HEV	混合动力轿车
3	E30	SC7005EV	纯电动轿车

2. 零部件

类别	名称	型号
1	镍氢动力电池总成	ND06ACHN
2	整车控制器	CK00AHQL
3	电池管理系统	XNBCU01

四、合资合作

为加快长安新能源汽车整体能力的提升，新能源公司一直与各关联企业进行合作交流，以期借助于对方优势提高自身能力，从而打造长安新能源汽车产业链。

在发展过程中，要打破竞争对立格局，利用优势资源，培育电动汽车产业链，形成支撑产业化能力。通过联合开发、授权使用、合资、战略合作等几种方式，将电动汽车技术引进或输出，实现技术共享，降低开发投入及风险。

截至 2013 年 3 月，公司已与多家关键零部件企业建立了战略合作关系，并积极参加 T10 电动汽车联盟和央企电动汽车联盟，共同开展共性技术开发和攻关发展新能源技术。

五、发展规划

总体发展思路：巩固现有混动优势，实现规模化；加快纯电驱动汽车产业化开发；跟踪替代燃料和燃料电池汽车技术发展。

（1）加强研发能力建设，突破关键核心技术；

（2）稳步推进合资、合作，提升产业链能力；

（3）努力建成国内领先、国际一流的电动汽车研发生产型企业。

2014—2016 年发展目标

做产业：混合动力产品市场化，纯电动产品批量化。

占市场：树立行业地位，抢占市场份额。

创效益：产品实现盈利。

2020 年发展愿景

定　位：国内领先、国际一流。

目　标：累计产销百万辆，实现规模化，打造具有国际一流竞争力产品。

郑州宇通汽车股份有限公司

一、发展概况

1. 2012 年 1—12 月

2012 年，郑州宇通客车股份有限公司持续加大了新能源汽车的研发投入，在团队建设、核心技术研发、试验能力、产能建设和产品建设方面都取得了明显的进展。

（1）团队建设方面

截至 2012 年年底为止，已形成 10 名博士、35 名硕士为核心的 100 余人研发团队，涵盖总体设计、系统匹配与集成、整车控制技术、电机及其控制技术、电池及其管理技术、电气技术、整车及零部件试验验证等技术方向。

（2）核心技术研发方面

在纯电动驱动客车三大核心技术“电控、电机、电池”方面，宇通重点突破整车电控核心技术，并完全具备电机、电池测试评价能力。宇通客车利用先进的“V”形开发模式及先进的研发设备，实施整车控制系统的全过程开发和完善，充分掌握整车控制核心技术。宇通非常重视新能源前沿技术的研发，2012 年共承担国家“十二五”863 计划项目 4 项，其中主持 2 项，承担国家重大科技成果转化项目 1 项，承担 2012 年国家重点产业振兴和技术改造专项 1 项，承担国家新能源汽车技术创新工程 1 项，并与清华大学、北京理工大学、吉林大学、哈尔滨工业大学等国内知名高校和科研院所建立了产学研合作关系。

（3）试验能力方面

作为国家地方联合工程实验室、客车安全控制技术河南省工程实验室等的承建单位，经过多年的建设，已拥有大量整车及零部件测试设备。为了全面提升及验证节能与新能源客车的节油率、可靠性、安全性以及稳定性等，宇通依托 2012 国家重点产业振兴和技术改造专项“电动客车电控技术研发平台建设项目”，进行新能源客车试验能力建设，建立零部件、动力系统总成、整车三位一体的电动客车电控技术研发平台，形成相互补充，不断递进的试验体系，具备混合动力系统、纯电驱动系统、电机、电池、电附件等部件的功能、性能、可靠性测试和评价能力。

（4）产能建设方面

宇通总投资达 38.6 亿元的节能与新能源客车生产基地一期工程于 2012 年年底投入使用，已形成年产 1 万台节能与新能源客车能力。

（5）产品及市场表现方面

已累计取得 29 个混合动力客车公告，6 个纯电动客车公告，开发的混合动力客车相对于常规内燃机客车测试节油率达到 41.8%，CO_2 降低 46%，NOx 降低 69.5%，PM 降低 90%，纯电动客车的测试电耗低于 0.8 度（不开空调），与国内外同类产品相比具有明显竞争优势。截至 2012 年年底，已在全国 30 多个城市和地区推广新能源客车累计超过 2500 台，实际线路平均节油率超过 30%，累计运行里程超过 1.5 亿公里，推广数量、推广范围和市场占有率都位居全国第一。

（6）知识产权方面

宇通在新能源客车方面已形成了多项自主知识产权。截至 2012 年年底，已累计申报专利 80 项，授权专利 48 项，发表学术论文 6 篇。

2. 2013 年 1—3 月

2013 年第一季度，宇通共取得混合动力客车公告 7 个，纯电动公告 3 个，销售新能源客车 1111 辆，并获得“十二五”国家科技支撑计划项目 2 项，“宇通插电式混合动力校车研究开发及示范应用”项目与“纯电驱动动力系统部件技术研发”项目。

二、生产经营

1. 2012 年 1—12 月

2012 年，新能源客车累计销售超过 2500 辆，销售区域涵盖了郑州、苏州、杭州、广州、天津、海口、昆明等 20 多个城市和地区。推广数量、市场占有率都位居全国第一。

2. 2013 年 1—3 月

2013 年第一季度，在天津、郑州、宁波、抚州、运城、宣城、温州、昆明、哈尔滨、保定、安阳等 19 个城市和地区销售新能源客车 1111 台。

三、产能建设

1. 2012 年 1—12 月

宇通总投资达 38.6 亿元的节能与新能源客车生产基地一期工程于 2012 年年底投入使用，已形成年产 1 万辆节能与新能源客车生产能力。

2. 2013 年 1—3 月

宇通节能与新能源基地，是目前国内投资规模最大的节能与新能源客车研发和制造基地，建成后将为行业带来 3 万辆/年的节能与新能源客车的产能，有力推动新能源客车产业化。

四、技术进展及研发能力进展

宇通非常重视节能与新能源客车前沿技术的研发，目前已形成以 10 名博士，35 名硕士为核心的 100 余人新能源动力系统专职研发团队，申请国家专利 80 项，专利内容涉及混合动力总体方案、动力参数匹配、能量管理、发动机智能启停等多种技术。开创了以宇通为代表的非 AMT 技术的混联式混合动力系统新构型。

2012 年承担了国家“十二五”863 计划、国家科技支撑计划、国家新能源汽车产业技术创新工程、国家重大科技成果转化等 7 个国家级项目，依托研发项目，实施汽车产业技术转型战略，提高企业自身研发水平并加快发展“纯电驱动”电动客车产品，推进新能源客车产业化进程。

宇通新能源产品共获得 29 款油电、气电混合动力车公告和 6 款纯电动车公告，并列入《节能与新能源汽车示范推广应用工程推荐目录》，车型产品涵盖 10～18 米油电混合动力、10～14 米气电混合动力（CNG、LNG、LPG）、10～12 米纯电动、11～12 米插电式混合动力客车等。宇通新能源客车销售区域涵盖了郑州、苏州、杭州、广州、天津、海口、昆明等 30 多个城市和地区，销量超过 2500 辆。常规混合动力客车的实际路况节油率已达到 30% 以上，纯电动客车实际路况的电耗已降低到 1.0kW·h/km 左右。混合动力和纯电动客车的出勤率达到了 98%，与常规车相当。

新能源客车试验能力建设项目完成后，将拥有电动客车混合动力系统试验室、软硬件在环仿真试验室、电机系统测试实验室、电池安全可靠性试验室、电附件试验室、EMC 电磁兼容实验室等，具备混合动力系统、纯电驱动系统、电机、电池、电附件等部件的功能、性能、可靠性测试和评价能力，形成零部件、动力系统总成、整车三位一体的相互补充，不断递进的试验体系，全面提升宇通节能与新能源客车的研发水平。

五、主要产品

整　车

序号	名称	类别
1	宇通牌 ZK6120CHEVNG2 型混合动力电动城市客车	混联式气电混合动力
2	宇通牌 ZK6105CHEVNG1 型混合动力电动城市客车	混联式气电混合动力
3	宇通牌 ZK6125CHEVNG1 型混合动力电动城市客车	混联式气电混合动力
4	宇通牌 ZK6140CHEVNG1 型混合动力电动城市客车	混联式气电混合动力
5	宇通牌 ZK6180CHEVG1 型混合动力电动城市客车	混联式油电混合动力
6	宇通牌 ZK6125CHEVPG1 型插电式混合动力电动城市客车	插电式油电混合动力
7	宇通牌 ZK6125BEVG1 型纯电动客车	纯电动

六、合资合作

1. 2012 年 1—12 月

2012 年，宇通积极与国内零部件企业和科研院所进行深入合作，共同参研省部级以上科研项目 8 项，包括国家“十二五”863 计划项目 4 项，其中主持 2 项，国家重大科技成果转化项目1项，2012年国家重点产业振兴和技术改造专项1项，管城回族区重大科技专项1项，并与清华大学、北京理工大学、吉林大学、哈尔滨工业大学等国内知名高校和科研院所建立了产学研合作关系。2012年12月，宇通作为牵头单位申报的“纯电驱动客车系列化产品技术开发项目”成功列入了国家新能源汽车技术创新工程支持项目。这是国务院发布《节能与新能源汽车产业发展规划》后国家首批启动的项目，是宇通公司迄今为止在新能源客车领域获得国家支持的最大一个国家级项目，宇通也是河南省唯一获得国家新能源汽车技术创新工程支持的企业，对宇通新能源事业的发展具有里程碑式的意义。

2. 2013年1—3月

2013年2月，宇通作为课题牵头申请单位，联合北京理工大学、哈尔滨工业大学、大连理工大学、中国汽车工程研究院股份有限公司等协作单位，获得国家科技部“十二五”国家科技支撑计划项目“宇通插电式混合动力校车研究开发及示范应用”资助，进行新能源校车技术开发；另外，与天津市松正电动汽车技术股份有限公司等联合申报的另外一项“十二五”国家科技支撑计划项目“纯电驱动动力系统部件技术研发”也已获批。

七、发展规划

宇通将继续大力投入新能源客车核心技术的研究，并积极推进新能源客车的产业化。通过实施“纯电驱动”技术转型战略，并坚持“三纵三横”产业布局，在推广普及常规混合动力客车的基础上，加大插电式混合动力客车、纯电动客车的投入力度，开展以燃料电池客车为代表的下一代纯电驱动客车研究，并积极与国内外优势企业和科研院所合作推进核心零部件和整车的研发和产业化。在测试评价领域，重点针对技术标准需求，开展电动汽车整车、关键零部件、重要元器件测试评价技术研究，建立电动客车混合动力系统试验室、软硬件在环仿真试验室、电机系统测试实验室、电池安全可靠性试验室、电附件实验室、EMC电磁兼容实验室等，具备混合动力系统、纯电驱动系统、电机、电池、电附件等部件的功能、性能、可靠性测试和评价能力，形成零部件、动力系统总成、整车三位一体的相互补充，不断递进的试验体系。

八、2012年1—12月企业在新能源汽车方面经济指标统计

指标名称	单位	本期累计	同期累计	增长率（%）	增长额（提高百分点）
2012年营业收入	万元	161486.41	35811.71	350.9	125674.70
2012年产品销售率	%	100	100	—	—

安徽安凯汽车股份有限公司

一、发展概况

2012年，安徽安凯汽车股份有限公司是国家定点生产高、中档，大、中型豪华客车及客车底盘的上市企业。公司是国家火炬重点高新技术企业、国家创新型试点企业，拥有国家电动客车整车系统集成工程技术研究中心、国家级博士后科研工作站和省级优秀企业技术中心，2012年安凯纯电动汽车获国家新能源汽车产业技术创新工程项目立项。在纯电动客车公告车型数量、纯电动客车市场占有率、单车运营里程等方面在国内保持领先。2012年产销客车12413辆，同比上升6.09%，销售收入53.13亿元，销量位列行业排名第四位。出口保持高速增长，销量位列行业第三。

公司主要产品有“安凯·SETRA”、“安凯”牌系列公路客车、旅游客车、公交客车、系列客车专用底盘和新能源客车，产品囊括5.5~18米全系列，年综合生产客车及底盘能力达18000辆。安凯豪华客车及底盘先后荣获安徽省名牌产品、安徽省免检产品等殊荣，安凯被评为“中国驰名商标”“安徽省著名商标”，产品已获得68项专利。

安凯公司是国内较早研发和生产新能源汽车的企业。截至2012年年底，安凯已有1200余辆新能源客车在北京、上海、大连等28个城市进行示范运营。目前公司在电动客车整车集成与匹配、动力系统集成技术、整车控制系统、电机控制技术、远程监控技术等核心技术方面取得突破，自主研发出整车控制系统、驱动电机、电机控制器、锂电池管理系统（BMS）、远程监控系统、绝缘检测系统等多种关键零部件，并成功运用于新能源整车上。在新能源核心技术方面取得突破性进展，在电动客车散热、增程式技术、能量管理、整车控制系统等方面申请67项国家专利，其中发明专利14项。完成了自主轮边电机驱动桥、BMS锂电池管理系统等8款核心零部件的开发设计。研制出国内首台三桥纯电动双层客车并投入运营。

“国家电动客车整车系统集成工程技术研究中心”，是中国目前电动客车领域唯一的国家工程技术研究中心，表明了安凯在电动客车领域的行业领先地位。该工程技术研究中心建成后，将成为集电动客车整车系统集成技术研究开发、工程化试验、产业化生产、人才培训和开放服务为一体的高新技术成果工程化基地和人才培养基地，成为行业发展、企业进步的技术聚集地和辐射源，提升行业整体水平，增强行业国际竞争力。

二、生产经营

1. 2012 年 1—12 月

公司抢抓市场机遇，围绕年度工作方针，科学布局、系统规划，通过公司上下的共同努力，新能源项目、营销体系建设、研发和基础管理能力提升等工作取得了一定成效，为“十二五”实现更大的发展打下了基础。

2012 年，合计销售客车 12413 辆，同比增长 6.09%，销量继续位列行业同类客车第四位。出口保持高速增长，销量位列行业第三，尤其是 20 辆安凯双层敞篷观光大巴首次驶进伦敦，并在伦敦奥运会期间大放异彩。

2. 2013 年 1—3 月

2013 年第一季度销售客车 1841 辆，实现销售收入 12.77 亿元，同比上升 9.84%。

三、产能建设

2012 年，根据企业发展的需要，公司不断加大技改投入，扩大生产规模，一批新厂房和车间等陆续完工和改造并投入使用，使各生产线的生产能力得到显著提升，产销规模扩大，经营质量和效益大幅提升。新能源新基地和制件车间开工建设，豪华客车基地的总装车间进行了内涵式改造，产能得到进一步提升。通过预测订单管理、加强生产计划对接、深入推进节拍化生产等，提高了交货能力，使营运车全年平均按期交货率达到 94.56%，公交车按期交货率达 92.17%。通过持续工艺优化、瓶颈工序改造、实施分线生产、对部分外包工进行收编等措施，产能得到明显提升。

四、技术进展及研发能力进展

2012 年，公司共申报专利 60 项，其中发明专利 12 项，实用新型专利 46 项，外观设计专利 2 项。主持和参与国家标准制定 6 项，其中主持 3 项。全年共开发新产品 18 项、适应性开发 130 余项。

按照平台化、系列化的开发原则，圆满完成营运客车新外形、新内饰系列车型的开发。结合市场需求和使用特点，开发出符合欧盟标准的双层客车和符合哈萨克斯坦使用环境需求的 10.5 米燃气公交客车，双层车上层座位数达到标准允许的极限数值（50 座）；燃气车通过零下 35℃ 超低温启动性能和车内暖气系统加热性能试验，国内客车企业尚属首次。

在新能源研发方面，攻克永磁电驱动系统控制策略、电动空调分体技术、双层电车制动系统技术等难题，成功研制国内第一台三桥纯电动双层客车，并在广州示范运营。自主开发的整车 CAN 总线、电机、绝缘检测系统、32 位整车控制器及远程监控系统实现批量应用，为安凯继续在新能源市场占据优势提供了技术保障。

公司正在建设新能源汽车传动系实验室、动力电池实验室、电控系统实验室、整车研发与性能实验室、零部件性能实验室等五大实验室，建成后将具备实验室条件下的新能源及传统整车性能测试、验证能力；零部件性能测试、验证及开发能力；动力系统开发、集成匹配能力；动力电池系统开发、测试能力；整车控制系统软硬件开发、验证能力；新能源及传统整车性能仿真、测试能力。

目前正在研究轮边驱动纯电动客车，自主研发的轮边驱动桥已经成功装车，该车是国内第一款具备自主知识产权的轮边电机桥纯电动客车。它具有驱动效率高、车辆舒适性好、节能、低噪声、高度集成等优点，已经成为电驱动系统的最前沿技术。

五、主要产品

序号	名称	型号
1	纯电动城市客车	HFF6120G03EV
2	纯电动营运客车	HFF6127K46EV
3	增程式纯电动城市公交车	HFF6124G03SHEV
4	气电混合动力公交车	HFF6125G03SHEV

六、合资合作

积极推进与国内外知名企业、高校的技术合作，全年共开展国内外合作项目达 10 项，其中，与美国 EDI 公司开展的插电式混合动力客车项目、与德国西门子公司合作进行的轮边电机驱动纯电动客车项目对公司未来发展具有重要意义。

七、发展规划

“十二五”期间，安凯公司新能源汽车总体目标是成为我国新能源客车行业的领军企业。整车产品技术水平达到国际一流，并在电控、电机等关键零部件领域达到国际先进、国内领先水平；创新发展，全球同步开发新能源客车。

进行新建新能源汽车研发中心，新建新能源客车整车、全桁架式新能源客车专用底盘及关键动力总成生产基地，项目建成后达到年产 6000 辆新能源客车整车及全桁架式新能源客车专用底盘、12000 套新能源客车关键动力总成（包括整车控制系统、驱动电机、电机控制器）研发和生产能力。

八、在新能源汽车方面经济指标统计

指标名称	单位	本期累计	同期累计	增长率（%）	增长额（提高百分点）
2012 年营业收入	万元	27500	20600	33.50	33.50

深圳市五洲龙汽车有限公司

一、发展概况

1. 2012 年 1—12 月

2012 年，五洲龙公司在内部管理和外部经营上都力求突破，不断完善企业制度，积极吸取先进的管理理念，注重培养全体职工的质量意识和责任意识，锐意进取，大胆创新，不断提升技术水平积极开拓国内、国际市场、寻找新途径，大力地进行了开源节流工作，企业发展取得了长足的进步。

2. 2013 年 1—3 月

在 2013 年中五洲龙将继续以新能源汽车为核心，兼顾传统客车的发展；以深圳为总部，布局全国，走向世界，以新能源客车、控制系统和动力电池等核心技术引领市场，成为我国新能源客车主要骨干企业之一。

二、生产经营

1. 2012 年 1—12 月

2012 年，公司实施了“精品工程”，主要围绕提高生产效率和提升产品质量来进行的，目标完成率达到 95% 以上。2012 年公司加强了质量工作，以 ISO9001 为标准，落实“全面质量管理”，加强生产体系管理，提高管理水平，强化了流程控制，在 2012 年生产系统共制定 14 项标准和计划类型，初步搭建了管理构架，其重点放在计划管理，现场管理和优化流程提升产能上，全面推行生产计划管理，生产现场 5S 管理和零部件送料管理。

2012 年公司销售量达到 1948 台，其中混合动力单层公交车 693 辆，纯电动中巴 2 辆，纯电动大巴 416 辆，其中纯电动大巴同比 2011 年销售量增长了 420%。销售总额 13. 1611 亿元。

2. 2013 年 1—3 月

2013 年第一季度实现销售量 271 台，其中纯电动大巴 94 辆，纯电动中巴 18 辆，销售总额 2. 03 亿元。

三、产能建设

为了提高生产能力，在原有两条生产线的基础上，2012 年新建一条新底盘生产车间，总长 132 米，跨度为 24 米。新的底盘生产线主要从事客车底盘的组装和调试工作，生产装配线总面积 3168 平方米。设有主副装配线各一条。单班年产大、中、轻型客车底盘 5000 台。

四、技术进展及研发能力进展

1. 2012 年 1—12 月情况说明

技术创新是公司的核心竞争力，在过去的一年里，电动车中心和技术中心对于新能源汽车的技术改进和升级积极探索，均取得了很大的成绩。

工程中心建设工程建设已经全部完成，投入使用，混合动力测控系统、高精度功率分析仪，数字示波器，汽车尾气分析仪，精密噪音分析仪、LCR 电桥等设备完成购置，已经到厂并开展安装调试。2012 年，公司累积申请各种专利达 50 多件，其中发明专利有 10 件，囊括工程中心研究任务的所有方面，在实际应用方面取得良好的效果，深得用户好评。

作为工程中心所依托的深圳市五洲龙汽车有限公司，从 2000 年开始研发混合动力客车，2005 年以来先后 5 次承担实施国家 863 节能与新能源汽车项目计划。参与制定国家新能源汽车准入国家新能源汽车财政补贴等标准。以深圳市五洲龙汽车有限公司为依托，在工程中心的推动下，五洲龙混合动力大巴目前已经进入大规模示范运营阶段，为国内投放规模最大的新能源汽车企业，工程中心也成为我国南方最大的新能源汽车研发、生产基地，带动深圳乃至广东的新能源汽车产业发展。为我国新能源汽车的发展起到很大的推动作用。

2. 2013 年 1—3 月情况说明

我公司最新研制的控制器使五洲龙新能源客车具有智能、平衡、节油、可靠、安全等特点，使整车的可靠性大大提高，同时与传统客车相比节油率高达到 25%~30%。

五、主要产品

1. 整车

序号	名称	型号	类别
1	插电式混合动力大巴	FDG6115HEVG1	混合动力
2	插电式纯电驱大巴	FDG6113EVG	纯电动
3	插电式纯电动大巴	FDG6117EVG	纯电动

2. 零部件

序号	名称	型号
1	钛锰合金电池	BTEV6115

六、发展规划

根据外部经济和产业竞争环境分析，客车市场日趋激烈，为在行业内提升竞争地位，采取创新经营理念，开拓经营思路，以混动为主、纯动推进、传统扩大的市场方针。总体上的发展策略应为成长策略，具体为：在国内市场稳定利润，从多角化开始成长进入稳定利润时期，从客车产品线完善向水平整合迈进。

湖南南车时代电动汽车股份有限公司

一、发展概况

湖南南车时代电动汽车股份有限公司成立于2007年，是中国南车株洲电力机车研究所有限公司的控股子公司。依托母公司在轨道交通领域所掌握的变流技术、电传动及控制技术等核心技术的强大支持，公司致力于掌握城市客车新能源技术，立志于引领绿色城市交通系统变革，发展节能环保汽车。短短五年，公司已快速成长为最具创新的节能与新能源客车新锐民族品牌，更以源自铁路的独特技术领先节能与新能源城市客车市场，成功推出了基于串联、并联、混联和纯电动等动力系统平台的绿色城市客车产品。

2012年，南车时代电动实现混合动力客车销售800多台、节能与新能源汽车动力系统1000多台（套），实现销售收入近10亿元。公司自成立以来，累计向市场投放混合动力公交车3000多台、节能与新能源汽车动力系统近4500台（套），市场占有率全国领先。整车车辆运营总里程3亿多公里，车辆平均节油率达到20%以上，出勤率和满载率分别达到98%和96%。

目前，南车时代电动已经形成了7~12米并联式混合动力、串联式混合动力、混联式混合动力、增程式纯电驱动以及纯电动等不同技术路线的城市公交客车、高级商务车、特种专用车等多种车型的完整产品型谱。公司先后成为北京奥运会、上海世博会、广州亚运会、天津达沃斯论坛、德州世界太阳能大会等国际性盛会所用纯电动商用车（含客车）、驱动电机系统、电池管理系统、地面充电机产品的主力供应商，以“源自铁路、原创动力”而享誉业界的电动汽车动力系统并为国内10多家主机厂配套。

二、产能建设

2008年5月，总投资7.2亿元、占地面积288亩的电动汽车产业化基地一期工程竣工投产，建成建筑面积3.6万平方米的制造基地，拥有底盘、焊装、涂装、总装四大工艺车间、统部件生产基地，及电动汽车综合试验室，形成了年产混合动力公交车整车2000辆、电传动系统及关键零部件1万台（套）的生产能力。

为积极抢抓当前国内节能与新能源汽车产业发展的大好机遇，进一步提升公司研发、检测能力，加快节能与新能源汽车这一战略性新兴产业的发展，公司于2013年1月正式启动了“新能源汽车试验检测能力及产能提升项目”建设。项目总投资4亿元，其中固定资产投资约2.3亿元，新增建筑面积约3万平方米，建设内容包括新建整车生产厂房、电泳车间、试车跑道，以及扩建试验检测中心，项目计划于2013年10月底建成投产。届时，公司将具备年产节能与新能源客车1万辆，系统及关键零部件2万套的生产能力，预计达产后年产值将超过50亿元。

三、技术进展及研发能力进展

公司长期致力于电动汽车共性技术和关键核心技术的科研攻关，累计已投入6亿余元用于电动汽车核心技术的研发，形成了电机驱动系统开发技术、储能系统集成技术、整车控制与网络集成技术、动力系统总成技术及电动整车开发技术等5大核心技术，并在此基础上，搭建了并联、混联、串联、增程式以及纯电动5大整车及动力系统产品系列。

作为央企电动汽车产业联盟成员，南车时代电动已与一汽、长安、二汽共承担了5款电机驱动系统的开发任务，同时还承担和参与了联盟内12项纯电动乘用车共性技术电机共性技术的研发任务。目前，公司拥有授权的发明专利50多项、实用新型专利60项、外观设计专利60余项、授权软件著作权10项，企业标准40余项。

公司建有投资5000多万元的电动汽车专业试验检测中心，包含电驱动系统试验室、动力系统试验室、APU系统试验室、动力电池试验室、电源技术试验室等五个专业试验室。该试验检测中心功能的完整性和设备的先进性处于国内领先水平，是湖南省重点试验室。“十二五”期间，公司将把试验检测中心建设成国家级的电动汽车试验检测开放平台。

四、主要产品

1. 整车

序号	名称	型号	类别
1	混联式混合动力客车	TEG6129CHEV	混合动力城市客车
2	并联混合动力客车	TEG6106PHEV	混合动力城市客车
3	并联混合动力客车	TEG6102PHEV	混合动力城市客车
4	并联AMT混合动力客车	TEG6127PHEV	混合动力城市客车
5	串联混合动力客车	TEG6128SHEV	混合动力城市客车

续表

序号	名称	型号	类别
6	串联混合动力客车	TEG6121SHEV	混合动力城市客车
7	并联混合动力客车	TEG6129PHEV	混合动力城市客车
8	并联混合动力客车	TEG6103PHEV	混合动力城市客车
9	混合动力客车	TEG6106PHEV	混合动力城市客车
10	混合动力客车	TEG6125PHEV	混合动力城市客车
11	混合动力客车	TEG6126PHEV	混合动力城市客车
12	串联式混合动力客车	TEG6129SHEV	混合动力城市客车
13	混合动力客车	TEG6129PHEV-N50	混合动力城市客车
14	纯电动城市客车	TEG6120EV	纯电动城市客车
15	纯电动城市客车	TEG6120EV1	纯电动城市客车
16	增程式纯电驱动城市客车	TEG6750PEV	增程式混合动力城市客车

续表

序号	名称	型号	类别
17	增程式纯电驱动城市客车	TEG6120PEV	增程式混合动力城市客车

2. 零部件

序号	名称	型号
1	并联（MT/AMT）混合动力系统总成	适用于大型客车、中客
2	串联式混合动力系统总成	适用于大型客车、环卫工程车
3	混联式混合动力系统总成	适用于大型客车、中客
4	增程式纯电驱动系统总成	适用于大型客车、商务车
5	纯电动系统总成	适用于大型客车、中客、轻客、乘用车、环卫车
6	无轨电车系统总成	

五、发展规划

“十二五”期间，南车时代电动将以“成为国内一流、国际知名的新能源汽车以及关键零部件提供商”为愿景，以“为社会创造绿色安全的交通工具，为股东创造持续增长的投资收益，为员工创造成就自我的发展平台，为顾客创造超越期望的使用价值”为使命，努力实现“做节能与新能源客车技术领先者和首选供应商，新能源乘用车和特种车核心部件技术拥有者和优选供应商，销售规模力争在2015年突破50亿”的“十二五”战略目标。

成都客车股份有限公司

一、2012年发展概况

成都客车股份有限公司（以下简称“成都客车”）成立于1952年，是交通部、建设部、四川省和成都市重点支持的客车骨干生产企业，具备单班年产各类大、中型客车5000辆的生产能力。

成都客车是国内首个取得天然气客车生产资质的企业，累计生产了超过1万辆的燃气客车。成都客车在2012年销售客车3335辆，实现销售收入12.7187亿元，实现利税6572万元。

经过近几年的高速发展，成都客车确立了在四川及中西部客车行业的领先地位，“蜀都”品牌在行业内的知名度也有了大幅提升，成都客车将进一步加大节能与新能源客车核心技术研发投入，形成自有的、国内领先的整车控制核心技术。同时，在现有燃气客车、混合动力客车、纯电动客车的技术平台上，根据市场需求进一步拓展新能源客车的产品线并加大电动客车产品生产能力的建设力度，实现持续、快速、健康的发展。

二、生产经营

节能与新能源客车的研发和产业化涉及多领域多组织的研究探索与合作，成都客车在加强与企业及院校合作的基础上，瞄准国际水准，紧跟主流技术方向，发挥自身优势，走集成创新的道路，在技术先进性、成熟度、全生命周期使用成本、产业配套等多维度中寻求平衡，努力探索一条高标准、重实用、有特色的技术路线。

成都客车已通过ISO 9001质量体系认证，建立了完善的管理流程和人员培训体系，从研发、采购、生产、检验、服务全过程控制产品品质。2012年，成都客车按照ISO 16949标准体系的要求，正在进一步提升产品和服务质量管理的水平。

2012年，成都客车节能与新能源客车销售3192辆，销售收入12.5812亿元。

2012年，通过对市场结构的深入分析，成都客车坚持以省内市场为核心、中西部市场为重点、切实提高省内市场占有率、不断扩大省外市场覆盖面的营销策略。通过实施销售预报制，收集、分析、归纳市场信息及相关行业信息，并对关键信息进行跟踪，为企业产品开发和改进提供了可靠依据，也为最终实现销售奠定了坚实基础。

成都客车通过参加各种展会、承办行业会议、产品巡展、举办新品推介会，以及专业媒体的宣传等多种渠道和形式，使“蜀都客车”在国内行业的知名度得以逐步提高。新品推介会的成功举办，使新老客户对公司有了全新的认识。“以人为本”是发展公共交通的核心思想。蜀都绿色客车将紧紧围绕乘客、驾驶员、维修人员、管理人员的需求，在产品的整个生命周期中做到充分沟通、及时反馈、快速反应和持续改进，把“以人为本”的思想贯穿到研发、生产、服务的各个环节中，为“公交优先”“公交优秀”提供强有力的支撑。

三、产能建设

成都客车股份有限公司现位于成都现代工业港，占地面积11.9万平方米，建筑面积5.83万平方米，建有冲压、焊装、涂装、总装客车生产线和整车全自动检测线，达到年产大、中型客车5000辆的生产能力。

四、技术进展及研发能力进展

成都客车股份有限公司拥有一个省级技术中心，中心现有技术人员百余人，其中博士、硕士和具有高级职称人员占50%以上。技术中心下设车身、底盘、发动机、仿真分析、电器、电动汽车等专业研究室和燃气发动机试验室和低温实验室、仿真分析实验室、油漆化工实验室、电器实验室、电动汽车等多个专业实验室，着重对整车匹配、客车安全、可靠性、能量管理、NVH控制等核心技术开展研究。已形成了一支以行业专家为业务带头人，以企业多年累积的专业技术人员为中坚，以优秀技师为骨干的拥有较强自主开发和创新能力的技术研发团队。成都客车主要产品是服务于城市公交交通事业的各类城市客车，按车辆长度划分主要有5~12米单层客车、16~18米铰接客车、11米双层客车，按燃料划分主要有燃气客车（CNG及LNG）、纯电动客车、气－电混合动力客车及常规燃油客车。

成都客车一直专注于车辆节能减排技术的研究与应用，并积极投身绿色新能源客车的研发与推广。在由传统内燃机汽车向电动汽车过渡、转型的过程中，成都客车一方面坚持实施过渡战略，深入推进传统客车节能减排技术的研究应用、大力发展燃气客车，已逐步掌握了以燃气发动机适应性精确匹配与优化和燃气系统安全为特色的核心技术。另一方面，成都客车积极实施转型战略，探索掌握电动汽车的核心技术，抓好混合动力和纯电动客车的研发和运用，专注于整车匹配和控制来打造自己的核心技术。与相关高校和企业开展合作，联合建设国际一流水准

五、主要产品

整车

序号	名称	型号	类别
1	城市客车	CDK6182CR系列、CDK6122CR系列、CDK6112CR系列、CDK6102CR系列、CDK6101C系列、CDK6941C系列、CDK6852C系列、CDK6822C系列、CDK6782C系列、CDK6732C系列、CDK6701C系列	燃气客车——节能汽车
2	纯电动城市客车	CDK6122CABEV、CDK6122CA1BEV、CDK6122CA2BEV	新能源汽车
3	混合动力城市客车	CDK6122CSHEV、CDK6122CEHEV	新能源汽车

六、合资合作

2012年，公司与一汽客车（成都）有限公司通过相互持股的方式成了紧密的战略联盟，技术中心也进一步加强了与一汽技术中心的技术合作，在底盘及整车研发方面开展了多项深层次合作，为联合打造成都万辆客车生产基地打下了坚实的基础。

与西南交大签订了“蜀都电动客车开发测试平台关键技术研发”合作协议，目前正在开展第一阶段的试验台架开发工作；与同济大学合作开展了电动汽车车身轻量化结构分析计算和实验课题：完成车体结构有限元分析、建立该车型车体结构的三维CAD模型，并开发三维参数化设计模板用以支持车体结构的改进设计，同时作为进一步构建数字化样车的技术起点；根据计算结果提出改进设计，并已在产业化中应用。

与上海震起、无锡派狮威专业客车设计公司开展造型方面的合作，2012年开展了7米、8.5米、10米城市客车新产品的造型设计工作，在提升产品竞争力的同时带动了公司造型设计人员水平的提升。

七、发展规划

公司根据国家新能源汽车产业政策的导向，在充分整合国内外技术资源的基础上：

（1）实施过渡战略。积极推进传统汽车的节能技术发研究、应用，并大力发展燃气客车和插电式混合动力客车，巩固行业优势地位。

（2）实施转型战略。积极推进纯电动力客车的研发、应用，形成有自主知识产权的电动汽车核心控制技术，面向城市公交、旅游观光市场，提供技术先进性和实用性均衡的纯电动客车产品。

近期主要工作：

（1）加大核心技术研发投入。瞄准国际一流水准，在2015年前，建成高水平的电动客车实验室，并创建国家级

工程技术中心，开展电动客车前沿技术（电机及整车控制）的研究工作，形成自有的、国内领先的整车控制核心技术。

在现有燃气客车、混合动力客车、纯电动客车的技术平台上，根据市场需求进一步拓展新能源客车的产品线：适用于城市 BRT 系统的 18 米级的混合动力客车、适用于城市支线交通的纯电动中小型客车、适用于旅游景区的7～9米纯电动观光车、适用于 200 公里里程中短途城际客运的燃气混动客车。

（2）加大电动客车生产能力的建设力度。在原有投入基础上，公司将投资 4000 万元，新建厂房 1.7 万平方米，新增主要设备 20 余台（套），建成电动客车底盘线、客车车身阴极电泳线、电动客车专用装配线。到 2015 年，公司将新建至少 3 条电动客车专用生产线。

八、2012 年 1—12 月企业在新能源汽车方面经济指标统计

指标名称	单位	本期累计	同期累计	增长额（提高百分点）
2012 年营业收入	万元	125812	98777	27.3
营业成本	万元	116626	90882	28.3
营业税金及附加	万元	315	147	114
营业利润	万元	4250	3658	16.2

续表

指标名称	单位	本期累计	同期累计	增长额（提高百分点）
销售费用	万元	1144.8	782	46.4
管理费用	万元	5002	3489	43.3
财务费用	万元	271.8	181	250
其中：利息支出	万元	212.6	191	11.3
工业总产值（全年价）	万元	143872.6	104212	38
工业销售产值（全年价）	万元	127187	105660	20.3
工业增加值	万元	23601.6	13586	73.7
2012 年年末职工人数	人	1192	1080	10.3
2012 年年末工程技术人员	人	145	116	25
2012 年年末资产总计	万元	97711.7	64007	52.6
2012 年利润总额	万元	5016.6	3933	27.5
销售利润率	%	3.94	3.78	4.2

九、2012 年节能与新能源汽车整车企业产销量统计表

单位：辆

车型		公交车	客车	公务车	出租车	电力工程车	邮政车	环卫车	场地车	观光车	私人车	其他	合计	同期增长（%）
生产	纯电动汽车	210	0	0	0	0	0	0	0	0	0	0	210	91
	混合动力汽车	0	0	0	0	0	0	0	0	0	0	0	0	—
	插电式混合动力汽车	90	0	0	0	0	0	0	0	0	0	0	90	350
	燃料电池汽车	0	0	0	0	0	0	0	0	0	0	0	0	—
	燃气汽车（LNG、LPG、CNG）	2892	0	0	0	0	0	0	0	0	0	0	2892	5
	其他（包括醇醚类）	0	0	0	0	0	0	0	0	0	0	0	0	—
	合　计	3192	0	0	0	0	0	0	0	0	0	0	3192	10.8
销售	纯电动汽车	210	0	0	0	0	0	0	0	0	0	0	210	91
	混合动力汽车	0	0	0	0	0	0	0	0	0	0	0	0	—
	插电式混合动力汽车	90	0	0	0	0	0	0	0	0	0	0	90	350
	燃料电池汽车	0	0	0	0	0	0	0	0	0	0	0	0	—
	燃气汽车（LNG、LPG、CNG）	2892	0	0	0	0	0	0	0	0	0	0	2892	5
	其他（包括醇醚类）	0	0	0	0	0	0	0	0	0	0	0	0	—
	合　计	3192	0	0	0	0	0	0	0	0	0	0	3192	10.8

陕西重型汽车有限公司

一、发展概况

1. 2012 年 1—12 月

陕西重型汽车有限公司成立于 2002 年（简称陕西重汽），总部位于陕西省西安市，现有资产总额 148 亿元，员工 1.5 万余人，是国家选型对比试验后保留的唯一指定装备我军的重型军用越野车生产基地和首批汽车出口基地企业。公司产品范围覆盖重型军用越野车、重型卡车、重型车桥及汽车零部件等领域，拥有现代化的国家级企业技术中心，作为新能源汽车产业的积极倡导者和主要推动者，陕西重汽已经成功开发出以 CNG、LNG、纯电动等为动力的多款新能源汽车产品并拥有多项专利技术。其中，唯一进入国家产品公告的重型纯电动码头牵引车已经批量上市。

2012 年是陕重汽战略转型的关键年，这一年公司以“立足目标抓落实、追求卓越强绩效”为指导方针，积极推动构建中国重卡行业领先的后市场服务商业模式；打造对外合资（合作）平台，立足陕西，建立以四大整车为核心的零部件产业链和区域配套产业基地；立足市场，建设国内、国际重点区域市场的整车和专用车制造基地；立足技术，建立技术合作平台，塑造核心能力优势；立足资本，建设产业创投平台，推进成果转化项目快速产业化；建设融资及金融服务平台，巩固和创新与开行等金融机构的战略合作业务，为全集团范围内企业，提供从建设、生产、销售、研发等全过程、全要素的资金支持；打造新的产品和技术平台，按市场变化需求提升陕重汽牵引车、载货车市场占比，及时完善、改进现有平台产品，支撑销售部门保销量目标；专用车及零部件板块加快产品规划与实施，形成产品区域特色和企业业务特色；打造公司人力资源平台，2012 年招聘本科以上学生（含成熟人才）500 人，招聘优秀的三本及大专学生 200 人，作为现场工艺员后备人选；打造高效、统一的集团信息化平台，统一研发信息化规划、预研营销信息平台建设、供应链平台建设、预研统一 IT 运维管理平台建设、统一规划网络和硬件部署，提高网络安全；打造新能源汽车技术和产品平台：保持新能源技术国内一流、国际领先，产品全面覆盖集团各个整车领域，市场占有率保持国内领先；打造支撑产销目标的销售网络平台；建立基于服务型制造的协同制造平台：以精益求精的生产精神为主导，建立高度协同的制造模式，达到快速响应能力、柔性生产方式、低成本高效率；建立卓越绩效管理平台，初步建立了综合的“大质量”管理体系。

2. 2013 年 1—3 月

2013 年，秉承十八大提出“稳中求进”的经济工作基调，陕重汽作为传统市场中的传统制造企业，以“顺势而动”的战略方向和思维，抢抓市场新机遇，遇事超前一步，实现转型发展、追求卓越的企业方针目标。

二、生产经营

1. 2012 年 1—12 月

2012 年，陕重汽用积极的心态应对宏观经济态势低落乏力，重卡行业需求走弱、竞争加剧、产能过剩等市场格局，抓住新的“增长”机遇，推动产业链升级，市场份额连年增长，达到 12.91%，同比增长 1.52 个百分点，增长率行业第一；在行业销量整体下滑的形势下，陕汽重卡保持了相对较好的增长。新能源车型以 6546 辆的销售及 51% 的市场份额，蝉联行业第一；2012 年初期故障率 6.95 较 2011 年 8.08 同比下降 13.99%；实现 M3000 牵引车生产节拍从 30 分钟压缩至 7 分钟；天然气车从 45 ~35 分压缩到 10 ~8 分钟；产品方面，实现国内及国际市场 21 种系列新产品开发，体现 170 余项产品改进，整改完成 348 项市场调研问题，市场响应速度明显提升；管理方面，深入推行全面预算管理，认真落实“降本增效”，内部挖潜，全年实现降成本 6.5 亿元。

2. 2013 年 1—3 月

一季度陕重汽累计销量 19632 辆（行业销量 16.88 万辆），市场占有率 11.63%；虽比 2012 年年末市场占有率 12.91% 有所下降，但在一季度行业同比下滑 17% 的情况下，市场份额仍同比提升 0.08 个百分点；出口市场表现突出，一季度销量实现 3278 辆，同比增长 25%，销量创近三年同期新高。

三、产能建设

1. 2012 年 1—12 月

2012 年公司累计生产天然气重卡 6186 辆，交货期从起初的 32 天压缩到 22 天，节拍控制在 8 ~10 分钟，满足了销售需求，这与生产系统的产能建设和持续提升工作开展密不可分，具体如下：

（1）2012 年度产能策划及效果验证

2012 年天然气车型预测量将有较大幅度提升，尤其是天然气牵引车增幅较多，加之国家将对柴油车实施国Ⅳ排放标准，会变相刺激天然气车的需求量上升，因此生产制造部结合销售预测和市场趋势把握分析，以准确的产能目标为指导，要求天然气车型在高峰期实现日产 80 辆的能力，其中 LNG60 辆/日，CNG20 辆/日。目标的提出为各单位产能分析指出了方向，各单位结合生产实际，对照产能目标，从人员方面、设备方面、资源方面、工艺方面进行全面分析，寻找提升空间，提出保障措施，并以周计划跟踪落实，保障了产能目标的实现，使 LNG 车型从年初的 40 辆/日，提升到 80 辆/日，得到现场连续拉动验证。

（2）专用件资源保障

针对天然气气瓶、气体发动机产能不足现状，针对气瓶产能不足，一方面通过工艺优化提升主供方西安德森新能源产能到 30 只（台）/日，另一方面，开发新的气瓶厂家，满足日产 80 只需求；针对气体发动机周期长、产能低（60 台/日）的现状，提前与销售对接，进行常规品种储备，并与潍柴签订商务协议，将特殊发动机的采购周期控制在 15 天内，保障天然气汽车生产高峰期对资源的需求。

（3）制造过程节拍压缩

天然气节拍压缩成立项目组，通过现场车型工艺通过性分析，发现生产节拍长的主要原因在于气瓶搭装、气管路连接耗时间较长，以及受气瓶分装节拍长和气瓶框架、护罩质量合格率低的影响。项目组首先通过设置气瓶分装区，增加人员和设备，并要求厂家制作检具、加强气瓶防护罩、气瓶支架的入厂检验和分装过程质量控制，减少了气瓶搭装时间，压缩了节拍；接着，完善内饰、大线、调试车间作业指导书和检验作业指导书，员工培训 24 次，规范员工操作和检验人员装配质量控制；对两条大线气瓶搭装工位改造为天车，增加吊装高度，解决了只能装配单气瓶不能装配双气瓶的现状，增加了装配品种种类；使双气瓶后置、单气瓶后置车型从原来的 45 分钟压缩到现在的 8 分钟，单气瓶侧置从原来的 35 分钟压缩到现在的 10 分钟。

2. 2013 年 1—3 月

2013 年，天然气车型数量增幅较大，1—3 月份累计装配 2333 辆，交货期从期初的 22 天压缩到 20 天，产能 80 辆/日的连续拉动已充分验证。2013 年重点在于提升自制产能，通过对瓶颈工序增加抽真空房，现产能已达到 40 只/日，后续计划继续购置抽真空房 5 组，建设气瓶装焊线，实现产能 120 只/日，不断减少对外部厂家资源的过度依赖和外部厂家周期长，为交货期的进一步压缩奠定基础。并通过新型 LNG 气瓶框架和护罩连接方式的变更，消除了前期铆接造成的框架和护罩连接变形的现象，提升了装配质量。

四、2012 年技术进展及研发能力进展

1. 新型天然气技术平台 HPDI 车型开发(新技术应用和开发)

（1）HPDI 车型开发突破了现有天然气产品的技术平台对天然气产品的发展制约。

（2）HPDI 车型开发实现了更大功率（目前的最大功率为 380 马力，而 HPDI 可以达到 480 马力）和更高的燃料经济性（HPDI 的燃料经济性可以在现有基础上提高 5%）。

（3）HPDI 车型能够适应高原工况（现有产品只能在海拔 2800 米以下使用，而 HPDI 车型可以在海拔 2800 ~ 5231 米正常运行）。

（4）HPDI 天然气产品是天然气技术新平台。

2. 标载(轻量化)版天然气车型开发(轻量化技术研究及产品开发)

（1）陕汽 M3000 系列车型开发，极大地降低了车辆自重，满足了市场对计重收费的产品需求，其中 M3000 6 * 2 天然气牵引车型自重 7. 49 吨，比陕汽德龙 F3000 品牌的同类产品自重降低约 1. 5 吨，比市场上其他品牌同类天然气重卡产品自重轻约 120 公斤；陕汽仅此一款天然气产品 2012 年度的销售业绩就达到 1700 余辆，2013 年 1—3 月份的销售业绩为 1300 余辆。

（2）标载版天然气系列产品燃气消耗数据也达到了国内领先。根据对所售天然气产品实际运营的跟车测试及集团用户反馈给企业的数据，陕汽 M3000 6 * 2 天然气牵引车在标载情况下，整车的燃料消耗为 35 公斤/100 公里，较国内其他品牌同类天然气重卡产品的燃料消耗（36. 5 公斤/100 公里）低约 4%。

3. 超强版天然气车型开发(可靠性技术研究及产品开发)

针对矿区市场（非公路运输市场）的超载要求：一般运输工况下，汽车列车总重在 120 ~ 150 吨，个别会达到 180 吨。可靠性是对产品要求的重要指标，陕汽对汽车的悬架系统、转向系统、车架、冷却系统、制动系统的可靠性进行了更为严格的加强设计，2012 年度该系列产品的销售业绩达到 1257 辆，2013 年 1—3 月份销售业绩为 300 余辆；

4. 陕汽 LNG 气瓶实现自产自足

2012 年陕汽子公司德森新能源装备有限公司 LNG 气瓶批量投产，其技术性能达到国内领先水平，目前产能为 80 只/天，提高了陕汽天然气产品的核心竞争力。

5. 油电混合动力重卡

2012 年 5 月份陕汽成功开发并联式插电式混合动力环卫车，经过试验验证等效百公里油耗为 24 升，燃油经济性较原型车提高 29. 4%，基本达到了节油率 30% 的设计要求要求，目前由于受制于整车价格及整车充电的影响，并没有进行销售，后续将对混合动力样车进行可靠性、动力性能、燃油经济性进行进一步试验，考察混合动力轿车主要零部件的参数匹配是否合理，验证控制策略和整车性能，并为未来产品定型积累试验数据，同时根据新能源汽车的开发经验，陕汽根据混合动力与纯电动车辆的特点，结合港口市场的特殊使用环境，为上海港开发了增程式纯电动码头车，主要解决电动汽车充电时间过长的问题，目前已有三台车辆交付用户手中，后续我们将重点根据车辆使用情况，不断完善车辆的性能。

五、主要产品

1. 整车

序号	名称	型号	类别
1	陕汽牌 SX4258NY384TL 牵引车	SX4258NY384TL	牵引车
2	陕汽牌 SX4256GR279TL 牵引车	SX4256GR279TL	牵引车
3	陕汽牌 SX4186ZL351TL 牵引车	SX4186ZL351TL	码头牵引车
4	陕汽牌 SX3316HR366TL 自卸车	SX3316HR366TL	自卸车
5	陕汽牌 SX1166HR414TL 载货车	SX1166HR414TL	载货车

2. 零部件

序号	名称	型号
1	车用液化天然气气瓶	CDPW600-450-1. 59
2	车用液化天然气气瓶	CDPW600-500-1. 59
3	车用液化天然气气瓶	CDPW650-450-1. 59
4	车用液化天然气气瓶	CDPW650-450-1. 59
5	车用液化天然气气瓶	CDPW600-375-1. 59

六、发展规划

1. 发展规划

以“转型发展、追求卓越”为主题，实施服务型制造转型战略，专注于以新能源汽车为核心的制造和以汽车金融为核心的后市场服务两大领域，塑造领先新能源技术和后市场服务能力两项核心竞争力，到 2018 年实现产销重卡 18 万辆以上，成为位列行业第一梯队、拥有独特商业模式的重载移动解决方案提供商。

继续保持新能源技术领先，到 2018 年新能源汽车销量贡献 30% 以上，成为国内领先、世界一流的新能源商用车综合解决方案提供商。

2. 战略举措

（1）依靠自主创新和对外合作，实现新能源技术领先。一是增强自主创新体系建设，进一步完善新能源重点实验室建设，提高新能源商用车自主创新能力和原创能力；二是积极融入国际技术合作，建设海外研发机构和合作窗口，增强吸收先进技术和产品的能力，积极引进国际化技术专家，进一步提升国际产业竞争力；三是依托国家“863”新能源汽车研发平台，研制新一代节能与新能源重卡及零部件总成，掌握整车关键技术和零部件核心技术，加速 LNG、CNG 等清洁燃料汽车市场推广，加快混合动力专用车、纯电动市政环卫车等新能源产品开发，增强新能源技术能力；四是创新研发模式，搭建产学研全新的研发模式，借助潍柴—陕汽两大集团资源，整合陕西高校、科研院所、国内汽车机构和国外汽车研究资源，建设高效、开放、创新的新能源立体研发体系。

（2）依托新能源汽车上下拓展产业链，实现新能源产业商业模式领先。一是推行服务型制造战略，从关注单一的产品制造向关注产品全生命周期和客户运营全过程转型，搭建一个富有生命力，融合汽车制造、汽车金融、物流服务、信息化等领域的产业生态圈和共生共赢平台，打造实现多方价值共享的商业模式，从而获取更多的市场份额；二是响应政策好号召，建设低碳物流运输体系，推动道路建设管理单位、能源生产单位、汽车制造集团、物流运输集团、物资集团通力合作，依托北斗系统和国内丰富的天然气资源，建设天然气加气网络、绿色智能物流运输管理系统、低碳物流运输运营线路，进一步降低汽车排放，加强物流运输产业监管，为用户创造更大的运营效益。

（3）依托新能源技术领先加速市场扩张，实现新能源市场领先。要加快新能源产业布局，围绕能源基地和物流运输枢纽，建设新能源汽车区域生产中心，依托地方政府政策支持，加速清洁能源、节能和新能源汽车市场推广；建设新能源汽车控制系统、储气系统等核心总成产品生产工厂，提高新能源产业链竞争力。

七、2012 年 1—12 月企业在新能源汽车方面经济指标统计

指标名称	本期累计	同期累计	增长率（%）	增长额（提高百分点）
2012 年营业收入（万元）	2207221	2373826	-7. 02	-166605
工业总产值（全年价）（万元）	2294468	2798667	-18. 02	-504199
工业销售产值（全年价）（万元）	2481263	3015694	-17. 72	-534431
工业增加值（万元）	295419	360680	-18. 09	-65261
2012 年年末职工人数（人）	15718	14886	5. 59	832
2012 年年末工程技术人员（人）	1727	1157	49. 27	570
2012 年年末资产总计（万元）	1480418	1678494	-11. 80	-198076
2012 年利润总额（万元）	30788	45922	-32. 96	-15134
2012 年产品销售率（%）	108. 12	107. 75	—	0. 37
销售利润率（%）	1. 39%	1. 93	—	- 0. 54
工业经济效益综合指数（%）	161. 38			

厦门金龙旅行车有限公司

一、发展概况

1. 2012 年 1—12 月

厦门金龙旅行车有限公司成立于 1992 年，注册资金 3.4 亿元，为国有控股的中外合资企业。公司客车产品系列齐全，包括客运、旅游、团体、公交车外，应市场需求还开发了低入口公交、高等级客车、BRT 公交车、全承载客车、混合动力客车等产品，产品线涵盖车长 4.8~18 米，座位数 5~86 座的各类型客车，其产品按（JT/T 325-2006）车长分有特大型、大型、中型和小型四种；按客运等级划分有高三、高二、高一、中级、普通等五个；按（JT/T325-2006）悬架结构形式分有 A、B、C、D、E、F 等 6 种以及相应的多种专用车产品。公司占地总面积约 65 万平方米，拥有总建筑面积 25 万平方米的现代化厂房。公司具有年生产大、中型客车 2.3 万辆，轻型客车 2.6 万辆的能力，新能源汽车 5000 辆，是国内著名的汽车整车（客车）制造企业及国家汽车整车出口基地企业，“中国品牌 500 强”和“中国机械 500 强”企业。作为国内为数不多的具有自主知识产权的中国名牌产品，厦门金旅坚持以产品质量为基础，全面实施国际先进的 TS16949 质量管理体系。厦门金龙旅行车有限公司的诚信文化培育了“诚以致信，创造价值”的企业价值观，金旅人致力于制造能为客户的发展创造最大价值，并增进社会利益、改善社会环境、促进社会发展为己任的“客车精品”。

2. 2013 年 1—3 月

厦门金龙旅行车有限公司第一季度大中型客车的销量同比增长了 71.2%，销售额同比增长了 139.4%。其中，第一季度共销售混合动力公交车 548 辆。

二、生产经营

1. 2012 年 1—12 月

2012 年，厦门金龙旅行车有限公司客车年销售数量为 23882 辆，相比 2011 年的销售量增长了 3.3%。

2012 年是厦门金龙旅行车有限公司进行产品结构和营销模式全面调整的一年。秉承以用户所需为原则，社会发展和谐为内涵，通过深耕市场，精细营销，进一步夯实了基础，提升了生产工艺水平和质量保证，并通过持续创新，为市场提供更具性价比的客车产品。

2. 2013 年 1—3 月

厦门金龙旅行车有限公司第一季度大中型客车的销量同比增长了 71.2%，销售额同比增长了 139.4%。

三、产能建设

1. 2012 年 1—12 月

共有 3 个客车生产基地：

总计产能达到大中巴 2.3 万辆，小型轻型客车 5 万辆的年生产能力。

（1）海沧生产一基地

坐落于厦门海沧外商投资区，是公司大中型客车的生产基地，先后增建国内首条客车整车阴极电泳生产线以及特大、大、中型客车底盘生产线和全承载式（总）装配生产线，其涂装工艺水平居国内领先。

分设有两条生产线：

① 海沧大型客车生产线，具备大型客车年生产能力 7000 辆以上。

② 海沧中大型客车生产线，具备中大型客车年生产能力 6000 辆。

（2）海沧生产二基地

坐落于龙池工业区，是公司大中型公交客车及客车的生产基地，建有全承载式（总）装配生产线

分设有两条生产线：

① 大型客车生产线，具备大型客车年生产能力 6000 辆。

② 中大型客车生产线，具备中大型客车年生产能力 4000 辆。

（3）湖里生产基地

坐落于厦门湖里工业区，是公司轻型客车的生产基地。

包括两条 5~6 米与 6~8 米系列车型生产线：

① 5~6 米（含）以下的小型客车生产线，包括涂装及总装两大生产工艺，其主要设备选自美国、德国、日本等先进汽车生产设备，年生产能力达 4.4 万辆。

② 6~8 米（含）的轻型客车生产线，年生产能力达 6000 辆。

2. 2013 年 1—3 月

新建的 SUV 焊装生产线和底盘生产线投入使用。

四、技术进展及研发能力进展

1. 2012 年 1—12 月情况说明

（1）产品研发能力

金旅公司技术中心成立于 1992 年，目前已成为福建省省级企业技术研究中心，国家级技术中心的分中心。技术中心聚集了国内整车、底盘、电器等专业人才，目前拥有专业设计人员 290 余人，其中高级职称占 15%，中级职称占 40%。其中 30 人专门从事新能源客车的研发工作。

金旅自2005年03月开始新能源客车技术研发，坚持走自主掌握核心技术的路线，在实现1700多台混合动力客车销量的同时，在系统匹配、储能元件应用等方面也取得了优异的成果，多个项目为国内首创，主要包括：

① 2005年，金旅首创无变速箱混联模式，并取得《混联式混合动力汽车》实用新型专利。金旅是最早并且一直坚持走混联式重混路线的厂家，经过多年的持续改进，当前的金旅GHS4系统是国内新能源市场最成熟可靠的系统之一。

② 2007年年初，金旅首创以纯超级电容储能的混合动力系统，获得市场的广泛认可，将近2万个超级电容模块的运用，验证了超级电容的安全、高效、长寿命，也积累了丰富的超级电容运用经验。

③ 2009年年初，金旅首创以超级电容为主、锂电池为辅的储能方式。充分发挥了超级电容和锂电池的各自优点，完善了混合动力车型的储能方案，同后续PHEV相连，并已申请《一种用于混合动力汽车的储能系统》的发明专利和实用新型专利。

④ 金旅首创的设备舱独立布置空间。确保高、低压电气系统有效隔离；设备舱可接近性好，安全性高。

⑤ 金旅系统采用先进的ARM-7系统软硬件平台，整车数据交互基于SAE J1939通信规范的CAN总线平台；采用远程管理云技术对各个分总成的温度、电压、电流、故障代码等参数进行全方位监控。

（2）研发投入

从2005年至2013年上半年，金旅在新能源研发方面的投入已超过5000万元，其中包括系统研发、样车研发、设备投入等，2008年金旅成为“福建省汽车电子与电驱动重点实验室”成员单位。

该实验室聘请中国工程院院士、世界电动车协会主席陈清泉为学术委员会主任，重点实验室拥有300kW电涡流测功机、底盘测功机、燃烧分析仪、电液伺服振动台、各类电机、电子、电池测试仪器，具备开展300kW以内客车整车、混合动力总成的各类试验能力

（3）承担过的课题与项目

① 2007年“混合动力电动客车出口车型开发项目”获得国家商务部优化机电和高新技术产品进出口结构资金的扶持。

② 2009年，福建省经贸委支持金旅“客车混合动力总成研发”项目。

③ 2010年金旅专题“混合动力客车及关键部件研发及产业化”列入福建省科技项目计划并获得资金扶持。

④ 2011年混合动力客车被认定为国家重点新产品。

⑤ 金旅牌混合动力电动城市客车（XML6125JHEV93C型）列入2010—2012年度“厦门市推荐节能技术和产品目录”。

⑥ 2011年金旅牌插电式混合动力客车“行业技术创新重大专项（装备制造）”列为福建省财政厅关于2011年第二批省企业技术创新专项资金补助项目。

2. 2013年1—3月情况说明

最新开发的混合动力新城市快车（12米旅游车）投入市场。该车型适用于点对点机关团体通勤车、社区链接车以及城对城短途公路客运，填补了该细分市场新能源车的市场空白。

五、主要产品

整　车

序号	名称	型号	类别
1	金旅牌混合动力城市客车	XML6105JHEV38C	油电型
2	金旅牌混合动力城市客车	XML6125JHEV38C	油电型
3	金旅牌混合动力城市客车	XML6105JHEV38CN	气电型
4	金旅牌混合动力城市客车	XML6125JHEV38CN	气电型

六、发展规划

2012年6月，为加快培育和发展节能与新能源汽车产业，国务院以正式公布了《节能与新能源汽车发展规划（2012—2020年）》，为我国今后节能与新能源汽车发展指明了技术路线，明确了发展目标。

厦门金旅紧密配合当前国家产业政策规划，同时深入分析国内市场需求，从技术研发方向、优化产品性价比、产品市场推广定位三方面，制定发展规划如下：

1. 技术研发方向

历经近10年的自主发展，厦门金旅已在节能与新能源方面具备自主研发实力，产品市场推广数量居于领先水平，同时在国内新能源客车大赛中屡获节能冠军，充分验证了自主系统对新能源的把握能力。目前厦门金旅在混合动力系统总成匹配和整车综合控制策略优化方面，尤其是对深度混合方案，有着较为深刻理解和应用水平；已建立了基于ARM、PIC等先进微控制器的核心电控平台技术；在混合动力驱动的关键技术、电机、变速箱总成的控制方面有着很强的搭载应用能力；在超级电容、锂电池的并联耦合储能应用方案方面有着专利技术。

（1）产业规划明确提出“增强技术创新能力是培育和发展节能与新能源汽车产业的中心环节，要强化企业在技术创新中的主体地位”，厦门金旅会继续保持和加大在自主核心技术方面的研发投入，在拥有自主电控技术的基础上，才能更好地兑现整车控制策略，实现各系统总成的匹配应用，更好地把握产品完善与开发方向。

（2）产业规划中提出要加强新能源汽车相关关键技术和关键零部件的配套水平，厦门金旅会密切关注车辆工程、

汽车电子、电机控制、动力电池、材料科学等相关领域的最新研发成果，引入能有效提高节能与新能源汽车整车技术水平的新技术，进一步增强节能与新能源车型产品的性能与稳定性。

2. 优化产品性价比

在节能与新能源车型发展阶段，国家对运营单位的采购给予财政补贴，有助于提高企业研发积极性和整个新能源的产业化推广。但是从长远来看，国家补贴势必随着节能与新能源客车市场化的进程，逐渐减少乃至取消，公交公司采购节能与新能源客车会更加注重价格因素与性价比。这就要求企业务必走上控制成本的可持续道路，以受惠最终客户为宗旨，具体为：

（1）关注国家相关技术标准统一化的进程。时刻关注国家相关技术标准完善与一致化，对于新能源车型来说特别是在下一代的充电或换电方面需要有统一的标准，才能规范产品的一致性，大大降低客户的用车成本，提高使用经济性。

（2）建立成熟的低成本的电动车相关的产业基地。通过整车厂带动周边区域相关配套产业链的发展，整合产业链优势资源，达到规模经济，更好地控制成本。

（3）整车与零部件厂协作降低新能源车成本。降低成本必须要稳定地降低，同时也不能单靠整车厂，而是应由供应商和制造商共同合作来设计更好的解决方案，用创新的整车和零部件技术来降低成本。

（4）在自主核心技术、系统集成方面下功夫。选择关键技术路线，建立自己的知识产权、专利技术，开展纵向、横向一体化技术合作。同时将电动汽车关键零部件的性能指标和整车质量控制有机结合，提高整车电气化总成，动力系统总成方面的集成能力，降低技术成本。

（5）在整车制造工艺方面控制成本。在传统整车制造工艺基础上，针对节能与新能源车型，优化工艺流程，实现高效率、高质量、低成本及生产的安全性。

3. 以市场为产品导向

第一，深化市场研究，完善市场细分。

（1）节能型市场：节能型客车产品较适合城市公交等市场。推广条件，要能达到客户购车的接受度：较低的推广价格、较成熟的车型水平、较高的性价比，较完善的售后维护保障服务。

（2）新能源型市场：新能源客车产品较适合城市公交、公务等短途公共服务领域。推广条件，需要当地电网充电设备、换电站等基础设施布局建设较完善，符合当地政府、公交集团实际用车要求。

（3）国外特定区域市场：当车型综合水平趋于成熟后，可针对国外特定区域及城市，打造符合当地法规、适应当地运营需要的节能与新能源客车，扩展海外市场。

第二，更加准确的产品定位。国家《节能与新能源汽车发展规划（2012—2020 年）》，站在全局高度上，制定的技术路线核心：以纯电驱动为新能源汽车发展和汽车工业转型的主要战略取向。因此，在国家对新能源发展明确了未来技术路线的形势下，厦门金旅在今后产品研发方面将把握以下方向：

（1）打好当前基础：推出成熟的、成本理想的节能型车型产品，延续市场占有率。这类产品经历多年市场批量订单考验，市场、客户认知度较高，车型技术水平成熟，关键部件可靠性得以保障。

（2）继续跟进、应用可靠的纯电驱动技术：推出满足批量化生产、控制成本的新能源车型产品，扩大市场占有率。这类产品符合国家发展战略路线，有一定的市场需求空间，在国家政策不变的情况下，是未来各地政府、公交市场的主导方向。

七、2012 年 1—12 月企业在新能源汽车方面经济指标统计

指标名称	本期累计	同期累计	增长率（%）	增长额（提高百分点）
2012 年营业收入（万元）	417838	437071	—	-4.4
2012 年年末职工人数（人）	3250	3250	0	0
2012 年年末工程技术人员（人）	957	957	0	0
2012 年年末资产总计（万元）	330655	311958	1.06	6
2012 年产品销售率（%）	100	100	—	—

柳州五菱汽车有限责任公司

一、发展概况

柳州五菱汽车有限责任公司（简称五菱集团）是经政府授权经营的大型国有企业，拥有 30 年的汽车开发、生产经验，是中国汽车工业 30 强、中国制造业企业 500 强、全国大型工业企业 500 强、国家重点高新技术企业，多次荣获“全国文明单位”。2012 年五菱集团营业收入达 136.48 亿元，已经发展成为集整车、零部件、发动机三大业务为一体的科技型领军企业。

五菱集团自2003年开始进入新能源汽车领域，业务涉及新能源汽车核心零部件和整车。2009年，五菱集团研制的两款微型纯电动货车获得国家产品公告，成为广西首家获得新能源车生产资质的企业，2012年成立新能源车事业部，大力推进新能源汽车业务发展。

五菱集团抓住国家鼓励新能源汽车发展的契机，提升了新能源产品的创新能力，强化新能源汽车产品的研发及产业化工作，2012年承担了国家863电动汽车项目“面向新型商业模式中小型纯电动商用车产业化技术攻关及商业化示范”。截至2013年4月底，获得锂电池纯电动仓栅式物流车、锂电池纯电动自卸式环卫车公告，完成了锂电池纯电动邮政车开发，正进行公告申报。已经在柳州初步实现了纯电动物流车的企业物流批量示范运营。

五菱集团的电动汽车出口业务已经成功开拓美国、意大利等欧美市场、越南、泰国等东南亚市场，其中微型电动货车、电动社区车实现批量出口。

二、生产经营

1. 2012年1—12月

2012年，五菱集团营业收入136.48亿元，同比增长13.1%；利税6.7亿元，目标完成率104.6%；利润总额3.26亿元，同比增长16.0%；工业总产值113.0亿元，同比增长10.7%；工业增加值13.5亿元，同比增长5.0%。

五菱集团在新能源汽车市场蓬勃发展，新能源汽车市场90%集中于海外。2012年，五菱集团新能源汽车出口额为1234.8万元。其中，电动五菱之光出口28辆，电动货车出口47辆，电动社区车出口74辆。

2012年开发的V400电动观光车项目8座、11座电动车实现了与V108车系8座、11座汽油车的生产平台共享，目前已全部进入批产阶段。同时开展了针对美亚客户需求的ENV五菱之光电动车项目，该车型的开发拓展了出口车型，第一批订单客户反馈非常满意。

目前五菱集团拥有完全自主知识产权的纯电动车辆，总计共有20多种型号，均已达到量产状态。产品已批量出口美国，越南、泰国东南亚等国家，销量累积达500多台，已成为广西重要的中小型新能源汽车生产基地。

2. 2013年1—3月

五菱集团新能源车2013年3月销售170台，比去年同期销量增长10%。一季度实现销售309台，同比增长24%。下一步，公司将会基于一季度的市场推广、开发以及特定区域促销推广策略，力争在二季度实现电动观光车销售突破；五菱威威全封闭警务巡逻车在华南区域已拉开销售序幕；物流车通过在柳州建立物流示范运营点，预计二季度将在柳州及广西区域内形成销售突破。

三、产能建设

五菱集团在国内柳州、青岛、重庆建有生产基地，目前已形成以柳州生产基地为核心的“三足鼎立”、“南北呼应”辐射全国的态势。

五菱集团拥有完善的采购体系、销售体系及售后服务体系，为新能源汽车的推广及产业化奠定了坚实的基础。目前已形成了年产新能源整车5000辆的生产能力以及核心零部件产品1万台（套）的配套能力，同时带动了动力电池等其他相关配套企业形成相应的规模效益。

四、技术进展及研发能力进展

五菱集团对新能源汽车技术的研究开发，有近10年的经验，特别是对电机驱动控制技术、整车控制技术及动力电池应用和高效管理技术的研究。目前，在该三大技术领域上，公司已经熟悉并初步掌握了采用先进矢量控制策略的电机控制技术，建立了电池包应用管理及性能全面评估测试方法的技术知识体系和知识库，组建了软、硬件一体化的整车控制技术体系。

2012年五菱集团新能源汽车技术研发能力大步向前发展，已经掌握了纯电动汽车电机驱动控制技术、整车控制策略、安全防护系统、整车匹配等关键技术，建立了纯电动汽车整车及零部件的研发测试平台。

（1）测试及研发平台建设

开展设备采购，搭建开发和测试平台。目前，已经采购到位的设备：绝缘检测仪、小容量直流电源、热成像仪、高精度电压和电流传感器；正在开展采购的设备：电机测试台、动力电池检测仪、制动器振动噪声惯量试验台、制动主缸助力器综合性能试验台、车桥试验机、半消声室等。

（2）基础研究

建立新能源汽车整车开发技术规范、工程化规范，建设技术数据库；开展锂离子动力电池系统评价；开展整车性能评价。

（3）设计开发

开发车用60kW水冷电机驱动系统；完成整车控制系统、车载变频空调系统等核心关键零件系统的原理结构、数学模型的基础研究和应用研究；开展并完成电动微型城市物流运输车、电动微型厢式车、低速代步车开发。

五、主要产品

1. 整车

序号	名称	型号	类别
1	锂电池纯电动仓栅式运输车	LQG5021CCYBEV	纯电动、货车

续表

序号	名称	型号	类别
2	锂电池纯电动自卸式环卫车	LQG5021ZLJBEV	纯电动、环卫车
3	纯电动仓栅式运输车	LQG5020CCYBEV	纯电动、货车
4	电动货车	WLD1142Q1P	纯电动、货车
5	电动社区车	WLD1040Q5	纯电动、客车
6	电动观光车	WLD2080	纯电动、观光车
7	电动观光车	WLD1083	纯电动、观光车
8	电动观光车	WLD1113	纯电动、观光车
9	电动社区车	WLD4020C	纯电动、观光车
10	客车	GL6481NCQ	汽油 NG 双燃料、客车
11	客车	GL6505NCQ	汽油 LNG 双燃料、客车

2. 零部件

序号	名称	型号
1	车用异步电机驱动器	CAMC223320YA

六、合资合作

柳州五菱汽车有限公司技以合作创新的理念，建立开放的产学研运行模式，广泛引进技术、人才、项目或者依托高等院校与科研单位共同开发新产品、新技术。技术中心的课题与大专院校、研究院相结合，组成专题项目动态组进行共同研究开发，注重国际、国内交流与合作，充分利用社会科技资源，提高技术中心的研究开发能力和水平：

（1）高校、科研院所技术交流合作

五菱集团充分利用高等院校、科研院所人才、设施和技术信息等方面的优势，推动成果的产业化转化和企业的自主创新，其中与普天新能源有限责任公司、北京邮电大学共同承担国家863项目“面向新型商业模式中小型纯电动商用车产业化技术攻关及商业化示范”；与中汽研究中心合作完成零部件系统匹配及测试开发，如CN100项目的B12和C14消排系统设计开发；与北方工大、天津大学、西北工大联合开展了新能源汽车核心零部件开发，如电机控制器；与湖南大学咨询合作完成了振动试验台的设计开发；与广西工学院合作完成了车身设计强度分析等。

（2）与美国通用汽车公司（GM）技术合作

通过GM的技术合作，全面提升实现五菱集团研发技术水平、质量水平、制造水平，使五菱在汽车发动机、汽车零部件和汽车空调等系列汽车产品中，成为国际化整车企业的战略供应商，并与其同步发展，全面达到通用汽车公司的QSTP采购指标的水平。

2012年GM技术人员已全面参与五菱的新产品开发和现有产品的设计改进；制造方面由点到面，逐步导入通用汽车标准工艺体系和标准设备体系，全面提升公司的整体制造能力；在质量方面，运用GM的质量控制方法和工具对问题进行分析和制定解决措施，重点质量问题均得到明显改善，产品合格率大幅度提高。

（3）汽车技术联盟的主持者

五菱集团是广西汽车零部件产业技术创新联盟理事长单位，负责组织广西汽车零部件产业技术创新联盟和自治区汽车零部件工程中心和专用车工程中心的建设工作，实施完成多项技术攻关项目。与50多家企业研机构建立了长期合作关系，通过优势互补，利益共享，风险共担，形成利益共同体，保证长期、稳定的合作关系，共同实现合作目标。同时形成了良好的产业高端人才交流机制，企业的研发能力逐步提高，核心竞争力不断增强。

七、发展规划

在新能源汽车业务发展规划如下：

1. 新能源汽车核心零部件技术方面，实现电机驱动技术、整车控制技术、电池管理技术、高压电用电安全管理技术、电动空调技术等关键核心零部件技术创新与储备；建立和完善基于V模式的新能源关键核心零部件产品开发设计能力；建立和完善核心零部件产品设计仿真分析能力。

2. 新能源汽车整车匹配及配套技术方面，提高新能源汽车整车研发仿真能力；建立新能源汽车样车试制中心；建立整车匹配经验数据库；充电模式及车辆网络化信息管理等技术研究。

3. 先进新能源汽车测试技术方面，提高新能源汽车零部件及整车测试系统研发能力；新建、完善新能源汽车整车试验台架；建立新能源汽车核心部件的专项试验台架；建立新能源汽车道路测试试验场。

江西凯马百路佳客车有限公司

一、发展概况

1. 2012年1—12月

江西凯马百路佳客车有限公司（原企业名称：江西客车厂）位于江西省南昌市昌北经济技术开发区，是国务院国资委直属企业恒天集团在江西省重点投资企业，公司以生产高品质、高端豪华客车为主，已形成12大产品系列

100 多个品种，涵盖了 6 ~27 米的各型号高档旅游客车、城市客车、团体客车、公路客车、特种客车及房车，并具备批量生产混合动力客车、纯电动客车能力，年生产能力达 5000 辆。

公司已取得 ISO9001、3C 等相关行业认证，并具备生产符合美国 DOT 产品认证、澳大利亚 ADR 产品认证和欧盟 ECE 产品认证的豪华旅游客车和城市巴士的生产技术条件，产品销往欧美、澳洲、非洲等多个国家和地区，其中在澳洲进口客车品牌市场占有率排名第二，仅次于沃尔沃客车。

根据集团公司战略发展需要，在继续做强、做大高端客车的同时要加快发展新能源客车，加快江西凯马百路佳客车有限公司的结构性调整和战略发展，重点加强新能源客车的研发及试造，将江西凯马百路佳客车有限公司培育为中国客车行业新能源客车研发制造基地，履行国有企业在节能减排、环境保护方面的社会责任。

江西凯马百路佳客车有限公司为国内最早从事新能源客车研发及生产制造的企业之一，自 2007 年以来加大对新能源汽车资金投入，开展对新能源客车的产品研发及试造工作，通过与电池及控制系统供应商的战略性合作，先后投入巨资对新能源客车三大核心技术之一控制器的研发以及控制器生产线、整车检测线的建设工作，同时江西凯马百路佳客车有限公司拥有世界一流的生产加工及检测设备。

目前江西凯马百路佳客车有限公司已有 4 款纯电动公交车和 13 款混合动力公交车进入国家推荐公布的新能源公告目录，特别是 JXK6120AG 纯电动城市公交车，由外籍专家共同参与开发，外观造型和内饰由中外设计大师联合设计，拥有多项国家外观专利，线条流畅，弧度明显。同时也是最早列入工信部《节能与新能源汽车示范推广应用工程推荐车型目录》的纯电动公交车型之一。

江西凯马百路佳客车有限公司一直处于快速发展的态势，尤其是加入恒天集团后，在集团的高度重视和大力支持下，公司发展势头强劲。为此，恒天集团积极以百路佳为核心部署客车产业，并连续 3 年增资百路佳，为百路佳的可持续发展提供保障。

根据要以上区域运行情况，江西凯马百路佳客车有限公司纯电动客车、混合动力客车综合使用情况较好，车辆运行安全、性能优良、质量可靠，得到了相关运营单位的信任支持。

2. 2013 年 1—3 月

为改善公司研发办公环境，提升新能源车辆的研发制造能力，在集团公司的大力支持下，公司将在 2013 年通过增资方式，在原厂区内建设综合性研发实验大楼、集成式物流配套中心、现代化新能源车辆试制中心、车辆检测房、机加工及车辆调试厂房，共计约 6. 3 平方米。计划总投资近 1 亿元。

二、生产经营

1. 2012 年 1—12 月

2012 年百路佳客车在国家相关政策的大力扶持下，百路佳新能源客车的研发、生产、销售均取得了重要成绩，截至 2012 年 12 月，百路佳新能源客车具有推荐目录车型 11 款，累计生产新能源客车 166 辆，产值达 1. 3 亿元，其中出口近 100 辆，分别销往澳大利亚、匈牙利、美国、中国台湾等多个国家和地区，国内推广新能源车辆近 60 辆。

江西凯马百路佳客车有限公司生产的节能与新能源汽车先后得到了澳大利亚、美国当地政府的认可，分别获得“国际客车联盟颁发的最佳新能源汽车奖”和“最佳新能源巴士奖”，并计划在未来的 3 年里争取欧洲、澳洲、美国 30% 的混合动力客车的市场占有率。

2012 年 10 月南昌公共交通总公司通过招标，采购百路佳新能源混合动力 JXK6116BPHEV1、JXK6116BPHEV2 两款车型车辆 100 台。

江西凯马百路佳客车有限公司为实现新能源客车产业化，将原有的厂房和生产线进行了改造，增加了零部件厂房及专业的新能源客车检测线，配备了先进的检测仪器装备，形成了具有年产混合动力客车 1000 辆和纯电动客车 500 辆生产能力的新能源客车生产流水线。

2. 2013 年 1—3 月

2013 年 1 月，贵溪公共交通公司经过招标，采购 JXK6116BPHEV1 混合动力城市客车，并投入城市营运线路。目前车辆运行状态良好。

2013 年 3 月，江西省电力公司通过公开招标，向百路佳客车采购 JXK6113BEV 型纯电动客车。

2013 年 3 月，江西赣州公共交通公司通过招标，向百路佳客车采购 50 辆型号为 JXK6116BPHEV1 新能源混合动力城市客车，用于城市公交。目前投入营运车辆运行状况良好。

三、产能建设

2012 年，“百路佳公司新能源客车项目”进入一期建设阶段，一期投资 2 亿元，该项目总投资达 2 亿~5 亿元，陆续建设新能源研发大楼、新能源客车专用厂房、整车实验检测车间、高端人才综合大楼项目。其中新能源研发大楼投资 1 亿元，总建筑面积 1 万平方米。该研发大楼主要用于新能源客车的研发与设计，建立了涵盖软件开发实验室、新产品研发实验室、测功机试验室等在内的 12 个专业实验室和监测室，致力于提升和创新新能源汽车的技术和工艺；电动新能源客车专用厂房及外国专家、高端人才综合大楼投资 1 亿元，其中，电动新能源客车专用厂房建筑面积为1万平方米，重点建立完整的新能源汽车三大件（电机、电池、控制器）生产线，高端人才综合大楼建筑面积为2万平方米，一期工程的完工，将形成1000辆新能源客车的新增生产能力，年新增销售收入15亿元，年新增税利约1.5亿元。

二期项目是一期项目的补充和扩大，预计投资5亿元，重点扩大电控生产线、电池生产线，在一期的基础上进一步扩大规模，培育发展电动汽车整车开发—动力电池—驱动电机—电子控制系统—充（换）电系统—电动汽车应用产业链，围绕产业链开展技术攻关和生产应用。推动发展天然气汽车（CNG、LNG）、生物质燃料汽车，通过整合调整，打造形成纯电动汽车、混合动力汽车、燃气汽车3条新能源汽车产品链，形成新能源汽车的产业化规模。二期工程的完工，将形成3000辆新能源客车的新增生产能力，预计年新增销售收入约30亿元，年新增税利约2亿元。

四、技术进展及研发能力进展

2012年，江西凯马百路佳客车有限公司共完成了7项新产品的研发，其中5项为省级科技计划项目，包括3个新能源客车项目在内。其中11米锂离子电池纯电动城市公交客车、11米混合动力城市公交客车、13米食品安全应急检测车辆、JXK6120AG太阳能辅助能源纯电动城市公交客车，经专家鉴定技术达到国内国际先进水平。

2012年，在原有同华东交大的产学研合作基础上，江西凯马百路佳客车有限公司与厦门理工学院开展了新一轮产学研合作模式。双方已就JXK6900S4校车性能CAE分析、侧翻安全性分析、整车强刚度分析及模态分析开展了实质合作，助力江西凯马百路佳客车有限公司在专用校车的研发。

2012年年底，江西凯马百路佳客车有限公司技术中心晋升为“省级企业技术中心”。在针对新产品研发提出的创新技术中，申报了15项专利，其中14项已授权，1项发明专利已受理。

2013年，中国恒天集团已批准将“中国恒天客车技术研究院”落户于江西凯马百路佳客车有限公司，该研究院的建设标准将达到符合世界顶级客车设计开发的要求，计划在3年内建设完成。

五、主要产品

整车

序号	名称	型号
1	气电混合动力城市公交客车	JXK6100BPHEVN

续表

序号	名称	型号
2	气电混合动力城市公交客车	JXK6112BPHEVN
3	气电混合动力城市公交客车	JXK6115BPHEVN
4	气电混合动力城市公交客车	JXK6116BPHEVN
5	气电混合动力城市公交客车	JXK6123BCHEVN
6	混合动力城市公交客车	JXK6100BPHEV
7	混合动力城市公交客车	JXK6116BPHEV1
8	混合动力城市公交客车	JXK6116BPHEV2
9	混合动力城市公交客车	JXK6116BPHEV
10	混合动力城市公交客车	JXK6116BCHEV
11	混合动力城市公交客车	JXK6122CHEV
12	混合动力城市公交客车	JXK6122PHEV
13	混合动力城市公交客车	JXK6123BCHEV
14	纯电动城市公交客车	JXK6113BEV
15	纯电动城市公交客车	JXK6113BEV1
16	纯电动城市公交客车	JXK6121BEV
17	纯电动城市公交客车	JXK6120AG

六、2012年企业在新能源汽车方面经济指标统计

指标名称	本期累计	同期累计	增长率（%）	增长额（提高百分点）
2012年营业收入（万元）	31143.95	23048.24	35.13	8095.71
工业总产值（全年价）（万元）	32550.95	23168.13	40.50	9382.82
工业销售产值（全年价）（万元）	31143.95	23048.24	35.13	8095.71
工业增加值（万元）	6356.82	3202.48	98.50	3154.34
2012年年末职工人数（人）	489	576	-15.10	-87
2012年年末资产总计（万元）	43358.38	34706.10	24.93	8652.28
2012年利润总额（万元）	267.48	213.42	25.33	54.06
2012年产品销售率（%）	95.68	99.48	-3.82	-3.8
销售利润率（%）	0.86	0.93	-7.53	-0.07
工业经济效益综合指数（%）	137.96			

江西博能上饶客车有限公司

一、发展概况

1. 2012 年 1—12 月

江西博能上饶客车有限公司从 2005 年开始新能源汽车开发的技术准备工作，相继研发出了天然气客车（出口）、油—汽混合客车（出口）等一系列节能与新能源车型。2009 年，公司联合中国科学院电动车辆研发中心暨上海中科深江电动车辆有限公司开发新能源汽车，成立了专门的新能源汽车开发团队，设计开发上饶牌纯电动客车。2010 年 5 月，公司成功研制了后置后驱 SR6700HBEV 纯电动客车，经过国家机动车质量检测中心的强制性检测和可靠性测试，该车性能全部达到国家标准要求。2010 年 12 月，公司正式通过国家工信部组织的新能源汽车企业准入现场审查，获得了新能源客车生产资质。2011 年，公司成功开发了 SR6700SHEV 插电式串联混合动力客车、SR6110CHEV 混联式混合动力城市客车，已列入国家工信部 234 批次公告目录，且 SR6700HBEV 纯电动客车、SR6700SHEV 插电式串联混合动力客车在 2011 年、2012 年实现了批量销售，并出口到海外。

2. 2013 年 1—3 月

2013 年一季度，江西博能上饶客车有限公司成功开发了 SR6890GHN 天然气城市公交车，已列入国家工信部 247 批次公告目录，并取得了批量销售。目前，江西博能上饶客车有限公司同期研发成功的 10 米 LNG、CNG 城市公交车，正在进行各项试验测试和申报国家工信部产品公告目录。

二、生产经营

1. 2012 年 1—12 月

2012 年，江西博能上饶客车有限公司从调整产品格局入手，以校车为主力，做大国内市场，校车销售名列国内校车销售前茅，主要经济指标同比增长近 60%，实现产销量 1200 余辆，新增利润 800 余万元，获得财政、科技等财政补贴 320 余万元，出口及出口研发等项目获得了 200 余万元补贴。

2012 年，江西博能上饶客车有限公司持续优化设计 SR6700SHEV 插电式串联混合动力客车、SR6110CHEV 混联式混合动力城市客车、SR6700HBEV 纯电动客车，SR6700HBEV 纯电动客车、SR6700SHEV 插电式串联混合动力客车在 2012 年实现了海外订单批量销售。

同时，公司通过与军队、消防、公安等客户合作，研发成功了多款高智能通信指挥车，适用于消防、维稳、公安、救灾等多种用途，2012 年实现了批量生产和销售，已经取得了良好的业绩和利润。

2. 2013 年 1—3 月

2013 年一季度，江西博能上饶客车有限公司共实现销售客车 600 余辆，其中专用校车销售超过 400 辆，新研发 SR6890GHN 天然气城市公交车实现了批量销售。目前，江西博能上饶客车有限公司同期研发成功的 10 米 LNG、CNG 城市公交车，正在进行各项试验测试和申报国家工信部产品公告目录。

三、产能建设

1. 2012 年 1—12 月

2012 年 1—12 月，江西博能上饶客车有限公司投资 4000 多万元用于新能源汽车车间改造和新能源汽车研发，包括电动汽车产品研发、混合动力汽车产品研发、新能源汽车开发专用试验及检测设备购置、与科研机构技术合作、关键技术攻关、技术咨询和人才引进等，已经形成了新能源汽车研发、试制、生产能力。

2. 2013 年 1—3 月

2013 年 1—3 月，江西博能上饶客车有限公司在原来新能源汽车生产规模上，投资 1.1 亿元用于新能源汽车和专用汽车、特种客车基地建设，包括新能源汽车产品研发、专用车和特种车产品研发、专用试验及检测设备购置、与科研机构技术合作、关键技术攻关、技术咨询和人才引进等，建设结束后，将形成了年产 1 万辆新能源汽车和专用车、特种车的研发、试制、生产能力。

四、技术进展及研发能力进展

1. 2012 年 1—12 月情况说明

2012 年，江西博能上饶客车有限公司改进了 SR6700SHEV 插电式串联混合动力客车、SR6110CHEV 混联式混合动力城市客车、SR6700HBEV 纯电动客车，并设计优化了具有自主知识产权的整车控制系统及整车相关电控系统，健全了整车动力系统测试实验室，能够独立进行整车匹配计算、过程仿真、产品设计、试制、检测和验证，实现了整车电驱系统的工程化应用。通过与中国科学院在资金、技术、品牌上的深入合作，已经掌握了新能源汽车三大核心技术及先进的私家车制造技术，并能够熟练地运用到实际生产中。

2. 2013 年 1—3 月情况说明

2013 年一季度，江西博能上饶客车有限公司新研发成功 SR6890GHN 天然气城市公交车并实现了批量销售。同期研发成功的 10 米 LNG、CNG 城市公交车，产品正在进行各项试验测试和申报国家工信部产品公告目录。

五、主要产品

1. 整车

序号	名称	型号	类别
1	纯电动客车	SR6700HBEV	客车
2	插电式串联混合动力客车	SR6700SHVE	客车
3	混联式混合动力城市客车	SR6110CHEV	城市公交
4	天然气城市公交车	SR6890GHN	城市公交

2. 零部件

序号	名称	型号
1	整车控制器	SR-KZQ

六、合资合作

1. 2012 年 1—12 月

2012 年，江西博能上饶客车有限公司强化与战略投资者中国科学院和江西出版集团的沟通与交流，继续加强与中国科学院在资金、技术、品牌上进行深化合作，中国科学院下属机构中国科学院电动汽车研发中心（暨上海中科深江电动车辆有限公司）加大技术、品牌等无形资产入股上饶客车，已经获得江西博能上饶客车有限公司 16% 的股权，并完成相关工商登记注册。江西博能上饶客车有限公司、江西出版集团、中国科学院电动汽车研发中心（暨上海中科深江电动车辆有限公司）三方共同努力将江西博能上饶客车有限公司建设成为新能源汽车研发和产业化基地。

2. 2013 年 1—3 月

2013 年，由江西博能上饶客车有限公司、中宇汽车服务中心和上饶市金星汽车销售有限公司等 3 家公司组建鹰潭博安巴士运营有限公司，项目总投资约 1 亿元，一期拟投入 200 辆专用校车用于学生巴士运营，2 ~3 年内，规模逐步增加至 300 ~500 辆专用校车及包括新能源汽车在内的其他类客车。

七、发展规划

在“十二五”期间，江西博能上饶客车将遵循“传统客车做规模，特种车、专用车做利润，高档车做品牌，新能源车做行业地位”的发展原则，逐步使新能源车、特种车成为利润增长点、品牌形象点和社会贡献点。

公司将严密结合国家产业政策，抓住当前汽车发展的机遇，通过不断深入地与中国科学院紧密合作，加大投入，加快发展，以重塑上饶客车品牌为中心，力争三年内企业上市，用五年时间把博能上饶客车建成客车行业的一流企业，其中新能源汽车位于客车行业前列，再用 3 ~5 年时间把博能上饶客车建成全国最好、并有国际影响力的汽车制造企业。其发展举措为：

1. 建立一支高效的产品开发、生产及营销队伍，消化应用中国科学院电动车辆研发中心的技术，快速形成新能源客车产品，快速推向市场。

2. 积极研发、完善新能源公交系列产品和新能源专用车系列产品。

3. 依托中科院的技术优势和品牌优势，以现有新能源客车产品为主，大力开拓高端接待用车市场、公交市场和专用车市场。

4. 完善新能源电动汽车检测中心，争取建立省级或国家级新能源汽车工程研究中心，提高上饶客车在新能源汽车行业中的地位。

5. 加大宣传力度，积极参加各类新能源汽车展览会、研讨会及博览会，大力推广上饶客车新能源客车系列产品，形成上饶客车新能源品牌效应。

八、2012 年 1—12 月企业在新能源汽车方面经济指标统计

指标名称单位	本期累计	同期累计	增长率（%）	增长额（提高百分点）
2012 年营业收入（万元）	21316	—	—	—
工业总产值（全年价）（万元）	25465	—	—	—
工业销售产值（全年价）（万元）	17316	—	—	—
工业增加值（万元）	3016	—	—	—
2012 年年末职工人数（人）	706	—	—	—
2012 年年末工程技术人员（人）	233	—	—	—
2012 年年末资产总计（万元）	23311	—	—	—
2012 年利润总额（万元）	350	—	—	—
2012 年产品销售率（%）	100	—	—	—
销售利润率（%）	8.5	—	—	—

山东沂星电动汽车有限公司

一、发展概况

1. 2012 年 1—12 月

2012 年，山东沂星电动汽车有限公司专注于纯电动客车的研发生产，沂星公司自主研发的全承载轻量化车身技术已申报 16 项国家专利，其中 10 项已获得授权（2 项发明专利、8 项实用新型）。

2012 年 3 月，SDL6120EVG 纯电动城市客车通过了山东省科技厅组织的科技成果鉴定，产品性能达到国际先进水平。

2012 年，共有 SDL6120EVG1、SDL6120EVG2、SDL6120EVG3、SDL6100EVG 等四款纯电动城市客车列入工信部汽车产品公告和《节能与新能源汽车示范推广应用工程推荐车型目录》。

2012 年，沂星纯电动客车出口到香港地区，顺利通过了香港特别行政区政府的各项检测，已挂牌正式投入运营，成为第一辆在香港挂牌运营的纯电动汽车。

截至 2013 年上半年，已有 316 辆沂星纯电动客车在山东临沂、青岛、日照、淄博、河南新乡、浙江余姚等城市公交线路，及天津机场、山西五台山景区等地区投入示范运行，单车平均每天运行约 200 公里，累计运行总里程已超过 1800 万公里。其中在临沂公交线路运行 145 辆，运行总里程超过 1600 万公里，单车最长运行里程已达 17 万公里，已超过国家规定的 3 年或 15 万公里的标准。

2. 2013 年 1—3 月

2013 年一季度，沂星公司共有 SDL6100EVG1 和 SDL6120EVG4 两款纯电动城市客车列入工信部汽车产品公告和《节能与新能源汽车示范推广应用工程推荐车型目录》。

2013 年 3 月，沂星公司研发的 SDL6140EBD 电动旅客摆渡车通过了民航总局额定产品审定会，获得了民航设备生产许可证。山东沂星电动汽车有限公司根据市场需求，研发了 SDL6100EVL 纯电动旅游客车和 SDL6700EVL 纯电动公务客车，正在申报产品公告。

二、生产经营

1. 2012 年 1—12 月

2012 年度，山东沂星电动汽车有限公司共销售纯电动客车 143 辆，实现销售收入 15027 万元，出口 1 辆，创汇 37.84 万美元。

2. 2013 年 1—3 月

2013 年上半年，山东沂星电动汽车有限公司共销售纯电动客车 70 辆，实现销售收入 7403 万元，出口 2 辆，创汇 72 万美元。

三、产能建设

2012 年，山东沂星电动汽车有限公司投资 2000 万元，对生产车间和生产线进行改造提升，新建喷丸防腐车间，购置各类生产加工设备，提高了产能。目前具备年产纯电动客车 3000 辆的能力。

四、技术进展及研发能力进展

2012 年 1—12 月情况说明

（1）全承载铝合金车身轻量化技术研发：采用该项技术的沂星纯电动客车产品，在保证车身安全的基础上，整车整备质量降低 2 吨以上，有效地提升了车辆的运载能力。目前该项技术已申报 16 项国家专利，其中 10 项已获得授权（2 项发明专利、8 项实用新型）。

（2）研发了 SDL6120EVG 系列、SDL6100EVG 系列纯电动城市客车，SDL6120EVL 纯电动旅游客车以及 SDL6140EBD 电动旅客摆渡车等多个新车型。

（3）受国家客标委委托，正起草纯电动城市客车技术要求行业标准。

五、主要产品

整　车

序号	名称	型号
1	纯电动城市客车	SDL6120EVG
2	纯电动城市客车	SDL6120EVG1
3	纯电动城市客车	SDL6120EVG2
4	纯电动城市客车	SDL6120EVG3
5	纯电动城市客车	SDL6120EVG4
6	纯电动城市客车	SDL6100EVG
7	纯电动城市客车	SDL6100EVG1
8	纯电动双层城市客车	SDL6110EVSG
9	电动旅客摆渡车	SDL6140EBD

六、合资合作

2012 年，与天津大学合作承担了 863 项目“下一代纯电驱动汽车整车电子控制系统研发”。

与珠海泰坦科技股份有限公司合作承担了 863 项目“电动汽车充电机产业化技术攻关站场直流快速充电机项目”。

七、发展规划

2013 年 6 月 22 日，武汉东湖产业投资基金收购山东沂星电动汽车有限公司，将在临沂高新技术产业开发区建设电动汽车产业园，产业园项目总投资 110 亿元，主要进行纯电动客车整车生产，同时引进电池、电机和汽车零配件等新能源汽车相关配套企业，计划利用3~5年的时间，达到年产2万辆电动客车的生产能力，实现产值500亿元，建成产业配套齐全、技术领先、全国规模最大的电动汽车研发生产和出口基地。

北京汽车新能源汽车有限公司

一、发展概况

2012—2013年

北京汽车新能源汽车有限公司（简称北汽新能源公司）成立于2009年11月，其建成是北汽集团响应国家和北京市大力发展新能源汽车的政策号召，致力于打造“绿色北京”，优化首都生态环境的重要举措，同时也是提升北汽自主创新能力，实现北京汽车工业跨越式发展的重大战略步骤。

北汽新能源公司是北汽集团新能源汽车技术研发、资源集约、产业整合的项目管理平台，是北汽新能源乘用车及核心零部件的研发、生产基地，承载着实现产品结构转型和战略发展的历史重任。自挂牌成立以来，在北京市委市政府的关心支持下，历经3年多的艰苦建设和潜心研发，掌握了新能源汽车关键技术，完善了产业链建设，开发出了多款纯电动车型并取得产品公告，实现了批量生产及规模化示范运营。

二、生产经营

2012年1—12月，共生产约600辆纯电动汽车。

三、产能建设

2012年1—12月，建设成年产能2万辆的新能源汽车总装车间，并已投入使用。

四、技术进展及研发能力进展

2012—2013年，北汽新能源公司已开发多款纯电动汽车产品，主要包括：

（1）基于萨博整车开发的Q60FB纯电动轿车。

（2）基于北汽自主品牌BC301Z开发的E150EV纯电动轿车。

（3）基于北汽BC306Z开发的威旺306EV纯电动微客。

（4）以及绅宝EV中高端纯电动轿车。

（5）与此同时，公司正在开发续驶里程更长、能满足消费者更高使用需求的C30DS增程式电动轿车，和技术相对成熟，成本低，适于在用车改造，易推广，对现阶段汽车产业节能减排有重要意义的301-BSG弱混合动力汽车产品。

（6）公司还启动了全新平台开发项目，加大轻量化等新技术、新材料的应用，切实提升整车总布置、电池与车身统一化设计等性能。

（7）此外，公司通过推进“珠峰计划”一期和二期，持续完善已有产品技术性能和质量，在仿真分析能力建设、整车控制策略优化、EMC性能优化、制动能量回收、高压安全性能提升、电机/电池故障诊断能力方面，取得了显著提升。

五、主要产品

整　车

序号	名称	型号	类别
1	E150EV	E150EV	纯电动汽车
2	绅宝EV	绅宝EV	纯电动汽车
3	M30RB	M30RB	纯电动汽车
4	Q60FB	Q60FB	纯电动汽车

奇瑞新能源汽车技术有限公司

一、发展概况

奇瑞新能源汽车技术有限公司于2010年4月正式成立，其前身为奇瑞汽车股份有限公司新能源汽车项目组。自2009年起，公司全面启动了新能源汽车大规模产业化及应用，目前已有7款新能源车上了工信部公告目录和新能源车推荐目录，包括1款燃料电池车，2款混合动力轿车和4款纯电动轿车，并与2012年成功实现了示范运营。奇瑞新能源汽车的技术研发已经发展到一定程度，继2009年年初A5BSG投产后，2012年奇瑞公司的A00级平台纯电动汽车成功实现了一定市场内的针对个人消费市场的销售。

奇瑞新能源汽车的核心零部件也在2012年进行了大批量的投产以支持整车的示范试点应用，除掌握了电池、电机、电控三大核心技术外，奇瑞公司独立开发的低噪声低震动高效率的小型发电增城器技术和产品，将用于奇瑞公司的相关纯电动汽车产品，可以解决目前电动汽车续航里程不长和驾驶的方便性问题。

奇瑞新能源公司有关新能源车的销售和服务网络2012年开始全面运营，主要分布在安徽、山东、河南以及国家规定的示范试点城市，如上海、合肥等地。

二、生产经营

1. 2012年1—12月

2012年度公司销售低压纯电动汽车4012辆，全年实现营业收入1.88亿元，较2011年增加0.7亿元，增长67%。高压纯电动汽车实现销售182辆，创历史新高。

2012年，中央国办采购奇瑞公司高压纯电动汽车10辆，作为内部机要办公用车。

2.2013年1—3月

2013年一季度公司销售低压纯电动汽车1210辆，高压纯电动汽车销售110辆。高压纯电动汽车M1EV成功收入上海节能与新能源汽车推荐目录，为在上海市场的销售做了进一步的推动。

三、产能建设

2012年1—12月，根据新能源汽车及企业发展的需要，公司不断加大投入、扩大生产规模，奇瑞公司开辟专门的新能源生产线，对新能源汽车进行专线生产、安装，2012年新能源汽车产能达到6000辆，预计2013年产能可达1万辆。

四、技术进展及研发能力进展

2012年，公司重点针对新能源高新技术领域进行跟进，将热泵空调技术，电池热管理技术，电池均衡技术等等列为本年度开发重点，公司还立项开发了A16EV、S15EV以及M16PHEV三大中高端车型研发工作，三大车型将搭载以上先进技术，预计2015年批量上市。

五、主要产品

整　车

序号	型号	类别
1	SQR7000BEVS11	纯电动轿车
2	SQR7000BEVS184	纯电动轿车
3	SQR7000ELS18	纯电动轿车

六、发展规划

奇瑞公司自2001年开始从事新能源汽车的研发，通过10余年的自主创新，公司新能源汽车事业经历了重要的发展阶段。自2010年奇瑞首批纯电动汽车的交付和奇瑞新能源汽车有限公司的成立，新能源汽车事业翻开了崭新的篇章。

在新能源汽车方面，自QQ3EV、M1EV成功上市销售后，公司后续在混合动力、纯电动汽车方面均有研发规划，同时，为了市场发展，对于增程式电动汽车的开发也在稳步推进。

目前，除了整车产品的研发计划，在新能源汽车的关键核心零部件上，奇瑞新能源公司保持同步发展的态势，增程器技术、空调热泵技术、电池热管理技术、高压安全监控技术以及电池快换技术等都纳入奇瑞新能源发展规划日程。

安徽江淮汽车股份有限公司

一、2012年发展概况

安徽江淮汽车股份有限公司（以下简称江淮汽车）是安徽省大型的汽车制造国有企业，是集乘用车、商用车、动力总成研发、制造、销售和服务于一体的，国内为数不多的、产品线最齐全的综合型自主品牌汽车主力厂商，是国家火炬计划高新技术企业，国家级创新型企业，出口免验企业，连续10年位居中国企业500强。2010年，江淮汽车成为自主品牌唯一获“全国质量奖”的汽车企业。

2012年，基于江淮爱意为第一代、第二代纯电动车示范运行技术攻关与产品优化基础，江淮汽车自主正向开发了爱意为第三代纯电动车，整车动力性和经济性提升，最高车速100公里/小时，城市工况续驶里程130公里。截至2012年年底，江淮爱意为纯电动车累计行驶里程超过2000万公里，用户体验“好开”“省钱”“安全”“环保”。

二、生产经营

截至2013年4月底，江淮汽车完成4315辆爱意为纯电动的生产和销售，占全国私人领域推广电动轿车的90%；首批40辆爱意为增程式电动车也已交付使用。

三、产能建设

江淮汽车结合电动车产品特点，利用现有资源，完成电动车产品生产工艺设计；实现冲压、涂装完全与原有产品共线，焊装、总装部分共线，年产能1万辆。“十二五”期间，江淮汽车将主动布局新能源汽车，力争进入自主品牌新能源汽车第一阵营，形成10万辆产销能力。

四、技术进展及研发能力进展

在电动车研发能力上，江淮汽车拥有新能源汽车专业研发队伍300多人，并形成了同国内高校，研究院所，国际知名电动汽车技术公司合作的研发体系，具备电动车产品产业化研发的基本能力。

整车系统集成具备从概念到产品的系统集成开发与产业化能力；“三大电”具备正向开发与产业化能力；“六小电”形成技术与产业化协同开发体系；验证试验具备在不同环境、不同工况条件下，开发整车安全性、动力性、经济性、耐久性、NVH、EMC等功能及性能的开发能力。

核心技术开发能力上，系统集成，识别可产业化的技术，通过机械集成和电控软、硬件集成，开发整车产品；电驱动，与使用工况相一致的高效、一体化、可耦合的电机与变速系统，及可变频的电机控制器，打造新能源汽车“第一动力总成”；电池，以安全为前提，以热管理为核心，以动力需求为基础，集成安全、高比能、一致性好的单体电池，开发动力电池总成，打造新能源汽车“第二动力总成”；电控，基于“以人为本”、“安全第一”的原则，通过软件、硬件、网络、信息等共性技术，突破安全监控、“双动力”控制、能量管理，实现整车安全、环保、智能；六小电，基于新能源汽车“双动力”、无怠速特点，开发转向轻便的电转向、可能量回收的电制动；基于整车一体化热管理，开发节能的电空调；可智能控制的远程监控系统；电动化特征显著的电仪表。

五、主要产品

整车

序号	名称	型号	类别
1	爱意为纯电动车	HFC7000AEV	纯电动轿车
2	爱意为增程式电动车	HFC7100B1HEVF	混合动力轿车

六、发展规划

江淮汽车自2002年开始研究和探索新能源汽车，至今已有11年。长期以来，江淮汽车以产业化为目标，选择技术路线和开发产品。通过长期的实践，不断厘清新能源汽车产业化发展思路，提出产业发展规划如下：

明确两条技术路线：纯电动（增程式）和重度混合动力（插电式）。

突出四大产品平台：乘用车方面，纯电动乘用车平台，增程式电驱动乘用车平台，重度混合动力乘用车平台；商用车方面，纯电动商用车平台。

坚定三步走研发战略：第一步，集成开发先出车；第二步，掌握关键核心技术；第三步，产业化深耕。

比亚迪汽车集团

一、发展概况

比亚迪创立于1995年，现拥有IT、汽车和新能源三大产业。截止到2012年年底，公司共销售汽车约45万辆，中高端车S6、G6、速锐等车型销量大幅提升，而低端车型F0销量持续下降。

2012年11月4日，比亚迪率先推出创新型营销模式“四零方案”——零元购车、零成本、零风险、零排放，旨在解决出租车公司及公交公司一次性购买电动车的资金压力，为加速公交电动化进程开辟一条现实可行的道路。目前，比亚迪电动车已在中国的深圳、天津、香港，以及南美、伦敦、西班牙、匈牙利、奥地利、比利时、美国等地开展试运行，并成功赢得来自荷兰、以色列、乌拉圭、哥伦比亚及加拿大等地订单，海内外多地推广，市场反应良好。并于2012年12月11日与保加利亚Bulmineral公司正式签约，双方以50:50的股权比例成立电动大巴合资公司。2013年3月公司又在美国加州独立建厂，生产纯电动车。

2013年3月集团与戴姆勒的合资公司—深圳比亚迪戴姆勒新技术有限公司（“比亚迪戴姆勒”）正式发布其电动汽车品牌DENZA“腾势”。腾势的首款概念车型已于2012年4月第十二届北京国际汽车展览会亮相，引起了市场的强烈关注并获得一致好评。

二、生产经营

1. 2012年1—12月

比亚迪汽车集团2012年全年销售整车456056辆（包括出口23842辆），其中比亚迪汽车有限公司（西安）生产277692辆（主要是3系的车以及速锐），比亚迪汽车工业有限公司（深圳、长沙）生产178364辆（主要是6系的车以及F0和思锐）。

2. 2013年1—3月

比亚迪汽车集团2013年第一季度销售整车142851辆（包括出口3701辆），其中比亚迪汽车有限公司（西安）生产93394辆（主要是3系的车以及速锐），比亚迪汽车工业有限公司（深圳、长沙）生产49457辆（主要是6系的车以及F0和思锐）。

三、合资合作

2013年3月，比亚迪集团与戴姆勒的合资公司—深圳比亚迪戴姆勒新技术有限公司（“比亚迪戴姆勒”）正式发布其电动汽车品牌DENZA“腾势”。腾势的首款概念车型已于2012年4月第十二届北京国际汽车展览会亮相，引起了市场的强烈关注并获得一致好评。

江铃控股有限公司

一、发展概况

2012 年，以开发中心为主，成立了电动车项目团队进行电动车的研发。项目组以陆风风尚车型为平台进行电动化改造，做了 6 台样车，通过试验，基本具备了量产条件。

同时，开发中心还与国内先进的汽车设计公司进行接触交流沟通，对开发微型电动轿车做前期调研。

二、生产经营

2013 年 1—3 月，计划在广东省销售 10 台风尚纯电动车做出租车的示范运行。

三、产能建设

2013 年 1—3 月，控股公司整体由昌北厂区搬迁到昌南小兰工业园厂区后，对原昌北风尚汽油车生产线进行技术改造，改成纯电动车生产线。昌北厂区将成为江铃控股的新能源汽车生产基地，新能源汽车基地将一次规划，分步实施。计划一期产能为 1 万辆/年，预计上半年完成改造；二期产能 5 万辆/年，预计 2017 年达纲。

目前进行的技术改造主要工作：增加电机和电机控制器检验和部装生产线，增加电池模组的检测线。

四、技术进展及研发能力进展

2012 年 1—12 月情况说明

（1）纯电动汽车海南试验存在的问题及解决

2012 年 2—3 月 CV9 纯电动汽车海南试验圆满完成，期间总计完成 5000 公里路（2900 公里强化坏路、800 公里平坦公路、1300 公里高速公路），也暴露了很多质量问题，“三电”问题，如电池管理系统问题、电机控制器故障；单体电池电压过低、压差过大，造成电池经常丢串，无法启动或中途电机停机；方向助力转向系统出现转向困难，如转向不准确，转向有断点。这些问题已全部解决。整车电动化改造后底盘方面存在的问题，如满载状态下各参数在法规要求的边缘，富余量不大，后轴总成为整体式扭梁结构，在强度和刚度上均存在较大风险，为此在后横梁上增加扭力杆，端部与纵臂焊接形成刚性整体，以增强整体刚度，通过调整或重新设计前、后悬螺簧，解决因电动车前、后悬轴荷变大而带来的前后轮眉高度和减振器以及副簧缓冲块被击穿的风险。

（2）顺利获得国家公告目录

项目组经过三个多月的努力工作，2012 年 3 月 29 日工信部已批准 CV9 纯电动汽车生产公告（工信部第 235 批次汽车公告目录），同时，CV9 纯电动汽车入选节能与新能源汽车示范推广应用工程推荐车型目录（第 32 批）。

五、主要产品

整　车

序号	名称	型号	类别
1	陆风风尚混合动力车	江铃牌 JX7152PHEV	轿车
2	陆风风尚纯电动车	江铃牌 JX7003BEV	轿车

西安兰德新能源汽车技术开发有限公司

一、发展概况

西安兰德新能源汽车技术开发有限公司（以下简称兰德公司）是西北五省唯一专业从事新能源汽车技术开发和服务的高科技企业。公司以陕西汽车集团有限责任公司（以下简称陕汽集团）为依托，经陕西省国有资产监督管理委员会同意，于 2010 年 1 月注册成立，注册资金 5000 万元，是陕汽集团的全资子公司。

兰德公司一直致力于新能源汽车技术的原创性和探索性开发，研究成果拥有自主知识产权。同时，凭借陕汽集团 40 多年的军车研发经验和 20 多年的商用车技术积累，公司不断创新进取，发展迅速，研发方向涉及纯电动汽车、混合动力汽车以及替代燃料汽车技术，产品涵盖整车、零部件和系统集成等多个领域。公司科研实力雄厚，拥有多名国内外知名专家和学者，研发团队 50% 以上具有硕士、博士学位。公司拥有重卡新能源研究开发与应用实验室，建立了核心零部件实验室，专门从事整车控制器、电池管理系统等核心零部件的技术研究与样机开发。公司所开发的产品，具有环保节能、维护简便、智能安全等特点，深受用户欢迎。

“十二五”以来，公司负责以陕汽集团名义参与的国家“十二五”863 项目“汽车动力总成关键技术”的项目子课题“甲醇柴油双燃料重型柴油机关键技术研究”，以及承担的“增程/插电式电动商用车开发”项目子课题“增程/插电式重型商用车底盘开发”的研发，目前项目正在有序进行中。自主研发的“柴油—天然气双燃料商用车”取得国家资质。

公司拥有自己的“新能源重点实验室”，并和西安交通大学、长安大学、西北工业大学、重庆大学等高校建立了战略性合作伙伴关系，为员工未来深造发展和公司技术储备开辟了广阔空间。

新能源汽车技术是未来全球汽车行业发展的方向。兰德公司作为西北地区唯一的新能源汽车高技术研发单位，必将在以后的发展中担当更为重要的角色。

二、技术进展及研发能力进展

西安兰德新能源汽车技术开发有限公司是陕西汽车集团有限责任公司的全资子公司。兰德公司以陕汽集团名义承担及参与多项重大项目，简述如下：

（1）2010 年，以陕汽集团名义成功开发出国内首款纯电动重型牵引车（SX4186ZG331N 纯电动重型牵引车），该车被科技部授予“2010 年度国家重点新产品计划”项目。

（2）2010 年，以陕汽集团名义承担油—电混合动力城市客车项目，该项目是陕西省“11315”科技创新工程重大科技专项项目。

（3）2011 年，进行“甲醇—柴油双燃料混合燃烧车”的开发，于 2012 年以陕汽集团名义申请公告。

（4）2011 年，以陕汽集团名义参与国家科技支撑计划项目，项目名称：通用的商用车与工程机械模块化混合动力总成，承担子课题商用车用并联式混合动力系统开发，开发出 SX525DXYSDM464PHEV 油电混合环卫车。

（5）2012 年，成功开发三款“柴油—LNG 混合燃烧车辆”并以陕汽集团名义申请公告。

（6）2012 年，以陕汽集团名义参与 863 计划“甲醇柴油双燃料重型柴油机关键技术研究”项目。

（7）2012 年，以陕汽集团名义承担 863“增程/插电式重型商用车底盘开发”项目。

天津清源电动车辆有限责任公司

一、2012 年发展概况

2012 年，天津清源电动车辆有限责任公司坚持以“十二五”发展规划为目标，以新能源技术为核心，努力提高服务质量与水平，为东南汽车、东风悦达起亚等客户提供系统解决方案和高技术含量的增值服务，让客户的满意度不断提升。公司整车控制系统开发团队，实现了公司科研成果向合资整车企业技术转让的历史性突破，并且系统整理了 60 多个技术文档，为公司进一步拓展电动汽车整车控制技术服务奠定了良好基础。以关键零部件生产为主业方向，成立动力总成事业部，奠定公司长远发展的业务支撑点，完成了 48V/60V 他励电机控制器系列化产品定型，TS 16949 质量管理体系通过了两个阶段的外部审核。

二、2012 年科研项目及成果

2012 年，公司共承担国家、天津市以及自立项目等各类科研项目 17 项，其中国家 863 计划项目 8 项，天津滨海新区科技攻关项目 1 项，自立项目 8 项。

公司承担和参加的 863 计划项目都已经顺利通过了科技部的中期检查。通过对 Tesla 及 TM4 等国外先进电动汽车整车及关键总成的拆解与分析，对国外先进技术进行分析与整理，加强整车集成新技术的研究，打造了新一代动力系统的软硬件技术平台，满足公司更深层次工程化服务的需求。

结合“深度混合动力客车”项目，开发完成电压等级为 650V，峰值功率为 130kW，最高转速 7000rpm 的永磁同步电机系统，为下一步公司的纯电动和混合动力客车用电驱动总成的产品定型奠定重要基础。

通过公司的自立项目，公司的系列化直流他励电机控制器、全新高尔夫球车、注塑全封闭观光车实现产品定型，启动了 72V 交流电机控制器、48V 车载充电机、新能源车辆远程监控服务平台及车载终端系统、换电方式城市物流车、纯电动教练车的产品化开发。

在技术成果方面，《电动汽车通用整车控制器平台》获得中国汽车工业科学技术奖三等奖和天津市科技进步奖三等奖。专利申请量呈逐年递增趋势，2012 年申请专利 21 项，其中发明专利 11 项。授权专利 18 项，其中发明专利 5 项。

三、2012 年科研设施及科研能力建设

2012 年，对现有试验室电力测功机进行优化改造，满足动力总成事业部生产出厂检验的需求。通过采用了变速箱加扭矩仪的方式，泰坦瞬态测功机试验能力大大提升，测功机可完成转速 20000r/min、2000N·m 的电机测试评价能力，同时系统提高了扭矩测量精度。

四、2012 年国际合作与交流情况

2012 年 12 月，由于公司作为协作单位申请了中德的合作项目，公司整车控制系统部部长周能辉赴德国参加中德合作项目的技术交流，了解德国汉堡在港口及机场的电动汽车示范运行情况及技术要求，以便公司能够其要求进行技术方案的整备及开发工作。

五、主要产品

1. 整车

序号	型号	名称
1	QY5020GKC-08BEVA	纯电动高空作业车
2	QY5020XFWBEVEC	纯电动服务车
3	QY5020XYZBEVEC	纯电动邮政车
4	QY5020XXYBEVYC	纯电动厢式运输车
5	QY5020ZLJBEVYC	纯电动垃圾车
6	QY5020ZXXBEVYC	纯电动车厢可卸式垃圾车
7	QY5021ZLJBEVYC	纯电动垃圾车
8	QY5020XFWBEVEL	纯电动服务车
9	QY5020XYZBEVEL	纯电动邮政车
10	QY5020XXYBEVEL	纯电动厢式运输车
11	QY5020XXYBEVYL	纯电动厢式运输车
12	QY5020ZLJBEVYL	纯电动垃圾车

2. 零部件

序号	型号	名称
1	QYPCU0102	电机控制器
2	QYPCU1201	电机控制器
3	QYPCU-1200MN-W01	电机控制器
4	QYVCU0102	16 位整车控制器
5	QYVCU3201	32 位整车控制器
6	QYEVUT01	车载智能终端
7	QYKZL05W30xxB	48V 他励直流控制器
8	QYKZL05W40xxB	48V 他励直流控制器
9	QYKZL06W30xxB	60V 他励直流控制器
10	QYKZL06W40xxB	60V 他励直流控制器

六、2012 年节能与新能源汽车整车企业产销量月度统计数据

单位：辆

生 产

车型	1 月	2 月	3 月	4 月	5 月	6 月	7 月	8 月	9 月	10 月	11 月	12 月	2012 年	同期增长（%）
纯电动商用车、专用车	8	15	28	25	30	25	15	19	17	14	10	10	197	9.6

销 售

车型	1 月	2 月	3 月	4 月	5 月	6 月	7 月	8 月	9 月	10 月	11 月	12 月	2012 年	同期增长（%）
纯电动商用车、专用车	2	5	15	128	4	0	1	12	30	2	0	8	195	6.2

七、2012 年节能与新能源汽车零部件企业产销量月度统计数据

单位：套

	产品类型		1 月	2 月	3 月	4 月	5 月	6 月	7 月	8 月	9 月	10 月	11 月	12 月	2012 年	同期增长（%）
生产	动力系统	电机控制	0	0	20	15	10	0	0	0	0	25	20	450	125	332
		动力总成	0	10	0	0	0	10	0	0	0	0	0	6	22	1.8
	合计		0	10	20	15	10	10	0	0	0	25	20	456	145	190
销售	产品类型		1 月	2 月	3 月	4 月	5 月	6 月	7 月	8 月	9 月	10 月	11 月	12 月	2012 年	同期增长（%）
	动力系统	电机控制	0	0	0	0	12	7	5	0	35	0	5	1200	121	944
		动力总成	8	2	0	0	6	0	0	0	0	0	0	10	22	1.8
	合计		8	2	0	0	18	7	5	0	35	0	5	1210	143	802

重庆瑞驰汽车实业有限公司

一、发展概况

重庆瑞驰汽车实业有限公司成立于 2003 年 3 月，是重庆小康汽车集团有限公司下属的子公司，公司位于重庆市沙坪坝区内，渝武高速公路旁，美丽的歌乐山下，环境怡人，交通便利，公司占地 300 亩，其中生产面积约 10 万平方米，形成年生产 10 万辆汽车生产能力，成为西南地区重要的汽车生产基地。

重庆瑞驰汽车实业有限公司系国家车辆公告目录内企业，企业代号二十一（14），目前，公司拥有改装客车、专用汽车、新能源汽车等公告产品。拥有员工 1000 余人，其

中，工程技术人才305人，设立了汽车研发中心，具备一般乘用车、改装车、新能源汽车的产品设计开发能力和条件。拥有满足汽车产品生产的冲压、焊接、涂装、总装生产场地和设备，拥有车辆出厂检测线。公司已累计投入数千万元，从事纯电动商用微车的研发。并联合国内具有技术优势的高校、科研机构和企业，以“产、学、研”相结合为战略联盟，组成瑞驰电动汽车研发团队，共同展开核心技术的开发、关键零部件的开发，以打造具备强势市场竞争力的自主知识产权电动汽车。

瑞驰公司通过ISO 9001:2008质量管理体系、国家CCC认证、国家环保认证，目前已获7款纯电动汽车公告目录，产品已批量出口。

二、产能建设

1. 2012年1—12月

（1）生产人员配置：503人。

（2）生产占地面积：2万平方米。

（3）年产能建设：10万辆。

2. 2013年1—3月

（1）生产人员配置：530人。

（2）生产占地面积：2.5万平方米；

（3）第一季度产能建设：900辆。

三、技术进展及研发能力进展

1. 2012年1—12月情况说明

重庆瑞驰汽车目前具备整车工程化设计、CAE分析及样车试制等整车开发能力，可以提供包括造型设计、油泥模型制作、主模型制作、A级曲面、总布置设计、白车身设计、内外饰设计、电子电气系统设计、整车及零部件设计与优化等全车整车车型正向设计能力。具备了相对完善的新能源汽车研发能力。对新能源汽车共性技术：动力系统匹配、整车集成开发、整车控制器技术、高电压安全技术、乘员保护、故障诊断、通讯及标定等关键技术进行了广泛的研究。建立了V型开发流程，形成了完善的纯电动车开发技术支撑体系。

建立了国内领先的电机试验室及电池耐久试验室，能够完成国标规定的电动车用电机所有试验项目测试、电池工况循环寿命试验等。

2012年成功开发了纯电动物流运输车铅酸低压驱动平台、纯电动物流运输车锂电池驱动平台及两档自动变速系统。

目前在铅酸低压驱动平台基础上成功开发了EK07Q2、EK01Q2及EK07Q2R右舵等电动车，该平台车型已经完成动力性试验及经济性试验，并对可靠性及耐久性进行了相关验证。并且成功出口至英国、中国香港、荷兰、泰国、比利时等；完成了锂电池平台车型电池管理系统、电机及其控制器、整车控制器等开发。成功开发两档自动变速箱用电机控制器，并进行整车搭载路试，目前该系统已经获得国家传动试验室相关专家的认可。

2. 2013年1—3月情况说明

2013年基于公司“213发展战略”，成功完成：铅酸平台低速车EK07Q2-1车型的开发设计、EK06L5锂电池车型开发设计。正在进行环卫车、电源车及太阳能增程汽车及2V铅酸电池管理系统的开发设计。

四、主要产品

整　车

序号	名称	型号	类别
1	纯电动邮政车	CRC5020XYZ-LBEV	厢式汽车
2	纯电动邮政车	CRC5020XYZ-QBEV	厢式汽车
3	纯电动售货车	CRC5020XSH-QBEV	厢式汽车
4	纯电动仓栅式运输车	CRC5020CCY-QBEV	仓栅式汽车
5	纯电动厢式运输车	CRC5021XXY-QBEV	厢式汽车
6	纯电动厢式运输车	CRC5020XXY-QBEV	厢式汽车
7	纯电动厢式运输车	CRC5020XXY-LBEV	厢式汽车

五、合资合作

2013年1—3月，与重庆大学、清华大学、武汉理工大学及美国俄亥俄州立大学等的合作。合作开发了自动变速箱、电机及电机控制器等关重零部件。

六、2012年1—12月企业在新能源汽车方面经济指标统计

指标名称	本期累计	同期累计	增长率（%）	增长额（提高百分点）
2012年年末职工人数（人）	1035	1080	4%	—
2012年年末工程技术人员（人）	305	320	5%	—

北京华林特装车有限公司

一、2012年发展概况

北京华林特装车有限公司（以下简称华林公司）成立于1993年10月，专门生产销售城市环卫车辆及环卫专用设备。企业注册资本3000万元，主要加工设备为数控激光切割机、数控弯管机、数控板料折弯机、焊机、天车等，设有专用烤漆房。主要产品包括压缩式垃圾车、洒水车、车厢可卸式垃圾车、自装卸式垃圾车及

纯电动环卫车五大系列 70 多种车型。2012 年，华林公司本着科技创新提升企业竞争实力为原则，开拓研发思路，不断丰富产品序列，员工上下一心，共同努力，发挥大家的主观能动性，加强产学研相结合的方式，尤其是在电动环卫车方面再接再厉取得了丰硕的成果，纯电动环卫车车型不断丰富

华林公司产品现已覆盖全国大部分省、市地区，在产品相对集中地区设立了售后服务中心，以优质、及时、快捷服务的特点，努力创造优质服务品牌，形成了良好的“品牌”效应。华林公司以诚信为最高理念，立志于用户满意，始终以融入环卫事业建成行业龙头企业为目标而努力奋进。

二、生产经营

2012 年生产环卫车辆 900 多辆，实现工业生产总值 3 亿元，其中纯电动环卫车辆 700 多辆，完成了公司制定的各项生产经营指标。

三、产能建设

根据公司的发展需要，也为了适应电动环卫车大批量生产，公司购进了一大批新式焊接设备及数控加工设备，并在车间内部重新划分了工位，从而实现了固定工位的流水线形式的生产，达到每月 200 辆以上的生产能力，按时、按质的完成了纯电动环卫车的生产任务

四、技术进展及研发能力进展

2012 年公司技术部在纯电动洒水车和纯电动压缩式垃圾车的基础上，响应北京市纯电动环卫车示范运行的号召，与北京理工大学和北汽福田研究院积极配合，贯彻落实“人文北京、绿色北京、科技北京”的理念，及时跟进，大胆创新，又相继开发了多款纯电动环卫车辆。公司纯电动车辆的公告截止到 2012 年年底已经达到二十多个。

五、合资合作

在纯电动车领域积极与北京理工大学、北汽福田汽车股份有限公合作，在纯电动车辆底盘设计过程就参与其中，根据上装的不同对车辆底盘设计提出相应布置及其他技术要求，使纯电动车能够最大限度地适应环卫作业需求。

广西玉柴机器股份有限公司

一、发展概况

1. 2012 年 1—12 月

广西玉柴机器股份有限公司对节能与新能汽车发展高度重视，在做好柴油动力产品研发生产的同时，将新能源动力列入公司发展战略。玉柴在新能源汽车方面的研究主要包括混合动力总成系统（动力总成控制器、电机控制、电池管理、高压电源管理、离合器控制）、代用燃料（气体燃料发动机包括 LPG/LNG/CNG 燃烧匹配标定技术、燃气发动机设计、机械开发、燃气系统集成技术）。

玉柴自 1995 年开始从事气体燃料发动机开发，涵盖了 LNG（液化天然气）发动机、CNG（压缩天然气）发动机、LPG（液化石油气）发动机，是国内最早进行天然气发动机商品化研发的企业，其中单点喷射和稀薄燃烧技术作为玉柴 NG 技术的核心代表。2012 年玉柴天然气发动机实现销量 20213 台，销售收入超 10 亿元，同比增长 52.49%；市场占有率达到 41.7%，位列行业第一。

玉柴自 2005 年开始从事新能源技术研究（混合动力系统），经过 5 年的研发验证，完成两次重大技术升级，终于研制出完全拥有自主知识产权、性能可与国际先进水平相媲美的单轴并联式混合动力总成系统（YCHPT），填补了国内空白，并于 2010 年 8 月通过广西壮族自治区级科技成果鉴定，并通过国家权威机构检测。

为推动实施新能源动力发展战略，玉柴组建了科研力量雄厚的新能源研发团队，目前玉柴新能源技术研发团队规模达到百人，其中博士 10 人，研发团队人数、学历结构在行业首屈一指，对玉柴加快新能源技术、产品研发起到了关键作用，同时做强做大广西的新能源汽车产业起到良好的支撑作用。

玉柴为加速新能源技术成果产业化的步伐，玉柴于 2009 年 6 月在南宁市高新技术开发区成立了广西三立科技发展有限公司，专注于新能源汽车混合动力总成系统的研发、生产、销售及技术支持。

广西三立科技发展有限公司主要产品有：新能源汽车混合动力总成、汽车电子维修检测设备、蓄电池管理系统、电机及控制系统、柴油机电子控制器、后处理控制器等，自有厂房 3000 平方米，已形成新能源汽车混合动力总成 1 万台，柴油机控制器 2 万台，插电式电机 5000 台，蓄电池管理系统 5000 台的年生产能力。

随着混合动力技术的发展，在中国市场上占主流的混合动力系统从 2008 年的伊顿（美国）一家发展到 2012 年的松正（天津）、绿控（苏州）、福工（福建）、伊顿（美国）、YCHPT（广西玉柴）等多家。其中，2012 年玉柴混合动力总成产品销售达到 1500 套，约占国内市场的 17%。

此外，在 2012 年，玉柴的混合动力系统采取了

120kW 电机，节能效果更强，得到了更高的补贴，也受到更多客户的欢迎。玉柴还提供集成 AMT 变速箱，玉柴新一代混合动力系统“玉柴发动机 + 电机 + 控制系统 + AMT 变速器 + 电池”已经成为新一代混合动力商用化的标准和方向。

此外玉柴已经成功开发 YC6J、YC4F、YC4G 系列混合动力专用柴油机以及 YC6J、YC6G、YC4G 系列混合动力专用气体发动机，功率覆盖 65 ~245 马力，是国内功率覆盖范围最广的产品系列，所生产的混合动力专用发动机在各大城市已获批量订单，用户指定配置，成为汽车厂进行系列混合动力车辆配套的首选动力。

2. 2013 年 1—3 月

2013 年以来，玉柴机器股份公司的发动机板块产销两旺，一季度销售发动机 18.3 万台，销量同比增加 6.05%，稳居柴油发动机销售榜首，领先第二名 5 万台。首批国 V 气体发动机成功下线，分别发往江淮客车、东风襄旅等大车企进行装车，气体发动机销售同比增长超过 260%。

玉柴一季度实现单轴并联式混合动力总成系统超过 600 台的业绩，市场占有率进一步提高。

二、生产经营

1. 2012 年 1—12 月

玉柴气体发动机排量从 4.2L 到 16L，覆盖重、中、轻各型商用车，100 ~600 马力，国内型谱最齐全。2012 年玉柴实现气体发动机销售超 2 万台，销售收入超 10 亿元，同比增长 52.49%，市场占有率达到 41.7%，已经成为国内最大的天然气发动机生产企业。同时，玉柴将气体发动机的最高保修里程提高到了 30 万公里/24 个月。

2012 年，玉柴单轴并联式混合动力总成系统销售同比增长 300%，突破 1500 台，产值突破 3 亿元，在重庆恒通、苏州金龙、厦门金龙、武汉扬子江、江淮客车、东风商用车、中通客车、广州客车等整车企业实现批量配套。继批量投放广州、杭州、苏州、重庆、厦门、昆明、天津、海口、呼和浩特、南昌等城市公交市场后，成功批量进入武汉、贵阳等城市公交市场，细分市场占有率达 17%，其中在广州的保有量超过 1000 台，成为广州公交市场唯一一家混合动力总成系统供应商。

2. 2013 年 1—3 月

2013 年第一季度，玉柴首批国 V 气体发动机成功下线，分别发往江淮客车、东风襄旅等大车企进行装车，气体发动机机销售同比增长超过 260%。

被认为是新能源动力的主流产品——插电式混合动力取得了较大的进展，已经完成装车验证，将投放市场。一季度，玉柴实现单轴并联式混合动力总成系统超过 600 台的业绩，市场占有率进一步提高。

2013 年上半年，行业中客车动力变化比较大，其中气体发动机和混合动力高速发展，增长分别为 35.8% 和 386%；玉柴在这两个市场的优势比较明显，使得客车动力继续保持行业第一，市场份额稳步提升。

三、产能建设

1. 2012 年 1—12 月

玉柴于 2011 年 11 月启动了气体发动机生产基地第一期工程，主要建设面积为 5000 平方米的 CNG 气体发动机生产车间，4200 平方米的重型气体发动机生产车间，13500 平方米的配套仓库，新增 10000 台气体发动机的生产能力，目前玉柴已经具备 4 万台气体发动机的产能。

产业技改方面。玉柴插电式混合动力电机及其控制系统产业化项目、新能源汽车蓄电池管理系统生产项目、商用车混合动力总成系统产业化项目、混合动力专用气体发动机产业化项目、气体发动机生产基地一期建设项目等一批新能源汽车项目相继获得广西壮族自治区工业和信息化委员会下达的节能与新能源汽车发展专项资金及技术改造资金，对玉柴进一步夯实新能源动力产业化起到了关键作用。

2. 2013 年 1—3 月

玉柴气体机生产基地二期已经开工建设，将形成年产 30000 台气体发动机的生产能力。

四、技术进展及研发能力进展

1. 2012 年 1—12 月情况说明

为掌握国Ⅴ天然气发动机技术，充分发掘天然气发动机环保、节能的特性，从 2009 年开始玉柴就启动了国Ⅴ天然气发动机开发工作。玉柴国Ⅴ天然气发动机是在玉柴国Ⅳ天然气发动机成熟的基础上，采用国际先进的单点喷射燃气控制系统（ESI），通过稀薄燃烧控制技术和氧化催化后处理技术，在达标国Ⅴ排放要求的同时，较好地实现了燃气经济性。针对天然气燃烧速度慢、热负荷高等特点，玉柴燃气发动机在燃烧系统、冷却系统、润滑系统、空气管理系统、点火系统等方面进行了深入研究和专项开发，有效提升了燃气发动机的可靠性。参照国际知名发动机研究机构——奥地利 AVL 和美国西南研究院的天然气发动机开发流程，结合玉柴燃气发动机开发规范，在发动机结构设计、性能优化、机械开发、三高标定、整车试验等方面进行了全面、充分的验证和考核，台架可靠性累积试验时间超过 5000 小时，确保玉柴国Ⅴ天然气发动机的产品性能和可靠性。

2012 年玉柴成功发布 YC4DN-50、YC4GN-50、YC6JN-50、YC6GN-50、YC6LN-50、YC6MKN-50、YC6KN-50 等七款国Ⅴ天然气发动机，功率覆盖约 120 ~440 马力，排量

4~13升不等，适用于客车、公路货车、公交、港口牵引车、自卸车等。

2012年玉柴承担或参与新能源汽车技术领域课题（项目）达到8项，其中：

国家863计划课题2项，即宇通插电式混合动力城市客车产业化技术攻关、客车用玉柴中度混合动力总成产业化技术攻关。

广西350工程项目2项，即重型电控自动机械变速器（AMT）研发、城市公交车混合动力总成研发。

广西重大专项项目4项，即商用车混合动力电机及其系统开发、基于挖掘机混合动力的机电耦合技术研究、高压电用电安全管理技术研究、YC6L280N-40重型商用天然气发动机开发。

2012年，玉柴在新能源动力研究，尤其是混合动力系统方面取得了喜人成绩，相继完成了二代混合动力系统、插电式混合动力系统、超级电容混合动力、ISG永磁同步二代电机（120kW）、混合动力专用自动变速箱AMT、离合器第二代控制器、混合动力诊断仪等新技术、新产品开发。

2.2013年1—3月情况说明

玉柴工程研究院南宁基地的新能源车间、试制车间投入使用，该基地已具备新能源动力研发工作所需要的试验和研发手段、设备，可以完成各项研究开发、试验验证工作。

被认为是新能源动力的主流产品的插电式混合动力取得了较大的进展，已经完成装车验证，即将投放市场。

五、主要产品

零部件

序号	名称	型号
1	单轴并联式混合动力总成系统	YCHPT
2	YC6J国V天然气发动机	YC6J210N-50
3	YC6G国V天然气发动机	YC6G260N-50

续表

序号	名称	型号
4	YC6L国V天然气发动机	YC6L280N-50
5	YC6MK国V天然气发动机	YC6MK340N-50
6	YC4D国V天然气发动机	YC4DN-50
7	YC4G国V天然气发动机	YC4GN-50
8	YC6K国V天然气发动机	YC6KN-50

六、发展规划

到2015年年末，中国将有约100万辆天然气汽车，商用车大约30万辆，包括公交、城际客车、卡车；乘用车主要是出租车，大约会有70万辆。若这一预测能够实现，到“十二五”末，天然气发动机将实现替代1400万吨柴油的目标。

预测气体发动机将迎来高速发展，年增长率应达到25%以上，沿海LNG接收站辐射地区、管网沿线地区，将是重点增长市场，玉柴已经提前开发产品及展开市场培育。

根据玉柴产品规划，柴油车机将向燃气发动机全面切换，在船电产品方面，规划开发6TN、6CN、12VTN、12VCN、16VCN等大马力气体发动机。

七、2012年1—12月企业在新能源汽车方面经济指标统计

指标名称	本期累计	同期累计
2012年营业收入（万元）	1274486	1495926
工业总产值（全年价）（万元）	1073778	1142631
工业销售产值（全年价）（万元）	1280764	1381505
工业增加值（万元）	406600	315880
2012年年末职工人数（人）	9316	9257
2012年年末工程技术人员（人）	1783	1623
2012年年末资产总计（万元）	1728015	1847785
2012年利润总额（万元）	81293	109295
2012年产品销售率（%）	89.73	84.70

北京亿华通科技有限公司

一、2012年发展概况

北京亿华通科技有限公司，是在科技部、北京市政府、清华大学的大力支持下，从事新能源汽车领域技术研发及应用的高新技术企业，是北京清华节能与新能源汽车工程中心的产业化实体。

经过多年发展，公司已在多种形式新能源汽车整车设计、动力系统研发、电子控制系统开发、车用加氢站的建设运行等方面，取得了深入进展和重要成果。

公司依托清华大学的科研背景，先后承担了国家“863”计划电动汽车重大专项的“燃料电池城市客车示范车开发与试验运行研究”项目、“可再生能源制氢及HCNG城市客车研发”项目、“新能源汽车动力总成控制器的研发和产业化”项目，联合国开发计划署“中国燃料电池公共汽车商业化示范”等项目，在燃料电池客车、增程式电动客车、混合动力客车整车匹配研究及系统集成技术方面取得了重大进展，形成了从关键零部件到成套系统的开发与测试体系。

经过多年的积累，公司已经形成了以汽车新型动力系统和氢能系统研发为核心的新能源汽车核心技术开发能力，圆满完成了科技部863电动汽车重大专项所属的燃料电池城市客车研发、多种新型混合动力汽车研发、北京氢能示范园建设、燃料电池客车奥运会、世博会、青奥会示范、燃料电池客车北京公交运营等任务。公司的成果得到了国内外专家和组织的高度称赞，多名中国科学院和工程院院士、科技部部长、北京市领导、美国能源部部长、欧盟科技专员、GEF总裁等先后对公司进行考察，访问。与美国、欧盟、加拿大等政府及科研机构，BP、shell等国际能源公司以及通用、丰田、福特、大众等汽车公司进行了广泛的技术交流与合作。

二、主要产品

1. 燃料电池客车产品

公司在燃料电池发动机及整车的集成、评估、控制以及相关车用关键技术的研究方面取得了重要进展，拥有目前国内功能最为齐全且具有世界先进水平的燃料电池发动机测试设备。在燃料电池大客车整车、燃料电池发动机系统、燃料电池关键技术等方面都有比较全面的积累。公司为北汽福田、上汽集团、苏州金龙、新加坡南洋理工大学等单位研发的燃料电池客车先后于2008年北京奥运会、2010年上海世博会、2010年新加坡青奥会期间作为服务用车投入使用。交付北京公交公司示范运行的第三代燃料电池城市客车圆满完成了为期1年的公交载客运行，获得社会良好反应。通过滚动开发和试验运行，我们在降低成本、提高可靠性、耐久性、可维护性等方面做了大量创造性工作，为燃料电池车的工程化、产业化及商业运行积累了丰富的实际经验。目前，公司已完成六代燃料电池大客车的开发，最新型燃料电池大客车在经济型、安全性、可靠性、耐久性都有质的飞跃，动力系统成本也大幅下降。

2. 燃料电池系统

燃料电池系统，是燃料电池城市客车动力系统最重要的组成部分。它主要包括燃料电池电堆、空气供应系统、氢气供应系统、冷却循环系统以及控制系统。

亿华通公司的车用燃料电池系统采用了有别于传统集成式的设计理念，采用模块化和标准化的设计方式，可以根据不同车辆的需求，充分利用整车空间，在确保满足燃料电池系统的性能、稳定性和安全性的情况下，通过功能化的模块划分设计，实现整车框架内的更为合理的分布式布局，大大提高了车用燃料电池系统的稳定性和寿命。同时，最大程度地简化了系统的集成和维护工作，为未来车用燃料电池系统的产品化和批量化发展打下了坚实的基础。

燃料电池客车关键技术：

（1）采用新型锂电池和燃料电池为核心的燃料电池混合动力系统的设计、集成和优化。

（2）基于燃料电池可靠性和耐久行的燃料电池控制策略。

（3）采用直驱电机或轮边驱动桥。

（4）动力系统多个子系统控制器集成一体化。

（5）轮边电机驱动控制技术，包括电子差速、牵引力控制、制动力控制、电子防抱死技术等。

（6）新一代安全网络通信技术。

3. LNG、CNG城市客车产品

公司在LNG、CNG城市客车关键技术的研究方面取得了较大进步，拥有功能齐全、技术先进的燃气发动机测试实验室。运用大量新技术设计研发了偏动力型和偏经济型两种LNG、CNG整车匹配方案，公司通过与多家整车企业合作和自身的试验运行，在LNG、CNG客车的整车布置，整车控制、关键零部件功能测试、整车调试、承载技术，续驶里程，燃能经济性，排放性，安全性、培训服务等方面做了大量的创新性工作，积累了丰富的实践经验，推动了行业的发展。另外，公司在LNG重型卡车、城市物流车领域也进行了深入的研究，与国内知名的重型卡车公司开展了广泛合作，取得了丰硕的成果。同时，与清华大学合作着手开展了LNG、CNG并联式气电混合动力公交客车的研发工作。

4. 新能源汽车关键技术产品

（1）整车控制器VCU

整车控制器处于分布式控制网络的核心，实时采集车辆运行工况，驾驶员操作信息等，根据相应的控制策略生成控制命令，通过CAN网络发布到各个子系统，从而实现对各个子系统的协调控制。

（2）新能源汽车供气系统

氢燃料城市客车氢系统由储氢子系统、加氢子系统、输氢子系统、预警子系统、稀释子系统组成，各子系统均进行了严格的技术测试，氢系统的安全性有充分的保障。

天然气城市客车LNG、CNG系统的关键零部件：车载气瓶、充装接口、电磁阀、安全限流装置、压力调节阀、LNG液化器、安全阀、缓冲罐、单向阀、燃气电磁阀等均采用了WHE、HOKE、CLRLLE、天海、安瑞科等国内外知名企业的产品，以确保系统的安全性。

（3）智能车辆数据分析系统

公司在车辆数据分析领域具有很强的研发能力，目前已基于车载设备+移动网络研发出多款产品，柴油车排放监控系统、新能源车辆数据监控系统，车载视频监控系统，多功能行车记录仪，及车联网数据处理系统。其中，车载下位机设备可实时采集并存储车辆CAN网络数据、各种传感器数据等，通过移动网络（GPRS、CDMA、WCDMA等）

实时上传到互联网服务器。上位机服务器软件平台负责将数据进行分析、整合。可进行数据对比、图形展示、周期性统计等操作。并针对客户需求，对数据进行各种组合筛选。

（4）柴油车排放监控系统

涵盖国内外多种主流排放测试算法：ETC 工况、窗口平均算法、NTE 法则。可统计车辆 NOx、CO_2 的总排放质量、功率比排放和里程比排放。已在多个一线城市成功上线，可及时发现排放超标、SCR 故障车辆。

（5）新能源汽车数据监控系统

可监测车辆运行的各种参数及状态：如车速、地理位置、动力系统能源储备状态、DC/DC、电机、各项传感器参数等。并针对新能源车辆重要部件参数的异常情况，实施实时报警、记录，同时可对各相参数进行数据的分析处理，并以图表式呈现。

上海燃料电池汽车动力系统有限公司

一、发展概况

上海燃料电池汽车动力系统有限公司是专门致力于新能源汽车动力系统技术领域的技术与产品研发的高科技公司。主营业务包括：新能源汽车动力系统集成与控制技术研究与服务、动力系统关键技术及零部件开发与生产销售、动力系统及关键零部件试验研究与服务、新能源汽车示范运行技术保障服务等。公司在 2011 年 3 月通过 TS 16949 质量体系认证。

公司完成了我国第一代至第四代燃料电池轿车动力平台研发，成功开拓出“电电混合、动力系统平台、副产氢气纯化和高压储氢”的中国燃料电池轿车技术发展之路，掌握了燃料电池汽车动力系统平台集成与匹配、动力系统总成控制、车载电流变与驱动控制、燃料电池发动机系统集成、车载供氢系统集成、车载信息技术与远程监控、热管理、氢安全与电安全、动力总成与关键零部件测试、动力系统向整车集成、车辆运行考核与示范运行技术保障等在内的自有核心技术。

在燃料电池轿车动力系统技术平台基础上，公司还成功将技术移植应用于燃料电池客车及串联式混合动力客车，开发出城市客车双动力系统平台；应用于微型车和场地车，开发出纯电动轿车和微型车、燃料电池场地车和纯电动场地车动力系统平台；应用于混合动力轿车，开发出混合动力轿车动力总成控制系统。

目前，公司已形成了完整的新能源汽车动力系统研究开发体系，造就了一支具有丰富实践经验的科技队伍，建立起较完备的开发平台和研究测试环境，并形成了动力系统集成及关键零部件中试生产能力。开发与试验环境包括动力系统硬件在环开发试验平台、燃料电池系统测试平台、电机及驱动系统测试平台、动力蓄电池测试平台、电子负载、恒温箱、控制系统在线检测平台等；形成的中试生产能力包括动力总成 ECU 装配与检测生产线、电流变与驱动控制单元总成产品装配线、燃料电池发动机总成装配线、供氢系统总成装配线、动力系统调试与标定工作生产线，目前已形成动力系统集成年产千套级、控制器及驱动单元等关键零部件年产万套级的产业化能力。目前公司正在努力打造成为新能源汽车动力系统技术领域的总成产品和服务供应商。

二、生产经营

2012 年 1—12 月

上海燃料电池汽车动力系统有限公司力争打造成为中国新能源汽车动力系统技术领域的总成产品和服务的优秀与知名供应商。主要产品包括：

（1）系列化、平台化新能源汽车动力总成控制器。

（2）新能源汽车集成动力控制单元总成。

（3）新能源汽车车载远程监控系统。

（4）5/50kW 燃料电池发动机总成产品。

（5）轮边驱动总成。

主要提供的技术服务包括。

（1）新能源汽车动力系统集成与控制技术服务。

（2）新能源汽车动力底盘集成技术服务。

（3）新能源汽车运行支持与保障技术服务。

（4）车载供氢系统集成及其匹配技术服务。

在 2012 年，公司承接了数个国家科技支撑计划的重点项目和国家高技术研究发展计划（863 计划）的重点项目，取得了经济效益和社会效益的双丰收。

三、产能建设

2012 年 1—12 月

（1）新能源汽车动力总成控制器与动力控制单元装配中试生产线

完善并形成生产线在线检测能力建设，包括在线检测系统（ICT）及生产线线后检测设备（EOL）设计线上及线后测试台，形成年产万套级动力总成控制器 ECU 和动力控制单元 PCU 的装配与产品验收检测能力。

（2）动力系统产业化基地开工建设

规划有新能源汽车动力总成试验室、燃料电池发动机系统试验室、控制器开发试验室、动力控制单元开发试验室、整车转鼓性能调试标定试验室的公司综合楼和生产试验中心一期工程于 2011 年 5 月 22 日开工建设，2013 年 9 月土建工程全部完成。

至“十二五”末期将形成平台化/系列化电动汽车动力系统嵌入式 ECU 单班年产 2 万套、集成电力电子控制单元 PCU 单班年产 2 万套、其他汽车电子模块单班年产 1.5 万套的综合装配制造及质量保障能力及千套级燃料电池发动机、轮边驱动总成中试装配能力，并形成综合技术开发及试验检测产业化支撑能力。

四、技术进展及研发能力进展

（1）技术进展方面

① 燃料电池轿车动力系统技术研发平台

研究面向示范燃料电池轿车动力系统优化总体方案，针对三种车型开展动力系统向整车集成设计工作，针对车载电源升压供电方案开展动力驱动单元的改进优化设计。

② 纯电动轿车动力系统产业化技术研究

完成面向产业化纯电动微型车动力系统平台样车的集成研制、试验考核及动力总成控制器、动力控制单元、电机及减速器、辅助驱动控制器、动力电池及管理系统等关键零部件产品定型。

③ 新能源汽车动力总成控制器（ECU）产业化研究

完成满足各型新能源汽车动力总成控制需求的 32 位通用型、高可靠性动力总成控制器 ECU 产品化开发并形成产品系列，建立了包括符合汽车电子国际/行业规范、满足匹配标定与离线故障诊断的应用软件支持环境，在燃料电池汽车、纯电动轿车、混合动力轿车动力总成控制及燃料电池发动机总成控制、车载供氢系统管理等领域实现应用。

④ 新能源汽车动力控制单元产业化开发与应用

针对客户应用开展动力控制单元产品结构优化，形成同时满足中级燃料电池轿车、纯电动轿车及双动力电驱动客车用 90kW 级 PCU 产品及 DC/DC 变换、主驱动控制、辅助驱动控制等产品模块，开发 60kW 级混合动力驱动控制单元并进入试验室试验阶段。

（2）研发能力方面

新能源汽车动力总成测试平台

完成测试平台的完善配套建设，测试平台由大功率测功机、整流逆变设备、驱动电机、扭矩仪等设备和支撑、传动、连接等装置组成，可根据任务需求开展动力总成、电机及控制器、燃料电池系统、动力蓄电池等关键零部件匹配测试试验工作，可以实现惯量模拟及汽车行驶阻力模拟、一次电源模拟、二次电源模拟、PCU 调试、动力系统联调、回馈制动等试验与调试功能，一次电源模拟功率（单向）大于 55kW，二次电源模拟功率（双向）大于 30kW，电力测功机吸收功率大于 80kW，可加载电机转速范围为 0～12000rpm，最大可加载电机负载转矩大于 250N·m。

五、主要产品

零部件

序号	名称
1	电动汽车动力系统总成控制器（ECU）
2	电动汽车集成动力控制单元总成（PCU）
3	2kW 隔离 12VDC/DC 变换器（DCL）
4	5kW 车载燃料电池发动机系统总成
5	25kW 车载燃料电池发动机系统总成

六、发展规划

上海燃料电池汽车动力系统有限公司依托同济大学汽车学院和新能源工程中心的强大技术依靠，发挥公司特有的集项目型和生产型业务模式。在未来将致力于发展成为新能源汽车动力系统技术领域的总成产品和服务供应商。

作为国内最早也是最先研制燃料电池发动机总成产品的企业，公司计划发展面向产业化、面向整车厂，打造完全拥有自主知识产权的燃料电池动力系统集成商，并实现总成产品在客车、轿车和微车上的全系列应用。在此基础上，公司也积极开发包括嵌入式 ECU、集成化电子控制单元及多功能车载远程监控系统，实现产品优化和定型，最终达到年产万套级的规模化生产。

除了新能源汽车动力系统产品的研制，为整车企业提供新能源动力系统领域的技术支持和方案设计与优化也是公司的核心业务之一。公司为整车企业提供包括新能源动力系统集成、动力底盘方案设计与开发、车载供氢系统匹配与集成以及新能源汽车各类示范运行活动的技术服务。经过了北京奥运、上海世博、广州亚运和深圳大运会等重大活动中新能源汽车示范运营项目的磨炼，积累了丰富的项目经验，培养了一支敢打硬仗的技术力量。在未来，公司将积极拓展与整车企业的交流与合作，为之提供行之有效的动新能源汽车力系统集成的解决方案和技术支持与保障服务。

七、2012 年 1—12 月企业在新能源汽车方面经济指标统计

指标名称	本期累计
2012 年营业收入（万元）	2461.2
2012 年年末职工人数（人）	134
2012 年利润总额（万元）	380.07

环宇赛尔新能源科技有限公司

一、发展概况

环宇赛尔新能源科技有限公司是河南环宇集团和英国欧瑞投资基金公司联合组建的，专注于新型动力和储能锂离子电池开发、制造和销售的合资企业。公司总部和研发中心位于北京，制造基地设立在河南新乡。

环宇集团创立于1982年，是中国二次电池产业的开拓者，拥有从电池材料配件制造到电池生产的完整产业链，能够大规模生产各类二次电池，长期为德国博世、美国百得、香港TTI、日本牧田等众多国际知名客户提供各种动力电池。

环宇赛尔承继了30多年在二次电池和电池材料领域所积累的专利技术和丰富经验，所设计制造的大容量、软包装、叠片式、贫液态锂离子电池系列产品，实现了“把安全设计进产品”的设计理念，一致性更好，使用寿命更长，安全性更高，能够360°任意摆放，极大提高了系统空间的利用率，是国内外用户广泛应用于各类电动车辆和储能系统的首选电池。

为满足国内外客户对绿色环保电源的不同需求，环宇赛尔相继开发并推出了几大产品系列，分别为电动车电源、锂电车电源、储能电源、通信电源和矿山设备电源，并为客户提供项目咨询、系统设计、技术支持等一站式电源解决方案。

2010年，与山东沂星合作投入140辆纯电动大巴，8条运行线路，约1000万公里运营里程，创造国内运行时间、数量、里程之最的成功案例，成为国内首个批量电动大巴电源供应商。目前，公司实现与东风、大宇、沂星等整车企业的深入合作，形成覆盖上海、海口、成都、临沂、大连、南宁等城市的业务版图，全国配套运行近600辆纯电动大巴车。

二、生产经营

环宇赛尔新能源科技有限公司自成立伊始，携手英国欧瑞投资基金公司，共同发展磷酸铁锂电池产业，扩充动力电源、通信电源、风光储能、矿用电源多个产品线。

2010年，公司与山东沂星合作投入140辆纯电动大巴，实现8条运行线路，约1000万公里运营里程，创造国内运行时间、数量、里程之最的成功案例，成为国内首个批量电动大巴电源供应商。2011年在电力储能市场大规模应用，为山东鲁能智能提供磷酸铁锂动力电池，成为国家电网的电池供应商。2012年公司实现与东风、大宇、沂星等整车企业的深入合作，在海口、上海、成都、大连、南宁、临沂等城市示范运行，全国配套近600辆纯电动大巴车。公司先后荣膺2012年度优秀电池供应商；2012年全球新能源500强最具贡献企业。

三、产能建设

环宇赛尔新能源科技有限公司是专注于新型动力和储能锂离子电池开发、制造和销售的合资企业。

公司基于30多年的电池产品服务经验，以科技融合产品，为客户利益创造最佳系统解决方案。公司以环宇赛尔电池产品和技术应用为基础，以跨行业客户的整体业务服务为重点，多层次、全方位地为客户提供解决方案。

（1）一体化生产体系

环宇集团于1982年开始制造和开发电池的关键材料，环宇赛尔凭借垂直整合的优势，借助公司自主研发的关键原材料，更好的实现产品控制，提高了产品的一致性和寿命。环宇赛尔建构的从材料制造到电池生产纵向整合一体化产业体系，能有效控制产品性能和降低成本，提高客户总体收益。

（2）安全有效的质量保障

环宇赛尔建立了科学先进的全面质量管理体系。涵盖了研发、制造、销售、服务等流程环节，先后通过ISO9001：2008认证和ISO14001环境管理体系认证，以及UL、CE、UN、ROHS、SGS和201所等权威检测认证，为实现产品的高品质和稳定性提供了优质保障，环宇赛尔产品的各项性能均满足国际和国内行业要求，达到同类产品先进水平。

环宇赛尔磷酸铁锂正极材料的年生产能力超过1500吨，动力和储能锂离子电池的年生产能力超过1亿A·h。

四、技术进展及研发能力进展

30多年生产电池和电池材料所积累的丰富经验，使环宇赛尔实现以研发体系为支持，不断关注客户需求，最终形成系统解决方案的循环体系，并形成公司强大自主知识产权，为客户创造更大价值。

（1）研发团队

环宇赛尔的核心竞争力源于不断的科技创新能力。2005年，公司累计投资6000多万元组建了集“产、学、研”于一体的研发与测试中心。2006年，经国家人事部批准，成立了“博士后科研工作站”，先后引进博士生导师、教授、高级工程师17人。2007年，经河南省科学技术厅批准，成立了“河南省新型二次电池工程技术研究中心”。

（2）专利技术

研发中心先后承担了动力聚合物锂离子电池、动力锂离子电池材料等几十项国家级研发和技术攻关项目，在新型二次电池领域申报专利达百余项，累计授权专利40多项，产生直接经济效益高达数亿元。

（3）研发设备

环宇赛尔新能源拥有专业化的电池性能安全测试设备、美国电化学工作平台、ICP发射光谱仪、Arbin电池测试设备等世界一流的研发与检测设备，构建了强劲的研发体系，是目前国内投资规模最大、技术水平最高的磷酸铁锂动力锂离子电池生产企业之一。

五、主要产品

序号	名称	型号
1	电动大巴电源	EV-HYLFP001S-200Ah
2	电动乘用车电源	EV-HYLFP46182295/100Ah
3	锂电车电源	EV-HYLFP8081238-1P16S-48V10Ah
4	储能电源	ES-HYLFP71136216/100Ah
5	通信电源	ES-HYLFP11192320-1P15S-48V50Ah
6	矿用电源	ES-HYLFP55168131/50Ah

六、合资合作

欧瑞基金公司成立于2004年，是一家伦敦上市的英国基金公司。公司重点专注于电动车产业链等新能源领域的投资发展，基金规模超过20亿美元。环宇集团成立于1982年，中国二次电池产业的开拓者，拥有从电池材料到电池生产的完整产业链，能大规模生产二次电池。双方在充分了解及相互认可基础上达成合作。

2005年，成立河南省唯一一家“新型二次电池工程研究中心”；成立博士后科研工作站，并与清华大学、郑州大学等国内多家高校、科研院所开展产学研合作；2007年，批量生产电动汽车用磷酸铁锂电池；与香港新美景合作开发城市公交用电动大巴车。

2009—2012年，公司先后实现与东风、大宇、沂星等整车企业的深入合作，在海口、上海、成都、大连、南宁、临沂等城市示范运行，全国配套近600辆纯电动大巴车。

七、发展规划

坚持“绿色能源，人类共享”的理念，环宇赛尔新能源科技有限公司以科技融合产品，力争成为一流的企业，提供一流的服务，为人类的节能减排、改善生存环境做出应有的贡献。未来，公司将以专业技术和优质产品满足客户需求，打造全球领先的绿色电源解决方案供应商，致力于成为国内外各类电动车辆、储能系统企业的首选合作伙伴。

湖南科霸汽车动力电池有限责任公司

一、发展概况

2012年是湖南科霸汽车动力电池有限责任公司实现跨越的一年。公司引进日本湘南工厂成熟生产线与设备，从而实现镍氢动力电池制造技术上升为世界一流的混合动力汽车动力电池制造商。

2012年3月31日，湖南科霸公司正式启动湘南工厂中国化项目。湖南科霸公司将消化吸收日本汽车动力电池先进的技术研发、生产、品质管理、设备等经验，在湖南长沙基地实现镍氢动力电池的批量自动化生产。同时将展开材料产业链相关联动整改工作，实现镍氢动力电池所需材料的国产化，进一步提升我国电池材料的整体水平。通过湘南中国化可以很大程度降低电池制造成本，满足国内外客户及市场的需求。湘南中国化项目总投资4.5亿元，建筑面积约2.5万平方米，项目将于2013年7月建成，10月正式量产，第一期年产能可以满足6万辆混合动力汽车需求。

2012年，湖南科霸汽车动力电池有限责任公司接管湘南工厂继续实现了盈利。科霸公司应用成熟的湘南产品开拓中国市场，与吉利集团旗下上海华普汽车有限责任公司进行了深入合作，完成了道路评价实验、油耗实验、夏季实验、冬季实验、道路可靠性试验，完成B样车装车示范运行。同时，与一汽股份技术中心合作，向科技部提出申请，将一汽863强混项目电池供应商由中炬公司替换成湖南科霸公司，得到科技部批准。一汽与湖南科霸公司成功合作863项目。

除HEV汽车市场外，科霸公司还对储能市场进行了调研和开发，2012年成功向先进储能材料国家工程研究中心销售280根D形电池模组，应用于储能项目。

湖南科霸汽车动力电池有限责任公司始终专注为全球领先电动汽车客户提供卓越的动力电池产品和真诚服务，矢志成为全球最值得信赖的专业汽车动力电池及能量包制造企业，为全球战略合作伙伴提供最先进的动力电池能源解决方案。

二、生产经营

截至2012年年底，湖南科霸汽车动力电池有限责任公司旗下日本湘南工厂，自交割以来累计完成产销量近10万台（套）混合动力汽车用镍氢动力电池，主要销往国际大型车厂。

我国已把节能与新能源汽车列入战略性新兴产业之一，作为国家发展战略，通过示范推广，进一步明晰技术路线，有效带动节能与新能源汽车技术、人才、产业等资源的快速集聚。湖南科霸汽车动力电池有限责任公司坚定不移地走混合动力路线，同时以客户为导向，以市场为导向，为客户创造价值。

储能市场，完成2个示范项目的实施与验收。2012年12月，向先进储能材料国家工程研究中心销售D形电池模组280根，运用于储能项目。储能系统采用日本湘南工厂生产的高能动力镍氢电池，不间断运行七个月后电池一致率达到99.89%，功率最高达5MW，使用寿命8年。安全性能高、稳定性能强、使用寿命长、放电功率大且可循环利用无污染。系统以低消耗和资源循环利用为基础，将楼宇中的节能管理技术、智能控制技术和储能技术整合在一起，不仅实现了能效的最大化，更实现了生活办公的安全智能化；对单个楼宇可提供电能30%~38%，每年节约标准煤100吨以上，每年减少碳排放370吨以上。

三、产能建设

湖南科霸汽车动力电池有限责任公司目前已经具备了生产最高端镍氢动力电池的能力，公司拥有成熟的动力电池技术、日式管理经验、精益制造体系、质量控制体系、产品追踪和统计方法，为技术进一步提升奠定了稳定的基础，更为中国镍氢电池产业的跨越式发展提供了强有力的动力。

湖南科霸汽车动力电池有限责任公司拥有4条全自动化组装生产线，世界领先的镍氢动力电池生产与检测设备，建设独立的洁净生产车间进行产品的生产制造，确保产品质量和性能的一致性。月产能达100万只，年产近6万台（套）产品。湘南CORUN ENERGY株式会社建有全球最先进的动力电池的全自动化生产线，具备生产最高端动力电池的能力。

同时，在科力远的整体产业布局中，科霸公司具有无与伦比的优势。科力远在电池产业上下游体系上，涵盖了原材料、二次电池、汽车动力电池、能源动力系统、储能领域和渠道营销网络，已形成完整的产业链和合理的产业布局。

面向未来，科霸公司将充分利用科力远的品牌优势和行业地位，整合产业链上下游资源，进一步增强企业经营能力和行业主导能力，为电动汽车提供完整的动力解决方案。

四、技术进展及研发能力进展

2012年度湖南科霸汽车动力电池有限责任公司成功开发了圆柱形D型汽车动力电池，较以前的产品在结构设计上更加合理，符合实际使用情况，并且改善了电性能信赖性；完成了自主研发的第二代BMS开发，各项指标均得到提升；形成标准化能量包开发。

1. 电池开发

湖南科霸汽车动力电池有限责任公司2012年度吸收了全资子公司湘南工厂的电池研发、制造技术，成功研发出了圆柱D型动力电池。新产品较以往的产品在电性能和使用安全性方面有了很大的提升。首先，D型电池采用接触电阻最小的焊接方式实现极板引流过程；改变电池间连接设计，尽量采用焊接方式而非传统的螺母连接方式实现电池间的串联，降低电池连接内阻，通过增加极板面积，减小电流密度，降低极化，提高了电池的储存性能和循环寿命。另外通过自主开发全自动化生产和研发设备，在提高生产效率的同时也保证了产品的一致性。

2. BMS开发

湖南科霸汽车动力电池有限责任公司2012年度完成了第二代电池管理系统（BMS）的开发，通过安时积分法、开路电压法、卡尔曼滤波法等SOC估算方法的组合使用，建立SOC估算模型，提高了SOC估算精度；引入绝缘电阻等检查手段，实时检测电池组及高压总线的绝缘情况保证安全性；通过电磁兼容性分析和改进，确保电池管理系统具有优良的抗干扰能力，同时保证系统对外产生的干扰度最低。

3. 能量包开发

使用红外热成像技术、温度场仿真技术和多点分布探头等方式实现对电池能量包内部温度分布的测量，掌握在通风状态下电池温度的分布情况；利用流体仿真分析、烟雾发生器等手段实现对冷却效果和冷却均匀性的评估，通过优化模块组合结构、能量包内电池排布结构等，保证能量包内电池温度的一致性。通过模块结构调整完成了风道设计，完成各种器件包括动力、信号线束的排布和规划，实现能量包结构设计与热管理、电控管理的协调统一。成功开发了标准化能量包。

五、主要产品

序号	名称
1	混合动力乘用车能量包
2	储能系统能量包

六、发展规划

随着能源短缺与环境污染等问题的日益突显，加速了各国对新型能源的开发与应用，新能源产业已经成为世界主要国家抢占新一轮经济和科技发展制高点的重大战略。自科霸公司成功收购日本湘南工厂以后，就具备了生产最高端镍氢汽车动力电池的能力。将日本湘南工厂的成熟技术和经验复制到中国，实现日本湘南工厂的中国化，并将中国化后的产品推向中国市场是将来的主要发展规划。实现日本湘南工厂中国化后，科霸公司将运行已拥有的成熟的动力电池制造技术、日式管理经验、精益制造体系、质量控制体系、产品追踪和统计方法为新能源汽车产业提供可靠的关键零部件。同时，母公司湖南科力远牵头并积极建立高效、循环型的电池回收利用体系，形成从电池原材料到电池回收处理的整个产业链的闭环。

湘南工厂中国化这个发展规划的总体目标是打造世界先进的 HEV 动力电池包生产线、整合从电池原材料到电池回收整个产业链，降低材料成本和销售成本，扩大市场份额。

中航锂电(洛阳)有限公司

一、发展概况

1. 2012 年 1—12 月

中航锂电（洛阳）有限公司是中航工业集团公司及所属单位共同投资所建，成飞集成控股的专业从事锂离子动力电池、电池管理系统研发及生产的高科技新能源公司。

公司注册资本 8 亿元，拥有员工 1700 多人，其中博士 13 人，硕士 244 人，本科 288 人。产业园位于河南省洛阳市国家高新技术开发区，注册资本 8 亿元，占地 575 亩。公司致力于持续提高大容量锂电池的研发能力和制造水平，全力打造“技术领先、质量可靠、用户满意”的全球锂电池金牌供应商。

公司的主要产品锂离子动力电池，单体容量覆盖 10～500 安时，主要应用领域包括：电动车辆、风光储能、通信基站、轨道交通、矿用装备、军事应用等。

二、生产经营

1. 2012 年 1—12 月

截至 2012 年年底，公司电池销售主要市场为：电动汽车、储能和外销出口。在电动汽车领域，国家工信部节能与新能源汽车示范推广应用工程推荐车型目录共计 40 批，我公司产品在纯电动客车、特种车和公告总数量三个指标中排名第一，2012 年全国销售纯电动汽车 11241 辆，公司交付各类纯电动车辆 1018 辆，市场占有率为 9%；在储能领域，2012 年国内启动实施的兆瓦级以上储能项目共计 6 个，中航锂电中标 4 个；在动力电池外销出口中排名第二，市场占有率 28%；在国家新能源电动汽车技术创新工程中，确定为国家重点支持的 8 家锂电企业之一。

三、产能建设

1. 2012 年 1—12 月

到 2012 年年底，洛阳产业园区累计实现开工建筑 16 栋，完工建筑 9 栋，在建建筑 7 栋。到 2012 年年底，已建成产能为 1.8 亿安时，生产线建设全部采用国产化设备，同时生产线的建设得到各级政府的大力资助，生产线良好的性价比为公司产品的高性价比创造了条件。

四、技术进展及研发能力进展

1. 2012 年 1—12 月情况说明

公司大容量锂离子动力电池主要为方形塑壳电池和方形金属壳电池。截至 2012 年年底，电池主要为塑料壳体，具有单体容量大、安全性好、性价比高等特点，连续 4 年中标国家 863 计划，技术路线得到国家科技部的强力支持。

经过 5 年的探索实践，公司研发的磷酸铁锂体系电池已经实现了批量化生产，积累了相当宝贵的技术经验。公司要持续深化磷酸铁锂体系电池的研发，重点是：优化塑壳电池的配方和结构设计，提高安全性和一致性；研制金属外壳和软包电池，研制应用陶瓷隔膜，提高电池的比能量和循环性能；持续改进工艺，降低成本，努力发挥磷酸铁锂动力电池的高性价比优势，要将磷酸铁锂动力电池做成精品，成为今后 3 年公司生产销售的支柱产品。

五、主要产品

零部件

序号	名称	型号
1	动力电池	CAM25
2	动力电池	CA40F I
3	动力电池	CA60F I
4	动力电池	CA100F I
5	动力电池	CA180F I

六、合资合作

2011 年 4 月，中航工业集团与厦门大学签署共建“厦门大学—中航工业动力及储能蓄电池研发中心”合作协议研发中心的发展目标：建设国内一流的锂电研究团队，打造国际领先的锂电技术核心机构，解决锂电池研制过程中的实际工艺问题，占领产业技术制高点。

公司凭借中航工业集团公司强大的经济实力和技术优势，通过国内外技术合作，联合动力电池关键材料和装备制造企业，建立产业联盟，突破动力电池关键核心技术，填补动力电池工艺装备空白，提升产业核心竞争力，提高我国动力电池及制造装备自动化整体水平。

七、发展规划

公司以品牌营销为指导，努力建设具有航空工业特色的“中航锂电”品牌。公司各项营销活动，都要成为“中航锂电”品牌形象的组成部分，按照“技术领先、质量可靠、用户满意”的要求，做好每个用户的营销策划活动，满足用户各种需求，通过持续努力，争创省、国家、国际知名品牌。

中航锂电在市场开拓中，要始终突出航空工业高技术的品牌形象，建设具有航空工业特点的高素质营销队伍。充分利用航空军工背景，不断强化“技术性能领先、质量稳定可靠、服务及时周到”的品牌特点。

要始终将培育具有批量订货能力的重点客户作为营销工作的指导方针。每个营销员、每个营销部都要将培育具有持续规模订货能力的重点客户，作为营销工作的第一要务。目标是：有持续规模订货能力客户的销售收入要占到总订货量的70%以上，确保公司市场发展有规模、有持续提升的能力。

超威电源有限公司

一、发展概况

1. 2012 年 1—12 月

超威电源有限公司（下简称超威）是全球快速增长的动力电池行业之市场领导者，我们不仅仅为客户提供先进铅酸蓄电池、锂离子电池、铅炭电池、超级电池等产品，而且基于我们对电驱动两轮、三轮、四轮交通工具以及特殊用途车辆、船舶等动力系统的研究尤其是数据积累，我们能够为客户提供行业领先的系统解决方案与咨询。

2012 年超威抓住铅酸蓄电池行业整合与电驱动车辆快速发展的机遇，依托技术领先、服务领先等优势，实现了销售收入增长近一倍的业绩，销售收入达到 314 亿元，进一步巩固了超威在动力电池领域的基础。

超威在很多年前就已经成为全球动力电池尤其是铅酸电池的技术先行者，在 2004 年实现了大容量电动车辆用整体性能国际领先的目标。2010 年超威的高功率电池更实现了快速充电，15 分钟充足 75%，且对循环寿命无影响的惊人指标，该系列电池峰值放电可以达到 15C，充电峰值可以达到 5C，对于固定线路行驶工作的车辆可以有效达到降低车辆自重，减低车辆购置与使用成本的设计要求。

在环保方面，超威在内化成技术应用方面处于国内领先地位，在 2011 年全行业内化成应用比例中达到了 80% 的比重，意味着每 100 只采用内化成技术生产的电池有 80 只来自超威，而使用内化成技术生产电池与外化成相比，可以节能超过 20%，节水超过 80%，并有效减少酸排放，彻底消除有害金属镉的应用。

此外，超威在智能电池、铅炭电池、超级电池方面的研究与开发都走在全球行业的前列。

2012 年，超威在锂电池包括磷酸铁锂与三元材料系列产品方面的销售收入增长同比超过了 3 倍，基于超威在技术转化为生产力方面的能力突出等特点，经过浙江省政府在全省范围进行评审、筛选，超威的汽车动力系统研究院被浙江省政府列为省重点研究院。

现在，超威服务的四轮车客户超过 600 家，包括国际与国内顶级的新能源汽车制造商。借助于超威在动力系统尤其是电池方面的研发能力与数据积累，超威可以为客户动力系统的设计包括电池功率与能量的选择，充电参数的设定提供极具价值的建议即售前服务，基于超威与广泛客户的合作，超威可以为客户的生产过程提供电池安装与使用的建议；基于在电动自行车产品市场超过 30% 的占有率优势，超威的售后服务网络遍布中国，可以为客户提供及时有效的售后服务。

超威生产管理总部位于中国浙江省长兴县，距离上海、杭州、南京机场的行车时间均在 2 小时以内，而高铁至杭州、南京的时间仅需约半小时，至上海虹桥的时间也不长。超威的其余约 24 家分公司策略性分布于浙江、山东、江苏、河南、安徽、江西及河北等各省。

超威的动力电池主要以自营品牌“超威”（CHILWEE）与创元锂电销售，品牌被誉为“中国驰名商标”。同时，超威集团获国际权威认证公司 Frost&Sullivan 评定为“行业全球领导者”。

2. 2013 年 1—3 月

在 2013 年的一季度，超威的销售数量同比增长了约 60%，在中国环保部公示的第一批 12 家“符合环保法律法规要求的铅蓄电池和再生铅企业名单”中有 3 家企业上榜。超威集团研究院、博士后流动站及技术研发团队携手巴普洛夫院士、田昭武院士、陈清泉院士、伽池教授、尼尔森教授、莫斯利、杉本丰成、钮因健、潘军青等数十位国际、国内电化学及动力电池行业权威专家，历经一年的潜精积思，研发出了比上一代产品容量更大、放电能力更强、低温性能更优、循环寿命更稳定的新一代超威产品。中国社科院《2012 年民营企业蓝皮书》权威发布，超威荣膺“中国民营企业综合竞争力 50 强”榜首。

二、主要产品

零部件

序号	名称	型号
1	蓄电池	3-EVF-180/3-EVF-200
2	蓄电池	4-EVF-135/4-EVF-150
3	蓄电池	6-EVF-70/6-EVF-100/6-EVF-110/6-EVF-120/6-EVF-150

三、2012年1—12月企业在新能源汽车方面经济指标统计

指标名称	本期累计	同期累计	增长率（%）	增长额（提高百分点）
2012年营业收入（万元）	276304.26	167762.21	64.7090	108542.05
工业总产值（全年价）（万元）	225515.40	119648.08	88.4890	105867.32
工业销售产值（全年价）（万元）	239788.98	145930.56	64.3290	93858.42
工业增加值（万元）	46101.52	25930.31	77.7990	20171.21

续表

指标名称	本期累计	同期累计	增长率（%）	增长额（提高百分点）
2012年年末职工人数（人）	435	652	33.2890	-217
2012年年末资产总计（万元）	302134.80	209565.23	44.1790	92569.57
2012年利润总额（万元）	34757.47	15577.50	123.1390	19179.97
2012年产品销售率（%）	12.8490	12.6190	1.7790	0.2290
销售利润率（%）	12.5890	9.2990	35.4190	3.2990

EVTD

一、发展概况

EVTD成立于2008年，是一家专注于锂离子电池管理系统（BMS）、主动均衡芯片及电池系统的研发、制造、销售及提供咨询服务的企业。公司拥有一支精通电池、电机、电器、汽车等技术的专家团队，在电池及BMS应用上拥有丰富的知识和经验，目前已获得16项相关技术专利，还有多项专利在申请中。

EVTD的BMS现有4大系列50多种型号，可应用于电动汽车动力电源、新能源储能系统、通讯基站电源系统、银行、写字楼、医院等设施的备用电源等广泛领域。同时可以结合客户特殊需求、电池参数等，设计生产匹配的BMS，确保电池安全、稳定、可靠，延长电池使用寿命。

EVTD由多名海外留学归国的优秀学子创立，大多毕业于北京大学、宾夕法尼亚大学、伦敦商学院、东京大学、早稻田大学等世界著名院校。为充分发挥全球化人才优势，灵活运用先进的管理理念，公司在上海和东京成立了研发中心和实验中心，并与全球多家著名院校建立了良好稳定的合作关系，将最尖端的科研成果应用于产品之中。

二、生产经营

截至2013年3月，EVTD以北京、上海为辐射中心，业务网络覆盖全国各地，技术产品受到极大好评。目前正在为多家电动汽车生产商、通讯基站运营商、大型电池企业等提供产品及咨询服务。

三、产能建设

截至2013年3月，EVTD与世界知名汽车零部件生产商开展生产合作，发挥各自优势，在上海松江、日本三重县形成了年产可达100万套BMS和均衡系统专用芯片的全自动化生产体系，该体系通过了ISO 9001和ISO 14001认证。公司将继续扩建生产、研发设施，以满足国内外不断扩大的客户需求。

四、技术进展及研发能力进展

EVTD自成立以来，共投入5000万元用于技术产品研发。目前最新研发的新一代电源技术正在多个国家申请认证。

五、主要产品

零部件

序号	名称	型号
1	电池管理系统	LEBM、SEBM、BEBM
2	移动基站备用电源	BEBM-48V/16
3	家庭备用电源	BEBM-48V380V
4	移动电源	M100V/220V/240V
5	均衡系统专用芯片	ES001

六、合资合作

EVTD与国内新能源汽车生产商，锂离子电池生产商，以及国际顶级汽车零部件生产商开展合作，共同开发了一系列技术领先、安全性高、可靠性强的产品。

七、发展规划

EVTD自成立以来，以最快的速度实现了量化生产，拥有了稳定的客户群。在今后的一年里，仍将不断完善现有产品、开发新产品，同时与大型电动汽车生产商、通讯基站运营商、各地电网公司等开展全面合作，在2014年上半期实现销售额突破6000万元的目标。

到2016年上半期，实现销售额比2014年上半期翻5番，同时创建电池循环利用市场，促进旧电池高效回收利用，从而降低电池成本，为世界环保事业做贡献。另外，还将与各国电网公司合作把主动均衡技术升级为主导产业发展的国际标准，有效指导行业快速发展。

目前公司业务主要在日本和中国，力争5年内业务拓展至印度等亚洲新兴国家、北美、欧洲等地区。

深圳市科列技术有限公司

一、发展概况

深圳市科列技术有限公司是一家从事动力电池管理系统生产的高新技术企业。2012年，取得了国家高新技术企业、深圳市高新技术企业、深圳市双软企业等资质；员工队伍由20人增至38人；稳定了原有电动交通领域的销售规模；企业注册资本翻一番。2013年一季度，开始进行新产品试产及批量生产、导入电摩类新产品、原有产品稳定增长、客户数量实现翻一番。

二、生产经营

2012年实现年销售3000套/件，销售额3100万元；2013年一季度销售700套/件，销售额800万元。

三、产能建设

2012年1—12月，月产1000套/件；增加生产设备一批，2013年一季度，月产1000套/件。

四、技术进展及研发能力进展

2012年，在技术创新上取得了一定的进展，申请BMS双向式主动均衡、BMS无线传输等专利。

导入通讯类BMS产品、充电机产品品类；新增研发设备一批。2013一季度主要进行了新产品试产及项目改良；进行连接线缆专利项目的研发。

五、主要产品

零部件

序号	名称	型号
1	电池管理主控模块 BMS-M	BMU01-12V
2	电池管理监控模块 BMS-M1	BMU02-24V
3	电池管理采集均衡模块 B16SE3B	BSU01-16S3T5A-24V

续表

序号	名称	型号
4	电池管理采集均衡模块 B12SE3B	BSU01-12S3T5A-24V
5	显示模块	BDU02-24V

六、发展规划

立足BMS行业，成为行业技术领军品牌。

巩固和发展电动交通领域的市场领导地位。

开拓通讯锂电领域，以技术先进性抢占市场份额。

开拓储能市场，以“量身定制”策略服务重大及关键项目。

进入充电机市场，寻找后期企业发展的增长点。

最终成为BMS行业的领导品牌。

七、2012年1—12月企业在新能源汽车方面经济指标统计

指标名称	本期累计	同期累计	增长率（%）	增长额（提高百分点）
2012年营业收入（万元）	3100	2000	50	1100
2012年年末职工人数（人）	38	20	90	18
2012年年末工程技术人员（人）	18	10	80	8
2012年年末资产总计（万元）	1000	500	100	500
2012年利润总额（万元）	400	200	100	200
销售利润率（%）	41	39	5	2

深圳市依思普林科技有限公司

一、发展概况

深圳市依思普林科技有限公司（以下简称“依思普林”），公司专注于新能源汽车电机控制器及其核心IGBT模块和MOSFET模块的设计服务与产品制造，以及工业级电力电子产品的研发与生产。公司由一批行业资深专家，长期从事电力电子技术研发，具有多项技术专利的科技专家创立的高科技企业。公司与中科院深圳先进技术研究院、北京大学、重庆大学等建立科研合作关系，并与深圳先进技术研究院合建IGBT重点检测实验室。

目前，公司研发的1200V/800A六单元IGBT模块作为

电动大巴电控关键零部件，已通过国家强制检测，并已经实现批量装车。

现阶段已成功开发出的产品有汽车级大功率 IPM 模块，汽车级中功率 IPM 模块，混合动力大巴用异步交流电机控制器，纯电动大巴用永磁同步电机控制器和纯电动汽车用永磁同步电机控制器。并现已建成具有核心竞争力的 IGBT 模块，MOSFET 模块和 FRD 模块生产工厂。

二、生产经营

公司的生产经营始终根据市场状况的现在和未来进行科学决策，合理安排生产计划，科学地进行生产组织与控制。2013 年公司加强了质量管理工作，以 ISO 9001 为标准，落实了“全面质量管理”，强化了流程控制，全面推行生产计划管理。依思普林公司始终贯彻以绿色为使命，追求极致的生产和服务的经营理念，科学布局，系统规划，实现企业销售收入最大化，为国家“十二五”规划做出我们的贡献。

2013 年，依思普林电动大巴电机控制器和 IGBT 模块销售收入预计达到 2500 多万，其中低速电动车用电机控制器和 MOS 模块收入预计达到 500 万。到 2014 年公司力争突破亿元大关。

三、产能建设

2013 年我们将重点扩建 IGBT 模块与电机控制器产品生产车间，增加先进的制造设备与测试设备的采购，预计每年 IGBT 模块产能达到 1 万套及 1000 套以上电机控制器生产规模。本公司已经获得英飞凌公司在整个亚太区域的汽车级芯片独家供应。公司还拥有一条全自动 FRD 产品生产线和 MOSFET 模块生产线，工厂已取得 ISO9001-2008 体系认证。

四、技术进度及研发能力进展

公司核心技术包括汽车级 IGBT 模块和 MOSFET 模块设计及生产工艺研发，实现控制器小型化，轻量化，高功率密度技术，高效率和高可靠性技术。在研发过程中，已经成功申请了 13 个专利，4 项软件著作权，其中 7 项实用性型专利，4 项发明专利，另有多项发明专利已在审批中。

五、主要产品

新能源汽车用电机控制器			
序号	名称	型号	类别
1	交流异步电机控制器	LDMC90-336DW（I）	混合动力大巴车
2	交流异步电机控制器	LDMC160-540DW（I）	纯电动大巴车
3	永磁同步电机控制器	LDMC90-336DW（P）	纯电动乘用车
4	永磁同步电机控制器	LDMC120-336DW（P）	纯电动中巴车
5	永磁同步电机控制器	LDMC160-540DW（P）	纯电动大巴车
新能源汽车 IPM 模块			
6	大功率 IPM 模块	LDIPM800F12E4A	纯电动、混合动力大巴车
7	中小功率 IPM 模块	LDIPM200F07E4A	纯电动、混合动力乘用车
		LDIPM300F07E4A	
		LDIPM400F07E4A	
		LDIPM600F12E4A	
电动车 MOSFET 模块			
8	MOSFET 模块	LDF600F120A	电动车
9	MOSFET 模块	LDF650F150A	电动车
逆变电焊机用快恢复二极管（FRD）模块			
10	快恢复二极管（FRD）模块	LDD100B04A1I	逆变电焊机、高频电源
		LDD200B04A1I	
		LDD300B04A1I	
		LDD400B04A1I	

福建尤迪电机制造有限公司

一、发展概况

1. 2012 年 1—12 月

福建尤迪电机制造有限公司创建于 2005 年 11 月，位于福安市秦溪洋工业区，系国家高新技术企业，公司致力于开发特种电机尤其是新能源汽车电机的全系列绿色环保产品，主要产品有新能源汽车系列电机、新能源汽车辅助电机、特种电机、通用电机等。在混合动力客车驱动电机领域，福建尤迪电机制造有限公司持续多年在业内保持领先优势，主力产品 YHD-280 混合动力驱动电机在混合动力客车领域市场占有率达 20% 以上，是我国节能与新能源汽车行业主要的关键零配件供应商之一。

2012 年，福建尤迪电机制造有限公司完成产值 5883 万元，销售 5614 万元，企业连续多年快速增长。合作伙伴包括厦门金龙、厦门金旅、苏州金龙、宇通客车、安徽安凯、苏州海格、冠龙科技、福工动力等国内众多一线客车制造企业和优秀系统供应商，目前还与广汽集团客车公司、中国南车时代电动车等达成了战略合作协议。

2012 年 2 月，福建尤迪电机制造有限公司拥有的自主品牌“UDE”被福建省人民政府授予“福建省名牌产品”，全面提升了企业的产品品质和价值，增强了企业的持续发展和核心竞争力。2012 年 9 月，福建尤迪电机制造有限公司"国家高新技术企业"期满第二期复审工作获得通过；2012 年 12 月，公司技术中心被认定为"福建省新能源电机企业工程技术研究中心"；2012 年 12 月，公司自主研发的"混合动力带拨叉机构的驱动电机"获得"福建省 2012 年度科学技术发明一等奖"。

2012 年，福建尤迪电机制造有限公司先后荣获第三届中国新能源公交客车精英赛配套动力、第七届中国国际客车大赛年度节能减排客车零部件奖、2012 年年度新能源大巴动力控制系统创新企业奖、2012 年度最具创新力 50 强企等多项荣誉，进一步奠定了福建尤迪电机制造有限公司在业内的领先和优势地位。

2. 2013 年 1—3 月

2013 年 1—3 月，福建尤迪电机制造有限公司新能源汽车工业园区建设进一步加快，年内将完成新增混合动力驱动电机 1.5 万台（套）的产能建设；合作伙伴新增扬州亚星、上海申龙、上海申沃等，与重庆五洲龙、山东沂星达成合作意向；公司销售呈现大幅度增长态势，成功实现转型升级，新能源汽车电机占整体销售的 85% 以上。

2013 年 3 月荣获第八届中国国际客车大赛"CIBC 最佳新能源客车零部件奖"。

二、生产经营

1. 2012 年 1—12 月

2012 年，福建尤迪电机制造有限公司在产能建设、产品研发、品牌塑造、市场开拓、质量提升、技术合作等方面均取得了长足进步，全年混合动力驱动电机实现销售 1638 台（套），同比增长 62.2%。

经多年累积，福建尤迪电机制造有限公司现已形成了年产新能源驱动电机 5000 台（套）的生产能力，锻炼凝聚了研发、生产、品管、采购等各方面的优秀专业团队，员工队伍稳定、高效。2012 年，在原有混合动力驱动电机的基础上，增程式驱动电机、纯电动驱动电机、车用发电机、车用空调专用电机、车用水箱冷却风扇专用电机均已进入了量产阶段，形成了以新能源汽车驱动电机为主体的多品种车用电机系列。

2012 年，搭载尤迪电机的混合动力客车运行城市已多达 25 个，新增福州、海口、南京、呼和浩特、昆山、唐山等国内城市。福建尤迪电机制造有限公司一直以来致力于新能源汽车电机的研发与成果转化，已成为国内最知名客车制造厂商在混合动力方面最佳的电机配套商之一。2012 年，在"福建省新能源汽车产业技术联盟"的框架平台上，与福建工程学院的合作日渐紧密，承担的省重大专题项目中的车用空调专用电机、车用水箱冷却风扇专用电机部分已顺利通过了项目验收。公司自主研发的混合动力带拨叉机构的驱动电机获得福建省 2012 年度科学技术发明一等奖。

2. 2013 年 1—3 月

2013 年 1—3 月，尤迪电机在既有基础上实现了跨越式增长，完成混合动力驱动电机销售 1100 余台，增长态势迅猛。

三、产能建设

截至 2012 年年底，福建尤迪电机制造有限公司现已形成了年产新能源驱动电机 5000 台（套）的生产能力，但面对新能源汽车产业的蓬勃发展，产能制约因素在不久的将来必会凸显。福建尤迪电机制造有限公司新能源汽车工业园一期 1.5 万台（套）项目于 2011 年启动，并被列入福建省重大科技专项。

该项目位于福建省福安市湾坞工业集中区，工业园总规划用地面积 500 亩，总投资 8.9 亿元。一期项目规划为 83.55 亩，已于 2012 年内完成全部征地手续和图纸设计，2013 年一季度正式破土动工。建设内容包括轴类、壳类、盖类等零件金加工车间、电工（绕、嵌、整）车间、驱动电机制造及实验车间、仓库，建筑面积 31540 平方米，建成达产后，最终可形成年产新能源客车混合动力驱动电机 1.5 万台生产规模。

四、技术进展及研发能力进展

尤迪电机制造有限公司经多年科技攻关和技术积累，形成了一个专业分布合理、理论与实践集合、技术经验丰富的汽车电机研发团队，研发方向也完成了从单一驱动电机向新能源汽车全系列电机产品的转换。凭借拥有国内路跑公里数最长的驱动电机的实践优势，2012 年尤迪电机对旗下驱动电机的技术升级和全系列电机产品的研发迈上了一个新的台阶。

（1）AC 三相异步混合动力驱动电机是福建尤迪电机制造有限公司拥有自主知识产权的一款新型混合动力汽车驱动电机，也是目前国内应用最为广泛的一款混动驱动电机，装车数量当前高达 4000 多台，平均节油率达 14.63%，应用该驱动电机的大型公交客车最低百公里油耗 16.7 升（以满载乘客测试），为中国混合动力客车用驱动电机行业节油率第一。2012 年，在实际路跑数据累积高达 5000 万公里的基础上，对工作效率、本体重量、冷却方式、气缸与电机一体化设置等方面做了进一步的技术升级，形成了混合动力、增程式、纯电动、风冷式、水冷式、大巴车用、中小型车用等多种可满足不同客户需求的驱动电机全系列产品，并在国内一线客车厂家与系统厂家的实际应用中获得了高度评价。

（2）新能源汽车用大功率永磁无刷直流驱动电机，该产品系“福建省区域重大课题项目”，主要应用于大中型纯电动客车和特种车辆，该产品现已进入量产阶段。

（3）低速纯电动汽车用异步驱动电机系列，该系列产品主要应用于低速纯电动小车、微型车，现已进入小规模生产阶段。

五、主要产品

零部件

序号	名称	型号
1	混合动力驱动电机	YHD280M—4
2	纯电动驱动电机	YCD280M—4
3	新能源汽车用空调专用电机	YTD132S—4
4	新能源汽车用水箱冷却风扇专用电机	KDF400—6
5	永磁无刷直流驱动电机	YZC-132

六、合资合作

（1）院校合作。与福州大学、福建工程学院、清华大学、西北工业大学等高等院校建立了长期稳固的合作关系，合作路径多样，从理论支持到关键技术的突破均有着良好合作记录和成果。

（2）福建省新能源汽车产业技术联盟。该产业联盟集中了福建省新能源汽车行业一线的科研院校、整车厂家和关键零部件厂家，致力于混合动力客车关键零部件研发及其产业化的全面开展，联盟单位包括福建工程学院、厦门金龙客车、福工动力、三明齿轮箱厂、宁德新能源等。

（3）合作厂家。与厦门金龙、厦门金旅、苏州金龙、宇通客车、安徽安凯、南车时代、福工动力、天津松正、上海大郡等一线整车与系统厂家均保持着良好的合作关系，有着良好的合作记录和成功的电机方案解决案例。

七、发展规划

1. 产品规划

（1）混合动力客车用风冷、水冷异步及永磁电机。

（2）小型纯电动汽车驱动电机。

（3）纯电动客车电机。

（4）混合动力/纯电汽车电机管理系统。

（5）新能源环保车、警用车、校车车驱动驱动电机。

2. 品牌发展规划

（1）3年内将尤迪品牌打造成中国驰名商标及中国名牌。

（2）5年内将尤迪品牌打造成新能源汽车电机国际知名品牌。

（3）10年内将尤迪品牌打造成新能源汽车电机国际领先品牌。

3. 企业发展规划

（1）3年内将尤迪打造成国家级创新型企业，国家级学习型企业，国家级专利试点企业，国家级企业技术中心等。

（2）将尤迪打造成受社会尊敬的幸福企业，与员工共赢与社会共赢，与未来共赢。

八、2012年1—12月企业在新能源汽车方面经济指标统计

指标名称	本期累计	同期累计	增长率（%）	增长额（提高百分点）
2012年营业收入（万元）	3436.8	2134.2	61.03	1302.6
工业总产值（万元）(2012全年价)	3601	2213	62.72	1388
工业销售产值（万元）(2012全年价)	3436.8	2134.2	61.03	1302.6
2012年年末职工人数（人）	119	112	6.25	7
2012年年末工程技术人员（人）	37	34	8.82	3
2012年年末资产总计（万元）	7550	7594	-0.58	-44
2012年利润总额（万元）	996.7	597.5	66.81	399.2
2012年产品销售率（%）	29	28	—	—

湘电莱特电气有限公司

一、发展概况

湘电莱特电气有限公司（湘电莱特）是由湘潭电机股份有限公司（湘电股份）引进美国莱特工程技术公司先进电机电控技术，由双方共同投资成立的中美合资企业，是研发、生产、销售新型高效电机及其控制系统、电动车辆及其关键零部件、风力发电设备及配套零件的高新科技公司。公司投资1.25亿元，位于湖南湘潭国家高新区内。

公司应用发明专利技术，成功地将非晶合金材料用在电机上，实现了电机的高频化运行，显著提升了电机的效率、转矩密度和功率密度，大幅度减少了铜铁用量，所开发的主导产品永磁同步电机具有世界领先水平，产品性能优异、工作可靠，广泛应用于电动汽车、新能源发电、机床和航空、军工等领域。

母公司湘电股份在十一五期间承担国家863计划“节

能与新能源汽车重大项目”课题，对电机系统集成设计及整车匹配技术进行了深入研究，对驱动电机系统的使用工况和性能需求进行了工程化验证，形成了系列化的产品。在永磁同步发电机驱动系统、交流感应电机驱动系统、混合动力发动机总成等电动车关键零部件方面，建立了产业基础。

湘电莱特通过引进国际先进技术，依托现有电机产业优势基础，着力于打造新能源汽车关键部件产业，成为国内车用驱动电机系统首选供应商，并逐步向电动客车和电动特种车、高效节能电机生产基地发展，致力于成为全球领先的高效能电机和驱动系统开发创新及制造公司。

二、生产经营

1. 2012 年 1—12 月

公司 2012 年完成订货 7000 万元，其中出口非晶电机产品 1500 万元，电动汽车关键零部件及高效新能源电机 5500 万元。

2. 2013 年 1—3 月

公司 2013 年已经完成订货 2800 万元，订货产品交付 3200 万元。

三、技术进展及研发能力进展

2013 年年初，公司开发了 30kW、50kW 永磁同步驱动电机以及 5kW、7.5kW、10kW 轮毂驱动电机，形成了新能源驱动电机产品的系列化。

四、主要产品

零部件

序号	名称
1	永磁同步驱动电机
2	非晶发电机
3	非晶增程器系统
4	直流发电机组

大洋电机新动力科技有限公司

一、发展概况

大洋电机新动力科技有限公司是一家致力于提供新能源汽车用永磁同步电机及控制系统卓越解决方案的大型民营企业，是中山大洋电机股份有限公司旗下的全资子公司之一。大洋电机新动力公司于 2009 年在北京成立，落户中关村永丰高新技术产业基地核心区，注册资本 1.5 亿元，集研发、制造、销售新能源汽车驱动电机及其控制系统于一体，研发生产基地近万平方米，并投入巨资引进研发制造设备。公司汇集了大量优秀研发人员，

依托电机研发方面的绝对优势，2009 年大洋电机与北京理工大学电动汽车国家工程实验室正式合作，合作开发的永磁同步电机及驱动系统产品从系统功率密度、效率和高效工作区等方面均具有较大优势，并已实现了车辆应用。

公司具有自主知识产权控制器的开发、验证、装车及批量生产，并完成了多项控制器子单元模块的技术开发，完成了增程式电机系统、无轨电车电机系统等样机开发，完成了现有全部车用驱动电机的磁体从钕铁硼至钐钴合金的切换工作，降低了电机开发成本。

大洋电机新动力车用永磁电机同步电机及驱动系统产品广泛用于纯电动大巴车、中巴车、环卫车及小轿车等，已和北汽控股（含福田汽车）、一汽集团、重庆长安汽车、东风汽车、苏州金龙客车、深圳五洲龙等中国著名车企建立了密切的联系。大洋电机新动力作为国内最大的新能源车用电机生产企业之一，加入了“可持续新能源国际联盟（NESTIA）”。2012 年，完成了 7.5kW、15kW、20kW、30kW、50kW、60kW、100kW、115kW、130kW 等 9 个功率等级的纯电动、混合动力汽车驱动系统产品，并有多个型号投入批量生产。产品可满足微型轿车、轿车、2t 环卫车、8t 环卫车、纯电动客车、大巴车等车型的动力性能需求。

2012 年在如下技术上得以快速提升

（1）电机方面：车用永磁同步电机损耗、散热分析计算技术能力提升；磁阻电机开发。

（2）软件部分主要工作结果为：永磁同步电机故障状态在线辨识及处理研究；永磁同步电机无传感器控制算法研究；电机参数在线辨识研究。

（3）电控部分：进行了 IGBT 串联及并联应用研究；电机控制器热设计技术研究等。

为产品能广泛地适用于市场，并提高可靠性做了技术上的保障。2012 年累计销售额达 1 亿元，比去年增长接近 50%。

二、生产经营

2012 年，公司根据自身发展的实际情况，围绕公司专业技术特长，始终坚持以永磁同步电机系统为主线，从市场需求出发，进一步加大电控系统上下游技术研发，努力拓展市场业务，对电控系统进行稳定性及可靠性研究实验，成为新能源汽车驱动电机领域的主力企业之一。

（1）公司经营模式

依据产业链关系，公司采取设计—生产—销售型的经营模式。公司研究开发满足市场需要的新产品，同时对现有产品进行技术和设备的升级、整合和改造。公司负责组装核心部件，并按照客户要求嵌入控制软件，并进行相应调试。稳

定、成熟的外部协作一方面避免了公司因生产链过长而难以调控，专业的外协企业能够以较高的生产工艺达到企业控制成本和质量的要求，同时，公司正在筹备对核心部件的自主研发生产工作，安装调试核心部件同时及时发现和解决运行过程中出现的各种问题，有效保证了产品质量满足客户的需求。公司所有产品公司的销售模式以直销为主。这主要由公司产品专业性较强的性质决定。销售业务主要由公司销售部完成，负责新客户开发、新产品推广、新区域拓展，并负责公司所有产品的销售和回款。公司的盈利模式是令研发、生产出来的产品的技术水平、质量具有同业竞争力，且实现的售价高于制造成本、期间费用，从而获取利润。

(2) 公司业务状况

公司目前以研究开发、设计制造、销售经营永磁同步电机及控制系统为核心技术及支柱产品，产品采用高新技术对永磁同步电机系统进行控制和传动，其特点是效率高、力矩脉动小、转矩大、传动损耗小、控制灵活是集多门类、多学科交叉的高新技术产品。

目前，自主开发的永磁同步电机已经具备了与国内整车产业化技术配套的能力，电机重量比功率超过 1.5kW/kg，电机系统最高效率达到93%以上，系列化产品的功率范围覆盖了200kW以下电动汽车用电机动力需求，各类电机系统的核心指标均达到相同功率等级的国际先进水平。

永磁同步电机及控制器是公司主要的收入和利润来源，公司积极开拓国内、国外市场，保持快速发展势头。公司通过与北汽新能源、长安汽车、一汽等公司合作，积极开拓国内外市场。自公司成立以来已经累计销售成套设备上千套，累计实现销售收入超过1亿元。

三、产能建设

大洋电机新动力公司于2009年在北京成立，研发生产基地近万平方米。大洋电机新动力科技有限公司测试中心下设环境实验室、寿命实验室、常规实验室，可完成电机、电子零部件的相关试验，如：高低温交变试验、低温低气压试验、砂尘试验、淋雨试验、盐雾试验、太阳辐射试验、对地耐压试验、泄漏电流试验、绝缘电阻试验、堵转温升试验等。厂房占地面积万余平方米，形成了年产1万台的规模。2012年公司又建立了新的厂房，面积2万平方米，引入新的测试及工程设备，已进一步提高产品的生产自动化程度，预计2013年投入使用后年产可达到3万台。

四、技术进展及研发能力进展

1. 2012年1—12月情况说明

(1) 研发能力进展

大洋电机新动力科技有限公司目前已具备了较为丰富的研发经验和较强的研发实力。组建了新能源汽车电驱动系统工程实验室、新能源汽车电驱动系统国家地方联合工程实验室，通过高端研发平台的建设，使得公司在该领域的技术研发实力位居国内同行业前列。完成了7.5kW、15kW、20kW、30kW、50kW、60kW、100kW、115kW、130kW等9个功率等级的纯电动、混合动力汽车驱动系统产品，并有多个型号投入批量生产。产品可满足微型轿车、轿车、2t环卫车、8t环卫车、纯电动客车、大巴车等车型的动力性能需求。

大洋电机新动力科技有限公司测试中心下设环境实验室、寿命实验室、常规实验室共3个实验室，有齐全的检测设备、环境设施和辅助设施，以支持检测业务的正常开展。实验室可完成电机、电子零部件的相关试验，如：高低温交变试验、低温低气压试验、砂尘试验、淋雨试验、盐雾试验、太阳辐射试验、对地耐压试验、泄漏电流试验、绝缘电阻试验、堵转温升试验等。

(2) 技术进展

电机部分：

① 车用永磁同步电机损耗、散热分析计算技术能力提升

主要内容：热模型创建及计算机仿真分析，散热设计技术、导热材料、电机损耗分析与效率提升技术研究取得了阶段性的成功。

② 磁阻电机开发

主要内容：完成了应用于新能源汽车驱动的磁阻电机进行研究，包括其设计技术、控制策略及车辆运行环境特性概念阶段研究。

软件部分：

① 永磁同步电机故障状态在线辨识及处理研究

研究内容主要包括：永磁同步电机运行过程中电机三相线相与相之间短路、相与地之间短路、相与电源之间短路、相线开路、位置信号错误、永磁体退磁等故障状态的检测，以及电机在不同工况下的故障状态对应的处理方法

② 永磁同步电机无传感器控制算法研究

研究内容主要包括：永磁同步电机无传感器控制算法尤其是静止状态下的过载起动、低速平稳运行、控制算法的稳定性等。

③ 电机参数在线辨识研究

研究内容主要包括：电机运行过程中，电阻、电感、转动惯量等电机参数的在线辨识算法。

电控硬件部分：

① IGBT串联及并联应用研究

研究新能源汽车驱动电机控制器用IGBT串联及并联应用技术。包括：IGBT串联及其驱动、保护技术，IGBT并联及其驱动、保护技术。

② 电机控制器热设计技术研究

新能源汽车电机控制器的热设计技术。包括：热模型

创建，热仿真与分析，散热技术及导热材料特性研究。

五、主要产品

零部件

序号	名称	型号
1	C30	YTD020W02/KM6025W06
2	福田迷笛	YTD030W08/KM6025W04
3	C302	YTD045W01/KM6030W01
4	伊兰特	YTD030W09/KM6025W10
5	M30	YTD020W01/KM6025W06

六、合资合作

2012 年 1—12 月

2012 年与中科院电工所合作，实现大功率封装模块的产业化项目（IGBT 产业化）。

从研发合作，到技术路线初步形成，生产线指标及模型建设，设备调研等，前期工作已经完毕，目前正值建厂阶段。产线落成后，将实现每年 15 万套的规模。

七、发展规划

1. 基于 ISO26262 的车用电机驱动系统开发。

ISO26262 的应用可以减少电子器件失效造成的交通事故，降低电子器件失效造成的潜在风险。所以把开发基于 ISO 26262 的车用电机驱动系统作为大洋电机新动力科技有限公司 2013 年度的重要任务之一。

2. 低成本高效车用磁阻电机及控制系统开发。

3. 公交车用集成启动发电机研制与开发。

4. 集成 DCDC 及 DCAC 的电机控制器开发。

5. 新能源车用多功能 IGBT 模块封装及控制器开发。

该控制器将具有以下优点：集成功率模块中各种功率器件都不需要独立外壳，整体公用外壳，结构简单，减小了控制器体积；采用同一个铜底板集中散热，使整个控制器散热更均匀；简化了集成模块的外部接口，增强逆变器的稳定性；降低了功率部件的总成本。

八、2012 年 1—12 月企业在新能源汽车方面经济指标统计

指标名称	本期累计	同期累计	增长率（%）
2012 年营业收入（万元）	9191.80	6128.81	49.97
工业总产值（全年价）（万元）	8422.62	5751.93	46.43
工业销售产值（全年价）（万元）	8272.62	5515.93	49.97
2012 年年末资产总计（万元）	19250.61	18497.32	4.07
2012 年利润总额（万元）	-288.85	434.85	-33.57
2012 年产品销售率（%）	98	98	—
销售利润率（%）	10	10	—

东方电气集团东方电机有限公司

一、发展概况

中国东方电气集团有限公司是中央确定的涉及国家安全和国民经济命脉的 53 家国有重要骨干企业之一，是世界最大的发电设备研发、制造企业，从 2004 年到 2011 年，连续 8 年发电设备产量位居世界第一。

东方电气集团东风电机有限公司是中国东方电气集团有限公司的全资子公司，是我国较早从事电动车驱动系统研发、设计及制造的大型骨干企业。2010 年随中国东方电气集团作为 16 家发起单位之一加盟“中央企业电动车产业联盟”。

东方电气集团东风电机有限公司在电动车驱动系统领域具有很强的研发能力。20 世纪 90 年代初，成功为美国休斯公司研发出 20kW 交流异步电机驱动系统。经过 20 多年持续研发，东方电气集团东风电机有限公司已成为国家“863”计划电动汽车重大专项主研单位之一，先后参加过多项“863”电动车驱动相关科研项目，已建成高性能电驱动系统实验室以及年产 5 万台电动车驱动系统的自动化生产线。这些平台成为东风电机向客户提供优质服务的坚实基础。东风电机电动电驱动产品门类齐全，包括直流、交流异步及永磁同步等电动车驱动系统；产品功率等级涵盖小功率场地车、轿车、中型面包车、大型公交车以及市政专用的环卫、物流等电动车型。

二、生产经营

东方电气集团东风电机有限公司主营范围有新能源电动车驱动系统、风力发电机、水轮发电机组、汽轮发电机组等。其中新能源电动车驱动系统功率覆盖 5～180kW，适用于纯电动汽车、混合动力汽车、燃料电池汽车等多种车型。

三、产能建设

（1）建成电驱动系统集成试验站。

（2）建成先进电驱动产品数控加工中心。

（3）建成年产 5 万台（套）电动汽车驱动系统自动化生产线。

四、技术进展及研发能力进展

东方电气集团东风电机有限公司自 20 世纪 90 年代起一直致力于电动车驱动系统的研发。东方电气集团东风电机有限公司的电动车电驱动系统研发团队包括 1 名工程院院士、20 余名高工（含 3 名教授级高工）、20 余名博士及 40 多位硕士。自 2000 年起，先后完成多项国家“863”重大专项的研究，在电动车驱动系统及特种电机领域具有强

大的技术优势。2012 年，东方电气集团东风电机有限公司申请汽电产品专利 18 项，其中电机相关专利 14 项，电机控制器相关专利 4 项。

五、主要产品

1. 交流异步电机

序号	名称	型号	类别
1	180kW 驱动电机系统	QYS180-6/350	大巴车用驱动电机
2	100kW 驱动电机系统	QYS100-8/400	大巴车用驱动电机
3	80kW 驱动电机系统	QYS80-6/400	大巴车用驱动电机
4	60kW 驱动电机系统	QYS60-6/400	中巴车用驱动电机
5	40kW 驱动电机系统	QYS40-4/180	乘用车用驱动电机
6	30kW 驱动电机系统	QYS30-4/180	乘用车车用驱动电机
7	20kW 驱动电机系统	QYS20-4/180	轿车用驱动电机
8	10kW 驱动电机系统	QYF10-4/46	微型车用驱动电机
9	7.5kW 驱动电机系统	QYF7.5-4/50	微型车用驱动电机
10	6kW 驱动电机系统	QYF6-4/72	微型车用驱动电机
11	5kW 驱动电机系统	QYF5-4/48	微型车用驱动电机

2. 永磁同步电机

序号	名称	型号
1	10kW 永磁电机系统	QTF10-12/100（ISG）

续表

序号	名称	型号
2	20kW 永磁电机系统	QTF20-8/180（ISG）
3	25kW 永磁电机系统	QTS25-8/180
4	35kW 永磁电机系统	QTS35-8/220
5	40kW 永磁电机系统	QTS40-8/200
6	60kW 永磁电机系统	QTS60-8/130
7	100kW 永磁电机系统	QT100-16/400

六、合资合作

2012 年 1—12 月

东方电机集团东风电机有限公司与中国第一汽车集团公司、东风汽车股份有限公司、中国长安汽车集团股份有限公司、安徽安凯汽车股份有限公司、海马汽车有限公司、武汉理工通宇新源动力有限公司、陆地方舟、山东沂星电动汽车有限公司等 20 余家车企均建立了广泛合作关系。截至目前，已累计为国内外整车企业提供电动车电驱动系统超过 6000 台（套）。

七、发展规划

东方电气集团东风电机有限公司将电动车电驱动系统作为重点发展方向，致力于成为国内领先的电驱动系统供应商。为此，东方电气集团东风电机有限公司将持续在本领域投入巨资开展研发、试验及生产能力建设，并适时按照国家重点试验室的标准建设高性能的电驱动系统研发试验平台，并建设 20 万台电驱动系统生产线。

武汉理工通宇新源动力有限公司

一、2012 年发展概况

武汉理工通宇新源动力有限公司成立于 2010 年 7 月，是一家拥有自主知识产权并致力于新能源汽车驱动系统及关键零部件的高新技术企业，集设计、研发、制造、销售和服务于一体，公司位于武汉市东湖开发区理工大学科技园内。

公司首期注册资金 5000 万元，由武汉理工大学和河南通宇冶材集团分别以无形资产和货币资金共同投入发起设立，是武汉理工大学在电动汽车动力系统方面的科研成果转化及产业化基地。公司依托于武汉理工大学汽车工程学院已有技术基础和技术沉淀，始终致力于基于电驱动自动变速器（EMT）的电动汽车动力系统的研发、生产和销售，产品形成系列化，并通过国家机动车质量监督检验中心（重庆、襄阳）检测，受到全国各大汽车企业的高度关注，广泛用于各种新能源汽车，包括纯电动汽车、混合动力汽车和燃料电池汽车。该技术为国内首创，产品处于国际先进地位，拥有较强的核心竞争力。公司于 2010 年顺利通过 ISO/TS 16949：2009 质量管理体系认证，并得到 IATF 认证证书。

公司拥有本科及以上学历技术人员 50 多人，其中博士后 3 人，博士 5 人，硕士 23 名，拥有一批高、中级工程技术骨干和丰富实践经验，技术过硬的高、中级技术及各类技工队伍，具有汽车驱动系统及关键零部件自主研发、技术设计和应用能力。拥有新能源汽车驱动系统相关技术专利十多项，其中核心技术专利被评为湖北省优秀专利奖。公司分别从动力系统结构布置、电机与变速器集成布置、电驱动变速器操纵机构、自动变速动力耦合装置、混合动力汽车控制技术以及电驱动变速器控制技术等机械结构及控制技术方面形成了相关专利群保护体系。已授权发明专利有：多级高效变频调速电动汽车驱动装置及控制方法，专利号：ZL 2004 1 0013404.0；混合动力电动轮胎门式吊船机，专利号：ZL 2004 1 0012876.4；双离合自动变速动力耦合器，专利号：ZL 2005 1 0018787.5；基于公交线路的串联式混合动力城市公交客车控制方法，专利号：ZL 2004 1 0013403.6；电动汽车电机自动变速驱动系统，专利号：ZL 200910061844.6；电动汽车电机自动变速控制系统，专利号：ZL 200910061843.1。

PCT 国际申请包括：

电动汽车电机自动变速驱动系统，国际申请号：PCT/CN 2010/000143

优先权日：2009 年 04 月 27 日，发文日：2010 年 02 月 11 日

美国专利 AUTOMATIC TRANSMISSION DRIVING SYSTEM FOR ELECTRIC VEHICLE MOTOR

专利号：US2011/0106360A1

公司研发生产的基于 EMT 的电动汽车驱动系统已成功应用于东风汽车、郑州宇通、安凯客车、南京金龙、扬州亚星、武汉扬子江、襄樊旅行车、洛阳中集凌宇、杭州万向和深圳雷天能源的纯电动、混合动力和燃料电池汽车，车辆累计行驶里程已经超过 30 万公里，用户反应使用状况良好。

二、生产经营

公司核心产品为基于电驱动机械式自动变速器（EMT）的电动汽车动力系统，现已开发众多型号的电驱动机械式自动变速器和关键零部件，实现产品系列化。该产品适用于各类电动汽车，包括纯电动汽车、混合动力汽车和燃料电池汽车，可广泛配套应用于各种商用车、城市客车、公路客车及乘用车，现已形成批量生产。

目前，公司开发出全系列 EMT 电驱动系统、矢量控制交流变频电机控制器、针对不同控制策略的 EMT 系统控制器及整车控制器、电动汽车数据采集及故障诊断系统、气电式自动变速器自动执行机构、液压式自动变速器自动执行机构、气动式自动离合器执行机构、液压式自动离合器执行机构等。可广泛应用于公交、环卫、工程机械、旅游通勤及乘用车领域，并与东风汽车、郑州宇通、东风扬子江、南京金龙、安凯客车、陕汽、上汽通用五菱等整车企业合作，开发出了基于 EMT 的纯电动城市客车、公路客车，plug-in 混合动力城市客车、公路客车，纯电动环卫车通用底盘，plug-in 混合动力电动环卫车通用底盘。

三、产能建设

公司已形成批量生产能力，2011 年公司投资 6000 万元，建设 EMT 实验平台和产业化基地。EMT 系统总成实现 1500 台（套）的产能，到 2015 年，EMT 系统总成的年产能将达到 1 万台（套），实现含税销售 10 亿元，实现利税总额 1 亿元。

四、技术进展及研发能力进展

公司为武汉理工大学在电动汽车动力系统方面的科研成果转化基地，公司拥有新能源汽车驱动系统相关技术专利十多项，其中发明专利 5 项、实用新型 5 项，并申报受理 PCT 国际专利 1 项。EMT 核心专利获得湖北省优秀专利项目奖，核心技术获得湖北省 2012 年技术发明一等奖。

为了适应我国电动汽车研究与开发新的形势，整合和发挥学校相关学科的技术优势，公司研发团队承担了国家在电动汽车领域的重大科技与开发项目，完成了“武汉市混合动力电动大客车开发”，教育部“混合动力电动汽车性能计算与仿真软件开发”，承担国家“十一五”863 重大专项“混合动力电动轿车多能源动力总成控制系统开发”，以及湖北省、武汉市有关配套项目，2010 年公司获批武汉市重大科技攻关项目“电机自动变速驱动系统研究”；2011 年公司获批国家 863 电动汽车专项下一代纯电驱动前瞻技术研究项目“基于 EMT 的电驱动系统研究与开发”，在电动汽车电驱动系统的集成与控制方面，形成自主开发能力，是国内电动汽车研究与开发领域的重要的力量之一，在国内具有较大的影响。

五、主要产品

序号	名称	型号
1	基于 EMT 的纯电动汽车驱动系统	20kW/40kW/60kW/80kW
2	基于 EMT 的混合动力汽车驱动系统	40kW/60kW/80kW，匹配各种型号发动机
3	EMT 电驱动机械式自动变速器	2 档 200N·m/4 挡 400N·m/4 挡 1000N·m/5 挡 3000N·m
4	气动式自动变速器执行机构	4 挡/5 挡
5	液压式自动变速器执行机构	2 挡/4 挡
6	气动式自动离合器执行机构	—
7	液压式自动离合器执行机构	—
8	矢量控制交流变频电机控制器	30kW 水冷（风冷）/75kW 水冷（风冷）/90kW 水冷（风冷）/120kW 水冷（风冷）/160kW 水冷（风冷）/200kW 水冷（风冷）
9	EMT 系统控制器（整车控制器）	12V/24V
10	高压管理系统	—

六、发展规划

基于电驱动变速器的电动汽车动力系统的研究成果将在定型后直接用于批量生产，推动该技术在其他系列车型的应用，研究成果广泛应用于微型车、轻型车、重型商用车等领域，全面阻击国外电驱动系统向我国新能源汽车业的渗透。

到 2013 年，EMT 系统总成年产能达到 5000 台（套），到 2015 年，EMT 系统总成年产能达到 1 万台（套），实现含税销售 10 亿元，实现利税总额 1 亿元。

到 2015 年，计划实现研发鉴定成果 20 项，实现鉴定成果 10 项，完成发明专利申报 20 ~30 项，国际专利 3 ~5 项。

华域汽车电动系统有限公司

一、发展概况

华域汽车电动系统有限公司，成立于 2011 年 3 月，注册资本 1.75 亿元，由华域汽车和航天科工集团下属海鹰集团、贵州航天共同出资，致力于新能源汽车驱动电机及其控制系统的研发和批量生产。

公司办公地点位于浦东张江高科技园区内，生产基地位于浦东川沙。主营业务包括：研发、生产、销售各类电机及其控制系统，并提供相关的技术咨询和技术服务，售后服务。

二、生产经营

华域电动目前第一款批产产品用于上汽荣威品牌 E50 纯电动车。该款产品是一款嵌入式永磁同步电机。其额定功率为 38kW，实测峰值功率为 63kW，峰值扭矩超过 160N·m。电机额定功率 38 千瓦/3000rpm，电机整机功率密度超过 1.6kW/kg。实测电机最高效率达 97%，高效区（效率 > 90%）超过 85%。电机采用内嵌式永磁体及高激磁能力转子设计，配以动力电机绕组及电枢制造两项专利技术；转子采用分段等效斜槽设计、螺旋水道冷却，拥有全球领先的绝缘体系、IP67 高防护等级、精密模具及装配设备、精校核动平衡以及内置热/高压断电保护元件确保了产品的高可靠性。新一代驱动电机产品主要用于为中高端车型进行配套，其峰值扭矩将超过 300N·m，峰值功率为 70kW，电机重量小于 30kg，具备了更高效率、更高功率密度、更高力矩密度、更低电磁噪声。

除“乘用车平台”系列产品以外，华域电动也正积极研发“商用车平台”系列产品，其中 100kW 驱动电机，整机功率密度将超过 2.5kW/kg，主要为城市用混合动力公交客车进行配套。

在电控产品方面，华域电动自主研发、设计和生产电力电子箱（含电机控制器和 DC/DC 转换器），基础通信软件架构结合参照 AUTOSAR 与 ISO 标准，设计满足 ISO26262 安全要求。华域电动的业务规划将着重为纯电、中混、（插电式）强混等车型进行驱动系统核心部件的配套，产品系列化平台包括：主驱动电机（52kW、75kW、85kW、90kW、100kW、150kW、200kW）、起发电机（15kW、35kW、65kW、75kW），以及配套电机控制器。此外，华域电动也将推出 260W 及 500W 两款助力转向电机，用于传统内燃机汽车及新能源汽车市场。

三、产能建设

华域电动旗下所有电机产品均采用自动化电机生产线，以保证产品的一致性、可靠性，其中包括：电机转子生产线、定子生产线、电枢生产线、总装配线。覆盖到的主要生产设备有：转子铆接机、转子螺母锁紧机、动平衡机、轴承压机、转子入定子设备、槽绝缘成型插入机、立式绕线机、嵌线机、线圈扩张机、中间整形机、最终整形机、单头绑扎机、电枢测试仪、定子滴漆滚浸机、定子测试仪等。

公司新建厂房于 2013 年三季度前正式落户上海浦东川沙地区。预计到 2017 年，华域电动新能源车驱动及控制系统核心部件的年规划产能可达 75 万台（套）。

四、技术进展及研发能力进展

华域电动依托投资方——华域汽车和贵州航天的强大科研实力及高端科研人员，目前已拥有 8 个发明创造专利，并已组建一个以航天核心技术人员为主的研发团队，拥有研发人员 88 名。

自公司成立以来，科研团队努力探索、勇于创新。利用原有的设计研发能力，最终实现了针对新能源汽车车用电机及其控制系统的专用研发软件、硬件平台的建设，使研发能力得到了较大的提升，目前新能源汽车车用电机研发所需的工具软件、通用仪器、仪表均已投入使用。

在测试、试验设备方面，华域电动拥有国外进口电机性能综合试验台架及电机测试台架、完善的温度性能试验台、设计阶段试验室、生产阶段试验室，可覆盖包括 125kW、450N·m 及以下驱动电机及其控制系统在内的所有温度冲击、温度循环、高/低温储存、（交变）湿热、化学喷淋、高温耐久、结露、跌落、防护等级（IP67）等试验，可涵盖 80% 以上新能源汽车对电机设计、生产验证试验的要求。

上海赢双电机有限公司

一、发展概况

上海赢双电机有限公司是一家专业研发和生产各种型号旋转变压器的上海市高新技术企业。目前公司研发团队技术精湛、生产工艺成熟、测试设备先进、精确，能够快速满足客户的各种定制旋转变压器的需求。

公司通过承担国家“863 计划”重大专项新能源汽车电机系统中的传感器子课题项目，在混合动力汽车、纯电动汽车和燃料电池汽车的电机系统中的磁阻式旋转变压器的设计、生产和制造工艺等方面的研究取得了一系列重大突破，公司自主研发的磁阻式旋转变压器已随着国内重点新能源汽车电机驱动系统企业的产品应用于各大知名汽车企业的整车中，公司的部分磁阻式旋变产品随着各整车企业的示范车成功应用于2012 年的“十城千辆节能与新能源汽车示范推广应用工程”。

在 2012 年，上海赢双电机有限公司完成的研究项目主要有：

1. 国家 863 科研计划项目“乘用车电驱动系统全产业链开发”——车用旋转变压器项目。

2. 上海科委科研计划项目“电动汽车电驱动产业链产品技术标准与应用示范”——车用旋转变压器技术标准项目。

3. 闵行区科技项目“节能电机用磁阻式旋转变压器”。

二、生产经营

上海赢双电机有限公司 2012 年共生产了数万台磁阻式旋转变压器应用于各大汽车厂家，如中通客车、安凯客车、奇瑞汽车、一汽汽车等新能源车中，包括纯电动汽车、混合动力轿车及客车、燃料电池汽车、电动环卫车、电动叉车、电动场馆车及低速电动车等；此外，一部分磁阻式旋变还应用于 EPS 系统中。为满足国家电动汽车产业化配套需求，公司组建的磁阻式旋转变压器自动化生产线进行了小批量生产，一些旋变试制品已应用至国外的相关汽车企业的新能源汽车中，磁阻式旋转变压器已完成产品系列化开发，其外径目前已开发了从直径 φ37mm 到直径 φ225mm 各种尺寸旋变逾 30 个品种，可满足从微型电动车到混合动力大客车等各车型的需求。

三、产能建设

2012 年，公司新建了一条具有自主产权的磁阻式旋转变压器自动化生产线，可满足三款特定品种旋变年 10 万套的配套需求，为了跟随国外主流新能源汽车电机厂家的电机产业向中国转移的趋势，同时也为了满足数年后的国内电动汽车电机系统中旋变的需求，公司目前的旋转变压器生产能力已达 30 万套/年，初步计划两年后可达年产 60 万套的旋转变压器生产配套能力。

四、技术进展及研发能力进展

公司非常注重人才队伍建设，已形成一支以教授专家带队的青年科技工程技术人员为主的研发团队，承担国家“863 计划”等重大科研项目研制任务，同时在新能源汽车电机系统中的磁阻式旋转变压器的设计、生产和制造工艺等方面的研究取得了经验。基于汽车电机的实际工作环境的恶劣性考虑，2012 年在产品的可靠性上做了大量的研究工作，目前的量产产品绕组采用了全密封保护。新产品为博世联合电子、大陆汽车、雷米电机等新能源汽车电机配套商进行了试制样品供货。

另外，上海赢双电机有限公司和上海大学共建产学研基地，就车用磁阻式旋变的研发与生产进行联合。

五、主要产品

零部件

序号	名称	型号
1	磁阻式旋转变压器	YSJ52XU9734
2	磁阻式旋转变压器	YS132XU9732
3	磁阻式旋转变压器	YS132XU9736
4	磁阻式旋转变压器	YS160XU9738
5	磁阻式旋转变压器	YS215XU97312
6	磁阻式旋转变压器	YS225XU9736

六、发展规划

1. 上海赢双电机有限公司与上海大学共建产学研基地，进行科研技术产业化转移。

2. 以市场为导向，对现有产品进一步完善，通过研发不断提高产品性能，同时降低旋变成本，以希望提高产品在全球市场的竞争力，为全球新能源车进行旋变配套。

3. 提高专业化生产水平，扩大生产能力，形成旋变制造工艺产业链。

4. 规划两年内形成年产 60 万套的旋转变压器生产配套能力。

5. 新增生产厂房 8000 平方米用于后续旋转变压器生产线建设。

江苏吉泰科电气股份有限公司

一、发展概况

江苏吉泰科电气股份有限公司拥有自主知识产权的电力电子技术和电机控制技术，专注于电机驱动控制产品及周边产品的研发、生产和销售，尤其专注于新能源领域的产品开发，如新能源汽车电机控制器、工业变频器、伺服驱动器、风力发电变流器、储能双向变流器等。

吉泰科核心研发团队是国内较早涉足新能源汽车电机控制器的变频器研发团队，2009 年，与主机厂合作实现了在杭州的第一条混合动力汽车公交线路的商业示范运行，吉泰科电机控制器主要性能特点是：启动平滑、刹车无“点头”现象、宽速度范围内大转矩输出、电机温度升高后（90℃~130℃）保持输出功率基本恒定、驻坡防溜功能、异步机系统（电机 + 控制器）效率最高达 92%~94%、永磁同步机系统（电机 + 控制器）效率高达 96%。

2012 年以来，在新能源汽车电机控制器产品方面，除了面向混合动力和纯电动大客车持续研发满足不同客户需求的个性化产品外，还面向小型乘用车、大货车、环卫车等车型推出一系列产品。

二、生产经营

1. 2012 年 1—12 月

2012 年 1—12 月吉泰科公司在新能源汽车电机控制器、工业变频器、AFE 能量回馈型变频器、储能双向变流器等核心产品上的销售金额达 1.1 亿元。

2. 2013 年 1—3 月

2013 年第一季度在上述核心产品上的销售达到 4355 万元。

三、产能建设

公司现有厂房面积 5000m^2，其中办公区域 1000m^2，生产车间 2000m^2，元器件及半成品仓库 1000m^2，成品仓库 600m^2，研发实验室 400m^2。拥有变频器生产线 10 条，产能约 2 亿元人民币，试验对拖机组若干（包括 2000kW 机组、220kW 机组、110kW 机组以及若干小功率机组），建设了 EMC 实验室、环境试验室，整机出厂测试台 10 台，单板自动测试工装 20 套。公司通过 ISO 9001 质量体系认证、ISO 14001 环境体系认证，正在进行 TS 16949 认证。

四、技术进展及研发能力进展

吉泰科公司的研发团队掌握着从软件的算法、通讯、功能、行业解决方案，到硬件的热设计、结构设计、电力电子拓扑、弱电设计、PCB 设计，再到生产的精益管理和质量控制等多方面的技能，从变频驱动器产品平台上，不断开发出适用于各行业的专用机型，新能源汽车电机控制器是其中的一种。其核心的技术环节包括以下几点：

1. 转子磁场的定向技术。

2. 改进的电机暂态模型，提高了转矩控制精度。

3. 无速度传感器的速度辨识。

4. 有速度传感器的测速技术。

5. 电机参数在线辨识，可抑制电机温度的上升对输出转矩的影响。

6. 电机弱磁控制技术。

7. 驻坡防溜控制技术。

8. 可靠的免跳闸技术。

9. 独特的节能控制策略。

10. 计算机热仿真结构辅助设计，保证了产品结构紧凑、重量轻（峰值功率 300kW 的水冷型电机控制器重量仅为 26kg）。

吉泰科公司在诸如参数自适应、准确的磁场定向、快速的速度估算、极低速和弱磁区的控制等方面均处于国内领先地位。

五、主要产品

零部件

序号	名称	型号
1	额定功率 200kW 电机控制器（水冷）	HB100-4Z200W
2	额定功率 200kW 电机控制器（风冷）	HB100-4Z200
3	额定功率 90kW 电机控制器（风冷）	HB100-2Z90
4	额定功率 75kW 电机控制器（水冷）	HB100-4Z75W
5	额定功率 15kW 电机控制器（水冷）	HB100-2Z15W
6	转向、打气泵电机控制器（风冷）	HB200-2Z3.7
7	转向、打气泵电机控制器（水冷）	HB200-2Z3.7W

六、发展规划

吉泰科公司除了在工业领域继续发展变频器/驱动器的控制技术，以提高各行业的自动化装备水平和节能降耗之外，依托已经建立的电力电子和电机控制技术平台，在新能源汽车领域加大投入，通过加强与整车厂、电机厂和汽车行业的高校和院所合作，力争在电机控制方面不断缩小与国际最先进水平的差距，在未来 3 年内达成如下目标：

2013 年电机控制器年产值：3000 万元。

2014 年电机控制器年产值：9000 万元。

2015 年电机控制器年产值：2 亿元。

七、2012 年 1—12 月企业在新能源汽车方面经济指标统计

指标名称	本期累计	同期累计	增长率（%）	增长额（提高百分点）
2012 年营业收入（万元）	1500	1000	50	500
工业总产值（万元）（2012 年全年价）	1950	1400	39	550
工业销售产值（万元）（2012 年全年价）	1755	1170	50	585
2012 年工业增加值（万元）	650	480	35	170
2012 年年末职工人数（人）	180	160	13	20
2012 年年末工程技术人员（人）	50	45	11	5
2012 年年末资产总计（万元）	6500	5800	12	700
2012 年利润总额（万元）	300	190	37	110
2012 年产品销售率（%）	90	84	7	6
销售利润率（%）	20	19	5	1
工业经济效益综合指数（%）	3653	3042	20	611

苏州绿控传动科技有限公司

一、发展概况

苏州绿控传动科技有限公司主营业务为客车混合动力总成系统及汽车 AMT 自动变速器的研发、生产和销售。现已具有重卡、城市客车、轻客、轿车等一系列产品。2012 年的主推产品为客车混合动力总成系统及客车 AMT 自动变速箱，经过一年的产业化建设及市场推广，已经为苏州金龙、东风扬子江、中通、恒通、广汽客车等 14 家客车生产厂家批量供货，在国内超过 30 个城市的超过 1600 辆车上示范运营，累计运营里程超过 2 亿公里，各项性能指标获得了国内整车厂商及公交公司的一致好评。

公司位于苏州市吴江区交通南路 1268 号，公司有员工 110 人，硕士 12 人，研发人员占比达 50% 以上。企业负责人李磊博士及团队中多名技术骨干已在 AMT 变速箱及混合动力总成系统方面开展了 10 余年的研究工作，曾承担国家“863”课题等多项国家重大课题专项。公司与清华大学苏州汽车研究院开展多项产学研合作，并聘请了多位清华大学教授作为公司技术顾问，指导新产品开发与技术改进，确保技术始终处于国际领先地位。

混合动力总成系统包括 AMT 自动变速箱、永磁同步电机及控制器、自动离合器、整车控制器，能够与锰酸锂电池、钛酸锂电池、磷酸铁锂电池及超级电容进行匹配。系统能够在诊断出电机或电池出现故障的时候自动切换到常规发动机工作状态，保证车辆的正常行驶，大大提高了车辆的“出勤率”。

二、生产经营

苏州绿控传动科技有限公司专注于汽车传动部分电控系统及新能源汽车整车控制系统的创新型企业。公司采用“哑铃型”发展模式，重点精力放在研发和销售环节，生产环节大部分采用外委方式。

公司的混合动力总成系统采用同轴并联式技术方案，电机安装在离合器和变速箱之间，有中混、深混、插电式几个系列，其中采用钛酸锂电池的快充插电式混合动力已经在重庆地区示范运营超过 1000 台。

客车用 AMT 变速箱采用电动换挡方式，现已在国内超过 5 个城市批量使用，最高单车运营里程超过 20 万公里。

在生产经营管理方面，制定生产工艺规范，并实施信息化管理，提高生产经营管理效率。在质量控制方面，公司已经通过 TS 16949 标准认证，并按照标准优化质量管理体系，建立健全内审制度，不定期地进行考核。在售后方面，针对重点客户建立系统零部件的售后服务和维修体系，力争逐渐控制系统维修报修率，在此基础上，制定完善的系统售后服务制度，完善售后服务配套设施和队伍。

三、产能建设

由于大部分零件采用外委方式，公司生产工作主要在零件检测和装配工艺方面。现具有三坐标测量仪、硬度测量仪、变速箱测试试验台、影响仪等检测设备；另外，有动力总成流水线 1 条、AMT 组装线 1 条、控制器装配线 1 条，现有生产能力已达到 5000 套/年。为了满足公司进一步发展的需要，拟扩展总成系统生产线的产能，达到 15000 套/年。

四、技术进展及研发能力进展

苏州绿控传动科技有限公司注重人才团队尤其是研发团队的建设，企业研发人员占比在 50% 以上。现有知识产权 20 余项，其中发明专利 4 项、实用新型专利 14 项、软件著作权 7 项。公司目前已被认定为高新技术企业。

公司是由一批来自清华大学汽车工程系的博士共同创办的，公司总经理李磊博士及多名技术骨干均来自于清华大学汽车动力学与控制课题组，曾承担国家“863”课题等多项国家重大课题专项，这为公司开展产学研合作奠定了基础。

目前，公司与清华大学节能与安全国家重点实验室以及清华汽车工程开发研究院开展深度产学研合作，多位清华大学教授作为技术顾问，在研发方向及整车层面上给予了很大的支持。

企业现有研发中心已有变速箱换挡可靠性测试台架10台，离合器执行机构测试台架8台，湿热振动高低温三综合试验箱2台，电机试验台、高清晰度影像仪等研发测试设备。并计划建设国家级商用车混合动力系统工程中心，该中心预计将实现耐久性、可靠性、同步器寿命、变速箱器效率、盐雾、防护等级、冲击、振动等综合性的先进试验平台。

为加快研发进度，公司建设了试制中心，并具有加工中心4台、线切割加工设备1台、数控车床2台，全部服务于研发。

同时，绿控传动推进具有高度创新性和广阔市场前景的新产品，2012年推广的新产品有：

1. 100/130kW级和94/121kW级纯电动和插电式混合动力客车整车控制系统总成；

2. 6~8m校车AMT变速箱。

五、主要产品

零部件

序号	名称	型号
1	混合动力传动系统	GC-6S1000AMT-1、GC-6S1000AMT-2、GC-6T900AMT-1、GC-6T900AMT-2、GC-5T850AMT-1、GC-5T850AMT-2
2	插电式混合动力传动系统	GC-AMT-6S1000PH1-2、GC-AMT-6S1000PH2-2、GC-AMT-5T1200PH1-2、GC-AMT-5T1200PH2-2
3	纯电动动力传动系统	GC-AMT-6S1000E、GC-AMT-5S1200E
4	AMT变速箱	GC-6S1000AMT-1、GC-6S1000AMT-2、GC-6T900AMT-1、GC-6T900AMT-2、GC-5T850AMT-1、GC-5T850AMT-2

六、发展规划

在未来的3-5年，绿控传动将继续致力于新能源汽车动力总成系统及传动系统关键核心技术的研究与产业化，要走出中国，走向世界。以政策和市场为导向，进行相关系列产品的开发及产业化。构建车用自动变速箱及总成系统的产品系列，开展车用自动变速箱及总成系统的可靠性、耐久性、整体效率等一系列关键技术研究，完善产品大规模生产、制造与检测能力的建设，实现3~6挡，400N·m-1400N·m一系列自动变速箱及动力系统的产业化应用，覆盖6~18m混合动力、纯电动、插电式混合动力、燃料电池等新能源客车的需求。

福建冠龙新能源汽车科技有限公司

一、2012年发展概况

福建冠龙新能源汽车科技有限公司是一家专业从事新能源客车驱动总成开发、生产的高新科技企业，公司核心技术包括变频驱动技术、内燃机—电机匹配技术、制动能回收技术等。公司具有多次大批量上线运营的产品实践经验，通过对系统控制策略及各种参数的优化调整，使最新产品具有稳定的性能；充分依靠与多家整车厂合作的良好平台，不断对产品进行多项的创新尝试。

二、2012年生产经营

2012年福建冠龙新能源汽车科技有限公司生产销售新能源汽车混联式混合动力、具有怠带熄火的混联式混合动力、插电式混合动力，纯电动系统等共计总计900多台，与厦门金旅客车、苏州海格、上海申龙、武汉扬子江、中国重汽、郑州宇通等多家客车厂紧密合作，产品在苏州、杭州、昆明、海口、天津、厦门、福州、张家港、苏州、南通、徐州等30多个城市上线运营。

三、2012年技术进展及研发能力进展

2012年福建冠龙新能源汽车科技有限公司在原有新能源汽车混联式混合动力的基础上开发了一款带怠速熄火功能的油/气电混合系统，带有怠速熄火功能的混合动力系统的主要原理为：在起步低速时，主离全器分离，由超级电容及锂电池作为能源系统向驱动电机供电，实现纯电起动。当到达一定速度时（22km/h），主离合器器合上，由发动机和驱动电机共同驱动。减速制动时，整车带动驱动电机通过驱动电机控制器给超级电容充电，实现能量回收。当超级电容的能量不够时，由发动机带动发电机发电，给超级电容充电，补充能量。在发电时，控制器可根据当前系统功率需求，通过控制发动机转速，从而调整发电功率。在发动机怠速、整车低速（小于19km/h）及超级电容能量足够（大于330V）等条件同时满足时，整车控制器通过CAN接口控制发动机熄火，整车实现纯电工作。当整车速度高于一定值时（大于18km/h），或者超级电容容量偏低时（小于300V），整车控制器把发电机作为起动电机起动发动机，让发动机带动发电机发电。怠速熄

火混合动力系统主要包括：内燃机、驱动电机、混合动力电机控制器、电控离合器、BSG 电机、混合动力整车控制器、高压柜、储能设备、电助力转向泵。

四、主要产品

1. 整车

序号	名称	型号	类别
1	新能源汽车气电混合系统	GL-HEV3090-11	10.5～12 米城市公交车
2	新能源汽车油电混合系统	GL-HEV3090-10	10.5～12 米城市公交车
3	新能源汽车带有怠速起停的气电混合系统	GL-HEV1090-13	10.5～12 米城市公交车
4	新能源汽车带有怠速起停的油电混合系统	GL-HEV1090-12	10.5～12 米城市公交车

续表

序号	名称	型号	类别
5	新能源汽车纯电动系统	GL-EV2090-10	10.5～12 米城市公交车
6	新能源汽车插电式混合系统	GL-HEV3090-12	10.5～12 米城市公交车
7	新能源汽车两档箱系统	GL-HEV1090-14	10.5～12 米城市公交车

2. 零部件

序号	名称	型号
1	混合动力整车控制器	GL-ZK3385-10
2	混合动力电机控制器	GL-DK1090-10
3	混合动力驱动电机	GL-QD1090-10
4	异步发电机	YQDF160-25/2200
5	助力转向泵	YUQCI132S-4

菲尼克斯(中国)投资有限公司

一、发展概况

菲尼克斯（中国）投资有限公司是德国菲尼克斯电气集团在华子公司，是集团公司亚太地区业务中心。德国菲尼克斯电气集团是全球公认的电气连接、电子接口、防雷技术和工业自动化系统解决方案的领袖企业。

1993 年起，菲尼克斯电气在中国投资，积极组建销售网络、生产基地和研发中心。截至 2012 年年底，菲尼克斯电气在中国拥有 5 家子公司、23 个办事处、3 个市场与技术中心和 200 多家分销合作机构，为电力、风电、通讯、机械、建筑、冶金、石油、化工、交通运输、汽车制造和烟草等工业领域提供世界一流产品、解决方案和优质高效服务。现有员工 1600 多人，年销售额超过 16 亿元。

在 20 年的发展历程中，菲尼克斯（中国）投资有限公司始终保持业务的高速增长，1996 年以来市场占有率居国内同行首位，2009 年起位居菲尼克斯电气集团海外第一位。目前，菲尼克斯（中国）投资有限公司已成为菲尼克斯电气全球重要的生产基地、研发基地、物流枢纽、竞争力中心和战略中心，是菲尼克斯电气全球 2020 战略的重要支柱。

二、技术进展及研发能力进展

菲尼克斯电气电动汽车充换电连接器项目自 2010 年开始立项以来，公司直接研发投入已达 2000 万元，主要包括以下几方面：

（1）用于项目的前期市场调研和专家咨询，以便确定项目研发的技术定位和具体研发方向。

（2）为公司研发人员提供拥有大容量信息处理和高性能的图形、图像处理功能的工作站、设计软件、辅助设计工具等研发设备，用于产品的设计和开发。

（3）筹建了世界先进的电气电涌防护实验室、机电实验室和 QM 实验室等，为项目提供技术领先、质量可靠的一体化测试实验平台。

（4）项目产品通过美国 UL、欧洲 CE 等相关认证的费用，用以证实项目产品的高质量和高性能性。

（5）研发试制过程中所需的原材料、快速成型等样品的购买和模具的投入。

（6）建立了项目的技术管理平台，为项目提供知识产权、项目管理、流程建设等技术管理服务等，以确保项目的顺利完成。

通过电动汽车充换电设备项目的实施，形成技术成熟、功能齐全的电动汽车充电和换电连接装置。产品符合国际标准，并适用于多种电动汽车充电桩和充电站，产品均经过第三方严格测试和相关行业的产品资质认证，并形成一定销售。通过本项目的研发，为电动汽车行业基础设施建设提供重要的技术和支撑，推动充电接口装置和换电接口装置等系列方案研究和试验验证，为标准技术参数的确定提供重要的技术支持，促进中国电动汽车产业的长远发展，并为全球电动汽车的发展做出贡献。

三、主要产品

零部件

序号	名称	型号
1	GB 16A 单相交流充电连接器	EV - GBM3PC - 1AC16A - 5, 0M2, 5ESOG00
2	GB 32A 单相交流充电连接器	EV - GBM3PC - 1AC32A - 5, 0M6, 0ESOG00
3	IEC type 2 20A 单相交流充电连接器	EV-T2M3PC-1AC20A-4, 0M2, 5ESBK00
4	IEC type 2 32A 三相交流充电连接器	EV-T2M3PC-3AC32A-4, 0M6, 0ESBK00
5	IEC type 2 125A 直流充电连接器	EV - T2M4CC - DC125A - 5, 0M50ESBK001

四、合资合作

长期以来，菲尼克斯电气与国电南瑞科技股份有限公司、中国装备许继集团等国家电力行业的龙头企业进行了长期的技术合作，合作开发了一系列技术领先、安全性高、可靠性强的连接装置，并建立了长期的战略合作伙伴关系。

电动汽车作为国家的战略性新兴产业，发展步伐日趋加快。为了推动我国电动汽车充换电产业的发展，促进我国电动汽车的发展进程，菲尼克斯电气积极响应中国的产业发展战略，靠技术创新追踪新能源汽车发展领域技术前沿，再次与南瑞、许继等行业巨头牵手，共同合作相关电动车辆的充换电的技术开发，并实现产业化。该项目的实施和完善，将为更大的推广新能源汽车奠定坚实的技术基础，将为实现我国汽车产业可持续发展做出应有的贡献。

上海循道新能源科技有限公司

一、发展概况

上海循道新能源科技有限公司是一家集充电基础设施产品研发、制造、销售为一体的高新技术企业，专门从事电动汽车交、直流充电桩、一体式直流充电机、车载充电机、充换电站电池箱、充电连接器系列产品的生产研发。公司位于上海市松江永丰工业开发区，拥有3000多平方米的厂房，注册资金3000万元，现有员工60余名。经历几年的发展，公司已成为上海市新能源电动汽车充电设施领域内生产企业较具规模的企业之一。

公司拥有一支高素质的研发、生产、销售团队，具有丰富的充电设施产品经验及深厚的技术积累，通过自主开发、联合研制等多种模式确保了公司产品获得多项国家专利。公司有完善的产品开发、工程设计与配套能力，已先后为国内电力行业提供了大量电动汽车充电设施产品。公司技术人员拥有丰富的现场调试、维修和培训经验，能够承担各种规格设备的现场调试、维修和培训工作。

二、生产经营

1. 2012 年 1—12 月

2012年10月公司与许继集团许继电源有限公司联合研制的新型交流充电桩第一批发货120台交付上海电力公司使用，2012年全年累计发货交流充电桩600余台。

2012年11月公司受许继集团许继电源有限公司委托加工的电动大巴电池箱托架交付上海客户使用，2012年托架累计发货800余个。

2. 2013 年 1—3 月

2013年1月完成了壁挂式交流充电桩产品的转产及发货。

2013年2月完成了上海颛桥镇政府交流充电桩的生产与安装。

2013年2月完成了上海嘉定立体停车库交流充电桩系统的产品设计及生产发货。

2013年3月完成了上海金山枫泾小区落地式交流充电桩的生产及安装。

2013年3月完成了电动大巴充换电站电池内箱的试制。

三、产能建设

1. 2012 年 1—12 月

根据公司业务需要，为了扩大生产规模，2012年公司投入1000万元新建了钣金生产车间，拥有进口先进的数控冲床、折弯机、压铆机、点焊机等钣金加工设备。形成了完善的模具制造、生产加工、安装调试一条线的生产服务模式。

2. 2013 年 1—3 月

为支撑相关业务的急速扩展，公司在2013年一季度将厂房搬迁至上海松江金玉路1152号，扩充了一条充电桩的装配流水线、新增了二条换电站电池箱的生产线，新增相关的钣金加工设备一批。增加了公司的生产设施以及各方面的操作人员。

四、技术进展及研发能力进展

1. 2012 年 1—12 月情况说明

公司在2012年与许继集团许继电源公司签订了交流充电桩ODM协议，结合双方的优势及经验，开发新型的交流充电桩。项目从2012年3份开始至2012年9月份转产，并且在2012年11月拿到国家认可的权威第三方检测报告。

2. 2013 年 1—3 月情况说明

2013年，公司与许继集团许继电源有限公司签订直流充电桩的ODM协议，开发新型的直流充电桩。并且双方在充分信任及合作的基础上，对于面向欧洲、北美市场的充电桩已经进行市场调研及技术产品分析，在合适的时候推出欧洲标准及北美标准的充电桩。

五、主要产品

零部件

序号	名称	型号
1	落地式交流充电桩	XD302A
2	壁挂式交流充电桩	XD304A
3	便携式交流充电器	XD200A
4	交流充电连接插座	EVC-PA-032-M5
5	交流充电连接插头	EVC-PA-032-F5
6	充换电站电池箱内箱	BPA10-BL-3L
7	充换电站电池箱托架	BPA10A-WL-EV
8	直流充电桩	XD300D

六、合资合作

公司与许继电源有限公司、郑州日产汽车有限公司、浙江正泰电器股份有限公司、上海集团、上海同济大学、上海交通大学等产学研单位建立了长期稳固的合作关系。合作路径多样，从理论支持、关键技术突破、成果转化都有着良好的合作记录和结果。

七、发展规划

（1）致力于新能源电动汽车充电基础设施产品的研发、生产、销售，在交、直流充电、充换电站产品技术上达到国内先进水平，为中国乃至世界的电动汽车行业的发展做出贡献。

（2）积累行业市场经营经验、扩充技术储备、锻造专业的研发、制造队伍，逐步由电动汽车充电基础设施产品提供商向电动汽车充电设施整体解决方案的服务商迈进。

（3）建立人才激励机制，使人能尽其才，使企业和员工树立共同发展目标和愿景，指引企业和员工朝着共同的方向和目标迈进。

八、2012年1—12月企业在新能源汽车方面经济指标统计

指标名称	本期累计	同期累计	增长率（%）	增长额（提高百分点）
2012年营业收入（万元）	207	0	100	207
工业总产值（全年价）（万元）	240	0	100	240
工业销售产值（全年价）（万元）	207	0	100	207
工业增加值（万元）	45	0	100	45
2012年年末职工人数（人）	32	0	100	32
2012年年末工程技术人员（人）	6	0	100	6
2012年年末资产总计（万元）	448.3	0	100	448.3
2012年利润总额（万元）	-388.6	0	100	-388.6
2012年产品销售率（%）	86.25	0	100	86.25
销售利润率（%）	-187.73	0	100	-187.73

苏州工业园区多思达科技有限公司

一、发展概况

苏州工业园区多思达科技有限公司为张家港友诚科技机电有限公司的独立子公司，承担“友诚科技”在新能源领域项目产品的开发、市场推广、制造与销售。

苏州工业园区多思达科技有限公司是国内较早利用新技术研发电动汽车、直流电源、风力发电、动力蓄电池等领域的高性能连接器产品及电气连接解决方案的公司之一。参与了《电动汽车传导充电用连接装置标准》的制定与《电动汽车充电站通用要求》等多项行业相关标准的讨论。

苏州工业园区多思达科技有限公司目前已生产的产品为：国标交流16A/32A充电插口；国标直流125A/250A充电插口；欧洲IEC62196标准16A/32A/63A充电插口（通过TUV产品认证）；美洲SAE j1772标准16A/32A/70A充电插口（通过UL产品认证），更多规格产品正在不断地完善与开发过程中。已被应用于一汽大众、上汽通用、日产、东风、北汽、江淮、比亚迪、吉利等多个著名品牌的电动乘用车、客车及其他各类型车辆产品还被应用于“上海世博园区电动汽车及充电站”，以及“唐山南湖国家充电示范站”等若干国家重点项目。

苏州工业园区多思达科技有限公司注重“产、学、研”的合作互赢，联合国家863工程重点院校—上海交通大学，突破一系列技术壁垒，为EV、蓄电池行业提供最具专业的优质产品和解决方案。

二、生产经营

苏州工业园区多思达科技有限公司现拥有员工286人，生产厂房2万平方米，生产能力达到2000万套/年，市场覆盖全球35个国家和地区电动汽车传导式充电连接装置第

一，覆盖国内市场60%的份额，小型汽油发电机组电器附件第一，覆盖国内市场65%的份额。

三、产能建设

2012年，公司2期工程投入建设，总建筑面积3.5万平方米，2013年7月投入使用，建成后引入高精度、高速度生产设备36套，检测设备20套，全面提升在电动汽车传导式充电连接装置、充电桩、工业连接器产品的技术研发和制造能力。二期运行后，工业连接器产品的产能将提升到3000万套/年，电动汽车传导式充电连接装置产能将提升到10万套/年。

四、技术进展及研发能力进展

苏州工业园区多思达科技有限公司拥有专业研发团队17人，拥有独立产品造型设计、模具设计能力。2013年，公司主要开发项目为电动汽车高压连接器及充电电缆保护盒，两个项目的研发将在年内全部实现，在2014年年初进行预产。

五、主要产品

序号	名称
1	国标交流充电接口
2	国标直流充电接口
3	欧标交流充电接口
4	美标交流充电接口
5	充电电缆控制盒

六、合资合作

苏州工业园区多思达科技有限公司注重“产、学、研”的合作互赢，联合国家863工程重点院校，上海交通大学突破了一系列技术壁垒，研发出电动汽车内部综合连接系统、电动汽车快速换电池连接系统等新产品；同时是南京航空航天大学产学研究合作基地，双方在充电保护、太阳能充电桩项目的合作正在有序推进建设。

七、发展规划

未来3~5年内核心业务领域将从专业的工业电器连接产品向电动汽车充电连接装置、车辆高压连接器、整车线束、换电装置、充电桩产业方向倾斜，并最终形成“从桩到车的一体化配置”的核心业务。

根据公司战略发展需要，公司将持续打造核心竞争力，打造适合苏州工业园区多思达科技有限公司发展的核心经营战略模式，即基于专业化设计、专业化制造、专业化管理、专业化服务的流程植入，创造最适合设计到服务模式。该模式有效整合企业战略、发展大纲、企业文化、品牌、产品、营销、管理体制、投资发展等核心领域。

江苏裕成(集团)公司

一、2012年发展情况

江苏裕成集团位于江苏省常州市，经过20多年的发展，裕成集团已经形成具有通讯与汽车电子、电动车电机和电动车整车三大产业的综合性民营企业，旗下现有6家子公司。现有总资产超过9.5亿元，总占地面积24万平方米，总建筑面积20万平方米，另外在江苏盐城、天津等地建有生产基地。公司员工总数超过4500名，2006年被美国福布斯列为（持续创新的中小企业）中国潜力100榜，2012年销售额超过13亿元。

裕成集团是伴随着中国电动车产业的发展而迅速发展起来的的科技型民营企业。依托不断开展的科技创新，裕成最先在全国将永磁无刷驱动系统产品进行产业化，裕成富通电机并且连续10年保持中国电动车辆驱动系统产品的第一领军企业的地位，市场占有率保持全国第一。2012年产销各种电动两轮车永磁无刷轮毂电机270万套，控制器80万台，电动汽车交、直流驱动电机2.7万套。

十年磨一剑，2004年，为专门为出口电机及新能源汽车驱动系统产品产业化设立了常州市裕成雅科电机有限公司。通过近10年与国外著名跨国公司和国内新能源汽车整车厂的合作，雅科公司所开发并产业化的驱动电机及控制器类型已经涵盖从公交大巴到纯电动及混合动力乘用车全部驱动电机，包括永磁同步电机、交流变频电机、直流他励及串励电机和电动轮，部分产品直接出口到德国、捷克、美国、加拿大、哥伦比亚及印度等国家。

电动汽车电驱动产品通过了ISO 9001、TS 16949、UL、CE等各项国际体系及产品认证，产品品质通过市场长期检验得到各界一致认可。并且先后获得多个“高新技术产品认定”“省级企业技术中心认定”“江苏省高新技术企业”“国家免检产品”“中国驰名商标”等荣誉称号，树立了卓越的品牌形象。

在2010年列为江苏省新能源汽车关键零部件重点企业。

二、生产经营

从2008年起，裕成人紧跟国家产业规划，利用自身多年积累的技术、人才、资金方面的优势开发清洁能源车辆，及关键零部件驱动电机及控制器的研发，并以满足汽车整车厂发展新能源汽车的需要为目标，在驱动电机、控制器、专用自动变速器、辅助动力总成设计及产业化建设等方面加大研发和先进工艺装备投入，开展技术创新，提升产品档次，拓展产品服务领域，集团由此迈入传统产业改造及新兴产业发展齐头并进的新阶段。

科学技术是第一生产力。10 多年来，裕成人坚持科技创新为动力，打造核心竞争力，依托与国内外科研院所及国外一流企业的长期合作，同时积极引进国外先进技术，采用先进的自动化工艺装备和严格的专业管理，不断优化调整产品结构，在电动汽车驱动系统产品产业化的道路上打下了坚实的基础。公司目前保持和国内多家科研院所及著名院校的紧密合作。同多家国外跨国公司形成电驱动产品方面的长期合作关系。

公司研发的 336 ~440V/峰值 60 ~200kW 永磁同步和交流变频电驱动系统，是纯电动及混合动力公交大巴替代进口电驱动产品的最佳选择。

对于 A0 级及 A00 级轻型电动汽车，根据世界电动汽车产业化发展的技术状态及实践的总结，能使电动汽车最先市场化和产业化的推荐配置。

电动汽车总质量在 1700kg 以下，使用 96V150Ah 高性能铅酸电池，标称 8 ~15kW，峰值 33 ~42kW 无稀土动力驱动系统，根据车型协商确定合适的变速器及轮胎，30 分钟最高车速 ≥ 80km/h，1km 最高车速 ≥ 120km，续驶里程≥180km（匀速 40 ~50km/h），满载爬坡度≥20%。该系统配置出口到德国等欧洲地区、美国及哥伦比亚等南美国家获得较高的评价。

成功匹配的车型包括纯电动轿车、纯电动 SUV、纯电动微型面包车及纯电动客货两用汽车。

对于上述车型，裕成集团研发的 144V、72V 及 64V 交流变频驱动系统也是不错的选择，64V 系统将是替代直流系统的最佳选择。

三、产能建设

从美国引进的交流变频驱动电机及永磁同步驱动电机自动化生产线，已经投入批量生产，第一条生产线产能为 10 万台/年。控制器引进意大利全自动控制主板生产线和组装生产线，产能为 15 万台/年。两档自动变速器生产线在建，产能 10 万台/年。

四、主要产品（电动汽车驱动系统部分）

产品分类	产品类型	标称额定/峰值功率 kW	电压等级 Vdc（V）	用途
驱动电机	交流变频电机	5 ~7.5/22 ~34	64/72	纯电动及混合动力轻型汽车
	交流变频电机	7.5 ~15/34 ~45	72/96	纯电动轿车、SUV 及客货两用车
	交流变频电机	30 ~110/65 ~220	336/440	纯电动及混合动力公交大巴
	永磁同步驱动电机	6 ~25/15 ~50	72/96/144	纯电动轿车、SUV 及客货两用车
	永磁同步驱动电机	30 ~100/60 ~210	336/440	纯电动及混合动力公交大巴

产品分类	控制器型号	控制器容量（kVA）	电压等级 Vdc（V）	最大电流 Iac（A）	冷却方式	类型
驱动控制器	AC-10740	28.2	64	400	自然冷却	交流变频电机驱动
	AC-10845	42	72/80	450	自然冷却	
	AC-10945	50	96	450	自然冷却	
	1D2-B01A1	66.5	144	400	自然冷却	永磁同步及交流变频电机驱动
	3F8-B01A1	95	336/440	450	水冷	
	3F9-B01A1	170		800	水冷	

五、合资合作

与具有世界先进水平的国外企业建立合资企业的框架已经形成，引进世界先进水平的产品技术，以符合国际最新汽车标准的驱动控制器满足国内外新能源汽车产业化的需求。同时与国内科研院所及著名大学继续开展相关科研项目，争取在电动汽车电驱动技术及传动技术方面取得更大进步。

六、产业规划

集团制定了电驱动产品产业化五年规划，努力争取实现“拼搏五年打造中国一流电动汽车电驱动产品专业制造公司”的战略目标，同时努力将集团打造成年销售总额超 20 亿元的上市公司，再创企业新的辉煌，为实现新能源汽车产业化的中国梦而努力奋斗。

AVL 李斯特公司

一、发展概况

奥地利 AVL 李斯特公司是全球规模最大的从事内燃机设计开发、动力总成研究分析以及有关测试系统和设备开发制造的完全独立的公司，与全球几乎所有的汽车生产商与供应商建立了紧密的合作关系。自 1948 年公司建立以来，AVL 从一个简单的设计工作间，发展成为集发动机/动力总成科研、开发、设计、咨询及相关测试设备生产的跨国高科技集团，超过 5000 名员工。总部位于奥地利格拉茨市，45 个子公司及分支机构遍布世界各地。

AVL 公司早在 20 世纪 80 年代初即在北京设立代表处，于 1995 年设立上海代表处，1999 年在福建厦门与国家科委厦门院合资成立了“厦门海腾发动机测试设备有限公司”，2003 年在上海成立“李斯特公司技术中心”。

AVL 公司测试设备及测试系统部门在支持客户的产品研发的整个过程中起着重要的作用。我们的宗旨是从样机的开发、试制、标定直到形成完整生产能力等各不同阶段，都提供最好的模拟仿真、测量和试验技术。

二、产能建设

AVL 是致力于乘用车，卡车和大型内燃机，混合动力，电动驱动等多种能源动力总成的研发咨询，模拟仿真以及测试技术的独立工程公司，致力为客户提供量身定制的解决方案。作为汽车业知名的合作伙伴，AVL 对整个动力总成的工程研发及测试技术有着深刻的理解，广泛的认识和丰富的项目经验，并一贯以高品质的产品和服务享誉全球。

AVL 公司的工作主要专注于：内燃机与动力总成开发与测试设备，变速箱及相应控制系统开发与测试，混合动力与纯电动汽车动力总成开发，尤其对于动力电池包，电机系统与逆变器及其控制器的开发与测试设备，等等。

三、技术进展与研发能力进展

近几年来，AVL 在汽车电气化领域取得了极大的进展，尤其对于混合动力/纯电动汽车开发中最关键的动力电池包，电机系统与全球知名汽车企业开展了广泛的合作并取得了极大的成绩。

四、发展规划

2013 年，AVL 将继续保持与全球所有汽车生产厂商与零部件供应商的良好合作关系，致力于为全球动力总成及汽车相关科技领域做出更大贡献。

艾尔维汽车工程技术(上海)有限公司

一、2012 年发展概况

IAV 中国成立于 2005 年，总部坐落于上海国际汽车城，通过跨领域的合作，从事汽车核心技术的自主研究和开发。为汽车项目提供从最初概念到批量生产的服务。

二、生产经营

整车开发：汽车电子/电气技术、电力牵引、系统功能集成、汽车车身与安全、驾驶室与内饰、产品生命周期、移动性、底盘，动力系统。

动力总成开发：动力总成概念设计、高级发动机及变速器产品开发及电气化、动力总成集成、计算与仿真、机构功能及测试、发动机悬置系统/NVH，DMU/零件清单/零件包，成本管理。

动力总成机电一体化：系统开发、动力总成电子及软件系统、OBD 及算法开发、发动机及变速器标定、内燃机燃烧优化、排放、油耗、燃油喷射及增压系统、新能源驱动系统、可替代燃料及混合动力驱动、仿真与测试、对量产的支持。

客户包括：Audi，Bentley，BMW，Bombardier，Bosch，Bugatti，Chrysler，Claas，Continental，Daimler，Delphi，Faurecia，FAW-Volkswagen，Fiat，Ford，Freudenberg，General Motors，Honda，Liebherr，BMW，Motorsport，MAN，MWM International，Mercedes - Benz，Opel，Porsche，PSA Peugeot Citroën，Renault，Sabic，Schaeffler，Seat，Škoda，smart，Toyota，Volkswagen，Shanghai Volkswagen，ZF Group，etc.

三、技术进展及研发能力进展

30 年来，IAV 中国与全球知名汽车制造商及零部件供应商联合开展了多个创新项目，如对横置前驱 8/9 挡混合动力双离合变速器系统和 8 挡混合动力自动行星齿轮变速器系统的结构优化、Dual Drive © 无级变速全混合动力变速器开发、DrivePacEV80 ©纯电驱单元开发等。

五、发展规划

在 2013 年，IAV 中国将会继续致力于与一流整车制造商和供应商进行合作，全面拓展全球的业务。

ANSYS 公司中国公司

一、公司概况

ANSYS 公司（ANSYS Inc. NASDAQ：ANSS）是世界最大的虚拟仿真软件公司之一，成立于 1970 年，致力于工程仿真软件和技术的研发，提供从概念设计到最终测试产品全过程的统一研发平台。ANSYS 公司总部位于美国宾夕法尼亚州的匹兹堡，全球拥有 60 多个代理与渠道合作伙伴。ANSYS 全球有 1700 多名员工，在 40 多个国家销售产品。

ANSYS 整个产品线包括结构分析（ANSYS Mechanical）、流体动力学（ANSYS CFD，FLUENT/CFX），和电子设计（ANSYS Ansoft）软件，ANSYS 中国有超过 20 人的资深技术支持团队，均具备硕士或者博士学历，在电机、电源、控制、高速电路与系统、集成电路芯片仿真、电磁兼容蛇领域拥有较为丰富的工程经验。

二、新能源汽车电子系统设计

ANSYS 电子设计工具来自于著名的电磁场仿真软件公司 Ansoft 公司，在电机和新能源汽车领域得到了广泛的应用，是业界唯一同时拥有高性能电磁场仿真、电磁部件高效率设计和多维多域电路/系统仿真设计能力的机电系统设计解决方案，集电气、电磁、电化学、热、液压、机械、模拟和数字控制于一体的多学科、多领域、集成化系统仿真设计，不仅能够进行快速精确的电磁部件设计仿真，包括电机、变压器、继电器等，得到部件在正常和非正常状态下的各种工作特性，并进行热、应力、形变与电磁兼容、电磁干扰分析，还能对电路、控制或系统进行建模和分析的仿真，得到电流和电压波形、速度、效率、力、位置等多方面的结果，提供从系统总体设计、部件指标分配到元件详细设计、优化，以及多设计组织间协同设计与系统精确仿真，帮助设计工程师从容面对复杂系统设计中多领域、多层次和多组织的设计挑战，实现工程完整性设计，体现在：

（1）设计数据完整性

支持多种编程语言和模型，包括 C/C ++、Matlab/Simlink、VHDL－AMS、Spice 以及 IGES、DXF/DWG、STEP、PRT 等，能够在不同组织和仿真产品之间方便地进行数据交换，不必进行数学转换和模型简化，保证了设计数据的完整性。

（2）设计领域完整性

集电气、电磁、电化学、热、液压、机械、控制于一体的多领域系统的仿真设计，提供从元件设计、有限元分析、参数优化、寄生参数提取到系统仿真、PCB 板级和系统级 EMI/EMC 分析的完备解决方案，全方位地把握系统性能。

（3）设计手段完整性

提供完备的设计工具，在基本的电机本体和电磁部件设计，电磁、温度、应力分析和优化设计，电路与机电系统设计仿真的完整设计流程之外，还能进一步扩展，将 PCB 板级信号 EMI/EMC 分析，系统级 EMI/EMC 分析软件，电缆/线束、连接器的寄生参数抽取包括在内，全面满足机电系统工程设计要求。其集成化旋转电机设计到三维有限元模型建立和分析、驱动系统仿真设计流程是业界唯一完整流畅的电机和驱动系统设方案，代表了该领域的全球最高水平。

三、主要应用领域

ANSYS 电子系统设计工具的应用领域包括：

（1）电机、电磁部件的本体及系统设计

基于磁路法的电机、电感、变压器等电磁部件的快速设计和方案优选。

电机、变压器、电抗器、螺线管、电磁阀等电磁部件的有限元精确设计和分析。

继电器、接触器、电磁铁等电磁部件的有限元精确设计和分析。

感应加热装置及系统、电磁成像装置及系统。

核磁共振、磁悬浮装置与系统。

电机及驱动系统。

伺服控制系统。

EV/HEV 驱动系统。

（2）电源设计

二次电源关键部件，如变压器、电感设计与分析。

开关电源整体设计—DC/AC，AC/AC，DC/DC，AC/DC 电源。

中频加热电源、线性电源。

包含电源拓扑结构、关键电磁部件和控制系统的完整系统仿真。

电池热仿真和系统建模。

（3）电力装置及系统

发电机设计与分析。

独立供电系统、高压开关设备设计、分析与仿真。

可再生能源发电装置与系统。

（3）汽车电子及系统

ABS、Airbag、燃油喷射等电子设备和部件。

汽车发电设备及供电系统。

EV/HEV 充电系统。

无线充电装置与系统。

汽车点火及启动装置。

(4) 复杂控制系统设计与优化

利用框图、状态机建立控制算法模型。

基于单纯形法和遗传算法的控制器参数调节与优化。

时域和频域性能分析、蒙特卡洛、参数扫描、敏感性分析、极端条件分析等。

随动系统、飞行器控制系统、舰船驱动与控制系统。

轨道交通装置与控制系统。

(5) 汽车电磁兼容设计仿真

整车电磁兼容仿真。

ECU 辐射控制与优化。

通信、导航、广播天线系统仿真。

防盗、无钥匙进入系统、防撞雷达仿真。

无人驾驶系统设计。

四、主要产品

序号	名称	主要功能
1	Maxwell2D/3D	二维和三维电磁场有限元仿真软件，可对任意结构进行静电场、静磁场、涡流场和瞬态场仿真。支持任意波形的电压、电流和外部电路激励，与运动（直线、旋转和绕轴运动等）直接耦合，仿真分析电机、继电器等电磁设备在各种正常和故障工况下的瞬态电磁场特性，能够与 Simplorer 参数化动态链接进行系统到部件级的整体仿真，与 ANSYS 结构和流体仿真工具进行自动多物理场耦合仿真
2	Simplorer	跨学科多领域的机电系统设计和仿真平台，集多种建模语言和求解器于一体，具有丰富的模型库和强大的参数化建模功能，支持 VHDL-AMS 建模和仿真，能够和 ANSYS 电磁场和磁路法软件、结构仿真软件协同设计，导入 Spice 模型，与 Matlab/Simulink、MatCAD、ADVISER2000 等工具协同仿真，实现了基于物理原型的，从系统到电路并包含电磁场细节的功能完备而强大的机电系统设计流程

续表

序号	名称	主要功能
3	PExprt	电磁部件专业设计软件，可实现基于磁路法的变压器、电感、EMI/EMC 滤波器等电磁部件快速设计、方案优选，以及基于二维电磁场有限元分析的精确设计和性能分析，并可提取其电磁参数，输出等效电路模型到 Maxwell Spice、Pspice 、Simplorer 中进行电源系统仿真
4	RMxprt	旋转电机设计专家系统，可根据磁路法完成多种电机的初始设计方案评估和参数化、优化设计，自动生成 Simplorer 系统仿真分析模型和 Maxwell 2D/3D 有限元分析模型，实现高性能旋转电机解析设计、有限元分析和机电系统仿真分析一体化设计流程
5	Q3D Extractor	二维/三维结构准静态电磁场仿真软件，可直接计算并抽取线缆、线束、连接器、PCB 的电阻、电容和电感寄生参数，生成 Spice 等效电路模型，研究寄生效应对系统性能的影响，进行机电系统的精确仿真和电磁干扰分析
6	SIwave	PCB 整板信号完整性/电源完整性和 EMI/EMC 设计仿真工具，采用有限元法直接仿真复杂的 PCB 结构，得到 PCB 电源/地平面的谐振特性、完备的信号线传输模型、供电阻抗、直流压降、近场和远场辐射等特性，能够自动优化电路板退耦电容，控制电路板对外辐射，进行电磁兼容设计优化
7	HFSS	三维高频结构全波电磁场仿真工具，仿真电路板、机箱、封装、连接器、电缆等进行精确的全波电磁特性，包括电磁寄生效应，辐射特性机箱/机柜的屏蔽效能、谐振特性等，能够和 SIwave 进行数据链接，仿真电路板与屏蔽机箱的系统辐射。设计与仿真车载通信与广播天线，天线互耦与布局效应，电机对天线等无线设备的干扰

威凯检测技术有限公司

一、威凯概况

威凯检测技术有限公司（简称“CVC 威凯”），成立于 1958 年，是中国电器院（简称“CEI”）下属专业从事检测评价业务的第三方技术服务机构，总部设在广州科学城。

CVC 威凯是亚洲认可标准最多的 CB 实验室，国家认监委授权的体系和产品认证机构，国家认可委（CNAS）认可的国家重点实验室、检查验货机构、能力验证机构，专门致力于产品认证、管理体系认证、产品检测、计量校准、验货、培训和技术服务。服务领域涉及家用电器及附件、电工机械、电子、汽车、照明产品、电池、儿童用品、材料等行业。

在广州、中山、嘉兴、武汉、海南、兰州等地构筑起多个大型检测基地，在北京、香港、佛山等地拥有多个分支机构。

二、汽车及零部件技术服务能力

1. 服务的产品范围

汽车整车、汽车电子电器、汽车照明及信号装置、车用电池、线束、电线电缆及插接器件、车用电机、发电机、起动机、发动机、喇叭、回复反射器、汽车内饰件等。

2. 认证服务

（1）产品认证（汽车电子电器 EMC 认证、面板 UV 老化认证、外壳防护等级认证）。

（2）体系认证（ISO 9001、ISO 14001、OHSAS 18001）。

3. 检测

（1）安全性能—车辆产品《公告》检测（汽车电器、汽车灯具、汽车电机、电池等）。

（2）物理性能—耐燃、耐电痕化、力学性能、光学性能、表观性能、耐磨性能、电性能等。

（3）化学分析—散发性测试［VOC、醛酮类物质（甲醛、乙醛等）、气味、雾化性能等］、汽车材料限用禁用物质检测（ELV、REACH、SOC、石棉等）、非金属材料成分分析、材料指纹特性图谱库等。

（4）环境适应性—人工加速光老化、自然气候曝晒、各类温湿储存、防尘、防水、抗菌、机械动力耐受性、腐蚀测试（盐雾腐蚀、化学气体腐蚀、化学介质腐蚀、油品腐蚀）、水雾、凝露、电磁兼容（EMC）等试验。

（5）车载电子电器可靠性检测。

4. 更多服务

（1）检查验货。

（2）培训。

（3）计量校准。

（4）技术服务（能力验证、标准制修订、实验室建设、认可辅导等）。

三、相关认可、授权与合作情况

（1）国内认可授权：CVC 威凯是工信部授权车辆产品《公告》检测机构、认监委授权 CCC 测试机构、认监委（CNCA）授权体系和产品认证机构、国家商务部汽车零部件公共技术服务平台、质检总局授权国家日用电器质量监督检验中心、科技部授权的工业产品环境适应性国家重点实验室、中国 ROHS 认证检测机构。

（2）国际认可授权：CVC 威凯是亚洲认可标准最多的 CB 实验室，获得澳洲 ADR、美国 ATLAS、德国 DAKKS、TUV、DEKRA、西班牙 IDIADA、英国 MIRA、挪威 NEMKO、中东 SASO 等国外权威机构的授权和认可。

（3）整车企业认可：CVC 威凯是上海通用、福特、大众、标致雪铁龙（神龙）、日产、本田、上汽、奇瑞、吉利、广汽、比亚迪、福田、江淮等知名汽车公司认可的测试实验室。

国家轿车质量监督检验中心

一、总体情况

国家轿车质量监督检验中心（以下简称“轿检中心”）隶属于中国汽车技术研究中心，在新能源汽车方面重点开展整车及其关键零部件测试评价研究工作。2012 年，随着中汽中心新院区的落成，轿检中心全面优化完善能力建设，逐步建立了从新能源整车到关键零部件的国家级综合性第三方测试评价技术服务平台，其中，关键零部件平台方面，主要包含动力电池单体、动力电池模块、动力电池包及其管理系统、动力电机及其控制器、车载充电机、DC/DC、充电接口、电动化附件等。在测试评价技术研究能力方面，覆盖基本性能研究、循环寿命研究、安全性研究、环境适应性研究等多项内容。轿检中心的节能与新能源汽车研究能力达到国内领先，国际一流的水平。

二、目前测试能力及相关研究

主要提供新能源汽车整车及其关键零部件（动力电池及其管理系统、动力电机及其控制器、充电接口、车载充电机、DC/DC 等）检测及认证服务。

（1）国家 863 计划节能与新能源汽车重大项目“混合动力及燃料电池电动汽车整车性能与排放测试技术研究”课题通过科技部验收。围绕混合动力汽车和燃料电池汽车建立了完善的测试评价方法体系和能力，有力地提升了我国混合动力及燃料电池电动汽车研发所需的共性技术支撑环境，为我国节能新能源汽车产业持续、良性发展奠定了基础。

（2）进行国家 863 重大项目“电动汽车测试评价技术研究”的研究工作，负责项目中电动汽车整车、关键零部件（电池包及其管理系统、电机及其控制器等）测试评价技术研究，并进行与之相配套的测试评价软件和硬件条件的建设。整车测试评价技术研究的内容包括：电动汽车及动力传动系统能量消耗、排放、安全、可靠性等综合性能测试技术及快速评价方法，车辆噪声振动、制动能量回收技术、电磁兼容等共性技术测试评价方法；关键零部件测试评价技术研究的内容包括：动力电池包及系统、电机及控制系统、电动汽车整车控制系统、电动化附件等的综合性能测试评价方法、可靠性与耐久性快速评价方法研究。

(3) 进行"电动汽车电磁兼容性能优化研究",完成了干扰源的理论与实际的分析,进行了30辆以上的电动汽车的摸底测试,从而掌握骚扰源定位的有效方法,并设计优化方案,使电动汽车的关键零部件的骚扰特性和抗干扰特性达到较高的国家标准等级要求。

(4) 东丽区科技型中小企业发展专项资金产学研合作项目"电动汽车用锂离子动力电池安全测试平台建设"。通过项目研究,试验室已经逐步完善动力电池各种安全测试评价能力。

(5) 进行了江西电力公司"电动汽车动力电池梯次利用技术研究与示范"横向课题,研究动力电池健康状态的评估方法,以及动力电池全寿命周期预判方法;研究动力电池梯次利用的应用工况及其适用性,评估电池梯次利用的可行性和经济性;研究动力电池梯次利用的筛选原则、使用条件,开展百kW级动力电池梯次利用工程示范。

(6) 通过"中国车用能源技术及其全生命周期分析研究"课题的研究,对未来10~20年的车用能源技术进行了全生命周期的评价,包括对能效、排放、成本的评价,形成了具有中心特色的车用能源技术全生命周期评价模型。

此外,还进行了"动力电池包测试评价技术研究""电动汽车空调对能耗和排放的影响研究""基于太阳能的充电方案和接口测试研究""动力电池跌落可靠性研究"等项目的研究。目前通过"国际电动汽车示范运行平台项目",集中心院所优势资源,发挥全中心院所能力,积极树立中心电动汽车评价示范品牌。

三、检验测试能力建设

2012年,继续完善了新能源汽车整车及其关键零部件测试评价技术平台的建设,重点进行了以下3个方面的科研设施和科研能力建设:

(1) 为了建立新能源车辆动力系统主要部件(电动机、逆变器及车辆能量系统)的EMC测试能力,启动了"新能源车辆动力系统—电磁兼容分析系统"电波暗室(E-Chamber,带测功机)的项目建设工作。为新能源车辆电安全试验项目购置了绝缘耐压测试仪、低阻抗测试仪以及绝缘电阻测试仪并已投入使用,完善了新能源车辆电安全项目的测试能力。

(2) 完成新能源试验室的建设,建成了国内领先的电动汽车关键零部件测试平台,包括动力电池单体与模块性能测试区、动力电池安全性测试区、电池包测试区、电池综合环境测试区,形成了覆盖电池、电机、电控和充电部件的测试能力。

(3) 为了更好地完善动力电池与电机的测试能力,启动了新能源试验室的二期扩建项目:新购置红外热像仪,进行动力电池热管理分析及测试;步入式温湿度试验室,扩大动力电池包温湿度环境测试能力,并可以进行电池包温度冲击试验;采购单体、模块电池测试设备,最大测试电流可以达到1200A,扩充了试验室大电池充放电测试能力;采购电池包测试设备,主要进行基本电性能测试、循环耐久测试,并辅助进行动力电池包温湿度环境测试和电池管理系统测试;采购挤压针刺台,进一步扩充动力电池挤压针刺安全性测试能力。

四、2012年国际合作

(1) 2012年,轿检中心继续完善新能源汽车及其零部件产品出口认证检测服务平台,提供产品出口欧盟国家、海湾地区、澳大利亚、美国、俄罗斯等国家和地区的认证检测服务,在稳定发展传统项目的基础上,拓展了中心业务发展方向。

(2) 2012年,新能源试验室顺利地通过了美国安全检测试验室(UL)的试验室认可,开展新能源汽车检测试验室认可合作业务,特别是动力电池检测,可以开展UL认证项目工作。

(3) 开展与美国能源部、日本丰田、NHTSA车辆安全符合性办公室、澳大利亚车辆安全标准局、Lubrizol Limited、卢森康卓汽车技术咨询(上海)有限公司、通标标准技术服务有限公司等进行新能源汽车动力电池方面的交流与合作。

(4) 参与国际标准化组织活动,参加联合国世界车辆法规协调论坛(WP29);参与国际标准化组织ISO和IEC的工作会议。

中国北方车辆研究所电池试验室

一、2012年发展概况

(1) 动力电池共性技术:动力电池分选及一致性控制技术;动力电池热、电、结构仿真设计研究;动力电池模块化、标准化;动力电池安全机理。

(2) 动力电池测试评价技术,动力电池指标体系及评价体系研究。

(3) 动态环境模拟试验系统建设。

(4) 电池管理系统测试平台建设。

(5) "北京市电动车用高能量型锂离子动力电池系统订货入选技术规则"的起草及修订。

二、2012年科研项目及成果

(1) 成功申报工信部电子信息产业发展基金资助项目

“锂离子电池检测公共服务平台”。

（2）与安标国家矿用产品安全标志中心签订矿用电源检测协议。

（3）完成国家 863 计划现代交通技术领域课题《动力电池及关键材料共性技术及评价体系研究》第一、二年度任务，通过课题中期检查。

（4）完成北京市科委课题《动力电池成组技术测试平台建设》课题任务，通过课题最终验收，该课题成果——电池管理系统测试平台获得 201 所成果评审二等奖。

（5）作为北京理工大学的协作单位参与《北京市新能源汽车运行保障体系建设》课题，完成“北京市电动车用高能量型锂离子动力电池系统订货入选技术规则”的起草及修订工作。

（6）与波士顿电池有限公司签订“车载用电池模块/组件/电池包安全性能和使用寿命评估方法”合作研究协议。

（7）与本田技研工业签订“车载用电池单体/电池模块/电池包安全性能评估方法的研究”合作研究协议。

三、2012 年科研设施及科研能力建设

新购置了电池管理系统测试平台，包括绝缘电阻测试仪、绝缘耐压测试仪、低气压试验箱、高低温交变湿热试验箱、淋雨试验箱、沙尘试验箱、盐雾试验箱等设备，已投入使用。

四、2012 年国际合作与交流情况

（1）与波士顿电池有限公司签订“车载用电池模块/组件/电池包安全性能和使用寿命评估方法”合作研究协议，获得研发资金 90 万元。

（2）与本田技研工业签订“车载用电池单体/电池模块/电池包安全性能评估方法的研究”合作研究协议，获得研发资金 70 万元。

五、主要产品

主要提供新能源车用动力电池系统检测、评价服务，矿用电源电池管理系统测试服务。

清华大学汽车安全与节能国家重点实验室

一、2012 年概况

2012 年，清华大学汽车安全与节能国家重点实验室在汽车节能技术方面的主要工作有：参与了国家 863 计划“轿车直喷汽油机（GDI）开发”和“新一代轿车用节能环保高效内燃机研发”；开发出具有自主知识产权的多个系列高压比涡轮增压器产品；研发了掺氢比为 20% 的 HCNG 发动机。

在新能源汽车技术方面的主要工作有：承担了国家 863 计划“燃料电池客车动力系统技术平台与整车研发”和科技部国际合作项目“面向中美清洁能源合作的电动汽车前沿技术研究”。后者是中美两国政府间联合开展的重大合作计划：为落实国家主席胡锦涛与美国总统奥巴马共同倡议的加强中美双方在经济、能源和气候变化等领域的交流与合作，2010 年 11 月中国科技部、国家能源局和美国能源部成立了中美清洁能源联合研究中心，旨在促进中美两国的科学家和工程师在清洁能源技术领域开展联合研究。

二、2012 年科研项目及成果

2012 年主要的科研项目及取得的成果包括：

国家 863 课题“轿车直喷汽油机（GDI）开发”和“新一代轿车用节能环保高效内燃机研发”：与奇瑞汽车公司合作，完成了具有缸内直喷、两段凸轮、火花辅助和分缸闭环独立控制技术的四缸汽油 HCCI 产品化样机；获得了比传统汽油机的燃油经济性改善 15% 以上、在 HCCI 燃烧运行范围内 NOx 降低 90% 以上的节能减排效果；与奇瑞汽车公司共同完成了我国第一台汽油 HCCI 样车的试制研发。

国家 863 计划“燃料电池客车动力系统技术平台与整车研发”：燃料电池客车相关技术分别应用在福田、宇通、上汽、苏州金龙等多家企业；燃料电池控制技术分别应用在大连新源动力和上汽轿车用燃料电池控制中；油电和气电混合动力以及复合储能系统分别应用在株洲南车时代电动车公司、宇通客车等企业，累计生产的新能源客车已经超过了千辆；实时网络和控制器技术分别在北京科易动力、北京易控汽车电子和北京亿华通等企业进行了产业化应用。

科技部国际合作项目“面向中美清洁能源合作的电动汽车前沿技术研究”：中美清洁汽车联盟在先进动力电池技术、电动汽车用辅助动力总成、电驱动系统与控制、电动汽车轻量化与碰撞安全性、车辆—电网智能交互系统研究与示范应用，电动汽车能源系统分析等 6 个重要技术方向开展联合研究。

三、主要研究方向

一是在目前内燃发动机基础上通过采用新燃烧方式和清洁替代燃料以及电子控制技术、涡轮增压技术来降低汽车的燃油消耗和污染排放，即所谓汽车节能技术。

二是引入清洁高效的电能，形成混合动力汽车、燃料电池电动车和纯电动车，即所谓新能源汽车技术。

四、国内外交流

2012 年中美清洁汽车联盟下的 6 个研究方向分别开展了紧密合作与交流，通过每月一次中美双方研究团队的网

络电话会议，保持研究进展与技术成果更新。联盟已经举办了多次中美电动汽车与动力电池技术论坛和中美清洁汽车联盟年度论坛。

2012 年 4 月 16 日第五届中美电动汽车与动力电池技术论坛在杭州西湖国宾馆酒店举行。来自两国政府的相关领导与从事电动汽车和电池研究的高等院校、研究院所、企业等专家学者近百位代表出席会议。论坛主要针对电动汽车与电池技术，分别从“电池、标准、示范”三方面展开了讨论，进一步加深了解、深化了中美在此方面的合作。

2012 年 8 月，由美国能源部和中国科技部主办、清华大学与密歇根大学承办的第三届中美清洁汽车联盟年度技术论坛在美国密歇根圆满召开。

北京理工大学

一、2012 年发展概况

2012 年实验室围绕我国汽车工业发展转型需求，密切跟踪国内外电动汽车领域的发展方向和趋势，继续完善和强化在电动汽车动力系统平台、整车控制器、驱动电机控制系统、一体化电驱动系统、电动汽车充电站、电动汽车运营保障体系、电动化部件等方面的传统技术优势，通过学科性窗口公司等多渠道进行产学研合作，成功实现了包括商用车、环境清洁作业车辆、混合动力校车等整车项目的顺利开展，并在电动汽车驱动电机、控制器、驱动电池成组应用、电动助力转向、电动空调等电动汽车部件研发上取得进一步的成果。通过国家电动汽车电机及其控制器测试基地为国内外企业提供经过国家认可委、认监委认证的相关产品检测服务，2012 年度完成电机及其控制器系统检测 25 套。继续完成国家工程实验室建设任务，并于 2012 年 7 月获得北京市环境保护局关于实验室报告表项目环境保护验收的批复，同意项目竣工环境保护验收，至此也标志着实验室项目建设基本完成。除科研工作外，在教学和学科建设方面也取得显著成果。实验室在册博士、硕士研究生人数突破 150 名，出版专著、教材 4 部。

二、2012 年科研项目及成果

实验室始终围绕电动汽车整车集成技术、电机驱动技术、电池管理技术、电动零部件技术、试验测试技术等重点研究方向展开深入研究，2012 年度实验室共承担来自国家科技部、发改委、解放军总装备部、北京市等国家及省部级项目和企业委托科研项目 10 余项，争取专项资金超过 8000 万元。其中包括承担“纯电动商用车（M3/N3 类）动力系统平台技术攻关”、“电机系统关键共性技术与评价体系研究”、与北京汽车集团有限公司共同承担国家 863 课题“整车控制器开发和控制策略研究”、与同济大学共同承担国家 863 计划课题“电动汽车电驱动系统关键技术研究”、与郑州宇通客车股份有限公司共同承担国家 863“插电式混合动力车研究”等科技部科研项目 5 项。承担“北京市公共领域电动汽车运营保障体系建设”等北京市科委项目 3 项、“插电池混合动力城市客车动力系统平台技术研究”和“插电式混合动力电动校车关键技术研究开发与应用”北京市教委项目 2 项。承担北大先行科技产业有限公司委托课题“磷酸铁锂动力电池系统集成技术研究”企业委托项目 1 项，与华南理工大学共同研究“双电机独立驱动系统研究”课题 1 项。在积极承担民用项目研究课题的同时，在新能源军用车辆及特种作业车辆技术探索方面不断进取，承担解放军总装备部、国防科工局等军口项目 3 项，作为项目总体单位与国营第一机械厂、哈尔滨工业大学、中科院、江麓机电科技有限公司等单位展开项目合作。2012 年实验室科研团队发表 EI/SCI 检索论文 48 篇，获授权专利 16 项，其中发明专利 14 项，新申请专利 22 项。

三、2012 年科研设施及科研能力建设

实验室建设定位于 5 大功能，即技术创新、测试检验、工程服务、人才培养、技术交流。在此基础上，实验室将建设成电动车辆技术创新基地、国家电动车辆电机驱动系统测试基地、成果推广应用基地、产学研联盟基地、技术研发人才培养基地以及具备国际化视野的专业技术交流中心。实验室完成了电动车辆系统集成、控制与仿真技术平台；电动车辆动力驱动系统研发与测试平台；动力电池成组、车载能量源应用技术开发及测试平台；车辆电动化部件技术试验平台等试验条件建设。2012 年新增抗干扰度设备等电磁兼容测试设备、ISG 测试平台电源设备、汽车转向盘力测试系统等试验设备，继续扩充和改善实验室试验条件和测试能力。实验室建立了一支由教授、副教授、高级实验师、工程师、实验师等组成的具有一定国际影响的学术与工程核心研发团队，其中教授 4 人，副教授 15 人，截至 2012 年年底实验室招收进站博士后 2 人，博士研究生 45 名，硕士研究生 112 名，其中留学生 2 人，为开展教学、科研工作积累了充实的师资力量和人力资源。

四、2012 年国际合作与交流情况

2012 年，实验室基于长期积累的国际交流合作基础，依托“新能源车辆与运用学科创新引智基地”项目以及学校学科性窗口公司等平台开展了多渠道、多层面、多种形式的国际交流与合作工作。先后派出多名教师参加国际会议及展会，与相关企业展开技术交流，并鼓励数名教师到国际知名大学做访问学者、开展联合研究等工作。作为大

会主席单位参加了中国—波兰电动车辆技术国际研讨会，并签署协议启动了中—波 e-bus 合作项目；作为中德电动汽车国际合作项目承担单位参加了汉诺威中德电动汽车技术论坛；参加了美国举办的 EVS26 年会；参加了美国“电动汽车与环境非正式工作组（EVE）第二次工作会议”；到德国柏林工业大学开展了共同科研项目的调研；作为全国新能源商用车及工程机械联盟的成员单位到英国、奥地利、德国等大学和企业进行交流和调研；到韩国参加了车辆动力与传动会议等。在参加国外交流活动的同时，积极邀请美国密歇根大学、阿岗国家实验室等国际知名大学和科研机构的教授、专家来校讲学交流，接待波兰 Tauron 集团、德国 IFAM、德国柏林工业大学等代表团来华访问。通过广泛深入地与国外知名大学与企业的交流活动，加深了双方的了解，对国外相关领域的技术科研发展方向和水平有了较为全面的了解，为实验室今后的发展提供了良好的借鉴条件和基础。

五、主要产品

通过与国内外相关企业的产学研合作，实验室针对新能源车辆研究开发的具有完全自主知识产权的技术及产品已应用于电动客车整车及底盘应用技术、电机驱动系统、电动化部件、混合动力汽车系统控制技术、纯电动商用车商业化运行等多种整车产品、关键零部件产品及城市电动汽车运行系统中，并且运行情况良好，取得了较好的社会效益和经济效益。

（一）整车

1. 奥运用纯电动公交客车。

2. 奥运用纯电动豪华旅游客车。

3. 世博用纯电动公交客车。

4. 北汽福田纯电动客车。

5. 安凯 12 米低地板纯电动公交车。

6. 北方华德尼奥普兰旅游客车。

7. 北汽福田 8 吨/16 吨电动化改装底盘（应用于北京天路电动通吸尘车、北京华林特垃圾电动压缩车、湖南中标电动吸扫车、北京华林特洒水车等）。

8. 混合动力/再生燃料电池混合动力军用越野车辆。

9. 电传动履带车辆。

10. 混合动力工程机械。

11. 混合动力校车。

（二）零部件

1. 130kW/60kW 永磁同步电机（或交流异步电机）及其电机控制系统（风冷/水冷）。

2. AMT 多挡机械自动变速器。

3. 整车 CAN 总线网络系统 + 整车控制器 + 多功能专用仪表。

4. 384V/360A·h（400A·h 或 200A·h）标准化锂离子电池系统（锰酸锂或磷酸铁锂）。

5. 384V/24V 高效 DC/DC 电源系统。

6. 384V/220V 高效 DC/DC 电源系统。

7. 顶置一体化变频电动空调。

8. 液力助力电动转向。

9. 电动螺杆式/涡旋式空气压缩机。

（三）电动汽车基础设施

1. 电动客车充电站。

2. 移动式方舱式充换电站。

3. 城市电动汽车运行监控系统。

大连交通大学

一、2012 年发展概况

2012 年完成了辽宁省新能源电池重点室的设备招标与采购，建成了燃料电池评价平台与动力锂电池的测试平台，组建了燃料电池、储能电池、锂电池电极材料研究室，顺利通过专家组对辽宁省新能源电池重点实验室建设目标的验收。该重点实验室固定人员 15 人，在研国家级课题 3 项，发表论文 4 篇，申请专利 1 项。

二、2012 年科研项目及成果

在研的科研项目

1. 有序化膜电极微—纳结构构件与界面极化损失研究（No. 2012CB215504），国家 973 子项目，2011—2016，130 万元。

2. 高效新型化学储能电池技术（No. 2012AA052002），国家 863，2012—2014，180 万元。

3. Nafion 晶须支撑铂纳米线催化剂有序 PEM 燃料电池膜电极（No. 21176035），国家自然科学基金，2012—2015，65 万元。

成果

1. Synthesis and properties of Fe3O4/polyaniline and its tiny magnetic field functions during oxygen transfer processes, Journal of Power Sources, 2012, 205.

2. Electrical properties and microstructure of vinyl ester resin/compressed expanded graphite-based composites, Journal of Reinforced Plastics and Composites, 2012, 31 (2) .

3. The adsorption of low concentration SO2 with the second

modified activated carbon fiber loaded Mn, Applied Mechanics and Materials, 2012, 109.

4. preparation of LiFePO4/C composite powders, Advanced Materials Research, 2012, 391-392.

三、2012 年科研设施及科研能力建设

2012 年辽宁省新能源电池重点实验室完成实验室改造 300 平方米，新增德国布劳恩 unilab 多气氛手套箱，英国 SH1133N 小型自动涂布机，美国 Arbin BT4 便携式四通道电池测试系统，美国博勒飞 RS4SS230LS 流变仪，德国迪卡隆 EVT/BS300-800-2 80kW 大功率多功能电池组测试系统，瑞士万通 PGSTAT302N 电化学工作站，美国康塔 Quadrasorb 3SI-MP-11 全自动粉末筛分表面分析仪，德国徕卡 Leica DCM 3D 白光共聚焦显微镜，苏州东菱电动振动测试系统，燃料电池评价台及锂电池安全测试设备一套，共计 500 多万元，在硬件上基本满足了锂电池及燃料电池制备及测试需要，提升了新能源电池的研究水平。一年来共培养硕士研究生 5 名，博士生 1 名，成为辽宁省培养新能源电池方面人才的基地之一。另外，重点实验室人员与大连化物所及本省的一些企业合作，不仅得到了经费支持，也在一定程度上提升自身的科研能力。

天津大学内燃机燃烧学国家重点实验室

一、2012 年概况

天津大学内燃机燃烧学国家重点实验室建成于 1989 年，是我国内燃动力工程领域唯一的国家重点实验室。现有中国工程院院士 1 人，教授 20 多人，副教授 20 余人，博士和硕士研究生近 300 人。研究方向涉及内燃机燃烧、控制、排放、振动噪声、燃料及先进动力系统等多领域，先后主持我国内燃机领域连续 4 个国家“973”项目，围绕“新一代内燃机燃烧理论”“内燃机高效、低温燃烧”“内燃机余热能利用”和“内燃机可控热力循环”等领域开展基础研究。

近年来，实验室紧密结合国家战略发展需求，针对节能与新能源汽车动力控制技术的需要，主要研究领域和技术成果包括先进发动机（包括柴油机和汽油机）ECU、EV/HEV 汽车 ECU、先进控制策略、系统仿真、匹配标定、数据管理工具等方向，其控制技术研究团队共有教授、副教授及研究生 40 余人。

二、2012 年科研项目及成果

1. 先进发动机控制器 ECU 技术

在国家“973”、“863”、自然基金、国际合作等项目支持下，已经成功开发了面向国 V 的共轨柴油机 ECU、汽油机控制器 GEMS，并与潍柴动力股份有限公司合作，完成了柴油机 ECU 样车的三高实验。采用先进的多核单片机，开发了符合 AUTOSAR 架构的柴油机/汽油机 ECU 以及基于扭矩的控制策略，研究开发了基于缸压传感器、离子电流传感器和爆震信号软测量的燃烧反馈技术。柴油机控制平台已经应用于多个企业的原型发动机开发，汽油机 ECU 已成为国内外多个研究机构的参考设计方案。在此基础上，汽油机 ECU 成功应用于多缸 HCCI 汽油机样机试验。

2. 新能源汽车主控制器技术

自“十五”期间开始，在国家“863”项目支持下，天津大学内燃机燃烧学国家重点实验室先后负责 20 余款纯电动/混合动力汽车的整车控制系统规划、通信网络及协议设计，完成了共四代新能源汽车主控制器平台的开发。开发的主控制器平台应用于纯电动、混合动力、plugin 等多种动力类型车辆，部分样车出口美国。“十二五”之初，承担“863”重大项目课题“下一代纯电驱动汽车整车电子控制系统”项目，研究开发具有多核先进单片机的硬件平台和先进架构的整车控制软件平台。承担国家 973 课题“热电混合动力系统复合能量管理策略及优化控制的基础研究”，从全历程能量效率优化角度，开展混合动力系统的复杂能量管理的基础研究。“十二五”中期，与企业合作，参与“电动汽车通用型整车控制技术”“纯电驱动动力系统部件技术研发”等“863”项目，研究电动汽车的整车热管理和控制器通用化技术。

3. 电动汽车道路运行远程监控及统计分析技术

针对电动汽车道路试验及批量示范运行试验的要求，开发了具有自主知识产权的车载智能信息单元和监控服务中心软件系统，可对道路运行的多辆汽车实施监控、标定、诊断和定位等功能，累计监控里程超过 15 万公里。

作为主要承担单位，负责“863”课题“节能与新能源汽车准入政策与安全运行监控”中监控平台的开发，制定了国家监控平台三级网络协议，开发了具有能量、里程、故障、工况等统计分析能力的新能源汽车无线远程监控及统计分析系统，先后应用于天津、济南、郑州、临沂等多个城市的电动汽车运营管理。2012 年，在该平台基础上，开发了基于驾驶行为和道路工况分析的公交客车节油管理平台，开始在天津滨海公交公司试用。

三、2012 年科研设施及科研能力建设

实验室现有动力台架 20 多个，建成了控制技术、可视化、化学分析、瞬态性能、噪声室、燃油系统、计算分析中心等 20 多个专业试验室。实验室先后与德国 Infineon 科

技公司、ETAS 公司建立了汽车电子联合实验室，围绕控制器硬件可靠性及诊断技术、软件规范和测试评价技术等问题展开深入合作研究，形成了策略仿真、硬件开发、自动代码生成、硬件在环测试、台架试验、环境试验等完整的工具链和先进的技术平台，包括由 CRUISE、AMESIM、GT-POWER、ASCET、INCA、Targetlin、RTA - OSEK、Trace32、PLS、Tasking、Canape、Canlyser 等构成的软件工具平台，拥有 DSPACE 快速原型和硬件在环系统、LABCAR 硬件仿真系统和完整的控制器环境测试平台。

四、主要研究方向

先进发动机（包括柴油机和汽油机）ECU 软硬件技术。

电动汽车和混合动力汽车整车主控制器软硬件技术。

发动机以及 EV/HEV 先进控制策略。

电控发动机以及 EV/HEV 匹配标定技术。

电控发动机以及 EV/HEV ECU 数据管理技术与工具。

五、国内外交流

自 2008 年起，已经成功举办了 5 届“先进发动机控制技术国际研讨会”，累计邀请发动机及混合动力控制领域的 50 多位国际知名专家来天津大学进行学术讲座，与会人数总计超过 2000 人。

2010 年 10 月，与瑞典隆德大学、瑞典林雪平大学、英国拉夫堡大学、德国英飞凌科技公司、美国休斯敦高级研究中心共同组建先进发动机控制联合研究中心，围绕发动机先进控制策略开展联合研究。

2012 年，与日本上智大学、韩国高等科技研究院联合申请获批科技部国际合作项目“面向人车路协同的混合动力系统动态控制策略的合作研究“，围绕 HEV 先进控制策略开展联合研究。

东莞中山大学研究院

一、研究领域

东莞中山大学研究院是东莞市人民政府与中山大学于 2009 年合作共建的公共科技创新平台。研究院围绕电动汽车产业目前存在的技术难点和产业发展需求，以新型轻量化电动汽车为主攻方向，以实现电动汽车“三化”（储能高能化、驱动高效化、结构轻量化）为目标，重点开展电动汽车及其关键零部件研发和生产。在轻量化电动汽车解决方案，轻量化车身结构设计、动力总成设计、能源总成设计、电机及控制系统、电池及管理系统等方面开展了广泛而深入的研究。

二、科研成果

（1）新型轻量化纯电动汽车整车车型开发平台。项目围绕轻量化车身结构设计、高效电动汽车动力总成、关键电控系统以及整车集成开发等方面开展技术研究，工程化与产业化，全面建立了新型轻量化电动汽车研究开发平台和工程化验证平台。

（2）纯电动汽车集成开发关键技术研究及应用。项目面向电动汽车系统设计，开展集成开发关键技术研究，全面掌握纯电动汽车系统集成的关键技术，开发出典型的纯电动汽车高性能动力总成，获得纯电动汽车的核心部件，同时，为电动汽车企业提供设计与测试服务。

（3）基于硬件在环的电动汽车动力性测试系统开发与应用。项目通过研制一套较高水平的电动汽车半实物系统，掌握电动汽车性能测试的关键核心技术，解决电动汽车开发和集成过程中的共性问题。

（4）电动汽车高效驱动与传动集成技术研发。项目开展混合动力汽车的动力总成拓扑结构、动力总成参数匹配与优化、整车能量管理与控制、关键零部件仿真与设计等技术的研究，为混合动力汽车提供优化动力总成方案。

（5）全新结构纯电动乘用车轻量化关键技术研究及产业化开发。项目深入系统地研究整车模块化构成原理、轻质底盘结构、碳纤维车身的设计开发技术和全新车身的测试规范和方法等，实现电动汽车轻量化。

（6）知识产权方面：发表论文 50 多篇，申请专利 30 项，其中发明专利 18 项。

（7）技术服务方面：

①开展设计服务和设计许可涉及金额近 500 万元。

②面向全国各地开展电池和电机测试服务近 100 次。

③为地方政府提供咨询，编写电动汽车产业相关研究报告和规划 5 项。

三、科研设施及科研能力建设

1. 专业化的研发条件。研究院以中山大学为依托，是“广东省新型轻量化电动汽车工程实验室”的建设单位。在电动汽车领域投入的研发场地面积超过 4400 平方米，并在建超过 5000 平方米的中试基地。建立了新结构实验室、新动力实验室、新能源实验室、整车集成实验室等专业实验室以及 2 个制造车间，配备了各种具有国际领先水平的研发设备，包括电池成组测试系统、电机测功系统、硬件在环系统、三维设计软件、光学式坐标测量机与扫描仪、震动噪声及模态分析系统、虚拟仿真系统、生产流水线、抗干扰检测线等等，专用设备总价值超过 1000 万元。同时还建立了一支结构合理、稳定、专业的新型轻量化电动汽车开发队伍，现有总人数100多人，其中专业研发人员46人，正高级职称15人，博士研究生25人。已成为广东省最具影响力的电动汽车研究单位之一。

2. 建立了先进技术平台，形成了较为完整的整车及系统开发技术体系，支持整车与关键零部件开发。

（1）快速车型开发平台——支持新车型开发以及快速模型制造。该平台由工业设计、曲面设计、CAD三维结构建模、CAE结构计算、先进坐标测量、快速原型等单元技术组成。支持电动汽车整车外形开发、比例模型开发、样车试制开发；

（2）三元结构创新平台——支持轻量化结构开发。该平台由实验室测试平台、仿真计算平台、制造工艺平台组成。支持轻量化结构设计与实验、轻量化车型中试装配和“三元结构”创新，支持开发“三元结构”车型。

（3）集成仿真技术平台——支持整车匹配及动力总成开发。该平台由动力参数匹配计算系统、多领域仿真系统、多刚体动力学仿真系统、基于动力平台测功的硬件在环半实物仿真系统、虚拟现实系统组成。支持整车概念设计、系统设计（驱动系统+能源系统+底盘系统）、详细设计（如各类电力电子系统、底盘分系统），以及不同层次级别的仿真与测试（动力性、经济性、操控性、舒适性）。

（4）电力电子系统开发平台——支持整车电子及能源总成开发。该平台由动力平台测功系统、动力电池组开发与测试系统、CAN总线开发与测试系统组成。支持电机驱动系统开发、充电设备开发、电池管理系统开发和整车控制系统开发。

3. 建立了专业的测试平台，可以开展电池及管理系统、电机及控制系统等测试。

（1）电池测试。包括电池容量测试、充放电效率测试、放电倍率特性测试、充放电平衡电势及等效内阻测试、电池充放电循环及寿命测试、动力电池组整体性能测试等。

（2）电机及控制器测试。包括电机外特性曲线测试，电机效率、控制器效率、系统效率测试，电机绕组对机壳的冷态绝缘性能测试，电动超速测试，转矩工作稳定性测试，温升测试等。

四、国际合作

与美国高效传动系统公司（EDI）签署关于实施电动汽车联合开发与示范运行的备忘录，并开展高效连续变速箱（CVT）以及传动控制系统（PCU）的合作。

五、主要产品

1. 整车产品：开发了多款自主知识产权的纯电动汽车

（1）轻微电动汽车——完成样车试制和测试，可以产业化。

（2）轻量化乘用车——完成性能样车开发，样车（ECUV）经由第三方检测机构证实远优于国家相关指标，并在“2011中德汽车轻量化设计及可靠性论坛”中获“轻量化设计最佳案例”，目前正在和“广汽研究院”开展工程化开发合作。

（3）轻量化场地中巴——完成样车测试，该车型已通过技术转让由企业生产销售。

（4）轻量化公交中巴——两款轻量化中巴车型已进入工信部汽车产品公告（第243批公告产品型号：FDG6601EVG；第247批公告产品型号：FDG6652EVG），正开展产业化生产并投入示范应用。

（5）节能赛车——曾参加两届上海节能车大赛，参赛车辆行驶油耗达到753.86km/L。

2. 关键零部件产品：掌握了部分关键零部件的开发技术。

（1）电池管理系统。具备设计开发能力，可提供成熟的电池管理系统产品。产品能可靠地完成电池状态的实时监控，对电池故障报警，具备充放电均衡功能，对于不同电池组可灵活组合。

（2）整车控制器。自主开发并获得应用。产品具备完整的整车控制策略，能实现整车电气元件的控制，各电器元件工作状态监测及故障报警，过流保护、充电状态监测及保护，具备程序烧录接口，油门信号采集及信息传递、防尘、抗震等功能。

（3）车载数据记录仪。产品已用于广州“十城千辆”示范工程及东莞电动汽车应用示范工程。可对车辆行驶历史信息保存，包括电压、电流、车速、温度变化情况等，同时具有GPS、SD卡存储、工作状态监测指示等功能。

（4）高效集成动力总成。可提供“电机+单速减速器+后桥”“电机+2速ATM+后桥”“双动力电机+后桥”三种动力总成配置，动力逐渐增强，效率逐渐提高，满足不同的需求。

第五篇

产量统计

一、电动汽车产量统计

单位：辆

车型	2009 年	2010 年	2011 年	2012 年													2013 年 1—3 月			
	合计	合计	合计	1 月	2 月	3 月	4 月	5 月	6 月	7 月	8 月	9 月	10 月	11 月	12 月	合计	1 月	2 月	3 月	合计
纯电动客车	85	807	1360	110	13	303	26	91	121	126	5	60	197	344	588	1904	84	30	150	264
纯电动乘用车	30	989	4535	53	18	129	503	258	27	175	64	715	896	1110	2643	6591	719	261	125	1105
纯电动专用车	45	116	221	42	18	29	81	120	118	63	24	135	210	707	322	1869	360	87	218	665
混合动力客车	1617	2975	4320	57	178	398	110	285	455	367	621	373	526	1430	1849	6649	817	831	1173	2821
混合动力乘用车	544	2637	2261	159	334	428	525	461	1028	1361	1080	933	869	569	892	8639	445	421	584	1450
燃料电池轿车	0	2	0	0	0	0	0	0	0	0	0	0	0	0	0	0	0	0	0	0
燃料电池客车	0	46	0	0	0	0	0	0	0	0	0	0	0	0	0	0	0	0	0	0
合计	2321	7572	12697	504	851	1795	1620	1531	1918	2213	1808	2396	2964	4486	6754	28760	2773	1840	2628	7241

(一)2012 年我国电动汽车产量统计

1. 纯电动汽车产量

(1)大中型客车、轻型客车

企业名称	车辆品牌	车辆名称	车辆型号	底盘型式(型号)	电机型号	功率(kW)	长/宽/高(mm)	轴距(mm)	总质量(kg)	整备质量(kg)	1月	2月	3月	4月	5月	6月	7月	8月	9月	10月	11月	12月	数量(辆)	合计(辆)
深圳市五洲龙汽车有限公司	五洲龙	纯电动城市客车	FDG6113EVG3	承载式车身	0200WA	200	11490/2480/3100	6000	18000	14200	0	0	0	0	0	0	0	0	0	0	0	310	310	380
			FDG6113EVG5	承载式车身	0200WA	200	11490/2480/3100	6000	18000	12800	0	0	0	0	0	0	0	0	0	0	0	50	50	
			FDG6113EVG1	承载式车身	YPQ220M-6	90	11490/2480/2910	6000	18000	14200	0	0	0	0	10	0	0	0	0	0	0	0	10	
			FDG6751EVG2	承载式车身	DJ-21031	48	7495/2340/3050	4800	10800	8250	0	0	0	0	0	0	0	0	0	10	0	0	10	
上海申沃客车有限公司	申沃	纯电动城市客车	SWB6121EV5	SWB6121EV5	YCVF250L-4	100	11980/2550/3160	5940	18000	13900	56	0	264	0	0	0	0	0	0	0	0	0	320	360
			SWB6121EV6	SWB6121EV6	YCVF250L-4	100	11980/2550/3160	5940	18000	13900	0	0	0	0	0	0	20	0	0	0	0	20	40	
长沙市比亚迪客车有限公司	比亚迪	纯电动城市客车	CK6120LGEV2	CK6120DGDEV	BYD-TYC90A	75	12000/2550/3360	5950	18000	13500	0	0	0	0	0	0	0	0	60	140	1	0	201	251
			CK6120LGEV	CK6120DGBEV	BYD-TYC90A(双轮边电机)	150	12000/2550/3200	6200	17000	13800	50	0	0	0	0	0	0	0	0	0	0	0	50	

续表

企业名称	车辆品牌	车辆名称	车辆型号	底盘型式（型号）	电机型号	功率（kW）	长/宽/高（mm）	轴距（mm）	总质量（kg）	整备质量（kg）	1月	2月	3月	4月	5月	6月	7月	8月	9月	10月	11月	12月	数量（辆）	合计（辆）
成都客车股份有限公司	蜀都	纯电动城市客车	CDK6122CABEV	CA6120CREV23	YQSL250L1-4	90	12000/2550/3220	6150	18000	14100	0	10	0	0	58	40	0	0	0	0	0	100	208	211
			CDK6122CA2BEV	CA6121CREV22	YCVF280M2-6B	110	12000/2550/3220	6150	18000	14100	0	0	0	0	0	0	2	0	0	0	0	0	2	
			CDK6122CA1BEV	CA6120CREV22	YCVF280M-4	110	12000/2550/3220	6150	18000	14100	0	1	0	0	0	0	0	0	0	0	0	0	1	
安徽安凯汽车股份有限公司	安凯	纯电动城市客车	HFF6100G03EV	HFF6100D03EV	QYS100-6/400	100	10320/2500/2950，3150	5100	16500	12000	0	0	0	0	0	0	0	0	0	0	100	30	130	187
			HFF6120G03EV	HFF6120D03EV	YTSP280L1-4Q	160	12000/2500/3300	6100	18000	13500	0	0	0	0	0	0	0	0	0	24	0	0	24	
			HFF6128G03EV	HFF6128D03EV三类	420YS-XS100	100	12000/2550/3200	6100	18000	13800	0	0	0	0	0	10	0	0	0	0	0	0	10	
			HFF6112G03EV	HFF6112D03EV	QYS100-6/400	100	11220/2550/3150	5700	17500	13300	0	0	0	0	7	0	0	0	0	0	0	0	7	
			HFF6121G03EV	HFF6121D03EV	YTSP280L1-4Q	100	12000/2500/3300	6100	18000	13800	0	2	0	0	0	0	0	0	0	0	0	0	2	
		纯电动客车	HFF6127K46EV	承载式车身	YTSP280L1-4Q	147	12000/2500/3550	6080	17800	14100	0	0	0	0	2	0	8	0	0	0	0	0	10	
			HFF6700BEV	承载式车身	YTSP200L2-4Q	56	7005/2040/2645	3935	7200	5870	0	0	0	0	0	0	0	0	0	1	0	1	2	
			HFF6127K46EV-2	承载式车身	QYS100-6/400	100	12000/2550/3620	6080	18000	14100	0	0	0	0	0	0	0	1	0	0	0	0	1	
		纯电动双层城市客车	HFF6110GS03EV	承载式车身	YTD100W04	100	11495/2550/3785	4920+1520	23000	17000	0	0	0	0	0	0	0	0	0	1	0	0	1	
山东沂星电动汽车有限公司	飞燕	纯电动城市客车	SDL6120EVG	承载式车身	MDPO/S120-4-SJ	120	12000/2530/3250	6200	18000	12000	0	0	2	0	0	0	16	0	0	0	93	5	116	131
			SDL6120EVG1	承载式车身	MDPQ/S120-4-SJ	120	12000/2530/3250	6200	18000	12000	0	0	0	0	0	0	6	0	0	0	4	0	10	
		纯电动双层城市客车	SDL6110EVSG	承载式车身	YCVF280M-4	110	11010/2530/4160	6200	18000	13000	0	0	0	0	0	0	0	0	0	0	5	0	5	

续表

企业名称	车辆品牌	车辆名称	车辆型号	底盘型式(型号)	电机型号	功率(kW)	长/宽/高(mm)	轴距(mm)	总质量(kg)	整备质量(kg)	1月	2月	3月	4月	5月	6月	7月	8月	9月	10月	11月	12月	数量(辆)	合计(辆)
东风汽车公司	东风	纯电动城市客车	EQ6102BEVL1	EQ6102EVL1	YCVF250L-4C	100	10350/2480/2950，3100	5600	16500	11000	0	0	2	0	0	57	0	0	0	0	0	0	59	76
			EQ6102EVL	EQ6102KRL	BS4-120-3000/320	120	10350/2480/3100，2950	5600	16500	11500/11000	0	0	10	0	0	0	0	0	0	0	0	7	17	
郑州宇通客车股份有限公司	宇通	纯电动城市客车	ZK6120BEVG2	承载式车身	JD149	80	11990/2550/3500	6050	18000	12200	0	0	0	0	0	0	19	0	0	0	15	0	34	60
			ZK6120BEVG1	承载式车身	JD149	80	11990/2550/3500	6050	18000	12000	0	0	0	0	0	0	15	0	0	0	0	0	15	
			ZK6125BEVG1	承载式车身	YTM280-CV3-H	100	12000/2550/3250	6000	18000	12000	0	0	0	0	0	10	0	0	0	0	0	0	10	
			ZK6100EGAA	ZK6950GCEAA	YCVF280M2-8B	132	10010/2500/3410	5100	16500	12000	0	0	0	0	0	0	0	1	0	0	0	0	1	
北汽福田汽车股份有限公司	福田	纯电动城市客车	BJ6123EVCA-3	承载式车身	YTD130W02	115	11980/2550/3200	5900	18000	13000	0	0	0	0	0	0	0	0	0	14	36	0	50	60
			BJ6123EVCA-2	承载式车身	1PV5138	85	11980/2550/3200	5900	17950	13600	0	0	0	10	0	0	0	0	0	0	0	0	10	
上海万象汽车制造有限公司	象	纯电动城市客车	SXC6105GBEV	承载式车身	YQSL250L1-4	90	10500/2490/3260	5000	16500	12500	0	0	0	0	0	0	0	1	0	0	29	11	41	42
			SXC6120GD	GL6120DRC2	YTSP280L2-4Q	160	11940/2490/3195	6100	18000	14100	0	0	0	0	0	0	1	0	0	0	0	0	1	
金华青年汽车制造有限公司	青年	纯电动城市客车	JNP6120BEV1	承载式车身	JD185	100	12000/2550/3750	5980	18000	12600	0	0	0	0	0	0	0	0	0	0	1	29	30	40
			JNP6120BEV	承载式车身	JD156	100	12000/2550/3165	5980	18000	12500	0	0	0	0	0	0	10	0	0	0	0	0	10	
重庆恒通客车有限公司	恒通客车	纯电动城市客车	CKZ6127HBEV	CKZ6129HBEV	YCVF250L-4C	100	12000/2550/3385，3260	6200	18000	13300/12800	0	0	25	0	0	0	0	0	0	0	0	1	26	26
厦门金龙联合汽车工业有限公司	金龙	纯电动城市客车	XMQ6127AGBEV2	XMQ6110GREV2	YQSL250L1-4	90	11980/2550/3370	6200	18000	13800	0	0	0	0	0	0	0	0	0	0	22	0	22	25
			XMQ6127AGBEV7	XMQ6110GREV7	JD166A	100	11980/2550/3190	6000	18000	13700	0	0	0	0	0	0	0	0	0	0	2	0	2	
			XMQ6127AGBEV3	XMQ6110GREV3	JD156	100	11980/2550/3190	6000	18000	13700	1	0	0	0	0	0	0	0	0	0	0	0	1	

续表

企业名称	车辆品牌	车辆名称	车辆型号	底盘型式（型号）	电机型号	功率（kW）	长/宽/高（mm）	轴距（mm）	总质量（kg）	整备质量（kg）	1月	2月	3月	4月	5月	6月	7月	8月	9月	10月	11月	12月	数量（辆）	合计（辆）
珠海市广通汽车有限公司	广通	纯电动城市客车	GTQ6117BEVB	GTQ6112D2	KAM280HF	75	11480/2500/3270	6200	17500	11400	0	0	0	14	0	0	0	0	0	0	0	0	14	14
南京金龙客车制造有限公司	东宇	纯电动城市客车	NJL6129BEV	承载式车身	YCVF250L-4C	100	11990/2550/3135	6000	18000	13450	0	0	0	0	0	0	10	0	0	0	0	0	10	10
一汽客车（大连）有限公司	解放	纯电动城市客车	CA6127URE31	CA6120CRE21	YTD115F01	115	11995/2550/3140	6100	18000	12900	0	0	0	0	10	0	0	0	0	0	0	0	10	10
四川汽车工业股份有限公司	野马	纯电动城市客车	SQJ6111B1BEV	EQ6101KRL1	YZQ280L-6	130	10600/2500/3150	5200	18000	12500	0	0	0	0	0	0	0	0	0	0	0	10	10	10
厦门金龙旅行车有限公司	金旅	纯电动城市客车	XML6125JEV10C	承载式车身	YQSL250L1-4	90	11980/2540/3180	6200	18000	14000	2	0	0	0	0	0	0	0	0	0	0	0	2	2
金龙联合汽车工业（苏州）有限公司	海格	纯电动客车	KLQ6702EV	KLQ6702EV	GLMP65L0	60	7020/2040/2790	3935	7200	5400	0	0	0	0	0	0	0	0	0	2	0	0	2	2
长春华奥汽车制造有限公司	金华奥	纯电动城市客车	CCA6120BEV	CCA6120BEVD三类	JD156	100	11988/2544/3354	6300	18000	12600	0	0	0	0	2	0	0	0	0	0	0	0	2	2
盐城中威客车有限公司	中大	纯电动客车	YCK6126BEVL	承载式车身	JD156	100	11980/2500/3500	6200	18000	14020	1	0	0	0	0	0	0	0	0	0	0	0	1	1
扬州亚星客车股份有限公司	亚星	纯电动城市客车	JS6127GHBEV	承载式车身	YCVF280M-8B	132	12000/2550/3210	5900	18000	13500	0	0	0	0	0	0	0	1	0	0	0	0	1	1
中国第一汽车集团公司	解放	纯电动城市客车	CA6120URBEV21	CA6120CREV25三类	YCVF280M-4	110	11990/2500/3330	6100	18000	13450	0	0	0	0	1	0	0	0	0	0	0	0	1	1
中通客车控股股份有限公司	中通	纯电动城市客车	LCK6122GEV1	承载式车身	ZTM100-2400	100	11990/2540/3260	6000	18000	12600	0	0	0	0	0	0	0	0	0	0	0	1	1	1
丹东黄海汽车有限责任公司	黄海	纯电动城市客车	DD6129EV11	DD6129EV11	JD132A	100	11980/2532/3550	6000	18000	12800	0	0	0	0	0	0	0	1	0	0	0	0	1	1
合计（辆）											110	13	303	26	91	121	126	5	60	197	344	588	1904	1904

2012年，我国国内企业共生产纯电动客车（含大中型和轻型客车）共1904辆，月均159辆，较2011年全年纯电动客车产量1136辆增长67.6%。共有25家整车企业生产纯电动客车，其中深圳五洲龙、上海申沃、长沙比亚迪、成都客车、安徽安凯在2012年全年分别生产380辆、360辆、251辆、211辆和187辆，位列前五位，山东沂星生产131辆，年度产量也超百，上述6家企业产量占全部产量的68.75%，其余19家企业产量均未达百辆。从全年月度产量情况来看，生产量主要集中在第四季度，该季度产量占全年产量近六成。

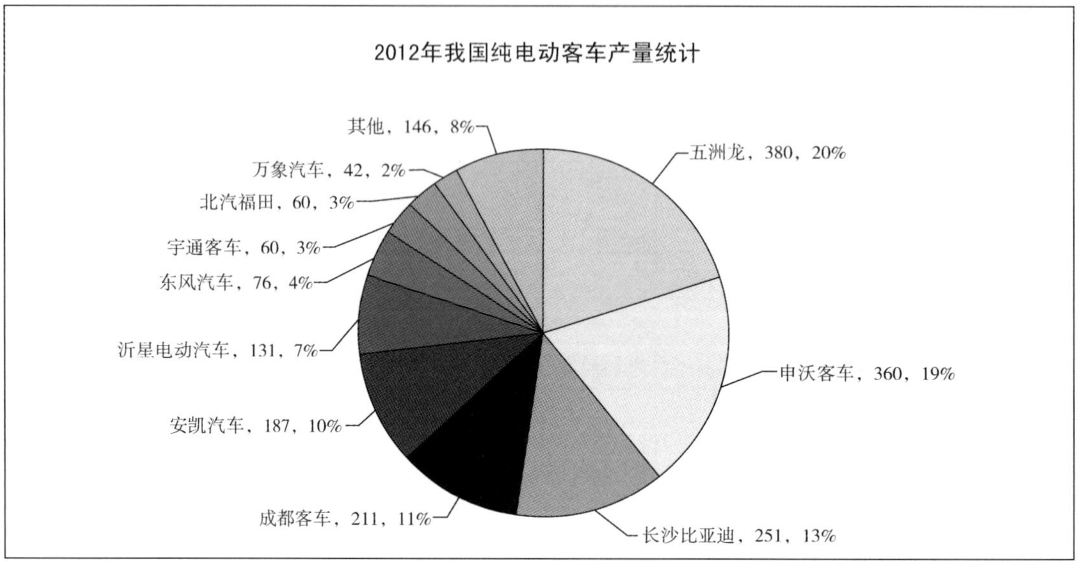

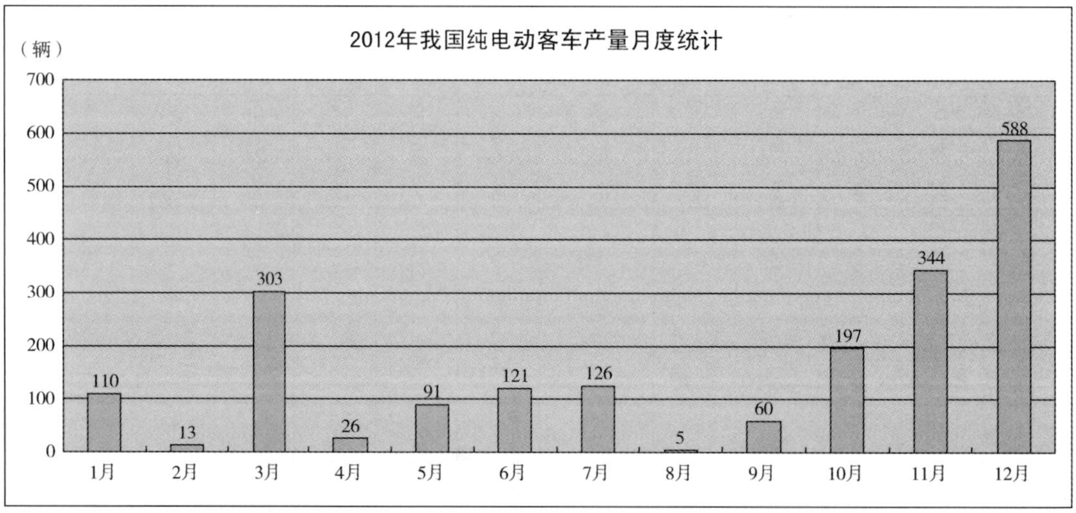

（2）纯电动专用车（运输车、邮政车、服务车、垃圾车、自卸车、扫路车、洒水车、售货车、载货车、工程车等）

企业名称	车辆品牌	车辆名称	车辆型号	底盘型号	电机型号	功率（kW）	续驶里程（工况法，km）	最高车速（km/h）	长/宽/高（mm）	轴距（mm）	总质量（kg）	整备质量（kg）	1月	2月	3月	4月	5月	6月	7月	8月	9月	10月	11月	12月	数量（辆）	合计（辆）
金华市康迪新能源车辆有限公司	康迪	纯电动厢式运输车	KD5010XXYEV	KD5010 三类	GLMI10A1	7.5	75（仅采用市区循环）	72	2900/1545/1590	2080	1260	980	31	13	29	28	59	66	13	9	0	6	221	0	475	803
			KD5011XXYEV	KD5011 二类	GLMI10A1	7.5	160（仅采用市区循环）140（仅采用市区循环）	72	2900/1545/1590	2080	1260	980	0	0	0	0	0	0	0	0	0	0	328	0	328	
北京华林特装车有限公司	华林	纯电动自卸式垃圾车	HLT5023ZLJEV	BJ1020EV10	FTTB035	35	75	80	4310/1550/1890	2370	2250	1555	0	0	0	0	0	30	28	0	36	40	0	32	166	460
		纯电动桶装垃圾运输车	HLT5031CTYEV	BJ1031EVJA2	FTTB035	35	75	80	5010/1690/2210	2566	2880	2045	0	0	0	0	0	0	0	0	0	131	18	0	149	
			HLT5024CTYEV	BJ1020EV9	YTD030W01	30	75	90	4920/1530/2100	2500	2250	1710	0	0	0	22	59	0	0	0	0	0	0	0	81	
			HLT5032CTYEV	BJ1031EVJA2	FTTB035	35	75	80	4960/1690/1910	2566	2880	2025	0	0	0	0	0	0	0	0	0	0	48	16	64	
中联重科股份有限公司	中联	纯电动扫路车	ZLJ5071TSLBEV	BJ1071VDE0A-1	BOMM060/110-I	60	130	90	5940/2090/2420	3360	7495	5850	0	0	0	0	0	0	0	2	45	0	0	0	47	97
			ZLJ5071TSLHBEV	HFC1070P83EV1C3	GLMP25L1	40	120	80	5960/2095/2380	3360	7350	6080	0	0	0	0	0	0	0	0	0	0	40	0	40	
			ZLJ5071TSL	BJ1071VDE0A	BOMM060/110-I	60	130	80	5940/2090/2420	3360	7495	5850	0	0	0	0	0	0	0	0	8	0	0	2	10	
一汽（四川）专用汽车有限公司	远达	纯电动洒水车	SCZ5160GSSBEV	CA1164P1L2BEVA80	BOMM130/170-I	130	150	80	8075/2490/2900	4500	15990	10138	0	0	0	0	0	0	0	0	0	0	0	65	65	94
			SCZ5168GSSBEV	CA1164P1L2A80	BOMM130/170-I	130	150	80	8075/2490/2900	4500	15990	10138	0	0	0	19	0	6	0	0	0	0	0	0	25	
		纯电动清洗车	SCZ5090GQXBEV	HFC1090EV	SJ2103P50-B	50	60	70	7080/2070/2380	3815	9000	5700	0	0	0	0	0	0	0	0	0	0	0	4	4	
东风汽车公司	东风	纯电动自装卸式垃圾车	EQ5020ZZZACBEV2	EQ1020TACEVJ3	YCVF160S-4	22	80	50	4140/1680/1940	2330	2500	1620	0	0	0	0	0	0	0	0	0	0	0	40	40	70
			EQ5020ZZZACBEV	EQ1020TACEVJ1	GLMP10L0	20	80	50	4140/1680/1940	2330	2500	1620	0	0	0	0	0	0	0	0	0	0	0	30	30	

续表

企业名称	车辆品牌	车辆名称	车辆型号	底盘型号	电机型号	功率(kW)	续驶里程(工况法，km)	最高车速(km/h)	长/宽/高(mm)	轴距(mm)	总质量(kg)	整备质量(kg)	1月	2月	3月	4月	5月	6月	7月	8月	9月	10月	11月	12月	数量(辆)	合计(辆)
山东昊宇车辆有限公司	超雷	纯电动自卸车	CLP3020ZEV	HY3020-2800Q三类	XYQ-7.5-1HV	7.5	N/A	70	4400/1528/1880	2740	2320	1500	0	0	0	0	0	0	0	0	0	0	0	30	30	60
		纯电动厢式货车	CLP5020EV-XXY	HY5020-2800Q二类	XYQ-7.5-1HV	7.5	N/A	80	3695/1510/1823	2355	2190	1430	0	0	0	0	0	0	0	0	0	0	0	30	30	
湖南江南汽车制造有限公司	江南	纯电动载货车	JNJ1021EV1	承载式车身	ZYBLDC7210C	8	90	75	4400/1528/1880	2740	2080	1260	0	0	0	0	0	0	11	0	26	0	0	0	37	56
			JNJ1021EVA1	承载式车身	ZYBLDC7210C	8	90	75	4565/1528/1880	2740	2210	1340	0	0	0	0	0	0	6	0	13	0	0	0	19	
北汽福田汽车股份有限公司	福田	纯电动厢式运输车	BJ5036XXYEV-1	BJ1031EVJA1	FTTB035	35	75	80	4920/1735/2190	2566	2880	1750	0	0	0	0	0	0	0	0	0	0	39	0	39	39
重庆瑞驰汽车实业有限公司	瑞驰	纯电动厢式运输车	CRC5021XXY-QBEV	CRC6350DQBEV	190ZWS011	8	≥60	75	3795/1560/1925	2515	2050	1350	1	0	0	0	0	0	0	3	1	0	5	1	11	38
						9	≥60	75	3800/1560/1925	2515	1755	1360	0	5	0	0	0	0	0	0	0	0	0	0	5	
			CRC5020XXY-QBEV	CRC5021QBEV	190ZWS011	8	≥60	80	4210/1560/2110	2515	2050	1320	0	0	0	0	0	9	0	2	0	0	0	0	11	
		纯电动售货车	CRC5020XSH-QBEV	CRC5020QBEV	ZC6.3-72	6.3	≥60	75	4240/1660/2180	2515	2000	1330	0	0	0	1	0	5	3	0	0	0	0	1	10	
		纯电动仓栅式运输车	CRC5020CCY-QBEV	CRC5020QBEV	ZC6.3-72	6.3	≥60	75	4240/1560/2440	2515	1960	1280	0	0	0	0	0	1	0	0	0	0	0	0	1	
北京天路通科技有限责任公司	天路	纯电动吸尘车	BTL5071TSLEV	BJ1071VDE0A-1	BOMM060/110-Ⅰ	60	130	80	6150/2099/2450	3360	7495	5960	0	0	0	0	0	0	0	0	0	0	0	37	37	37
北京汽车股份有限公司	北京	纯电动厢式运输车	BJ5020XXYV3R-BEV	承载式车身	YTD020W01	20	80	93	4030/1636/1907	2700	2010	1485	0	0	0	1	0	1	0	0	0	30	0	0	32	32
江西江铃汽车集团改装车有限公司	江铃	纯电动车厢可卸式垃圾车	JX5020ZXXMEV	JX1020MEV	FRDY103012A0	10	N/A	80	4244/1528/1832	2740	2200	1440	5	0	0	0	0	0	0	0	0	0	5	12	22	28
		纯电动工程车	JX5033XGCEV	JX1030MEV二类	TYC-168-260-8-CZ	24	N/A	120	4980/1690/1765	2160	2600	2160	5	0	0	0	0	0	0	0	0	0	0	0	5	
		纯电动厢式运输车	JX5020XXYMEV	JX1020MEV	FRDY103012A0	10	120	80	4295/1528/1885	2740	1900	1250	0	0	0	0	0	0	0	0	0	1	0	0	1	

续表

企业名称	车辆品牌	车辆名称	车辆型号	底盘型号	电机型号	功率（kW）	续驶里程（工况法，km）	最高车速（km/h）	长/宽/高（mm）	轴距（mm）	总质量（kg）	整备质量（kg）	1月	2月	3月	4月	5月	6月	7月	8月	9月	10月	11月	12月	数量（辆）	合计（辆）
天津清源电动车辆有限责任公司	清源	纯电动车厢可卸式垃圾车	QY5020ZXXBEVYC	QY5020HBEVA	XYQ-7.5-1AH	7.5	N/A	55	4240/1528/1930	2600	1770	1440	0	0	0	0	2	0	0	5	5	0	3	0	15	21
		纯电动厢式运输车	QY5020XXYBEVYL	—	XYQ-7.5-1AH	7.5	N/A	60	4320/1528/1975	2600	1770	1107	0	0	0	1	0	0	0	0	0	1	0	0	2	
			QY5020XXYBEVEL	—	XYQ-7.5-1AH	7.5	N/A	60	3930/1505/1875	2470	1610	1005	0	0	0	1	0	0	0	0	0	0	0	0	1	
		纯电动服务车	QY5020XFWBEVEL	—	XYQ-7.5-1AH	7.5		80	3930/1505/1875	2470	1610	1059	0	0	0	0	0	0	0	0	0	0	0	1	1	
		纯电动垃圾车	QY5021ZLJBEVYC	QY5020HBEVA	XYQ-7.5-1AH	7.5	N/A	55	4115/1540/2000	2600	1770	1400	0	0	0	0	0	0	0	0	1	0	0	0	1	
		纯电动邮政车	QY5020XYZBEVEL	—	XYQ-7.5-1AH	7.5	N/A	80	3930/1505/1875	2470	1610	1059	0	0	0	0	0	0	0	0	0	0	0	1	1	
中国重汽集团成都王牌商用车有限公司	王	纯电动工程车	CDW5030XGCEV	CDW5030XGCEV二类	JD163	75	130	95	4980/1690/1765	3025	2950	2025	0	0	0	0	0	0	0	0	0	0	0	12	12	20
		纯电动洒水车	CDW5164GSSEV	CDW1160H1REV	JD156	100	80	80	7610/2370/2800	4200	15800	7150	0	0	0	8	0	0	0	0	0	0	0	0	8	
郑州日产汽车有限公司	东风	纯电动工程车	ZN5033XGCH2C	ZN6493H2C	YCVF200M-4	32	150	100	4949/1690/2075	2950	2645	2160	0	0	0	0	0	0	0	0	0	0	0	8	8	8
江苏奥新新能源汽车有限公司	达福迪	纯电动车厢可卸式垃圾车	JAX5020ZXXBEV	JAX1020EV	JY10-4/100	10	N/A	72	3880/1500/1820	2500	2150	1330	0	0	0	0	0	0	1	3	0	1	0	0	5	6
		纯电动厢式运输车	JAX5020XXYBEV	JAX1020EV	JY10-4/100	10	N/A	72	4330/1500/2210	2500	2150	1350	0	0	0	0	0	0	1	0	0	0	0	0	1	
合计（辆）													42	18	29	81	120	118	63	24	135	210	707	322	1869	1869

2012年，我国纯电动专用车产量总计1869辆，较2011年纯电动专用车道理221辆相比实现大幅增长，增长达到745.7%，是所有车型中增长率最高的车型。2012年共有16家企业生产纯电动专用车，车型以小型物流车和市政环卫用车辆为主，其中康迪的纯电动厢式运输车、北京华林特装的纯电动垃圾车、中联重科的纯电动扫路车、一汽专用车公司的洒水车、东风的纯电动垃圾车位产量前五位，分别生产803辆、460辆、97辆、93辆，各企业产量分布极不均衡，产量前两位的企业产量占到总产量的67.6%。从全年月度产量趋势来看，第四季度产量最高，达到1239辆，占全年产量的66.3%。

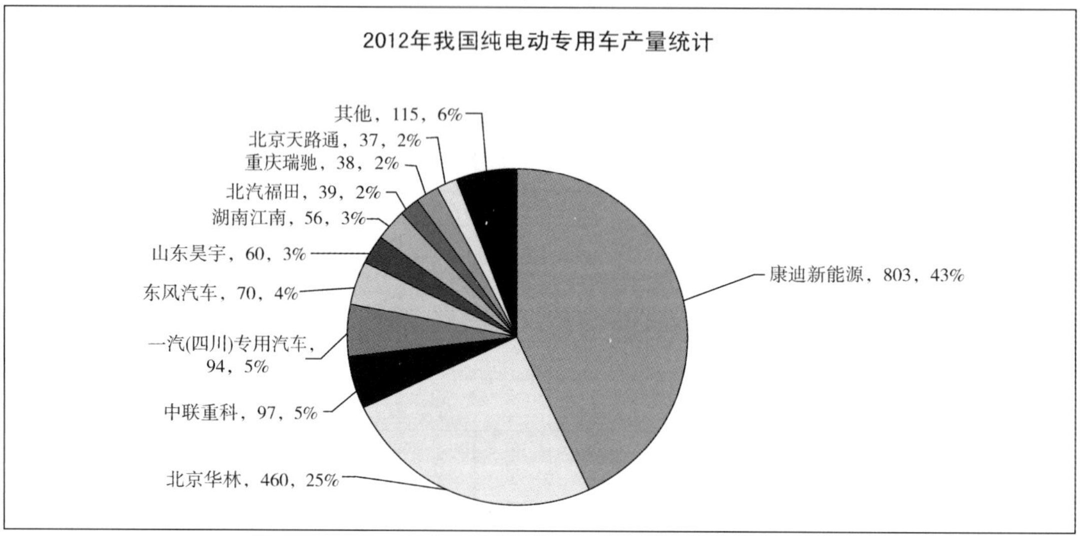

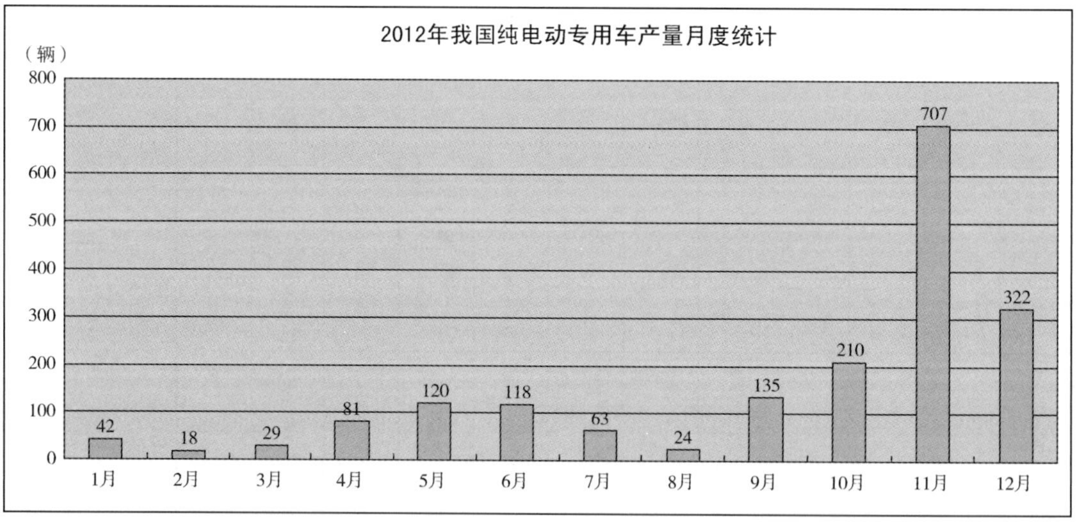

(3)乘用车

企业名称	车辆品牌	车辆名称	车辆型号	底盘型号	电机型号	功率(kW)	长/宽/高(mm)	轴距(mm)	总质量(kg)	整备质量(kg)	1月	2月	3月	4月	5月	6月	7月	8月	9月	10月	11月	12月	数量(辆)	合计(辆)
安徽江淮汽车股份有限公司	江淮	纯电动轿车	HFC7000AEV	承载式车身	BLT11/27-3000/312	11	4155/1650/1445	2400	1500	1200	15	0	0	0	1	0	0	0	542	707	0	0	1265	2489
					JEEMC01002B	13	4155/1650/1445	2400	1500	1200	0	0	0	0	0	0	0	0	0	0	501	723	1224	
深圳市比亚迪汽车有限公司	比亚迪	纯电动轿车	QCJ7006BEVF	承载式车身	BYD-TYC120A	75	4560/1822/1630	2830	2715	2340	0	0	0	0	0	0	0	2	25	100	313	410	850	1040
						75	4560/1822/1630	2830	2670	2295	36	17	28	57	17	8	27	0	0	0	0	0	190	
湖南江南汽车制造有限公司	众泰	纯电动轿车	JNJ7000EVM	承载式车身	WTGSDJ-30A	30	4089/1871/1695	2666	2150	1750	0	0	0	11	1	0	10	0	0	5	0	0	27	850
			JNJ7000EVM1	承载式车身	JNMP30L0	30	4089/1871/1695	2666	2020	1620	0	0	0	8	20	0	0	0	28	0	0	260	316	
			JNJ7000EVM2	承载式车身	GLMP25L2	30	4089/1871/1695	2666	2000	1600	0	0	0	0	0	0	0	0	0	0	0	41	41	
		纯电动轻型客车	JNJ6400EVL	承载式车身	BLT11/27-3000/312	11	3900/1555/1670	2420	1500	1200	0	0	0	0	0	0	0	0	0	3	0	0	3	
						11	3970/1570/1730	2420	1650	1350	0	0	0	0	1	1	18	0	0	1	36	1	58	
			JNJ6401EVL2	承载式车身	GLMP20L1	20	3970/1570/1670	2420	1625	1325	0	0	0	0	0	0	0	0	0	1	0	0	1	
		纯电动多用途乘用车	JNJ6290EV	承载式车身	SCRMP10U1	10	2900/1545/1590	2080	1340	1160	0	0	0	0	0	0	0	0	0	0	32	370	402	
	江南	纯电动轿车	JNJ7000EVA2	承载式车身	GLMI10A1	7.5	3340/1500/1480	2175	1180	880	0	0	0	0	0	0	0	2	0	0	0	0	2	
北京汽车股份有限公司	北京	纯电动轿车	BJ7000B3D-BEV	承载式车身	YTD020W01	20	3998/1720/1503	2500	1745	1370	0	0	0	377	70	0	0	35	65	2	120	73	742	760
		纯电动客车	BJ6400L3R-BEV	承载式车身	YTD020W01	20	4030/1636/1907	2700	2010	1485	0	0	0	2	0	3	1	0	0	0	0	12	18	
奇瑞汽车股份有限公司	瑞麒	纯电动轿车	SQR7000BEVS184	承载式车身	2103AAG	29	3601/1587/1527	2330	1360	1060	0	0	0	0	0	5	58	25	53	76	103	31	351	414
			SQR7001ELS18	承载式车身	2103AAG	29	3601/1587/1527	2330	1360	1060	0	0	0	0	0	5	58	0	0	0	0	0	63	
上海汽车集团股份有限公司	荣威	纯电动轿车	CSA7000BEV	承载式车身	230TY28K	52	3569/1551/1540	2305	1380	1080	0	0	0	0	0	0	0	0	0	0	0	250	250	250
一汽海马汽车有限公司	海马	纯电动轿车	HMC7000EVM0	承载式车身	WXMP20L0	20	4295/1705/1555	2670	1923	1549	0	0	0	0	0	0	0	0	0	0	0	246	246	246
北汽福田汽车股份有限公司	福田	纯电动多用途乘用车	BJ6438EV3	承载式车身	150MOTOR	40	4288/1725/1728	2695	1960	1510	0	0	0	0	95	5	0	0	0	0	0	0	100	200
			BJ6438EVAA3	承载式车身	FTTB035	35	4288/1725/1728	2695	2080	1630	0	0	0	48	52	0	0	0	0	0	0	0	100	
合肥昌河汽车有限责任公司	昌河	纯电动多用途乘用车	CH6390BEV	承载式车身	JEEMC01003B	42	3868/1528/1848	2405	1670	1215	0	0	0	0	0	0	0	0	0	0	0	200	200	200
重庆长安汽车股份有限公司	长安	纯电动轿车	SC7005EV	承载式车身	YTD045W01	45	4435/1710/1470	2600	1985	1610	0	1	100	0	0	0	0	0	0	0	0	2	103	103

续表

企业名称	车辆品牌	车辆名称	车辆型号	底盘型号	电机型号	功率(kW)	长/宽/高(mm)	轴距(mm)	总质量(kg)	整备质量(kg)	1月	2月	3月	4月	5月	6月	7月	8月	9月	10月	11月	12月	数量(辆)	合计(辆)
上海通用汽车有限公司	赛欧牌/SAIL	纯电动轿车	SGM7001EV	承载式车身	213TZ-XY46F	85	3947/1690/1507	2465	1760	1385	0	0	0	0	0	0	0	0	0	0	0	20	20	20
重庆力帆乘用车有限公司	力帆	纯电动轿车	LF7002EV	承载式车身	SJ2103P20-C	20	4550/1705/1495	2605	1895	1490	1	0	0	0	1	0	0	0	0	0	0	0	2	11
			LF7002CEV	承载式车身	SJ2103P030-L1	30	4550/1705/1495	2605	1725	1350	0	0	0	0	0	0	1	0	0	0	5	3	9	
东风悦达起亚汽车有限公司	典悦	纯电动轿车	YQZ7000BEV	承载式车身	YCS90-4	30	4500/1735/1470	2610	1930	1555	0	0	0	0	0	0	0	0	2	0	0	0	2	2
海马轿车有限公司	海马	纯电动轿车	HMA7000BEV	承载式车身	BLT11-3000/312	11	3590/1540/1486	2332	1473	1098	0	0	1	0	0	0	1	0	0	0	0	0	2	2
郑州日产汽车有限公司	东风	纯电动乘用车	ZN6440V1Y	承载式车身	HD60-4	20	4420/1695/	2695	2460	1975	1	0	0	0	0	0	0	0	0	0	0	1	2	2
江西江铃汽车集团改装车有限公司	江铃全顺	纯电动商务车	JX5041XSWMEV	承载式车身	YCVF200M-4	32	5418/1974/2820	3570	3510	2795	0	0	0	0	0	0	1	0	0	1	0	0	2	2
合计(辆)											53	18	129	503	258	27	175	64	715	896	1110	2643	6591	6591

2012 年，我国国内汽车生产企业共生产各型纯电动乘用车 6591 辆，较 2011 年的 2009 辆（均不含铅酸电池类电动车）增长 228%，2012 年纯电动乘用车的生产企业包含 16 家，其中年产量超过 500 辆的生产企业有四家，分别为安徽江淮 2489 辆，占 37%；深圳比亚迪 1040 辆，占 15%，江南汽车的众泰牌和江南牌共 850 辆，占 13%，北汽生产 760 辆，占 12%。从全年的月度产量统计来看，主要产量集中在 9～12 月，上述四个月共生产 5364 辆，占全年产量的 81.4%.

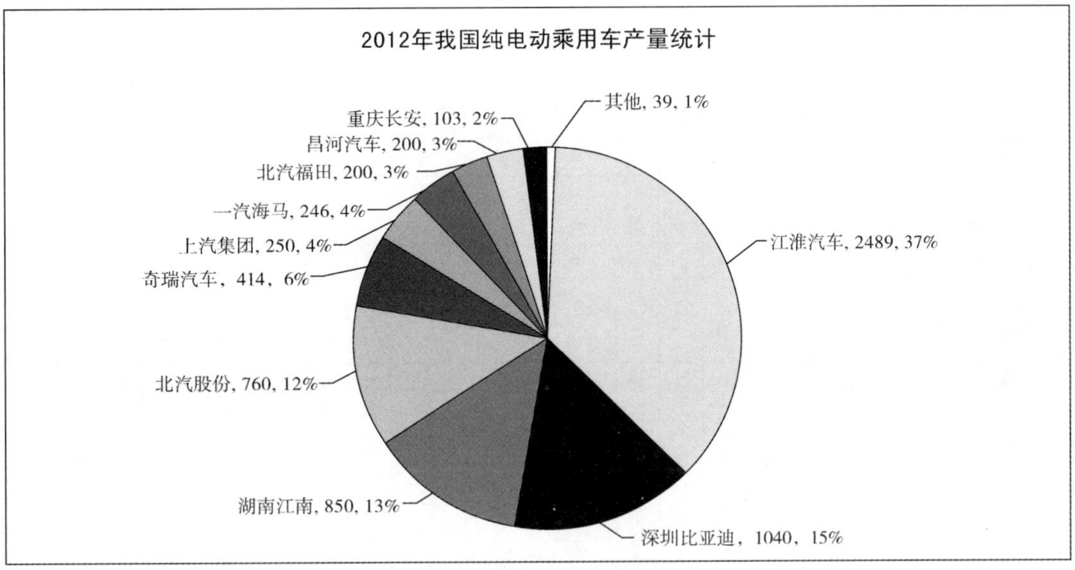

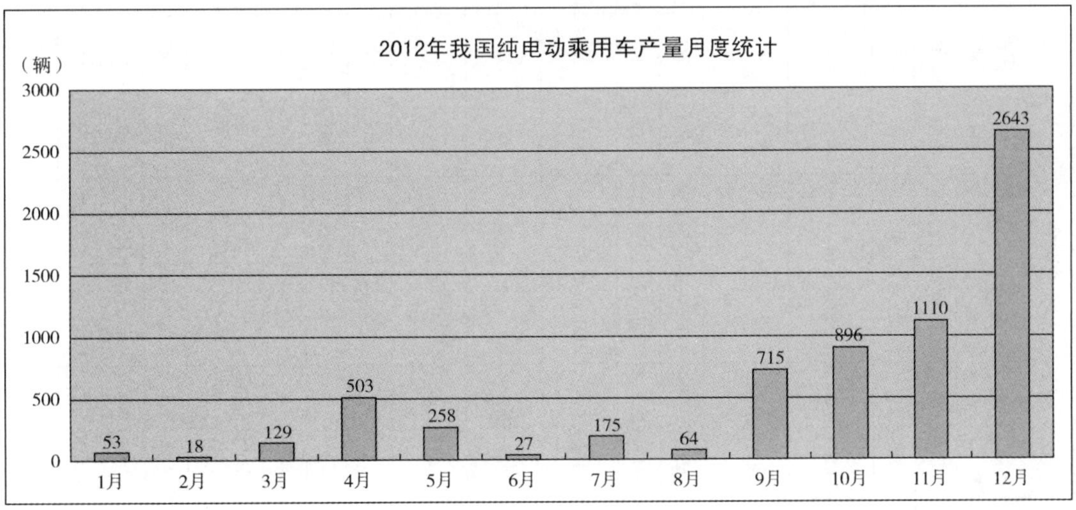

2. 混合动力汽车产量

(1)大中型客车、轻型客车

油电混合

企业名称	车辆品牌	车辆名称	车辆型号	底盘型号	发动机型号	燃料种类	排量(mL)	功率(kW)	长/宽/高(mm)	轴距(mm)	总质量(kg)	整备质量(kg)	1月	2月	3月	4月	5月	6月	7月	8月	9月	10月	11月	12月	数量(辆)	合计(辆)
郑州宇通客车股份有限公司	宇通	混合动力电动城市客车	ZK6120CHEVG1	承载式车身	YC6J210N-40	柴油/电	6494	155	11500/2550/3150	5800	18000	12000	0	0	0	0	68	0	0	2	80	202	119	517	988	1929
			ZK6105CHEVNG1	承载式车身	YC6J210N-40	柴油/电	6494	155	10500/2500/3200	5200	16500	11300	0	0	0	0	0	0	0	76	50	16	37	76	255	
			ZK6108CHEVG2	ZK6100CHEVGC2	YC6J200-42	柴油/电	6500	147	10305/2500/3240	5000	16500	11100	0	0	0	0	0	6	49	0	0	0	66	32	153	
						柴油/电	6500	147	10305/2500/3100	5000	16500	11100	0	0	0	0	0	0	0	28	0	0	0	0	28	
			ZK6125CHEVNG1	承载式车身	YC6J210N-40	柴油/电	6494	155	12000/2550/3360	5875	18000	12400	0	0	0	0	0	0	0	0	0	0	113	1	114	
						柴油/电	6494	155	12000/2550/3360	6100	18000	12400	0	0	0	0	0	0	0	13	0	0	0	0	13	
			ZK6126CHEVG4	ZK6118CHEVGC04	YC6J200-42	混合动力	6500	147	11650/2500/3265	5800	16500	11700	0	0	0	0	77	1	20	3	0	0	0	10	111	
			ZK6126CHEVGAA	ZK6118GCHEVAA	YC6J200-42	混合动力	6500	147	11650/2500/3265	5800	16500	11700	0	107	0	0	0	0	0	0	0	0	0	0	107	
			ZK6180CHEVG1	承载式车身	YC6L280-42	混合动力	8424	206	18000/2550/3150	5725+6150	28000	18300	0	0	0	0	0	0	0	0	0	0	71	0	71	
			ZK6120CHEVNG2	承载式车身	YC6G230N-40	混合动力	7800	170	11500/2550/3200	5800	18000	12000	0	0	0	0	0	0	0	0	0	0	0	30	30	
			ZK6108CHEVG1	ZK6100CHEVGC01	YC6J200-42	混合动力	6500	147	10305/2500/3240	5000	16500	11100	0	10	1	0	19	0	0	0	0	0	0	0	30	
			ZK6126CHEVG2	承载式车身	YC6J200-42	柴油/电	6500	147	11990/2550/3150	5875	18000	12700	0	0	0	0	0	0	0	22	0	0	0	0	22	
						柴油/电	6500	147	11990/2550/3150	6100	18000	12700	0	0	1	0	2	0	0	0	0	0	0	1	4	
			ZK6126CHEVGQCA	承载式车身	YC6J200-42	柴油/电	6500	147	11990/2550/3150	5875	18000	12700	0	0	0	0	0	0	0	1	0	0	0	0	1	
			ZK6140CHEVG1	ZK6130CHEVGC1三类	YC6L260-30	混合动力	8424	191	13620/2550/3265	6100+1470	22000	14630	0	0	0	0	0	0	0	1	0	0	0	0	1	
			ZK6106PHEVG1	承载式车身	YC6J200-42	混合动力	6500	147	10469/2500/3150	5000	16500	11100	0	0	0	0	0	0	0	1	0	0	0	0	1	
广州汽车集团客车有限公司	广汽	混合动力城市客车	GZ6111HEV1	GZ6111DHEV1	YC6G220-4PB	混合动力	7800	162	11490/2540/3200	5600	16500	11200	0	0	0	0	0	0	166	183	100	100	164	525	1238	1248
			GZ6110HEV	GZ6110DHEV	YC6J180-30	混合动力	6500	132	11400/2500/3120	5600	16500	11300	0	10	0	0	0	0	0	0	0	0	0	0	10	

续表

企业名称	车辆品牌	车辆名称	车辆型号	底盘型号	发动机型号	燃料种类	排量(mL)	功率(kW)	长/宽/高(mm)	轴距(mm)	总质量(kg)	整备质量(kg)	1月	2月	3月	4月	5月	6月	7月	8月	9月	10月	11月	12月	数量(辆)	合计(辆)
厦门金龙旅行车有限公司	金旅	混合动力城市客车	XML6125JHEV38C	承载式车身	YC6J200-42	柴油/电	6500	147	11980/2540/3300	5980	18000	12590	0	0	0	0	0	0	60	30	0	0	1	225	316	788
			XML6105JHEV38C	承载式车身	YC6J200-42	柴油/电	6500	147	10480/2500/3200	5000	17500	11230	0	0	0	0	0	48	15	20	0	0	90	20	193	
			XML6125JHEV28C	承载式车身	YC6J200-42	柴油/电	6500	147	11980/2540/3180	6100	18000	12600	0	0	2	0	0	40	0	14	0	0	0	30	86	
			XML6105JHEV28C	承载式车身	YC6J200-42	柴油/电	6500	147	10480/2500/3200	5000	16500	11230	0	0	11	32	0	0	0	0	0	0	0	0	43	
			XML6125JHEV58C	承载式车身	WP7. 210E40	柴油/电	7140	155	11980/2540/3300	5980	18000	12590	0	0	0	0	0	0	0	0	0	0	36	0	36	
			XML6115JHEV38C	承载式车身	YC6J200-42	柴油/电	6500	147	11380/2540/3150	5700	17500	11730	0	0	0	0	0	0	0	0	0	0	31	0	31	
			XML6105JHEV58C	承载式车身	WP7. 210E40	柴油/电	7140	155	10480/2500/3200	5000	17500	11230	0	0	0	0	0	0	0	0	0	0	24	0	24	
			XML6125JHEV88C	承载式车身	YC6J200-42	柴油/电	6500	147	11980/2540/3180	5980	18000	12600	0	0	0	0	0	6	1	0	0	0	15	0	22	
					ISBE4 + 205B	柴油/电	6700	151	11980/2540/3100	5980	18000	12600	0	0	0	0	0	0	0	0	0	0	0	1	1	
			XML6115JHEV88C	承载式车身	YC6J200-42	柴油/电	6500	147	11380/2540/3150	5700	17500	12225	0	0	0	0	0	0	0	0	0	0	20	0	20	
			XML6105JHEV88C	承载式车身	YC6J200-42	柴油/电	6500	147	10480/2500/3200	5000	17500	11820	0	0	0	0	0	0	0	0	0	0	16	0	16	
湖南南车时代电动汽车股份有限公司	南车时代	混合动力城市客车	TEG6106PHEV	TEG6105PHEV	SC8DK215Q4	柴油/电	8270	158	10490/2490/3180	5000	15500	11130	0	0	0	0	0	0	0	0	0	46	115	0	161	494
						柴油/电	8270	158	10490/2490/3180	5000	15500	10800	0	0	0	0	0	15	0	0	45	0	0	0	60	
			TEG6129CHEV	TEG6121CHEV	SC8DK230Q4	柴油/电	8270	170	11980/2540/3300	5900	18000	13500	0	20	30	0	12	30	0	52	0	12	0	0	156	
			TEG6102PHEV	TEG6103PHEV	SC8DK215Q3	柴油/电	8270	158	10490/2490/3180	5000	15500	11090	0	10	30	12	0	0	4	0	0	0	0	0	56	
				TEG6103PHEV	YC6J220-30	柴油/电	6500	162	10490/2490/3180	5000	15500	11090	0	0	0	0	0	0	0	0	0	0	0	4	4	
			TEG6106CHEV	TEG6106CHEV	YC6J220-42	柴油/电	6500	162	10490/2490/3450	5000	16000	11900	0	0	0	0	0	0	0	0	0	0	0	35	35	
			TEG6129 PHEV-N50	TEG6129 PHEV-N50	SC8DT230Q4	混合动力	8270	170	11980/2540/3380	5900	18000	13200	0	0	0	0	0	0	0	0	0	0	0	22	22	
厦门金龙联合汽车工业有限公司	金龙	混合动力城市客车	XMQ6127GHEV4	XMQ6121GRHEV4	YC6J200-42	混合动力	6500	147	11980/2550/3190	6000	18000	11800	0	0	0	0	0	200	0	0	0	40	0	0	240	357
			XMQ6127GH5	XMQ6121GRH5	YC6J200-42	混合动力	6500	147	11980/2550/3190	6000	18000	12400	0	0	10	0	0	0	0	10	0	61	0	0	81	
			XMQ6106AGHEV5	XMQ6102GRHEV5	YC6J200-42	柴油/电	6500	147	10480/2500/3190	5100	15500	11200	0	0	0	0	0	0	0	0	0	0	0	35	35	
			XMQ6127GHEV6	XMQ6121GRHEV6	YC6J210N-40	混合动力	6454	155	11980/2550/3190	6000	18000	12600	0	0	0	0	0	0	0	0	0	1	0	0	1	
中通客车控股股份有限公司	中通	混合动力城市客车	LCK6121HEV	承载式车身	WP7. 210E40	柴油/电	7140	155	11990/2540/3210	6000	18000	11600	0	0	0	0	0	0	0	0	0	0	110	70	180	180
江西凯马百路佳客车有限公司	江西	混合动力城市客车	JXK6116BPHEV2	承载式车身	YC6J200-42	柴油/电	6500	147	11280/2495/3320	5400	16500	11500	0	0	0	0	0	0	0	0	63	0	0	0	63	100
			JXK6116BPHEV1	承载式车身	YC6J200-42	柴油/电	6500	147	11280/2495/3320	5600	16500	11500	0	0	0	0	0	0	0	37	0	0	0	0	37	

续表

企业名称	车辆品牌	车辆名称	车辆型号	底盘型号	发动机型号	燃料种类	排量(mL)	功率(kW)	长/宽/高(mm)	轴距(mm)	总质量(kg)	整备质量(kg)	1月	2月	3月	4月	5月	6月	7月	8月	9月	10月	11月	12月	数量(辆)	合计(辆)
成都客车股份有限公司	蜀都	混合动力城市客车	CDK6122CSHEV	SWB6127SHEV2	SC5DT180Q4	混合动力	5308	132	12000/2550/3420	6150	18000	13350	0	0	0	0	20	50	0	20	0	0	0	0	90	90
上海申沃客车有限公司	申沃	混合动力城市客车	SWB6107CHEV	承载式车身	YC6J180-42	混合动力	6500	132	10490/2500/3300	5000	16500	11770	0	0	0	0	0	0	0	35	0	0	0	10	45	77
			SWB6127CHEV	承载式车身	YC6J200-42	混合动力	6500	147	11990/2500/3150	6250	18000	12600	0	0	0	0	0	0	0	10	0	10	0	0	20	
			SWB6127HE2	SWB6127HE2	F4AE3682F＊P	柴油	5880	185	11840/2500/3460	6000	17500	12600	12	0	0	0	0	0	0	0	0	0	0	0	12	
北汽福田汽车股份有限公司	福田	混合动力城市客车	BJ6123PHEV	BJ6123DPHEV	YC6J210N-40	混合动力	6494	155	11980/2550/3350	5900	17900	12600	0	0	50	0	0	2	0	0	0	0	0	0	52	60
			BJ6123PHEV-1	BJ6123PHEV-1	ISBE4＋225B	混合动力	6700	165	11980/2550/3050	5900	17950	11300	0	0	0	5	0	0	0	0	0	0	0	0	5	
			BJ6105PHEVCA	承载式车身	YC6J200-42	混合动力	6500	147	10500/2500/3150	5000	15500	10100	0	0	0	0	0	0	0	0	0	0	0	2	2	
			BJ6123SHEVCA	BJ6123SHEVDA	ISF3.8s4168	混合动力	3760	125	11980/2550/3150	5900	17950	12500	0	0	0	1	0	0	0	0	0	0	0	0	1	
金龙联合汽车工业（苏州）有限公司	海格	混合动力城市客车	KLQ6129GHEV4	KLQ6128GHEV4三类	YC6J220-42	柴油/电	6500	162	12000/2550/3150	6100	18000	12400	25	0	0	0	0	0	0	0	0	0	0	0	25	58
			KLQ6109GHEV1	KLQ6101GHEV1	YC6J180-42	柴油/电	6500	132	10490/2480/3200	5100	16400	11400	0	0	20	0	0	0	0	0	0	0	0	0	20	
		混合动力电动城市客车	KLQ6109GHEV2	KLQ6101GHEV2	YC6J200-42	柴油/电	6500	147	10490/2480/3200	5100	16400	11395	0	0	12	0	0	0	0	1	0	0	0	0	13	
中国第一汽车集团公司	解放	混合动力城市客车	CA6120URH2	CA6120CRH2	CA6SE1-21E3N	混合动力	6618	158	11990/2500/3250	6100	18000	11300	0	0	50	0	0	0	0	0	0	0	0	0	50	51
			CA6120URH1	CA6120CRH1	BF6M2012-22E3	混合动力	6060	171	11990/2500/3250	6100	18000	10700	0	0	0	0	0	0	0	1	0	0	0	0	1	
扬州亚星客车股份有限公司	亚星	混合动力城市客车	JS6126GHEV	承载式车身	WP7.210E40	柴油/电	7140	155	12000/2550/3210	5900	18000	12500	0	20	0	0	0	0	0	0	0	0	0	27	47	49
			JS6106GHEV2	承载式车身	YC6J200-42	柴油/电	6454	147	10490/2500/3240	5000	15500	10800	0	0	0	0	0	0	0	0	0	0	0	1	1	
			JS6126GHEV	承载式车身	YC6J200-42	柴油/电	6494	147	12000/2550/3210	5900	18000	12500	0	0	0	0	0	0	0	1	0	0	0	0	1	
一汽客车（大连）有限公司	解放	混合动力城市客车	CA6126SH8	CA6120CRH1	BF6M2012-22E3	混合动力	6060	171	11995/2550/3470	6100	18000	11374	0	0	30	0	0	0	0	0	0	0	0	0	30	30
安徽安凯汽车股份有限公司	安凯	混合动力城市客车	HFF6121G03PHEV	HFF6121D03PHEV	SC8DK215Q3	柴油/电	8270	158	12000/2550/3250	6100	16700	11500	20	0	0	0	0	0	0	0	0	0	0	0	20	24
			HFF6111G03PHEV	HFF6111D03PHEV三类	YC6J200-42	柴油/电	6500	147	11220/2500/3150	5700	16500	10700	0	0	0	0	0	0	1	0	0	0	0	0	1	
			HFF6123G03PHEV	承载式车身	YC4FA130-40	柴油/电	2982	95	12000/2550/3150	6100	18000	13300	0	0	0	0	0	0	0	0	0	0	0	1	1	
		混合动力客车	HFF6100K10PHEV	承载式车身	YC4FA130-40	柴油/电	2982	95	10490/2500/3520	5150	15600	11650	0	0	0	0	0	0	0	0	0	0	0	2	2	

续表

企业名称	车辆品牌	车辆名称	车辆型号	底盘型号	发动机型号	燃料种类	排量（mL）	功率（kW）	长/宽/高（mm）	轴距（mm）	总质量（kg）	整备质量（kg）	1月	2月	3月	4月	5月	6月	7月	8月	9月	10月	11月	12月	数量（辆）	合计（辆）
深圳市五洲龙汽车有限公司	五洲龙	混合动力城市客车	FDG6115HEVG1	承载式车身	ISDe19841	混合动力	6700	146	11490/2500/3140	5600	18000	13000	0	0	0	0	0	0	0	0	0	0	0	22	22	23
			FDG6111HEVG2	FDG6110D2	ISDe18530	混合动力	6700	136	11390/2480/3180	5500	16500	11800	0	0	0	0	0	0	0	1	0	0	0	0	1	
金华青年汽车制造有限公司	青年	混合动力城市客车	JNP6120PHEV	承载式车身	YC6J200-42	柴油/电	6500	147	12000/2550/3165	5980	18000	11550	0	0	0	0	0	20	0	0	0	0	0	0	20	20
南京金龙客车制造有限公司	东宇	混合动力城市客车	NJL6129HEV	承载式车身	YC6J200-42	混合动力	6500	147	11990/2550/3135	6000	18000	12600	0	0	0	0	1	11	0	0	0	0	0	0	12	12
丹东黄海汽车有限责任公司	黄海	混合动力城市客车	DD6118HES21	DD6118HES21	YC6J220-30	混合动力	6500	162	11310/2532/3300	5600	16000	11870	0	0	0	0	0	0	0	1	0	0	0	0	1	2
			DD6129HES11	DD6129HES11	ISDe18030	混合动力	4500	132	11980/2532/3300	5800	18000	12800	0	0	0	0	0	0	0	1	0	0	0	0	1	
东风汽车公司	东风	混合动力电动城市客车	EQ6120CPHEV	EQ6110KRPHEV	YC6J200-42	柴油/电	6500	147	11995/2530/3200	6100	17500	11600	0	1	0	0	0	0	0	1	0	0	0	0	2	2
东风扬子江汽车（武汉）有限责任公司	扬子江	混合动力城市客车	WG6120PHEVAA	WG6120PHEVAA整车	YC6J200-42	柴油/电	6500	147	12000/2540/3500	6300	18000	12000	0	0	0	0	0	0	1	0	0	0	0	0	1	1
长春华奥汽车制造有限公司	金华奥	混合动力城市客车	CCA6110HEV	CCA6110HEVD	YC6J210N-40	混合动力	6454	155	11406/2550/3257	5700	18000	12500	0	0	0	0	1	0	0	0	0	0	0	0	1	1
合计（辆）													57	178	247	50	200	429	317	565	338	488	1028	1699	5596	5596

气电混合

企业名称	车辆品牌	车辆名称	车辆型号	底盘型号	发动机型号	燃料种类	排量（mL）	功率（kW）	长/宽/高（mm）	轴距（mm）	总质量（kg）	整备质量（kg）	1月	2月	3月	4月	5月	6月	7月	8月	9月	10月	11月	12月	数量（辆）	合计（辆）
重庆恒通客车有限公司	恒通客车	混合动力城市客车	CKZ6116HNHEVA4	CKZ6119HNHEV4	YC6J190N-40	天然气/电	6454	140	11370/2500/3500	5600	18000	12600	0	0	30	60	85	26	50	51	15	25	60	55	457	457
厦门金龙旅行车有限公司	金旅	混合动力城市客车	XML6125JHEV38CN	承载式车身	YC6J210N-40	天然气/电	6494	155	11980/2540/3150	5980	18000	12590	0	0	0	0	0	0	0	0	0	0	80	0	80	224
			XML6125JHEV88CN	承载式车身	YC6J210N-40	天然气/电	6494	155	11980/2540/3500	5980	18000	13410	0	0	0	0	0	0	0	0	0	0	36	0	36	
			XML6105JHEV38CN	承载式车身	YC6J210N-40	天然气/电	7140	155	10480/2500/3500	5000	17500	12035	0	0	0	0	0	0	0	0	0	0	31	0	31	
						天然气/电	6494	155	10480/2500/3200	5000	17500	12035	0	0	0	0	0	0	0	0	0	0	0	1	1	
			XML6105JHEV88CN	承载式车身	YC6J210N-40	天然气/电	6494	155	10480/2500/3200	5000	17500	12550	0	0	0	0	0	0	0	0	0	0	29	0	29	
			XML6115JHEV88CN	承载式车身	YC6J210N-40	天然气/电	6494	155	11380/2540/3500	5700	17500	12550	0	0	0	0	0	0	0	0	0	0	26	0	26	
			XML6115JHEV38CN	承载式车身	YC6J210N-40	天然气/电	6494	155	11380/2540/3500	5700	17500	11980	0	0	0	0	0	0	0	0	0	0	20	1	21	

续表

企业名称	车辆品牌	车辆名称	车辆型号	底盘型号	发动机型号	燃料种类	排量(mL)	功率(kW)	长/宽/高(mm)	轴距(mm)	总质量(kg)	整备质量(kg)	1月	2月	3月	4月	5月	6月	7月	8月	9月	10月	11月	12月	数量(辆)	合计(辆)
中通客车控股股份有限公司	中通	混合动力城市客车	LCK6105PHENV	LCK6104RPHENV	WP7NG210E40	天然气/电	6454	155	10500/2500/3260	5000	16500	11200	0	0	71	0	0	0	0	5	20	0	0	0	96	176
				LCK6104RPHENV	WP7NG210E40	天然气/电	7140	155	10500/2500/3260	5000	16500	11200	0	0	0	0	0	0	0	0	0	0	10	0	10	
			LCK6125PHENV	LCK6124RPHENV	WP7NG210E40	天然气/电	7140	155	11990/2540/3260	6000	18000	12200	0	0	0	0	0	0	0	0	0	0	20	50	70	
郑州宇通客车股份有限公司	宇通	混合动力电动城市客车	ZK6140CHEVNG1	承载式车身	YC6G260N-40	天然气/电	7800	191	13620/2550/3150	6100+1470	23600	16300	0	0	0	0	0	0	0	0	0	0	90	0	90	90
金龙联合汽车工业(苏州)有限公司	海格	混合动力城市客车	KLQ6109GCHEV1A	KLQ6101GCHEV1	YC6J190N-40	天然气/电	6500	140	10490/2480/3200	5100	16400	11400	0	0	0	0	0	0	0	0	0	13	0	29	42	56
			KLQ6119GCHEV1A	KLQ6118GCHEV1	YC6J210N-40	天然气/电	6500	155	11490/2550/3150	5700	17000	12200	0	0	0	0	0	0	0	0	0	0	0	14	14	
扬州亚星客车股份有限公司	亚星	混合动力城市客车	JS6126GHEV3	承载式车身	YC6J210N-40	天然气/电	6454	155	12000/2550/3090	5900	18000	12500	0	0	50	0	0	0	0	0	0	0	0	0	50	50
合计(辆)													0	0	151	60	85	26	50	56	35	38	402	150	1053	1053

2012年，我国国内生产企业共生产混合动力客车6649辆，包含23家客车生产企业。较2011年混合动力客车4320辆的产量增加53.9%。混合动力客车按能量种类又分为油电混合动力和气电混合动力客车。油电混合动力客车共生产5596辆，占84.2%，气电混合动力客车1053辆，占15.8%。2012年生产力的混合动力客车全部为车长10米以上的大中型客车，主要用途为城市公交和城际客运。

在油电混合动力客车方面，郑州宇通、广汽集团、厦门金旅、南车时代电动、厦门金龙占据前五位，产量分别为1929辆、1248辆、788辆、494辆、357辆，其余客车生产企业生产油电混合动力客车均未超过200辆。

在气电混合动力客车方面，重庆恒通、厦门金旅、中通居前三位，产量分别为457辆、224辆、176辆，其余生产企业生产气电混合动力客车产量均未超过100辆。

从全年月度产量来看，油电和气电混合动力客车产量最高月度均在11月和12月，油电混合动力客车2012年最后两月产量占全年的比例为48.7%，接近一半；气电混合动力客车最后两月产量552辆，占全年产量的52.4%。

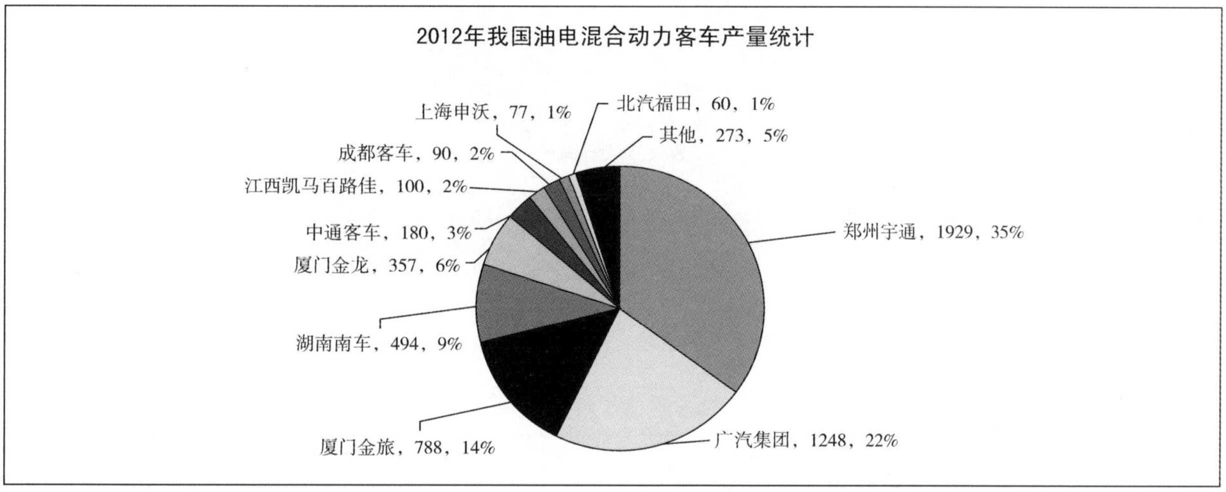

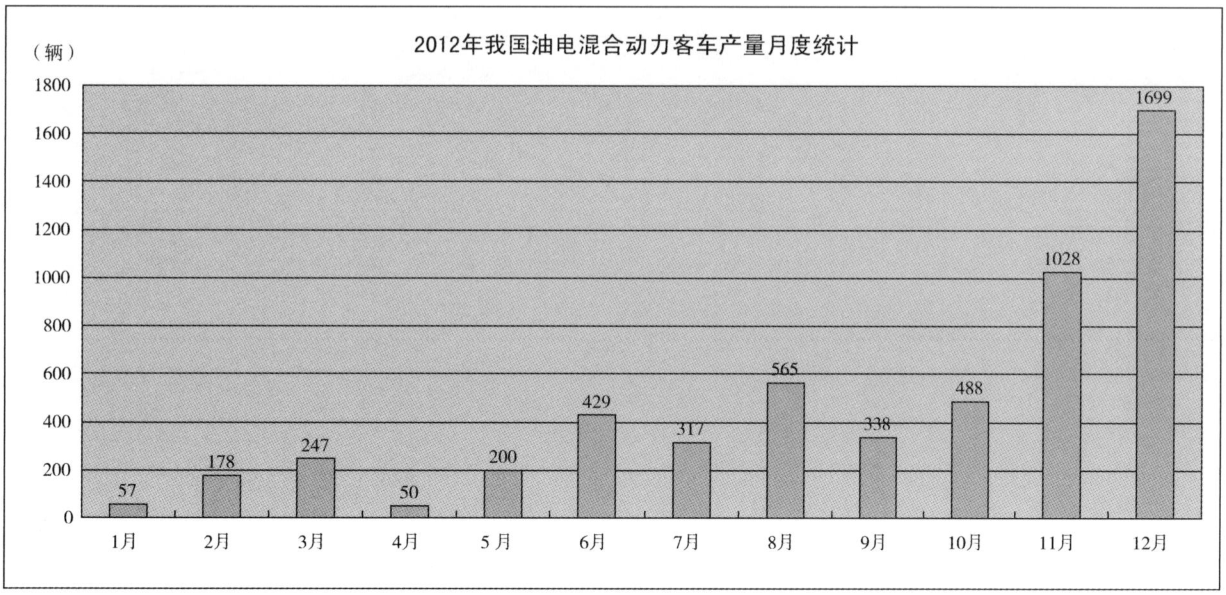

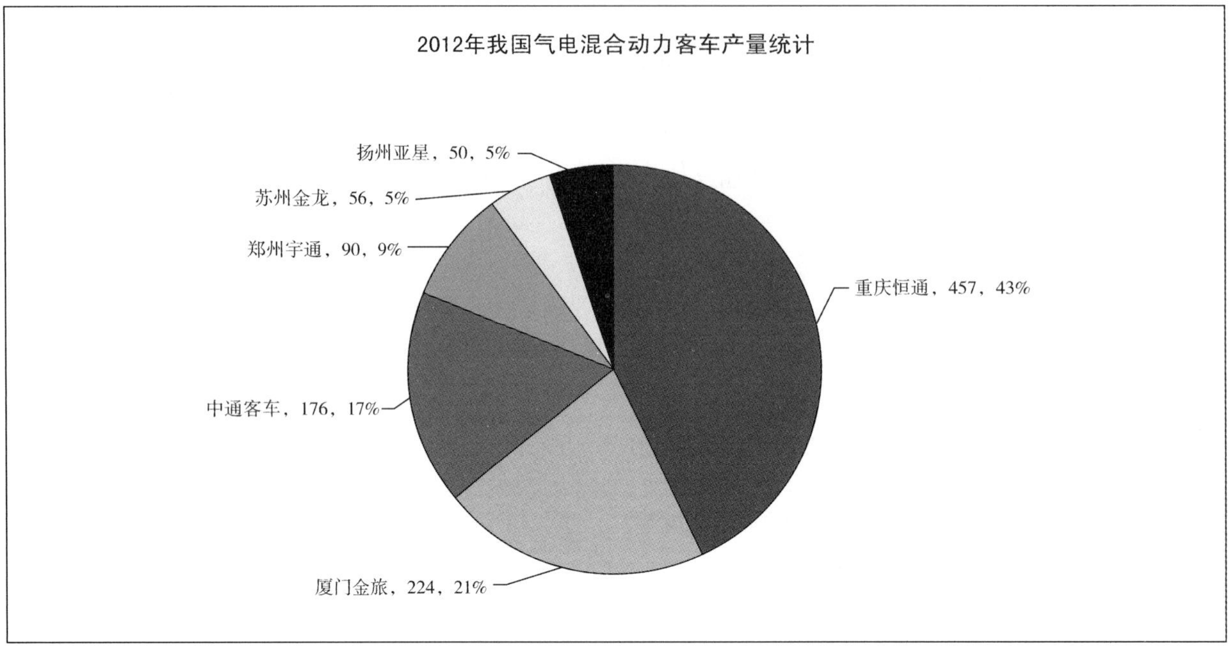
2012年我国气电混合动力客车产量统计
扬州亚星，50，5%
苏州金龙，56，5%
郑州宇通，90，9%
重庆恒通，457，43%
中通客车，176，17%
厦门金旅，224，21%

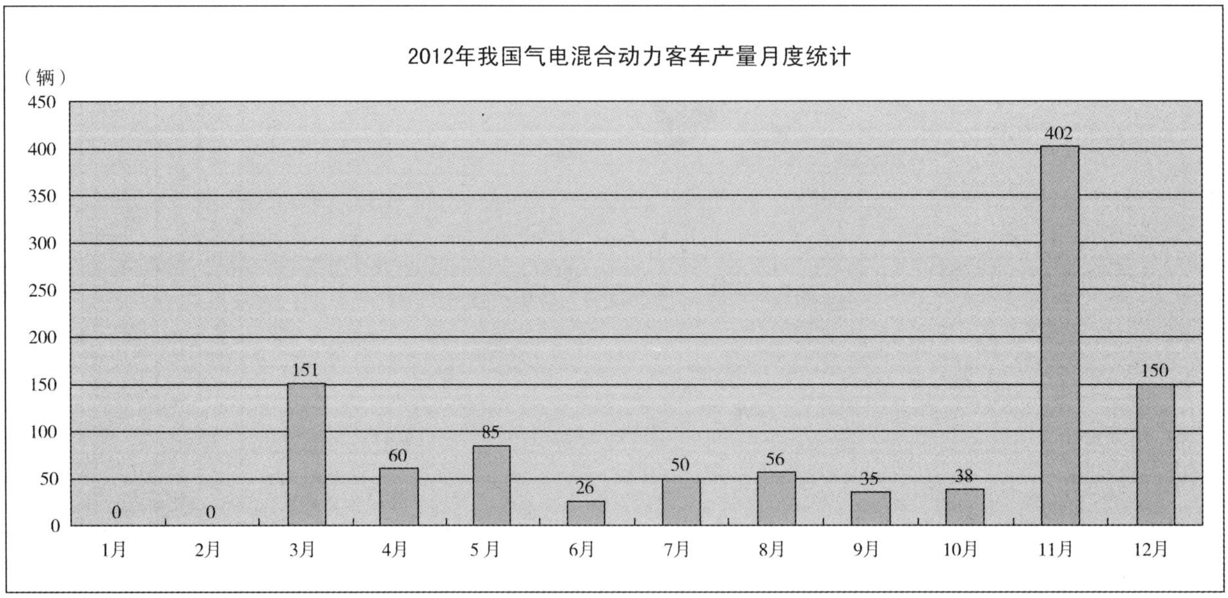
2012年我国气电混合动力客车产量月度统计
（辆）
450
400
350
300
250
200
150
100
50
0
0
0
151
60
85
26
50
56
35
38
402
150
1月
2月
3月
4月
5 月
6月
7月
8月
9月
10月
11月
12月

（2）乘用车

企业名称	车辆品牌	车辆名称	车辆型号	底盘型号	发动机型号	燃料种类	排量（mL）	功率（kW）	长/宽/高（mm）	轴距（mm）	总质量（kg）	整备质量（kg）	1月	2月	3月	4月	5月	6月	7月	8月	9月	10月	11月	12月	数量（辆）	合计（辆）
四川一汽丰田汽车有限公司	丰田牌/TOYOTA	混合动力轿车	CA7180CHEVAE4	承载式车身	5ZR	汽油/混合动力	1798	73	4485/1745/1525	2700	1805	1420	65	118	62	71	259	225	113	132	93	28	3	8	1177	2451
			CA7180CHEVBE4	承载式车身	5ZR	汽油/混合动力	1798	73	4485/1745/1510	2700	1805	1395	16	117	167	139	21	45	72	74	63	25	2	16	757	
			CA7180CHEVCE4	承载式车身	5ZR	汽油/混合动力	1798	73	4485/1745/1510	2700	1805	1385	9	72	101	82	23	40	47	67	49	16	6	5	517	
广汽丰田汽车有限公司	丰田牌/TOYOTA	混合动力轿车	GTM7251HEVS	承载式车身	4AR	混合动力	2494	118	4825/1825/1480	2775	2100	1605	0	0	0	0	0	0	0	410	322	153	169	0	1054	2254
						混合动力	2494	118	4825/1825/1505	2775	2100	1635	0	0	0	0	0	0	0	0	0	0	0	325	325	
			GTM7251HEV	承载式车身	4AR	混合动力	2494	118	4825/1825/1480	2775	2100	1635	0	0	0	0	0	219	543	98	0	0	0	0	860	
			GTM7240HQ	承载式车身	3AZ	混合动力	2362	110	4825/1820/1474	2775	2130	1670	0	0	0	0	13	0	0	0	0	0	0	0	13	
			GTM7240HV	承载式车身	3AZ	混合动力	2362	110	4825/1820/1474	2775	2130	1670	0	0	0	0	1	0	0	0	0	1	0	0	2	
华晨汽车集团控股有限公司	中华	混合动力轿车	SY7150X1SHEVBAB	承载式车身	4A91S	混合动力	1499	77	4510/1758/1460	2580	1630	1240	0	0	10	40	100	348	176	53	299	11	100	200	1337	1337
上海汽车集团股份有限公司	荣威	混合动力轿车	CSA7180ACHEV	承载式车身	18K4G	汽油/混合动力	1796	118	4846/1765/1422	2849	1977	1602	0	0	0	132	29	130	217	138	0	0	0	70	716	716
浙江吉利汽车有限公司	吉利美日	混合动力轿车	MR7183HEV	承载式车身	JLγ-4G18	汽油/混合动力	1808	98	4635/1789/1470	2650	1690	1280	3	1	7	2	11	1	0	0	24	576	3	38	666	666
东风汽车公司	风神	混合动力轿车	DFM7161B1DHEV	承载式车身	N6A 10FX 3A PSA	汽油/混合动力	1587	78	4502/1740/1465	2610	1590	1215	0	0	0	0	0	0	191	0	0	33	149	0	373	373
上海通用汽车有限公司	别克牌/BUICK	混合动力轿车	SGM7240PHEV	承载式车身	LUK	汽油/混合动力	2384	137	5000/1858/1493	2837	2162	1750	11	19	1	6	0	0	0	103	40	9	111	0	300	300
比亚迪汽车有限公司	比亚迪	混合动力轿车	QCJ7100ADM	承载式车身	BYD371QA	汽油/电	998	50	4533/1705/1520	2600	2055	1680	5	7	80	51	2	20	2		43	17	16	19	262	262
广州汽车集团乘用车有限公司	传祺牌/Trumpchi	混合动力轿车	GAC7180CHEVA4	承载式车身	4B18H1	汽油	1751	106	4800/1819/1484	2710	2030	1655	0	0	0	0	0	0	0	0	0	0	0	154	154	206
			GAC7180PHEVA4	承载式车身	4B18H1	汽油	1751	106	4800/1819/1484	2710	1925	1550	0	0	0	0	0	0	0	0	0	0	0	52	52	
重庆长安汽车股份有限公司	长安	混合动力轿车	SC7155HEV	承载式车身	JL475Q3	汽油/混合动力	1497	72	4600/1800/1475	2650	1765	1390	50	0	0	2	2	0	0	5	0	0	10	5	74	74
合计（辆）													159	334	428	525	461	1028	1361	1080	933	869	569	892	8639	8639

2012年，我国国内生产企业共生产混合动力乘用车8639辆，2011年生产混合动力乘用车2261辆，同比增长282.1%。2012年混合动力乘用车的生产企业共有10家，其中年产量超过500辆的生产企业有5家，分别为四川一汽丰田2451辆，占29%；广汽丰田2254辆，占27%，华晨汽车1337辆，占15%，上海汽车716辆，占8%，吉利汽车666辆，占8%。从全年的月度产量统计来看，主要产量集中在6~9月，上述四个月共生产4402辆，占全年产量的51%。

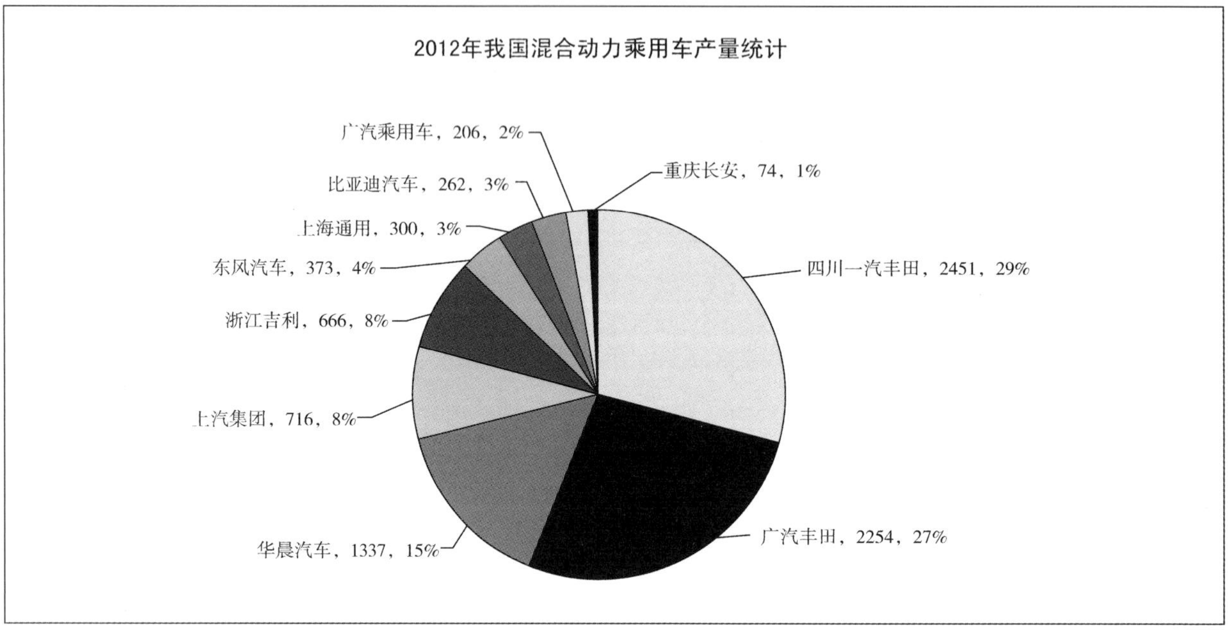

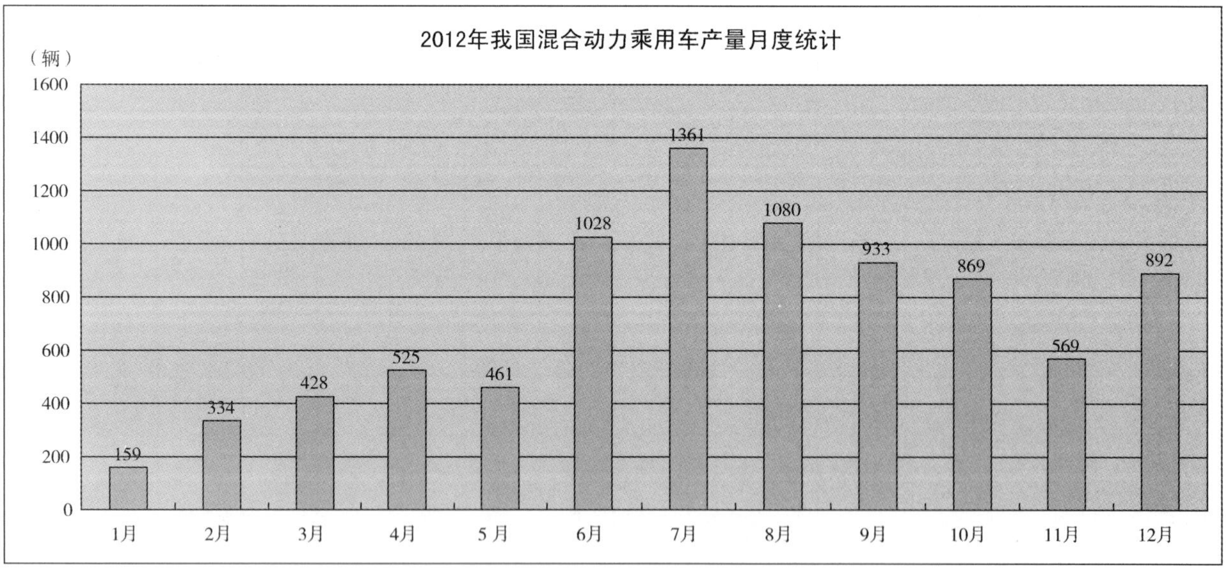

（二）2013 年 1—3 月电动汽车产量统计

1. 纯电动汽车产量

（1）大中型客车、轻型客车

企业名称	车辆品牌	车辆名称	车辆型号	底盘型号	电机型号	功率（kW）	长/宽/高（mm）	轴距（mm）	总质量（kg）	整备质量（kg）	1月	2月	3月	数量（辆）	合计（辆）
安徽安凯汽车股份有限公司	安凯	纯电动城市客车	HFF6100G03EV	HFF6100D03EV	QYS100-6/400	100	10320/2500/2950	5100	16500	12000	67	0	0	67	80
			HFF6127G03EV	HFF6127D03EV 三类	AS1619C	60	12000/2550/3200	6000	18000	13800	0	0	1	1	
		纯电动客车	HFF6127K46EV-5	承载式车身	1PV5138	85	12000/2550/3550	6080	18000	14100	0	4	0	4	
			HFF6127K46EV-6	承载式车身	420YS-XS100	100	12000/2500/3550	6080	18000	14100	0	0	4	4	
			HFF6101K10EV	承载式车身	420YS-XS100	100	10490/2500/3200	4970	16000	11700	2	0	0	2	
			HFF6127K46EV-2	承载式车身	QYS100-6/400	100	12000/2550/3620	6080	18000	14100	2	0	0	2	
深圳市五洲龙汽车有限公司	五洲龙	纯电动城市客车	FDG6113EVG3	承载式车身	0200WA	200	11490/2480/3100	6000	18000	14200	0	0	30	30	61
			FDG6113EVG5	承载式车身	0200WA	200	11490/2480/3100	6000	18000	12800	0	0	30	30	
			FDG6123EVG	承载式车身	0200WA	200	11980/2550/3100	6000	18000	13600	1	0	0	1	
山东沂星电动汽车有限公司	飞燕	纯电动城市客车	SDL6120EVG1	承载式车身	MDPQ/S120-4-SJ	120	12000/2530/3250	6200	18000	12000	0	0	30	30	30
上海申沃客车有限公司	申沃	纯电动城市客车	SWB6121EV6	SWB6121EV6	YCVF250L-4	100	11980/2550/3160	5940	18000	13900	0	20	0	20	30
			SWB6121EV5	SWB6121EV5	YCVF250L-4	200	11980/2550/3160	5940	18000	13900	0	0	10	10	
北汽福田汽车股份有限公司	福田	纯电动城市客车	BJ6123EVCA-9	承载式车身	YTD100W04	150	11980/2550/3200	5900	18000	12600	0	0	20	20	22
			BJ6760EVCA	BJ6750EVDA 三类	FTTB056	100	7645/2350/3100	3600	10500	7655	0	0	2	2	
金龙联合汽车工业（苏州）有限公司	海格	纯电动城市客车	KLQ6129GEV	承载式车身	YTD115F01	115	12000/2550/3150	5900	18000	13800	0	0	6	6	10
			KLQ6129GEV2	承载式车身	1PV5135-4WS28	134	12000/2550/3150	5900	18000	13500	0	0	4	4	
南京金龙客车制造有限公司	东宇	纯电动客车	NJL6118BEV	承载式车身	WTEMT100/4-08/4-0	80	10960/2480/3550	5600	17000	13300	10	0	0	10	10
一汽客车（大连）有限公司	解放	纯电动城市客车	CA6127URE31	CA6120CRE21	YTD115F01	115	11995/2550/3140	6100	18000	12900	0	0	10	10	10
河南少林汽车股份有限公司	少林	纯电动城市客车	SLG6120EV	承载式车身	JD147A	80	12000/2550/3050	6000	18000	12470	0	5	0	5	5
长沙市比亚迪客车有限公司	比亚迪	纯电动城市客车	CK6120LGEV2	CK6120DGDEV	BYD-TYC90A	75	12000/2550/3360	5950	18000	13500	2	0	0	2	2

续表

企业名称	车辆品牌	车辆名称	车辆型号	底盘型号	电机型号	功率(kW)	长/宽/高(mm)	轴距(mm)	总质量(kg)	整备质量(kg)	1月	2月	3月	数量(辆)	合计(辆)
东风汽车公司	东风	纯电动城市客车	EQ6102BEVL1	EQ6102EVL1	YCVF250L-4C	100	10350/2480/3100	5600	16500	11500	0	0	1	1	1
厦门金龙联合汽车工业有限公司	金龙	纯电动轻型客车	XMQ6530DBEV	承载式车身	O110WA	45	5340/1700/2250	2890	3170	2280	0	0	1	1	1
重庆恒通客车有限公司	恒通客车	纯电动城市客车	CKZ6127HBEV	CKZ6129HBEV	YCVF250L-4C	100	12000/2550/3260	6200	18000	12800	0	1	0	1	1
江苏常隆客车有限公司	常隆	纯电动城市客车	YS6120GBEV	承载式车身	YQSL250L1-4	90	11770/2550/3010	6100	18000	13400	0	0	1	1	1
合计(辆)											84	30	150	264	264

(2)专用车(运输车、邮政车、服务车、垃圾车、自卸车、扫路车、洒水车、售货车、载货车、工程车等)

企业名称	车辆品牌	车辆名称	车辆型号	底盘型号	电机型号	功率(kW)	长/宽/高(mm)	轴距(mm)	总质量(kg)	整备质量(kg)	1月	2月	3月	数量(辆)	合计(辆)
北京华林特装车有限公司	华林	纯电动桶装垃圾运输车	HLT5032CTYEV	BJ1031EVJA2	FTTB035	35	4960/1690/1910	2566	2880	2025	64	0	48	112	331
			HLT5031CTYEV	BJ1031EVJA2	FTTB035	35	5010/1690/2210	2566	2880	2045	101	0	0	101	
		纯电动自装卸式垃圾车	HLT5071ZZZEV	BJ1071VDE0A-1	BOMM060/110-I	60	5720/2020/2390	3360	7495	5400	51	0	0	51	
			HLT5072ZZZEV	BJ1071VDE0A	BOMM060/110-I	60	5720/2020/2390	3360	7495	5400	2	0	0	2	
		纯电动自卸式垃圾车	HLT5023ZLJEV	BJ1020EV10	FTTB035	35	4310/1550/1890	2370	2250	1555	8	0	45	53	
		纯电动压缩式垃圾车	HLT5074ZYSEV	BJ1071VDE0A-1	BOMM060/110-I	60	6500/2070/2400	3360	7495	5530	10	0	2	12	
中国重汽集团成都王牌商用车有限公司	王牌	纯电动工程车	CDW5030XGCEV1	CDW5030XGCEV1 二类	JD163	75	4980/1690/1765	3025	2875	2200	0	0	51	51	139
			CDW5030XGCEV	CDW5030XGCEV 二类	JD163	75	4980/1690/1765	3025	2950	2025	0	0	16	16	
		纯电动洒水车	CDW5164GSSEV1	CDW1160H2REV	JD156	100	7610/2370/2800	4200	15800	7150	0	38	0	38	
			CDW5164GSSEV2	CDW1160H1REV1	JD156	150	7610/2370/2800	4200	15800	7150	0	2	0	2	
			CDW5164GSSEV	CDW1160H1REV	JD156	100	7610/2370/2800	4200	15800	7150	0	0	4	4	
		纯电动垃圾车	CDW5080ZLJEV	CDW1080H1QEV	TQD101D	45	6760/2160/2495	3600	8250	4150	0	27	0	27	
			CDW5080ZLJEV1	CDW1080H1QEV1	TQD101D	90	6760/2160/2495	3600	8250	4150	0	1	0	1	
东风汽车公司	东风	纯电动自装卸式垃圾车	EQ5020ZZZACBEV2	EQ1020TACEVJ3	YCVF160S-4	22	4140/1690/1940	2330	2500	1620	120	0	0	120	120

续表

企业名称	车辆品牌	车辆名称	车辆型号	底盘型号	电机型号	功率（kW）	长/宽/高（mm）	轴距（mm）	总质量（kg）	整备质量（kg）	1月	2月	3月	数量（辆）	合计（辆）
湖南江南汽车制造有限公司	江南	纯电动载货车	JNJ1021EVL	承载式车身	ZYBLDC7210C	8	4400/1528/1880	2740	1820	1100	0	15	10	25	37
			JNJ1021EVAL	承载式车身	ZYBLDC7210C	8	4565/1528/1880	2740	1940	1170	0	2	8	10	
			JNJ1021EV1	承载式车身	ZYBLDC7210C	8	4400/1528/1880	2740	2080	1260	0	2	0	2	
江苏奥新新能源汽车有限公司	达福迪	纯电动车厢可卸式垃圾车	JAX5020ZXXBEV	JAX1020EV 二类	JY10-4/100	10	3880/1500/1820	2500	2150	1330	0	0	25	25	25
一汽（四川）专用汽车有限公司	远达	纯电动清洗车	SCZ5090GQXBEV	HFC1090EV	SJ2103P50-B	50	7080/2070/2380	3815	9000	5700	0	0	4	4	5
		纯电动洒水车	SCZ5168GSSBEV	CA1164P1L2A80	BOMM130/170-I	130	8075/2490/2900	4500	15990	10138	0	0	1	1	
重庆瑞驰汽车实业有限公司	瑞驰	纯电动厢式运输车	CRC5021XXY-QBEV	CRC6350DQBEV 三类	190ZWS011	8	3795/1560/1925	2515	2050	1350	0	0	3	3	3
南京汽车集团有限公司	依维柯	纯电动服务车	NJ5056XFWD	NJ6576NY 三类	TYC-168-260-8-C	40	5990/2000/3050	3310	5000	3900	2	0	0	2	2
江西江铃汽车集团改装车有限公司	江铃	纯电动车厢可卸式垃圾车	JX5020ZXXMEV	JX1020MEV	FRDY103012A0	10	4244/1528/1832	2740	2200	1440	1	0	0	1	1
中联重科股份有限公司	中联	纯电动扫路车	ZLJ5071TSLHBEV	HFC1070P83EV1C3	GLMP25L1	40	5960/2095/2380	3360	7350	6080	0	0	1	1	1
山东昊宇车辆有限公司	超雷	纯电动厢式货车	CLP5020EV-XXY	HY5020-2800Q 二类	XYQ-7.5-1HV	7.5	3695/1510/1823	2355	2190	1430	1	0	0	1	1
合计（辆）											360	87	218	665	665

（3）乘用车

企业名称	车辆品牌	车辆名称	车辆型号	底盘型号	电机型号	功率（kW）	长/宽/高（mm）	轴距（mm）	总质量（kg）	整备质量（kg）	1月	2月	3月	数量（辆）	合计（辆）
湖南江南汽车制造有限公司	众泰	纯电动多用途乘用车	JNJ6290EV	承载式车身	SCRMP10U1	10	2900/1545/1590	2080	1340	1160	530	100	0	630	688
		纯电动轿车	JNJ7000EVM1	承载式车身	JNMP30L0	30	4089/1871/1695	2666	2020	1620	35	15	0	50	
			JNJ7000EVM	承载式车身	WTGSDJ-30A	30	4089/1871/1695	2666	2150	1750	5	0	0	5	
		纯电动轻型客车	JNJ6401EVL	承载式车身	BLT11/27-3000/312	11	3970/1570/1730	2420	1650	1350	0	1	1	2	
		电动轻型客车	JNJ6400EVL	承载式车身	BLT11/27-3000/312	11	3900/1555/1670	2420	1500	1200	0	1		1	
安徽江淮汽车股份有限公司	江淮	纯电动轿车	HFC7000AEV	承载式车身	JEEMC01002B	13	4155/1650/1445	2400	1500	1200	16	123	90	229	229

续表

企业名称	车辆品牌	车辆名称	车辆型号	底盘型号	电机型号	功率(kW)	长/宽/高(mm)	轴距(mm)	总质量(kg)	整备质量(kg)	1月	2月	3月	数量(辆)	合计(辆)
上海汽车集团股份有限公司	荣威	纯电动轿车	CSA7000BEV	承载式车身	230TY28K	52	3569/1551/1540	2305	1380	1080	50	15	0	65	65
奇瑞汽车股份有限公司	瑞麒	纯电动轿车	SQR7000BEVS184	承载式车身	2103AAG	29	3601/1587/1527	2330	1360	1060	40	0	0	40	40
比亚迪汽车有限公司	比亚迪	纯电动轿车	QCJ7006BEVF	承载式车身	BYD-TYC120A	75	4560/1822/1630	2830	2715	2360	29	0	0	29	58
					BYD-TYC120A	75	4560/1822/1630	2830	2755	2380	0	0	23	23	
					BYD-TYC120A	75	4560/1822/1630	2830	2735	2340	0	6	0	6	
重庆力帆乘用车有限公司	力帆	纯电动轿车	LF7002EV	承载式车身	SJ2103P20-C	20	4550/1705/1495	2605	1895	1490	12	0	0	12	14
			LF7002CEV	承载式车身	SJ2103P030-L1	30	4550/1705/1495	2605	1725	1350	2	0	0	2	
东风悦达起亚汽车有限公司	华骐	纯电动轿车	YQZ7001BEV	承载式车身	36500-0E010	22	4290/1695/1480	2610	1800	1425	0	0	10	10	10
浙江飞碟汽车制造有限公司	飞碟	纯电动多用途乘用车	FD6430BEV	承载式车身	GLMP25L1	40	4295/1770/1680	2515	2150	1775	0	0	1	1	1
合计(辆)											719	261	125	1105	1105

2. 2013年1—3月混合动力汽车产量

(1)大中型客车、轻型客车

油电混合

企业名称	车辆品牌	车辆名称	车辆型号	底盘型号	发动机型号	燃料种类	排量(mL)	功率(kW)	长/宽/高(mm)	轴距(mm)	总质量(kg)	整备质量(kg)	1月	2月	3月	数量(辆)	合计(辆)
郑州宇通客车股份有限公司	宇通	混合动力电动城市客车	ZK6120CHEVG1	承载式车身	YC6J210N-40	混合动力	6494	155	11500/2550/3200	5800	16500	12000	38	297	9	344	919
			ZK6126CHEVG4	ZK6118CHEVGC04	YC6J200-42	混合动力	6500	147	11650/2500/3075	5800	16500	11000	0	0	238	238	
							6500	147	11650/2500/3265	5800	16500	11000	15	0	0	15	
			ZK6108CHEVG2	ZK6100CHEVGC2	YC6J200-42	柴油	6500	147	10305/2500/3240	5000	16500	11100	75	52	2	129	
			ZK6126CHEVG2	承载式车身	YC6J200-42	柴油	6500	147	11990/2550/3150	6100	18000	12700	35	70	19	124	
			ZK6105CHEVNG1	承载式车身	YC6J210N-40	混合动力	6494	155	10500/2500/3200	5200	16500	11300	2	65	1	68	
			ZK6120CHEVG2	ZK6118CHEVGC2 三类	YC6J220-42	混合动力	6500	162	11650/2500/3265	5800	16500	12100	0	0	1	1	

续表

企业名称	车辆品牌	车辆名称	车辆型号	底盘型号	发动机型号	燃料种类	排量（mL）	功率（kW）	长/宽/高（mm）	轴距（mm）	总质量（kg）	整备质量（kg）	1月	2月	3月	数量（辆）	合计（辆）
厦门金龙旅行车有限公司	金旅	混合动力城市客车	XML6105JHEV38C	承载式车身	YC6J200-42	柴油/混合动力	6500	147	10480/2500/3125	5000	17500	11230	0	0	167	167	440
							6500	147	10480/2500/3200	5000	17500	11230	14	80	0	94	
			XML6125JHEV38C	承载式车身	YC6J200-42	柴油/混合动力	6500	147	11980/2540/3300	5980	18000	12590	63	55	61	179	
厦门金龙联合汽车工业有限公司	金龙	混合动力城市客车	XMQ6127GHEV12	XMQ6121GRHEV12	WP7NG210E50	混合动力	7140	155	11980/2550/3190	6000	18000	12600	100	0	0	100	248
			XMQ6127GHEV6	XMQ6121GRHEV6	YC6J210N-40	混合动力	6454	155	11980/2550/3190	6000	18000	12600	0	0	53	53	
			XMQ6106AGHEV5	XMQ6102GRHEV5	YC6J200-42	柴油/混合动力	6500	147	10480/2500/3190	5100	15500	11200	0	38	10	48	
			XMQ6127GHEV8	XMQ6121GRHEV8	YC6J200-42	柴油/混合动力	6500	147	11980/2550/3070	6000	18000	12600	0	45	0	45	
			XMQ6120BCHEV	XMQ6114GRHEV 三类	YC6J220-30	柴油/混合动力	6500	162	11950/2550/3300	6000	18000	12900	0	0	2	2	
湖南南车时代电动汽车股份有限公司	南车时代	混合动力城市客车	TEG6102PHEV	TEG6103PHEV 三类	WP7. 210E30	混合动力	7140	155	10490/2490/3180	5000	15500	11090	0	0	68	68	237
			TEG6129PEV	TEG6129PEV	D19TCID1	混合动力	1800	100	11980/2540/3300	5900	18000	13050	0	10	56	66	
			TEG6106PHEV	TEG6105PHEV	SC8DK215Q4	混合动力	8270	158	10490/2490/3180	5000	15500	11130	50	0	10	60	
			TEG6129CHEV	TEG6121CHEV	SC8DK230Q4	混合动力	8270	170	11980/2540/3300	5900	18000	13500	12	30	0	42	
			TEG6700PEV	TEG6700PEV 三类	JX493ZLQ4	混合动力	2771	80	7005/2050/2710	3935	6400	5545	0	0	1	1	
金龙联合汽车工业（苏州）有限公司	海格	混合动力城市客车	KLQ6129GHEV4A	KLQ6128GHEV4 三类	YC6J220-42	柴油	6500	162	12000/2550/3150	6100	18000	12400	0	0	71	71	82
			KLQ6109GHEV1A	KLQ6101GHEV1 三类	YC6J200-42	柴油	6500	147	10490/2480/3200	5100	16400	11395	0	0	6	6	
			KLQ6119GHEV1A	KLQ6118GHEV1 三类	YC6J200-42	柴油	6500	147	11490/2550/3150	5700	17000	12200	0	0	2	2	
			KLQ6129GQHEV2	KLQ6128GQHEV2	YC4FA130-40	柴油	2982	95	12000/2550/3250	6000	18000	12930	0	0	2	2	
			KLQ6129GQHEV1	KLQ6128GQHEV1	D19TCID1	柴油	1850	100	12000/2550/3250	6000	18000	12930	0	0	1	1	
东风汽车公司	东风	混合动力城市客车	EQ6121CLPHEV	EQ6121KRLPHEV	NQ200N4	混合动力	5638	147	12000/2480/3320	6300	18000	12750	30	0	20	50	50
重庆五洲龙新能源汽车有限公司	五洲龙	混合动力城市客车	WZL6123PHEVGEG4	承载式车身	YC6J190N-40	混合动力	6494	140	11650/2480/3050	5700	17500	12500	50	0	0	50	50
金华青年汽车制造有限公司	青年	混合动力城市客车	JNP6120PHEV	承载式车身	YC6J200-42	柴油/混合动力	6500	147	12000/2550/3165	5980	18000	11550	0	0	49	49	49

续表

企业名称	车辆品牌	车辆名称	车辆型号	底盘型号	发动机型号	燃料种类	排量(mL)	功率(kW)	长/宽/高(mm)	轴距(mm)	总质量(kg)	整备质量(kg)	1月	2月	3月	数量(辆)	合计(辆)
北汽福田汽车股份有限公司	福田	混合动力城市客车	BJ6123PHEV	承载式车身	YC6J210N-40	混合动力	6494	155	11980/2550/3350	5900	17900	12600	0	0	37	37	39
			BJ6123PHEV-1	BJ6123PHEV-1	ISBE4 +225B	混合动力	6700	165	11980/2550/3150	5900	17950	11600	0	2	0	2	
中通客车控股股份有限公司	中通	混合动力城市客车	LCK6121HEV	承载式车身	WP7. 210E40	柴油/混合动力	7140	155	11990/2540/3210	6000	18000	11600	20	0	0	20	33
			LCK6121HEV1	承载式车身	WP7. 210E40	柴油/混合动力	7140	155	11990/2540/3210	6000	18000	11600	0	12	0	12	
			LCK6112HEV	LCK6114RHEV	YC6J200-42	柴油/混合动力	6500	147	10600/2500/3260	5000	18000	11700	0	0	1	1	
丹东黄海汽车有限责任公司	黄海	混合动力城市客车	DD6129CHEV2	DD6129CHEV2	YC6J180-30	柴油	6500	132	11980/2532/3300	5800	18000	12550	30	0	0	30	30
江西凯马百路佳客车有限公司	江西	混合动力城市客车	JXK6116BPHEV1	承载式车身	YC6J200-42	柴油	6500	147	11280/2495/3320	5600	16500	11500	0	8	0	8	8
安徽安凯汽车股份有限公司	安凯	混合动力城市客车	HFF6102G03PHEV	承载式车身	YC6J200-42	柴油	6500	147	10490/2500/3150	5100	16000	10500	1	0	0	1	2
			HFF6124G03SHEV	承载式车身	YC4D140-41	柴油/混合动力	4200	103	12000/2550/3250	6100	18000	12800	0	1	0	1	
合计(辆)													535	765	887	2187	2187

气电混合

企业名称	车辆品牌	车辆名称	车辆型号	底盘型号	发动机型号	燃料种类	排量(mL)	功率(kW)	长/宽/高(mm)	轴距(mm)	总质量(kg)	整备质量(kg)	1月	2月	3月	数量(辆)	合计(辆)
重庆恒通客车有限公司	恒通客车	混合动力城市客车	CKZ6116HNHEVA4	CKZ6119HNHEV4	YC6J190N-40	天然气/混合动力	6454	140	11370/2500/3500	5600	18000	12600	85	40	130	255	255
安徽安凯汽车股份有限公司	安凯	混合动力城市客车	HFF6125G03SHEV	承载式车身	YC4D140N-40	天然气/混合动力	4214	103	12000/2550/3250	6100	18000	13500	0	0	99	99	120
			HFF6122G03PHEV	承载式车身	WP7NG210E50	天然气/混合动力	7140	155	11500/2550/3200	5800	16700	11700	0	20	0	20	
			HFF6125G03SHEV	承载式车身	YC4D140N-40	天然气/混合动力	4214	103	12000/2550/3250	6100	18000	13500	0	1	0	1	
中通客车控股股份有限公司	中通	混合动力城市客车	LCK6125PHENV	LCK6124RPHENV 三类	YC6J210N-40	天然气/混合动力	6494	155	11990/2540/3170	6000	18000	12200	80	0	0	80	110
			LCK6105PHENV1	LCK6104RPHENV1 三类	WP7NG210E40	天然气/混合动力	7140	155	10500/2500/3260	5000	16500	11200	0	0	30	30	

续表

企业名称	车辆品牌	车辆名称	车辆型号	底盘型号	发动机型号	燃料种类	排量(mL)	功率(kW)	长/宽/高(mm)	轴距(mm)	总质量(kg)	整备质量(kg)	1月	2月	3月	数量(辆)	合计(辆)
金龙联合汽车工业(苏州)有限公司	海格	混合动力城市客车	KLQ6109GCHEV1A	KLQ6101GCHEV1	YC6J190N-40	天然气	6500	140	10490/2480/3200	5100	16400	11400	54	0	0	54	69
					YC6J190N-40	天然气	6500	140	10490/2480/2950	5100	16400	11400	0	0	2	2	
			KLQ6129GCHEV1A	KLQ6128GCHEV1	YC6J210N-40	天然气	6500	155	12000/2550/3150	6100	18000	12400	10	0	1	11	
			KLQ6119GCHEV1A	KLQ6118GCHEV1 三类	YC6J210N-40	天然气	6500	155	11490/2550/3150	5700	17000	12200	0	0	2	2	
扬州亚星客车股份有限公司	亚星	混合动力城市客车	JS6126GHEV3	承载式车身	YC6J210N-40	天然气/混合动力	6454	155	12000/2550/3090	5900	18000	12500	53	0	0	53	53
东风扬子江汽车(武汉)有限责任公司	扬子江	混合动力城市客车	WG6120PHEVCA	WG6120PHEVCA 整车	YC6J210N-40	天然气/混合动力	6454	155	12000/2540/3500	6300	18000	12000	0	0	20	20	20
厦门金龙旅行车有限公司	金旅	混合动力城市客车	XML6125JHEV38CN	承载式车身	YC6J210N-40	天然气/混合动力	6494	155	11980/2540/3500	5980	18000	13000	0	5	0	5	7
					YC6J210N-40	天然气/混合动力	6494	155	11980/2540/3300	5980	18000	13000	0	0	1	1	
			XML6105JHEV38CN	承载式车身	YC6J210N-40	天然气/混合动力	6494	155	10480/2500/3200	5000	17500	12035	0	0	1	1	
合计(辆)													282	66	286	634	634

(2)乘用车

企业名称	车辆品牌	车辆名称	车辆型号	底盘型号	发动机型号	燃料种类	排量(mL)	功率(kW)	长/宽/高(mm)	轴距(mm)	总质量(kg)	整备质量(kg)	1月	2月	3月	数量(辆)	合计(辆)
广汽丰田汽车有限公司	丰田牌/TOYOTA	混合动力轿车	GTM7251HEVS	承载式车身	4AR	混合动力	2494	118	4825/1825/1480	2775	2100	1635	238	176	367	781	781
东风汽车公司	风神	混合动力轿车	DFM7161B1DHEV	承载式车身	N6A 10FX3A PSA	汽油/混合动力	1587	78	4502/1740/1465	2610	1590	1215	50	147	0	197	197
华晨汽车集团控股有限公司	中华	混合动力轿车	SY7150X1SHEVBAB	承载式车身	4A91S	混合动力	1499	77	4510/1758/1460	2580	1630	1240	44	6	83	133	133
重庆长安汽车股份有限公司	长安	混合动力轿车	SC7155HEV	承载式车身	JL475Q3	汽油/混合动力	1497	72	4600/1800/1475	2650	1765	1390	17	0	100	117	117
浙江吉利汽车有限公司	吉利美日	混合动力轿车	MR7183HEV	承载式车身	JLγ-4G18	汽油/混合动力	1808	98	4635/1789/1470	2650	1690	1280	23	20	34	77	77
上海汽车集团股份有限公司	荣威	混合动力轿车	CSA7180ACHEV	承载式车身	18K4G	汽油/混合动力	1796	118	4846/1765/1422	2849	1977	1602	0	52	0	52	52

续表

企业名称	车辆品牌	车辆名称	车辆型号	底盘型号	发动机型号	燃料种类	排量(mL)	功率(kW)	长/宽/高(mm)	轴距(mm)	总质量(kg)	整备质量(kg)	1月	2月	3月	数量(辆)	合计(辆)
四川一汽丰田汽车有限公司	丰田牌/TOYOTA	混合动力轿车	CA7180CHEVAE4	承载式车身	5ZR	汽油/混合动力	1798	73	4485/1745/1525	2700	1805	1420	24	0	0	24	50
			CA7180CHEVBE4	承载式车身	5ZR	汽油/混合动力	1798	73	4485/1745/1510	2700	1805	1395	13	0	0	13	
			CA7180CHEVCE4	承载式车身	5ZR	汽油/混合动力	1798	73	4485/1745/1510	2700	1805	1385	13	0	0	13	
比亚迪汽车有限公司	比亚迪	混合动力轿车	QCJ7100ADM	承载式车身	BYD371QA	汽油/电	998	50	4533/1705/1520	2600	2055	1680	23	0	0	23	23
安徽江淮汽车股份有限公司	江淮	混合动力轿车	HFC7100B1HEVF	承载式车身	HFC3GB4. C1	汽油/混合动力	999	37	4590/1765/1465	2710	1900	1600	0	20	0	20	20
合计(辆)													445	421	584	1450	1450

二、天然气汽车产量统计

(一)2012年天然气汽车产量

1. 2012年两用燃料汽车产量

(1)大中型客车、轻型客车

企业名称	车辆品牌	车辆名称	车辆型号	底盘型号	发动机型号	燃料种类	排量(mL)	功率(kW)	长/宽/高(mm)	轴距(mm)	总质量(kg)	整备质量(kg)	1月	2月	3月	4月	5月	6月	7月	8月	9月	10月	11月	12月	数量(辆)	合计(辆)
厦门金龙联合汽车工业有限公司	金龙	轻型客车	XMQ6530EEB4	承载式车身	XG491Q-ME	汽油/天然气	2237	82	5340/1700/2050	2890	3060	1930	0	0	0	0	0	0	0	6	12	1	13	22	54	157
			XMQ6530EEB4D	承载式车身	XG491Q-ME	汽油/天然气	2237	82	5340/1700/2250	2890	3060	1930	0	0	0	0	0	0	0	0	0	0	34	69	103	
江苏九龙汽车制造有限公司	大马	轻型客车	HKL6540NA	JS6520TDCJ	4RB2	汽油/天然气	2438	102	5380/1880/2285	3110	3450	2280	1	0	3	2	4	0	1	0	5	4	4	11	35	35
桂林客车工业集团有限公司	五菱	城市客车	GL6481NGQ	承载式车身	LJ475QNE1	汽油/天然气	1590	71/67.45	4805/1900/2450	3340	3050	1895	1	0	0	0	0	0	0	0	0	0	0	0	1	33
			GL6505NGQ	承载式车身	LJ475QNE1	汽油/天然气	1590	71/67.5	5035/1900/2450	3570	3200	2180	0	0	0	0	0	0	0	0	32	0	0	0	32	
厦门金龙旅行车有限公司	金旅	客车	XML6532E48N	FZ6490E38N	JM491Q-ME	汽油/天然气	2237	76	5250/1700/2240	2890	2960	1860	0	0	0	0	0	0	0	0	0	0	0	10	10	10
东风汽车股份有限公司	东风	轻型客车	DFA6490HZ13Q3B	DFA1021HJ13Q3B	XC4G19	汽油/天然气	1997	73.5	4920/1750/1820	3025	2365	1630	0	0	1	0	0	0	0	0	1	0	0	0	2	2
合计(辆)													2	0	4	2	4	0	1	6	50	5	51	112	237	237

2012 年，我国国内生产企业共生产两用燃料客车 237 辆，生产企业包括 5 家，分别为厦门金龙联合汽车工业有限公司 157 辆，占 66%；江苏九龙汽车制造有限公司 35 辆，占 15%，桂林客车工业集团有限公司 33 辆，占 14%，厦门金龙旅行车有限公司 10 辆，占 4%，东风汽车股份有限公司 2 辆，占 1%。从全年的月度产量统计来看，主要产量集中在 9 ~12 月，上述四个月共生产 218 辆，占全年产量的 92%。

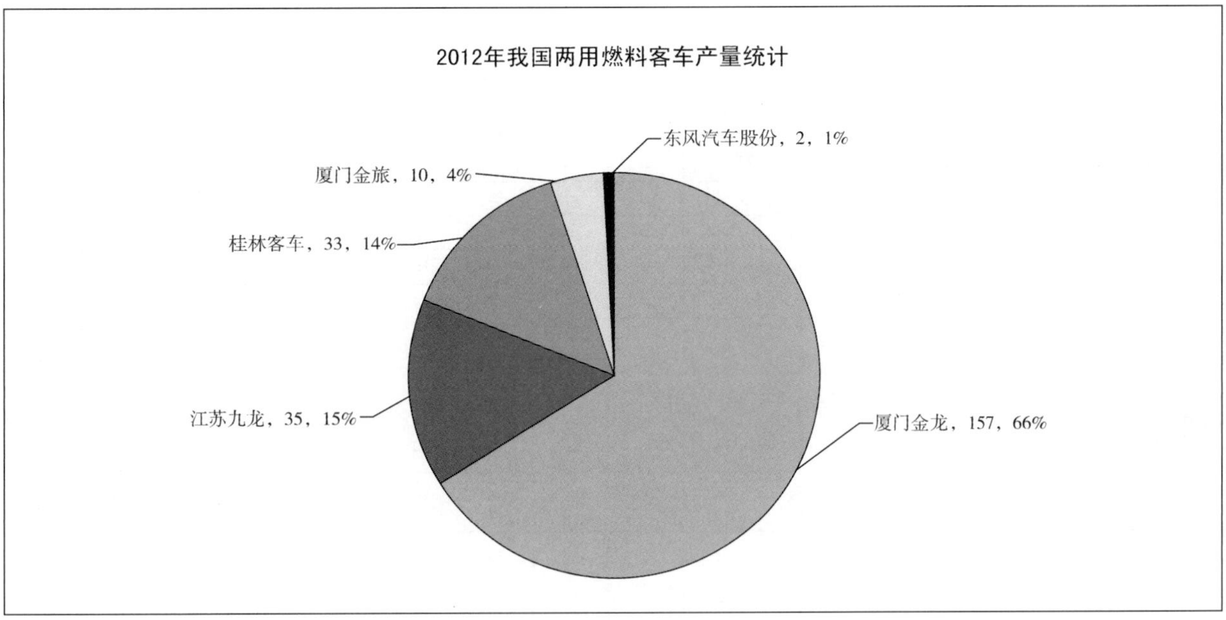

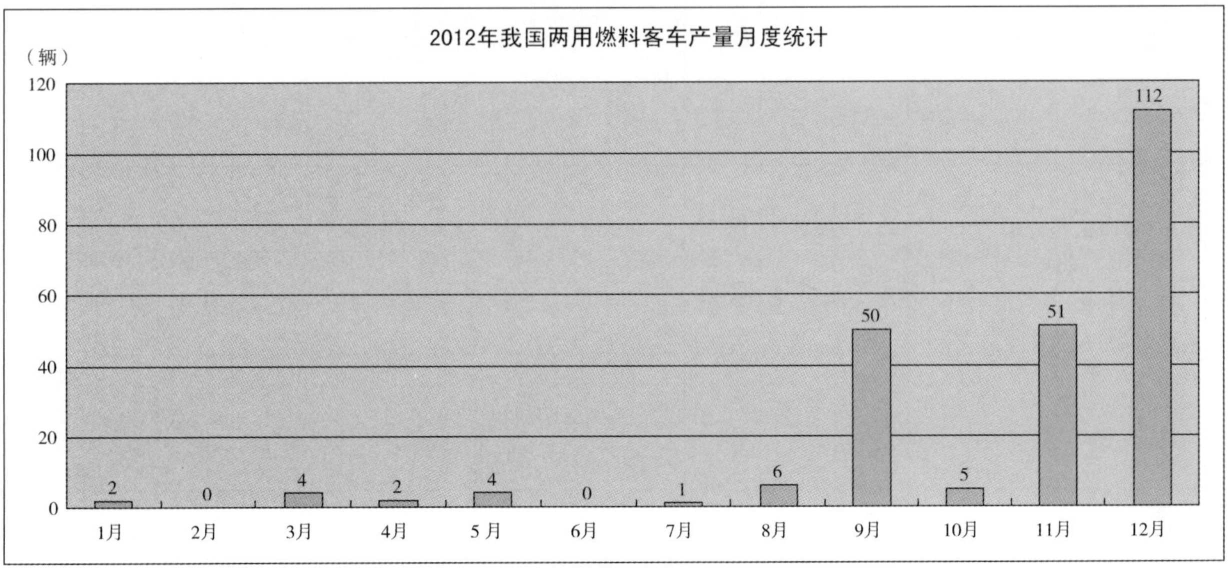

（2）货车（重型货车、牵引汽车、中型货车、轻型货车、微型货车）、专用车（自卸汽车、运输车及其他专用车）

企业名称	车辆品牌	车辆名称	车辆型号	底盘型号	发动机型号	燃料种类	排量（mL）	功率（kW）	长/宽/高（mm）	轴距（mm）	总质量（kg）	整备质量（kg）	1月	2月	3月	4月	5月	6月	7月	8月	9月	10月	11月	12月	数量（辆）	合计（辆）
北汽福田汽车股份有限公司	福田	仓栅式运输车	BJ5020CCY-X1	BJ1020V3JV4-A1	LJ465Q-2AE	汽油/天然气	1051	45	4340/1510/2320	2370	2070	1200	0	0	0	0	0	0	0	0	2	0	0	0	2	2835
		厢式运输车	BJ5020XXY-X1	BJ1020V3JV4-A1	LJ465Q-2AE	汽油/天然气	1051	45	4690/1510/2320	2700	2120	1250	0	0	0	0	0	0	0	1	9	2	0	3	15	
						汽油/天然气	1051	45	4340/1510/2320	2370	2120	1250	0	0	0	0	0	0	0	0	0	0	22	0	22	
			BJ5020XXY-X3	BJ1020V3AV4-A1	LJ465Q-2AE	汽油/天然气	1051	45	4920/1510/2320	2700	2025	1205	0	0	0	0	0	0	0	0	2	3	0	6	11	
			BJ5030XXY-A1	BJ1030V4JV4-A1	LJ465Q-2AE	汽油/天然气	1051	45	4690/1510/2320	2700	2875	1250	0	0	21	0	106	56	53	80	107	63	95	71	652	
			BJ5030XXY-C3	BJ1030V4AV4-A3	LJ465Q-2AE	汽油/天然气	1051	45	4920/1510/2320	2700	3025	1205	0	0	5	15	12	10	9	14	12	11	17	22	127	
		载货汽车	BJ1020V3AV4-A1	BJ1020V3AV4-A1	LJ465Q-2AE	汽油/天然气	1051	45	4920/1510/1850	2700	1970	1150	0	0	0	0	0	0	0	7	13	24	0	0	44	
						汽油/天然气	1051	45	4920/1510/1850	2700	1970	1150	0	0	0	0	0	0	0	0	0	0	13	0	13	
						汽油/天然气	1051	45	4920/1510/1850	2500	1970	1150	0	0	0	0	0	0	0	0	0	0	0	77	77	
						汽油/天然气	1051	45	4690/1510/1850	2700	1970	1100	0	0	0	0	0	0	0	0	8	4	0	0	12	
						汽油/天然气	1051	45	4340/1510/1850	2370	1970	1100	0	0	0	0	0	0	1	0	0	0	0	0	1	
						汽油/天然气	1051	45	4470/1510/1850	2700	1970	1150	0	0	0	0	0	0	4	0	0	0	0	0	4	
			BJ1030V4AV4-A3	BJ1030V4AV4-A3	LJ465Q-2AE	汽油/天然气	1051	45	4920/1510/1940	2700	2970	1150	0	0	0	267	0	0	0	312	171	166	330	232	1478	
			BJ1030V4JV4-A1	BJ1030V4JV4-A1	LJ465Q-2AE	汽油/天然气	1051	45	4690/1510/1940	2700	2725	1100	0	0	0	59	0	0	59	137	79	42	0	0	376	
			BJ1030V4PV4-A2	BJ1030V4PV4-A2	LJ465Q-2AE	汽油/天然气	1051	45	4780/1510/1940	2700	2725	1100	0	0	0	0	0	1	0	0	0	0	0	0	1	

续表

企业名称	车辆品牌	车辆名称	车辆型号	底盘型号	发动机型号	燃料种类	排量(mL)	功率(kW)	长/宽/高(mm)	轴距(mm)	总质量(kg)	整备质量(kg)	1月	2月	3月	4月	5月	6月	7月	8月	9月	10月	11月	12月	数量(辆)	合计(辆)
东风汽车公司	华神	轻型载货汽车	DFD1022GU	DFD1022GUJ	4F18-F	天然气/汽油	1051	51	5280/1750/2200	3300	2490	1500	0	0	3	2	14	2	17	0	0	0	1	2	41	1969
			DFD1022GU1	DFD1022GUJ1	TNN4G12	汽油/天然气	1205	62.5/55.9	5300/1850/2140	3300	2490	1500	0	0	0	0	0	0	0	0	0	0	4	4	8	
			DFD1022NU	DFD1022NUJ	4F18-F	天然气/汽油	1051	51	5320/1750/2200	3300	2490	1500	77	8	22	84	45	4	0	1	13	3	6	7	270	
			DFD1022NU1	DFD1022NUJ1	TNN4G12	汽油/天然气	1205	62.5/55.9	5420/1850/2140	3300	2490	1500	0	0	0	0	0	0	0	0	30	10	0	0	40	
						汽油/天然气	1205	62.5/55.9	5420/1790/2140	3300	2490	1500	0	0	0	0	0	0	0	0	0	0	46	32	78	
			DFD1031NU1	DFD1031NUJ1	491Q-ME	天然气/汽油	2237	76	5450/1800/2200	3500	3440	1680	173	88	210	296	101	38	14	0	38	33	50	108	1149	
			DFD1031TU1	DFD1031TUJ1	491Q-ME	天然气/汽油	2237	76	5300/1800/2200	3500	3440	1660	0	0	18	29	0	0	40	1	4	7	0	14	113	
						天然气/汽油	2237	76	5460/1800/2200	3500	3440	1660	0	0	0	0	62	30	0	0	0	0	10	0	102	
		仓栅式运输车	DFD5022CCYU1	DFD1022NUJ	4F18-F	天然气/汽油	1051	51	5320/1750/2780	3300	2490	1540	0	0	0	0	0	0	0	0	1	0	0	0	1	
			DFD5031CCY	DFD1031NUJ1	491Q-ME	天然气/汽油	2237	76	5450/1800/2780	3500	3440	1730	0	1	0	0	0	0	0	0	0	1	1	0	3	
			DFD5031CCYU	DFD1031TUJ1	491Q-ME	天然气/汽油	2237	76	5300/1800/2780	3500	3440	1710	0	0	0	0	1	1	2	0	0	0	0	1	5	
		厢式运输车	DFD5031XXY1	DFD1031NUJ1	491Q-ME	天然气/汽油	2237	76	5450/1800/2780	3500	3440	1800	0	2	2	11	0	0	0	0	1	0	2	2	20	
			DFD5031XXYU	DFD1031TUJ1	491Q-ME	天然气/汽油	2237	76	5300/1800/2780	3500	3440	1800	0	1	5	10	8	10	11	4	9	6	10	14	88	
			DFD5022XXYU	DFD1022GUJ	4F18-F	天然气/汽油	1051	51	5280/1750/2780	3300	2490	1570	0	0	2	0	0	0	3	2	1	0	1	1	10	
			DFD5022XXYU1	DFD1022NUJ	4F18-F	天然气/汽油	1051	51	5320/1750/2780	3300	2490	1570	0	0	1	0	1	3	0	0	0	0	0	0	5	
			DFD5022XXYU2	DFD1022GUJ1	TNN4G12	汽油/天然气	1205	62.5/55.9	5300/1750/2760	3300	2490	1570	0	0	0	0	0	0	0	0	0	0	2	2	4	

续表

企业名称	车辆品牌	车辆名称	车辆型号	底盘型号	发动机型号	燃料种类	排量(mL)	功率(kW)	长/宽/高(mm)	轴距(mm)	总质量(kg)	整备质量(kg)	1月	2月	3月	4月	5月	6月	7月	8月	9月	10月	11月	12月	数量(辆)	合计(辆)
		自卸式垃圾车	DFD5022ZLJU2	DFD1022GUJ1	TNN4G12	汽油/天然气	1205	62.5/55.9	5050/1780/2070	3300	2490	1530	0	0	0	0	0	0	0	0	0	0	0	1	1	
			DFD5022ZLJU3	DFD1022GUJ1	TNN4G12	汽油/天然气	1205	62.5/55.9	5050/1780/2120	3300	2490	1530	0	0	0	0	0	0	0	0	0	0	0	1	1	
			DFD5031ZLJ2	DFD1031NUJ1	491Q-ME	天然气/汽油	2237	76	5350/1750/2130	3500	3440	1850	0	0	0	0	1	0	0	0	0	0	0	0	1	
			DFD5031ZLJ6	DFD1031TUJ1	491Q-ME	天然气/汽油	2237	76	5200/1780/2130	3500	3440	1850	0	0	0	6	0	0	0	0	0	0	0	0	6	
			DFD5031ZLJ7	DFD1031NUJ1	491Q-ME	天然气/汽油	2237	76	5200/1780/2130	3500	3440	1830	0	0	0	0	1	0	0	0	0	0	0	0	1	
		自装卸式垃圾车	DFD5022ZZZU	DFD1022GUJ	4F18-F	天然气/汽油	1051	51	4950/1700/2130	3300	2490	1530	0	0	2	1	0	2	2	0	0	0	2	0	9	
			DFD5022ZZZU1	DFD1022GUJ1	TNN4G12	汽油/天然气	1205	62.5/55.9	5050/1830/2070	3300	2490	1530	0	0	0	0	0	0	0	0	0	0	0	1	1	
			DFD5031ZZZ5	DFD1031TUJ1	491Q-ME	天然气/汽油	2237	76	5150/1780/2130	3500	3440	1830	0	0	0	0	0	0	0	1	0	0	0	0	1	
			DFD5031ZZZ6	DFD1031NUJ1	491Q-ME	天然气/汽油	2237	76	5150/1780/2130	3500	3440	1850	0	0	0	0	1	0	0	0	0	0	0	0	1	
		车厢可卸式垃圾车	DFD5022ZXXU	DFD1022GUJ	4F18-F	天然气/汽油	1051	51	4850/1700/2130	3300	2490	1500	0	0	0	0	0	0	2	0	0	0	0	0	2	
			DFD5022ZXXU1	DFD1022GUJ1	TNN4G12	汽油/天然气	1205	62.5/55.9	4900/1780/2070	3300	2490	1500	0	0	0	0	0	0	0	0	0	0	0	1	1	
			DFD5031ZXX3	DFD1031NUJ1	491Q-ME	天然气/汽油	2237	76	5050/1780/2130	3500	3440	1800	0	0	0	0	1	0	0	0	0	0	0	0	1	
		冷藏车	DFD5031XLCU	DFD1031TUJ1	491Q-ME	天然气/汽油	2237	76	5300/1800/2780	3500	3440	1750	0	0	0	0	1	0	1	0	0	0	2	1	5	
		压缩式垃圾车	DFD5022ZYSU	DFD1022GUJ	4F18-F	天然气/汽油	1051	51	5050/1830/2135	3300	2490	1550	0	0	0	0	0	0	0	0	0	0	0	1	1	

续表

企业名称	车辆品牌	车辆名称	车辆型号	底盘型号	发动机型号	燃料种类	排量(mL)	功率(kW)	长/宽/高(mm)	轴距(mm)	总质量(kg)	整备质量(kg)	1月	2月	3月	4月	5月	6月	7月	8月	9月	10月	11月	12月	数量(辆)	合计(辆)
河北长安汽车有限公司	长安	载货汽车	SC1025DA4CNG	SC1025DA4CNG	DAM13R	汽油/天然气	1299	73/63	4950/1800/1980	2900	2490	1400	0	0	0	0	0	0	0	0	27	3	49	7	86	1514
			SC1025SA4CNG	SC1025SA4CNG	DAM13R	汽油/天然气	1299	73/63	5030/1800/1980	2900	2490	1450	0	0	0	0	0	0	0	0	78	2	42	47	169	
			SC1026SCNG	SC1026SCNG	JL466QN	汽油/天然气	1012	50. 7/41	4390/1475/1870	2750	1810	1040	0	0	0	0	0	0	0	0	55	237	172	148	612	
		厢式运输车	SC5028XXYFVBCNG	SC6443FVBCNG	JL475QS	汽油/天然气	1497	75/64	4390/1655/1935	2800	1925	1300	0	0	0	0	19	86	33	36	69	107	208	89	647	
重庆长安汽车股份有限公司	长安	仓栅式运输车	SC5021CCYADD43CNG	SC1021ADD43CNG	AF10-06	汽油/天然气	997	39/31	5250/1700/2530	2990	2430	1340	0	0	0	0	0	1	0	0	0	0	1	0	2	630
			SC5021CCYADD44CNG	SC1021ADD44CNG	BG13-20	汽油/天然气	1300	60. 5/52	5250/1700/2530	2990	2430	1340	0	0	0	0	1	0	0	0	0	0	0	0	1	
			SC5021CCYADS44CNG	SC1021ADS44CNG	BG13-20	汽油/天然气	1300	60. 5/52	5250/1700/2430	2990	2430	1380	0	0	0	0	0	1	0	1	1	1	0	0	4	
			SC5031CCYADD42CNG	SC1031ADD42CNG	BG13-20	汽油/天然气	1300	60. 5/52	5250/1700/2530	2990	3360	1270	0	0	0	0	0	0	0	0	0	0	0	1	1	
			SC5031CCYADS42CNG	SC1031ADS42CNG	BG13-20	汽油/天然气	1300	60. 5/52	5250/1700/2430	2990	3360	1310	0	0	0	2	0	0	0	0	0	0	0	1	3	
			SC5020XXYGCNG	SC6399GCNG	JL466QG	汽油/天然气	999	50. 8/41	3860/1500/1900	2500	1715	1095	0	0	0	0	0	0	0	0	0	0	0	174	174	
			SC5021XXYADD43CNG	SC1021ADD43CNG	AF10-06	汽油/天然气	997	39/31	5250/1700/2560	2990	2430	1350	0	0	0	1	0	0	0	0	0	0	0	0	1	
			SC5021XXYADD44CNG	SC1021ADD44CNG	BG13-20	汽油/天然气	1300	60. 5/52	5250/1700/2560	2990	2430	1350	0	0	0	0	0	0	0	0	0	0	2	1	3	
			SC5031XXYADD41CNG	SC1031ADD41CNG	AF10-06	汽油/天然气	997	39/31	5250/1700/2560	2990	3360	1280	0	0	0	3	7	2	3	3	0	0	1	1	20	
			SC5031XXYADD42CNG	SC1031ADD42CNG	BG13-20	汽油/天然气	1300	60. 5/52	5250/1700/2560	2990	3360	1280	2	8	8	3	7	2	4	7	2	0	12	2	57	
			SC5031XXYADS41CNG	SC1031ADS41CNG	AF10-06	汽油/天然气	997	39/31	5250/1700/2460	2990	3360	1320	0	1	2	0	0	1	0	0	0	0	0	0	4	
			SC5031XXYADS42CNG	SC1031ADS42CNG	BG13-20	汽油/天然气	1300	60. 5/52	5250/1700/2460	2990	3360	1320	0	0	0	0	0	0	1	0	1	0	0	1	3	

续表

企业名称	车辆品牌	车辆名称	车辆型号	底盘型号	发动机型号	燃料种类	排量(mL)	功率(kW)	长/宽/高(mm)	轴距(mm)	总质量(kg)	整备质量(kg)	1月	2月	3月	4月	5月	6月	7月	8月	9月	10月	11月	12月	数量(辆)	合计(辆)
		载货汽车	SC1021ADD43CNG	SC1021ADD43CNG	AF10-06	汽油/天然气	997	39/31	5250/1700/2000	2990	2430	1310	0	0	0	0	0	0	0	0	1	0	0	0	1	
			SC1021ADS43CNG	SC1021ADS43CNG	AF10-06	汽油/天然气	997	39/31	5250/1700/2080	2990	2430	1350	0	0	0	0	0	0	0	0	0	1	5	0	6	
			SC1031ADD41CNG	SC1031ADD41CNG	AF10-06	汽油/天然气	997	39/31	5250/1700/2000	2990	3360	1240	0	0	16	25	0	0	0	0	0	0	0	7	48	
			SC1031ADD42CNG	SC1031ADD42CNG	BG13-20	汽油/天然气	1300	60.5/52	5250/1700/2000	2990	3360	1240	0	0	0	19	0	0	0	0	10	1	34	0	64	
			SC1031ADS41CNG	SC1031ADS41CNG	AF10-06	汽油/天然气	997	39/31	5250/1700/2080	2990	3360	1280	0	0	0	53	0	0	78	0	5	0	0	0	136	
			SC1031ADS42CNG	SC1031ADS42CNG	BG13-20	汽油/天然气	1300	60.5/52	5250/1700/2080	2990	3360	1280	2	0	0	36	0	54	0	2	3	5	0	0	102	
东风汽车股份有限公司	东风	轻型载货汽车	DFA1021HZ13Q3B	DFA1021HJ13Q3B	XC4G19	汽油/天然气	1997	73.5	4950/1720/1650	3025	2365	1590	0	0	0	4	0	0	0	0	0	0	0	0	4	313
			DFA1021HZ17Q3B	DFA1021HJ17Q3B	V20	汽油/天然气	2020	81	5340/1690/1710	3380	2245	1500	0	0	2	233	13	5	24	0	0	0	0	0	277	
			DFA1021HZ17Q3B	DFA1021HJ17Q3B	V20	汽油/天然气	2020	81	5340/1690/1710	3380	2245	1500	0	0	0	0	0	0	0	0	16	1	11	1	29	
		厢式运输车	DFA5021XXY17Q3B	DFA1021HJ17Q3B	V20	汽油/天然气	2020	81	5020/1690/1810	3025	2245	1520	0	0	0	2	0	1	0	0	0	0	0	0	3	
南京长安汽车有限公司	长安	厢式运输车	SC5028XXYCNG	SC6408FCNG	JL474QAE	汽油/天然气	1298	60/53	3995/1645/1910	2605	1800	1175	0	0	1	0	0	23	15	14	39	66	46	28	232	232
沈阳金杯车辆制造有限公司	金杯	轻型载货汽车	SY1023KQ42CL	SY1023KQ42CL	JM491Q-ME	汽油/天然气	2237	76	5285/1700/1640	3380	2475	1650	0	14	8	18	1	4	1	8	1	4	2	0	61	115
		载货汽车	SY1028HQ42CL	SY1028HQ42C	JM491Q-ME	汽油/天然气	2237	76	5470/1725/1690	3380	2475	1650	2	17	3	0	0	0	0	13	6	0	10	3	54	
山东唐骏欧铃汽车制造有限公司	欧铃	载货汽车	ZB1033ADC3F	ZB1033ADC3F	LJ465Q-2AE	汽油/天然气	1051	40.5	4730/1520/1930	2700	2845	1220	0	0	0	0	0	0	0	0	0	0	0	5	5	110
			ZB1033ASC3F	ZB1033ASC3F	LJ465Q-2AE	汽油/天然气	1051	40.5	5000/1630/1930	2700	2920	1250	0	0	0	0	0	0	0	0	0	0	36	64	100	
			ZB1023ASC3F	ZB1023ASC3F	LJ465Q-2AE	汽油/天然气	1051	40.5	5000/1630/1930	2700	2080	1260	0	0	0	0	0	0	0	0	0	0	0	5	5	

续表

企业名称	车辆品牌	车辆名称	车辆型号	底盘型号	发动机型号	燃料种类	排量(mL)	功率(kW)	长/宽/高(mm)	轴距(mm)	总质量(kg)	整备质量(kg)	1月	2月	3月	4月	5月	6月	7月	8月	9月	10月	11月	12月	数量(辆)	合计(辆)
郑州日产汽车有限公司	东风	多用途货车	ZN1023U2ND	ZN1023U2NM	ZG24	汽油/天然气	2438	102/90	4980/1690/1650	2950	2310	1610	0	0	0	0	0	0	0	0	15	0	0	2	17	38
			ZN1033UBND	ZN1033UBNM	ZG24	汽油/天然气	2438	102/90	4980/1820/1715	2950	2540	1795	0	0	0	0	0	0	0	0	4	0	0	5	9	
	尼桑	多用途货车	ZN1033U2GD	ZN1033U2GM	KA24	汽油/天然气	2388	110/95	4980/1690/1650	2950	2550	1590	0	0	0	0	0	0	0	0	0	0	0	12	12	
陕西通家汽车股份有限公司	通家福	厢式运输车	STJ5022XXY	承载式车身	LJ474Q3E2	汽油/天然气	1298	60.5/54.3	4030/1620/1900	2700	1850	1248	0	0	0	0	0	0	0	10	0	0	0	0	10	10
东风小康汽车有限公司	东风	载货汽车	EQ1021NFCNG	EQ1021NFJ	BG13G/N-01	汽油/天然气	1300	60.5/51.5	4640/1635/1945	2820	1995	1195	0	0	0	0	0	0	0	0	0	0	0	2	2	2
陕西汽车集团有限责任公司	陕汽	牵引汽车	SX4256NR384H	SX4256NR384H	WP10.336(SQH)	柴油/天然气	9726	247	7375/2490/3710	3775+1350	25000	9500	0	0	0	0	0	0	0	0	0	0	0	1	1	1
合计（辆）													256	140	331	1179	403	337	377	654	833	803	1245	1211	7769	7769

2012 年，我国国内生产企业共生产两用燃料专用车 7769 辆，包括生产企业共有 12 家，其中年产量超过 500 辆的生产企业有 4 家，分别为北汽福田汽车股份有限公司 2834 辆，占 37%；东风汽车公司 1969 辆，占 26%，河北长安汽车有限公司 1514 辆，占 20%，重庆长安汽车股份有限公司 630 辆，占 8%。从全年的月度产量统计来看，主要产量集中在 11 月份和 12 月份，这两个月共生产 2456 辆，占全年产量的 32%。

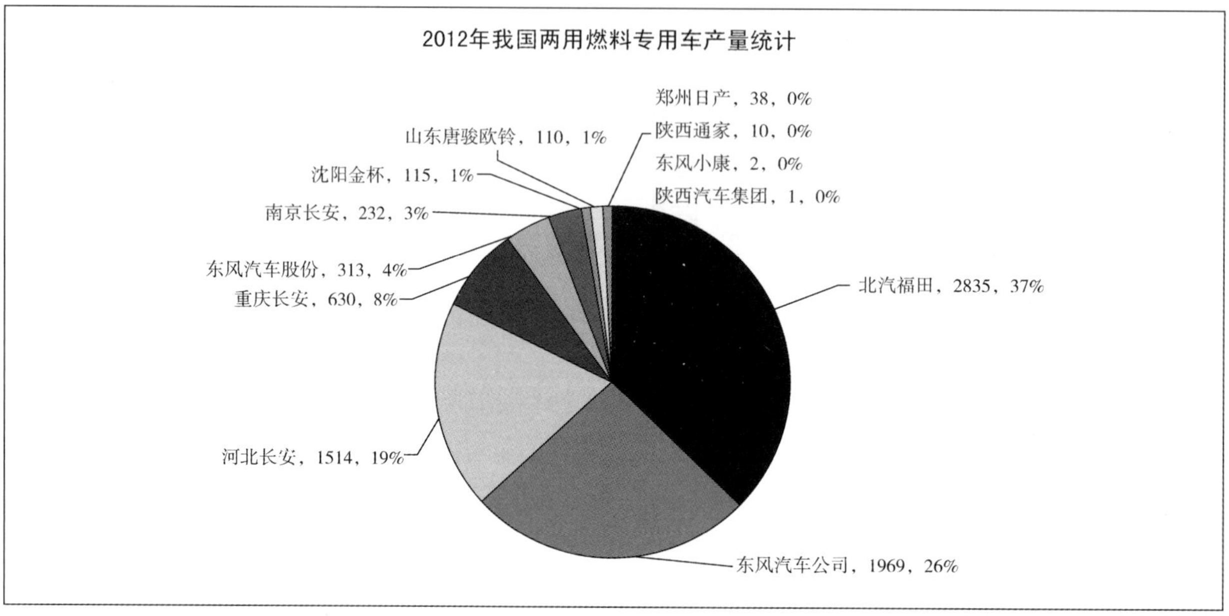

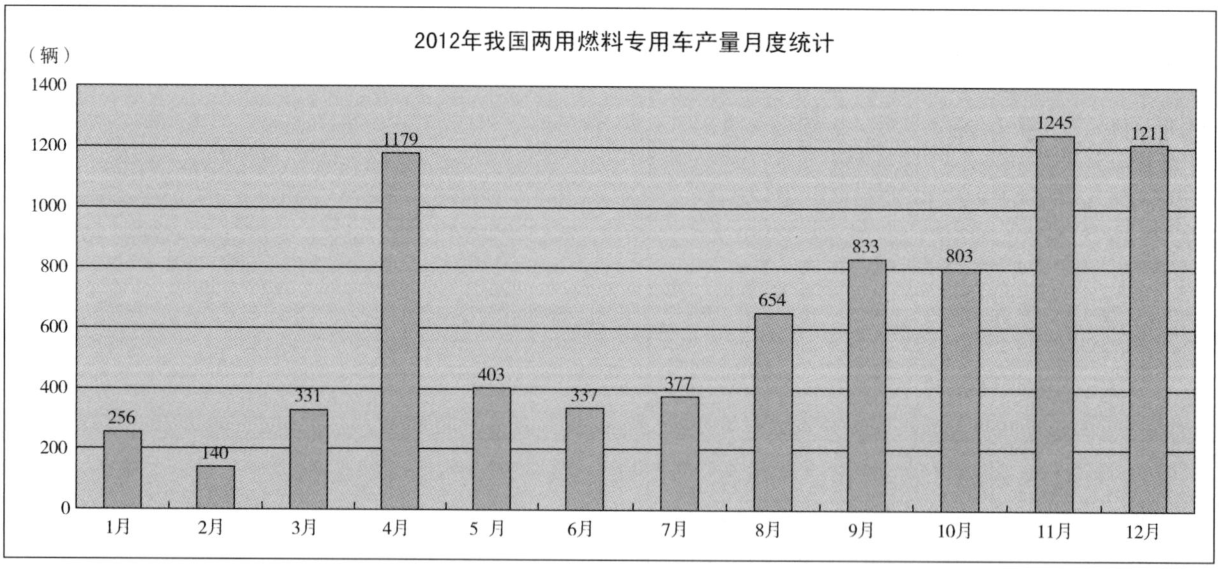

（3）乘用车

企业名称	车辆品牌	车辆名称	车辆型号	发动机型号	燃料种类	排量（mL）	功率（kW）	长/宽/高（mm）	轴距（mm）	总质量（kg）	整备质量（kg）	1月	2月	3月	4月	5月	6月	7月	8月	9月	10月	11月	12月	数量（辆）	合计（辆）
一汽一大众汽车有限公司	捷达牌/JETTA	两用燃料轿车	FV7160FCG	BJT	汽油/天然气	1595	70/55	4415/1674/1415	2471	1545	1142	552	1188	1729	1916	1703	1850	1474	847	1559	1464	1709	2119	18110	18110
神龙汽车有限公司	东风雪铁龙	两用燃料轿车	DC7163NTA	N6A 10FX3A PSA	汽油/天然气	1587	78/67	4367/1708/1413	2540	1564	1189	0	0	0	0	2	0	0	0	0	0	0	0	2	16219
			DC7163RT	N6A 10FX3A PSA	汽油/天然气	1587	78/67	4367/1708/1413	2540	1564	1189	783	802	935	1434	1503	1517	1506	1373	1760	1664	1474	1466	16217	
北京现代汽车有限公司	北京现代	两用燃料轿车	BH7162FMY	14ED	汽油/天然气	1599	82/70	4525/1725/1425	2610	1646	1321	508	358	700	657	457	824	0	0	0	0	0	0	3504	13576
			BH7162FMY	14ED	汽油/天然气	1599	82/70	4545/1725/1425	2610	1646	1321	0	0	0	0	0	0	942	1125	1297	874	984	665	5887	
			BH7183FMY	14GB	汽油/天然气	1795	94.9/82	4770/1820/1420	2700	1825	1500	25	268	151	182	9	353	537	699	389	246	332	574	3765	
			BH7200FMY	14GC	汽油/天然气	1975	101/89	4770/1820/1420	2700	1825	1500	0	8	74	21	7	15	70	37	58	85	29	16	420	
上海大众汽车有限公司	桑塔纳牌/SANTANA VISTA	两用燃料轿车	SVW7182RQD	CKZ	汽油/天然气	1781	74/66	4687/1700/1450	2656	1655	1280	746	607	547	1662	271	1426	949	1739	847	1053	1410	2011	13268	13268
重庆长安汽车股份有限公司	长安	两用燃料轿车	SC7151A4CNG	JL475QT	汽油/天然气	1497	72/61	4360/1710/1475	2515	1608	1233	0	0	0	0	0	0	0	0	0	0	0	100	100	7280
		两用燃料客车	SC6399GCNG	JL466QG	汽油/天然气	999	50.8/41	3860/1500/1900	2500	1725	1125	12	10	392	504	920	725	429	310	269	1358	298	898	6125	
			SC6399GVCNG	JL466QG	汽油/天然气	999	50.8/41	3860/1500/1900	2500	1725	1125	0	5	82	50	86	77	23	57	34	161	180	300	1055	
东风悦达起亚汽车有限公司	起亚	轿车	YQZ7140C4	G4EE	汽油/天然气	1399	69.9	4290/1695/1480	2500	1533	1188	129	124	292	233	214	274	113	107	160	121	148	144	2059	6708
			YQZ7162C4	G4ED	汽油/天然气	1599	82.4	4500/1735/1470	2610	1784	1300	13	108	249	144	291	344	281	148	538	380	370	295	3161	
			YQZ7180C4	G4GB	汽油/天然气	1795	94	4728/1820/1420	2700	1940	1534	52	21	61	30	76	102	605	26	25	357	133	0	1488	
重庆长安铃木汽车有限公司	长安	轿车	SC7165A	M16A3	汽油/天然气	1586	80/66	4490/1730/1555	2500	1640	1265	473	459	415	289	579	609	225	52	295	366	203	667	4632	4632
奇瑞汽车股份有限公司	奇瑞	轿车	SQR7163A210/N	SQR477FD	汽油/天然气	1552	81/68	4552/1750/1483	2600	1750	1375	311	16	80	82	63	30	23	71	26	30	49	101	882	3093
			SQR7164A150/N	SQR477FD	汽油/天然气	1552	81/68	4393/1682/1424	2468	1553	1178	8	33	103	115	198	121	161	182	172	154	420	544	2211	
比亚迪汽车有限公司	比亚迪	两用燃料轿车	QCJ7150A6/CNG	BYD473QD	汽油/天然气	1497	80/72	4533/1705/1490	2600	1650	1275	21	43	51	113	192	246	144	118	255	284	284	298	2049	3011
			QCJ7160A4/CNG	DA4G18	汽油/天然气	1584	73.5/65	4533/1705/1490	2600	1650	1275	28	52	114	101	130	66	60	155	37	54	75	90	962	
重庆力帆乘用车有限公司	力帆	轿车	LF7130A/CNG	LF479Q4	汽油/天然气	1342	65/55	4370/1700/1473	2540	1590	1165	0	0	0	0	0	0	0	0	0	0	0	1	1	2818
			LF7152/CNG	LF479Q2/PC	汽油/天然气	1498	69/60	4550/1705/1495	2605	1555	1205	50	85	107	170	294	212	250	267	553	272	108	449	2817	
南京长安汽车有限公司	长安	两用燃料客车	SC6408FCNG	JL474QAE	汽油/天然气	1298	60/53	3995/1645/1910	2605	1800	1180	289	199	71	101	148	72	155	220	264	47	254	487	2307	2685
			SC6408FVCNG	JL474QAE	汽油/天然气	1298	60/53	3995/1645/1910	2605	1800	1175	10	0	30	0	39	22	25	46	55	34	40	77	378	

续表

企业名称	车辆品牌	车辆名称	车辆型号	发动机型号	燃料种类	排量（mL）	功率（kW）	长/宽/高（mm）	轴距（mm）	总质量（kg）	整备质量（kg）	1月	2月	3月	4月	5月	6月	7月	8月	9月	10月	11月	12月	数量（辆）	合计（辆）
安徽江淮汽车股份有限公司	江淮	两用燃料轿车	HFC7150BNF	HFC4NB2. 3C	汽油/天然气	1499	83/66	4590/1765/1465	2710	1760	1385	15	26	23	90	218	143	185	68	173	204	266	322	1733	1733
重庆力帆汽车有限公司	力帆	微客	LF6401C/CNG	LF466Q/PC-H	汽油/天然气	999	43	4015/1595/1900	2525	1785	1185	0	0	0	0	0	1	0	0	0	0	0	0	1	1442
				LF466Q/PC-h	汽油/天然气	999	50	4015/1595/1900	2525	1785	1185	0	0	0	0	0	0	0	0	0	0	7	6	13	
			LF6420CNG	LF479Q6	汽油/天然气	1299	57. 2	4201/1650/1908	2850	1960	1285	0	0	0	0	2	0	0	0	0	0	0	0	2	
				LF479Q6	汽油/天然气	1299	66. 5/57. 2	4201/1650/1908	2850	1960	1285	0	0	0	0	0	1	0	2	3	18	42	61	127	
			LF6401CNG	LF479Q6	汽油/天然气	1299	66. 5	4015/1595/1900	2525	1810	1210	0	4	7	107	72	93	156	111	121	179	180	269	1299	
东风汽车公司	风神	两用燃料轿车	DFM7160B1ECNG	N6A 10FX3A PSA	汽油/天然气	1587	78/67	4502/1740/1465	2610	1675	1300	0	0	0	0	54	90	197	72	235	265	199	300	1412	1412
华晨汽车集团控股有限公司	中华	轿车	SY7150X1STBAB	4A91S	汽油/天然气	1499	77/67	4510/1758/1460	2580	1715	1325	1	48	36	44	12	75	78	30	113	203	92	49	781	1192
			SY7160XSTBAB	4A92S	汽油/天然气	1590	87/76	4510/1758/1460	2580	1715	1325	200	0	4	18	25	0	21	12	4	0	2	111	397	
			SY7162G2STBBB	BL16L	汽油/天然气	1587	87/81	4648/1800/1450	2790	1920	1530	0	0	5	0	0	0	0	0	1	0	0	0	6	
			SY7162G2STBBB	BL16L	汽油/天然气	1587	87	4650/1800/1450	2790	1920	1530	0	0	0	0	0	0	0	0	0	0	0	3	3	
			SY7181BSTBBB	BL18L	汽油/天然气	1793	95	4880/1800/1450	2790	1905	1515	0	0	0	0	0	0	0	1	0	0	0	1	2	
			SY7182BSTBBB	BL18L	汽油/天然气	1793	95/84	4648/1800/1450	2790	1905	1515	0	0	0	0	1	0	0	0	0	0	0	0	1	
			SY7182BSTBBB	BL18L	汽油/天然气	1793	95	4650/1800/1450	2790	1905	1515	0	0	0	0	0	0	0	0	2	0	0	0	2	
河北长安汽车有限公司	长安	两用燃料客车	SC6443FBCNG	JL475QS	汽油/天然气	1497	75/64	4390/1655/1935	2800	1925	1310	0	0	0	0	24	70	59	102	169	158	39	59	680	847
			SC6443FVBCNG	JL475QS	汽油/天然气	1497	75/64	4390/1655/1935	2800	1925	1300	0	0	0	0	5	10	23	37	46	11	28	7	167	
一汽海马汽车有限公司	海马	轿车	HMC7165A4S0	HM479Q-BA	汽油/天然气	1598	85. 8	4557/1740/1480	2615	1710	1335	0	0	0	0	0	0	0	32	174	3	58	1	268	656
			HMC7160B4S1	HM479Q-BA	汽油/天然气	1598	85. 8	4365/1695/1410	2610	1595	1220	24	32	32	129	40	52	0	20	4	0	53	0	386	
			HMC7160B4S1	HM479Q-BA	汽油/天然气	1598	85. 8	4464/1695/1410	2610	1595	1220	0	0	0	0	0	0	2	0	0	0	0	0	2	
浙江吉利汽车有限公司	吉利美日	两用燃料轿车	MR7182K03N	JL4G18	汽油/天然气	1792	102	4635/1789/1470	2650	1755	1380	0	0	2	0	202	0	137	60	45	50	32	0	528	528
浙江豪情汽车制造有限公司	吉利	两用燃料轿车	JL7151K01N	MR479QA	汽油/天然气	1498	69/62	4324/1692/1435	2502	1518	1143	0	0	0	0	0	0	0	0	0	0	2	0	2	303
			JL7181K03N	JL4G18	汽油/天然气	1792	102/92	4602/1725/1485	2602	1660	1250	90	0	0	0	0	0	0	173	38	0	0	0	301	
东风汽车公司	东风	客车	EQ6400LF16	BG13G/N-01	汽油/天然气	1300	60. 5/51. 5	4040/1560/1925	2760	1820	1085	69	1	22	50	36	36	3	19	2	0	0	0	238	250
			EQ6420PF22	BG13G/N-01	汽油/天然气	1300	60. 5/51. 5	4180/1635/1960	2760	1720	1180	0	0	0	2	0	0	3	7	0	0	0	0	12	

续表

企业名称	车辆品牌	车辆名称	车辆型号	发动机型号	燃料种类	排量(mL)	功率(kW)	长/宽/高(mm)	轴距(mm)	总质量(kg)	整备质量(kg)	1月	2月	3月	4月	5月	6月	7月	8月	9月	10月	11月	12月	数量(辆)	合计(辆)
中国第一汽车集团公司	红旗	两用燃料轿车	CA7165MTE4C	BWH	汽油/天然气	1595	76/69	4600/1785/1435	2675	1870	1420	0	50	100	0	0	55	17	0	0	0	0	0	222	222
陕西通家汽车股份有限公司	通家福	两用燃料客车	STJ6402A	LJ474Q3E2	汽油/天然气	1298	60.5/54.3	4030/1620/1900	2700	1850	1268	0	0	0	0	0	0	4	213	0	0	0	0	217	217
上海华普汽车有限公司	英伦	两用燃料轿车	SMA7181K01N	JL4G18	汽油/天然气	1792	102/92	4682/1725/1485	2602	1680	1270	0	2	0	0	0	0	0	0	0	0	0	0	2	142
			SMA7242K01N	4G69S4N	汽油/天然气	2378	112/85	4566/1783/1823	2883	2410	1810	0	0	71	69	0	0	0	0	0	0	0	0	140	
东风小康汽车有限公司	东风	客车	EQ6420PF22	BG13G/N-01	汽油/天然气	1300	60.5/51.5	4180/1635/1960	2760	1720	1180	0	0	0	0	0	0	0	0	0	0	24	0	24	104
			EQ6400LF16	BG13G/N-01	汽油/天然气	1300	60.5/51.5	4040/1560/1925	2760	1820	1085	0	0	0	0	0	0	0	0	0	0	10	70	80	
哈飞汽车股份有限公司	松花江	两用燃料客车	HFJ6392BE4S	DA465QA	汽油/天然气	970	44/39	3948/1525/1855	2470	1650	1095	0	0	0	0	0	0	0	0	0	9	26	7	42	42
湖南江南汽车制造有限公司	众泰	轻型客车	JNJ6411SA	TNN4G16T00	汽油/天然气	1596	76	4089/1871/1695	2666	2028	1578	1	0	0	0	0	4	0	0	1	0	1	0	7	7
长城汽车股份有限公司	长城	轿车	CC7150CE07	GW4G15	汽油/天然气	1497	78	4452/1705/1480	2610	1585	1210	0	0	0	2	0	0	0	0	0	0	0	0	2	2
合计(辆)												4410	4549	6485	8315	7873	9515	8857	8538	9724	10104	9561	12568	100499	100499

2012年，我国国内生产企业共生产两用燃料乘用车100499辆，较2011年61055辆同比增长64.6%。2012年两用燃料乘用车的生产企业共有27家，前10家企业的产量为88715辆，占总量的88.3%。其中，一汽—大众汽车有限公司生产两用燃料乘用车18110辆，占17%；神龙汽车有限公司生产两用燃料乘用车16219辆，占16%；北京现代汽车有限公司生产两用燃料乘用车13576辆，占14%；上海大众汽车有限公司生产两用燃料乘用车13268辆，占13%；重庆长安汽车股份有限公司生产两用燃料乘用车7280辆，占7%；东风悦达起亚汽车有限公司生产两用燃料乘用车6708辆，占7%；重庆长安铃木汽车有限公司生产两用燃料乘用车4632辆，占5%；奇瑞汽车股份有限公司生产两用燃料乘用车3093辆，占3%；比亚迪汽车有限公司生产两用燃料乘用车3011辆，占3%；重庆力帆乘用车有限公司生产两用燃料乘用车2818辆，占3%。

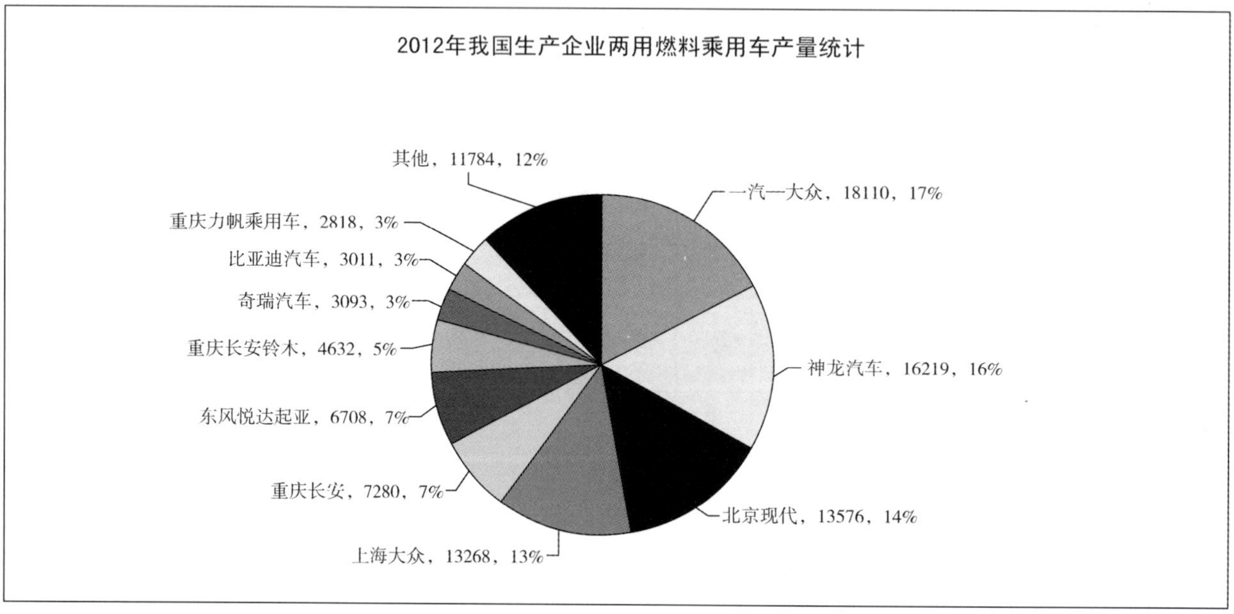

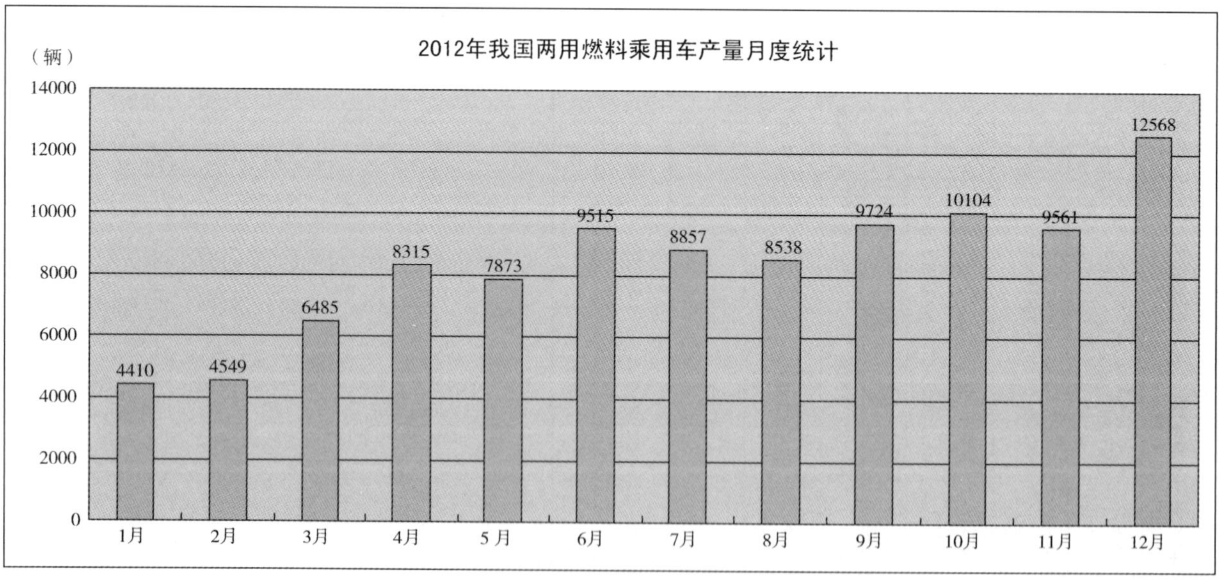

(4)底盘

企业名称	车辆品牌	车辆名称	型号	发动机型号	燃料种类	排量(mL)	功率(kW)	长/宽/高(mm)	轴距(mm)	总质量(kg)	整备质量(kg)	1月	2月	3月	4月	5月	6月	7月	8月	9月	10月	11月	12月	数量(辆)	合计(辆)
重庆长安汽车股份有限公司	长安	载货汽车底盘	SC1021ADD44CNG	BG13-20	汽油/天然气	1300	60.5/52	4720/1700/1980	2990	2430	1090	0	0	0	0	1	0	0	0	0	0	0	0	1	320
			SC1031ADD41CNG	AF10-06	汽油/天然气	997	39/31	4720/1700/1980	2990	3360	1090	0	0	0	0	23	0	0	0	0	0	0	0	23	
			SC1031ADD42CNG	BG13-20	汽油/天然气	1300	60.5/52	4720/1700/1980	2990	3360	1090	0	10	22	0	45	0	0	0	0	0	0	0	77	
			SC1031ADS41CNG	AF10-06	汽油/天然气	997	39/31	4720/1700/2060	2990	3360	1190	0	13	31	0	21	0	0	0	0	0	0	0	65	
			SC1031ADS42CNG	BG13-20	汽油/天然气	1300	60.5/52	4720/1700/2060	2990	3360	1190	0	76	10	0	68	0	0	0	0	0	0	0	154	
北汽福田汽车股份有限公司	福田	载货汽车底盘	BJ1030V4AV4-A3	LJ465Q-2AE	汽油/天然气	1051	45	4790/1475/1830	2700	3025	1020	0	0	0	0	193	0	0	0	0	0	0	0	193	298
			BJ1030V4JV4-A1	LJ465Q-2AE	汽油/天然气	1051	45	4435/1475/1830	2700	2875	920	0	0	20	0	85	0	0	0	0	0	0	0	105	
扬州亚星客车股份有限公司	亚星	两用燃料轻型客车底盘	JS6520TDCJ	4RB2	汽油/天然气	2438	102	5245/1860/—	3110	3450	980	0	0	5	0	4	0	0	0	0	0	0	0	9	9
合计(辆)												0	99	88	0	440	0	0	0	0	0	0	0	627	627

2012 年，我国两用燃料客车和专用车底盘产量为 627 辆，两用燃料客车底盘 9 辆，占总量的 1%；两用燃料专用车底盘 618 辆，占总量的 99%。共有 3 家生产企业，分别为：重庆长安汽车股份有限公司生产的两用燃料专用车底盘 320 辆，占 51%；北汽福田汽车股份有限公司生产的两用燃料专用车底盘 298 辆，占 48%；扬州亚星客车股份有限公司生产的两用燃料客车底盘 9 辆，占 1%。生产主要在 2 月、3 月和 5 月，产量分别为 99 辆、88 辆和 440 辆。

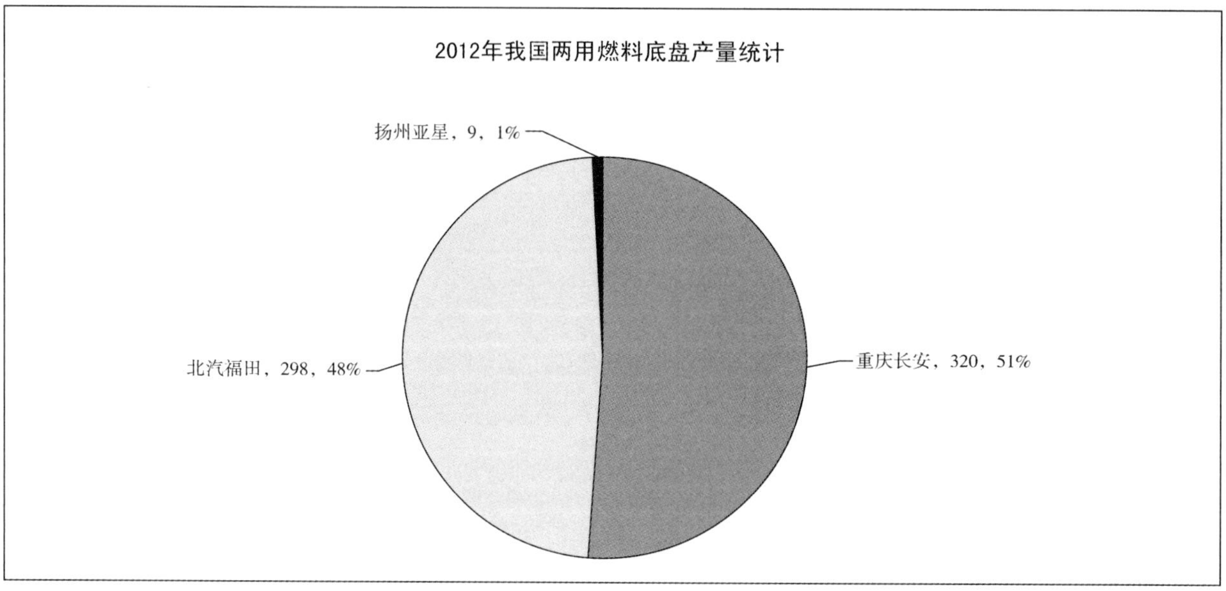

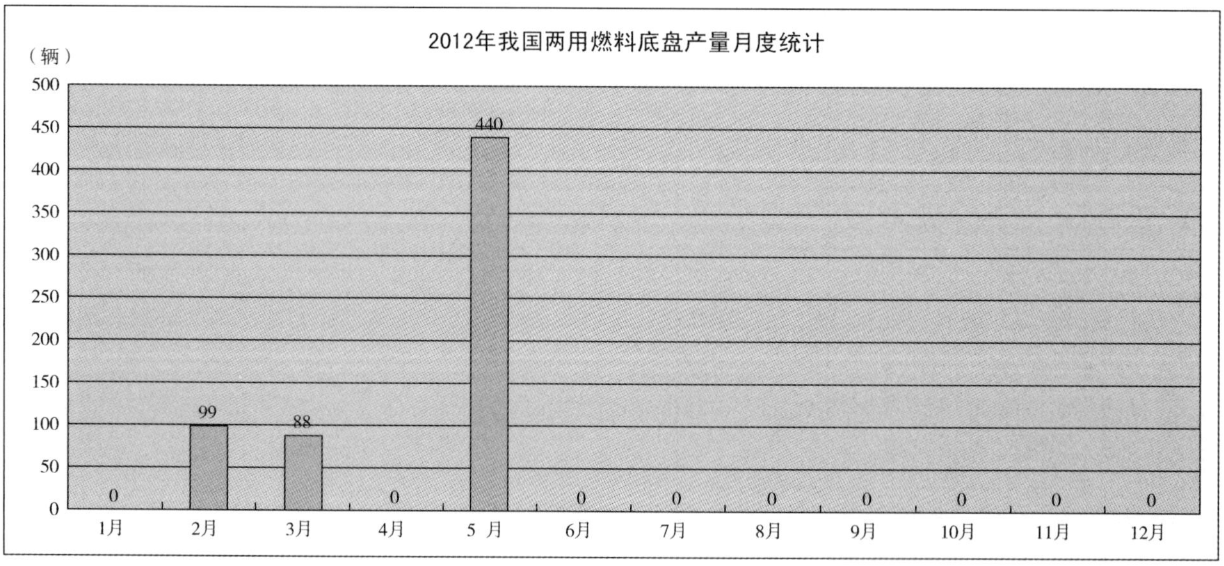

2. 2012 年天然气单一燃料汽车产量

（1）整车

①大中型客车、轻型客车

企业名称	车辆品牌	车辆名称	车辆型号	底盘型号	发动机型号	排量 (mL)	功率 (kW)	长/宽/高 (mm)	轴距 (mm)	总质量 (kg)	整备质量 (kg)	1月	2月	3月	4月	5月	6月	7月	8月	9月	10月	11月	12月	数量 (辆)	合计 (辆)
郑州宇通客车股份有限公司	宇通	城市客车	ZK6100HGM	ZK6990GCRM	YC6J210N-30	6454	155	10305/2500/3400	5000	16000	11100	8	0	197	0	18	0	0	0	0	0	0	0	223	7929
						6454	155	10305/2500/3240	5000	16000	11100	0	0	0	0	0	36	0	0	0	0	0	0	36	
						6454	155	10305/2500/3100	5000	16500	10700	0	0	0	0	0	0	0	0	0	0	140	0	140	
					YC6G230N-30	7800	170	10305/2500/3240	5000	16000	11100	0	0	0	5	0	0	0	0	0	0	0	0	5	
						7800	170	10305/2500/3240	5000	16500	11400	0	0	0	0	0	0	0	0	110	6	0	0	116	
						7800	170	10305/2500/3400	5000	16000	11100	0	8	0	0	0	0	81	0	0	0	0	0	89	
						7800	170	10305/2500/3400	5000	16500	11400	0	0	0	0	0	0	0	248	0	0	0	90	338	
			ZK6100HNGA9	ZK6990GCRNA9	YC6G230N-40	7800	170	10305/2500/3240	5000	16000	11100	0	0	0	0	30	0	0	15	80	0	0	0	125	
						7800	170	10305/2500/3240	5000	16500	11400	0	0	0	0	0	0	0	0	0	31	9	0	40	
					YC6J210N-40	6494	155	10305/2500/3100	5000	16500	10700	0	0	0	0	0	0	0	0	0	0	0	124	124	
			ZK6100NG1	ZK6100NG1	NQ160N4	5975	118	10440/2500/3200	5000	15000	9500	0	0	1	0	0	0	0	42	0	0	0	0	43	
			ZK6100NGA9	ZK6100GCNA9	NQ150N	5638	110	10440/2500/3200	5000	13400	8500	0	0	0	0	0	0	0	0	15	25	0	0	40	
					NQ160N3	5975	118	10440/2500/3300	5000	13400	8500	0	0	0	0	0	0	15	0	0	0	0	0	15	
					NQ170N	5638	125	10440/2500/3300	5000	13400	8500	0	0	0	1	0	0	0	0	0	0	0	0	1	
						5638	125	10440/2500/3500	5000	13400	8500	0	0	0	0	0	20	0	0	0	0	0	0	20	
						5638	125	10440/2500/3200	5000	13400	8500	0	0	0	0	0	0	0	66	0	0	0	14	80	
			ZK6100NGB9	ZK6100GCNB9	NQ190N	5638	144	10440/2500/3300	5000	14000	9100	0	0	0	0	0	0	0	70	0	0	0	0	70	
			ZK6100NGC9	ZK6100GCNC9	CA6SH-NE3	5560	105	10440/2500/3200	5000	14000	8700	0	0	1	0	0	0	0	0	0	0	0	0	1	
			ZK6105HNG1	承载式车身	YC6G230N-40	7800	170	10500/2500/3200	5200	16500	11100	0	0	0	0	0	0	0	1	0	0	0	26	27	
			ZK6120HGL	ZK6110GCRL	WP10NG260E30	9726	191	11600/2500/3400	5800	15500	12100	0	0	0	0	0	0	0	210	0	0	0	0	210	
						9726	191	11600/2500/3265	5800	15500	12270	0	0	0	0	0	0	0	0	0	0	0	15	15	
			ZK6120HGM	ZK6110GCRM	YC6G230N-30	7800	170	11600/2500/3075	5800	16500	11600	0	0	0	0	0	0	115	0	0	0	0	0	115	
						7800	170	11600/2500/3265	5800	16500	12270	0	0	0	0	0	20	0	0	0	0	0	0	20	
						7800	170	11600/2500/3400	5800	16500	12270	29	0	0	0	6	0	0	98	0	0	0	0	133	
					YC6G260N-30	7800	191	11600/2500/3075	5800	16500	11600	0	0	2	0	0	0	0	0	0	0	0	0	2	
						7800	191	11600/2500/3400	5800	16500	12270	0	0	0	0	0	0	0	0	0	0	0	4	4	

续表

企业名称	车辆品牌	车辆名称	车辆型号	底盘型号	发动机型号	排量(mL)	功率(kW)	长/宽/高(mm)	轴距(mm)	总质量(kg)	整备质量(kg)	1月	2月	3月	4月	5月	6月	7月	8月	9月	10月	11月	12月	数量(辆)	合计(辆)
			ZK6120HNGAA	ZK6110GCRNAA	WP7NG260E40	7140	191	11600/2500/3400	5800	16500	12270	0	0	0	0	0	0	0	40	0	0	0	0	40	
					YC6G230N-40	7800	170	11600/2500/3400	5800	16500	11600	0	0	0	0	0	0	0	0	0	0	0	90	90	
					YC6G260N-40	7800	191	11600/2500/3400	5800	16500	12270	30	0	0	0	0	0	0	0	0	0	0	0	30	
						7800	191	11600/2500/3265	5800	16500	12270	0	70	0	0	0	0	0	0	0	0	0	0	70	
			ZK6120NG1	ZK6120GCN1	NQ200N4	5638	147	11990/2500/3300	6200	17500	10500	0	0	0	0	0	0	0	1	0	0	0	0	1	
						5638	147	11990/2500/3200	6200	17500	10200	0	0	0	0	0	0	0	0	0	0	0	13	13	
			ZK6125HNG1	承载式车身	WP7NG260E40	7140	191	12000/2550/3360	6100	18000	12200	0	0	0	0	0	0	0	1	0	0	0	0	1	
					YC6G260N-40	7800	191	12000/2550/3300	6000	18000	11700	0	0	6	0	0	0	0	0	0	0	0	0	6	
						7800	191	12000/2550/3200	5875	18000	12200	0	0	0	0	0	0	0	0	108	0	0	0	108	
						7800	191	12000/2550/3360	6100	18000	12200	0	0	0	0	0	0	0	0	0	3	0	1	4	
			ZK6125HNGA	ZK6128GCRN1	YC6G260N-40	7800	191	11960/2500/3265	6100	18000	12750	0	0	0	0	130	0	0	0	0	0	0	0	130	
					WP7NG260E40	7140	191	11960/2500/3265	6100	18000	12750	0	0	0	0	0	0	0	0	2	0	0	0	2	
					SC8DT250Q4	8270	184	11960/2500/3265	6100	18000	12750	0	0	0	0	0	0	0	0	0	0	0	187	187	
			ZK6128HGM	ZK6128GCRM	SC8DT230Q3	8268	170	11960/2500/3265	6100	18000	12800	0	0	0	0	0	0	0	3	0	0	0	0	3	
						8268	170	11960/2500/3400	6100	18000	12800	0	0	0	0	0	0	0	0	0	0	26	0	26	
					YC6G260N-30	7800	191	11960/2500/3265	6100	18000	12800	0	0	0	0	1	0	0	0	0	0	0	0	1	
						7800	191	11960/2500/3400	6100	18000	12150	0	0	0	0	0	10	0	0	0	0	0	0	10	
						7800	191	11960/2500/3075	6100	18000	12150	0	0	0	0	0	0	0	0	1	0	0	0	1	
			ZK6128HNGA9	ZK6128GCRNA9	WP6NG240E30	6750	177	11960/2500/3075	6100	18000	12150	0	0	0	0	0	0	0	0	0	0	0	64	64	
			ZK6140HNG2	承载式车身	F2BE0642F * B	7800	213	13700/2550/3200	6100 + 1470	23600	14700	0	0	0	0	0	0	0	0	0	0	0	40	40	
			ZK6180HNG1	承载式车身	YC6MK320N-40	10338	235	18000/2550/3360	5725 + 6150	28000	18200	0	0	0	0	0	0	0	0	0	0	0	10	10	
			ZK6660NG	ZK6620CN	NQ120N	3759	92	6610/2240/2940	3308	6600	4450	1	0	0	0	0	0	0	0	0	0	0	6	7	
						3759	92	6610/2240/2830	3308	6600	4450	0	0	2	0	0	0	0	0	0	0	0	0	2	
			ZK6661NG1	ZK6620CN1	NQ120N4	3759	92	6610/2240/2830	3308	7400	5100	0	0	0	0	0	0	0	2	1	0	0	0	3	
			ZK6661NG2	ZK6620CN2	YC4D140N-40	4214	103	6610/2240/2940	3308	7400	5300	0	0	0	35	0	0	0	0	9	0	0	0	44	
			ZK6726NG1	ZK6700GCN1	NQ120N4	3759	92	7245/2355/3050	4000	9000	5800	0	0	0	0	0	0	0	0	0	0	15	0	15	

续表

企业名称	车辆品牌	车辆名称	车辆型号	底盘型号	发动机型号	排量（mL）	功率（kW）	长/宽/高（mm）	轴距（mm）	总质量（kg）	整备质量（kg）	1月	2月	3月	4月	5月	6月	7月	8月	9月	10月	11月	12月	数量（辆）	合计（辆）
			ZK6731NG1	ZK6700GCN2	NQ140N4	3759	103	7320/2400/3300	3300	9700	6100	0	0	0	0	0	0	0	0	11	44	0	0	55	
			ZK6731NG1	ZK6700GCN2	NQ140N4	3759	103	7320/2400/3300	3300	9700	6400	0	0	0	0	0	0	0	0	0	0	24	0	24	
			ZK6731NG1	ZK6700GCN2	NQ140N4	3759	103	7320/2400/3150	3300	9700	6100	0	0	0	0	0	0	0	0	0	0	0	33	33	
			ZK6732NG	ZK6690GCN	NQ120N	3759	92	7330/2340/2930	3300	9000	6100	0	0	2	6	0	1	4	3	1	0	1	0	18	
			ZK6732NG1	ZK6732NG1	NQ140N4	3759	103	7330/2340/3150	3300	9200	6500	0	0	0	0	0	15	0	0	0	0	0	0	15	
			ZK6732NG1	ZK6690GCN1	NQ140N4	3759	103	7330/2340/3150	3300	9200	6500	0	0	0	0	0	0	1	0	0	0	0	0	1	
			ZK6732NG1	ZK6732NG1	NQ140N4	3759	103	7330/2340/3150	3300	9200	6500	0	0	0	0	0	0	0	12	0	0	0	0	12	
			ZK6732NGA9	ZK6690GCNA9	NQ150N	5638	110	7330/2340/2930	3300	9200	6300	0	0	0	15	0	0	0	0	0	0	0	0	15	
			ZK6732NGA9	ZK6690GCNA9	NQ150N	5638	110	7330/2340/3150	3300	9200	6500	0	0	0	0	9	0	0	0	0	0	0	0	9	
			ZK6770HNG1	ZK6740GCRN1	YC4G180-40	5200	132	7700/2350/3200	3500	10400	7300	0	0	0	0	0	0	0	15	0	0	0	0	15	
			ZK6770HNG1	ZK6740GCRN1	YC4G180N-40	5200	132	7700/2350/3000	3500	10400	6900	0	0	0	0	0	0	0	0	0	0	1	0	1	
			ZK6770HNG1	ZK6740GCRN1	YC4G180N-40	5200	132	7700/2350/3200	3500	10400	7300	0	0	0	0	0	0	8	0	5	0	0	20	33	
			ZK6770NGA9	ZK6720GCNA9	NQ150N	5638	110	7730/2340/3150	3650	9700	7050	0	0	0	0	0	0	0	1	0	0	0	0	1	
			ZK6820HGN	ZK6780GCRN	YC4G180N-30	5200	132	8160/2350/3000	3800	11200	7600	0	0	0	0	0	14	0	0	0	0	0	0	14	
			ZK6820HGN	ZK6780GCRN	YC4G180N-30	5200	132	8160/2350/3200	3800	11200	8000	0	0	0	0	0	0	0	0	0	0	49	26	75	
			ZK6820HGN	ZK6780GCRN	YC4G180N-30	5200	132	8160/2350/3400	3800	11200	8000	0	0	0	0	0	0	29	9	20	5	0	0	63	
			ZK6820HNGAA	ZK6780GCRNAA	WP5NG180E40	5200	132	8160/2350/3200	3800	11200	8000	0	0	7	0	0	0	0	0	0	0	0	0	7	
			ZK6820HNGAA	ZK6780GCRNAA	YC4G180N-30	5200	132	8160/2350/3000	3800	11200	7600	0	0	0	33	0	0	0	0	0	0	0	0	33	
			ZK6820HNGAA	ZK6780GCRNAA	YC4G180N-40	5200	132	8160/2350/3200	3800	11200	8000	0	0	0	0	0	0	0	0	0	60	12	0	72	
			ZK6820HNGAA	ZK6780GCRNAA	YC4G180N-40	5200	132	8160/2350/3400	3800	11200	7600	0	0	0	0	0	0	0	0	0	0	0	144	144	
			ZK6842NG1	ZK6790GCN1	NQ160N4	5975	118	8350/2430/3265	4000	11200	7400	0	0	0	0	0	16	0	1	0	0	0	0	17	
			ZK6842NG1	ZK6790GCN1	NQ160N4	5975	118	8350/2430/3130	4000	11200	7200	0	0	0	0	0	0	0	0	0	0	2	0	2	
			ZK6842NGA9	ZK6790GCNA9	NQ150N	5638	110	8350/2430/3130	4000	10800	6800	0	0	0	6	0	52	0	0	29	0	24	0	111	
			ZK6842NGA9	ZK6790GCNA9	NQ150N	5638	110	8350/2430/3265	4000	10800	7000	0	0	6	0	0	0	3	0	0	0	0	0	9	
			ZK6842NGA9	ZK6790GCNA9	CA6SH-NE3	5560	105	8350/2430/3130	4000	10800	6800	0	0	0	0	0	0	0	21	0	0	0	0	21	
			ZK6852HNGA9	ZK6820GCRNA9	YC4G180N-30	5200	132	8545/2420/3205	4000	12200	9000	0	0	0	0	0	8	0	0	0	0	0	0	8	
			ZK6852HNGA9	ZK6820GCRNA9	YC4G180N-30	5200	132	8545/2420/3400	4000	12200	8200	15	18	0	10	0	0	0	0	0	0	0	0	43	
			ZK6852HNGA9	ZK6820GCRNA9	YC4G180N-30	5200	132	8545/2420/3400	4000	12200	9000	0	0	0	0	0	0	0	53	4	0	55	47	159	

续表

企业名称	车辆品牌	车辆名称	车辆型号	底盘型号	发动机型号	排量(mL)	功率(kW)	长/宽/高(mm)	轴距(mm)	总质量(kg)	整备质量(kg)	1月	2月	3月	4月	5月	6月	7月	8月	9月	10月	11月	12月	数量(辆)	合计(辆)
			ZK6852HNGAA	ZK6820GCRNAA	YC4G180N-40	5200	132	8545/2420/3205	4000	12200	9000	0	0	0	0	0	0	0	20	0	18	100	0	138	
						5200	132	8545/2420/3400	4000	12200	9000	0	0	0	0	0	0	0	0	10	0	0	31	41	
			ZK6902HGM	ZK6870GCRM	YC6J190N-30	6454	140	8995/2420/3085	4300	13200	8970	0	0	0	0	0	14	0	0	0	0	0	0	14	
			ZK6902HNGAA	ZK6892GCRNAA	YC6J210N-40	6494	155	8995/2420/3220	4300	13200	9800	0	0	0	0	0	0	0	0	0	0	50	20	70	
			ZK6906HGM	ZK6870GCRM	CA6SF2-19NE3	7130	148	8995/2420/3220	4300	13200	10070	0	0	0	19	0	0	0	0	0	0	0	0	19	
					YC6J190N-30	6454	140	8995/2420/3400	4300	13200	8970	0	0	0	0	0	0	10	0	0	0	0	5	15	
						6454	155	8995/2420/3400	4300	13200	10070	0	0	0	0	0	8	0	0	0	0	0	0	8	
			ZK6926NGA9	ZK6880GCNA9	NQ170N	5638	125	9200/2500/3160	4500	13000	8300	0	0	0	0	8	0	0	0	0	0	0	0	8	
						5638	125	9200/2500/3280	4500	13000	8700	0	0	0	0	0	0	0	1	0	0	0	0	1	
			ZK6932HNG9	ZK6900GCRNA9	WP6NG210E30	6750	155	9295/2420/3220	4550	13200	9150	0	0	0	24	0	0	0	0	0	0	0	0	24	
						6750	155	9295/2420/3400	4550	13200	9650	0	0	0	0	0	0	1	0	0	0	0	0	1	
					YC6J210N-30	6454	155	9295/2420/3220	4550	13200	9650	0	0	0	0	0	0	0	150	1	0	0	0	151	
					YC6J190N-30	6454	140	9295/2420/3400	4550	13200	9250	0	0	0	0	0	0	0	0	0	0	3	35	38	
			ZK6932HNGAA	ZK6900GCRNAA	YC6J210N-40	6494	155	9295/2420/3220	4550	13200	9400	0	0	0	0	0	0	0	2	0	0	0	0	2	
						6494	155	9295/2420/3400	4550	13200	9400	0	0	0	0	0	0	0	0	0	7	0	0	7	
					WP6NG210E40	6750	155	9295/2420/3220	4550	13200	9400	0	0	0	0	0	0	0	0	0	0	1	22	23	
			ZK6936HGN	ZK6900GCRN	YC6J210N-30	6454	155	9295/2420/3400	4550	13200	9900	0	0	0	10	0	0	0	0	0	0	0	0	10	
						6454	155	9295/2420/3400	4550	13200	9140	0	0	0	0	0	0	0	6	0	0	0	0	6	
		客车	ZK6100HNAA	ZK6950CRNA	YC6G260N-40	7800	191	10010/2500/3510	5100	15000	10800	0	0	0	0	0	1	0	0	0	0	0	0	1	
			ZK6110HN	ZK6107CRN	YC6G260N-30	7800	191	10800/2500/3550	5550	15900	11900	6	13	11	15	6	59	0	59	9	14	5		197	
						7800	191	10800/2500/3730	5550	15900	11900	0	0	0	0	0	0	44	0	0	0	0	20	64	
			ZK6110HN01Y	ZK6107CRNA	WP7NG270E40	7140	199	10800/2500/3550	5550	15900	11900	0	0	0	0	0	0	0	0	0	7	0	0	7	
					YC6G260N-40	7800	191	10800/2500/3550	5550	15900	11900	0	3	2	5	0	0	11	32	6	0	3	16	78	
						7800	191	10800/2500/3730	5550	15900	11900	0	0	0	0	22	0	0	0	0	0	0	0	22	
			ZK6110HN9	ZK6107CRN	YC6G260N-30	7800	191	10800/2500/3550	5550	15900	11900	2	24	0	5	3	4	5	15	4	0	0	7	69	
						7800	191	10800/2500/3730	5550	15900	11900	0	0	2	0	0	0	0	0	0	1	0	0	3	
			ZK6110HNQ1Y	承载式车身	YC6G260N-40	7800	191	10800/2500/3550	5550	15900	11900	0	0	0	0	0	0	0	10	0	0	0	0	10	
					WP7NG270E40	7140	199	10800/2500/3730	5550	15900	11900	0	0	0	0	0	0	0	0	0	0	0	4	4	

续表

企业名称	车辆品牌	车辆名称	车辆型号	底盘型号	发动机型号	排量(mL)	功率(kW)	长/宽/高(mm)	轴距(mm)	总质量(kg)	整备质量(kg)	1月	2月	3月	4月	5月	6月	7月	8月	9月	10月	11月	12月	数量(辆)	合计(辆)
			ZK6117HNQ2Y	承载式车身	YC6G260N-40	7800	191	10690/2500/3550	5250	16000	11150	0	0	0	0	0	0	0	0	0	1	0	0	1	
			ZK6121HN1Z	ZK6127CRNB	WP10NG336E40	9726	247	12000/2550/3580	6050	18000	12300	0	0	0	0	0	0	0	42	0	0	0	0	42	
			ZK6121HNQ1Z	承载式车身	YC6MK320N-40	10338	235	12000/2550/3580	6050	18000	12500	0	0	0	0	0	0	0	0	0	0	0	5	5	
			ZK6122HN01Y	ZK6127CRNB	WP10NG336E40	9726	247	12000/2550/3830	6050	18000	13400	1	0	0	5	10	0	0	0	0	0	0	0	16	
						9726	247	12000/2550/3830	6050	18000	13710	0	0	20	0	0	0	11	202	0	0	0	0	233	
					WP12NG350E40	11596	257	12000/2550/3830	6050	18000	13710	0	0	0	0	0	28	0	0	0	0	0	0	28	
			ZK6122HN19	ZK6127CRN9	P12NG350E30	11596	257	12000/2550/3830	6050	18000	13400	0	0	0	0	10	0	0	0	0	0	0	0	10	
						11596	257	12000/2550/3830	6050	18000	13710	0	0	0	0	0	0	10	0	0	0	0	0	10	
					YC6M340N-30	9839	250	12000/2550/3830	6050	18000	13400	18	0	0	0	0	4	0	0	0	0	0	0	22	
						9839	250	12000/2550/3830	6050	18000	13710	0	0	5	13	0	0	0	12	0	0	0	0	30	
			ZK6122HN29	ZK6127CRN9	WP12NG350E30	11596	257	12000/2550/3830	6050	18000	13710	0	0	0	0	0	3	0	0	0	0	0	0	3	
					YC6M340N-30	9839	250	12000/2550/3830	6050	18000	13400	5	0	0	0	0	0	0	0	0	0	0	0	5	
						9839	250	12000/2550/3830	6050	18000	13710	0	0	1	0	0	0	1	0	0	0	0	0	2	
			ZK6122HNQ11E	承载式车身	WP10NG336E40	9726	247	11600/2550/3830	5650	17750	13300	0	0	0	0	0	0	0	0	0	0	0	1	1	
						9726	247	11600/2550/3830	5650	17750	13450	0	0	0	0	0	0	0	2	0	5	1	0	8	
			ZK6122HNQ12Y	承载式车身	YC6MK320N-40	10338	235	11600/2550/3600	5650	17750	13450	0	0	0	0	0	0	0	0	0	0	1	0	1	
			ZK6122HNQ1E	承载式车身	WP10NG336E40	9726	247	12000/2550/3830	6050	18000	13400	0	0	0	0	0	6	0	7	0	0	0	0	13	
						9726	247	12000/2550/3830	6050	18000	13710	1	0	13	1	1	0	1	0	0	2	0	0	19	
						9726	247	12000/2550/3830	6050	18000	14020	0	0	0	0	0	0	0	0	0	0	0	28	28	
					WP12NG350E40	11596	257	12000/2550/3830	6050	18000	13710	0	0	0	0	0	0	0	0	11	0	8	0	19	
			ZK6122HNQ1Y	承载式车身	WP10NG336E40	9726	247	12000/2550/3830	6050	18000	13400	0	0	0	0	0	0	0	7	0	0	0	0	7	
						9726	247	12000/2550/3830	6050	18000	13550	0	0	0	0	0	0	0	4	0	0	0	0	4	
						9726	247	12000/2550/3830	6050	18000	13710	0	0	0	0	0	0	0	0	12	14	17	43	86	
			ZK6122HNQ2Y	承载式车身	YC6MK320N-40	10338	235	12000/2550/3765	6050	18000	13550	0	0	0	0	0	0	0	1	0	0	0	0	1	
					WP10NG336E40	9726	247	12000/2550/3765	6050	18000	13550	0	0	0	0	0	0	0	0	1	0	0	0	1	
						9726	247	12000/2550/3600	6050	18000	13550	0	0	0	0	0	0	0	0	0	1	13	3	17	
			ZK6122HNZ9	ZK6127CRN9	YC6M340N-30	9839	250	12000/2550/3830	6050	18000	13400	1	0	0	2	0	0	0	0	0	0	0	0	3	
						9839	250	12000/2550/3830	6050	18000	13710	0	0	0	0	0	1	0	0	0	0	0	0	1	

续表

企业名称	车辆品牌	车辆名称	车辆型号	底盘型号	发动机型号	排量 (mL)	功率 (kW)	长/宽/高 (mm)	轴距 (mm)	总质量 (kg)	整备质量 (kg)	1月	2月	3月	4月	5月	6月	7月	8月	9月	10月	11月	12月	数量 (辆)	合计 (辆)
			ZK6127HN9	ZK6127CRN9	YC6M340N-30	9839	250	12000/2550/3820	6050	18000	13700	1	0	0	0	1	52	0	0	0	0	0	0	54	
					WP12NG350E30	11596	257	12000/2550/3820	6050	18000	13700	0	0	0	0	0	0	23	0	0	0	0	0	23	
			ZK6127HNA9	ZK6127CRN9	YC6M340N-30	9839	250	12000/2550/3820	6050	18000	13700	3	4	3	7	23	8	2	63	0	0	0	0	113	
			ZK6127HNQCA	承载式车身	WP12NG350E40	11596	280	12000/2550/3955	6050	18000	13240	25	0	8	2	0	0	0	25	0	0	0	0	60	
						11596	280	12000/2550/3955	6050	18000	13550	0	0	0	0	6	0	0	0	1	1	5	54	67	
					WP12NG380E40	11596	257	12000/2550/3955	6050	18000	13240	0	0	0	0	0	0	4	0	0	0	0	0	4	
					YC6MK375N-40	10338	276	12000/2550/3955	6050	18000	13240	0	0	0	0	0	4	0	0	0	0	0	0	4	
			ZK6127HNQDA	承载式车身	WP12NG380E40	11596	280	12000/2550/3955	6050	18000	13550	0	0	0	0	0	0	1	1	0	0	0	5	7	
			ZK6127HNQEA	承载式车身	WP12NG380E40	11596	280	12000/2550/3955	6050	18000	13550	0	0	0	0	4	1	1	14	8	0	5	1	34	
			ZK6146HNQCA	承载式车身	WP12NG380E40	11596	280	13670/2550/3955	6250 + 1470	23000	17500	0	0	0	0	0	0	0	0	0	0	0	10	10	
			ZK6601N1	ZK6560CN1	NQ120N4	3759	92	5995/2240/2780	3100	6600	4800	0	1	1	0	0	0	0	0	0	0	0	0	2	
						3759	92	5995/2240/2910	3100	6600	5000	0	0	0	0	0	0	0	0	0	0	0	1	1	
			ZK6660NA9	ZK6620CN	NQ120N	3759	92	6610/2240/2830	3308	6600	4800	51	1	2	2	1	0	0	0	0	0	0	7	64	
			ZK6661N1	ZK6620CN1	NQ140N4	3759	103	6610/2240/2940	3308	7400	5300	0	0	0	0	0	0	0	0	0	0	10	16	26	
			ZK6751CNG	ZK6710CN	NQ150N	5638	110	7470/2320/2920	3800	8500	6160	0	0	9	0	5	0	0	0	0	0	6	0	20	
						5638	110	7470/2320/3060	3800	8500	6160	21	0	0	16	0	9	4	11	4	5	0	43	113	
			ZK6752N1	ZK6621CN1	NQ140N4	3759	103	7470/2320/3000	3800	8580	6160	0	0	0	0	0	0	0	0	2	0	0	0	2	
						3759	103	7470/2320/3170	3800	8580	6160	0	0	0	0	0	0	0	0	0	0	0	4	4	
			ZK6752NA9	ZK6710CNA9	NQ150N	5638	110	7470/2340/3100	3800	9000	6600	15	2	0	0	0	0	0	0	0	0	0	0	17	
						5638	110	7470/2340/3170	3800	9000	6600	0	0	0	0	0	0	0	0	0	0	0	1	1	
			ZK6792N	ZK6640CN	NQ170N	5638	125	7945/2450/3230	3800	10400	7400		3	0	4	2	10	0	3	0	0	0	0	22	
						5638	125	7945/2450/3370	3800	10400	7400	15	0	5	0	0	0	7	0	0	0	1	7	35	
			ZK6792N1	ZK6640CN1	NQ180N	5638	132	7945/2450/3370	3800	10900	7900	0	0	2	0	1	0	1	7	0	0	1	43	55	
			ZK6808HNA9	ZK6770CRN	YC4G180N-30	5200	132	8000/2470/3340	3800	10300	7570	1	0	1	0	1	0	0	0	0	0	0	17	20	
						5200	132	8000/2470/3580	3800	10300	7570	0	0	0	2	0	0	20	2	4	0	19	0	47	
			ZK6808HNAA	ZK6770CRNAA	YC4G180N-40	5200	132	8000/2470/3340	3800	10300	7570	0	0	0	1	0	0	1	27	5	1	37	0	72	
						5200	132	8000/2470/3580	3800	10300	7570	1	0	0	0	2	3	0	0	0	0	0	7	13	

续表

企业名称	车辆品牌	车辆名称	车辆型号	底盘型号	发动机型号	排量(mL)	功率(kW)	长/宽/高(mm)	轴距(mm)	总质量(kg)	整备质量(kg)	1月	2月	3月	4月	5月	6月	7月	8月	9月	10月	11月	12月	数量(辆)	合计(辆)
			ZK6808HNB9	ZK6770CRN	YC4G180N-30	5200	132	8000/2470/3340	3800	10900	8170	0	1	0	0	0	0	0	0	10	0	0	44	55	
						5200	132	8000/2470/3580	3800	10900	8170	0	0	2	4	3	6	1	7	0	0	3	0	26	
			ZK6808HNBA	ZK6770CRNAA	YC4G180N-40	5200	132	8000/2470/3340	3800	11000	8270	0	0	0	0	1	0	0	0	0	0	0	0	1	
						5200	132	8000/2470/3580	3800	11000	8270	0	0	0	0	0	1	0	0	1	0	0	0	2	
			ZK6809HN	ZK6770CRN	YC4G180N-30	5200	132	8040/2450/3200	3800	10300	7570	2	4	2	3	3	0	0	0	0	0	0	0	14	
						5200	132	8040/2450/3200	3800	10900	8170	0	0	0	0	0	4	0	22	0	5	9	52	92	
			ZK6842N1	ZK6660CN1	NQ180N	5638	132	8400/2450/3500	4000	11000	8100	0	0	2	0	0	0	0	0	0	0	0	0	2	
						5638	132	8400/2450/3370	4000	11000	8100	0	0	0	0	0	0	0	0	0	1	0	1	2	
			ZK6842NA9	ZK6660CNA	NQ190N	5638	144	8400/2450/3230	4000	10700	7500	0	0	6	0	0	3	15	0	9	0	0	6	39	
						5638	144	8400/2450/3230	4000	10700	7800	0	0	0	6	0	0	0	0	0	0	0	0	6	
						5638	144	8400/2450/3370	4000	10700	7800	1	5	0	0	12	0	0	4	0	0	6	0	28	
			ZK6842NB9	ZK6660CNB	NQ170N	5638	125	8400/2450/3230	4000	10400	7500	0	0	0	0	2	1	0	0	0	2	0	0	5	
						5638	125	8400/2450/3230	4000	10700	7500	0	0	0	0	0	0	0	2	0	0	0	0	2	
			ZK6858HNA9	ZK6810CRNA9	YC6J210N-30	6454	155	8543/2470/3340	4100	11920	9020	4	3	0	10	0	0	0	22	0	17	0	21	77	
						6454	155	8543/2470/3580	4100	11920	9020	0	0	8	0	13	7	6	0	7	0	19	0	60	
			ZK6858HNAA	ZK6810CRNAA	YC6J210N-40	6500	155	8543/2470/3340	4100	11900	9000	0	1	1	0	0	0	11	26	0	0	7	5	51	
						6500	155	8543/2470/3580	4100	11900	9000	0	0	0	0	0	0	0	0	3	0	0	0	3	
			ZK6858HNB9	ZK6810CRNA9	YC6J210N-30	6454	155	8543/2470/3340	4100	11920	9020	1	0	2	0	0	0	0	0	0	0	3	0	6	
						6454	155	8543/2470/3580	4100	11920	9020	0	1	0	0	0	1	0	1	0	0	0	0	3	
			ZK6858HNBA	ZK6810CRNAA	YC6J210N-40	6500	155	8543/2470/3340	4100	11900	9000	0	0	0	0	1	0	0	0	0	0	0	0	1	
					WP7NG210E40	7140	155	8543/2470/3340	4100	11900	9000	0	0	0	0	0	0	0	0	0	0	0	52	52	
			ZK6879HN	ZK6840CRN	YC6J210N-30	6454	155	8720/2450/3230	4250	11980	8938	0	0	0	20	0	0	0	0	1	1	4	2	28	
						6454	155	8720/2450/3400	4250	11980	8938	0	0	0	0	0	0	3	2	0	0	0	0	5	
			ZK6879HNA9	ZK6840CRN	YC6J210N-30	6454	155	8720/2450/3230	4250	11980	8938	0	0	1	0	0	0	0	0	0	0	0	0	1	
						6454	155	8720/2450/3400	4250	11980	8938	0	0	0	1	0	0	0	0	0	0	0	0	1	
			ZK6879HNAA	ZK6840CRNAA	YC6J210N-40	6454	155	8720/2450/3230	4250	12700	9650	0	0	0	0	0	0	0	4	0	0	0	0	4	
			ZK6888HN1E	ZK6840CRNAA	WP6NG240E40	6750	176	8774/2470/3385	4250	12550	9350	0	0	0	0	0	0	0	0	0	0	0	1	1	

续表

企业名称	车辆品牌	车辆名称	车辆型号	底盘型号	发动机型号	排量(mL)	功率(kW)	长/宽/高(mm)	轴距(mm)	总质量(kg)	整备质量(kg)	1月	2月	3月	4月	5月	6月	7月	8月	9月	10月	11月	12月	数量(辆)	合计(辆)
			ZK6888HNA9	ZK6840CRN	WP6NG240E30	6750	177	8774/2470/3580	4250	11980	8938	0	0	1	17	3	0	7	12	0	3	5	3	51	
					YC6J210N-30	6454	155	8774/2470/3385	4250	11980	8938	0	0	0	0	0	4	0	0	3	0	0	0	7	
			ZK6888HNAA	ZK6840CRNAA	WP6NG240E40	6750	176	8774/2470/3385	4250	12700	9650	0	0	0	0	0	0	50	0	0	0	0	0	50	
						6750	176	8774/2470/3580	4250	12700	9650	0	0	0	0	0	0	0	0	0	0	0	8	8	
					YC6J210N-40	6500	155	8774/2470/3580	4250	12700	9650	0	0	0	0	0	21	0	7	0	0	0	0	28	
						6500	155	8774/2470/3385	4250	12700	9650	0	0	0	0	0	0	0	0	1	0	2	0	3	
			ZK6888HNB9	ZK6840CRN	WP6NG240E30	6750	177	8774/2470/3580	4250	11980	8938	0	0	0	0	2	2	0	0	2	2	2	2	12	
					YC6J210N-30	6454	155	8774/2470/3385	4250	11980	8938	2	1	0	0	0	0	0	0	0	0	0	0	3	
						6454	155	8774/2470/3580	4250	11980	8938	0	0	1	3	0	0	1	0	0	0	0	0	5	
			ZK6888HNBA	ZK6840CRNAA	YC6J210N-40	6500	155	8774/2470/3385	4250	12700	9650	0	0	0	0	0	0	0	1	0	0	3	1	5	
			ZK6892N1	ZK6760CN1	NQ200N4	5638	147	8990/2450/3540	4300	12250	9280	0	0	0	0	0	0	0	0	0	0	0	1	1	
			ZK6908HN1E	ZK6889CRN1	YC6G260N-40	7800	191	8995/2500/3460	4300	13600	10200	0	0	0	0	0	0	0	0	1	1	12	1	15	
			ZK6908HNA9	ZK6889CRND9	WP6NG240E30	6750	177	8995/2500/3460	4300	13600	10400	3	0	0	0	0	0	0	0	0	0	0	0	3	
						6750	177	8995/2500/3630	4300	13600	10400	0	0	0	0	18	10	0	0	0	0	0	0	28	
					YC6G260N-30	7800	191	8995/2500/3460	4300	13600	10400	0	6	7	0	0	0	7	0	7	1	0	0	28	
						7800	191	8995/2500/3630	4300	13600	10400	0	0	0	15	0	0	0	13	0	0	17	57	102	
			ZK6908HNAA	ZK6889CRNAA	WP6NG240E40	6750	176	8995/2500/3460	4300	13600	10400	0	0	0	2	0	0	0	0	0	0	0	0	2	
					YC6G260N-40	7800	191	8995/2500/3460	4300	13600	10400	0	1	0	0	4	0	20	0	36	0	8	57	126	
						7800	191	8995/2500/3630	4300	13600	10400	0	0	0	0	0	0	0	4	0	0	0	0	4	
			ZK6908HNB9	ZK6889CRND9	YC6G260N-30	7800	191	8995/2500/3460	4300	13600	10400	1	0	1	0	0	0	0	4	0	0	0	0	6	
						7800	191	8995/2500/3630	4300	13600	10400	0	0	0	1	4	1	0	0	0	0	0	0	6	
					WP6NG240E30	6750	177	8995/2500/3460	4300	13600	10400	0	0	0	0	0	0	0	0	0	0	9	0	9	
			ZK6908HNBA	ZK6889CRNAA	YC6G260N-40	7800	191	8995/2500/3460	4300	13600	10400	0	0	0	0	0	0	0	0	0	0	10	14	24	
			ZK6908HNQ1Y	承载式车身	YC6G260N-40	7800	191	8995/2500/3630	4300	13600	10400	0	0	0	0	1	0	0	0	0	0	0	0	1	
						7800	191	8995/2500/3460	4300	13600	10400	0	0	0	0	0	0	1	0	0	0	0	0	1	
					WP6NG240E40	6750	176	8995/2500/3460	4300	13600	10400	0	0	0	0	0	0	0	0	0	0	11	0	11	
			ZK6909HNC9	ZK6889CRNC9	WP6NG240E30	6750	177	8995/2480/3330	4300	13600	10400	0	4	0	10	0	5	0	10	0	1	1	0	31	
						6750	177	8995/2480/3500	4300	13600	10400	0	0	0	0	0	0	0	0	1	0	0	24	25	

续表

企业名称	车辆品牌	车辆名称	车辆型号	底盘型号	发动机型号	排量(mL)	功率(kW)	长/宽/高(mm)	轴距(mm)	总质量(kg)	整备质量(kg)	1月	2月	3月	4月	5月	6月	7月	8月	9月	10月	11月	12月	数量(辆)	合计(辆)
			ZK6938HNA9	ZK6910CRNB9	WP6NG240E30	6750	177	9320/2500/3460	4600	13700	10350	0	0	0	0	0	0	0	22	0	0	0	0	22	
					YC6G260N-30	7800	191	9320/2500/3460	4600	13700	10350	0	1	0	1	21	0	0	0	0	0	0	0	23	
						7800	191	9320/2500/3630	4600	13700	10350	1	0	0	0	0	3	3	0	0	0	0	0	7	
			ZK6938HNAA	ZK6910CRNAA	WP6NG240E40	6750	176	9320/2500/3460	4600	13700	10500	0	0	0	0	0	0	0	20	0	20	0	0	40	
					YC6G260N-40	7800	191	9320/2500/3460	4600	13700	10500	0	0	0	0	1	1	2	0	0	0	0	0	4	
						7800	191	9320/2500/3630	4600	13700	10500	0	0	0	0	0	0	0	0	4	0	0	0	4	
			ZK6938HNB9	ZK6910CRNB9	YC6G260N-30	7800	191	9320/2500/3630	4600	13700	10350	0	0	0	0	0	0	1	0	0	0	0	0	1	
			ZK6998HNA9	ZK6979CRN	YC6G260N-30	7800	191	9945/2500/3230	5100	14000	10490	0	0	0	0	0	0	0	43	0	0	0	0	43	
			ZK6998HNA9	ZK6979CRN	YC6G260N-30	7800	191	9945/2500/3460	5100	14000	10490	0	0	0	0	0	6	1	0	0	1	0	0	8	
						7800	191	9945/2500/3630	5100	14000	10490	2	1	0	2	2	0	0	0	4	0	0	3	14	
			ZK6998HNAA	ZK6979CRNAA	YC6G260N-40	7800	191	9945/2500/3460	5100	14000	10490	0	0	0	0	0	0	0	12	3	0	0	4	19	
						7800	191	9945/2500/3630	5100	14000	10490	0	0	0	0	1	2	0	0	0	0	1	0	4	
			ZK6998HNB9	ZK6979CRN	YC6G260N-30	7800	191	9945/2500/3460	5100	14000	10490	0	0	1	0	0	0	0	0	0	0	0	0	1	
			ZK6998HNBA	ZK6979CRNAA	YC6G260N-40	7800	191	9945/2500/3630	5100	14000	10490	0	0	0	0	0	0	1	0	0	0	0	0	1	
						7800	191	9945/2500/3460	5100	14000	10490	0	0	0	0	0	0	0	0	0	0	0	10	10	
		轻型客车	ZK6608NG	ZK6560CN	NQ120N	3759	92	5995/2240/2780	3100	5780	4300	0	0	5	0	0	0	0	0	0	4	0	3	12	
						3759	92	5995/2240/2890	3100	5780	4300	0	9	0	0	1	2	6	11	3	0	0	0	32	
		双层城市客车	ZK6116HNGSAA	ZK6116GCRNAA	YC6G260N-40	7800	191	11310/2550/4200	5500	18000	13320	0	0	0	0	0	0	4	0	0	0	0	0	4	
						7800	191	11310/2550/4200	5500	18000	12920	0	0	0	0	0	0	0	0	5	0	0	0	5	
		卧铺客车	ZK6122HNWQ01Y	承载式车身	WP10NG336E40	9726	247	12000/2550/3950	6050	18000	14180	3	23	0	0	0	0	0	0	0	0	0	0	26	
金龙联合汽车工业（苏州）有限公司	金龙	城市客车	KLQ6108GC	KLQ6101GC	WP6NG240E30	6750	177	10490/2480/2950	5100	15300	10300	0	0	0	0	0	25	0	0	0	0	0	0	25	3464
					YC6G230N-30	7800	170	10490/2480/3200	5100	15300	10300	0	0	0	0	0	0	0	9	0	2	0	65	76	
						7800	170	10490/2480/3400	5100	15300	10300	0	0	0	0	0	0	0	0	22	0	0	0	22	
					YC6J210N-30	6454	155	10490/2480/3400	5100	15300	10300	0	0	0	0	15	0	32	0	0	0	0	0	47	
			KLQ6109GCE4	KLQ6101GCE4	SC8DT250Q4	8270	184	10490/2480/3200	5100	15500	10500	0	0	0	0	0	0	0	0	0	0	38	0	38	
					WP6NG240E40	6750	176	10490/2480/3200	5100	15500	10500	0	0	0	5	0	0	0	0	55	0	0	0	60	
					YC6G230N-40	7800	170	10490/2480/3200	5100	15500	10500	0	0	0	0	0	70	30	58	0	34	0	0	192	
						7800	170	10490/2480/3490	5100	15500	10500	0	0	0	0	0	0	0	0	0	0	0	22	22	

续表

企业名称	车辆品牌	车辆名称	车辆型号	底盘型号	发动机型号	排量(mL)	功率(kW)	长/宽/高(mm)	轴距(mm)	总质量(kg)	整备质量(kg)	1月	2月	3月	4月	5月	6月	7月	8月	9月	10月	11月	12月	数量(辆)	合计(辆)
			KLQ6118GC	KLQ6116GC	YC6G230N-30	7800	170	11460/2480/3400	5700	17500	11500	0	0	1	0	0	0	1	0	0	0	0	0	2	
			KLQ6119GCE4	KLQ6116GCE4	SC8DT250Q4	8270	184	11460/2550/3150	5700	17000	11470	0	0	0	0	40	0	0	0	0	0	194	0	234	
					WP7NG260E40	7140	191	11460/2550/3150	5700	17000	11470	0	0	0	0	0	0	0	71	0	0	0	42	113	
					YC6G260N-40	7800	191	11460/2550/3400	5700	17000	11470	0	0	0	0	0	49	0	0	0	0	0	0	49	
						7800	191	11460/2550/3150	5700	17000	11470	0	0	0	0	0	0	0	0	63	100	0	0	163	
						8424	191	11460/2550/3150	5700	17000	11470	0	0	30	50	0	0	20	0	0	0	0	0	100	
			KLQ6128GC	KLQ6128GC	YC6G260N-30	7800	191	12000/2550/3000	6100	18000	11690	0	0	0	0	0	0	0	0	0	0	0	2	2	
			KLQ6129GCE4	KLQ6128GCE4	SC9DT280Q4	8820	206	12000/2535/3200	6100	18000	11600	0	0	0	0	0	0	0	0	0	0	50	0	50	
			KLQ6140GQC	KLQ6140GQC	YC6G260N-30	7800	191	13700/2550/3500	6300 + 1350	23500	15500	0	0	0	0	4	0	0	0	0	0	0	0	4	
			KLQ6728GQC4	KLQ6700GQC4	YC4D140N-40	4214	103	7235/2270/3090	3800	7450	4900	0	0	0	0	0	0	0	0	0	0	0	40	40	
			KLQ6770GC	KLQ6770GC	YC4G180N-30	5200	132	7749/2340/2900	3600	11000	8000	0	0	0	0	1	0	0	0	0	0	0	0	1	
						5200	132	7749/2340/3450	3600	11000	8000	0	0	0	0	0	0	0	0	0	0	34	0	34	
						5200	132	7749/2340/3050	3600	11000	8000	0	0	0	0	0	0	0	0	0	0	0	2	2	
			KLQ6770GCE4	KLQ6770GCE4	YC4G180N-40	5200	132	7749/2340/3050	3600	11000	8200	0	0	0	16	10	30	10	0	35	4	0	0	105	
					WP5NG180E40	4760	132	7749/2340/3050	3600	11000	8200	0	0	0	0	0	0	0	0	0	0	30	0	30	
			KLQ6820GC	KLQ6820GC	YC4G180N-30	5200	132	8245/2440/3380	3850	11500	8300	0	0	0	0	0	27	0	0	0	0	0	0	27	
			KLQ6850GC	KLQ6820GC	YC4G180N-30	5200	132	8540/2440/3050	4000	11500	8055	0	0	0	10	0	0	2	0	0	0	0	0	12	
						5200	132	8540/2440/3050	3850	11500	8055	0	0	0	0	0	0	0	14	0	0	0	0	14	
						5200	132	8540/2440/3400	3850	11500	8055	0	0	0	0	0	0	0	0	0	5	0	7	12	
						5200	132	8540/2440/3400	4000	11500	8055	0	0	0	0	0	15	0	0	0	0	0	0	15	
			KLQ6850GCE4	KLQ6820GCE4	YC4G180N-40	5200	132	8540/2440/3105	4000	13000	8500	0	0	0	0	0	10	0	0	32	18	20	137	217	
			KLQ6895GC	KLQ6891GC	YC6J210N-30	6454	155	8949/2440/3200	4250	13200	9050	0	0	10	0	0	0	0	0	6	8	0	6	30	
						6454	155	8949/2440/3450	4250	13200	8700	0	0	0	0	0	0	8	0	0	0	0	0	8	
			KLQ6895GCE4	KLQ6891GCE4	WP6NG210E40	6750	155	8949/2440/3200	4250	13200	9050	0	0	0	0	0	0	0	6	0	0	0	0	6	
					YC6J210N-40	6545	155	8949/2440/3200	4250	13200	9050	0	0	0	0	0	0	0	0	0	0	0	50	50	
			KLQ6935GC	KLQ6891GC	YC6J210N-30	6454	140	9265/2440/3450	4400	13200	8800	19	0	0	0	0	0	0	0	0	0	0	0	19	
						6454	155	9265/2440/3200	4400	13200	9150	0	0	0	0	0	0	0	0	0	0	0	15	15	
					WP6NG210E30	6750	155	9265/2440/3200	4400	13200	9150	0	0	0	0	30	0	0	0	0	0	0	0	30	

续表

企业名称	车辆品牌	车辆名称	车辆型号	底盘型号	发动机型号	排量(mL)	功率(kW)	长/宽/高(mm)	轴距(mm)	总质量(kg)	整备质量(kg)	1月	2月	3月	4月	5月	6月	7月	8月	9月	10月	11月	12月	数量(辆)	合计(辆)
			KLQ6935GCE4	KLQ6891GCE4	YC6J210N-40	6545	155	9265/2440/3450	4400	13200	9150	10	0	0	0	0	0	0	0	0	0	0	0	10	
						6545	155	9265/2440/3200	4400	13200	9150	0	0	0	0	0	20	0	50	0	0	0	0	70	
					WP6NG210E40	6750	155	9265/2440/3200	4400	13200	9150	0	0	0	0	0	0	0	0	0	0	0	15	15	
	海格	铰接城市客车	KLQ6181GQL5	承载式车身	ISLGEEV320	8900	239	18000/2550/3190	5800 + 6100	28000	18000	0	0	0	0	0	0	0	0	30	0	0	0	30	
		客车	KLQ6112HAC40	承载式车身	YC6L280N-40	8424	206	11010/2550/3610	5670	15900	11800	0	0	0	0	0	0	0	0	0	0	0	1	1	
			KLQ6112HQC41	KLQ6110CE4	WP7NG270E40	7140	199	10990/2500/3610	5670	15900	11800	0	0	0	0	0	0	0	0	0	0	5		5	
					YC6G260N-40	7800	191	10990/2500/3610	5670	15900	11800	0	0	0	0	0	0	0	0	0	0	0	10	10	
			KLQ6115HC	KLQ6101QC	YC6G260N-30	7800	191	10740/2500/3700	5420	15900	11920	0	0	8	0	0	9	0	0	0	0	1	0	18	
						7800	191	10740/2500/3865	5420	15900	11920	0	0	0	0	0	0	0	50	0	0	0	0	50	
			KLQ6115HCE4	KLQ6101QCE4	YC6G260N-40	7800	191	10740/2500/3865	5420	15900	11920	0	0	0	0	0	0	0	51	0	0	0	0	51	
						7800	191	10740/2500/3610	5420	15900	11920	0	0	0	0	0	0	0	0	1	0	0	0	1	
			KLQ6115HQC	KLQ6101QC	YC6G260N-30	7800	191	10740/2500/3700	5420	15900	11920	5	0	5	0	0	4	11	95	6	0	8	0	134	
			KLQ6115HQCE4	KLQ6101QCE4	WP10NG260E40	7800	191	10740/2500/3610	5420	15900	11920	28	0	1	0	0	0	0	0	0	0	0	0	29	
					YC6G260N-40	7800	191	10740/2500/3610	5420	15900	11920	0	0	0	0	0	0	0	0	0	0	0	6	6	
						7800	191	10740/2500/3865	5420	15900	11920	0	0	0	0	0	0	0	30	0	0	0	0	30	
			6115KAC41	承载式车身	YC6MK290N-40	10338	214	11490/2500/3610	5870	16350	12200	0	0	0	0	0	0	0	0	0	2	1	0	3	
					WP10NG300E40	9726	220	11490/2500/3610	5870	16350	12200	0	0	0	0	0	0	0	0	0	0	0	10	10	
			KLQ6115QC	KLQ6110QC	YC6M290N-30	9839	214	11490/2500/3635	5870	17160	12870	0	0	0	0	0	0	0	1	0	0	0	0	1	
			KLQ6115QCE4	KLQ6110QCE4	WP10NG300E40	9726	220	11490/2500/3635	5870	17160	12870	0	0	0	0	0	0	27	0	0	0	0	0	27	
					YC6MK290N-40	10338	214	11490/2500/3635	5870	17160	12870	0	0	0	0	0	0	0	10	0	0	0	0	10	
			KLQ6122BAC41	承载式车身	WP10NG336E40	9726	247	12000/2550/3795	6000	18000	13550	0	0	0	0	0	0	0	0	0	0	0	1	1	
			KLQ6122BAC42	承载式车身	WP12NG350E40	11596	257	12000/2550/3795	6000	18000	13550	0	0	0	0	0	0	0	0	0	0	0	3	3	
			KLQ6122DAC41	承载式车身	YC6MK375N-40	10338	276	12000/2550/3920	6000	18000	13080	0	0	0	0	0	19	0	0	0	0	0	0	19	
			KLQ6122DAC42	承载式车身	YC6MK375N-40	10338	276	12000/2550/3920	6000	18000	13080	0	0	0	0	0	1	0	0	0	0	0	0	1	
					WP12NG350E40	11596	257	12000/2550/3920	6000	18000	13080	0	0	0	0	0	0	3	2	0	0	0	28	33	
			KLQ6122KAC41	承载式车身	WP10NG336E40	9726	247	12000/2500/3610	6150	18000	13550	0	0	0	0	0	0	0	0	0	0	0	10	10	
			KLQ6125AC	承载式车身	YC6M340N-30	9839	250	12000/2550/3800	6150	18000	13400	1	0	0	0	0	0	0	0	0	0	0	1	2	

续表

企业名称	车辆品牌	车辆名称	车辆型号	底盘型号	发动机型号	排量(mL)	功率(kW)	长/宽/高(mm)	轴距(mm)	总质量(kg)	整备质量(kg)	1月	2月	3月	4月	5月	6月	7月	8月	9月	10月	11月	12月	数量(辆)	合计(辆)
			KLQ6125ACE4	承载式车身	YC6MK340N-40	10338	250	12000/2550/3800	6150	18000	13400	0	0	0	0	0	0	0	3	0	0	0	0	3	
					WP10NG336E40	9726	247	12000/2550/3800	6150	18000	13400	0	0	0	0	0	0	0	0	3	0	0	0	3	
			KLQ6125B1C	KLQ6120QC	YC6M340N-30	9839	250	12000/2550/3800	6150	18000	13550	5	0	2	0	4	1	0	57	0	0	0	0	69	
					WP12NG350E30	11596	257	12000/2550/3800	6150	18000	13550	0	0	0	0	0	0	2	0	0	0	0	0	2	
			KLQ6125B1CE4	KLQ6120QCE4	WP10NG336E40	9726	247	12000/2550/3800	6150	18000	13400	26	10	16	12	3	0	14	0	0	0	0	0	81	
					YC6MK340N-40	10338	250	12000/2550/3800	6150	18000	13400	0	0	0	0	0	13	0	146	0	0	0	0	159	
			KLQ6125BAC41	承载式车身	WP10NG336E40	9726	247	12000/2550/3795	6150	18000	13710	0	0	0	0	0	0	0	0	0	10	18	43	71	
			KLQ6125BAC42	承载式车身	WP10NG336E40	9726	247	12000/2550/3795	6150	18000	13710	0	0	0	0	0	0	0	0	0	0	1	0	1	
			KLQ6129C	KLQ6120QC	SC9DT320Q3	8820	235	12000/2550/3700	6150	18000	12770	0	0	0	0	1	0	0	0	0	0	0	0	1	
					WP12NG350E30	11596	257	12000/2550/3645	6150	18000	12770	0	0	0	6	0	4	4	55	0	0	0	5	74	
					YC6M340N-30	9839	250	12000/2550/3700	6150	18000	12770	18	0	2	0	0	0	0	50	0	0	0	0	70	
			KLQ6129TBCE4	KLQ6126TCE4	YC6L280N-40	8424	206	12000/2550/3400	6180	16500	11350	0	0	0	0	0	0	0	6	0	0	3	0	9	
			KLQ6609C	KLQ6601GC	NQ120N	3759	92	5995/2270/2950	3308	5950	4360	0	0	0	0	4	4	3	0	0	0	0	46	57	
			KLQ6669CE4	KLQ6601GCE4	YC4D140N-40	4214	103	6645/2270/2950	3308	6640	4840	0	0	0	0	0	0	0	0	3	0	0	1	4	
			KLQ6759ACE4	KLQ6758CE4	YC4D140N-40	4214	103	7495/2270/2920	3900	8510	6000	0	0	0	0	0	0	0	0	0	0	3	0	3	
			KLQ6796C	KLQ6795QC	YC4G180N-30	5200	132	7948/2450/3365	3800	11000	8200	1	0	0	0	0	3	0	0	0	0	0	0	4	
					YC4G180N-30	5200	132	7948/2450/3600	3800	11000	8200	0	0	4	1	4	0	4	0	0	0	1	2	16	
			KLQ6796QC	KLQ6795QC	YC4G180N-30	5200	132	7948/2450/3365	3800	10150	7570	0	0	0	0	8	0	0	0	0	0	0	0	8	
						5200	132	7948/2450/3600	3800	10150	7570	4	1	0	4	0	13	1	4	12	0	0	0	39	
			KLQ6798ACE4	KLQ6795QCE4	YC4G180N-40	5200	132	7948/2450/3600	3800	11000	8200	0	0	0	0	0	0	0	0	1	0	0	0	1	
			KLQ6798QACE4	KLQ6795QCE4	YC4G180N-40	5200	132	7948/2450/3365	3800	10150	7420	0	0	0	2	0	0	0	0	0	0	0	0	2	
						5200	132	7948/2450/3600	3800	10150	7420	2	0	0	0	0	0	7	2	0	0	1	3	15	
			KLQ6858C	KLQ6840QC	YC6J210N-30	6454	155	8545/2450/3365	4100	11900	9000	0	0	0	0	0	12	0	0	1	0	0	2	15	
						6454	155	8545/2450/3600	4100	11900	9000	0	0	0	0	13	0	0	1	0	0	0	0	14	
			KLQ6858CE4	KLQ6840QCE4	YC6J210N-40	6494	155	8545/2450/3365	4100	11900	9000	0	0	0	0	0	0	0	0	0	0	0	3	3	
			KLQ6858QC	KLQ6840QC	YC6J210N-30	6454	155	8545/2450/3365	4100	11900	9000	5	0	0	8	0	5	0	6	1	0	4	0	29	
					YC6J210N-30	6454	155	8545/2450/3600	4100	11900	9000	0	0	4	0	0	0	3	0	0	0	0	0	7	

续表

企业名称	车辆品牌	车辆名称	车辆型号	底盘型号	发动机型号	排量(mL)	功率(kW)	长/宽/高(mm)	轴距(mm)	总质量(kg)	整备质量(kg)	1月	2月	3月	4月	5月	6月	7月	8月	9月	10月	11月	12月	数量(辆)	合计(辆)
			KLQ6858QCE4	KLQ6840QCE4	YC6J210N-40	6494	155	8545/2450/3365	4100	11900	9000	1	0	0	0	0	1	0	12	0	0	3	0	17	
					YC6J210N-40	6494	155	8545/2450/3600	4100	11900	9000	0	0	0	0	0	0	0	0	0	0	0	3	3	
			KLQ6898C	KLQ6860QC	YC6J210N-30	6454	155	8949/2450/3600	4340	12500	9300	0	1	4	0	1	4	0	0	2	0	0	0	12	
					WP6NG240E30	6750	177	8949/2450/3600	4340	12500	9300	0	0	0	4	0	0	0	0	0	0	0	5	9	
			KLQ6898CE4	KLQ6860QCE4	WP6NG240E40	6750	176	8949/2450/3365	4340	12500	9300	0	0	0	0	0	0	0	0	0	0	2	0	2	
			KLQ6898QC	KLQ6860QC	WP6NG240E30	6750	177	8949/2450/3365	4340	12500	9300	26	0	2	0	0	0	0	4	7	12	18	0	69	
					YC6J210N-30	6454	155	8949/2450/3600	4340	12500	9300	0	0	0	0	11	6	0	0	0	0	0	0	17	
						6454	155	8949/2450/3365	4340	12500	9300	0	0	0	0	0	0	3	0	0	0	0	10	13	
			KLQ6898QCE4	KLQ6860QCE4	WP6NG240E40	6750	176	8949/2450/3365	4340	12500	9300	0	0	3	1	2	10	16	5	3	3	24	0	67	
					WP7NG240E40	7140	177	8949/2450/3365	4340	12500	9300	0	0	0	0	0	0	0	0	0	0	0	10	10	
			KLQ6920QCE4	KLQ6880QCE4	WP6NG240E40	6750	176	9225/2450/3365	4500	14500	11300	12	0	0	0	0	0	17	10	0	0	0	0	39	
重庆恒通客车有限公司	恒通客车	城市客车	CKZ6106HN3	EQ6101HN3AC	WP6NG210E30	6750	155	10200/2500/3040	5000	14000	9300	0	0	0	0	0	0	46	0	0	0	0	0	46	2920
					YC6J210N-30	6454	155	10200/2500/3350	5000	14000	9600	2	0	0	0	0	0	0	0	0	0	0	2	4	
						6454	155	10200/2500/3200	5000	14000	9600	0	0	0	0	0	0	0	0	0	8	0	0	8	
			CKZ6106N3	EQ6980TN3AC1	YC6J150N-30	6500	110	10200/2500/3350	5000	13000	8900	0	127	0	2	0	20	0	0	0	0	0	0	149	
			CKZ6106N4	CKZ6989N4	NQ200N4	5638	147	10200/2500/3040	5000	13000	8100	0	0	0	0	0	0	0	0	0	0	0	12	12	
			CKZ6106NA3	EQ6920KSDN3G	NQ150N	5638	110	10200/2500/3200	5000	13000	8900	0	0	33	1	0	0	0	0	0	0	0	0	34	
						5638	110	10200/2500/3040	5000	13000	8100	0	0	0	0	0	0	0	0	0	0	0	36	36	
				CKZ6989N3	NQ160N3	5975	118	10200/2500/3040	5000	13000	8100	0	0	0	0	0	0	0	60	0	0	0	0	60	
			CKZ6116HN3	EQ6101HN3AC	NQ190N	5638	144	10505/2500/3040	5000	14000	9500	0	0	0	4	0	0	0	7	0	0	0	0	11	
					YC6G230N-30	7800	170	10505/2500/3200	5000	14000	10000	0	0	71	0	0	0	0	0	0	0	0	0	71	
					YC6J210N-30	6454	155	10505/2500/3040	5000	14000	9500	25	0	0	0	0	0	0	0	0	0	0	0	25	
						6454	155	10505/2500/3200	5000	14000	10000	0	0	0	0	0	48	0	0	0	0	0	0	48	
				EQ6101KRDN	YC6G230N-30	7800	170	10505/2500/3200	5000	14000	10000	0	0	0	0	0	0	0	0	0	0	10	0	10	
					NQ190N	5638	144	10505/2500/3040	5000	14000	9500	0	0	0	0	0	0	0	0	0	0	0	1	1	
			CKZ6116HNA3	EQ6111RCDN3G	SC8DT230Q3	8300	170	11370/2500/3350	5600	17500	10900	0	0	22	0	0	0	25	0	0	0	0	0	47	
					YC6G230N-30	7800	170	11370/2500/3350	5600	17500	10900	0	0	0	36	0	0	0	134	0	0	0	0	170	

续表

企业名称	车辆品牌	车辆名称	车辆型号	底盘型号	发动机型号	排量(mL)	功率(kW)	长/宽/高(mm)	轴距(mm)	总质量(kg)	整备质量(kg)	1月	2月	3月	4月	5月	6月	7月	8月	9月	10月	11月	12月	数量(辆)	合计(辆)
			CKZ6116HNA4	CKZ6119HN4	YC6G230N-40	7800	170	11370/2500/3200	5600	17500	10900	0	0	0	0	6	0	0	0	0	0	0	0	6	
			CKZ6116N3	EQ6980TN3AC1	NQ150N	5638	110	10505/2500/3040	5000	13000	8200	0	0	0	1	0	0	0	0	0	8	1	0	10	
			CKZ6116N3	EQ6980TN3AC1	NQ150N	5638	110	10505/2500/3200	5000	13000	9200	0	0	25	0	0	0	0	0	0	0	0	0	25	
			CKZ6116N3	EQ6980TN3AC1	NQ150N	5638	110	10505/2500/3200	5000	13000	9000	0	0	0	0	0	0	0	0	0	0	0	4	4	
			CKZ6116N3	EQ6980TN3AC1	YC6J150N-30	6500	110	10505/2500/3040	5000	13000	9000	0	0	0	0	0	0	0	0	40	0	0	0	40	
			CKZ6116N4	CKZ6989N4	NQ200N4	5638	147	10505/2500/3040	5000	14000	9000	0	32	0	0	0	0	0	0	0	0	0	0	32	
			CKZ6116N4	CKZ6989N4	YC6J190N-40	6454	140	10505/2500/3200	5000	14000	9200	0	0	0	0	12	0	0	8	0	0	0	0	20	
			CKZ6116NA3	EQ6920KSDN3G	EQ6100N-30	5420	95	10505/2500/3040	5000	13000	8200	0	0	0	10	0	0	0	0	0	0	0	0	10	
			CKZ6116NA3	EQ6920KSDN3G	NQ150N	5638	110	10505/2500/3040	5000	13000	8200	0	0	0	0	0	10	0	0	0	0	20	0	30	
			CKZ6116NA4	CKZ6989NA4	NQ160N4	5975	118	10505/2500/3040	5000	14000	8200	0	0	0	0	0	0	0	20	0	0	0	40	60	
			CKZ6116NA4	CKZ6989NA4	NQ160N4	5975	118	10505/2500/3040	5000	14000	9000	0	0	0	0	149	0	16	0	119	100	0	0	384	
			CKZ6116NB3	CKZ6989N3	NQ160N3	5975	118	10505/2500/3040	5000	14000	8200	0	0	0	20	80	0	2	0	0	0	0	0	102	
			CKZ6126HNA3	EQ6120HN3AC	YC6G230N-30	7800	170	11980/2500/3410	6200	17800	12300	0	0	0	91	5	0	35	0	0	0	0	0	131	
			CKZ6126N4	CKZ6129N4	NQ200N4	5638	147	12000/2500/3000	6200	18000	10400	0	0	0	0	2	0	0	0	0	0	0	0	2	
			CKZ6126N4	CKZ6129N4	YC6J210N-40	6494	155	12000/2500/3000	6200	18000	10400	0	0	0	0	0	0	0	0	0	0	0	52	52	
			CKZ6126NA3	EQ6120KSDN3G1	YC6J170N-30	6500	125	12000/2500/3000	6200	18000	10200	2	0	40	0	0	0	0	0	0	0	0	0	42	
			CKZ6126NB3	CKZ6129N3	NQ160N3	5975	118	12000/2500/3000	6200	18000	10400	0	0	0	0	0	20	0	0	0	0	1	0	21	
			CKZ6127HN4	CKZ6129HN4	WP7NG260E40	7140	191	12000/2550/3490	6200	18000	11890	0	0	0	0	0	193	0	0	0	0	0	0	193	
			CKZ6127HNA3	EQ6111RCDN3G	WP6NG240E30	6750	177	12000/2550/3385	6200	17890	11780	0	0	0	2	0	0	0	0	0	0	0	0	2	
			CKZ6127HNA3	EQ6120HN3AC	YC6G230N-30	7800	170	12000/2550/3260	6200	17890	11390	0	0	0	0	0	0	0	140	0	0	0	0	140	
			CKZ6650N3	EQ6650KN3AC	NQ120N	3759	92	6450/2100/2670	3650	6000	4320	0	2	0	0	0	0	0	0	0	0	0	0	2	
			CKZ6650N3	EQ6650KN3AC	NQ120N	3759	92	6470/2200/2750	3650	6000	4320	0	0	0	0	0	0	30	0	0	0	0	0	30	
			CKZ6650N3	EQ6650KN3AC	NQ120N	3759	92	6470/2200/2640	3650	6000	4120	0	0	0	0	0	0	0	0	0	0	0	21	21	
			CKZ6650N4	CKZ6629N4	NQ120N4	3759	92	6470/2160/2570	3650	6000	4120	0	0	6	0	0	0	0	0	0	0	0	0	6	
			CKZ6650NA4	EQ6629KN4AC	NQ120N4	3759	92	6470/2200/2750	3650	6000	4420	0	0	0	0	0	0	0	34	0	32	0	0	66	
			CKZ6665N3	EQ6570KN3AC	NQ120N	3759	92	6620/2240/2860	3300	6500	4400	18	0	0	0	0	0	0	0	0	0	0	0	18	
			CKZ6665N3	EQ6570KN3AC	NQ120N	3759	92	6620/2240/2960	3300	6500	4500	0	0	0	0	0	0	0	0	0	0	0	6	6	

续表

企业名称	车辆品牌	车辆名称	车辆型号	底盘型号	发动机型号	排量（mL）	功率（kW）	长/宽/高（mm）	轴距（mm）	总质量（kg）	整备质量（kg）	1月	2月	3月	4月	5月	6月	7月	8月	9月	10月	11月	12月	数量（辆）	合计（辆）
			CKZ6751N3	EQ6720TN3AC	NQ150N	5638	110	7490/2330/3010	3650	8400	5810	1	1	3	0	0	0	0	0	0	0	0	0	5	
			CKZ6751N3	EQ6720TN3AC	NQ150N	5638	110	7545/2400/3010	3650	8400	5810	0	0	0	0	0	0	0	0	0	0	0	2	2	
			CKZ6751NA3	EQ6720TN3AC1	CY4102-N3B	3856	88	7545/2400/2910	3650	8400	5560	0	0	0	0	0	0	0	0	0	0	0	17	17	
			CKZ6801N3	EQ6770TN3AC	EQ6100N-30	5420	95	8000/2330/2910	3800	9400	5860	0	0	0	17	0	0	0	0	0	0	0	0	17	
			CKZ6801N3	EQ6770TN3AC	NQ150N	5638	110	8045/2400/3010	3800	9400	6110	0	0	0	0	4	0	0	30	0	0	0	26	60	
			CKZ6801N3	EQ6770TN3AC	NQ150N	5638	110	8045/2400/2910	3800	9400	5860	0	0	0	0	0	0	0	0	0	6	0	0	6	
			CKZ6851HN3	EQ6820HN3AC	NQ170N	5638	125	8420/2330/3245	4000	10200	7450	0	0	16	0	0	0	0	0	0	0	0	0	16	
			CKZ6851HN3	EQ6820HN3AC	NQ170N	5638	125	8420/2330/3245	4000	10200	7150	0	0	0	12	0	0	0	0	0	0	0	0	12	
			CKZ6851HN3	EQ6820HN3AC	NQ170N	5638	125	8485/2400/3245	4000	10200	7450	0	0	0	0	0	0	24	16	0	0	0	0	40	
			CKZ6851HN3	EQ6820HN3AC	NQ170N	5638	125	8485/2400/3245	4000	10200	7150	0	0	0	0	0	0	0	0	0	0	22	24	46	
			CKZ6851HN3	EQ6820HN3AC	YC4G180N-30	5200	132	8485/2400/3245	4000	10200	7450	0	0	0	0	0	0	0	0	0	20	0	0	20	
			CKZ6851N3	EQ6821TN3AC	EQ6100N-30	5420	95	8485/2400/2950	4000	9770	6400	0	0	0	0	0	10	0	0	0	0	0	0	10	
			CKZ6851N3	EQ6821TN3AC	NQ150N	5638	110	8485/2400/2950	4000	9770	6400	0	0	0	0	5	0	0	0	0	0	52	0	57	
			CKZ6851N3	EQ6821TN3AC	NQ150N	5638	110	8420/2330/3050	4000	9770	6700	0	0	1	0	0	0	0	0	1	0	0	3	5	
			CKZ6851N4	CKZ6829N4	NQ160N4	5975	118	8485/2400/3050	4000	11000	6940	0	0	0	0	5	0	0	0	0	0	0	0	5	
			CKZ6851N4	CKZ6829N4	NQ160N4	5975	118	8485/2400/2950	4000	11000	6640	0	0	0	0	0	0	0	0	5	14	0	0	19	
			CKZ6858N3	EQ6850TN3ACD	NQ150N	5638	110	8540/2500/3250	3900	12000	7500	0	0	0	0	0	0	0	58	23	0	9	16	106	
			CKZ6858N4	CKZ6859N4	NQ160N4	5975	118	8540/2500/3250	3900	12000	7500	0	0	0	0	0	0	0	0	0	0	0	80	80	
			CKZ6918N4	CKZ6909N4	YC6J190N-40	6454	140	9140/2500/3100	4500	13000	7200	0	0	0	0	0	0	4	0	0	0	0	0	4	
			CKZ6918N4	CKZ6909N4	NQ180N4	6870	132	9140/2500/3100	4500	13000	7200	0	0	0	0	0	0	0	0	0	1	0	0	1	
			CKZ6918NB3	EQ6900KSDN3G1	NQ150N	5638	110	9140/2500/3250	4500	11650	7800	0	0	17	1	2	0	0	0	0	0	0	0	20	
			CKZ6918NB3	EQ6900KSDN3G1	NQ150N	5638	110	9140/2500/3100	4500	11650	7200	0	0	0	0	0	0	0	9	0	0	1	0	10	
			CKZ6918NB3	EQ6900KSDN3G1	EQ6100N-30	5420	95	9140/2500/3100	4500	11650	7200	0	0	0	0	0	0	2	0	0	0	0	0	2	
			CKZ6923HN3	EQ6900HN3AC	YC6J190N-30	6500	140	9230/2500/3200	4500	12800	8600	7	0	0	0	0	0	0	0	0	0	0	0	7	
			CKZ6926HN4	CKZ6899HN4	XL6SK-4	7127	130	9245/2500/3350	4400	13000	9100	0	0	0	0	0	0	20	0	0	0	0	0	20	
			CKZ6926HN4	CKZ6899HN4	NQ180N	5638	132	9245/2500/3350	4400	13000	9100	0	0	0	0	0	0	0	0	0	0	3	0	3	
			CKZ6926N4	CKZ6909N4	NQ180N4	6870	132	9245/2500/3040	4500	13000	8160	0	0	0	2	0	0	0	0	0	0	0	0	2	
			CKZ6926N4	CKZ6909N4	NQ180N4	6870	132	9245/2500/3040	4500	13000	7860	0	0	0	0	0	0	2	0	0	0	5	14	21	
			CKZ6926N4	CKZ6909N4	NQ180N4	6870	132	9245/2500/3200	4500	13000	8160	0	0	0	0	0	35	0	0	0	7	0	0	42	

续表

企业名称	车辆品牌	车辆名称	车辆型号	底盘型号	发动机型号	排量(mL)	功率(kW)	长/宽/高(mm)	轴距(mm)	总质量(kg)	整备质量(kg)	1月	2月	3月	4月	5月	6月	7月	8月	9月	10月	11月	12月	数量(辆)	合计(辆)
			CKZ6958N3	EQ6920KSDN3G	NQ150N	5638	110	9540/2500/3100	4700	12500	7600	0	0	0	1	0	0	0	0	0	0	0	0	1	
						5638	110	9540/2500/3250	4700	12500	8150	0	0	0	0	3	1	0	0	0	0	0	0	4	
			CKZ6958N4	CKZ6909N4	NQ180N4	6870	132	9540/2500/3250	4700	13000	8150	0	0	0	0	0	0	0	0	0	0	0	8	8	
			CKZ6998N3	EQ6920KSDN3G	NQ150N	5638	110	9940/2500/3250	5000	13000	8700	1	0	0	0	0	0	0	0	0	0	0	0	1	
						5638	110	9940/2500/3100	5000	13000	7750	0	1	0	0	0	6	0	0	0	0	0	4	11	
					EQ6100N-30	5420	95	9940/2500/3250	5000	13000	8700	0	0	0	0	2	0	0	0	0	0	0	0	2	
			CKZ6998N4	CKZ6989N4	NQ200N4	5638	147	9940/2500/3100	5000	13000	7750	0	0	0	0	10	0	0	0	0	0	0	0	10	
		客车	CKZ6590NA3	EQ6570KN3AC	NQ120N	3759	92	5875/2100/2570	3300	5390	3780	0	3	0	0	0	0	2	0	0	16	0	0	21	
			CKZ6920CHNA3	EQ6920RN3AC1	YC6G230N-30	7800	170	9195/2450/3330	4500	13500	10000	0	0	20	0	0	0	0	0	0	0	0	0	20	
成都客车股份车有限公司	蜀都	城市客车	CDK6100CAR	CA6103D92	CA6SF2-19NE3	7130	148	10445/2500/3350	5100	14500	10660	0	0	0	0	0	4	0	0	0	0	0	0	4	2654
			CDK6101CA1	CA6980D85-2	CA6SH-NE3	5560	105	10250/2500/3200	5000	13200	8200	0	37	0	0	0	0	0	0	0	0	0	0	37	
					NQ150N	5638	110	10250/2500/3350	5000	13200	8550	0	0	0	0	3	1	0	0	0	0	0	0	4	
			CDK6101CA1R	CA6100CRN21	YC6J190N-40	6500	140	10490/2500/3420	5100	14500	10080	0	0	0	0	16	0	200	0	0	0	0	0	216	
					CA6SF2-19E4N	7130	143	10490/2500/3420	5100	14500	10080	0	0	0	0	0	51	0	2	0	0	0	0	53	
			CDK6101CA2	CA6990CFN21	NQ180N	5638	132	10430/2500/3350	5000	13200	8780	14	1	30	0	2	37	5	0	0	0	0	0	89	
					NQ160N4	5975	118	10250/2500/3200	5000	13200	8400	0	0	0	0	0	0	0	27	0	0	0	0	27	
			CDK6101CE2	EQ6980TN3AC1	NQ150N	5638	110	10250/2500/3200	5000	13000	8200	0	0	0	0	0	0	0	60	0	0	0	0	60	
			CDK6101CE3	EQ6983TN4AC1	NQ160N4	5975	118	10250/2500/3350	5000	14500	8780	11	0	20	11	0	0	25	78	0	0	0	0	145	
			CDK6102CAR	CA6103D92	YC6J190N-30	6494	140	10490/2500/3420	5100	14500	10080	0	0	21	0	0	0	0	0	0	0	0	0	21	
					CA6SF2-19NE3	7130	148	10490/2500/3420	5100	14500	10080	0	0	0	0	24	0	0	0	0	0	0	0	24	
			CDK6111CER	EQ6101HN3AC	NQ190N	5638	144	10615/2500/3470	5000	14000	10100	0	3	0	0	0	20	0	0	0	0	0	0	23	
			CDK6121CA1R	CA6120CRN23	SC8DT230Q4	8270	170	12000/2550/3480	6000	18000	12200	0	27	0	6	0	0	0	2	0	0	0	0	35	
			CDK6122CAR	CA6124D172-1N	SC8DT230Q4	8270	170	12000/2550/3420	6150	18000	12200	0	0	100	0	0	0	0	100	0	0	0	473	673	
			CDK6122CE	EQ6120TN3AC	NQ190N	5638	144	11980/2550/3150	6200	18000	9850	0	0	0	0	0	0	1	0	0	0	0	0	1	
			CDK6122CS1R	SWB6127QLE	SC8DT250Q4	8270	184	12000/2550/3420	6150	18000	12200	0	147	1	26	0	0	0	73	0	0	0	277	524	
			CDK6701CN		CA4GNE3	3700	85	7010/2180/2950	3500	6900	4950	0	0	0	0	30	0	0	0	0	0	0	0	30	
			CDK6701CN1	NJ6711YFC2	CA4GNE4	3700	85	7010/2180/2950	3500	7100	5280	0	0	200	0	200	0	0	0	0	0	0	5	405	
			CDK6731CE	EQ6700TN3AC	NQ120N	3759	92	7280/2260/2950	3300	7700	5490	0	0	0	0	0	10	0	0	0	0	0	0	10	

续表

企业名称	车辆品牌	车辆名称	车辆型号	底盘型号	发动机型号	排量（mL）	功率（kW）	长/宽/高（mm）	轴距（mm）	总质量（kg）	整备质量（kg）	1月	2月	3月	4月	5月	6月	7月	8月	9月	10月	11月	12月	数量（辆）	合计（辆）
			CDK6781CE	EQ6740TN3AC	NQ120N	3759	92	7800/2380/3000	3650	9400	5900	0	0	0	0	0	4	0	0	0	0	0	22	26	
			CDK6782CE	EQ6733TN4AC	NQ120N4	3759	92	7830/2380/3160	3650	9000	6335	1	0	20	0	0	6	0	0	0	0	0	0	27	
						3759	92	7830/2380/3020	3650	9000	5945	0	5	0	0	0	0	0	0	0	0	0	0	5	
			CDK6822CE	EQ6783TN4AC	NQ140N4	3759	103	8170/2380/3160	3800	10400	6760	0	2	0	0	0	0	0	0	0	0	0	0	2	
						3759	103	8170/2380/3020	3800	10400	6360	1	0	0	0	0	0	0	0	0	0	0	4	5	
			CDK6851CE1	EQ6850TN3ACD	NQ150N	5638	110	8510/2380/3230	4000	12000	7530	1	0	0	0	0	0	0	4	0	0	0	0	5	
			CDK6891CA1	CA6883D93	CA6SH-NE3	5560	105	8950/2440/3090	4300	12200	7100	0	0	1	0	0	0	0	0	0	0	0	0	1	
			CDK6931CA1	CA6933D82-3	CA6SH-NE3	5560	105	9390/2500/3150	4500	12200	7300	0	0	0	0	0	1	0	2	0	0	0	0	3	
			CDK6931CE1	EQ6900TN3AC1	NQ150N	5638	110	9390/2500/3300	4500	12200	8360	0	1	0	0	0	0	0	0	0	0	0	0	1	
					NQ150N	5638	110	9390/2500/3150	4500	12200	8040	0	0	0	0	0	0	0	103	0	0	0	0	103	
					EQ6100N-30	5420	95	9390/2500/3150	4500	12200	8040	0	0	2	0	0	0	0	0	0	0	0	0	2	
			CDK6941CA	CA6930CFN21	NQ160N4	5975	118	9420/2500/3200	4500	12500	8010	1	0	0	0	1	0	0	0	0	0	0	25	27	
			CDK6941CE	EQ6900TN4AC	NQ160N4	5975	118	9420/2500/3350	4500	12500	8340	2	0	0	0	0	0	0	0	0	0	0	0	2	
						5975	118	9420/2500/3200	4500	12500	8010	0	0	0	0	1	2	0	27	0	0	0	17	47	
			CDK6952CER	EQ6900HN4AC	NQ180N	5638	132	9490/2500/3450	4500	13500	9400	0	0	0	0	0	0	0	12	0	0	0	0	12	
			CDK6981CA	CA6963D82-3	NQ150N	5638	110	9750/2500/3300	4700	12700	8280	0	0	0	0	0	0	1	1	0	0	0	0	2	
			CDK6981CA1	CA6960CFN21	NQ160N4	5975	118	9755/2500/3200	4700	12700	8010	0	1	0	0	0	0	0	0	0	0	0	0	1	
						5975	118	9755/2500/3350	4700	12700	8340	0	0	1	0	1	0	0	0	0	0	0	0	2	
中通客车控股股份有限公司	中通	城市客车	LCK6103GC	LCK6103RGC	WP6NG210E30	6750	155	10500/2500/3380	5000	16000	10500	4	47	0	0	0	0	0	0	0	0	0	0	51	2472
						6750	155	10500/2500/3260	5000	16000	10500	0	0	0	0	1	0	0	0	0	0	0	0	1	
					WP6NG240E30	6750	177	10500/2500/3170	5000	16000	11450	0	0	36	0	0	0	0	0	0	0	0	0	36	
						6750	177	10500/2500/3260	5000	16000	11450	0	0	0	0	0	0	63	0	0	0	0	0	63	
					YC6J210N-30	6454	155	10500/2500/3260	5000	16000	10500	0	0	0	0	0	6	0	0	0	0	0	21	27	
						6454	155	10500/2500/3380	5000	16000	11450	0	0	0	0	0	0	0	1	0	0	0	0	1	
			LCK6105HGC	LCK6104RGC	WP7NG240E40	7140	177	10500/2500/3170	5000	16000	10900	0	0	0	12	40	24	0	0	0	66	0	22	164	
					YC6G230N-40	7800	170	10500/2500/3380	5000	16000	10500	0	0	0	0	0	0	0	0	0	0	32	0	32	
			LCK6108DGC	EQ6980TN3AC1	YC6J150N-30	6500	110	10480/2470/3060	5000	13000	8400	0	0	0	0	0	0	5	0	0	0	0	0	5	

续表

企业名称	车辆品牌	车辆名称	车辆型号	底盘型号	发动机型号	排量（mL）	功率（kW）	长/宽/高（mm）	轴距（mm）	总质量（kg）	整备质量（kg）	1月	2月	3月	4月	5月	6月	7月	8月	9月	10月	11月	12月	数量（辆）	合计（辆）
			LCK6109DGC	EQ6100KC4N	NQ180N4	6870	132	10500/2500/3100	5000	14000	8650	0	0	0	0	0	0	0	0	1	0	0	0	1	
					YC6J190N-40	6454	140	10500/2500/3100	5000	14000	8650	0	0	0	0	25	0	0	0	0	0	0	0	25	
						6454	140	10500/2500/3260	5000	14000	9000	0	0	0	0	0	0	0	0	0	39	1	0	40	
			LCK6112HGC	LCK6113RGC1	WP6NG240E30	6750	177	11490/2500/3200	5600	16500	11500	10	0	0	0	0	0	0	0	0	0	0	0	10	
			LCK6115HGC	LCK6114RGC	WP7NG270E40	7140	199	11490/2500/3170	5600	16500	11500	0	0	0	0	0	0	24	0	0	0	0	0	24	
						7140	199	11490/2500/3260	5600	16500	11500	0	0	0	0	0	0	0	0	0	1	0	0	1	
						7140	199	11490/2500/3260	5600	16500	11100	0	0	0	0	0	0	0	0	0	0	0	49	49	
			LCK6125GC	LCK6124RGC	SC8DT230Q3	8300	170	11990/2540/3260	6000	17990	12660	0	44	0	0	0	0	0	0	0	0	0	0	44	
					WP7NG270E40	7140	199	11990/2540/3170	6000	17990	11900	0	0	0	0	30	0	0	0	10	45	0	0	85	
						7140	199	11990/2540/3380	6000	17990	11900	0	0	0	0	0	0	0	70	0	0	0	0	70	
					YC6G260N-40	7800	191	11990/2540/3260	6000	17990	11900	0	0	0	0	0	0	20	0	0	0	0	0	20	
			LCK6129DGC	EQ6120KC4N	YC6J210N-40	6454	155	11990/2500/3060	6000	18000	10450	0	0	0	0	0	0	0	20	0	0	0	0	20	
			LCK6601N3G	EQ6570KN3AC	NQ120N	3759	92	5998/2200/2820	3300	5320	3600	0	0	0	0	3	7	2	0	0	0	2	0	14	
						3759	92	5998/2200/2820	3100	5320	3600	0	0	0	0	0	0	0	0	16	0	0	0	16	
			LCK6660CNG3	EQ6570KN3AC	CA4GNE3	3700	85	6620/2200/2750	3300	6500	4350	0	0	0	0	0	0	0	0	0	2	0	0	2	
					NQ120N	3759	92	6620/2200/2750	3308	6500	4350	0	0	1	1	7	0	0	0	2	0	0	17	28	
						3759	92	6620/2200/2950	3300	6500	4500	12	0	0	0	0	5	0	0	0	0	2	0	19	
			LCK6730CNG3	HFC6710CNY3	NQ120N	3759	92	7320/2320/2980	3300	7700	5000	0	0	15	0	36	0	0	0	20	0	0	0	71	
						3759	92	7320/2320/2980	3300	8120	5000	9	0	0	0	0	0	7	0	0	6	0	0	22	
						3759	92	7320/2320/3180	3300	8120	5000	0	0	0	0	0	0	0	7	0	0	0	0	7	
			LCK6730N4GE	EQ6693TN4AC	NQ120N4	3759	92	7320/2360/2950	3300	8650	5200	0	0	0	0	0	0	0	0	2	0	9	0	11	
			LCK6730N4GH	HFC6680NY1F	NQ120N4	3759	92	7320/2360/3150	3300	8650	5400	0	0	0	0	0	0	0	0	22	12	0	0	34	
						3759	92	7320/2360/2950	3300	8650	5200	0	0	0	0	0	0	0	0	0	0	2	1	3	
			LCK6770N3G	EQ6720TN3AC	NQ120N	3759	92	7740/2360/3000	3650	8400	5540	1	0	9	4	8	14	0	0	0	0	0	20	56	
			LCK6770N4GRH	HFC6730NY1F	NQ140N4	3759	103	7670/2360/3400	3500	9700	6550	0	0	0	0	0	18	0	0	0	0	0	0	18	
					YC4D140N-40	4214	103	7670/2360/3000	3500	9700	6550	0	0	18	0	10	0	0	0	24	0	0	57	109	
						4214	103	7670/2360/3400	3500	9700	6550	0	0	0	0	0	0	36	0	0	0	0	0	36	
			LCK6820HGC	LCK6764RGC	WP5NG180E40	4760	132	8190/2380/3380	3800	11000	7200	0	0	0	0	0	0	0	10	0	0	0	7	17	
						4760	132	8190/2380/3380	3800	11000	7600	0	0	0	0	0	0	0	0	40	0	0	0	40	

续表

企业名称	车辆品牌	车辆名称	车辆型号	底盘型号	发动机型号	排量 (mL)	功率 (kW)	长/宽/高 (mm)	轴距 (mm)	总质量 (kg)	整备质量 (kg)	1月	2月	3月	4月	5月	6月	7月	8月	9月	10月	11月	12月	数量 (辆)	合计 (辆)
			LCK6841GC	LCK6781RGC	YC4G180N-30	5202	132	8430/2480/3240	3900	11550	8000	30	0	0	0	0	13	0	0	0	0	0	0	43	
						5202	132	8430/2480/3380	3900	11550	8000	0	20	0	41	6	0	0	1	0	0	25	45	138	
			LCK6850DGC	EQ6810TN3AC	EQ6100N-30	5420	95	8545/2470/2060	4000	11000	6900	0	0	0	0	1	0	0	0	0	0	0	0	1	
					NQ150N	5638	110	8545/2470/3060	4000	11000	6900	0	0	0	0	0	0	0	0	12	0	0	0	12	
			LCK6850HGC	LCK6794RGC	WP5NG180E40	4760	132	8545/2480/3240	4000	12200	8200	0	0	10	0	0	0	0	0	0	0	0	0	10	
						4760	132	8545/2480/3380	4000	12200	8200	0	0	0	0	0	0	0	0	12	0	0	0	12	
					YC4G180N-40	5200	132	8545/2480/3240	4000	12200	8200	20	0	0	36	0	0	0	1	0	62	0	0	119	
			LCK6910GC	LCK6863RGC	WP6NG210E30	6750	155	9145/2500/3380	4200	13200	9200	23	0	0	0	0	0	0	0	0	0	25	0	48	
						6750	155	9145/2500/3240	4200	13200	9200	0	0	0	0	0	5	0	0	0	0	0	0	5	
					YC6J190N-30	6454	140	9145/2500/3380	4200	13200	8765	0	19	0	0	0	0	0	0	0	0	0	0	19	
					YC6J210N-30	6454	155	9145/2500/3380	4200	13200	9200	0	0	0	0	50	0	0	0	0	0	0	0	50	
			LCK6950HGC	LCK6894RGC	YC6J210N-40	6500	155	9500/2500/3240	4500	13200	9300	28	0	0	0	0	0	0	0	0	0	0	0	28	
					WP6NG210E40	6750	155	9500/2500/3140	4500	13200	9300	0	0	0	0	0	0	0	0	0	0	0	26	26	
		客车	LCK6107HC	LCK6103RAC	YC6G260N-30	7800	191	10500/2500/3580	5170	15700	11725	1	0	0	0	0	22	7	1	20	0	0	2	53	
			LCK6107HCD	LCK6104RAC	WP7NG260E40	7140	191	10500/2500/3580	5170	16450	11725	0	0	0	0	0	1	0	0	0	0	0	0	1	
			LCK6107HCD1	LCK6104RAC	WP7NG260E40	7140	191	10500/2500/3580	5170	15900	11725	0	0	0	2	0	0	0	1	0	0	0	0	3	
			LCK6117HCD	LCK6104RDC	YC6G260N-40	7800	191	10980/2500/3580	5400	15900	11760	0	0	0	0	0	1	0	0	0	0	0	0	1	
					WP7NG270E40	7140	199	10980/2500/3580	5400	15900	11760	0	0	0	0	0	0	0	0	0	0	4	1	5	
			LCK6117HCD1	LCK6104RDC	WP7NG270E40	7140	199	10980/2500/3580	5400	15900	11760	0	0	1	0	1	1	0	0	0	0	0	1	4	
			LCK6120HCD	LCK6114RAC	YC6MK290N-40	10338	214	11990/2500/3700	5870	18000	12700	25	0	0	0	0	0	0	0	0	0	0	0	25	
					WP7NG270E40	7140	199	11565/2500/3700	5870	17000	12550	0	0	0	0	0	1	0	0	0	0	0	0	1	
			LCK6120HCD1	LCK6114RAC	WP7NG270E40	7140	199	11565/2500/3700	5870	17000	12700	0	0	0	0	0	0	0	0	0	1	0	0	1	
			LCK6125HCD	LCK6124RBC	WP10NG336E40	9726	247	11990/2540/3700	6000	18000	13390	0	0	0	0	0	0	2	3	0	0	0	0	5	
			LCK6125HCD1	LCK6124RBC	WP10NG336E40	9726	247	11990/2540/3700	6000	18000	13390	0	0	0	0	1	0	0	0	0	0	0	0	1	
			LCK6125HQCD1	承载式车身	WP10NG336E40	9726	247	11990/2540/3700	6000	18000	13550	0	0	0	0	0	0	0	0	0	0	1	1	2	
			LCK6129HC-1	LCK6123RAC	YC6M340N-30	9839	250	11990/2550/3830	6000	18000	13860	0	0	0	0	0	2	1	2	0	0	0	0	5	
			LCK6129HC-2	LCK6123RAC	YC6M340N-30	9839	250	11990/2550/3830	6000	18000	14100	0	0	0	1	0	1	1	0	0	0	0	0	3	
			LCK6129HCD	LCK6124RAC	WP10NG336E40	9726	247	11990/2550/3830	6000	18000	13700	12	8	2	0	0	0	3	3	0	0	0	0	28	

续表

企业名称	车辆品牌	车辆名称	车辆型号	底盘型号	发动机型号	排量(mL)	功率(kW)	长/宽/高(mm)	轴距(mm)	总质量(kg)	整备质量(kg)	1月	2月	3月	4月	5月	6月	7月	8月	9月	10月	11月	12月	数量(辆)	合计(辆)
			LCK6129HCD1	LCK6124RBC	YC6MK340N-40	10338	250	11990/2550/3830	6000	18000	13700	0	0	0	0	0	1	0	0	0	0	0	0	1	
			LCK6129HQCD1	承载式车身	WP10NG336E40	9726	247	11990/2550/3830	6000	18000	13700	0	0	0	0	0	0	0	0	4	0	0	2	6	
					YC6MK340N-40	10338	250	11990/2550/3830	6000	18000	13700	0	0	0	0	0	0	0	0	0	2	0	0	2	
			LCK6129HQCD2	承载式车身	WP10NG336E40	9726	247	11990/2550/3830	6000	18000	13350	0	0	0	1	0	0	0	0	1	0	0	3	5	
			LCK6601N3	EQ6570KN3AC	CA4GNE3	3700	85	5998/2200/2950	3300	5320	3820	0	3	0	0	0	0	0	0	0	0	0	0	3	
						3700	85	5998/2200/2750	3300	5320	3600	0	0	0	0	0	0	0	0	0	7	0	0	7	
					NQ120N	3759	92	5998/2200/2750	3308	5320	3600	0	0	0	0	7	0	0	0	0	0	0	0	7	
						3759	92	5998/2200/2750	3300	5320	3600	0	0	0	0	0	3	4	0	5	0	6	3	21	
				HFC6601CNY3	NQ120N	3759	92	5998/2200/2750	3308	5320	3600	24	0	30	12	0	0	0	1	0	0	0	0	67	
			LCK6601N4H	HFC6570NY1F	NQ120N4	3759	92	5998/2240/2820	3308	5782	4100	0	0	0	0	0	0	0	0	0	0	0	1	1	
			LCK6660N4E	EQ6570KN4AC2	NQ120N4	3759	92	6620/2240/2820	3300	6528	4300	0	0	0	0	0	0	0	0	0	0	1	0	1	
			LCK6660N4H	HFC6570NY1F	NQ120N4	3759	92	6620/2240/2820	3308	6500	4300	0	5	1	3	0	0	0	0	5	0	0	1	15	
						3759	92	6620/2240/2980	3308	6500	4472	0	0	0	0	0	0	2	0	0	0	4	0	6	
			LCK6750N4E	EQ6690KN4AC EQ6690KN4AC	NQ140N4	3759	103	7495/2340/3125	3800	8500	5900	6	0	0	0	0	0	0	0	0	0	0	0	6	
						3759	103	7495/2340/2995	3800	8320	5700	0	4	0	0	0	0	0	0	0	0	0	0	4	
					NQ160N4	5975	118	7495/2340/2995	3800	8320	5700	0	0	0	5	5	0	0	0	0	0	0	0	10	
						5975	118	7495/2340/3125	3800	8500	5900	0	0	1	0	0	0	0	0	0	4	2	0	7	
			LCK6758HC	LCK6733RAC	YC4G180N-30	5202	132	7548/2420/3290	3500	10000	7270	2	0	2	0	0	0	1	1	0	0	0	0	6	
			LCK6769HC1	LCK6734RAC	WP5NG180E40	4760	132	7620/2480/3350	3550	10100	7500	0	0	0	0	0	0	0	0	0	0	0	3	3	
			LCK6798DC	EQ6770TN3AC1	NQ170N	5638	125	7948/2420/3290	3800	9800	7050	0	25	0	0	0	0	0	0	0	6	0	0	31	
						5638	125	7948/2420/3400	3800	9800	7050	1	0	2	1	1	0	0	1	1	0	0	0	7	
			LCK6798HC	LCK6773RAC	YC4G180N-30	5200	132	7948/2420/3290	3800	10700	7970	4	8	2	4	6	0	0	0	0	0	0	0	24	
						5200	132	7948/2420/3290	3800	10150	7420	0	0	0	0	0	0	4	1	0	1	3	7	16	
			LCK6798HC-1	LCK6773RAC	YC4G180N-30	5200	132	7948/2420/3290	3800	10700	7970	0	0	0	0	0	28	1	0	0	0	0	1	30	
			LCK6798N4E	EQ6780TGN4AC	NQ180N4	6870	132	7948/2420/3290	3800	9800	7050	0	0	0	0	0	0	0	0	0	0	0	1	1	
			LCK6809HC1	LCK6774RAC	WP5NG180E40	4760	132	8040/2430/3350	3800	10800	8070	0	0	0	0	0	4	2	1	0	0	0	0	7	
					YC4G180N-40	5200	132	8040/2430/3350	3800	10150	8070	0	0	0	0	0	0	0	0	1	0	0	0	1	
						5200	132	8040/2480/3350	3800	10150	7420	0	0	0	0	0	0	0	0	0	0	2	0	2	

续表

企业名称	车辆品牌	车辆名称	车辆型号	底盘型号	发动机型号	排量(mL)	功率(kW)	长/宽/高(mm)	轴距(mm)	总质量(kg)	整备质量(kg)	1月	2月	3月	4月	5月	6月	7月	8月	9月	10月	11月	12月	数量(辆)	合计(辆)
			LCK6856HC	LCK6804RAC	YC6J210N-40	6454	155	8540/2430/3350	4100	11900	8550	0	0	0	0	2	0	0	0	0	1	0	0	3	
					WP6NG240E40	6750	176	8540/2430/3350	4100	11900	8850	0	0	0	0	0	3	0	0	0	0	0	0	3	
			LCK6856HC1	LCK6804RAC	YC6J210N-40	6454	155	8540/2430/3350	4100	11900	8550	0	0	0	1	1	0	0	0	1	2	18	0	23	
					WP7NG210E40	7140	155	8540/2480/3350	4100	11900	8850	0	0	0	0	0	0	0	0	0	0	0	4	4	
			LCK6859HC	LCK6803RAC	WP6NG210E30	6750	155	8540/2450/3290	4100	11600	8550	14	12	11	1	0	4	2	0	0	0	0	0	44	
						6750	155	8540/2450/3330	4100	11600	8550	0	0	0	0	0	0	0	1	12	0	8	0	21	
					YC6J210N-30	6454	155	8540/2450/3330	4100	11600	8550	0	0	0	0	0	0	0	0	0	1	0	13	14	
			LCK6859HC-1	LCK6803RAC	WP6NG210E30	6750	155	8540/2450/3290	4100	11600	8550	0	0	0	0	0	0	1	0	0	0	0	0	1	
					YC6J210N-30	6454	155	8540/2450/3330	4100	11600	8550	0	0	0	0	0	0	0	13	0	0	0	0	13	
			LCK6880HC	LCK6833RAC	WP6NG210E30	6750	155	8750/2450/3290	4250	11600	8550	0	0	0	0	1	0	0	0	0	0	0	0	1	
					YC6J210N-30	6454	155	8750/2450/3290	4250	11600	8550	0	0	0	0	0	0	1	2	0	0	0	0	3	
			LCK6880HC-1	LCK6833RAC	WP6NG210E30	6750	155	8750/2450/3290	4250	11600	8550	1	0	1	0	0	6	0	1	0	0	6	0	15	
					YC6J210N-30	6454	155	8750/2450/3290	4250	11600	8550	0	0	0	0	2	0	0	0	0	0	0	0	2	
			LCK6899HC	LCK6863RAC	WP6NG240E30	6750	177	8945/2450/3330	4250	11900	8850	0	6	3	4	13	9	1	0	0	0	4	1	41	
			LCK6909HC1	LCK6874RAC	WP6NG240E40	6750	176	8995/2430/3350	4300	11920	8720	0	0	0	0	0	0	5	0	1	0	0	0	6	
						6750	176	8995/2430/3350	4300	12500	9300	0	3	11	1	0	0	0	3	0	0	0	0	18	
						6750	176	8995/2480/3350	4300	11920	8720	0	0	0	0	0	0	0	0	0	0	8	0	8	
						6750	176	8995/2480/3350	4300	12500	9300	0	0	0	0	0	0	0	0	0	0	0	6	6	
					YC6J210N-40	6454	155	8995/2430/3350	4300	12500	9300	0	0	0	0	0	3	0	0	0	0	0	0	3	
			LCK6909HC2	LCK6874RAC	WP6NG240E40	6750	176	8995/2480/3350	4300	11990	8940	0	0	0	0	0	0	0	0	0	0	1	0	1	
			LCK6930HC	LCK6903RAC	WP6NG240E30	6750	177	9345/2420/3310	4600	12800	9450	1	1	0	2	3	0	0	6	0	2	1	0	16	
			LCK6930HC-1	LCK6903RAC	WP6NG240E30	6750	177	9345/2420/3310	4600	12500	9150	0	0	0	0	0	0	0	0	0	0	0	1	1	
			LCK6939HC1	LCK6904RAC	WP6NG240E40	6750	176	9345/2430/3350	4600	13400	10000	0	0	0	6	0	0	0	0	0	0	0	0	6	
						6750	176	9345/2430/3350	4600	13400	9700	0	0	0	0	0	0	1	0	0	0	0	0	1	
			XMQ6105G5	XMQ6101GR5	YC6G230N-30	7800	170	10300/2480/3400	5000		10400	0	0	0	0	0	0	0	0	12	0	0	0	12	
			XMQ6106BGN4	XMQ6102GR6	YC6G230N-40	7800	170	10480/2500/3190	5100	15500	11200	0	0	0	39	0	50	0	0	0	0	22	35	146	
					CA6SF2-23E4N	7130	173	10480/2500/3190	5100	15500	11200	0	0	0	0	1	0	0	0	0	0	0	0	1	

续表

企业名称	车辆品牌	车辆名称	车辆型号	底盘型号	发动机型号	排量(mL)	功率(kW)	长/宽/高(mm)	轴距(mm)	总质量(kg)	整备质量(kg)	1月	2月	3月	4月	5月	6月	7月	8月	9月	10月	11月	12月	数量(辆)	合计(辆)
厦门金龙联合汽车工业有限公司	金龙	城市客车	XMQ6106G2	XMQ6102GR2	WP6NG240E30	6750	177	10480/2500/3190	5100	15500	11200	38	0	0	21	0	0	0	0	0	0	0	0	59	2195
						6750	177	10480/2500/3370	5100	15500	11200	0	0	0	0	73	0	0	0	0	0	0	0	73	
					YC6J210N-30	6454	155	10480/2500/3370	5100	15500	11200	0	30	0	0	0	0	0	0	0	30	0	0	60	
						6750	177	10480/2500/3370	5100	15500	11200	0	0	0	0	0	0	24	0	0	0	0	0	24	
					YC6G230N-30	7800	170	10480/2500/3190	5100	15500	11200	0	0	0	0	0	2	0	0	0	0	0	0	2	
			XMQ6119AGN4	XMQ6113GR7	YC6G260N-40	7800	191	11490/2550/3370	5700	16500	11400	0	0	0	0	0	25	0	0	5	55	0	0	85	
			XMQ6119G2	XMQ6113GR2	YC6G260N-30	7800	191	11490/2550/3370	5700	16500	11400	52	0	0	5	0	0	24	0	0	50	0	0	131	
						7800	191	11490/2550/3160	5700	16500	11400	0	1	0	0	0	0	0	0	0	0	0	0	1	
			XMQ6119G4	XMQ6113GR4	WP6NG240E30	6750	177	11490/2550/3040	5700	16500	11100	0	0	0	0	0	0	0	0	0	0	0	30	30	
						6750	177	11490/2550/3160	5700	16500	11700	0	0	0	45	0	0	0	0	0	0	0	0	45	
						6750	177	11490/2550/3370	5700	16500	11700	0	0	28	0	0	0	0	0	0	0	10	0	38	
			XMQ6127AGN4	XMQ6121GR11	YC6G260N-40	7800	191	11980/2550/3190	6000	18000	12000	0	0	0	0	0	8	0	0	0	0	0	0	8	
						7800	191	11980/2550/3190	6000	18000	12500	0	0	0	0	0	0	0	0	0	21	0	0	21	
						7800	191	11980/2550/3370	6000	18000	12500	0	0	18	0	2	0	0	0	0	0	0	0	20	
					WP7NG260E40	7140	191	11980/2550/3370	6000	18000	12500	0	0	0	0	0	0	0	0	0	0	0	39	39	
			XMQ6770AGN4	XMQ6740GR2	YC4G180N-40	5200	132	7700/2350/3000	3780	10500	7370	0	0	0	0	0	0	36	0	0	0	0	0	36	
						5200	132	7700/2350/3220	3780	10500	7370	0	0	0	0	0	0	0	0	18	0	16	0	34	
			XMQ6801AGN4	XMQ6770GR2	YC4G180N-40	5200	132	7990/2450/3080	3750	11500	7500	0	0	0	10	1	0	0	0	0	0	0	0	11	
			XMQ6850BGN4	XMQ6821GR4	YC4G180N-40	5200	132	8490/2450/3080	4250	12200	8200	0	0	0	0	0	9	0	0	0	35	142	0	186	
						5200	132	8490/2450/3370	4250	12200	8200	48	0	0	0	0	0	0	20	0	0	0	139	207	
			XMQ6850G2	XMQ6821GR2	YC4G180N-30	5200	132	8490/2450/3370	4250	12200	8200	15	0	0	0	0	20	0	0	30	0	0	0	65	
			XMQ6900AGN4	XMQ6870GR4	YC6J210N-40	6454	155	8990/2450/3100	4250	13000	8700	0	0	0	0	0	0	0	20	0	0	0	0	20	
			XMQ6900G2	XMQ6870GR2	YC6J210N-30	6454	155	8990/2450/3100	4250	13200	9100	0	0	0	0	16	0	0	0	0	0	7	0	23	
			XMQ6931AGN4	XMQ6900GR4	YC6J210N-40	6454	155	9300/2450/3100	4460	13200	9300	0	0	0	0	0	0	0	68	0	0	0	0	68	
						6454	155	9300/2450/3370	4460	13200	9300	44	0	0	0	10	0	29	0	0	19	0	100	202	
			XMQ6931AGN5	XMQ6900GR5	WP6NG210E50	6750	155	9300/2450/3100	4460	13200	9300		0	0	0	0	0	0	0	0	0	0	28	28	
			XMQ6931G2	XMQ6900GR2	WP6NG210E30	6750	155	9300/2450/3370	4460	13200	9500	50	0	0	0	0	10	0	0	0	0	0	0	60	
					YC6J210N-30	6454	155	9300/2450/3100	4460	13200	9500	0	0	0	0	17	0	0	0	0	0	0	0	17	

续表

企业名称	车辆品牌	车辆名称	车辆型号	底盘型号	发动机型号	排量(mL)	功率(kW)	长/宽/高(mm)	轴距(mm)	总质量(kg)	整备质量(kg)	1月	2月	3月	4月	5月	6月	7月	8月	9月	10月	11月	12月	数量(辆)	合计(辆)
		客车	XMQ6101AYN4C	XMQ6100R3	YC6G260N-40	7800	191	10490/2480/3650	5450	14000	10150	0	0	0	0	0	0	0	0	0	5	5	0	10	
			XMQ6110ACN4D	XMQ6103R2	WP7NG260E40	7140	191	10600/2500/3300	5250	16500	10700	0	0	0	0	0	0	0	25	0	0	0	0	25	
			XMQ6117AYN4C	XMQ6102R4	WP7NG270E40	7140	199	10600/2480/3750	5250	16200	11800	0	0	0	0	0	0	0	0	0	1	0	0	1	
					YC6L280N-40	8424	206	10600/2480/3520	5250	16200	11800	0	0	0	0	0	0	0	0	0	0	4	0	4	
						8424	206	10600/2480/3750	5250	16200	11800	0	0	0	0	0	0	0	0	0	0	0	4	4	
			XMQ6117Y2	XMQ6102R2	YC6G260N-30	7800	191	10600/2480/3750	5250	16200	11800	0	1	0	0	0	0	0	9	0	0	0	0	10	
			XMQ6117Y4	XMQ6102R2	YC6G260N-30	7800	191	10600/2480/3750	5250	16200	11800	0	0	2	0	2	0	25	5	0	1	0	0	35	
			XMQ6120BCN4D	承载式车身	YC6MK290N-40	10338	214	11950/2550/3400	6000	18000	12300	0	0	0	0	0	0	0	4	0	0	0	0	4	
			XMQ6128DYN4C	承载式车身	YC6MK340N-40	10338	250	12000/2550/3850	6000	18000	13750	0	0	0	0	0	0	0	0	0	0	1	0	1	
			XMQ6128Y5	XMQ6120R4	YC6M340N-30	9839	250	12000/2550/3870	6000	18000	13700	0	0	0	0	0	0	11	0	0	0	0	0	11	
					WP12NG380E30	11596	280	12000/2550/3870	6000	18000	13700	0	0	0	0	0	0	0	6	0	0	0	0	6	
			XMQ6129CYN3C	YC6M340N-30	YC6M340N-30	9839	250	12000/2550/3940	6000	18000	13500	4	1	2	4	2	2	0	0	0	0	0	0	15	
				XMQ6120R4	WP12NG380E30	11596	280	12000/2550/3940	6000	18000	13500	0	0	0	0	0	0	0	4	0	0	0	0	4	
			XMQ6129CYN4B	承载式车身	WP10NG336E40	9726	247	12000/2550/3940	6000	18000	13850	0	0	0	0	10	0	0	0	0	0	0	0	10	
					YC6MK340N-40	10338	250	12000/2550/3940	6000	18000	13850	0	0	0	0	0	0	0	0	0	0	0	1	1	
			XMQ6129CYN4C	承载式车身	WP10NG336E40	9726	247	12000/2550/3940	6000	18000	13850	0	0	0	0	0	0	0	2	0	4	1	0	7	
					YC6MK340N-40	10338	250	12000/2550/3940	6000	18000	13850	0	0	0	0	0	0	0	0	0	0	0	12	12	
			XMQ6129FYN4B	承载式车身	WP10NG336E40	9726	247	12000/2550/3940	6000	18000	13550	0	0	0	0	0	7	0	0	0	0	0	0	7	
					WP12NG380E40	11596	280	12000/2550/3940	6000	18000	13550	0	0	0	0	0	0	0	1	0	0	0	0	1	
						11596	280	12000/2550/3940	6000	18000	13240	0	0	0	0	0	0	0	0	0	0	1	0	1	
			XMQ6129FYN4C	承载式车身	WP10NG336E40	9726	247	12000/2550/3940	6000	18000	13550	0	0	0	0	0	0	0	7	0	0	0	0	7	
						9726	247	12000/2550/3940	6000	18000	13240	0	0	0	0	0	0	0	0	0	0	0	6	6	
					WP12NG380E40	11596	280	12000/2550/3940	6000	18000	13550	0	0	0	0	2	0	0	0	0	0	0	0	2	
						11596	280	12000/2550/3940	6000	18000	13240	0	0	0	0	0	0	0	0	0	0	2	0	2	
					YC6MK340N-40	10338	250	11950/2550/3690	6000	18000	13700	0	0	0	0	0	0	0	0	0	0	0	9	9	
					YC6MK375N-40	10338	276	12000/2550/3940	6000	18000	13550	0	0	0	0	0	0	5	0	0	0	0	0	5	
			XMQ6608CNG	HFC6601CNY3	NQ120N	3759	92	5995/2270/2945	3308	5600	4100	0	0	0	0	0	0	0	0	0	0	10	20	30	

续表

企业名称	车辆品牌	车辆名称	车辆型号	底盘型号	发动机型号	排量(mL)	功率(kW)	长/宽/高(mm)	轴距(mm)	总质量(kg)	整备质量(kg)	1月	2月	3月	4月	5月	6月	7月	8月	9月	10月	11月	12月	数量(辆)	合计(辆)
			XMQ6759AYN4C	XMQ6730R4	YC4G180N-40	5200	132	7495/2480/3600	3500	9700	7100	0	0	0	0	0	0	0	0	0	1	0	0	1	
						5200	132	7495/2480/3337	3500	9700	7100	0	0	0	0	0	0	0	0	0	0	0	51	51	
			XMQ6759Y3	XMQ6730R2	YC4G180N-30	5200	132	7495/2480/3600	3500	9700	7100	0	0	0	0	2	0	0	0	0	0	0	0	2	
						5200	132	7495/2480/3337	3500	9700	7100	0	0	0	0	0	20	0	0	0	0	0	0	20	
			XMQ6802AYN4D	XMQ6780R4	YC4G180N-40	5200	132	8045/2480/3600	3850	10600	7850	0	0	0	0	0	0	0	0	0	1	6	0	7	
						5200	132	8045/2480/3356	3850	10600	7850	0	0	0	0	0	0	0	0	0	0	0	6	6	
			XMQ6802Y1	XMQ6780R2	YC4G180N-30	5200	132	8045/2480/3600	3850	10600	7850	0	1	0	0	0	0	0	2	0	0	0	0	3	
						5200	132	8045/2480/3356	3850	10600	7850	0	0	0	0	0	0	1	0	0	0	0	0	1	
			XMQ6859AYN4C	XMQ6830R4	YC6J210N-40	6454	155	8495/2480/3388	4020	10900	8000	0	0	0	0	0	0	0	0	0	1	2	0	3	
			XMQ6859Y4	XMQ6830R2	YC6J210N-30	6454	155	8495/2480/3388	4020	10900	8000	0	0	3	0	10	2	1	17	0	0	0	0	33	
						6454	155	8495/2480/3630	4020	10900	8000	0	1	0	5	0	0	0	0	0	2	0	0	8	
			XMQ6879AYN4C	XMQ6850R4	YC6J210N-40	6454	155	8745/2480/3388	4170	11500	8200	0	0	0	0	0	0	0	0	4	1	0	1	6	
			XMQ6879Y2	XMQ6850R2	YC6J210N-30	6454	155	8745/2480/3388	4170	11500	8200	0	0	0	0	1	0	0	0	0	0	0	0	1	
			XMQ6898AYN4B	XMQ6870R4	YC6G230N-40	7800	170	8945/2480/3630	4300	11990	8790	0	0	0	0	0	0	0	0	0	0	5	1	6	
			XMQ6898AYN4C	XMQ6870R4	YC6G230N-40	7800	170	8945/2480/3630	4300	11990	8790	0	0	0	0	0	0	0	0	0	0	2	0	2	
					WP7NG240E40	7140	177	8945/2480/3630	4300	11990	8790	0	0	0	0	0	0	0	0	0	3	0	1	4	
			XMQ6898Y2	XMQ6870R1	YC6G230N-30	7800	170	8945/2480/3630	4300	11990	8790	2	0	1	5	1	0	0	0	0	0	1	1	11	
			XMQ6900AYN4C	XMQ6890R3	YC6G230N-40	7800	170	8995/2480/3435	4300	11990	8790	0	0	0	0	0	0	0	0	0	0	1	2	3	
			XMQ6900Y5	XMQ6890R1	YC6G230N-30	7800	170	8995/2480/3545	4300	11990	8790	0	0	3	1	1	0	0	0	0	0	0	0	5	
			XMQ6902Y2	XMQ6870R1	YC6G230N-30	7800	170	9005/2480/3630	4300	11990	8790	0	0	0	1	0	0	0	0	0	0	0	0	1	
			XMQ6996Y3	XMQ6960R3	YC6G260N-30	7800	191	9895/2480/3545	5000	13700	10000	0	0	30	0	0	0	0	0	0	0	0	0	30	
						7800	191	9895/2480/3545	5000	13700	9600	0	0	0	0	0	0	2	0	0	0	0	0	2	
			XMQ6998Y1	XMQ6970R1	YC6G260N-30	7800	191	9895/2480/3650	5000	13600	10000	2	0	0	0	0	0	0	4	0	0	0	0	6	
		卧铺客车	XMQ6129FPN4C	承载式车身	YC6MK375N-40	10338	276	12000/2550/3940	6000	18000	14100	0	1	0	0	0	0	0	0	0	0	0	0	1	
丹东黄海汽车有限责任公司	黄海	城市客车	DD6109B20	DD6109B20	SC6HT210Q4	5883	155	10490/2482/3220	5000	16000	11200	0	0	0	0	0	15	0	0	0	0	0	0	15	2015
			DD6109S11	DD6109S11	YC6G230N-30	7800	170	10490/2500/3375	5000	16000	11750	16	0	0	0	0	0	0	0	0	0	0	0	16	
			DD6109S25	DD6109S25	YC6J210N-30	6454	155	10490/2482/3150	5000	16000	11200	29	0	0	0	0	0	0	0	0	0	0	0	29	

续表

企业名称	车辆品牌	车辆名称	车辆型号	底盘型号	发动机型号	排量(mL)	功率(kW)	长/宽/高(mm)	轴距(mm)	总质量(kg)	整备质量(kg)	1月	2月	3月	4月	5月	6月	7月	8月	9月	10月	11月	12月	数量(辆)	合计(辆)
			DD6109S28	DD6109S28	WP6NG210E30	6750	155	10490/2482/3300	5000	16000	11600	27	0	0	0	0	0	0	0	0	0	0	62	89	
						6750	155	10490/2482/3150	5000	16000	11200	0	0	40	0	0	0	0	0	0	0	0	0	40	
			DD6109S51	DD6109S51	YC6G230N-30	7800	170	10490/2482/3300	5000	16000	11400	0	0	0	2	0	0	0	0	0	0	0	0	2	
						7800	170	10490/2482/3150	5000	16000	11000	0	0	0	0	0	0	0	17	0	0	0	0	17	
			DD6109S55	DD6109S55	WP7NG240E40	7140	177	10490/2482/3220	5000	16000	11200	0	0	0	0	0	0	0	96	200	191	0	0	487	
			DD6118B21	WP6NG240E40	WP6NG240E40	6750	176	11310/2532/3180	5600	16500	11800	0	0	0	0	0	0	0	10	0	0	0	0	10	
			DD6118S23	DD6118S23	WP6NG240E30	6750	177	11310/2532/3180	5600	16000	12000	0	0	0	154	0	0	0	0	0	0	0	0	154	
			DD6118S27	DD6118S27	SC8DT250Q3	8300	184	11310/2532/3180	5600	16000	12000	0	0	0	0	0	0	0	0	0	0	105	0	105	
			DD6125B01	DD6125B01	SC9DK280Q3	8424	206	11900/2530/3420	6000	18000	12900	0	0	0	0	0	0	0	1	0	0	0	0	1	
			DD6126B12	DD6126B12	SC8DT250Q4	8270	184	11980/2550/3420	5900	18000	13200	0	0	0	0	0	0	0	63	0	0	0	0	63	
			DD6129B01F	DD6129B01F	YC6J210N-40	6500	155	11980/2550/3360	6000	18000	11100	0	0	2	0	0	0	0	0	0	0	0	0	2	
			DD6129B02F	DD6129B02F	YC6B170N-40	6870	125	11980/2550/3210	6000	18000	10700	0	0	0	0	0	0	0	37	0	0	0	0	37	
			DD6129B11	DD6129B11	SC8DT250Q4	8270	184	11980/2532/3375	5900	18000	13200	0	0	0	0	0	0	0	30	0	0	0	0	30	
			DD6129B30	DD6129B30	SC8DT250Q4	8270	184	12000/2532/3380	6000	18000	13200	0	0	0	0	0	540	0	0	0	0	0	0	540	
			DD6129S01F	DD6129S01F	NQ190N	5638	144	11980/2550/3210	6000	18000	10700	25	0	0	0	0	0	0	0	0	0	0	0	25	
			DD6129S02F	DD6129S02F	XL6SK-3	7127	113	11980/2550/3210	6000	18000	10700	0	0	0	0	0	0	0	24	0	0	0	0	24	
			DD6129S58	DD6129S58	SC8DT230Q3	8270	170	12000/2532/3380	6000	18000	13200	0	110	0	0	0	0	0	0	0	0	0	0	110	
			DD6129S60	DD6129S60	YC6G230N-30	7800	170	12000/2532/3380	6000	18000	13200	0	10	0	0	0	0	1	0	0	0	0	0	11	
						7800	170	12000/2532/3180	6000	18000	12800	0	0	1	0	0	0	0	0	0	0	0	0	1	
			DD6129S61	DD6129S61	WP6NG240E30	6750	177	12000/2532/3180	6000	18000	12800	14	0	0	0	0	0	0	0	0	0	0	0	14	
			DD6129S80	WP4NG270E40	WP7NG270E40	7140	199	12000/2532/3380	6000	18000	12800	0	0	0	0	0	0	0	20	0	0	0	0	20	
				DD6129S80	WP7NG270E40	7140	199	12000/2532/3180	6000	18000	12400	0	0	0	0	0	0	0	0	0	0	0	81	81	
			DD6141B01	DD6131DB01	SC9DT320Q4	8820	235	13680/2532/3375	6300 + 1400	23500	15000	0	0	0	0	0	70	0	0	0	0	0	0	70	
			DD6930B22	DD6890DB22	SC5DT180Q4	5308	132	9290/2440/3030	4435	13500	10100	0	0	0	0	0	0	0	1	0	0	0	0	1	
			DD6930S02	DD6890DS02	YC6J190N-30	6454	140	9290/2440/3000	4435	13500	9600	0	0	0	0	0	0	0	20	0	0	0	0	20	
		客车	DD6119C31	DD6109DC31	YC6G260N-40	7800	191	10800/2500/3534	5360	16500	11150	0	0	0	0	0	1	0	0	0	0	0	0	1	
			JS6100GA	JS6100GDA	NQ150N	5638	110	10450/2500/3250	5000	12200	8300	0	0	0	0	0	0	0	51	0	0	0	0	51	

续表

企业名称	车辆品牌	车辆名称	车辆型号	底盘型号	发动机型号	排量(mL)	功率(kW)	长/宽/高(mm)	轴距(mm)	总质量(kg)	整备质量(kg)	1月	2月	3月	4月	5月	6月	7月	8月	9月	10月	11月	12月	数量(辆)	合计(辆)
扬州亚星客车股份有限公司	亚星	城市客车	JS6101GC	JS6100GDA	EQ6100N-30	5420	95	10450/2500/3070	5000	12200	8350	8	0	0	0	0	0	0	26	0	0	0	0	34	1671
						5420	95	10450/2500/3220	5000	12200	8650	0	0	13	0	0	0	0	0	0	0	0	0	13	
					NQ150N	5638	110	10450/2500/3070	5000	12200	8350	0	0	0	0	40	0	0	0	0	0	25	0	65	
			JS6101GCJ	JS6981GDCJ	NQ160N4	5975	118	10450/2500/3070	5000	12200	8350	0	35	0	0	0	0	0	0	0	10	0	4	49	
			JS6106GHC	JS6103GHDC	WP6NG240E30	6750	177	10490/2500/3460	5000	15000	10600	0	33	0	0	0	0	0	0	0	0	0	0	33	
						6750	177	10490/2500/3460	5000	15000	11000	0	0	0	0	0	0	0	22	0	0	0	0	22	
					YC6G230N-30	7800	170	10490/2500/3240	5000	15000	11000	16	0	0	0	0	0	0	0	24	0	0	0	40	
			JS6106GHCJ	JS6106GHDCJ	WP7NG240E40	7140	177	10490/2500/3460	5000	15000	10600	0	0	0	0	0	0	32	0	0	0	0	0	32	
						7140	177	10490/2500/3240	5000	15000	11000	0	0	0	0	0	0	0	36	0	0	0	45	81	
			JS6116GHCJ	JS6116GHDCJ	WP7NG240E40	7140	177	11490/2550/3460	5800	16500	11100	0	116	0	0	0	0	0	0	0	0	0	0	116	
						7140	177	11490/2550/3460	5800	16500	11600	0	0	0	0	0	0	0	12	20	0	0	0	32	
					WP7NG270E40	7140	199	11490/2550/3240	5800	16500	11600	0	0	0	0	0	39	0	0	0	30	0	52	121	
			JS6126GHCJ	JS6126GHDCJ	WP7NG260E40	7140	191	12000/2550/3240	6100	17500	12100	0	0	0	0	0	0	6	0	0	0	0	0	6	
			JS6660GC	NJ6650YFC1	CA4GNE3	3700	85	6588/2250/2780	3500	7100	4500	0	4	0	0	0	2	0	0	0	0	0	0	6	
			JS6770GHC	JS6760GHDC	XL4SF-4	4750	130	7745/2360/3300	3580	10200	7300	0	0	0	0	0	14	0	0	0	0	0	0	14	
					WP5NG180E40	4760	132	7745/2360/3100	3580	10200	7300	0	0	0	0	0	0	35	0	0	0	0	0	35	
						4760	132	7745/2360/3300	3580	10200	7300	0	0	0	0	0	0	0	11	0	0	0	0	11	
						4760	132	7745/2360/3300	3580	10200	6950	0	0	0	0	0	0	0	0	0	0	12	0	12	
			JS6800GA	EQ6770TN3AC	EQ6100N-30	5420	95	7995/2360/2995	3800	9400	6150	54	0	0	0	0	0	0	0	0	0	0	0	54	
			JS6811GHC	JS6760GHDC	XL4SF-4	4750	130	8135/2360/3300	3800	10200	7250	0	0	30	0	0	0	0	59	0	0	0	0	89	
					WP5NG180E40	4760	132	8135/2360/3300	3800	10200	7590	0	0	0	0	0	0	0	0	60	0	0	0	60	
						4760	132	8135/2360/3100	3800	10200	7590	0	0	0	0	0	0	0	0	0	0	18	0	18	
					YC4G180N-40	5200	132	8135/2360/3300	3800	10200	7250	0	0	0	0	0	0	0	0	0	0	0	24	24	
			JS6851GHC	JS6851GHDC	YC4G180N-30	5200	132	8540/2400/3300	4100	12200	7700	0	0	28	0	0	0	0	0	0	0	0	0	28	
						5200	132	8540/2400/3300	4100	12200	8000	0	0	0	0	0	0	12	0	0	0	0	1	13	

续表

企业名称	车辆品牌	车辆名称	车辆型号	底盘型号	发动机型号	排量 (mL)	功率 (kW)	长/宽/高 (mm)	轴距 (mm)	总质量 (kg)	整备质量 (kg)	1月	2月	3月	4月	5月	6月	7月	8月	9月	10月	11月	12月	数量 (辆)	合计 (辆)
			JS6851GHCJ	JS6851GHDCJ	WP5NG180E40	4760	132	8540/2400/3300	4100	12200	8000	0	0	0	0	17	0	0	0	0	0	0	0	17	
						4760	132	8540/2400/3100	4100	12200	8000	0	0	0	0	0	22	0	0	0	0	0	0	22	
					YC4G180N-40	5200	132	8540/2400/2980	4100	12200	7700	0	0	0	0	0	0	10	0	0	0	0	0	10	
						5200	132	8540/2400/3300	4100	12200	8000	0	0	0	0	0	0	0	0	10	0	0	0	10	
						5200	132	8540/2400/3100	4100	12200	8000	0	0	0	0	0	0	0	0	0	38	0	0	38	
						5200	132	8540/2400/3300	4100	12200	7700	0	0	0	0	0	0	0	0	0	0	8	0	8	
			JS6861GC	JS6861GDCJ	EQ6100N-30	5420	95	8640/2500/3070	4000	11000	7200	0	1	8	0	20	0	0	0	0	0	0	0	29	
			JS6861GCJ	JS6861GDCJ	NQ160N4	5975	118	8640/2500/3070	4000	11300	7200	0	1	1	0	0	0	0	0	0	0	0	40	42	
			JS6906GHC	JS6886GHDC	YC6J210N-30	6494	155	8995/2500/3340	4210	12200	9150	0	0	0	0	0	0	0	0	0	0	0	1	1	
			JS6921GC	JS6921GDC	EQ6100N-30	5420	95	9240/2500/3070	4400	11300	7450	0	1	10	6	0	2	0	0	0	0	0	0	19	
			JS6936GHC	JS6886GHDC	YC6J210N-30	6494	155	9295/2500/3340	4210	13200	9300	0	0	0	0	0	0	0	1	0	0	0	0	1	
			JS6936GHCJ	JS6886GHDCJ	WP6NG210E40	6750	155	9295/2500/3040	4400	13200	8950	0	0	0	0	0	0	0	41	0	0	0	0	41	
					YC6J210N-40	6454	155	9295/2500/3340	4400	13200	8950	0	0	0	10	0	0	0	0	0	0	0	0	10	
						6454	155	9295/2500/3340	4400	13200	9300	0	0	0	0	0	81	0	0	0	0	0	0	81	
						6454	155	9295/2500/3160	4400	13200	9300	0	0	0	0	0	0	0	0	0	7	0	0	7	
			JS6981GC	JS6985GDA	EQ6100N-30	5420	95	9845/2500/3070	4700	12100	8000	0	0	0	2	0	0	0	0	0	0	0	0	2	
						5420	95	9845/2500/3220	4700	12100	8300	0	0	0	0	0	0	15	0	0	0	0	0	15	
					NQ150N	5638	110	9845/2500/3070	4700	12100	8000	0	13	1	0	9	0	0	0	0	0	0	0	23	
						5638	110	9845/2500/3070	4600	13200	8000	0	0	0	0	0	0	0	0	0	39	0	0	39	
		客车	YBL6101HCJ	YBL6981HDCJ	WP7NG240E40	7140	177	10080/2500/3450	4950	14000	10300	0	0	0	2	0	0	3	0	0	0	0	0	5	
			YBL6105H1CJ	YBL6105HDCJ	WP7NG260E40	7140	191	10490/2500/3595	5180	14900	10900	0	0	0	0	0	0	0	0	0	0	0	10	10	
			YBL6110H1CJ	YBL6110HDCJ	WP7NG270E40	7140	199	10800/2500/3560	5390	15700	11720	0	0	0	0	0	0	0	1	0	0	1	0	2	
			YBL6111H1CJ	YBL6111HDCJ	WP7NG270E40	7140	199	11110/2550/3560	5700	15900	11750	0	0	0	0	0	0	0	2	0	0	0	0	2	
			YBL6125H1QCJ	承载式车身	WP10NG336E40	9726	247	12000/2550/3750	6050	17650	13360	0	0	0	0	0	0	0	0	5	0	1	0	6	
			YBL6125H1QCJ1	承载式车身	WP12NG350E40	11596	257	12000/2550/3850	5850	18000	13700	0	0	0	0	0	0	0	0	0	0	0	5	5	
			YBL6805HCJ	YBL6796HDCJ	YC4G180N-40	5200	132	7995/2460/3360	3800	10800	8070	0	0	0	0	0	0	1	0	0	0	0	0	1	
			YBL6855H1CJ	YBL6855HDCJ	WP7NG210E40	7140	155	8545/2460/3360	4100	11800	8750	0	0	0	0	0	0	0	0	0	0	2	0	2	

续表

企业名称	车辆品牌	车辆名称	车辆型号	底盘型号	发动机型号	排量(mL)	功率(kW)	长/宽/高(mm)	轴距(mm)	总质量(kg)	整备质量(kg)	1月	2月	3月	4月	5月	6月	7月	8月	9月	10月	11月	12月	数量(辆)	合计(辆)
			YBL6905H1CJ	YBL6896HDCJ	WP7NG240E40	7140	177	8995/2460/3360	4300	12800	9600	12	0	0	0	0	0	0	0	0	0	0	0	12	
					YC6G230N-40	7800	170	8995/2460/3360	4300	12800	9600	0	0	0	0	0	0	9	0	0	0	0	0	9	
			YBL6905H1CJ	YBL6896HDCJ	WP7NG240E40	7140	177	8995/2460/3360	4300	12800	9600	0	0	0	0	0	0	0	0	1	0	0	0	1	
					YC6G230N-40	7800	170	8995/2460/3360	4300	12800	9600	0	0	0	0	0	0	0	1	0	0	0	4	5	
			YBL6905HCJ	YBL6896HDCJ	WP7NG240E40	7140	177	8995/2460/3360	4300	12800	9600	0	0	0	0	0	0	0	1	0	0	0	0	1	
			YZL6603TC	NJ6580YFC1	CA4G25NE3	2500	78	5990/2050/2690	3308	5200	3710	0	0	0	0	0	0	20	0	0	1	0	0	21	
		双层城市客车	JS6111SHC	JS6110SHDC	WP10NG280E30	9726	206	11370/2500/4180	5500	17500	12500	20	0	0	0	0	0	0	0	0	0	0	0	20	
			JS6111SHCJ	JS6111SHDCJ	WP10NG280E40	9726	206	11370/2500/4180	5500	18000	12900	0	0	36	35	10	0	0	0	0	0	0	0	81	
					YC6G260N-40	7800	191	11370/2500/4180	5500	18000	12900	0	0	0	0	0	0	0	0	5	5	0	0	10	
			JS6111SHF	JS6110SHDF	YC6G260N-30	7800	191	11370/2500/4180	5500	17500	12900	0	0	0	0	0	0	0	0	4	0	0	0	4	
东风扬子江汽车（武汉）有限责任公司	扬子江	城市客车	WG6100NH0E	EQ6101KRDN	YC6J210N-30	6454	155	10400/2480/3380	5000	13500	9550	0	0	0	10	0	130	0	58	0	0	3	0	201	1504
			WG6100NQC	EQ6100KC4N1	NQ150N	5975	110	10300/2480/2990	5000	13120	8280	0	0	30	0	0	0	0	0	0	0	0	0	30	
			WG6100NQC4	EQ6100KC4N1	NQ160N4	5975	118	10300/2480/2990	5000	13120	8280	0	0	0	0	0	80	0	0	0	0	0	0	80	
			WG6100NQE	EQ6100KSDN3G	NQ160N3	5975	118	10300/2480/3060	5000	13000	8170	5	0	0	0	0	0	0	0	43	131	0	0	179	
			WG6100NQM4	EQ6100KC4N1	NQ160N4	5975	118	10500/2500/3000	5000	13120	8300	0	0	0	0	0	0	0	0	0	0	0	30	30	
			WG6101NQE	EQ6102KSDN3G	EQ6100N-30	5420	95	10300/2480/3060	5000	13500	7935	0	25	0	53	0	0	0	0	0	0	0	0	78	
			WG6105NQC	NJ6950YFC1	YC6J150N-30	6500	110	10300/2480/2990	5000	13100	8280	0	66	0	0	0	0	0	0	10	0	0	23	99	
			WG6110NQE	EQ6102KSDN3G	EQ6100N-30	5420	95	10700/2480/3060	5370	13500	8240	0	0	0	27	40	0	0	0	0	0	0	0	67	
			WG6120NHA	EQ6111RCDN3G	SC8DT230Q3	8300	170	12000/2540/3400	6300	18000	11720	0	0	130	1	0	0	0	0	0	0	0	0	131	
			WG6120NHA4	EQ6119RC4N	WP7NG260E40	7140	191	12000/2540/3500	6200	18000	11720	0	0	0	0	0	0	255	0	0	0	0	0	255	
					SC8DT250Q4	8270	184	12000/2540/3500	6200	18000	11720	0	0	0	0	0	0	0	100	0	0	0	0	100	
			WG6120NHM	EQ6119RC4N	YC6G260N-30	7800	191	12000/2545/3250	6300	18000	12000	0	0	0	0	0	0	0	0	0	0	15	0	15	
			WG6120NHM4	EQ6119RC4N	WP7NG260E40	7140	191	12000/2545/3340	6200	18000	11060	0	0	0	0	0	0	0	0	0	0	0	75	75	
			WG6121NQM4	EQ6129TN4AC	NQ180N4	6870	132	12000/2550/3070	6200	18000	9630	0	0	0	0	0	0	0	0	15	0	0	95	110	
			WG6900NQF	EQ6900KSDN3G	EQ6100N-30	5420	95	9040/2450/3220	4700	10600	7825	0	0	0	0	0	0	0	2	0	0	0	0	2	
						5420	95	9040/2450/3220	4700	10600	7370	0	0	0	0	0	0	0	0	0	1	0	1	2	
			WG6940NQD	EQ6900TN3AC1	EQ6100N-30	5420	95	9450/2420/2940	4500	12200	7550	0	42	0	8	0	0	0	0	0	0	0	0	50	

续表

企业名称	车辆品牌	车辆名称	车辆型号	底盘型号	发动机型号	排量 (mL)	功率 (kW)	长/宽/高 (mm)	轴距 (mm)	总质量 (kg)	整备质量 (kg)	1月	2月	3月	4月	5月	6月	7月	8月	9月	10月	11月	12月	数量 (辆)	合计 (辆)
北汽福田汽车股份有限公司	福田	城市客车	BJ6100C8MTB	BJ6100C8MTB	YC6J210N-30	6750	177	10500/2500/3350	5000	15500	10500	50	0	0	0	0	0	0	0	0	0	0	0	50	1326
						6454	155	10500/2500/3350	5000	15500	10500	0	0	0	0	1	0	22	0	0	0	0	0	23	
						8300	170	10500/2500/3350	5000	15500	10500	0	0	0	0	0	0	0	0	0	20	0	0	20	
			BJ6105C7MCB-1	BJ6105C7MCB-1	YC6G230N-40	7800	170	10490/2500/3150	5000	15500	10500	0	0	0	0	0	0	0	0	0	0	0	57	57	
			BJ6112C7MCB	BJ6112C7MCB	WP7NG260E40	7140	191	11400/2500/3050	5650	16000	11100	0	0	0	0	0	0	0	0	1	0	0	0	1	
			BJ6112C7MTB-1	BJ6112C7MTB-1	SC8DT250Q4	8270	184	11400/2500/3150	5650	16000	11400	14	0	0	0	0	0	0	0	0	0	0	0	14	
			BJ6121C7MTB-2	BJ6121BL0DN	SC8DT250Q3	8300	184	11980/2550/3420	5900	17950	12200	25	35	0	0	0	0	0	0	0	0	0	0	60	
			BJ6123C7BCD	BJ6123BL0DN	YC6G260N-40	7800	191	11980/2550/3200	5900	17950	12200	46	0	0	0	0	0	0	0	0	0	0	0	46	
			BJ6123C7BCD-1	BJ6123C7BCD-1	SC8DT230Q4	8270	170	11980/2550/3400	5900	17950	11900	0	0	0	10	0	0	0	0	0	0	0	0	10	
					YC6G260N-40	7800	191	11980/2550/3200	5900	17950	12200	0	0	0	0	0	0	116	0	20	0	0	0	136	
					WP7NG240E40	7140	177	11980/2550/3100	5900	17950	11900	0	0	0	0	0	0	0	0	0	10	0	0	10	
			BJ6123C7BTD	承载式车身	YC6L240N-50	8424	177	11700/2550/3200	5800	17950	11800	0	50	0	0	0	0	0	0	0	0	0	0	50	
			BJ6128C8BCD	承载式车身	F2BE0642F * B	7800	213	12350/2550/3980	5000 + 1450	23800	14500	0	0	0	0	0	0	0	0	60	0	0	0	60	
			BJ6140C8CTD	承载式车身	WP10NG300E50	9726	220	13680/2550/3420	6150 + 1450	22900	13900	0	0	0	0	0	0	0	0	0	0	157	0	157	
			BJ6180C8CTD	承载式车身	F2BE0642F * B	7800	213	17980/2550/3200	5800 + 6100	28000	17000	0	0	0	0	0	0	0	0	90	0	0	100	190	
			BJ6760C5MCB	BJ6750BC0CA	YC4D140N-40	4214	103	7645/2350/3220	3600	10600	6900	0	0	0	0	0	0	0	0	53	0	0	0	53	
						4214	103	7645/2350/3100	3600	10600	7100	0	0	0	0	0	0	0	0	0	70	0	0	70	
			BJ6831C6MCB-1	BJ6810BK0DA-1	YC4G180N-40	5200	132	8345/2450/3280	3900	12200	8600	0	5	0	0	0	0	0	0	0	0	0	0	5	
			BJ6901C6MCB-2	BJ6870BK0DD-2	YC6J210N-40	6500	155	8990/2450/3150	4250	13200	8900	0	0	0	0	0	0	0	0	0	0	0	44	44	
			BJ6930C7MCB	BJ6910BH0AD	YC6J210N-30	6454	155	9260/2400/3220	4450	12965	9000	0	0	0	0	0	26	0	0	0	0	0	0	26	
			BJ6931C6MCB	BJ6900BK0DD	YC6J210N-40	6500	155	9300/2450/3150	4560	13200	9000	0	0	0	22	0	0	0	0	0	1	80	0	103	
						6500	155	9300/2450/3050	4560	13200	8800	0	0	0	0	0	8	0	0	0	0	0	0	8	
						6500	155	9300/2450/3300	4560	13200	9000	0	0	0	0	0	0	0	0	30	0	0	0	30	
		客车	BJ6110U7LCB-1	BJ6102BK0DK	WP7NG260E40	7140	191	10680/2500/3600	5170	15330	11670	0	0	0	2	20	0	0	6	0	0	0	6	34	
			BJ6110U8MTB	BJ6102U8MTB	YC6G260N-30	7800	191	10680/2500/3600	5170	15480	11500	0	0	0	0	0	0	1	0	0	0	0	0	1	
			BJ6126U8MTB-1	BJ6126U8MTB-1	WP10NG336E40	9726	247	12000/2550/3780	6150	18000	13700	0	0	0	20	0	3	2	0	0	0	0	4	29	

续表

企业名称	车辆品牌	车辆名称	车辆型号	底盘型号	发动机型号	排量(mL)	功率(kW)	长/宽/高(mm)	轴距(mm)	总质量(kg)	整备质量(kg)	1月	2月	3月	4月	5月	6月	7月	8月	9月	10月	11月	12月	数量(辆)	合计(辆)
			BJ6129U8BTB	承载式车身	WP12NG380E40	11596	280	12000/2550/3960	6000	18000	13240	0	0	0	0	0	0	0	0	5	0	0	1	6	
			BJ6800U6ACB	承载式车身	YC4G180N-40	5199	132	7995/2450/3380	3800	10600	7870	0	0	0	0	0	0	1	0	1	0	1	0	3	
			BJ6800U6ACB-1	承载式车身	YC4G180N-40	5199	132	7995/2450/3380	3800	10150	7570	0	0	0	0	0	0	0	2	0	7	1	14	24	
			BJ6850U6ACB	承载式车身	YC6J210N-40	6494	155	8520/2450/3380	4100	11920	8880	0	0	0	1	1	0	0	0	0	0	0	0	2	
			BJ6850U6ACB-1	承载式车身	YC6J210N-40	6494	155	8520/2450/3380	4100	11920	8880	0	0	0	0	0	0	0	0	0	0	0	1	1	
			BJ6900U7ACB	承载式车身	WP6NG240E40	6750	176	8995/2450/3380	4425	12800	9300	0	0	0	0	0	0	0	0	0	0	0	1	1	
			BJ6900U7ACB-1	承载式车身	YC6G230N-40	7800	170	8995/2450/3380	4425	12800	9300	0	0	0	0	0	0	0	0	1	0	0	0	1	
				承载式车身	WP6NG240E40	6750	176	8995/2450/3380	4425	12800	9300	0	0	0	0	0	0	0	0	0	0	0	1	1	
厦门金龙旅行车有限公司	金旅	城市客车	XML6105J13CN	XML6105D13CN	YC6G230N-30	7800	170	10480/2500/3200	5000	16500	10650	27	0	0	0	0	0	0	0	0	0	0	0	27	1076
						7800	170	10480/2500/3660	5000	16500	11540	0	0	0	10	0	0	0	0	0	0	0	0	10	
			XML6105J18CN	承载式车身	SC8DT230Q4	8270	170	10480/2500/3660	5000	16500	10650	0	0	0	0	0	0	111	0	0	0	0	0	111	
						8270	170	10480/2500/3200	5000	16500	10650	0	0	0	0	0	0	0	0	0	0	0	1	1	
					YC6G230N-40	7800	170	10480/2500/3660	5000	16500	10650	0	10	2	0	0	0	0	0	10	0	0	0	22	
						7800	170	10480/2500/3660	5000	16500	10780	0	0	0	0	0	0	0	24	0	0	0	0	24	
						7800	170	10480/2500/3660	5000	16500	11540	0	0	0	0	0	8	0	0	0	2	0	0	10	
						7800	170	10480/2500/3200	5000	16500	10650	0	0	0	0	0	0	0	0	0	0	2	0	2	
			XML6105J28CN	承载式车身	WP7NG240E40	7140	176	10480/2500/3200	5000	16500	10780	0	0	0	0	0	0	0	0	10	15	15	59	99	
			XML6115J18CN	承载式车身	YC6G230N-40	7800	170	11380/2540/3450	5700	17000	11300	0	0	0	0	0	0	0	20	0	0	0	0	20	
					WP7NG240E40	7140	176	11380/2540/3125	5700	17000	10825	0	0	0	0	0	0	0	0	35	0	0	0	35	
			XML6125J18CN	承载式车身	YC6G260N-40	7800	191	11980/2540/3180	5980	18000	11820	0	0	0	0	1	49	0	0	0	0	0	0	50	
					WP10NG280E40	9726	206	11980/2540/3450	5980	18000	11045	0	0	0	0	0	0	0	10	10	0	0	0	20	
			XML6745J13CN	XML6725D13CN	CA4GNE3	3700	85	7445/2300/2880	3600	10405	6960	0	0	0	0	0	1	0	0	0	0	0	0	1	
			XML6795J13CN	XML6775D13CN	YC4G180N-30	5202	132	7985/2300/3180	3800	10800	7680	0	0	1	0	0	0	0	0	0	0	0	0	1	
					YC4G180N-30	5202	132	7985/2300/3000	3800	10800	7680	0	0	0	0	0	0	0	0	0	0	0	8	8	
			XML6805J18CN	承载式车身	YC4G180N-40	5200	132	7985/2300/3000	3800	11500	7465	0	0	0	0	0	0	0	0	0	0	0	11	11	
			XML6845J13CN	XML6815D13CN	YC4G180N-30	5202	132	8390/2460/3350	4000	11400	7630	0	0	20	0	20	0	0	0	0	0	0	16	56	
			XML6845J18CN	承载式车身	YC4G180N-40	5200	132	8390/2460/3350	4000	12200	7865	0	0	0	0	0	0	32	0	0	8	0	10	50	

续表

企业名称	车辆品牌	车辆名称	车辆型号	底盘型号	发动机型号	排量(mL)	功率(kW)	长/宽/高(mm)	轴距(mm)	总质量(kg)	整备质量(kg)	1月	2月	3月	4月	5月	6月	7月	8月	9月	10月	11月	12月	数量(辆)	合计(辆)
			XML6895J13CN	XML6865D13CN	YC6J210N-30	6454	155	8930/2460/3000	4250	12500	7720	0	0	0	0	0	1	0	0	0	0	9	0	10	
					CA6SF2-19NE3	7130	148	8930/2460/3340	4250	12500	7720	0	0	0	0	0	0	1	0	0	0	0	0	1	
			XML6895J18CN	XML6865D18CN	WP7NG210E40	7140	155	8930/2460/3340	4250	13200	9200	0	0	0	0	0	0	0	0	0	40	0	0	40	
					YC6J210N-40	6454	155	8930/2460/3120	4250	13200	8800	0	0	0	0	0	0	0	0	0	0	0	23	23	
			XML6925J13CN	XML6905D13CN	YC6J210N-30	6454	155	9180/2460/3120	4250	12500	8730	0	0	0	0	0	20	0	0	0	0	0	10	30	
			XML6925J18CN	XML6905D18CN	YC6J210N-40	6454	155	9180/2460/3340	4250	13200	8900	0	0	0	0	14	0	0	2	0	0	0	0	16	
						6454	155	9180/2460/3120	4250	13200	8900	0	0	0	0	0	0	0	0	80	0	0	15	95	
			XML6995J15CN	承载式车身	YC6L240N-52	8424	177	9945/2500/3300	4650	16500	10700	0	0	0	0	0	0	0	0	0	0	33	0	33	
		客车	XML6103J18N	XML6103D18N	YC6G260N-40	7800	191	10490/2500/3760	5300	15200	11530	0	0	0	3	16	0	34	0	3	1	0	0	57	
			XML6103J28N	XML6103D18N	YC6G260N-40	7800	191	10490/2500/3760	5300	15200	11530	0	0	0	0	0	0	3	0	0	0	0	0	3	
			XML6103J38N	承载式车身	YC6G260N-40	7800	191	10490/2500/3600	5200	15000	10390	0	0	0	0	0	0	0	0	2	0	0	0	2	
			XML6113J58N	承载式车身	YC6L280N-40	8424	206	10990/2500/3600	5550	16500	12100	0	0	0	0	0	0	0	0	0	0	13	0	13	
			XML6125J28N	承载式车身	WP10NG336E40	9726	247	12000/2550/3820	6000	18000	13350	0	0	0	0	0	0	1	0	0	0	0	0	1	
			XML6127J13N	承载式车身	YC6M340N-30	9839	250	11985/2540/3875	6000	18000	13400	0	0	0	0	1	0	0	0	0	0	0	0	1	
			XML6127J18N	承载式车身	YC6G260N-40	7800	191	12000/2550/3400	6000	16750	11270	0	0	0	0	0	0	2	0	0	0	0	0	2	
			XML6127J28N	承载式车身	YC6MK320N-40	10338	235	11985/2540/3875	6000	18000	13210	0	0	0	0	3	0	42	3	0	0	1	0	49	
					YC6MK320N-40	10338	235	11985/2540/3690	6000	18000	13210	0	0	0	0	0	0	0	0	0	0	0	4	4	
			XML6127J38N	承载式车身	YC6MK340N-40	10338	250	12000/2550/3600	6000	18000	13210	0	0	0	0	0	0	0	0	0	10	0	0	10	
			XML6128J18N	承载式车身	YC6MK375N-40	10338	276	11985/2540/3860	6100	18000	12910	0	0	0	0	0	0	0	0	0	0	0	2	2	
			XML6532E48N	FZ6490E38N	JM491Q-ME	2237	76	5330/1700/2066	2890	2960	1860	0	0	0	0	0	0	0	0	3	0	0	0	3	
						2237	76	5250/1700/2066	2890	2960	1860	0	0	0	0	0	0	0	0	0	4	6	0	10	
			XML6700J18N	承载式车身	YC4D140N-40	4214	103	6970/2050/2770	3935	6500	4310	0	0	0	0	0	0	0	20	0	0	0	5	25	
			XML6723J28N	承载式车身	YC4D140N-40	4214	103	7235/2250/2950	3800	7500	5160	0	0	0	0	0	0	0	0	0	0	2	0	2	
			XML6757J28N	承载式车身	YC4G180N-40	5200	132	7545/2400/3150	3520	9850	6750	0	0	0	0	0	0	0	0	0	0	0	19	19	
			XML6807J18N	承载式车身	YC4G180N-40	5200	132	8030/2350/3440	3800	10580	7850	0	0	0	0	0	0	0	1	0	0	0	0	1	
						5200	132	8030/2350/3300	3800	10580	7850	0	0	0	0	0	0	0	0	0	0	3	4	7	
			XML6807J28N	承载式车身	YC4G180N-40	5200	132	8030/2350/3440	3800	10150	7570	0	0	0	0	0	0	1	0	0	0	0	0	1	
						5200	132	8030/2500/3300	3800	10150	7570	0	0	0	0	0	0	0	0	0	0	0	5	5	

续表

企业名称	车辆品牌	车辆名称	车辆型号	底盘型号	发动机型号	排量(mL)	功率(kW)	长/宽/高(mm)	轴距(mm)	总质量(kg)	整备质量(kg)	1月	2月	3月	4月	5月	6月	7月	8月	9月	10月	11月	12月	数量(辆)	合计(辆)
			XML6857J13N	XML6830D13N	YC6J210N-30	6454	155	8540/2450/3430	4100	11830	8940	0	0	0	0	0	1	0	0	0	0	0	0	1	
						6454	155	8540/2450/3460	4100	11830	8940	0	0	0	0	0	0	1	0	0	0	0	0	1	
			XML6857J28N	承载式车身	YC6J210N-40	6454	155	8540/2450/3460	4100	11830	8940	0	0	0	0	0	0	0	0	2	0	0	0	2	
						6454	155	8540/2500/3300	4100	11830	8940	0	0	0	0	0	0	0	0	0	0	0	17	17	
			XML6897J13N	XML6860D13N	YC6J210N-30	6454	155	8945/2500/3650	4300	13000	9600	0	0	0	0	0	0	1	0	0	0	0	0	1	
			XML6907J28N	承载式车身	YC6G230N-40	7800	170	8995/2500/3480	4300	13000	9600	0	0	0	0	0	0	0	0	22	0	0	0	22	
						7800	170	8995/2500/3650	4300	13000	9600	0	0	0	0	0	0	0	0	0	0	0	1	1	
			XML6957J18N	承载式车身	WP6NG240E40	6750	176	9545/2500/3480	4700	14000	9600	0	0	0	0	0	0	0	0	7	0	0	0	7	
			XML6997J28N	承载式车身	WP6NG240E40	6750	176	9945/2500/3670	5100	14000	9990	0	0	0	0	0	0	0	1	0	0	0	0	1	
江苏友谊汽车有限公司	友谊	城市客车	ZGT6102N3GA	EQ6920KSDN3G	EQ6100N-30	5420	95	10488/2490/3040	5000	13000	8370	0	0	0	1	0	0	0	0	0	0	0	0	1	809
			ZGT6109NHS1	HFC6100NY2F	NQ230N4	6870	169	10490/2490/3250	5000	15000	9980	0	0	1	0	0	0	0	1	0	1	0	0	3	
			ZGT6109NS	EQ6983TN4AC1	NQ160N4	5975	118	10490/2490/3520	5000	15000	8800	0	0	0	0	15	0	0	0	0	0	0	0	15	
						5975	118	10490/2490/3130	5000	15000	8800	0	0	0	0	0	0	0	0	0	1	0	0	1	
			ZGT6668N3G	NJ6650YFC1	CA4GNE3	3700	85	6640/2240/2750	3308	6600	4320	16	0	0	0	0	0	0	0	0	0	0	0	16	
			ZGT6668NS	HFC6570NY1F	NQ120N4	3759	92	6640/2240/2750	3308	6500	4290	0	0	0	0	0	0	0	0	2	14	10	0	26	
			ZGT6718N3G	NJ6710YFC1	NQ120N	3759	92	7145/2240/2790	3308	7900	4970	3	0	0	0	0	5	0	0	0	0	0	0	8	
					CA4GNE3	3700	85	7145/2240/2790	3308	7900	4970	0	0	0	0	0	0	0	0	0	0	2	0	2	
			ZGT6718N3G1	HFC6601CNY3	CA4GNE3	3700	85	7145/2240/2790	3500	6500	4420	0	4	0	0	0	0	0	0	0	0	0	0	4	
						3700	85	7145/2240/2790	3308	6500	4420	0	0	7	0	0	0	54	0	0	2	0	0	63	
					NQ120N	3759	92	7145/2240/2790	3308	6500	4420	0	0	0	0	0	10	0	32	15	0	1	0	58	
			ZGT6739NS	NJ6711YFC1	CA4GNE4	3700	85	7349/2380/2990	3308	8600	5650	0	0	8	0	0	0	0	0	0	0	11	16	35	
					NQ120N4	3759	92	7349/2380/2990	3308	8600	5650	0	0	0	0	0	0	0	0	0	8	0	0	8	
			ZGT6739NS1	HFC6680NY1F	NQ120N4	3759	92	7349/2380/2990	3500	8900	5700	0	0	18	0	0	0	10	22	0	0	0	12	62	
			ZGT6760HN3G	HFC6730CNY3	NQ120N	3759	92	7640/2380/2990	3500	8550	6200	0	0	0	0	4	0	0	0	0	0	0	1	5	
			ZGT6760NHS	HFC6730NY1F	NQ140N4	3759	103	7640/2380/2990	3500	9700	6200	0	0	0	0	0	0	0	0	0	0	46	2	48	
			ZGT6810N3G	NJ6780YFC2	NQ120N	3759	92	8080/2380/3050	3800	9400	6210	0	1	0	0	0	2	0	0	0	0	0	0	3	
			ZGT6810N3G1	EQ6780KSDN3G	EQ6100N-30	5420	95	8080/2380/3050	3800	9800	6470	0	0	6	0	6	0	0	0	0	4	0	0	16	
			ZGT6810NS	NJ6801YFC2	NQ140N4	3759	103	8080/2380/3200	3800	10200	6600	0	0	0	0	0	0	0	0	0	0	0	44	44	

续表

企业名称	车辆品牌	车辆名称	车辆型号	底盘型号	发动机型号	排量(mL)	功率(kW)	长/宽/高(mm)	轴距(mm)	总质量(kg)	整备质量(kg)	1月	2月	3月	4月	5月	6月	7月	8月	9月	10月	11月	12月	数量(辆)	合计(辆)
			ZGT6832HN3G	HFC6782CNY3	YC4G180N-30	5200	132	8260/2380/3020	3800	10500	6790	0	0	0	30	0	0	0	0	0	0	0	0	30	
						5200	132	8260/2380/3100	3800	10500	7050	0	0	0	0	0	0	0	2	0	0	0	0	2	
			ZGT6832NHS	HFC6782NY1F	NQ140N4	3759	103	8260/2380/3100	3800	10500	7300	0	0	0	0	0	0	0	0	0	0	6	0	6	
			ZGT6832NHS1	HFC6782NY2F	XL4SF-4	4750	130	8260/2380/3020	3800	10500	7040	0	0	0	0	0	0	0	0	0	0	7	0	7	
					YC4G180N-40	5200	132	8260/2380/3020	3800	10500	7040	0	0	0	0	0	0	0	0	0	0	0	36	36	
			ZGT6852N3G	NJ6800YFC1	CA6SH-NE3	5560	105	8480/2380/3080	4000	9800	6740	0	2	0	0	0	1	0	0	0	0	0	0	3	
			ZGT6852N3GA	EQ6810KSDN3G	EQ6100N-30	5420	95	8480/2380/3080	4000	9200	6270	0	0	0	36	34	2	5	1	0	1	0	29	108	
			ZGT6852N3GE	EQ6760KSDN3G	NQ170N	5638	125	8480/2380/3080	4000	9200	6270	0	0	0	0	0	1	0	0	0	0	0	0	1	
			ZGT6852NS	NJ6801YFC2	NQ140N4	3759	103	8480/2380/3080	4000	10200	6740	0	0	0	0	0	0	0	0	0	54	26	0	80	
				EQ6790KC4N	NQ140N4	3759	103	8480/2380/3080	4000	10200	6480	0	0	0	0	0	0	0	0	0	0	0	42	42	
			ZGT6910HN3G	HFC6880CNY3	NQ190N	5638	144	9080/2470/3160	4200	12900	7700	0	0	0	0	0	14	0	0	0	0	0	0	14	
			ZGT6910NHS	HFC6880NY1F	YC6J210N-40	6494	155	9080/2490/3250	4200	13000	8380	0	0	0	0	0	0	0	0	0	0	0	12	12	
		客车	ZGT6608N3G1	HFC6601CNY3	NQ120N	3759	92	5995/2240/2750	3308	5500	3850	0	0	0	0	0	0	0	0	10	0	0	0	10	
			ZGT6608NS	NJ6581YFC1	CA4GNE4	3700	85	5995/2240/2750	3308	5440	3800	0	0	0	0	0	28	0	0	0	0	0	0	28	
					NQ100N4	3759	79	5995/2240/2750	3308	5440	3800	0	0	0	0	0	0	0	0	10	0	0	0	10	
			ZGT6608NS1	HFC6570NY1F	NQ100N4	3759	79	5995/2240/2750	3308	5440	3800	0	0	0	0	0	0	0	0	2	0	0	0	2	
河南少林客车股份有限公司	少林	城市客车	SLG6100T4GE	EQ6983TN4AC1	NQ160N4	5975	118	10280/2500/3130	5000	15500	8000	0	0	0	0	0	0	0	0	10	0	0	0	10	734
			SLG6105T3GER	EQ6101HN3AC	NQ190N	5638	144	10495/2500/3110	5000	14000	8900	0	0	0	0	1	0	0	0	6	0	0	0	7	
			SLG6660T3GE	EQ6570KN3AC	NQ120N	3759	92	6620/2240/2820	3300	6500	4350	0	0	0	20	0	0	0	1	6	0	0	2	29	
				EQ6570KSDN3G	CA4GNE3	3700	85	6620/2240/2820	3300	6500	4350	0	0	0	0	0	11	0	0	0	0	0	0	11	
			SLG6661T4GE	EQ6570KN4AC1	NQ100N4	3759	79	6620/2240/2820	3300	6600	4350	0	0	3	0	0	0	0	0	0	0	1	0	4	
			SLG6700T3GF	HFC6601CNY3	CA4GNE3	3700	85	7000/2245/2820	3308	6500	4480	0	0	0	1	0	0	0	0	0	0	0	0	1	
					NQ120N	3759	92	7000/2245/2820	3308	6500	4480	0	0	0	0	0	1	0	0	0	0	0	0	1	
			SLG6730T3GE	EQ6700TN3AC	CA4GNE3	3700	85	7255/2360/3030	3300	7700	5070	14	0	0	4	14	0	0	0	8	0	1	0	41	
					NQ120N	3759	92	7255/2360/3030	3300	7700	5070	0	0	21	0	0	27	12	0	0	1	0	28	89	
			SLG6731T4GE	EQ6693TN4AC	NQ120N4	3759	92	7300/2400/3030	3300	9000	5070	0	0	0	0	0	0	0	0	0	0	0	1	1	
			SLG6750T3GE	EQ6690KN3AC	NQ150N	5638	110	7460/2360/2920	3800	8000	5100	0	0	0	0	0	0	0	0	0	0	29	0	29	

续表

企业名称	车辆品牌	车辆名称	车辆型号	底盘型号	发动机型号	排量(mL)	功率(kW)	长/宽/高(mm)	轴距(mm)	总质量(kg)	整备质量(kg)	1月	2月	3月	4月	5月	6月	7月	8月	9月	10月	11月	12月	数量(辆)	合计(辆)
			SLG6770T3GF	HFC6710CNY3	NQ120N	3759	92	7745/2400/3020	3600	8400	5740	0	3	0	0	0	0	0	0	0	0	0	0	3	
			SLG6800T4GE	EQ6780TN4AC	NQ160N4	5975	118	7990/2400/3200	3800	10400	6400	0	0	0	0	0	0	0	0	0	0	0	7	7	
			SLG6850T4GE	EQ6780TN4AC	NQ160N4	5975	118	8455/2400/3060	4000	10400	6500	0	0	0	2	32	0	0	0	0	0	0	0	34	
			SLG6880T3GER	EQ6820HN3AC	NQ170N	5638	125	8780/2400/3020	4000	12500	7400	0	0	5	0	0	0	0	0	0	0	3	0	8	
			SLG6898T4GE	EQ6850TN4AC	NQ160N4	5975	118	8945/2490/3060	4300	12500	7300	0	0	0	0	0	0	0	0	0	0	21	0	21	
			SLG6900T3GFR	HFC6880CNY3	WP6NG210E30	6750	155	8950/2500/3080	4200	12900	7550	0	0	0	0	0	0	0	0	0	8	0	0	8	
		客车	SLG6600T3F	HFC6601CNY3	CA4GNE3	3700	85	5995/2240/2800	3308	5990	4300	0	0	0	2	1	0	4	2	0	0	0	1	10	
					NQ120N	3759	92	5995/2240/3000	3308	5990	4500	0	10	0	0	0	0	0	0	0	0	8	0	18	
			SLG6600T3N	NJ6580YFC1	CA4G25NE3	2500	78	5995/2240/2800	3308	5200	3700	1	7	0	0	6	17	1	0	22	5	0	0	59	
			SLG6601T4E	EQ6570KN4AC1	NQ100N4	3759	79	5995/2240/2800	3300	6000	4200	0	0	17	5	0	0	0	1	8	0	0	0	31	
			SLG6603T3E	EQ6570KN3AC	CA4GNE3	3700	85	5995/2240/2800	3300	5990	4300	3	1	10	0	0	2	0	27	0	0	0	0	43	
					NQ120N	3759	92	5995/2240/3000	3300	5990	4500	0	0	0	86	0	0	0	0	0	0	0	0	86	
				EQ6570KSDN3G1	NQ120N	3759	92	5995/2240/2800	3300	5990	4300	0	0	0	0	21	0	4	0	46	2	5	0	78	
					NQ120N	3759	92	5995/2240/2800	3300	5990	4300	0	0	0	0	0	0	0	0	0	0	0	21	21	
			SLG6751T3E	EQ6690KN3AC	NQ150N	5638	110	7480/2330/2990	3800	7800	5200	0	1	0	0	5	2	0	0	10	0	16	5	39	
						5638	110	7480/2330/3190	3800	7800	5350	12	0	0	0	0	0	6	3	0	2	0	0	23	
						5638	110	7480/2330/3285	3800	7800	5200	0	0	6	2	0	0	0	0	0	0	0	0	8	
			SLG6800T4E	EQ6780TGN4AC	NQ180N4	6870	132	7990/2450/3350	4000	10400	7300	0	0	0	0	0	1	0	0	0	0	0	0	1	
			SLG6840T3E	EQ6822TN3AC	NQ170N	5638	125	8440/2450/3350	4000	11000	7900	0	0	0	0	0	1	0	0	0	0	0	0	1	
			SLG6840T4E	EQ6780TGN4AC	NQ180N4	6870	132	8440/2450/3350	4000	11000	7900	0	0	0	10	0	0	0	0	0	0	0	0	10	
						6870	132	8440/2450/3250	4000	11200	7700	0	0	0	0	0	0	0	1	1	0	0	0	2	
安徽安凯汽车股份有限公司	安凯	城市客车	HFF6101G39C	HFF6105D13C	WP6NG210E30	6750	155	10320/2500/3250	5000	15500	9800	0	0	8	0	0	0	0	0	0	0	0	0	8	706
					YC6G230N-30	7800	170	10320/2500/3250	5000	15500	9800	0	0	0	0	0	0	5	0	0	0	0	10	15	
			HFF6103G39C	HFF6103D39C	NQ160N4	5975	118	10140/2500/3200	4800	14200	8900	0	0	0	0	74	0	0	0	0	0	0	0	74	
			HFF6104G39C	HFF6104D39C	YC6G230N-40	7800	170	10320/2500/3250	5000	15500	9800	0	20	0	0	0	0	0	0	40	0	0	0	60	
			HFF6111G50C	HFF6111D50C	WP7NG240E40	7140	177	11350/2500/3250	5700	16500	10980	0	0	0	0	0	0	0	0	0	0	50	50	100	
			HFF6111G64C	HFF6111D64C	WP6NG240E30	6750	177	11350/2500/3465	5700	15500	10100	0	0	2	0	0	0	0	0	0	0	0	0	2	
			HFF6113G64C	承载式车身	NQ160N4	5975	118	11120/2500/3250	5500	16000	9900	0	0	0	0	0	1	0	0	0	0	0	0	1	

续表

企业名称	车辆品牌	车辆名称	车辆型号	底盘型号	发动机型号	排量(mL)	功率(kW)	长/宽/高(mm)	轴距(mm)	总质量(kg)	整备质量(kg)	1月	2月	3月	4月	5月	6月	7月	8月	9月	10月	11月	12月	数量(辆)	合计(辆)
			HFF6120GZ-4C	HFF6120DZ-4C	WP7NG240E40	7140	177	12000/2550/3250	6100	17500	11830	0	0	0	0	4	0	0	0	0	0	0	120	124	
				HFF6120DZ-4C	YC6G260N-40	7800	191	12000/2550/3250	6100	17500	11630	0	0	0	0	0	0	0	13	18	0	0	0	31	
			HFF6127GK15	HFF6129D17	SC8DT250Q3	8300	184	11860/2500/3200	6000	16000	10500	0	10	0	0	0	0	0	0	0	0	0	0	10	
			HFF6110K06C	HFF6100D06C	WP10NG260E30	9726	191	10600/2500/3550	5250	15600	11350	0	1	0	0	1	1	0	4	0	0	0	0	7	
			HFF6110LK10C	承载式车身	YC6G260N-40	7800	191	10800/2500/3520	5460	15500	11670	0	0	0	0	0	0	0	10	0	0	0	0	10	
					WP7NG270E40	7140	199	10800/2500/3520	5460	15500	11670	0	0	0	0	0	0	0	0	0	0	9	3	12	
			HFF6111K06C	HFF6101D06C	WP10NG260E40	9726	191	10600/2500/3550	5250	15600	11350	0	0	0	0	5	0	0	0	0	0	0	11	16	
					YC6L280N-40	8424	206	10600/2500/3550	5250	15600	11350	0	0	0	0	0	0	0	1	0	0	0	0	1	
			HFF6120K06C1	承载式车身	WP10NG336E40	9726	247	12000/2550/3680	6080	17200	12800	0	0	0	0	0	0	0	1	0	0	0	0	1	
					YC6MK340N-40	10338	250	12000/2550/3680	6080	17200	12800	0	0	0	0	0	0	0	0	0	0	0	18	18	
			HFF6120K06C2	承载式车身	YC6MK340N-40	10338	250	12000/2550/3680	6080	17200	12800	0	0	0	0	0	10	0	0	0	0	0	0	10	
					WP10NG336E40	9726	247	12000/2550/3680	6080	17200	12800	0	0	0	0	0	0	0	0	0	0	0	2	2	
			HFF6850K57C	HFF6820D16C	YC6J210N-40	6494	155	8490/2400/3310	4000	11750	8650	0	0	4	0	0	0	0	0	0	15	0	2	21	
			HFF6900K08C	HFF6879D35	WP6NG240E30	6750	177	8990/2500/3410	4300	12800	9500	0	0	0	6	0	1	0	0	0	0	0	6	13	
					WP6NG240E30	6750	177	8990/2500/3560	4300	12800	9500	0	0	0	0	7	0	0	0	0	0	0	0	7	
			HFF6902K08C	承载式车身	WP7NG240E40	7140	177	8990/2500/3410	4300	12800	9500	0	0	0	3	0	4	36	0	0	0	11	13	67	
					YC6G230N-40	7800	170	8990/2500/3410	4300	12800	9500	0	0	0	0	0	0	0	8	21	0	0	0	29	
			HFF6930K58C	HFF6900D28C	WP6NG240E30	6750	177	9335/2500/3410	4500	13200	9800	0	2	0	0	0	11	0	0	0	0	0	0	13	
		豪华客车	HFF6120YK40C	承载式车身	YC6M340N-30	9839	250	12000/2550/3950	6080	18000	13200	0	0	11	0	1	0	0	0	12	0	0	12	36	
			HFF6122YK40C	承载式车身	WP12NG380E40	11596	280	12000/2550/3950	6080	18000	13380	0	0	0	0	1	0	3	0	0	0	0	0	4	
		双层城市客车	HFF6120GS01C	承载式车身	ISLGEEV280	8900	209	12000/2550/4000	5170 + 1470	22500	15200	0	0	0	0	0	0	0	0	0	0	0	10	10	
		卧铺客车	HFF6120WK79C	承载式车身	YC6MK375N-40	10338	276	12000/2550/3950	6080	18000	14100	0	4	0	0	0	0	0	0	0	0	0	0	4	
东风特种汽车有限公司	东风	城市客车	EQ6661PT3	EQ6570KN3AC	CA4GNE3	3700	85	6570/2250/2780	3300	6500	4420	2	0	0	0	0	6	0	0	0	0	0	0	8	631
					NQ120N	3759	92	6570/2250/2780	3300	6500	4420	0	0	0	0	0	0	0	1	0	0	0	0	1	
			EQ6710PT3	EQ6641TN3AC	CA4GNE3	3700	85	7120/2250/2950	3300	7195	4850	0	0	0	0	0	10	0	0	0	0	0	0	10	
					NQ120N	3759	92	7120/2250/2950	3300	7195	4850	0	0	0	0	0	0	0	14	0	2	0	0	16	
						3759	92	7120/2250/3150	3300	7195	5050	0	0	0	0	0	0	0	0	0	0	0	22	22	

续表

企业名称	车辆品牌	车辆名称	车辆型号	底盘型号	发动机型号	排量(mL)	功率(kW)	长/宽/高(mm)	轴距(mm)	总质量(kg)	整备质量(kg)	1月	2月	3月	4月	5月	6月	7月	8月	9月	10月	11月	12月	数量(辆)	合计(辆)
			EQ6730CTN	EQ6693TN4AC	NQ140N4	3759	103	7260/2340/2850	3300	9000	5480	0	0	0	0	5	0	0	0	0	0	0	0	5	
						3759	103	7260/2340/3080	3300	9000	5685	0	0	0	0	0	0	0	0	0	10	3	10	23	
					NQ120N4	3759	92	7260/2340/2850	3300	9000	5480	0	0	0	0	0	0	0	1	0	0	0	0	1	
			EQ6751PTN3	EQ6720TN3AC	NQ120N	3759	92	7540/2360/2950	3650	8300	5340	0	0	0	0	1	2	0	0	1	0	2	0	6	
			EQ6770CHTN	EQ6750HN4AC	NQ140N4	3759	103	7740/2340/3210	3650	10500	7470	0	0	0	0	0	0	0	0	10	0	0	0	10	
			EQ6790PTN	EQ6760HN3AC	NQ120N	3759	92	7945/2380/2950	3800	10050	6700	0	0	26	0	0	0	0	0	56	0	0	0	82	
		客车	EQ6606LTN1	EQ6570KN4AC2	NQ120N4	3759	92	5990/2250/2780	3300	6000	4300	0	0	0	0	0	0	0	0	0	0	2	0	2	
			EQ6606PTN3	EQ6570KN3AC	CA4GNE3	3700	85	5990/2250/2780	3300	5860	4180	0	0	0	14	0	0	0	0	0	0	0	0	14	
					NQ100N3	3759	79	5990/2250/2990	3300	5860	4370	0	0	0	0	0	0	0	0	0	0	0	41	41	
					NQ120N	3759	92	5990/2250/2780	3300	5860	4180	20	1	7	0	57	0	0	0	0	13	10	0	108	
						3759	92	5990/2250/2990	3300	5860	4370	0	0	0	0	0	38	1	10	1	0	0	0	50	
			EQ6660LTN1	EQ6570KN4AC2	NQ140N4	3759	103	6570/2250/2990	3300	6600	4570	0	0	0	0	0	0	0	0	0	1	0	0	1	
			EQ6660LTN2	EQ6570KN4AC2	NQ120N4	3759	92	6570/2250/2990	3300	6600	4570	0	0	0	0	0	1	2	1	0	0	0	10	14	
						3759	92	6570/2250/2780	3300	6600	4400	0	0	0	0	0	0	0	0	0	0	2	0	2	
			EQ6661PTN5	EQ6570KN3AC	CA4GNE3	3700	85	6570/2250/2780	3300	6400	4420	0	24	0	0	0	0	0	0	1	0	0	0	25	
					NQ120N	3759	92	6570/2250/2780	3300	6400	4420	14	0	2	0	2	0	0	11	0	0	3	0	32	
						3759	92	6570/2250/2990	3300	6400	4600	0	0	0	4	0	0	12	0	0	8	0	14	38	
			EQ6730PT1	EQ6690KN3AC	EQ6100N-30	5420	95	7280/2250/2850	3800	7400	4800	0	0	0	0	0	8	0	2	0	0	0	0	10	
					NQ120N	3759	92	7280/2250/2850	3800	7400	4800	0	0	3	2	0	0	0	0	1	1	1	1	9	
					NQ150N	5638	110	7280/2250/3060	3800	7400	5030	0	0	0	0	0	0	1	0	0	0	0	0	1	
			EQ6750PTN3	EQ6690KN3AC	NQ150N	5638	110	7480/2360/2950	3800	8100	5550	9	1	0	0	0	0	1	0	0	0	0	4	15	
						5638	110	7480/2360/3160	3800	8100	5760	0	0	4	3	1	6	0	0	4	8	1	0	27	
			EQ6752LTN	EQ6690KN4AC	NQ160N4	5975	118	7480/2360/2950	3800	8500	5900	0	0	0	0	0	0	0	0	2	0	0	0	2	
			EQ6792LTN	EQ6780TGN4AC	NQ180N4	6870	132	7940/2430/3290	4000	9800	7070	0	0	0	1	0	0	0	0	0	0	0	0	1	
			EQ6792PTN3	EQ6770TN3AC1	NQ170N	5638	125	7940/2430/3060	3800	9800	6920	0	0	0	4	0	7	0	1	0	0	0	0	12	
						5638	125	7940/2430/3290	3800	9800	7070	8	0	4	0	8	0	6	0	11	0	1	5	43	

续表

企业名称	车辆品牌	车辆名称	车辆型号	底盘型号	发动机型号	排量(mL)	功率(kW)	长/宽/高(mm)	轴距(mm)	总质量(kg)	整备质量(kg)	1月	2月	3月	4月	5月	6月	7月	8月	9月	10月	11月	12月	数量(辆)	合计(辆)
上海申沃客车有限公司	申沃	城市客车	SWB6107Q	SWB6107Q	YC6J210N-40	6494	155	10480/2500/3000	5100	16000	11000	0	0	60	0	0	0	0	0	0	0	0	0	60	591
					SC8DT230Q4	8270	170	10480/2500/3400	5000	16000	11380	0	0	0	0	0	96	10	0	0	0	0	0	106	
			SWB6107Q6	SWB6107Q6	SC8DT230Q4	8270	170	10480/2500/3400	5100	16000	11380	0	0	0	30	0	0	0	0	0	15	0	0	45	
					WP6NG210E30	6750	155	10480/2500/3400	5100	16000	11000	0	0	0	0	0	0	0	0	18	0	0	0	18	
						6750	155	10480/2500/3400	5100	16000	11380	0	0	0	0	0	0	0	0	0	0	0	2	2	
			SWB6115Q7-3	SWB6115Q7-3	WP7NG240E40	7140	177	11420/2500/3400	5700	16900	12280	96	0	0	0	0	0	0	0	110	0	0	0	206	
						7140	177	11420/2500/3400	5700	16900	11600	0	0	0	0	0	0	0	0	0	120	0	4	124	
					SC8DT250Q4	8270	184	11420/2500/3400	5700	16900	12280	0	0	0	30	0	0	0	0	0	0	0	0	30	
一汽客车（大连）有限公司	解放	城市客车	CA6101UFN32	CA6990CFN23	CA6SH-N1E4	5560	110	10490/2500/3160	5000	13200	8588	0	0	20	0	0	100	0	0	0	0	40	0	160	571
					NQ160N4	5975	118	10490/2500/3160	5000	13200	8588	0	0	0	0	0	0	39	0	0	65	0	80	184	
			CA6125SH9	CA6124D116-1T	BF6M1013-26E4N	7146	203	11995/2550/3470	6100	18000	11852	0	0	1	0	0	50	0	35	0	0	0	0	86	
					WP7NG260E40	7140	191	11995/2550/3470	6100	18000	11852	0	0	0	33	43	0	0	0	0	0	0	0	76	
			CA6862SQ9	CA6833D87	CA6SH-NE3	5560	105	8593/2500/3035	4000	11000	7345	0	0	0	0	0	0	5	0	0	0	26	32	63	
			CA6862UFN31	CA6830CFN21	NQ160N4	5975	118	8593/2500/3035	4000	11000	7345	0	0	0	0	0	0	0	0	0	0	0	2	2	
四川南骏汽车有限公司	南骏	城市客车	CNJ6100HNB	EQ6101HN3AC	NQ190N	5638	144	10260/2500/3100	5000	14000	8860	0	0	1	0	0	0	0	0	0	0	0	0	1	567
			CNJ6100JHNM	CNJ6100THNM	YC6J210N-40	6454	155	10490/2500/3300	5000	14340	9400	0	0	0	0	0	2	0	0	0	0	0	0	2	
			CNJ6100JNB	EQ6980TN3AC1	EQ6100N-30	5420	95	10260/2500/3100	5000	13000	7695	0	0	2	36	0	0	0	0	0	0	0	0	38	
					NQ150N	5638	110	10260/2500/3100	5000	13000	7695	0	0	0	0	0	0	1	1	0	0	0	1	3	
			CNJ6100JQNM	CNJ6950TQNM	NQ160N4	5975	118	10490/2500/3100	5000	13270	7700	20	0	0	0	0	1	0	0	0	0	0	10	31	
						5975	118	10490/2500/3300	5000	13270	8000	0	12	0	0	0	0	24	8	0	0	0	0	44	
					NQ180N4	6870	132	10490/2500/3300	5000	13270	8000	0	0	0	0	0	0	0	0	0	0	27	0	27	
			CNJ6660ENG1B	CNJ6590NB	NQ100N3	3759	79	6580/2250/2960	3300	7080	4540	0	0	4	0	0	0	0	2	4	0	0	0	10	
					NQ120N	3759	88	6580/2250/2960	3300	7080	4540	0	0	0	1	0	0	2	0	0	0	0	0	3	
						3759	88	6580/2250/3160	3300	7080	4740	0	0	0	0	0	0	0	0	0	0	1	0	1	
			CNJ6661JQNM	CNJ6573KQNM	NQ120N4	3759	92	6600/2250/3060	3300	6500	4610	0	0	0	0	1	0	0	0	0	0	0	0	1	
			CNJ6720JNG1B	CNJ6680JNGB	NQ100N3	3759	79	7220/2370/3000	3300	7330	4400	0	0	9	0	3	1	12	0	0	1	0	0	26	
						3759	79	7220/2370/3200	3300	7330	4600	0	0	0	0	0	0	0	6	0	0	0	0	6	
					NQ120N	3759	88	7220/2370/3200	3300	7330	4600	1	0	0	0	0	0	0	0	0	0	0	0	1	
						3759	88	7220/2370/3000	3300	7330	4400	0	0	0	0	0	0	0	0	18	0	9	0	27	
				EQ6700TN3AC		3759	92	7220/2370/3200	3300	7330	4600	0	0	0	0	0	0	0	0	0	0	0	20	20	

续表

企业名称	车辆品牌	车辆名称	车辆型号	底盘型号	发动机型号	排量(mL)	功率(kW)	长/宽/高(mm)	轴距(mm)	总质量(kg)	整备质量(kg)	1月	2月	3月	4月	5月	6月	7月	8月	9月	10月	11月	12月	数量(辆)	合计(辆)
			CNJ6750JNB	CNJ6680JNGB	NQ120N	3759	88	7460/2370/2830	3300	7700	4700	6	0	0	0	5	1	0	16	0	0	1	0	29	
			CNJ6780JNGB	CNJ6720JNGB	NQ120N	3759	88	7760/2370/3000	3650	8400	5320	1	1	10	0	1	6	0	0	40	8	0	4	71	
						3759	88	7760/2370/3200	3650	8400	5520	0	0	0	4	0	0	0	0	0	0	0	0	4	
			CNJ6780JQNM	CNJ6721TQNM	NQ120N4	3759	92	7840/2370/3000	3650	8500	5440	0	0	0	0	5	0	0	0	0	0	0	0	5	
					NQ140N4	3759	103	7840/2370/3200	3650	8500	5640	0	0	0	0	0	0	0	0	21	0	0	0	21	
			CNJ6850JQNM	CNJ6800TQNM	NQ160N4	5975	118	8500/2400/3000	4000	10120	6600	0	0	10	0	4	6	11	0	20	0	0	0	51	
						5975	118	8500/2400/3000	3900	10120	6600	0	0	0	0	0	0	0	0	0	1	0	0	1	
			CNJ6851TNB	CNJ6810TNB	NQ150N	5638	110	8500/2400/3000	4000	9400	6200	0	0	0	0	0	21	0	0	0	0	0	0	21	
					NQ160N3	5975	118	8500/2400/3000	3900	9400	6200	0	0	0	4	0	0	0	0	0	0	0	0	4	
						5975	118	8500/2400/3200	4000	9400	6400	0	0	0	0	0	0	0	0	0	0	0	5	5	
			CNJ6920JNB	EQ6900TN3AC1	EQ6100N-30	5420	95	9245/2500/3100	4500	11650	7200	0	0	1	0	0	0	0	0	0	0	0	0	1	
					NQ150N	5638	110	9245/2500/3100	4500	11650	7200	0	0	0	0	0	0	0	8	3	0	2	0	13	
			CNJ6920JQNM	CNJ6900TQNM	NQ160N4	5975	118	9245/2500/3100	4500	11825	7400	0	0	0	0	0	0	1	0	0	0	1	0	2	
		客车	CNJ6600LQNM	CNJ6570KQNM	NQ100N4	3759	79	5995/2250/2960	3300	5900	4410	0	0	0	0	0	0	0	1	0	0	1	0	2	
			CNJ6601HB	CNJ6590NB	NQ100N3	3759	79	5995/2250/2860	3300	5800	4118	0	0	0	0	0	3	0	3	0	3	0	6	15	
					NQ120N	3759	88	5995/2250/2860	3300	5800	4118	0	0	3	0	0	0	0	0	0	0	0	0	3	
						3759	88	5995/2250/3060	3300	5800	4318	0	0	0	1	3	0	1	0	0	0	0	0	5	
			CNJ6660LQNM	CNJ6574KQNM	NQ120N4	3759	92	6600/2250/2960	3300	6610	4610	0	0	0	0	0	0	0	0	0	0	2	0	2	
			CNJ6750LQNM	CNJ6690KQNM	NQ140N4	3759	103	7495/2370/3100	3800	8500	5960	0	0	1	0	0	0	0	0	0	0	0	0	1	
					NQ160N4	5975	118	7495/2370/3200	3800	8500	6160	0	0	0	0	2	17	1	0	0	0	1	0	21	
						5975	118	7495/2370/3100	3800	8500	5960	0	0	0	0	0	0	0	0	2	0	0	0	2	
			CNJ6750NB	CNJ6691NJB	NQ160N3	5975	118	7495/2370/3200	3800	7910	5570	0	0	0	0	1	0	0	0	0	0	0	0	1	
			CNJ6751JN1B	CNJ6690NJB	NQ120N	3759	92	7495/2370/3000	3800	7910	5370	0	0	1	4	3	2	0	0	0	0	0	0	10	
				EQ6690KN3AC	NQ150N	5638	110	7495/2370/3200	3800	7910	5570	1	1	0	0	0	0	5	3	0	0	0	1	11	
			CNJ6800TNB	CNJ6770TNB	NQ160N3	5975	118	7995/2400/3300	3800	9160	6508	4	0	0	0	2	1	0	3	0	0	0	1	11	
						5975	118	7995/2400/3100	3800	9160	6258	0	0	2	0	0	0	0	0	0	0	0	0	2	
					NQ170N	5638	125	7995/2400/3300	3800	9160	6508	0	0	0	2	0	0	5	0	0	0	0	0	7	
			CNJ6800LQNM	CNJ6771TQNM	NQ160N4	5975	118	7995/2400/3300	3800	9750	7000	0	0	0	0	0	1	1	0	0	0	0	0	2	

续表

企业名称	车辆品牌	车辆名称	车辆型号	底盘型号	发动机型号	排量(mL)	功率(kW)	长/宽/高(mm)	轴距(mm)	总质量(kg)	整备质量(kg)	1月	2月	3月	4月	5月	6月	7月	8月	9月	10月	11月	12月	数量(辆)	合计(辆)
金华青年汽车制造有限公司			CNJ6830RNB	EQ6810RN3AC	NQ190N	5638	144	8325/2450/3400	4000	11650	8400	0	1	0	0	0	0	0	0	0	0	0	0	1	
			CNJ6831RNB	CNJ6810RNB	NQ190N	5638	144	8325/2450/3550	4000	11650	8600	0	0	0	0	0	0	0	1	0	0	1	0	2	
	青年	城市客车	JNP6800GC	承载式车身	YC4G180N-30	5200	132	7975/2450/3260	3800	10800	7300	0	0	5	0	0	0	0	0	0	0	0	0	5	554
		豪华城市客车	JNP6105GC	承载式车身	YC6G230N-40	7800	170	10500/2500/3165	5100	15800	10250	0	0	0	0	0	0	0	0	40	0	0	0	40	
			JNP6120LNG	承载式车身	YC6G260N-40	7800	191	12000/2550/3200	5980	18000	11800	0	0	18	0	0	0	50	0	0	0	0	0	68	
					WP7NG270E40	7140	199	12000/2550/3165	5980	18000	11500	0	0	0	0	0	0	0	0	0	0	0	24	24	
			JNP6140GVC	承载式车身	ISLGEEV280	8900	209	13700/2550/3165	6100 + 1400	22500	13650	0	0	0	0	0	0	0	0	0	0	0	20	20	
			JNP6181GC	承载式车身	SC9DT280Q4	8820	206	18000/2550/3330	5720 + 6200	28000	18200	0	0	0	0	0	0	0	50	0	0	0	0	50	
			JNP6181GVC	承载式车身	ISLGEEV320	8900	239	18000/2550/3205	5720 + 6200	28000	17850	0	0	0	0	0	0	0	0	90	0	0	0	90	
		豪华旅游客车	JNP6100DN	承载式车身	WP7NG260E40	7140	191	10150/2500/3430	5000	14700	11150	0	0	0	0	1	2	0	3	1	3	0	0	10	
					YC6G260N-40	7800	191	10150/2500/3430	5000	14700	11150	0	0	0	0	0	0	8	0	0	0	0	6	14	
			JNP6120FN	承载式车身	YC6MK375N-40	10338	276	12000/2550/3760	6050	18000	13700	0	0	0	0	0	0	0	0	0	0	0	6	6	
			JNP6122DCN	承载式车身	WP10NG336E40	9726	247	12000/2550/3430	6100	17300	13300	5	0	0	0	0	0	0	0	0	0	0	0	5	
			JNP6122DCN-1	承载式车身	WP10NG336E40	9726	247	12000/2550/3430	6100	18000	13300	1	0	0	0	4	0	0	0	0	1	0	19	25	
					YC6MK340N-40	10338	250	12000/2550/3430	6100	18000	13300	0	0	0	0	0	0	0	6	0	0	0	0	6	
			JNP6127FN	承载式车身	WP12NG380E40	11596	280	12000/2550/3960	5800	18000	14490	0	0	0	0	0	0	0	9	2	0	0	15	26	
						11596	280	12000/2550/3960	5800	18000	13395	0	0	0	0	0	0	0	0	0	0	1	0	1	
			JNP6127FN-1	承载式车身	YC6MK375N-40	10338	276	12000/2550/3960	5800	18000	13395	0	0	0	0	0	0	0	0	0	2	0	9	11	
			JNP6127LN	承载式车身	WP10NG336E40	9726	247	12000/2550/3850	5800	17200	13200	19	0	0	9	6	0	0	4	9	0	0	0	47	
					YC6MK340N-40	10338	250	12000/2550/3850	5800	17200	13200	0	0	16	0	0	2	0	0	0	0	0	18	36	
			JNP6127LN-1	承载式车身	WP10NG336E40	9726	247	12000/2550/3850	5800	17850	13200	0	2	0	0	0	10	8	0	0	0	0	0	20	
		双层城市客车	JNP6130GSC	承载式车身	ISLGEEV280	8900	209	12700/2550/4000	5800 + 1500	24500	15900	0	0	0	0	0	0	0	0	0	0	0	50	50	
中国重汽集团济南豪沃客车有限公司	黄河	城市客车	JK6109GDC	EQ6980TN3AC1	NQ150N	5638	110	10500/2500/3240	5000	13000	8770	0	0	0	0	11	12	0	0	0	0	0	0	23	476
			JK6109GDN	EQ6983TN4AC1	NQ160N4	5975	118	10500/2500/3140	5000	13000	8400	0	0	10	0	0	0	0	0	0	0	0	0	10	
			JK6109GN	ZZ6107GH1DC	YC6J210N-40	6454	155	10500/2500/3240	5000	16500	11300	0	0	0	0	0	0	0	0	0	10	0	151	161	

续表

企业名称	车辆品牌	车辆名称	车辆型号	底盘型号	发动机型号	排量(mL)	功率(kW)	长/宽/高(mm)	轴距(mm)	总质量(kg)	整备质量(kg)	1月	2月	3月	4月	5月	6月	7月	8月	9月	10月	11月	12月	数量(辆)	合计(辆)
			JK6129GC	ZZ6127GM1CC	T10. 27-40	9726	196	11990/2550/3180	6000	18000	12150	0	0	53	0	0	0	0	0	0	0	0	4	57	
			JK6129GN	ZZ6127GM1DC	YC6G260N-40	7800	191	11990/2550/3240	6000	18000	12600	0	0	0	0	67	0	0	0	0	0	0	0	67	
			JK6729DGN	HFC6640NY1F	NQ120N4	3759	92	7200/2300/2820	3300	7450	4700	0	0	0	0	6	6	0	0	0	0	34	0	46	
			JK6779DGC	EQ6720TN3AC	NQ120N	3759	92	7745/2400/3020	3650	8400	5540	0	0	0	0	22	0	0	0	0	0	0	0	22	
			JK6839GN	ZZ6787GG1DC	YC4G180N-40	5200	132	8260/2500/3400	3800	12000	8425	0	0	0	0	0	0	0	0	0	0	0	66	66	
			JK6859DGC	EQ6770TN3AC	NQ150N	5638	110	8500/2400/3050	3900	9800	6400	0	0	8	0	0	0	0	0	0	0	0	0	8	
						5638	110	8500/2400/3200	3900	9800	6600	0	0	0	0	5	0	0	0	0	0	0	0	5	
			JK6919GN	ZZ6887GH1DN	YC6J210N-40	6454	155	9145/2500/3080	4200	13200	9100	0	0	0	0	4	0	0	0	0	0	0	0	4	
		客车	JK6118HN	ZZ6117HK1DN	YC6G260N-40	7800	191	10990/2500/3500	5600	15900	11900	0	0	0	0	0	0	0	0	0	3	0	0	3	
			JK6858HNA	ZZ6827HH1DC	YC6J210N-40	6454	155	8540/2430/3300	4100	11600	8400	0	0	0	0	1	0	0	0	0	0	0	0	1	
						6454	155	8540/2430/3300	4100	11300	8400	0	0	0	0	0	0	0	0	0	1	0	0	1	
			JK6898HNA	ZZ6877HH1DC	YC6J210N-40	6454	155	8945/2430/3300	4300	11900	8800	0	0	0	0	0	0	0	0	0	2	0	0	2	
上海申龙客车有限公司	申龙	城市客车	SLK6105UF6N3	FZ6105U6N3	WP6NG240E30	6750	177	10500/2500/3490	5000	15000	11100	0	0	0	0	0	0	0	0	0	20	0	0	20	445
			SLK6115UF5N	FZ6115U5N	WP7NG270E40	7140	199	11380/2500/3490	5700	17000	12080	0	0	0	0	1	0	0	0	0	0	0	0	1	
					YC6G260N-40	7800	191	11380/2500/3220	5700	17000	12080	0	0	0	0	0	0	0	0	0	0	50	70	120	
			SLK6125UF5N	FZ6125U5N	YC6G260N-40	7800	191	11980/2500/3220	6000	18000	12530	0	0	0	0	0	0	0	0	0	0	14	2	16	
			SLK6753UF5N	FZ6723U5N	YC4D140N-40	4214	103	7490/2300/3050	3600	10600	7800	0	0	0	0	0	0	0	0	0	0	0	50	50	
			SLK6775UF5N	FZ6745U5N	YC4G180N-40	5200	132	7740/2350/3050	3600	11000	8000	0	0	0	0	0	0	0	0	0	0	0	10	10	
			SLK6805UF5N	FZ6775U5N	WP5NG180E40	4760	132	8000/2350/3050	3800	12200	8420	0	0	17	4	0	0	0	0	0	0	0	0	21	
					YC4G180N-40	5200	132	8000/2350/3050	3800	12200	8420	0	0	0	0	0	20	0	0	0	0	0	0	20	
			SLK6805UF5N3	FZ6775U5N3	YC4G180N-30	5200	132	7995/2350/3290	3800	11400	8020	0	0	0	0	0	0	10	0	0	1	0	0	11	
			SLK6855UF2N3	FZ6825U2N3	NQ190N	5638	144	8545/2450/3440	4000	12200	8900	0	0	0	0	0	0	0	0	1	0	0	0	1	
			SLK6855UF5N	FZ6825U5N	SC5DT180Q4	5308	132	8545/2450/3200	4000	12200	8940	0	0	0	0	0	0	0	0	0	22	0	0	22	
			SLK6935UF5N	FZ6905U5N	NQ230N4	6870	169	9340/2500/3460	4400	13700	9900	0	0	0	0	0	0	0	0	20	0	0	0	20	
					YC6J210N-40	6454	155	9340/2500/3220	4400	13700	9900	0	0	0	0	0	0	0	0	0	0	0	30	30	
		客车	SLK6112F5AN	FZ6102A5N	WP7NG270E40	7140	199	10800/2500/3600	5300	16000	12020	0	0	0	0	0	17	0	0	2	0	0	0	19	
			SLK6802F5AN	FZ6772A5N	YC4G180N-40	5200	132	7995/2450/3320	3800	10150	7420	0	0	0	30	0	0	0	0	0	0	0	30	60	
			SLK6872F5AN	FZ6832A5N	YC6J210N-40	6454	155	8720/2450/3570	4200	12900	9850	0	0	0	0	0	2	5	1	0	0	0	0	8	

续表

企业名称	车辆品牌	车辆名称	车辆型号	底盘型号	发动机型号	排量(mL)	功率(kW)	长/宽/高(mm)	轴距(mm)	总质量(kg)	整备质量(kg)	1月	2月	3月	4月	5月	6月	7月	8月	9月	10月	11月	12月	数量(辆)	合计(辆)
			SLK6900F5N3	FZ6880A5N3	YC6G230N-30	7800	170	8995/2450/3630	4350	12900	9850	0	0	0	13	0	0	0	2	0	0	0	0	15	
			SLK6902F5AN	FZ6882A5N	WP6NG240E40	6750	176	8975/2500/3570	4350	13200	10150	0	0	0	0	0	1	0	0	0	0	0	0	1	
河北长安汽车有限公司	长安	城市客车	SC6101NA3	CA6993D85A	CA6SH-NE3	5560	105	10200/2500/3010	5000	13200	7950	0	0	0	0	0	0	0	0	15	0	0	0	15	439
			SC6607N1G3	SC6580DN1G3	NQ120N	3759	92	5995/2220/2780	3300	5635	4150	0	0	0	1	0	0	0	0	0	0	0	0	1	
					NQ100N3	3759	79	5995/2220/2780	3300	5635	4150	0	0	0	0	0	0	0	0	4	6	0	0	10	
			SC6662NG3	SC6580DN1G3	NQ120N	3759	92	6600/2260/2805	3300	6850	4450	0	0	0	0	15	0	0	0	0	0	2	0	17	
					NQ100N3	3759	79	6600/2260/2805	3300	6850	4450	0	0	0	0	0	0	0	0	0	0	0	12	12	
			SC6711NG3	SC6580DN1G3	CA4GNE3	3759	85	7110/2240/2825	3300	7000	4650	0	0	4	0	0	0	0	0	0	4	0	0	8	
					NQ100N3	3759	79	7110/2240/2825	3300	7000	4650	0	0	0	0	0	0	0	0	0	4	0	0	4	
			SC6721NG3	SC6681NG3	CA4GNE3	3700	85	7166/2310/2910	3300	7720	5440	0	0	0	0	3	1	0	0	0	0	0	15	19	
					NQ120N	3759	92	7166/2310/2910	3300	7720	5440	2	0	1	0	0	0	4	0	6	6	19	0	38	
			SC6721NG4	SC6681DNG4	NQ120N4	3759	92	7216/2310/2910	3300	8100	5440	0	0	0	0	0	0	0	0	0	0	7	0	7	
			SC6751HNG3	SC6730DNG3	NQ120N	3759	92	7455/2340/3050	3300	9400	6000	0	0	0	0	0	0	0	0	1	0	20	18	39	
			SC6781HNG3	SC6730DNG3	NQ120N	3759	92	7750/2340/3050	3500	9400	6200	0	0	0	0	0	0	0	0	0	0	4	0	4	
			SC6781NG4	SC6750DNG4	NQ120N4	3759	92	7805/2320/2960	3650	9500	5720	0	0	0	0	0	0	0	0	0	0	1	60	61	
			SC6820NG3	SC6740DNG3	CA6SH-NE3	5560	105	8155/2380/3060	3800	9400	6000	0	0	2	0	0	0	0	0	0	0	0	0	2	
					NQ160N3	5975	118	8155/2380/3060	3800	9400	6000	0	0	0	0	0	0	0	0	16	0	0	0	16	
			SC6842HNJ4	HFC6782NY1F	NQ140N4	3759	103	8360/2380/3050	3800	10500	6850	0	0	0	0	0	0	0	0	0	0	0	2	2	
			SC6842NG3	HFC6782NY1G3	NQ120N	3759	92	8360/2380/3050	3800	10500	6850	0	0	0	20	10	0	0	0	0	31	0	12	73	
			SC6850NG4	SC6810DNG4	NQ160N4	5975	118	8515/2380/3050	4000	11200	6900	0	0	0	0	0	0	0	0	0	0	0	15	15	
			SC6910HNJ3	HFC6880CNY3	YC6J210N-30	6454	140	9090/2490/3050	4200	12900	8200	12	0	0	0	0	0	0	0	0	0	0	0	12	
						6454	155	9090/2490/3250	4200	12900	8500	0	0	0	0	0	0	0	0	0	0	0	12	12	
					NQ190N	5638	144	9090/2490/3050	4200	12900	8200	0	0	0	0	10	0	5	0	0	0	0	0	15	
		客车	SC6607NG3	SC6580DN1G3	CA4GNE3	3700	85	5995/2220/2780	3300	5635	4150	2	0	0	0	0	0	0	0	0	0	0	0	2	
					NQ100N3	3759	79	5995/2220/2780	3300	5635	4150	0	0	0	0	1	0	0	0	0	2	0	0	3	
			SC6607NG4	SC6580DNG4	NQ100N4	3759	79	5995/2220/2780	3300	5635	4150	0	0	0	0	0	0	0	36	0	0	0	0	36	
			SC6608BFNG3	SC6580DNG3	CA4G25NE3	2500	78	5990/2120/2665	3300	5100	3550	6	0	0	1	0	0	0	0	0	0	0	0	7	

续表

企业名称	车辆品牌	车辆名称	车辆型号	底盘型号	发动机型号	排量(mL)	功率(kW)	长/宽/高(mm)	轴距(mm)	总质量(kg)	整备质量(kg)	1月	2月	3月	4月	5月	6月	7月	8月	9月	10月	11月	12月	数量(辆)	合计(辆)
			SC6687NG3	SC6580DN2G3	NQ100N3	3759	79	6800/2260/2865	3800	6650	4450	0	0	0	0	0	0	2	1	0	0	0	0	3	
			SC6726NG3	SC6650NG3	NQ120N	3759	92	7260/2280/2880	3800	7140	4720	2	0	0	0	0	0	0	0	2	0	0	0	4	
						3759	92	7260/2280/3030	3800	7340	4920	0	0	0	0	0	0	0	0	0	0	2	0	2	
安徽江淮客车有限公司	合客	城市客车	HK6105HGQ	HFC6100CNY3	YC6G260N-30	7800	191	10430/2500/3070	5000	15500	9900	0	5	9	0	30	0	90	16	0	0	0	0	150	397
			HK6105HGQ	HFC6100CNY3	YC6G260N-30	7800	191	10430/2500/3170	5000	15500	10150	0	0	0	0	0	10	0	0	0	0	0	5	15	
			HK6105HGQ4	HFC6100NY1F	YC6G230N-40	7800	170	10430/2500/3170	5000	15000	9800	0	0	0	0	0	0	2	0	0	0	0	0	2	
			HK6668GQ	HFC6601CNY3	NQ120N	3759	92	6620/2240/2795	3308	6800	4450	0	0	0	1	0	1	0	2	0	0	22	0	26	
						3759	92	6620/2240/2995	3308	6800	4600	0	0	0	0	1	0	0	0	0	0	0	0	1	
			HK6746GQ	HFC6710CNY3	NQ120N	3759	92	7390/2420/3050	3300	8400	5600	4	0	0	0	0	10	0	0	0	0	6	5	25	
						3759	92	7390/2420/3220	3300	8400	5750	0	0	0	1	0	0	10	0	0	0	0	0	11	
			HK6813GQ	HFC6770NYG3	NQ150N	5638	110	8130/2420/3070	3800	10000	6500	0	0	0	0	0	0	0	0	0	0	2	0	2	
			HK6850HGQ	HFC6832NYG3	YC4G180N-30	5200	132	8500/2420/3170	3900	12000	7950	0	12	10	0	0	0	0	0	15	0	35	0	72	
						5200	132	8500/2420/3070	3900	12000	7700	0	0	0	3	0	0	1	10	0	0	0	0	14	
			HK6850HGQ4	HFC6832NY1F	YC4G180N-40	5200	132	8500/2420/3170	3900	12000	7850	0	0	0	15	0	0	0	0	0	0	0	0	15	
						5200	132	8500/2420/3070	3900	12000	7460	0	0	0	0	0	0	0	0	0	10	0	0	10	
		客车	HK6608Q	HFC6601CNY3	NQ120N	3759	92	5990/2240/2795	3308	5900	4300	0	0	0	4	0	0	0	0	0	0	0	0	4	
						3759	92	5990/2240/2995	3308	5900	4400	0	0	0	0	0	1	3	11	0	0	33	0	48	
			HK6867HQ	HFC6840NYG3	YC6J210N-30	6454	155	8620/2450/3326	4100	11800	8700	0	0	0	0	0	0	0	1	0	0	0	0	1	
			HK6909HQ4	HFC6870NY1F	YC6J210N-40	6494	155	8970/2450/3345	4300	11900	8850	0	0	0	0	0	0	0	1	0	0	0	0	1	
新疆中通客车有限公司	西域	城市客车	XJ6106GC	CA6980D85-2	CA6SH-NE3	5560	105	10350/2450/3120	5000	13200	8620	0	0	0	0	1	0	0	0	0	0	0	0	1	373
			XJ6106GC-3	EQ6920KSDN3G	EQ6100N-30	5420	95	10350/2450/3120	5000	13000	8420	0	0	0	0	2	0	0	0	0	0	0	0	2	
			XJ6108GC	EQ6100KSDN3G	NQ160N3	5975	118	10430/2490/3120	5000	13500	8595	0	0	0	0	1	0	0	0	0	0	0	10	11	
			XJ6109GC	EQ6983TN4AC1	NQ160N4	5975	118	10500/2500/3100	5000	15000	8520	0	0	0	1	0	0	0	33	31	12	0	0	77	
			XJ6120GC	EQ6120KC4N	NQ180N4	6870	132	11990/2500/3060	6000	18000	10450	0	0	0	1	0	0	0	0	0	0	0	0	1	
			XJ6720GC	EQ6570KSDN3G1	NQ120N	3759	92	7180/2350/2860	3300	7400	4300	0	0	0	0	0	0	1	0	0	0	5	2	8	
			XJ6741GC	EQ6700KSDN3G	NQ120N	3759	92	7360/2350/2860	3300	8600	5100	0	1	22	5	6	9	9	5	6	0	14	3	80	
			XJ6830GC	EQ6780KSDN3G	NQ150N	5638	110	8260/2400/3020	3800	9800	5950	0	13	5	0	0	0	0	0	0	0	0	0	18	
			XJ6859GC	EQ6970KC4N	YC4D140N-40	4214	103	8545/2500/3060	4000	11500	7300	0	0	0	1	0	20	0	0	40	0	12	30	103	

续表

企业名称	车辆品牌	车辆名称	车辆型号	底盘型号	发动机型号	排量(mL)	功率(kW)	长/宽/高(mm)	轴距(mm)	总质量(kg)	整备质量(kg)	1月	2月	3月	4月	5月	6月	7月	8月	9月	10月	11月	12月	数量(辆)	合计(辆)
东风南充汽车有限公司	东风	客车	XJ6600TC1	EQ6570KSDN3G1	NQ120N	3759	92	5995/2260/2830	3300	5660	4080	0	0	0	2	1	24	0	0	8	0	13	0	48	362
						3759	92	5995/2260/2930	3300	5660	4080	1	0	0	0	0	0	1	0	0	0	0	3	5	
			XJ6661TC	EQ6570KSDN3G1	NQ120N	3759	92	6640/2260/2930	3300	7080	4690	0	0	6	2	0	0	0	0	0	0	0	1	9	
			XJ6661TC1	EQ6570KSDN3G1	NQ120N	3759	92	6640/2260/2930	3300	7080	4690	1	1	1	1	2	0	0	0	0	0	3	1	10	
		城市客车	EQ6660PCN30	EQ6580KSN30	NQ115N	3759	85	6640/2250/2800	3300	7080	4450	8	0	2	6	0	0	1	0	0	0	11	6	34	
						3759	85	6640/2250/3000	3300	7080	4610	0	0	0	0	1	18	0	3	6	21	0	0	49	
			EQ6660PCN40	EQ6581KSN40	NQ120N4	3759	92	6640/2280/2800	3300	7080	4450	0	0	0	0	0	1	0	3	1	3	6	0	14	
			EQ6730PCN30	EQ6680KTCN30	NQ120N	3759	92	7345/2280/2900	3300	7880	5050	0	0	0	1	0	0	0	0	0	6	0	0	7	
						3759	92	7345/2280/3100	3300	7880	5150	0	0	0	0	0	6	0	0	6	0	0	0	12	
			EQ6751PCN30	EQ6740KTN30	NQ120N	3759	92	7495/2360/3040	3800	8620	5300	0	2	0	0	2	1	1	0	12	0	0	0	18	
			EQ6751PCN40	EQ6740KTN40	NQ120N4	3759	92	7495/2360/3040	3800	8620	5300	1	13	0	4	0	0	0	0	2	6	0	0	26	
			EQ6810PCN31	EQ6780KTN31	NQ170N	5638	125	8100/2360/3240	3800	9480	5515	0	0	0	1	0	0	0	7	5	0	0	0	13	
			EQ6860PCN40	EQ6820KTN40	NQ160N4	5975	118	8560/2500/3260	4000	12000	7000	0	0	0	0	0	0	1	0	0	0	0	0	1	
						5975	118	9600/2480/3260	4700	13500	7500	1	0	0	0	0	0	0	0	0	0	1	0	2	
		客车	EQ6600PCN30	EQ6580KSN30	NQ115N	3759	85	5998/2250/3000	3300	5650	4168	1	1	9	0	0	7	1	4	9	14	9	0	55	
						3759	85	5998/2250/2800	3300	5650	4068	0	0	0	14	1	0	0	0	0	14	9	2	40	
			EQ6600PCN40	EQ6581KSN40	NQ120N4	3759	92	5980/2260/2800	3300	5650	4068	0	0	0	0	0	0	0	4	0	0	0	0	4	
					NQ100N4	3759	79	5980/2260/2800	3300	5650	4068	0	0	0	0	0	0	0	0	3	0	0	10	13	
			EQ6666PC	EQ6581KSN40	NQ120N4	3759	92	6640/2260/2850	3300	6740	4550	0	0	0	0	0	0	0	0	0	0	0	13	13	
			EQ6750PCN30	EQ6690KSN30	NQ120N	3759	92	7495/2360/3060	3800	7662	5200	0	0	0	0	2	0	1	0	0	1	0	0	4	
			EQ6750PCN31	EQ6690KSN31	NQ150N	5638	110	7495/2360/3100	3800	8382	6120	0	0	7	0	1	12	5	0	0	0	3	4	32	
						5638	110	7495/2360/2900	3800	8382	5920	0	0	0	0	0	0	0	0	8	6	0	0	14	
			EQ6760PCN40	EQ6690KSN40	NQ140N4	3759	103	7595/2380/3240	3800	8550	6120	0	0	0	0	0	0	0	0	0	0	0	11	11	
珠海市广通汽车有限公司	广通	城市客车	GTQ6116N4GJ5	EQ6101HN4AC1	YC6G230N-40	7800	170	10690/2500/3140	5000	16000	10640	0	0	0	0	0	0	1	0	0	0	0	0	1	362
			GTQ6117N4GJ5	EQ6110HN4ACD	YC6G260N-40	7800	191	11480/2500/3140	5800	16500	10975	0	0	0	0	0	0	0	0	50	60	0	125	235	
			GTQ6762N4GJ	HFC6730NY1F	YC4D140N-40	4214	103	7585/2380/3040	3500	8550	6080	0	0	0	0	0	6	0	0	0	0	30	25	61	
			GTQ6857N4GJ	HFC6832NY1F	YC4G180N-40	5200	132	8548/2500/3140	3900	12000	8600	0	0	0	0	0	0	0	0	0	30	35	0	65	

续表

企业名称	车辆品牌	车辆名称	车辆型号	底盘型号	发动机型号	排量(mL)	功率(kW)	长/宽/高(mm)	轴距(mm)	总质量(kg)	整备质量(kg)	1月	2月	3月	4月	5月	6月	7月	8月	9月	10月	11月	12月	数量(辆)	合计(辆)
四川汽车工业股份有限公司	野马	城市客车	SQJ6101B1N4	EQ6983TN4AC1	NQ160N4	5975	118	9990/2500/3300	5000	13500	8620	0	3	0	0	1	0	0	0	0	0	0	0	4	357
			SQJ6101B2N4	EQ6983TN4AC1	YC6B170N-40	6870	125	10120/2500/3150	5000	13500	8460	0	0	0	0	0	0	0	0	0	0	0	10	10	
			SQJ6111B1N3H	EQ6101HN3AC	NQ190N	5638	144	10600/2500/3150	5200	14000	9200	0	0	0	0	0	0	1	0	0	1	0	0	2	
			SQJ6111B1N4H	EQ6101HN4AC1	YC6J210N-40	6454	155	10600/2500/3100	5200	16500	11620	0	0	0	0	0	0	0	0	0	0	55	0	55	
			SQJ6121B2N4H	EQ6120HN4AC	YC6G230N-40	7800	170	11990/2550/3450	6200	18000	12100	0	0	0	0	0	0	0	38	0	0	52	0	90	
			SQJ6661B1N3	EQ6570KN3AC	NQ120N	3759	92	6580/2300/2850	3300	6500	4290	0	0	0	0	1	0	10	0	3	0	1	0	15	
						3759	92	6580/2300/3030	3300	6500	4420	0	0	0	0	0	2	0	2	0	0	0	0	4	
			SQJ6781B1N3	EQ6720TN3AC	NQ120N	3759	92	7760/2340/3150	3650	8400	5670	0	0	0	0	18	0	0	0	0	0	0	0	18	
						3759	92	7760/2340/2950	3650	8400	5540	0	0	0	0	0	0	10	0	0	0	0	0	10	
			SQJ6781B1N4	EQ6733TN4AC1	NQ100N4	3759	79	7760/2340/3150	3650	9000	6270	0	0	0	3	0	0	0	0	0	0	0	0	3	
			SQJ6851B1N3	EQ6770TN3AC	NQ150N	5638	110	8495/2400/3280	3900	9800	6550	0	0	0	0	0	0	0	3	0	0	0	0	3	
			SQJ6851B1N4	EQ6780TN4AC	NQ160N4	5975	118	8495/2400/3280	4000	10250	7000	0	0	0	0	0	0	0	1	0	1	0	0	2	
						5975	118	8495/2400/3100	4000	10250	6870	0	0	0	0	0	0	0	0	0	0	1	0	1	
					YC6B170N-40	6870	125	8495/2400/3100	4000	10250	6870	0	0	0	0	0	0	0	0	0	0	0	38	38	
			SQJ6851B1N4H	EQ6820HN4AC	YC4G180N-40	5200	132	8545/2420/3400	4000	12500	9000	0	0	0	0	0	0	0	0	0	0	0	44	44	
			SQJ6961B1N3	EQ6900TN3AC1	NQ150N	5638	110	9640/2500/3300	4700	12200	7650	0	0	0	0	0	0	0	0	0	1	0	0	1	
		客车	SQJ6110S1N3H	SX6113LN93T	WP10NG300E30	9726	221	11040/2500/3800	5300	16300	12000	0	0	0	0	0	0	0	1	0	0	0	0	1	
			SQJ6600B1N3	EQ6570KN3AC	NQ120N	3759	92	5995/2220/2780	3300	6000	4370	0	0	0	0	3	0	0	0	3	1	0	0	7	
			SQJ6600B1N4	EQ6570KN4AC2	NQ120N4	3759	92	5995/2220/2780	3300	6100	4470	1	0	0	0	0	0	0	0	0	3	0	0	4	
						3759	92	5995/2220/2960	3300	6100	4600	0	0	0	0	0	0	1	0	0	0	0	0	1	
			SQJ6750B1N3	EQ6690KN3AC	NQ120N	3759	92	7495/2340/3140	3800	8100	5835	0	0	0	0	1	0	0	0	0	0	0	0	1	
					NQ150N	5638	110	7495/2340/2980	3800	8100	5700	0	0	0	0	0	1	0	0	0	0	0	0	1	
						5638	110	7495/2340/3140	3800	8100	5835	0	0	0	0	0	0	0	0	0	0	0	1	1	
			SQJ6760B1N3	EQ6690KN3AC	NQ150N	5638	110	7630/2340/3140	3800	8100	5835	0	0	0	1	0	9	0	3	8	0	1	0	22	
			SQJ6760B1N4	EQ6690KN4AC	NQ140N4	3759	103	7630/2340/3140	3800	8500	6160	0	0	0	1	0	0	0	0	0	0	0	1	2	
			SQJ6800B1N3	EQ6770TN3AC	NQ150N	5638	110	7990/2380/3300	3800	9085	6700	0	0	0	0	0	1	0	1	0	1	0	0	3	
						5638	110	7990/2380/3300	3800	9400	6700	0	0	0	0	0	0	2	0	0	0	0	0	2	

续表

企业名称	车辆品牌	车辆名称	车辆型号	底盘型号	发动机型号	排量(mL)	功率(kW)	长/宽/高(mm)	轴距(mm)	总质量(kg)	整备质量(kg)	1月	2月	3月	4月	5月	6月	7月	8月	9月	10月	11月	12月	数量(辆)	合计(辆)
			SQJ6800B1N4	EQ6780TGN4AC	NQ160N4	5975	118	7990/2380/3300	3800	9800	7100	3	0	0	0	0	1	0	1	0	0	0	0	5	
			SQJ6840B1N3H	EQ6810RN3AC	NQ210N	6870	153	8445/2450/3450	4000	11540	8800	0	0	0	0	0	0	0	0	2	0	0	0	2	
					NQ190N	5638	144	8445/2450/3450	4000	11540	8800	0	0	0	0	0	0	0	0	0	1	0	0	1	
			SQJ6840B1N4H	EQ6810RN4AC	NQ200N4	5638	147	8445/2450/3450	4000	11900	9000	0	0	0	0	0	0	0	0	1	0	0	0	1	
			SQJ6840B2N3H	EQ6810RN3AC1	NQ230N	6870	172	8445/2450/3450	4000	11540	8800	0	0	0	0	1	0	0	0	0	0	0	0	1	
			SQJ6840B2N4H	EQ6810RN4AC	NQ230N4	6870	169	8445/2450/3450	4000	11900	9000	0	0	0	0	0	0	0	1	0	0	0	0	1	
			SQJ6930B1N4H	EQ6920RN4AC	NQ230N4	6870	169	9340/2480/3500	4500	13750	10400	0	0	0	0	0	0	0	1	0	0	0	0	1	
东风汽车股份有限公司	东风	城市客车	DFA6660KN3CD	EQ6570KN3AC	NQ120N	3759	92	6600/2260/3000	3300	6500	4550	0	0	0	4	0	0	0	0	0	0	0	0	4	306
						3759	92	6600/2260/2800	3300	6500	4350	0	0	0	0	0	28	0	0	3	0	0	16	47	
			DFA6720TN3G	EQ6700TN3AC	NQ120N	3759	92	7200/2300/2900	3300	7690	4850	0	0	0	2	0	0	0	0	0	135	0	1	138	
			DFA6750TN3G	EQ6720TN3AC	NQ120N	3795	92	7498/2360/3000	3500	8260	5330	0	0	8	0	0	0	0	0	0	0	0	0	8	
			DFA6783TN4G	EQ6733TN4AC	NQ120N4	3759	92	7800/2360/2970	3650	9000	5400	0	0	0	0	0	0	0	0	0	0	0	31	31	
			DFA6820TN3G	EQ6770TN3AC	NQ150N	5638	110	8100/2360/2860	3800	8800	5600	0	0	0	0	23	0	0	0	4	1	0	1	29	
		客车	DFA6600KN3CD	EQ6570KN3AC	NQ120N	3759	92	5998/2260/2830	3300	5300	3800	0	0	6	0	0	0	0	0	0	0	0	0	6	
						3759	92	5998/2260/2830	3300	5300	3710	0	0	0	8	16	0	0	0	0	0	10	9	43	
中车集团西安骊山汽车制造厂	骊山	城市客车	LS6670N	EQ6570KN3AC	CA4GNE3	3700	85	6660/2240/2760	3308	6500	4300	0	0	8	0	12	0	0	0	0	0	0	0	20	264
						3700	85	6660/2240/3000	3300	6500	4300	0	0	0	0	0	0	0	0	1	0	0	12	13	
				EQ6580KSN30	CA4GNE3	3700	85	6660/2240/2760	3300	6500	4300	0	12	0	0	0	0	0	0	0	0	0	0	12	
					NQ115N	3759	85	6660/2240/2760	3300	6500	4300	0	0	0	2	0	4	0	0	0	4	0	0	10	
				HFC6601CNY3	CA4GNE3	3700	85	6660/2240/2760	3308	6500	4300	0	0	0	0	0	0	1	0	0	0	9	0	10	
			LS6729N	HFC6601CNY3	CA4GNE3	3700	85	7220/2240/2830	3308	6500	4200	0	2	1	0	1	0	0	0	0	0	1	3	8	
						3700	85	7220/2240/3060	3308	6500	4400	0	0	0	0	0	0	1	0	0	2	0	0	3	
			LS6760N	EQ6700TN3AC	CA4GNE3	3700	85	7600/2380/3000	3300	7700	4700	0	0	3	0	0	0	0	0	0	0	0	0	3	
					NQ120N	3759	92	7600/2380/3000	3300	7700	4700	0	0	0	1	1	0	26	3	13	0	7	14	65	
			LS6762GN	EQ6720TN3AC	NQ120N	3759	92	7595/2380/2980	3650	8400	5200	0	0	0	0	0	2	0	0	0	0	0	0	2	
			LS6780GN4	HFC6680NY1F	NQ120N4	3759	92	7750/2360/2935	3500	8900	5400	0	0	0	0	0	0	1	0	0	0	0	0	1	
			LS6910N	EQ6900KSDN3G	EQ6100N-30	5420	95	9100/2480/3050	4700	10600	6690	0	5	6	14	7	3	3	0	1	1	5	5	50	

续表

企业名称	车辆品牌	车辆名称	车辆型号	底盘型号	发动机型号	排量（mL）	功率（kW）	长/宽/高（mm）	轴距（mm）	总质量（kg）	整备质量（kg）	1月	2月	3月	4月	5月	6月	7月	8月	9月	10月	11月	12月	数量（辆）	合计（辆）
		客车	LS6600N	EQ6570KN3AC	CA4GNE3	3700	85	5995/2240/2760	3300	5650	4100	0	1	6	0	0	0	0	0	0	3	0	0	10	
					NQ120N	3759	92	5995/2240/2760	3300	5650	4100	0	0	0	0	0	7	0	2	0	0	0	0	9	
						3759	92	5995/2240/3000	3300	5650	4100	0	0	0	0	0	0	4	0	0	0	0	0	4	
				EQ6580KSN30	NQ115N	3759	85	5995/2240/2760	3300	5650	4100	0	0	0	0	0	0	0	0	4	0	1	0	5	
				HFC6601CNY3	CA4GNE3	3700	85	5995/2240/2760	3308	5650	4100	0	0	0	1	6	0	0	0	0	0	0	0	7	
						3700	85	5995/2240/3000	3308	5650	4100	0	0	0	0	0	0	0	0	0	0	0	18	18	
			LS6761N	EQ6690KSDN3G	NQ150N	5638	110	7590/2380/2980	3900	8200	5400	0	0	1	6	0	0	0	0	0	0	0	0	7	
						5638	110	7590/2380/3160	3900	8200	5580	0	0	0	0	0	3	0	0	0	0	0	4	7	
佛山市飞驰汽车制造有限公司	飞驰	城市客车	FSQ6110DNG	EQ6100HN4AC1	YC6G230N-40	7800	170	10600/2490/3320	5000	16500	10800	0	0	0	0	0	0	0	0	0	12	0	0	12	236
			FSQ6851JNG	HFC6810NY1F	YC4G180N-40	5200	132	8500/2380/3080	3900	12000	8180	0	51	0	27	0	0	0	0	0	0	0	145	223	
		客车	FSQ6950DN	EQ6920RN4AC	YC6G230N-40	7800	170	9500/2490/3510	4500	13000	9640	0	0	0	0	0	0	0	0	0	0	0	1	1	
烟台舒驰客车有限责任公司	舒驰	城市客车	YTK6110GET	ND6110WDT5	WP7NG240E40	7140	177	10730/2500/3380	5000	15000	10800	0	0	0	0	0	0	0	12	0	0	0	0	12	210
			YTK6720GN	HFC6640NY1F	NQ120N4	3759	92	7160/2260/2900	3300	7200	4700	0	0	0	0	0	0	0	20	10	0	12	4	46	
			YTK6770GN	HFC6680NY1F	NQ120N4	3759	92	7700/2360/2950	3500	8850	5500	0	0	0	0	0	0	0	0	0	0	6	0	6	
			YTK6803G2	ND6770WDT0	WP5NG165E40	4760	121	8050/2400/3070	3800	10500	7100	0	0	0	0	20	0	0	0	0	0	0	10	30	
		客车	YTK6110GC	ND6110WDT2	WP6NG240E30	6750	177	10730/2500/3380	5000	15000	10500	0	0	0	0	0	0	0	3	0	0	0	0	3	
			YTK6110GC2	ND6110WDT2	WP6NG240E30	6750	177	10730/2500/3380	5000	15000	10500	0	0	14	16	0	0	0	0	0	0	0	0	30	
			YTK6118HET	ND6110WDT4	WP7NG260E40	7140	191	10980/2490/3540	5300	14950	10800	0	0	0	0	0	0	0	8	0	0	1	0	9	
			YTK6126HET	ND6120WDT1	WP10NG336E40	9726	247	12000/2550/3700	6000	17400	12800	0	0	0	0	0	0	0	1	0	0	0	0	1	
			YTK6126T	ND6120WD30	WP10NG300E30	9726	221	12000/2550/3700	6000	17600	13310	0	0	0	0	0	0	0	9	0	0	0	0	9	
			YTK6890T	ND6851WD30	TBD226B-6CNG	6234	155	8890/2490/3410	4195	11950	8914	4	0	28	5	0	0	2	11	0	0	0	0	50	
			YTK6891HET	ND6851WDT0	WP7NG240E40	7140	177	8890/2410/3280	4200	11950	8914	0	0	0	0	0	0	0	1	1	6	0	6	14	
陕西汽车集团有限责任公司	陕汽	城市客车	SX6100FNG	SX6983GF81FT	NQ170N	5638	125	10200/2500/3050	5000	14500	9400	0	0	0	0	0	6	0	0	0	0	0	0	6	171
			SX6101GGFN	SX6984GG81FT	YC6B170N-40	6870	125	10200/2500/3050	5000	14500	9400	0	0	0	0	0	0	0	9	28	16	0	35	88	
			SX6121NG	SX6122GK62T	YC6G230N-30	7800	170	11990/2500/3240	6000	18000	13170	0	0	0	0	0	0	0	0	0	0	10	0	10	
			SX6122GKN	SX6124GK81T	YC6G230N-40	7800	170	11990/2500/3240	6000	18000	13170	0	0	0	0	0	0	0	0	0	16	40	0	56	
			SX6122GKN01	SX6124GK81T01	YC6G230N-40	7800	171	12000/2550/3200	6100	18000	12000	0	0	0	0	0	0	0	0	0	10	0	0	10	
		客车	SX6940JN	SX6924LJ83T	YC6J210N-40	6500	162	9440/2500/3540	4500	13500	10100	0	0	0	0	0	0	0	1	0	0	0	0	1	

续表

企业名称	车辆品牌	车辆名称	车辆型号	底盘型号	发动机型号	排量(mL)	功率(kW)	长/宽/高(mm)	轴距(mm)	总质量(kg)	整备质量(kg)	1月	2月	3月	4月	5月	6月	7月	8月	9月	10月	11月	12月	数量(辆)	合计(辆)
贵州万达客车股份有限公司	万达	城市客车	WD6660CN	EQ6570KN3AC	CA4GNE3	3700	85	6550/2200/2850	3300	6500	4250	0	0	4	0	0	0	0	0	0	0	0	0	4	169
					NQ120N	3759	92	6550/2200/3100	3300	6500	4450	0	0	0	2	0	0	6	0	0	0	1	7	16	
						3759	92	6550/2200/2850	3300	6500	4250	0	0	0	0	0	0	0	13	0	0	0	0	13	
			WD6661CN	EQ6570KN3AC	CA4GNE3	3700	85	6550/2300/2850	3300	6500	4250	0	0	0	0	0	6	0	0	0	0	0	0	6	
			WD6720CN	EQ6650KN3AC	NQ120N	3759	92	7160/2200/2880	3650	7450	4600	0	0	7	0	0	0	12	0	0	0	0	3	22	
			WD6720TN	EQ6700TN3AC	NQ120N	3759	92	7250/2320/3000	3300	7700	4950	0	0	0	0	10	0	0	5	10	0	0	0	25	
			WD6780TN	EQ6720TN3AC	NQ120N	3759	92	7800/2360/3080	3650	8400	5400	0	0	0	0	0	0	4	0	0	0	0	0	4	
		客车	WD6530CN	HFC6510NY1G3	HFC4NA1-B	2400	78	5340/1930/2510	3450	4300	2950	0	0	10	10	15	0	0	0	0	0	0	0	35	
			WD6608CN	EQ6570KN3AC	CA4GNE3	3700	85	5995/2252/2820	3300	5850	4200	0	0	0	0	1	0	0	0	0	0	0	0	1	
						3700	85	5995/2230/3050	3300	5850	4350	0	0	0	0	0	0	0	0	0	2	0	0	2	
					NQ120N	3759	92	5995/2230/3050	3300	5850	4350	0	0	0	0	0	0	13	0	0	0	0	1	14	
						3759	92	5995/2230/2820	3300	5850	4200	0	0	0	0	0	0	0	0	2	0	0	0	2	
						3759	92	5995/2252/3050	3300	5850	4350	0	0	0	0	0	0	0	0	0	0	18	0	18	
			WD6750CN	EQ6690KN3AC	NQ150N	5638	110	7470/2360/3280	3800	8100	5760	0	0	0	0	0	6	0	0	0	0	0	0	6	
						5638	110	7470/2360/3280	3800	8100	5750	0	0	0	0	0	0	0	0	1	0	0	0	1	
常州黄海汽车有限公司	黄海	城市客车	DD6100G08	DD6100G08	YC6G230N-40	7800	170	10490/2500/3260	5200	16500	10800	0	0	0	0	0	0	0	1	0	0	0	0	1	162
			DD6109S11	DD6109S11	YC6G230N-30	7800	170	10490/2500/3375	5000	16000	11350	0	0	0	0	0	0	12	0	0	0	0	0	12	
			DD6109S25	DD6109S25	YC6J210N-30	6454	155	10490/2482/3150	5000	16000	11200	0	0	0	0	0	0	18	0	0	0	0	0	18	
			DD6120G13	DD6120G13	CA6SL1-26E4N	7700	194	11980/2500/3260	6000	18000	11600	0	0	0	0	0	0	0	1	0	0	0	0	1	
			DD6120G23	DD6120G23	SC8DT250Q4	8270	184	11980/2500/3260	6000	18000	12200	1	0	0	0	0	0	0	0	0	0	0	0	1	
			DD6120G27	DD6120G27	CA6SL1-26E4N	7700	194	11980/2500/3260	6000	18000	12200	0	0	0	0	0	0	0	1	0	0	0	0	1	
			DD6850NQG1	DD6830NQG1	EQ6100N-30	5420	95	8540/2400/3000	4000	10500	6900	0	0	0	0	0	0	0	1	0	0	0	0	1	
			DD6850NQG2	DD6850NQG2	NQ150N	5638	110	8540/2400/3200	4000	11100	7280	0	0	1	0	0	4	0	2	2	0	0	0	9	
			DD6120G13	DD6120G13	CA6SL1-26E4N	7700	194	11980/2500/3260	6000	18000	11600	0	0	0	0	0	0	0	0	0	0	58	0	58	
			DD6109S08F	DD6990NQG2	NQ150N	5638	110	10410/2500/3150	4900	13500	8700	0	0	0	0	0	0	0	0	0	0	0	60	60	

续表

企业名称	车辆品牌	车辆名称	车辆型号	底盘型号	发动机型号	排量(mL)	功率(kW)	长/宽/高(mm)	轴距(mm)	总质量(kg)	整备质量(kg)	1月	2月	3月	4月	5月	6月	7月	8月	9月	10月	11月	12月	数量(辆)	合计(辆)
中国第一汽车集团公司	解放	城市客车	CA6120URN1	CA6120CRN1	CA6SF3-23E3	7127	179	11990/2500/3100	6100	18000	10770	0	0	1	0	0	0	0	0	0	0	0	0	1	118
			CA6120URN21	CA6124D172N	BF6M1013-24E4N	7146	180	11990/2500/3330	6100	18000	12176	0	0	0	2	0	0	0	0	0	0	0	0	2	
					SC8DT230Q4	8270	170	11990/2500/3330	6100	18000	12176	0	0	0	0	0	4	0	0	0	0	0	0	4	
					WP7NG260E40	7140	191	11990/2500/3330	6100	18000	12176	0	0	0	0	0	0	0	0	0	0	110	0	110	
			CA6120URN22	CA6120CRN21	BF6M1013-26E3N	7146	203	11990/2500/3100	6100	18000	10770	0	0	1	0	0	0	0	0	0	0	0	0	1	
四川省客车制造有限责任公司	峨嵋	城市客车	EM6100HNG	EQ6100KRN	NQ190N	5638	144	10400/2500/3450	5000	16000	9800	0	0	0	0	0	5	0	0	0	0	0	0	5	109
			EM6660QNG4	EQ6581KSN40	NQ100N4	3759	79	6640/2280/3000	3300	7260	4760	0	0	0	0	0	0	0	0	0	0	1	0	1	
						3759	79	6640/2280/2800	3300	7260	4520	0	0	0	0	0	0	0	0	0	0	0	4	4	
			EM6770QNG4	EQ6750KC4N	NQ120N4	3759	92	7700/2360/3000	3650	8600	5300	0	0	0	10	12	0	0	0	1	0	0	3	26	
			EM6860QNG4	EQ6790KC4N	NQ140N4	3759	103	8570/2440/3000	4000	11500	7300	0	0	0	15	58	0	0	0	0	0	0	0	73	
江苏常隆客车有限公司	常隆	城市客车	YS6121NG	SX6124GL92T	CA6SL2-26E4N	8600	195	12000/2550/3140	6000	18000	11000	0	0	0	0	0	0	0	0	0	0	0	100	100	101
			YS6120NG	SX6124GL81T	YC6G260N-40	7800	191	11980/2500/3300	6000	18000	13200	0	0	0	0	0	0	0	0	0	0	0	1	1	
福建新福达汽车工业有限公司	福达	城市客车	FZ6105UFN4	FZ6105U5N	SC8DT230Q4	8270	170	10500/2500/3490	5000	15000	11100	0	63	0	0	0	0	0	0	0	0	0	0	63	98
			FZ6895UFN4	FZ6865U5N	SC6HT210Q4	5883	155	8930/2500/3200	4250	13200	9420	0	0	0	0	0	0	0	0	0	0	18	0	18	
			FZ6115UFN4	FZ6115U5N	SC8DT250Q4	8270	184	11380/2500/3220	5700	17000	12080	0	0	0	0	0	0	0	0	0	0	15	0	15	
		客车	FZ6120N4C	承载式车身	WP10NG336E40	9726	247	12000/2550/3800	6200	18000	13500	0	0	0	0	0	0	0	0	0	0	2	0	2	
宁波吉江汽车制造有限责任公司	吉江	城市客车	NE6732NG01	HFC6640NY1F	NQ120N4	3759	92	7280/2280/2955	3300	7450	4950	0	0	0	0	0	0	0	50	0	0	0	0	50	91
			NE6910HGC01	HFC6880CNY3	NQ190N	5638	144	9085/2400/3130	4200	12900	8200	0	40	0	0	0	0	0	1	0	0	0	0	41	
江西凯马百路佳客车有限公司	江西	城市客车	JXK6930BL4N	HQG6900R4N	CA6SF2-21E4N	7130	158	9345/2495/3220	4460	13500	9900	0	0	0	0	0	0	0	0	0	0	47	0	47	89
			JXK6113BL4N	HQG6110R4N	NC6BR	7128	192	11280/2495/3220	5400	16200	11200	0	0	0	0	0	0	0	0	0	0	42	0	42	
一汽客车(成都)有限公司	解放	客车	CDL6606DT	CDL6570DT	CA4G25NE3	2500	78	5990/2025/2650	3200	4900	3100	0	1	0	7	0	0	0	0	0	0	0	0	8	86
						2500	78	5990/2025/2610	3200	4900	3300	0	0	0	0	4	0	0	0	0	0	0	0	4	
					NQ100N3	3759	79	5990/2025/2650	3200	4900	3300	0	0	0	0	0	6	0	3	0	0	0	0	9	
			CDL6606ET	CDL6570ET	NQ100N4	3759	79	5990/2025/2650	3200	4900	3100	4	0	0	0	0	0	0	2	4	0	1	1	12	
			CDL6607DT	CDL6571DT	NQ100N3	3759	79	5995/2200/2930	3300	5400	3900	0	0	0	0	0	1	0	1	0	0	0	1	3	
			CDL6608DT	CDL6572DT	NQ100N3	3759	79	5995/2185/2750	3200	5440	3640	0	0	2	0	4	0	3	4	0	0	0	0	13	
			CDL6608ET	CDL6572ET	NQ100N4	3759	79	5995/2185/2750	3200	5440	3540	0	0	0	1	1	0	0	0	0	0	3	15	20	

续表

企业名称	车辆品牌	车辆名称	车辆型号	底盘型号	发动机型号	排量(mL)	功率(kW)	长/宽/高(mm)	轴距(mm)	总质量(kg)	整备质量(kg)	1月	2月	3月	4月	5月	6月	7月	8月	9月	10月	11月	12月	数量(辆)	合计(辆)
			CDL6701DT	CDL6671DT	NQ120N	3759	92	6990/2185/2750	3935	6500	4300	2	0	0	0	0	0	0	0	0	0	0	0	2	
			CDL6701ET	CDL6671ET	NQ120N4	3759	92	6990/2185/2750	3935	6500	4300	0	0	0	2	0	0	0	0	0	0	0	13	15	
成都安达特种车辆有限责任公司	川马	城市客车	CAT6100EET	EQ6983TN4AC1	NQ160N4	5975	118	10490/2490/3100	5000	15000	8200	0	0	0	0	0	20	0	0	0	0	0	0	20	80
			CAT6660DET	EQ6570KN3AC	NQ120N	3759	92	6580/2300/3030	3300	6500	4400	0	0	0	1	4	0	0	0	0	0	0	0	5	
						3759	92	6580/2300/2850	3300	6500	4300	0	0	0	0	0	0	0	0	0	0	0	1	1	
			CAT6720DET	EQ6700TN3AC	NQ120N	3759	92	7220/2340/2870	3300	7450	4700	0	0	0	1	0	0	0	0	0	0	0	0	1	
			CAT6780DET	EQ6720TN3AC	NQ120N	3759	92	7760/2340/2950	3650	8400	5400	0	0	0	1	0	0	1	0	0	0	0	0	2	
			CAT6780EET	EQ6733TN4AC	NQ120N4	3759	92	7760/2340/2950	3650	8400	5200	3	0	0	0	0	0	0	0	0	0	0	0	3	
			CAT6850DET	EQ6770TN3AC	NQ150N	5638	110	8500/2420/3060	3900	9400	6200	0	0	5	0	0	0	0	0	0	0	0	0	5	
		客车	CAT6760DET	EQ6690KN3AC	NQ120N	3759	92	7630/2300/3130	3800	8100	5680	0	0	1	0	0	0	0	0	0	0	0	0	1	
					NQ120N	3759	92	7630/2300/3030	3800	8100	5550	0	0	0	1	0	0	0	0	0	0	0	0	1	
					NQ150N	5638	110	7630/2300/3130	3800	8100	5680	0	0	0	0	0	12	1	2	1	0	0	0	16	
					NQ150N	5638	110	7630/2300/3030	3800	8100	5550	0	0	0	0	1	0	0	0	0	0	0	0	1	
			CAT6760EET	EQ6690KN4AC	NQ160N4	5975	118	7630/2300/3130	3800	8100	5680	0	0	0	0	0	0	0	0	1	0	0	0	1	
					NQ140N4	3759	103	7630/2300/3130	3800	8100	5680	0	0	0	0	0	0	0	0	0	1	0	0	1	
						3759	103	7630/2300/3030	3800	8100	5550	0	0	0	0	0	0	0	0	0	0	1	4	5	
			CAT6800DET	EQ6770TN3AC1	NQ160N3	5975	118	7990/2380/3250	3800	9400	6700	1	0	0	1	0	0	1	1	1	0	0	0	5	
			CAT6800EET	EQ6780TGN4AC	NQ160N4	5975	118	7990/2380/3250	3800	9600	6800	0	0	2	0	0	0	0	0	0	4	0	1	7	
						5975	118	7990/2380/3100	3800	9600	6800	0	0	0	3	0	0	0	1	1	0	0	0	5	
湖南南车时代电动汽车股份有限公司	南车时代	城市客车	TEG6930NG	HFC6880NY1F	YC6J210N-40	6494	155	9300/2482/3180	4400	13500	9850	0	0	0	0	0	0	0	0	0	78	0	0	78	78
东风汽车有限公司	东风	城市客车	EQ6700PDN3G	EQ6670KSDN3G	CA4GNE3	3700	85	7000/2200/2800	3650	7400	4360	0	0	2	0	0	0	2	0	0	0	0	0	4	75
						3700	85	7000/2200/2800	3650	7400	4760	0	0	0	0	0	0	0	0	0	0	0	1	1	
			EQ6710C4N	EQ6660KC4N 三类	NQ120N4	3759	92	7090/2300/2800	3300	7500	4870	0	0	0	0	0	0	0	0	0	0	0	1	1	
			EQ6730PDN3G	EQ6700KSDN3G	CA4GNE3	3700	85	7340/2340/2930	3300	8600	5270	0	0	0	0	0	0	0	0	0	0	0	7	7	
			EQ6851C4N	EQ6821RC4N 三类	YC6B170N-40	6870	125	8540/2440/3400	4000	12500	7800	0	0	0	0	0	20	0	0	0	0	0	0	20	

续表

企业名称	车辆品牌	车辆名称	车辆型号	底盘型号	发动机型号	排量(mL)	功率(kW)	长/宽/高(mm)	轴距(mm)	总质量(kg)	整备质量(kg)	1月	2月	3月	4月	5月	6月	7月	8月	9月	10月	11月	12月	数量(辆)	合计(辆)
		客车	EQ6600HDN3G	EQ6570KSDN3G	CA4GNE3	3700	85	5998/2200/2800	3300	6500	4270	0	4	0	0	0	0	0	0	0	0	0	0	4	
						3700	85	5998/2200/2800	3300	6500	4450	0	0	0	0	0	0	0	0	0	0	0	9	9	
				EQ6570KSDN3G1	NQ120N	3759	92	5998/2200/2800	3300	6500	4270	0	0	0	0	2	1	0	4	0	0	0	0	7	
						3759	92	5998/2200/3000	3300	6500	4700	0	0	0	0	0	0	0	0	0	4	0	0	4	
			EQ6700HDN3G	EQ6670KSDN3G	CA4GNE3	3700	85	7000/2200/2800	3650	7400	4480	0	0	0	0	1	0	0	2	0	0	0	1	4	
			EQ6750HDN3G	EQ6690KSDN3G	NQ150N	5638	110	7490/2360/3230	3900	8330	5910	1	0	0	0	0	5	0	1	0	3	0	4	14	
东风汽车公司	东风	城市客车	DHZ6100LN	DHZ6100LND	YC6G230N-40	7800	170	10485/2490/3400	5000	16500	11550	0	0	0	0	11	39	0	0	0	0	12	0	62	62
安徽华夏车辆制造有限公司	华夏	城市客车	AC6780GKJN	HFC6730NY1F	NQ140N4	3759	103	7800/2380/2950	3500	9500	6300	31	0	0	0	0	0	0	0	0	0	0	0	31	53
		客车	AC6600KJN	HFC6570NY1F	NQ120N4	3759	92	5980/2260/2850	3308	6500	4850	6	0	0	0	0	16	0	0	0	0	0	0	22	
重庆五洲龙新能源汽车有限公司	五洲龙	城市客车	WZL6100NG4	NJ6101YBC1	YC6G230N-40	7800	170	10490/2480/3380	5000	15000	10300	0	0	0	0	0	0	0	0	0	0	8	1	9	52
			WZL6780NGT4	NJ6801YFC1	NQ140N4	3759	103	7800/2380/3100	3800	9000	6000	0	0	0	0	0	0	0	8	0	0	0	4	12	
			WZL6848NGT4	NJ6801YFC1	NQ140N4	3759	103	8430/2380/3150	4000	11200	6300	0	0	0	1	0	0	0	0	0	0	0	0	1	
				EQ6780TN4AC	NQ160N4	5975	118	8430/2380/3150	4000	11200	6300	0	0	0	0	0	0	0	21	0	8	0	1	30	
湖北新楚风汽车股份有限公司	楚风	城市客车	HQG6660ESRL3	EQ6570KN3AC	NQ120N	3759	92	6600/2280/2800	3300	6475	4200	0	0	0	0	0	0	40	0	0	0	0	0	40	51
		客车	HQG6660ESRL	EQ6570KN3AC	NQ120N	3759	92	6600/2280/2800	3300	6475	3600	0	0	0	0	0	0	0	0	0	0	0	11	11	
安徽长丰扬子汽车制造有限责任公司	扬子	城市客车	YZK6850CNG4A	NJ6831YBC2	YC4G180N-40	5200	132	8500/2480/3050	3900	12000	6440	0	0	0	0	0	0	20	0	0	0	0	0	20	50
			YZK6930CNG4	EQ6881RC4N	YC6J190N-40	6500	140	9340/2480/3050	4500	12000	7440	0	0	0	0	0	0	0	0	0	0	0	30	30	
四川坤鼎车业有限公司	科威达	城市客车	KWD6822QNG	EQ6740KTN40	NQ120N4	3759	92	8160/2360/3040	3800	9000	5850	0	0	0	0	0	0	0	0	0	1	0	0	1	46
		客车	KWD6601QN1	EQ6580KSN30	NQ115N	3759	85	5995/2230/2890	3300	6300	4450	0	0	0	0	0	0	1	0	0	0	0	0	1	
						3759	85	5995/2230/2780	3300	6300	4300	0	0	0	0	0	0	0	0	0	0	0	3	3	
			KWD6661QN3	EQ6580KSN30	NQ115N	3759	85	6640/2230/2840	3300	6950	4650	0	0	0	0	5	0	0	0	0	0	0	0	5	
						3759	85	6640/2230/3090	3300	6950	4850	0	0	0	0	0	0	4	0	0	0	0	0	4	
						3759	85	6640/2230/3010	3300	6950	4850	0	0	0	0	0	0	0	0	0	0	1	3	4	

续表

企业名称	车辆品牌	车辆名称	车辆型号	底盘型号	发动机型号	排量(mL)	功率(kW)	长/宽/高(mm)	轴距(mm)	总质量(kg)	整备质量(kg)	1月	2月	3月	4月	5月	6月	7月	8月	9月	10月	11月	12月	数量(辆)	合计(辆)
			KWD6661QN4	EQ6580KSN30	NQ115N	3759	85	6640/2230/2840	3300	7150	4750	0	0	1	0	1	0	0	0	0	0	0	6	8	
						3759	85	6640/2230/3010	3300	7150	4950	0	0	0	1	0	0	0	0	0	0	0	0	1	
						3759	85	6640/2230/3090	3300	7150	4950	0	0	0	0	0	0	0	0	2	0	0	0	2	
			KWD6751QN4	EQ6690KSN31	NQ150N	5638	110	7495/2360/2980	3800	8580	5830	0	0	0	1	2	0	0	0	0	0	0	0	3	
						5638	110	7495/2360/3160	3800	8580	5830	0	0	0	0	0	0	0	0	0	0	0	6	6	
			KWD6850QN	EQ6780KTN40	NQ160N4	5975	118	8480/2440/3220	4000	9680	6780	0	0	0	0	0	0	0	0	0	2	1	0	3	
						5975	118	8480/2440/3120	4000	9680	6560	0	0	0	0	0	0	0	0	0	0	0	5	5	
山东齐鲁汽车制造有限公司	齐鲁	城市客车	BWC6731NG	EQ6700TN3AC	CA4GNE3	3700	85	7348/2280/2860	3300	7700	4850	0	0	0	0	0	10	1	0	0	0	2	2	15	45
					NQ120N	3759	92	7348/2280/2880	3300	7700	4850	0	0	0	0	0	0	0	29	0	0	0	0	29	
						3759	92	7348/2280/2860	3300	7700	4850	0	0	0	0	0	0	0	0	1	0	0	0	1	
广州汽车集团客车有限公司	广汽	城市客车	GZ6110SN1	GZ6110DSN1	WP7NG240E40	7140	177	11490/2540/3120	5600	16500	11250	0	0	15	0	0	0	0	0	0	0	0	0	15	35
			GZ6110SN	GZ6110DSN	YC6G230N-40	7800	170	11490/2540/3120	5600	16500	11250	0	0	0	0	0	0	0	0	0	0	20	0	20	
桂林大宇客车有限公司	桂林大宇	城市客车	GDW6901HGND1	GL6880DNGR1	YC6J190N-40	6454	140	8990/2400/3350	4200	13000	8620	0	32	0	0	0	0	0	0	0	0	0	0	32	32
上海万象汽车制造有限公司	象	城市客车	SXC6105G4N	GL6100DNGR	YC6G230N-40	7800	170	10500/2490/3460	5100	16100	11200	0	0	0	0	0	0	24	0	0	0	0	0	24	24
湖南衡山汽车制造有限公司	衡山	城市客车	HSZ6661CNG	EQ6570KSDN3G	CA4GNE3	3700	85	6560/2270/2770	3300	6600	4180	0	0	2	0	0	0	0	0	0	0	1	0	3	20
			HSZ6663CNG	EQ6570KN4AC2	NQ120N4	3759	92	6560/2270/2770	3300	6600	4180	0	0	0	0	0	1	0	0	0	0	0	0	1	
		客车	HSZ6602CNG	EQ6570KSDN3G	CA4GNE3	3700	85	5996/2270/2970	3300	5180	3595	0	3	0	0	8	0	0	0	0	0	0	0	11	
						3700	85	5996/2270/2970	3300	5180	3690	0	0	5	0	0	0	0	0	0	0	0	0	5	
盐城中威客车有限公司	中大	城市客车	YCK6105HCN	YJ6105HN	YC6G230N-30	7800	170	10490/2500/3480	5000	14600	10100	0	0	20	0	0	0	0	0	0	0	0	0	20	20
重庆市川江车辆制造有限公司	川江	客车	CJQ6601KE	YZ6600KE	NQ120N	3759	92	5980/2220/2950	3300	5982	4300	0	0	0	0	0	0	3	0	0	0	0	0	3	3
桂林客车工业集团有限公司	桂林	客车	GL6128HKND1	承载式车身	WP10NG336E40	9726	247	12000/2550/3770	6300	17600	13300	0	0	0	0	0	0	0	0	0	0	0	2	2	2

续表

企业名称	车辆品牌	车辆名称	车辆型号	底盘型号	发动机型号	排量(mL)	功率(kW)	长/宽/高(mm)	轴距(mm)	总质量(kg)	整备质量(kg)	1月	2月	3月	4月	5月	6月	7月	8月	9月	10月	11月	12月	数量(辆)	合计(辆)
奇瑞商用车(安徽)有限公司	奇瑞	城市客车	SQR6100N	承载式车身	YC6J190N-30	6454	140	10470/2500/3276	5000	16300	10700	0	0	0	0	2	0	0	0	0	0	0	0	2	2
深圳市五洲龙汽车有限公司	五洲龙	城市客车	FDG6910NG	EQ6881KRDN3G	YC6J190N-30	6454	140	9060/2480/3330	4200	12500	8600	1	0	0	0	0	0	0	0	0	0	0	0	1	2
		客车	FDG6901NC3	EQ6861RCDN3G	YC6J210N-30	6454	155	8950/2420/3340	4300	11700	8650	1	0	0	0	0	0	0	0	0	0	0	0	1	
安徽省广通汽车制造有限公司	安通	城市客车	CHG6720FSNG	NJ6710YFC1	NQ120N	3759	92	7248/2330/2950	3308	8600	5450	1	0	0	0	0	0	0	0	0	0	0	0	1	1
一汽客车(无锡)有限公司	解放	轻型客车	CA6603TQ9	HFC6601CNY3	CA4GNE3	3700	85	5995/2240/2990	3308	5800	3950	0	0	0	0	0	0	0	0	1	0	0	0	1	1
合计(辆)												1748	1782	2350	2026	2581	3732	3065	5634	3260	2844	3654	7868	40544	40544

2012 年我国天然气单一燃料客车为 40544 辆，2011 年生产天然气单一燃料客车 28489 辆，同比增长 42.3%。2012 年有 62 家企业生产天然气客车，前 10 家企业的产量为 28150 辆，占总量的 69.43%。其中，郑州宇通客车股份有限公司生产天然气客车 7929 辆，占 20%；金龙联合汽车工业（苏州）有限公司生产天然气客车 3463 辆，占 9%；重庆恒通客车有限公司生产天然气客车 2920 辆，占 7%；成都客车股份有限公司生产天然气客车 2654 辆，占 7%；中通客车控股股份有限公司生产天然气客车 2472 辆，占 6%；厦门金龙联合汽车工业有限公司生产天然气客车 2195 辆，占 5%；丹东黄海汽车有限责任公司生产天然气客车 2015 辆，占 5%；扬州亚星客车股份有限公司生产天然气客车 1671 辆，占 4%；东风扬子江汽车（武汉）有限责任公司生产天然气客车 1504 辆，占 4%；北汽福田汽车股份有限公司生产天然气客车 1326 辆，占 3%。生产主要集中在 8 月和 12 月，产量分别为 5634 辆和 7868 辆。

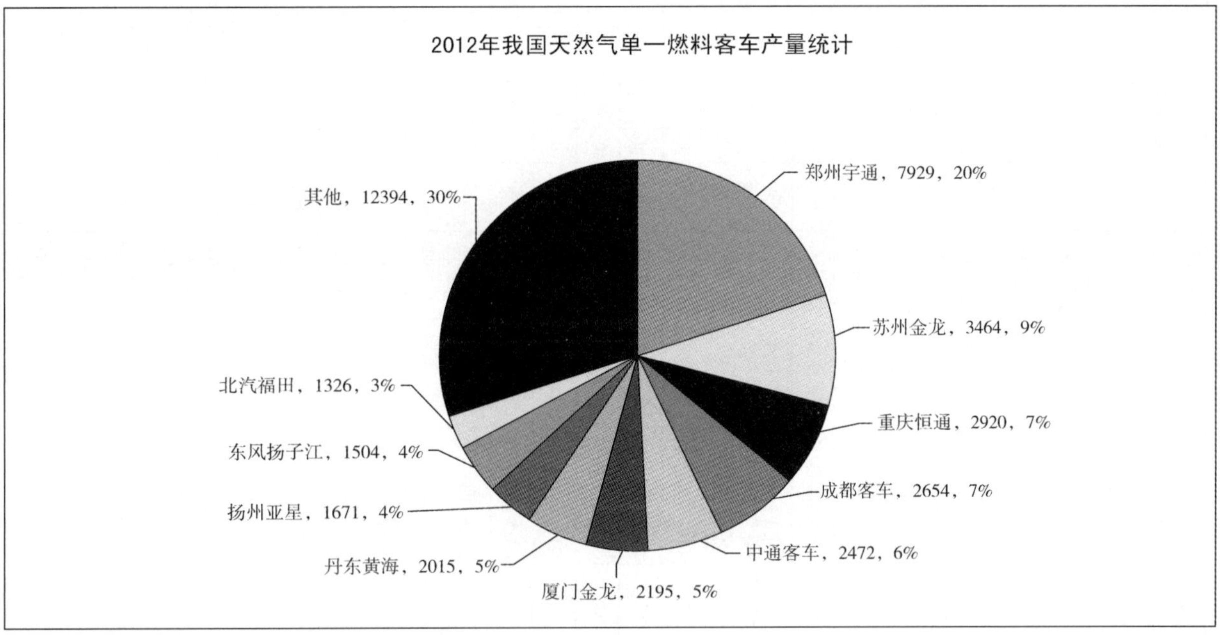

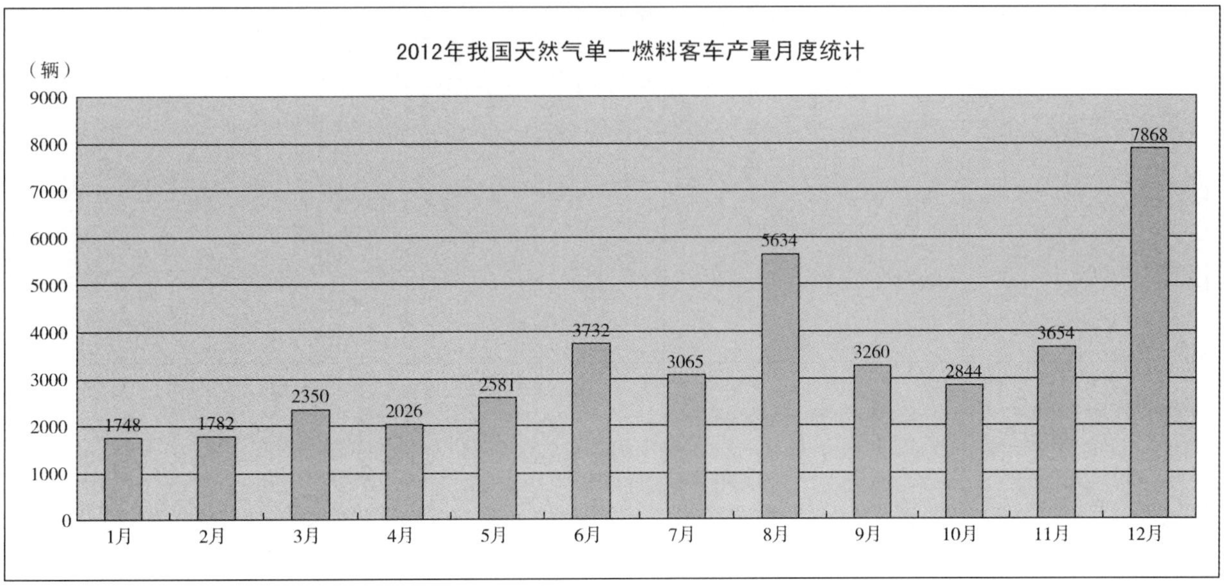

②专用车（重型货车、中型货车、轻型货车、微型货车）、牵引汽车、自卸汽车、运输车及其他专用车

企业名称	车辆品牌	车辆名称	车辆型号	底盘型号	发动机型号	排量 (mL)	功率 (kW)	长/宽/高 (mm)	轴距 (mm)	总质量 (kg)	整备质量 (kg)	1月	2月	3月	4月	5月	6月	7月	8月	9月	10月	11月	12月	数量 (辆)	合计 (辆)
陕西汽车集团有限责任公司	陕汽	牵引汽车	SX4186BM361TL	—	WP7NG260E40	7140	191	6281/2490/3585	3600	18000	7350	0	0	0	2	0	0	0	0	0	0	0	0	2	5001
						7140	191	6281/2490/3001	3600	18000	7350	0	0	0	0	0	0	11	0	0	0	0	0	11	
						7140	191	6281/2490/3585	3600	18000	7350	0	0	0	0	0	0	0	40	0	0	0	0	40	
					WP10NG300E40	9726	220	6281/2490/3585	3600	18000	7350	0	0	0	0	1	0	0	0	0	0	0	0	1	
			SX4186NN361T	—	WP10NG300E40	9726	220	6150/2490/3624	3600	18000	7540	0	0	0	3	0	3	29	0	11	0	0	0	46	
						9726	220	6150/2490/3710	3600	18000	7540	0	0	0	0	0	0	0	0	0	0	1	11	12	
					WP10NG260E40	9726	191	6150/2490/3710	3600	18000	7540	0	0	4	0	0	0	0	0	0	0	0	0	4	
					WP10NG280E40	9726	206	6150/2490/3710	3600	18000	7540	0	0	0	0	0	0	0	1	0	0	0	0	1	
			SX4186NN381T	—	WP10NG280E40	9726	206	6450/2490/3624	3800	18000	8000	0	0	0	0	0	1	0	0	0	0	0	0	1	
						9726	206	6450/2490/3710	3800	18000	8000	0	0	0	0	0	0	0	0	0	0	0	4	4	
					WP10NG300E40	9726	220	6450/2490/3624	3800	18000	8000	0	0	0	0	0	0	6	0	0	0	0	0	6	
			SX4255NR384T	—	WT618Z350NG	11590	257	7475/2490/3710	3800 + 1350	25000	11000	0	2	0	0	0	0	0	0	0	0	0	0	2	
						11590	257	7475/2490/3670	3800 + 1350	25000	11000	0	0	6	0	1	0	0	2	4	0	0	0	13	
					WT615Z300NG	9726	220	7475/2490/3670	3800 + 1350	25000	11000	0	0	0	0	0	2	3	0	0	0	0	0	5	
			SX4255NT384TL	—	WP12NG380E40	11596	280	7475/2490/3730	3800 + 1350	25000	9750	0	105	16	0	102	74	26	0	0	3	0	36	362	
						11596	280	7475/2490/3710	3800 + 1350	25000	9750	0	0	0	0	0	0	0	2	0	0	0	0	2	
					WP12NG350E40	11596	257	7475/2490/3710	3800 + 1350	25000	9750	0	0	0	64	0	0	0	0	2	0	39	0	105	
			SX4256GR279TL	—	WP10NG300E40	9726	220	6885/2490/3560	1800 + 2700	25000	7500	0	0	0	0	0	115	67	0	0	0	0	0	182	
					WP10NG336E40	9726	243	6885/2490/3560	1800 + 2700	25000	7500	0	0	0	0	27	0	0	28	107	116	578	422	1278	
			SX4256GR384TL	—	WP10NG336E40	9726	247	7335/2490/3560	3775 + 1350	25000	8800	0	0	0	0	11	0	0	13	0	95	57	0	176	
					WP12NG350E40	11596	257	7335/2490/3560	3775 + 1350	25000	8800	0	0	0	0	0	21	26	0	4	0	0	87	138	
			SX4256NR299TL	—	WP12NG330E40	11590	243	6920/2490/3710	1500 + 2900	25000	7800	0	8	0	0	14	0	0	0	0	0	0	0	22	
						11590	243	6920/2490/3900	1500 + 2900	25000	7800	0	0	0	0	0	0	0	0	0	10	0	0	10	
					WP12NG350E40	11590	257	6920/2490/3710	1500 + 2900	25000	7800	0	0	3	3	0	2	1	0	1	0	8	8	26	
						11590	257	6920/2490/4000	1500 + 2900	25000	7800	0	0		0	0	3	0	0	0	0	0	0	3	
					WP10NG300E40	9726	220	6920/2490/3710	1500 + 2900	25000	7800	0	0	3	0	0	0	0	0	0	0	0	0	3	

续表

企业名称	车辆品牌	车辆名称	车辆型号	底盘型号	发动机型号	排量(mL)	功率(kW)	长/宽/高(mm)	轴距(mm)	总质量(kg)	整备质量(kg)	1月	2月	3月	4月	5月	6月	7月	8月	9月	10月	11月	12月	数量(辆)	合计(辆)
			SX4256NT384T	—	WP12NG330E40	11596	243	7475/2490/3710	3800+1350	25000	8800	0	35		0	0	0	0	0	0	0	0	0	35	
						11596	243	7475/2490/3670	3800+1350	25000	8800	0	0	54	0	0	0	0	0	0	0	0	0	54	
					WP12NG350E40	11596	257	7475/2490/3670	3800+1350	25000	8800	0	0	0	0	0	0	75	35	0	0	0	0	110	
						11596	257	7475/2490/3710	3800+1350	25000	8800	0	0	0	29	70	68	0	0	32	0	0	0	199	
					WP12NG380E40	11596	280	7475/2490/3710	3800+1350	25000	8800	0	0	0	0	0	0	0	0	0	110	34	0	144	
						11596	280	7475/2490/3210	3800+1350	25000	8800	0	0	0	0	0	0	0	0	0	0	0	60	60	
			SX4256NT384TL	—	WP12NG380E40	11596	280	7475/2490/3710	3800+1350	25000	8800	0	0	0	0	0	182	0	77	0	0	0	0	259	
						11596	280	7475/2490/3730	3800+1350	25000	8800	0	36	69	81	0	0	129	0	55	30	0	103	503	
						11596	280	7475/2490/4000	3800+1350	25000	8800	0	0	0	0	91	0	0	0	0	0	49	0	140	
			SX4256NT384TLZ	—	WP12NG380E40	11596	280	7475/2490/3710	3800+1350	25000	8800	0	0	0	0	0	35	46	0	0	0	0	0	81	
						11596	280	7475/2490/3730	3800+1350	25000	8800	0	12	32	26	111	0	0	9	0	0	52	0	242	
					WP12NG350E40	11596	257	7475/2490/3730	3800+1350	25000	8800	0	0	0	0	0	0	0	0	14	86	0	57	157	
			SX4186GN361TL	—	WP10NG280E40	9726	206	6110/2490/3700	3600	18000	7460	0	0	0	0	0	0	0	0	0	0	15	20	35	
			SX4186GR361TL	—	WP10NG336E40	9726	247	6080/2490/3560	3600	18000	6450	0	0	0	0	0	0	0	0	0	0	0	1	1	
			SX4186NR361TL	—	WP10NG336E40	9726	247	6150/2490/3710	3600	18000	7540	0	0	0	0	0	0	0	0	0	0	10	4	14	
			SX4255NM384TS	—	SC9DT280Q3	8820	206	7475/2490/3730	3800+1350	25000	11000	0	0	0	2	9	30	3	0	0	0	0	0	44	
		自卸汽车	SX3255BN384T	SX3255BN384T	WP10NG300E30	9726	221	8636/2490/3450	3800+1350	25000	12500	0	0	0	0	0	0	1	10	0	0	18	20	49	
			SX3255DR384TL	SX3255DR384TL	WP10NG300E30	9726	221	8329/2490/3450	3800+1350	25000	12500	0	0	1	0	0	0	0	0	0	0	0	0	1	
			SX3256DR384TL	SX3256DR384TL	WP10NG300E40	9726	220	8329/2490/3450	3800+1350	25000	12500	0	0	0	0	0	27	0	0	0	0	0	0	27	
					WP12NG330E40	11596	243	8329/2490/3450	3775+1400	25000	12500	0	0	0	0	4	0	0	0	0	0	0	0	4	
					WP12NG350E40	11596	257	8329/2490/3450	3775+1400	25000	12500	0	0	0	31	0	0	2	10	0	0	0	2	45	
			SX3316DT456TL1	SX3316DT456TL1	WP12NG350E40	11596	257	11230/2490/3450	1800+4575+1400	31000	15050	0	10	0	73	0	0	0	0	3	0	0	0	86	
						11596	257	11030/2490/3450	1800+4300+1350	31000	15050	0	0	0	0	21	0	0	0	0	0	0	0	21	
					WP12NG380E40	11596	280	11230/2490/3450	1800+4575+1400	31000	15050	0	0	28	0	0	25	0	0	0	6	0	0	59	
					WP12NG380E40	11596	280	11030/2490/3450	1800+4375+1400	31000	15050	0	0	0	0	0	0	0	16	0	0	0	0	16	
			SX3316HR366TL	SX3316HR366TL	WP10NG280E40	9726	206	10210/2490/3450	1800+3575+1400	31000	14950	0	0	0	0	0	0	0	14	0	0	0	0	14	
					WP10NG300E40	9726	220	10410/2490/3450	1800+3575+1400	31000	14950	0	0	0	0	0	0	0	0	25	0	0	0	25	

续表

企业名称	车辆品牌	车辆名称	车辆型号	底盘型号	发动机型号	排量 (mL)	功率 (kW)	长/宽/高 (mm)	轴距 (mm)	总质量 (kg)	整备质量 (kg)	1月	2月	3月	4月	5月	6月	7月	8月	9月	10月	11月	12月	数量 (辆)	合计 (辆)
			SX3256DR404TL	SX3256DR384TL	WP12NG350E40	11596	257	8950/2490/3450	3975 + 1400	25000	12445	0	0	0	0	0	0	0	1	30	0	0	0	31	
			SX3256DR464TL	SX3256DR464TL	WP12NG350E40	11596	257	9610/2490/3450	4675 + 1400	25000	12400	0	0	0	0	0	0	1	0	0	0	0	0	1	
			SX3315DT456TL1	SX3315DT456TL1	WP12NG380E30	11590	280	11230/2490/3450	1800 + 4500 + 1350	31000	15050	0	0	0	0	2	0	0	0	0	0	0	0	2	
			SX3315VN456T	SX3315VN456T	WT615Z300NG	9726	220	10957/2490/3060	1800 + 4500 + 1350	31000	15000	0	0	0	3	0	0	4	0	0	0	0	0	7	
			SX3316DT456TL	SX3316DT456TL	WP12NG380E40	11596	280	11980/2490/3450	1800 + 4575 + 1400	31000	15300	0	4	0	8	0	32	0	0	0	0	0	0	44	
			SX3316DT456TL1	SX3316DT456TL1	WP12NG330E40	11596	243	11230/2490/3450	1800 + 4575 + 1400	31000	15050	0	0	0	0	0	0	30	0	0	0	0	0	30	
		载货汽车	SX1315VM456T	SX1166HR414TL	WT615Z. 280CNG	9726	206	10662/2490/3656	1800 + 4500 + 1350	31000	14040	0	0	0	0	1	0	0	0	0	0	0	0	1	
			SX1166HR414TL	SX3256DR384TL	WP10NG300E40	9726	220	9385/2490/3170	4075 + 1400	16000	7905	0	0	0	0	0	0	0	1	0	0	0	0	1	
					WP10NG336E40	9726	247	9385/2490/3170	4075 + 1400	16000	7905	0	0	0	0	0	0	0	0	0	1	0	0	1	
		混凝土搅拌运输车	SX5256GJB DR384TL	SX3256DR384TL	WP12NG350E40	11596	257	9360/2500/3950	3775 + 1400	25000	13900	0	0	0	1	0	0	0	0	1	0	0	0	2	
		商务车	SX5180XSW	SX6124LR93T	WP12NG350E40	11596	257	11990/2550/3980	6000	18000	14000	0	0	0	0	0	0	0	1	0	0	0	0	1	
中国重汽集团济南卡车股份有限公司	豪沃	牵引汽车	ZZ4187M3817C1C	—	WT615. 92	9726	196	6300/2496/2958	3800	18000	7170	0	0	0	1	0	0	0	0	0	0	0	0	1	2929
						9726	196	6300/2496/3718	3800	18000	7170	0	0	0	0	0	0	0	0	2	0	0	0	2	
					WT615. 93	9726	213	6300/2496/2958	3800	18000	7170	0	0	0	0	0	1	0	0	0	0	0	0	1	
						9726	213	6300/2496/3718	3800	18000	7170	0	0	5	0	5	0	0	1	0	5	1	0	17	
			ZZ4187N4217C1LB	—	WT615. 93	9726	213	6700/2496/3668	4200	18000	7300	0	0	36	0	0	0	0	0	0	0	0	0	36	
						9726	213	6700/2496/2958	4200	18000	7300	0	0	0	0	2	0	0	0	0	0	0	0	2	
					WT615. 94	9726	235	6700/2496/3718	4200	18000	7300	0	0	0	0	0	0	29	7	3	0	0	37	76	
					WT615. 95	9726	250	6700/2496/3668	4200	18000	7300	0	0	0	17	0	39	0	0	0	0	27	0	83	
						9726	250	6700/2496/3718	4200	18000	7300	0	0	0	0	0	0	0	0	0	5	0	0	5	
			ZZ4257N3847C1CB	—	T12. 38-30	11596	279	7390/2496/3668	3825 + 1350	25000	9210	0	38	0	0	0	0	0	0	0	0	0	0	38	
						11596	279	7390/2496/2958	3825 + 1350	25000	9210	0	0	0	0	30	0	0	0	0	0	0	0	30	
					WT615. 94	9726	235	7390/2496/2958	3825 + 1350	25000	9210	0	0	22	0	0	37	0	0	0	0	12	8	79	
					WT615. 95	9726	250	7390/2496/3668	3825 + 1350	25000	9210	0	0	0	54	0	0	21	0	7	15	0	0	97	
						9726	250	7390/2496/2958	3825 + 1350	25000	9210	0	0	0	0	0	0	0	16	0	0	0	0	16	

续表

企业名称	车辆品牌	车辆名称	车辆型号	底盘型号	发动机型号	排量(mL)	功率(kW)	长/宽/高(mm)	轴距(mm)	总质量(kg)	整备质量(kg)	1月	2月	3月	4月	5月	6月	7月	8月	9月	10月	11月	12月	数量(辆)	合计(辆)
			ZZ4257N3847C1L	—	WT615.95	9726	250	7375/2496/3668	3825+1350	25000	8800	0	106	0	68	0	0	0	0	63	0	0	0	237	
						9726	250	7375/2496/3718	3825+1350	25000	8800	0	0	0	0	0	150	0	0	0	0	0	0	150	
					T12.38-30	11596	279	7375/2496/3668	3825+1350	25000	8800	0	0	63	0	126	0	147	60	0	38	47	36	517	
			ZZ4257N3847C1LH	—	T12.38-30	11596	279	7375/2496/2958	3825+1350	25000	9600	0	0	0	0	0	0	0	12	0	9	0	0	21	
						11596	279	7375/2496/3668	3825+1350	25000	9600	0	0	0	53	34	0	0	0	0	0	3	0	90	
					WT615.95	9726	250	7375/2496/3668	3825+1350	25000	9600	0	8	55	0	0	3	2	0	0	0	0	0	68	
						9726	250	7375/2496/3718	3825+1350	25000	9600	0	0	0	0	0	0	0	0	0	0	0	30	30	
			ZZ4257N3847D1CB	—	T10.34-40	9726	250	7390/2496/2958	3825+1350	25000	9210	0	0	0	0	0	0	10	0	0	0	9	0	19	
						9726	250	7390/2496/3668	3825+1350	25000	9210	0	0	0	0	0	0	0	0	10	2	0	0	12	
					T12.38-40	11596	279	7390/2496/2958	3825+1350	25000	9210	0	0	0	0	0	1	0	2	0	0	0	0	3	
						11596	279	7390/2496/3668	3825+1350	25000	9210	0	0	0	0	0	0	0	0	0	0	0	20	20	
			ZZ4257N3847N1LB	—	T12.38-30	11596	279	7585/2496/3850	3800+1400	25000	8800	0	2	0	0	34	26	8	0	0	0	5	0	75	
						11596	279	7585/2496/3850	3825+1350	25000	8800	0	0	0	0	0	0	0	2	0	1	0	0	3	
					WT615.95	9726	250	7585/2496/3850	3800+1400	25000	8800	0	0	11	0	0	0	0	0	0	0	0	1	12	
						9726	250	7585/2496/3850	3825+1350	25000	8800	0	0	0	13	0	0	0	0	0	0	0	0	13	
			ZZ4257N3847N1LH	—	T12.38-30	11596	279	7585/2496/3850	3800+1400	25000	9800	0	0	0	0	0	0	2	0	0	0	0	0	2	
						11596	279	7585/2496/3850	3825+1350	25000	9800	0	0	0	0	0	0	0	3	0	0	0	0	3	
			ZZ4257N3847P1CB	—	T12.38-40	11596	279	7585/2496/3560	3825+1350	25000	8800	0	0	0	0	0	0	0	0	1	0	0	0	1	
						11596	279	7585/2496/3850	3825+1350	25000	8800	0	0	0	0	0	0	0	0	0	0	3	0	3	
			ZZ4257N3847P1LB	—	T12.38-40	11596	279	7585/2496/3850	3800+1400	25000	8800	0	0	0	0	0	0	0	0	1	1	1	0	3	
						11596	279	7585/2496/3850	3825+1350	25000	8800	0	0	0	0	0	0	0	0	0	0	0	2	2	
			ZZ4257N25C7D1L	—	T10.32-40	9726	235	6910/2496/3835	1800+2500	25000	7400	0	0	0	0	0	0	0	0	49	0	0	0	49	
					T10.34-40	9726	250	6910/2496/3835	1800+2500	25000	7400	0	0	0	0	0	0	32	10	0	52	142	81	317	
			ZZ4257N3847D1LB	—	T10.34-40	9726	250	7375/2496/2958	3825+1350	25000	8800	0	0	13	10	10	0	0	0	0	0	0	108	141	
					T12.38-40	11596	279	7375/2496/3668	3825+1350	25000	8800	0	0	0	0	0	0	0	0	0	0	13	0	13	
			ZZ4257N3847D1LH	—	T12.38-40	11596	279	7375/2496/3718	3825+1350	25000	9600	0	0	0	0	0	0	0	5	0	0	2	0	7	
						11596	279	7375/2496/3668	3825+1350	25000	9600	0	0	0	0	0	0	0	0	0	0	0	6	6	

续表

企业名称	车辆品牌	车辆名称	车辆型号	底盘型号	发动机型号	排量(mL)	功率(kW)	长/宽/高(mm)	轴距(mm)	总质量(kg)	整备质量(kg)	1月	2月	3月	4月	5月	6月	7月	8月	9月	10月	11月	12月	数量(辆)	合计(辆)
			ZZ4257N3847NICB	—	T12.38-30	11596	279	7585/2496/3850	3825+1350	25000	8800	0	2	0	0	16	10	1	1	0	3	0	6	39	
					WT615.95	9726	250	7585/2496/3850	3825+1350	25000	8800	0	0	8	0	0	0	0	0	0	0	2	0	10	
			ZZ4187N3817C1CB	—	WT615.94	9726	235	6300/2496/3668	3800	18000	7300	0	0	0	0	0	0	0	0	0	2	0	0	2	
					WT615.95	9726	250	6300/2496/3668	3800	18000	7300	0	0	0	0	0	0	0	0	0	0	0	1	1	
			ZZ4257M3847C1L	—	WT615.93	9726	213	7375/2496/2958	3825+1350	25000	9600	0	0	0	0	0	0	2	0	0	0	0	0	2	
					T12.38-40	9726	213	7375/2496/3668	3825+1350	25000	9600	0	0	0	0	0	0	0	0	0	0	0	4	4	
			ZZ4257N25C7P1L	—		11596	279	7085/2496/3850	1950+2475	25000	7400	0	0	0	0	0	0	0	0	0	0	7	0	7	
					T10.34-40	9726	250	7085/2496/3850	1950+2475	25000	7400	0	0	0	0	0	0	0	3	0	0	0	8	11	
			ZZ4257N3847C1C	—	T12.38-30	11596	279	7390/2496/3668	3825+1350	25000	10700	0	0	4	0	0	0	0	0	0	0	0	0	4	
					WT615.95	9726	250	7390/2496/3668	3825+1350	25000	10700	0	0	0	2	0	0	0	0	10	0	32	0	44	
			ZZ4257N3847P1LH	—	T10.34-40	9726	250	7585/2496/3850	3800+1400	25000	9800	0	0	0	0	0	0	0	0	0	1	0	0	1	
			ZZ4257V3847C1CH	—	T12.42-30	11596	309	7390/2496/3668	3825+1350	25000	10700	0	0	0	3	6	8	1	0	3	1	6	7	35	
			ZZ4257V3847C1LB	—	T12.42-30	11596	309	7375/2496/3668	3825+1350	25000	8800	0	0	0	0	0	0	0	1	0	2	0	0	3	
			ZZ4257V3847C1LH	—	T12.42-30	11596	309	7375/2496/3668	3825+1350	25000	9600	0	0	0	1	2	5	8	0	0	0	0	0	16	
			ZZ4257V3847D1LB	—	T12.42-40	11596	309	7375/2496/3835	3825+1350	25000	8800	0	0	0	0	0	1	0	0	0	0	0	0	1	
			ZZ4257V3847D1LH	—	T12.42-40	11596	309	7375/2496/3835	3825+1350	25000	9600	0	0	0	0	0	0	0	0	0	0	12	0	12	
			ZZ4257V3847P1CB	—	T12.42-40	11596	309	7585/2496/3745	3825+1350	25000	9300	0	0	0	0	0	0	0	0	0	0	1	0	1	
			ZZ4187N4217D1LB	—	T10.34-40	9726	250	6700/2496/3668	4200	18000	7300	0	0	0	0	0	0	0	0	0	0	1	0	1	
			ZZ4187V4217C1LB	—	T12.38-30	11596	279	6700/2496/3668	4200	18000	7300	0	0	0	0	0	0	0	0	0	0	2	0	2	
			ZZ4257N25C7D1C	—	T10.34-40	9726	250	6910/2496/3885	1800+2500	25000	8400	0	0	0	0	0	0	0	0	0	1	0	0	1	
			ZZ4257N3847D1CH	—	T10.34-40	9726	250	7390/2496/2958	3825+1350	25000	10700	0	0	0	0	0	0	0	0	0	0	3	1	4	
		自卸汽车	ZZ3317N3867C1L	ZZ3317N3867C1L	T12.38-30	11596	279	10610/2496/3450	1800+3800+1350	31000	15420	0	0	0	0	0	0	0	15	0	0	0	0	15	
					WT615.94	9726	235	10410/2496/3450	1800+3800+1350	31000	15420	0	0	0	10	0	0	6	0	0	0	0	7	23	
					WT615.95	9726	250	10410/2496/3450	1800+3800+1350	31000	15420	0	0	0	0	10	0	0	0	0	6	0	0	16	
						9726	250	10610/2496/3450	1800+3800+1350	31000	15420	0	0	0	0	0	0	0	0	0	0	12	0	12	

续表

企业名称	车辆品牌	车辆名称	车辆型号	底盘型号	发动机型号	排量 (mL)	功率 (kW)	长/宽/高 (mm)	轴距 (mm)	总质量 (kg)	整备质量 (kg)	1月	2月	3月	4月	5月	6月	7月	8月	9月	10月	11月	12月	数量 (辆)	合计 (辆)
		自卸汽车	ZZ3317N4667C1C	ZZ3317N4667C1C	WT615.94	9726	235	11045/2496/3450	1800+4600+1350	31000	15500	0	0	0	0	12	0	0	0	0	0	0	0	12	
					WT615.95	9726	250	11045/2496/3450	1800+4600+1350	31000	15500	0	0	0	0	0	0	2	0	0	0	0	5	7	
					T12.38-30	11596	279	11045/2496/3450	1800+4600+1350	31000	15500	0	0	0	0	0	5	0	0	0	0	0	0	5	
			ZZ3317N4867C1C	ZZ3317N4867C1C	T12.38-30	11596	279	11750/2496/3450	1800+4800+1350	31000	15500	0	0	0	0	1	3	1	2	0	2	0	0	9	
					WT615.95	9726	250	11750/2496/3450	1800+4800+1350	31000	15500	0	0	1	2	0	0	0	0	0	0	1	0	4	
			ZZ3257N4147C1L	ZZ3257N4147C1L	WT615.95	9726	250	8845/2496/3450	4125+1350	25000	12500	0	0	0	2	10	20	1	0	0	0	0	0	33	
						9726	250	8675/2496/3450	4125+1350	25000	12500	0	0	0	0	0	0	0	0	0	5	0	0	5	
			ZZ3257N4347C1C	ZZ3257N4347C1C	WT615.95	9726	250	9045/2496/3450	4325+1350	25000	12500	0	0	0	0	0	3	0	0	0	0	1	0	4	
						9726	250	9245/2496/3450	4325+1350	25000	12500	0	0	1	0	0	0	0	1	0	0	0	0	2	
			ZZ3317N3567C1L	ZZ3317N3567C1L	WT615.95	9726	250	10150/2496/3450	1800+3500+1350	31000	15390	0	0	0	30	0	1	0	0	0	5	0	0	36	
					WT615.94	9726	235	10150/2496/3450	1800+3500+1350	31000	15390	0	0	0	0	0	0	0	0	0	0	1	0	1	
			ZZ3317N4867C1L	ZZ3317N4867C1L	WT615.95	9726	250	11830/2496/3450	1800+4800+1350	31000	15370	0	0	0	0	0	0	0	5	15	0	5	5	30	
			ZZ3317N4867C1L1	ZZ3317N4867C1L1	T12.38-30	11596	279	11830/2496/3450	1800+4800+1350	31000	15370	0	0	0	0	0	0	5	0	0	0	0	0	5	
			ZZ3317V4867C1C	ZZ3317V4867C1C	T12.42-30	11596	309	11750/2496/3450	1800+4800+1350	31000	15500	0	0	0	0	0	0	0	0	0	2	0	0	2	
			ZZ3317N4667C1L	ZZ3317N4667C1L	WT615.95	9726	250	11550/2496/3450	1800+4600+1350	31000	15200	0	0	0	1	6	0	0	0	0	0	0	0	7	
			ZZ3317N4667C1L1	ZZ3317N4667C1L1	T12.38-30	11596	279	11450/2496/3450	1800+4600+1350	31000	15200	0	0	3	9	3	2	0	0	0	1	2	3	23	
			ZZ3317N4667C1LS1	ZZ3317N4667C1LS1	T12.38-30	11596	279	11975/2496/3337	1800+4600+1350	31000	15500	0	0	0	0	0	0	0	0	0	0	1	0	1	
			ZZ3317N3867D1L	ZZ3317N3867D1L	T12.38-40	11596	279	10745/2496/3450	1800+3800+1350	31000	15250	0	0	0	0	0	0	0	0	0	0	0	1	1	
			ZZ3257N3847C1L	ZZ3257N3847C1L	WT615.95	9726	250	8545/2496/3450	3825+1350	25000	12470	0	0	30	40	1	0	0	4	0	0	5	0	80	
			ZZ3257N3847C1L1	ZZ3257N3847C1L1	T12.38-30	11596	279	8545/2496/3450	3825+1350	25000	12470	0	0	0	0	0	0	0	0	0	0	1	0	1	
			ZZ3257N3847D1L	ZZ3257N3847D1L	T10.34-40	9726	250	8545/2496/3450	3825+1350	25000	12290	0	0	0	0	0	0	0	0	0	0	50	0	50	
		混凝土搅拌运输车	ZZ5257GJBN3847C1L	ZZ1257N3847C1L	WT615.95	9726	250	9040/2496/3850	3825+1350	25000	13100	0	0	0	0	0	8	17	0	0	0	1	0	26	
			ZZ5257GJBN4047C1L	ZZ1257N4047C1L	WT615.95	9726	250	9480/2496/3850	4025+1350	25000	13220	0	0	0	1	0	0	2	0	1	10	0	0	14	
			ZZ5257GJBN4047D1L	ZZ1257N4047D1L	T10.34-40	9726	250	9480/2496/3850	4025+1350	25000	13220	0	0	0	0	0	0	0	0	0	0	2	0	2	
		载货汽车	ZZ1317N4667D1LH	ZZ1317N4667D1LH	T10.34-40	9726	250	11984/2496/3800	1800+4600+1350	31000	13560	0	0	0	0	0	0	2	0	0	0	0	0	2	

续表

企业名称	车辆品牌	车辆名称	车辆型号	底盘型号	发动机型号	排量(mL)	功率(kW)	长/宽/高(mm)	轴距(mm)	总质量(kg)	整备质量(kg)	1月	2月	3月	4月	5月	6月	7月	8月	9月	10月	11月	12月	数量(辆)	合计(辆)
包头北奔重型汽车有限公司	北奔	牵引车	ND41800A38J	—	WP10NG300E40	9726	220	6295/2500/3180	3800	18000	7020	0	0	0	0	0	0	0	2	0	0	0	0	2	1824
					WP12NG330E40	11596	257	6295/2500/3180	3800	18000	7020	0	0	0	0	0	0	11	0	0	0	0	21	32	
			ND42400L27J	—	WP12NG330E40	11596	243	6895/2500/3200	1700 + 2700	24000	7000	0	0	0	0	63	0	0	0	0	0	0	0	63	
					WP12NG380E40	11596	257	6895/2500/3200	1700 + 2700	24000	7000	0	0	0	0	0	16	10	1	5	23	67	105	227	
			ND42500B38J	—	WP12NG350E40	11596	243	7485/2495/3180	3850 + 1350	25000	8805	0	0	0	0	39	0	0	0	0	0	0	0	39	
					WP12NG350E40	11596	257	7485/2495/3180	3850 + 1350	25000	8805	0	0	30	0	0	63	0	1	0	0	4	0	98	
					WP12NG350E40	11596	280	7485/2495/3180	3850 + 1350	25000	8805	0	0	0	0	0	0	59	0	20	8	0	61	148	
			ND42502B38J	—	WP12NG330E40	11596	280	7450/2500/3180	3850 + 1350	25000	8805	0	0	0	0	0	0	0	0	20	0	0	0	20	
						11596	280	7535/2500/3180	3850 + 1450	25000	8805	0	0	0	0	0	0	0	0	0	1	0	0	1	
					WP10NG300E40	11596	257	7535/2500/3180	3850 + 1450	25000	8805	0	0	0	0	0	0	0	0	0	0	26	0	26	
			ND42502B38J7	—	WP12NG380E40	11596	257	7540/2500/3455	3850 + 1350	25000	8800	0	0	0	2	0	0	0	0	0	0	0	0	2	
					WP12NG350E40	11596	280	7540/2500/3455	3850 + 1350	25000	8800	0	0	0	0	23	10	0	0	4	0	2	2	41	
			ND4252B38J	—	WP12NG350E40	11596	257	7535/2495/3180	3850 + 1450	25000	9970	0	0	64	0	0	0	0	9	0	0	0	0	73	
					WP12NG350E40	11596	280	7535/2495/3180	3850 + 1450	25000	9970	0	80	0	160	92	51	95	0	66	24	27	104	699	
			ND41800A38J7	—	WP12NG380E40	11596	257	6400/2500/3555	3800	18000	7370	0	0	0	0	0	0	0	2	0	0	0	0	2	
			ND42400L27J7	—	WP12NG350E40	11596	243	7000/2500/3550	1700 + 2700	24000	7000	0	0	0	0	0	0	2	0	1	0	0	6	9	
			ND4250B38J7	—	WP12NG380E40	9726	220	7540/2500/3840	3850 + 1350	25000	10170	0	0	0	0	0	1	0	0	0	0	0	0	1	
			ND42500B38J7	—	WP12NG380E40	11596	280	7640/2500/3530	3850 + 1450	25000	8800	0	7	3	4	3	3	6	1	0	1	1	17	46	
		自卸车	ND3258B38	ND1256B38	WP12NG330E40	11596	243	8530/2500/3430	3800 + 1450	25000	12260	0	0	0	5	0	0	0	0	0	0	0	0	5	
						11596	243	8347/2500/3430	3800 + 1450	25000	12260	0	0	0	0	0	0	0	0	0	0	0	15	15	
			ND3315D41J	ND1317D41J	WP12NG350E40	11596	257	10430/2500/3484	1500 + 4150 + 1450	31000	15170	0	0	0	0	2	0	0	0	0	0	0	0	2	
					WP12NG380E40	11596	280	10430/2500/3484	1500 + 4150 + 1450	31000	15170	0	0	0	0	0	0	1	0	0	0	0	0	1	
			ND3316D50J	ND1315D50J	WP12NG350E40	11596	257	11380/2500/3484	1500 + 5050 + 1450	31000	15145	0	0	0	1	0	0	0	0	0	0	0	0	1	
			ND33101D50J	ND1315D50J	WP12NG380E40	11596	280	11480/2500/3484	1500 + 5050 + 1450	31000	15145	0	0	0	0	0	2	0	0	0	0	0	0	2	
			ND33102D44J	ND13112D44J	WP12NG380E40	11596	280	10970/2500/3484	1500 + 4450 + 1450	31000	15060	0	0	0	1	0	0	9	0	0	0	0	0	10	
			ND3319D47J	ND13106D47J	WP12NG380E40	11596	280	11986/2500/3484	1500 + 4750 + 1450	31000	14870	0	0	0	0	0	0	0	0	0	0	0	5	5	

续表

企业名称	车辆品牌	车辆名称	车辆型号	底盘型号	发动机型号	排量(mL)	功率(kW)	长/宽/高(mm)	轴距(mm)	总质量(kg)	整备质量(kg)	1月	2月	3月	4月	5月	6月	7月	8月	9月	10月	11月	12月	数量(辆)	合计(辆)
		载货汽车	ND11602B41J	ND11602B41J	WP10NG300E40	9726	220	9090/2500/3260	4100+1350	16000	7905	0	0	0	0	40	0	0	0	0	0	16	0	56	
						2200	220	9090/2500/3260	4100+1350	16000	7905	0	0	0	0	0	140	0	0	0	0	0	0	140	
		加油车	ND5310GJYZ04	ND13101D43J	WP10NG300E40	9726	220	11875/2500/3395	1950+4350+1350	31000	13720	0	0	0	0	0	25	0	32	0	0	0	0	57	
		混凝土搅拌运输车	ND5250GJBZ12	ND12503B41J	WP12NG380E40	11596	280	9900/2500/3980	4100+1450	25000	15155	0	0	1	0	0	0	0	0	0	0	0	0	1	
奇瑞商用车(安徽)有限公司	集瑞联合	牵引汽车	SQR4181N5Z	—	YC6L260N-40	8424	191	6726/2500/3650	4200	18000	6950	0	0	0	0	0	0	0	0	0	0	2	0	2	1544
						8424	191	6726/2500/3320	4200	18000	6950	0	0	0	0	0	0	0	0	0	0	0	5	5	
			SQR4181N6Z	—	YC6MK340N-40	10338	250	6026/2500/3650	3500	18000	6805	0	0	0	5	0	5	0	0	0	0	0	100	110	
						10338	250	6026/2500/3905	3500	18000	6805	0	0	0	0	2	0	0	0	0	0	10	0	12	
					YC6MK290N-40	10338	214	6026/2500/3905	3500	18000	6805	0	0	0	0	0	0	24	0	0	0	0	0	24	
			SQR4251N6ZT4	—	YC6MK340N-40	10338	250	7515/2500/3905	3825+1350	25000	8750	0	0	0	0	37	0	0	0	0	0	0	0	37	
					YC6MK375N-40	10338	276	7515/2500/3905	3825+1350	25000	8750	0	3	52	3	0	48	22	18	14	32	223	354	769	
			SQR4181N5Z-1	—	YC6L260N-40	8424	191	6726/2500/3320	4200	18000	7100	0	0	0	0	0	0	0	0	0	0	0	50	50	
			SQR4181N6Z-1	—	YC6MK340N-40	10338	250	6726/2500/3650	4200	18000	8000	0	0	0	0	0	0	0	0	0	0	0	7	7	
			SQR4181N6Z-2	—	YC6MK340N-40	10338	250	6726/2500/3650	4200	18000	8500	0	0	0	0	0	0	0	0	0	0	0	1	1	
			SQR4251N6ZT2	—	YC6MK340N-40	10338	250	7126/2500/3905	1950+2650	25000	8300	0	0	0	0	0	0	0	0	0	0	0	1	1	
			SQR4251N6ZT4-1	—	YC6K400N-40	12939	294	7398/2500/3905	3825+1350	25000	8805	0	0	0	0	0	0	0	0	0	0	0	1	1	
			SQR4251N6ZT4-3	—	YC6MK375N-40	10338	276	7398/2500/3905	3825+1350	25000	8750	0	0	0	0	0	0	0	0	0	0	1	0	1	
		自卸汽车	SQR3311N6T6-1	SQR3311N6T6-E1	YC6MK375N-40	10338	276	11220/2500/3560	1950+3850+1350	31000	14945	0	1	20	13	7	7	22	0	0	1	17	0	88	
						10338	276	10520/2500/3560	1950+3850+1350	31000	14945	0	0	0	0	0	0	0	0	0	0	0	150	150	
			SQR3251N6T4	SQR3251N6T4-E	YC6MK340N-40	10338	250	8457/2500/3560	3825+1350	25000	12050	0	0	0	1	1	0	0	0	20	0	22	98	142	
			SQR3311N6T6	SQR3311N6T6-E	YC6MK375N-40	10338	276	10520/2500/3560	1950+3850+1350	31000	14800	0	0	0	0	0	0	0	0	0	0	0	20	20	
			SQR3251N6T4-1	SQR3251N6T4-E1	YC6MK340N-40	10338	250	9355/2500/3560	4600+1350	25000	12490	0	0	0	0	0	0	0	0	0	0	2	0	2	
		混凝土搅拌运输车	SQR5251GJBN6T4	SQR3251N6T4-E	YC6MK340N-40	10338	250	9550/2500/3950	3825+1350	25000	14200	0	0	2	1	30	0	0	0	0	0	15	0	48	
			SQR5251GJBN6T4-1	SQR3251N6T4-E1	YC6MK375N-40	10338	276	10055/2500/3980	4200+1350	25000	15000	0	0	2	2	29	6	9	5	15	6	0	0	74	

续表

企业名称	车辆品牌	车辆名称	车辆型号	底盘型号	发动机型号	排量(mL)	功率(kW)	长/宽/高(mm)	轴距(mm)	总质量(kg)	整备质量(kg)	1月	2月	3月	4月	5月	6月	7月	8月	9月	10月	11月	12月	数量(辆)	合计(辆)
一汽解放青岛汽车有限公司	解放	平头天然气牵引车	CA4226P1K15T3NA80	—	WP10NG336E40	9726	247	7025/2490/3290	1700+3000	22000	8200	0	0	0	15	60	92	0	39	20	0	0	419	645	1520
						9726	247	7025/2490/3480	1700+3000	22000	8200	0	0	0	0	0	0	76	0	0	91	283	0	450	
			CA4226P2K15T3NA80	—	WP12NG330E40	11596	243	7143/2490/3385	1700+3000	22000	8700	0	0	0	7	14	11	0	12	0	0	0	0	44	
						11596	243	7143/2490/3580	1700+3000	22000	8700	0	0	13	0	0	0	0	0	0	0	0	0	13	
					WP12NG350E40	11596	257	7143/2490/3580	1700+3000	22000	8700	0	0	0	0	0	0	0	0	0	1	0	0	1	
					WP10NG336E40	9726	247	7143/2490/3580	1700+3000	22000	8700	0	0	0	0	0	0	0	0	1	0	1	0	2	
			CA4258P2K15T1NA80	—	WP12NG350E40	11596	257	7443/2490/3350	3800+1350	25000	8805	0	0	0	21	0	57	38	8	7	1	0	0	132	
					WP12NG380E40	11596	280	7443/2490/3350	3800+1350	25000	8805	0	0	13	0	0	0	0	0	0	0	10	14	37	
			CA4180P1K15NA80	CA4180P1K15NA80	WP10NG300E40	9726	220	6505/2493/3260	4200	18000	6805	0	0	0	0	0	0	0	0	0	2	0	12	14	
		平头液化天然气自卸汽车	CA3310P2K2L4T4NA80	CA3310P2K2L4T4NA80	WP12NG350E40	11596	257	10488/2500/3280	1860+3960+1350	31000	14770	0	0	0	0	0	0	33	0	0	0	0	0	33	
					WP12NG350E40	11596	280	11058/2500/3280	1860+4360+1350	31000	14770	0	0	0	0	0	0	0	0	0	20	5	20	45	
			CA3256P2K2T1NA80	CA3256P2K2T1NA80	WP12NG350E40	11596	257	8393/2500/3280	3825+1350	25000	12080	0	0	0	0	10	1	8	7	6	11	10	0	53	
		仓栅式运输车	CA5169CCYPK15L2NA80-1	CA1169PK15L2NA80	YC4D140N-40	4214	103	8998/2499/3790	5270	15800	6450	0	0	0	0	0	0	0	0	0	0	20	0	20	
			CA5250CCYP1K15L7T3NA80-1	CA1250P1K15L7T3BNA80	WP7NG210E40	7140	155	11935/2490/3900	1900+5650	25000	10840	0	0	0	0	0	0	0	1	0	0	2	0	3	
		厢式运输车	CA5250XXYP1K15L7T3NA80-3	CA1250P1K15L7T3BNA80	WP7NG210E40	7140	155	11935/2550/3905	1900+5650	25000	10840	0	20	0	0	0	0	0	0	0	0	8	0	28	
东风汽车有限公司	东风	半挂牵引车	DFL4251A12	—	YC6MK375N-30	10338	276	7560/2500/3700	3900+1350	25000	8800	0	60	0	0	19	0	6	1	0	0	0	0	86	918
						10338	276	7560/2500/3030	3900+1350	25000	8800	0	0	5	0	0	0	0	0	0	0	0	0	5	
					EQRN380-30	11120	280	7260/2500/3700	3600+1350	25000	8800	0	0	0	0	0	0	0	0	52	24	110	49	235	
					YC6M340N-30	9839	250	7560/2500/3700	3900+1350	25000	8800	0	0	0	11	0	9	0	0	0	0	0	0	20	
			DFL4251A18	—	YC6MK340N-40	10338	250	7260/2500/3600	3600+1350	25000	9600	0	0	10	0	0	0	0	0	0	0	0	0	10	
					YC6MK375N-40	10338	276	7460/2500/3700	3900+1350	25000	9600	0	0	0	21	10	40	26	11	22	19	32	71	252	
			EQ4250DG3GN	—	WP12NG350E40	11596	257	7560/2500/3700	3900+1350	25000	8800	0	0	0	0	0	0	0	0	0	1	0	0	1	
					WP12NG380E40	11596	280	7560/2500/3700	3900+1350	25000	8800	0	0	0	10	0	0	0	0	0	0	3	0	13	

续表

企业名称	车辆品牌	车辆名称	车辆型号	底盘型号	发动机型号	排量 (mL)	功率 (kW)	长/宽/高 (mm)	轴距 (mm)	总质量 (kg)	整备质量 (kg)	1月	2月	3月	4月	5月	6月	7月	8月	9月	10月	11月	12月	数量 (辆)	合计 (辆)
			DFL4251A11	—	YC6M340N-30	9839	250	7260/2500/3700	3600 + 1350	25000	11000	0	0	1	0	0	0	0	0	0	0	0	0	1	
			EQ4160GD4N	—	YC6MK375N-40	7800	191	6330/2470/2830	3800	15900	5705	0	2	0	0	4	0	0	0	0	1	0	10	17	
			DFL4250A1	—	YC6M340N-30	9839	250	6950/2500/3030	1700 + 2700	25000	8620	0	0	0	0	0	20	0	0	25	25	0	40	110	
						9839	250	6950/2500/3700	1700 + 2700	25000	8620	0	0	0	0	0	0	60	0	0	0	0	0	60	
						9839	250	7125/2500/3030	1850 + 2700	25000	8620	0	0	0	0	0	0	0	1	0	0	0	0	1	
					YC6MK375N-30	10338	276	6950/2500/3030	1700 + 2700	25000	8620	0	0	0	0	0	0	0	0	0	0	11	0	11	
			DFL4251AX18	—	YC6MK340N-40	10338	250	7460/2500/3700	3900 + 1350	25000	8805	0	0	0	0	0	0	0	1	0	0	0	0	1	
					YC6MK375N-40	10338	276	7460/2500/3700	3900 + 1350	25000	8805	0	0	0	0	0	0	0	0	0	0	1	4	5	
			DFL4251AX12A	—	EQRN385-40	11120	283	7260/2500/3700	3600 + 1350	25000	8805	0	0	0	0	0	0	0	0	0	1	4	42	47	
		自卸汽车	DFL3251A11	DFL3251A11	YC6MK375N-40	10338	250	8400/2500/3450	3800 + 1450	25000	11910	0	0	0	0	0	0	0	0	2	0	0	0	2	
			DFL3310A15	DFL3310A15	YC6J210N-30	9839	250	10500/2500/3450	1850 + 3800 + 1350	31000	14770	0	0	0	0	0	0	0	0	0	0	7	0	7	
			DFL3310A17	DFL3310A17	YC6G260N-40	10338	276	10550/2500/3450	1850 + 3800 + 1350	31000	14770	0	0	0	0	0	1	0	0	0	0	0	0	1	
			EQ3122GD3GN	EQ3122GD3GNJ	YC6M290N-30	6494	155	7600/2470/2850	4500	11500	6505	0	1	0	0	0	0	0	0	0	0	0	0	1	
			EQ3250GD3GN1	EQ3250GD3GNJ1	YC6G260N-30	7800	191	9000/2489/3120	4350 + 1300	24900	12330	0	0	0	0	0	1	0	0	0	0	0	0	1	
			EQ3310GD3GN	EQ3310GD3GNJ	YC6MK340N-30	9839	214	10650/2500/3300	1950 + 3800 + 1350	31000	14805	0	0	0	0	0	0	0	0	0	0	20	0	20	
		仓栅式运输车	EQ5160CCYHD3GN	EQ1160HD3GNJ	YC6G260N-30	7800	191	8705/2490/3250	4350 + 1350	16370	8185	0	0	0	0	0	1	0	0	0	0	0	0	1	
		混凝土搅拌运输车	DFL5251GJBA5	DFL5251GJBA5	YC6MK340N-40	10338	250	9980/2500/3990	4000 + 1350	24900	14000	0	0	10	0	0	0	0	0	0	0	0	0	10	
北京福田戴姆勒汽车有限公司	欧曼	半挂牵引汽车	BJ4253SMFCB-4	—	WP12NG350E40	11596	257	7525/2495/3410	3825 + 1350	25000	8805	0	0	0	0	0	0	0	0	22	0	0	0	22	506
						11596	257	7525/2495/3710	3825 + 1350	25000	8805	0	0	0	0	0	0	0	0	0	19	0	0	19	
					WP12NG380E40	11596	280	7525/2495/3410	3825 + 1350	25000	8805	0	0	0	0	0	0	25	15	0	0	0	0	40	
						11596	280	7525/2495/3710	3825 + 1350	25000	8805	0	0	0	0	0	0	0	0	0	0	51	72	123	
		自卸汽车	BJ3313VMPCF-1	BJ3313VMPCF-1	WP12NG380E40	11596	280	10784/2495/3700	1800 + 4300 + 1350	31000	14905	0	0	0	0	0	0	67	0	0	0	0	0	67	
						11596	280	10784/2495/3400	1800 + 4300 + 1350	31000	14905	0	0	0	0	0	0	0	0	0	3	0	0	3	
						11596	280	10884/2495/3400	1800 + 4300 + 1350	31000	14965	0	0	0	0	0	0	0	0	8	0	0	0	8	

续表

企业名称	车辆品牌	车辆名称	车辆型号	底盘型号	发动机型号	排量(mL)	功率(kW)	长/宽/高(mm)	轴距(mm)	总质量(kg)	整备质量(kg)	1月	2月	3月	4月	5月	6月	7月	8月	9月	10月	11月	12月	数量(辆)	合计(辆)
			BJ3253VLPCE-1	BJ3253VLPCE-1	WP12NG350E40	11596	257	8770/2495/3400	4100+1350	25000	12395	0	0	0	0	0	0	2	0	0	50	0	0	52	
						11596	257	8870/2495/3400	4100+1350	25000	12495	0	0	0	0	0	0	0	2	0	0	0	0	2	
			BJ3313DMPCJ-4	BJ3313DMPCJ-4	WP12NG380E40	11596	280	11602/2495/3400	1800+4700+1350	31000	15385	0	0	0	0	0	0	2	0	0	1	0	0	3	
		半挂牵引车	BJ4253SNFCB-AA	—	WP12NG350E40	11596	257	7460/2495/3410	1800+3100	25000	8100	0	0	0	0	0	0	0	0	0	0	108	59	167	
东风汽车公司	东风	教练车	EQ5120XLHF4	EQ1120FFJ2	CA4GNE4	[illegible]	85	9000/2480/2600	5200	12400	5000	0	0	0	0	2	11	9	0	20	38	8	0	88	418
		牵引汽车	EQ4160GF1	—	YC6G260N-30	7800	191	6475/2480/2850	4200	16400	6205	0	0	1	0	0	0	0	0	2	0	0	0	3	
		载货汽车	EQ1250GQN	EQ1250GQNJ	NQ230N4	6870	169	11990/2500/3300	1850+5400	25000	9000	0	0	0	0	0	0	0	0	0	0	2	0	2	
			EQ1250GF5	EQ1250GFJ5	YC6L280N-40	8424	206	11940/2500/3150	5700+1300	25000	10700	0	0	0	0	0	0	0	0	0	0	0	8	8	
	特商	牵引汽车	DFE4160VF1	—	YC6G260N-40	7800	191	6650/2490/3100	4200	16400	6205	0	0	0	0	0	6	1	0	0	0	0	0	7	
					YC6L280N-40	8424	206	6400/2490/3100	3950	16400	6205	0	0	0	0	0	0	0	0	0	0	0	3	3	
			DFE4250VF4	—	WP12NG380E40	11596	280	7515/2490/3200	3850+1350	25000	8805	0	0	11	40	45	0	19	14	0	0	0	0	129	
					YC6MK375N-40	10338	276	7515/2490/3700	3850+1350	25000	8805	0	1	0	0	0	42	0	0	2	0	0	4	49	
			DFE4240VF	—	YC6M340N-30	9839	250	7840/2490/3600	1950+3300	24400	8205	0	0	0	0	0	0	0	0	0	0	0	16	16	
			DFE4250VF	—	YC6M340N-30	9839	250	7465/2490/3200	3800+1300	24900	9950	0	0	0	0	0	0	0	0	1	0	0	0	1	
			DFE4250VF1	—	YC6M340N-30	9839	250	7465/2490/3600	3800+1300	25000	8805	0	0	0	0	0	0	0	0	0	1	0	0	1	
			DFE4250VF2	—	WP12NG380E30	11590	280	7515/2490/3700	3850+1350	25000	8805	0	0	0	1	0	0	0	0	0	0	0	0	1	
		自卸汽车	DFE3250VF2	DFE3250VFJ2	YC6MK340N-40	10338	250	8450/2500/3400	3800+1350	24900	11900	0	0	5	0	0	0	0	0	0	0	0	0	5	
					WP12NG350E40	11596	257	8450/2500/3400	3800+1350	24900	11900	0	0	0	0	0	0	10	10	0	0	0	0	20	
			DFE3310VF1	DFE3310VFJ	YC6M340N-30	9839	250	10400/2500/3500	1950+3800+1300	31000	14800	0	0	5	0	19	0	0	0	0	0	0	0	24	
			DFE3310VF4	DFE3310VFJ4	YC6MK340N-40	10338	250	10600/2500/3350	1950+3800+1350	31000	14800	0	0	0	0	4	0	0	0	10	7	0	0	21	
			DFE3310VF5	DFE3310VFJ5	WP12NG380E40	11596	280	12000/2500/3350	1950+4500+1350	31000	14800	0	0	0	0	0	0	0	0	0	0	20	0	20	
			DFE3250VF	DFE3250VFJ	YC6M340N-30	9839	250	9180/2490/3400	4350+1350	24900	11900	0	0	0	0	8	0	0	0	0	0	0	0	8	
		混凝土搅拌运输车	DFE5250GJBF1	DFE5250GJBFJ1	YC6MK340N-40	10338	250	9500/2500/3980	3800+1350	24900	12900	0	0	0	0	0	2	0	0	0	0	0	0	2	
	华神	半挂牵引汽车	DFD4251GN	—	WP12NG350E40	11596	257	7465/2500/3700	3850+1300	25000	8805	0	0	0	0	0	0	0	0	0	3	0	0	3	
					WP12NG380E40	11596	280	7515/2500/3700	3850+1350	25000	8805	0	0	0	0	0	0	0	2	0	0	0	5	7	

续表

企业名称	车辆品牌	车辆名称	车辆型号	底盘型号	发动机型号	排量 (mL)	功率 (kW)	长/宽/高 (mm)	轴距 (mm)	总质量 (kg)	整备质量 (kg)	1月	2月	3月	4月	5月	6月	7月	8月	9月	10月	11月	12月	数量 (辆)	合计 (辆)
芜湖中集瑞江汽车有限公司	瑞江	低密度粉粒物料运输车	WL5311GFLSQ44	SQR3311N6T6-E1	YC6MK375N-40	10338	276	11080/2500/3680	1950+4350+1350	31000	17270	0	0	0	0	0	0	152	0	0	0	0	0	152	401
			WL5310GFLSQ45	SQR1311N6T6-E	YC6MK375N-40	10338	276	11980/2500/3995	1950+4500+1350	30900	17500	0	0	0	0	0	0	0	0	0	0	0	50	50	
		自卸汽车	WL3250SQ38	SQR3251N6T4-E	YC6MK375N-40	10338	276	8463/2500/3500	3825+1350	25000	12110	0	0	0	0	0	0	0	0	0	79	0	0	79	
			WL3250SQ38	SQR3251N6T4-E	YC6MK375N-40	10338	276	8463/2500/3500	3825+1350	25000	12110	0	0	0	0	0	0	0	0	0	0	10	0	10	
			WL3250SQ38	SQR3251N6T4-E	YC6MK375N-40	10338	276	8463/2500/3500	3825+1350	25000	12110	0	0	0	0	0	0	0	0	0	0	0	110	110	
中国重汽集团济南商用车有限公司	斯达一斯太尔	牵引汽车	ZZ4251N3841C1CH	—	WT615.95	9726	250	7170/2490/3070	3800+1350	25000	9800	0	0	0	2	0	0	0	0	0	0	0	0	2	351
						9726	250	7170/2490/3700	3800+1350	25000	9800	0	0	0	1	0	0	0	1	0	0	0	0	2	
						9726	250	7170/2490/3720	3800+1350	25000	9800	0	1	0	0	0	5	0	0	0	0	0	0	6	
					WT615.94	9726	235	7170/2490/3070	3800+1350	25000	9800	0	0	0	0	1	0	0	0	0	0	0	0	1	
			ZZ4253N3841C1L	—	WT615.95	9726	250	7425/2490/3210	3825+1350	25000	8790	0	0	0	0	0	6	0	0	0	0	0	0	6	
						9726	250	7425/2490/3660	3825+1350	25000	8790	0	0	0	0	0	0	0	22	0	0	0	0	22	
						9726	250	7425/2490/3660	3800+1400	25000	8790	0	0	0	0	0	0	0	0	0	1	0	0	1	
						9726	250	7425/2490/3720	3825+1350	25000	8790	0	0	0	0	0	0	0	0	20	0	7	0	27	
					T12.38-30	11596	279	7425/2490/3660	3825+1350	25000	8790	0	0	0	1	13	0	7	0	0	0	0	0	21	
			ZZ4253V3841C1LB	—	T12.38-30	11596	279	7400/2496/3720	3825+1350	25000	8800	0	0	0	0	2	0	0	0	6	0	0	0	8	
						11596	279	7400/2496/3210	3825+1350	25000	8800	0	0	0	0	0	0	0	0	0	0	2	0	2	
					T12.42-30	11596	309	7400/2496/3660	3825+1350	25000	8800	0	0	0	0	0	2	0	0	0	0	0	0	2	
						11596	309	7400/2496/3210	3825+1350	25000	8800	0	0	0	0	0	0	2	0	0	0	0	0	2	
						11596	309	7400/2496/3720	3825+1350	25000	8800	0	0	0	0	0	0	0	2	0	4	0	0	6	
			ZZ4253V3841C1CB	—	T12.38-30	11596	279	7415/2496/3210	3825+1350	25000	9210	0	0	1	0	0	0	0	0	0	0	0	0	1	
						11596	279	7415/2496/3720	3825+1350	25000	9210	0	0	0	0	0	1	6	0	0	0	0	1	8	
					T12.42-30	11596	309	7415/2496/3720	3825+1350	25000	9210	0	0	0	0	1	0	0	0	0	0	0	0	1	
			ZZ4253N3841D1L	—	T12.38-40	11596	279	7425/2496/3720	3825+1350	25000	8800	0	0	0	0	0	0	0	0	2	0	0	0	2	
			ZZ4181M3811C1C	—	WT615.92	9726	196	6150/2496/3070	3800	18000	6700	0	0	0	0	36	0	0	0	0	0	0	0	36	
			ZZ4181N4211D1L	—	T10.34-40	9726	250	6550/2496/3700	4200	18000	6600	0	0	0	10	0	15	0	0	1	0	0	0	26	
			ZZ4183N4211D1L	—	T10.34-40	9726	250	6755/2496/3810	4200	18000	6900	0	0	0	0	0	0	0	0	0	0	0	1	1	
			ZZ4253N25C1D1L	—	T10.34-40	9726	250	6855/2496/3720	1800+2500	25000	7400	0	0	0	0	0	0	0	0	5	5	10	17	37	

续表

企业名称	车辆品牌	车辆名称	车辆型号	底盘型号	发动机型号	排量(mL)	功率(kW)	长/宽/高(mm)	轴距(mm)	总质量(kg)	整备质量(kg)	1月	2月	3月	4月	5月	6月	7月	8月	9月	10月	11月	12月	数量(辆)	合计(辆)
		自卸汽车	ZZ3313V4661C1L	ZZ3313V4661C1L	T12. 38-30	11596	279	11575/2496/3500	1800+4600+1350	31000	15370	0	0	0	1	0	0	0	0	0	0	0	0	1	
						11596	279	11475/2496/3500	1800+4600+1350	31000	15370	0	0	0	0	0	2	0	0	0	0	0	0	2	
			ZZ3251N3841D1L	ZZ3251N3841D1L	T10. 34-40	9726	250	8020/2496/3450	3825+1350	25000	12100	0	0	0	0	0	0	0	0	0	0	0	30	30	
			ZZ3251N4041C1L	ZZ3251N4041C1L	WT615. 95	9726	250	8510/2490/3490	4000+1350	25000	12100	0	0	0	0	1	0	0	0	0	0	51	0	52	
			ZZ3311N3661D1L	ZZ3311N3661D1L	T10. 34-40	9726	250	10000/2490/3450	1800+3600+1350	31000	14830	0	0	0	0	9	0	0	0	0	0	0	10	19	
			ZZ3311N4661C1C	ZZ3311N4661C1C	WT615. 95	9726	250	11100/2490/3490	1800+4600+1350	31000	15460	0	1	1	3	1	0	11	0	0	0	1	0	18	
			ZZ3313V3861C1L	ZZ3313V3861C1L	T12. 38-30	11596	279	10770/2496/3500	1800+3800+1350	31000	15200	0	0	0	0	0	0	0	0	0	0	6	1	7	
			ZZ3313V4661C1C	ZZ3313V4661C1C	T12. 38-30	11596	279	11070/2496/3500	1800+4600+1350	31000	15470	0	0	0	0	0	1	0	0	0	0	0	0	1	
		混凝土搅拌运输车	ZZ5253GJBN4241D1L	ZZ1253N4241D1L	T10. 34-40	9726	250	10040/2496/3980	4225+1350	25000	14180	0	0	0	0	0	0	0	0	0	1	0	0	1	
东风南充汽车有限公司	东风	仓栅式运输车	EQ5252GCCQN1-30	EQ1252GNJ1-30	NQ230N	6870	172	11900/2480/3450	1950+5350	24995	10010	0	2	0	0	0	0	0	0	0	0	0	0	2	313
			EQ5160GCCQN1-30	EQ1160GNJ1-30	NQ190N	5638	144	9000/2480/3450	5200	15995	5810	0	0	4	0	0	1	1	0	0	0	0	0	6	
			EQ5252GCCQN1-30	EQ1252GNJ1-30	NQ230N	6870	172	11900/2480/3450	1950+5350	24995	10010	0	0	0	0	0	0	0	0	2	0	8	2	12	
		厢式运输车	EQ5040XXYN-40	EQ6580KSN40	NQ120N4	3759	92	5998/2250/2800	3300	4495	3405	0	0	0	1	0	0	1	0	0	2	0	2	6	
			EQ5162GXXYN-30	EQ1162GNJ-30	NQ190N	5638	144	10000/2480/3450	5800	15900	7715	0	0	0	0	0	0	0	0	47	0	1	0	48	
			EQ5252GXXYN1-30	EQ1252GNJ1-30	NQ230N	6870	172	11900/2550/3450	1950+5350	25000	10500	0	0	1	1	0	0	0	0	1	0	0	0	3	
		载货汽车	EQ1040GN-40	EQ1040GNJ-40	NQ100N4	3759	79	5995/1980/2280	3300	3940	2250	4	0	0	0	0	0	0	0	0	0	1	2	7	
			EQ1120FN-30	EQ1120FNJ-30	NQ100N3	3759	79	9000/2480/2700	5300	12010	6005	2	3	12	1	0	0	3	0	5	0	0	2	28	
			EQ1160GN1-30	EQ1160GNJ1-30	NQ190N	5638	144	9000/2480/3150	5200	15855	5670	5	0	2	1	0	2	4	0	4	2	1	0	21	
			EQ1160GN1-40	EQ1160GNJ1-40	NQ200N4	5638	147	9000/2500/3150	5200	15855	5670	0	0	0	0	0	0	0	0	0	0	2	0	2	
			EQ1201GN-40	EQ1201GNJ-40	NQ260N4	8300	190	8655/2500/2950	4100+1350	19530	9345	0	0	0	0	6	0	0	0	0	0	0	0	6	
			EQ1252GN1-30	EQ1252GNJ1-30	NQ230N	6870	172	11900/2480/2920	1950+5350	24995	9810	0	0	1	0	1	0	0	0	0	0	2	1	5	
		自卸汽车	EQ3166GN-40	EQ3166GNJ-40	NQ200N4	5638	147	7600/2500/2950	4500	16000	7815	0	0	0	0	10	0	0	0	1	0	0	0	11	
			EQ3200GN-40	EQ3200GNJ-40	NQ230N4	6870	169	8300/2500/3150	1800+3300	19530	9345	0	15	0	0	0	1	2	0	0	0	0	0	18	
		教练车	EQ5120XLHFN-40	EQ1120FNJ-40	NQ100N4	3759	79	9000/2480/2700	5300	12010	6005	0	0	0	0	0	0	0	0	0	8	7	0	15	

续表

企业名称	车辆品牌	车辆名称	车辆型号	底盘型号	发动机型号	排量(mL)	功率(kW)	长/宽/高(mm)	轴距(mm)	总质量(kg)	整备质量(kg)	1月	2月	3月	4月	5月	6月	7月	8月	9月	10月	11月	12月	数量(辆)	合计(辆)
		自卸汽车	DNC3070FN-30	DNC3070FNJ-30	NQ190N	5638	144	7000/2480/2650	4200	7425	4240	0	0	0	0	0	0	10	0	0	0	0	15	25	
			DNC3120GN-30	DNC3120GNJ-30	NQ190N	5638	144	7100/2500/2950	4200	11965	6780	0	0	0	0	0	0	0	1	0	0	0	0	1	
					NQ210N	6870	153	7600/2500/2950	4500	11965	6780	0	5	31	4	10	10	0	0	8	0	0	5	73	
			DNC3256G1-30	DNC3256GJ1-30	NQ260N4	9726	213	9650/2490/3450	4550 + 1350	25000	11905	0	0	0	1	0	0	0	0	0	0	0	0	1	
		载货汽车	DNC1040GN-30	DNC1040GNJ-30	NQ115N	3759	85	5995/2030/2350	3300	3920	2235	5	0	2	0	0	0	2	0	2	0	0	0	11	
			DNC1080GN1-30	DNC1080GNJ-30	NQ150N	5638	110	8000/2350/2800	4700	8020	4335	0	0	1	0	0	0	0	0	0	0	1	0	2	
		仓栅式运输车	DNC5040GCCQN-30	DNC1040GNJ-30	NQ115N	3759	85	5995/2030/2935	3300	4275	2590	0	0	0	3	0	0	0	0	0	0	0	0	3	
		厢式运输车	DNC5040GXXYN-30	DNC1040GNJ-30	NQ115N	3759	85	5995/2030/2935	3300	4490	2805	0	0	3	1	0	1	0	1	0	0	0	1	7	
中国重汽集团济宁商用车有限公司	豪运	牵引汽车	ZZ4185N3815C1C	—	WT615.95	19726	250	6380/2496/3200	3825	18000	7800	0	0	0	0	1	0	0	0	0	0	0	0	1	170
			ZZ4255N3845C1C	—	WT615.95	9726	250	7450/2496/3850	3825 + 1350	25000	9800	0	0	1	0	0	0	0	0	0	0	0	0	1	
						9726	250	7450/2496/3250	3825 + 1350	25000	9800	0	0	0	0	0	1	0	0	0	0	0	0	1	
						9726	250	7450/2496/3720	3825 + 1350	25000	9800	0	0	0	0	0	0	1	0	0	0	0	0	1	
			ZZ4255N3845C1LB	—	WT615.95	9726	250	7450/2496/3720	3825 + 1350	25000	8800	0	0	0	0	0	11	2	1	0	0	0	1	15	
						9726	250	7450/2496/3850	3825 + 1350	25000	8800	0	0	10	0	0	0	0	0	0	0	0	0	10	
						9726	250	7450/2496/3880	3825 + 1350	25000	8800	0	0	0	0	0	0	0	0	0	0	1	0	1	
					WT615.94	9726	235	7450/2496/3880	3825 + 1350	25000	8800	0	0	0	0	1	0	0	0	0	0	0	0	1	
			ZZ4185N3815C1L	—	WT615.94	9726	235	6380/2496/3830	3825	18000	7800	0	0	0	0	1	21	0	0	0	0	4	0	26	
		自卸汽车	ZZ3315N4065C2L	ZZ3315N4065C2L	WT615.94	9726	235	10800/2496/3300	1800 + 4000 + 1350	31000	15360	0	0	0	0	0	0	30	0	0	0	0	0	30	
	豪瀚	牵引汽车	ZZ4255N27C6D1L	—	T10.34-40	9726	250	6980/2496/3350	1800 + 2700	25000	7970	0	0	0	0	0	0	0	0	0	0	1	0	1	
		自卸汽车	ZZ3255N3846D1L	ZZ3255N3846D1L	T12.38-40	11596	279	8375/2496/3450	3825 + 1350	25000	12100	0	0	0	0	0	0	0	0	0	32	50	0	82	
安徽江淮汽车股份有限公司	江淮	牵引汽车	HFC4241P1N5C29F	—	WP10NG336E40	9726	247	7275/2495/3560	1900 + 2900	24500	7800	0	0	0	0	0	0	0	0	0	0	59	0	59	166
					WP10NG336E40	9726	247	7275/2495/3220	1900 + 2900	24500	7800	0	0	0	0	0	0	0	0	0	0	0	27	27	
			HFC4241P1N6E38F	—	T12.38-40	11596	279	7415/2495/3760	3800 + 1350	24500	8300	0	0	0	0	0	0	0	12	0	0	0	0	12	
					WP12NG350E40	11596	257	7415/2495/3660	3800 + 1350	24500	8600	0	0	0	0	1	0	0	0	0	0	0	0	1	
						11596	257	7415/2495/3660	3800 + 1350	24500	8300	0	0	0	0	0	0	2	0	3	0	1	1	7	
		自卸汽车	HFC3311P2N4H41F	HFC3311P2N4H41F	WP10NG300E40	9726	220	10945/2495/3500	1800 + 4100 + 1350	30950	14825	0	0	0	0	0	0	0	0	0	30	30	0	60	

续表

企业名称	车辆品牌	车辆名称	车辆型号	底盘型号	发动机型号	排量(mL)	功率(kW)	长/宽/高(mm)	轴距(mm)	总质量(kg)	整备质量(kg)	1月	2月	3月	4月	5月	6月	7月	8月	9月	10月	11月	12月	数量(辆)	合计(辆)
北汽福田汽车股份有限公司	福田	半挂牵引汽车	BJ4253SMFCB-4	—	WP12NG380E40	11596	280	7525/2495/3710	3825+1350	25000	8805	0	0	10	0	0	0	0	0	0	0	0	0	10	126
						11596	280	7525/2495/3410	3825+1350	25000	8805	0	0	0	14	28	58	0	0	0	0	0	0	100	
		自卸汽车	BJ3313VMPCF-1	BJ3313VMPCF-1	WP12NG380E40	11596	280	10884/2495/3400	1800+4300+1350	31000	14965	0	0	1	0	0	0	0	0	0	0	0	0	1	
			BJ3313DMPCJ-4	BJ3313DMPCJ-4	WP12NG380E40	11596	280	11602/2495/3400	1800+4700+1350	31000	15385	0	0	0	0	4	0	0	0	0	0	0	0	4	
		混凝土搅拌运输车	BJ5253GJB-XE	BJ5253GJB-XE	WP12NG350E40	11596	257	9802/2495/3995	4100+1350	25000	14750	0	0	0	0	0	0	0	0	3	0	8	0	11	
郑州宇通客车股份有限公司	宇通	教练车	ZK5110XLHN	ZK6840CDN	YC4G180N-40	5200	132	9000/2450/3280	5300	11000	7800	0	0	0	1	0	0	0	0	2	0	1	0	4	109
		小学生校车	ZK6100NX1	ZK6960CN1	NQ200N4	5638	147	9980/2430/3150	5700	13700	9400	0	0	0	0	0	66	9	0	0	0	0	0	75	
		小学生专用校车	ZK6102NX2	ZK6100CN1	YC6J210N-40	6454	155	10130/2450/3185	5700	13000	9950	0	0	0	0	0	0	0	0	30	0	0	0	30	
安徽华菱汽车股份有限公司	华菱之星	牵引汽车	HN4250NGB38C9M4	—	WP12NG350E40	11596	257	7460/2495/3800	3900+1350	25000	8740	0	2	0	0	0	0	0	0	0	0	0	0	2	88
						11596	257	7460/2495/3100	3900+1350	25000	8740	0	0	0	0	0	0	0	0	0	1	0	0	1	
						11596	257	7460/2495/3600	3900+1350	25000	8740	0	0	0	0	0	0	0	0	0	0	14	20	34	
					WP12NG380E40	11596	280	7460/2495/3600	3900+1350	25000	8740	0	0	0	0	0	1	0	0	2	0	0	0	3	
			HN4180NGB38C8M3	—	SC9DT320Q3	8820	235	6170/2495/3100	3800	18000	6805	0	0	0	0	0	0	0	0	0	0	9	0	9	
					WP12NG330E30	11596	243	6170/2495/3800	3800	18000	6805	0	0	0	0	0	0	0	0	0	0	0	2	2	
			HN4250NGB38C9M3	—	WP12NG350E30	11596	257	7460/2495/3600	3900+1350	25000	8805	0	0	0	0	3	0	0	0	0	0	0	0	3	
					WP12NG380E30	11596	280	7460/2495/3100	3900+1350	25000	8805	0	0	0	0	0	1	0	4	0	0	2	0	7	
			HN4250NGB32C2M4	—	SC9DT320Q4	8820	235	7520/2495/3100	1850+3250	25000	8195	0	0	0	0	0	1	0	0	0	0	0	2	3	
			HN4180NGB38C8M4	—	WP12NG330E40	11596	243	6170/2495/3800	3800	18000	7500	0	0	0	0	0	4	1	0	0	0	5	0	10	
		压缩天然气牵引汽车	HN4180PT28C4M3	—	SC9DT280Q3	8820	206	6130/2495/2965	3740	18000	7500	0	1	0	0	0	0	0	0	2	0	0	0	3	
			HN4250PT32C9M3	—	SC9DT320Q3	8820	235	7460/2495/3100	3900+1350	25000	9405	0	0	0	1	4	1	0	1	0	0	0	1	8	
		自卸汽车	HN3310PT28D6M3	HN3310PT28D6M3J	SC9DT280Q3	8820	206	10880/2495/3360	1850+4300+1350	31000	14810	0	2	0	0	1	0	0	0	0	0	0	0	3	
厦门金龙联合汽车工业有限公司	金龙	小学生专用校车	XMQ6100ASN4	承载式车身	YC6J210N-40	6494	155	10000/2430/3160	5700	12500	9500	0	0	0	0	0		0	60	0	20	0	0	80	80

续表

企业名称	车辆品牌	车辆名称	车辆型号	底盘型号	发动机型号	排量(mL)	功率(kW)	长/宽/高(mm)	轴距(mm)	总质量(kg)	整备质量(kg)	1月	2月	3月	4月	5月	6月	7月	8月	9月	10月	11月	12月	数量(辆)	合计(辆)
成都大运汽车集团有限公司	大运	牵引汽车	CGC4253PB38WPN3H	—	WP12NG380E30	11596	280	7455/2490/3515	3800 + 1350	25000	8700	0	0	0	0	0	0	0	47	0	0	0	0	47	72
			CGC4253WN3X	—	WP12NG380E30	11596	280	7455/2490/3515	3800 + 1350	25000	9750	0	0	0	0	0	0	0	25	0	0	0	0	25	
张家港韩中深冷科技有限公司	韩中深冷	低温液体加注车	ZHJ5290GDJ	DFE1310VFJ	YC6MK320N-40	10338	235	11950/2500/3380	1950 + 4500 + 1300	28500	20500	0	0	2	6	0	0	0	0	0	0	0	0	8	63
					WP10NG300E40/YC6MK320N-40	9726	220	11950/2500/3380	1950 + 4500 + 1300	28500	20500	0	0	0	0	7	0	0	0	0	0	0	0	7	
					WP10NG300E40	9726	220	11950/2500/3380	1950 + 4500 + 1300	28500	20500	0	0	0	0	0	1	0	0	0	0	0	0	1	
			ZHJ5291GDY	DFE1310VFJ	WP10NG300E40	9726	220	11950/2500/3380	1950 + 4500 + 1300	29000	20710	0	0	0	0	0	0	3	5	5	6	5	7	31	
			ZHJ5241GDJ	DFE1250VFJ	WP10NG300E40	9726	220	10180/2500/3360	4900 + 1300	23500	17425	0	2	7	1	2	3	0	0	1	0	0	0	16	
太原长安重型汽车有限公司	远威	半挂牵引车	SXQ4251M7N-4	—	WP12NG350E40	11596	257	7545/2498/3700	3800 + 1350	25000	10300	0	0	1	2	34	0	0	1	0	0	0	0	38	57
					WP12NG380E40	11596	280	7545/2498/3700	3800 + 1350	25000	10300	0	0	0	0	0	1	0	0	1	0	1	0	3	
		自卸汽车	SXQ4250M6N-4	—	WP10NG300E40	9726	220	7545/2498/3700	2000 + 3000	25000	9805	0	0	0	0	1	0	0	0	0	0	0	0	1	
			SXQ3310M7N-4	SXQ3310MJ7N-4	WP12NG350E40	11596	257	11010/2498/3400	1900 + 4100 + 1350	31000	15070	0	0	0	0	0	1	0	0	0	0	0	0	1	
						11596	257	11210/2498/3400	1900 + 4100 + 1350	31000	15070	0	0	0	0	0	0	0	0	0	0	0	6	6	
			SXQ3310G5N	SXQ3310GJ5N	SC9DT280Q3	8820	206	10560/2498/3200	1950 + 3800 + 1350	30825	14680	0	0	0	0	0	0	0	0	0	2	0	2	4	
			SXQ3310G5N1-4	SXQ3310GJ5N1-4	SC9DT280Q4	8820	206	10290/2498/3200	1950 + 3800 + 1350	30825	14680	0	0	0	3	0	0	0	0	0	0	0	0	3	
			SXQ3310G5N-4	SXQ3310GJ5N-4	SC9DT280Q4	8820	206	10290/2498/3200	1950 + 3800 + 1350	30825	14680	0	0	0	1	0	0	0	0	0	0	0	0	1	
张家港中集圣达因低温装备有限公司	圣达因	低温液体运输车	SDY5300GDY	SX3316DT456TL	WP12NG350E40	11596	257	11855/2500/3550	1800 + 4575 + 1400	29950	21360	0	0	0	0	0	0	2	2	0	0	1	15	20	33
			SDY5312GDYT	SX3316DT456TL	WP12NG350E40	11596	257	11855/2500/3650	1800 + 4500 + 1350	31000	22095	0	3	1	0	4	2	0	1	0	0	0	2	13	
查特中汽深冷特种车(常州)有限公司	查特	低温液体运输车	CTZ5300GDY	SX3316DT456TL	WP12NG350E40	11596	257	11800/2500/3465	1800 + 4575 + 1400	29535	20880	0	0	1	0	0	1	4	4	6	3	5	1	25	25

续表

企业名称	车辆品牌	车辆名称	车辆型号	底盘型号	发动机型号	排量(mL)	功率(kW)	长/宽/高(mm)	轴距(mm)	总质量(kg)	整备质量(kg)	1月	2月	3月	4月	5月	6月	7月	8月	9月	10月	11月	12月	数量(辆)	合计(辆)
深圳东风汽车有限公司	东风	半挂牵引汽车	SE4251GN4	—	OA6SP4-32	9726	235	7790/2500/3800	1850+3400	25000	10600	0	0	1	0	0	0	0	0	0	0	0	0	1	18
			SE4250GN4	—	YC6MK340N-40	10338	250	7490/2500/3800	3800+1350	25000	11050	0	0	0	1	0	0	0	0	0	1	0	0	2	
		自卸汽车	SE3310GN4	SE3310GJN4	YC6MK320N-40	10338	235	10700/2500/3300	1950+3850+1350	31000	15070	0	0	0	0	2	0	0	0	0	0	0	0	2	
						10338	235	10500/2500/3300	1950+3650+1350	31000	15070	0	0	0	0	0	0	0	1	0	0	0	0	1	
		混凝土搅拌运输车	SE5311GJBN4	SE1311GJN4	OA6SP4-32	9726	235	10350/2500/3990	1850+3400+1350	31000	16450	0	12	0	0	0	0	0	0	0	0	0	0	12	
中国第一汽车集团公司	解放	平头燃气载货汽车	CA1160P9K2L4A70E4	CA1160P9K2L4A70E	CA6SH-N1E4	5560	110	8990/2490/2840	5005	16000	6805	0	0	0	0	0	0	2	0	0	5	0	0	7	16
		平头天然气半挂牵引汽车	CA4182P2EM	—	CA6SL2-31E3N	8600	231	5988/2490/2890	3600	17990	6500	0	0	0	0	0	0	0	0	0	2	0	0	2	
		平头液化天然气半挂牵引车	CA4250P66T1A2E22M4	—	CA6SN1-39E4N	12530	290	7510/2495/3560	3800+1350	25000	8870	0	0	1	0	0	0	5	0	0	0	0	1	7	
中通客车控股股份有限公司	中通	小学生专用校车	LCK6801DCX	LCK6764DAC	NQ140N4	3759	103	7960/2470/2855	4600	9500	6600	0	0	0	0	0	0	1	9	0	0	0	0	10	10
湖北三环专用汽车有限公司	十通	自卸汽车	STQ3310L16N5B4	STQ3310L16N5B4	YC6MK375N-40	10338	276	10510/2490/3320	1850+3800+1350	31000	14765	0	0	0	0	0	1	0	0	0	0	0	0	1	7
			STQ3311L16N5B4	STQ3311L16N5B4	YC6MK375N-40	10338	276	10110/2490/3320	1850+3500+1350	31000	14765	0	0	0	0	0	0	0	0	1	1	0	0	2	
		载货汽车	STQ1081L08Y1N04	STQ1081L08Y1N04	CA4GNE4	3700	85	7020/2300/2450	3800	8280	3400	0	0	0	0	1	0	0	0	3	0	0	0	4	
江西制氧机有限公司	五峰	低温液体运输车	JXY5290GDY	DFE1310VFJ	WP10NG300E40	9726	220	11960/2500/3380	1950+4500+1300	29350	21135	0	0	0	0	0	0	0	0	0	1	0	1	2	2
青岛中集环境保护设备有限公司	中集	压缩式垃圾车	ZJV5163ZYSHBE	EQ1168KFJ	YC6J210N-30	6454	155	8500/2480/3110	4500	15900	9650	0	0	0	0	0	2	0	0	0	0	0	0	2	2

续表

企业名称	车辆品牌	车辆名称	车辆型号	底盘型号	发动机型号	排量（mL）	功率（kW）	长/宽/高（mm）	轴距（mm）	总质量（kg）	整备质量（kg）	1月	2月	3月	4月	5月	6月	7月	8月	9月	10月	11月	12月	数量（辆）	合计（辆）
中联重科股份有限公司	中联	混凝土搅拌运输车	ZLJ5256GJB3	DFL5251GJBA5	EQRN385-40	11120	275	9680/2500/3925	4000+1350	25000	15880	0	0	0	0	0	0	0	0	0	0	2	0	2	2
一汽客车（成都）有限公司	解放	小学生校车	CDL6606XCET	CDL6570ET	NQ100N4	3759	79	6004/2025/2650	3200	4900	3100	0	0	0	1	0	0	0	0	0	0	0	0	1	1
河北渤海石油装备专用车有限公司	油龙	洗井清蜡车	YLL5250TXL	EQ1250GFJ5	YC6G260N-40	7800	191	10300/2500/3400	5350+1300	25000	24805	0	0	1	0	0	0	0	0	0	0	0	0	1	1
河南少林汽车股份有限公司	少林	厢式运输车	SLG5060XXYT3F	HFC6601CNY3	CA4GNE3	3700	85	6200/2240/2900	3308	6490	4400	0	0	0	0	1	0	0	0	0	0	0	0	1	1
荆门宏图特种飞行器制造有限公司	宏图	低温液体运输车	HT5310GDYT	SX3316DT456TL	WP12NG380E40	11596	280	11855/2490/3550	1800+4575+1400	31000	22410	0	0	0	0	0	0	0	0	0	0	1	0	1	1
合计（辆）												16	592	812	1029	1523	1838	1674	805	982	1247	2735	3522	16775	16775

2012年我国天然气单一燃料专用车为16775辆，2011年生产天然气单一燃料专用车1015辆，同比增长1552.71%。2012年有33家企业生产天然气单一燃料专用车，其中，年产过500辆的有7家，包括：陕西汽车集团有限责任公司5001辆，占31%；中国重汽集团济南卡车股份有限公司2929辆，占18%；包头北奔重型汽车有限公司1824辆，占11%；奇瑞商用车（安徽）有限公司1544辆，占9%；一汽解放青岛汽车有限公司1520辆，占9%；东风汽车有限公司918辆，占5%；北京福田戴姆勒汽车有限公司506辆，占3%。生产主要集中在11月和12月，产量分别为2735辆和3522辆。

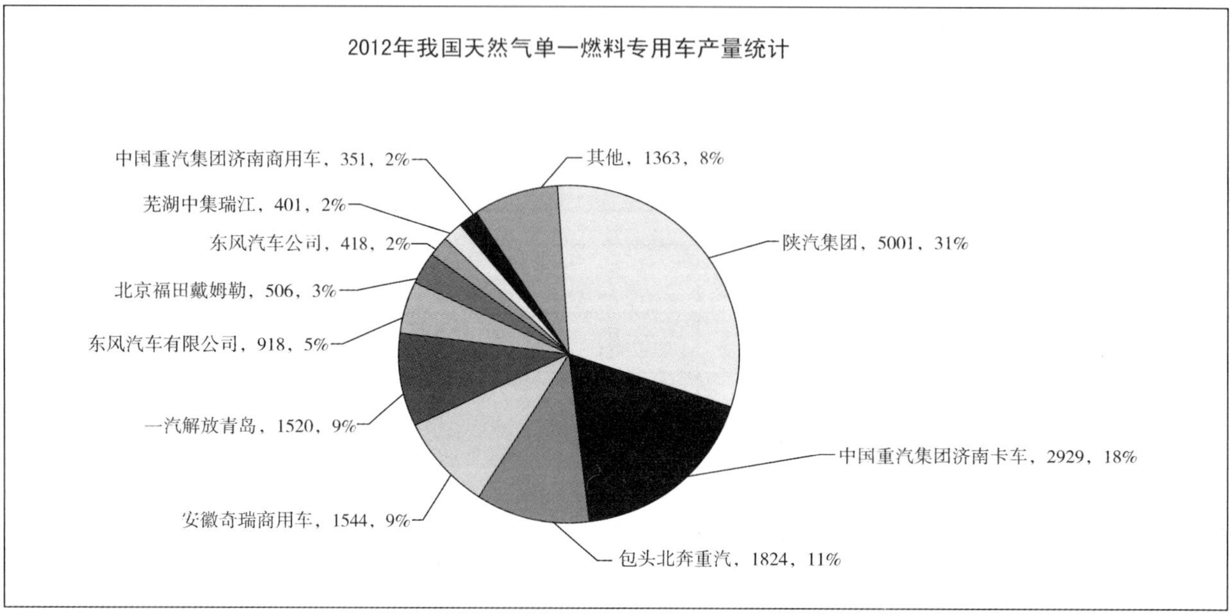

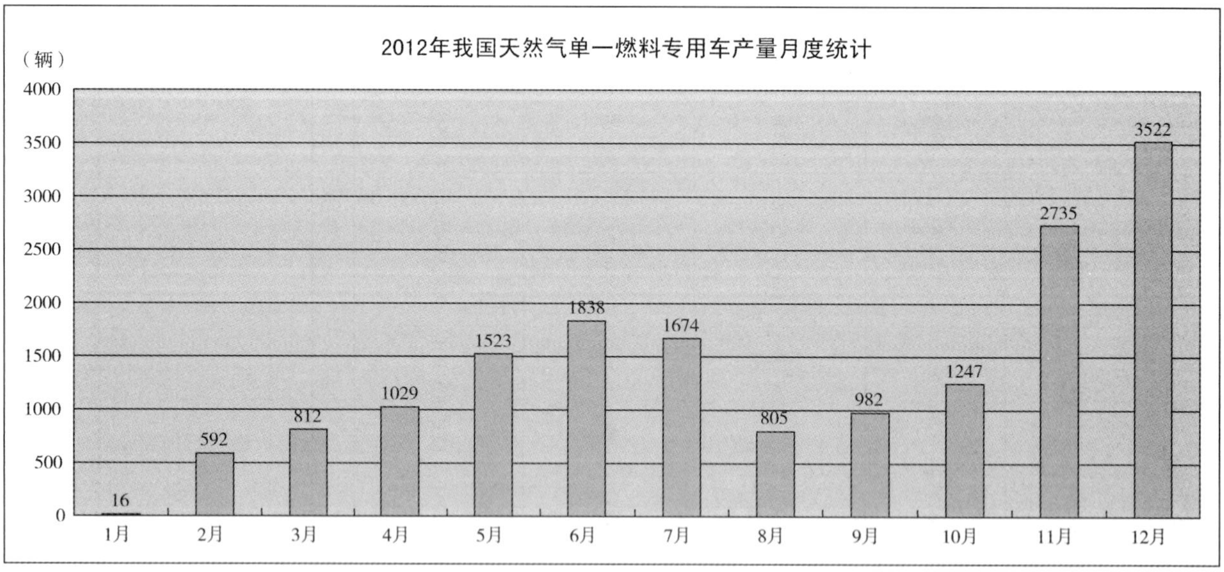

（2）底盘

①大中型客车、轻型客车底盘产量

企业名称	车辆品牌	车辆名称	车辆型号	发动机型号	燃料种类	排量(mL)	功率(kW)	长(mm)	宽(mm)	高(mm)	轴距(mm)	总质量(kg)	整备质量(kg)	1月	2月	3月	4月	5月	6月	7月	8月	9月	10月	11月	12月	数量(辆)	合计(辆)
东风汽车股份有限公司	东风	客车底盘	EQ6690KN3AC	NQ150N	天然气	5638	110	6890	2120	—	3800	8100	2350	0	6	15	0	0	0	0	0	0	0	0	0	21	1098
				NQ120N	天然气	3759	92	6890	2120	—	3800	8100	2350	0	0	0	0	21	0	0	0	0	0	0	0	21	
			EQ6690KN4AC	NQ160N4	天然气	5975	118	6880	2150	—	3800	8500	2900	0	5	0	0	5	0	0	0	0	0	0	0	10	
				NQ140N4	天然气	3759	103	6880	2150	—	3800	8500	2900	0	0	2	0	0	0	0	0	0	0	0	0	2	
			EQ6693TN4AC	NQ120N4	天然气	3759	92	6920	2145	—	3300	9000	2500	0	0	1	0	0	0	0	0	0	0	0	0	1	
				NQ140N4	天然气	3759	103	6920	2145	—	3300	9000	2500	0	0	0	0	5	0	0	0	0	0	0	0	5	
			EQ6720TN3AC	NQ150N	天然气	5638	110	7190	2120	—	3650	8400	2300	0	21	0	0	0	0	0	0	0	0	0	0	21	
				NQ120N	天然气	3759	92	7190	2120	—	3650	8400	2300	0	0	10	0	28	0	0	0	0	0	0	0	38	
			EQ6821TN3AC	NQ150N	天然气	5638	110	8200	2175	—	4000	9770	3000	0	0	1	0	0	0	0	0	0	0	0	0	1	
				EQ6100N-30	天然气	5420	95	8200	2175	—	4000	9770	3000	0	0	0	0	15	0	0	0	0	0	0	0	15	
			EQ6980TN3AC1	EQ6100N-30	天然气	5420	95	9840	2370	—	5000	13000	3700	0	129	61	0	0	0	0	0	0	0	0	0	190	
				YC6J150N-30	天然气	6500	110	9840	2370	—	5000	13000	3700	0	0	0	0	20	0	0	0	0	0	0	0	20	
			EQ6101HN3AC	NQ190N	天然气	5638	144	10050	2400	—	5000	14000	4300	0	0	48	0	48	0	0	0	0	0	0	0	96	
			EQ6101HN4AC1	YC6J210N-40	天然气	6454	155	10100	2470	—	5000	16500	4500	0	0	1	0	0	0	0	0	0	0	0	0	1	
			EQ6120HN3AC	YC6G230N-30	天然气	7800	170	11650	2350	—	6200	18000	5800	0	0	0	0	6	0	0	0	0	0	0	0	6	
			EQ6570KN3AC	CA4GNE3	天然气	3700	85	5680	2055	—	3300	5390	2200	0	23	111	0	114	0	0	0	0	0	0	0	248	
			EQ6570KN4AC1	NQ100N4	天然气	3759	79	5680	2055	—	3300	6600	2400	0	3	22	0	0	0	0	0	0	0	0	0	25	
			EQ6570KN4AC2	NQ120N4	天然气	3759	92	5680	2055	—	3300	7000	2400	0	0	1	0	0	0	0	0	0	0	0	0	1	
			EQ6650KN3AC	NQ120N	天然气	3759	92	6510	2055	—	3650	7450	2250	0	0	7	0	0	0	0	0	0	0	0	0	7	
			EQ6700TN3AC	NQ120N	天然气	3759	92	6840	2120	—	3300	7700	2200	0	38	4	0	10	0	0	0	0	0	0	0	52	
			EQ6733TN4AC	NQ120N4	天然气	3759	92	7270	2145	—	3650	9000	2700	0	0	20	0	0	0	0	0	0	0	0	0	20	
			EQ6760HN3AC	NQ120N	天然气	3759	92	7550	2250	—	3800	10100	3150	0	0	26	0	0	0	0	0	0	0	0	0	26	
			EQ6770TN3AC	NQ150N	天然气	5638	110	7750	2180	—	3900	9800	2800	0	8	26	0	4	0	0	0	0	0	0	0	38	
			EQ6770TN3AC1	NQ170N	天然气	5638	125	7650	2180	—	3800	9800	2800	0	2	8	0	8	0	0	0	0	0	0	0	18	
			EQ6780TGN4AC	NQ160N4	天然气	5975	118	7750	2305	—	3800	10400	3120	0	0	5	0	0	0	0	0	0	0	0	0	5	
			EQ6780TN4AC	NQ160N4	天然气	5975	118	7850	2190	—	4000	11200	3420	0	0	1	0	15	0	0	0	0	0	0	0	16	

续表

企业名称	车辆品牌	车辆名称	车辆型号	发动机型号	燃料种类	排量(mL)	功率(kW)	长(mm)	宽(mm)	高(mm)	轴距(mm)	总质量(kg)	整备质量(kg)	1月	2月	3月	4月	5月	6月	7月	8月	9月	10月	11月	12月	数量(辆)	合计(辆)
			EQ6783TN4AC	NQ140N4	天然气	3759	103	7850	2300	—	3800	10400	3420	0	1	9	0	0	0	0	0	0	0	0	0	10	
			EQ6810TN3AC	EQ6100N-30	天然气	5420	95	8100	2305	—	4000	11200	3700	0	0	0	0	1	0	0	0	0	0	0	0	1	
			EQ6820HN3AC	NQ170N	天然气	5638	125	8150	2200	—	4000	12500	3600	0	0	23	0	0	0	0	0	0	0	0	0	23	
			EQ6822TN3AC	NQ170N	天然气	5638	125	8150	2175	—	4000	11000	3300	0	8	1	0	0	0	0	0	0	0	0	0	9	
			EQ6900TN3AC1	EQ6100N-30	天然气	5420	95	8960	2370	—	4500	12200	3370	0	83	10	0	0	0	0	0	0	0	0	0	93	
			EQ6900TN4AC	NQ160N4	天然气	5975	118	8950	2360	—	4500	12500	3500	0	0	0	0	2	0	0	0	0	0	0	0	2	
			EQ6920RN3AC1	YC6G230N-30	天然气	7800	170	8970	2400	—	4500	13500	5500	0	3	17	0	0	0	0	0	0	0	0	0	20	
			EQ6983TN4AC1	NQ160N4	天然气	5975	118	9800	2450	—	5000	15500	4000	0	0	20	0	16	0	0	0	0	0	0	0	36	
东风汽车有限公司	东风	客车底盘	EQ6101KRDN	YC6G230N-30	天然气	7800	170	10050	2400	—	5000	14500	4300	0	0	35	0	0	0	0	0	0	0	0	0	35	756
				YC6J210N-30	天然气	6454	155	10050	2400	—	5000	14500	4300	0	0	0	0	130	0	0	0	0	0	0	0	130	
			EQ6760KSDN3G	NQ170N	天然气	5638	125	7650	2250	—	4000	9200	3460	0	0	0	0	1	0	0	0	0	0	0	0	1	
				NQ150N	天然气	5638	110	7800	2110	—	4000	9800	3460	0	13	0	0	0	0	0	0	0	0	0	0	13	
			EQ6920KSDN3G	NQ150N	天然气	5638	110	9240	2370	—	5000	13000	3700	0	34	0	0	0	0	0	0	0	0	0	0	34	
				EQ6100N-30	天然气	5420	95	9240	2370	—	5000	13000	3700	0	0	1	0	21	0	0	0	0	0	0	0	22	
			EQ6100KC4N	YC6J190N-40	天然气	6454	140	10040	2455	—	5000	14000	3800	0	0	0	0	25	0	0	0	0	0	0	0	25	
			EQ6100KSDN3G	NQ150N	天然气	5638	110	9955	2370	—	5000	13500	3800	0	0	30	0	0	0	0	0	0	0	0	0	30	
			EQ6102KSDN3G	EQ6100N-30	天然气	5420	95	10325	2370	—	5370	13500	3800	0	0	40	0	40	0	0	0	0	0	0	0	80	
			EQ6111RCDN3G	SC8DT230Q3	天然气	8300	170	10890	2400	—	5600	18000	5000	0	0	152	0	0	0	0	0	0	0	0	0	152	
			EQ6120KC4N	NQ180N4	天然气	6870	132	11560	2455	—	6000	18000	4800	0	0	1	0	0	0	0	0	0	0	0	0	1	
			EQ6120KSDN3G1	YC6J170N-30	天然气	6500	125	11680	2450	—	6200	18000	5400	0	0	40	0	0	0	0	0	0	0	0	0	40	
			EQ6570KSDN3G	CA4GNE3	天然气	3700	85	5715	2055	—	3300	6600	2500	0	5	5	0	1	0	0	0	0	0	0	0	11	
			EQ6570KSDN3G1	NQ120N	天然气	3759	92	5715	2055	—	3300	6600	2500	0	20	0	0	20	0	0	0	0	0	0	0	40	
			EQ6690KSDN3G	NQ150N	天然气	5638	110	6890	2092	—	3900	9000	2860	0	0	7	0	3	0	0	0	0	0	0	0	10	
			EQ6700KSDN3G	NQ120N	天然气	3759	92	7050	2275	—	3300	8600	3000	0	0	32	0	0	0	0	0	0	0	0	0	32	
			EQ6750KC4N	NQ120N4	天然气	3759	92	7495	2265	—	3650	8600	2800	0	0	0	0	6	0	0	0	0	0	0	0	6	
			EQ6780KSDN3G	NQ150N	天然气	5638	110	7800	2110	—	3800	9800	3460	0	0	11	0	0	0	0	0	0	0	0	0	11	
			EQ6790KC4N	YC4D140N-40	天然气	4214	103	7900	2310	—	4000	11500	2800	0	0	0	0	20	0	0	0	0	0	0	0	20	

续表

企业名称	车辆品牌	车辆名称	车辆型号	发动机型号	燃料种类	排量(mL)	功率(kW)	长(mm)	宽(mm)	高(mm)	轴距(mm)	总质量(kg)	整备质量(kg)	1月	2月	3月	4月	5月	6月	7月	8月	9月	10月	11月	12月	数量(辆)	合计(辆)
			EQ6810KSDN3G	EQ6100N-30	天然气	5420	95	8100	2110	—	4000	9200	3460	0	0	1	0	36	0	0	0	0	0	0	0	37	
			EQ6900KSDN3G	EQ6100N-30	天然气	5420	95	8960	2370	—	4700	10600	3370	0	0	7	0	0	0	0	0	0	0	0	0	7	
			EQ6900KSDN3G1	NQ150N	天然气	5638	110	9040	2370	—	4500	13000	3700	0	2	15	0	2	0	0	0	0	0	0	0	19	
扬州亚星客车股份有限公司	亚星	客车底盘	JS6100GDA	EQ6100N-30	天然气	5420	95	10185	2300	—	5000	12200	4280	0	0	13	0	0	0	0	0	0	0	0	0	13	423
				NQ150N	天然气	5638	110	10185	2300	—	5000	12200	4280	0	0	0	0	40	0	0	0	0	0	0	0	40	
			JS6103GHDC	WP6NG240E30	天然气	6750	177	10290	2300	—	4950	15000	4400	0	33	0	0	0	0	0	0	0	0	0	0	33	
			JS6111SHDCJ	WP10NG280E40	天然气	9726	206	11020	2330	—	5500	18000	6400	0	0	36	0	10	0	0	0	0	0	0	0	46	
			JS6116GHDCJ	WP7NG240E40	天然气	7140	177	11200	2330	—	5800	16500	5500	0	116	0	0	0	0	0	0	0	0	0	0	116	
			JS6760GHDC	WP5NG180E40	天然气	4760	132	7565	2270	—	3800	10200	3300	0	0	30	0	0	0	0	0	0	0	0	0	30	
			JS6851GHDC	YC4G180N-30	天然气	5200	132	8455	2269	—	4100	12200	3400	0	0	28	0	0	0	0	0	0	0	0	0	28	
			JS6851GHDCJ	WP5NG180E40	天然气	4760	132	8455	2269	—	4100	12200	3400	0	0	0	0	17	0	0	0	0	0	0	0	17	
			JS6861GDC	EQ6100N-30	天然气	5420	95	8550	2160	—	4000	11600	3800	0	1	8	0	20	0	0	0	0	0	0	0	29	
			JS6861GDCJ	NQ160N4	天然气	5975	118	8550	2160	—	4000	12000	3800	0	1	1	0	0	0	0	0	0	0	0	0	2	
			JS6921GDC	EQ6100N-30	天然气	5420	95	9180	2160	—	4400	12000	3900	0	1	10	0	0	0	0	0	0	0	0	0	11	
			JS6981GDCJ	NQ160N4	天然气	5975	118	9760	2300	—	4600	12200	4200	0	35	0	0	0	0	0	0	0	0	0	0	35	
			JS6985GDA	NQ150N	天然气	5638	110	9750	2300	—	4700	13200	4200	0	13	1	0	9	0	0	0	0	0	0	0	23	
中通客车控股股份有限公司	中通	客车底盘	LCK6103RGC	WP6NG210E30	天然气	6750	155	10050	2480	—	5000	16000	5700	0	47	0	0	1	0	0	0	0	0	0	0	48	420
				YC6J210N-30	天然气	6454	155	10050	2480	—	5000	16000	5700	0	0	36	0	0	0	0	0	0	0	0	0	36	
			LCK6833RAC	WP6NG210E30	天然气	6750	155	8330	2319	—	4250	11600	3700	0	0	1	0	0	0	0	0	0	0	0	0	1	
				YC6J210N-30	天然气	6454	155	8330	2319	—	4250	11600	3700	0	0	0	0	3	0	0	0	0	0	0	0	3	
			LCK6104RDC	WP7NG270E40	天然气	7140	199	10350	2440	—	5400	16500	6500	0	0	1	0	1	0	0	0	0	0	0	0	2	
			LCK6104RGC	WP7NG240E40	天然气	7140	177	10050	2480	—	5000	16000	5770	0	0	0	0	40	0	0	0	0	0	0	0	40	
			LCK6123RGC	WP6NG240E30	天然气	6750	177	11750	2457	—	6000	18000	6000	0	50	0	0	0	0	0	0	0	0	0	0	50	
			LCK6124RAC	WP10NG336E40	天然气	9726	247	11750	2480	—	6000	18000	6080	0	8	2	0	0	0	0	0	0	0	0	0	10	
			LCK6124RBC	WP10NG336E40	天然气	9726	247	11750	2480	—	6000	18000	6080	0	0	0	0	1	0	0	0	0	0	0	0	1	
			LCK6124RGC	WP7NG270E40	天然气	7140	199	11750	2457	—	6000	18000	6000	0	0	0	0	30	0	0	0	0	0	0	0	30	
			LCK6733RAC	YC4G180N-30	天然气	5202	132	7250	2290	—	3500	10000	2800	0	0	2	0	0	0	0	0	0	0	0	0	2	

续表

企业名称	车辆品牌	车辆名称	车辆型号	发动机型号	燃料种类	排量(mL)	功率(kW)	长(mm)	宽(mm)	高(mm)	轴距(mm)	总质量(kg)	整备质量(kg)	1月	2月	3月	4月	5月	6月	7月	8月	9月	10月	11月	12月	数量(辆)	合计(辆)
			LCK6773RAC	YC4G180N-30	天然气	5200	132	7650	2290	—	3800	10700	3000	0	8	2	0	16	0	0	0	0	0	0	0	26	
			LCK6781RGC	YC4G180N-30	天然气	5202	132	7845	2310	—	3900	11550	3700	0	20	0	0	6	0	0	0	0	0	0	0	26	
			LCK6794RGC	WP5NG180E40	天然气	4760	132	7900	2310	—	4000	12200	3700	0	0	10	0	0	0	0	0	0	0	0	0	10	
			LCK6803RAC	WP6NG210E30	天然气	6750	155	8030	2250	—	4100	11600	3700	0	12	11	0	0	0	0	0	0	0	0	0	23	
			LCK6804RAC	YC6J210N-40	天然气	6454	155	8030	2250	—	4100	12200	3700	0	0	0	0	3	0	0	0	0	0	0	0	3	
			LCK6863RAC	WP6NG240E30	天然气	6750	177	8640	2340	—	4250	12100	4000	0	6	3	0	13	0	0	0	0	0	0	0	22	
			LCK6863RGC	YC6J190N-30	天然气	6454	140	8620	2345	—	4200	13200	4190	0	19	0	0	0	0	0	0	0	0	0	0	19	
			LCK6863RGC	YC6J210N-30	天然气	6454	155	8620	2345	—	4200	13200	4190	0	0	0	0	50	0	0	0	0	0	0	0	50	
			LCK6874RAC	WP6NG240E40	天然气	6750	176	8690	2340	—	4300	12500	4000	0	3	11	0	0	0	0	0	0	0	0	0	14	
			LCK6903RAC	WP6NG240E30	天然气	6750	177	9030	2340	—	4600	13200	4500	0	1	0	0	3	0	0	0	0	0	0	0	4	
安徽江淮汽车股份有限公司	江淮	客车底盘	HFC6100CNY3	YC6G260N-30	天然气	7800	191	10050	2400	—	5000	16500	4750	0	14	0	0	30	0	0	0	0	0	0	0	44	324
			HFC6100NY2F	NQ230N4	天然气	6870	169	10050	2400	—	5000	15000	4750	0	1	0	0	0	0	0	0	0	0	0	0	1	
			HFC6510NY1G3	HFC4NA1-B	天然气	2400	78	5100	1801	—	3450	4700	1200	0	10	0	0	0	0	0	0	0	0	0	0	10	
			HFC6570NY1F	NQ120N4	天然气	3759	92	5653	1965	—	3308	6500	2000	0	0	3	0	0	0	0	0	0	0	0	0	3	
			HFC6601CNY3	CA4GNE3	天然气	3700	85	5960	2054	—	3308	6500	2200	0	42	30	0	33	0	0	0	0	0	0	0	105	
			HFC6680NY1F	NQ120N4	天然气	3759	92	6840	2197	—	3500	8900	2450	0	0	18	0	1	0	0	0	0	0	0	0	19	
			HFC6710CNY3	NQ120N	天然气	3759	92	7090	2165	—	3300	8400	2940	0	0	1	0	18	0	0	0	0	0	0	0	19	
			HFC6730CNY3	NQ120N	天然气	3759	92	7260	2165	—	3500	8550	2530	0	0	0	0	4	0	0	0	0	0	0	0	4	
			HFC6730NY1F	YC4D140N-40	天然气	4214	103	7260	2165	—	3500	9700	2530	0	18	0	0	11	0	0	0	0	0	0	0	29	
			HFC6782CNY3	YC4G180N-30	天然气	5200	132	7800	2289	—	3800	10500	3920	0	0	30	0	0	0	0	0	0	0	0	0	30	
			HFC6782NY1F	NQ140N4	天然气	3759	103	7760	2165	—	3800	10500	3300	0	0	0	0	1	0	0	0	0	0	0	0	1	
			HFC6782NY1G3	NQ120N	天然气	3759	92	7760	2165	—	3800	10500	3300	0	0	20	0	10	0	0	0	0	0	0	0	30	
			HFC6810NY1F	YC4G180N-40	天然气	5200	132	8110	2325	—	3900	12000	3380	0	6	0	0	0	0	0	0	0	0	0	0	6	
			HFC6832NYG3	YC4G180N-30	天然气	5200	132	8285	2325	—	3900	12000	3800	0	0	10	0	0	0	0	0	0	0	0	0	10	
			HFC6880CNY3	NQ190N	天然气	5638	144	8750	2325	—	4200	12900	3980	0	0	0	0	13	0	0	0	0	0	0	0	13	
南京汽车集团有限公司	跃进	客车底盘	NJ6111YBC1	YC6G230N-40	天然气	7800	170	11050	2470	—	5700	16500	5100	0	0	1	0	0	0	0	0	0	0	0	0	1	314
			NJ6650YFC2	CA4GNE3	天然气	3700	85	6480	2069	—	3500	6900	2010	0	0	0	0	30	0	0	0	0	0	0	0	30	

续表

企业名称	车辆品牌	车辆名称	车辆型号	发动机型号	燃料种类	排量(mL)	功率(kW)	长(mm)	宽(mm)	高(mm)	轴距(mm)	总质量(kg)	整备质量(kg)	1月	2月	3月	4月	5月	6月	7月	8月	9月	10月	11月	12月	数量(辆)	合计(辆)
中国第一汽车集团公司	解放	客车底盘	NJ6710YFC1	NQ120N	天然气	3759	92	7060	2110	—	3308	7900	2650	0	0	0	0	5	0	0	0	0	0	0	0	5	294
			NJ6711YFC1	CA4GNE4	天然气	3700	85	7060	2110	—	3308	8600	2650	0	0	8	0	0	0	0	0	0	0	0	0	8	
			NJ6711YFC2	CA4GNE4	天然气	3700	85	7060	2110	—	3500	7100	2650	0	45	155	0	0	0	0	0	0	0	0	0	200	
			NJ6780YFC2	NQ120N	天然气	3759	92	7790	2250	—	3800	9800	2900	0	0	0	0	2	0	0	0	0	0	0	0	2	
			NJ6800YFC1	CA6SH-NE3	天然气	5560	105	7960	2250	—	4000	9800	3100	0	0	0	0	1	0	0	0	0	0	0	0	1	
			NJ6801YFC1	NQ140N4	天然气	3759	103	7990	2250	—	4000	10200	3100	0	0	1	0	0	0	0	0	0	0	0	0	1	
			NJ6950YFC1	YC6J150N-30	天然气	6500	110	9550	2410	—	4500	13100	4030	0	66	0	0	0	0	0	0	0	0	0	0	66	
			CA6103D92	YC6J190N-30	天然气	6494	140	10165	2444	—	5100	14500	4000	0	21	0	0	0	0	0	0	0	0	0	0	21	
			CA6120CRN1	CA6SF3-23E3	天然气	7127	179	11640	2490	—	6100	18000	5340	0	0	1	0	0	0	0	0	0	0	0	0	1	
			CA6120CRN21	BF6M1013-26E3N	天然气	7146	203	11640	2490	—	6100	18000	5340	0	0	1	0	0	0	0	0	0	0	0	0	1	
			CA6124D116-1T	WP7NG260E40	天然气	7140	191	11640	2500	—	6100	18000	5340	0	0	76	0	0	0	0	0	0	0	0	0	76	
			CA6124D172N	CA6SL1-24E4N	天然气	7700	180	11650	2500	—	6100	18000	5340	0	0	2	0	0	0	0	0	0	0	0	0	2	
			CA6883D93	CA6SH-NE3	天然气	5560	105	8780	2320	—	4300	12200	4000	0	0	1	0	0	0	0	0	0	0	0	0	1	
			CA6930CFN21	NQ160N4	天然气	5975	118	9265	2380	—	4500	12500	4050	0	0	2	0	0	0	0	0	0	0	0	0	2	
			CA6960CFN21	NQ160N4	天然气	5975	118	9570	2380	—	4700	12700	4130	0	1	1	0	0	0	0	0	0	0	0	0	2	
			CA6990CFN21	NQ180N	天然气	5638	132	9910	2380	—	5000	13200	4130	0	30	0	0	39	0	0	0	0	0	0	0	69	
			CA6990CFN23	CA6SH-N1E4	天然气	5560	110	9875	2319	—	5000	13200	4130	0	0	20	0	99	0	0	0	0	0	0	0	119	
上海申沃客车有限公司	申沃	客车底盘	SWB6107Q6	SC8DT230Q4	天然气	8270	170	10255	2468	—	5100	16000	5500	0	60	0	0	0	0	0	0	0	0	0	0	60	213
			SWB6115Q7-3	WP7NG240E40	天然气	7140	177	11295	2360	—	5700	16900	4960	0	100	0	0	0	0	0	0	0	0	0	0	100	
			SWB6127QLE	SC8DT250Q4	天然气	8270	184	11550	2430	—	6150	18000	6300	0	1	52	0	0	0	0	0	0	0	0	0	53	
中国重型汽车集团有限公司	豪泺	客车底盘	ZZ6127GM1CC	T10. 27-40	天然气	9726	196	11585	2480	—	6000	18000	5500	0	15	38	0	0	0	0	0	0	0	0	0	53	106
			ZZ6127GM1DC	YC6G260N-40	天然气	7800	191	11585	2480	—	6000	18000	5500	0	0	28	0	20	0	0	0	0	0	0	0	48	
			ZZ6827HH1DC	YC6J210N-40	天然气	6454	155	8230	2250	—	4100	11600	3700	0	0	1	0	0	0	0	0	0	0	0	0	1	
			ZZ6887GH1DN	YC6J210N-40	天然气	6454	155	8800	2412	—	4200	13200	4200	0	0	4	0	0	0	0	0	0	0	0	0	4	
重庆恒通客车有限公司	恒通客车	客车底盘	CKZ6989N4	NQ200N4	天然气	5638	147	9840	2400	—	5000	14000	3700	0	32	0	0	0	0	0	0	0	0	0	0	32	93
				YC6J190N-40	天然气	6454	140	9840	2400	—	5000	14000	3700	0	0	0	0	22	0	0	0	0	0	0	0	22	
			CKZ6119HN4	YC6G230N-40	天然气	7800	170	11120	2500	—	5600	17900	5000	0	0	0	0	6	0	0	0	0	0	0	0	6	

续表

企业名称	车辆品牌	车辆名称	车辆型号	发动机型号	燃料种类	排量(mL)	功率(kW)	长(mm)	宽(mm)	高(mm)	轴距(mm)	总质量(kg)	整备质量(kg)	1月	2月	3月	4月	5月	6月	7月	8月	9月	10月	11月	12月	数量(辆)	合计(辆)
			CKZ6129N3	NQ160N3	天然气	5975	118	11700	2450	—	6200	18000	5400	0	0	0	0	20	0	0	0	0	0	0	0	20	
			CKZ6129N4	NQ200N4	天然气	5638	147	11700	2450	—	6200	18000	5400	0	0	0	0	2	0	0	0	0	0	0	0	2	
			CKZ6629N4	NQ120N4	天然气	3759	92	6245	2055	—	3650	6000	2250	0	0	6	0	0	0	0	0	0	0	0	0	6	
			CKZ6829N4	NQ160N4	天然气	5975	118	8200	2250	—	4000	11000	3000	0	0	0	0	5	0	0	0	0	0	0	0	5	
厦门金龙旅行车有限公司	金旅	客车底盘	XML6103D18N	YC6G260N-40	天然气	7800	191	10150	2490	—	5300	16500	5540	0	0	0	0	16	0	0	0	0	0	0	0	16	71
			XML6775D13CN	YC4G180N-30	天然气	5202	132	7660	2220	—	3800	10800	3800	0	0	1	0	0	0	0	0	0	0	0	0	1	
			XML6815D13CN	YC4G180N-30	天然气	5202	132	8120	2236	—	4000	11400	4200	0	0	20	0	20	0	0	0	0	0	0	0	40	
			XML6905D18CN	YC6J210N-40	天然气	6454	155	8980	2345	—	4250	13200	4500	0	0	0	0	14	0	0	0	0	0	0	0	14	
包头北奔重型汽车有限公司	北奔	客车底盘	ND6110WDT2	WP6NG240E30	天然气	6750	177	10550	2406	—	5000	15000	6100	0	0	14	0	0	0	0	0	0	0	0	0	14	62
			ND6770WDT0	WP5NG165E40	天然气	4760	121	7734	2260	—	3800	10500	3500	0	0	0	0	20	0	0	0	0	0	0	0	20	
			ND6851WD30	TBD226B-6CNG	天然气	6234	155	8485	2322	—	4195	11950	4200	0	4	24	0	0	0	0	0	0	0	0	0	28	
东风南充汽车有限公司	东风	客车底盘	EQ6580KSN30	NQ115N	天然气	3759	85	5755	2055	—	3300	7260	2350	0	1	13	0	12	0	0	0	0	0	0	0	26	43
			EQ6690KSN30	NQ120N	天然气	3759	92	6894	2110	—	3800	8580	2750	0	0	0	0	2	0	0	0	0	0	0	0	2	
			EQ6690KSN31	NQ150N	天然气	5638	110	6894	2110	—	3800	8580	2750	0	0	8	0	3	0	0	0	0	0	0	0	11	
			EQ6740KTN30	NQ120N	天然气	3759	92	7420	2110	—	3800	9000	3050	0	2	0	0	2	0	0	0	0	0	0	0	4	
金龙联合汽车工业(苏州)有限公司	海格	客车底盘	KLQ6116GCE4	YC6G260N-40	天然气	7800	191	11150	2350	—	5700	17500	5100	0	0	30	0	0	0	0	0	0	0	0	0	30	39
			KLQ6101GCE4	WP6NG240E40	天然气	6750	176	9970	2350	—	5100	15500	4900	0	0	5	0	0	0	0	0	0	0	0	0	5	
			KLQ6860QCE4	WP6NG240E40	天然气	6750	176	8570	2380	—	4340	12500	3800	0	0	3	0	0	0	0	0	0	0	0	0	3	
			KLQ6795QC	YC4G180N-30	天然气	5200	132	7645	2320	—	3800	11000	3450	0	0	0	0	1	0	0	0	0	0	0	0	1	
桂林客车工业集团有限公司	桂林	客车底盘	GL6880DNGR1	YC6J190N-40	天然气	6454	140	8750	2380	—	4200	13000	4000	0	32	0	0	0	0	0	0	0	0	0	0	32	32
北京中大燕京汽车有限公司	燕京	客车底盘	YJ6105HN	YC6G230N-30	天然气	780	170	10200	2470	—	5000	15500	5410	0	0	20	0	0	0	0	0	0	0	0	0	20	20
福建新福达汽车工业有限公司	福达(FORTA)	客车底盘	FZ6775U5N	WP5NG180E40	天然气	5200	132	7660	2270	—	3800	12200	2850	0	0	17	0	0	0	0	0	0	0	0	0	17	18
			FZ6115U5N	WP7NG270E40	天然气	7140	199	11200	2500	—	5700	17000	5500	0	0	0	0	1	0	0	0	0	0	0	0	1	

续表

企业名称	车辆品牌	车辆名称	车辆型号	发动机型号	燃料种类	排量(mL)	功率(kW)	长(mm)	宽(mm)	高(mm)	轴距(mm)	总质量(kg)	整备质量(kg)	1月	2月	3月	4月	5月	6月	7月	8月	9月	10月	11月	12月	数量(辆)	合计(辆)
四川南骏汽车有限公司	南骏	客车底盘	CNJ6950TQNM	NQ160N4	天然气	5975	118	9540	2370	—	5000	14000	3700	0	12	0	0	0	0	0	0	0	0	0	0	12	18
			CNJ6690KQNM	NQ140N4	天然气	3759	103	6880	2150	—	3800	8500	2450	0	0	1	0	0	0	0	0	0	0	0	0	1	
			CNJ6721TQNM	NQ120N4	天然气	3759	92	7250	2145	—	3650	8500	2500	0	0	0	0	5	0	0	0	0	0	0	0	5	
郑州宇通客车股份有限公司	宇通	客车底盘	ZK6107CRNA	YC6G260N-40	天然气	7800	191	10430	2300	—	5550	16500	4800	0	0	0	0	1	0	0	0	0	0	0	0	1	16
			ZK6640CN1	NQ180N	天然气	5638	132	6420	2342	—	3800	11500	3700	0	0	2	0	1	0	0	0	0	0	0	0	3	
			ZK6660CN1	NQ180N	天然气	5638	132	6620	2342	—	4000	11500	3900	0	0	1	0	0	0	0	0	0	0	0	0	1	
			ZK6790GCNA9	NQ150N	天然气	5638	110	7905	2353	—	4000	11000	3800	0	5	0	0	0	0	0	0	0	0	0	0	5	
			ZK6810CRNA9	YC6J210N-30	天然气	6454	155	8100	2450	—	4100	11920	4000	0	1	0	0	0	0	0	0	0	0	0	0	1	
			ZK6810CRNAA	YC6J210N-40	天然气	6500	155	8100	2450	—	4100	11900	4000	0	0	1	0	0	0	0	0	0	0	0	0	1	
			ZK6889CRNAA	YC6G260N-40	天然气	7800	191	8770	2360	—	4300	13700	4800	0	0	0	0	4	0	0	0	0	0	0	0	4	
一汽客车（成都）有限公司	解放	客车底盘	CDL6570DT	CA4G25NE3	天然气	2500	78	5820	1960	—	3200	5500	1850	0	1	0	0	4	0	0	0	0	0	0	0	5	12
			CDL6572DT	NQ100N3	天然气	3759	79	5720	2135	—	3200	5470	1730	0	0	2	0	4	0	0	0	0	0	0	0	6	
			CDL6572ET	NQ100N4	天然气	3759	79	5720	2135	—	3200	5470	1730	0	0	0	0	1	0	0	0	0	0	0	0	1	
厦门金龙联合汽车工业有限公司	金龙	客车底盘	XMQ6121GR11	WP10NG260E40	天然气	9726	191	11530	2400	—	6000	18000	6500	0	0	0	0	2	0	0	0	0	0	0	0	2	6
			XMQ6830R2	YC6J210N-30	天然气	6454	155	8295	2350	—	4020	11500	3800	0	1	1	0	0	0	0	0	0	0	0	0	2	
			XMQ6890R1	YC6G230N-30	天然气	7800	170	8900	2430	—	4300	13700	4000	0	0	2	0	0	0	0	0	0	0	0	0	2	
丹东黄海汽车有限责任公司	黄海	客车底盘	DD6106B01	YC6J210N-40	天然气	6494	155	10178	2468	—	5000	16000	6500	0	0	0	0	1	0	0	0	0	0	0	0	1	1
合　计（辆）														0	1299	1708	0	1372	0	0	0	0	0	0	0	4379	4379

2012 年，我国天然气单一燃料客车底盘产量为 4379 辆，有 22 家生产企业，产量前十家的企业为：东风汽车股份有限公司生产天然气单一燃料客车底盘 1098 辆，占 25%；东风汽车有限公司生产天然气单一燃料客车底盘 756 辆，占 17%；扬州亚星客车股份有限公司生产天然气单一燃料客车底盘 423 辆，占 10%；中通客车控股股份有限公司生产天然气单一燃料客车底盘 420 辆，占 10%；安徽江淮汽车股份有限公司生产天然气单一燃料客车底盘 324 辆，占 7%；南京汽车集团有限公司生产天然气单一燃料客车底盘 314 辆，占 7%；中国第一汽车集团公司生产天然气单一燃料客车底盘 294 辆，占 7%；上海申沃客车有限公司生产天然气单一燃料客车底盘 213 辆，占 5%；中国重型汽车集团有限公司生产天然气单一燃料客车底盘 106 辆，占 2%；重庆恒通客车有限公司生产天然气单一燃料客车底盘 93 辆，占 2%。生产主要在 2 月、3 月和 5 月，产量分别为 1299 辆、1708 辆和 1372 辆。

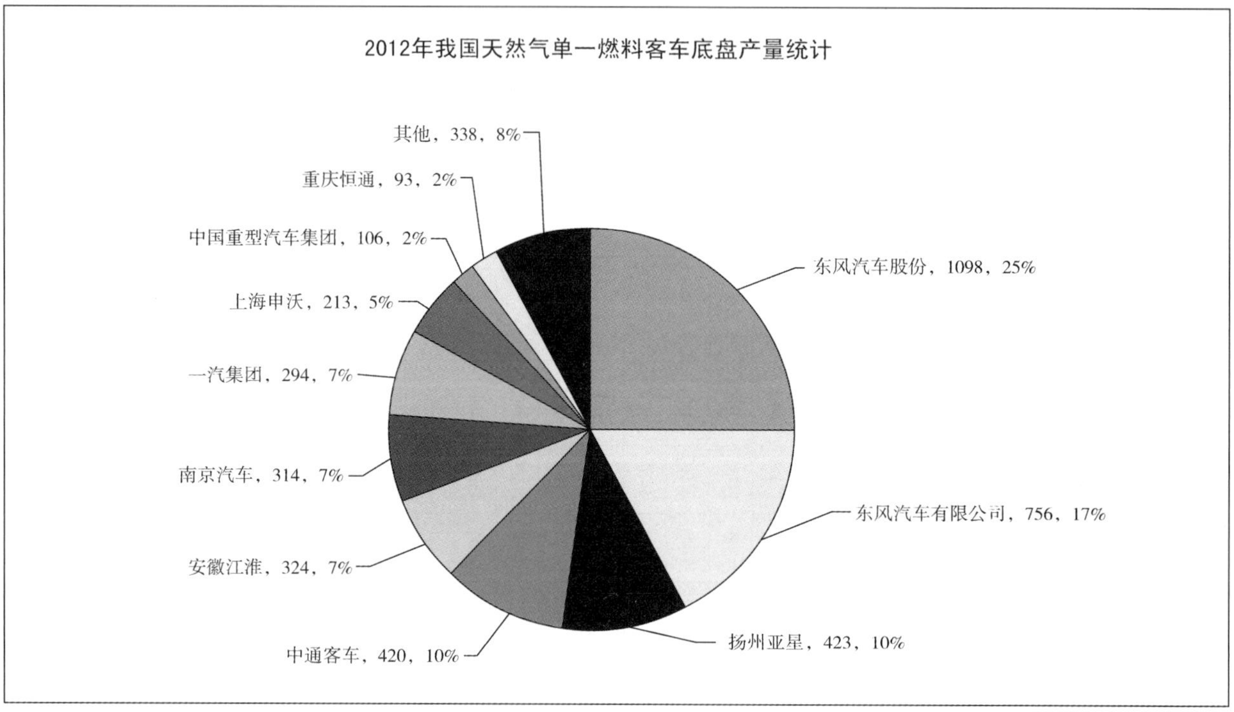

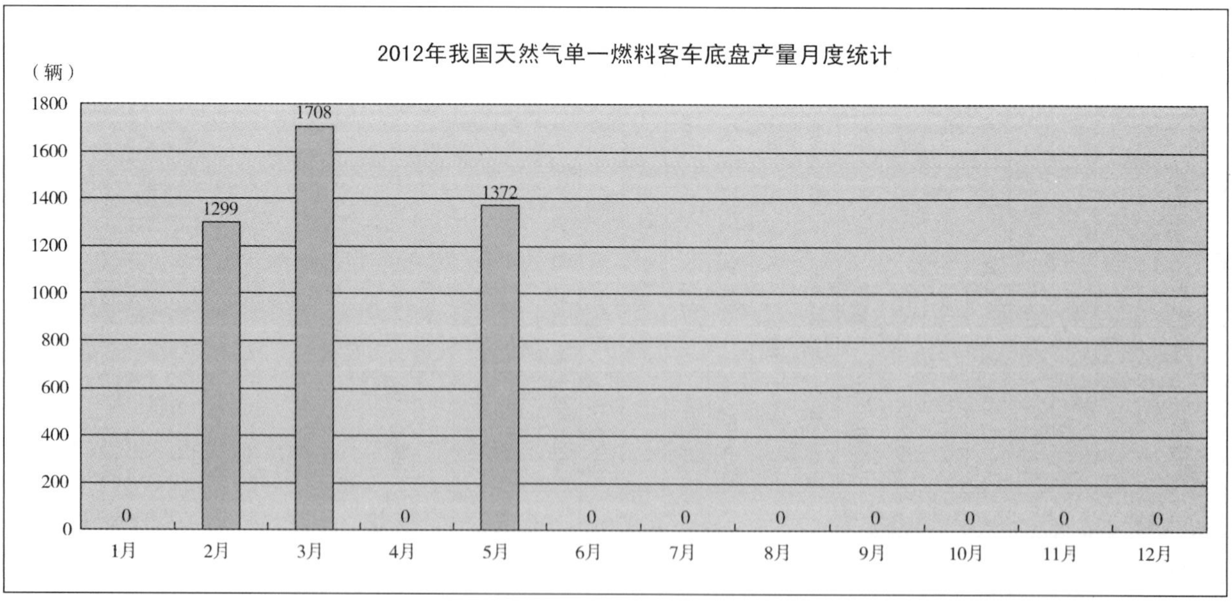

②专用车（重型货车、中型货车、轻型货车、微型货车）、牵引汽车、自卸汽车、运输车及其他专用车底盘产量

企业名称	车辆品牌	车辆名称	车辆型号	发动机型号	燃料种类	排量（mL）	功率（kW）	长/宽/高（mm）	轴距（mm）	总质量（kg）	整备质量（kg）	1月	2月	3月	4月	5月	6月	7月	8月	9月	10月	11月	12月	数量（辆）	合计（辆）
奇瑞商用车（安徽）有限公司	集瑞联合	自卸汽车底盘	SQR3311 N6T6-E1	YC6MK340N-40	天然气	10338	250	10130/2500/3250	1950+4350+1350	31000	10650	0	1	21	0	0	0	0	0	0	0	0	0	22	93
				YC6MK375N-40	天然气	10338	276	10130/2500/3250	1950+4350+1350	31000	10650	0	0	0	0	7	0	0	0	0	0	0	0	7	
			SQR3251 N6T4-E	YC6MK340N-40	天然气	10338	250	8250/2500/3250	3825+1350	25000	9450	0	0	2	0	31	0	0	0	0	0	0	0	33	
			SQR3251 N6T4-E1	YC6MK375N-40	天然气	10338	276	8830/2500/3250	4200+1350	25000	9740	0	0	2	0	29	0	0	0	0	0	0	0	31	
陕西汽车集团有限责任公司	陕汽	自卸汽车底盘	SX3316DT456TL	WP12NG350E40	天然气	11596	257	11855/2490/3270	1800+4575+1400	31000	10850	0	0	0	0	25	0	0	0	0	0	0	0	25	25
东风汽车公司	特商	载货汽车底盘	DFE1310VFJ	YC6MK320N-40	天然气	10338	235	11900/2500/3200	1950+4500+1300	31000	10600	0	1	0	0	0	0	0	0	0	0	0	0	1	19
				WP10NG300E40	天然气	9726	220	11900/2500/3200	1950+4500+1300	31000	10600	0	0	10	0	0	0	0	0	0	0	0	0	10	
			DFE1250VFJ	WP10NG300E40	天然气	9726	220	10180/2490/3200	4900+1300	24900	9000	0	4	4	0	0	0	0	0	0	0	0	0	8	
安徽华菱汽车股份有限公司	华菱之星	自卸汽车底盘	HN3310PT 28D6M3J	SC9DT280Q3	天然气	8820	206	10475/2495/3310	1850+4300+1350	31000	10500	0	2	0	0	0	0	0	0	0	0	0	0	2	3
				SC9DT280Q3	天然气	8820	206	10170/2495/3100	1850+4300+1350	31000	10500	0	0	0	0	1	0	0	0	0	0	0	0	1	
中国重汽集团济南卡车股份有限公司	豪沃	载货汽车底盘	ZZ1257N3847D1L	T10.34-40	天然气	9726	250	8075/2496/—	3825+1350	25000	8800	0	1	0	0	0	0	0	0	0	0	0	0	1	2
			ZZ1257N4047C1L	WT615.95	天然气	9726	250	8585/2496/—	4025+1350	25000	8860	0	1	0	0	0	0	0	0	0	0	0	0	1	
东风汽车有限公司	东风	混凝土搅拌运输车底盘	DFL5251GJBA5	EQRN385-40	天然气	11120	283	8550/2500/—	3800+1350	25000	9400	0	1	0	0	0	0	0	0	0	0	0	0	1	1
合计（辆）												0	11	39	0	93	0	0	0	0	0	0	0	143	143

2012年，我国天然气单一燃料专用车底盘产量为143辆，有6家生产企业，分别为：奇瑞商用车（安徽）有限公司生产天然气单一燃料专用车底盘93辆，占66%；陕西汽车集团有限责任公司生产天然气单一燃料专用车底盘25辆，占17%；东风汽车公司生产天然气单一燃料专用车底盘19辆，占13%；安徽华菱汽车股份有限公司生产天然气单一燃料专用车底盘3辆，占2%；中国重汽集团济南卡车股份有限公司生产天然气单一燃料专用车底盘2辆，占1%；东风汽车有限公司生产天然气单一燃料专用车底盘1辆，占1%。生产主要在2月、3月和5月，产量分别为11辆、39辆和93辆。

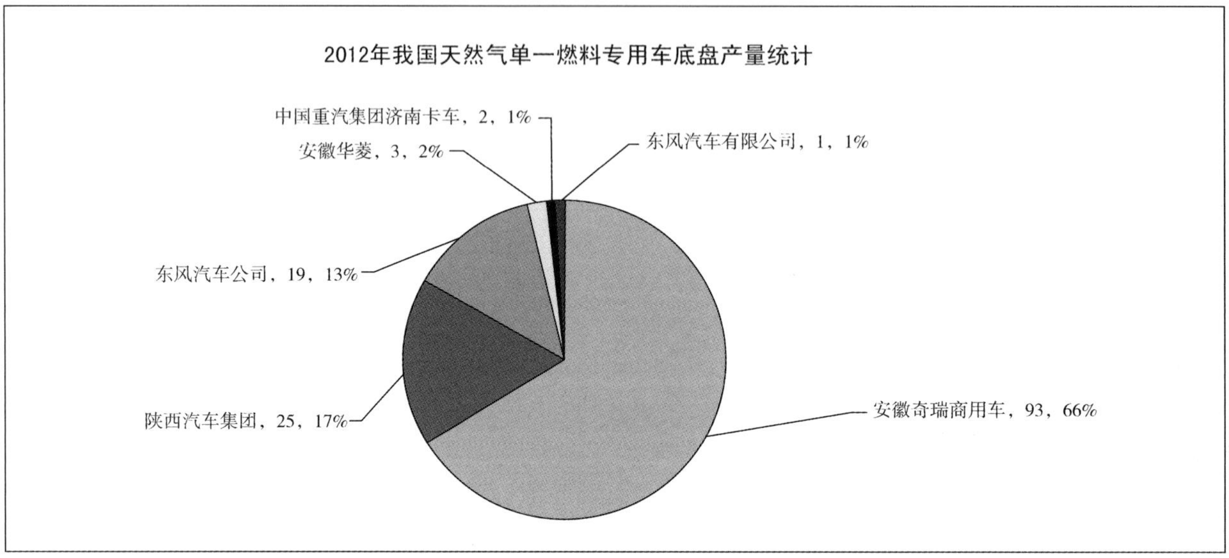

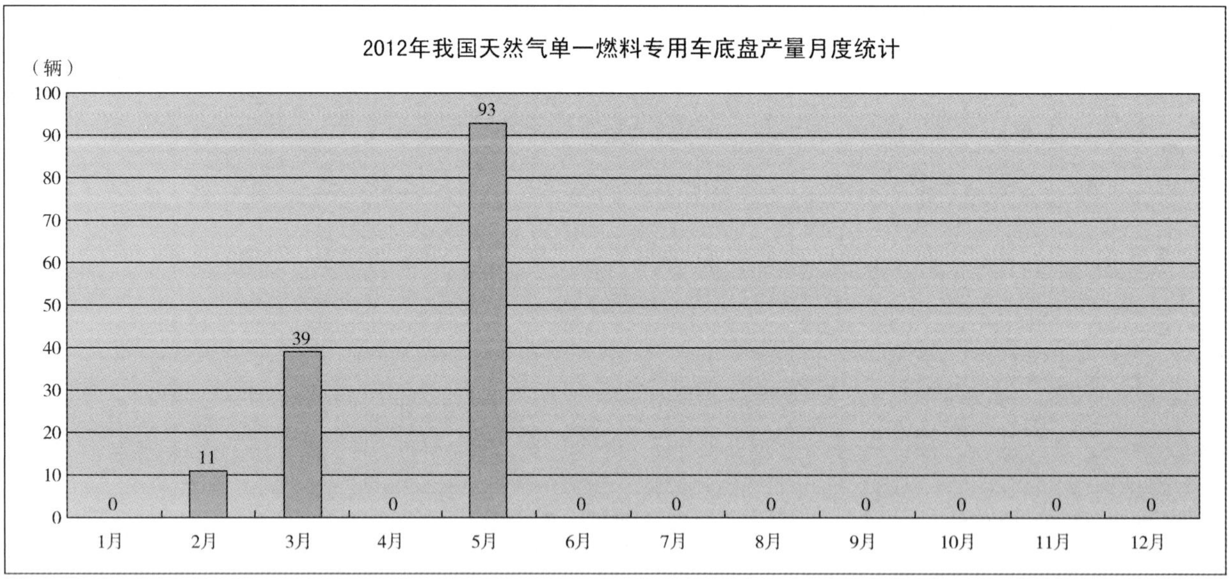

（二）2013 年 1—3 月天然气汽车产量

1. 2013 年 1—3 月两用燃料汽车产量

（1）大中型客车、轻型客车

企业名称	车辆品牌	车辆名称	车辆型号	底盘型号	发动机型号	燃料种类	排量（mL）	功率（kW）	长/宽/高（mm）	轴距（mm）	总质量（kg）	整备质量（kg）	1月	2月	3月	数量（辆）	合计（辆）
厦门金龙联合汽车工业有限公司	金龙	轻型客车	XMQ6530EEB4	承载式车身	XG491Q-ME	汽油/天然气	2237	82	5340/1700/2250	2890	3060	1930	15	0	0	15	83
					XG491Q-ME	汽油/天然气	2237	82	5340/1700/2250	2890	3060	1930	0	2	19	21	
			XMQ6530EEB4D	承载式车身	XG491Q-ME	汽油/天然气	2237	82	5340/1700/2250	2890	3060	1930	18	19	0	37	
					XG491Q-ME	汽油/天然气	2237	82	5340/1700/2050	2890	3060	1930	0	0	10	10	
厦门金龙旅行车有限公司	金旅	客车	XML6532E48N	FZ6490E38N	JM491Q-ME	汽油/天然气	2237	76	5250/1700/2066	2890	2960	1860	3	2	12	17	18
			XML6502E48N	FZ6460E38N 三类	JM491Q-ME	汽油/天然气	2237	76	5030/1700/2066	2590	2800	1800	0	0	1	1	
江苏九龙汽车制造有限公司	大马	轻型客车	HKL6540NA	JS6520TDCJ	4RB2	汽油/天然气	2438	102/90	5380/1880/2285	3110	3450	2280	8	4	2	14	14
合计（辆）													44	27	44	115	115

（2）专用车（重型货车、中型货车、轻型货车、微型货车）、牵引汽车、自卸汽车、运输车及其他专用车

企业名称	车辆品牌	车辆名称	车辆型号	底盘型号	发动机型号	燃料种类	排量（mL）	功率（kW）	长/宽/高（mm）	轴距（mm）	总质量（kg）	整备质量（kg）	1月	2月	3月	数量（辆）	合计（辆）
北汽福田汽车股份有限公司	福田	厢式运输车	BJ5020XXY-X1	BJ1020V3JV4-A1	LJ465Q-2AE	汽油/天然气	1051	45	4690/1510/2320	2700	2120	1250	0	0	4	4	1168
				BJ1020V3JV4-A1	LJ465Q-2AE	汽油/天然气	1051	45	4690/1610/2320	2370	2120	1250	4	0	0	4	
				BJ1020V3JV4-A1	LJ465Q-2AE	汽油/天然气	1051	45	4340/1610/2320	2370	2120	1250	0	1	0	1	
			BJ5020XXY-X3	BJ1020V3AV4-A1	LJ465Q-2AE	汽油/天然气	1051	45	4920/1610/2320	2700	2025	1205	0	0	1	1	
				BJ1020V3AV4-A1	LJ465Q-2AE	汽油/天然气	1051	45	4920/1510/2320	2700	2025	1205	1	0	0	1	
			BJ5030XXY-A1	BJ1030V4JV4-A1	LJ465Q-2AE	汽油/天然气	1051	45	4690/1510/2320	2700	2875	1250	0	32	48	80	
				BJ1030V4JV4-A1	LJ465Q-2AE	汽油/天然气	1051	45	4690/1610/2320	2700	2875	1250	70	0	0	70	
			BJ5030XXY-C3	BJ1030V4AV4-A3	LJ465Q-2AE	汽油/天然气	1051	45	4920/1610/2320	2700	3025	1205	0	0	21	21	
				BJ1030V4AV4-A3	LJ465Q-2AE	汽油/天然气	1051	45	4920/1510/2320	2700	3025	1205	4	0	0	4	
			BJ5036XXY-K1	BJ1036V4JV5-K1	BJ486EQV4	汽油/天然气	1998	95	5670/1780/2700	3000	3495	1870	0	0	3	3	
		载货汽车	BJ1030V4JV4-A1	BJ1030V4JV4-A1	CF465Q-1AE1	汽油/天然气	1051	38.5	4690/1510/1940	2700	2725	1100	0	0	31	31	
				BJ1030V4JV4-A1	LJ465Q-2AE	汽油/天然气	1051	45	4690/1510/1940	2700	2725	1100	105	30	0	135	
			BJ1036V4AV5-K1	BJ1036V4AV5-K1	BJ486EQV4	汽油/天然气	1998	95	5600/1740/2080	3000	3495	1750	0	0	1	1	

续表

企业名称	车辆品牌	车辆名称	车辆型号	底盘型号	发动机型号	燃料种类	排量(mL)	功率(kW)	长/宽/高(mm)	轴距(mm)	总质量(kg)	整备质量(kg)	1月	2月	3月	数量(辆)	合计(辆)
			BJ1036V4JV5-K1	BJ1036V4JV5-K1	BJ486EQV4	汽油/天然气	1998	95	5630/1740/2080	3000	3345	1720	0	0	9	9	
			BJ1020V3AV4-A1	BJ1020V3AV4-A1	LJ465Q-2AE	汽油/天然气	1051	45	4920/1610/1850	2700	1970	1150	0	20	91	111	
			BJ1020V3JV4-A1	BJ1020V3JV4-A1	LJ465Q-2AE	汽油/天然气	1051	45	4690/1610/1850	2700	1970	1100	0	0	2	2	
			BJ1030V4AV4-A3	BJ1030V4AV4-A3	LJ465Q-2AE	汽油/天然气	1051	45	4920/1510/1940	2700	2970	1150	0	0	690	690	
重庆长安汽车股份有限公司	长安	仓栅式运输车	SC5031CCYADS42CNG	SC1031ADS42CNG	BG13-20	汽油/天然气	1300	60.5/52	5250/1700/2430	2990	3360	1310	0	0	1	1	552
			SC5031CCYAAS41CNG	SC1031AAS41CNG	BG13-20	汽油/天然气	1300	60.5/52	5400/1700/2515	3400	3360	1430	1	0	0	1	
		厢式运输车	SC5031XXYADD42CNG	SC1031ADD42CNG	BG13-20	汽油/天然气	1300	60.5/52	5250/1700/2560	2990	3360	1280	0	0	7	7	
				SC1031ADD42CNG	BG13-20	汽油/天然气	1300	60.5/52	5250/1700/2560	2850	3360	1280	3	0	0	3	
			SC5020XXYGCNG	SC6399GCNG	JL466QG	汽油/天然气	999	50.8/41	3860/1500/1900	2500	1715	1905	225	0	0	225	
			SC5021XXYADD44CNG	SC1021ADD44CNG	BG13-20	汽油/天然气	1300	60.5/52	5250/1700/2560	2990	2430	1350	1	1	11	13	
			SC5021XXYADS43CNG	SC1021ADS43CNG	AF10-06	汽油/天然气	997	39/31	5250/1700/2460	2990	2430	1390	0	0	1	1	
			SC5021XXYADS44CNG	SC1021ADS44CNG	BG13-20	汽油/天然气	1300	60.5/52	5250/1700/2460	2990	2430	1390	0	1	0	1	
			SC5028XXYCNG	SC6408FCNG	JL474QAE	汽油/天然气	1298	60/53	3995/1645/1910	2605	1800	1175	0	19	1	20	
			SC5031XXYAAS41CNG	SC1031AAS41CNG	BG13-20	汽油/天然气	1300	60.5/52	5400/1700/2545	3400	3360	1400	3	1	0	4	
			SC5031XXYADD41CNG	SC1031ADD41CNG	AF10-06	汽油/天然气	997	39/31	5250/1700/2560	2990	3360	1280	0	0	4	4	
			SC5031XXYGAS41CNG	SC1031GAS41CNG	AF10-06	汽油/天然气	997	45/36	5380/1580/2460	3400	3100	1570	0	8	8	16	
			SC5031XXYGDD41CNG	SC1031GDD41CNG	AF10-06	汽油/天然气	997	39/31	4995/1580/2570	2990	3100	1550	11	0	11	22	
		载货汽车	SC1031ADS41CNG	SC1031ADS41CNG	AF10-06	汽油/天然气	997	39/31	5250/1700/2080	2990	3360	1280	0	0	3	3	
				SC1031ADS41CNG	AF10-06	汽油/天然气	997	39/31	5250/1700/2080	2850	3360	1280	9	0	0	9	
			SC1021ADS43CNG	SC1021ADS43CNG	AF10-06	汽油/天然气	997	39/31	5250/1700/2080	2850	2430	1350	2	0	0	2	
			SC1031AAS41CNG	SC1031AAS41CNG	BG13-20	汽油/天然气	1300	60.5/52	5400/1700/2065	3400	3360	1380	0	0	86	86	
			SC1031ADD41CNG	SC1031ADD41CNG	AF10-06	汽油/天然气	997	39/31	5250/1700/2000	2990	3360	1240	0	0	3	3	
			SC1031ADD42CNG	SC1031ADD42CNG	BG13-20	汽油/天然气	1300	60.5/52	5250/1700/2000	2990	3360	1240	0	0	37	37	
			SC1031ADS42CNG	SC1031ADS42CNG	BG13-20	汽油/天然气	1300	60.5/52	5250/1700/2080	2990	3360	1280	0	0	1	1	
			SC1031GAS41CNG	SC1031GAS41CNG	AF10-06	汽油/天然气	997	39/31	5380/1650/2060	3400	3100	1500	0	0	47	47	
			SC1031GDD41CNG	SC1031GDD41CNG	AF10-06	汽油/天然气	997	39/31	4995/1650/1985	2990	3100	1480	27	0	18	45	
			SC5021CCYADS43CNG	SC1021ADS43CNG	AF10-06	汽油/天然气	997	39/31	5250/1700/2430	2990	2430	1380	0	0	1	1	

续表

企业名称	车辆品牌	车辆名称	车辆型号	底盘型号	发动机型号	燃料种类	排量（mL）	功率（kW）	长/宽/高（mm）	轴距（mm）	总质量（kg）	整备质量（kg）	1月	2月	3月	数量（辆）	合计（辆）
河北长安汽车有限公司	长安	两用燃料载货汽车	SC1025DA4CNG	SC1025DA4CNG 二类	DAM13R	汽油/天然气	1299	73/63	4950/1800/1980	2900	2490	1400	49	22	48	119	323
			SC1025SA4CNG	SC1025SA4CNG 二类	DAM13R	汽油/天然气	1299	73/63	5030/1800/1980	2900	2490	1450	0	54	14	68	
		厢式运输车	SC5025XXYDA4CNG	SC1025DA4CNG 二类	DAM13R	汽油/天然气	1299	73/63	4980/1810/2500	2900	2490	1510	0	1	1	2	
			SC5028XXYFVBCNG	SC6443FVBCNG	JL475QS	汽油/天然气	1497	75/64	4390/1655/1935	2800	1925	1300	65	41	28	134	
山东唐骏欧铃汽车制造有限公司	欧铃	载货汽车	ZB1023ASC3F	ZB1023ASC3F 二类	LJ465Q-2AE	汽油/天然气	1051	40.5	5000/1630/1930	2700	2080	1260	6	0	8	14	260
			ZB1033ADC3F	ZB1033ADC3F 二类	LJ465Q-2AE	汽油/天然气	1051	40.5	4730/1520/1930	2700	2845	1220	3	3	2	8	
			ZB1033ASC3F	ZB1033ASC3F 二类	LJ465Q-2AE	汽油/天然气	1051	40.5	5000/1630/1930	2700	2920	1250	95	21	78	194	
		轻型货车	ZB1033BSD0F	ZB1033BSD0F 二类	G4AC	汽油/天然气	1298	46	5680/1730/2060	3050	3420	1600	0	29	4	33	
		厢式运输车	ZB5033XXYADC3F	ZB1033ADC3F 二类	LJ465Q-2AE	汽油/天然气	1051	40.5	4730/1520/2440	2700	2920	1340	7	2	2	11	
东风汽车公司	华神	轻型载货汽车	DFD1022GU	DFD1022GUJ	4F18-F	天然气/汽油	1051	51	5380/1750/2200	3300	2490	1500	1	0	0	1	259
				DFD1022GUJ	4F18-F	天然气/汽油	1051	51	5280/1750/2200	3300	2490	1500	0	1	0	1	
			DFD1031TU1	DFD1031TUJ1	491Q-ME	天然气/汽油	2237	76	5460/1800/2200	3500	3440	1660	0	0	7	7	
				DFD1031TUJ1	491Q-ME	天然气/汽油	2237	76	5300/1800/2200	3500	3440	1660	19	4	0	23	
			DFD1022GU1	DFD1022GUJ1	TNN4G12	汽油/天然气	1205	62.5/55.9	5300/1850/2140	3300	2490	1500	0	0	3	3	
			DFD1022NU	DFD1022NUJ	4F18-F	天然气/汽油	1051	51	5320/1750/2200	3300	2490	1500	12	2	0	14	
			DFD1022NU1	DFD1022NUJ1	TNN4G12	汽油/天然气	1205	62.5/55.9	5420/1850/2140	3300	2490	1500	7	16	10	33	
			DFD1031NU1	DFD1031NUJ1	491Q-ME	天然气/汽油	2237	76	5450/1800/2200	3500	3440	1680	66	42	47	155	
		仓栅式运输车	DFD5022CCYU1	DFD1022NUJ	4F18-F	天然气/汽油	1051	51	5320/1750/2780	3300	2490	1540	0	1	0	1	
			DFD5022CCYU3	DFD1022NUJ1	TNN4G12	汽油/天然气	1205	62.5/55.9	5420/1790/2760	3300	2490	1550	0	1	0	1	
		厢式运输车	DFD5022XXYU2	DFD1022GUJ1	TNN4G12	汽油/天然气	1205	62.5/55.9	5300/1750/2760	3300	2490	1570	0	4	0	4	
			DFD5031XXY1	DFD1031NUJ1	491Q-ME	天然气/汽油	2237	76	5450/1800/2780	3500	3440	1800	1	2	2	5	
			DFD5031XXYU	DFD1031TUJ1	491Q-ME	天然气/汽油	2237	76	5300/1800/2780	3500	3440	1800	4	4	3	11	
郑州日产汽车有限公司	东风	多用途货车	ZN1023U2ND	ZN1023U2NM	ZG24	汽油/天然气	2438	102/90	4980/1690/1650	2950	2310	1610	1	0	0	1	47
			ZN1033UBND	ZN1033UBNM	ZG24	汽油/天然气	2438	102/90	4980/1820/1715	2950	2540	1795	2	14	25	41	
	尼桑	多用途货车	ZN1033UBD4	ZN1033UBD4J	KA24	汽油/天然气	2388	110/95	4980/1820/1725	2950	2740	1790	0	5	0	5	
沈阳金杯车辆制造有限公司	金杯	轻型载货汽车	SY1023KQ42CL	SY1023KQ42CL	JM491Q-ME	汽油/天然气	2237	76	5285/1700/1640	3380	2475	1650	0	9	5	14	45
		载货汽车	SY1028HQ42CL	SY1028HQ42C	JM491Q-ME	汽油/天然气	2237	76	5470/1725/1690	3380	2475	1650	10	10	11	31	

续表

企业名称	车辆品牌	车辆名称	车辆型号	底盘型号	发动机型号	燃料种类	排量（mL）	功率（kW）	长/宽/高（mm）	轴距（mm）	总质量（kg）	整备质量（kg）	1月	2月	3月	数量（辆）	合计（辆）
山东凯马汽车制造有限公司	凯马	载货汽车	KMC1030A26S4	KMC1030A26S4	LJ465Q-2AE	汽油/天然气	1051	45/40.5	5035/1625/2010	2700	2750	1260	0	0	26	26	35
			KMC1030A26D4	KMC1030A26D4	LJ465Q-2AE	汽油/天然气	1051	45/40.5	4735/1625/2010	2700	2710	1220	0	0	6	6	
		厢式运输车	KMC5030XXYA26D4	KMC1030A26D4	LJ465Q-2AE	汽油/天然气	1051	45/40.5	4735/1625/2320	2700	2840	1350	0	0	3	3	
安徽江淮安驰汽车有限公司	江淮	多用途货车	MC1021TK5R4	HFC6491NFA	JM491Q-ME	汽油/天然气	2237	76/66	5620/1710/1710	3380	2425	1550	0	0	18	18	19
			MC1021TK4R4	HFC6451NFA	JM491Q-ME	汽油/天然气	2237	76/66	5135/1750/1710	3025	2335	1510	0	1	0	1	
合计（辆）													814	402	1492	2708	2708

（3）乘用车

企业名称	车辆品牌	车辆名称	车辆型号	底盘型号	发动机型号	燃料种类	排量（mL）	功率（kW）	长/宽/高（mm）	轴距（mm）	总质量（kg）	整备质量（kg）	1月	2月	3月	数量（辆）	合计（辆）
一汽一大众汽车有限公司	捷达牌/JETTA	两用燃料轿车	FV7160FCG	承载式车身	BJT	汽油/天然气	1595	70/55	4415/1674/1415	2471	1545	1142	4635	2824	3044	10503	10503
北京现代汽车有限公司	北京现代	两用燃料轿车	BH7162FAZ	承载式车身	14ED	汽油/天然气	1599	82/70	4545/1725/1425	2610	1640	1365	259	1	0	260	4713
			BH7162FMY	承载式车身	14ED	汽油/天然气	1599	82/70	4545/1725/1425	2610	1646	1321	693	530	962	2185	
			BH7162FMZ	承载式车身	14ED	汽油/天然气	1599	82/70	4545/1725/1425	2610	1680	1343	0	0	2	2	
			BH7183FMY	承载式车身	14GB	汽油/天然气	1795	94.9/82	4770/1820/1420	2700	1825	1525	850	747	600	2197	
			BH7200FMY	承载式车身	14GC	汽油/天然气	1975	101/89	4770/1820/1420	2700	1825	1500	12	17	40	69	
上海大众汽车有限公司	桑塔纳牌/SANTANA VISTA	两用燃料轿车	SVW7182RQD	承载式车身	CKZ	汽油/天然气	1781	74/66	4687/1700/1450	2656	1655	1280	669	1798	2095	4562	4562
神龙汽车有限公司	东风雪铁龙	轿车	DC7165RTAM	承载式车身	N6A 10XA3A PSA	汽油/天然气	1587	78/68	4588/1773/1486	2610	1790	1390	117	378	633	1128	4462
		两用燃料轿车	DC7163RT	承载式车身	N6A 10FX3A PSA	汽油/天然气	1587	78/67	4367/1708/1413	2540	1564	1189	1484	772	1078	3334	
东风悦达起亚汽车有限公司	起亚	轿车	YQZ7140C4	承载式车身	G4EE	汽油/天然气	1399	69.9	4290/1695/1480	2500	1533	1188	324	46	145	515	1760
			YQZ7162C4	承载式车身	G4ED	汽油/天然气	1599	82.4	4500/1735/1470	2610	1784	1300	471	156	492	1119	
			YQZ7180C4	承载式车身	G4GB	汽油/天然气	1795	94	4728/1820/1420	2700	1940	1534	1	0	125	126	
比亚迪汽车有限公司	比亚迪	两用燃料轿车	QCJ7150A6/CNG	承载式车身	BYD473QD	汽油/天然气	1497	80/72	4533/1705/1490	2600	1650	1275	400	30	398	828	1322
			QCJ7160A4/CNG	承载式车身	DA4G18	汽油/天然气	1584	73.5/65	4533/1705/1490	2600	1650	1275	203	59	232	494	

续表

企业名称	车辆品牌	车辆名称	车辆型号	底盘型号	发动机型号	燃料种类	排量（mL）	功率（kW）	长/宽/高（mm）	轴距（mm）	总质量（kg）	整备质量（kg）	1月	2月	3月	数量（辆）	合计（辆）
重庆长安汽车股份有限公司	长安	两用燃料轿车	SC7151A4CNG	承载式车身	JL475QT	汽油/天然气	1497	72/61	4360/1710/1475	2515	1608	1233	0	29	4	33	1304
			SC7151ACNG	承载式车身	JL475QH	汽油/天然气	1497	72/61	4360/1710/1475	2515	1608	1233	1	0	0	1	
			SC7163B4CNG	承载式车身	JL475QU	汽油/天然气	1590	71/62	4600/1800/1475	2650	1775	1400	19	0	0	19	
		两用燃料客车	SC6399GCNG	承载式车身	JL466QG	汽油/天然气	999	50.8/41	3860/1500/1900	2500	1725	1125	393	24	570	987	
			SC6399GVCNG	承载式车身	JL466QG	汽油/天然气	999	50.8/41	3860/1500/1900	2500	1725	1125	0	0	49	49	
			SC6408FCNG	承载式车身	JL474QAE	汽油/天然气	1298	60/53	3995/1645/1910	2605	1800	1180	0	25	44	69	
			SC6408FVCNG	承载式车身	JL474QAE	汽油/天然气	1298	60/53	3995/1645/1910	2605	1800	1175	0	0	146	146	
重庆力帆乘用车有限公司	力帆	轿车	LF7152/CNG	承载式车身	LF479Q2/PC	汽油/天然气	1498	69/60	4550/1705/1495	2605	1555	1205	573	125	428	1126	1126
奇瑞汽车股份有限公司	奇瑞	轿车	SQR7163A210/N	承载式车身	SQR477FD	汽油/天然气	1552	81/68	4552/1750/1483	2600	1750	1375	11	9	229	249	750
			SQR7164A150/N	承载式车身	SQR477FD	汽油/天然气	1552	81/68	4393/1682/1424	2468	1553	1178	203	61	237	501	
安徽江淮汽车股份有限公司	江淮	两用燃料轿车	HFC7150BNF	承载式车身	HFC4NB2.3C	汽油/天然气	1499	83/66	4590/1765/1465	2710	1760	1385	298	64	249	611	611
东风汽车公司	风神	两用燃料轿车	DFM7160B1ECNG	承载式车身	N6A 10FX3A PSA	汽油/天然气	1587	78/67	4502/1740/1465	2610	1675	1300	351	1	44	396	523
			DFM7160B1F1	承载式车身	N6A 10FX3A PSA	汽油/天然气	1587	78/67	4526/1740/1465	2610	1675	1300	0	0	127	127	
重庆长安铃木汽车有限公司	长安	轿车	SC7165A	承载式车身	M16A3	汽油/天然气	1586	80/66	4490/1730/1555	2500	1640	1265	130	20	251	401	401
河北长安汽车有限公司	长安	两用燃料客车	SC6443FBCNG	承载式车身	JL475QS	汽油/天然气	1497	75/64	4390/1655/1935	2800	1925	1310	130	77	89	296	390
			SC6443FVBCNG	承载式车身	JL475QS	汽油/天然气	1497	75/64	4390/1655/1935	2800	1925	1300	34	10	50	94	
华晨汽车集团控股有限公司	中华	轿车	SY7150X1STBAB	承载式车身	4A91S	汽油/天然气	1499	77/67	4510/1758/1460	2580	1715	1325	60	81	51	192	374
			SY7160XSTBAB	承载式车身	4A92S	汽油/天然气	1590	87/76	4510/1758/1460	2580	1715	1325	60	77	25	162	
			SY7160XSTBAC	承载式车身	4A92S	汽油/天然气	1590	87/76	4708/1788/1475	2700	1780	1390	0	18	2	20	
浙江吉利汽车有限公司	吉利美日	两用燃料轿车	MR7182K03N	承载式车身	JL4G18	汽油/天然气	1792	102	4635/1789/1470	2650	1755	1380	215	0	1	216	216
重庆力帆汽车有限公司	力帆	客车	LF6401C/CNG	承载式车身	LF466Q/PC-h	汽油/天然气	999	50	4015/1595/1900	2525	1785	1185	0	0	1	1	204
			LF6401CNG	承载式车身	LF479Q6	汽油/天然气	1299	66.5	4015/1595/1900	2525	1810	1210	75	17	76	168	
			LF6420CNG	承载式车身	LF479Q6	汽油/天然气	1299	66.5/57.2	4201/1650/1908	2850	1960	1285	34	1	0	35	

续表

企业名称	车辆品牌	车辆名称	车辆型号	底盘型号	发动机型号	燃料种类	排量（mL）	功率（kW）	长/宽/高（mm）	轴距（mm）	总质量（kg）	整备质量（kg）	1月	2月	3月	数量（辆）	合计（辆）
天津一汽夏利汽车股份有限公司	威志	两用燃料轿车	CA7150BUE4M	承载式车身	CA4GA5	汽油/天然气	1497	75/66	4290/1680/1500	2425	1420	1070	0	6	191	197	197
南京长安汽车有限公司	长安	两用燃料客车	SC6408FCNG	承载式车身	JL474QAE	汽油/天然气	1298	60/53	3995/1645/1910	2605	1800	1180	155	0	0	155	155
浙江豪情汽车制造有限公司	吉利	两用燃料轿车	JL7181K03N	承载式车身	JL4G18	汽油/天然气	1792	102/92	4602/1725/1485	2602	1660	1250	56	4	10	70	70
长城汽车股份有限公司	长城	轿车	CC7150CE07	承载式车身	GW4G15	汽油/天然气	1497	78	4452/1705/1480	2610	1585	1210	25	10	34	69	69
东风小康汽车有限公司	东风	客车	EQ6420PF22	承载式车身	BG13G/N-01	汽油/天然气	1300	60.5/51.5	4180/1635/1960	2760	1720	1180	4	13	37	54	66
			EQ6400LF16	承载式车身	BG13G/N-01	汽油/天然气	1300	60.5/51.5	4040/1560/1925	2760	1820	1085	4	0	0	4	
			EQ6400PFCNG	承载式车身	AF10G/N	汽油/天然气	1000	46/39	4040/1560/1925	2760	1820	1050	0	0	8	8	
东南（福建）汽车工业有限公司	东南	两用燃料轿车	DN7156MQNS	承载式车身	4A91	汽油/天然气	1499	88/74	4570/1770/1475	2610	1605	1230	10	20	0	30	30
东风汽车股份有限公司	俊风	多用途乘用车	DFA6400W30QDB	承载式车身	DFXC13-40	汽油/天然气	1298	65/58.8	4030/1635/1910	2700	1800	1200	0	0	29	29	29
陕西通家汽车股份有限公司	通家福	两用燃料客车	STJ6402A	承载式车身	LJ474Q3E2	汽油/天然气	1298	60.5 / 54.3	4030/1620/1900	2700	1850	1268	10	0	0	10	10
合 计（辆）													12969	8050	12828	33847	33847

2. 2013 年 1—3 月天然气单一燃料汽车产量

（1）大中型客车、轻型客车

企业名称	车辆品牌	车辆名称	车辆型号	底盘型号	发动机型号	排量（mL）	功率（kW）	长/宽/高（mm）	轴距（mm）	总质量（kg）	整备质量（kg）	1月	2月	3月	数量（辆）	合计（辆）
郑州宇通客车股份有限公司	宇通	城市客车	ZK6100HGM	ZK6990GCRM	YC6G230N-30	7800	170	10305/2500/3400	5000	16500	11400	6	0	0	6	1527
					WP6NG210E30	6750	155	10305/2500/3240	5000	16500	11400	0	22	0	22	
			ZK6100NGA9	ZK6100GCNA9	NQ150N	5638	110	10440/2500/3200	5000	13400	8500	21	6	0	27	
					NQ170N	5638	125	10440/2500/3200	5000	13400	8500	0	0	2	2	
			ZK6120HNGAA	ZK6110GCRNAA	YC6G260N-40	7800	191	11600/2500/3265	5800	16500	12270	0	44	0	44	
					YC6G260N-40	7800	191	11600/2500/3400	5800	16500	12270	0	0	18	18	

续表

企业名称	车辆品牌	车辆名称	车辆型号	底盘型号	发动机型号	排量（mL）	功率（kW）	长/宽/高（mm）	轴距（mm）	总质量（kg）	整备质量（kg）	1月	2月	3月	数量（辆）	合计（辆）
			ZK6731NG1	ZK6700GCN2	NQ140N4	3759	103	7320/2400/3000	3300	9700	6100	21	0	22	43	
					NQ140N4	3759	103	7320/2400/3300	3300	9700	6100	0	1	0	1	
			ZK6770HNG1	ZK6740GCRN1	YC4G180N-40	5200	132	7700/2350/3200	3500	10400	7300	0	30	0	30	
					YC4G180N-40	5200	132	7700/2350/3000	3500	10400	6900	0	0	9	9	
			ZK6770HNGA9	ZK6740GCRNA9	YC4G180N-30	5200	132	7700/2350/3400	3500	9400	6800	0	37	0	37	
					YC4G180N-30	5200	132	7700/2350/3200	3500	9400	6800	0	0	10	10	
			ZK6820HNGAA	ZK6780GCRNAA	YC4G180N-40	5200	132	8160/2350/3400	3800	11200	8000	34	0	0	34	
					YC4G180N-40	5200	132	8160/2350/3200	3800	11200	8000	0	0	110	110	
			ZK6902HNGAA	ZK6892GCRNAA	YC6J210N-40	6494	155	8995/2420/3400	4300	13200	9800	39	0	0	39	
					WP6NG210E40	6750	155	8995/2420/3220	4300	13200	9800	0	7	0	7	
			ZK6926NGA9	ZK6880GCNA9	NQ170N	5638	125	9200/2500/3160	4500	13000	8300	7	0	0	7	
			ZK6932HNGAA	ZK6900GCRNAA	YC6J210N-40	6494	155	9295/2420/3220	4550	13200	9000	16	0	0	16	
			ZK6100HNGA9	ZK6990GCRNA9	YC6J210N-40	6494	155	10305/2500/3200	5000	16500	10700	8	0	20	28	
			ZK6100NG1	ZK6100GCN1	NQ160N4	5975	118	10440/2500/3200	5000	15000	9500	0	38	2	40	
			ZK6100NGB9	ZK6100GCNB9	NQ190N	5638	144	10440/2500/3300	5000	14000	9100	8	10	1	19	
			ZK6105HNG1	承载式车身	YC6G230N-40	7800	170	10500/2500/3200	5200	16500	11100	29	9	90	128	
			ZK6110NG1	ZK6100GCN2	NQ180N	5638	132	10530/2500/3300	5000	15000	9700	20	0	0	20	
			ZK6120HNG1	承载式车身	WP7NG260E40	7140	191	11500/2550/3050	5800	16500	11200	15	0	0	15	
			ZK6120NG1	ZK6120GCN1	NQ200N4	5638	147	11990/2500/3500	6200	17500	10200	1	0	0	1	
			ZK6125HNG1	承载式车身	YC6G260N-40	7800	191	12000/2550/3360	6100	18000	12200	24	0	49	73	
			ZK6128HGM	ZK6128GCRM	YC6G260N-30	7800	191	11960/2500/3400	6100	18000	12100	0	0	2	2	
			ZK6128HNGA9	ZK6128GCRNA9	WP10NG260E30	9726	191	11960/2500/3265	6100	18000	12800	17	3	0	20	
			ZK6140HNG2	承载式车身	F2BE0642F * B	7800	213	13700/2550/3200	6100 + 1470	23600	14700	0	28	5	33	
			ZK6842NG1	ZK6790GCN1	NQ160N4	5975	118	8350/2430/3130	4000	11200	7200	8	0	12	20	
			ZK6842NGA9	ZK6790GCNA9	NQ150N	5638	110	8350/2430/3130	4000	10800	6800	0	10	7	17	
			ZK6852HNGA9	ZK6820GCRNA9	YC4G180N-30	5200	132	8545/2420/3400	4000	12200	8600	10	0	0	10	
			ZK6852HNGAA	ZK6820GCRNAA	YC4G180N-40	5200	132	8545/2420/3400	4000	12200	8600	0	28	0	28	
			ZK6902HGM	ZK6870GCRM	YC6J190N-30	6454	140	8995/2420/3400	4300	13200	9800	0	0	1	1	

续表

企业名称	车辆品牌	车辆名称	车辆型号	底盘型号	发动机型号	排量(mL)	功率(kW)	长/宽/高(mm)	轴距(mm)	总质量(kg)	整备质量(kg)	1月	2月	3月	数量(辆)	合计(辆)
		客车	ZK6110HN01Y	ZK6107CRNA	WP7NG260E40	7140	191	10800/2500/3550	5550	15900	11900	10	0	0	10	
					YC6G260N-40	7800	191	10800/2500/3730	5550	15900	11900	0	4	0	4	
					YC6G260N-40	7800	191	10800/2500/3550	5550	15900	11900	0	0	2	2	
			ZK6908HNAA	ZK6889CRNAA	WP6NG240E40	6750	176	8995/2500/3460	4300	13600	10400	58	0	0	58	
					WP6NG240E40	6750	176	8995/2500/3630	4300	13600	10400	0	4	0	4	
					YC6G260N-40	7800	191	8995/2500/3630	4300	13600	10400	0	0	15	15	
			ZK6858HNBA	ZK6810CRNAA	YC6J210N-40	6500	155	8543/2470/3340	4100	11900	9000	31	0	0	31	
					YC6J210N-40	6500	155	8543/2470/3130	4100	11900	9000	0	23	0	23	
					WP7NG210E40	7140	155	8543/2470/3340	4100	11900	9000	0	0	7	7	
			ZK6888HNA9	ZK6840CRN	WP6NG240E30	6750	177	8774/2470/3580	4250	11980	8938	0	4	0	4	
					YC6J210N-30	6454	155	8774/2470/3580	4250	11980	8938	0	0	1	1	
					YC6J210N-30	6454	155	8774/2470/3385	4250	11980	8938	3	0	0	3	
			ZK6888HNAA	ZK6840CRNAA	WP6NG240E40	6750	176	8774/2470/3385	4250	12700	9650	4	0	1	5	
					WP6NG240E40	6750	176	8774/2470/3580	4250	12700	9650	0	1	0	1	
			ZK6110HN	ZK6107CRN	YC6G260N-30	7800	191	10800/2500/3730	5550	15900	11900	8	0	0	8	
					YC6G260N-30	7800	191	10800/2500/3550	5550	15900	11900	0	8	10	18	
			ZK6792N	ZK6640CN	NQ170N	5638	125	7945/2450/3370	3800	10400	7400	1	0	0	1	
					NQ170N	5638	125	7945/2450/3230	3800	10400	7400	0	0	1	1	
			ZK6808HNAA	ZK6770CRNAA	YC4G180N-40	5200	132	8000/2470/3340	3800	10300	7570	2	9	0	11	
					YC4G180N-40	5200	132	8000/2470/3580	3800	10300	7570	0	0	4	4	
			ZK6842N1	ZK6660CN1	NQ180N	5638	132	8400/2450/3370	4000	11000	8100	3	1	0	4	
					NQ180N	5638	132	8400/2450/3230	4000	11000	8100	0	0	1	1	
			ZK6858HNAA	ZK6810CRNAA	YC6J210N-40	6500	155	8543/2470/3580	4100	11900	9000	7	0	0	7	
					YC6J210N-40	6500	155	8543/2470/3340	4100	11900	9000	0	4	0	4	
			ZK6888HNBA	ZK6840CRNAA	WP6NG240E40	6750	176	8774/2470/3385	4250	12700	9650	13	0	0	13	
					YC6J210N-40	6500	155	8774/2470/3385	4250	12700	9650	0	0	1	1	
			ZK6908HNA9	ZK6889CRND9	YC6G260N-30	7800	191	8995/2500/3460	4300	13600	10400	10	0	0	10	
					YC6G260N-30	7800	191	8995/2500/3630	4300	13600	10400	0	0	10	10	

续表

企业名称	车辆品牌	车辆名称	车辆型号	底盘型号	发动机型号	排量（mL）	功率（kW）	长/宽/高（mm）	轴距（mm）	总质量（kg）	整备质量（kg）	1月	2月	3月	数量（辆）	合计（辆）
			ZK6908HNB9	ZK6889CRND9	YC6G260N-30	7800	191	8995/2500/3460	4300	13600	10400	1	0	0	1	
					YC6G260N-30	7800	191	8995/2500/3630	4300	13600	10400	0	0	1	1	
			ZK6998HNAA	ZK6979CRNAA	YC6G260N-40	7800	191	9945/2500/3460	5100	14000	10490	9	0	0	9	
					WP6NG240E40	6750	176	9945/2500/3460	5100	14000	10490	0	2	0	2	
			ZK6122HNQ1E	承载式车身	WP12NG350E40	11596	257	12000/2550/3830	6050	18000	14020	10	4	0	14	
					WP10NG336E40	9726	247	12000/2550/3830	6050	18000	14020	0	0	15	15	
			ZK6122HNQ1Y	承载式车身	YC6MK340N-40	10338	250	12000/2550/3830	6050	18000	13710	0	12	0	12	
					WP10NG336E40	9726	247	12000/2550/3830	6050	18000	13710	40	0	15	55	
			ZK6122HNQ2Y	承载式车身	WP10NG336E40	9726	247	12000/2550/3600	6050	18000	13400	5	2	0	7	
					YC6MK320N-40	10338	235	12000/2550/3600	6050	18000	12390	0	0	8	8	
			ZK6110HNQ1Y	承载式车身	YC6L280N-40	8424	206	10800/2500/3550	5550	15900	11900	0	0	4	4	
			ZK6110HNQ1Z	承载式车身	YC6L280N-40	8424	206	10800/2500/3550	5550	15900	11900	0	1	0	1	
			ZK6117HNQ2Y	承载式车身	YC6G260N-40	7800	191	10690/2500/3750	5250	16000	12170	0	0	3	3	
			ZK6119HNQ6Y	承载式车身	YC6L280N-40	8424	206	10990/2500/3550	5550	16400	12400	10	0	1	11	
			ZK6121HNQ1Z	承载式车身	YC6MK320N-40	10338	235	12000/2550/3400	6050	1800	12500	0	5	4	9	
			ZK6122HNQ11E	承载式车身	WP10NG336E40	9726	247	11600/2550/3830	5650	17750	13300	1	0	0	1	
			ZK6122HNQ12Y	承载式车身	YC6MK320N-40	10338	235	11600/2550/3600	5650	17750	13300	0	0	2	2	
			ZK6122HNQ12Z	承载式车身	YC6MK320N-40	10338	235	11600/2550/3600	5650	17750	13300	0	0	3	3	
			ZK6122HNQ7Y	承载式车身	WP10NG336E50	9726	247	12000/2550/3795	6050	18000	13710	0	0	7	7	
			ZK6127HNQCA	承载式车身	WP12NG380E40	11596	280	12000/2550/3955	6050	18000	13550	5	4	2	11	
			ZK6127HNQDA	承载式车身	WP12NG380E40	11596	280	12000/2550/3955	6050	18000	13550	0	0	3	3	
			ZK6127HNQEA	承载式车身	WP12NG380E40	11596	280	12000/2550/3955	6050	18000	13550	0	1	0	1	
			ZK6858HNB9	ZK6810CRNA9	YC6J210N-30	6454	155	8543/2470/3580	4100	11920	9020	0	1	0	1	
			ZK6110HN01Z	ZK6107CRNA	YC6G260N-40	7800	191	10800/2500/3550	5550	15900	11900	5	0	0	5	
			ZK6110HN9	ZK6107CRN	YC6G260N-30	7800	191	10800/2500/3550	5550	15900	11900	2	0	1	3	
			ZK6660NA9	ZK6620CN	NQ120N	3759	92	6610/2240/2830	3308	6600	4800	0	0	2	2	
			ZK6751CNG	ZK6710CN	NQ150N	5638	110	7470/2320/3060	3800	8500	6160	5	2	3	10	
			ZK6752N1	ZK6621CN1	NQ140N4	3759	103	7470/2320/3170	3800	8580	6160	1	0	0	1	

续表

企业名称	车辆品牌	车辆名称	车辆型号	底盘型号	发动机型号	排量(mL)	功率(kW)	长/宽/高(mm)	轴距(mm)	总质量(kg)	整备质量(kg)	1月	2月	3月	数量(辆)	合计(辆)
			ZK6752NA9	ZK6710CNA9	NQ150N	5638	110	7470/2340/3170	3800	9000	6400	4	0	0	4	
			ZK6792N1	ZK6640CN1	NQ180N	5638	132	7945/2450/3370	3800	10900	7900	0	4	0	4	
			ZK6808HNA9	ZK6770CRN	YC4G180N-30	5200	132	8000/2470/3340	3800	10300	7570	4	12	0	16	
			ZK6808HNB9	ZK6770CRN	YC4G180N-30	5200	132	8000/2470/3580	3800	10900	8170	1	2	7	10	
			ZK6808HNBA	ZK6770CRNAA	YC4G180N-40	5200	132	8000/2470/3580	3800	11000	8270	1	0	0	1	
			ZK6809HN	ZK6770CRN	YC4G180N-30	5200	132	8040/2450/3200	3800	10900	8170	23	1	8	32	
			ZK6842NA9	ZK6660CNA	NQ190N	5638	144	8400/2450/3370	4000	10700	7500	4	0	0	4	
			ZK6842NA9	ZK6660CNA	NQ190N	5638	144	8400/2450/3230	4000	10700	7500	0	0	2	2	
			ZK6842NB9	ZK6660CNB	NQ190N	5638	144	8400/2450/3370	4000	10400	7500	4	0	0	4	
			ZK6858HNA9	ZK6810CRNA9	YC6J210N-30	6454	155	8543/2470/3340	4100	11920	9020	20	2	10	32	
			ZK6879HN	ZK6840CRN	YC6J210N-30	6454	155	8720/2450/3230	4250	11980	8938	0	0	1	1	
			ZK6879HNA9	ZK6840CRN	YC6J210N-30	6454	155	8720/2450/3400	4250	11980	8938	1	0	0	1	
			ZK6888HNB9	ZK6840CRN	WP6NG240E30	6750	177	8774/2470/3580	4250	11980	8938	2	0	0	2	
			ZK6892N1	ZK6760CN1	NQ200N4	5638	147	8990/2450/3400	4300	12250	9050	1	0	0	1	
			ZK6908HN1E	ZK6889CRN1	YC6G260N-40	7800	191	8995/2500/3460	4300	13600	10200	2	0	1	3	
			ZK6908HNBA	ZK6889CRNAA	YC6G260N-40	7800	191	8995/2500/3460	4300	13600	10400	5	0	0	5	
			ZK6909HNC9	ZK6889CRNC9	WP6NG240E30	6750	177	8995/2480/3330	4300	13600	10400	0	5	0	5	
			ZK6938HNAA	ZK6910CRNAA	WP6NG240E40	6750	176	9320/2500/3460	4600	13700	10500	1	0	0	1	
			ZK6998HNA9	ZK6979CRN	YC6G260N-30	7800	191	9945/2500/3630	5100	14000	10490	6	0	1	7	
			ZK6998HNB9	ZK6979CRN	YC6G260N-30	7800	191	9945/2500/3630	5100	14000	10490	1	0	0	1	
		轻型客车	ZK6608NG	ZK6560CN	NQ120N	3759	92	5995/2240/2890	3100	5780	4300	0	0	1	1	
		双层城市客车	ZK6116HNGSAA	ZK6116GCRNAA	YC6G260N-40	7800	191	11310/2550/4200	5500	18000	12920	10	0	0	10	
金龙联合汽车工业（苏州）有限公司	海格	城市客车	KLQ6119GCE4	KLQ6116GCE4	YC6G260N-40	7800	191	11460/2550/3150	5700	17000	11470	40	0	0	40	638
					WP7NG260E40	7140	191	11460/2550/3150	5700	17000	11470	0	0	42	42	
			KLQ6109GCE4	KLQ6101GCE4	YC6G230N-40	7800	170	10490/2480/3200	5100	15500	12050	2	0	35	37	
			KLQ6770GCE4	KLQ6770GCE4	YC4G180N-40	5200	132	7749/2340/3050	3600	11000	8200	30	0	39	69	
			KLQ6850GCE4	KLQ6820GCE4	WP5NG180E40	4760	132	8540/2440/3105	4000	13000	8300	97	0	0	97	
			KLQ6895GC	KLQ6891GC	YC6J210N-30	6454	155	8949/2440/3200	4250	13200	8700	21	0	0	21	

续表

企业名称	车辆品牌	车辆名称	车辆型号	底盘型号	发动机型号	排量（mL）	功率（kW）	长/宽/高（mm）	轴距（mm）	总质量（kg）	整备质量（kg）	1月	2月	3月	数量（辆）	合计（辆）
			KLQ6895GCE4	KLQ6891GCE4	YC6J210N-40	6545	155	8949/2440/3450	4400	13200	8700	8	0	0	8	
			KLQ6935GC	KLQ6891GCE5 三类	YC6J210N-30	6454	155	9265/2440/2950	4400	13200	8800	0	0	10	10	
		客车	KLQ6122DAC41	承载式车身	YC6MK375N-40	10338	276	12000/2550/3920	6000	18000	13080	3	0	0	3	
					WP12NG350E40	11596	257	12000/2550/3920	6000	18000	13080	0	0	5	5	
			KLQ6125BAC41	承载式车身	WP10NG336E40	9726	247	12000/2550/3795	6150	18000	13710	19	0	0	19	
					YC6MK340N-40	10338	250	12000/2550/3795	6150	18000	13710	0	0	20	20	
			KLQ6759ACE4	KLQ6758CE4	YC4D140N-40	4214	103	7495/2270/3030	3900	8510	6000	1	0	0	1	
					YC4D140N-40	4214	103	7495/2270/2920	3900	8510	6000	0	0	1	1	
			KLQ6858QCE4	KLQ6840QCE4	YC6J210N-40	6494	155	8545/2450/3365	4100	11900	9000	1	1	0	2	
					WP6NG240E40	6750	176	8949/2450/3365	4340	12500	9300	37	0	16	53	
			KLQ6112HAC41	承载式车身	YC6L280N-40	8424	206	11010/2550/3610	5670	15900	11800	2	0	1	3	
			KLQ6115KAC41	承载式车身	WP10NG300E40	9726	220	11490/2500/3610	5870	16500	12200	2	0	0	2	
			KLQ6122BAC41	承载式车身	YC6MK340N-40	10338	250	12000/2550/3795	6000	18000	13550	0	1	1	2	
			KLQ6122BAC42	承载式车身	WP10NG336E40	9726	247	12000/2550/3795	6150	18000	13550	4	0	0	4	
			KLQ6122DAC42	承载式车身	YC6MK375N-40	10338	276	12000/2550/3920	6000	18000	13080	6	0	1	7	
			KLQ6122KAC41	承载式车身	YC6MK340N-40	10338	250	12000/2500/3610	6150	18000	13550	2	0	1	3	
			KLQ6125BAC42	承载式车身	WP10NG336E40	9726	247	12000/2550/3795	6150	18000	13710	0	7	0	7	
			KLQ6129KAC41	承载式车身	YC6MK340N-40	10338	250	12000/2500/3710	6150	18000	13000	0	0	4	4	
			KLQ6129TBCE4	KLQ6126TCE4	YC6L280N-40	8424	206	12000/2550/3400	6180	16500	11350	9	0	1	10	
			KLQ6609C	KLQ6601GC	NQ120N	3759	92	5995/2270/2950	3308	5950	4460	18	0	0	18	
			KLQ6798ACE4	KLQ6795QCE4	YC4G180N-40	5200	132	7948/2450/3365	3800	11000	8200	15	0	0	15	
			KLQ6798QACE4	KLQ6795QCE4	YC4G180N-40	5200	132	7948/2450/3365	3800	10150	7420	6	0	39	45	
			KLQ6920QCE4	KLQ6880QCE4	WP6NG240E40	6750	176	9225/2450/3600	4500	14500	11300	3	0	0	3	
			KLQ6129C	KLQ6120QC	WP12NG350E30	11596	257	12000/2550/3645	6150	18000	12770	0	0	5	5	
			KLQ6115HCE4	KLQ6101QCE4	YC6G260N-40	7800	191	10740/2500/3610	5420	15900	11920	1	0	0	1	
			KLQ6115HQCE4	KLQ6101QCE4	YC6G260N-40	7800	191	10740/2500/3610	5420	15900	11920	16	0	0	16	
			KLQ6119TBCE4	KLQ6101QCE4	YC6G260N-40	7800	191	10740/2500/3400	5420	15000	10630	6	0	0	6	

续表

企业名称	车辆品牌	车辆名称	车辆型号	底盘型号	发动机型号	排量(mL)	功率(kW)	长/宽/高(mm)	轴距(mm)	总质量(kg)	整备质量(kg)	1月	2月	3月	数量(辆)	合计(辆)
	金龙	客车	KLQ6898QC	KLQ6860QC	YC6J210N-30	6454	155	8949/2450/3365	4340	12500	9300	10	0	0	10	
					WP6NG240E30	6750	177	8949/2450/3365	4340	12500	9300	0	2	0	2	
					WP6NG240E30	6750	177	8949/2450/3600	4340	12500	9300	0	0	15	15	
			KLQ6858QC	KLQ6840QC	YC6J210N-30	6454	155	8545/2450/3600	4100	11900	9000	4	1	0	5	
					YC6J210N-30	6454	155	8490/2450/3365	4100	11900	9000	0	0	3	3	
			KLQ6796C	KLQ6795QC	YC4G180N-30	5200	132	7948/2450/3600	3800	11000	8200	11	0	3	14	
			KLQ6796QC	KLQ6795QC	YC4G180N-30	5200	132	7948/2450/3365	3800	10150	7570	1	4	3	8	
			KLQ6898C	KLQ6860QC	YC6J210N-30	6454	155	8949/2450/3600	4340	12500	9300	1	1	0	2	
厦门金龙联合汽车工业有限公司	金龙	城市客车	XMQ6106BGN4	XMQ6102GR6	YC6G230N-40	7800	170	10480/2500/3370	5100	15500	11200	90	0	0	90	544
					YC6G230N-40	7800	170	10480/2500/3190	5100	15500	11200	0	25	0	25	
			XMQ6931AGN4	XMQ6900GR4	YC6J210N-40	6454	155	9300/2450/3100	4460	13200	9300	32	0	0	32	
					YC6J210N-40	6454	155	9300/2450/3370	4460	13200	9300	0	1	0	1	
			XMQ6931AGN5	XMQ6900GR5	WP6NG210E50	6750	155	9300/2450/3370	4460	13200	9300	19	0	0	19	
					WP6NG210E50	6750	155	9300/2450/3100	4460	13200	9300	0	0	50	50	
			XMQ6106AGN5	XMQ6102GR7 三类	WP7NG240E50	7140	177	10480/2500/3190	5100	16350	11800	0	0	38	38	
			XMQ6106G2	XMQ6102GR2	WP6NG240E30	6750	177	10480/2500/3190	5100	15500	10600	44	0	0	44	
			XMQ6119AGN4	XMQ6113GR7	YC6G260N-40	7800	191	11490/2550/3370	5700	16500	11100	32	0	0	32	
			XMQ6119AGN5	XMQ6113GR8	WP7NG260E50	7140	191	11490/2550/3070	5700	16500	11500	20	0	0	20	
			XMQ6127AGN4	XMQ6121GR11	WP7NG260E40	7140	191	11980/2550/3370	6000	18000	12000	1	0	0	1	
			XMQ6770AGN4	XMQ6740GR2	YC4G180N-40	5200	132	7700/2350/3220	3780	10500	7200	2	0	0	2	
			XMQ6801AGN4	XMQ6770GR2	YC4G180N-40	5200	132	7990/2450/3080	3750	11500	7500	0	22	0	22	
			XMQ6850BGN4	XMQ6821GR4	YC4G180N-40	5200	132	8490/2450/3080	4250	12200	7900	1	0	0	1	
		客车	XMQ6859AYN4C	XMQ6830R4	YC6J210N-40	6454	155	8495/2480/3388	4020	10900	8000	9	0	0	9	
					YC6J210N-40	6454	155	8495/2480/3630	4020	10900	8000	0	0	2	2	
			XMQ6129FYN4B	承载式车身	YC6MK375N-40	10338	276	12000/2550/3940	6000	18000	13240	1	0	0	1	
					WP10NG336E40	9726	247	12000/2550/3940	6000	18000	13240	0	0	1	1	
			XMQ6128DYN4C	承载式车身	YC6MK340N-40	10338	250	12000/2550/3850	6000	18000	13750	0	1	0	1	

续表

企业名称	车辆品牌	车辆名称	车辆型号	底盘型号	发动机型号	排量（mL）	功率（kW）	长/宽/高（mm）	轴距（mm）	总质量（kg）	整备质量（kg）	1月	2月	3月	数量（辆）	合计（辆）
			XMQ6129CYN4B	承载式车身	YC6MK340N-40	10338	250	12000/2550/3940	6000	18000	13850	0	1	1	2	
			XMQ6129CYN4C	承载式车身	WP10NG336E40	9726	247	12000/2550/3940	6000	18000	13850	12	2	0	14	
			XMQ6129FYN4C	承载式车身	WP12NG380E40	11596	280	12000/2550/3940	6000	18000	13240	3	0	0	3	
			XMQ6129HYN4C	承载式车身	YC6MK340N-40	10338	250	11950/2550/3690	6000	18000	13700	3	0	1	4	
			XMQ6608CNG	HFC6601CNY3	NQ120N	3759	92	5995/2270/2945	3308	5600	4100	2	0	0	2	
			XMQ6759AYN4C	XMQ6730R4	YC4G180N-40	5200	132	7495/2480/3337	3500	9700	7100	3	0	0	3	
			XMQ6802AYN4D	XMQ6780R4	YC4G180N-40	5200	132	8045/2480/3600	3850	10600	7850	13	0	0	13	
			XMQ6802AYN4D	XMQ6780R4	YC4G180N-40	5200	132	8045/2480/3356	3850	10600	7850	0	2	4	6	
			XMQ6802Y1	XMQ6780R2	YC4G180N-30	5200	132	8045/2480/3356	3850	10600	7850	1	0	0	1	
			XMQ6879AYN4C	XMQ6850R4	WP7NG210E40	7140	155	8745/2480/3388	4170	11500	8200	1	0	0	1	
			XMQ6898AYN4B	XMQ6870R4	YC6G230N-40	7800	170	8945/2480/3630	4300	11990	8790	1	0	0	1	
			XMQ6898AYN4C	XMQ6870R4	YC6G230N-40	7800	170	8945/2480/3630	4300	11990	8790	16	0	1	17	
			XMQ6998AYN4C	XMQ6970R3	WP7NG260E40	7140	191	9895/2480/3650	5000	14000	10150	33	0	0	33	
			XMQ6101AYN4C	XMQ6100R3	YC6G260N-40	7800	191	10490/2480/3404	5450	14000	10150	21	0	0	21	
			XMQ6113AYN4C	XMQ6116R2 三类	YC6G260N-40	7800	191	10950/2500/3580	5550	16000	12000	0	0	5	5	
			XMQ6117AYN4C	XMQ6102R4	WP7NG270E40	7140	199	10600/2480/3750	5250	16200	11800	27	0	0	27	
厦门金龙旅行车有限公司	金旅	城市客车	XML6105J28CN	承载式车身	WP7NG240E40	7140	176	10480/2500/3200	5000	16500	10780	88	0	0	88	513
					YC6G230N-40	7800	170	10480/2500/3200	5000	16500	10780	0	50	0	50	
			XML6115J28CN	承载式车身	YC6G230N-40	7800	170	11380/2540/3450	5700	17000	12100	1	0	0	1	
			XML6125J18CN	承载式车身	YC6G260N-40	7800	191	11980/2540/3180	5980	18000	11820	146	123	70	339	
			XML6845J18CN	承载式车身	YC4G180N-40	5200	132	8390/2460/3120	4000	12200	7865	10	0	0	10	
			XML6105J18CN	承载式车身	SC8DT230Q4	8270	170	10480/2500/3660	5000	16500	10780	0	0	10	10	
		客车	XML6103J15N	承载式车身	YC6G260N-50	7800	191	10490/2500/3600	5200	15900	10600	0	0	1	1	
			XML6125J18N	承载式车身	WP10NG336E40	9726	247	12000/2550/3820	6000	18000	13710	1	0	0	1	
			XML6125J28N	承载式车身	YC6MK340N-40	10338	250	12000/2550/3280	6000	18000	13550	1	0	0	1	
			XML6127J18N	承载式车身	YC6G260N-40	7800	191	12000/2550/3600	6000	18000	12000	0	0	1	1	
			XML6128J18N	承载式车身	YC6MK375N-40	10338	276	11985/2540/3860	6100	18000	12910	0	0	1	1	

续表

企业名称	车辆品牌	车辆名称	车辆型号	底盘型号	发动机型号	排量(mL)	功率(kW)	长/宽/高(mm)	轴距(mm)	总质量(kg)	整备质量(kg)	1月	2月	3月	数量(辆)	合计(辆)
			XML6700J18N	承载式车身	YC4D140N-40	4214	103	6970/2050/2770	3935	6500	4310	1	0	1	2	
			XML6723J28N	承载式车身	YC4D140N-40	4214	103	7235/2250/2950	3800	7500	5160	0	0	3	3	
			XML6807J18N	承载式车身	YC4G180N-40	5200	132	8030/2500/3300	3800	10580	7850	0	0	1	1	
			XML6807J28N	承载式车身	YC4G180N-40	5200	132	8030/2500/3440	3800	10150	7570	4	0	0	4	
中通客车控股股份有限公司	中通	城市客车	LCK6105HGC	LCK6104RGC	WP7NG240E40	7140	177	10500/2500/3020	5000	16000	10900	90	0	0	90	459
					WP7NG240E40	7140	177	10500/2500/3170	5000	16000	10900	0	72	8	80	
			LCK6730CNG3	HFC6710CNY3	NQ120N	3759	92	7320/2320/3180	3300	8120	5000	8	0	0	8	
				EQ6700TN3AC	NQ120N	3759	92	7320/2320/3180	3300	8120	5000	0	1	0	1	
			LCK6730N4GH	HFC6680NY1F	NQ120N4	3759	92	7320/2360/3150	3300	8650	5200	9	0	0	9	
					NQ120N4	3759	92	7320/2360/2950	3300	8650	5200	0	11	0	11	
			LCK6770N4GE	EQ6733TN4AC	NQ120N4	3759	92	7740/2340/3000	3650	9000	5800	0	0	4	4	
			LCK6820HGC	LCK6764RGC	WP5NG180E40	4760	132	8190/2380/3140	3800	11000	7200	35	0	0	35	
			LCK6841GC	LCK6781RGC	YC4G180N-30	5202	132	8430/2480/3380	3900	11550	8000	1	0	16	17	
			LCK6850HGC	LCK6794RGC	WP5NG180E40	4760	132	8545/2480/3380	4000	12200	8200	0	0	16	16	
			LCK6950HGC	LCK6894RGC	YC6J210N-40	6500	155	9500/2500/3140	4500	13200	9300	0	21	0	21	
			LCK6115HGC	LCK6114RGC	WP7NG270E40	7140	199	11490/2500/3380	5600	16500	11500	0	0	27	27	
			LCK6125HGC	LCK6124RGC	WP7NG270E40	7140	199	11990/2540/3260	6000	17990	11900	0	0	4	4	
			LCK6129DGC	EQ6120KC4N	YC6J210N-40	6454	155	11990/2500/3060	6000	18000	10450	1	0	0	1	
			LCK6660CNG3	EQ6570KN3AC	NQ120N	3759	92	6620/2200/2950	3300	6500	4500	1	0	0	1	
			LCK6660N4GE	EQ6570KN4AC2	NQ120N4	3759	92	6620/2240/2980	3300	6900	4495	1	0	0	1	
			LCK6730N4GE	EQ6693TN4AC	NQ120N4	3759	92	7345/2340/2950	3300	8650	5200	1	0	0	1	
		客车	LCK6798HC	LCK6773RAC	YC4G180N-30	5200	132	7948/2420/3290	3800	10700	7970	5	0	2	7	
					YC4G180N-30	5200	132	7948/2420/3290	3800	10700	7420	0	2	0	2	
			LCK6117HCD1	LCK6104RDC	YC6G260N-40	7800	191	10980/2500/3580	5400	15900	11760	3	0	0	3	
					WP7NG270E40	7140	199	10980/2500/3580	5400	15900	11760	0	1	0	1	
			LCK6107HC	LCK6103RAC	YC6G260N-30	7800	191	10500/2500/3580	5170	15700	11725	4	0	1	5	
			LCK6107HCD1	LCK6104RBC	WP7NG260E40	7140	191	10500/2500/3580	5170	15900	11725	7	2	0	9	

续表

企业名称	车辆品牌	车辆名称	车辆型号	底盘型号	发动机型号	排量（mL）	功率（kW）	长/宽/高（mm）	轴距（mm）	总质量（kg）	整备质量（kg）	1月	2月	3月	数量（辆）	合计（辆）
			LCK6125HQCD1	承载式车身	WP10NG336E40	9726	247	11990/2540/3700	6000	18000	13550	1	0	0	1	
			LCK6129HQCD1	承载式车身	WP10NG336E40	9726	247	11990/2550/3830	6000	18000	13700	2	0	0	2	
			LCK6129HQCD2	承载式车身	WP10NG336E40	9726	247	11990/2550/3830	6000	18000	13350	2	0	5	7	
			LCK6601N3	EQ6570KN3AC	NQ120N	3759	92	5998/2200/2750	3300	5320	3600	8	0	6	14	
			LCK6601N4E	EQ6570KN4AC1	NQ100N4	3759	79	5998/2240/2820	3300	5782	4300	8	0	0	8	
			LCK6601N4H	HFC6570NY1F	NQ120N4	3759	92	5998/2240/2820	3308	5782	4300	3	0	0	3	
			LCK6660N4E	EQ6570KN4AC2	NQ120N4	3759	92	6620/2240/2820	3300	6528	4500	4	0	0	4	
			LCK6660N4H	HFC6570NY1F	NQ120N4	3759	92	6620/2240/2820	3308	6500	4300	7	0	0	7	
			LCK6750N4E	EQ6690KN4AC	NQ160N4	5975	118	7495/2340/3125	3650	8500	5900	1	0	0	1	
			LCK6750N4H	HFC6710NY1F	NQ140N4	3759	103	7495/2340/3125	3800	8500	5900	5	0	0	5	
			LCK6758HC	LCK6733RAC	YC4G180N-30	5202	132	7548/2420/3290	3500	10000	7270	0	0	1	1	
			LCK6798HC-1	LCK6773RAC	YC4G180N-30	5200	132	7948/2420/3290	3800	10150	7970	0	1	0	1	
			LCK6798N4E	EQ6780TGN4AC	NQ160N4	5975	118	7948/2420/3400	3800	9800	7050	0	1	0	1	
			LCK6809HC	LCK6774RAC	YC4G180N-40	5200	132	8040/2480/3350	3800	11000	7800	2	0	0	2	
			LCK6809HC1	LCK6774RAC	YC4G180N-40	5200	132	8040/2480/3350	3800	10800	8070	0	6	1	7	
			LCK6856HC1	LCK6804RAC	YC6J210N-40	6454	155	8540/2480/3350	4100	11900	8550	7	0	0	7	
			LCK6859HC	LCK6803RAC	YC6J210N-30	6454	155	8540/2450/3330	4100	11600	8550	11	0	0	11	
			LCK6880HC-1	LCK6833RAC	WP6NG210E30	6750	155	8750/2450/3290	4250	11600	8550	0	0	2	2	
			LCK6899HC	LCK6863RAC	WP6NG240E30	6750	177	8945/2450/3330	4250	11900	9400	2	1	0	3	
			LCK6909HC1	LCK6874RAC	WP6NG240E40	6750	176	8995/2480/3350	4300	12500	9300	13	1	4	18	
扬州亚星客车股份有限公司	亚星	城市客车	JS6106GHCJ	JS6106GHDCJ	YC6G230N-40	7800	170	10490/2500/3460	5000	15000	10600	20	0	0	20	264
					WP7NG240E40	7140	177	10490/2500/3120	5000	15500	10600	0	0	60	60	
			JS6770GHC	JS6760GHDC	WP5NG180E40	4760	132	7745/2360/2980	3580	10200	6950	30	0	0	30	
					WP5NG180E40	4760	132	7745/2360/3300	3580	10200	6950	0	0	12	12	
			JS6811GHC	JS6760GHDC	XL4SF-4	4750	130	8135/2360/3100	3800	10200	7250	15	0	0	15	
					WP5NG180E40	4760	132	8135/2360/2980	3800	10200	7250	0	24	0	24	
			JS6851GHCJ	JS6851GHDCJ	YC4G180N-40	5200	132	8540/2400/2980	4100	12200	8000	9	0	0	9	

续表

企业名称	车辆品牌	车辆名称	车辆型号	底盘型号	发动机型号	排量(mL)	功率(kW)	长/宽/高(mm)	轴距(mm)	总质量(kg)	整备质量(kg)	1月	2月	3月	数量(辆)	合计(辆)
			JS6861GCJ	JS6861GDCJ	NQ160N4	5975	118	8640/2500/3070	4000	11300	7200	0	1	0	1	
			JS6101GCJ	JS6981GDCJ	NQ160N4	5975	118	10450/2500/3070	5000	12200	8350	0	19	22	41	
			JS6116GHCJ	JS6116GHDCJ	WP7NG270E40	7140	199	11490/2550/3240	5800	16500	11600	2	0	0	2	
			JS6126GHCJ	JS6126GHDCJ	WP7NG260E40	7140	191	12000/2550/3240	6100	17500	12100	0	0	20	20	
		客车	YBL6125H1QCJ1	承载式车身	WP12NG350E40	11596	257	12000/2550/3850	5850	18000	13700	1	0	0	1	
			YBL6125H2QCJ	承载式车身	WP10NG336E40	9726	247	12000/2550/3750	6050	17650	13670	0	2	0	2	
			YBL6855H1CJ	YBL6855HDCJ	WP7NG210E40	7140	155	8545/2460/3360	4100	11800	8750	1	0	0	1	
			YBL6905H1CJ	YBL6896HDCJ	YC6G230N-40	7800	170	8995/2460/3360	4300	12800	9600	3	0	0	3	
			YBL6905HCJ	YBL6896HDCJ	WP7NG240E40	7140	177	8995/2460/3240	4300	12800	9600	0	0	1	1	
		双层城市客车	JS6111SHCJ	JS6111SHDCJ	YC6G260N-40	7800	191	11370/2500/4180	5500	18000	12900	0	0	22	22	
重庆恒通客车有限公司	恒通客车	城市客车	CKZ6106N3	EQ6980TN3AC1	YC6J150N-30	6500	110	10200/2500/3350	5000	13000	8900	12	81	55	148	261
			CKZ6116HN3	EQ6101KRDN	YC6G230N-30	7800	170	10505/2500/3200	5000	14000	9500	41	0	0	41	
			CKZ6116HNA3	EQ6111RCDN3G	SC8DT230Q3	8300	170	11370/2500/3350	5600	17500	10900	0	0	15	15	
			CKZ6116HNA4	CKZ6119HN4	YC6G230N-40	7800	170	11370/2500/3200	5600	17500	10500	6	0	0	6	
			CKZ6116N3	EQ6980TN3AC1	YC6J150N-30	6500	110	10505/2500/3040	5000	13000	9000	0	1	0	1	
			CKZ6116NA4	CKZ6989NA4 三类	NQ160N4	5975	118	10505/2500/3040	5000	14000	8200	0	0	10	10	
			CKZ6801N3	EQ6770TN3AC	NQ150N	5638	110	8045/2400/3010	3800	9400	5860	12	0	0	12	
			CKZ6851HN3	EQ6820HN3AC	NQ170N	5638	125	8485/2400/3245	4000	10200	7150	5	0	0	5	
			CKZ6851N3	EQ6821TN3AC	NQ150N	5638	110	8485/2400/3050	4000	9770	6700	1	0	16	17	
			CKZ6851N4	CKZ6829N4	NQ160N4	5975	118	8485/2400/2950	4000	11000	6640	0	0	1	1	
			CKZ6926HN4	CKZ6899HN4	NQ180N	5638	132	9245/2500/3040	4400	13000	9100	5	0	0	5	
上海申龙客车有限公司	申龙	客车	SLK6112F5AN	FZ6102A5N	WP7NG270E40	7140	199	10800/2500/3600	5300	16000	12020	3	0	0	3	233
			SLK6802F5AN	FZ6772A5N	YC4G180N-40	5200	132	7995/2450/3320	3800	10150	7420	6	0	0	6	
			SLK6872F5AN	FZ6832A5N	WP6NG240E40	6750	176	8720/2450/3570	4200	12900	9850	1	0	0	1	
			SLK6902F5AN	FZ6882A5N	YC6G230N-40	7800	170	8975/2500/3570	4350	13200	10150	4	0	0	4	
		城市客车	SWB6107Q	SWB6107Q	SC8DT230Q4	8270	170	10480/2500/3400	5000	16000	11380	0	0	115	115	
			SWB6127LNG2	SWB6127LNG2	SC8DT250Q4	8270	184	12000/2500/3150	6000	18000	11800	0	0	104	104	

续表

企业名称	车辆品牌	车辆名称	车辆型号	底盘型号	发动机型号	排量（mL）	功率（kW）	长/宽/高（mm）	轴距（mm）	总质量（kg）	整备质量（kg）	1月	2月	3月	数量（辆）	合计（辆）
四川汽车工业股份有限公司	野马	城市客车	SQJ6661B1N3	EQ6570KN3AC	NQ120N	3759	92	6580/2300/2850	3300	6500	4420	5	0	0	5	163
					NQ120N	3759	92	6580/2300/3030	3300	6500	4420	0	0	2	2	
			SQJ6661B2N4	EQ6570KN4AC2	NQ120N4	3759	92	6580/2300/2850	3300	7000	4920	38	0	0	38	
					NQ120N4	3759	92	6580/2300/3030	3300	7000	4920	0	0	1	1	
			SQJ6781B1N3	EQ6720TN3AC	NQ120N	3759	92	7760/2340/3150	3650	8400	5540	10	0	0	10	
					NQ120N	3759	92	7760/2340/2950	3650	8400	5540	0	0	5	5	
			SQJ6101B2N4	EQ6983TN4AC1	YC6B170N-40	6870	125	10120/2500/3150	5000	13500	8460	79	0	0	79	
		客车	SQJ6760B1N4	EQ6690KN4AC	NQ140N4	3759	103	7630/2340/3140	3650	8500	6000	2	0	0	2	
					NQ140N4	3759	103	7630/2340/3140	3800	8500	6160	0	0	1	1	
			SQJ6800B1N4	EQ6780TGN4AC	NQ160N4	5975	118	7990/2380/3300	3800	9800	7100	1	0	1	2	
			SQJ6840B1N3H	EQ6810RN3AC	NQ190N	5638	144	8445/2450/3450	4000	11540	8800	2	0	2	4	
			SQJ6600B1N3	EQ6570KN3AC	NQ120N	3759	92	5995/2220/2780	3300	6000	4370	4	0	0	4	
			SQJ6600B1N4	EQ6570KN4AC2	NQ120N4	3759	92	5995/2220/2780	3300	6100	4470	1	0	0	1	
			SQJ6750B1N3	EQ6690KN3AC	NQ150N	5638	110	7495/2340/2980	3800	8100	5700	5	0	0	5	
			SQJ6760B1N3	EQ6690KN3AC	NQ150N	5638	110	7630/2340/3140	3800	8100	5835	0	0	4	4	
河南少林汽车股份有限公司	少林	城市客车	SLG6660T3GE	EQ6570KSDN3G1	NQ120N	3759	92	6620/2240/2820	3300	6500	4350	30	1	0	31	151
			SLG6700T3GF	HFC6601CNY3	NQ120N	3759	92	7000/2245/2820	3308	6500	4480	19	0	0	19	
			SLG6730T3GE	EQ6700TN3AC	NQ120N	3759	92	7255/2360/3030	3300	7700	5070	0	8	0	8	
			SLG6730T4GE	EQ6693TN4AC1	NQ100N4	3759	79	7300/2400/3030	3300	9000	5070	0	0	8	8	
			SLG6880T3GER	EQ6820HN3AC	NQ170N	5638	125	8780/2400/3020	4000	12500	7400	1	1	0	2	
			SLG6898T4GE	EQ6850TN4AC	NQ160N4	5975	118	8945/2490/3060	4300	12500	7300	1	0	22	23	
		客车	SLG6603T3E	EQ6570KN3AC	NQ120N	3759	92	5995/2240/2800	3300	5990	4300	3	0	0	3	
				EQ6570KSDN3G1	NQ120N	3759	92	5995/2240/2800	3300	5990	4300	0	2	0	2	
				EQ6570KSDN3G	NQ120N	3759	92	5995/2240/3000	3300	5990	4500	0	0	20	20	
			SLG6840T4E	EQ6780TGN4AC	NQ180N4	6870	132	8440/2450/3250	4000	11200	7900	1	0	0	1	
					NQ160N4	5975	118	8440/2450/3350	4000	11200	7900	0	22	0	22	
			SLG6600T4F	HFC6570NY1F	NQ120N4	3759	92	5995/2240/3000	3308	5990	4500	0	0	1	1	

续表

企业名称	车辆品牌	车辆名称	车辆型号	底盘型号	发动机型号	排量(mL)	功率(kW)	长/宽/高(mm)	轴距(mm)	总质量(kg)	整备质量(kg)	1月	2月	3月	数量(辆)	合计(辆)
			SLG6751T3E	EQ6690KN3AC	NQ150N	5638	110	7480/2330/3190	3800	7800	5200	8	0	0	8	
			SLG6840T3E	EQ6822TN3AC	NQ170N	5638	125	8440/2450/3350	4000	11000	7700	3	0	0	3	
北汽福田汽车股份有限公司	福田	城市客车	BJ6112C7MCB	BJ6112C7MCB	WP7NG240E40	7140	177	11400/2500/3050	5650	16000	11100	48	0	0	48	139
			BJ6760C5MCB	BJ6750BC0CA 三类	YC4D140N-40	4214	103	7645/2350/3220	3600	10600	9600	30	0	0	30	
			BJ6831C6MCB-1	BJ6810BK0DA-1	YC4G180N-40	5200	132	8345/2450/3280	3900	12200	8400	14	0	0	14	
			BJ6831C6MCB-2	BJ6810BK0DA-2	WP5NG180E50	4760	132	8345/2450/3280	3900	12200	8400	14	0	0	14	
			BJ6901C6MCB-2	BJ6870BK0DD-2	YC6J210N-40	6500	155	8990/2450/3150	4250	13200	8900	0	0	16	16	
			BJ6931C6MCB	BJ6900BK0DD	YC6J210N-40	6500	155	9300/2450/3300	4560	13200	9000	0	0	6	6	
		客车	BJ6110U7LCB-1	BJ6102BK0DK	WP7NG260E40	7140	191	10680/2500/3600	5170	15330	11670	1	1	0	2	
			BJ6115U8ATB-3	承载式车身	YC6L280N-52	8424	206	10990/2500/3580	5450	15900	11770	0	0	1	1	
			BJ6129U8BTB	承载式车身	WP10NG336E40	9726	247	12000/2550/3960	6000	18000	13240	1	0	0	1	
			BJ6800U6ACB-1	承载式车身	YC4G180N-40	5199	132	7995/2450/3380	3800	10150	7570	1	0	0	1	
			BJ6850U6ACB-1	承载式车身	YC6J210N-40	6494	155	8520/2450/3380	4100	11920	8880	1	0	1	2	
			BJ6900U7ACB-1	承载式车身	WP6NG240E40	6750	176	8995/2450/3380	4425	12800	9000	4	0	0	4	
东风扬子江汽车（武汉）有限责任公司	扬子江	城市客车	WG6100NQF	EQ6102KSDN3G	EQ6100N-30	5420	95	10240/2500/3000	5000	13500	7890	0	23	0	23	138
			WG6110NQC	EQ6100KSDN3G	NQ150N	5638	110	10830/2480/2990	5000	13000	8300	20	0	0	20	
			WG6120NHM4	EQ6119RC4N	YC6L260N-40	8424	191	12000/2545/3340	6200	18000	11060	66	0	0	66	
			WG6120NQM	EQ6120KSDN3G1	XL6SK-3	7127	113	12000/2550/3070	6200	16500	9630	1	0	0	1	
			WG6122NQM	SX6123GH82FT	NQ190N	5638	144	12000/2500/3070	6300	16500	9630	1	0	0	1	
			WG6850NHK	NJ6830YBC1	YC4G180N-30	5200	132	8535/2450/3175	4000	12000	8455	0	27	0	27	
成都客车股份有限公司	蜀都	城市客车	CDK6101CA1R	CA6100CRN21	CA6SF2-19E4N	7130	143	10490/2500/3420	5100	14500	10080	0	3	0	3	131
			CDK6101CA2	CA6990CFN21	NQ180N	5638	132	10430/2500/3350	5000	13200	8780	0	10	0	10	
			CDK6101CE3	EQ6983TN4AC1	NQ160N4	5975	118	10250/2500/3350	5000	14500	8780	0	17	0	17	
			CDK6111CE1	EQ6105TN3AC	NQ160N3	5975	118	10600/2500/3350	5000	13400	8980	0	40	14	54	
			CDK6122CAR	CA6124D172-1N	SC8DT230Q4	8270	170	12000/2550/3420	6150	18000	12200	0	27	0	27	
			CDK6701CN1	NJ6711YFC2	CA4GNE4	3700	85	7010/2180/2950	3500	7100	4955	0	11	0	11	
			CDK6781CE	EQ6740TN3AC	NQ120N	3759	92	7800/2380/3000	3650	9400	5900	0	6	0	6	
			CDK6851CE1	EQ6850TN3ACD	NQ150N	5638	110	8510/2380/3230	4000	12000	7530	0	2	0	2	
			CDK6941CE	EQ6900TN4AC	NQ160N4	5975	118	9420/2500/3200	4500	12500	8010	0	1	0	1	

续表

企业名称	车辆品牌	车辆名称	车辆型号	底盘型号	发动机型号	排量(mL)	功率(kW)	长/宽/高(mm)	轴距(mm)	总质量(kg)	整备质量(kg)	1月	2月	3月	数量(辆)	合计(辆)
江苏友谊汽车有限公司	友谊	城市客车	ZGT6668N3G	NJ6650YFC1	CA4GNE3	3700	85	6640/2240/2750	3308	6600	4320	0	0	2	2	129
			ZGT6718N3G	HFC6601CNY3	CA4GNE3	3700	85	7145/2240/2790	3308	7900	4970	0	0	7	7	
			ZGT6718N3G1	HFC6601CNY3	NQ120N	3759	92	7145/2240/2790	3308	6500	4420	0	0	4	4	
			ZGT6810NS	NJ6801YFC2	NQ140N4	3759	103	8080/2380/3080	3800	10200	6600	40	0	0	40	
			ZGT6832NHS1	HFC6782NY2F	YC4G180N-40	5200	132	8260/2380/3020	3800	10500	7300	16	0	0	16	
			ZGT6852N3GA	EQ6810KSDN3G	EQ6100N-30	5420	95	8480/2380/3080	4000	9200	6270	1	0	32	33	
			ZGT6910NHS	HFC6880NY1F	YC6J210N-40	6494	155	9080/2490/3160	4200	13000	8380	15	0	0	15	
		客车	ZGT6608NS	NJ6581YFC1	CA4GNE4	3700	85	5995/2240/2750	3308	5440	3800	0	4	0	4	
					NQ100N4	3759	79	5995/2240/2910	3308	5440	3950	0	0	7	7	
			ZGT6608N3G1	HFC6601CNY3	NQ120N	3759	92	5995/2240/2910	3308	5500	4010	0	0	1	1	
中国第一汽车集团公司	解放	城市客车	CA6120URN21	CA6124D172N	BF6M1013-26E4N	7146	203	11990/2500/3330	6100	18000	12176	0	50	0	50	125
					CA6SL1-24E4N	7700	180	11990/2500/3150	6100	18000	12176	0	0	75	75	
金华青年汽车制造有限公司	青年	豪华旅游客车	JNP6100DN	承载式车身	WP7NG260E40	7140	191	10150/2500/3430	5000	14700	11550	7	0	0	7	117
					YC6G260N-40	7800	191	10150/2500/3430	5000	15100	11550	0	0	1	1	
			JNP6105GC	承载式车身	WP6NG240E40	6750	176	10500/2500/3165	5100	15800	10250	20	0	0	20	
			JNP6122DCN	承载式车身	WP10NG336E40	9726	247	12000/2550/3430	6100	17300	13300	0	0	1	1	
			JNP6122DCN-1	承载式车身	WP10NG336E40	9726	247	12000/2550/3430	6100	18000	13300	16	0	2	18	
			JNP6127FN	承载式车身	WP12NG380E40	11596	280	12000/2550/3960	5800	18000	18000	29	0	0	29	
			JNP6127FN-1	承载式车身	WP12NG380E40	11596	280	12000/2550/3960	5800	18000	13395	4	2	0	6	
			JNP6127LN	承载式车身	WP10NG336E40	9726	247	12000/2550/3850	5800	17200	13395	15	0	0	15	
			JNP6181GC	承载式车身	SC9DT280Q4	8820	206	18000/2550/3330	5720+6200	28000	17850	20	0	0	20	
安徽安凯汽车股份有限公司	安凯	城市客车	HFF6101G39C	HFF6105D13C	YC6G230N-30	7800	170	10320/2500/3250	5000	15500	9800	4	0	0	4	177
					YC6G230N-30	7800	170	10320/2500/3140	5000	15500	9800	0	26	0	26	
			HFF6104G39C	HFF6104D39C	WP7NG210E40	7140	155	10320/2500/3250	5000	15500	9800	0	11	0	11	
			HFF6120GZ-4C	HFF6120DZ-4C	YC6G260N-40	7800	191	12000/2550/3250	6100	17500	11830	0	29	0	29	
			HFF6100G39C	HFF6104D13C	YC6J210N-30	6454	155	10320/2500/2930	5000	15500	9600	0	2	0	2	

续表

企业名称	车辆品牌	车辆名称	车辆型号	底盘型号	发动机型号	排量(mL)	功率(kW)	长/宽/高(mm)	轴距(mm)	总质量(kg)	整备质量(kg)	1月	2月	3月	数量(辆)	合计(辆)
		客车	HFF6902K08C	承载式车身	YC6G230N-40	7800	170	8990/2500/3410	4300	12800	9500	12	0	0	12	
					WP7NG240E40	7140	177	8990/2500/3410	4300	1280	9500	0	3	3	6	
			HFF6110LK10C	承载式车身	WP7NG270E40	7140	199	10800/2500/3520	5460	15500	11670	3	0	0	3	
			HFF6120K06C1	承载式车身	YC6MK340N-40	10338	250	12000/2550/3680	6080	17200	12800	1	0	0	1	
			HFF6120K06C2	承载式车身	WP10NG336E40	9726	247	12000/2550/3680	6080	17200	12800	0	0	3	3	
			HFF6111K06C	HFF6101D06C	WP10NG260E40	9726	191	10600/2500/3550	5250	15600	11350	0	2	0	2	
			HFF6120K40C	HFF6120D40C	WP12NG330E30	11596	243	12000/2500/3550	6080	17300	12800	0	1	0	1	
			HFF6850K57C	HFF6820D16C	YC6J210N-40	6494	155	8490/2400/3310	4000	11750	8650	2	0	4	6	
			HFF6900K08C	HFF6879D35	WP6NG240E30	6750	177	8990/2500/3560	4300	12800	9500	6	1	0	7	
		豪华客车	HFF6120YK40C	承载式车身	YC6M340N-30	9839	250	12000/2550/3950	6080	18000	13200	2	0	0	2	
			HFF6122YK40C	承载式车身	WP12NG380E40	11596	280	12000/2550/3950	6080	18000	13380	0	6	35	41	
			HFF6123YK40C1	承载式车身	WP10NG336E50	9726	247	12000/2550/3950	6080	18000	13380	0	0	1	1	
		双层城市客车	HFF6120GS01C	承载式车身	ISLGEEV280	8900	209	12000/2550/4000	5170+1470	22500	15200	20	0	0	20	
四川南骏汽车有限公司	南骏	城市客车	CNJ6100JQNM	CNJ6950TQNM	NQ160N4	5975	118	10490/2500/3300	5000	13270	7700	14	0	0	14	105
					NQ160N4	5975	118	10490/2500/3100	5000	13270	7700	0	20	0	20	
			CNJ6720JNG1B	CNJ6680JNGB	NQ120N	3759	88	7220/2370/3000	3300	7330	4600	24	0	0	24	
					NQ100N3	3759	79	7220/2370/3200	3300	7330	4600	0	0	22	22	
			CNJ6851TNB	CNJ6810TNB	NQ160N3	5975	118	8500/2400/3000	4000	9400	6200	4	0	0	4	
					CA6SH-NE3	5560	102	8500/2400/3000	4000	9400	6200	0	0	1	1	
			CNJ6100JHNM	CNJ6100THNM	YC6J210N-40	6494	155	10490/2500/3480	5100	14500	10080	0	0	1	1	
			CNJ6100JNB	EQ6980TN3AC1	NQ150N	5638	110	10260/2500/3100	5000	13000	7695	1	1	0	2	
			CNJ6121HNB	CNJ6120HNB	YC6J210N-30	6454	155	12000/2550/3480	6000	18000	12200	0	2	0	2	
			CNJ6660ENG1B	CNJ6590NB	NQ120N	3759	88	6580/2250/2960	3300	7080	4740	1	0	0	1	
			CNJ6750JNB	CNJ6680JNGB	NQ120N	3759	88	7460/2370/2830	3300	7700	4700	2	0	0	2	
			CNJ6780JNGB	CNJ6720JNGB	NQ120N	3759	88	7760/2370/3000	3650	8400	5320	8	0	0	8	
			CNJ6780JQNM	CNJ6721TQNM	NQ140N4	3759	103	7840/2370/3200	3650	8500	5640	1	0	0	1	
			CNJ6921HNB	CNJ6900HNB	NQ170N	5638	125	9245/2500/3300	4500	13100	9200	0	1	0	1	
		客车	CNJ6750LQNM	CNJ6690KQNM	NQ140N4	3759	103	7495/2370/3100	3800	8500	6160	2	0	0	2	

续表

企业名称	车辆品牌	车辆名称	车辆型号	底盘型号	发动机型号	排量（mL）	功率（kW）	长/宽/高（mm）	轴距（mm）	总质量（kg）	整备质量（kg）	1月	2月	3月	数量（辆）	合计（辆）
丹东黄海汽车有限责任公司	黄海	城市客车	DD6109S55	DD6109S55	WP7NG240E40	7140	177	10490/2482/3380	5000	16000	10800	1	0	0	1	81
			DD6129B30	DD6129B30	SC8DT250Q4	8270	184	12000/2532/3380	6000	18000	12800	60	0	0	60	
			DD6129S80	DD6129S80	WP7NG270E40	7140	199	12000/2532/3380	6000	18000	13200	0	20	0	20	
宁波吉江汽车制造有限责任公司	吉江	城市客车	NE6732NG01	HFC6640NY1F	NQ120N4	3759	92	7280/2300/2955	3300	7450	4950	50	0	0	50	70
		客车	NE6606NK02	EQ6570KS4N	NQ120N4	3759	92	5995/2280/2950	3300	6050	4450	20	0	0	20	
东风特种汽车有限公司	东风	城市客车	EQ6661PT3	EQ6570KN3AC	NQ120N	3759	92	6570/2250/2780	3300	6500	4420	1	0	0	1	69
			EQ6710PT3	EQ6641TN3AC	NQ120N	3759	92	7120/2250/2950	3300	7195	4850	0	1	0	1	
			EQ6730CTN	EQ6693TN4AC	NQ120N4	3759	92	7260/2340/2850	3300	9000	5480	0	2	0	2	
			EQ6751CTN	EQ6733TN4AC 三类	NQ120N4	3759	92	7540/2360/2950	3650	9000	5550	0	0	2	2	
			EQ6751PTN3	EQ6720TN3AC	NQ120N	3759	92	7540/2360/2950	3650	8300	5340	7	0	0	7	
		客车	EQ6606PTN3	EQ6570KN3AC	NQ120N	3759	92	5990/2250/2780	3300	5860	4180	0	2	0	2	
					NQ120N	3759	92	5990/2250/2990	3300	5860	4370	21	0	4	25	
			EQ6750PTN3	EQ6690KN3AC	NQ150N	5638	110	7480/2360/3160	3800	8100	5760	0	3	0	3	
					NQ150N	5638	110	7480/2360/2950	3800	8100	5550	0	0	1	1	
			EQ6792LTN	EQ6780TGN4AC	NQ180N4	6870	132	7940/2430/3290	3800	9800	6920	2	0	0	2	
			EQ6792PTN3	EQ6770TN3AC1	NQ170N	5638	125	7940/2430/3290	3800	9800	7070	3	1	2	6	
			EQ6660LTN2	EQ6570KN4AC2	NQ120N4	3759	92	6570/2250/2990	3300	6600	4570	0	0	2	2	
			EQ6661PTN5	EQ6570KN3AC	NQ120N	3759	92	6570/2250/2780	3300	6400	4420	8	0	1	9	
			EQ6730PT1	EQ6690KN3AC	NQ120N	3759	92	7280/2250/2850	3800	7400	4800	6	0	0	6	
东风汽车股份有限公司	东风	城市客车	DFA6720TN3G	EQ6700TN3AC	NQ120N	3759	92	7200/2300/2900	3300	7690	5000	4	0	0	4	55
			DFA6720TN4G	EQ6680TN4AC	NQ120N4	3759	92	7200/2300/2970	3300	7700	4800	20	10	0	30	
			DFA6750TN3G	EQ6720TN3AC	NQ120N	3759	92	7498/2360/3000	3650	8260	5330	8	0	0	8	
		客车	DFA6600KN3CD	EQ6570KN3AC	NQ120N	3759	92	5998/2260/2830	3300	5300	3710	13	0	0	13	
东风南充汽车有限公司	东风	城市客车	EQ6660PCN30	EQ6580KSN30	NQ115N	3759	85	6640/2250/3000	3300	7080	4450	7	0	0	7	51
					NQ115N	3759	85	6640/2250/2800	3300	7080	4450	0	0	3	3	
			EQ6963PCN40	EQ6890KTN40	NQ160N4	5975	118	9600/2480/3260	4700	13500	7500	0	1	0	1	
					NQ180N	5638	132	9600/2480/3460	4700	13500	7500	0	0	1	1	
			EQ6660PCN40	EQ6581KSN40	NQ120N4	3759	92	6640/2280/3000	3300	7080	4610	1	0	1	2	

续表

企业名称	车辆品牌	车辆名称	车辆型号	底盘型号	发动机型号	排量(mL)	功率(kW)	长/宽/高(mm)	轴距(mm)	总质量(kg)	整备质量(kg)	1月	2月	3月	数量(辆)	合计(辆)
			EQ6730PCN40	EQ6680KTN40	NQ120N4	3759	92	7345/2280/2900	3300	7880	5050	1	0	1	2	
			EQ6751PCN40	EQ6740KTN40	NQ120N4	3759	92	7495/2360/3240	3800	8620	5300	4	0	0	4	
		客车	EQ6666PC	EQ6581KSN40	NQ120N4	3759	92	6640/2260/2850	3300	6740	4450	3	0	0	3	
					NQ100N4	3759	79	6640/2260/2850	3300	6740	4550	0	0	4	4	
			EQ6760PCN40	EQ6690KSN40	NQ140N4	3759	103	7595/2380/3240	3800	8550	6120	1	0	0	1	
					NQ160N4	5975	118	7595/2380/3240	3800	8550	6120	0	0	1	1	
			EQ6600PCN30	EQ6580KSN30	NQ115N	3759	85	5998/2250/2800	3300	5650	4068	2	0	2	4	
			EQ6600PCN40	EQ6581KSN40	NQ120N4	3759	92	5980/2260/2800	3300	5650	4068	7	0	0	7	
			EQ6750PCN30	EQ6690KSN30	NQ120N	3759	92	7495/2360/3060	3800	7662	5200	1	0	0	1	
			EQ6750PCN31	EQ6690KSN31	NQ150N	5638	110	7495/2360/3100	3800	8382	6120	8	1	1	10	
安徽长丰扬子汽车制造有限责任公司	扬子	城市客车	YZK6930CNG4	EQ6881RC4N	YC6J190N-40	6500	140	9340/2480/3050	4500	12000	7440	0	21	0	21	51
					CA6SF2-19E4N	7130	143	9340/2480/3050	4500	12000	7440	0	0	30	30	
中国重汽集团济南豪沃客车有限公司	黄河	城市客车	JK6109GDC	EQ6980TN3AC1	EQ6100N-30	5420	95	10500/2500/3180	5000	13000	8250	0	0	20	20	48
			JK6129GN	ZZ6127GM1DC	YC6G260N-40	7800	191	11990/2550/3240	6000	18000	12600	0	0	15	15	
			JK6109GN	ZZ6107GH1DC	YC6J210N-40	6454	155	10500/2500/3240	5000	16500	11300	0	0	5	5	
		客车	JK6118HN	ZZ6117HK1DN	YC6G260N-40	7800	191	10990/2500/3500	5600	15900	11900	0	6	0	6	
			JK6858HNA	ZZ6827HH1DC	YC6J210N-40	6454	155	8540/2430/3300	4100	11600	8400	0	1	1	2	
新疆中通客车有限公司	西域	城市客车	XJ6109GC	CA6990CFN21	NQ160N4	5975	118	10500/2500/3100	5000	15000	8520	0	0	6	6	48
			XJ6720GC	EQ6570KSDN3G1	NQ120N	3759	92	7180/2350/2860	3300	7400	4300	2	0	3	5	
			XJ6741GC	EQ6700KSDN3G	NQ120N	3759	92	7360/2350/2860	3300	8600	5100	15	0	14	29	
			XJ6859GC	EQ6790KC4N	NQ160N4	4214	103	8545/2500/3060	4000	11500	7300	0	0	2	2	
		客车	XJ6600TC1	EQ6580KSN30	NQ120N	3759	92	5995/2260/2930	3300	5660	4080	0	0	2	2	
			XJ6661TC	EQ6570KSDN3G1	NQ120N	3759	92	6640/2260/2830	300	7080	4690	3	0	0	3	
			XJ6661TC1	EQ6580KSN30	NQ120N	3759	92	6640/2260/2930	3300	7080	4815	0	0	1	1	
烟台舒驰客车有限责任公司	舒驰	城市客车	YTK6720GN	HFC6640NY1F	NQ120N4	3759	92	7160/2260/2900	3300	7200	4900	27	0	0	27	48
			YTK6900GET	ND6870WDT0	WP5NG165E40	4760	121	9000/2400/3070	4500	11500	7500	2	0	0	2	
		客车	YTK6800HET	HFC6782NY2F	YC4G180N-40	5200	132	8040/2410/3270	3800	10280	7700	2	1	0	3	
			YTK6840HET	HFC6820NY1F	YC6J210N-40	6494	155	8450/2410/3280	4000	11200	8300	6	0	0	6	

续表

企业名称	车辆品牌	车辆名称	车辆型号	底盘型号	发动机型号	排量(mL)	功率(kW)	长/宽/高(mm)	轴距(mm)	总质量(kg)	整备质量(kg)	1月	2月	3月	数量(辆)	合计(辆)
			YTK6891HET	ND6851WDT0	WP7NG240E40	7140	177	8890/2410/3280	4200	11950	8914	8	2	0	10	
中车集团西安骊山汽车制造厂	骊山	城市客车	LS6670GN4	EQ6570KN4AC1 三类	CA4GNE4	3700	85	6660/2240/2760	3300	6600	4300	0	0	4	4	47
			LS6670N	EQ6570KN3AC	CA4GNE3	3700	85	6660/2240/2760	3300	6500	4300	4	0	0	4	
			LS6729N	HFC6601CNY3	CA4GNE3	3700	85	7220/2240/2830	3308	6500	4200	1	0	0	1	
			LS6760N	EQ6700TN3AC	NQ120N	3759	92	7600/2380/3000	3300	7700	4700	6	0	9	15	
			LS6762GN	EQ6720TN3AC	NQ120N	3759	92	7595/2380/2980	3650	8400	5200	2	0	0	2	
			LS6910N	EQ6900KSDN3G	EQ6100N-30	5420	95	9100/2480/3050	4700	10600	6690	3	0	1	4	
		客车	LS6600N	EQ6570KN3AC	CA4GNE3	3700	85	5995/2240/2760	3300	5650	4100	11	1	1	13	
			LS6600N4	EQ6570KN4AC1 三类	CA4GNE4	3700	85	5995/2240/2760	3300	5900	4200	0	0	1	1	
			LS6761N	EQ6690KSDN3G	NQ150N	5638	110	7590/2380/3160	3900	8200	5400	3	0	0	3	
常州黄海汽车有限公司	黄海	城市客车	DD6109S08F	DD6990NQG2	NQ150N	5638	110	10410/2500/3150	4900	13500	8900	42	0	0	42	42
四川省客车制造有限责任公司	峨嵋	城市客车	EM6100HNG	EQ6100KRN	NQ190N	5638	144	10400/2500/3450	5000	9400	9800	0	7	0	7	34
			EM6770QNG4	EQ6750KC4N 三类	NQ120N4	3759	92	7700/2360/3000	3650	8600	5300	0	0	6	6	
			EM6860QNG4	EQ6790KC4N	NQ140N4	3759	103	8570/2440/3200	4000	11500	7500	17	4	0	21	
河北长安汽车有限公司	长安	城市客车	SC6662NG3	SC6580DN1G3	NQ120N	3759	92	6600/2260/2805	3300	6850	4450	5	0	0	5	32
			SC6711NG3	SC6580DN1G3	NQ120N	3759	92	7110/2240/2825	3300	7000	4650	4	0	0	4	
			SC6721NG3	SC6681NG3	NQ120N	3759	92	7166/2310/2910	3300	7720	5440	0	0	6	6	
			SC6781NG4	SC6750DNG4	NQ120N4	3759	92	7805/2320/2960	3650	9500	5720	2	0	0	2	
		客车	SC6726NG3	SC6650NG3	NQ120N	3759	92	7260/2280/2880	3800	7140	4720	2	0	0	2	
			SC6607NG4	SC6580DNG4	NQ100N4	3759	79	5995/2220/2780	3300	5635	4150	0	0	12	12	
			SC6687NG3	SC6580DN2G3	NQ120N	3759	92	6800/2260/2865	3800	6650	4450	0	0	1	1	
湖南南车时代电动汽车股份有限公司	南车时代	城市客车	TEG6930NG	HFC6880NY1F	WP6NG210E40	6750	155	9300/2482/3180	4400	13000	9850	0	31	0	31	31
安徽江淮客车有限公司	合客	城市客车	HK6668GQ	HFC6601CNY3	CA4GNE3	3700	85	6620/2240/2795	3308	6800	4450	2	1	0	3	28
					NQ120N	3759	92	6620/2240/2795	3308	6800	4450	0	0	11	11	
			HK6746GQ	HFC6710CNY3	NQ120N	3759	92	7390/2420/3050	3600	8400	5600	6	0	0	6	
			HK6850HGQ	HFC6832NYG3	YC4G180N-30	5200	132	8500/2420/3170	3900	12000	7700	3	0	0	3	

续表

企业名称	车辆品牌	车辆名称	车辆型号	底盘型号	发动机型号	排量(mL)	功率(kW)	长/宽/高(mm)	轴距(mm)	总质量(kg)	整备质量(kg)	1月	2月	3月	数量(辆)	合计(辆)
			HK6940HGQ4	HFC6880NY1F 三类	YC6J210N-40	6494	155	9400/2420/3070	4400	13000	8670	0	0	2	2	
		客车	HK6608Q	HFC6601CNY3	NQ120N	3759	92	5990/2240/2795	3308	5900	4300	3	0	0	3	
贵州万达客车股份有限公司	万达	城市客车	WD6660CN	EQ6570KN3AC	NQ120N	3759	92	6550/220/3100	3300	6500	4450	7	0	2	9	24
			WD6720CN	EQ6650KN3AC	NQ120N	3759	92	7160/2200/2880	3650	7450	4600	4	0	0	4	
		客车	WD6608CN	EQ6570KN3AC	NQ120N	3759	92	5995/2230/2820	3300	5850	4200	0	0	6	6	
			WD6750CN	EQ6690KN3AC	NQ150N	5638	110	7470/2360/3280	3800	8100	5750	4	0	1	5	
盐城中威客车有限公司	中大	城市客车	YCK6105HCN	YJ6105HN	YC6G230N-30	7800	170	10490/2500/3480	5000	14600	10100	0	20	0	20	20
重庆五洲龙新能源汽车有限公司	五洲龙	城市客车	WZL6731NGT4	EQ6680KTN40	NQ120N4	3759	92	7340/2380/3050	3300	9000	6100	10	0	0	10	19
			WZL6848NGT4	EQ6780TN4AC	NQ160N4	5975	118	8430/2380/3150	4000	11200	6300	2	0	7	9	
陕西汽车集团有限责任公司	陕汽	城市客车	SX6122GKN01	SX6124GK81T01 三类	WP7NG260E40	7140	191	12000/2550/3200	6100	18000	12000	0	0	14	14	14
一汽客车(成都)有限公司	解放	客车	CDL6701ET	CDL6671ET	NQ120N4	3759	92	6990/2185/2750	3935	6500	4300	7	0	0	7	14
			CDL6606ET	CDL6570ET	NQ100N4	3759	79	5990/2025/2650	3200	4900	3100	0	0	1	1	
		城市客车	CA6101UFN32	CA6990CFN23	NQ160N4	5975	118	10490/2500/3160	5000	13200	8588	0	1	5	6	
四川坤鼎车业有限公司	科威达	客车	KWD6661QN3	EQ6580KSN30	NQ115N	3759	85	6640/2230/3090	3300	6950	4650	1	0	0	1	14
					NQ115N	3759	85	6640/2230/2840	3300	6950	4650	0	0	1	1	
			KWD6850QN	EQ6780KTN40	NQ160N4	5975	118	8480/2440/3220	4000	9680	6560	1	0	0	1	
					NQ160N4	5975	118	8480/2440/3120	4000	9680	6560	0	3	0	3	
			KWD6661QN4	EQ6580KSN30	NQ115N	3759	85	6640/2230/2840	3300	7150	4750	4	4	0	8	
湖南衡山汽车制造有限公司	衡山	客车	HSZ6602CNG	EQ6570KSDN3G	CA4GNE3	3700	85	5996/2270/2770	3300	5180	3595	7	0	0	7	7
成都安达特种车辆有限责任公司	川马	客车	CAT6750EET	EQ6690KN4AC	NQ140N4	3759	103	7495/2320/3110	3650	8100	5550	1	0	0	1	7
			CAT6760EET	EQ6690KN4AC	NQ140N4	3759	103	7630/2300/3030	3800	8100	5550		0	2	2	
			CAT6800EET	EQ6780TGN4AC	NQ160N4	5975	118	7990/2380/3250	3800	9600	6800	1	0	0	1	
		城市客车	CAT6720EET	EQ6693TN4AC1	NQ100N4	3759	79	7220/2340/3070	3300	7450	4700	2	0	0	2	
			CAT6660EET	EQ6570KN4AC2	NQ120N4	3759	92	6580/2300/3030	3300	6500	4400	0	0	1	1	
桂林大宇客车有限公司	桂林大宇	客车	GDW6117HKND1	GL6110DNGR1	YC6G260N-40	7800	191	10990/2500/3560	5600	15500	11050	4	0	0	4	4

续表

企业名称	车辆品牌	车辆名称	车辆型号	底盘型号	发动机型号	排量（mL）	功率（kW）	长/宽/高（mm）	轴距（mm）	总质量（kg）	整备质量（kg）	1月	2月	3月	数量（辆）	合计（辆）
桂林客车工业集团有限公司	桂林	客车	GL6127HKND1	承载式车身	YC6MK340N-40	10338	250	12000/2500/3700	6300	17600	12700	2	0	0	2	3
			GL6128HKND1	承载式车身	WP10NG336E40	9726	247	12000/2550/3770	6300	17600	12800	1	0	0	1	
东风汽车有限公司	东风	客车	EQ6600HDN3G	EQ6570KSDN3G	CA4GNE3	3700	85	5998/2200/2800	3300	6500	4270	0	2	0	2	3
		城市客车	EQ6730PDN3G	EQ6700KSDN3G	NQ120N	3759	92	7340/2340/2930	3300	8600	5270	0	1	0	1	
福建新福达汽车工业有限公司	福达	客车	FZ6120N4C	承载式车身	WP10NG336E40	9726	247	12000/2550/3800	6200	18000	13500	1	0	0	1	2
			FJ6105HN5	承载式车身	YC6L260N-52	8424	191	10490/2500/3770	5250	15200	11000	0	0	1	1	
黑龙江龙华汽车有限公司	黑龙江	城市客车	HLJ6121HY	CA6124D172N 三类	CA6SL1-24E4N	7700	180	11990/2500/3250	6100	18000	11315	0	0	2	2	2
山东齐鲁汽车制造有限公司	齐鲁	城市客车	BWC6731NG	EQ6700TN3AC	CA4GNE3	3700	85	7348/2280/2860	3300	7700	4850	2	0	0	2	2
合计（辆）												3258	1393	2033	6684	6684

（2）专用车（重型货车、中型货车、轻型货车、微型货车）、牵引汽车、自卸汽车、运输车及其他专用车

企业名称	车辆品牌	车辆名称	车辆型号	底盘型号	发动机型号	排量（mL）	功率（kW）	长/宽/高（mm）	轴距（mm）	总质量（kg）	整备质量（kg）	1月	2月	3月	数量（辆）	合计（辆）
陕西汽车集团有限责任公司	陕汽	牵引汽车	SX4186GR361TL	—	WP10NG300E40	9726	220	6080/2490/3360	3600	18000	6450	0	0	1	1	1652
				—	WP10NG300E40	9726	220	6680/2490/3560	3600	18000	6450	5	0	0	5	
			SX4255NT384TL	—	WP12NG380E40	11596	280	7475/2490/3730	3800+1350	25000	9750	34	0	0	34	
				—	WP12NG330E40	11596	243	7475/2490/3710	3800+1350	25000	9750	0	23	0	23	
			SX4256NT384TLZ	—	WP12NG380E40	11596	280	7475/2490/3730	3800+1350	25000	8800	38	0	0	38	
				—	WP12NG350E40	11596	257	7475/2490/3210	3800+1350	25000	8800	0	20	0	20	
			SX4186NN381T	—	WP10NG300E40	9726	220	6450/2490/3624	3800	18000	8000	0	1	0	1	
			SX4255NM384TS	—	SC9DT280Q3	8820	206	7475/2490/3730	3800+1350	25000	11000	1	38	0	39	
			SX4186BM361TL	—	WP7NG260E40	7140	191	6281/2490/3585	3600	18000	7350	0	2	0	2	
			SX4256GR279TL	—	WP10NG336E40	9726	247	6885/2490/3560	1800+2700	25000	7500	182	202	409	793	
			SX4256GR384T	—	WP10NG336E40	9726	247	7335/2490/3560	3775+1350	25000	9400	0	0	1	1	
			SX4256GR384TL	—	WP10NG336E40	9726	247	7335/2490/3560	3775+1350	25000	8800	34	57	0	91	
			SX4256NR299TL	—	WP12NG350E40	11590	257	6920/2490/3710	1500+2900	25000	7800	11	3	0	14	
			SX4256NT384T	—	WP12NG380E40	11596	280	7475/2490/3670	3800+1350	25000	8800	47	39	0	86	
			SX4256NT384TL	—	WP12NG380E40	11596	280	7475/2490/3730	3800+1350	25000	8800	66	84	149	299	

续表

企业名称	车辆品牌	车辆名称	车辆型号	底盘型号	发动机型号	排量(mL)	功率(kW)	长/宽/高(mm)	轴距(mm)	总质量(kg)	整备质量(kg)	1月	2月	3月	数量(辆)	合计(辆)
		自卸汽车	SX3316DT456TL	SX3316DT456TL	WP12NG380E40	11596	280	11980/2490/3450	1800+4575+1400	31000	15300	0	0	2	2	
				SX3316DT456TL	WP12NG380E40	11596	280	11980/2490/3450	1800+4500+1350	31000	15300	23	0	0	23	
			SX3316DT456TL1	SX3316DT456TL1	WP12NG350E40	11596	257	11030/2490/3450	1800+4375+1400	31000	15050	0	0	120	120	
			SX3316HR326TL	SX3316HR366TL	WP10NG280E40	9726	206	9810/2490/3450	1800+3175+1400	31000	14850	0	2	0	2	
			SX3316HR366TL	SX3316HR366TL	WP10NG300E40	9726	220	10210/2490/3450	1800+3575+1400	31000	14950	0	54	0	54	
			SX3255BN384T	SX3255BN384T	WP10NG300E30	9726	221	8636/2490/3450	3800+1350	25000	12500	0	2	0	2	
		商务车	SX5181XSW	SX6125LR93T	WP12NG350E50	11596	257	11990/2550/3980	6000	18000	14000	1	0	0	1	
		载货汽车	SX1256DR604TL	SX1256DR604TL	WP10NG300E40	9726	220	12000/2490/3270	5975+1400	25000	12400	0	1	0	1	
一汽解放青岛汽车有限公司	解放	平头天然气牵引车	CA4226P1K15T3NA80	—	WP10NG336E40	9726	247	7025/2490/3290	1700+3000	22000	8200	0	0	559	559	1058
				—	WP10NG336E40	9726	247	7025/2490/3480	1700+3000	22000	8200	254	0	0	254	
				—	WP10NG336E40	9726	247	7025/2490/2930	1700+3000	22000	8200	0	114	0	114	
			CA4226P2K15T3NA80	—	WP10NG336E40	9726	247	7143/2490/3385	1700+3000	22000	8700	1	0	0	1	
				—	WP12NG330E40	11596	243	7143/2490/3385	1700+3000	22000	8700	0	12	0	12	
			CA4258P2K15T1NA80	—	WP12NG380E40	11596	280	7443/2490/3550	3800+1350	25000	8805	28	0	0	28	
				—	WP12NG350E40	11596	257	7443/2490/3550	3800+1350	25000	8805	0	54	0	54	
			CA4253P1K15T1NA80	—	WP10NG336E40	9726	247	7325/2490/3290	3800+1350	25000	9380	0	1	0	1	
			CA4257P2K15T1NA80	—	WP10NG336E40	9726	247	7443/2490/3350	3800+1350	25000	8805	0	1	0	1	
			CA4180P1K15NA80	—	WP10NG300E40	9726	220	6505/2493/3450	4200	18000	6805	7	0	2	9	
		仓栅式运输车	CA5313CCYP2K15L7T4NA80-1	CA1313P2K15L7T4NA80	WP10NG300E40	9726	220	11995/2490/3835	1900+4500+1350	31000	12745	0	0	1	1	
		平头柴油牵引车	CA4257P2K15T1NA80	—	WP10NG336E40	9726	247	7443/2490/3350	3800+1350	25000	8805	0	0	2	2	
		平头天然气自卸汽车	CA3310P1K15L3T4NA80	CA3310P1K15L3T4NA80	WP10NG300E40	9726	220	10005/2500/3250	1900+3450+1350	31000	14770	10	0	0	10	
		平头液化天然气自卸汽车	CA3256P2K2T1NA80	CA3256P2K2T1NA80	WP12NG350E40	11596	257	8393/2500/3280	3775+1450	25000	12080	12	0	0	12	

续表

企业名称	车辆品牌	车辆名称	车辆型号	底盘型号	发动机型号	排量（mL）	功率（kW）	长/宽/高（mm）	轴距（mm）	总质量（kg）	整备质量（kg）	1月	2月	3月	数量（辆）	合计（辆）
北京福田戴姆勒汽车有限公司	欧曼	自卸汽车	BJ3253VLPCE-1	BJ3253VLPCE-1	WP12NG350E40	11596	257	8770/2495/3400	4100+1350	25000	12395	0	1	2	3	568
			BJ3313DMPCJ-4	BJ3313DMPCJ-4	WP12NG380E40	11596	280	11602/2495/3700	1800+4700+1350	31000	15385	20	0	2	22	
			BJ3313VMPCF-1	BJ3313VMPCF-1	WP12NG380E40	11596	280	10884/2495/3700	1800+4300+1350	31000	14965	0	1	0	1	
		半挂牵引汽车	BJ4253SMFCB-4	—	WP12NG380E40	11596	280	7525/2495/3710	3825+1350	25000	8805	66	0	0	66	
				—	WP12NG380E40	11596	280	7525/2495/3410	3825+1350	25000	8805	0	107	0	107	
		半挂牵引车	BJ4253SNFCB-AA	—	WP12NG350E40	11596	257	7460/2495/3410	1800+3100	25000	8100	168	67	134	369	
中国重汽集团济南卡车股份有限公司	豪沃	牵引汽车	ZZ4257N25C7P1L	—	T12.38-40	11596	279	7085/2496/3850	1950+2475	25000	7400	5	0	2	7	442
				—	T10.34-40	9726	250	7085/2496/3850	1950+2475	25000	7400	0	6	0	6	
			ZZ4257N3847C1CB	—	WT615.95	9726	250	7390/2496/3668	3825+1350	25000	9210	12	0	0	12	
				—	T12.38-30	11596	279	7390/2496/3668	3825+1350	25000	9210	0	19	0	19	
			ZZ4257N3847D1LB	—	T12.38-40	11596	279	7375/2496/3668	3825+1350	25000	8800	24	0	0	24	
				—	T10.34-40	9726	250	7375/2496/3668	3825+1350	25000	8800	0	19	0	19	
			ZZ4257N3847D1LH	—	T12.38-40	11596	279	7375/2496/3668	3825+1350	25000	9600	0	0	2	2	
				—	T10.34-40	9726	250	7375/2496/3668	3825+1350	25000	9600	1	0	0	1	
			ZZ4257N3847N1LB	—	T12.38-30	11596	279	7585/2496/3850	3800+1400	25000	8800	0	0	2	2	
				—	WT615.95	9726	250	7585/2496/3850	3800+1400	25000	8800	7	0	0	7	
			ZZ4257N3847P1CB	—	T10.34-40	9726	250	7585/2496/3850	3800+1400	25000	8800	4	0	0	4	
				—	T12.38-40	11596	279	7585/2496/3850	3800+1400	25000	8800	0	33	0	33	
			ZZ4187M3817C1C	—	WT615.93	9726	213	6300/2496/3718	3800	18000	7170	0	1	0	1	
			ZZ4187N3817C1CB	—	WT615.95	9726	250	6300/2496/3668	3800	18000	7300	0	12	0	12	
			ZZ4187N4217C1LB	—	WT615.95	9726	250	6700/2496/3668	4200	18000	7300	1	4	0	5	
			ZZ4257N25C7D1L	—	T10.34-40	9726	250	6910/2496/3835	1800+2500	25000	7400	104	10	0	114	
			ZZ4257N3847C1L	—	T12.38-30	11596	279	7375/2496/3718	3825+1350	25000	8800	62	2	0	64	
			ZZ4257N3847C1LH	—	T12.38-30	11596	279	7375/2496/3668	3825+1350	25000	9600	1	0	0	1	
			ZZ4257N3847D1CB	—	T12.38-40	11596	279	7390/2496/3668	3825+1350	25000	9210	9	6	0	15	
			ZZ4257N3847N1CB	—	T12.38-30	11596	279	7585/2496/3850	3800+1400	25000	8800	0	1	0	1	
			ZZ4257N3847P1LB	—	T12.38-40	11596	279	7585/2496/3850	3800+1400	25000	8800	6	1	0	7	

续表

企业名称	车辆品牌	车辆名称	车辆型号	底盘型号	发动机型号	排量(mL)	功率(kW)	长/宽/高(mm)	轴距(mm)	总质量(kg)	整备质量(kg)	1月	2月	3月	数量(辆)	合计(辆)
			ZZ4257V3847C1CB	—	T12.42-30	11596	309	7390/2496/3668	3825+1350	25000	9210	3	2	1	6	
			ZZ4257V3847C1CH	—	T12.42-30	11596	309	7390/2496/3668	3825+1350	25000	10700	6	2	0	8	
			ZZ4257V3847C1LB	—	T12.42-30	11596	309	7375/2496/3668	3825+1350	25000	8800	8	2	0	10	
			ZZ4257V3847D1CB	—	T12.42-40	11596	309	7390/2496/3835	3825+1350	25000	9210	0	1	0	1	
			ZZ4257V3847D1LB	—	T12.42-40	11596	309	7375/2496/3835	3825+1350	25000	8800	0	1	0	1	
			ZZ4257V3847P1LB	—	T12.42-40	11596	309	7585/2496/3850	3825+1350	25000	8800	0	0	1	1	
		自卸汽车	ZZ3317N3867C1L	ZZ3317N3867C1L	T12.38-30	11596	279	10610/2496/3450	1800+3800+1350	31000	15420	0	0	2	2	
				ZZ3317N3867C1L	WT615.94	9726	235	10410/2496/3450	1800+3800+1350	31000	15420	0	30	0	30	
			ZZ3257N3847C1L	ZZ3257N3847C1L	WT615.95	9726	250	8545/2496/3450	3825+1350	25000	12470	1	0	0	1	
			ZZ3257N4347C1C	ZZ3257N4347C1C	WT615.95	9726	250	9045/2496/3450	4325+1350	25000	12500	4	0	0	4	
			ZZ3317N3567C1L	ZZ3317N3567C1L	WT615.94	9726	235	10150/2496/3450	1800+3500+1350	31000	15390	0	0	1	1	
			ZZ3317N3867D1L	ZZ3317N3867D1L	T12.38-40	11596	279	10610/2496/3450	1800+3800+1350	31000	15250	0	1	0	1	
			ZZ3317N4267P1L	ZZ3317N4267P1L	T12.38-40	11596	279	11165/2496/3635	1950+4225+1350	31000	15410	4	0	0	4	
			ZZ3317N4667C1C	ZZ3317N4667C1C	WT615.95	9726	250	11045/2496/3450	1800+4600+1350	31000	15500	0	10	1	11	
			ZZ3317N4667C1L1	ZZ3317N4667C1L1	T12.38-30	11596	279	11450/2496/3450	1800+4600+1350	31000	15200	0	1	0	1	
			ZZ3317N4867C1C	ZZ3317N4867C1C	T12.38-30	11596	279	11750/2496/3450	1800+4800+1350	31000	15500	0	2	0	2	
		载货汽车	ZZ1317M4667C1C	ZZ1317M4667C1C	WT615.93	9726	213	11990/2496/3115	1800+4575+1400	31000	14500	0	0	2	2	
包头北奔重型汽车有限公司	北奔	牵引车	ND42400L27J	—	WP12NG330E40	11596	243	6895/2500/3200	1700+2700	24000	7000	57	0	0	57	223
				—	WP12NG350E40	11596	257	6895/2500/3200	1700+2700	24000	7000	0	11	0	11	
			ND42500B38J	—	WP12NG350E40	11596	257	7485/2495/3180	3850+1350	25000	8805	0	21	0	21	
			ND42500B38J7	—	WP12NG380E40	11596	280	7640/2500/3530	3850+1450	25000	8800	3	1	0	4	
			ND42502B38J	—	WP10NG336E40	9726	247	7450/2500/3180	3850+1350	25000	8805	0	49	0	49	
			ND4250B38J	—	WP10NG300E30	9726	221	7535/2495/3180	3850+1450	25000	10800	0	6	0	6	
			ND4252B38J	—	WP12NG380E40	11596	280	7535/2495/3180	3850+1450	25000	9970	4	64	0	68	
		载货汽车	ND11602B41J	ND11602B41J	WP10NG300E40	9726	220	9090/2500/3260	4100+1350	16000	7905	5	0	0	5	
		自卸车	ND33101D50J	ND1315D50J	WP12NG380E40	11596	280	11480/2500/3484	1500+5050+1450	31000	15145	0	1	1	2	
成都大运汽车集团有限公司	大运	牵引汽车	CGC4253N4XB	—	WP10NG336E40	9726	247	7150/2500/3425	1700+3000	25000	8300	0	0	193	193	195

续表

企业名称	车辆品牌	车辆名称	车辆型号	底盘型号	发动机型号	排量（mL）	功率（kW）	长/宽/高（mm）	轴距（mm）	总质量（kg）	整备质量（kg）	1月	2月	3月	数量（辆）	合计（辆）
			CGC4253WN3X	—	WP12NG380E30	11596	280	7455/2490/3515	3800 + 1350	25000	9750	0	0	1	1	
			CGC4253WN4XC	—	WP12NG380E40	11596	280	7455/2490/3515	3800 + 1350	25000	9750	0	0	1	1	
东风汽车有限公司	东风	半挂牵引车	DFL4251A12	—	EQRN380-30	11120	280	7560/2500/3700	3900 + 1350	25000	8800	26	0	0	26	122
				—	YC6M340N-30	9839	250	7560/2500/3700	3900 + 1350	25000	8800	0	3	0	3	
			DFL4251A18	—	YC6MK375N-40	10338	276	7460/2500/3700	3900 + 1350	25000	9600	27	14	0	41	
			EQ4250GD3GN	—	WP12NG380E40	11596	280	7560/2500/3700	3900 + 1350	25000	8800	0	7	2	9	
		半挂牵引汽车	DFL4250A1	—	YC6M340N-30	9839	250	6950/2500/3700	1700 + 2700	25000	8620	2	5	0	7	
			DFL4251AX12A	—	EQRN385-40	11120	283	7460/2500/3700	3600 + 1350	25000	8805	19	0	0	19	
			DFL4251AX18	—	YC6MK375N-40	10338	276	7460/2500/3700	3900 + 1350	25000	8805	8	3	0	11	
		自卸汽车	EQ3310GD3GN	EQ3310GD3GNJ	YC6M290N-30	9839	214	10650/2500/3300	1950 + 3800 + 1350	31000	14805	2	0	1	3	
				EQ3310GD3GNJ	YC6M290N-30	9839	214	10400/2500/3300	1950 + 3800 + 1350	31000	14805	0	1	0	1	
			EQ3122GD3GN	EQ3122GD3GNJ	YC6J210N-30	6494	155	7600/2470/2850	4500	11500	6505	0	0	2	2	
中国重汽集团济宁商用车有限公司	豪瀚	牵引汽车	ZZ4255N27C6D1L	—	T10. 34-40	9726	250	6980/2496/3350	1800 + 2700	25000	7970	73	40	0	113	117
			ZZ4255N3846D1C	—	T10. 34-40	9726	250	7450/2496/3030	3825 + 1350	25000	9300	1	0	0	1	
		自卸汽车	ZZ3315N4066D2L	ZZ3315N4066D2L	T10. 34-40	9726	250	10710/2496/3490	1800 + 4000 + 1350	31000	15210	0	3	0	3	
奇瑞商用车（安徽）有限公司	集瑞联合	自卸汽车	SQR3251N6T4	SQR3251N6T4-E	YC6MK340N-40	10338	250	8557/2500/3560	3825 + 1350	25000	12050	49	0	0	49	75
			SQR3251N6T4-1	SQR3251N6T4-E1	YC6MK375N-40	10338	276	9555/2500/3560	4600 + 1350	25000	12490	0	0	2	2	
			SQR3311N6T6-1	SQR3311N6T6-E1	YC6MK375N-40	10338	276	11020/2500/3560	1950 + 4350 + 1350	31000	14945	0	1	2	3	
		牵引汽车	SQR4251N6ZT4	—	YC6MK375N-40	10338	276	7515/2500/3905	3825 + 1350	25000	8750	5	11	0	16	
			SQR4181N6Z-2	—	YC6MK340N-40	10338	250	6726/2500/3320	4200	18000	8500	0	5	0	5	
东风南充汽车有限公司	东风	载货汽车	EQ1040GN-40	EQ1040GNJ-40	NQ100N4	3759	79	5995/1980/2280	3300	3940	2250	6	0	0	6	64
			EQ1041TN-40	EQ1041TNJ-40	NQ100N4	3759	79	5995/1980/2280	3300	3940	2250	0	2	2	4	
			EQ1160GN1-30	EQ1160GNJ1-30	NQ190N	5638	144	9000/2480/3150	5200	15855	5670	4	3	2	9	
			EQ1160GN1-40	EQ1160GNJ1-40	NQ200N4	5638	147	9000/2500/3150	5200	15855	5670	0	4	0	4	
			EQ1252GN1-30	EQ1252GNJ1-30	NQ230N	6870	172	11900/2480/2920	1950 + 5350	24995	9810	1	0	0	1	
		仓栅式运输车	EQ5160GCCQN1-30	EQ1160GNJ1-30	NQ190N	5638	144	9000/2480/3450	5200	15995	5810	1	1	0	2	
			EQ5252GCCQN1-30	EQ1252GNJ1-30	NQ230N	6870	172	11900/2480/3450	1950 + 5350	24995	10010	0	4	0	4	

续表

企业名称	车辆品牌	车辆名称	车辆型号	底盘型号	发动机型号	排量(mL)	功率(kW)	长/宽/高(mm)	轴距(mm)	总质量(kg)	整备质量(kg)	1月	2月	3月	数量(辆)	合计(辆)
		教练车	EQ5120XLHFN-40	EQ1120FNJ-40	NQ100N4	3759	79	9000/2480/2700	5300	12010	6005	0	0	2	2	
		轻型厢式货车	EQ5041XXYN-40	EQ1041TNJ-40	NQ100N4	3759	79	5995/1980/2935	3300	4495	2805	0	0	1	1	
		厢式运输车	EQ5162GXXYN-30	EQ1162GNJ-30	NQ190N	5638	144	10000/2480/3450	5800	15900	7715	0	0	1	1	
		自卸汽车	EQ3310GN-50	EQ3310GNJ-50	NQ280HN5	8300	206	9340/2480/3450	1850+3100+1300	31000	14765	0	0	1	1	
	嘉龙	载货汽车	DNC1040GN-30	DNC1040GNJ-30	NQ115N	3759	85	5995/2030/2350	3300	3920	2235	0	0	1	1	
			DNC1070GN-30	DNC1070GNJ-30	NQ115N	3759	85	6760/2200/2920	3850	6925	3740	7	0	1	8	
		自卸汽车	DNC3120GN-30	DNC3120GNJ-30	NQ210N	6870	153	7600/2500/2950	4500	11965	6780	3	17	0	20	
安徽华菱汽车有限公司	华菱之星	牵引汽车	HN4250NGB32C2M4	—	WP12NG350E40	11596	257	7520/2495/3600	1850+3250	25000	8195	32	0	0	32	60
				—	SC9DT320Q4	8820	235	7520/2495/3100	1850+3250	25000	8195	0	1	0	1	
			HN4180NGB38C8M3	—	WP12NG330E30	11596	243	6170/2495/3100	3800	18000	6805	8	0	0	8	
				—	SC9DT320Q3	8820	235	6170/2495/3100	3800	18000	6805	0	5	0	5	
			HN4180NGB38C8M4	—	WP12NG330E40	11596	243	6170/2495/3600	38000	18000	7500	1	0	0	1	
			HN4250NGB38C9M3	—	WP12NG350E30	11596	257	7460/2495/3100	3900+1350	25000	8805	0	0	2	2	
			HN4250NGB38C9M4	—	WP12NG350E40	11596	257	7460/2495/3800	3900+1350	25000	8740	3	0	0	3	
		压缩天然气牵引汽车	HN4250PT32C9M3	—	SC9DT320Q3	8820	235	7460/2495/3100	3900+1350	25000	9405	0	1	1	2	
		自卸汽车	HN3310NGB38C3M4	HN3310NGB38C3M4J	WP10NG336E40	9726	247	10180/2495/3360	1850+3700+1350	31000	15495	6	0	0	6	
安徽江淮汽车股份有限公司	江淮	牵引汽车	HFC4241P1N5C29F	—	WP12NG350E40	11596	257	7275/2495/3660	1900+2900	24500	7800	35	0	0	35	53
				—	WP12NG350E40	11596	257	7275/2495/3560	1900+2900	24500	7800	0	9	0	9	
			HFC4241P1N6E38F	—	WP12NG350E40	11596	257	7415/2495/3760	3800+1350	24500	8300	5	0	0	5	
			HFC4181P1N4A38F	—	T10. 29-40	9726	213	6395/2495/3660	4200	17950	7200	0	4	0	4	
东风汽车公司	特商	自卸汽车	DFE3310VF4	DFE3310VFJ4	WP12NG350E40	11596	257	10400/2500/3350	1950+3800+1350	31000	14800	0	0	1	1	46
				DFE3310VFJ4	WP12NG350E40	11596	257	10600/2500/3350	1950+3800+1350	31000	14800	6	0	0	6	
			DFE3310VFN4	DFE3310VFJ4	WP12NG350E40	11596	257	9430/2500/3350	1950+3800+1350	31000	14800	1	0	0	1	
			DFE3250VF2	DFE3250VFJ2	YC6MK340N-40	10338	250	9080/2500/3400	4350+1350	24900	11900	1	0	1	2	
			DFE3310VF1	DFE3310VFJ	YC6M320N-30	9839	236	10400/2500/3500	1950+3800+1300	31000	14800	3	0	0	3	
		牵引汽车	DFE4160VF1	—	YC6G260N-40	7800	191	6400/2490/2900	3950	16400	6205	20	0	0	20	
			DFE4250VF4	—	WP12NG380E40	11596	280	7515/2490/3700	3850+1300	25000	8805	5	0	0	5	
			DFE4252VF	—	WP12NG350E40	11596	257	7180/2490/3700	1700+2950	25000	7800	0	1	0	1	

续表

企业名称	车辆品牌	车辆名称	车辆型号	底盘型号	发动机型号	排量（mL）	功率（kW）	长/宽/高（mm）	轴距（mm）	总质量（kg）	整备质量（kg）	1月	2月	3月	数量（辆）	合计（辆）
	东风	教练车	EQ5120XLHF4	EQ1120FFJ2	CA4GNE4	3700	85	9000/2480/2600	5200	12400	5000	1	0	2	3	
		厢式运输车	EQ5250XXYQN	EQ1250GQNJ	NQ230N4	6870	169	11990/2500/3950	1850 +5400	25000	9300	0	0	2	2	
	华神	半挂牵引汽车	DFD4251GN	—	WP12NG380E40	11596	280	7515/2500/3700	3850 +1350	25000	8805	0	0	2	2	
中国重汽集团济南商用车有限公司	斯达—斯太尔	牵引汽车	ZZ4183N4211D1L	—	T10. 34-40	9726	250	6755/2496/3720	4200	18000	6900	1	0	0	1	44
			ZZ4251N25C1D1L	—	T10. 34-40	9726	250	6650/2496/3070	1800 +2500	25000	7400	0	1	0	1	
			ZZ4253N25C1D1L	—	T10. 34-40	9726	250	6855/2496/3720	1800 +2500	25000	7400	0	1	0	1	
			ZZ4253N3841C1L	—	WT615. 95	9726	250	7425/2490/3720	3825 +1350	25000	8790	4	0	0	4	
			ZZ4253N3841D1L	—	T12. 38-40	11596	279	7425/2496/3720	3825 +1350	25000	8800	0	1	0	1	
			ZZ4253V3841C1CB	—	T12. 38-30	11596	279	7415/2496/3720	3825 +1350	25000	9210	1	0	1	2	
			ZZ4253V3841C1LB	—	T12. 42-30	11596	309	7400/2496/3720	3825 +1350	25000	8800	22	0	0	22	
		自卸汽车	ZZ3311N4661C1C	ZZ3311N4661C1C	WT615. 95	9726	250	11100/2490/3490	1800 +4600 +1350	31000	15460	0	0	1	1	
			ZZ3313V4661C1L	ZZ3313V4661C1L	T12. 42-30	11596	309	11475/2496/3500	1800 +4600 +1350	31000	15370	2	0	0	2	
			ZZ3253N4041D1L	ZZ3253N4041D1L	T10. 34-40	9726	250	8425/2496/3500	4000 +1350	25000	12130	0	1	0	1	
		载货汽车	ZZ1311N4661C1L	ZZ1311N4661C1L	WT615. 95	9726	250	11970/2490/3140	1800 +4600 +1350	31000	13170	2	0	0	2	
			ZZ1311N4661D1L	ZZ1311N4661D1L	T10. 34-40	9726	250	11995/2496/3700	1800 +4600 +1350	31000	13170	2	4	0	6	
华菱星马汽车（集团）股份有限公司	星马	平板运输车	AH5310TPB1LNG4	HN3310NGB38DLM4J	WP10NG336E40	9726	247	9810/2495/3100	1850 +4000 +1350	31000	12400	0	22	0	22	22
中国第一汽车集团公司	解放	平头液化天然气半挂牵引车	CA4250P66T1A2E22M4	—	CA6SN1-39E4N	12530	290	7510/2495/3980	3800 +1350	25000	8870	3	0	0	3	17
				—	CA6SN1-39E4N	12530	290	7510/2495/3560	3800 +1350	25000	8870	0	11	0	11	
		平头燃气载货汽车	CA1160P9K2L4A70E4	CA1160P9K2L4A70E	CA6SH-N1E4	5560	110	8990/2490/2840	5005	16000	6805	0	3	0	3	
郑州宇通客车股份有限公司	宇通	教练车	ZK5110XLHN	ZK6840CDN	YC4G180N-40	5200	132	9000/2450/3165	5300	11000	7800	2	7	1	10	10
东风实业（十堰）车辆有限公司	华神	仓栅式运输车	DFD5043CCYN	EQ1043TKNJ	CY4102-N4A	3856	88	5995/2150/3050	3300	4320	2395	0	0	2	2	5
		厢式运输车	DFD5043XXYN	EQ1043TKNJ	CY4102-N4A	3856	88	5995/2150/3050	3300	4320	2595	0	0	2	2	
		自卸汽车	DFD3312GN1	DFD1310GNJ	YC6MK310N-40	10338	228	10600/2500/3600	1950 +3800 +1350	31000	14765	0	1	0	1	

续表

企业名称	车辆品牌	车辆名称	车辆型号	底盘型号	发动机型号	排量（mL）	功率（kW）	长/宽/高（mm）	轴距（mm）	总质量（kg）	整备质量（kg）	1月	2月	3月	数量（辆）	合计（辆）
鄂尔多斯市东胜区中兴特种车辆制造有限责任公司	蒙凯	矿用自卸车	MK3600KZ	—	YC6MK375N-30	9839	276	8320/3280/3850	3625 + 1550	62735	—	5	0	0	5	5
江苏友谊汽车有限公司	友谊	小学生专用校车	ZGT6808NSX	HFC6770N YXF 三类	YC4D140N-40	4214	103	7990/2400/2910	4600	9000	6150	0	4	0	4	4
太原长安重型汽车有限公司	远威	自卸汽车	SXQ3252G4N-4	SXQ3252GJ4N-4	SC8DT230Q4	8270	170	8690/2498/3150	1950 + 3500	25000	11905	0	0	1	1	4
		半挂牵引车	SXQ4251M7N-4	—	WP12NG380E40	11596	280	7545/2498/3700	3800 + 1350	25000	10300	0	3	0	3	
安徽江淮安驰汽车有限公司	江淮	多用途货车	MC1021TK5R4	HFC6491NFA 三类	JM491Q-ME	2237	66	5450/1750/1710	3380	2425	1550	0	3	0	3	3
湖北三环专用汽车有限公司	十通	自卸汽车	STQ3310L16N5B4	STQ3310L16N5B4	YC6MK375N-40	10338	276	10310/2490/3320	1850 + 3800 + 1350	31000	14765	1	0	1	2	2
青岛中集环境保护设备有限公司	中集	压缩式垃圾车	ZJV5163ZYSHBE	EQ1168KFJ	YC6J210N-30	6454	155	8500/2480/3110	4500	15900	9650	0	0	2	2	2
上汽依维柯红岩商用车有限公司	红岩	半挂牵引汽车	CQ4256HTG384T	—	WP12NG380E50	11596	280	7360/2500/3797	3850 + 1350	25000	8800	0	2	0	2	2
芜湖中集瑞江汽车有限公司	瑞江	自卸汽车	WL3250SQ38	SQR3251N6T4-E	YC6MK340N-40	10338	250	8463/2500/3500	3825 + 1350	25000	12110	1	0	0	1	1
合计（辆）												1746	1414	1636	4796	4796

第六篇
关键零部件配套数量统计

一、2012年关键零部件配套数量统计

(一)动力电池、超级电容

1. 2012年纯电动汽车动力电池及超级电容配套数量(以企业名称拼音字母排序)

储能装置单体生产企业	电动汽车储能装置种类	储能装置单体型号	储能装置总成标称电压(V)	储能装置总成额定输出电流(A)	动力蓄电池总成标称容量(A·h)	储能装置总储电量(kW·h)	超级电容器最小模块标称静电容量(F)	超级电容器总成标称静电容量(F)	储能装置总成质量(kg)	车载能源管理系统生产企业	动力蓄电池箱是否具有快换装置	配套车型	配套车型产量
安耐信(北京)储能技术有限公司	锂离子电池	ANX-1280-1	N/A	N/A	N/A	N/A	N/A	N/A	N/A	N/A	N/A	纯电动城市客车	1
			384	250	250	96	N/A	N/A	1900	上海瑞华(集团)有限公司	N/A	纯电动客车	2
	磷酸铁锂	ANX-1280-1	538	269	500	269	N/A	N/A	3000	上海瑞华(集团)有限公司	N/A	电动城市客车	24
			600	300	500	300	N/A	N/A	3400	上海瑞华(集团)有限公司	是	纯电动城市客车	10
北京普莱德新能源电池科技有限公司	磷酸铁锂	29/135/220-60Ah	384	20	60	23	N/A	N/A	≥330	惠州市亿能电子有限公司	N/A	纯电动自卸式垃圾车	166
			384	20	60	23	N/A	N/A	300	惠州市亿能电子有限公司	N/A	纯电动桶装垃圾运输车	81
		29/135/220/72Ah	384	23	72	27.6	N/A	N/A	≥360	惠州市亿能电子有限公司	N/A	纯电动厢式运输车	39
			384	36	72	27.6	N/A	N/A	310	惠州市亿能电子有限公司	NA	纯电动多用途乘用车	100
		29/135/220-66Ah	339	72	66	22.39	N/A	N/A	306	惠州市亿能电子有限公司	N/A	纯电动厢式运输车	32
		PUIFP25/110/270	384	200	200	61	N/A	N/A	900	惠州市亿能电子有限公司	N/A	纯电动扫路车	10
北京普莱德新能源电池科技有限公司;北京普莱德新能源电池科技有限公司①	磷酸铁锂;磷酸铁锂	29/135/220-60Ah;29/135/220-66Ah	339;339	90;100	60;66	2035;2239	N/A	N/A	303;296	惠州市亿能电子有限公司	N/A	纯电动客车	18
北京普莱德新能源电池科技有限公司;北京普莱德新能源电池科技有限公司;哈尔滨光宇电源股份有限公司;北京普莱德新能源电池科技有限公司;宁德新能源科技有限公司	磷酸铁锂	29/135/220-66Ah;29/135/220/72Ah;FP31136225A;29/135/220/72Ah;29/135/220/72Ah	326;326;326;326;320	100;108;60;108;108	66;72;60;72;72	21.54;23.5;20;23.5;23.04	N/A	N/A	275;288;260;288;272	惠州市亿能电子有限公司;东莞新能德科技有限公司;惠州市亿能电子有限公司;东莞新能德科技有限公司;北京光宇新能科技有限公司;惠州市亿能电子有限公司;东莞新能德科技有限公司;惠州市亿能电子有限公司	N/A	纯电动轿车	742
比克国际(天津)有限公司	锂离子电池	36800MP-Fe	332	N/A	47.6	15.8	N/A	N/A	230	奇瑞汽车股份有限公司;埃泰克汽车电子(芜湖)有限公司	N/A	纯电动轿车	63
	磷酸铁锂蓄	2101AAQ	336	87	45	15.1	N/A	N/A	235	奇瑞汽车股份有限公司;埃泰克汽车电子(芜湖)有限公司	N/A	纯电动轿车	351

①该动力电池生产企业两个型号电池系统为同一款整车实现配套，每个型号具体配套整车数量不详，总量为18辆，下有类似表述均为此原因。

续表

储能装置单体生产企业	电动汽车储能装置种类	储能装置单体型号	储能装置总成标称电压（V）	储能装置总成额定输出电流（A）	动力蓄电池总成标称容量（A·h）	储能装置总储电量（kW·h）	超级电容器最小模块标称静电容量（F）	超级电容器总成标称静电容量（F）	储能装置总成质量（kg）	车载能源管理系统生产企业	动力蓄电池箱是否具有快换装置	配套车型	配套车型产量
超威电源有限公司	铅酸蓄电池	12V100Ah	144	33	100	11. 5	N/A	N/A	360	软件开发企业：福瑞德科技有限公司；硬件生产企业：江西江铃汽车集团改装车有限公司	N/A	纯电动车厢可卸式垃圾车	22
		6-EVF-120	72	105	120	10	N/A	N/A	252	无	N/A	纯电动轿车	2
	铅酸动力蓄电池	4DM135 8V135Ah	72	45	135	9. 72	N/A	N/A	345	N/A	N/A	纯电动售货车	10
			72	45	135	9. 72	N/A	N/A	345	N/A	N/A	纯电动仓栅式运输车	1
		6DM100（12V100Ah）	144	45	100	14.4	N/A	N/A	460	N/A	N/A	纯电动厢式运输车	11
			144	45	100	14. 4	N/A	N/A	460	N/A	N/A	纯电动厢式运输车	16
超威电源有限公司；浙江天能电池有限公司；天能电池集团有限公司	铅酸	3DM180（超威）；6-DM-150AH（天能）；2101AAE（天能）	60（3DM180；6-DM-150AH）；72（2101AAE）	120（6-DM-150AH；3DM180）；83（2101AAE）	150（6-DM-150AH；2101AAE）；180（3DM180）	9（6-DM-150AH）；10.8（3DM180；2101AAE）	N/A	N/A	280（6-DM-150AH）；350（3DM180）；312（20101AAE）	N/A	是	纯电动轿车	3108
东莞新能源科技有限公司	磷酸铁锂	29/135/220-60Ah	345.6	150	300	103	N/A	N/A	1500	东莞新能源科技有限公司	N/A	纯电动城市客车	10
			336	67	180	67	NA	N/A	601. 65	N/A	N/A	纯电动客车	2
	汽车用磷酸铁锂锂离子方形蓄电池	25/135/180-45Ah	326.4	45	90	29	N/A	N/A	380	惠州亿能电子有限公司	N/A	纯电动轿车	103
广东五洲龙电源科技有限公司	磷酸铁锂	HEV100Ah	537.6	500	500	268.8	N/A	N/A	4200±200	广东五洲龙电源科技有限公司	N/A	纯电动城市客车	360
			333	700	700	233	N/A	N/A	3500±200	广东五洲龙电源科技有限公司	N/A	纯电动城市客车	10
合肥国轩高科动力能源有限公司	汽车用磷酸铁锂锂离子方形蓄电池	1865140	332.8	20.8	62.5	20.8	N/A	N/A	270	合肥国轩高科动力能源有限公司	N/A	纯电动多用途乘用车	200
	磷酸铁锂蓄电池	1865140	538	225	450	232.416	N/A	N/A	2500	惠州市亿能电子有限公司	N/A	纯电动双层城市客车	1
			345（快换）/384（非快换）	120（快换）/150（非快换）	200（快换）/250（非快换）	69.2（快换）/96（非快换）	N/A	N/A	1300（快换）/1250（非快换）	合肥国轩高科动力能源有限责任公司	N/A	纯电动扫路车	40
合肥国轩高科动力能源有限公司；华霆（合肥）动力技术有限公司；合肥国轩高科动力能源有限公司	磷酸铁锂动力电池	国轩：1865140；华霆：18650；国轩：1865140	国轩：320；华霆：345；国轩：320；304	100	国轩：50；华霆：44.8；国轩：62.5	国轩：16；华霆：15.5；国轩：20；19	N/A	N/A	国轩：220；华霆：227；国轩：223	惠州市亿能电子有限公司	N/A	纯电动轿车	2489

续表

储能装置单体生产企业	电动汽车储能装置种类	储能装置单体型号	储能装置总成标称电压（V）	储能装置总成额定输出电流（A）	动力蓄电池总成标称容量（A·h）	储能装置总储电量（kW·h）	超级电容器最小模块标称静电容量（F）	超级电容器总成标称静电容量（F）	储能装置总成质量（kg）	车载能源管理系统生产企业	动力蓄电池箱是否具有快换装置	配套车型	配套车型产量
合肥国轩高科动力能源有限公司；深圳市沃特玛电池有限公司	磷酸铁锂电池；磷酸铁锂电池	1865140；3.2V 10Ah	531	300	400	212. 4	N/A	N/A	2420；2330	惠州市亿能电子有限公司	N/A	纯电动城市客车	130
			538	300	450	242	N/A	N/A	2800；2300	惠州市亿能电子有限公司	N/A	纯电动城市客车	7
			544	300	500	272	N/A	N/A	3400	惠州市亿能电子有限公司	N/A	纯电动客车	1
河南环宇电池股份有限公司	磷酸铁锂蓄电池	HYLFP001S-200Ah	576	400	400	230. 4	N/A	N/A	2968	哈尔滨冠拓电源设备有限公司	N/A	纯电动双层城市客车	5
河南环宇赛尔新能源科技有限公司	磷酸铁锂蓄电池	HYLFP46182295/100Ah	336	100	100	34	N/A	N/A	425	哈尔滨冠拓电源设备有限公司	N/A	纯电动乘用车	2
河南新太行电源有限公司	磷酸铁锂动力电池	IFR26650	563	400	400	225	N/A	N/A	2340	惠州市亿能电子有限公司	N/A	纯电动城市客车	1
			563	235	300	168. 9	N/A	N/A	2000	惠州市亿能电子有限公司	N/A	纯电动城市客车	1
湖北京远新能源科技有限公司	磷酸铁锂蓄电池	JY-LiFe-3.2V60AHAI	339	20	60	20. 35	N/A	N/A	217	N/A	N/A	纯电动自装卸式垃圾车	40
惠州比亚迪电池有限公司	磷酸铁钴锂蓄电池	FADM07315	540	200	600	324	N/A	N/A	3200	深圳市比亚迪汽车有限公司	N/A	纯电动城市客车	201
			540	280	600	324	N/A	N/A	3200	深圳市比亚迪汽车有限公司；深圳市比亚迪汽车有限公司	N/A	纯电动城市客车	50
			316. 8	307	200	63. 4	N/A	N/A	750	深圳市比亚迪汽车有限公司；深圳市比亚迪汽车有限公司	N/A	纯电动轿车	1040
江苏双登集团有限公司；上海恒动汽车电池有限公司	磷酸铁锂动力蓄电池	YZ-14180270；IFP32/101/192	153. 6	70	120	18. 4	N/A	N/A	260；280	江苏双登集团有限公司；上海恒动汽车电池有限公司	N/A	纯电动车厢可卸式垃圾车	5
江苏伊思达电池有限公司	锰酸锂电池	26650	292. 6	150	70	20. 5	N/A	N/A	180	宁波拜特测控技术有限公司	N/A	纯电动轿车	2
江苏中大动力电池有限公司	磷酸铁锂蓄电池	ZWLPF160	384	216	640	276. 48	N/A	N/A	2200	盐城中威客车有限公司	N/A	纯电动客车	1
力神迈尔斯动力电池系统有限公司	磷酸铁锂动力电池	LP2770120AC	538	132	264	142	N/A	N/A	1570	北京八恺电气科技有限公司	N/A	纯电动城市客车	10
			538	200	264	142	N/A	N/A	1720	天津力神电池股份有限公司	N/A	纯电动城市客车	10
			336	198	66	22. 2	N/A	N/A	300	天津清源电动车辆有限责任公司	N/A	纯电动轿车	2
美国 A123 电池系统有限公司	磷酸铁锂	APP72161227	360	110	60	21. 4	N/A	N/A	265	GM；延锋伟世通汽车电子有限公司	N/A	纯电动轿车	20
			300	120	60	18	N/A	N/A	235	美国 A123 电池系统有限公司；美国 A123 电池系统有限公司	N/A	纯电动轿车	250
南京中大青山电动汽车有限公司	磷酸铁钒锂动力电池	ZDLFP13078238160	563. 2	400	320	180	N/A	N/A	1784	惠州市亿能电子有限公司	N/A	纯电动城市客车	59

续表

储能装置单体生产企业	电动汽车储能装置种类	储能装置单体型号	储能装置总成标称电压（V）	储能装置总成额定输出电流（A）	动力蓄电池总成标称容量（A·h）	储能装置总储电量（kW·h）	超级电容器最小模块标称静电容量（F）	超级电容器总成标称静电容量（F）	储能装置总成质量（kg）	车载能源管理系统生产企业	动力蓄电池箱是否具有快换装置	配套车型	配套车型产量
山东久力电子科技有限公司	动力蓄电池模组	JL-3.2V-190Ah	76.8	150	190	14.592	N/A	N/A	155	山东久力电子科技有限公司	N/A	纯电动厢式运输车	3
山东润峰集团新能源科技有限公司	磷酸铁锂蓄电池	RF20-09150225	320	80	80	25.6	N/A	N/A	240（不含框）	惠州市亿能电子有限公司	N/A	纯电动轻型客车	1
上海恒动汽车电池有限公司	磷酸铁锂电池	ZTF40E	538V	273	280	150.5	N/A	N/A	1920	中通客车控股股份有限公司	N/A	纯电动城市客车	1
深圳比克电池有限公司	三元锂离子电池	H18650CB	346	100	106	36	N/A	N/A	270	北京亿马先锋汽车科技有限公司	NA	纯电动多用途乘用车	100
四川宝生新能源电池有限公司	金属氢化物镍蓄电池	QNF90	576	300	270	155.5	N/A	N/A	3920	惠州市亿能电子有限公司	N/A	纯电动城市客车	2
苏州冠硕新能源有限公司	磷酸铁锂	GCE7490175A-75Ah	320（100节）；278（87节）	94	75	24；20	N/A	N/A	290	惠州市亿能电子有限公司；上海中科深江电动车辆有限公司	N/A	纯电动轿车	9
天津蓝天电池股份有限公司	铅酸密封电池	6DMJ150	72	104	150	10.8	N/A	N/A	330	N/A	N/A	纯电动车厢可卸式垃圾车	15
天津蓝天电池股份有限公司	铅酸密封电池	6DMJ150	72	104	150	10.8	N/A	N/A	330	N/A	N/A	纯电动垃圾车	1
天津力神电池股份有限公司	磷酸铁锂	LP2770120AC	538	264	264	141.9	N/A	N/A	1720	北京八恺电气科技有限公司；万向电动汽车有限公司	N/A	纯电动城市客车	10
天津力神电池股份有限公司	磷酸铁锂	LP2770120AC	538	300	300	161.4	N/A	N/A	2000	惠州市亿能电子有限公司	N/A	纯电动城市客车	10
天津力神电池股份有限公司	磷酸铁锂	LP2770106AB	N/A	N/A	N/A	N/A	N/A	N/A	N/A	N/A	N/A	纯电动服务车	1
天津力神电池股份有限公司	磷酸铁锂	LP2770106AB	77	97	136.5	10.5	N/A	N/A	120	天津清源电动车辆有限责任公司	N/A	纯电动邮政车	1
天空能源（洛阳）有限公司	磷酸铁锂	SE180AHA	320	94	180	57.6	N/A	N/A	620	N/A	N/A	纯电动轿车	27
天空能源（洛阳）有限公司	磷酸铁锂	SE180AHA	360	54	180×2	129.6	N/A	N/A	1634	上海中科深江电动车辆有限公司	N/A	纯电动清洗车	4
天空能源（洛阳）有限公司	磷酸铁锂	SE180AHA；GBS-LFMP200Ah	320；320	540；600	540；600	172.8；192	N/A	N/A	1864；1686	EV03	N/A	纯电动城市客车	17
天空能源（洛阳）有限公司；河南环宇赛尔新能源科技有限公司	磷酸铁锂蓄电池	SE180AHA；HY LFP001S-200Ah	576	400	360；400	207.4；230.4	N/A	N/A	2680；2988	哈尔滨冠拓电源设备有限公司	N/A	纯电动城市客车	116
天空能源（洛阳）有限公司；苏州冠硕新能源有限公司	磷酸铁锂	SE100AHA；GCE-74120175A-100Ah	307	65	100	30	N/A	N/A	300；270	上海中科深江电动车辆有限公司	N/A	纯电动轿车	2

续表

储能装置单体生产企业	电动汽车储能装置种类	储能装置单体型号	储能装置总成标称电压（V）	储能装置总成额定输出电流（A）	动力蓄电池总成标称容量（A·h）	储能装置总储电量（kW·h）	超级电容器最小模块标称静电容量（F）	超级电容器总成标称静电容量（F）	储能装置总成质量（kg）	车载能源管理系统生产企业	动力蓄电池箱是否具有快换装置	配套车型	配套车型产量
天能电池集团有限公司	铅酸免维护电池	3-EVF-200	72	72	1200	17.28	N/A	N/A	420	N/A	N/A	纯电动自卸车	30
			72	72	1200	17.28	N/A	N/A	420	N/A	N/A	纯电动厢式货车	30
	阀控密封式铅酸蓄电池	6-EVF-65P	72	104	130	9.36	N/A	N/A	264	N/A	N/A	纯电动厢式运输车	475
万向电动汽车有限公司	聚合物锂离子动力电池	8L12-100MA	316.8	100	120	33.6	N/A	N/A	200	万向电动汽车有限公司	N/A	纯电动工程车	8
	聚合物锂离子蓄电池	WX12I3215	307	90	180	55	N/A	N/A	684	万向电动汽车有限公司	N/A	纯电动商务车	2
	锂电池	L100-60-0001	N/A	N/A	N/A	N/A	N/A	N/A	N/A	万向电动汽车有限公司	N/A	电动轻型客车	61
	锂离子动力电池	WX12I3222	537.6	88	264	142	N/A	N/A	2000	万向电动汽车有限公司	N/A	纯电动城市客车	320
	磷酸铁锂动力蓄电池	CE12	320	25	75	24	N/A	N/A	300	万向电动汽车有限公司	N/A	纯电动轿车	246
	磷酸铁锂蓄电池	WX12I3250	409	200	200	81.9	N/A	N/A	1100	万向电动汽车有限公司	N/A	纯电动城市客车	30
			538	300	300	161	N/A	N/A	1662	哈尔滨冠拓电源设备有限公司；北京八恺电气科技有限公司	N/A	纯电动城市客车	10
万向电动汽车有限公司；山东润峰集团新能源科技有限公司	磷酸铁锂	WX12I3222；RFE-F24	307.2	66；72	66；72	20.3；22.1	N/A	N/A	167（不含框）；181.4（不含框）	万向电动汽车有限公司；杭州大有科技发展有限公司；杭州杰能动力有限公司；杭州大有科技发展有限公司	N/A	纯电动轿车	316
万向电动汽车有限公司；协鑫动力新材料（盐城）有限公司	锂离子动力电池；锂离子动力电池	WX12I3260；3.8V 56Ah	537.6；535.8	100；100	300；336	161/180	N/A	N/A	2000；2000	万向电动汽车有限公司；协鑫动力新材料（盐城）有限公司	N/A	纯电动城市客车	40
万向电动汽车有限公司；中航锂电（洛阳）有限公司	磷酸铁锂动力电池	IFP152/40/256；CA66FI	73.6；80	102；94	300；264	22.08；21.12	N/A	N/A	256；262	万向电动汽车有限公司；杭州大有科技发展有限公司	N/A	纯电动厢式运输车	328
微宏动力（湖州）有限公司	磷酸铁锂蓄电池	26650E	564	200	336	189.5	N/A	N/A	2720	微宏动力（湖州）有限公司	否	纯电动城市客车	26
浙江天能电池有限公司	密封阀控式铅酸蓄电池	6-EVF-100	144	70	100	14.4	N/A	N/A	432	N/A	N/A	纯电动厢式运输车	1

续表

储能装置单体生产企业	电动汽车储能装置种类	储能装置单体型号	储能装置总成标称电压（V）	储能装置总成额定输出电流（A）	动力蓄电池总成标称容量（A·h）	储能装置总储电量（kW·h）	超级电容器最小模块标称静电容量（F）	超级电容器总成标称静电容量（F）	储能装置总成质量（kg）	车载能源管理系统生产企业	动力蓄电池箱是否具有快换装置	配套车型	配套车型产量
协鑫动力新材料（盐城）有限公司	锰酸锂蓄电池	MIR26650	536	180	336	180	N/A	N/A	2150	协鑫动力新材料（盐城）有限公司	允许	纯电动城市客车	10
中航锂电（洛阳）有限公司	锂离子动力蓄电池	SE180AHA	384	100	180	69.12	N/A	N/A	992	湖南南车时代电动汽车股份有限公司；湖南南车时代电动汽车股份有限公司	N/A	纯电动城市客车	34
		SE100AHA	410	100	100	41	N/A	N/A	710	湖南南车时代电动汽车股份有限公司；湖南南车时代电动汽车股份有限公司	N/A	纯电动城市客车	15
	磷酸铁锂	SE180AHA	384	360	360	142	N/A	N/A	1600	惠州市亿能电子有限公司	N/A	纯电动洒水车	65
			576	240	360	207	N/A	N/A	1800	惠州亿能电子有限公司	N/A	纯电动城市客车	1
			384	180	180	55	N/A	N/A	1120	惠州市亿能电子有限公司	N/A	纯电动洒水车	8
			550.4	400	360	198.1	N/A	N/A	1926.4	惠州市亿能电子有限公司	N/A	纯电动城市客车	10
			384	360	360	138.24	N/A	N/A	2020	惠州亿能电子有限公司；湖南南车时代电动汽车股份有限公司	N/A	纯电动城市客车	2
			384	108	360	138.24	N/A	N/A	2100	惠州市亿能电子有限公司	N/A	纯电动城市客车	1
		SE100AHA	358.4	100	100	35.8	N/A	N/A	400	惠州市亿能电子有限公司	N/A	纯电动工程车	12
		CA180FI	115.2	85	180	20.7	N/A	N/A	240	南昌福瑞德科技有限公司；南昌福瑞德科技有限公司	N/A	纯电动厢式运输车	1
中航锂电（洛阳）有限公司；东莞新能源科技有限公司；中航锂电（洛阳）有限公司	磷酸铁锂	CA60FI；29/135/220-66AH；CA66FI	307.2	60；66	60；66	18.4；20.3；20.3	N/A	N/A	184（不含框）；182.4（不含框）；192（不含框）	惠州市亿能电子有限公司；杭州大有科技发展有限公司；北京普莱德新能源电池科技有限公司；杭州大有科技发展有限公司；惠州市亿能电子有限公司；杭州大有科技发展有限公司	N/A	纯电动轿车	41
中航锂电（洛阳）有限公司；湖北京远新能源科技有限公司；深圳市沃特玛电池有限公司	磷酸铁锂蓄电池	CA60FI；JY-LiFe-3.2V60AHAI；3.2V60AH	339；339；339	20；20；20	60；60；60	20.35；20.35；20.35	N/A	N/A	212；218；213	N/A	N/A	纯电动自装卸式垃圾车	30

续表

储能装置单体生产企业	电动汽车储能装置种类	储能装置单体型号	储能装置总成标称电压（V）	储能装置总成额定输出电流（A）	动力蓄电池总成标称容量（A·h）	储能装置总储电量（kW·h）	超级电容器最小模块标称静电容量（F）	超级电容器总成标称静电容量（F）	储能装置总成质量（kg）	车载能源管理系统生产企业	动力蓄电池箱是否具有快换装置	配套车型	配套车型产量
中航锂电（洛阳）有限公司；中聚（天津）新能源投资有限公司	磷酸铁锂动力电池	CA66FI；SP－LFP66AHA	80	125	264	21.12	N/A	N/A	328	杭州大有科技发展有限公司	N/A	纯电动多用途乘用车	402
中聚（天津）新能源投资有限公司	磷酸铁锂蓄电池	SP-LFP200AHA	576	240	360	207.36	N/A	N/A	1800	惠州亿能电子有限公司	N/A	纯电动城市客车	1
中山市恩留宁电源有限公司	阀控密封式铅酸电池	6-DM-250	72	83	250	18	N/A	N/A	504	无	N/A	纯电动载货车	19
		6-DM-250	72	83	250	18	N/A	N/A	504	无	N/A	纯电动载货车	37
中信国安盟固利动力科技有限公司	锂电池	SPIM23300260	395	120	360	142	N/A	N/A	1850	广东惠州市亿能电子有限公司	N/A	纯电动城市客车	10
	锰酸锂	SPIM23300260	395	400	360	143	N/A	N/A	1744	惠州市亿能电子有限公司	N/A	纯电动洒水车	25
			384	60	100	69	N/A	N/A	1100	惠州市亿能电子有限公司	N/A	纯电动扫路车	47
			384	60	180	70	N/A	N/A	1020	惠州市亿能电子有限公司	N/A	纯电动吸尘车	37
			365	30	100	36.5	N/A	N/A	470	湖南南车时代电动汽车股份有限公司	N/A	纯电动工程车	5
		SPIM14245190	385	70	70	27	N/A	N/A	430	惠州市亿能电子有限公司	N/A	纯电动桶装垃圾运输车	213
			532.8	245	245	130.5	N/A	N/A	1680	惠州市亿能电子有限公司	N/A	纯电动城市客车	50
珠海银通新能源有限公司	磷酸铁锂蓄电池	22Ah 软包电池	346	410	410	141.86	N/A	N/A	1760	珠海银通新动力科技有限公司	N/A	纯电动城市客车	14
安耐信（北京）储能技术有限公司；上海三玖电气设备有限公司	磷酸铁锂蓄电池；超级电容	DLP85300320-250Ah；UCEY-2.7V3000F	544	300	500	271.3h（锂电池总成）；0.7F（超级电容总成）	165	12.7	3910；124	上海瑞华（集团）有限公司	N/A	纯电动城市客车	2
		DLP85300320-250Ah；UCKEY-2.7V3000F	544	300	500	272	165	12.7	3450	上海瑞华（集团）有限公司	N/A	纯电动城市客车	22
		DLP85300320-250Ah；UCEY-2.7V3000F	544	150	500	272	165	12.7	1955	上海瑞华（集团）有限公司	N/A	纯电动城市客车	41
	磷酸铁锂蓄电池；无机电解质碳电极对称型超级电容	DLP85260395-300Ah；UCEY-2.7V/3000F	550	300	600	326	165	12.7	4500	上海瑞华（集团）有限公司	N/A	纯电动城市客车	208

续表

储能装置单体生产企业	电动汽车储能装置种类	储能装置单体型号	储能装置总成标称电压（V）	储能装置总成额定输出电流（A）	动力蓄电池总成标称容量（A·h）	储能装置总储电量（kW·h）	超级电容器最小模块标称静电容量（F）	超级电容器总成标称静电容量（F）	储能装置总成质量（kg）	车载能源管理系统生产企业	动力蓄电池箱是否具有快换装置	配套车型	配套车型产量
哈尔滨巨容新能源有限公司	超级电容器	VCT1E5D	670~420	200	100	10	20000	285	2450	哈尔滨巨容新能源有限公司	N/A	纯电动城市客车	2
合肥国轩高科动力能源有限公司；美国麦克斯威（Maxwell）科技公司	磷酸铁锂电池；超级电容	1865140；2.7V/3000F；48V/165F	600	300	500	300	3000	11.8	3500	上海瑞华（集团）有限公司	N/A	纯电动城市客车	2
上海奥威科技开发有限公司	无机电解质碳电极对称开型超级电容器	UCE15V80000A	600	300	不适用	6	6500	200	1450	上海奥威科技发展有限公司	不适用	纯电动城市客车	1

2. 2012年混合动力汽车动力电池及超级电容配套数量（以企业名称拼音字母排序）

储能装置单体生产企业	电动汽车储能装置种类	储能装置单体型号	超级电容器最小模块标称静电容量（F）	超级电容器总成标称静电容量（F）	储能装置总成标称电压（V）	储能装置总成额定输出电流（A）	动力蓄电池总成标称容量（A·h）	储能装置总储电量（kW·h）	储能装置总成质量（kg）	车载能源管理系统生产企业	动力蓄电池箱是否具有快换装置	配套车型	车型产量（辆）
Hitachi Vehicle Energy., Ltd.	锰酸锂电池	CPC0044	N/A	N/A	115	40	4.4	0.5	13.3	Hitachi Vehicle Energy, Ltd.	否	混合动力轿车	300
PRIMEARTH EV ENERGY CO., LTD.	金属氢化物镍蓄电池	G9281-47050	N/A	N/A	244.8	N/A	6.5	1.59	49	TOYOTA MOTOR CORPRATION；DENSO CORPRATION	否	混合动力轿车	2239
	镍氢电池	G9280-33050	N/A	N/A	244.8	2.2	6.5	1.6	58	软件：TOYOTA MOTOR CORPRATION/硬件：DENSO CORPRATION	否	混合动力轿车	15
比亚迪股份有限公司	磷酸铁锂蓄电池	FADM07305	N/A	N/A	330	N/A	57Ah	17	280	深圳市比亚迪汽车有限公司	允许	混合动力轿车	262
常州高博能源材料有限公司	磷酸铁锂蓄电池	AHR32113Ultra-B	N/A	N/A	115	75	4	0.5	16	Delphi Automotive Systems Singapore Pte Ltd；Delphi Automotive Systems Singapore Pte Ltd	否	混合动力轿车	716
东莞新能源电子科技有限公司	磷酸铁锂	GX-APC-186501-0100	N/A	N/A	358.4	100	100	35.4	680	深圳长河动力科技有限公司	否	混合动力城市客车	1
风帆股份有限公司	免维护铅酸蓄电池	6-DW-75	N/A	N/A	12	400	75	0.9	20	东风电动车辆股份有限公司	否	混合动力轿车	373
哈尔滨光宇电源股份有限公司	磷酸铁锂电池	FP3291146A-20Ah	N/A	N/A	358	200	40	14.336	220	哈尔滨光宇电源股份有限公司	否	混合动力城市客车	1
		FP3291146A	N/A	N/A	345.6	150	40	13.8	330	哈尔滨光宇电源股份有限公司	不可外接充电	混合动力城市客车	1238

续表

储能装置单体生产企业	电动汽车储能装置种类	储能装置单体型号	超级电容器最小模块标称静电容量（F）	超级电容器总成标称静电容量（F）	储能装置总成标称电压（V）	储能装置总成额定输出电流（A）	动力蓄电池总成标称容量（A·h）	储能装置总储电量（kW·h）	储能装置总成质量（kg）	车载能源管理系统生产企业	动力蓄电池箱是否具有快换装置	配套车型	车型产量（辆）
哈尔滨光宇电源股份有限公司；广东五洲龙电源科技有限公司	磷酸铁锂	FP56137260A；HEV100Ah	N/A	N/A	336；336	100；100	100；100	33.6；33.6	660；640	哈尔滨光宇电源股份有限公司；广东五洲龙电源科技有限公司	是	混合动力城市客车	22
合肥国轩高科动力能源有限公司	磷酸铁锂蓄电池	1865140	N/A	N/A	576	100	162.5	93.6	1100	合肥国轩高科动力能源有限公司	允许外接充电	混合动力城市客车	1
			N/A	N/A	576	100	100	57.6	720	合肥国轩高科动力能源有限公司	允许外接充电	混合动力客车	2
江苏春兰清洁能源研究院有限公司	镍氢电池	DY336-40	N/A	N/A	336	40	40	435	13. 44	江苏春兰清洁能源研究院有限公司	否	混合动力城市客车	81
	金属氢化物镍蓄电池	QNFG40f	N/A	N/A	324	40	40	12. 96	380	江苏春兰清洁能源研究院有限公司	是	混合动力电动城市客车	2
			N/A	N/A	324	40	40	12. 96	435	江苏春兰清洁能源研究院有限公司	否	混合动力城市客车	1
力神迈尔斯动力电池系统有限公司	磷酸铁锂电池	LP2770120AC	N/A	N/A	346	80	99	35.9	750	捷源绿能科技（上海）有限公司	否	混合动力城市客车	1
日本 Panasonic EV Energy 株式会社	金属氢化物镍蓄电池	G9281-47050	N/A	N/A	201.6	83.5	6.5	1.31	41	日本丰田汽车公司；DENSO 株式会社	否	混合动力轿车	2451
上海江森自控国际蓄电池有限公司	阀控密封铅酸蓄电池	D34	N/A	N/A	12	750	55	0.66	19.5	博世汽车部件（苏州）有限公司	否	混合动力轿车	666
	铅酸蓄电池	AGM 60Ah-H5	2.2	N/A	12	N/A	60	0.72	17.9	N/A	否	混合动力轿车	1337
深圳市长河动力技术有限公司	磷酸铁锂蓄电池	PL20185270	N/A	N/A	345.6	120	60	20.74	272	深圳科列技术有限公司	是	混合动力城市客车	20
苏州新中能源科技有限公司	锂离子电池	DPMP16N	N/A	N/A	346	N/A	16	N/A	48.96	金龙联合汽车工业（苏州）有限公司	否	混合动力城市客车	13
	高功率锂离子电池	DPMP16N	N/A	N/A	345.6	160	16	5.53	150	苏州杰拓腾动力科技有限公司	无	混合动力城市客车	37
泰州春兰研究院	金属氢化物镍蓄电池	QNFG60	不适用	N/A	320	60	60	19.2	600	北京长征天民高科技有限公司	否	混合动力城市客车	1
天津力神电池股份有限公司	磷酸铁锂动力电池	LP2770112	N/A	N/A	345.6V	270A	100	34.5	700	天津力神电池股份有限公司	否	混合动力城市客车	1
			N/A	N/A	288	70	6.5	1.8	80	N/A	否	混合动力轿车	206
万向电动汽车有限公司	60Ah 用聚合物锂离子动力电池	IFP152/40/256	N/A	N/A	576	20	60	34.56	500	万向电动汽车有限公司	否	混合动力城市客车	12

续表

储能装置单体生产企业	电动汽车储能装置种类	储能装置单体型号	超级电容器最小模块标称静电容量（F）	超级电容器总成标称静电容量（F）	储能装置总成标称电压（V）	储能装置总成额定输出电流（A）	动力蓄电池总成标称容量（A·h）	储能装置总储电量（kW·h）	储能装置总成质量（kg）	车载能源管理系统生产企业	动力蓄电池箱是否具有快换装置	配套车型	车型产量（辆）
微宏动力（湖州）有限公司	钛酸锂电池	MPS02110T	N/A	N/A	365	280	110	40.15	850	微宏动力系统（湖州）有限公司	是	混合动力城市客车	457
咸阳威力克能源有限公司	磷酸铁锂锂离子电池	VLP28/82/118	N/A	N/A	358	N/A	40	14.32	250	上海海能汽车电子有限公司	不外接充电	混合动力城市客车	10
中信国安盟固利动力科技有限公司	锂离子动力电池	SPIM08HP	N/A	N/A	352	80	16	5.5	200	中信国安盟固利动力科技有限公司	否	混合动力城市客车	180
			N/A	N/A	360；346	80	16	5.76；5.53	200；235	惠州亿能电子有限公司	否	混合动力城市客车	5
	锰基锂离子动力电池	SPIM08HP	N/A	N/A	360；346	80	16	5.76；5.53	200；235	惠州亿能电子有限公司	否	混合动力城市客车	52
			N/A	N/A	346	80	16	5.5	200	惠州市亿能电子有限公司	否	混合动力城市客车	240
	锰酸锂蓄电池	SPIM16HP	N/A	N/A	346	80	16	5.54	235	中信国安盟固利动力科技有限公司	否	混合动力城市客车	2
		SPIM24HP	N/A	N/A	648	120	24	15.5	514	惠州亿能电子有限公司	允许	混合动力城市客车	1
		ZTM16H	N/A	N/A	346	80	16	5.52	200	中通客车控股股份有限公司	不允许	混合动力城市客车	70
	锰酸锂蓄电池；锰酸锂蓄电池	SPIM16HP；ZTM16H	N/A	N/A	346	80	16	5.52	200	中信国安盟固利动力科技有限公司	否	混合动力城市客车	106
重庆长安新能源汽车有限公司	金属氢化物镍蓄电池	ND06ACHN	N/A	N/A	144	90	6	0.884	35	重庆长安新能源汽车有限公司	不允许	混合动力轿车	74
合肥国轩高科动力能源有限公司；美国麦克斯威（Maxwell）科技公司	磷酸铁锂电池；超级电容	1865140；BCAP3000 K2	165	41.25	249.6；384	50	50	12.5；0.742	2200；216	合肥国轩高科动力能源有限公司；福建福工混合动力技术开发有限公司	N/A	混合动力城市客车	65
美国麦克斯威（Maxwell）科技公司	超级电容	BCAP3000	165	41.6（单体3000F/144＊2）	388.8（单体电压2.7V＊144串联）	50	N/A	0.69	158.4	N/A	否	混合动力电动城市客车	20
			165	41.25	388.8	NA	NA	NA	158.4	苏州海格新能源汽车电控系统科技有限公司	不能外接充电	混合动力城市客车	14
			165	16.5	480	70	N/A	0.5	142	N/A	否	混合动力城市客车	63
			165	N/A	486	200	N/A	0.53	160	CPEV	否	混合动力城市客车	22
			165	16.5	288	200	N/A	0.53	160	CPEV	否	混合动力城市客车	221
			165	16.5	672	200	N/A	0.53	340	湖南南车时代电动汽车股份有限公司	否	混合动力城市客车	156

续表

储能装置单体生产企业	电动汽车储能装置种类	储能装置单体型号	超级电容器最小模块标称静电容量（F）	超级电容器总成标称静电容量（F）	储能装置总成标称电压（V）	储能装置总成额定输出电流（A）	动力蓄电池总成标称容量（A·h）	储能装置总储电量（kW·h）	储能装置总成质量（kg）	车载能源管理系统生产企业	动力蓄电池箱是否具有快换装置	配套车型	车型产量（辆）
		BCAP3000 K2	165	61.875	384	105	N/A	1.2672	324	N/A	否	混合动力电动城市客车	71
			165	18.3	432	98	N/A	0.4743	121.5	惠州市亿能电子有限公司	否	混合动力电动城市客车	30
		BMOD0165 P048	165	41.25	384	280	N/A	2.32	227.2	N/A	否	混合动力城市客车	20
		BCAP3000；BMOD0165	165	41.25	384	196	N/A	0.84	227.2	深圳市沃特玛电池有限公司	否	混合动力城市客车	81
		BCAP3000 K2；BMOD0165	165	41.25	384	70	N/A	0.8448	216	N/A	否	混合动力电动城市客车	382
			165	61.875	384	105	N/A	1.2672	324	N/A	否	混合动力电动城市客车	91
	无机电解质碳电极对称型超级电容器	BCAP3000	165	41.25	384	70	N/A	0.8448	227.2	N/A	不允许	混合动力电动城市客车	164
		BCAP3000 K2	165	41.25	384	70	N/A	0.8448	216	N/A	不允许	混合动力电动城市客车	292
		BCAP3000 K2；BMOD0165	165	41.25	384	70	N/A	0.8448	216	N/A	不允许	混合动力电动城市客车	988
	有机电解质碳电极对称型超级电容器	BCAP3000 K2	165	41.25	388.8	460	N/A	0.87	216	厦门金龙旅行车有限公司	否	混合动力城市客车	101
			165	41.25	388.8	388	N/A	0.87	216	厦门金龙旅行车有限公司	否	混合动力城市客车	31
		BCAP3000 P	165	41.25	388.8	N/A	N/A	0.87	228.8	厦门金龙旅行车有限公司	否	混合动力城市客车	43
		2.7V/3000F	165	16.5	480	200	不适用	0.37	220	不适用	否	混合动力城市客车	1
美国麦克斯威（Maxwell）科技公司；LS Mtron Ltd.	超级电容；超级电容	BMOD0165 P048（单体型号）；48V/165F（单体规格），2.8V/3000F	165；500	16.5；16.6	480；480	200；200	200；200	0.53；0.56	160；172	CPEV	否	混合动力城市客车	60
	有机电解质碳电极对称型超级电容器	BCAP3000 P；LSUC 002R8P 3000F EA	165；166	41.25；41.5	389；403.20	388.8	N/A	0.87；0.94	228.8；275.2	厦门金龙旅行车有限公司	否	混合动力城市客车	86
			165；166	41.25；41.5	388.8；403.2	388.8；388.8	N/A	0.87；0.94	216；275	厦门金龙旅行车有限公司	否	混合动力城市客车	509
			165；166	41.25；41.5	388.8；403.2	460；460	N/A	0.87；0.94	216；275	厦门金龙旅行车有限公司	否	混合动力城市客车	32
美国麦克斯威（Maxwell）科技公司；Nesscap Co.，Ltd.	有机电解质碳电极对称型超级电容器	BCAP3000 K2；ESH-SR-3000C0-002R7	165；166	41.25；41.5	388.8；388.8	460；460	N/A	0.87；0.87	216；240	厦门金龙旅行车有限公司	否	混合动力城市客车	24
			165；166	41.25；41.5	388.8；388.8	460；460	N/A	0.87；0.87	216；240	厦门金龙旅行车有限公司	否	混合动力城市客车	36
美国麦克斯威（Maxwell）科技公司；凯迈嘉华（洛阳）新能源有限公司	超级电容；超级电容	BCAP3000；UCPY3000F	165；165	11.9；11.9	680.4；680.4	200；200	N/A	0.53；0.51	340；340	CPEV	否	混合动力城市客车	35
赛恩斯能源科技有限公司；美国麦克斯威（Maxwell）科技公司	磷酸亚铁锂蓄电池；无机电解质碳电极对称型超级电容器	3.2V50Ah；BCAP3000	165	41.25	384	70	50	12.8；1.69	200；227.2	赛恩斯能源科技有限公司/赛恩斯能源科技有限公司	否	混合动力电动城市客车	1

续表

储能装置单体生产企业	电动汽车储能装置种类	储能装置单体型号	超级电容器最小模块标称静电容量（F）	超级电容器总成标称静电容量（F）	储能装置总成标称电压（V）	储能装置总成额定输出电流（A）	动力蓄电池总成标称容量（A·h）	储能装置总储电量（kW·h）	储能装置总成质量（kg）	车载能源管理系统生产企业	动力蓄电池箱是否具有快换装置	配套车型	车型产量（辆）
	蓄电池；超级电容	3.2V50Ah；BCAP3000；BMOD0165	165	41.25（单体3000F；144×2）	256；388.8	50	50	N/A	N/A	金龙联合汽车工业（苏州）有限公司	否	混合动力城市客车	25
	磷酸亚铁锂电池；超级电容	3.2V100Ah；BCAP3000	165	11	333；720	400/200	200	66.6；0.53	1；280；390	赛恩斯能源科技有限公司；湖南南车时代电动汽车股份有限公司	是	混合动力城市客车	90
厦门宝龙工业股份有限公司；美国麦克斯威（Maxwell）科技公司	聚合物锂离子电池；有机电解质碳电极对称型超级电容器	PL95300305F；BCAP3000 P	165	41.25	256；389	250；388.80	125	32.87（电容+电池）	578.8（电容+电池）	厦门金龙旅行车有限公司	是	混合动力城市客车	23
厦门华锂能源有限公司；美国麦克斯威（Maxwell）科技公司	磷酸铁锂电池；有机电解质碳电极对称型超级电容器	72142220-100Ah；BCAP3000 K2	–/165	–/41.25	256；388.8	250/460	100/–	26.47（电池+电容）	666（电池+电容）	厦门金龙旅行车有限公司	是	混合动力城市客车	36
	磷酸铁锂蓄电池；超级电容器	47115215-50Ah（锂电池）；BCAP3000/BMOD0165（超级电容）	165	41.25	384	196	150	38.4	735	深圳市清友能源技术有限公司	否	混合动力城市客车	35
厦门华锂能源有限公司/美国麦克斯威（Maxwell）科技公司；深圳市沃特玛电池有限公司/美国麦克斯威（Maxwell）科技公司	磷酸铁锂电池/有机电解质碳电极对称型超级电容器；磷酸铁锂电池/有机电解质碳电极对称型超级电容器	72142220-100Ah/BCAP3000 K2；32650-5Ah/BCAP3000 K2	–/165；–/165	–/41.25	256/388.8；256/388.8	250/388；300/388	100/–；125/–	26.47（电池+电容）；32.87（电池+电容）	666（电池+电容）；596（电池+电容）	厦门金龙旅行车有限公司	是	混合动力城市客车	16
深圳市沃特玛电池有限公司；美国麦克斯威（Maxwell）科技公司	磷酸铁锂电池；超级电容	3.2V-5Ah；BCAP3000	165	41.25	256；384	50	100	25.6	180	深圳市沃特玛电池有限公司	是	混合动力城市客车	48
		3.2V-100Ah；BCAP3000	165	41.25	256；384	50	100	电池：12.8；电容：0.55	电池：500；电容：250	深圳市沃特玛电池有限公司	是	混合动力城市客车	51

续表

储能装置单体生产企业	电动汽车储能装置种类	储能装置单体型号	超级电容器最小模块标称静电容量（F）	超级电容器总成标称静电容量（F）	储能装置总成标称电压（V）	储能装置总成额定输出电流（A）	动力蓄电池总成标称容量（A·h）	储能装置总储电量（kW·h）	储能装置总成质量（kg）	车载能源管理系统生产企业	动力蓄电池箱是否具有快换装置	配套车型	车型产量（辆）
		32650-5Ah；BMOD0165	165	41.25	256；384	100	50	12.8；0.55	200；232	深圳沃特玛电池有限公司	可外接充电	混合动力城市客车	12
		32650-5Ah；BCAP3000	N/A	41.25	256；388.8	N/A	50	N/A	116；158.4	苏州海格新能源汽车电控系统科技有限公司	不能外接充电	混合动力城市客车	42
	磷酸铁锂电池；有机电解质碳电极对称型超级电容器	32650-5Ah；BCAP3000 K2	–/165	–/41.25	256；388.8	300/460	125/–	32.87（电池＋电容）	596（电池＋电容）	厦门金龙旅行车有限公司	是	混合动力城市客车	29
		32650-5Ah；BCAP3000 K2	–/165	–/41.25	256；388.8	300/460	125/–	32.87（电池＋电容）	596（电池＋电容）	厦门金龙旅行车有限公司	是	混合动力城市客车	26
		32650-5Ah；BCAP3000 K2	–/165	–/41.25	256；388.8	300/388	125/–	32.87（电池＋电容）	596（电池＋电容）	厦门金龙旅行车有限公司	是	混合动力城市客车	20

（二）驱动电机

1. 2012年生产纯电动汽车及配套驱动电机参数（以企业名称拼音字母排序）

电动汽车驱动电机生产企业	电动汽车驱动电机类型	电动汽车驱动电机型号	电动汽车驱动电机额定功率/转速/转矩（kW/r/min/N·m）	电动汽车驱动电机峰值功率/转速/转矩（kW/r/min/N·m）	电动汽车续驶里程（工况法，km）	电动汽车续驶里程（等速法，km）	最高车速（km/h）	配套车型	车型产量（辆）
General Motor	永磁同步电机	213TZ-XY46F	30/500/582	85/1260/1616	130	160	130	纯电动轿车	20
安徽安凯汽车股份有限公司	交流异步电机	420YS-XS100	100/950/1005	250/950/3000	140（仅采用市区循环）	200	69	纯电动城市客车	10
安徽巨一自动化装备有限公司	永磁同步电机	JEEMC01003B	18/3000/58	42/6000/175	95	105	90	纯电动多用途乘用车	200
北京亿马先锋汽车科技有限公司	交流感应电机	150 MOTOR	40/6000/64	150/11000/220	130	220	130	纯电动多用途乘用车	100
北汽福田汽车股份有限公司	永磁同步电机	FTTB035	35/3000/110	70/8000/210	75	100	80	纯电动桶装垃圾运输车	213
			35/3000/110	70/8000/210	75	100	80	纯电动厢式运输车	39
			35/3000/110	70/8000/210	75	100	80	纯电动自卸式垃圾车	166
			35/3000/110	70/8000/210	130	180	110	纯电动多用途乘用车	100
常州市华盛电机厂	三相交流异步电机	XYQ-7.5-1HV	7.5/2500/48	15/5900/140	N/A	80	80	纯电动厢式货车	30
			7.5/2500/48	15/5900/140	N/A	80	70	纯电动自卸车	30
			7.5 kW	26/4800/160	N/A	90（40km/h）	55	纯电动车厢可卸式垃圾车	15
			7.5 kW	26/4800/160	N/A	N/A	80	纯电动服务车	1
			7.5 kW	26/4800/160	N/A	90（40km/h）	55	纯电动垃圾车	1

续表

电动汽车驱动电机生产企业	电动汽车驱动电机类型	电动汽车驱动电机型号	电动汽车驱动电机额定功率/转速/转矩（kW/r/min/N·m）	电动汽车驱动电机峰值功率/转速/转矩（kW/r/min/N·m）	电动汽车续驶里程（工况法，km）	电动汽车续驶里程（等速法，km）	最高车速（km/h）	配套车型	车型产量（辆）
			7.5/1550/46	26/4800/160	N/A	120（40km/h 匀速）	60	纯电动厢式运输车	1
			7.5/1550/46	26/4800/160	N/A	100（40km/h）	60	纯电动厢式运输车	2
			7.5	26/4800/160	N/A	90（40km/h）	80	纯电动邮政车	1
大连创为电机有限公司	交流异步电机	YZQ280L-6	130/880/1410	240/3000/2600	109	215	69	纯电动城市客车	10
大连电机集团有限公司	三相异步交流电机	MDPQ/S120-4-SJ	120/1480/774.3	210/5000/1568.4	N/A	260	69	纯电动城市客车	10
大连电机集团有限公司；襄樊特种电机有限公司；东方电气集团东风电机有限公司	三相异步交流电机	MDPO/S120-4-SJ；YCVF280M-4；QYS100-6/400	120/1480/774.3；110/1365/761.3；100/950/1105	210/5000/1568.4；220/4500/1580.4；250/2400/2400	N/A	310	69	纯电动城市客车	116
大连天元电机股份有限公司	三相异步电机	YPQ220M-6	90/734/1170	136/3200/1800	N/A	220	69	纯电动城市客车	10
大洋电机新动力科技有限公司	永磁同步电机	YTD130W02	115/2000/550	150/4500/850	100	110	69	纯电动城市客车	50
		YTD045W01	45/3500/123	85/9000/280	120（NEDC 综合工况）	160	125	纯电动轿车	103
		YTD100W04	100/1000/955	150/3000/2800	220	280	69	纯电动双层城市客车	1
		YTD030W01	30/3000/80	60/3000/191	75	100	90	纯电动桶装垃圾运输车	81
		YTD020W01	20/3000/64	45/9000/144	80	100	93	纯电动厢式运输车	32
	交流永磁同步电动机	YTD115F01	115/2000/514	170/4500/850	130	160	69	纯电动城市客车	10
大洋电机新动力科技有限公司，大洋电机新动力科技有限公司	永磁同步电机	YTD020W01；YTD020W01	20/3000/64；20/3000/64	40/9000/144；45/9000/144	70；80	100；110	93	纯电动客车	18
大洋电机新动力科技有限公司；大洋电机新动力科技有限公司；大洋电机新动力科技有限公司；北京大郡晟誉驱动系统技术有限公司；大洋电机新动力科技有限公司	永磁同步电机	YTD020W01；YTD020W01；YTD020W01；050WA；YTD020W01	20/3000/64	45/9000/144	90；110；80；110；110	120；130；110；130；130	115	纯电动轿车	742
东方电气集团东风电机有限公司	交流异步电机	QYS100-6/400	100/950/1005	250/950/2400	210	300	69	纯电动城市客车	137
			100/950/1005	250/950/2400	240	320	80	纯电动客车	1
东风电机厂有限公司	交流异步电机	HD60-4	20/3600/53	60/3600/157	110	160	120	纯电动乘用车	2
杭州杰能动力有限公司	交流异步电机	JNMP30L0	30/3500/82	75/9000/240	80	100（60km/h 等速）	120	纯电动轿车	316
湖南南车时代电动汽车股份有限公司	交流异步电机	JD156	100kw	150/3000/2500	160	180	69	纯电动城市客车	2
		JD156	100 /1178/810	150/3000/2500	80	100	80	纯电动洒水车	8
		JD156	100/1187/810	150/3000/2500	N/A	350	90	纯电动客车	1
		JD156	100/1178/810	150/3000/2500	150	160	69	纯电动城市客车	1
		JD166A	100/1000/955	150/3000/2500	36	40	69	纯电动城市客车	2

续表

电动汽车驱动电机生产企业	电动汽车驱动电机类型	电动汽车驱动电机型号	电动汽车驱动电机额定功率/转速/转矩（kW/r/min/N·m）	电动汽车驱动电机峰值功率/转速/转矩（kW/r/min/N·m）	电动汽车续驶里程（工况法，km）	电动汽车续驶里程（等速法，km）	最高车速（km/h）	配套车型	车型产量（辆）
	异步牵引电动机	JD156	100/1178/810	150/3000/2500	120（满载）；128（半载）	150（满载）；160（半载）	69	纯电动城市客车	10
		JD149	80/1340/570.4	120/2910/1150	43.9	78	69	纯电动城市客车	34
		JD149	80/1340/570.4	120/2910/1150	26	47	69	纯电动城市客车	15
		JD185	100/1000/955	150/3000/2500	60	80	69	纯电动城市客车	30
	永磁同步电机	JD163	35/3038/110	75/12000/220	130	160	95	纯电动工程车	12
	三相永磁交流同步电机	TYC-168-260-8-CZ	24/2250/170	70/5000/300	N/A	160	120	纯电动工程车	5
华域汽车电动系统有限公司	永磁同步电机	230TY28K	28/3000/90	52/3200/155	140	180	130	纯电动轿车	250
江苏奥新新能源汽车有限公司	三相交流异步电机	JY10-4/100	10/2950/33	20/5000/116.3	N/A	119	72	纯电动车厢可卸式垃圾车	5
			10/2950/33	20/5000/116.3	N/A	95	72	纯电动厢式运输车	1
江苏微特利电机制造有限公司	永磁无刷直流电机	WTGSDJ-11A-WS（ZH）	11/3000/35	28/5900/180	112	160（试验车速 60km/h）	85	纯电动轿车	2
	水冷变频感应电机	WTGSDJ-30A	30/3600/80	90/6000/240.8	N/A	300	120	纯电动轿车	27
南昌福瑞德科技有限公司	交流异步电机	FRDY103012A0	10/3000/32	20/5600/100	N/A	90	80	纯电动车厢可卸式垃圾车	22
			10/3000/32	20/5600/100	120	150	80	纯电动厢式运输车	1
南车株洲电力机车研究所有限公司	交流异步电机	JD132A	100/2000/478	150/4500/850	4	6	50	纯电动城市客车	1
纽贝耳汽车（杭州）有限公司	永磁直流无刷电机	ZYBLDC7210C	8/3500/22	17.5/3500/47.8	90	130	75	纯电动载货车	56
		BLT11/27-3000/312	11kw	N/A	N/A	N/A	100	电动轻型客车	61
上海大郡动力控制技术有限公司	永磁磁阻电机	0200WA（电动机）	100/800/1250	200/3000/2500	N/A	220	69	纯电动城市客车	360
		DJ-2103-1-T-100-630-035-W-A0	48 / 1500 /300	100 / 3500 / 630	N/A	220	69	纯电动城市客车	10
上海电驱动有限公司	永磁同步	2103AAD；2103AAK	6/1600/36（2103AAD）；6/3000/19（2103AAK）	12/1600/72	≥60；≥70	≥80；≥90；≥108	80；70	纯电动轿车	3108
	交流永磁同步电机	190ZWS011	8//2400/32	20/3800/82	≥60	≥100	80	纯电动厢式运输车	11
			8/2400/32	20/3800/82	≥60	≥100	75	纯电动厢式运输车	16
上海电驱动有限公司；奇瑞汽车股份有限公司	交流永磁同步	2103AAC（上海）；2103AAG（奇瑞）	29/3000/92	40/9000/145	60	85	120	纯电动轿车	63
			29/3000/92	40/2600/145	80	85	120	纯电动轿车	351

续表

电动汽车驱动电机生产企业	电动汽车驱动电机类型	电动汽车驱动电机型号	电动汽车驱动电机额定功率/转速/转矩（kW/r/min/N·m）	电动汽车驱动电机峰值功率/转速/转矩（kW/r/min/N·m）	电动汽车续驶里程（工况法，km）	电动汽车续驶里程（等速法，km）	最高车速（km/h）	配套车型	车型产量（辆）
上海南洋电机有限公司	三相交流变频异步电动机	YQSL250L1-4	90/993/866	250/2221/2512	200	300	69	纯电动城市客车	41
			90/993/866	250/2221/2512	160	300	69	纯电动城市客车	208
	交流异步电机		90/993/866	250/2221/2420	150	250	69	纯电动城市客车	22
			90/993/866	250/2221/2420	150	250	69	纯电动城市客车	2
	交流电机	YTSP280L2-4Q	160kW	N/A	N/A	N/A	90	纯电动城市客车	1
		YTSP200L2-4Q	56/2650/289	211/4850/772	100	120	100	纯电动客车	2
		YTSP280L1-4Q	160/976/978	291/2231/2747	220	280	69	纯电动城市客车	24
	交流异步电机		147/976/978	291/1362/2040	240	320	80	纯电动城市客车	10
			100kW	291/1362/2040	250	300	80	纯电动城市客车	2
上海中科深江电动车辆有限公司	交流永磁同步电动机	SJ2103P030-L1	30/2700/107	60/7000/213	130	180	125	纯电动轿车	9
		SJ2103P20-C	20kW	40/7000/150	N/A	>160	100	纯电动轿车	2
	三相交流永磁同步电机	SJ2103P50-B	50/2000/238	80/5000/382	60	80	70	纯电动清洗车	4
深圳市比亚迪汽车有限公司	永磁同步电机	BYD-TYC90A（双轮边电机）	75/2500/280	90/2500/350	250	400	69	纯电动城市客车	251
		BYD-TYC120A	75/2550/280	120/2550/450	322	330	140	纯电动轿车	1040
深圳市大地和电气有限公司	交流感应电机	GLMI10A1	7.5/2250/32	15/6000/100	80	85	75	纯电动轿车	2
	永磁同步电机	GLMP25L2	30/3500/82	60/9000/250	80	100（60km/h 等速）	120	纯电动轿车	41
		GLMP25L1	40/3000/127	80/6000/250	120	200	80	纯电动扫路车	40
		GLMP20L1	20/3500/55	40/7600/200	130	160（60km/h 等速）	110	纯电动轻型客车	1
		GLMP10L0	20/3180/60	35/9000/130	0	100	50	纯电动自装卸式垃圾车	30
		GLMP65L0	60/3000/650	120/5600/850	N/A	180	80	纯电动客车	2
深圳市大康电气有限公司	交流异步电机	GLMI10A1	7.5/2250/32	15/2400/100	160（仅采用市区循环），140（仅采用市区循环）	180，160	72	纯电动厢式运输车	328
唐山普林亿威科技有限公司	永磁无刷直流电机	BS4-120-3000/320	120/3000/382	180/3750/306	N/A	200	69	纯电动城市客车	17
天津清源电动车辆有限责任公司	交流异步电动机	YCS90-4	30/3600/79.6	90/9400/238.8	110	150	110	纯电动轿车	2
万向电动汽车有限公司	三相交流感应电机	YCVF250L-4	100/1480/637	200/3600/1244	N/A	120	69	纯电动城市客车	40
	交流异步电机	YCVF280M2-8B	132/1110/1120	240/3000/2037	120	215	69	纯电动城市客车	1
	车用永磁同步电机	WXMP20L0	20/3500/55	40/7200/200	N/A	150	95	纯电动轿车	246

续表

电动汽车驱动电机生产企业	电动汽车驱动电机类型	电动汽车驱动电机型号	电动汽车驱动电机额定功率/转速/转矩(kW/r/min/N·m)	电动汽车驱动电机峰值功率/转速/转矩(kW/r/min/N·m)	电动汽车续驶里程(工况法，km)	电动汽车续驶里程(等速法，km)	最高车速(km/h)	配套车型	车型产量(辆)
万向电动汽车有限公司；深圳市大地和电气有限公司；启特动力(上海)有限公司；湖南南车时代电动汽车股份有限公司	三相交流感应电机；三相交流感应电机；三相交流感应电机；三相交流感应电机	YCVF250L-4；GLMP280L0；KSS-STW-120kW-PSM；JD188	100/1480/637；120/1000/1200；120/2550/450；100/1000/955	200/3600/1244；180/2800/2800；170/6000/608；200/3000/2500	N/A	120	69	纯电动城市客车	320
西门子电气传动有限公司	交流异步电机	1PV5138	85/3680/220	150/10000/530	140	120	69	纯电动城市客车	10
襄樊特种电机有限公司	变频调速三相异步电动机	YCVF280M-4	110/1365/761.3	220/4500/1530	150	200	69	纯电动城市客车	1
			110/1365/761.5	220/4500/1530	150	200	69	纯电动城市客车	1
	交流异步电机	YCVF280M2-6B	110/985/1050	200/3500/1910	N/A	215	69	纯电动城市客车	2
		YCVF250L-4C	100/1480/637	200/3000/1273	N/A	160	80	纯电动城市客车车牌	26
		YCVF200M-4	32/2000/152	64/1910/304	N/A	160	90	纯电动商务车	2
	交流电机	IPF152/40/256	32/2100/304	64/4500/305	150	160	100	纯电动工程车	8
	三相异步电动机	YCVF280M-8B	132/1110/1120	240/2700/2037	200	250	69	纯电动城市客车	1
襄樊特种电机有限公司；大连电机集团有限公司	三相异步交流电机	YCVF280M-4；MDPO/S120-4-SJ	110/1365/761.3；120/1480/774.3	220/4500/1580.4；210/5000/1568.4	N/A	290	69	纯电动双层城市客车	5
襄阳宇清传动科技有限公司	交流异步电机	YCVF250L-4C	100/1480/637	200/3000/1244	N/A	220	69	纯电动城市客车	59
	三相异步	YCVF250L-4C	100/1480/637	200/3600/1273	N/A	140	69	纯电动城市客车	10
	变频调速电动机	YCVF160S-4	22/3263/64	44/6500/128	80	100	50	纯电动自装卸式垃圾车	40
永康市斯科若电器有限公司	交流异步电机	SCRMP10U1	10/3000/32	20/6500/103	120	150	80	纯电动多用途乘用车	402
	异步交流感应	SCRMP07U1	7.5/2250/32	15/2400/100	75（仅采用市区循环）	80	72	纯电动厢式运输车	475
浙江尤奈特电机有限公司；安徽巨一自动化装备有限公司	永磁直流无刷电机	BLT11/27-3000/312；JEEMC01002B	11/3000/35；13/3000/41.4	27/6000/170；42/6000/165	100	150	95	纯电动轿车	2489
郑州宇通客车股份有限公司	三相交流感应电机	YTM280-CV3-H	100/982/972	180/2500/2000	91	160	69	纯电动城市客车	10
中山大洋电机股份有限公司	三相永磁同步电机	BOMM130/170-I	130/2100/590	170/4500/774	150	150	80	纯电动洒水车	90
		BOMM060/110-I	60kw	110/5500/300	130	150（40km/h）	80	纯电动扫路车	10
	永磁交流同步电机	BOMM060/110-I	60kw	110kw	130	150	80	纯电动吸尘车	37
		BOMM060/110-I	60/3500/164	110/5500/300	130	150km（40km/h）	80	纯电动扫路车	47
中通客车控股股份有限公司	三相交流感应电机	ZTM100-2400	100/1200/800	200/3500/2400	120	150	69	纯电动城市客车	1

续表

电动汽车驱动电机生产企业	电动汽车驱动电机类型	电动汽车驱动电机型号	电动汽车驱动电机额定功率/转速/转矩（kW/r/min/N·m）	电动汽车驱动电机峰值功率/转速/转矩（kW/r/min/N·m）	电动汽车续驶里程（工况法，km）	电动汽车续驶里程（等速法，km）	最高车速（km/h）	配套车型	车型产量（辆）
珠海蓝海节能科技有限公司	电动汽车用三相异步电动机	KAM280HF	75/1000/716	128//2600/1800	N/A	200	67	纯电动城市客车	14
淄博休普电机电器有限公司	直流串励电机	ZC6. 3-72	6. 3//2800/22. 5	25/3000/100	≥60	≥100	75	纯电动仓栅式运输车	1
			6. 3//2800/22. 5	25/3000/100	≥60	≥100	75	纯电动售货车	10

2. 2012年生产混合动力汽车及配套发动机、驱动电机参数（以企业名称拼音字母排序）

电动汽车驱动电机生产企业	电动汽车驱动电机类型	电动汽车驱动电机型号	电动汽车驱动电机额定功率/转速/转矩（kW/r/min/N·m）	电动汽车驱动电机峰值功率/转速/转矩（kW/r/min/N·m）	电动汽车续驶里程（等速法，km）	混合动力汽车电功率比（%）	发动机生产企业	发动机型号	排量（L）	功率（kW）	油耗 L/100km	最高车速（km/h）	配套车型	车型产量（辆）
TOYOTA MOTOR CORPORATION	交流电机	2JM	22. 0/5100/41. 2	44/4500/223	N/A	40	广汽丰田发动机有限公司	3AZ	2362	110	6	170	混合动力轿车	15
	永磁同步电机	2JM	22/5100/41. 2	44/4500/93	N/A	37. 20	广汽丰田发动机有限公司	4AR	2494	118	5. 3	180	混合动力轿车	2239
北京中科易能新技术有限公司；伊诺华公司	永磁同步电机；交流异步电机	TYC-168-260-8-C；M10000DA	30/3600/80；30/3600/80	90/6000/240；90/6000/250	N/A	52. 6；52. 6	中国第一汽车集团公司	CA6SE1-21E3N	6618	158		69	混合动力城市客车	50
		TYC-168-260-8-C；M10000DA	30/3600/80；30/3600/80	90/6000/240；90/6000/250	N/A	52. 6；52. 6	道依茨一汽（大连）柴油机有限公司	BF6M2012-22E3	6060	171		69	混合动力城市客车	1
博世汽车部件（长沙）有限公司	永磁式起动机	0 399 703 024	1. 1/N/A/N/A	1. 7/4472//17. 7	N/A	2. 2	沈阳航天三菱汽车发动机制造有限公司	4A91S	1499	77	6. 3	165	混合动力轿车	1337
		S74-L	1. 7/1500/11. 2	2. 1/1580/13. 2	N/A	2. 10	浙江吉利汽车有限公司	JLγ-4G18	1808	98	7. 0；7. 0；7. 1	180	混合动力轿车	666
大连天元电机股份有限公司	三相异步电机	YPQ220M-6	90/ 734 /1170	153/3200/1800	>30	104	东风康明斯发动机有限公司；广西玉柴机器股份有限公司	ISDe198 41；YC6J200-42	6700；6494	146；147		69	混合动力城市客车	22
	三相感应交流电机	YPQ220M-6	90/725/714	162/3200/1989	63. 2	109. 30	东风康明斯发动机有限公司	ISDe185 30	6700	136		65	混合动力城市客车	1
大陆汽车系统（天津）有限公司	交流异步电机	HVMHIM	8/3000/25. 5	20/3500/60	N/A	16. 9	上海汽车集团股份有限公司	18K4G	1796	118	7. 5	205	混合动力轿车	716
	三相异步电机	MGU	10. 2/4000/24. 4	15. 3/3000/48. 7	N/A	11. 17	上海通用汽车有限公司	LUK	2384	137	7. 2	180	混合动力轿车	300
福工动力技术股份公司	交流异步电机	FGHEV3 E120-96	96/800/1146	165/3000/1973	N/A	52. 6	广西玉柴机器股份有限公司	YC6J200-42	6500	147	25	69	混合动力城市客车	35

续表

电动汽车驱动电机生产企业	电动汽车驱动电机类型	电动汽车驱动电机型号	电动汽车驱动电机额定功率/转速/转矩（kW/r/min/N·m）	电动汽车驱动电机峰值功率/转速/转矩（kW/r/min/N·m）	电动汽车续驶里程（等速法，km）	混合动力汽车电功率比（%）	发动机生产企业	发动机型号	排量（L）	功率（kW）	油耗 L/100km	最高车速 km/h	配套车型	车型产量（辆）
福建尤迪电机制造有限公司	交流感应电机	YHD280M-4	65/800/776	120/3000/2200	N/A	41.2	上海柴油机股份有限公司 广西玉柴机器股份有限公司	SC8DK215Q 3YC6J200-42	82706494	158147		69	混合动力城市客车	20
			65/800/776	120/3000/2200	N/A	81.63	广西玉柴机器股份有限公司	YC6J200-42	6500	147		85	混合动力电动城市客车	1
	交流异步电机	YHD280M-90	90/800/780	155/3000/1950	N/A	117.40	广西玉柴机器股份有限公司	YC6J180-42	6500	132	25	69	混合动力城市客车	45
			90/800/780	155/3000/1950	N/A	105.40	广西玉柴机器股份有限公司	YC6J200-42	6500	147	26.5	69	混合动力城市客车	20
		YHD280 M-4-90	90/800/780	155/3000/1950	N/A	105.40	广西玉柴机器股份有限公司	YC6J200-42	6500	147		69	混合动力城市客车	81
	三相异步	YHD280M-96	96/800/1146	165/3000/1973	N/A	101.8	广西玉柴机器股份有限公司	YC6J220-42	6500	162		80	混合动力城市客车	25
			96/800/1890	165/3000/1890	N/A	106	广西玉柴机器股份有限公司；潍柴动力西港（潍坊）新能源发动机有限公司	YC6J210N-40；WP7NG210E40	6454；7140	155；155		69	混合动力城市客车	50
			96/800/1146	165/3000/1973	N/A	112	广西玉柴机器股份有限公司；潍柴动力股份有限公司	YC6J200-42；WP7.210E40	6454；7140	147；155	23	69	混合动力城市客车	1
		YHD280M-90	90/800/780	155/3000/1950	N/A	105	广西玉柴机器股份有限公司	YC6J200-42	6500	147	26	69	混合动力城市客车	12
			90/800/1910	160/3000/2200	N/A	121.2	广西玉柴机器股份有限公司；广西玉柴机器股份有限公司	YC6J200-42；YC6J180-42	6500；6500	147；132		80	混合动力电动城市客车	20
			90/1480/1000	158/3000/2000	N/A	107	广西玉柴机器股份有限公司；潍柴动力股份有限公司	YC6J200-42；WP7.210E40	6494；7140	147；155		69	混合动力城市客车	48
		HC-HDM109010	90/800/780	155/3000/1950	30	61.20	广西玉柴机器股份有限公司；广西玉柴机器股份有限公司；潍柴动力西港（潍坊）新能源发动机有限公司	YC6J190N-40；YC6J210N-40；WP7NG210E40	6500；6494；7140	140；155；155		69	混合动力城市客车	42
			96/800/1146	165/3000/1973	30	65	广西玉柴机器股份有限公司	YC6J210N-40	6500	155		69	混合动力城市客车	14

续表

电动汽车驱动电机生产企业	电动汽车驱动电机类型	电动汽车驱动电机型号	电动汽车驱动电机额定功率/转速/转矩（kW/r/min/N. m）	电动汽车驱动电机峰值功率/转速/转矩（kW/r/min/N. m）	电动汽车续驶里程（等速法，km）	混合动力汽车电功率比（%）	发动机生产企业	发动机型号	排量（L）	功率（kW）	油耗 L/100km	最高车速 km/h	配套车型	车型产量（辆）
广西三立科技发展有限公司	永磁同步电机	SL-DM-120	92/1450/606	60/2400/400	N/A	51.5	广西玉柴机器股份有限公司	YC6J200-42	6500	147	25	69	混合动力城市客车	1
			92/1450/340	120/2800/680	1	81.60	广西玉柴机器股份有限公司	YC6J200-42	6500	147	N/A	69	混合动力城市客车	1
			92/1450/606	120/2800/791	N/A	81.60	广西玉柴机器股份有限公司	YC6J200-42	6500	147	32	69	混合动力城市客车	20
			92/1450/606	120/2800/791	N/A	50.22	广西玉柴机器股份有限公司	YC6J210N-40	6454	155		69	混合动力城市客车	1
			92/1450/606	120/2800/710	N/A	81.60	广西玉柴机器股份有限公司	YC6J200-42	6500	147		69	混合动力城市客车	240
		SL-DM-100	50/1450/340	100/2800/680	N/A	64.50	广西玉柴机器股份有限公司	YC6J210N-40	6454	155		69	混合动力城市客车	1
			50/1450/340	100/2800/680	N/A	61.7	广西玉柴机器股份有限公司	YC6G220-4PB	7800	162		68	混合动力城市客车	1238
	直流电机	SL-DM-060	40/1450/266	60/2800/400	N/A	40	广西玉柴机器股份有限公司	YC6J200-42	6500	147		69	混合动力电动城市客车	2
湖南南车时代电动汽车股份有限公司	三相电机	JD180	100/868/1100	135/2500/2000	0.2；0.2	83.3；94.4	上海柴油机器股份有限公司；广西玉柴机器股份有限公司	SC8DK215Q4；YC6J220-42	8270；6500	158；162	22.5；22.6	69	混合动力城市客车	35
	异步牵引电动机	JD156	100/1178/810	150/3000/2500	N/A	113.6	上海柴油机器股份有限公司	SC5DT180Q4	5308	132		69	混合动力城市客车	90
		JD160	110/1167/900	150/3000/2500	0.5	88.24	上海柴油机股份有限公司	SC8DK230Q4	8270	170		70	混合动力城市客车	156
	永磁电机	TQD101	45/2700/159	60/5000/250	N/A	40.81；37.04；37.97；38.71	广西玉柴机器股份有限公司；广西玉柴机器股份有限公司；上海柴油机股份有限公司；潍柴动力股份有限公司	YC6J200-30；YC6J220-30；SC8DK215Q3；WP7.210E30	6500；6500；8270；7140	147；162；158；155		69	混合动力城市客车	60
		DKQ101	45/2700/	60/2700/250	N/A	51.5	广西玉柴机器股份有限公司	YC6J200-42	6500	147	34	68	混合动力城市客车	63

续表

电动汽车驱动电机生产企业	电动汽车驱动电机类型	电动汽车驱动电机型号	电动汽车驱动电机额定功率/转速/转矩（kW/r/min/N. m）	电动汽车驱动电机峰值功率/转速/转矩（kW/r/min/N. m）	电动汽车续驶里程（等速法，km）	混合动力汽车电功率比（%）	发动机生产企业	发动机型号	排量（L）	功率（kW）	油耗 L/100km	最高车速 km/h	配套车型	车型产量（辆）
	永磁同步电机	TQD101	45/2700 /187	60/2700/250	N/A	37. 04	广西玉柴机器股份有限公司	YC6J220-30	6500	162		69	混合动力城市客车	1
		TQD101	45/2700/159	60/5000/250	N/A	35. 30	上海柴油机股份有限公司	SC8DT230Q4	8270	170		68	混合动力城市客车	22
		TQD101	45/2700/159	60/5000/250	N/A	37. 04	广西玉柴机器股份有限公司；上海柴油机股份有限公司	YC6J220-42；SC8DK215Q4	6500；8270	162；158	27. 1	9	混合动力城市客车	221
雷米电机（中国）有限公司	混合励磁同步电机	BAS-44M-02	1. 1/500/21	1. 1/500/21	N/A	1. 40	神龙汽车有限公司	N6A 10F X3A PSA	1587	78	6. 8	187	混合动力轿车	373
美国伊顿公司，上海电驱动有限公司	永磁同步电机	A-7811，368 TYZ-XIS03B	26/1000/252；30/1200/239	44/2600/420；50/3000/400	N/A	22. 2；24. 7	广西玉柴机器股份有限公司	YC6J210N-40	6494	155		69	混合动力城市客车	52
		A-7811；368 TYZ-XIS03B	26/1000/252；30/1200/239	44/2600/420；50/3000/400	N/A	23. 1；25. 7	广西玉柴机器股份有限公司	YC6J200-42	6500	147		69	混合动力城市客车	2
		A-7811；368 TYZ-XIS03B	26/1000/252；30/1200/239	44/2600/420；50/3000/400	N/A	22. 6；21. 1/25. 2；23. 6	康明斯公司；康明斯公司；广西玉柴机器股份有限公司；广西玉柴机器股份有限公司	ISBE4 + 205B；ISBE4 + 225；BYC6J220-42；YC6J200-42	6700；6700；6500；6500；	151；165；162；147		69	混合动力城市客车	5
南京绿控传动科技有限公司	永磁同步电机	368TYZ-XIS02B	94/1800/500	121/2800/750	N/A	51. 5	广西玉柴机器股份有限公司	YC6J200-42	6500	147	34	68	混合动力城市客车	37
南京绿控传动科技有限公司；上海电驱动有限公司	永磁同步电机	368TYZ-XIS03H；368TYZ-XIS03H	94/1800/500；94/1800/500	121/2800/750；120/2800/700	30	51	广西玉柴机器股份有限公司	YC6J190N-40	6454	140		69	混合动力城市客车	457
日本丰田汽车公司	永磁同步电机	3JM	16/3940/38. 8	60/13500/207	N/A	82	日本丰田汽车公司	5ZR	1798	73	4. 3	180	混合动力轿车	2451
上海安乃达驱动技术有限公司；上海大郡动力控制技术有限公司	永磁同步电动机；永磁同步电动机	270ZWS001；DJ-2103-065-A0	42/4000/100；42/1250/320	90/11500/210；65/3000/500	N/A	29. 03	康明斯公司；广西玉柴机器股份有限公司；潍柴动力股份有限公司	ISBE4 + 225B；YC6J200-42；WP7. 210E40	6700；6500；7140	165；147；155		69	混合动力城市客车	180

续表

电动汽车驱动电机生产企业	电动汽车驱动电机类型	电动汽车驱动电机型号	电动汽车驱动电机额定功率/转速/转矩（kW/r/min/N. m）	电动汽车驱动电机峰值功率/转速/转矩（kW/r/min/N. m）	电动汽车续驶里程（等速法，km）	混合动力汽车电功率比（%）	发动机生产企业	发动机型号	排量（L）	功率（kW）	油耗 L/100km	最高车速 km/h	配套车型	车型产量（辆）
上海电驱动有限公司	永磁同步电机	536YZ-XI 01AW	40/266/1450	60/400/2400	N/A	45. 60	广西玉柴机器股份有限公司	YC6J180-30	6500	132		68	混合动力城市客车	10
		368TYZ-XIS02B	35/1050/316	45/3000/400	N/A	30. 6	广西玉柴机器股份有限公司	YC6J200-42	6500	147		80	混合动力城市客车	13
			35/1050/316	45/3000/400	N/A	29. 03	广西玉柴机器股份有限公司；潍柴动力西港（潍坊）新能源发动机有限公司	YC6J210N-40；WP7NG210E40	6454；7140	155；155		69	混合动力城市客车	106
	交流异步电机	270TYZ-XS02R	42/4000/100	90/11500/210	N/A	58. 1	广西玉柴机器股份有限公司；潍柴动力西港（潍坊）新能源发动机有限公司	YC6J210N-40；WP7NG210E40	6494；7140	155；155		69	混合动力城市客车	70
深圳市比亚迪汽车有限公司	永磁同步电机	F3DMB-2103	37/1400/250	50/6000/350	100	59. 68	比亚迪汽车有限公司	BYD371QA	998	50	2. 67	150	混合动力轿车	262
天津市松正电动汽车技术股份有限公司	三相异步交流感应电机	MIM090-384S	100/800/1194	140/2600/1800	N/A	95. 24	广西玉柴机器股份有限公司	YC6J200-42	6500	147		69	混合动力电动城市客车	30
武汉理工通宇新源动力有限公司	交流感应电机	WTEMT 100/4-08/4	80/1600/477	160/3200/954	156	58.9	广西玉柴机器股份有限公司	YC4FA130-40	2982	95	32	69	混合动力城市客车	1
			80/1600/477	160/3200/954	N/A	58.9	广西玉柴机器股份有限公司	YC4FA130-40	2982	95	18	90	混合动力客车	2
西门子电气传动有限公司	交流异步电机	1PV5138	85/3680/220	150/10000/530	>4	120	北京福田康明斯发动机有限公司	SF3. 8s4168	3760	125		69	混合动力城市客车	1
厦门金龙旅行车有限公司	交流异步电机	GHS280M-4	90/800/1050	155/3000/1950	30	105. 4；102. 6	广西玉柴机器股份有限公司；康明斯公司	YC6J200-42；ISBE4 +205B	6500；6700	147；151		69	混合动力城市客车	23
			90/800/1050	155/3000/1950	N/A	105. 4	广西玉柴机器股份有限公司；上海柴油机股份有限公司	YC6J200-42；SC7H200Q4	6500；6440	147；147	23. 7	69	混合动力城市客车	193
			90/800/1050	155/3000/1950	N/A	105. 4	广西玉柴机器股份有限公司；上海柴油机股份有限公司	YC6J200-42；SC7H200Q4	6500；6440	147；147	24. 8	69	混合动力城市客车	316
			90/800/1050	155/3000/1950	30	105. 4	广西玉柴机器股份有限公司	YC6J200-42	6500	147	31	69	混合动力城市客车	145
			90/800/1050	155/3000/1950	N/A	105. 4	广西玉柴机器股份有限公司	YC6J200-42	6500	147	25	69	混合动力城市客车	31
			90/800/1050	155/3000/1950	30	105. 4	广西玉柴机器股份有限公司	YC6J200-42	6500	147	28	69	混合动力城市客车	20

续表

电动汽车驱动电机生产企业	电动汽车驱动电机类型	电动汽车驱动电机型号	电动汽车驱动电机额定功率/转速/转矩(kW/r/min/N.m)	电动汽车驱动电机峰值功率/转速/转矩(kW/r/min/N.m)	电动汽车续驶里程(等速法,km)	混合动力汽车电功率比(%)	发动机生产企业	发动机型号	排量(L)	功率(kW)	油耗 L/100km	最高车速 km/h	配套车型	车型产量(辆)
		GHS280M-4A	100/1200/796	180/3000/2140	N/A	116.1	潍柴动力股份有限公司	WP7.210E40	7140	155	23.7	69	混合动力城市客车	24
			100/1200/796	180/3000/2140	N/A	116.1;119.2	潍柴动力股份有限公司;康明斯公司	WP7.210E40;ISBE4+205B	7140;6700	155;151	24.8	69	混合动力城市客车	36
			100/1200/796	180/3000/2140	N/A	116.1;116.1	广西玉柴机器股份有限公司;潍柴动力西港(潍坊)新能源发动机有限公司	YC6J210N-40;WP7NG210E40	6494;7140	155;155		69	混合动力城市客车	133
			100/1200/796	180/3000/2140	30	116.1	广西玉柴机器股份有限公司	YC6J210N-40	6494	155		69	混合动力城市客车	91
襄樊特种电机有限公司	交流异步电机	YCVF280M-8A	63/750/802	115/750/1440	N/A	87.12	东风康明斯发动机有限公司	ISDe180 30	4500	132		69	混合动力城市客车	1
	三相交流感应电机	YCVF280M-8D,YCVF280S-6C	110/1335/778,70/1680/393	220/2700/1556,140/3000/786	N/A	372	上汽菲亚特红岩动力总成有限公司	F4AE3682F×P	5880	185		80	混合动力城市客车	12
伊诺华公司	交流异步电机	M10000DA	30kw		N/A		道依茨一汽(大连)柴油机有限公司	BF6M2012-22E3	6060	171		85	混合动力城市客车	30
浙江达可尔汽车电子科技有限公司(宁波远州汽车电器有限公司)	永磁同步磁阻电机	1510003 BAC0000	10/2500/38	15/7000/110	N/A	14	广州汽车集团乘用车有限公司	4B18H1	1751	106	7.5	180	混合动力轿车	52
浙江达可尔汽车电子科技有限公司(宁波远州汽车电器有限公司)(前);浙江达可尔汽车电子科技有限公司(宁波远州汽车电器有限公司)(后)	永磁同步磁阻电机(前);永磁同步磁阻电机(后)	1510003B AC0000(前);1510004B AC0000(后)	10/2500/38(前);15/2500/57(后)	15/7000/110(前);25/9500/154(后)	N/A	38	广州汽车集团乘用车有限公司	4B18H1	1751	106	6.6	180	混合动力轿车	154
郑州宇通客车股份有限公司	三相交流异步电机	YTM280-CV2	95/800/1100	180/3000/2100	N/A	116.12	广西玉柴机器股份有限公司	YC6J210N-40	6494	155		69	混合动力电动城市客车	1370
		YTM280-CV2	95/800/1100	180/3000/2100	N/A	119.20	康明斯公司;广西玉柴机器股份有限公司	ISBE4+205B;YC6J200-42	6700;6500	151;147		69	混合动力电动城市客车	26
		YTM280-CV2	95/800/1100	180/3000/2100	N/A	122.45	广西玉柴机器股份有限公司	YC6J200-42	6500	147	22.7	69	混合动力电动城市客车	181

续表

电动汽车驱动电机生产企业	电动汽车驱动电机类型	电动汽车驱动电机型号	电动汽车驱动电机额定功率/转速/转矩（kW/r/min/N. m）	电动汽车驱动电机峰值功率/转速/转矩（kW/r/min/N. m）	电动汽车续驶里程（等速法，km）	混合动力汽车电功率比（%）	发动机生产企业	发动机型号	排量（L）	功率（kW）	油耗 L/100km	最高车速 km/h	配套车型	车型产量（辆）
		YTM280-CV2	95/800/1100	180/3000/2100	N/A	122.45	广西玉柴机器股份有限公司	YC6J200-42	6500	147	23.7	69	混合动力电动城市客车	219
		YTM280-CV3-L	148/700/2400	192/3000/2620	N/A	100.53	广西玉柴机器股份有限公司	YC6G260N-40	7800	191		69	混合动力电动城市客车	90
		YTM280-CV3-L	148/700/2400	192/3000/2620	N/A	100.52	广西玉柴机器股份有限公司	YC6L260-30	8424	191	26	69	混合动力电动城市客车	1
		YTM280-CV3-L	148/700/2400	192/3000/2620	N/A	93.20	广西玉柴机器股份有限公司	YC6L280-42	8424	206	38.5	69	混合动力电动城市客车	71
	永磁同步电机	YTM280-CV4-L	110/700/1500	147/3000/2006	N/A	86.47	广西玉柴机器股份有限公司	YC6G230N-40	7800	170		69	混合动力电动城市客车	30
重庆长安新能源汽车有限公司	永磁同步内转子电机	SL000AQL	13kw	19.5/6000/110	N/A		重庆长安汽车股份有限公司	JL475Q3	1497	72	6.42 2.94	170	混合动力轿车	74

(三)2012 年部分纯电动汽车车载充电机配套统计(以企业名称拼音字母排序)

电动汽车车载充电机生产企业	电动汽车车载充电机型号	电动汽车充电方式	车载充电机额定输入电压（V）、电流（A）和频率（Hz）	车载充电机输出电压（V）、电流（A）和功率（kW）	电动汽车充电插头/插座生产企业	电动汽车充电插头/插座型号	混合动力电动汽车是否允许外接充电	配套车型	车型产量（辆）
艾默生网络能源有限公司	S18-2107010	恒压限流充电、传导式充电	220/10/50	270-380/5.2/2	安费诺精密连接器有限公司	S18-2107030/S18-2107030BA	N/A	纯电动轿车	63
		恒压限流充电	176-264/10/50	250-380/5.2/2	安费诺精密连接器（深圳）有限公司；四川永贵科技有限公司	S18-2107032/S18-2107031；S18-2107032BA/S18-2107031BA；（安费诺）S18-2107032CA/S18-2107031CA；S18-2107032DA/S18-2107031DA（四川永贵）	N/A	纯电动轿车	351
	SAIC3300-7438	传导充电	220/16/50	250-380/14/3.3	上海埃士工业科技有限公司/上海埃士工业科技有限公司/上海埃士工业科技有限公司	CE151049000（慢速充电枪）/CE151050000（慢充座）/CE151048000（快充座）	N/A	纯电动轿车	250
艾默生网络能源有限公司；杭州铁城信息科技有限公司；奇瑞新能源汽车技术有限公司	S11-2107010（杭州铁城）；S11-2107010CA（艾默生）；S11-2107010DA（奇瑞）；S11-2107010BB（杭州铁城）	恒流充电、恒压充电、恒压限流充电、脉冲充电	220/8/50；220/14/50	54-73.5/20/1.5；54-73.5/30/2.2；18-96/16/1.5	芜湖瑞昌电气系统有限公司；奇瑞新能源汽车技术有限公司	S11-2107070/S11-2107050（瑞昌）；S11-2107030/S11-2107030（瑞昌）；S11-2107030BA/S11-2107030BA（奇瑞）；S11-2107032/S11-2107031（瑞昌）	是	纯电动轿车	3108

续表

电动汽车车载充电机生产企业	电动汽车车载充电机型号	电动汽车充电方式	车载充电机额定输入电压（V）、电流（A）和频率（Hz）	车载充电机输出电压（V）、电流（A）和功率（kW）	电动汽车充电插头/插座生产企业	电动汽车充电插头/插座型号	混合动力电动汽车是否允许外接充电	配套车型	车型产量（辆）
安费诺精密连接器（深圳）有限公司	DQ4-9Z（250A-750V）	外接充电	N/A	N/A	安费诺硕民科技（深圳）有限公司	S2101025B76Z	N/A	纯电动城市客车	1
北京嘉昌机电设备制造有限公司	HRD130	恒流充电	220/16/50	300-440/0-11/3.3	苏州工业园区多思达科技有限公司	慢充插头/插座：DSE-EV-63P/DSE-EV-63S；快充插头/插座：DSE-EV-400P/DSE-EV-400S	N/A	纯电动桶装垃圾运输车	81
	JC04S1P332-440V7.5A（FT）	恒压充电	220/16/50	280-440/1-7.5/3.3	深圳巴斯巴科技发展有限公司	直流充电插座和交流充电插座	NA	纯电动多用途乘用车	100
	JC04S1P332-440V7.5A	先恒流后恒压	220/16/50	300-440/0-11/3.3	苏州工业园区多思达科技有限公司	慢充插头/插座：DSE-EV-63P/DSE-EV-63S；快充插头/插座：DSE-EV-400P/DSE-EV-400S	N/A	纯电动厢式运输车	39
	JC04S1P332-440V7.5A	先恒流后恒压	220/16/50	300-440/0-11/3.3	苏州工业园区多思达科技有限公司	慢充插头/插座：DSE-EV-63P/DSE-EV-63S；快充插头/插座：DSE-EV-400P/DSE-EV-400S	N/A	纯电动桶装垃圾运输车	213
	JC04S1P332-440V7.5A	快充/慢充	220/16/50	300-440/0-11/3.3	苏州工业园区多思达科技有限公司	慢充插头/插座：DSE-EV-63P/DSE-EV-63S；快充插头/插座：DSE-EV-400P/ DSE-EV-400S	N/A	纯电动自卸式垃圾车	166
北京亿马先锋汽车科技有限公司	Reductive	先恒流充电后恒压充电	100-250/80/50	480/37/18	安费诺科技科技（深圳）有限公司	HMS3106 28-24S/HMS3102 28-24P	NA	纯电动多用途乘用车	100
杭州铁成信息科技有限公司	TCCH-144V-24A	程序控制；恒压限流充电	220/16/50	144/24/3.5	怡达电气（苏州）有限公司	220vac y-60	N/A	纯电动厢式运输车	1
	TCCH-7216	三段式充电：初段恒流充电、二段恒压充电、三段涓流浮冲	85-265/10/50	72-90/16/1.5	珠海英搏尔电气有限公司；张家港友诚科技机电有限公司	i531、ip2601；DSI-EV16P、DSI-EV16S	N/A	纯电动厢式运输车	475
	TCCH-H192-24	程序控制的限压恒流充电	220/16/50	153/24/4	怡达电气（苏州）有限公司	220vac y-60	N/A	纯电动车厢可卸式垃圾车	5
	TCCH-H96V-25A	三段式充电：初段恒流充电、二段恒压充电、三段涓流浮冲	100-240/11/50	60-96/25/2	珠海英搏尔电气有限公司；张家港友诚科技机电有限公司	i531、ip260；DSI-EV16P、DSI-EV16S	N/A	纯电动厢式运输车	328
	TCCH-H96V-25A	三段式充电：初段恒流充电、二段恒压充电、三段涓流浮冲	100-240/11/50	1.5；60-96/25/2	张家港友诚科技机电有限公司	DSI-EV16P、DSI-EV16S	N/A	纯电动多用途乘用车	402

续表

电动汽车车载充电机生产企业	电动汽车车载充电机型号	电动汽车充电方式	车载充电机额定输入电压（V）、电流（A）和频率（Hz）	车载充电机输出电压（V）、电流（A）和功率（kW）	电动汽车充电插头/插座生产企业	电动汽车充电插头/插座型号	混合动力电动汽车是否允许外接充电	配套车型	车型产量（辆）
	TCCH-72-25	插接式	220/10/50	72/25/2	温州上丰电器有限公司	SF-113	N/A	纯电动仓栅式运输车	1
	TCCH-72-25	恒压、恒流充电	220/10/50	72/25/2	温州上丰电器有限公司	SF-113	N/A	纯电动售货车	10
	TCCH-7225	插接式	220/9/50	144/25/2	温州上丰电器有限公司	SF-013/SF-113	N/A	纯电动厢式运输车	11
	TCCH-7225	恒压、恒流充电	220/9/50	144/25/2	温州上丰电器有限公司	SF-013/SF-113	N/A	纯电动厢式运输车	16
	TCCH-400V-06	恒压限流充电	220/12/50	100-400 5.5/2000	安费诺精密连接器（深圳）有限公司	HVCO-M-R6-PF410-L3000/ HVCO-F-R6-SF910-L5100	N/A	纯电动乘用车	2
	TCCH-H389V-12A	先恒流再恒压	240/22/60	320/12/4	多思达科技有限公司； 杭州大有科技有限公司	DSI-EV16P/DSI-EV16S；DKY-CDT7P5X63/DKY-CDZ7P5X63	N/A	纯电动商务车	2
	TCCH-400V-10A	车载充电机	85-265/16/45-65	250-417/11/4	安费诺精密连接器（深圳）有限公司	HVCOMR6PS302L5000/ HVCOFR6SS302L6000	N/A	纯电动轿车	2
	TCCH-312V-6A	恒流充电	220/16/50	312/6/2	中航光电科技股份有限公司	SP2110/P5 SP2113/S5	N/A	纯电动轿车	27
	TCCH-320-6	车载/快充	220/10/50	360/6/2.2	浙江中杭电子有限公司	插头型号：DYL4-9TJ 插座型号：DYL4-9ZK	N/A	纯电动轿车	357
	TCCH-320-6	车载/快充	220/10/50	360/6/2.2	浙江中杭电子有限公司	插头型号：DYL4-9TJ/ 插座型号：DYL4-9ZK	N/A	纯电动轻型客车	1
	TCCH-360-06	慢充	85-265/16/45-65	312/6/2	苏州多思达科技有限公司	2107200U8180 充电插头总成； 2107300U8180 充电插座总成	N/A	纯电动轿车	2489
	TCCH-H389-6	恒流→恒压	85-265/10/45-65	220-389/6/2	江苏多思达科技有限公司	快充插头：DSD-EV125P； 快充插座：DSD-EV125S； 慢充插头：DSI-EV32P； 慢充插座：DSI-EV32S	N/A	纯电动轿车	2
	TCCH-H389-10	交流充电	220/16/50	200-389/ 0-10/0-3.3	快充插座：中航光电科技股份有限公司；慢充插头：江苏西比亚新能源科技有限公司；慢充插座：中航光电科技股份有限公司	快充插座：DQC-9Z（70A-360V）-000-01；慢充插头：CEBEA_ 16Ajy-1；慢充插座：DQC-7Z（32A-250/440V）-000	N/A	纯电动多用途乘用车	200
	TCCH-400-5.5/2KW	车载充电、外接充电	220±20%/8/50	400/5.5/2000	张家港友诚科技机电有限公司	DOS-EV100	N/A	纯电动工程车	8
	TCCH-72-16	便携式（外置）	100-240 15/11；50/60	96/25/2.4	威浦电器有限公司	TYP2601/TYP531	N/A	纯电动邮政车	1

续表

电动汽车车载充电机生产企业	电动汽车车载充电机型号	电动汽车充电方式	车载充电机额定输入电压（V）、电流（A）和频率（Hz）	车载充电机输出电压（V）、电流（A）和功率（kW）	电动汽车充电插头/插座生产企业	电动汽车充电插头/插座型号	混合动力电动汽车是否允许外接充电	配套车型	车型产量（辆）
杭州铁城科技有限公司；艾默生网络能源有限公司	TCCH-360-6/2 KW；EVA2000	恒流、恒压充电	90-265/10/50；176-264/14/50	288-389/6/0	安费诺精密连接器（深圳）有限公司/安费诺精密连接器（深圳）有限公司；张家港友诚科技机电有限公司/张家港友诚科技机电有限公司	HVCO-XM-XAR6-PSX02-X-LXXXXX/HVCO-XF-XAR6-SSX02-X-LXXXXX；DSI-EV16P/DSI-EV16S	N/A	纯电动轿车	246
杭州铁城信息科技有限公司；合肥环信科技发展有限公司	TCCH-72-16；HXCZ7216	插电式	220/8/50/60	72/16/1.5	张家港友诚科技机电有限公司	DSI-EV16P/DSI-EV16S	N/A	纯电动轿车	2
湖南南车时代电动汽车股份有限公司	TEGX1	先恒流再恒压	380/80/220	410/25/4	威浦电器有限公司	WY48J7TE/WY48K7ZG	N/A	纯电动工程车	5
	CDJ103	恒压限流充电	600/30/50	384/30/25	中航锂电（洛阳）有限公司/中航锂电（洛阳）有限公司	DQ4-9T（250A-750V）/DQ4-9Z（250A-750V）	N/A	纯电动城市客车	34
	CDJ103	先恒流后恒压	600/30/50	384/30/25	中航锂电（洛阳）有限公司/中航锂电（洛阳）有限公司	DQ4-9T（250A-750V）/DQ4-9Z（250A-750V）	N/A	纯电动城市客车	15
	TGX3	恒流充电	380/100/50~60	50~480/150/75	苏州润邦电气有限公司	RB-300	N/A	纯电动客车	1
	THQZ-6000-440S	恒流限压充电	220/32/50	440/20/6.6	四川永贵科技有限公司；南京康尼电器有限公司	YGC325-EV-P7P/YGC325-EV-S7R；DL9-C	是	混合动力城市客车	90
江苏嘉钰新能源技术有限公司/江苏嘉钰新能源技术有限公司	N/A	恒流充电	N/A	N/A	N/A	Jy-400/Jy-400	N/A	混合动力城市客车	65
江苏嘉钰新能源有限公司	JYNP-0-380-18	整车充电/快换电池	N/A	N/A	南京普斯迪尔科技有限公司	PT006-DC750/250-T；PT006-DC750/250-Z（非车载充电）	N/A	纯电动扫路车	40
江苏首旺新能源汽车零部件有限公司	2107010-D10301-0618	插电式；CAN 通讯	180-260/18/45-65	260-390/8-12/4	N/A	N/A	N/A	纯电动自装卸式垃圾车	70
Lear Corporation	JZB-3300-220-420-A	恒流充电和恒压充电	220/16/50	200-420/11/3.3	KET	SAE Type1 AC ONLY	N/A	纯电动轿车	20
南昌福瑞德科技有限公司	TCCH-168-10	车载充电/非车载直流快速充电	220/12/50	182/15/2.5	苏州工业园区多思达科技有限公司	车载充电机慢充用：DSI-EV32P/ DSI-EV32S；快充用DSD-EV150P/DSD-EV150S	N/A	纯电动车厢可卸式垃圾车	22
	TCCH-131-12	车载充电/非车载直流快速充电	220/12/50	131/19/2.5	苏州工业园区多思达科技有限公司	车载充电机慢充用：DSI-EV32P/ DSI-EV32S；快充用DSD-EV150P/DSD-EV150S	N/A	纯电动厢式运输车	1

续表

电动汽车车载充电机生产企业	电动汽车车载充电机型号	电动汽车充电方式	车载充电机额定输入电压（V）、电流（A）和频率（Hz）	车载充电机输出电压（V）、电流（A）和功率（kW）	电动汽车充电插头/插座生产企业	电动汽车充电插头/插座型号	混合动力电动汽车是否允许外接充电	配套车型	车型产量（辆）
南车株洲电力机车研究所有限公司	SHCL26D	限流限压充电	400-720/120/直流	360-610/180/110	上海奥威科技发展有限公司	JD-2A	不适用	纯电动城市客车	1
青岛美凯麟科技有限公司	EVC-10/387/3.3	先恒流限压后恒压限流	176-264/16/50；	290-387/8/3.3	苏州工业园区多思达科技有限公司	DSI-EV16S/DSI-EV16P	N/A	纯电动客车	18
青岛美凯麟科技有限公司；北京嘉昌机电科技有限公司；深圳欣瑞特科技有限公司	EVC-10/387/3.3	先恒流限压后恒压限流	176-264/16/50	290-387/8/3.3	苏州工业园区多思达科技有限公司	DSI-EV16S/DSI-EV16P	N/A	纯电动厢式运输车	32
青岛美凯麟科技有限公司；北京嘉昌机电设备制造有限公司	EVC-10/387/3.3；JCF04S1P332-440v/7.5A	先恒流限压后恒压限流	176-264/16/50；186-264/16/50	290-387/8/3.3；290-440/8/3.3	深圳巴斯巴科技发展有限公司	BCGAVP（1）B0000C001/BCGAVRB0000GL001	N/A	纯电动轿车	742
山东久力电子科技有限公司	CX25.620×3L	车载式充电（内置）	220±15%/9/50-60)	76.8/20/1536	苏州多思达科技有限公司	DSI-EV-16P/ DSI-EV-16S	N/A	纯电动厢式运输车	3
上海边沿科技有限公司	BC7235	插电式	220/10/50	72/35/15	上海边沿科技有限公司	THY520	N/A	纯电动厢式货车	30
	BC7235	均衡充电	220/10/50	72/35/15	上海边沿科技有限公司	THY520	N/A	纯电动自卸车	30
上海瑞华（集团）有限公司	CDZN-600V/40A	恒流限压充电	380/17/50	600/40/30	美国 SMH 插接件公司（Systems Material Handling Co.）	SY175	N/A	纯电动城市客车	41
深圳市比亚迪汽车有限公司	KTZ54X60S-C06A	先恒流充电后恒压充电	380/63/50	400-600/100/40	深圳市比亚迪汽车有限公司	BCG-GDCP/R-001G（交流充电插头）/BCG-GACR-001G（交流充电插座）	N/A	纯电动城市客车	201
	BYDF3DM-2107010	恒流限压式充电	220/10/50	150-380/5/2	深圳市比亚迪汽车有限公司	BYDF3DM-2105810	允许	混合动力轿车	262
深圳市比亚迪汽车有限公司；深圳市比亚迪汽车有限公司	e6B；KTZ31X60S-C06A	恒流充电；先恒流后恒压	220/10/50；单相220V；三相380V；最大电流63A；频率50Hz	330/5/2；输出电压200V-400V电流0-100A最大功率40KW	深圳市比亚迪汽车有限公司；深圳市比亚迪汽车有限公司；深圳市比亚迪汽车有限公司	BCG-GDCR-001G（直流充电插座）；BCG-GDCP/R-001G（交流充电插头）；BCG-GACR-001G（交流充电插座）	N/A	纯电动轿车	1040
深圳市欣锐特科技有限公司	BEC2107100	恒流恒压	220/16/50	200-400/10/3	安费诺精密连接器（深圳）有限公司	BEC2107600/BEC2107220	N/A	纯电动轿车	9
沈阳金阳光电器有限公司	AC380650100	恒压限流充电	380/90/50	420/70/30	深圳巴斯巴科技发展有限公司	BCGDEP（2）1 10000G/BCGDVR（2）1 1000G	否	混合动力城市客车	1
台达电子股份有限公司	DAP-6000AB A	慢充	220/30/50	240-420/25-14/6	德尔福派克电气系统有限公司	慢充插头：PE213566；慢充插座：PE213594；快充插座：PE220859	N/A	纯电动轿车	103

续表

电动汽车车载充电机生产企业	电动汽车车载充电机型号	电动汽车充电方式	车载充电机额定输入电压(V)、电流(A)和频率(Hz)	车载充电机输出电压(V)、电流(A)和功率(kW)	电动汽车充电插头/插座生产企业	电动汽车充电插头/插座型号	混合动力电动汽车是否允许外接充电	配套车型	车型产量(辆)
微宏动力(湖州)系统有限公司	MV-AC220-DC380-4KW	感应式充电	265/50/65	380/12/4	N/A	N/A	是	混合动力城市客车	2
西安金石电气有限公司	DJC-45K3	恒压充电	DC600V ±20%/40A/N/A;380V 三相(手动切换)/40A/50HZ	DC460V ±1%/50A ±1%/23Kw	苏州工业园区多思达科技有限公司	插头:V2Z-DSI-EV32P;插座:V2Z-DSI-EL-EV32S	N/A	纯电动城市客车	30
浙江兰溪市天隆电子产品厂	ZY7245BM	恒压充电	220/16/50	72/45/3.2	三泰电气有限公司	ST-023/ ST-123	N/A	纯电动载货车	56
中航光电科技股份有限公司/中航光电科技股份有限公司	DQ-DC400A-9T/DQ-DC400A-9Z	恒流充电	N/A	N/A	N/A	N/A	N/A	纯电动城市客车	1
珠海英博尔电气有限公司	ipCHPC-7220	便携式(外置)	100-240VAC;15/11A;50/60HZ	96/25/2.4	威浦电器有限公司	TYP2601/TYP531	N/A	纯电动车厢可卸式垃圾车	15
	ipCHPC-7220	便携式(外置)	100-240VAC;15/11A;50/60HZ	96/25/2.4	威浦电器有限公司	TYP2601/TYP531	N/A	纯电动垃圾车	1
株洲达能科技有限公司	DHCZ-450/10	车载交流充电;地面直流充电	380/5/50	450/10/3.3	南京康尼科技实业有限公司	直流(KV-9E125-XS02-A/DL9-DC1000/250-C-T);交流(DSI-EV32P;DSI-EV32S)	N/A	纯电动工程车	12
	DHC-700.25	恒流恒压限流充电	380/55/50	700/25/20	南京康尼科技实业有限公司	DL9-DC1000/250-C-Z	N/A	纯电动城市客车	1
	DHC-700.25	N/A	N/A	N/A	南京康尼	DL9-DC1000/250-C-Z	是	混合动力城市客车	99

二、2013年1—3月关键零部件配套统计

(一)动力电池、超级电容

1.2013年1—3月纯电动汽车动力电池及超级电容配套数量(以企业名称拼音字母排序)

储能装置单体生产企业	电动汽车储能装置种类	储能装置单体型号	储能装置总储电量(kW·h)	车载能源管理系统生产企业	动力蓄电池箱是否具有快换装置	配套车型	车型产量(辆)
安徽恒基伟业科技有限公司	磷酸铁锂蓄电池	HJ29019173	326.4	合肥恒能新能源科技有限公司	否	纯电动客车	4
北大先行科技产业有限公司	磷酸铁锂	PUIFP25/110/270	76.8	惠州市亿能电子有限公司	有	纯电动压缩式垃圾车	12

续表

储能装置单体生产企业	电动汽车储能装置种类	储能装置单体型号	储能装置总储电量（kW·h）	车载能源管理系统生产企业	动力蓄电池箱是否具有快换装置	配套车型	车型产量（辆）
北京普莱德新能源电池科技有限公司	磷酸铁锂	29/135/220-60Ah	70	惠州市亿能电子有限公司	否	纯电动自装卸式垃圾车	2
			23	惠州市亿能电子有限公司	是	纯电动自卸式垃圾车	53
		29/135/220/72Ah	165.9	惠州市亿能电子有限公司	是	纯电动城市客车	1
		47/173/132.5-86Ah	138.7	惠州市亿能电子有限公司	是	纯电动城市客车	20
比克国际（天津）有限公司	磷酸铁锂蓄电池	2101AAQ	15.1	奇瑞汽车股份有限公司/埃泰克汽车电子（芜湖）有限公司	否	纯电动轿车	40
超威电源有限公司	铅酸蓄电池	12V100Ah	11.5	软件开发企业：福瑞德科技有限公司；硬件生产企业：江西江铃汽车集团改装车有限公司	否	纯电动车厢可卸式垃圾车	1
		6DM100（12V100Ah）	14.4	N/A	否	纯电动厢式运输车	3
超威电源有限公司；浙江天能电池有限公司；天能电池集团有限公司	铅酸	3DM180（超威）；6-DM-150Ah（天能）；2101AAE（天能）	9（6-DM-150Ah）；10.8（3DM180；2101AAE）	N/A	否	纯电动轿车	936
朝阳立塬新能源有限公司	磷酸铁锂蓄电池	36130185-60AH	312	惠州市亿能电子有限公司	无	纯电动客车	4
东莞新能源电池科技有限公司	磷酸铁锂离子动力蓄电池	VOD5N0	66.35	惠州市亿能电子有限公司	是	纯电动城市客车	2
广东五洲龙电源科技有限公司	磷酸铁锂	HEV100Ah	268.8	广东五洲龙电源科技有限公司	无	纯电动城市客车	30
			268.8	广东五洲龙电源科技有限公司	无	纯电动城市客车	30
合肥国轩高科动力能源有限公司	磷酸铁锂蓄电池	1865140	269	合肥国轩高科动力能源有限公司	N/A	纯电动客车	10
		1865140	215.2	国轩高科动力能源有限公司	否	纯电动客车	2
		IFP1865140A	20.16	合肥国轩高科动力能源有限公司	否	纯电动载货车	25
		IFP1865140A	20.16	合肥国轩高科动力能源有限公司	否	纯电动载货车	10
合肥国轩高科动力能源有限公司；华霆（合肥）动力技术有限公司；合肥国轩高科动力能源有限公司	磷酸铁锂动力电池	国轩：1865140；华霆：18650；国轩：1865140	国轩：16；华霆：15.5；国轩：20；19	惠州市亿能电子有限公司	无	纯电动轿车	229
合肥国轩高科动力能源有限公司；深圳市沃特玛电池有限公司	磷酸铁锂蓄电池；磷酸铁锂蓄电池	1865140；3.2V 10Ah	272	惠州市亿能电子有限公司	是	纯电动客车	2
		1865140；3.2V 10Ah	212.4	惠州市亿能电子有限公司	否	纯电动城市客车	67
合肥国轩高科动力能源有限责任公司	磷酸铁锂蓄电池	1865140	69.2（快换）/96（非快换）	合肥国轩高科动力能源有限责任公司	快换可选	纯电动扫路车	1
湖北京远新能源科技有限公司	磷酸铁锂蓄电池	JY-LiFe-3.2V60AHAI	20.35	N/A	无	纯电动自装卸式垃圾车	120

续表

储能装置单体生产企业	电动汽车储能装置种类	储能装置单体型号	储能装置总储电量(kW·h)	车载能源管理系统生产企业	动力蓄电池箱是否具有快换装置	配套车型	车型产量(辆)
惠州比亚迪电池有限公司	磷酸铁钴锂蓄电池	FADM07315	324	深圳市比亚迪汽车有限公司	N/A	纯电动城市客车	2
		FADM07315	63.4	深圳市比亚迪汽车有限公司；深圳市比亚迪汽车有限公司	无	纯电动轿车	58
江苏双登集团有限公司；上海恒动汽车电池有限公司	磷酸铁锂动力蓄电池	YZ-14180270；IFP32/101/192	18.4	江苏双登集团有限公司；上海恒动汽车电池有限公司	否	纯电动车厢可卸式垃圾车	25
力神迈尔斯动力电池系统有限公司	蓄电池	LP2770102	20.4	力神迈尔斯动力电池系统有限公司	否	纯电动轿车	10
美国A123电池系统有限公司	磷酸铁锂蓄电池	APP72161227	18	美国A123电池系统有限公司/美国A123电池系统有限公司	无	纯电动轿车	65
南京中大青山电动汽车有限公司	磷酸铁钒锂动力电池	ZDLFP13078238160	180	惠州市亿能电子有限公司	否	纯电动城市客车	1
深圳市沃特玛电池有限公司	磷酸铁锂电池	32650-5Ah	69.1	深圳市沃特玛电池有限公司	具有快换装置	纯电动垃圾车	1
			97.92	深圳市沃特玛电池有限公司	具有快换装置	纯电动洒水车	2
	锂离子蓄电池	32650-5Ah	35.8	惠州市亿能电子有限公司	N/A	纯电动工程车	51
苏州冠硕新能源有限公司	磷酸铁锂	GCE7490175A-75Ah	24；20	惠州市亿能电子有限公司；上海中科深江电动车辆有限公司	无	纯电动轿车	2
天津力神电池股份有限公司	磷酸铁锂电池	LP2770120	142	天津力神电池股份有限公司	是	纯电动城市客车	1
天空能源（洛阳）有限公司	磷酸铁锂	SE180AHA	57.6	N/A	是	纯电动轿车	5
			129.6	上海中科深江电动车辆有限公司	否	纯电动清洗车	4
天空能源（洛阳）有限公司；苏州冠硕新能源有限公司	磷酸铁锂	SE100AHA；GCE-74120175A-100Ah	30	上海中科深江电动车辆有限公司	无	纯电动轿车	12
天能电池集团有限公司	铅酸免维护电池	3-EVF-200	17.28	N/A	N/A	纯电动厢式货车	1
万向电动汽车有限公司	锂电池	L100-60-0001				电动轻型客车	1
	磷酸铁锂蓄电池	WX12I3250	161	哈尔滨冠拓电源设备有限公司；北京八恺电气科技有限公司	是	纯电动城市客车	30
	锂离子动力电池	WX12I3222	142	万向电动汽车有限公司	是	纯电动城市客车	10
万向电动汽车有限公司；山东润峰集团新能源科技有限公司	磷酸铁锂	WX12I3222；RFE-F24	20.3；22.1	万向电动汽车有限公司/杭州大有科技发展有限公司；杭州杰能动力有限公司/杭州大有科技发展有限公司	是	纯电动轿车	50

续表

储能装置单体生产企业	电动汽车储能装置种类	储能装置单体型号	储能装置总储电量（kW·h）	车载能源管理系统生产企业	动力蓄电池箱是否具有快换装置	配套车型	车型产量（辆）
万向电动汽车有限公司；协鑫动力新材料（盐城）有限公司	锂离子动力电池；锂离子动力电池	WX12I3260；3.8V 56Ah	161/180	万向电动汽车有限公司；协鑫动力新材料（盐城）有限公司	是	纯电动城市客车	20
微宏动力（湖州）有限公司	磷酸铁锂蓄电池	26650E	189.5	微宏动力（湖州）有限公司	否	纯电动城市客车	1
协鑫动力新材料（盐城）有限公司	锂电池	3.8V 56Ah	N/A	N/A	是	纯电动城市客车	4
浙江佳贝思绿色能源有限公司	磷酸铁锂	GBS-LFMP100Ah	32	惠州市亿能电子有限公司	无	纯电动多用途乘用车	1
浙江兴海能源科技有限公司；天空能源（洛阳）有限公司	磷酸铁锂电池	38120；SE100AHA	26.88；33.6	N/A	是	纯电动轻型客车	2
中航锂电（洛阳）有限公司	磷酸铁锂蓄电池	SE180AHA	55	惠州市亿能电子有限公司	有	纯电动垃圾车	27
			55	惠州市亿能电子有限公司	有	纯电动洒水车	4
			110	惠州市亿能电子有限公司	有	纯电动洒水车	38
		SE100AHA	35.8	惠州市亿能电子有限公司	否	纯电动工程车	16
			34.56	惠州市亿能电子有限公司	否	纯电动轻型客车	1
	锂离子电池	SE180AHA	270	惠州亿能电子有限公司	是	纯电动城市客车	5
中航锂电（洛阳）有限公司；中聚（天津）新能源投资有限公司	磷酸铁锂动力电池	CA66FI；SP－LFP66AHA	21.12	杭州大有科技发展有限公司	是	纯电动多用途乘用车	630
中山市恩留宁电源有限公司	阀控密封式铅酸电池	6-DM-250	18	无	否	纯电动载货车	2
中信国安盟固利动力科技有限公司	锂电池	SPIM23300260	143	惠州市亿能电子有限公司	有	纯电动洒水车	1
		SPIM23300260	N/A	N/A	N/A	纯电动城市客车	6
		SPIM23300260	142	惠州市亿能电子有限公司	是	纯电动城市客车	10
	锰酸锂蓄电池	SPIM14245190	27	惠州市亿能电子有限公司	是	纯电动桶装垃圾运输车	101
		SPIM23300260	71.1	惠州市亿能电子有限公司	是	纯电动自装卸式垃圾车	51
		SPIM14245190	27	惠州市亿能电子有限公司	是	纯电动桶装垃圾运输车	112
	锂离子蓄电池	SPIM23300260	65.7	惠州亿能电子有限公司	无	纯电动服务车	2
安耐信（北京）储能技术有限公司；上海三玖电气设备有限公司	磷酸铁锂蓄电池；无机电解质电极对称型超级电容	DLP85300320-250Ah；单体 UCEY-2.7V3000F 模块 UCEY-48/165F	272	上海瑞华（集团）有限公司	无	纯电动城市客车	1

2. 2013 年 1—3 月混合动力汽车动力电池、超级电容配套数量（以企业名称拼音字母排序）

储能装置单体生产企业	电动汽车储能装置种类	储能装置单体型号	超级电容器最小模块标称静电容量（F）	储能装置总储电量（kW·h）	储能装置总成质量（kg）	车载能源管理系统生产企业	动力蓄电池箱是否具有快换装置	配套车型	车型产量（辆）
PRIMEARTH EV ENERGY CO.；LTD.	金属氢化物镍蓄电池	G9281-47050	N/A	1.59	N/A	TOYOTA MOTOR CORPRATION/DENSO CORPRATION	否	混合动力轿车	781
比亚迪股份有限公司	磷酸铁锂蓄电池	FADM07305	N/A	17KWH	N/A	深圳市比亚迪汽车有限公司	否	混合动力轿车	23
常州高博能源材料有限公司	磷酸铁锂蓄电池	AHR32113Ultra-B	N/A	0.5	N/A	Delphi Automotive Systems Singapore Pte Ltd/Delphi Automotive Systems Singapore Pte Ltd	否	混合动力轿车	52
风帆股份有限公司	免维护铅酸蓄电池	6-DW-75	N/A	0.9	N/A	东风电动车辆股份有限公司	是	混合动力轿车	197
广东五洲龙电源科技有限公司	磷酸亚铁锂锂离子电池	HEV100Ah	N/A	33.3	N/A	西安冠通数源电子有限公司	否	混合动力城市客车	50
哈尔滨光宇电源股份有限公司	磷酸铁锂蓄电池	FP36170324A-100Ah	N/A	53.46	N/A	湖南南车时代电动汽车股份有限公司	是	混合动力客车	1
合肥国轩高科动力能源有限公司	磷酸铁锂蓄电池	1865140	N/A	187.2	N/A	合肥国轩高科动力能源有限公司	否	混合动力城市客车	1
			N/A	42.98	N/A	合肥国轩高科动力能源有限公司	否	混合动力城市客车	100
湖北京远新能源科技有限公司	磷酸铁锂蓄电池	JY-LiFe-3.2V100Ah-Al	N/A	57.6	N/A	惠州市亿能电子有限公司	无	混合动力城市客车	20
			N/A	96	N/A	北京海博思创科技有限公司	否	混合动力城市客车	50
力神迈尔斯动力电池系统有限公司	磷酸铁锂电池	LP2770120AC	N/A	35.9	N/A	捷源綠能科技（上海）有限公司	否	混合动力城市客车	53
日本 Panasonic EV Energy 株式会社	金属氢化物镍蓄电池	G9281-47050	N/A	1.31	N/A	日本丰田汽车公司/DENSO 株式会社	否	混合动力轿车	13
			N/A	1.31	N/A	日本丰田汽车公司/DENSO 株式会社	否	混合动力轿车	24
			N/A	1.31	N/A	日本丰田汽车公司/DENSO 株式会社	否	混合动力轿车	13
赛恩斯能源科技有限公司	磷酸铁锂电池	3.2V100Ah	NA	51	N/A	金龙联合汽车工业（苏州）有限公司	否	混合动力城市客车	1
			NA	51	N/A	金龙联合汽车工业（苏州）有限公司	否	混合动力城市客车	2
上海恒动汽车电池有限公司	磷酸铁锂电池	ZTF40E	N/A	42.24	N/A	中通客车控股股份有限公司	是	混合动力城市客车	30
			N/A	42.24	N/A	中通客车控股股份有限公司	是	混合动力城市客车	12
上海江森自控国际蓄电池有限公司	阀控密封铅酸蓄电池	D34	N/A	0.66	N/A	博世汽车部件（苏州）有限公司	否	混合动力轿车	77
	N/A	N/A	2.2	0.72	N/A	N/A	N/A	混合动力轿车	133
深圳市长河动力技术有限公司	磷酸铁锂蓄电池	PL20185270	N/A	20.74	N/A	深圳科列技术有限公司	否	混合动力城市客车	49
苏州新中能源科技有限公司	高功率锂离子电池	DPMP16N	N/A	5.53	N/A	苏州杰拓腾动力科技有限公司	无	混合动力城市客车	8
天津力神电池股份有限公司	磷酸铁锂蓄电池	LP2714897	N/A	12	N/A	惠州市亿能电子有限公司	否	混合动力轿车	20
万向电动汽车有限公司	磷酸铁锂离子电池	WX12I3222	N/A	5.5	N/A	启特动力（上海）有限公司	否	混合动力城市客车	2

续表

储能装置单体生产企业	电动汽车储能装置种类	储能装置单体型号	超级电容器最小模块标称静电容量（F）	储能装置总储电量（kW·h）	储能装置总成质量（kg）	车载能源管理系统生产企业	动力蓄电池箱是否具有快换装置	配套车型	车型产量（辆）
微宏动力（湖州）有限公司	钛酸锂电池	MPS02110T	N/A	40.15	N/A	微宏动力系统（湖州）有限公司	否	混合动力城市客车	255
中信国安盟固利动力科技有限公司	锂离子电池	SPIM08HP	N/A	5.76；5.53	N/A	惠州亿能电子有限公司	否	混合动力城市客车	2
		SPIM08HP	N/A	5.5	N/A	中信国安盟固利动力科技有限公司	否	混合动力城市客车	20
	锰酸锂蓄电池	ZTM16H	N/A	5.52	N/A	中通客车控股股份有限公司	N/A	混合动力城市客车	80
		SPIM14245190	不适用	28.6	N/A	惠州市亿能电子有限公司	否	混合动力城市客车	30
	锰基锂离子动力电池	SPIM08HP	N/A	5.76；5.53	N/A	惠州亿能电子有限公司	否	混合动力城市客车	37
重庆长安新能源汽车有限公司	金属氢化物镍蓄电池	ND06ACHN	N/A	0.884	N/A	重庆长安新能源汽车有限公司	无	混合动力轿车	117
美国麦克斯威（Maxwell）科技公司；LS Mtron Ltd.	超级电容；超级电容	BMOD0165 P048（单体型号）；48V/165F（单体规格）；2.8V/3000F	165；500	0.53；0.56	160；172	CPEV	否	混合动力城市客车	68
	有机电解质碳电极对称型超级电容器	BCAP3000 K2；LSUC 002R8P 3000F EA	165；166	0.87；0.94	216；275	厦门金龙旅行车有限公司	否	混合动力城市客车	1
		BCAP3000 K2；LSUC 002R8P 3000F EA	165；166	0.87；0.94	N/A	厦门金龙旅行车有限公司	否	混合动力城市客车	261
		BCAP3000 K2；LSUC 002R8P 3000F EA	165；166	0.87；0.94	N/A	厦门金龙旅行车有限公司	否	混合动力城市客车	179
美国麦克斯威（Maxwell）科技公司；凯迈嘉华（洛阳）新能源有限公司；LS Mtron Ltd.	超级电容；超级电容；超级电容	BCAP3000；UCPY3000F；LSUM050R4P0166FEA；LSUC002R8P3000FEA	165；165；166	0.53；0.53；0.55	N/A	湖南南车时代电动汽车股份有限公司	否；否；否	混合动力城市客车	42
美国麦克斯威（Maxwell）科技公司	超级电容	BCAP3000	165	0.53	N/A	CPEV	否	混合动力城市客车	60
		BCAP3000	165	NA	N/A	苏州海格新能源汽车电控系统科技有限公司	否	混合动力城市客车	2
		BCAP3000	165	NA	N/A	苏州海格新能源汽车电控系统科技有限公司	否	混合动力城市客车	6
		BCAP3000	165	50Aoh	N/A	海格新能源汽车电控系统科技有限公司	否	混合动力城市客车	71
		BCAP3000	165	50AoH	N/A	海格新能源汽车电控系统科技有限公司	否	混合动力城市客车	11
		BCAP3000	165	NA	N/A	苏州海格新能源汽车电控系统科技有限公司	否	混合动力城市客车	2
		BCAP3000 K2/BMOD0165	165	0.8448	N/A	N/A	否	混合动力电动城市客车	68
		BCAP3000 K2	165	0.4743	N/A	N/A	否	混合动力电动城市客车	1

续表

储能装置单体生产企业	电动汽车储能装置种类	储能装置单体型号	超级电容器最小模块标称静电容量（F）	储能装置总储电量（kW·h）	储能装置总成质量（kg）	车载能源管理系统生产企业	动力蓄电池箱是否具有快换装置	配套车型	车型产量（辆）
	无机电解质碳电极对称型超级电容	BCAP3000	165	0.8448	N/A	中通客车控股股份有限公司	N/A	混合动力城市客车	1
		BCAP3000 K2/BMOD0165	165	0.8448	N/A	N/A	否	混合动力电动城市客车	344
		BCAP3000 K2	165	0.8448	216	N/A	否	混合动力电动城市客车	253
		BCAP3000 K2	165	0.8448	N/A	N/A	否	混合动力电动城市客车	129
		BCAP3000	165	0.8448	N/A	N/A	否	混合动力电动城市客车	124
	有机电解质碳电极对称型超级电容器	BCAP3000 K2	165	0.87	N/A	厦门金龙旅行车有限公司	否	混合动力城市客车	6
美国麦克斯威（Maxwell）科技公司（超级电容）；厦门华锂能源有限公司（锂电池）	超级电容器；磷酸铁锂蓄电池	BCAP3000/BMOD0165（超级电容）；47115215-50Ah（锂电池）	165	38.4	N/A	深圳市清友能源技术有限公司	无	混合动力城市客车	45
		BCAP3000/BMOD0165（超级电容）；47115215-50Ah（锂电池）	165	38.4	N/A	深圳市清友能源技术有限公司	无	混合动力城市客车	100
		BCAP3000/BMOD0165（超级电容）；47115215-50Ah（锂电池）	165	38.4	N/A	深圳市清友能源技术有限公司	无	混合动力城市客车	48
美国麦克斯威（Maxwell）科技公司；微宏动力系统（湖州）有限公司	超级电容；磷酸铁锂蓄电池	BCAP3000 K2/BMOD0165；MPS0304P	165	34.5	N/A	微宏动力系统（湖州）有限公司	否	混合动力城市客车	1
		BCAP3000；18650	165	0.866；10.24	N/A	微宏动力系统（湖州）有限公司	否	混合动力城市客车	20
深圳市沃特玛电池有限公司；美国麦克斯威（Maxwell）科技公司	磷酸铁锂电池；超级电容	3.2V-100Ah；BCAP3000	165	电池：12.8；电容：0.55	N/A	深圳市沃特玛电池有限公司	否	混合动力城市客车	53
		32650-5Ah；BCAP3000	NA	NA	N/A	苏州海格新能源汽车电控系统科技有限公司	否	混合动力城市客车	56
万向电动汽车有限公司；美国麦克斯威（Maxwell）科技公司；深圳市沃特玛电池有限公司	锂离子蓄电池；超级电容；锂离子蓄电池	WX12I3222；BCAP3000；32650-5Ah	N/A；165；N/A	60.08；0.53；62.2	N/A	万向电动汽车有限公司；湖南南车时代电动汽车股份有限公司；深圳市沃特玛电池有限公司	否	混合动力城市客车	66

（二）驱动电机

1. 2013 年 1—3 月纯电动汽车驱动电机配套统计（以企业名称拼音字母排序）

电动汽车驱动电机生产企业	电动汽车驱动电机类型	电动汽车驱动电机型号	电动汽车驱动电机额定功率/转速/转矩（kW/r/min/N·m）	电动汽车驱动电机峰值功率/转速/转矩（kW/r/min/N·m）	电动汽车续驶里程（工况法；km）	最高车速（km/h）	配套车型	车型产量（辆）
安徽安凯汽车股份有限公司	交流异步电机	420YSXS100	100/950/1005	250/950/3000	240	80	纯电动客车	2
		420YS-XS100	100/950/1005	250/2400/2400	240	80	纯电动客车	4
北汽福田汽车股份有限公司	永磁同步电机	FTTB056	56/810/655	100/2500/2050	80	69	纯电动城市客车	2
		FTTB035	35/3000/110	70/8000/210	75	80	纯电动桶装垃圾运输车	213
		FTTB035	35/3000/110	70/8000/210	75	80	纯电动自卸式垃圾车	53
采埃孚传动技术（苏州）有限公司	异步感应电机	AS1619C	60/4200/136	120/3000/382	140（仅采用市区循环）	69	纯电动城市客车	1
常州华盛电机有限公司	三相交流异步电机	XYQ-7.5-1HV	7.5/2500/48	15/5900/140	N/A	80	纯电动厢式货车	1
大连电机集团有限公司	三相异步交流电机	MDPQ/S120-4-SJ	120/1480/774.3	210/5000/1568.4	N/A	69	纯电动城市客车	30
大洋电机新动力科技有限公司	交流永磁同步电动机	YTD115F01	115/2000/514	170/4500/850	130	69	纯电动城市客车	10
	永磁同步电机	YTD100W04	100/1000/955	150/3000/2800	100	69	纯电动城市客车	20
东方电气集团东风电机有限公司	交流异步电机	QYS100-6/400	100/950/1005	250/950/2400	210	69	纯电动城市客车	67
		QYS100-6/400	100/950/1005	250/950/2400	240	80	纯电动客车	2
广东大洋电机股份有限公司	永磁同步	YTD115F01	115/-/-	N/A	N/A	69	纯电动城市客车	6
杭州杰能动力有限公司	交流异步电机	JNMP30L0	30/3500/82	75/9000/240	80	120	纯电动轿车	50
湖南南车时代电动汽车股份有限公司	交流	TYC-168-260-8-C	40/2250/170	90/6000/220	180	100	纯电动服务车	2
	三相异步交流电机	JD147A	80/-/-	180/4500/1600	N/A	69	纯电动城市客车	5
	交流异步	JD156	100 /1178/810	150/3000/2500	80	80	纯电动洒水车	44
	永磁同步	TQD101D	45/2150/200	90/6000/450	80	75	纯电动垃圾车	28
	永磁同步电机	JD163	35/3038/110	75/12000/220	130	95	纯电动工程车	67
华域汽车电动系统有限公司	永磁同步电机	230TY28K	28/3000/90	52/3200/155	140	130	纯电动轿车	65
江苏奥新新能源汽车有限公司	三相交流异步电机	JY10-4/100	10/2950/33	20/5000/116.3	N/A	72	纯电动车厢可卸式垃圾车	25
	水冷变频感应电机	WTGSDJ-30A	30/3600/80	90/6000/240.8	N/A	120	纯电动轿车	5
南昌福瑞德科技有限公司	交流异步电机	FRDY103012A0	10/3000/32	20/5600/100	N/A	80	纯电动车厢可卸式垃圾车	1
纽贝耳汽车（杭州）有限公司	永磁直流无刷电机	ZYBLDC7210C	8/3500/22	17.5/3500/47.8	90	75	纯电动载货车	2
		ZYBLDC7210C	8/3500/22	17.5/3500/47.8	100	80	纯电动载货车	35
	永磁无刷直流电机	BLT11/27-3000/312	11/3000/35	27/6000/220	N/A	100	纯电动轻型客车	3

续表

电动汽车驱动电机生产企业	电动汽车驱动电机类型	电动汽车驱动电机型号	电动汽车驱动电机额定功率/转速/转矩(kW/r/min/N · m)	电动汽车驱动电机峰值功率/转速/转矩(kW/r/min/N · m)	电动汽车续驶里程(工况法;km)	最高车速(km/h)	配套车型	车型产量(辆)
上海大郡动力控制技术有限公司	永磁磁阻电机	0200WA	100/800/1250	200/3000/2500	N/A	69	纯电动城市客车	61
上海大郡动力控制技术有限公司	永磁磁阻电机	O110WA	45/3000/144	110/9000/350	100	100	纯电动轻型客车	1
上海电驱动有限公司	永磁同步	2103AAD;2103AAK	6/1600/36(2103AAD); 6/3000/19(2103AAK)	12/1600/72	≥60;≥70	80;70	纯电动轿车	936
上海电驱动有限公司	交流永磁同步电机	190ZWS011	8/2400/32	20/3800/82	≥60	75	纯电动厢式货车	3
上海电驱动有限公司; 奇瑞汽车股份有限公司	永磁同步电机	2103AAC(上海); 2103AAG(奇瑞)	29/3000/92	40/2600/145	80	120	纯电动轿车	40
上海南洋电机有限公司	三相交流异步电机	YQSL250L1-4	90/993/866	250/2221/2420	N/A	69	纯电动城市客车	1
上海中科深江电动车辆有限公司	交流永磁同步电动机	SJ2103P030-L1	30/2700/107	60/7000/213	130	125	纯电动轿车	2
上海中科深江电动车辆有限公司	交流永磁同步电动机	SJ2103P20-C	20/-/-	40/7000/150	N/A	100	纯电动轿车	12
上海中科深江电动车辆有限公司	三相交流永磁同步电机	SJ2103P50-B	50/2000/238	80/5000/382	60	70	纯电动清洗车	4
深圳市比亚迪汽车有限公司	永磁同步电机	BYD-TYC90A	75/2500/280	90/2500/350	250	69	纯电动城市客车	2
深圳市比亚迪汽车有限公司	永磁同步电机	BYD-TYC120A	75/2550/280	120/2550/450	322	140	纯电动轿车	58
深圳市大地和电气有限公司	永磁同步电机	GLMP25L1	40/3000/127	80/6000/250	N/A	100	纯电动多用途乘用车	1
深圳市大地和电气有限公司	永磁同步电机	GLMP25L1	40/3000/127	80/6000/250	120	80	纯电动扫路车	1
万向电动汽车有限公司	三相交流感应电机	YCVF250L-4	100/1480/637	200/3600/1244	N/A	69	纯电动城市客车	20
万向电动汽车有限公司;深圳市大地和电气有限公司;启特动力(上海)有限公司;湖南南车时代电动汽车股份有限公司	三相交流感应电机; 三相交流感应电机; 三相交流感应电机; 三相交流感应电机	YCVF250L-4;GLMP280L0; KSS-STW-120kW-PSM; JD188	100/1480/637;120/1000/1200; 120/2550/450;100/1000/955	200/3600/1244; 180/2800/2800; 170/6000/608; 200/3000/2500	N/A	69	纯电动城市客车	10
武汉理工通宇新源动力有限公司	三相异步	WTEMT100/4-08/4-0	80/1600/477	160/3200/954	N/A	80	纯电动客车	10
西门子电气传动有限公司	交流异步	1PV5135-4WS28	67/4000/160	180/10000/430	N/A	69	纯电动城市客车	4
西门子电气传动有限公司	交流感应电机	1PV5138	85/3650/220	150/3650/392	240	80	纯电动客车	4
现代 MOBIS 汽车株式会社	三相异步电机	36500-0E010	22/2210/95	50/9500/167	N/A	130	纯电动轿车	10
襄樊特种电机有限公司	交流异步电机	YCVF250L-4C	100/1480/637	200/3000/1273	N/A	80	纯电动城市客车	1

续表

电动汽车驱动电机生产企业	电动汽车驱动电机类型	电动汽车驱动电机型号	电动汽车驱动电机额定功率/转速/转矩（kW/r/min/N ·m）	电动汽车驱动电机峰值功率/转速/转矩（kW/r/min/N ·m）	电动汽车续驶里程（工况法；km）	最高车速（km/h）	配套车型	车型产量（辆）
襄樊宇清电动车有限公司	交流异步电机	YCVF250L-4C	100/1480/637	200/3000/1244	N/A	69	纯电动城市客车	1
襄阳宇清传动科技有限公司	变频调速电动机	YCVF160S-4	22/3263/64	44/6500/128	80	50	纯电动自装卸式垃圾车	120
永康市斯科若电器有限公司	交流异步电机	SCRMP10U1	10/3000/32	20/6500/103	120	80	纯电动多用途乘用车	630
浙江尤奈特电机有限公司；安徽巨一自动化装备有限公司	永磁直流无刷电机	BLT11/27-3000/312；JEEMC01002B	11/3000/35；13/3000/41.4	27/6000/170；42/6000/165	100	95	纯电动轿车	229
中山大洋电机股份有限公司	三相永磁同步电机	BOMM130/170-I	130/2100/590	170/4500/774	150	80	纯电动洒水车	1
		BOMM060/110-I	60/3500/164	110/5500/300	130	80	纯电动压缩式垃圾车	12
		BOMM060/110-I	60/3500/164	110/5500/300	130	80	纯电动自装卸式垃圾车	53

2. 2013 年 1—3 月混合动力汽车驱动电机配套统计（以企业名称拼音字母排序）

电动汽车驱动电机生产企业	电动汽车驱动电机类型	电动汽车驱动电机型号	电动汽车驱动电机额定功率/转速/转矩（kW/r/min/N ·m）	电动汽车驱动电机峰值功率/转速/转矩（kW/r/min/N ·m）	电动汽车续驶里程（工况法；km）	混合动力汽车电功率比（%）	发动机型号	发动机生产企业	排量（mL）	功率（kW）	油耗	最高车速（km/h）	配套车型	车型产量（辆）
大连天元电机有限公司	三相感应交流电机	YPQ220M-6	90/734/1200	153/3200/1800	N/A	52.22	YC6J190N-40	广西玉柴机器股份有限公司	6494	140	N/A	69	混合动力城市客车	50
大陆汽车系统（天津）有限公司	交流异步电机	HVMHIM	8/3000/25.5	20/3500/60	N/A	16.9	18K4G	上海汽车集团股份有限公司	1796	118	7.5	205	混合动力轿车	52
福建福工混合动力技术有限公司	交流异步电机	FGHEV3E 120-96	96/800/1146	165/3000/1973	N/A	51	YC6J200-42	广西玉柴机器股份有限公司	6500	147	26	69	混合动力城市客车	45
		FGHEV3E 120-96	96/800/1146	165/3000/1973	N/A	51	WP7NG210E50	潍柴动力西港（潍坊）新能源发动机有限公司	7140	155	N/A	69	混合动力城市客车	100
		FGHEV3E 120-96	96/800/1146	165/3000/1973	N/A	52.6	YC6J200-42	广西玉柴机器股份有限公司	6500	147	25	69	混合动力城市客车	48
		FGHEV3E 120-96	96/800/1146	165/80001973	N/A	52.5	WP7NG210E50	潍柴动力西港（潍坊）新能源发动机有限公司	7140	155	N/A	69	混合动力城市客车	20
	三相交流异步电机	FGHEV3E 120-96	96/800/1146	165/3000/1973	N/A	51.5	YC6J200-42	广西玉柴机器股份有限公司	6500	147	18	69	混合动力城市客车	1

续表

电动汽车驱动电机生产企业	电动汽车驱动电机类型	电动汽车驱动电机型号	电动汽车驱动电机额定功率/转速/转矩(kW/r/min/N·m)	电动汽车驱动电机峰值功率/转速/转矩(kW/r/min/N·m)	电动汽车续驶里程(工况法；km)	混合动力汽车电功率比(%)	发动机型号	发动机生产企业	排量(mL)	功率(kW)	油耗	最高车速(km/h)	配套车型	车型产量(辆)
福建尤迪电机有限公司	三相异步电机	HC-HDM109610	96/800/1146	165/3000/1973	NA	65	YC6J210N-40	广西玉柴机器股份有限公司	6500	155	N/A	69	混合动力城市客车	2
		HC-HDM109610	96/800/1146	165/3000/1973	NA	65	YC6J200-42	广西玉柴机器股份有限公司	6500	147	26	69	混合动力城市客车	2
		HC-HDM109610	96/800/1146	165/3000/1972	N/A	59	YC6J220-42	广西玉柴机器股份有限公司	6500	162	28	69	混合动力城市客车	71
		HC-HDM109610	96/800/1146	165/3000/1972	N/A	59	YC6J210N-40	广西玉柴机器股份有限公司	6500	155	N/A	69	混合动力城市客车	11
		HC-HDM109010	90/800/780	155/3000/1950	NA	51	YC6J200-42	广西玉柴机器股份有限公司	6500	147	24	69	混合动力城市客车	6
		HC-HDM109010	90/800/780	155/3000/1950	NA	61.20	YC6J190N-40；YC6J210N-40；WP7NG210E40	广西玉柴机器股份有限公司；广西玉柴机器股份有限公司；潍柴动力西港（潍坊）新能源发动机有限公司	6500；6494；7140	140；155；155	N/A	69	混合动力城市客车	56
		YHD280M-96	96/800/1890	165/3000/1890	N/A	106	YC6J210N-40；WP7NG210E40	广西玉柴机器股份有限公司；潍柴动力西港（潍坊）新能源发动机有限公司	6454；7140	155；155	N/A	69	混合动力城市客车	53
广西三立科技发展有限公司	永磁同步电机	SL-DM-120	92/1450/606	120/2800/791	N/A	50.22	YC6J210N-40	广西玉柴机器股份有限公司	6454	155	N/A	69	混合动力城市客车	53
		SL-DM-120	92/1450/606	120/2800/791	N/A	81.6	YC6J200-42	广西玉柴机器股份有限公司	6500	147	32	69	混合动力城市客车	49
哈尔滨电机厂（昆明）有限责任公司	交流异步电动机	YQD280-6-75-90	90/750/1146	185/3000/2500	NA	185	D19TCID1	昆明雷默动力系统有限公司	1850	100	N/A	69	混合动力城市客车	1
湖南南车时代电动汽车股份有限公司	永磁电机	TQD101	45/2700/159	60/5000/250	N/A	40.81；37.04；37.97；38.71	YC6J200-30；YC6J220-30；SC8DK215Q3；WP7.210E30	广西玉柴机器股份有限公司；广西玉柴机器股份有限公司；上海柴油机股份有限公司；潍柴动力股份有限公司	6500；6500；8270；7140	147；162；158；155	N/A	69	混合动力城市客车	68

续表

电动汽车驱动电机生产企业	电动汽车驱动电机类型	电动汽车驱动电机型号	电动汽车驱动电机额定功率/转速/转矩（kW/r/min/N·m）	电动汽车驱动电机峰值功率/转速/转矩（kW/r/min/N·m）	电动汽车续驶里程（工况法；km）	混合动力汽车电功率比（%）	发动机型号	发动机生产企业	排量（mL）	功率（kW）	油耗	最高车速（km/h）	配套车型	车型产量（辆）
	异步牵引电动机	JD160	110/1167/900	150/3000/2500	N/A	88.24；84.75	SC8DK230Q4；YC6G240-40	上海柴油机股份有限公司；广西玉柴机器股份有限公司	8270；7800	170；177	25.4	69	混合动力城市客车	42
		JD156	100/1178/810	150/573-2000/2500	N/A	150	D19TCID1	昆明雷默动力系统有限公司	1800	100	20.5	68	混合动力城市客车	66
	永磁同步电机	TQD101	45/2700/159	60/5000/250	N/A	37.04	YC6J220-42；SC8DK215Q4	广西玉柴机器股份有限公司；上海柴油机股份有限公司	6500；8270	162；158	27.1	69	混合动力城市客车	60
		JD178	60/320/1800	130/1100/3300	N/A	162.5	JX493ZLQ4	江铃汽车股份有限公司	2771	80	10.5	80	混合动力客车	1
雷米电机（中国）有限公司	混合励磁同步电机	BAS-44M-02	1.1/500/21	1.1/500/21	N/A	1.40	N6A 10FX3A PSA	神龙汽车有限公司	1587	78	6.8	187	混合动力轿车	197
美国伊顿公司；上海电驱动有限公司	永磁同步电机	A-7811；368TYZ-XIS03B	26/1000/252；30/1200/239	44/2600/420；50/3000/400	N/A	22.6；21.1；25.2；23.6	ISBE4＋205BISBE4＋225BYC6J220-42YC6J200-42	康明斯公司；康明斯公司；广西玉柴机器股份有限公司；广西玉柴机器股份有限公司	6700；6700；6500；6500	151 165 162 147	N/A	69	混合动力城市客车	2
		A-7811；368TYZ-XIS03B	26/1000/252；30/1200/239	44/2600/420；50/3000/400	N/A	22.2；24.7	YC6J210N-40	广西玉柴机器股份有限公司	6494	155	N/A	69	混合动力城市客车	37
南京绿控传动科技有限公司	永磁同步电机	368TYZ-XIS02B	94/1800/500	121/2800/750	N/A	51.5	YC6J200-42	广西玉柴机器股份有限公司	6500	147	34	68	混合动力城市客车	8
南京绿控传动科技有限公司；上海电驱动有限公司	永磁同步电机	368TYZ-XIS03H；368TYZ-XIS03H	94/1800/500；94/1800/500	121/2800/750；120/2800/700	N/A	51	YC6J190N-40	广西玉柴机器股份有限公司	6454	140	N/A	69	混合动力城市客车	255
启特动力（上海）有限公司	异步电动机	YCVF280M-8G	67/784/804	130/784/1608	N/A	40.8	YC6J220-30	广西玉柴机器股份有限公司	6500	162	25	69	混合动力城市客车	2
日本丰田汽车公司	永磁同步电机	3JM	16/3940/38.8	60/13500/207	N/A	82	5ZR	日本丰田汽车公司	1798	73	4.3	180	混合动力轿车	50
赛恩斯能源科技有限公司	交流异步电动机	YPQ280M-6M	90/622/1380	165/2500/2532	NA	115.70	YC4FA130-40	广西玉柴机器股份有限公司	2982	95	N/A	69	混合动力城市客车	2
上海安乃达驱动技术有限公司；上海大郡动力控制技术有限公司	永磁同步电动机；永磁同步电动机	270ZWS001；DJ-2103-065-A0	42/4000/100；42/1250/320	90/11500/210；65/3000/500	N/A	29.03	ISBE4＋225B；YC6J200-42；WP7.210E40	康明斯公司；广西玉柴机器股份有限公司；潍柴动力股份有限公司	6700；6500；7140	165；147；155	N/A	69	混合动力城市客车	20

续表

电动汽车驱动电机生产企业	电动汽车驱动电机类型	电动汽车驱动电机型号	电动汽车驱动电机额定功率/转速/转矩(kW/r/min/N·m)	电动汽车驱动电机峰值功率/转速/转矩(kW/r/min/N·m)	电动汽车续驶里程(工况法；km)	混合动力汽车电功率比(%)	发动机型号	发动机生产企业	排量(mL)	功率(kW)	油耗	最高车速(km/h)	配套车型	车型产量(辆)
上海电驱动有限公司	永磁同步电机	359TYZ-XS02B	84/2000/300	147/7500/700	不适用	111	YC6J180-30	广西玉柴机器股份有限公司	6500	132	23	69	混合动力城市客车	30
	交流异步电机	270TYZ-XS02R	42/4000/100	90/11500/210	N/A	58.1	YC6J210N-40；WP7NG210E40	广西玉柴机器股份有限公司；潍柴动力西港（潍坊）新能源发动机有限公司	6494；7140	155；155	N/A	69	混合动力城市客车	80
深圳市比亚迪汽车有限公司	永磁同步电机	F3DMB-2103	37/1400/250	50/6000/350	60	59.68	BYD371QA	比亚迪汽车有限公司	998	50	2.67	150	混合动力轿车	23
天津市松正电动汽车股份有限公司	交流异步电机	MIM090-384S	100/800/1194	140/2600/1800	40	90.32；106.1	WP7.210E40Y C6J180-42YC6 J200-42	潍柴动力股份有限公司；广西玉柴机器股份有限公司；广西玉柴机器股份有限公司	7140；6500；6500	155 132 147	27.5；25.8；26.5	69	混合动力城市客车	1
TOYOTA MOTOR CORPORATION	永磁同步电机	2JM	22/5100/41.2	44/4500/93	N/A	37.20	4AR	广汽丰田发动机有限公司	2494	118	5.3	180	混合动力轿车	781
西门子电气传动有限公司	交流异步	1PV5138	85/3680/220	150/10000/400	207	100	YC4D140-41	广西玉柴机器股份有限公司	4200	103	20	69	混合动力城市客车	1
		1PV5138	85/3680/220	150/10000/400	48	100	YC4D140N-40	广西玉柴机器股份有限公司	4214	103	N/A	69	混合动力城市客车	100
厦门金龙旅行车有限公司	交流异步电机	GHS280M-4A	100/1200/796	180/3000/2140	N/A	116.1；116.1	YC6J210N-40；WP7NG210E40	广西玉柴机器股份有限公司；潍柴动力西港（潍坊）新能源发动机有限公司	6494；7140	155；155	N/A	69	混合动力城市客车	7
		GHS280M-4	90/800/1050	155/3000/1950	N/A	105.4	YC6J200-42；SC7H200Q4	广西玉柴机器股份有限公司；上海柴油机股份有限公司	6500；6440	147；147	24.8	69	混合动力城市客车	179
		GHS280M-4	90/800/1050	155/3000/1950	N/A	105.4	YC6J200-42；SC7H200Q4	广西玉柴机器股份有限公司；上海柴油机股份有限公司	6500；6440	147；147	23.7	69	混合动力城市客车	261
襄阳宇清传动科技有限公司	三相交流变频异步电机	YCVF280M-8C	110/1335/778	220/2700/1556	33	55	YC6J210N-40	广西玉柴机器股份有限公司	6454	155	N/A	69	混合动力城市客车	20
	交流异步电动机	YCVF280M-8C	110/1335/778	220/2700/1556	90	56.00	NQ200N4	东风南充汽车有限公司	5638	147	N/A	69	混合动力城市客车	50

续表

电动汽车驱动电机生产企业	电动汽车驱动电机类型	电动汽车驱动电机型号	电动汽车驱动电机额定功率/转速/转矩(kW/r/min/N·m)	电动汽车驱动电机峰值功率/转速/转矩(kW/r/min/N·m)	电动汽车续驶里程(工况法;km)	混合动力汽车电功率比(%)	发动机型号	发动机生产企业	排量(mL)	功率(kW)	油耗	最高车速(km/h)	配套车型	车型产量(辆)
郑州宇通客车股份有限公司	三相交流异步电机	YTM280-CV2	95/800/1100	180/3000/2100	N/A	122.45	YC6J200-42	广西玉柴机器股份有限公司	6500	147	23.7	69	混合动力电动城市客车	253
		YTM280-CV2	95/800/1100	180/3000/2100	N/A	122.45	YC6J200-42	广西玉柴机器股份有限公司	6500	147	22.7	69	混合动力电动城市客车	129
		YTM280-CV2	95/800/1100	180/3000/2100	N/A	116.12	YC6J210N-40	广西玉柴机器股份有限公司	6494	155	N/A	69	混合动力电动城市客车	68
		YTM280-CV2	95/800/1100	180/3000/2100	N/A	116.12	YC6J210N-40	广西玉柴机器股份有限公司	6494	155	N/A	69	混合动力电动城市客车	344
		YTM280-CV2	95/800/1100	180/3000/2100	N/A	119.20	ISBE4+205B;YC6J200-42	康明斯公司;广西玉柴机器股份有限公司	6700;6500	151;147	N/A	69	混合动力电动城市客车	124
	永磁同步电机	YTM280-CV4-L	110/700/1500	147/3000/2006	N/A	90.74	YC6J220-42;YC6G240-40	广西玉柴机器股份有限公司;广西玉柴机器股份有限公司	6500;7800	162;177	23.1;22.4	69	混合动力电动城市客车	1
中达光电工业(吴江)有限公司	永磁同步电机	ECMV-BR306AMJ	30/3000/96	58/9200/185	55	156.8	HFC3GB4.C1	安徽江淮汽车股份有限公司	999	37	2.8	120	混合动力轿车	20
中通客车控股股份有限公司	三相交流感应电机	ZTM100-2400	100/1200/800	200/3500/2400	35	129	WP7NG210E40	潍柴动力西港(潍坊)新能源发动机有限公司	7140	155	N/A	69	混合动力城市客车	30
		ZTM100-2400	100/1200/800	200/3500/2400	N/A	129	WP7.210E40	潍柴动力股份有限公司	7140	155	19.84	69	混合动力城市客车	12
重庆长安新能源汽车有限公司	永磁同步内转子电机	SL000AQL	13-/-	19.5/6000/110	N/A	22.94	JL475Q3	重庆长安汽车股份有限公司	1497	72	6.4	170	混合动力轿车	117

(三)2013年1—3月部分纯电动汽车车载充电机配套情况(以企业名称拼音字母排序)

电动汽车车载充电机生产企业	电动汽车车载充电机型号	电动汽车充电方式	车载充电机额定输入电压(V)/电流(A)/频率(Hz)	车载充电机输出电压(V)/电流(A)/功率(kW)	配套车型	配套车型数量(辆)
艾默生网络能源有限公司	S18-2107010	恒压限流充电	176-264/10/50	250-380/5.2/2	纯电动轿车	40
艾默生网络能源有限公司	SAIC3300-7438	传导充电	220/16/50	250-380/14/3.3	纯电动轿车	65

续表

电动汽车车载充电机生产企业	电动汽车车载充电机型号	电动汽车充电方式	车载充电机额定输入电压（V）/电流（A）/频率（Hz）	车载充电机输出电压（V）/电流（A）/功率（kW）	配套车型	配套车型数量（辆）
艾默生网络能源有限公司 杭州铁城信息科技有限公司 奇瑞新能源汽车技术有限公司	S11-2107010（杭州铁城） S11-2107010CA（艾默生） S11-2107010DA（奇瑞） S11-2107010BB（杭州铁城）	恒流充电、恒压充电、恒压限流充电、脉冲充电	220/8/50；220/14/50	54-73.5/20/1.5；54-73.5/30/2.2；18-96/16/1.5	纯电动轿车	936
北京嘉昌机电设备有限公司	JC04S1P332-440V7.5A	快充/慢充	220/16/50	300-440/0-11/3.3	纯电动自卸式垃圾车	53
北京嘉昌机电设备制造有限公司	JC04S1P332-440V7.5A	先恒流后恒压	220/16/50	300-440/0-11/3.3	纯电动桶装垃圾运输车	101
北京嘉昌机电设备制造有限公司	JC04S1P332-440V7.5A	先恒流后恒压	220/16/50	300-440/0-11/3.3	纯电动桶装垃圾运输车	112
北京嘉昌机电设备制造有限公司	JC-400V/8A	恒压充电	220/0-8/45-60	400/0-8/3.2	纯电动多用途乘用车	1
杭州铁成信息科技有限公司	TCCH-H192-24	程序控制的限压恒流充电	220/16/50	153/24/4	纯电动车厢可卸式垃圾车	25
杭州铁成信息科技有限公司	TCCH-H96V-25A	三段式充电：初段恒流充电、二段恒压充电、三段涓流浮冲	100-240/11/50	1.5，60-96/25/2	纯电动多用途乘用车	630
杭州铁城信息科技有限公司	TCCH-320-6	车载/快充	220/10/50	360/6/2.2	纯电动轿车	50
杭州铁城信息科技有限公司	TCCH-312V-6A	恒流充电	220/16/50	312/6/2	纯电动轿车	5
杭州铁城信息科技有限公司	TCCH-H417V-11A	恒压限流充电	220/19/50	417/11/4	纯电动轻型客车	1
杭州铁城信息科技有限公司	TCCH-312V-6A	恒流充电	220/16/50	312/6/2	纯电动轻型客车	2
杭州铁城信息科技有限公司	TCCH-360-06	慢充	85-265/16/45-65	312/6/2	纯电动轿车	229
杭州铁城信息科技有限公司	TCCH-7225	恒压、恒流充电	220/9/50	144/25/2	纯电动厢式运输车	3
杭州铁城信息科技有限公司	TCCH-H90-40	恒流转恒压	220/14/50	87.6/40/3	纯电动载货车	25
杭州铁城信息科技有限公司	TCCH-H389-6	恒流恒压	220/10/50	250-360/6/2	混合动力轿车	20
杭州铁城信息科技有限公司	TCCH-H90-40	恒流转恒压	220/14/50	87.6/40/3	纯电动载货车	10
湖南南车时代电动汽车股份有限公司	TGX1	先恒流充电，再恒压充电，恒流充电与恒压充电相结合的方式	N/A	N/A	纯电动服务车	2
湖南南车时代电动汽车股份有限公司	TGX3	先恒流限压 后恒压降流	340-420/150/50	250-480/150/75	纯电动城市客车	5
江苏嘉钰新能源有限公司	JYNP-0-380-18	整车充电/快换电池	N/A	N/A	纯电动扫路车	1
江苏首旺新能源汽车零部件有限公司	2107010-D10301-0618	插电式，CAN	180-260/18/45-65	260-390/8-12/4	纯电动自装卸式垃圾车	120
南昌福瑞德科技有限公司	TCCH-168-10	车载充电/非车载直流快速充电	220/12/50	182/15/2.5	纯电动车厢可卸式垃圾车	1

续表

电动汽车车载充电机生产企业	电动汽车车载充电机型号	电动汽车充电方式	车载充电机额定输入电压（V）/电流（A）/频率（Hz）	车载充电机输出电压（V）/电流（A）/功率（kW）	配套车型	配套车型数量（辆）
上海边沿科技有限公司	BC7235	插电式	220/10/50	72/35/15	纯电动厢式货车	1
深圳市比亚迪汽车有限公司	BYDF3DM-2107010	恒流限压式充电	220/10/50	150-380/5/2	混合动力轿车	23
深圳市比亚迪汽车有限公司	KTZ54X60S-C06A	先恒流充电后恒压充电	380/63/50	400-600/100/40	纯电动城市客车	2
深圳市比亚迪汽车有限公司 深圳市比亚迪汽车有限公司	e6B，KTZ31X60S-C06A	恒流充电，先恒流后恒压	220/10/50，220/380/63/50	330/5/2；200-400/0-100/40	纯电动轿车	58
深圳市欣锐特科技有限公司	BEC2107100	恒流恒压	220/16/50	200-400/10/3	纯电动轿车	2
万都（株）式会社	36400-0E100	车载充电机/快充接口	220/16/50	250-450/13/3.3	纯电动轿车	10
浙江兰溪市天隆电子产品厂	ZY7245BM	恒压充电	220/16/50	72/45/3.2	纯电动载货车	2
株洲达能科技有限公司	DHC-700.25	N/A	N/A	N/A	混合动力城市客车	53
株洲达能科技有限公司	DHCZ-450/10	车载交流充电，地面直流充电	380/5/50	450/10/3.3	纯电动工程车	16
株洲达能科技有限公司	DHCZ-450/10	车载交流充电，地面直流充电	380/5/50	450/10/3.3	纯电动工程车	51

第七篇
示范推广数据统计

一、累计推广数量统计

序号	应用城市	车辆类型	2011 年推广数量（辆）	2012 年推广数量（辆）	合计（辆）
1	深圳市	纯电动客车	279	1000	4157
		纯电动乘用车	358	666	
		混合动力客车	1350	0	
		混合动力乘用车	287	197	
		混合动力双层城市客车	20	0	
2	北京市	纯电动客车	0	310	3711
		纯电动乘用车	520	750	
		纯电动专用车	1000	1065	
		混合动力客车	0	66	
3	合肥市	纯电动客车	250	102	3496
		纯电动乘用车	1000	2142	
		混合动力客车	2	0	
4	郑州市	纯电动客车	7	0	1618
		纯电动乘用车	52	0	
		纯电动专用车	11	0	
		混合动力客车	431	1117	
5	沈阳市	混合动力客车	40	140	1408
		混合动力乘用车	403	825	
6	杭州市	纯电动乘用车	229	380	1396
		纯电动轻型客车	81	78	
		纯电动专用车	5	0	
		混合动力客车	369	214	
		混合动力乘用车	9	31	
7	武汉市	纯电动客车	10	10	1307
		纯电动乘用车	15	15	
		纯电动专用车	1	1	
		混合动力客车	200	705	
		混合动力乘用车	0	350	
8	广州市	纯电动客车	0	50	1220
		混合动力客车	300	870	
9	海口市	纯电动客车	30	60	1042
		纯电动乘用车	27	253	
		混合动力客车	50	472	
		混合动力乘用车	34	116	
10	长株潭地区	混合动力客车	588	444	1032
11	重庆市	纯电动客车	6	25	862
		混合动力客车	50	450	
		混合动力乘用车	317	14	

续表

序号	应用城市	车辆类型	2011 年推广数量（辆）	2012 年推广数量（辆）	合计（辆）
12	成都市	纯电动客车	30	129	755
		纯电动乘用车	2	221	
		纯电动专用车	14	269	
		混合动力客车	0	90	
13	上海市	纯电动客车	0	30	635
		纯电动乘用车	5	311	
		纯电动专用车	0	3	
		混合动力客车	0	4	
		混合动力乘用车	9	273	
14	大连市	纯电动客车	36	25	578
		纯电动专用车	77	0	
		混合动力客车	60	30	
		混合动力乘用车	0	350	
15	苏州市	纯电动客车	2	0	523
		纯电动乘用车	0	10	
		混合动力客车	50	461	
16	南昌市	纯电动客车	10	0	508
		纯电动专用车	5	36	
		混合动力客车	76	101	
		混合动力乘用车	183	6	
17	青岛市	纯电动客车	40	450	490
18	济南市	纯电动乘用车	26	0	426
		混合动力客车	100	300	
19	唐山市	纯电动客车	0	30	314
		混合动力客车	6	106	
		混合动力乘用车	0	172	
20	厦门市	纯电动轻型客车	32	0	309
		纯电动乘用车	1	7	
		混合动力客车	215	145	
21	昆明市	混合动力客车	200	0	250
		混合动力乘用车	50	0	
22	襄阳市	纯电动客车	23	67	230
		纯电动专用车	50	70	
		混合动力客车	0	20	
23	天津市	纯电动客车	0	40	244
		纯电动乘用车	80	6	
		纯电动专用车	20	0	
		混合动力客车	68	30	
24	呼和浩特市	纯电动客车	0	3	203
		混合动力客车	50	150	

续表

序号	应用城市	车辆类型	2011 年推广数量（辆）	2012 年推广数量（辆）	合计（辆）
25	长春市	纯电动客车	0	2	152
		混合动力客车	100	0	
		混合动力乘用车	0	50	
26	西安市	纯电动客车	50	4	54
27	中山市	纯电动客车	0	14	50
		纯电动乘用车	0	36	
28	银川市	纯电动乘用车	20	0	20
29	盐城市	纯电动客车	NA	1	17
		纯电动乘用车	NA	2	
		纯电动专用车	NA	14	
30	广西自治区	纯电动客车	8	0	13
		纯电动专用车	1	0	
		混合动力乘用车#	4	0	
31	东莞市	纯电动客车	0	6	6
32	乌鲁木齐市	纯电动乘用车	0	3	5
		纯电动专用车	0	2	
33	韶关市	纯电动客车	0	5	5
34	桂林市	纯电动客车	5	0	5
合计（辆）			10039	17002	27041

二、2012年重点城市节能与新能源汽车推广数量

单位：辆

序号	应用城市	纯电动汽车											混合动力汽车								插电式混合动力汽车								增程式电动车			燃料电池汽车		合计
		大中型客车	轻型客车	载货车	公务车	出租车	电力工程车	邮政车	环卫车	私人车	其他	小计	大中型客车	轻型客车	载货车	公务车	出租车	私人车	其他	小计	大中型客车	轻型客车	载货车	公务车	出租车	私人车	其他	小计	大中型客车	轻型客车	小计	公交车	小计	
1	合肥市	102	0	0	5	0	0	0	0	2137	0	2244	0	0	0	0	0	0	0	0	0	0	0	0	0	0	0	0	0	0	0	0	0	2244
2	北京市	310	0	0	0	750	0	0	995	0	70	2125	66#3	0	0	0	0	0	0	66	0	0	0	0	0	0	0	0	0	0	0	0	0	2191
3	深圳市	1000	0	0	0	500	0	0	0	166	0	1666	0	0	0	0	0	0	0	0	0	0	0	0	0	197	0	197	0	0	0	0	0	1863
4	郑州市	0	0	0	0	0	0	0	0	0	0	0	1117#4	0	0	0	0	0	0	1117	0	0	0	0	0	0	0	0	0	0	0	0	0	1117
5	武汉市	10	0	0	15#1	0	0	0	1	0	0	26	705	0	0	50	300	0	0	1055	0	0	0	0	0	0	0	0	0	0	0	0	0	1081
6	沈阳市	0	0	0	0	0	0	0	0	0	0	0	0	0	0	0	825	0	0	825	140	0	0	0	0	0	0	140	0	0	0	0	0	965
7	广州市	50	0	0	0	0	0	0	0	0	0	50	870	0	0	0	0	0	0	870	0	0	0	0	0	0	0	0	0	0	0	0	0	920
8	海口市	60	0	0	0	253	0	0	0	0	0	313	472	0	0	116	0	0	0	588	0	0	0	0	0	0	0	0	0	0	0	0	0	901
9	成都市	129	0	0	203	18	0	0	269	0	0	619	0	0	0	0	0	0	0	0	0	0	0	0	0	0	0	0	90	0	90	0	0	709
10	杭州市	0	0	0	13	305	0	0	0	140	0	458	214	0	0	11	0	0	0	225	0	0	0	1	0	19	0	20	0	0	0	0	0	703
11	上海市	65	0	0	36	0	0	0	0	240	3	344	4	0	0	273	0	0	0	277	0	0	0	0	0	0	0	0	0	0	0	0	0	621
12	重庆市	25	0	0	0	0	0	0	0	0	0	25	0	0	0	14	0	0	0	14	450	0	0	0	0	0	0	450	0	0	0	0	0	489
13	苏州市	0	0	0	0	0	10	0	0	0	0	10	461	0	0	0	0	0	0	461	0	0	0	0	0	0	0	0	0	0	0	0	0	471
14	青岛市	450	0	0	0	0	0	0	0	0	0	450	0	0	0	0	0	0	0	0	0	0	0	0	0	0	0	0	0	0	0	0	0	450
15	长株潭地区	0	0	0	0	0	0	0	0	0	0	0	444	0	0	0	0	0	0	444	0	0	0	0	0	0	0	0	0	0	0	0	0	444
16	大连市	25	0	0	0	0	0	0	0	0	0	25	0	0	0	0	350	0	0	350	30	0	0	0	0	0	0	30	0	0	0	0	0	405
17	唐山市	30	0	0	0	0	0	0	0	0	0	30	106#2	0	0	2	170	0	0	278	0	0	0	0	0	0	0	0	0	0	0	0	0	308
18	济南市	0	0	0	0	0	0	0	0	0	0	0	300	0	0	0	0	0	0	300	0	0	0	0	0	0	0	0	0	0	0	0	0	300
19	襄阳市	60	0	0	7	0	0	0	70	0	0	137	0	0	0	0	0	0	0	0	20	0	0	0	0	0	0	20	0	0	0	0	0	157
20	呼和浩特市	3	0	0	0	0	0	0	0	0	0	3	150	0	0	0	0	0	0	150	0	0	0	0	0	0	0	0	0	0	0	0	0	153
21	厦门市	0	0	0	0	0	0	0	0	0	7	7	145	0	0	0	0	0	0	145	0	0	0	0	0	0	0	0	0	0	0	0	0	152
22	南昌市	0	0	1	0	0	2	0	33	0	0	36	101	0	0	6	0	0	0	107	0	0	0	0	0	0	0	0	0	0	0	0	0	143
23	天津市	40	0	0	6	0	0	0	0	0	0	46	30	0	0	0	0	0	0	30	0	0	0	0	0	0	0	0	0	0	0	0	0	76

续表

序号	应用城市	纯电动汽车											混合动力汽车								插电式混合动力汽车								增程式电动车			燃料电池汽车		合计
		公交车	小计	大中型客车	轻型客车	载货车	公务车	出租车	电力工程车	邮政车	环卫车	私人车	其他	小计	大中型客车	轻型客车	载货车	公务车	出租车	私人车	其他	小计	大中型客车	轻型客车	载货车	公务车	出租车	私人车	其他	小计	大中型客车	轻型客车	小计	
24	长春市	2	0	0	0	0	0	0	0	0	0	2	0	0	0	0	0	0	0	0	0	0	0	50	0	0	0	50	0	0	0	0	0	52
25	中山市	14	0	0	36	0	0	0	0	0	0	50	0	0	0	0	0	0	0	0	0	0	0	0	0	0	0	0	0	0	0	0	0	50
26	盐城市	1	0	0	2	0	0	2	4	0	8	17	0	0	0	0	0	0	0	0	0	0	0	0	0	0	0	0	0	0	0	0	0	17
27	东莞市	6	0	0	0	0	0	0	0	0	0	6	0	0	0	0	0	0	0	0	0	0	0	0	0	0	0	0	0	0	0	0	0	6
28	乌鲁木齐市	0	0	0	3	0	0	0	0	0	2	5	0	0	0	0	0	0	0	0	0	0	0	0	0	0	0	0	0	0	0	0	0	5
29	韶关市	5	0	0	0	0	0	0	0	0	0	5	0	0	0	0	0	0	0	0	0	0	0	0	0	0	0	0	0	0	0	0	0	5
30	西安市	4	0	0	0	0	0	0	0	0	0	4	0	0	0	0	0	0	0	0	0	0	0	0	0	0	0	0	0	0	0	0	0	4
31	昆明市	0	0	0	0	0	0	0	0	0	0	0	0	0	0	0	0	0	0	0	0	0	0	0	0	0	0	0	0	0	0	0	0	0
合计		2391	0	1	326	1826	12	2	1372	2683	90	8703	5185	0	0	472	1645	0	0	7302	640	0	0	51	0	216	0	907	90	0	90	0	0	17002

注：

#1. 表中统计的武汉市推广 15 辆公务车为进口车。

#2. 表中统计的唐山市推广的 106 辆混合动力大中型客车中有 25 辆为超级电容混合动力汽车。

#3. 表中统计的北京市推广的 66 辆混合动力大中型客车均为超级电容混合动力汽车。

#4. 表中统计的郑州市推广的 1117 辆混合动力大中型客车中有 1087 辆为超级电容混合动力汽车。

三、2012 年节能与新能源汽车推广车型及数量统计——按车辆品牌划分

序号	生产企业	车辆商标	车辆型号	车辆名称	公告批次	目录序号	应用城市	数量（辆）	合计（辆）
1	安徽江淮汽车股份有限公司	江淮	HFC7000AEV	纯电动轿车	242	56	合肥市	1986	2194
			HFC7000AEV	纯电动轿车	242	56	成都市	203	
			HFC7000AEV	纯电动轿车	242	56	天津市	5	
2	郑州宇通客车股份有限公司	宇通	ZK6126CHEVG4	混合动力电动城市客车	235	71	郑州市	82	1637
			ZK6120CHEVG1	混合动力电动城市客车	232	71	郑州市	725	
			ZK6125CHEVNG1	混合动力电动城市客车	236	71	郑州市	204	
			ZK6180CHEVG1	混合动力电动城市客车	237	71	郑州市	71	

续表

序号	生产企业	车辆商标	车辆型号	车辆名称	公告批次	目录序号	应用城市	数量（辆）	合计（辆）
			ZK6120CHEVNG2	混合动力电动城市客车	232	71	郑州市	30	
			ZK6106PHEVG1	混合动力电动城市客车	232	71	郑州市	1	
			ZK6108CHEVG2	混合动力电动城市客车	231	71	郑州市	1	
			ZK6126CHEVG2	混合动力电动城市客车	225	71	郑州市	1	
			ZK6126CHEVGQCA	混合动力电动城市客车	232	71	郑州市	1	
			ZK6140CHEVG1	混合动力电动城市客车	238	71	郑州市	1	
			ZK6126CHEVGAA	混合动力电动城市客车	224	71	武汉市	1	
			ZK6108CHEVG2	混合动力电动城市客车	231	71	海口市	36	
			ZK6126CHEVG4	混合动力电动城市客车	235	71	海口市	18	
			ZK6126CHEVG2	混合动力电动城市客车	225	71	海口市	2	
			ZK6126CHEVGAA	混合动力电动城市客车	224	71	海口市	2	
			ZK6108CHEVG1	混合动力电动城市客车	231	71	海口市	10	
			ZK6105CHEVNG1	混合动力电动城市客车	236	71	北京市	21	
			ZK6120CHEVNG2	混合动力电动城市客车	232	71	北京市	45	
			ZK6126CHEVG2	混合动力电动城市客车	225	71	杭州市	21	
			ZK6126CHEVG2	混合动力电动城市客车	225	71	上海市	2	
			ZK6108CHEVG2	混合动力电动城市客车	231	71	上海市	2	
			ZK6126PHEVGQDA	混合动力电动城市客车	234	71	苏州市	23	
			ZK6120CHEVG1	混合动力电动城市客车	232	71	苏州市	84	
			ZK6125CHEVNG1	混合动力电动城市客车	236	71	苏州市	26	
			ZK6105CHEVNG1	混合动力电动城市客车	236	71	苏州市	112	
			ZK6108CHEVG2	混合动力电动城市客车	231	71	唐山市	25	
			ZK6108CHEVG2	混合动力电动城市客车	231	71	天津市	30	
			ZK6120BEVG2	纯电动城市客车	236	71	广州市	50	
			ZK6125BEVG1	纯电动城市客车	235	71	天津市	10	
3	华晨汽车集团控股有限公司	中华	SY7150X1SHEVBA	混合动力轿车	235	（十二）33	沈阳市	825	1345
			SY7150X1SHEVBAB	混合动力轿车	217	（十二）33	大连市	350	
			SY7150X1SHEVBAB	混合动力轿车	217	（十二）33	唐山市	170	

续表

序号	生产企业	车辆商标	车辆型号	车辆名称	公告批次	目录序号	应用城市	数量（辆）	合计（辆）
4	深圳市比亚迪汽车有限公司	比亚迪	CK6120LGVE2	纯电动城市客车	238	79	深圳市	580	1257
			CK6120LGEV2	纯电动城市客车	238	79	韶关市	5	
			CK6120LGEV	纯电动城市客车	227	79	西安市	4	
			QCJ7006BEVF	纯电动轿车	216	79	深圳市	666	
			QCJ7006BEVF	纯电动轿车	243	79	杭州市	2	
5	东风汽车公司	东风	EQ5020ZZZACBEV2	纯电动自装卸式垃圾车	243	3	襄阳市	70	998
			EQ6102BEVL1	纯电动城市客车	232	3	襄阳市	30	
			EQ6102EVL	纯电动城市客车	247	3	唐山市	10	
			EQ6102EVL	纯电动城市客车	232	3	襄阳市	30	
			EQ6102EVL	纯电动城市客车	232	3	襄阳市	7	
			EQ6110HEV	混合动力城市客车	216	3	武汉市	500	
			EQ6120CPHEV	混合动力城市客车	230	3	武汉市	1	
		风神	DFM7162B1ABSG	混合动力轿车	231	3	武汉市	350	
6	北京华林特装车有限公司	华林	HLT5074ZYSEV	纯电动压缩式垃圾车	238	（一）31	北京市	29	929
			HLT5165GSSEV	纯电动洒水车	232	（一）31	北京市	60	
			HLT5072ZZZEV	纯电动自装卸式垃圾车	228	（一）31	北京市	87	
			HLT5022ZLJEV	纯电动自卸式垃圾车	232	（一）31	北京市	223	
			HLT5023ZLJEV	纯电动自卸式垃圾车	220	（一）31	北京市	133	
			HLT5024CTYEV	纯电动桶装垃圾运输车	222	（一）31	北京市	175	
			HLT5026CTYEV	纯电动桶装垃圾运输车	223	（一）31	北京市	66	
			HLT5031CTYEV	纯电动桶装垃圾运输车	234	（一）31	北京市	156	
7	广州汽车集团客车有限公司	广汽	GZ6111HEV1	混合动力城市客车	231	89	广州市	870	870
8	北汽福田汽车股份有限公司	福田	BJ5036XXYEV-1	纯电动厢式运输车	240	9	北京市	40	765
			BJ6438EV1	纯电动多用途乘用车	220	9	北京市	50	
			BJ6438EVAA3	纯电动多用途乘用车	233	9	北京市	100	
			BJ6438EV3	纯电动多用途乘用车	223	9	北京市	200	
			BJ6123EVCA	纯电动城市客车	236	9	北京市	310	
			BJ6105EVCA	纯电动城市客车	233	9	中山市	14	

续表

序号	生产企业	车辆商标	车辆型号	车辆名称	公告批次	目录序号	应用城市	数量（辆）	合计（辆）
			BJ6123PHEV	混合动力城市客车	231	9	呼和浩特市	50	
			BJ6113C7M4D	混合动力城市客车	174	9	武汉市	1	
9	上海汽车集团股份有限公司	荣威	CSA7000BEV	纯电动轿车	237	122	上海市	215	617
			CSA7180ACHEV	混合动力轿车	237	122	海口市	114	
			CSA7180ACHEV	混合动力轿车	237	122	杭州市	11	
			CSA7180ACHEV	混合动力轿车	237	122	上海市	273	
			CSA7180ACHEV	混合动力轿车	237	122	唐山市	2	
			CSA7180ACHEV	混合动力轿车	237	122	南昌市	2	
10	深圳市五洲龙汽车有限公司	五洲龙	FDG6111HEVG2	混合动力城市客车	230	（十九）47	沈阳市	140	596
			FDG6123EVG	纯电动城市客车	242	（十九）47	青岛市	30	
			FDG6601EVG	纯电动城市客车	243	（十九）47	东莞市	6	
			FDG6113EVG3	纯电动城市客车	238	（十九）47	深圳市	370	
			FDG6113EVG5	纯电动城市客车	241	（十九）47	深圳市	50	
11	湖南南车时代电动汽车股份有限公司	南车时代	TEG6106CHEV	混合动力城市客车	236	（十八）23	海口市	35	479
			TEG6102PHEV	混合动力城市客车	245	（十八）23	长株潭地区	102	
			TEG6106PHEV	混合动力城市客车	245	（十八）23	长株潭地区	155	
			TEG6129CHEV	混合动力城市客车	233	（十八）23	长株潭地区	184	
			TEG6128SHEV	混合动力城市客车	232	（十八）23	长株潭地区	3	
12	重庆恒通客车有限公司	恒通客车	CKZ6116HNHEVA4	混合动力城市客车	245	（三十一）14	重庆市	450	475
			CKZ6127HBEV	纯电动城市客车	236	（十七）8	重庆市	25	
13	湖南江南汽车制造有限公司	众泰	JNJ6400EVL1	纯电动轻型客车	232	84	杭州市	5	474
			JNJ6401EVL1	纯电动轻型客车	232	84	杭州市	73	
			JNJ6290EV	纯电动多用途乘用车	245	84	杭州市	335	
			JNJ7000EVM	纯电动轿车	239	84	杭州市	26	
			JNJ7000EVM1	纯电动轿车	234	84	杭州市	5	
			JNJ7000EVM1	纯电动轿车	234	84	上海市	30	
14	厦门金龙旅行车有限公司	金旅	XML6125JHEV88C	混合动力城市客车	234	（十七）124	海口市	7	421
			XML6125JHEV28C	混合动力城市客车	235	（十七）124	海口市	2	

续表

序号	生产企业	车辆商标	车辆型号	车辆名称	公告批次	目录序号	应用城市	数量（辆）	合计（辆）
			XML6105JHEV38C	混合动力城市客车	242	（十七）124	海口市	183	
			XML6125JHEV38C	混合动力城市客车	238	（十七）124	海口市	2	
			XML6125JHEV38C	混合动力城市客车	238	（十七）124	杭州市	143	
			XML6125JHEV28C	混合动力城市客车	219	（十七）124	南昌市	84	
15	上海申沃客车有限公司	申沃	SWB6127HE2	混合动力城市客车	232	42	唐山市	6	401
			SWB6127CHEV	混合动力城市客车	236	42	唐山市	10	
			SWB6107CHEV	混合动力城市客车	247	42	唐山市	35	
			SWB6121EV6	纯电动城市客车	247	42	唐山市	10	
			SWB6121EV7	纯电动城市客车	243	42	天津市	10	
			SWB6121EV	纯电动城市客车	234	42	青岛市	330	
16	厦门金龙联合汽车工业有限公司	金龙	XMQ6127GH4	混合动力城市客车	232	（十八）123	武汉市	201	369
			XMQ6106AGHEV5	混合动力城市客车	39	（十八）123	海口市	35	
			XMQ6127GHEV4	混合动力城市客车	247	（十八）123	杭州市	50	
			XMQ6127GH5	混合动力城市客车	221	（十八）123	厦门市	61	
			XMQ6127AGBEV2	纯电动城市客车	23	（十八）123	海口市	22	
17	中通客车控股股份有限公司	中通	LCK6105PHENV	混合动力城市客车	237	125	海口市	40	340
			LCK6125PHENV	混合动力城市客车	243	125	济南市	200	
			LCK6121HEV	混合动力城市客车	243	125	济南市	100	
18	金龙联合汽车工业（苏州）有限公司	海格	KLQ6109GHEV1	混合动力电动城市客车	232	112	海口市	100	320
			KLQ6109GHEV1	混合动力电动城市客车	232	112	苏州市	45	
			KLQ6129GHE2	混合动力城市客车	216	112	武汉市	1	
			KLQ6129GHE2	混合动力城市客车	216	112	苏州市	74	
			KLQ6129GHEV4	混合动力城市客车	238	112	苏州市	38	
			KLQ6109GCHEV1A	混合动力城市客车	236	112	苏州市	27	
			KLQ6129GQHEV1	混合动力城市客车	247	112	苏州市	20	
			KLQ6129GQHEV2	混合动力城市客车	247	112	苏州市	12	
			KLQ6129GEV	纯电动城市客车	247	112	呼和浩特市	1	
			KLQ6702EV	纯电动客车	247	112	呼和浩特市	2	

续表

序号	生产企业	车辆商标	车辆型号	车辆名称	公告批次	目录序号	应用城市	数量（辆）	合计（辆）
19	北京汽车股份有限公司	北京	BJ5020XXYV3R-BEV	纯电动厢式运输车	230	11	北京市	30	316
			BJ7000B3D-BEV	纯电动轿车	240	11	北京市	250	
			BJ7000B3D-BEV	纯电动轿车	233	11	中山市	36	
20	一汽海马汽车有限公司	海马	HMC7000EVM0	纯电动轿车	217	88	海口市	253	278
			HMC7000EVM0	纯电动轿车	217	88	苏州市	10	
			HMC7000EVM0	纯电动轿车	217	88	乌鲁木齐市	3	
			HMC7000EVM0	纯电动轿车	217	88	杭州市	12	
21	成都客车股份有限公司	蜀都	CDK6122CABEV	纯电动城市客车	232	（二十二）10	成都市	129	219
			CDK6122CEHEV	混合动力城市客车	235	（二十二）10	成都市	90	
22	安徽安凯汽车股份有限公司	安凯	HFF6111G03PHEV	混合动力城市客车	247	55	南昌市	1	178
			HFF6100G03EV	纯电动城市客车	247	55	合肥市	100	
			HFF6121G03EV	纯电动城市客车	232	55	合肥市	1	
			HFF6122G03EV	纯电动城市客车	247	55	合肥市	1	
			HFF6120G03EV	纯电动城市客车	232	55	海口市	30	
			HFF6101G03EV	纯电动城市客车	247	55	大连市	5	
			HFF6128G03EV	纯电动城市客车	237	55	天津市	10	
			HFF6127K53EV	纯电动客车	240	55	上海市	30	
23	比亚迪汽车有限公司	比亚迪	QCJ7100ADM	混合动力轿车	228	108	杭州市	20	217
			QCJ7100ADM	混合动力轿车	206	108	深圳市	197	
24	奇瑞汽车股份有限公司	瑞麟	SQR7001ELS18	纯电动轿车	218	119	合肥市	62	169
			SQR7000BEVS184	纯电动轿车	218	119	合肥市	94	
			SQR7001ELS18	纯电动轿车	218	119	上海市	5	
			SQR7001ELS18	纯电动轿车	218	119	南昌市	7	
			SQR7001ELS18	纯电动轿车	218	119	天津市	1	
25	中国重汽集团成都王牌商用车有限公司	王牌	CDW5164GSSEV	纯电动洒水车	235	101	成都市	61	124
			CDW5030XGCEV1	纯电动工程车	241	101	成都市	35	
			CDW5080ZLJEV	纯电动垃圾车	239	101	成都市	28	
26	重庆长安汽车股份有限公司	长安	SC7155HEV	混合动力轿车	224	96	海口市	2	120

续表

序号	生产企业	车辆商标	车辆型号	车辆名称	公告批次	目录序号	应用城市	数量（辆）	合计（辆）
			SC7155HEV	混合动力轿车	224	96	重庆市	14	
			SC7155A4	混合动力轿车	232	96	南昌市	2	
			SC7155HEV	混合动力轿车	224	96	南昌市	2	
			SC7005EV	纯电动轿车	232	96	北京市	100	
27	江西凯马百路佳客车有限公司	江西	JXK6116BPHEV1	混合动力城市客车	243	（十四）03	南昌市	37	100
			JXK6116BPHEV2	混合动力城市客车	243	（十四）03	南昌市	63	
28	中国第一汽车集团公司	解放	CA6120URH2	混合动力城市客车	247	1	呼和浩特市	50	100
		一汽	CA7155PHEV1	混合动力轿车	235	1	长春市	50	
29	一汽（四川）专用汽车有限公司	远达	SCZ5160GSSBEV	纯电动洒水车	240	（二十二）01	成都市	85	85
	中联重科股份有限公司	中联	ZLJ5071TSL	纯电动扫路车	235	（十八）20	北京市	26	66
			ZLJ5071TSLHBEV	纯电动扫路车	240	（十八）20	成都市	40	
30	山东沂星电动汽车有限公司	飞燕	SDL6120EVG1	纯电动城市客车	237	（十五）25	青岛市	10	60
			SDL6120EVG4	纯电动城市客车	249	（十五）25	青岛市	50	
31	丹东黄海汽车有限责任公司	黄海	DD6129CHEV2	混合动力城市客车	236	29	大连市	30	60
			DD6129CHEV1	混合动力城市客车	236	29	唐山市	30	
32	北京天路通科技有限责任公司	天路	BTL5072TSLEV	纯电动吸尘车	208	（一）44	北京市	40	60
			BTL5071TSLEV	纯电动吸尘车	239	（一）44	成都市	20	
33	北京现代汽车有限公司	首望	BH7000BEVAA	纯电动轿车	240	11	北京市	50	50
34	扬州亚星客车股份有限公司	亚星	JS6126GHEV3	混合动力城市客车	247	49	呼和浩特市	50	50
35	东风扬子江汽车（武汉）有限责任公司	扬子江	WG6120BEVHM	纯电动城市客车	232	（十七）48	武汉市	10	30
			WG6120PHEVCA	混合动力城市客车	245	（十七）48	襄阳市	20	
36	一汽客车（无锡）有限公司	解放	CA6121URBEV80	纯电动城市客车	238	（十）10	青岛市	30	30
37	上海万象汽车制造有限公司	象	SXC6105GBEV	纯电动城市客车	238	（九）26	上海市	30	30
38	重庆力帆乘用车有限公司	力帆	LF7002EV	纯电动轿车	218	93	上海市	19	23
			LF7002CEV	纯电动轿车	33	93	上海市	4	
39	江西江铃汽车集团改装车有限公司	江铃	JX5020XXYMEV	纯电动厢式运输车	240	（十四）15	南昌市	1	21
			JX5020ZXXMEV	纯电动车厢可卸式垃圾车	238	（十四）15	南昌市	18	
		江铃全顺	JX5041XEV-LI	纯电动服务车	232	（十四）15	乌鲁木齐市	2	

续表

序号	生产企业	车辆商标	车辆型号	车辆名称	公告批次	目录序号	应用城市	数量（辆）	合计（辆）
40	一汽客车（大连）有限公司	解放	CA6127URE31	纯电动客车	216	28	大连市	20	20
41	四川汽车工业股份有限公司	野马	SQJ6452BEV	纯电动乘用车	242	101	成都市	18	18
42	天津清源电动车辆有限责任公司	清源	QY5020ZXXBEVYC	纯电动车厢可卸式垃圾车	245	（二）22	南昌市	15	15
43	日产汽车公司　*	日产 Leaf	FSDALD9ZE0BGA	纯电动轿车	*	*	武汉市	15	15
44	江苏奥新新能源汽车有限公司	达福迪	JAX5021XXYBEV	纯电动厢式运输车	239	（十）74	盐城市	2	14
			JAX5020XXYBEV	纯电动厢式运输车	237	（十）74	盐城市	8	
			JAX5020ZLJBEVF135LAB15M1Z1	纯电动自卸式垃圾车	243	（十）74	盐城市	4	
45	江苏常隆客车有限公司	马可	YS6120DG	纯电动城市客车	167	（十）17	海口市	8	13
		常隆	YS6128BEV	纯电动客车	222	（十）17	上海市	5	
46	金华青年汽车制造有限公司	青年	JNP6120BEV	纯电动城市客车	238	7	天津市	10	10
47	珠海市广通汽车有限公司	广通	GTQ6107BEVB1	纯电动城市客车	232	（十九）28	唐山市	10	10
48	上海通用汽车有限公司	赛欧（SAIL）	SGM7001EV	纯电动轿车	241	6	上海市	3	3
49	陕西汽车集团有限责任公司	陕汽	SX4186ZG331N	纯电动牵引汽车	216	110	上海市	3	3
50	长春华奥汽车制造有限公司	金华奥	CCA6120BEV	纯电动城市客车	232	40	长春市	2	2
51	东风悦达起亚汽车有限公司	华骐	YQZ7001BEV	纯电动轿车	245	47	盐城市	2	2
52	盐城中威客车有限公司	中大	YCK6128BEVC	纯电动城市客车	221	（十）62	盐城市	1	1
53	南京汽车集团有限公司	依维柯	NJ50567XFWD	纯电动服务车	232	44	南昌市	1	1
54	郑州日产汽车有限公司	东风	ZN5033XGCH2C	纯电动工程车	232	72	南昌市	1	1
55	武汉九通汽车厂	九通	KR5020ZXXEV	纯电动车厢可卸式垃圾车	232	29	武汉市	1	1
合计（辆）								17002	17002

注：* 表示表中统计的武汉市推广的 15 辆日产 Leaf 牌纯电动轿车为进口车。

1. 纯电动客车

序号	生产企业	车辆商标	车辆型号	车辆名称	公告批次	目录序号	应用城市	数量（辆）	合计（辆）
1	深圳市比亚迪汽车有限公司	比亚迪	CK6120LGVE2	纯电动城市客车	238	79	深圳市	580	589
			CK6120LGEV2	纯电动城市客车	238	79	韶关市	5	
			CK6120LGEV	纯电动城市客车	227	79	西安市	4	

续表

序号	生产企业	车辆商标	车辆型号	车辆名称	公告批次	目录序号	应用城市	数量（辆）	合计（辆）
2	深圳市五洲龙汽车有限公司	五洲龙	FDG6123EVG	纯电动城市客车	242	（十九）47	青岛市	30	456
			FDG6601EVG	纯电动城市客车	243	（十九）47	东莞市	6	
			FDG6113EVG3	纯电动城市客车	238	（十九）47	深圳市	370	
			FDG6113EVG5	纯电动城市客车	241	（十九）47	深圳市	50	
3	上海申沃客车有限公司	申沃	SWB6121EV6	纯电动城市客车	247	42	唐山市	10	350
			SWB6121EV7	纯电动城市客车	243	42	天津市	10	
			SWB6121EV	纯电动城市客车	234	42	青岛市	330	
4	北汽福田汽车股份有限公司	福田	BJ6123EVCA	纯电动城市客车	236	9	北京市	310	324
			BJ6105EVCA	纯电动城市客车	233	9	中山市	14	
5	安徽安凯汽车股份有限公司	安凯	HFF6100G03EV	纯电动城市客车	247	55	合肥市	100	177
			HFF6121G03EV	纯电动城市客车	232	55	合肥市	1	
			HFF6122G03EV	纯电动城市客车	247	55	合肥市	1	
			HFF6120G03EV	纯电动城市客车	232	55	海口市	30	
			HFF6128G03EV	纯电动城市客车	237	55	天津市	10	
			HFF6101G03EV	纯电动城市客车	247	55	大连市	5	
			HFF6127K53EV	纯电动客车	240	55	上海市	30	
6	成都客车股份有限公司	蜀都	CDK6122CABEV	纯电动城市客车	232	（二十二）10	成都市	129	129
7	东风汽车公司	东风	EQ6102BEVL1	纯电动城市客车	232	3	襄阳市	30	77
			EQ6102EVL	纯电动城市客车	247	3	唐山市	10	
			EQ6102EVL	纯电动城市客车	232	3	襄阳市	30	
			EQ6102EVL	纯电动城市客车	232	3	襄阳市	7	
8	山东沂星电动汽车有限公司	飞燕	SDL6120EVG1	纯电动城市客车	237	（十五）25	青岛市	10	60
			SDL6120EVG4	纯电动城市客车	249	（十五）25	青岛市	50	
9	郑州宇通客车股份有限公司	宇通	ZK6120BEVG2	纯电动城市客车	236	71	广州市	50	60
			ZK6125BEVG1	纯电动城市客车	235	71	天津市	10	
10	一汽客车（无锡）有限公司	解放	CA6121URBEV80	纯电动城市客车	238	（十）10	青岛市	30	30
11	上海万象汽车制造有限公司	象	SXC6105GBEV	纯电动城市客车	238	（九）26	上海市	30	30
12	重庆恒通客车有限公司	恒通客车	CKZ6127HBEV	纯电动城市客车	236	（十七）8	重庆市	25	25

续表

序号	生产企业	车辆商标	车辆型号	车辆名称	公告批次	目录序号	应用城市	数量（辆）	合计（辆）
13	厦门金龙联合汽车工业有限公司	金龙	XMQ6127AGBEV2	纯电动城市客车	23	（十八）123	海口市	22	22
14	一汽客车（大连）有限公司	解放	CA6127URE31	纯电动客车	216	28	大连市	20	20
15	江苏常隆客车有限公司	马可	YS6120DG	纯电动城市客车	167	（十）17	海口市	8	13
		常隆	YS6128BEV	纯电动客车	222	（十）17	上海市	5	
16	金华青年汽车制造有限公司	青年	JNP6120BEV	纯电动城市客车	238	7	天津市	10	10
17	珠海市广通汽车有限公司	广通	GTQ6107BEVB1	纯电动城市客车	232	（十九）28	唐山市	10	10
18	东风扬子江汽车（武汉）有限责任公司	扬子江	WG6120BEVHM	纯电动城市客车	232	（十七）48	武汉市	10	10
19	金龙联合汽车工业（苏州）有限公司	海格	KLQ6129GEV	纯电动城市客车	247	112	呼和浩特市	1	3
			KLQ6702EV	纯电动客车	247	112	呼和浩特市	2	
20	长春华奥汽车制造有限公司	金华奥	CCA6120BEV	纯电动城市客车	232	40	长春市	2	2
21	盐城中威客车有限公司	中大	YCK6128BEVC	纯电动城市客车	221	（十）62	盐城市	1	1
合计（辆）								2398	2398

2. 纯电动专用车

序号	生产企业	车辆商标	车辆型号	车辆名称	公告批次	目录序号	应用城市	数量（辆）	合计（辆）
1	北京华林特装车有限公司	华林	HLT5074ZYSEV	纯电动压缩式垃圾车	238	（一）31	北京市	29	929
			HLT5165GSSEV	纯电动洒水车	232	（一）31	北京市	60	
			HLT5072ZZZEV	纯电动自装卸式垃圾车	228	（一）31	北京市	87	
			HLT5022ZLJEV	纯电动自卸式垃圾车	232	（一）31	北京市	223	
			HLT5023ZLJEV	纯电动自卸式垃圾车	220	（一）31	北京市	133	
			HLT5024CTYEV	纯电动桶装垃圾运输车	222	（一）31	北京市	175	
			HLT5026CTYEV	纯电动桶装垃圾运输车	223	（一）31	北京市	66	
			HLT5031CTYEV	纯电动桶装垃圾运输车	234	（一）31	北京市	156	
2	中国重汽集团成都王牌商用车有限公司	王牌	CDW5164GSSEV	纯电动洒水车	235	101	成都市	61	124
			CDW5030XGCEV1	纯电动工程车	241	101	成都市	35	
			CDW5080ZLJEV	纯电动垃圾车	239	101	成都市	28	
3	一汽（四川）专用汽车有限公司	远达	SCZ5160GSSBEV	纯电动洒水车	240	（二十二）01	成都市	85	85

续表

序号	生产企业	车辆商标	车辆型号	车辆名称	公告批次	目录序号	应用城市	数量（辆）	合计（辆）
4	东风汽车公司	东风	EQ5020ZZZACBEV2	纯电动自装卸式垃圾车	243	3	襄阳市	70	70
5	中联重科股份有限公司	中联	ZLJ5071TSL	纯电动扫路车	235	（十八）20	北京市	26	66
			ZLJ5071TSLHBEV	纯电动扫路车	240	（十八）20	成都市	40	
6	北京天路通科技有限责任公司	天路	BTL5072TSLEV	纯电动吸尘车	208	（一）44	北京市	40	60
			BTL5071TSLEV	纯电动吸尘车	239	（一）44	成都市	20	
7	北汽福田汽车股份有限公司	福田	BJ5036XXYEV-1	纯电动厢式运输车	240	9	北京市	40	40
8	北京汽车股份有限公司	北京	BJ5020XXYV3R-BEV	纯电动厢式运输车	230	11	北京市	30	30
9	江西江铃汽车集团改装车有限公司	江铃	JX5020XXYMEV	纯电动厢式运输车	240	（十四）15	南昌市	1	21
			JX5020ZXXMEV	纯电动车厢可卸式垃圾车	238	（十四）15	南昌市	18	
		江铃全顺	JX5041XEV-LI	纯电动服务车	232	（十四）15	乌鲁木齐市	2	
10	天津清源电动车辆有限责任公司	清源	QY5020ZXXBEVYC	纯电动车厢可卸式垃圾车	245	（二）22	南昌市	15	15
11	江苏奥新新能源汽车有限公司	达福迪	JAX5021XXYBEV	纯电动厢式运输车	239	（十）74	盐城市	2	14
			JAX5020XXYBEV	纯电动厢式运输车	237	（十）74	盐城市	8	
			JAX5020ZLJBEVF135LAB15M1Z1	纯电动自卸式垃圾车	243	（十）74	盐城市	4	
12	陕西汽车集团有限责任公司	陕汽	SX4186ZG331N	纯电动牵引汽车	216	110	上海市	3	3
13	南京汽车集团有限公司	依维柯	NJ50567XFWD	纯电动服务车	232	44	南昌市	1	1
14	郑州日产汽车有限公司	东风	ZN5033XGCH2C	纯电动工程车	232	72	南昌市	1	1
15	武汉九通汽车厂	九通	KR5020ZXXEV	纯电动车厢可卸式垃圾车	232	29	武汉市	1	1
合计（辆）								1460	1460

3. 纯电动轿车及乘用车

序号	生产企业	车辆商标	车辆型号	车辆名称	公告批次	目录序号	应用城市	数量（辆）	合计（辆）
1	安徽江淮汽车股份有限公司	江淮	HFC7000AEV	纯电动轿车	242	56	合肥市	1986	2194
			HFC7000AEV	纯电动轿车	242	56	成都市	203	
			HFC7000AEV	纯电动轿车	242	56	天津市	5	
2	深圳市比亚迪汽车有限公司	比亚迪	QCJ7006BEVF	纯电动轿车	216	79	深圳市	666	668
			QCJ7006BEVF	纯电动轿车	243	79	杭州市	2	
3	北汽福田汽车股份有限公司	福田	BJ6438EV1	纯电动多用途乘用车	220	9	北京市	50	350

续表

序号	生产企业	车辆商标	车辆型号	车辆名称	公告批次	目录序号	应用城市	数量（辆）	合计（辆）
			BJ6438EVAA3	纯电动多用途乘用车	233	9	北京市	100	
			BJ6438EV3	纯电动多用途乘用车	223	9	北京市	200	
4	上海汽车集团股份有限公司	荣威	CSA7000BEV	纯电动轿车	237	122	上海市	215	215
5	湖南江南汽车制造有限公司	众泰	JNJ6400EVL1	纯电动轻型客车	232	84	杭州市	5	474
			JNJ6401EVL1	纯电动轻型客车	232	84	杭州市	73	
			JNJ6290EV	纯电动多用途乘用车	245	84	杭州市	335	
			JNJ7000EVM	纯电动轿车	239	84	杭州市	26	
			JNJ7000EVM1	纯电动轿车	234	84	杭州市	5	
			JNJ7000EVM1	纯电动轿车	234	84	上海市	30	
6	北京汽车股份有限公司	北京	BJ7000B3D-BEV	纯电动轿车	240	11	北京市	250	286
			BJ7000B3D-BEV	纯电动轿车	233	11	中山市	36	
7	一汽海马汽车有限公司	海马	HMC7000EVM0	纯电动轿车	217	88	海口市	253	278
			HMC7000EVM0	纯电动轿车	217	88	苏州市	10	
			HMC7000EVM0	纯电动轿车	217	88	乌鲁木齐市	3	
			HMC7000EVM0	纯电动轿车	217	88	杭州市	12	
8	奇瑞汽车股份有限公司	瑞麟	SQR7001ELS18	纯电动轿车	218	119	合肥市	62	169
			SQR7000BEVS184	纯电动轿车	218	119	合肥市	94	
			SQR7001ELS18	纯电动轿车	218	119	上海市	5	
			SQR7001ELS18	纯电动轿车	218	119	南昌市	7	
			SQR7001ELS18	纯电动轿车	218	119	天津市	1	
9	重庆长安汽车股份有限公司	长安	SC7005EV	纯电动轿车	232	96	北京市	100	100
10	北京现代汽车有限公司	首望	BH7000BEVAA	纯电动轿车	240	11	北京市	50	50
11	重庆力帆乘用车有限公司	力帆	LF7002EV	纯电动轿车	218	93	上海市	19	23
			LF7002CEV	纯电动轿车	33	93	上海市	4	
12	四川汽车工业股份有限公司	野马	SQJ6452BEV	纯电动乘用车	242	101	成都市	18	18
13	日产汽车公司	日产 Leaf	FSDALD9ZE0BGA	纯电动轿车	*	*	武汉市	15	15
14	上海通用汽车有限公司	赛欧（SAIL）	SGM7001EV	纯电动轿车	241	6	上海市	3	3

续表

序号	生产企业	车辆商标	车辆型号	车辆名称	公告批次	目录序号	应用城市	数量（辆）	合计（辆）
15	东风悦达起亚汽车有限公司	华骐	YQZ7001BEV	纯电动轿车	245	47	盐城市	2	2
合计（辆）								4845	4845

注：＊表示表中统计的武汉市推广的15辆日产Leaf牌纯电动轿车为进口车。

4. 混合动力客车

序号	生产企业	车辆商标	车辆型号	车辆名称	公告批次	目录序号	应用城市	数量（辆）	合计（辆）
1	郑州宇通客车股份有限公司	宇通	ZK6126CHEVG4	混合动力电动城市客车	235	71	郑州市	82	1577
			ZK6120CHEVG1	混合动力电动城市客车	232	71	郑州市	725	
			ZK6125CHEVNG1	混合动力电动城市客车	236	71	郑州市	204	
			ZK6180CHEVG1	混合动力电动城市客车	237	71	郑州市	71	
			ZK6120CHEVNG2	混合动力电动城市客车	232	71	郑州市	30	
			ZK6106PHEVG1	混合动力电动城市客车	232	71	郑州市	1	
			ZK6108CHEVG2	混合动力电动城市客车	231	71	郑州市	1	
			ZK6126CHEVG2	混合动力电动城市客车	225	71	郑州市	1	
			ZK6126CHEVGQCA	混合动力电动城市客车	232	71	郑州市	1	
			ZK6140CHEVG1	混合动力电动城市客车	238	71	郑州市	1	
			ZK6126CHEVGAA	混合动力电动城市客车	224	71	武汉市	1	
			ZK6108CHEVG2	混合动力电动城市客车	231	71	海口市	36	
			ZK6126CHEVG4	混合动力电动城市客车	235	71	海口市	18	
			ZK6126CHEVG2	混合动力电动城市客车	225	71	海口市	2	
			ZK6126CHEVGAA	混合动力电动城市客车	224	71	海口市	2	
			ZK6108CHEVG1	混合动力电动城市客车	231	71	海口市	10	
			ZK6105CHEVNG1	混合动力电动城市客车	236	71	北京市	21	
			ZK6120CHEVNG2	混合动力电动城市客车	232	71	北京市	45	
			ZK6126CHEVG2	混合动力电动城市客车	225	71	杭州市	21	
			ZK6126CHEVG2	混合动力电动城市客车	225	71	上海市	2	
			ZK6108CHEVG2	混合动力电动城市客车	231	71	上海市	2	
			ZK6126PHEVGQDA	混合动力电动城市客车	234	71	苏州市	23	

续表

序号	生产企业	车辆商标	车辆型号	车辆名称	公告批次	目录序号	应用城市	数量（辆）	合计（辆）
			ZK6120CHEVG1	混合动力电动城市客车	232	71	苏州市	84	
			ZK6125CHEVNG1	混合动力电动城市客车	236	71	苏州市	26	
			ZK6105CHEVNG1	混合动力电动城市客车	236	71	苏州市	112	
			ZK6108CHEVG2	混合动力电动城市客车	231	71	唐山市	25	
			ZK6108CHEVG2	混合动力电动城市客车	231	71	天津市	30	
2	广州汽车集团客车有限公司	广汽	GZ6111HEV1	混合动力城市客车	231	89	广州市	870	870
3	东风汽车公司	东风	EQ6110HEV	混合动力城市客车	216	3	武汉市	500	501
			EQ6120CPHEV	混合动力城市客车	230	3	武汉市	1	
4	湖南南车时代电动汽车股份有限公司	南车时代	TEG6106CHEV	混合动力城市客车	236	（十八）23	海口市	35	479
			TEG6102PHEV	混合动力城市客车	245	（十八）23	长株潭地区	102	
			TEG6106PHEV	混合动力城市客车	245	（十八）23	长株潭地区	155	
			TEG6129CHEV	混合动力城市客车	233	（十八）23	长株潭地区	184	
			TEG6128SHEV	混合动力城市客车	232	（十八）23	长株潭地区	3	
5	重庆恒通客车有限公司	恒通客车	CKZ6116HNHEVA4	混合动力城市客车	245	（三十一）14	重庆市	450	450
6	厦门金龙旅行车有限公司	金旅	XML6125JHEV88C	混合动力城市客车	234	（十七）124	海口市	7	421
			XML6125JHEV28C	混合动力城市客车	235	（十七）124	海口市	2	
			XML6105JHEV38C	混合动力城市客车	242	（十七）124	海口市	183	
			XML6125JHEV38C	混合动力城市客车	238	（十七）124	海口市	2	
			XML6125JHEV38C	混合动力城市客车	238	（十七）124	杭州市	143	
			XML6125JHEV28C	混合动力城市客车	219	（十七）124	南昌市	84	
7	厦门金龙联合汽车工业有限公司	金龙	XMQ6127GH4	混合动力城市客车	232	（十八）123	武汉市	201	347
			XMQ6106AGHEV5	混合动力城市客车	39	（十八）123	海口市	35	
			XMQ6127GHEV4	混合动力城市客车	247	（十八）123	杭州市	50	
			XMQ6127GH5	混合动力城市客车	221	（十八）123	厦门市	61	
8	中通客车控股股份有限公司	中通	LCK6105PHENV	混合动力城市客车	237	125	海口市	40	340
			LCK6125PHENV	混合动力城市客车	243	125	济南市	200	
			LCK6121HEV	混合动力城市客车	243	125	济南市	100	
9	金龙联合汽车工业（苏州）有限公司	海格	KLQ6109GHEV1	混合动力电动城市客车	232	112	海口市	100	317

续表

序号	生产企业	车辆商标	车辆型号	车辆名称	公告批次	目录序号	应用城市	数量（辆）	合计（辆）
			KLQ6109GHEV1	混合动力电动城市客车	232	112	苏州市	45	
			KLQ6129GHE2	混合动力城市客车	216	112	武汉市	1	
			KLQ6129GHE2	混合动力城市客车	216	112	苏州市	74	
			KLQ6129GHEV4	混合动力城市客车	238	112	苏州市	38	
			KLQ6109GCHEV1A	混合动力城市客车	236	112	苏州市	27	
			KLQ6129GQHEV1	混合动力城市客车	247	112	苏州市	20	
			KLQ6129GQHEV2	混合动力城市客车	247	112	苏州市	12	
10	深圳市五洲龙汽车有限公司	五洲龙	FDG6111HEVG2	混合动力城市客车	230	（十九）47	沈阳市	140	140
11	江西凯马百路佳客车有限公司	江西	JXK6116BPHEV1	混合动力城市客车	243	（十四）03	南昌市	37	100
			JXK6116BPHEV2	混合动力城市客车	243	（十四）03	南昌市	63	
12	成都客车股份有限公司	蜀都	CDK6122CEHEV	混合动力城市客车	235	（二十二）10	成都市	90	90
13	丹东黄海汽车有限责任公司	黄海	DD6129CHEV2	混合动力城市客车	236	29	大连市	30	60
			DD6129CHEV1	混合动力城市客车	236	29	唐山市	30	
14	北汽福田汽车股份有限公司	福田	BJ6113C7M4D	混合动力城市客车	174	9	武汉市	1	51
			BJ6123PHEV	混合动力城市客车	231	9	呼和浩特市	50	
15	上海申沃客车有限公司	申沃	SWB6127HE2	混合动力城市客车	232	42	唐山市	6	51
			SWB6127CHEV	混合动力城市客车	236	42	唐山市	10	
			SWB6107CHEV	混合动力城市客车	247	42	唐山市	35	
16	中国第一汽车集团公司	解放	CA6120URH2	混合动力城市客车	247	1	呼和浩特市	50	50
17	扬州亚星客车股份有限公司	亚星	JS6126GHEV3	混合动力城市客车	247	49	呼和浩特市	50	50
18	东风扬子江汽车（武汉）有限责任公司	扬子江	WG6120PHEVCA	混合动力城市客车	245	（十七）48	襄阳市	20	20
19	安徽安凯汽车股份有限公司	安凯	HFF6111G03PHEV	混合动力城市客车	247	55	南昌市	1	1
合计（辆）								5915	5915

5. 混合动力轿车

序号	生产企业	车辆商标	车辆型号	车辆名称	公告批次	目录序号	应用城市	数量（辆）	合计（辆）
1	华晨汽车集团控股有限公司	中华	SY7150X1SHEVBA	混合动力轿车	235	（十二）33	沈阳市	825	1345
			SY7150X1SHEVBAB	混合动力轿车	217	（十二）33	大连市	350	
			SY7150X1SHEVBAB	混合动力轿车	217	（十二）33	唐山市	170	
2	上海汽车集团股份有限公司	荣威	CSA7180ACHEV	混合动力轿车	237	122	海口市	114	402
			CSA7180ACHEV	混合动力轿车	237	122	杭州市	11	
			CSA7180ACHEV	混合动力轿车	237	122	上海市	273	
			CSA7180ACHEV	混合动力轿车	237	122	唐山市	2	
			CSA7180ACHEV	混合动力轿车	237	122	南昌市	2	
3	比亚迪汽车有限公司	比亚迪	QCJ7100ADM	混合动力轿车	228	108	杭州市	20	217
			QCJ7100ADM	混合动力轿车	206	108	深圳市	197	
4	东风汽车公司	风神	DFM7162B1ABSG	混合动力轿车	231	3	武汉市	350	350
5	中国第一汽车集团公司	一汽	CA7155PHEV1	混合动力轿车	235	1	长春市	50	50
6	重庆长安汽车股份有限公司	长安	SC7155HEV	混合动力轿车	224	96	海口市	2	20
			SC7155HEV	混合动力轿车	224	96	重庆市	14	
			SC7155A4	混合动力轿车	232	96	南昌市	2	
			SC7155HEV	混合动力轿车	224	96	南昌市	2	
合计（辆）								2384	2384

四、2012年节能与新能源汽车推广车型及数量统计——按推广地区划分

序号	应用城市	车辆商标	车辆型号	车辆名称	生产企业	公告批次	目录序号	数量（辆）	合计（辆）
1	合肥市	江淮	HFC7000AEV	纯电动轿车	安徽江淮汽车股份有限公司	242	56	1986	2244
		安凯	HFF6100G03EV	纯电动城市客车	安徽安凯汽车股份有限公司	247	55	100	
			HFF6121G03EV	纯电动城市客车	安徽安凯汽车股份有限公司	232	55	1	
			HFF6122G03EV	纯电动城市客车	安徽安凯汽车股份有限公司	247	55	1	
		瑞麟	SQR7001ELS18	纯电动轿车	奇瑞汽车股份有限公司	218	119	62	
			SQR7000BEVS184	纯电动轿车	奇瑞汽车股份有限公司	218	119	94	

序号	应用城市	车辆商标	车辆型号	车辆名称	生产企业	公告批次	目录序号	数量（辆）	合计（辆）
2	北京市	华林	HLT5074ZYSEV	纯电动压缩式垃圾车	北京华林特装车有限公司	238	（一）31	29	2191
			HLT5165GSSEV	纯电动洒水车	北京华林特装车有限公司	232	（一）31	60	
			HLT5072ZZZEV	纯电动自装卸式垃圾车	北京华林特装车有限公司	228	（一）31	87	
			HLT5022ZLJEV	纯电动自卸式垃圾车	北京华林特装车有限公司	232	（一）31	223	
			HLT5023ZLJEV	纯电动自卸式垃圾车	北京华林特装车有限公司	220	（一）31	133	
			HLT5024CTYEV	纯电动桶装垃圾运输车	北京华林特装车有限公司	222	（一）31	175	
			HLT5026CTYEV	纯电动桶装垃圾运输车	北京华林特装车有限公司	223	（一）31	66	
			HLT5031CTYEV	纯电动桶装垃圾运输车	北京华林特装车有限公司	234	（一）31	156	
		天路	BTL5072TSLEV	纯电动吸尘车	北京天路通科技有限责任公司	208	（一）44	40	
		中联	ZLJ5071TSL	纯电动扫路车	中联重科股份有限公司	235	（十八）20	26	
		北京	BJ5020XXYV3R-BEV	纯电动厢式运输车	北京汽车股份有限公司	230	11	30	
			BJ7000B3D-BEV	纯电动轿车	北京汽车股份有限公司	233	11	250	
		长安	SC7005EV	纯电动轿车	重庆长安汽车股份有限公司	232	96	100	
		首望	BH7000BEVAA	纯电动轿车	北京现代汽车有限公司	240	11	50	
		福田	BJ5036XXYEV-1	纯电动厢式运输车	北汽福田汽车股份有限公司	240	9	40	
			BJ6438EV1	纯电动多用途乘用车	北汽福田汽车股份有限公司	220	9	50	
			BJ6438EVAA3	纯电动多用途乘用车	北汽福田汽车股份有限公司	233	9	100	
			BJ6438EV3	纯电动多用途乘用车	北汽福田汽车股份有限公司	223	9	200	
			BJ6123EVCA	纯电动城市客车	北汽福田汽车股份有限公司	236	9	310	
		宇通	ZK6105CHEVNG1	混合动力电动城市客车	郑州宇通客车股份有限公司	236	71	21	
			ZK6120CHEVNG2	混合动力电动城市客车	郑州宇通客车股份有限公司	232	71	45	
3	深圳市	五洲龙	FDG6113EVG3	纯电动城市客车	深圳市五洲龙汽车有限公司	238	（十九）47	370	1863
			FDG6113EVG5	纯电动城市客车	深圳市五洲龙汽车有限公司	241	（十九）47	50	
		比亚迪	CK6120LGVE2	纯电动城市客车	深圳市比亚迪汽车有限公司	238	79	580	
			QCJ7006BEVF	纯电动轿车	深圳市比亚迪汽车有限公司	216	79	666	
			QCJ7100ADM	混合动力轿车	比亚迪汽车有限公司	206	108	197	
4	郑州市	宇通	ZK6126CHEVG4	混合动力电动城市客车	郑州宇通客车股份有限公司	235	71	82	1117
			ZK6120CHEVG1	混合动力电动城市客车	郑州宇通客车股份有限公司	232	71	725	
			ZK6125CHEVNG1	混合动力电动城市客车	郑州宇通客车股份有限公司	236	71	204	

续表

序号	应用城市	车辆商标	车辆型号	车辆名称	生产企业	公告批次	目录序号	数量（辆）	合计（辆）
			ZK6180CHEVG1	混合动力电动城市客车	郑州宇通客车股份有限公司	237	71	71	
			ZK6120CHEVNG2	混合动力电动城市客车	郑州宇通客车股份有限公司	232	71	30	
			ZK6106PHEVG1	混合动力电动城市客车	郑州宇通客车股份有限公司	232	71	1	
			ZK6108CHEVG2	混合动力电动城市客车	郑州宇通客车股份有限公司	231	71	1	
			ZK6126CHEVG2	混合动力电动城市客车	郑州宇通客车股份有限公司	225	71	1	
			ZK6126CHEVGQCA	混合动力电动城市客车	郑州宇通客车股份有限公司	232	71	1	
			ZK6140CHEVG1	混合动力电动城市客车	郑州宇通客车股份有限公司	238	71	1	
5	武汉市＊	东风	EQ6110HEV	混合动力城市客车	东风汽车公司	216	3	500	1081
			EQ6120CPHEV	混合动力城市客车	东风汽车公司	230	3	1	
		风神	DFM7162B1ABSG	混合动力轿车	东风汽车公司	231	3	350	
		扬子江	WG6120BEVHM	纯电动城市客车	东风扬子江汽车（武汉）有限责任公司	232	（十七）48	10	
		金龙	XMQ6127GH4	混合动力城市客车	厦门金龙联合汽车工业有限公司	232	123	201	
		海格	KLQ6129GHE2	混合动力城市客车	金龙联合汽车工业（苏州）有限公司	216	112	1	
		福田	BJ6113C7M4D	混合动力城市客车	北汽福田汽车股份有限公司	174	9	1	
		宇通	ZK6126CHEVGAA	混合动力电动城市客车	郑州宇通客车股份有限公司	224	71	1	
		九通	KR5020ZXXEV	纯电动车厢可卸式垃圾车	武汉九通汽车厂	232	29	1	
		日产 Leaf	FSDALD9ZE0BGA	纯电动轿车	日产汽车公司	＊	＊	15	
6	沈阳市	五洲龙	FDG6111HEVG2	混合动力城市客车	深圳市五洲龙汽车有限公司	230	（十九）47	140	965
		中华	SY7150X1SHEVBA	混合动力轿车	华晨汽车集团控股有限公司	235	（十二）33	825	
7	广州市	广汽	GZ6111HEV1	混合动力城市客车	广州汽车集团客车有限公司	231	89	870	920
		宇通	ZK6120BEVG2	纯电动城市客车	郑州宇通客车股份有限公司	236	71	50	
8	海口市	安凯	HFF6120G03EV	纯电动城市客车	安徽安凯汽车股份有限公司	232	55	30	901
		南车时代	TEG6106CHEV	混合动力城市客车	湖南南车时代电动汽车股份有限公司	236	（十八）23	35	
		马可	YS6120DG	纯电动城市客车	江苏常隆客车有限公司	167	17	8	
		海格	KLQ6109GHEV1	混合动力电动城市客车	金龙联合汽车工业（苏州）有限公司	232	112	100	
		荣威	CSA7180ACHEV	混合动力轿车	上海汽车集团股份有限公司	237	122	114	
		金龙	XMQ6127AGBEV2	纯电动城市客车	厦门金龙联合汽车工业有限公司	232	123	22	
			XMQ6106AGHEV5	混合动力城市客车	厦门金龙联合汽车工业有限公司	242	123	35	

续表

序号	应用城市	车辆商标	车辆型号	车辆名称	生产企业	公告批次	目录序号	数量（辆）	合计（辆）
		金旅	XML6125JHEV88C	混合动力城市客车	厦门金龙旅行车有限公司	234	（十七）124	7	
			XML6125JHEV28C	混合动力城市客车	厦门金龙旅行车有限公司	219	（十七）124	2	
			XML6105JHEV38C	混合动力城市客车	厦门金龙旅行车有限公司	242	（十七）124	183	
			XML6125JHEV38C	混合动力城市客车	厦门金龙旅行车有限公司	238	（十七）124	2	
		海马	HMC7000EVM0	纯电动轿车	一汽海马汽车有限公司	217	88	253	
		宇通	ZK6108CHEVG2	混合动力城市客车	郑州宇通客车股份有限公司	231	71	36	
			ZK6126CHEVG4	混合动力电动城市客车	郑州宇通客车股份有限公司	235	71	18	
			ZK6126CHEVG2	混合动力电动城市客车	郑州宇通客车股份有限公司	225	71	2	
			ZK6126CHEVGAA	混合动力电动城市客车	郑州宇通客车股份有限公司	224	71	2	
			ZK6108CHEVG1	混合动力电动城市客车	郑州宇通客车股份有限公司	231	71	10	
		中通	LCK6105PHENV	混合动力城市客车	中通客车控股股份有限公司	237	125	40	
		长安	SC7155HEV	混合动力轿车	重庆长安汽车股份有限公司	224	96	2	
9	成都市	蜀都	CDK6122CABEV	纯电动城市客车	成都客车股份有限公司	232	（二十二）10	129	709
			CDK6122CEHEV	混合动力城市客车	成都客车股份有限公司	235	（二十二）10	90	
		江淮	HFC7000AEV	纯电动轿车	安徽江淮汽车股份有限公司	242	56	203	
		野马	SQJ6452BEV	纯电动乘用车	四川汽车工业股份有限公司	242	101	18	
		远达	SCZ5160GSSBEV	纯电动洒水车	一汽（四川）专用汽车有限公司	240	（二十二）01	85	
		王牌	CDW5164GSSEV	纯电动洒水车	中国重汽集团成都王牌商用车有限公司	235	101	61	
			CDW5030XGCEV1	纯电动工程车	中国重汽集团成都王牌商用车有限公司	241	101	35	
			CDW5080ZLJEV	纯电动垃圾车	中国重汽集团成都王牌商用车有限公司	239	101	28	
		中联	ZLJ5071TSLHBEV	纯电动扫路车	中联重科股份有限公司	240	（十八）20	40	
		天路	BTL5071TSLEV	纯电动吸尘车	北京天路通科技有限责任公司	239	（一）44	20	
10	杭州市	荣威	CSA7180ACHEV	混合动力轿车	上海汽车集团股份有限公司	237	122	11	703
		宇通	ZK6126CHEVG2	混合动力电动城市客车	郑州宇通客车股份有限公司	225	71	21	
		金旅	XML6125JHEV38C	混合动力城市客车	厦门金龙旅行车有限公司	238	（十七）124	143	
		金龙	XMQ6127GHEV4	混合动力城市客车	厦门金龙联合汽车工业有限公司	247	123	50	
		比亚迪	QCJ7100ADM	混合动力轿车	比亚迪汽车有限公司	228	108	20	
			QCJ7006BEVF	纯电动轿车	深圳市比亚迪汽车有限公司	243	79	2	

续表

序号	应用城市	车辆商标	车辆型号	车辆名称	生产企业	公告批次	目录序号	数量（辆）	合计（辆）
		众泰	JNJ6400EVL1	纯电动轻型客车	湖南江南汽车制造有限公司	232	84	5	
			JNJ6401EVL1	纯电动轻型客车	湖南江南汽车制造有限公司	232	84	73	
			JNJ7000EVM	纯电动轿车	湖南江南汽车制造有限公司	239	84	26	
			JNJ7000EVM1	纯电动轿车	湖南江南汽车制造有限公司	234	84	5	
			JNJ6290EV	纯电动多用途乘用车	湖南江南汽车制造有限公司	245	84	335	
		海马	HMC7000EVMO	纯电动轿车	一汽海马汽车有限公司	245	88	12	
11	上海市	宇通	ZK6126CHEVG2	混合动力电动城市客车	郑州宇通客车股份有限公司	225	71	2	621
			ZK6108CHEVG2	混合动力电动城市客车	郑州宇通客车股份有限公司	231	71	2	
		荣威	CSA7180ACHEV	混合动力轿车	上海汽车集团股份有限公司	237	122	273	
		象	SXC6105GBEV	纯电动城市客车	上海万象汽车制造有限公司	238	（九）26	30	
		陕汽	SX4186ZG331N	纯电动牵引汽车	陕西汽车集团有限责任公司	216	110	3	
		常隆	YS6128BEV	纯电动客车	江苏常隆客车有限公司	222	（十）17	5	
		安凯	HFF6127K46EV	纯电动客车	安徽安凯汽车股份有限公司	240	33	30	
		众泰	JNJ7000EVM1	纯电动轿车	湖南江南汽车制造有限公司	234	84	30	
		荣威	CSA7000BEV	纯电动轿车	上海汽车集团股份有限公司	241	122	215	
		瑞麒	SQR7001ELS18	纯电动轿车	奇瑞汽车股份有限公司	218	119	5	
		赛欧（SAIL）	SGM7001EV	纯电动轿车	上海通用汽车有限公司	241	6	3	
		力帆	LF7002CEV	纯电动轿车	重庆力帆乘用车有限公司	238	93	4	
			LF7002EV	纯电动轿车	重庆力帆乘用车有限公司	218	93	19	
12	重庆市	长安	SC7155HEV	混合动力轿车	重庆长安汽车股份有限公司	224	96	14	489
		恒通客车	CKZ6116HNHEVA4	混合动力城市客车	重庆恒通客车有限公司	245	（三十一）14	450	
			CKZ6127HBEV	纯电动城市客车	重庆恒通客车有限公司	236	（十七）8	25	
13	苏州市	海格	KLQ6129GHE2	混合动力城市客车	金龙联合汽车工业（苏州）有限公司	216	112	74	471
			KLQ6129GHEV4	混合动力城市客车	金龙联合汽车工业（苏州）有限公司	238	112	38	
			KLQ6109GHEV1	混合动力电动城市客车	金龙联合汽车工业（苏州）有限公司	232	112	45	
			KLQ6109GCHEV1A	混合动力城市客车	金龙联合汽车工业（苏州）有限公司	236	112	27	
			KLQ6129GQHEV1	混合动力城市客车	金龙联合汽车工业（苏州）有限公司	247	112	20	
			KLQ6129GQHEV2	混合动力城市客车	金龙联合汽车工业（苏州）有限公司	247	112	12	

续表

序号	应用城市	车辆商标	车辆型号	车辆名称	生产企业	公告批次	目录序号	数量（辆）	合计（辆）
		宇通	ZK6126PHEVGQDA	混合动力电动城市客车	郑州宇通客车股份有限公司	234	71	23	
		宇通	ZK6120CHEVG1	混合动力电动城市客车	郑州宇通客车股份有限公司	232	71	84	
		宇通	ZK6125CHEVNG1	混合动力电动城市客车	郑州宇通客车股份有限公司	236	71	26	
		宇通	ZK6105CHEVNG1	混合动力电动城市客车	郑州宇通客车股份有限公司	236	71	112	
		海马	HMC7000EVM0	纯电动轿车	一汽海马汽车有限公司	217	88	10	
14	青岛市	申沃	SWB6121EV	纯电动城市客车	上海申沃客车有限公司	234	42	330	450
		五洲龙	FDG6123EVG	纯电动城市客车	深圳市五洲龙汽车有限公司	242	（十九）47	30	
		解放	CA6121URBEV80	纯电动城市客车	一汽客车（无锡）有限公司	238	（十）10	30	
		飞燕	SDL6120EVG1	纯电动城市客车	山东沂星电动汽车有限公司	237	（十五）25	10	
		飞燕	SDL6120EVG4	纯电动城市客车	山东沂星电动汽车有限公司	249	（十五）25	50	
15	长株潭地区	南车时代	TEG6102PHEV	混合动力城市客车	湖南南车时代电动汽车股份有限公司	245	（十八）23	102	444
		南车时代	TEG6106PHEV	混合动力城市客车	湖南南车时代电动汽车股份有限公司	245	（十八）23	155	
		南车时代	TEG6129CHEV	混合动力城市客车	湖南南车时代电动汽车股份有限公司	233	（十八）23	184	
		南车时代	TEG6128SHEV	混合动力城市客车	湖南南车时代电动汽车股份有限公司	232	（十八）23	3	
16	大连市	中华	SY7150X1SHEVBAB	混合动力轿车	华晨汽车集团控股有限公司	217	（十二）33	350	405
		黄海	DD6129CHEV2	混合动力城市客车	丹东黄海汽车有限责任公司	236	29	30	
		安凯	HFF6101G03EV	纯电动城市客车	安徽安凯汽车股份有限公司	231	55	5	
		解放	CA6127URE31	纯电动客车	一汽客车（大连）有限公司	216	28	20	
17	唐山市	东风	EQ6102EVL	纯电动城市客车	东风汽车公司	215	3	10	308
		广通	GTQ6107BEVB1	纯电动城市客车	珠海市广通汽车有限公司	232	（十九）28	10	
		黄海	DD6129CHEV1	混合动力城市客车	丹东黄海汽车有限责任公司	236	29	30	
		荣威	CSA7180ACHEV	混合动力轿车	上海汽车集团股份有限公司	237	122	2	
		申沃	SWB6127HE2	混合动力城市客车	上海申沃客车有限公司	232	42	6	
		申沃	SWB6127CHEV	混合动力城市客车	上海申沃客车有限公司	236	42	10	
		申沃	SWB6107CHEV	混合动力城市客车	上海申沃客车有限公司	247	42	35	
		申沃	SWB6121EV6	纯电动城市客车	上海申沃客车有限公司	227	42	10	
		宇通	ZK6108CHEVG2	混合动力电动城市客车	郑州宇通客车股份有限公司	231	71	25	
		中华	SY7150X1SHEVBAB	混合动力轿车	华晨汽车集团控股有限公司	217	（十二）33	170	

续表

序号	应用城市	车辆商标	车辆型号	车辆名称	生产企业	公告批次	目录序号	数量（辆）	合计（辆）
18	济南市	中通	LCK6125PHENV	混合动力城市客车	中通客车控股股份有限公司	243	125	200	300
			LCK6121HEV	混合动力城市客车	中通客车控股股份有限公司	243	125	100	
19	襄阳市	东风	EQ6102BEVL1	纯电动城市客车	东风汽车公司	232	3	30	157
			EQ6102EVL	纯电动城市客车	东风汽车公司	215	3	37	
			EQ5020ZZZACBEV2	纯电动自装卸式垃圾车	东风汽车公司	243	3	70	
		扬子江	WG6120PHEVCA	混合动力城市客车	东风扬子江汽车（武汉）有限责任公司	245	（十七）48	20	
20	呼和浩特市	亚星	JS6126GHEV3	混合动力城市客车	扬州亚星客车股份有限公司	233	49	50	153
		解放	CA6120URH2	混合动力城市客车	中国第一汽车集团公司	225	1	50	
		福田	BJ6123PHEV	混合动力城市客车	北汽福田汽车股份有限公司	231	9	50	
		海格	KLQ6129GEV	纯电动城市客车	金龙联合汽车工业（苏州）有限公司	217	112	1	
			KLQ6702EV	纯电动客车	金龙联合汽车工业（苏州）有限公司	227	112	2	
21	厦门市	金龙	XMQ6127GH5	混合动力城市客车	厦门金龙联合汽车工业有限公司	221	（十八）123	61	152
		金旅	XML6125JHEV28C	混合动力城市客车	厦门金龙旅行车有限公司	219	（十七）124	84	
		瑞麒	SQR7001ELS18	纯电动轿车	奇瑞汽车股份有限公司	218	119	7	
22	南昌市	江西	JXK6116BPHEV1	混合动力城市客车	江西凯马百路佳客车有限公司	243	（十四）03	37	143
			JXK6116BPHEV2	混合动力城市客车	江西凯马百路佳客车有限公司	243	（十四）03	63	
		安凯	HFF6111G03PHEV	混合动力城市客车	安徽安凯汽车股份有限公司	237	55	1	
		江铃	JX5020XXYMEV	纯电动厢式运输车	江西江铃汽车集团改装车有限公司	240	（十四）15	1	
			JX5020ZXXMEV	纯电动车厢可卸式垃圾车	江西江铃汽车集团改装车有限公司	238	（十四）15	18	
		东风	ZN5033XGCH2C	纯电动工程车	郑州日产汽车有限公司	232	72	1	
		依维柯	NJ50567XFWD	纯电动服务车	南京汽车集团有限公司	232	44	1	
		长安	SC7155A4	混合动力轿车	重庆长安汽车股份有限公司	232	96	2	
		长安	SC7155HEV	混合动力轿车	重庆长安汽车股份有限公司	224	96	2	
		荣威	CSA7180ACHEV	混合动力轿车	上海汽车集团股份有限公司	237	122	2	
		清源	QY5020ZXXBEVYC	纯电动车厢可卸式垃圾车	天津清源电动车辆有限责任公司	245	（二）22	15	
23	天津市	江淮	HFC7000AEV	纯电动轿车	安徽江淮汽车股份有限公司	242	56	5	76
		瑞麒	SQR7001ELS18	纯电动轿车	奇瑞汽车股份有限公司	218	119	1	
		申沃	SWB6121EV7	纯电动城市客车	上海申沃客车有限公司	243	42	10	

续表

序号	应用城市	车辆商标	车辆型号	车辆名称	生产企业	公告批次	目录序号	数量（辆）	合计（辆）
		安凯	HFF6128G03EV	纯电动城市客车	安徽安凯汽车股份有限公司	237	55	10	
		宇通	ZK6108CHEVG2	混合动力电动城市客车	郑州宇通客车股份有限公司	231	71	30	
			ZK6125BEVG1	纯电动城市客车	郑州宇通客车股份有限公司	235	71	10	
		青年	JNP6120BEV	纯电动城市客车	金华青年汽车制造有限公司	238	7	10	
24	长春市	金华奥	CCA6120BEV	纯电动城市客车	长春华奥汽车制造有限公司	232	40	2	52
		一汽	CA7155PHEV1	混合动力轿车	中国第一汽车集团公司	235	1	50	
25	中山市	福田	BJ6105EVCA	纯电动城市客车	北汽福田汽车股份有限公司	233	9	14	50
		北京	BJ7000B3D-BEV	纯电动轿车	北京汽车股份有限公司	233	11	36	
26	盐城市	达福迪	JAX5021XXYBEV	纯电动厢式运输车	江苏奥新新能源汽车有限公司	239	（十）74	2	17
			JAX5020ZLJBEVF135LAB15M1Z1	纯电动自卸式垃圾车	江苏奥新新能源汽车有限公司	243	（十）74	4	
			JAX5020XXYBEV	纯电动厢式运输车	江苏奥新新能源汽车有限公司	237	（十）74	8	
		中大	YCK6128BEVC	纯电动城市客车	盐城中威客车有限公司	221	（十）62	1	
		华骐	YQZ7001BEV	纯电动轿车	东风悦达起亚汽车有限公司	245	47	2	
27	东莞市	五洲龙	FDG6601EVG	纯电动城市客车	深圳市五洲龙汽车有限公司	243	（十九）47	6	6
28	乌鲁木齐市	江铃全顺	JX5041XEV-LI	纯电动服务车	江西江铃汽车集团改装车有限公司	232	（十四）15	2	5
		海马	HMC7000EVM0	纯电动轿车	一汽海马汽车有限公司	217	88	3	
29	韶关市	比亚迪	CK6120LGEV2	纯电动城市客车	深圳市比亚迪汽车有限公司	238	79	5	5
30	西安市	比亚迪	CK6120LGEV	纯电动城市客车	深圳市比亚迪汽车有限公司	227	79	4	4
合计（辆）								17002	17002

注：表中统计的武汉市推广的15辆日产Leaf牌纯电动轿车为进口车。

1. 纯电动客车

序号	应用城市	车辆商标	车辆型号	车辆名称	生产企业	公告批次	目录序号	数量（辆）	合计（辆）
1	深圳市	五洲龙	FDG6113EVG3	纯电动城市客车	深圳市五洲龙汽车有限公司	238	（十九）47	370	1000
			FDG6113EVG5	纯电动城市客车	深圳市五洲龙汽车有限公司	241	（十九）47	50	
		比亚迪	CK6120LGVE2	纯电动城市客车	深圳市比亚迪汽车有限公司	238	79	580	
2	青岛市	申沃	SWB6121EV	纯电动城市客车	上海申沃客车有限公司	234	42	330	450
		五洲龙	FDG6123EVG	纯电动城市客车	深圳市五洲龙汽车有限公司	242	（十九）47	30	

续表

序号	应用城市	车辆商标	车辆型号	车辆名称	生产企业	公告批次	目录序号	数量（辆）	合计（辆）
		解放	CA6121URBEV80	纯电动城市客车	一汽客车（无锡）有限公司	238	（十）10	30	
		飞燕	SDL6120EVG1	纯电动城市客车	山东沂星电动汽车有限公司	237	（十五）25	10	
			SDL6120EVG4	纯电动城市客车	山东沂星电动汽车有限公司	249	（十五）25	50	
3	北京市	福田	BJ6123EVCA	纯电动城市客车	北汽福田汽车股份有限公司	236	9	310	310
4	成都市	蜀都	CDK6122CABEV	纯电动城市客车	成都客车股份有限公司	232	（二十二）10	129	129
5	合肥市	安凯	HFF6100G03EV	纯电动城市客车	安徽安凯汽车股份有限公司	247	55	100	102
			HFF6121G03EV	纯电动城市客车	安徽安凯汽车股份有限公司	232	55	1	
			HFF6122G03EV	纯电动城市客车	安徽安凯汽车股份有限公司	247	55	1	
6	襄阳市	东风	EQ6102BEVL1	纯电动城市客车	东风汽车公司	232	3	30	67
			EQ6102EVL	纯电动城市客车	东风汽车公司	215	3	37	
7	上海市	象	SXC6105GBEV	纯电动城市客车	上海万象汽车制造有限公司	238	（九）26	30	65
		常隆	YS6128BEV	纯电动客车	江苏常隆客车有限公司	222	（十）17	5	
		安凯	HFF6127K46EV	纯电动客车	安徽安凯汽车股份有限公司	240	33	30	
8	海口市	安凯	HFF6120G03EV	纯电动城市客车	安徽安凯汽车股份有限公司	232	55	30	60
		马可	YS6120DG	纯电动城市客车	江苏常隆客车有限公司	167	17	8	
		金龙	XMQ6127AGBEV2	纯电动城市客车	厦门金龙联合汽车工业有限公司	232	123	22	
9	广州市	广汽	GZ6111HEV1	纯电动城市客车	郑州宇通客车股份有限公司	231	71	50	50
10	天津市	申沃	SWB6121EV7	纯电动城市客车	上海申沃客车有限公司	243	42	10	40
		安凯	HFF6128G03EV	纯电动城市客车	安徽安凯汽车股份有限公司	237	55	10	
		宇通	ZK6125BEVG1	纯电动城市客车	郑州宇通客车股份有限公司	235	71	10	
		青年	JNP6120BEV	纯电动城市客车	金华青年汽车制造有限公司	238	7	10	
11	唐山市	东风	EQ6102EVL	纯电动城市客车	东风汽车公司	215	3	10	30
		申沃	SWB6121EV6	纯电动城市客车	上海申沃客车有限公司	227	42	10	
		广通	GTQ6107BEVB1	纯电动城市客车	珠海市广通汽车有限公司	232	（十九）28	10	
12	大连市	安凯	HFF6101G03EV	纯电动城市客车	安徽安凯汽车股份有限公司	231	55	5	25
		解放	CA6127URE31	纯电动客车	一汽客车（大连）有限公司	216	28	20	
13	重庆市	恒通客车	CKZ6127HBEV	纯电动城市客车	重庆恒通客车有限公司	236	（十七）8	25	25
14	中山市	福田	BJ6105EVCA	纯电动城市客车	北汽福田汽车股份有限公司	233	9	14	14

续表

序号	应用城市	车辆商标	车辆型号	车辆名称	生产企业	公告批次	目录序号	数量（辆）	合计（辆）
15	武汉市	扬子江	WG6120BEVHM	纯电动城市客车	东风扬子江汽车（武汉）有限责任公司	232	（十七）48	10	10
16	东莞市	五洲龙	FDG6601EVG	纯电动城市客车	深圳市五洲龙汽车有限公司	243	（十九）47	6	6
17	韶关市	比亚迪	CK6120LGEV2	纯电动城市客车	深圳市比亚迪汽车有限公司	238	79	5	5
18	西安市	比亚迪	CK6120LGEV	纯电动城市客车	深圳市比亚迪汽车有限公司	247	79	4	4
19	呼和浩特市	海格	KLQ6129GEV	纯电动城市客车	金龙联合汽车工业（苏州）有限公司	217	112	1	3
		海格	KLQ6702EV	纯电动客车	金龙联合汽车工业（苏州）有限公司	227	112	2	
20	长春市	金华奥	CCA6120BEV	纯电动城市客车	长春华奥汽车制造有限公司	232	40	2	2
21	盐城市	中大	YCK6128BEVC	纯电动城市客车	盐城中威客车有限公司	221	（十）62	1	1
合计（辆）								2398	2398

2. 纯电动专用车

序号	应用城市	车辆商标	车辆型号	车辆名称	生产企业	公告批次	目录序号	数量（辆）	合计（辆）
1	北京市	华林	HLT5074ZYSEV	纯电动压缩式垃圾车	北京华林特装车有限公司	238	（一）31	29	1065
			HLT5165GSSEV	纯电动洒水车	北京华林特装车有限公司	232	（一）31	60	
			HLT5072ZZZEV	纯电动自装卸式垃圾车	北京华林特装车有限公司	228	（一）31	87	
			HLT5022ZLJEV	纯电动自卸式垃圾车	北京华林特装车有限公司	232	（一）31	223	
			HLT5023ZLJEV	纯电动自卸式垃圾车	北京华林特装车有限公司	220	（一）31	133	
			HLT5024CTYEV	纯电动桶装垃圾运输车	北京华林特装车有限公司	222	（一）31	175	
			HLT5026CTYEV	纯电动桶装垃圾运输车	北京华林特装车有限公司	223	（一）31	66	
			HLT5031CTYEV	纯电动桶装垃圾运输车	北京华林特装车有限公司	234	（一）31	156	
		天路	BTL5072TSLEV	纯电动吸尘车	北京天路通科技有限责任公司	208	（一）44	40	
		中联	ZLJ5071TSL	纯电动扫路车	中联重科股份有限公司	235	（十八）20	26	
		福田	BJ5036XXYEV-1	纯电动厢式运输车	北汽福田汽车股份有限公司	240	9	40	
		北京	BJ5020XXYV3R-BEV	纯电动厢式运输车	北京汽车股份有限公司	230	11	30	
2	成都市	远达	SCZ5160GSSBEV	纯电动洒水车	一汽（四川）专用汽车有限公司	240	（二十二）01	85	269
		王牌	CDW5164GSSEV	纯电动洒水车	中国重汽集团成都王牌商用车有限公司	235	101	61	
			CDW5030XGCEV1	纯电动工程车	中国重汽集团成都王牌商用车有限公司	241	101	35	
			CDW5080ZLJEV	纯电动垃圾车	中国重汽集团成都王牌商用车有限公司	239	101	28	

续表

序号	应用城市	车辆商标	车辆型号	车辆名称	生产企业	公告批次	目录序号	数量（辆）	合计（辆）
		中联	ZLJ5071TSLHBEV	纯电动扫路车	中联重科股份有限公司	240	（十八）20	40	
		天路	BTL5071TSLEV	纯电动吸尘车	北京天路通科技有限责任公司	239	（一）44	20	
3	襄阳市	东风	EQ5020ZZZACBEV2	纯电动自装卸式垃圾车	东风汽车公司	243	3	70	70
4	南昌市	江铃	JX5020XXYMEV	纯电动厢式运输车	江西江铃汽车集团改装车有限公司	240	（十四）15	1	36
			JX5020ZXXMEV	纯电动车厢可卸式垃圾车	江西江铃汽车集团改装车有限公司	238	（十四）15	18	
		东风	ZN5033XGCH2C	纯电动工程车	郑州日产汽车有限公司	232	72	1	
		依维柯	NJ50567XFWD	纯电动服务车	南京汽车集团有限公司	232	44	1	
		清源	QY5020ZXXBEVYC	纯电动车厢可卸式垃圾车	天津清源电动车辆有限责任公司	245	（二）22	15	
5	盐城市	达福迪	JAX5021XXYBEV	纯电动厢式运输车	江苏奥新新能源汽车有限公司	239	（十）74	2	14
			JAX5020XXYBEV	纯电动厢式运输车	江苏奥新新能源汽车有限公司	237	（十）74	8	
			JAX5020ZLJBEVF135LAB15M1Z1	纯电动自卸式垃圾车	江苏奥新新能源汽车有限公司	243	（十）74	4	
6	上海市	陕汽	SX4186ZG331N	纯电动牵引汽车	陕西汽车集团有限责任公司	216	110	3	3
7	乌鲁木齐市	江铃全顺	JX5041XEV-LI	纯电动服务车	江西江铃汽车集团改装车有限公司	232	（十四）15	2	2
8	武汉市	九通	KR5020ZXXEV	纯电动车厢可卸式垃圾车	武汉九通汽车厂	232	29	1	1
合计（辆）								1460	1460

3. 纯电动轿车及乘用车

序号	应用城市	车辆商标	车辆型号	车辆名称	生产企业	公告批次	目录序号	数量（辆）	合计（辆）
1	合肥市	江淮	HFC7000AEV	纯电动轿车	安徽江淮汽车股份有限公司	242	56	1986	2142
		瑞麟	SQR7001ELS18	纯电动轿车	奇瑞汽车股份有限公司	218	119	62	
			SQR7000BEVS184	纯电动轿车	奇瑞汽车股份有限公司	218	119	94	
2	北京市	北京	BJ7000B3D-BEV	纯电动轿车	北京汽车股份有限公司	240	11	250	750
		长安	SC7005EV	纯电动轿车	重庆长安汽车股份有限公司	232	96	100	
		首望	BH7000BEVAA	纯电动轿车	北京现代汽车有限公司	240	11	50	
		福田	BJ6438EV1	纯电动多用途乘用车	北汽福田汽车股份有限公司	220	9	50	
			BJ6438EVAA3	纯电动多用途乘用车	北汽福田汽车股份有限公司	233	9	100	
			BJ6438EV3	纯电动多用途乘用车	北汽福田汽车股份有限公司	223	9	200	

续表

序号	应用城市	车辆商标	车辆型号	车辆名称	生产企业	公告批次	目录序号	数量（辆）	合计（辆）
3	深圳市	比亚迪	QCJ7006BEVF	纯电动轿车	深圳市比亚迪汽车有限公司	216	79	666	666
4	杭州市	众泰	JNJ6400EVL1	纯电动轻型客车	湖南江南汽车制造有限公司	232	84	5	458
			JNJ6401EVL1	纯电动轻型客车	湖南江南汽车制造有限公司	232	84	73	
			JNJ6290EV	纯电动多用途乘用车	湖南江南汽车制造有限公司	245	84	335	
			JNJ7000EVM	纯电动轿车	湖南江南汽车制造有限公司	239	84	26	
			JNJ7000EVM1	纯电动轿车	湖南江南汽车制造有限公司	234	84	5	
		比亚迪	QCJ7006BEVF	纯电动轿车	深圳市比亚迪汽车有限公司	243	79	2	
		海马	HMC7000EVMO	纯电动轿车	一汽海马汽车有限公司	245	88	12	
5	上海市	众泰	JNJ7000EVM1	纯电动轿车	湖南江南汽车制造有限公司	234	84	30	276
		荣威	CSA7000BEV	纯电动轿车	上海汽车集团股份有限公司	237	122	215	
		力帆	LF7002EV	纯电动轿车	重庆力帆乘用车有限公司	218	93	19	
			LF7002CEV	纯电动轿车	重庆力帆乘用车有限公司	238	93	4	
		瑞麒	SQR7001ELS18	纯电动轿车	奇瑞汽车股份有限公司	218	119	5	
		赛欧（SAIL）	SGM7001EV	纯电动轿车	上海通用汽车有限公司	241	6	3	
6	海口市	海马	HMC7000EVM0	纯电动轿车	一汽海马汽车有限公司	217	88	253	253
7	成都市	江淮	HFC7000AEV	纯电动轿车	安徽江淮汽车股份有限公司	242	56	203	221
		野马	SQJ6452BEV	纯电动乘用车	四川汽车工业股份有限公司	242	101	18	
8	中山市	北京	BJ7000B3D-BEV	纯电动轿车	北京汽车股份有限公司	233	11	36	36
9	武汉市 *	日产 Leaf	FSDALD9ZE0BGA	纯电动轿车	日产汽车公司	*	*	15	15
10	苏州市	海马	HMC7000EVM0	纯电动轿车	一汽海马汽车有限公司	217	88	10	10
11	厦门市	瑞麒	SQR7001ELS18	纯电动轿车	奇瑞汽车股份有限公司	218	119	7	7
12	天津市	江淮	HFC7000AEV	纯电动轿车	安徽江淮汽车股份有限公司	242	56	5	6
		瑞麒	SQR7001ELS18	纯电动轿车	奇瑞汽车股份有限公司	218	119	1	
13	乌鲁木齐市	海马	HMC7000EVM0	纯电动轿车	一汽海马汽车有限公司	217	88	3	3
14	盐城市	华骐	YQZ7001BEV	纯电动轿车	东风悦达起亚汽车有限公司	245	47	2	2
合计（辆）								4845	4845

注：* 表示表中统计的武汉市推广的 15 辆日产 Leaf 牌纯电动轿车为进口车。

4. 混合动力客车

序号	应用城市	车辆商标	车辆型号	车辆名称	生产企业	公告批次	目录序号	数量（辆）	合计（辆）
1	郑州市	宇通	ZK6126CHEVG4	混合动力电动城市客车	郑州宇通客车股份有限公司	235	71	82	1117
			ZK6120CHEVG1	混合动力电动城市客车	郑州宇通客车股份有限公司	232	71	725	
			ZK6125CHEVNG1	混合动力电动城市客车	郑州宇通客车股份有限公司	236	71	204	
			ZK6180CHEVG1	混合动力电动城市客车	郑州宇通客车股份有限公司	237	71	71	
			ZK6120CHEVNG2	混合动力电动城市客车	郑州宇通客车股份有限公司	232	71	30	
			ZK6106PHEVG1	混合动力电动城市客车	郑州宇通客车股份有限公司	232	71	1	
			ZK6108CHEVG2	混合动力电动城市客车	郑州宇通客车股份有限公司	231	71	1	
			ZK6126CHEVG2	混合动力电动城市客车	郑州宇通客车股份有限公司	225	71	1	
			ZK6126CHEVGQCA	混合动力电动城市客车	郑州宇通客车股份有限公司	232	71	1	
			ZK6140CHEVG1	混合动力电动城市客车	郑州宇通客车股份有限公司	238	71	1	
2	广州市	广汽	GZ6111HEV1	混合动力城市客车	广州汽车集团客车有限公司	231	89	870	870
3	武汉市	东风	EQ6110HEV	混合动力城市客车	东风汽车公司	216	3	500	705
			EQ6120CPHEV	混合动力城市客车	东风汽车公司	230	3	1	
		金龙	XMQ6127GH4	混合动力城市客车	厦门金龙联合汽车工业有限公司	232	123	201	
		海格	KLQ6129GHE2	混合动力城市客车	金龙联合汽车工业（苏州）有限公司	216	112	1	
		福田	BJ6113C7M4D	混合动力城市客车	北汽福田汽车股份有限公司	174	9	1	
		宇通	ZK6126CHEVGAA	混合动力电动城市客车	郑州宇通客车股份有限公司	224	71	1	
4	海口市	南车时代	TEG6106CHEV	混合动力城市客车	湖南南车时代电动汽车股份有限公司	236	（十八）23	35	472
		金龙	XMQ6106AGHEV5	混合动力城市客车	厦门金龙联合汽车工业有限公司	242	123	35	
		金旅	XML6125JHEV88C	混合动力城市客车	厦门金龙旅行车有限公司	234	（十七）124	7	
			XML6125JHEV28C	混合动力城市客车	厦门金龙旅行车有限公司	219	（十七）124	2	
			XML6105JHEV38C	混合动力城市客车	厦门金龙旅行车有限公司	242	（十七）124	183	
			XML6125JHEV38C	混合动力城市客车	厦门金龙旅行车有限公司	238	（十七）124	2	
		中通	LCK6105PHENV	混合动力城市客车	中通客车控股股份有限公司	237	125	40	
		海格	KLQ6109GHEV1	混合动力电动城市客车	金龙联合汽车工业（苏州）有限公司	232	112	100	
		宇通	ZK6108CHEVG2	混合动力电动城市客车	郑州宇通客车股份有限公司	231	71	36	
			ZK6126CHEVG4	混合动力电动城市客车	郑州宇通客车股份有限公司	32	71	18	
			ZK6126CHEVG2	混合动力电动城市客车	郑州宇通客车股份有限公司	225	71	2	

续表

序号	应用城市	车辆商标	车辆型号	车辆名称	生产企业	公告批次	目录序号	数量（辆）	合计（辆）
			ZK6126CHEVGAA	混合动力电动城市客车	郑州宇通客车股份有限公司	224	71	2	
			ZK6108CHEVG1	混合动力电动城市客车	郑州宇通客车股份有限公司	231	71	10	
5	重庆市	恒通客车	CKZ6116HNHEVA4	混合动力城市客车	重庆恒通客车有限公司	245	（三十一）14	450	450
6	苏州市	海格	KLQ6129GHE2	混合动力城市客车	金龙联合汽车工业（苏州）有限公司	216	112	74	461
			KLQ6129GHEV4	混合动力城市客车	金龙联合汽车工业（苏州）有限公司	238	112	38	
			KLQ6109GCHEV1A	混合动力城市客车	金龙联合汽车工业（苏州）有限公司	236	112	27	
			KLQ6129GQHEV1	混合动力城市客车	金龙联合汽车工业（苏州）有限公司	247	112	20	
			KLQ6129GQHEV2	混合动力城市客车	金龙联合汽车工业（苏州）有限公司	247	112	12	
			KLQ6109GHEV1	混合动力电动城市客车	金龙联合汽车工业（苏州）有限公司	232	112	45	
		宇通	ZK6126PHEVGQDA	混合动力电动城市客车	郑州宇通客车股份有限公司	234	71	23	
			ZK6120CHEVG1	混合动力电动城市客车	郑州宇通客车股份有限公司	232	71	84	
			ZK6125CHEVNG1	混合动力电动城市客车	郑州宇通客车股份有限公司	236	71	26	
			ZK6105CHEVNG1	混合动力电动城市客车	郑州宇通客车股份有限公司	236	71	112	
7	长株潭地区	南车时代	TEG6102PHEV	混合动力城市客车	湖南南车时代电动汽车股份有限公司	245	（十八）23	102	444
			TEG6106PHEV	混合动力城市客车	湖南南车时代电动汽车股份有限公司	245	（十八）23	155	
			TEG6129CHEV	混合动力城市客车	湖南南车时代电动汽车股份有限公司	233	（十八）23	184	
			TEG6128SHEV	混合动力城市客车	湖南南车时代电动汽车股份有限公司	232	（十八）23	3	
8	济南市	中通	LCK6125PHENV	混合动力城市客车	中通客车控股股份有限公司	243	125	200	300
			LCK6121HEV	混合动力城市客车	中通客车控股股份有限公司	243	125	100	
9	杭州市	金旅	XML6125JHEV38C	混合动力城市客车	厦门金龙旅行车有限公司	238	（十七）124	143	214
		金龙	XMQ6127GHEV4	混合动力城市客车	厦门金龙联合汽车工业有限公司	247	123	50	
		宇通	ZK6126CHEVG2	混合动力电动城市客车	郑州宇通客车股份有限公司	225	71	21	
10	呼和浩特市	亚星	JS6126GHEV3	混合动力城市客车	扬州亚星客车股份有限公司	233	49	50	150
		解放	CA6120URH2	混合动力城市客车	中国第一汽车集团公司	225	1	50	
		福田	BJ6123PHEV	混合动力城市客车	北汽福田汽车股份有限公司	231	9	50	
11	厦门市	金龙	XMQ6127GH5	混合动力城市客车	厦门金龙联合汽车工业有限公司	221	（十八）123	61	145
		金旅	XML6125JHEV28C	混合动力城市客车	厦门金龙旅行车有限公司	219	（十七）124	84	
12	沈阳市	五洲龙	FDG6111HEVG2	混合动力城市客车	深圳市五洲龙汽车有限公司	230	（十九）47	140	140

续表

序号	应用城市	车辆商标	车辆型号	车辆名称	生产企业	公告批次	目录序号	数量（辆）	合计（辆）
13	唐山市	黄海	DD6129CHEV1	混合动力城市客车	丹东黄海汽车有限责任公司	236	29	30	106
		申沃	SWB6127HE2	混合动力城市客车	上海申沃客车有限公司	232	42	6	
			SWB6127CHEV	混合动力城市客车	上海申沃客车有限公司	236	42	10	
			SWB6107CHEV	混合动力城市客车	上海申沃客车有限公司	247	42	35	
		宇通	ZK6108CHEVG2	混合动力电动城市客车	郑州宇通客车股份有限公司	231	71	25	
14	南昌市	江西	JXK6116BPHEV1	混合动力城市客车	江西凯马百路佳客车有限公司	243	（十四）03	37	101
			JXK6116BPHEV2	混合动力城市客车	江西凯马百路佳客车有限公司	243	（十四）03	63	
		安凯	HFF6111G03PHEV	混合动力城市客车	安徽安凯汽车股份有限公司	237	55	1	
15	成都市	蜀都	CDK6122CEHEV	混合动力城市客车	成都客车股份有限公司	235	（二十二）10	90	90
16	北京市	宇通	ZK6105CHEVNG1	混合动力电动城市客车	郑州宇通客车股份有限公司	236	71	21	66
			ZK6120CHEVNG2	混合动力电动城市客车	郑州宇通客车股份有限公司	232	71	45	
17	天津市	宇通	ZK6108CHEVG2	混合动力电动城市客车	郑州宇通客车股份有限公司	231	71	30	30
18	大连市	黄海	DD6129CHEV2	混合动力城市客车	丹东黄海汽车有限责任公司	236	29	30	30
19	襄阳市	扬子江	WG6120PHEVCA	混合动力城市客车	东风扬子江汽车（武汉）有限责任公司	245	（十七）48	20	20
20	上海市	宇通	ZK6126CHEVG2	混合动力电动城市客车	郑州宇通客车股份有限公司	225	71	2	4
			ZK6108CHEVG2	混合动力电动城市客车	郑州宇通客车股份有限公司	231	71	2	
合计（辆）								5915	5915

5. 混合动力轿车

序号	应用城市	车辆商标	车辆型号	车辆名称	生产企业	公告批次	目录序号	数量（辆）	合计（辆）
1	沈阳市	中华	SY7150X1SHEVBA	混合动力轿车	华晨汽车集团控股有限公司	235	（十二）33	825	825
2	武汉市	风神	DFM7162B1ABSG	混合动力轿车	东风汽车公司	231	3	350	350
3	大连市	中华	SY7150X1SHEVBAB	混合动力轿车	华晨汽车集团控股有限公司	217	（十二）33	350	350
4	上海市	荣威	CSA7180ACHEV	混合动力轿车	上海汽车集团股份有限公司	237	122	273	273
5	深圳市	比亚迪	QCJ7100ADM	混合动力轿车	比亚迪汽车有限公司	206	108	197	197
6	唐山市	荣威	CSA7180ACHEV	混合动力轿车	上海汽车集团股份有限公司	237	122	2	172
		中华	SY7150X1SHEVBAB	混合动力轿车	华晨汽车集团控股有限公司	217	（十二）33	170	

续表

序号	应用城市	车辆商标	车辆型号	车辆名称	生产企业	公告批次	目录序号	数量（辆）	合计（辆）
7	海口市	荣威	CSA7180ACHEV	混合动力轿车	上海汽车集团股份有限公司	237	122	114	116
		长安	SC7155HEV	混合动力轿车	重庆长安汽车股份有限公司	224	96	2	
8	长春市	一汽	CA7155PHEV1	混合动力轿车	中国第一汽车集团公司	235	1	50	50
9	杭州市	荣威	CSA7180ACHEV	混合动力轿车	上海汽车集团股份有限公司	237	122	11	31
		比亚迪	QCJ7100ADM	混合动力轿车	比亚迪汽车有限公司	228	108	20	
10	重庆市	长安	SC7155HEV	混合动力轿车	重庆长安汽车股份有限公司	224	96	14	14
11	南昌市	长安	SC7155A4	混合动力轿车	重庆长安汽车股份有限公司	232	96	2	6
			SC7155HEV	混合动力轿车	重庆长安汽车股份有限公司	224	96	2	
		荣威	CSA7180ACHEV	混合动力轿车	上海汽车集团股份有限公司	237	122	2	
合计（辆）								2384	2384

五、2013年1—3月重点城市节能与新能源汽车推广数量统计

序号	应用城市	纯电动汽车											混合动力汽车							插电式混合动力汽车						增程式电动车				燃料电池汽车		合计
		大中型客车	轻型客车	载货车	公务车	出租车	电力工程车	邮政车	环卫车	私人车	其他	小计	大中型客车	轻型客车	载货车	公务车	出租车	私人车	小计	大中型客车	轻型客车	载货车	公务车	出租车	小计	大中型客车	轻型客车	出租车	小计	公交车	小计	
1	合肥市	105	0	196	0	0	0	0	0	506	0	807	0	0	0	0	0	0	0	100	0	0	0	0	100	50	0	0	50	0	0	957
2	昆明市	0	0	0	0	0	0	0	25	0	0	25	284	0	0	15	100	0	399	0	0	0	0	0	0	66	0	0	66	0	0	490
3	杭州市	130	0	0	0	300	0	0	0	0	0	430	0	0	0	0	0	0	0	0	0	0	0	0	0	0	0	0	0	0	0	430
4	广州市	0	0	0	0	0	0	0	0	0	0	0	400	0	0	0	0	0	400	0	0	0	0	0	0	0	0	0	0	0	0	400
5	南昌市	0	0	0	0	0	0	0	0	0	0	0	0	0	0	8	300	0	308	0	0	0	0	0	0	0	0	0	0	0	0	308
6	襄阳市	0	0	0	26	0	0	0	0	0	0	26	224	0	0	0	0	0	224	0	0	0	0	0	0	0	0	0	0	0	0	250
7	北京市	0	0	0	0	0	0	0	244	0	0	244	0	0	0	0	0	0	0	0	0	0	0	0	0	0	0	0	0	0	0	244
8	天津市	2	0	0	0	0	0	0	0	0	0	2	218	0	0	0	0	0	218	0	0	0	0	0	0	0	0	0	0	0	0	220
9	长株潭地区	0	0	0	0	0	0	0	0	0	0	0	2	0	0	0	0	0	2	212	0	0	0	0	212	0	0	0	0	0	0	214
10	呼和浩特市	0	0	0	0	0	0	0	0	0	0	0	200	0	0	0	0	0	200	0	0	0	0	0	0	0	0	0	0	0	0	200
11	唐山市	12	0	0	0	0	0	0	0	0	0	12	0	0	0	4	170	0	174	0	0	0	0	0	0	0	0	0	0	0	0	186
12	重庆市	0	0	0	0	0	0	0	0	0	0	0	0	0	0	0	0	0	0	165	0	0	0	0	165	0	0	0	0	0	0	165

续表

序号	应用城市	纯电动汽车											混合动力汽车							插电式混合动力汽车						增程式电动车				燃料电池汽车		合计
		大中型客车	轻型客车	载货车	公务车	出租车	电力工程车	邮政车	环卫车	私人车	其他	小计	大中型客车	轻型客车	载货车	公务车	出租车	私人车	小计	大中型客车	轻型客车	载货车	公务车	出租车	小计	大中型客车	轻型客车	出租车	小计	公交车	小计	
13	成都市	71	0	0	17	0	0	0	70	0	0	158	0	0	0	0	0	0	0	0	0	0	0	0	0	0	0	0	0	0	0	158
14	上海市	11	0	0	0	0	0	0	0	0	0	11	10	0	0	106	0	0	116	8	0	0	0	0	8	0	0	0	0	0	0	135
15	深圳市	0	0	0	0	0	0	0	0	30	0	30	0	0	0	0	0	0	66	0	0	0	0	56	56	0	0	0	0	0	0	86
16	哈尔滨市	0	0	0	0	0	0	0	0	0	0	0	81	0	0	0	0	0	0	0	0	0	0	0	0	0	0	0	0	0	0	81
17	佛山市	0	0	0	0	0	0	0	0	0	0	0	66	0	0	0	0	0	81	0	0	0	0	0	0	0	0	0	0	0	0	66
18	西安市	50	0	0	0	0	0	0	0	0	0	50	0	0	0	0	0	0	0	0	0	0	0	0	0	0	0	0	0	0	0	50
19	苏州市	9	0	0	0	0	0	0	0	0	0	9	35	0	0	0	0	0	35	0	0	0	0	0	0	0	0	0	0	0	0	44
20	厦门市	0	0	0	0	0	0	0	0	0	18	18	0	0	0	0	0	0	0	0	0	0	0	0	0	0	0	0	0	0	0	18
21	海口市	0	0	0	8	0	0	0	0	0	0	8	2	0	0	0	0	0	2	0	0	0	0	0	0	0	0	0	0	0	0	10
22	盐城市	0	0	0	10	0	0	0	0	0	0	10	0	0	0	0	0	0	0	0	0	0	0	0	0	0	0	0	0	0	0	10
23	武汉市	5	0	0	2#1	0	0	0	0	0	0	7	0	0	0	0	0	0	0	0	0	0	0	0	0	0	0	0	0	0	0	7
24	郑州市	0	0	0	0	0	0	0	0	0	0	0	4	0	0	0	0	0	4	0	0	0	0	0	0	0	0	0	0	0	0	4
25	沈阳市	0	0	0	0	0	0	0	0	0	0	0	0	0	0	0	0	0	0	0	0	0	0	0	0	0	0	0	0	0	0	0
26	青岛市	0	0	0	0	0	0	0	0	0	0	0	0	0	0	0	0	0	0	0	0	0	0	0	0	0	0	0	0	0	0	0
27	大连市	0	0	0	0	0	0	0	0	0	0	0	0	0	0	0	0	0	0	0	0	0	0	0	0	0	0	0	0	0	0	0
28	济南市	0	0	0	0	0	0	0	0	0	0	0	0	0	0	0	0	0	0	0	0	0	0	0	0	0	0	0	0	0	0	0
29	长春市	0	0	0	0	0	0	0	0	0	0	0	0	0	0	0	0	0	0	0	0	0	0	0	0	0	0	0	0	0	0	0
30	桂林市	0	0	0	0	0	0	0	0	0	0	0	0	0	0	0	0	0	0	0	0	0	0	0	0	0	0	0	0	0	0	0
31	廊坊市	0	0	0	0	0	0	0	0	0	0	0	0	0	0	0	0	0	0	0	0	0	0	0	0	0	0	0	0	0	0	0
32	乌鲁木齐市	0	0	0	0	0	0	0	0	0	0	0	0	0	0	0	0	0	0	0	0	0	0	0	0	0	0	0	0	0	0	0
合计		395	0	196	63	300	0	0	339	536	18	1847	1526	0	0	133	570	0	2229	485	0	0	0	56	541	116	0	0	116	0	0	4733

＊注：＃1. 表示表中统计的武汉市推广的 2 辆公务车为进口车，下同。

六、2013年1—3月节能与新能源汽车推广车型及数量统计——按车辆品牌划分

序号	生产企业	车辆商标	车辆型号	车辆名称	公告批次	目录序号	应用城市	数量（辆）	合计（辆）
1	安徽江淮汽车股份有限公司	江淮	HFC7000AEV	纯电动轿车	242	56	成都市	17	442
			HFC7000AEV	纯电动轿车	242	56	合肥市	385	
			HFC7100B1HEVF	混合动力轿车	242	56	合肥市	40	
2	郑州宇通客车股份有限公司	宇通	ZK6126CHEVG2	混合动力电动城市客车	225	71	海口市	1	440
			ZK6126CHEVG4	混合动力电动城市客车	235	71	海口市	1	
			ZK6105CHEVNG1	混合动力电动城市客车	236	71	佛山市	66	
			ZK6126CHEVG4	混合动力电动城市客车	235	71	天津市	218	
			ZK6120CHEVG1	混合动力电动城市客车	232	71	哈尔滨市	80	
			ZK6120CHEVG1	混合动力电动城市客车	232	71	郑州市	1	
			ZK6126CHEVG4	混合动力电动城市客车	235	71	郑州市	1	
			ZK6126CHEVG2	混合动力电动城市客车	225	71	昆明市	70	
			ZK6120CHEVG2	混合动力电动城市客车	239	71	郑州市	1	
			ZK6105CHEVNG1	混合动力电动城市客车	236	71	郑州市	1	
3	广州汽车集团客车有限公司	广汽	GZ6111HEV1	混合动力城市客车	231	89	广州市	400	400
4	东风汽车公司	风神	DFM7161B1B	混合动力轿车	227	3	南昌市	300	326
		东风	EQ6102EVL	纯电动城市客车	232	3	襄阳市	26	
5	湖南江南汽车制造有限公司	众泰	JNJ7000EVM1	纯电动轿车	234	（十）84	厦门市	3	303
			JNJ7000EVM1	纯电动轿车	234	84	杭州市	300	
6	湖南南车时代电动汽车股份有限公司	南车时代	TEG6129CHEV	混合动力城市客车	233	（十八）23	长株潭地区	186	278
			TEG6127PHEV	混合动力城市客车	213	（十八）23	长株潭地区	26	
			TEG6129PEV	增程式电动城市客车	247	（十八）23	昆明市	66	
7	安徽安凯汽车股份有限公司	安凯	HFF6100G03EV	纯电动城市客车	247	55	合肥市	99	255
			HFF6101K10EV	纯电动城市客车	241	55	合肥市	2	
			HFF6127K46EV-6	纯电动客车	245	55	合肥市	4	
			HFF6125G03SHEV	混合动力城市客车	243	55	合肥市	100	
			HFF6124G03SHEV	混合动力城市客车	243	55	合肥市	50	

续表

序号	生产企业	车辆商标	车辆型号	车辆名称	公告批次	目录序号	应用城市	数量（辆）	合计（辆）
8	北京华林特装车有限公司	华林	HLT5074ZYSEV	纯电动压缩式垃圾车	238	（一）31	北京市	24	244
			HLT5022ZLJEV	纯电动自卸式垃圾车	232	（一）31	北京市	15	
			HLT5023ZLJEV	纯电动自卸式垃圾车	220	（一）31	北京市	35	
			HLT5024CTYEV	纯电动桶装垃圾运输车	222	（一）31	北京市	24	
			HLT5026CTYEV	纯电动桶装垃圾运输车	223	（一）31	北京市	26	
			HLT5031CTYEV	纯电动桶装垃圾运输车	234	（一）31	北京市	120	
9	东风扬子江汽车（武汉）有限责任公司	扬子江	WG6121BEVHM	纯电动城市客车	247	（十七）48	武汉市	5	229
			WG6120PHEVCA	混合动力城市客车	245	（十七）48	襄阳市	224	
10	合肥昌河汽车有限责任公司	昌河	CH6390BEV	纯电动多用途乘用车	243	59	合肥市	196	196
11	华晨汽车集团控股有限公司	中华	SY7150X1SHEVBAB	混合动力轿车	217	（十二）33	唐山市	170	170
12	重庆恒通客车有限公司	恒通客车	CKZ6116HNHEVA4	混合动力城市客车	245	（三十一）14	重庆市	165	167
			CKZ6127HBEVB	纯电动城市客车	245	127	唐山市	2	
13	上海汽车集团股份有限公司	荣威	CSA7180ACHEV	混合动力轿车	237	122	海口市	8	123
			CSA7180ACHEV	混合动力轿车	237	122	上海市	106	
			CSA7180ACHEV	混合动力轿车	237	122	南昌市	7	
			CSA7180ACHEV	混合动力轿车	237	122	唐山市	2	
14	重庆长安汽车股份有限公司	长安	SC7155HEV	混合动力轿车	224	96	昆明市	115	116
			SC7155HEV	混合动力轿车	224	96	南昌市	1	
15	金龙联合汽车工业（苏州）有限公司	海格	KLQ6129GEV	纯电动城市客车	247	112	苏州市	6	109
			KLQ6129GEV2	纯电动城市客车	247	112	苏州市	3	
			KLQ6109GCHEV1A	混合动力城市客车	236	112	苏州市	16	
			KLQ6109GHEV1A	混合动力城市客车	237	112	苏州市	6	
			KLQ6119GCHEV1A	混合动力城市客车	237	112	苏州市	2	
			KLQ6119GHEV1A	混合动力城市客车	237	112	苏州市	2	
			KLQ6129GCHEV1A	混合动力城市客车	238	112	苏州市	1	
			KLQ6129GHEV4A	混合动力城市客车	238	112	苏州市	6	
			KLQ6129GHEV4A	混合动力城市客车	247	112	昆明市	65	
			KLQ6129GQHEV2	混合动力城市客车	247	112	苏州市	2	

续表

序号	生产企业	车辆商标	车辆型号	车辆名称	公告批次	目录序号	应用城市	数量（辆）	合计（辆）
16	厦门金龙旅行车有限公司	金旅	XML6125JHEV38CN	混合动力城市客车	238	（十七）124	哈尔滨市	1	106
			XML6125JHEV38CN	混合动力城市客车	238	（十七）124	呼和浩特市	50	
			XML6125JHEV38C	混合动力城市客车	238	（十七）124	昆明市	55	
17	江西凯马百路佳客车有限公司	江西	JXK6121BEV	纯电动城市客车	243	（十四）03	杭州市	100	100
18	奇瑞汽车股份有限公司	瑞麒	SQR7001ELS18	纯电动轿车	218	119	厦门市	15	96
			SQR7000BEVS184	纯电动轿车	218	119	合肥市	81	
19	深圳市比亚迪汽车有限公司	比亚迪	QCJ7006BEVF	纯电动轿车	216	79	深圳市	30	82
			CK6120LGEV	纯电动城市客车	227	79	西安市	50	
			CK6120LGEV	纯电动城市客车	227	79	天津市	2	
20	金华青年汽车制造有限公司	青年	JNP6120BEV1	纯电动城市客车	247	7	杭州市	30	79
			JNP6120PHEV	混合动力城市客车	237	7	昆明市	49	
21	成都客车股份有限公司	蜀都	CDK6122CABEV	纯电动城市客车	232	（二十二）10	成都市	71	71
22	比亚迪汽车有限公司	比亚迪	QCJ7100ADM	混合动力轿车	206	108	深圳市	56	56
23	中通客车控股股份有限公司	中通	LCK6125PHENV	混合动力城市客车	243	125	呼和浩特市	50	50
24	重庆五洲龙新能源汽车有限公司	五洲龙	WZL6123PHEVGEG4	混合动力城市客车	247	（二十一）07	呼和浩特市	50	50
25	扬州亚星客车股份有限公司	亚星	JS6126GHEV3	混合动力城市客车	247	49	呼和浩特市	50	50
26	厦门金龙联合汽车工业有限公司	金龙	XMQ6127GHEV8	混合动力城市客车	247	123	昆明市	45	45
27	一汽（四川）专用汽车有限公司	远达	SCZ5160GSSBEV	纯电动洒水车	240	（二十二）01	成都市	45	45
28	上海申沃客车有限公司	申沃	SWB6107SHEV1	混合动力城市客车	39	42	上海市	8	28
			SWB6107CHEV	混合动力城市客车	36	42	上海市	10	
			SWB6121EV6	纯电动城市客车	247	42	唐山市	10	
29	中国重汽集团成都王牌商用车有限公司	王牌	CDW5164GSSEV	纯电动洒水车	235	101	成都市	25	25
30	江苏奥新新能源汽车有限公司	达福迪	JAX5020ZXXBEV	纯电动环卫车	246	（十）74	昆明市	25	25
31	上海万象汽车制造有限公司	象	SXC6105GBEV	纯电动城市客车	238	（九）26	上海市	11	11
32	东风悦达起亚汽车有限公司	华骐	YQZ7001BEV	纯电动轿车	245	47	盐城市	10	10
33	上海通用汽车有限公司	别克（BUICK）	SGM7240PHEV	混合动力轿车	246	6	唐山市	2	2
34	日产汽车公司	日产 Leaf	FSDALD9ZE0BGA	纯电动轿车	*	*	武汉市	2	2

续表

序号	生产企业	车辆商标	车辆型号	车辆名称	公告批次	目录序号	应用城市	数量（辆）	合计（辆）
35	北汽福田汽车股份有限公司	福田	BJ6123PHEV-1	混合动力城市客车	217	（十七）9	长株潭地区	2	2
合计（辆）								4733	4733

注：＊表示表中统计的武汉市推广的2辆日产Leaf牌纯电动轿车为进口车。

1. 纯电动客车

序号	生产企业	车辆商标	车辆型号	车辆名称	公告批次	目录序号	应用城市	数量（辆）	合计（辆）
1	安徽安凯汽车股份有限公司	安凯	HFF6100G03EV	纯电动城市客车	247	55	合肥市	99	105
			HFF6101K10EV	纯电动城市客车	241	55	合肥市	2	
			HFF6127K46EV-6	纯电动客车	245	55	合肥市	4	
2	江西凯马百路佳客车有限公司	江西	JXK6121BEV	纯电动城市客车	243	（十四）03	杭州市	100	100
3	成都客车股份有限公司	蜀都	CDK6122CABEV	纯电动城市客车	232	（二十二）10	成都市	71	71
4	深圳市比亚迪汽车有限公司	比亚迪	CK6120LGEV	纯电动城市客车	227	79	西安市	50	52
			CK6120LGEV	纯电动城市客车	227	79	天津市	2	
5	金华青年汽车制造有限公司	青年	JNP6120BEV1	纯电动城市客车	247	7	杭州市	30	30
6	东风汽车公司	东风	EQ6102EVL	纯电动城市客车	232	3	襄阳市	26	26
7	上海万象汽车制造有限公司	象	SXC6105GBEV	纯电动城市客车	238	（九）26	上海市	11	11
8	上海申沃客车有限公司	申沃	SWB6121EV6	纯电动城市客车	247	42	唐山市	10	10
9	金龙联合汽车工业（苏州）有限公司	海格	KLQ6129GEV	纯电动城市客车	247	112	苏州市	6	9
			KLQ6129GEV2	纯电动城市客车	247	112	苏州市	3	
10	东风扬子江汽车（武汉）有限责任公司	扬子江	WG6121BEVHM	纯电动城市客车	247	（十七）48	武汉市	5	5
11	重庆恒通客车有限公司	恒通客车	CKZ6127HBEVB	纯电动城市客车	245	127	唐山市	2	2
合计（辆）								421	421

2. 纯电动专用车

序号	生产企业	车辆商标	车辆型号	车辆名称	公告批次	目录序号	应用城市	数量（辆）	合计（辆）
1	北京华林特装车有限公司	华林	HLT5074ZYSEV	纯电动压缩式垃圾车	238	（一）31	北京市	24	244
			HLT5022ZLJEV	纯电动自卸式垃圾车	232	（一）31	北京市	15	
			HLT5023ZLJEV	纯电动自卸式垃圾车	220	（一）31	北京市	35	

续表

序号	生产企业	车辆商标	车辆型号	车辆名称	公告批次	目录序号	应用城市	数量（辆）	合计（辆）
		华林	HLT5024CTYEV	纯电动桶装垃圾运输车	222	（一）31	北京市	24	
			HLT5026CTYEV	纯电动桶装垃圾运输车	223	（一）31	北京市	26	
			HLT5031CTYEV	纯电动桶装垃圾运输车	234	（一）31	北京市	120	
2	一汽（四川）专用汽车有限公司	远达	SCZ5160GSSBEV	纯电动洒水车	240	（二十二）01	成都市	45	45
3	中国重汽集团成都王牌商用车有限公司	王牌	CDW5164GSSEV	纯电动洒水车	235	101	成都市	25	25
4	江苏奥新新能源汽车有限公司	达福迪	JAX5020ZXXBEV	纯电动环卫车	246	（十）74	昆明市	25	25
	合计（辆）							339	339

3. 纯电动轿车及乘用车

序号	生产企业	车辆商标	车辆型号	车辆名称	公告批次	目录序号	应用城市	数量（辆）	合计（辆）
1	安徽江淮汽车股份有限公司	江淮	HFC7000AEV	纯电动轿车	242	56	成都市	17	402
			HFC7000AEV	纯电动轿车	242	56	合肥市	385	
2	湖南江南汽车制造有限公司	众泰	JNJ7000EVM1	纯电动轿车	234	（十）84	厦门市	3	303
			JNJ7000EVM1	纯电动轿车	234	84	杭州市	300	
3	合肥昌河汽车有限责任公司	昌河	CH6390BEV	纯电动多用途乘用车	243	59	合肥市	196	196
4	奇瑞汽车股份有限公司	瑞麒	SQR7001ELS18	纯电动轿车	218	119	厦门市	15	96
			SQR7000BEVS184	纯电动轿车	218	119	合肥市	81	
5	深圳市比亚迪汽车有限公司	比亚迪	QCJ7006BEVF	纯电动轿车	216	79	深圳市	30	30
6	东风悦达起亚汽车有限公司	华骐	YQZ7001BEV	纯电动轿车	245	47	盐城市	10	10
7	日产汽车公司	日产 Leaf	FSDALD9ZE0BGA	纯电动轿车	*	*	武汉市	2	2
	合计（辆）							1039	1039

注：*表示表中统计的武汉市推广的2辆日产 Leaf 牌纯电动轿车为进口车。

4. 混合动力客车

序号	生产企业	车辆商标	车辆型号	车辆名称	公告批次	目录序号	应用城市	数量（辆）	合计（辆）
1	郑州宇通客车股份有限公司	宇通	ZK6126CHEVG2	混合动力电动城市客车	225	71	海口市	1	440
			ZK6126CHEVG4	混合动力电动城市客车	235	71	海口市	1	
			ZK6105CHEVNG1	混合动力电动城市客车	236	71	佛山市	66	

续表

序号	生产企业	车辆商标	车辆型号	车辆名称	公告批次	目录序号	应用城市	数量（辆）	合计（辆）
			ZK6126CHEVG4	混合动力电动城市客车	235	71	天津市	218	
			ZK6120CHEVG1	混合动力电动城市客车	232	71	哈尔滨市	80	
			ZK6120CHEVG1	混合动力电动城市客车	232	71	郑州市	1	
			ZK6126CHEVG4	混合动力电动城市客车	235	71	郑州市	1	
			ZK6126CHEVG2	混合动力电动城市客车	225	71	昆明市	70	
			ZK6120CHEVG2	混合动力电动城市客车	239	71	郑州市	1	
			ZK6105CHEVNG1	混合动力电动城市客车	236	71	郑州市	1	
2	广州汽车集团客车有限公司	广汽	GZ6111HEV1	混合动力城市客车	231	89	广州市	400	400
3	湖南南车时代电动汽车股份有限公司	南车时代	TEG6129CHEV	混合动力城市客车	233	（十八）23	长株潭地区	186	278
			TEG6127PHEV	混合动力城市客车	213	（十八）23	长株潭地区	26	
			TEG6129PEV	混合动力城市客车	247	（十八）23	昆明市	66	
4	东风扬子江汽车（武汉）有限责任公司	扬子江	WG6120PHEVCA	混合动力城市客车	245	（十七）48	襄阳市	224	224
5	重庆恒通客车有限公司	恒通客车	CKZ6116HNHEVA4	混合动力城市客车	245	（三十一）14	重庆市	165	165
6	安徽安凯汽车股份有限公司	安凯	HFF6125G03SHEV	混合动力城市客车	243	55	合肥市	100	150
			HFF6124G03SHEV	混合动力城市客车	243	55	合肥市	50	
7	厦门金龙旅行车有限公司	金旅	XML6125JHEV38CN	混合动力城市客车	238	（十七）124	哈尔滨市	1	106
			XML6125JHEV38CN	混合动力城市客车	238	（十七）124	呼和浩特市	50	
			XML6125JHEV38C	混合动力城市客车	238	（十七）124	昆明市	55	
8	金龙联合汽车工业（苏州）有限公司	海格	KLQ6109GCHEV1A	混合动力城市客车	236	112	苏州市	16	100
			KLQ6109GHEV1A	混合动力城市客车	237	112	苏州市	6	
			KLQ6119GCHEV1A	混合动力城市客车	237	112	苏州市	2	
			KLQ6119GHEV1A	混合动力城市客车	237	112	苏州市	2	
			KLQ6129GCHEV1A	混合动力城市客车	238	112	苏州市	1	
			KLQ6129GHEV4A	混合动力城市客车	238	112	苏州市	6	
			KLQ6129GHEV4A	混合动力城市客车	247	112	昆明市	65	
			KLQ6129GQHEV2	混合动力城市客车	247	112	苏州市	2	
9	扬州亚星客车股份有限公司	亚星	JS6126GHEV3	混合动力城市客车	247	49	呼和浩特市	50	50
10	中通客车控股股份有限公司	中通	LCK6125PHENV	混合动力城市客车	243	125	呼和浩特市	50	50

续表

序号	生产企业	车辆商标	车辆型号	车辆名称	公告批次	目录序号	应用城市	数量（辆）	合计（辆）
11	重庆五洲龙新能源汽车有限公司	五洲龙	WZL6123PHEVGEG4	混合动力城市客车	247	（二十一）07	呼和浩特市	50	50
12	金华青年汽车制造有限公司	青年	JNP6120PHEV	混合动力城市客车	237	7	昆明市	49	49
13	厦门金龙联合汽车工业有限公司	金龙	XMQ6127GHEV8	混合动力城市客车	247	123	昆明市	45	45
14	上海申沃客车有限公司	申沃	SWB6107SHEV1	混合动力城市客车	39	42	上海市	8	18
			SWB6107CHEV	混合动力城市客车	36	42	上海市	10	
15	北汽福田汽车股份有限公司	福田	BJ6123PHEV-1	混合动力城市客车	217	（十七）9	长株潭地区	2	2
合计（辆）								2127	2127

5. 混合动力轿车

序号	生产企业	车辆商标	车辆型号	车辆名称	公告批次	目录序号	应用城市	数量（辆）	合计（辆）
1	东风汽车公司	风神	DFM7161B1B	混合动力轿车	227	3	南昌市	300	300
2	华晨汽车集团控股有限公司	中华	SY7150X1SHEVBAB	混合动力轿车	217	（十二）33	唐山市	170	170
3	上海汽车集团股份有限公司	荣威	CSA7180ACHEV	混合动力轿车	237	122	海口市	8	123
			CSA7180ACHEV	混合动力轿车	237	122	上海市	106	
			CSA7180ACHEV	混合动力轿车	237	122	南昌市	7	
			CSA7180ACHEV	混合动力轿车	237	122	唐山市	2	
4	重庆长安汽车股份有限公司	长安	SC7155HEV	混合动力轿车	224	96	昆明市	115	116
			SC7155HEV	混合动力轿车	224	96	南昌市	1	
5	比亚迪汽车有限公司	比亚迪	QCJ7100ADM	混合动力轿车	206	108	深圳市	56	56
6	安徽江淮汽车股份有限公司	江淮	HFC7100B1HEVF	混合动力轿车	242	56	合肥市	40	40
7	上海通用汽车有限公司	别克（BUICK）	SGM7240PHEV	混合动力轿车	246	6	唐山市	2	2
合计（辆）								807	807

七、2013年1—3月节能与新能源汽车推广车型及数量统计——按推广地区划分

序号	应用城市	车辆商标	车辆型号	车辆名称	生产企业	公告批次	目录序号	数量（辆）	合计（辆）
1	合肥市	安凯	HFF6125G03SHEV	混合动力城市客车	安徽安凯汽车股份有限公司	243	55	100	957
			HFF6124G03SHEV	混合动力城市客车	安徽安凯汽车股份有限公司	243	55	50	
			HFF6100G03EV	纯电动城市客车	安徽安凯汽车股份有限公司	247	55	99	
			HFF6101K10EV	纯电动城市客车	安徽安凯汽车股份有限公司	241	55	2	
			HFF6127K46EV-6	纯电动客车	安徽安凯汽车股份有限公司	245	55	4	
		昌河	CH6390BEV	纯电动多用途乘用车	合肥昌河汽车有限责任公司	243	59	196	
		江淮	HFC7100B1HEVF	混合动力轿车	安徽江淮汽车股份有限公司	242	56	40	
			HFC7000AEV	纯电动轿车	安徽江淮汽车股份有限公司	242	56	385	
		瑞麟	SQR7000BEVS184	纯电动轿车	奇瑞汽车股份有限公司	218	119	81	
2	昆明市	长安	SC7155HEV	混合动力轿车	重庆长安汽车股份有限公司	230	96	115	490
		南车时代	TEG6129PEV	混合动力城市客车	湖南南车时代电动汽车股份有限公司	229	（十八）23	66	
		宇通	ZK6126CHEVG2	混合动力城市客车	郑州宇通客车股份有限公司	225	71	70	
		海格	KLQ6129GHEV4A	混合动力城市客车	金龙联合汽车工业（苏州）有限公司	238	112	65	
		金旅	XML6125JHEV38C	混合动力城市客车	厦门金龙旅行车有限公司	244	124	55	
		金龙	XMQ6127GHEV8	混合动力城市客车	厦门金龙联合汽车工业有限公司	240	123	45	
		青年	JNP6120PHEV	混合动力城市客车	金华青年汽车制造有限公司	237	7	49	
		达福迪	JAX5020ZXXBEV	纯电动环卫车	江苏奥新新能源汽车有限公司	246	（十）74	25	
3	杭州市	江西	JXK6121BEV	纯电动城市客车	江西凯马百路佳客车有限公司	243	（十四）03	100	430
		青年	JNP6120BEV1	纯电动城市客车	金华青年汽车制造有限公司	247	7	30	
		众泰	JNJ7000EVM1	纯电动轿车	湖南江南汽车制造有限公司	247	84	300	
4	广州市	广汽	GZ6111HEV1	混合动力城市客车	广州汽车集团客车有限公司	247	89	400	400
5	南昌市	风神	DFM7161B1B	混合动力轿车	东风汽车公司	227	3	300	308
		长安	SC7155HEV	混合动力轿车	重庆长安汽车股份有限公司	230	96	1	
		荣威	CSA7180ACHEV	混合动力轿车	上海汽车集团股份有限公司	237	122	7	
6	襄阳市	扬子江	WG6120PHEVCA	混合动力城市客车	东风扬子江汽车（武汉）有限责任公司	245	（十七）48	224	250
		东风	EQ6102EVL	纯电动城市客车	东风汽车公司	232	3	26	

续表

序号	应用城市	车辆商标	车辆型号	车辆名称	生产企业	公告批次	目录序号	数量（辆）	合计（辆）
7	北京市	华林	HLT5074ZYSEV	纯电动压缩式垃圾车	北京华林特装车有限公司	238	（一）31	24	244
			HLT5022ZLJEV	纯电动自卸式垃圾车	北京华林特装车有限公司	232	（一）31	15	
			HLT5023ZLJEV	纯电动自卸式垃圾车	北京华林特装车有限公司	220	（一）31	35	
			HLT5024CTYEV	纯电动桶装垃圾运输车	北京华林特装车有限公司	222	（一）31	24	
			HLT5026CTYEV	纯电动桶装垃圾运输车	北京华林特装车有限公司	223	（一）31	26	
			HLT5031CTYEV	纯电动桶装垃圾运输车	北京华林特装车有限公司	234	（一）31	120	
8	天津市	宇通	ZK6126CHEVG4	混合动力电动城市客车	郑州宇通客车股份有限公司	243	71	218	220
		比亚迪	CK6120LGEV	纯电动城市客车	深圳市比亚迪汽车有限公司	227	79	2	
9	长株潭地区	南车时代	TEG6129CHEV	混合动力城市客车	湖南南车时代电动汽车股份有限公司	247	（十八）23	186	214
			TEG6127PHEV	混合动力城市客车	湖南南车时代电动汽车股份有限公司	213	（十八）23	26	
		福田	BJ6123PHEV-1	混合动力城市客车	北汽福田汽车股份有限公司	217	（十七）9	2	
10	呼和浩特市	亚星	JS6126GHEV3	混合动力城市客车	扬州亚星客车股份有限公司	233	49	50	200
		中通	LCK6125PHENV	混合动力城市客车	中通客车控股股份有限公司	243	125	50	
		金旅	XML6125JHEV38CN	混合动力城市客车	厦门金龙旅行车有限公司	238	124	50	
		五洲龙	WZL6123PHEVGEG4	混合动力城市客车	重庆五洲龙新能源汽车有限公司	237	（二十一）07	50	
11	唐山市	中华	SY7150X1SHEVBAB	混合动力轿车	华晨汽车集团控股有限公司	235	（十二）33	170	186
		别克（BUICK）	SGM7240PHEV	混合动力轿车	上海通用汽车有限公司	224	6	2	
		荣威	CSA7180ACHEV	混合动力轿车	上海汽车集团股份有限公司	237	122	2	
		恒通客车	CKZ6127HBEVB	纯电动城市客车	重庆恒通客车有限公司	245	127	2	
		申沃	SWB6121EV6	纯电动城市客车	上海申沃客车有限公司	227	42	10	
12	重庆市	恒通客车	CKZ6116HNHEVA4	混合动力城市客车	重庆恒通客车有限公司	245	（三十一）14	165	165
13	成都市	蜀都	CDK6122CABEV	纯电动城市客车	成都客车股份有限公司	232	（二十二）10	71	158
		江淮	HFC7000AEV	纯电动轿车	安徽江淮汽车股份有限公司	242	56	17	
		远达	SCZ5160GSSBEV	纯电动洒水车	一汽（四川）专用汽车有限公司	240	（二十二）01	45	
		王牌	CDW5164GSSEV	纯电动洒水车	中国重汽集团成都王牌商用车有限公司	235	101	25	
14	上海市	荣威	CSA7180ACHEV	混合动力轿车	上海汽车集团股份有限公司	237	122	106	135
		申沃	SWB6107SHEV1	混合动力城市客车	上海申沃客车有限公司	240	42	8	

续表

序号	应用城市	车辆商标	车辆型号	车辆名称	生产企业	公告批次	目录序号	数量（辆）	合计（辆）
			SWB6107CHEV	混合动力城市客车	上海申沃客车有限公司	241	42	10	
		象	SXC6105GBEV	纯电动城市客车	上海万象汽车制造有限公司	238	（九）26	11	
15	深圳市	比亚迪	QCJ7100ADM	混合动力轿车	比亚迪汽车有限公司	206	108	56	86
		比亚迪	QCJ7006BEVF	纯电动轿车	深圳市比亚迪汽车有限公司	216	79	30	
16	哈尔滨市	宇牌通	ZK6120CHEVG1	混合动力电动城市客车	郑州宇通客车股份有限公司	232	71	80	81
		金旅	XML6125JHEV38CN	混合动力城市客车	厦门金龙旅行车有限公司	238	（十七）124	1	
17	佛山市	宇通	ZK6105CHEVNG1	混合动力电动城市客车	郑州宇通客车股份有限公司	236	236	66	66
18	西安市	比亚迪	CK6120LGEV	纯电动城市客车	深圳市比亚迪汽车有限公司	227	79	50	50
19	苏州市	海格	KLQ6109GCHEV1A	混合动力城市客车	金龙联合汽车工业（苏州）有限公司	236	112	16	44
			KLQ6109GHEV1A	混合动力城市客车	金龙联合汽车工业（苏州）有限公司	237	112	6	
			KLQ6119GCHEV1A	混合动力城市客车	金龙联合汽车工业（苏州）有限公司	237	112	2	
			KLQ6119GHEV1A	混合动力城市客车	金龙联合汽车工业（苏州）有限公司	237	112	2	
			KLQ6129GCHEV1A	混合动力城市客车	金龙联合汽车工业（苏州）有限公司	238	112	1	
			KLQ6129GHEV4A	混合动力城市客车	金龙联合汽车工业（苏州）有限公司	238	112	6	
			KLQ6129GQHEV2	混合动力城市客车	金龙联合汽车工业（苏州）有限公司	247	112	2	
			KLQ6129GEV	纯电动城市客车	金龙联合汽车工业（苏州）有限公司	247	112	6	
			KLQ6129GEV2	纯电动城市客车	金龙联合汽车工业（苏州）有限公司	236	112	3	
20	厦门市	瑞麒	SQR7001ELS18	纯电动轿车	奇瑞汽车股份有限公司	206	119	15	18
		众泰	JNJ7000EVM1	纯电动轿车	湖南江南汽车制造有限公司	222	（十）84	3	
21	海口市	宇通	ZK6126CHEVG2	混合动力城市客车	郑州宇通客车股份有限公司	225	71	1	10
			ZK6126CHEVG4	混合动力城市客车	郑州宇通客车股份有限公司	235	71	1	
		荣威	CSA7180ACHEV	混合动力轿车	上海汽车集团股份有限公司	237	122	8	
22	盐城市	华骐	YQZ7001BEV	纯电动轿车	东风悦达起亚汽车有限公司	245	47	10	10
23	武汉市	日产 Leaf	FSDALD9ZE0BGA	纯电动轿车	日产汽车公司	*	*	2	7
		扬子江	WG6121BEVHM	纯电动城市客车	东风扬子江汽车（武汉）有限责任公司	247	（十七）48	5	
24	郑州市	宇牌通	ZK6105CHEVNG1	混合动力城市客车	郑州宇通客车股份有限公司	236	（38）71	1	4
			ZK6120CHEVG1	混合动力城市客车	郑州宇通客车股份有限公司	232	（32）71	1	
			ZK6120CHEVG2	混合动力城市客车	郑州宇通客车股份有限公司	239	（38）71	1	

续表

序号	应用城市	车辆商标	车辆型号	车辆名称	生产企业	公告批次	目录序号	数量（辆）	合计（辆）
			ZK6126CHEVG4	混合动力城市客车	郑州宇通客车股份有限公司	235	（32）71	1	
合计（辆）								4733	4733

注：＊表示表中统计的武汉市推广的2辆日产Leaf牌纯电动轿车为进口车。

1. 纯电动客车

序号	应用城市	车辆商标	车辆型号	车辆名称	生产企业	公告批次	目录序号	数量（辆）	合计（辆）
1	杭州市	江西	JXK6121BEV	纯电动城市客车	江西凯马百路佳客车有限公司	243	（十四）03	100	130
		青年	JNP6120BEV1	纯电动城市客车	金华青年汽车制造有限公司	247	7	30	
2	合肥市	安凯	HFF6100G03EV	纯电动城市客车	安徽安凯汽车股份有限公司	247	55	98	105
			HFF6101K10EV	纯电动城市客车	安徽安凯汽车股份有限公司	241	55	2	
			HFF6100G03EV	纯电动城市客车	安徽安凯汽车股份有限公司	247	55	1	
			HFF6127K46EV-6	纯电动客车	安徽安凯汽车股份有限公司	245	55	4	
3	成都市	蜀都	CDK6122CABEV	纯电动城市客车	成都客车股份有限公司	232	（二十二）10	71	71
4	西安市	比亚迪	CK6120LGEV	纯电动城市客车	深圳市比亚迪汽车有限公司	227	79	50	50
5	襄阳市	东风	EQ6102EVL	纯电动城市客车	东风汽车公司	232	3	26	26
6	唐山市	恒通客车	CKZ6127HBEVB	纯电动城市客车	重庆恒通客车有限公司	245	127	2	12
		申沃	SWB6121EV6	纯电动城市客车	上海申沃客车有限公司	227	42	10	
7	上海市	象	SXC6105GBEV	纯电动城市客车	上海万象汽车制造有限公司	238	（九）26	11	11
8	苏州市	海格	KLQ6129GEV	纯电动城市客车	金龙联合汽车工业（苏州）有限公司	247	112	6	9
		海格	KLQ6129GEV2	纯电动城市客车	金龙联合汽车工业（苏州）有限公司	236	112	3	
9	武汉市	扬子江	WG6121BEVHM	纯电动城市客车	东风扬子江汽车（武汉）有限责任公司	247	（十七）48	5	5
10	天津市	比亚迪	CK6120LGEV	纯电动城市客车	深圳市比亚迪汽车有限公司	227	79	2	2
合计（辆）								421	421

2. 纯电动专用车

序号	应用城市	车辆商标	车辆型号	车辆名称	生产企业	公告批次	目录序号	数量（辆）	合计（辆）
1	北京市	华林	HLT5074ZYSEV	纯电动压缩式垃圾车	北京华林特装车有限公司	238	（一）31	24	244
			HLT5022ZLJEV	纯电动自卸式垃圾车	北京华林特装车有限公司	232	（一）31	15	

续表

序号	应用城市	车辆商标	车辆型号	车辆名称	生产企业	公告批次	目录序号	数量（辆）	合计（辆）
			HLT5023ZLJEV	纯电动自卸式垃圾车	北京华林特装车有限公司	220	（一）31	35	
			HLT5024CTYEV	纯电动桶装垃圾运输车	北京华林特装车有限公司	222	（一）31	24	
			HLT5026CTYEV	纯电动桶装垃圾运输车	北京华林特装车有限公司	223	（一）31	26	
			HLT5031CTYEV	纯电动桶装垃圾运输车	北京华林特装车有限公司	234	（一）31	120	
2	成都市	远达	SCZ5160GSSBEV	纯电动洒水车	一汽（四川）专用汽车有限公司	240	（二十二）01	45	70
		王牌	CDW5164GSSEV	纯电动洒水车	中国重汽集团成都王牌商用车有限公司	235	101	25	
3	昆明市	达福迪	JAX5020ZXXBEV	纯电动环卫车	江苏奥新新能源汽车有限公司	246	（十）74	25	25
合计（辆）								339	339

3. 纯电动轿车及乘用车

序号	应用城市	车辆商标	车辆型号	车辆名称	生产企业	公告批次	目录序号	数量（辆）	合计（辆）
1	合肥市	昌河	CH6390BEV	纯电动多用途乘用车	合肥昌河汽车有限责任公司	243	59	196	662
		江淮	HFC7000AEV	纯电动轿车	安徽江淮汽车股份有限公司	242	56	385	
		瑞麟	SQR7000BEVS184	纯电动轿车	奇瑞汽车股份有限公司	218	119	81	
2	杭州市	众泰	JNJ7000EVM1	纯电动轿车	湖南江南汽车制造有限公司	247	84	300	300
3	深圳市	比亚迪	QCJ7006BEVF	纯电动轿车	深圳市比亚迪汽车有限公司	216	79	30	30
4	厦门市	瑞麒	SQR7001ELS18	纯电动轿车	奇瑞汽车股份有限公司	206	119	15	18
		众泰	JNJ7000EVM1	纯电动轿车	湖南江南汽车制造有限公司	222	（十）84	3	
5	成都市	江淮	HFC7000AEV	纯电动轿车	安徽江淮汽车股份有限公司	242	56	17	17
6	盐城市	华骐	YQZ7001BEV	纯电动轿车	东风悦达起亚汽车有限公司	245	47	10	10
7	武汉市	日产 Leaf	FSDALD9ZE0BGA	纯电动轿车	日产汽车公司	*	*	2	2
合计（辆）								1039	1039

注：* 表示表中统计的武汉市推广的 2 辆日产 Leaf 牌纯电动轿车为进口车。

4. 混合动力客车

序号	应用城市	车辆商标	车辆型号	车辆名称	生产企业	公告批次	目录序号	数量（辆）	合计（辆）
1	广州市	广汽	GZ6111HEV1	混合动力城市客车	广州汽车集团客车有限公司	247	89	400	400
2	昆明市	南车时代	TEG6129PEV	混合动力城市客车	湖南南车时代电动汽车股份有限公司	229	（十八）23	66	350

续表

序号	应用城市	车辆商标	车辆型号	车辆名称	生产企业	公告批次	目录序号	数量（辆）	合计（辆）
		宇通	ZK6126CHEVG2	混合动力城市客车	郑州宇通客车股份有限公司	225	71	70	
		海格	KLQ6129GHEV4A	混合动力城市客车	金龙联合汽车工业（苏州）有限公司	238	112	65	
		金旅	XML6125JHEV38C	混合动力城市客车	厦门金龙旅行车有限公司	244	124	55	
		金龙	XMQ6127GHEV8	混合动力城市客车	厦门金龙联合汽车工业有限公司	240	123	45	
		青年	JNP6120PHEV	混合动力城市客车	金华青年汽车制造有限公司	237	7	49	
3	襄阳市	扬子江	WG6120PHEVCA	混合动力城市客车	东风扬子江汽车（武汉）有限责任公司	245	（十七）48	224	224
4	天津市	宇通	ZK6126CHEVG4	混合动力电动城市客车	郑州宇通客车股份有限公司	243	71	218	218
5	长株潭地区	南车时代	TEG6129CHEV	混合动力城市客车	湖南南车时代电动汽车股份有限公司	247	（十八）23	186	214
			TEG6127PHEV	混合动力城市客车	湖南南车时代电动汽车股份有限公司	213	（十八）23	26	
		福田	BJ6123PHEV-1	混合动力城市客车	北汽福田汽车股份有限公司	217	（十七）9	2	
6	呼和浩特市	亚星	JS6126GHEV3	混合动力城市客车	扬州亚星客车股份有限公司	233	49	50	200
		中通	LCK6125PHENV	混合动力城市客车	中通客车控股股份有限公司	243	125	50	
		金旅	XML6125JHEV38CN	混合动力城市客车	厦门金龙旅行车有限公司	238	124	50	
		五洲龙	WZL6123PHEVGEG4	混合动力城市客车	重庆五洲龙新能源汽车有限公司	237	（二十一）07	50	
7	重庆市	恒通客车	CKZ6116HNHEVA4	混合动力城市客车	重庆恒通客车有限公司	245	（三十一）14	165	165
8	合肥市	安凯	HFF6125G03SHEV	混合动力城市客车	安徽安凯汽车股份有限公司	243	55	100	150
			HFF6124G03SHEV	混合动力城市客车	安徽安凯汽车股份有限公司	243	55	50	
9	哈尔滨市	宇牌通	ZK6120CHEVG1	混合动力电动城市客车	郑州宇通客车股份有限公司	232	71	80	81
		金旅	XML6125JHEV38CN	混合动力城市客车	厦门金龙旅行车有限公司	238	（十七）124	1	
10	佛山市	宇通	ZK6105CHEVNG1	混合动力电动城市客车	郑州宇通客车股份有限公司	236	236	66	66
11	苏州市	海格	KLQ6109GCHEV1A	混合动力城市客车	金龙联合汽车工业（苏州）有限公司	236	112	16	35
			KLQ6109GHEV1A	混合动力城市客车	金龙联合汽车工业（苏州）有限公司	237	112	6	
			KLQ6119GCHEV1A	混合动力城市客车	金龙联合汽车工业（苏州）有限公司	237	112	2	
			KLQ6119GHEV1A	混合动力城市客车	金龙联合汽车工业（苏州）有限公司	237	112	2	
			KLQ6129GCHEV1A	混合动力城市客车	金龙联合汽车工业（苏州）有限公司	238	112	1	
			KLQ6129GHEV4A	混合动力城市客车	金龙联合汽车工业（苏州）有限公司	238	112	6	
			KLQ6129GQHEV2	混合动力城市客车	金龙联合汽车工业（苏州）有限公司	247	112	2	

续表

序号	应用城市	车辆商标	车辆型号	车辆名称	生产企业	公告批次	目录序号	数量（辆）	合计（辆）
12	上海市	申沃	SWB6107SHEV1	混合动力城市客车	上海申沃客车有限公司	240	42	8	18
			SWB6107CHEV	混合动力城市客车	上海申沃客车有限公司	241	42	10	
13	郑州市	宇牌通	ZK6105CHEVNG1	混合动力城市客车	郑州宇通客车股份有限公司	236	（38）71	1	4
			ZK6120CHEVG1	混合动力城市客车	郑州宇通客车股份有限公司	232	（32）71	1	
			ZK6120CHEVG2	混合动力城市客车	郑州宇通客车股份有限公司	239	（38）71	1	
			ZK6126CHEVG4	混合动力城市客车	郑州宇通客车股份有限公司	235	（32）71	1	
14	海口市	宇通	ZK6126CHEVG2	混合动力城市客车	郑州宇通客车股份有限公司	225	71	1	2
			ZK6126CHEVG4	混合动力城市客车	郑州宇通客车股份有限公司	235	71	1	
合计（辆）								2127	2127

5. 混合动力轿车

序号	应用城市	车辆商标	车辆型号	车辆名称	生产企业	公告批次	目录序号	数量（辆）	合计（辆）
1	南昌市	风神	DFM7161B1B	混合动力轿车	东风汽车公司	227	3	300	308
		长安	SC7155HEV	混合动力轿车	重庆长安汽车股份有限公司	230	96	1	
		荣威	CSA7180ACHEV	混合动力轿车	上海汽车集团股份有限公司	237	122	7	
2	唐山市	中华	SY7150X1SHEVBAB	混合动力轿车	华晨汽车集团控股有限公司	235	（十二）33	170	174
		别克（BUICK）	SGM7240PHEV	混合动力轿车	上海通用汽车有限公司	224	6	2	
		荣威	CSA7180ACHEV	混合动力轿车	上海汽车集团股份有限公司	237	122	2	
3	昆明市	长安	SC7155HEV	混合动力轿车	重庆长安汽车股份有限公司	230	96	115	115
4	上海市	荣威	CSA7180ACHEV	混合动力轿车	上海汽车集团股份有限公司	237	122	106	106
5	深圳市	比亚迪	QCJ7100ADM	混合动力轿车	比亚迪汽车有限公司	206	108	56	56
6	合肥市	江淮	HFC7100B1HEVF	混合动力轿车	安徽江淮汽车股份有限公司	242	56	40	40
7	海口市	荣威	CSA7180ACHEV	混合动力轿车	上海汽车集团股份有限公司	237	122	8	8
合计（辆）								807	807

八、2012年代用燃料汽车(含CNG、LNG、LPG及醇醚类)保有量统计

序号	应用城市	LPG							LNG							CNG							醇醚类							合计(辆)
		大中型客车	轻型客车	货车	出租车	私人用车	其他	小计	大中型客车	轻型客车	货车	出租车	私人用车	其他	小计	大中型客车	轻型客车	货车	出租车	私人用车	其他	小计	大中型客车	轻型客车	货车	出租车	私人用车	其他	小计	
1	四川省	180	0	0	0	0	0	180	641	0	407	0	0	0	1048	23546	0	10003	29309	236628	50014	349500	0	0	0	0	0	0	0	350728
2	上海市	0	0	0	1800	0	280000	281800	0	0	50	0	0	0	50	110	0	0	3230	0	0	3340	0	0	0	0	0	0	0	285190
3	乌鲁木齐市	0	0	0	0	0	0	0	0	0	0	0	0	0	0	3085	0	0	8743	145113	0	156941	0	0	0	0	0	0	0	156941
4	重庆市	0	0	0	0	0	0	0	100	0	0	0	0	0	100	22443	281	0	22491	44042	7920	97177	0	0	0	0	0	0	0	97277
5	山东省	0	0	0	0	0	0	0	843	1523	2486	0	0	0	4852	6831	253	714	47425	0	0	55223	0	0	0	0	0	0	0	60075
6	山西省	0	0	0	0	0	0	0	0	0	0	0	0	0	0	0	0	0	0	0	0	0	0	0	0	15200	35736	0	50936	50936
7	银川市	0	0	0	0	0	0	0	0	0	0	0	0	0	0	1600	0	0	5141	34609	0	41350	0	0	0	0	0	0	0	41350
8	广州市	7257	0	0	18761	0	0	26018	421	0	0	0	0	0	421	0	0	0	0	0	0	0	0	0	0	0	0	0	0	26439
9	西安市	0	0	0	0	0	0	0	0	0	0	0	0	0	0	7393	0	0	12230	0	3000	22623	0	0	0	0	0	0	0	22623
10	石家庄市	0	0	0	0	0	0	0	0	0	0	0	0	0	0	2800	0	0	6710	9500	1400	20410	0	0	0	0	0	0	0	20410
11	天津市	0	0	0	0	0	0	0	355	0	11	0	0	0	366	170	0	0	19304	0	0	19474	0	0	0	0	0	0	0	19840
12	沈阳市	1000	0	0	3500	200	300	5000	174	0	60	0	0	100	334	387	0	0	11500	300	100	12287	0	0	0	0	0	0	0	17621
13	武汉市	400	0	0	1500	0	0	1900	0	0	0	0	0	0	0	1600	0	0	13000	0	300	14900	0	0	0	0	0	0	0	16800
14	青岛市	0	0	0	0	0	0	0	120	0	0	0	0	0	120	1710	0	0	9353	1912	261	13236	0	0	0	0	0	0	0	13356
15	兰州市	0	0	0	0	0	0	0	0	0	0	0	0	0	0	2900	0	0	6738	0	0	9638	0	0	0	0	0	0	0	9638
16	西宁市	0	0	0	0	0	0	0	0	0	0	0	0	0	0	2248	364	780	5516	311	79	9298	0	0	0	0	0	0	0	9298
17	合肥市	0	0	0	0	0	0	0	0	0	0	0	0	0	0	815	0	0	8395	0	0	9210	0	0	0	0	0	0	0	9210
18	呼和浩特市	0	0	0	0	0	0	0	0	0	0	0	0	0	0	1554	0	0	5568	0	0	7122	0	0	0	0	0	0	0	7122
19	东莞市	0	0	0	0	0	0	0	300	0	0	0	0	0	300	160	0	0	7000	0	0	7160	0	0	0	0	0	0	0	7460
20	廊坊市	0	0	0	0	0	0	0	0	0	0	0	0	0	0	200	0	0	4020	2600	0	6820	0	0	0	0	0	0	0	6820
21	厦门市	0	0	0	560	0	0	560	174	0	0	300	0	0	474	416	0	0	4350	0	0	4766	0	0	0	0	0	0	0	5800
22	北京市	0	0	0	0	0	0	0	790	0	0	0	0	0	790	2749	0	0	0	0	0	2749	0	0	0	0	0	0	0	3539
23	哈尔滨市	1091	0	0	0	0	0	1091	0	0	0	0	0	0	0	2210	0	0	0	0	0	2210	0	0	0	0	0	0	0	3301

续表

序号	应用城市	LPG							LNG							CNG							醇醚类							合计（辆）
		大中型客车	轻型客车	货车	出租车	私人用车	其他	小计	大中型客车	轻型客车	货车	出租车	私人用车	其他	小计	大中型客车	轻型客车	货车	出租车	私人用车	其他	小计	大中型客车	轻型客车	货车	出租车	私人用车	其他	小计	
24	长株潭地区	0	0	0	0	0	0	0	0	0	0	0	0	0	0	646	0	0	2299	0	0	2945	0	0	0	0	0	0	0	2945
25	襄阳市	0	0	0	0	0	0	0	0	0	0	0	0	0	0	900	0	0	1700	0	0	2600	0	0	0	0	0	0	0	2600
26	佛山市	0	0	0	0	0	0	0	1500	0	0	0	0	0	1500	0	0	0	1100	0	0	1100	0	0	0	0	0	0	0	2600
27	贵阳市	0	0	0	0	0	0	0	1800	0	0	0	0	0	1800	0	0	0	0	0	0	0	100	0	0	0	0	0	100	1900
28	湛江市	0	0	0	0	0	0	0	370	0	0	0	0	0	370	0	0	0	1200	0	0	1200	0	0	0	0	0	0	0	1570
29	唐山市	0	0	0	0	0	0	0	0	0	0	0	0	0	0	250	0	0	870	0	0	1120	0	0	0	0	0	0	0	1120
30	珠海市	0	0	0	0	0	0	0	858	0	0	0	0	0	858	0	0	0	0	0	0	0	0	0	0	0	0	0	0	858
31	南昌市	0	0	0	0	0	0	0	0	0	0	0	0	0	0	42	0	0	620	0	0	662	0	0	0	0	0	0	0	662
32	杭州市	0	0	0	0	0	0	0	313	0	0	0	0	0	313	0	0	0	330	0	0	330	0	0	0	0	0	0	0	643
33	张家港市	0	0	0	0	0	0	0	90	0	0	0	0	0	90	0	0	0	500	0	50	550	0	0	0	0	0	0	0	640
34	惠州市	0	0	0	0	0	0	0	444	0	0	0	0	0	444	0	0	0	100	0	0	100	0	0	0	0	0	0	0	544
35	广西壮族自治区	0	0	0	0	0	0	0	0	0	0	0	0	0	0	0	0	0	395	0	0	395	0	0	0	0	0	0	0	395
36	江门市	0	0	0	0	0	0	0	299	0	0	0	0	0	299	0	0	0	0	0	0	0	0	0	0	0	0	0	0	299
37	肇庆市	0	0	0	0	0	0	0	169	0	0	0	0	0	169	0	0	0	0	0	0	0	0	0	0	0	0	0	0	169
38	梅州市	0	0	0	0	0	0	0	150	0	0	0	0	0	150	0	0	0	0	0	0	0	0	0	0	0	0	0	0	150
39	昆明市	0	0	0	0	0	0	0	50	0	0	0	0	0	50	86	0	0	0	0	0	86	0	0	0	0	0	0	0	136
40	韶关市	0	0	0	0	0	0	0	38	0	0	0	0	0	38	0	0	0	90	0	0	90	0	0	0	0	0	0	0	128
41	深圳市	0	0	0	0	0	0	0	580	0	0	0	0	0	580	0	0	0	0	0	0	0	0	0	0	0	0	0	0	580
合计（辆）		9928	0	0	26121	200	280300	316549	10579	1523	3014	300	0	100	15516	86851	898	11497	239227	475015	63124	876612	100	0	0	15200	35736	0	51036	1259713

注：* 山东省运行的 60075 辆，不包括青岛市的 13356 辆。

* 本表仅统计国内主要代用燃料汽车应用城市推广数量，下同。

九、2013年1—3月代用燃料汽车（含CNG、LNG、LPG及醇醚类）示范运行数量统计

序号	应用城市	LPG							LNG							CNG							醇醚类							合计（辆）
		大中型客车	轻型客车	货车	出租车	私人用车	其他	小计	大中型客车	轻型客车	货车	出租车	私人用车	其他	小计	大中型客车	轻型客车	货车	出租车	私人用车	其他	小计	大中型客车	轻型客车	货车	出租车	私人用车	其他	小计	
1	四川省	0	0	0	0	0	0	0	323	0	216	0	0	0	539	588	672	252	938	3010	2030	7490	0	0	0	0	0	0	0	8029
2	乌鲁木齐市	0	0	0	0	0	0	0	0	0	0	0	0	0	0	0	0	0	0	4760	0	4760	0	0	0	0	0	0	0	4760
3	北京市	0	0	0	0	0	0	0	790	0	0	0	0	0	790	2749	0	0	0	0	0	2749	0	0	0	0	0	0	0	3539
4	天津市	0	0	0	0	0	0	0	52	0	589	0	0	0	641	0	0	0	1553	0	0	1553	0	0	0	0	0	0	0	2194
5	山西省	0	0	0	0	0	0	0	0	0	0	0	0	0	0	0	0	0	0	0	0	0	20	0	0	1640	0	0	1660	1660
6	青岛市	0	0	0	0	0	0	0	100	0	0	0	0	0	100	546	0	0	300	66	0	912	0	0	0	0	0	0	0	1012
7	呼和浩特市	0	0	0	0	0	0	0	0	0	0	0	0	0	0	350	0	0	0	0	0	350	0	0	0	0	0	0	0	350
8	上海市	0	0	0	100	0	0	100	0	0	70	0	0	0	70	0	0	0	70	0	0	70	0	0	0	0	0	0	0	240
9	廊坊市	0	0	0	0	0	0	0	0	0	0	0	0	0	0	230	0	0	0	0	0	230	0	0	0	0	0	0	0	230
10	合肥市	0	0	0	0	0	0	0	200	0	0	500	0	0	0	0	0	0	0	0	0	0	0	0	0	0	0	0	0	700
11	贵阳市	0	0	0	0	0	0	0	200	0	0	0	0	0	200	0	0	0	0	0	0	0	0	0	0	0	0	0	0	200
12	昆明市	0	0	0	0	0	0	0	0	0	0	0	0	0	0	180	0	0	0	0	0	180	0	0	0	0	0	0	0	180
13	珠海市	0	0	0	0	0	0	0	89	0	0	0	0	0	89	0	0	0	0	0	0	0	0	0	0	0	0	0	0	89
14	韶关市	0	0	0	0	0	0	0	75	0	0	0	0	0	75	0	0	0	0	0	0	0	0	0	0	0	0	0	0	75
15	杭州市	0	0	0	0	0	0	0	10	0	0	0	0	0	10	0	0	0	0	0	0	0	0	0	0	0	0	0	0	10
16	重庆市	0	0	0	0	0	0	0	0	0	0	0	0	0	0	0	0	0	0	0	0	0	0	0	0	0	0	0	0	0
17	银川市	0	0	0	0	0	0	0	0	0	0	0	0	0	0	0	0	0	0	0	0	0	0	0	0	0	0	0	0	0
18	广州市	0	0	0	0	0	0	0	0	0	0	0	0	0	0	0	0	0	0	0	0	0	0	0	0	0	0	0	0	0
19	西安市	0	0	0	0	0	0	0	0	0	0	0	0	0	0	0	0	0	0	0	0	0	0	0	0	0	0	0	0	0
20	石家庄市	0	0	0	0	0	0	0	0	0	0	0	0	0	0	0	0	0	0	0	0	0	0	0	0	0	0	0	0	0
21	沈阳市	0	0	0	0	0	0	0	0	0	0	0	0	0	0	0	0	0	0	0	0	0	0	0	0	0	0	0	0	0
22	武汉市	0	0	0	0	0	0	0	0	0	0	0	0	0	0	0	0	0	0	0	0	0	0	0	0	0	0	0	0	0

续表

序号	应用城市	LPG							LNG							CNG							醇醚类							合计（辆）
		大中型客车	轻型客车	货车	出租车	私人用车	其他	小计	大中型客车	轻型客车	货车	出租车	私人用车	其他	小计	大中型客车	轻型客车	货车	出租车	私人用车	其他	小计	大中型客车	轻型客车	货车	出租车	私人用车	其他	小计	
23	兰州市	0	0	0	0	0	0	0	0	0	0	0	0	0	0	0	0	0	0	0	0	0	0	0	0	0	0	0	0	0
24	西宁市	0	0	0	0	0	0	0	0	0	0	0	0	0	0	0	0	0	0	0	0	0	0	0	0	0	0	0	0	0
25	长株潭地区	0	0	0	0	0	0	0	0	0	0	0	0	0	0	0	0	0	0	0	0	0	0	0	0	0	0	0	0	0
26	襄阳市	0	0	0	0	0	0	0	0	0	0	0	0	0	0	0	0	0	0	0	0	0	0	0	0	0	0	0	0	0
27	厦门市	0	0	0	0	0	0	0	0	0	0	0	0	0	0	0	0	0	0	0	0	0	0	0	0	0	0	0	0	0
28	佛山市	0	0	0	0	0	0	0	0	0	0	0	0	0	0	0	0	0	0	0	0	0	0	0	0	0	0	0	0	0
29	广西南宁市	0	0	0	0	0	0	0	0	0	0	0	0	0	0	0	0	0	0	0	0	0	0	0	0	0	0	0	0	0
30	南昌市	0	0	0	0	0	0	0	0	0	0	0	0	0	0	0	0	0	0	0	0	0	0	0	0	0	0	0	0	0
合计（辆）		0	0	0	100	0	0	100	1839	0	875	500	0	0	2514	4643	672	252	2861	7836	2030	18294	20	0	0	1640	0	0	1660	23268

十、2013 年 1—3 月代用燃料汽车（含 CNG、LNG、LPG 及醇醚类）示范推广车型及数量统计

序号	应用城市	车辆商标	车辆型号	车辆名称	生产企业	公告批次	目录序号	数量（辆）	合计（辆）
1	山西省	英伦	SMA7151K05M	甲醇轿车	上海华普汽车有限公司	240	52	60	60

十一、我国主要城市电动汽车充（换）电站（桩）统计

1. 2012 年部分城市电动汽车充（换）电站（桩）统计（排名不分先后）

充电站					充电桩		换电站
城市名称	数量（座）	充电机功率总计（kW）	充电站占地面积（m^2）	投资金额（万元）	慢充（个）	快充（个）	数量（座）
北京市	56	16545	87940	69000	1080	38	4
天津市	2	NA	7453	2. 98	80	NA	NA
重庆市	11	6555	5352	4634	200	0	1
沈阳市	3	400	3600	2718	40	130	NA

续表

城市名称	充电站				充电桩		换电站
	数量（座）	充电机功率总计（kW）	充电站占地面积（m^2）	投资金额（万元）	慢充（个）	快充（个）	数量（座）
厦门市	5	235	NA	NA	80	NA	5
青海省西宁市	1	750	2374	10	NA	10	NA
南昌市	1	870	666	1791	150	NA	1
苏州市	1	NA	NA	NA	NA	NA	NA
合肥市	7	75	45000	17978．6	2819	NA	2
长沙市	2	3625	7500	4182	慢充、快充总计65个，可以调节相互转换		NA
武汉市	4	2630	25974	7300	135	NA	NA
大连市	NA	1500	3200	7800	75	NA	1
成都市	13	17442	6813	27500	171	NA	3
乐山市	1	NA	NA	NA	NA	NA	NA
深圳市	62	NA	NA	NA	2400		NA
襄阳市	1	900	6667	2000	NA	30	NA
西安市	5	3060	NA	NA	36	58	NA
呼和浩特市	1	200	300	150（不含土地费）	3	3	NA
唐山市	1	1200	3330	3259	36	NA	1
乌鲁木齐市	1	620	6000	500	31	NA	NA
盐城市	1	400	2914	1070	4	2	2
海口市	1	800	13340	618	23	NA	NA
	1	48	2900	4430	0	0	1

2. 2013年1—3月电动汽车充(换)电站(桩)统计(排名不分先后)

城市名称	充电站				充电桩		换电站
	数量（座）	充电机功率总计（kW）	充电站占地面积（m^2）	投资金额（万元）	慢充（个）	快充（个）	数量（座）
北京市	NA	NA	NA	NA	15	1	1
昆明市	NA	NA	NA	NA	40	NA	NA
合肥市	NA	NA	NA	NA	425	17	NA

续表

城市名称	充电站				充电桩		换电站
	数量（座）	充电机功率总计（kW）	充电站占地面积（m^2）	投资金额（万元）	慢充（个）	快充（个）	数量（座）
成都市	1	3060	809	2500	30	0	0
呼和浩特市	1	180	600	154（不含土地费）	4	0	0
盐城市	NA	NA	NA	NA	20	3	NA
海口市	1	2000	13340	430	42	NA	NA

第八篇
技术成果应用案例

适用于轻度混合动力汽车的IGBT芯片技术

文：Carlos Castro 博士[1]、Andreas Kopetz[1]、Laurent Beaurenaut[1]

[1]英飞凌科技股份公司、Am Campeon 1-12，D-85579，Neubiberg，Germany

摘要

开发耐压为400V的全新IGBT芯片技术，旨在进一步改进混合动力汽车的燃油效率。超薄晶圆技术（约40微米）可显著降低IGBT的导通损耗和开关损耗。由于具备降低的耐电压，这种全新的IGBT适用于工作电压200V左右的轻度混合动力汽车。

1. 引言

油价的高企、储量的匮乏和二氧化碳减排需求，所有这些都促使各国政府针对燃油效率出台新法规。在北美，汽车OEM厂商到2016年必须达到35mpg的燃油效率标准；在欧盟，到2020年，汽车的碳排放将被限制为95g/km。对此，汽车厂商的应对之道，在于推出混合动力汽车和电动汽车[1]。

通过对当前市场数据的分析，我们可以清楚地看到这种节能技术发展轨迹：节油率由低到高排名，在改进传统内燃机的燃油效率举措之后，就是轻度混合动力汽车，然后是全混动力汽车，最后是电动汽车。

与全混合动力系统不同，轻度混合动力系统不能只依靠电力驱动车辆（纯电力驱动工况）。电动机可用于启动内燃机（启停功能优化发动机的怠速），并在车辆加速时提供助力，或在制动时实现能量回收。这种系统是一种很经济的提升燃油效率的方式。相对于传统内燃机，某些系统可使燃油效率提高15%~20%，而成本却只增加了几百美元。

由于轻度混合动力汽车的电动机功率有限（不足20kW），因此所需的电池电压比全混动力汽车或纯电动汽车的电池电压低，目的是降低各种组件的成本（电池、开关、电容器……）。如今，轻度混合动力汽车的设计电池电压高达200V，而全混合动力汽车或纯电动汽车的电池电压则高达450V（在安装升压器的条件下甚至会更高）。所有这些车辆都采用相同的主逆变器开关技术：绝缘栅双极晶体管（IGBT）。

由于其出色的特性，IGBT已被公认为具备最优性价比的半导体开关。要想达到最优性能（最低损耗），需要优化逆变器高压系统的母排（降低系统的整体杂散电感），并缩小电池电压与IGBT耐压的差距。不幸的是，迄今，没有一种IGBT技术的耐压电压低于600V。这意味着，当混合动力车的电池电压为100~200V（轻度混合）时，相对600V就会存在巨大的差距，有过多的设计裕量。同时逆变器因为损耗较高会降低系统效率，从而导致燃油效率变低。

2. 采用40微米晶圆的400V IGBT

沟槽和场截止技术最大限度降低了IGBT的稳态损耗和开关损耗。一个沟槽单元[2]与一个场截止垂直概念有机结合在一起。

由于有更多的载流子聚集在发射极（阴极）周围，因此，沟槽单元可降低通态损耗。场截止概念是由NPT概念演变而来，在晶圆的背面植入了一个氮掺杂层（图1）。将这种场截止区与电阻率提高的基底晶圆结合在一起，可使器件的厚度降低近三分之一，同时保持相同的阻断电压。晶圆厚度的降低使得通态损耗和关断损耗进一步降低。场截止层是低掺杂层，因此不会影响也是植入晶圆背面的低剂量p发射极。

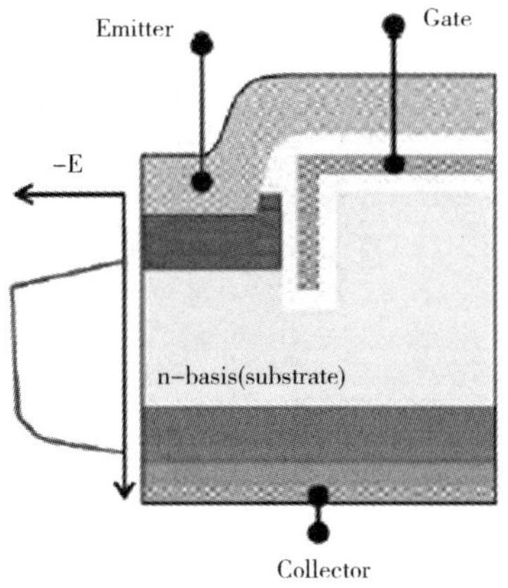

图1　沟槽与场截止IGBT单元

场截止概念意味着采用超薄晶圆技术，因此会在制造方面面临挑战。另一方面，IGBT的功耗大致与晶圆厚度的二次方成正比，因此晶圆厚度的降低意味着系统性能的提升。鉴于这些原因，650V家族选用了70微米左右的超薄晶圆，其厚度相对于其他一流器件降低了近30%。电压降低至400V，意味着需要选用40微米左右的超薄晶圆，因此会面临巨大的技术挑战，诸如退火、金属化、钝化、光刻和蚀刻等。

复杂的晶圆处理至关重要，包括用于超薄晶圆的十分特殊的设备和利用优化的背面金属化实现控制的晶圆翘曲。晶圆自身的减薄处理是一个包括晶圆研磨和湿法化学刻蚀在内的整合工艺[3]。

3. 电气性能

首个采用这种全新40微米IGBT技术开发的产品选用

了 HybridPACK1 封装（图 2）。

图 2 HybridPACK1 封装

HybridPACK™ 1 是公认的成熟功率模块封装，用于 650V 电压范围和其他平台。它设计用于功率在 30 kW 范围内的轻度混动力汽车应用和全混合动力汽车应用。设计工作结温为 150°C，该模块采用 6 单元配置，适用于空冷或液体冷却逆变器系统。这种扁平的铜基板与高性能陶瓷基底和英飞凌增强的绑定线工艺有机结合在一起，可为轻度混合动力汽车逆变器应用提供无与伦比的热循环和功率循环可靠性。

与先进的 650V IGBT/二极管芯片组的直接比对结果显示，400V IGBT/二极管在更低的直流线路电压下，不但可大幅降低导通损耗，还可大幅降低开关损耗。400V 芯片与 650V 芯片损耗的比对，是在芯片尺寸（die size）几乎相同的情况下，利用 650V IGBT3/Emcon4 芯片组代替 400V IGBT3/Emcon4 芯片组（400V/216A 和 650V/200A）进行的。这两个芯片组的测量是在相同条件下（试验台设置、PCB 和额定电流）完成的。

400V IGBT/二极管芯片组的总导通损耗相对于 650V IGBT/二极管芯片组大约降低 15%，如下表所示。

表 1 215A IGBT 和 430A 二极管在 25°C 和 150°C 下的导通损耗之比（Vce = 120V、Ic = 215A / 200A）

	Vce_ sat [V]，在 25°C 下	Vf [V]，在 25°C 下	Vce_ sat [V]，在 150°C 下	Vf [V]，在 150°C 下
导通损耗 650V [mJ]	1.45	1.55	1.70	1.45
导通损耗 400V [mJ]	1.30	1.35	1，45	1，20
导通损耗降幅 [%]	10.3	12.9	14.7	17.2

400V IGBT/二极管芯片组的总开关损耗相对于 FS215R04A1E3D 模块的 650V IGBT/二极管芯片组大约降低 12%。

表 2 栅极电阻相同时的开关损耗比对（Tj = 150°C、Vce = 120V、IC = 215/200A）

	Eoff	Eon	Erec	Esum
开关损耗 650V [mJ]	3.95，在 Rg = 1.8Ω下	1.0，在 Rg = 1.8Ω下	3.0，在 Rg = 1.8Ω下	7.95
开关损耗 400V [mJ]	3.75，在 Rg = 1.8Ω下	0.75，在 Rg = 1.8Ω下	2.5，在 Rg = 1.8Ω下	7
开关损耗降幅 [%]	5%	25%	17%	12%

4. 结论

用于轻度混合动力汽车的具备更低工作电压（高达 200V）的新型 IGBT 技术现已问世。采用厚度仅为 40 微米的超薄晶圆，不仅可大幅降低导通损耗，还可显著降低开关损耗。克服各种技术挑战之后成功推出这些器件，将会对混合动力汽车燃耗的进一步改进产生直接影响。

参考资料

[1] C. Castro, T. Reiter, D. Graovac, A. Christmann, *Application requirements for automotive power modules*, Automotive Power Electronics, SIA 4th international conference and exhibition, April 6&7 2011, Paris, France.

[2] H. Rüthing, F. Umbach, O. Hellmund, P. Kanschat, G. Schmidt, *600V-IGBT3 , Trench Field Stop Technology in 70μm Ultra Thin Wafer Technology*, *Circuits, Devices and Systems*, IEE Proceedings - special edition, June 2004.

[3] D. Graovac, A. Christmann, M. Münzer, *Power semiconductor solutions for Electric Vehicles*, EVS-25 Shenzhen, China, Nov. 5-9, 2010.

作者	
	C. Castro 拥有西班牙格拉纳达大学的电气工程硕士学位（2002 年）和德国多特蒙德大学的电气工程博士学位（2006 年）。2006 年，他加盟英飞凌科技，最初是一名汽车系统工程师。2009 年 11 月，他担任高级经理一职，负责英飞凌电气传动系业务部的应用工程部事务。
	Andreas Kopetz 拥有维也纳理工大学的计算机硕士学位（2004 年）和杜克大学的工程管理硕士学位（2005 年）。2009 年以来，他一直在英飞凌电气传动系业务部的产品营销部工作。
	1999 年，Laurent Beaurenaut 在法国图卢兹取得了法国国立高等电工技术、电子、信息、水力与电信学院的电气工程硕士学位。他在英飞凌电气传动系业务部担任高级应用工程师。2012 年，他赢得了德国 VDI（德国工程师协会）授予的“Fachingenieur Elektromobilität”称号。

（英飞凌科技（中国）有限公司）

车用电机及其控制系统

1. 成果名称　车用电机及其控制系统

2. 成果简介

应用领域：车用电机及其控制系统可应用于各类混合动力客车、纯电动客车等。

包含的关键技术：

- 机电耦合结构的设计；
- 频繁起停下的电机可靠性技术开发；
- 满足系统经济性和动力性要求的电机设计；
- 电机控制硬件设计；
- 电机控制器的软件设计；
- 电机关键零部件工艺、材料应用、精密机械加工等制造技术。

3. 成果创新点及解决的难点问题

- 机电耦合方案的结构设计；
- 电机控制器硬件设计；
- 电机控制策略开发；
- 电机关键零部件的工艺、材料、制造和测试技术。

4. 国际水平对标分析

广西三立科技发展有限公司自主开发的车用电机及其控制系统具有体积小、重量轻、功率密度高、工作效率高、散热性好、动态性好、维护简单方便等特点，且通用性能好，适用于各类混合动力汽车、纯电动汽车及一些工程机械车辆。其技术水平处于国内行业领先，接近国际水平。

5. 成果应用情况

该产品已广泛应用于 10~12 米的各类公交客车和一些工程机械车辆，2012 年为金龙客车、广汽客车、青年客车等整车厂配套超过 2000 套，自 2009 年至今，销售数量年平均增长率超过 150%。

产品自投放市场以来，运行稳定，故障率低，可靠性高，产品质量赢得广大客户的认可和信赖，在行业中具有良好的口碑。

6. 成果的产能建设情况

目前，广西三立科技发展有限公司已拥有多台数控加工中心和电机生产专用设备，具备完整的零部件加工、电机绕嵌线、转子加工和总成装配测试生产能力。其整条装配线占地约 6×30 米，主要构成的两条辊道平行布置，每条辊道线长 24 米，共有 48 个工位（含装配工位和积放工位，两者功能可自由变换），电机零部件装配全部在辊道线的托盘上进行。

广西三立科技发展公司的玉林生产基地已经具备生产车用电机 2000 套/年的小批量生产能力，南宁基地到 2013 年年底达到 5000 套/年的生产能力，争取在 2015 年累计达到 5 万套/年的车用电机及其控制系统产能。

7. 社会及经济效益分析

经济效益分析：

玉柴是广西三立科技发展有限公司的战略合作伙伴，依托玉柴这一车用动力的专业生产企业，凭借其宽广的客户群体，三立公司已形成大批量的生产规模，有效地降低产品成本，提高产品在市场上的竞争力，从而获得良好的经济效益。2012 年产销售车用电机及其控制系统 2000 台，新增产值 2.97 亿元，年新增利税 3500 万元，新增利润 7920 万元，经济效益显著。

社会效益分析：

三立的车用电机及其控制系统具有较高的节能减排效果，以普通的 12 米城市客车为例，如年行驶里程 12 万公里，平均燃油耗约 35L/100km，全年耗油 4.2 万升，按照平均 25% 的节油率来计算，每年可节省燃油 1.5 万升，则当燃油价格为 7 元/升时，每年可节油 7.35 万元；同时还可以减少 CO_2 排放 2.35 吨。另外，离合器、制动蹄片的更换里程从 3 万公里延长到 10 万公里，可抵消蓄电池维护的大部分费用。一般整车寿命五年，服务周期内每车获利 15 万元以上。因此，该产品既落实了国家“节能减排”重大政策，又具有良好的社会效益。

图 1 车用电机

图 2 车用电机控制器

（广西玉柴机器股份有限公司）

重型电控自动机械变速器

1. 成果名称 重型电控自动机械变速器(AMT)

2. 成果简介

应用领域：重型电控自动机械变速器可应用于各类公路客车、旅游客车、公交客车等。

包含的关键技术：

- AMT 控制器的硬件设计；
- AMT 控制器的软件设计；
- 电控电动或电控气动选换挡操纵机构；
- 电控气动离合器；
- AMT 系统集成及工业设计。

3. 成果创新点及解决的难点问题

- 选（换）挡机构设计；
- 电控策略设计；
- 离合器驱动机构开发。

4. 国际水平对标分析

广西玉柴自主开发的重型电控自动机械变速器的电控系统集成度高，采用 CAN 通信系统网络与其他的电控系统可以实现通信，不仅操纵灵便、安全、机械效率高、节省燃油，而且购置和维护成本低，产品配套灵活性高、维护简单方便，其技术水平处于国内行业领先，接近国际水平。

5. 成果应用情况

新能源汽车领域：该产品已广泛应用于 10~12 米的各类公交客车，并批量投放市场，2012 年装配近 600 台混合动力客车，广州上线运行 203 台，最长里程已经超过 12 万公里，表现良好；在上海、广州、杭州、昆明、南昌、厦门、武汉、贵阳、重庆、苏州等地批量上线运营或投放了样机。

常规客车领域：HE5-1050ZE 型 AMT 已完成定型试验，2012 年将投放 20~30 台小批产公交车上线运行，并在上海和广州进行了近一年的样车可靠性考核和上线运营，系统运行稳定。

产品自投放市场以来，运行稳定，故障率低，可靠性高，产品质量赢得广大客户的认可和信赖，在行业中具有良好的口碑。

6. 社会及经济效益分析

经济效益分析：

玉柴是车用动力的专业生产企业，有条件集中优势资源进行科技攻关和突破混合动力总成产业化生产的重大技术难关，促进和带动国内与之相关的产业链的发展。同时，不受制约于某种品牌整车的限制，能为国内所有的汽车厂进行配套与技术共享，拉动国内所有整车企业的技术进步与发展，对推动民族工业的发展将会做出重大的贡献。玉柴有宽广的客户群体，容易形成批量大的生产，能有效地降低产品成本，提高产品在市场上的竞争力，从而获得良好的经济效益。2012 年产销售重型电控自动机械变速器近 600 台，新增产值 5000 万元，年新增利税 600 万元，新增利润 1320 万元，经济效益显著。

社会效益分析：

玉柴 AMT 的成功开展证明自主系统同样可以批产推入市场、并经受检验，成为行业自主创新典范，已为广西的 AMT 变速器产业、动力总成产业提供关键核心技术和产品平台，这有助于形成“立足广西、服务全国”的 AMT 自主开发的产业化、市场化局面，并积极引导国内优势资源，带动一大批国内产业的技术能力提升。例如，控制器、传感器、选换挡电机、电磁阀等，实现产业升级，其所形成的 AMT 相关技术通过技术转化，对提升我国汽车技术水平的核心竞争力和节能减排具有重要的现实意义。

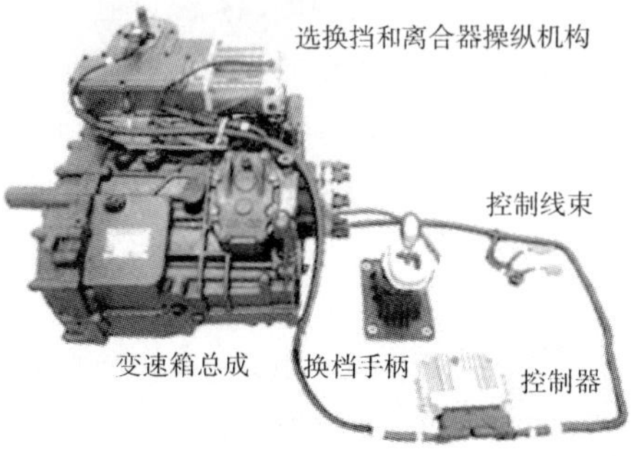

图 1 重型电控自动机械变速器及控制系统

（广西玉柴机器股份有限公司）

微宏快速充电钛酸锂 LpTO 电池系统

成果简介　微宏钛酸锂 LpTO 电池 + 快速充电 = 城市公共交通电动化最佳解决方案

在新能源汽车领域，电池组的设计是车辆整体设计的重要组成，电池也是目前公认的电动汽车发展的瓶颈。凭借在材料领域的丰富积累，微宏选择了钛酸锂（$Li_4Ti_5O_{12}$，LTO）材料，作为负极材料取代石墨，使得锂离子电池在循环寿命、快速充电能力以及安全性能上得到了极大的提升。然而，普通的钛酸锂电池存在难以解决的胀气难题，极大地影响了电池组的寿命。微宏对现有 LTO 材料进行改性，并同时对正极材料、隔膜以及电解液进行了相应的改性开发，经过系统整合，成功地解决了胀气的问题，开发出了更安全与超长循环寿命的 L*p*TO 电池。

更长的循环寿命

微宏钛酸锂 L*p*TO 电池在 6C 充电 6C 放电，100% DOD 的情况下能够实现 25000 次的循环寿命，剩余容量超过 80%。这一性能是目前市场上其他类型电池的 10 倍以上。

快速充电能力

L*p*TO 电池及电池组能够以 6C 的充电倍率进行充电，电池充满电所需要的时间小于 10 分钟，极大地提高了充电效率，充电像加油一样快。而目前一般电动车的充电时间为 4 小时或以上。

更安全的锂离子电池

与此同时，微宏先进的 L*p*TO 技术改进了采用石墨负极电池的内在缺陷，电池自身的安全特性得到了提升，是目前最安全的锂离子电池。

结合钛酸锂 L*p*TO 电池的快速充电能力与超长循环寿命的特点，快速充电钛酸锂 L*p*TO 电池系统尤其适用于电动城市公交、场地用车、机场摆渡车、轨道交通以及储能等应用领域。近年来，这一先进的电池系统目前已经成功地应用在多个领域，尤其在城市公共交通领域得到了充分的发展并通过了实际使用环境的验证。利用钛酸锂 L*p*TO 电池高倍率充放与长循环使用寿命的优势，快充纯电动公交客车装配满足公交线路单趟或往返行驶所需要的电池即可，同时在公交线路的起始站点设置快速充电站，利用公交客车在停站休息时间对电池快速充电，充电时间少于 10 分钟。这样就可以满足公交客车的日常运营，而其长使用寿命的特点能够保证车辆在运营年限内无须更换电池。

截至 2013 年 7 月，采用钛酸锂 L*p*TO 快速充电电池系统的车辆已接近 900 台。两年多的实际商业运营结果表明，微宏钛酸锂 L*p*TO 快速充电电池系统是目前城市公共交通电动化最佳的解决方案。这一技术经过理论与时间的检验，正受到越来越多用户的关注。

成果创新点及解决的难点问题

不胀气的钛酸锂 L*p*TO 电池

钛酸锂电池并非新近的发明，长期以来制约其大规模应用的主要原因在于钛酸锂材料与电池内部其他材料发生的化学反应导致胀气的发生，使得钛酸锂电池在循环数百次以后会由于胀气问题严重降低其电性能。微宏开发的 L*p*TO 材料针对普通钛酸锂材料进行改性，在根本上解决了钛酸锂电池的胀气问题，大幅提高了量产钛酸锂电池的使用寿命。

电池性能改进是单个材料的性能的提升以及各关键材料的有机整合的综合体现。针对快速充电与长使用寿命的要求，除负极材料以外，微宏针对锂离子电池的其他关键原材料（包括正极材料、隔膜以及电解液）也进行了开发，同时结合特殊的工程化工艺经验，最终形成了“不胀气”的钛酸锂 L*p*TO 电池产品，并首先实现了在电动公交客车上的批量应用。测试数据表明，在 6C 充电，6C 放电，100% DOD 的条件下，钛酸锂 L*p*TO 单体电池的循环寿命超过 25000 次，剩余容量超过 80%，同时电芯产生的胀气现象不明显，不影响其寿命；在重庆投运的快速充电纯电动公交的实际应用情况也表明，在电池成组以后，电性能在商业化运营表现上也相当优异。

钛酸锂 L*p*TO 电池可快速充电，同时寿命更长

我们对运营时间超过 2 年，同时也是运营里程最长的一辆纯电动快速充电公交客车上所装配的钛酸锂 L*p*TO 电池组的数据进行了统计。

图 1 统计了电池组单次充电所需要的时间。充电时间范围在 5～13 分钟，而绝大部分时候充电时间在 10 分钟以内。单次充电所充入的电量在 20～50 kWh，经统计平均充入电量为 31.9 kWh。总计为充电近 3000 次，保证了每天的日常运营。

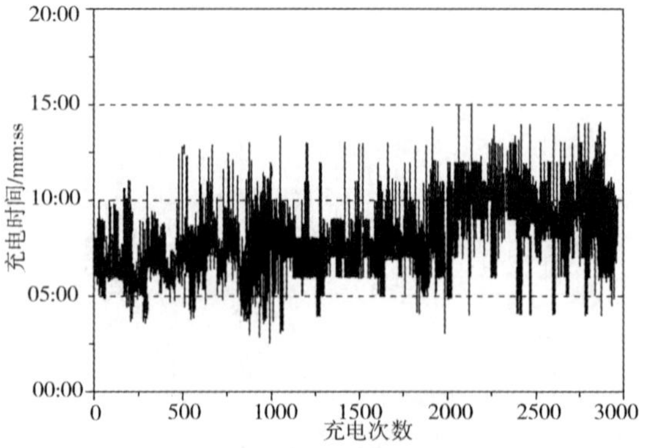

图 1　车辆充电时间统计

从图 2 可以看到，从 2011 年 4 月至今，电池组的充放循环次数达到近 3000 次，其容量保持约在初始容量的 98%，电池组的整体寿命预计将达到 15000 次（容量下降到初始容量的 80%），基本上可以满足电池组与车辆同寿命周期的预期。

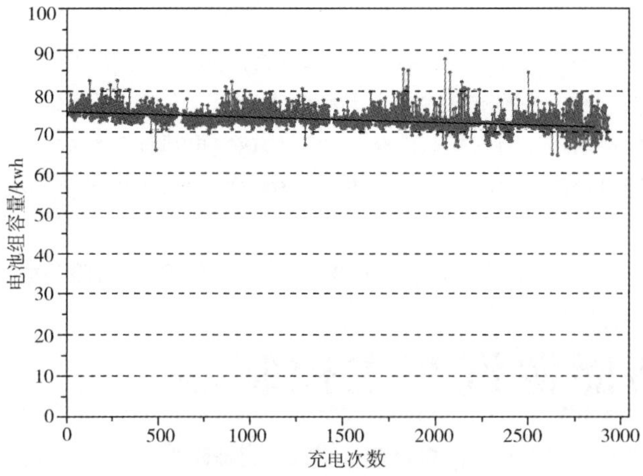

图 2　电池组容量衰减情况

钛酸锂 L*p*TO 电池安全性能高

凭借对电池原料的技术改性，尤其是 L*p*TO 负极材料的应用，电池的安全性能得到了极大的提高。图 3 是几种目前常用在新能源汽车尤其是纯电动公交与混合动力公交的电池与 L*p*TO 电池在同等条件下的穿刺测试对比照片。电池均为 10Ah 软包装单体，在相同的测试条件下，采用三元材料（NCM）作为正极，石墨（C）作负极的电池出现起火现象；采用磷酸铁锂（LFP）作为正极，石墨（C）作负极的电池产生了浓密的烟雾；而使用 L*p*TO 技术的电池则无异常现象出现，同时电池电压亦显示正常。这是因为 L*p*TO 电池从基础上改进了现有其他体系的锂离子电池潜在的安全问题。

图 3　碳负极与 L*p*TO 负极 10Ah 软包装电池穿刺对比安全测试截图

在某些更极端的测试条件下，L*p*TO 电池也表现出较强的安全特性。图 3 分别展示了 L*p*TO 电池在经过并联穿刺试验，或多次切断后的实物照片。可以看到，电池在并联穿刺后并未发生起火或者爆炸，而经过多次切断试验后还能保持其电压。

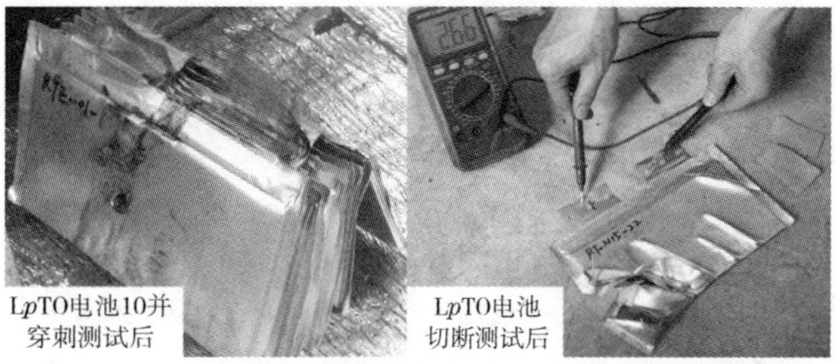

图 4　L*p*TO 电池 10 并穿刺测试及切断测试后实物照片

成果应用情况

目前，微宏钛酸锂 L*p*TO 电池在重庆公交进行了批量的商业化运营，并取得了成功的经验。重庆正在营运的车辆包括快速充电纯电动及快速充电插电式混合动力两类车型。

其中，31 台车辆为快速充电纯电动公交车型，分别于 2011 年 4 月投运 6 台，2012 年 7 月投运 17 台，2012 年 8 月投运 8 台。截至 2013 年 3 月，快速充电纯电动公交巴士在重庆公交 687、689 两条线路上的累计运营里程达到了 71 万公里，其中运营里程最长的车辆近 6 万公里，总体运营情况良好。

图 5　重庆渝北空港电动客车快充电站及运营车辆

10 分钟左右的充电时间可以保证公交客车的正常运营，然而一般来说，大倍率的充电对电池的寿命有较大的影响，尤其是要在 10 分钟以内将电池充满，需要 5C 的充电倍率，这对电池的寿命是一个考验。实际的运营数据统计来看，即便在这样较大倍率放电的情况下，钛酸锂 L*p*TO 电池组容量的衰减为 2% 左右，充分体现了其快充与长使用寿命的特点。从统计数据来看，快速充电纯电动巴士的商业运营模式经过两年的实际营运验证，电池组经受住了重庆的酷暑与严冬的考验。

从 2012 年年初至今，共投运了超过 800 余台快速充电插电式混合动力公交客车车型，这些车辆分布在重庆各条主要公交干线上。这些投运的车辆获得了乘客及公交用户一致的好评。

与此同时，微宏钛酸锂 L*p*TO 电池技术，凭借其鲜明的技术特点，正获得其他城市的青睐，同时也获得了其他应用领域客户的关注，在未来必将有更为广阔的应用前景。

成果的产能建设情况

社会及经济效益：

当前全球各国都在积极推动新能源汽车的技术发展与应用，而城市公共交通最为适合初期的广泛推广。微宏的动力电池正负极材料、电解液和隔膜技术3个关键技术都已获得国际专利认可。在公共交通领域，新能源汽车在重庆等地示范运行取得较好的节能减排效果。

一直以来，电动汽车的广泛应用与充电站场设施的建设存在着谁先谁后的矛盾，在电动汽车尚未大规模应用的情况下，充电站建设很难在短期内收回投资。快充充电站相对慢充电站而言，整体投资更低，通过日常的运营收入与未来向个人电动车辆的售电收入，能够快速收回成本；同时利用不断增加的电动化公交线路，在未来能够逐步形成城市充电网络，为城市的电动化未来打下良好的基础。

城市公共交通作为城市日常运行的重要组成，其电动化对城市节能减排具有深远意义。而微宏的快充技术为城市交通电动化的进程提供了一条更佳的途径。短期来看，这一技术为城市公共交通电动化提供了一条商业化可行的发展道路；而从长远综合考虑，快速充电目前已经成为国际电动车领域的一个发展方向，快充技术对于电动化未来也具有重要的战略意义。

（微宏动力系统（湖州）有限公司）

高安全与高灵活性的新能源汽车主控制器

项目简介

2012年，在国家863项目“下一代纯电驱动汽车整车电子控制系统研发”的支持下，天津大学内燃机燃烧学国家重点实验室电控团队推出了第四代新能源汽车主控制器。第四代主控制器以满足未来新能源汽车高级控制需求为目标，重点围绕“高安全、高灵活性”进行研究开发。控制器采用国际领先的多核控制芯片方案，结合高度集成化驱动管理以及高灵活性的可配置硬件设计，并推出了性能版和经济版两款产品，满足不同客户的需求。

主要技术创新点

第四代控制器着眼未来新能源汽车的控制需求，提出了“可靠、动力、节能、安全”四大设计目标。

控制器实现了全端子软硬件保护，多核芯片级的安全监测，完整的功能模块失效保护机制以及高安全的独立电源模块设计。第四代控制器采用成熟的产品外观设计方案，全金属外壳、汽车级防水防尘端子和气孔保证了控制器在任何严酷的环境下都能可靠工作，并通过了中国汽车技术研究中心的标准测试。

第四代控制器软件架构设计符合AUTOSAR标准，基于ASCET图形化的策略建模以及自动代码生成技术，开发了人车接口、扭矩协调、舒适度管理、能量管理、附件管理、故障管理、功能诊断、安全保护、网络通信、标定维护十大核心功能模块，实现了系统的软硬件分离，开发了完善的软件模块接口，提高了功能模块的可移植性，降低了系统故障的耦合和传递可能。人车接口模块解释司机驾驶需求，结合整车扭矩动态协调并考虑司乘人员的舒适度约束，实现最佳的动力性管理。能量管理模块和附件管理模块根据整车能量负荷状态，对耗能附件进行工作状态切换，在满足车辆动力需求前提下降低车辆能量消耗，延长新能源汽车续驶里程。故障管理、功能诊断、安全保护和网络通信模块通过实时检测整车主要部件的故障状态，智能切换各个功能模块的正常/替代工作模式，实施不同行车状态的驱动安全限制，并通过通信网络主动提示司机，为整车提供可靠的安全保障。标定维护模块通过CCP协议激活/禁止功能模块，并对所有软件参数进行标定，已期获得最佳的车辆性能表现，满足不同车型需求。

第四点控制器的研发过程严格遵循ISO26262准则，并创新地集成了新能源汽车整车热管理功能，对主要热负荷和热敏感部件进行主动热管理，实施整车热安全监控，为司乘人员和车辆提供最高等级的安全保障。

图1　第四代新能源汽车主控制器

推广应用情况

目前，第四代主控制器已经装备了多种新能源样车，合作客户包括广汽客车、东风扬子江、越西客车、沂星电动车、天津科斯特等企业。经过多年发展，第四代主控制器的量产准备工作已经完成，并协助客户样车通过了公告。

图 2　部分装配样车

凭借多年来在新能源汽车整车控制领域的耕耘，天津大学内燃机燃烧学国家重点实验室已经为数十个合作单位开发了近 300 辆新能源汽车，累计安全运行里程超过 50 万公里，形成了以教授、副教授、博士为核心力量的电控团队。与此同时，结合新能源汽车客户的需求，开发了完整的新能源汽车数据监控、诊断、标定、维护解决方案，为中国乃至世界汽车行业的可持续发展提供坚实的技术保障，为最终实现人、车、环境和谐共融的美好愿景而努力。

（天津大学内燃机燃烧学国家重点实验室）

北京亿马先锋
美国 ACP 技术——纯电动汽车技术的领跑者

近年来我国机动车保有量飞速增长，机动车尾气排放已成为影响城市大气质量最主要的污染源，严重制约城市的可持续发展，在人口和交通高度集中的大城市尤其突出。因而，严格控制汽车排放，治理大气污染已成为我国各大城市的首要任务。电动汽车作为汽车业未来发展的方向正被越来越多的人所认识，电动汽车为解决和改善环境污染提供了一条新的途径。

北京亿马先锋汽车科技有限公司积极响应国家能源战略和节能减排政策，致力于电动汽车电机电控的研究开发，积极引进和整合国内、外电动汽车的先进技术，研发适合中国的产品，在引进美国 ACP 二代电机驱动系统的基础上，成功研发了第三代电机驱动系统、300kW 大功率电机系统等多个项目。

项目简介

搭载北京亿马先锋汽车科技有限公司驱动系统的北汽福田迷迪纯电动出租车目前已有 200 辆在北京昌平、怀柔示范运营。该系统采用的是北京亿马先锋汽车科技有限公司第二代电机驱动系统以及拥有四项发明专利的电池包、电池管理系统，在车辆实际道路运行中具有动力性强、加速性能好，电池续航里程长（最高能达到 220 公里），能量回收比例高（系统能够有效节省 30% 能量的优势），在乘客和用户中得到了一致好评。

北汽福田迷迪纯电动出租车

主要技术特点

电机驱动系统：

选用交流感应电机，电机技术成熟可靠，大功率，高转速，高效率，重量轻、功率密度高，稳定性好。其峰值功率密度和连续功率密度均处于行业绝对领先地位。

成熟可靠的交流感应电机技术融合了 ACP 独特的电机热管理设计专利，有效提高了电机的功率密度。

电机选用铜、铝等常用金属材料，成本低，不受稀土材料价格影响，避免“石油式”能源危机，并且易于售后维修和车辆报废后的回收处理，真正达到“绿色环保”标准。

集成式大功率充电机，充电功率是 0 ~ 18kW，远高于目前市场上车载充电机（3 ~ 6kW）的充电功率，在目前电池技术的基础上，正常充电时间为 2 小时，有效缩短了车辆的充电时间，同时避免了快速充电对电池寿命的影响。

最大可达 30% 的制动能量回收系统，在车辆制动时将机械能转化成电能，并储存到电池中，有效增加了车辆的续航里程，非常适合在城市中行驶。

ACP 开发的车辆智能电网双向充电技术——V2G 技术，电动汽车在电网波谷时段自动充电，在电网波峰时段放电（售电），创造“反哺”价值。

电池包及电池管理系统：

北京亿马先锋汽车科技有限公司是国内第一家选用三元 18650 电芯作为电动汽车驱动电池的公司，开发出的电池装配技术和电池管理系统获得了美国、中国的多项专利。电池管理系统使用光纤严格地监控电池的冲放电压/电流，最优化、最安全地使用电池能量，拓宽电池使用范围和操作寿命，提高电池使用循环次数。

图 2　第二代驱动控制系统

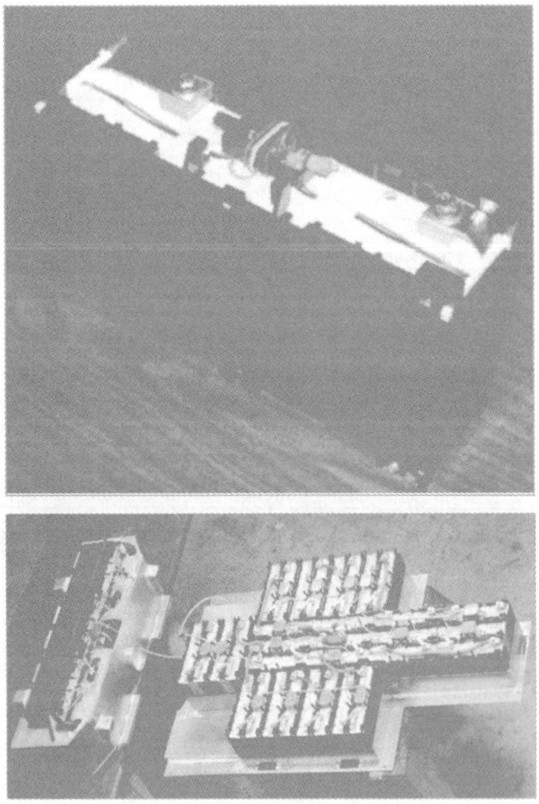

图 3　电池模块及电池包

[新产品的开发]

第三代电机控制系统：

第三代集成化电机控制器 PEU：将更加稳定，更多的数字化，包含三相逆变器、电池充电机和电源滤波器、电机控制器和数字信号接口。电力电子单元（PEU）与动力电池（通过 BPCM 或客户特定的 BMS 电池管理系统）、驱动电机、充电端口、驱动控制器、驱动接口相连接，独立的高速 CAN 通信协议，电池包管理系统，尺寸更加紧密，为第二代产品的 2/3。AC-150 电力电子器件独有的控制专利技术，它将 PEU 的电力电子器件和电机绕组线圈结合成高效的电池充电机，通过共享电机驱动部件和充电器来降低整车车辆成本和重量，同时也降低公共充电基础设施的建设成本。

图 4　第三代电机控制系统

推广应用情况、经济效益和社会效益

北京亿马先锋汽车科技有限公司（美国 ACP 公司）的纯电动汽车技术在国际上享有盛誉，是电动汽车的一面旗帜。2002 年通过技术授权的获得 ACP 电动车技术的特斯拉（TESLA）公司已成为全球成长最快的电动汽车公司，该公司的 Model S 车型以突出的安全性、动力性、驾驶性能获得了美国年度车型称号，供不应求，深受市场欢迎。该公司的股票已突破 120 美元。公司在 2008 年为 BMW Mini-E 提供了全套的解决方案（电机电控、电池管理及电池模块成组技术），在 Mini-E 的全球示范运行中，获得一致好评。台湾裕隆 YULON 纳智捷纯电动汽车也是使用 ACP 电动车技术，在台湾花博会开始运行至今，一直作为台湾电动车技术和绿色环保的标志。

松芝电动客车空调

1. 电动客车空调 JLD-IIE 系列

外形美观：采取迎风式结构冷凝器设计，流线型设计，产品外形美观。

部分装配样车

系统高效：采用高效小管换热器，根据冷凝器迎面风速优化流程，对两器采用变流程设计，换热效率高，有效减少制冷剂加注量，使系统压力降低，提高系统的制冷量及能效比。

轻量化设计：玻璃钢结构无预埋钢骨架设计，全铝合金蒸发风机和冷凝风机，重量较市场同类产品低 60～80kg。有利减少整车重量，降低整车行驶能耗。

节能环保：有效利用客车行驶迎风，提高产品能效比，降低整车能耗；采用大蜗壳蒸发风机，降低噪音和能耗；采用适应于 R410A 制冷工质的卧式直流变频压缩机及相应的直流同步电机控制器，使产品更加节能环保。

安全可靠：产品设计了三级绝缘及防火处理；空调系统设计有泄压保护装置；电气控制设计了高压防反接功能，防止高压接线错误引起事故。这些措施极大地保证了产品使用的安全性能。

2. 新能源汽车前置冷却模块

项目概况

客户：上海汽车集团股份有限公司新能源汽车事业部

背景：氢燃料电池汽车是世界上公认的零排放、低噪音清洁汽车的终极技术方案，是汽车工业节能减排的发展方向。燃料电池汽车是我国新能源汽车多元化产业布局的最佳选择之一，一直受到上海市的支持，上海燃料电池汽车开发水平处于全国领先水平。

● 冷凝器与 PCU 散热器一体化设计

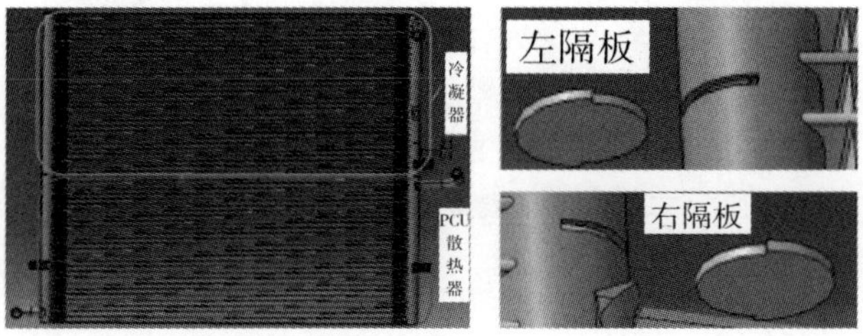

● 集成方式创新

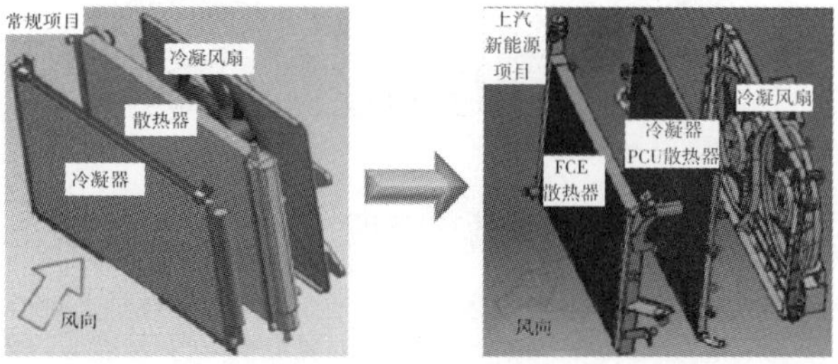

传统方式：空气先通过冷凝器再通过散热水箱。

创新方式：空气先通过散热水箱，后通过冷凝器。

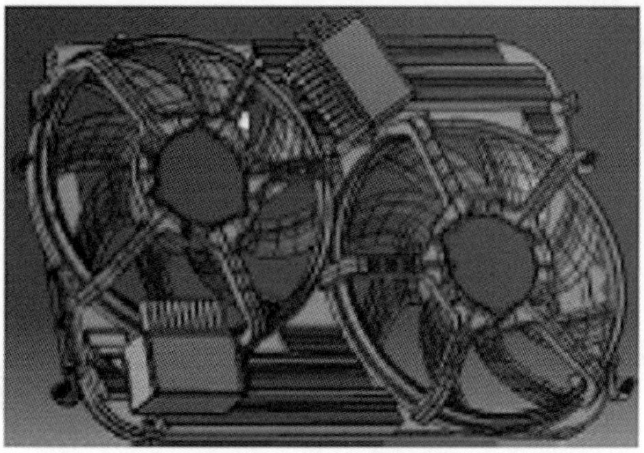

● 高效冷却风扇的开发

与上海电驱动共同研发高压直流风扇

电压：375V

转速：3300 转

功能：两个风叶同时转动

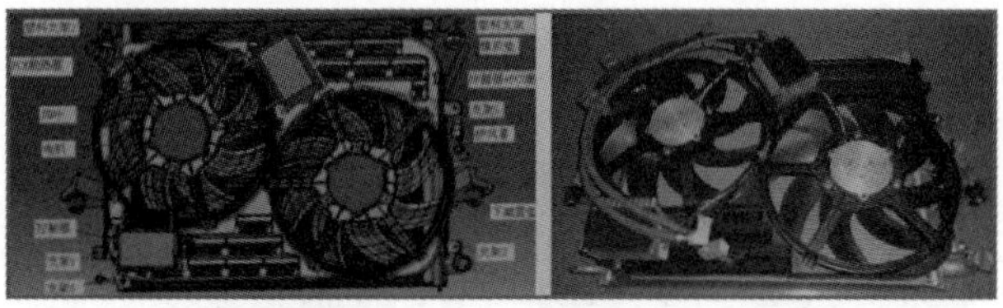

三维数模　　　　实物样件

项目社会价值

该空调应用于上汽 Plug-in 燃料电池轿车，是我国第一辆 Plug-in 燃料电池轿车。Plug-in 燃料电池轿车方案作为我国燃料电池轿车技术发展方向已得到业内的认同，所以在此基础上将国家 863 燃料电池轿车开发技术相融合，开发出更高水平的满足市场要求的燃料电池轿车，使我国到 2015 年燃料电池轿车开发水平保持同世界先进水平同步，从而推进燃料电池轿车技术成熟和向产业化方向迈进，为今后大规模推广燃料电池轿车打下良好的基础。

3. 江淮爱意纯电动汽车空调

我们的技术：

（1.）采用变频技术，根据车内温度和环境温度，自动调整压缩机转速；

（2.）加热器采用 PTC 电压热，根据需要分档调整开启 PTC；

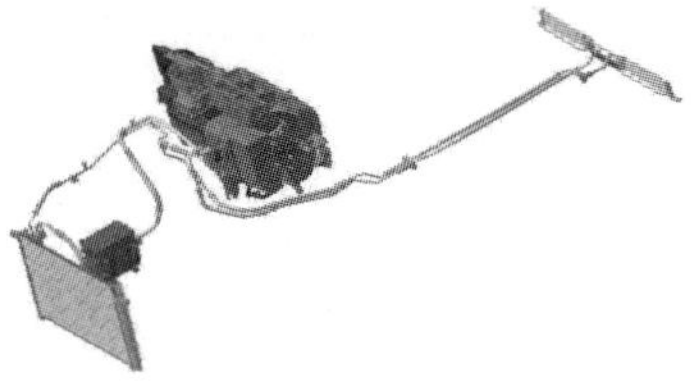

5 代电动车空调系统侧面

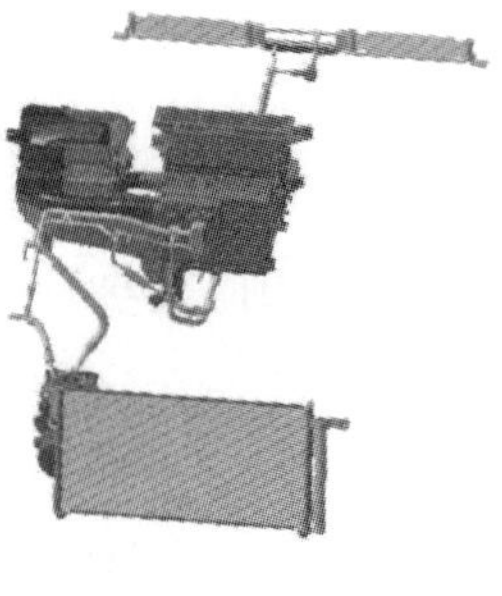

5 代电动车空调系统侧面

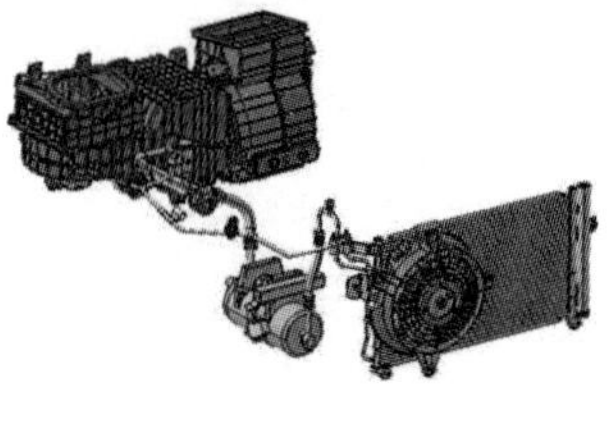

变速箱只有三个挡位

（前进、倒车、空挡）

（3）爱意为纯电动车已经经过三代批量生产，2013 年进入第四代，高速电动车市场占有率第一；正在开发第五代电动车，准备在 2014 年量产。

（上海加冷松芝汽车空调股份有限公司）

低成本、高可靠性的动力电池包设计

动力电池包一直以来都是电动汽车技术发展的一个瓶颈，一方面由于其成本高，另一方面由于现有电池包设计以及电池技术水平的限值，导致其在纯电动/混合动力汽车应用中困难重重。如何设计符合汽车行业所需的高可靠性以及高性能电池包，以及如何保证电池包的生产成本及最终价格能够被最终消费者接受成为所有汽车生产商与供应商所共同面对的问题。

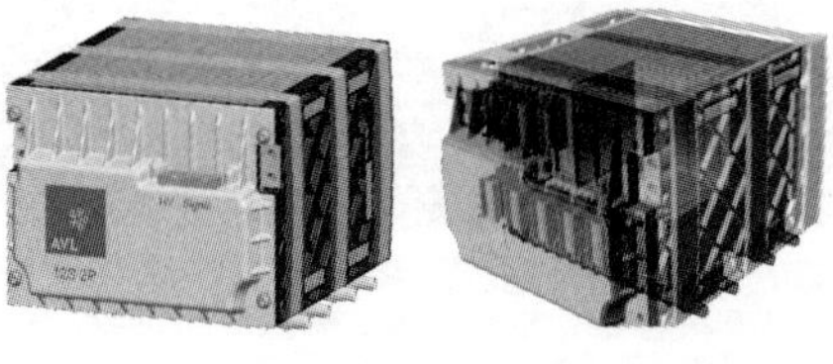

AVL 高能量密度电池模块设计

AVL 一直以来致力于高性能及高可靠性电池包的开发，从整个电池包的概念设计开始就已经考虑其在量产中会遇到的问题，以及如何降低整个电池包的生产技术难度以及相应的零部件生产成本。

通过无连接 PCB 连接方式对 MCU 进行装配，保证 MCU 在电池模块安装中的可靠性，同时能够提高整个电池模块的能量密度以及缩小模块体积。电芯之间则通过卡扣式电芯框架进行连接保证电芯组装的可靠性以及实现最大体积能量密度，与此同时，集成式的间接冷却系统分部其中保证电芯在最佳工作温度范围内的性能表现，冷却系统的设计时基于之前对于电芯的完全热模拟仿真计算进行建模为基础进行的，通过确认整个电芯在不同工况下的发热量以及发热点确定相应的冷却策略以及冷却系统的选择，使电芯能够工作在其最佳温度范围区间，保证其最佳性能。在电芯卡扣设计中同时集成有泄压系统，保证电芯在出现极端状况下的压力释放，以保证整个电池的安全性。

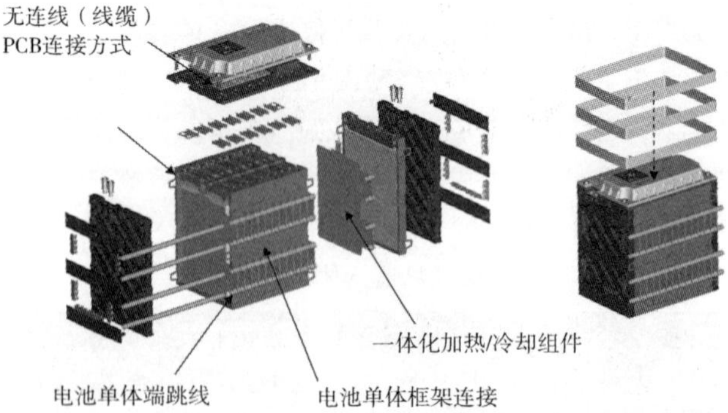

AVL 高能量密度电池模块设计—爆炸图

电芯之间的电气以及机械连接采用了 AVL 独特创新的 Clinching 技术，相比传统电阻焊具有可靠性高，不发热，低内阻的特点，与激光焊接相比具有低成本，操作条件更宽松，焊接时间短等优势。成为动力电池包电芯连接的首选方案。

整个电池模块外部通过金属捆绑带进行固定，捆绑带所施加的压力通过之前进行的机械模拟仿真计算获得电芯在不同循环，不同生命周期中所产生的鼓胀系数来确定。

所有这些设计都保证了电池模块的最佳性能。同时，面向最终量产的零部件设计，如卡扣式电芯连接框架等都为注塑成型件，MCU 插接连接方式都保证了此电池设计的低成本和高可靠性。在本设计中同时也考虑了在电池模块生产中的装配性能，保证最少的组件数量，各种卡扣式连接保证装配的简易度。

AVL 创新性电芯连接方式 clinching

在整体电池包设计中，电池包的冷却系统首先通过模拟仿真计算定义整体电池包的冷却回路和相应的冷却策略以及冷却方式，同时根据整车及客户的具体需求设计出动力电池包外壳及所使用外壳材料，在外壳设计及材料选型过程中也要考虑电池包整体的隔热效果与防水等级。高压系统与回路的设计是电池包整体设计中重要一步，在高压系统设计与零部件选型中要保证严密的监测和控制以保证电池包的安全性。电磁兼容性是作为高压电池系统所要考虑的另外一个因素，以保证电池包在整车环境下工作与整车电子系统，控制器之间不出现任何干扰，AVL 通过独有的 EMC 模拟仿真计算保证了动力电池包系统的优异电磁兼容性。

AVL 高性能及高可靠性电池包设计

（AVL 李斯特公司）

模块化 7 速混合动力双离合变速器 7H-DCT280（节选）

摘要

本论文介绍的是一个为紧凑型和中型车而设计的结构优化的前横置式模块化 7 速双离合变速器。相比当前的 6 速与 7 速变速器，该变速器的主要机械零部件被缩减到一根主轴和一根副轴上，用于实现 7 个前进挡，从而能够腾出传统 DCT 中第二根副轴的空间，并以模块化的形式集成牵引电机，来实现各种混动功能（包括倒挡），或集成机械组件，以实现传统机械式倒挡。相比传统的起动机系统，在主减速器一端连接电机具有许多优点，例如在能量流中使用更少的零部件，从而提高混动功能效率；大量零部件可从传统变速器中借用；不需采用额外的分离离合器（在纯电驱动时将变速器与发动机分离之用）；可以避免在应用混动功能时双离合器和齿轮副中的附加载荷。所有的这些优点都是基于通用零部件这一概念。相比传统变速器，这款革命性的变速器在无须改变混动化变速器整体轴向长度的前提下，还允许以更高的灵活度调节电机的功率。该变速器系统设计匹配的发动机扭矩为 280 Nm，同时集成了一台电机，其连续输出的额定功率为 20kW。在此设计基础上进行结构优化之后可以发现，这款混动化 DCT 在整体尺寸上接近当今最先进的传统变速器。

1. 国际市场上的变速器技术趋势

作为开发一台全新双离合变速器的基础，下文对汽车变速器市场进行了调研，以便定义新型模块化变速器系统的全球市场机遇及关键边界条件。

根据最新预测，2013 年全球将有约 6770 万台变速器在乘用车和整车质量 6 吨以下的轻型商用车上应用。其中，MT（手动变速器）将以 3060 万台占据最大的市场份额，AT（自动变速器）以 2340 万台紧随其后，另外，750 万台变速器为 CVT（无级自动变速器），370 万台为 DCT（双离合变速器），而 AMT（机械式自动变速器）仅有 70 万台。

除了应用于内燃机汽车，预计还将有 170 万台变速器应用于纯电动汽车。据推测，随着各种技术的发展和进步，截至 2019 年变速器的装车总量将上升 28%，达到 8760 万台。其中，MT 的数量也将上升约 28%，达到 3930 万台；AT 的数量仅增加 8%，为 2530 万台；CVT 所占的比重将会增加，上升量为 42%，达到 1070 万台；上升幅度最大的是 DCT 和电动车用变速器，分别为 129% 和 77%，达到 840 万台和 300 万台；相较而言，AMT 的比重将下降，其增幅低于平均水平，仅为 21%，为 90 万台（图 1，左上）。

在 2013 年，全球有 56% 的 DCT 变速器是 7 速的，

43% 是 6 速的。截至 2019 年，7 速 DCT 变速器将增长至 71%，与此相比，6 速变速器系统的比例将降至 22%。余下的部分主要由 8 速占据，其市场份额为 5%。这种类型变速器的混合动力化的比重也将由 2013 年的 2% 增至 2019 年的 6.8%（图 1，右上）。

同时，将有 47% 的 DCT 变速器应用于匹配最大转矩 300Nm 的内燃机，预计在该转矩等级的份额将在 2019 年增至 79%。对 DCT，动力总成的布置将主要为前驱式，其 2013 年的市场份额为 97%，2019 年将为 98%（图 1，左下）。

该预测也提供了匹配的双离合器的配置，2013 年湿式双离合器份额为 41%，2019 年预计达到 47%（图 1，右下）。

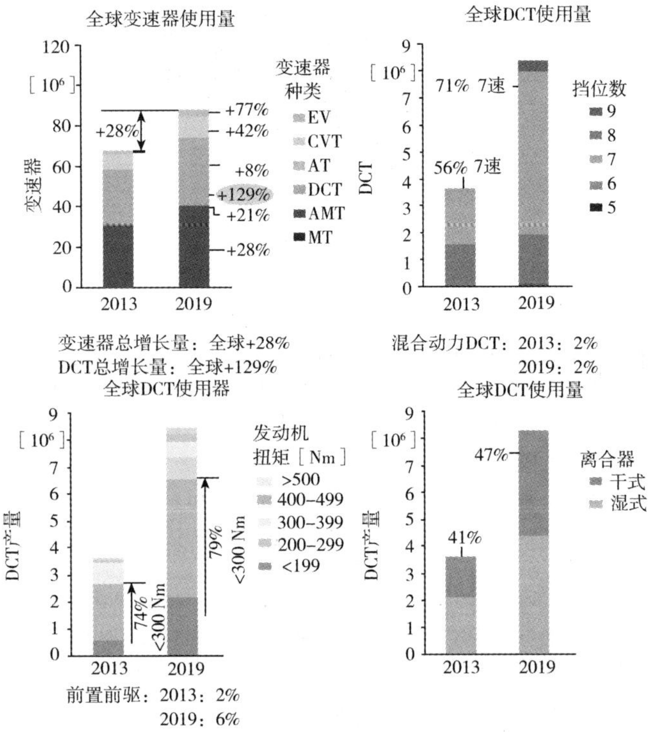

图 1　全球市场概况和变速器技术预测

资料来源：HIS Automotive。

总体来看，到 2020 年，纯电动汽车仍将维持现状，即大部分汽车仍将由内燃机驱动。运用在这些汽车中大部分变速器的设计虽仍为有级式的，但同时伴有显著的自动化趋势。通过不同类型变速器技术之间的竞争可以看出，成本上升的压力一直围绕着新一代变速器的开发和量产。预计随着 DCT 变速器的流行，其增幅或为最大。为了给今后的内燃机提供更佳的燃油经济性，并在尽可能多的驾驶工况下实现低排放，变速器必须具有大齿轮间隔和多挡速比。因此，DCT 变速器大多为 7 速。尽管混动化变速器的数量也会增加以达到进一步降低一次能源的目标，但它们的市场份额依然相对较低。DCT 主要匹配最大扭矩为 300Nm 的发动机，并几乎都为前横置式。预计 DCT 技术将主要关注紧凑型和中型车的应用。湿式双离合器的使用量将很快增长到干式双离合器的同一水平，因此在两种技术之间在技术和经济性的边界条件上将展开激烈的竞争。

下面所介绍的新型 DCT 变速器就是根据上述技术和经济性趋势，而提供的一个最优权衡后的选择。

2.7 速双离合变速器概念

目前市场上大部分的前横置式应用使用 3 根甚至 4 根轴来实现所有传动比。对于驱动扭矩约为 300Nm 的紧凑型以及中型车而言，即使在不考虑配备上具有混动功能的电机之前，此类变速器的最短长度也在 350mm 和 370mm 之间（图 2，左）。

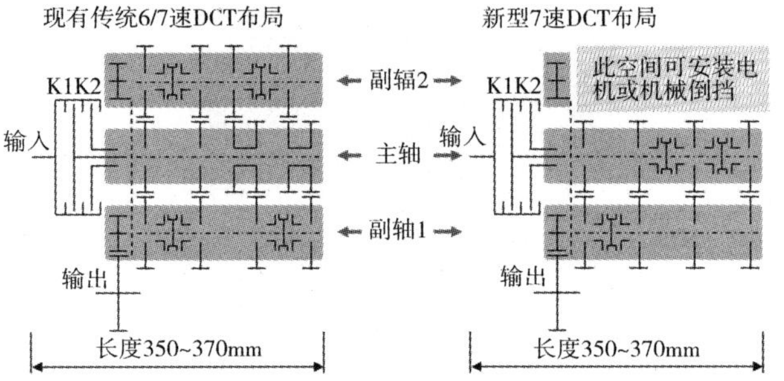

图 2　当前 6 速与 7 速 DCT 的布局（左）；
IAV 新型 7 速 DCT 的基本原理（右）

基于对传统系统的混合动力概念研究，所得结论是，电机应集成在变速器输入端，可以在双离合器模块上游，也可以在双离合器模块周围或者与变速器平行；同时在各类不同结构布局中，电机都与主减速器端相连。

第一种布局的优势在于更大的电机直径可以提供相对更高的扭矩，也可以通过更大的速比范围提升车轮扭矩和电机效率。而对于横置动力总成，其缺点在于这种变速器具有更大的轴向长度。为了降低阻力损失而在电机和内燃机之间额外增加的分离离合器，则进一步提高了组装的要求，加大了总体轴向长度。

第二种电机集成的布局在使用例如纯电驱动、制动能量回收与增程等混动功能时，由于其与变速器连接方式的不同，可以减少整个变速器功率流中所需的零部件。这提高了电机与车轮之间的机械效率，而不会给双离合器模块和齿轮副零部件增加负荷，或者只增加少量负荷。

该新型 DCT 方案可以在集成电机的同时，保持原有尺寸不变，同时最多能达 7 挡速比，该方案将通过减少机械零部件来实现。该新方案是取消一整根副轴。腾出的空间能够用来集成电机或机械倒挡，而通过尽可能多地合并共用零部件来减少开发和量产的成本。

通过电脑优化程序，该革新 DCT 方案实现了结构最优化。该 DCT 仅使用主轴和副轴之间 5 对齿轮副就实现了 7 个前进挡，从而避免了使用第二副轴（图 3）。3 对双同步器单元 C-D、E-F 和 B-A 安装在主轴上，一个单同步器 G 安装在副轴上。为了保持中心距尽可能紧凑，同步器在各组齿轮副间以不同的间距安装。与差速齿轮的连接部分被转移到 DCT 中前两个齿轮副的下游，并置于和主轴同步器单元 C-D 相对的位置，以减小总体轴向长度。

从基础结构转变为混合动力变速器的实现，可以通过在上方副轴集成电机，再经过一个二级齿轮副与主减速器相连接。一对行星齿轮副可以用于起步阶段，即电机在低速时作为混动功能为车轮提供大扭矩，同时也可以在寻求开发更高效的范围时提供支持。同步器 H 的功能是，可以将电机和后续功率流分离开，从而在高车速时或者在电气系统发生故障时，起到电机保护的作用。

各传统变速器方案中的这些零部件都可以直接借用，以实现基本功能。而机械式倒挡的实现也只需采用一对直齿轮代替电机，并和主轴上的中心齿轮和行星齿轮变速部分的太阳轮相连接（图 3 右）。

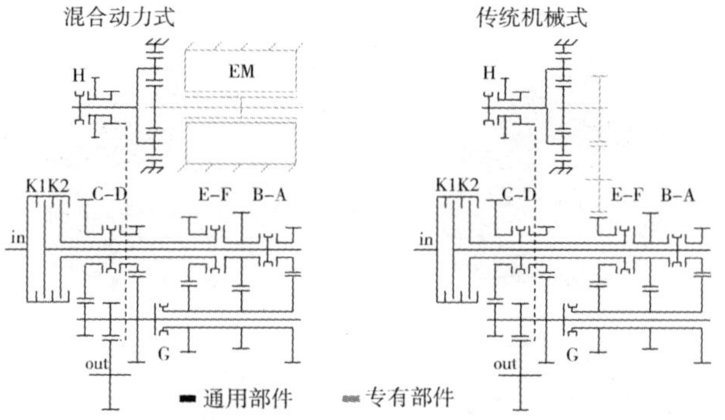

图 3　模块化 7 速混合动力双离合变速器系统（左）；带机械倒挡装置的 7 速双离合变速器（右）

图 4 介绍的是换挡逻辑以及变速器的七个前进挡速比，以及传统机械式倒挡速比和采用电机的混合动力系统倒挡速比。该速比系列显示了一个非常好的速比级差，起步速比达 15，整体速比范围 7.5。而行星齿轮副的速比-2.8 使得倒挡速比达到-14.9，和一挡前进挡的速比十分相近。在该布置中，从电机到车轮的总速比为 11.5。同时，该变速器结构也体现了它在速比、速比级差以及空间尺寸上若做更改，具有很高的灵活性。

该换挡逻辑仅使用一套执行机构用于控制所有的双同步器单元。在混合动力方案中，有一套专门的分离器执行机构用在单同步器 G 和 H 上，以保证电机在和功率流相连接的操作是与车速无关的。与之相比，倒挡可以使用一个成本较低的传统执行器。

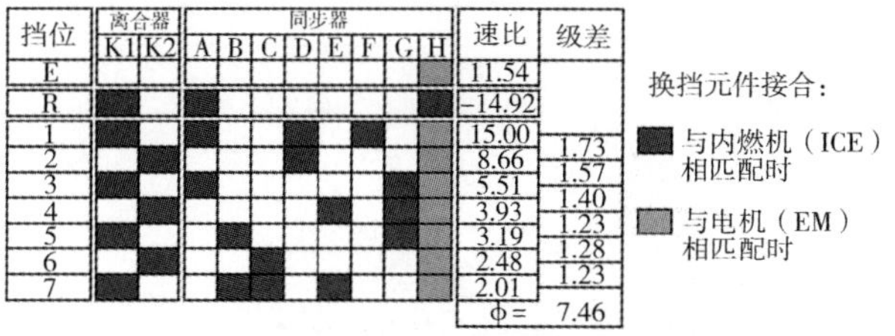

图 4　7 挡双离合变速器的换挡逻辑和示范速比

新的混合动力方案将电机和主减速器端相连后，能提供各种混合动力功能。在使用任何一个前进挡时，发动机的功率均可以和电机功率相叠加，以实现提高动力、制动能量回收以及改进发动机实际工作点的作用。而当车辆处于纯电驱或者能量回收模式时，发动机可以通过换挡元件和变速器分离开。在纯电动驱动模式下，发动机可以通过预先接合相应离合器，然后在电机的拖动下启动。而传统的起动机用在汽车静止起步时。相比采用传统机械式倒挡模块，若采用电机模块以实现混动功能，则所占空间会有所增加。

不同电机集成方式中十分重要的一点，就是在使用混合动力功能时，会在很长的时间中涉及电机的高负载，在纯电动驱动、起步辅助以及制动能量回收的模式下，但传统机械式变速器的结构很难承受额外的应变，这是从传统变速器到混合动力变速器时必须要考虑的一个齿轮组布置的问题。

3. 适用于紧凑型车辆的设计方案

在配备前横置式变速器的紧凑型和中型车辆中采用新型 DCT 方案，主要目的在于提供一个降低成本的模块化系统，并且尽可能紧凑，同时有效实现上述传统以及/或者混合动力功能。该目标的实现，是基于变速器结构尺寸优化的结果，通过减少零部件的数量，采用双轴式布置，并采用一些通用传统机械式与混合动力变速器的模块化结构。在这里，两种方案都尽可能地在齿轮组中使用通用化组件，并且或多或少具有相近的壳体。

图 5 介绍了这款和内燃机匹配的 7 挡变速器。发动机的最大输出扭矩达 280Nm，最高输出转速 7500rpm。其中大部分的齿轮组、主轴和第一副轴，包括差速器（如图 5 上），以及第二副轴（图 5 左下），在很大程度上都采用了相同的部件。只有电机和相应的倒挡齿轮副是根据用于混合动力还是传统机械式变速器而有模块设计上的不同。

两个换挡离合器都装在主轴输入端，同时液压执行机构也是逐个排列在轴向方向上的，离合器片组堆叠在一起以减小轴向尺寸。在起步阶段离合器 K1 上产生的大量摩擦损失是通过摩擦半径大于 K2 的部分计算而得。两个换挡离合器均进行了离心平衡，并且通过碟片弹簧相互隔开。

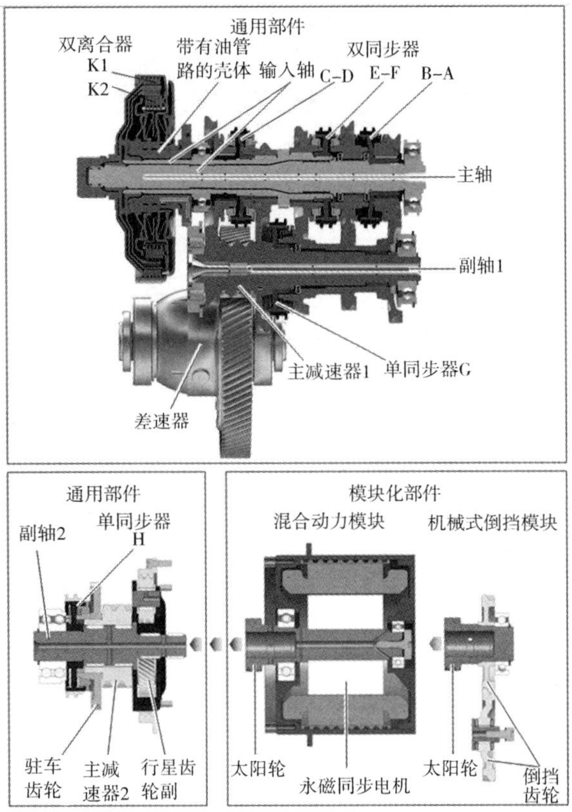

图 5　考虑通用件的齿轮组设计

用于液压执行机构、冷却以及平衡力的油液通过旋转元件经过壳体中的管道进行供应。在离合器上游具有足够的空间用于安装双质量飞轮，从而使该离合器也能够用于传统发动机在怠速情况下保持扭矩之用。离合器 K1 和 K2 均是刚性连接在中空轴上的。在主轴和下方副轴上安装有五组齿轮副以及三个双同步器和一个单同步器，用于实现七个前进挡位。经过优化的速比能够保证齿轮组径向尺寸的紧凑以及较小的主轴中心距。主减速器齿轮组的位置介于第一和第二组齿轮副之间，这也有助于整体结构布置变得更加紧凑。

上副轴装有机械倒挡装置或者是用于安装混合动力倒挡组件，两种不同变速器方案在本质上都是尽可能地使用通用元件，如相同的第二主减速器，驻车锁齿轮副，单同步器以及行星齿轮副。主减速器的小齿轮上带有驻车锁齿轮。而中空轴则是和壳体通过螺栓相连接，这样能为行星齿轮变速机构提供一个很高的速比。

在这款混合动力 DCT 中，太阳轮和永磁同步电机转子共用一根轴。该电机额定功率 20kW，最大输出扭矩 100Nm。转子轴安装在预加载轴承上，由于气隙和定子的间距很小，能够提供很高的电磁效率。湿式转子的冷却依靠冷却油液流经转子轴以及通过外层冷却水套实现。通过这种冷却方式，可以使电池能够实现瞬时 1.5 倍的过载，即峰值功率可达 30kW。

传统机械式 DCT 倒挡模块和行星齿轮组的中心轴相连，之后再通过一组齿轮和主轴上第三组齿轮相连。中间齿轮安装轴要求通过螺栓连接在壳体内部。

若给定变速器速比，两种方案里的行星齿轮副都可以做的尽量小。这能减小和主轴之间的中心距，以保证结构紧凑。齿轮副的设计也显示了非通用部件也是能够实现尺寸优化的。不同方案的应用能够保证实现足够高的机械效率，例如采用固定式和浮动式轴承。

通用零部件的设计是严格按照壳体设计以及附加组件来进行的。图 6 介绍了几种用于混合动力变速器的以及传统机械式变速器的零部件。两种壳体都具有完全相同的正面以及几乎一致的背面，由此可以降低生产成本，而在后续加工时能对其进一步改造。在混合动力方案中，电机可以通过法兰和单独的壳体相连。电机高压连接装置集成在该模块化壳体上。法兰同时还具有提供定子冷却油液的作用。在传统机械式变速器方案中，该区域则可以用来安装传统机械式倒挡模块，该模块直接用外壳覆盖即可，中间齿轮轴也同样以螺栓固定。

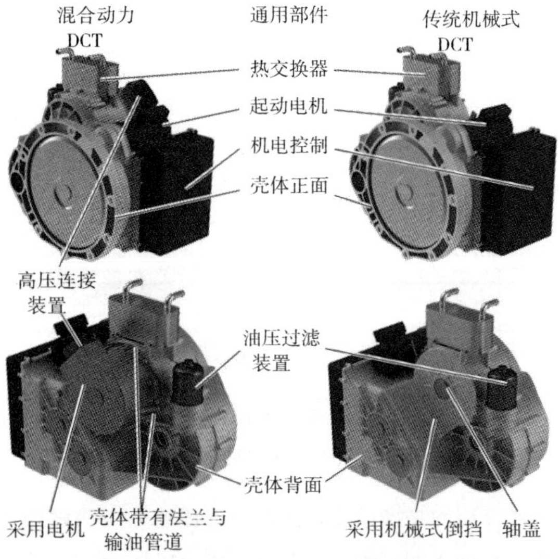

图 6　考虑通用件的壳体和外围设计

两种变速器方案都采用相同的起动电机，通过法兰固定在变速器上方，并通过起动电机输出齿轮轴和整个系统相连。预装的液压装置是在变速器的侧边。根据成本、效率的优先级，可以选用从机械式到全电动液压式以提供所需能量。此外，换挡元件也可以通过电子机械元件实现，以减少执行机构所需能量并能同时降低能量损失。根据壳体的状况，压力式过滤器和热交换器有可能在变速器上占有一定的空间。在该布置方案中，热交换器通过螺栓直接连接在壳体上方的起动电机旁。压力式过滤器则直接装在壳体内部差速器的附近。再将热交换器直接和发动机的水路循环相连，以减少整车循环冷却系统的组件数。由此余下的热管理的自由度可以有效降低油耗并降低阻力损失，同时也可以迅速释放变速器的热量。

图 7 是混合动力变速器 7H-DCT280 和传统机械式变速器 7H-DCT280 的对比图。截面图介绍了该紧凑、模块化结构，其中采用了许多通用组件。

图 7　7 速混合动力变速器和传统机械式变速器的截面图

这意味着尽管在混合动力变速器中增加了电机，但总体长度也只有 352mm，和传统变速器处在相同的尺寸级别上。

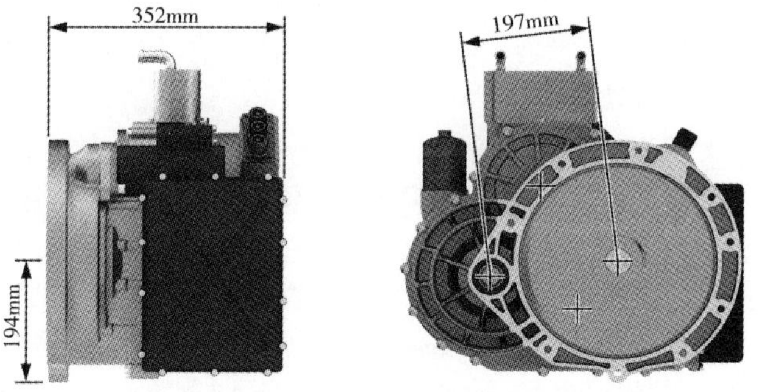

图 8　7 速混合动力双离合变速器 7H-DCT280 的主要尺寸

输入轴和主减速器轴的距离是 197mm，还能够通过进一步设计减小其间距。这意味着，该变速器的尺寸和当前市面上的非混合动力 6 速、7 速的变速器是一样适合于紧凑型、中型车辆的。而采用机械式倒挡的变速器相比当前市面广泛使用的 DCT 能再节约接近 10% 的空间。

接下来将介绍面向结构尺寸与效率的电机参数优化。

4. 采用优化方法进行电机设计

通过仿真分析，若要实现混合动力的功能，所使用的电机要具备最大输出扭矩 100Nm 和最大输出功率 20kW 的能力，同时最高转速要达 12000rpm。作为能量来源，电池根据不同的 SOC 状态需提供约 162 ~240V 的电压。而直流电通过逆变器转换成峰值电流 300A 的三相交流电。同时该总成在电机轴向、径向尺寸上都有所限制。

电机优化的目标，是为了找到一组最佳设计参数，在考虑特性参数、最大过载能力以及效率最优的同时，通过尽可能减少使用磁性材料以降低成本。

不同款式的电机实际上都可以满足混合动力总成。除了永磁同步电机之外，感应电机的应用也越来越广泛，尤其是在纯电动驱动系统中。但如果给定扭矩特性参数，磁阻等值之后，感应电机实际上并不适合作为牵引电机。

由于提供给电机总成的空间十分有限，因此尽可能提高扭矩密度就显得十分重要。相比感应电机，永磁同步电机的扭矩密度要高出 30%，并且在电机处于高转速时的性能衰减也比较低，因此永磁同步电机是更适于混合动力方案的。但是其也有本身的缺点，就是更高的扭矩波动以及空载时较高的损耗。每一次回转，转子的磁性材料都会在定子上产生一个反电动势，而在出现故障时，这个特性就必须要避免，以保护电子器件和电池。一种办法就是将电机从动力总成上机械性的断开。在该 DCT 中，这一动作可以通过同步器 H 实现，而不需要改变其他结构。如果采用外转子时，电机能够提供更高的转矩。在电机转子安装的位置会产生非预期振动，尤其是当电机安装在发动机附近时。其主要原因是内转子永磁同步电机要同时提供起动机功能。

电机的初步设计是通过现有的设计规则推导出的。采用汽车工程里常用的电机硅钢材料 M235-35A 作为电机基础材料。太厚的钢片会导致过高的铁损。考虑到变速器周围的温度较高，故采用工作温度达到 170°C 的 NdFeB 磁性材料，以保证机械稳定性和电机的最高转速。磁力矩可以用于抵消在磁场中自然产生的磁通路的短路。根据轴向长度和气隙长度的比值，决定采用密集式线圈绕组，和五对磁极。集中式绕组可以在分布式绕线时实现较长的铁心长度，以增大最大扭矩。而潜在的扭矩谐波也是一个问题，它会导致非正弦的电负载。线圈数是根据最大相电流，电线的粗细以及互感电动势而定。以这一初步设计作为基本出发点，可以进行后续电机的几何优化。

需要优化的电机参数可以通过 IAV 公司的计算机组进行系统化和自动化计算获得。一台控制计算机将要进行的计算任务分配给每一台子计算机，最后再从子计算机获取计算结果并进行评价。子计算机可以通过工作站在同一个网络内形成计算机组，正如 IAV 公司所设计的专门用于优化计算的计算机组一般。根据机组的分配以及需要进行计算的参数，成千上万种不同的电机方案可以在几天之内计算得到。

在优化过程中，电机磁路的几何参数以及钢片和磁铁的材料性能，包括磁漏等变量，都将通过有限元方法分析。几何参数包括定子的开槽尺寸，气隙大小以及磁铁缩放的位置和方向。图 9 介绍了感应电机和永磁同步电机的这些参数。

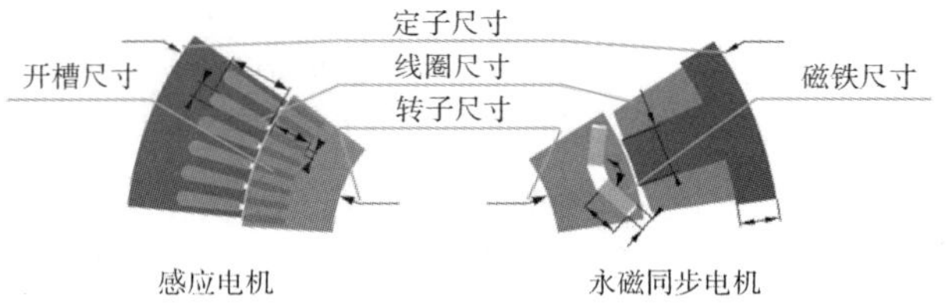

图 9 潜在优化参数

需要进行计算的参数包括扭矩、磁损、效率等级、扭矩波动、转动惯量以及材料成本。优化的目标会在开发目标中定义。因此每一个参数都将给定一个权重值，最终将它们组成一个目标函数，进行优化计算。在计算过程中，也可以根据需要进行子工况校验。在该实例中，电机性能的下限是：功率 20kW 和扭矩 100Nm。进化算法可以用于寻求开发目标中的全局最优解。如果优化目标是单一准则，即只有一个参数需要进行优化，如最高效率的工作点，那么优化结果就会趋于寻找最优值的转速。通常，有一些和开发目标相对立的情况也是具有指导意义的。例如，磁性材料不能随意减少，否则扭矩和电流就无法维持在恒定值。因此就需要设定多准则优化问题的帕雷托边界条件。处于边界条件上的解就是“帕雷托解”，这些解之间是无法评判孰优孰劣，因为他们都是在某些边界条件获得的，不具有可比性。在优化的最后，开发工程师可以得到一张根据设定好的工程目标而排序的列表，从而推断出其中最好的一组解。

为了评价所得优化方案是否合理，将会根据下述几个不同目标设计电机样机：不影响效率的情况下磁性材料质量最小（方案 2），整体效率最优（方案 3）和不影响扭矩的情况下磁性材料最少（方案 4），并和基础方案 1 进行比较。

图 10 所示的是由各种单一几何变量所得的帕雷托边界，以及不同的优化目标之间如何相互影响。可以看出整体效率损失随着横坐标增长而上升。纵坐标代表磁性材料的体积。图中每一个点都代表一组解（满足电机最低性能要求，20kW，100Nm）。在下方的图中介绍了原始电机的效率 MAP 图以及优化结果所得的电机效率图和原始方案的偏差。

尽管目前最先进的电机已经能够在效率上达到很高的级别，但是它需要很多的磁性材料。如方案 2 所示，在保证效率相同的情况下，减少磁性材料也是可以实现的。相比原始方案，磁性材料的体积可以减少 14.1%，而几乎不影响其性能和效率。由此可以推断，当前最先进的电机只是提供了在某个固定级别上的设计边界值。

进一步的减少磁铁体积，如方案 4 相比原始方案减少 32.3% 之后，就会导致效率和性能的降低。

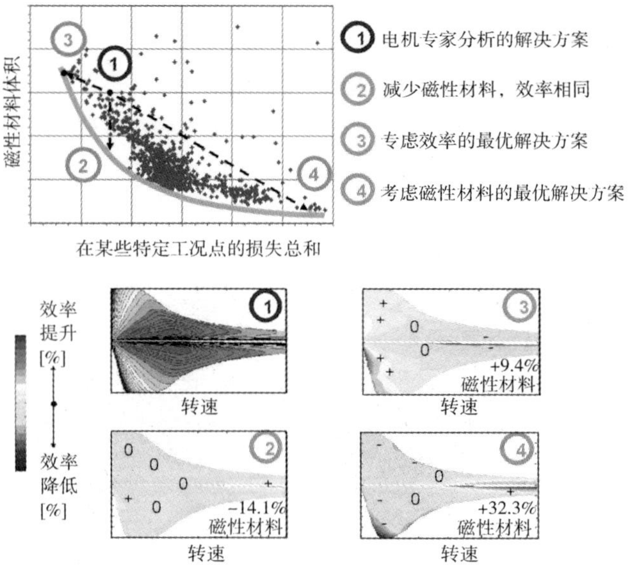

图 10 不同电机参数计算对比

方案 3 从效率上来看是一个最佳方案，相比基础方案它的高效区能够覆盖 90% 以上的工作点。而在最佳工作点上，损失仅仅下降了 4% 但所带来的是磁性材料能够节约 9.4%。

根据定义好的工程开发目标，就能够选定电机以及其他具体参数。

结论

市场调查显示了不同变速器方案之间的竞争是十分激烈的，DCT 在当前这个十年已经体现了与日俱增的重要性。最主要的 7 速 DCT 将会基本占据前横置式的市场，并且所匹配的发动机扭矩达到 300Nm。今后，低成本变速器必将会上市，而同时也会有少量的混合动力变速器系统出现。

遵循这个趋势，本论文介绍了一款新型 7 速 DCT，通过去掉目前市场上已普及的 DCT 中的第二根副轴，为实现模块化进行了铺垫。这样一来，该模块能够根据需求，采用机械式倒挡模块，或是集成电机模块成为传统或者混合动力变速器。把电机和主减速器端相连之后，提供了更多、更高效的混合动力功能，而不会对齿轮副部件增加额外载荷。从两款变速器的设计方案中可以看出，其中有相当一部分通用组件，如齿轮副、壳体以及附加零部件，这有助于降低成本。混合动力 DCT 所采用的永磁同步电机能够提供 20kW 的额定功率。电机的设计是基于多目标多准则优化程序所得，因此具有提高工作效率的潜力。

本论文的结论就是这个和发动机（扭矩 280Nm）相匹配的极具前瞻性的传统机械式及混合动力 DCT 变速器系列，相比当前的变速器系统，具有更紧凑、更轻便、成本更低的优势。

（艾尔维汽车工程技术（上海）有限公司）

高比能快换式电动汽车锂离子动力电池

当前，电动汽车的性能与传统燃油车相比，在能量补充时间、续航里程方面还有相当的差距，在当前电池技术水平下推广电动汽车，一方面需要找准市场定位研发相应产品，另一方面，对能量补充形式的多方面探讨也是非常必要的。其中使用快速换电模式就是其中之一。

2011 年，环宇赛尔新能源科技有限公司开发了高比能快换式 144V/150Ah 锂离子动力电池模块，满足了新乡市新能电动汽车有限公司的底盘换电模式电动车的电源需求。在此基础上，2013 年初，环宇赛尔新能源科技有限公司根据新乡市新能公司自主开发的另一款公告车的要求开发了新的电池模块 288V/70Ah，满足其动力电源需求，推动节能和新能源汽车行业的快速发展，为节能减排做贡献。动力电池模块 144V/150Ah 和 288V/70Ah 采用环宇赛尔新能源科技有限公司自行设计制造的大容量、软包装、叠片式、贫液态锂离子电池系列产品，设计了具有高安全性、一致性、连接件内阻/应力小、高集成度、均衡技术先进的动力电池电源系统，并进行产业化。目前，该成果应用于换电模式下的电动出租车、电动乘用车、电动公用车等电动汽车领域，能实现快速补充能源，而且通过专业的电池维护使电池寿命大大延长。

高比能快换式电动汽车锂离子动力电池包含的关键技术如下：

1. 电池电芯采用贫液态、软包装、叠片式、大容量磷酸铁锂电池；电池模块采用扁平化设计，提高体积能量比和重量能量比。

2. 整个电池包采用高度集成化设计，单体电池模块、BMS、控制单元及总成浮动插头集成在一个电池箱体内。

3. 通过严格的电池检测标准来保证整组电池中的每一只单体电池性能一致。

4. 电源系统采用模块化结构将电池组和电池管理部分集成在一起，大大减少了电池包外部的连线。

5. 采用管理系统的智能均衡技术和先进的外置均衡设备两种方法保证电池组长期稳定运行，减小电池组在实际运行中产生的差异。

该成果采用了环宇赛尔新能源科技有限公司自主研发的专利：磷酸基锂离子电池的制备方法及其制备的电池，专利号：200510087756.5；高倍率快速充放电软包装锂二次电池，专利号：200920106836.4；单体电池和采用该单体电池的大功率锂离子动力电池组，专利号：200920106835.X；等等。

高比能快换式电动汽车锂离子动力电池有如下创新点：

1. 单体电池具有高能量密度、高功率密度、超长循环寿命、良好充放电性能、良好的一致性、高安全性和使用维护方便等优点；电池组具有很好的性能均一性及高倍率循环性能。

2. 电池模块结构紧凑、设计合理；采用了扁平化设计，用支架式结构来固定软包装电芯，减轻了传统极柱的重量，降低了传统极柱在高度方向上所占用的高度空间，提高了动力锂离子电池的体积能量比和重量能量比。

3. 采用高精度、高可靠性的专用电源管理系统，有较强的电磁兼容性。

4. 整个电池包具有极强的抗振动性、密封性，安全防护等级达到 IP67。

5. 电池模块采用轻量化设计，可以满足电动轿车换电时“快速更换”的要求，弥补了电动轿车尤其是电动出租车“补充电时间长、续驶里程短”的缺陷；当电动轿车不能到换电站进行电池组模块的更换时可以插电充电，更加灵活方便地服务了电动汽车用户。

6. 扁平化设计使动力锂离子电池体积能量比提高了 20%~25%，重量能量比提高了 20%~28%，使电动小轿车的续航里程提高了 15%~22%，而且节约了锂离子电池的成本，每个单体锂离子电池节约成本 40~65 元。

高比能快换式电动汽车锂离子动力电池 144V/150Ah 和 288V/70Ah 已批量生产，并供货于新乡市新能电动汽车有限公司，截至目前，已供新能电动出租车电池模块 264 套，单只电池模块已运行 22 个月，运行公里数约 10 万公里，电池模块容量衰减至约 98%，单只电池模块可以支持一辆电动出租车每天运行约 160 公里。公司拥有强大的科技研发队伍，可根据不同厂家换电模式的电动汽车的要求，生产满足要求的锂离子动力电池，推动电动汽车的快速发展。

（环宇赛尔新能源科技有限公司）

高效的温度可控动力锂离子电池

由于磷酸铁锂电池的高安全性、长循环寿命、绿色无污染的特点，目前电动汽车厂家大多采用磷酸铁锂电池作为动力和储能电源。但是磷酸铁锂电池的低温性能较差，充电温度为0℃~45℃，也就是说该电池在0℃以下充电会产生负极上产生锂枝晶，会造成电池的损坏。磷酸铁锂动力锂离子电池在低于-20℃的时候放电的容量特别差，并且随着循环次数的增多容量会急剧的衰减，经过试验，在16次循环之后容量只有正常温度下额定容量的20%。

为了解决锂离子电池在零度以下的环境温度下充放电性能差的难题，河南环宇赛尔新能源科技有限公司自主研发了一种高效的温度可控动力锂离子电池，能够保证磷酸铁锂电池在-20℃的低温环境下，充电容量达到90%以上。该温度可控动力锂离子电池由动力锂离子电芯、动力锂离子电池模块、聚酰亚胺加热膜、机械式温度开关、电池组保温外箱体及由电池智能管理系统组成的温控系统组成。电池模块上安装有加热部件，加热部件的供电回路上设有防止电池过热的温控开关。当电池模块被加热时，其温度会通过热传导的方式传递至电池模块和温控开关，一旦其温度超过保护点，温控开关会断开加热部件的供电回路，使电池模块温度维持在较为合理的温度水平，同时防止动力锂离子电池过热受损，从而实现了在低温环境中保证了磷酸铁锂电池的性能的稳定。

我公司研发的温度可控动力锂离子电池已申请专利，并获得专利证书，专利号为：201120031126.7，广泛应用于长春、大连、安塞等寒冷地区的电动汽车和储能电站领域，批量供货于大连鹏迪电动车辆有限公司、吉林省高新电动汽车有限公司等新能源汽车公司，电池低温环境下的正常运行得到了保障，其中使用我公司加热系统的大连鹏迪电动汽车已使用一年半，行驶里程达到3万公里，动力电池运行正常，低温环境下的充放电性能极佳。

温度可控动力锂离子电池的使用拓宽了锂离子电池的应用区域，如中国的黄河以北冬季比较寒冷的地区、北欧、韩国等冬季温度较低的地区。它的使用，解决了秋冬季寒冷地区的电动汽车充电问题，使锂电池在寒冷地区的使用游刃有余。

（环宇赛尔新能源科技有限公司）

第九篇

大事记

一、行业重要事件

1月

2012年1月2日 山东省临沂市首条47辆城际天然气（CNG）汽车客运班线在临沭县开通，标志着临沂市在发展绿色交通、创建节能环保型城市上又迈出了新的步伐。

2012年1月6日 驻马店市“电动汽车项目动力科技园项目”正式启动，该项目总投资30亿元，共分三期建设，一期投资5亿元，主要进行总体项目的基础筹建，并上马生产现有成熟产品轻型电动汽车、城市观光中巴、电动环卫车等；二期投资9亿元，计划年产电动汽车5万台，建设周期24个月；三期投资16亿元，建设周期24个月。整个项目6年内全部建成，投产后，可年产整车15万辆，配套零部件及设备22万套，实现产值100亿元、缴纳税金6亿元，形成“轻型低速电动汽车及场地电动车辆整车产销中心”、“高速电动汽车及电动大巴关键零配件供应中心”、“新能源电池及充放电设备产销中心”。

2012年1月11日 长安汽车自主品牌的E30纯电动车在中国汽车技术研究中心进行的正面、偏置碰撞和侧面碰撞测试中取得45.71分（五星级）。这是我国电动汽车首次进行星级碰撞安全测试。

2012年1月12日 新能源标准与知识产权联盟在深圳召开标准新闻发布会，共发布《电动汽车交流充电桩验收标准》《电动商用车动力电池包》《电动汽车电能供给与保障技术规范商用车电池更换设备》《电动汽车用磷酸铁锂电池组技术标准》《磷酸铁锂电池技术标准》5项联盟标准，主要涉及电动汽车能源供给方面的设备、技术要求。

2012年1月12日 欧洲投资银行向法国汽车制造商雷诺集团提供总额1．8亿欧元（约合2.34亿美元）的贷款，支持其研发电动汽车。这笔贷款将用于在法研制电动汽车的新系列发动机，以帮助欧洲开发电动汽车用锂电池及相关发动机技术的产品和生产程序。

2012年1月14日 福建振中新能源电动汽车项目湾坞产区生产的首批15辆新能源电动平板运输车发往韩国。

2012年1月16日 雅安永通新电源股份有限公司年产1500万套超级电池项目在四川雅安工业园区开工建设。该项目主打产品超级电池将电池和电容功能相结合，具有高性价比、大容量、高功率、长寿命、安全可靠等优点，可广泛应用于动力系统、储能系统、后备电源等多个方面。该项目是国家产业政策大力鼓励支持的节能环保产业项目，总投资5.8亿元，采取边建设边投产的方式，预计2012年7月部分投产，2013年9月实现60%投产，2014年全部建成投产。

2012年1月21日 信阳福英纯电动汽车公务接待车移交仪式举行。这是信阳市公务接待车首次使用纯电动汽车。

2012年1月29日 河南省速达纯电动轿车院士工作站和河南省高档电解铜箔院士工作站落户三门峡市。

2012年1月30日 丰田自动织机公司研发出多台车充电调配控制系统，并在丰田市开始示范。该智能充电调配控制系统采用的充电器主要针对丰田“普瑞斯”充电式混合动力车，当2~3台汽车同时充电时，能自动判断充电汽车的种类和充电设备最大供应能力，从而自动调节电量，确保用电量不超过限定电力的上限。

2月

2012年2月1日 邢台市工信局、发改委等有关部门联合出台了《邢台市低速电动汽车管理办法（暂行)》，该办法规定，在邢台市范围内生产、销售和使用的低速电动汽车（设计时速为20~60km的四轮电驱动车辆），实行人工登记管理：参照《机动车驾驶证管理办法》，低速电动汽车驾驶人应取得C1以上驾驶证。根据此办法，低速电动汽车上牌后，可以在邢台市二级及以下公路和城市、公园、景区、社区、厂区、乡村等道路上行驶，行驶时须走机动车道，遇到快、慢行线分道时应走慢行线，无快、慢线分道时应靠右行驶。并于当天在邢台市新世纪广场举行了河北御捷马电动汽车上牌首发仪式上。

2012年2月1日 Sunlogics Green Zone太阳能充电站正式落户通用汽车中国园区。该太阳能充电站是由通用汽车风险投资公司的股权合作伙伴Sunlogics公司研发而成。位于通用汽车中国园区的Green Zone太阳能充电站的额定功率输出为10千瓦，其生成的电能可在一天时间内满足最多6辆雪佛兰沃蓝达完全充电所需电量。

2012年2月1日 山东省工程技术研究中心落户山东电力研究院——“山东省电动汽车能源供给工程技术研究中心”。该中心将围绕电动汽车的规模化应用和电动汽车充换电站建设，开展电动汽车能源供给技术实用化研究和产业化推广；作为电动汽车大规模智能用电平台以及电动汽车充电设施关键设备检验技术平台，进行电动汽车充电设施的专业测试评估、故障监测及相关新技术的研究。

2012年2月5日 泰安市交通运输局投入19辆天然气新能源客车分别在泰安至济南、泰安至临沂、泰安至淄博和肥城至济南的四条集约化专线运营。至此，投入到泰安班线运营的新能源车客车达到70部。

2012年2月8日 德阳博力迅电池有限责任公司大容量棱柱型锂电池生产制造基地项目在德阳经济技术开发区

开工建设，项目总投资61亿元，占地1100亩，建成后将实现产值300亿元，利税30亿元。该项目将用5年时间完成，新建年产30亿安时储能电池及相关产品生产线（50条）。项目建成后，将形成年产量30亿安时的生产能力，实现产值300亿元，利税30亿元，可提供6000个就业岗位。其中一期工程投资5.6亿元，占地200亩，建设周期18个月，建成年产2.4亿安时生产线（4条），预计年产值达24亿元，实现利税4.83亿元，提供400个就业岗位。

2012年2月10日　北京中航长力能源科技有限公司成功研发并推出大型锌空气电池移动充电车。该款配备了锌空气电池的移动充电车整备质量35吨，贮电能量达1000千瓦时，输出电压300~440伏，输出功率为35千瓦，一辆锌空气电池移动充电车可同时为4辆电动公交车或4辆电动环卫车、8辆电动小客车充电。

2012年2月16日　甘肃电力公司下发《甘肃电力公司2012年电动汽车智能充换电服务网络建设运营指导意见》。

2012年2月17日　宝鸡大丰e6电动出租车正式投入运营，比亚迪e6先行者作为比亚迪旗下的首款纯电动轿车，出租车版e6一般都是在充电站充电，其充电位置上只有一种插口，而e6先行者版则有两个充电插口、可使用三种充电模式，一种是在充电站快速充电，1小时左右即可充满；第二种是随车赠送的充电柜，可安装在家里的固定车位上，通过充电柜5~6小时可充满电；第三种是依靠随车的220伏交流充电器使用家用电10小时可充满电。

2012年2月21日　广东省佛山市首批50辆LNG公交车辆投放运营，该批车辆由国鸿公共交通有限公司运营，燃料为液化天然气。

2012年2月22日　德国巴斯夫公司收购德化学制药企业默克集团（Merck）的电池业务。公司于2012年1月设立了电池材料全球业务部，计划于2016年前投入3亿欧元用于电池及其相关材料的生产和研发，希在全球电动汽车电池的生产和研发领域占据领先地位。

2012年2月24日　淄博市高新区136路公交总站——淄博市136路电容电池纯电动公交车线路示范运营首发仪式举行。本次共有18辆安凯电容电池纯电动公交投入到淄博136路的运营当中。

2012年2月24日　工业和信息化部发布《2012年度党政机关公务用车选用车型目录》，征集意见稿。款型包括轿车、多功能乘用车、越野车和新能源汽车。412款车型全部为自主品牌。江淮、上汽、华晨、奇瑞等主流自主汽车品牌全部在列。本次公车采购目录共分4大类车型，其中汽柴油轿车265款，多功能乘用车64款，越野车78款，新能源轿车5款。5款新能源汽车分别为江淮同悦纯电动车、比亚迪F3DM插电式混合动力车、奇瑞瑞麒纯电动车、长安奔奔纯电动车以及湖南江南E300纯电动车。

2012年2月28日　长安E30纯电动汽车在北京示范运行交车仪式在长安汽车北京房山基地举行，交付的100辆E30纯电动车，将作为出租车在北京市房山区进行示范运行。

3月

2012年3月1日，《电动汽车传导充电用连接装置第一部分：通用要求》《电动汽车传导充电用连接装置第二部分：交流充电接口》《电动汽车传导充电用连接装置第三部分：直流充电接口》和《电动汽车非车载传导式充电机与电池管理系统之间的通信协议》四项充电接口国家标准正式实施。上述标准是由中国国家能源局、工业和信息化部组织，电力企业联合会和汽研中心等机构共同起草的。

2012年3月6日　财政部、国家税务总局、工业和信息化部联合发布《关于节约能源使用新能源车船车船税政策的通知》，明确从2012年1月1日起，对节约能源的车船和使用新能源的车船，分别减半征收和免征车船税，并明确相关节约能源、使用新能源车辆减免车船税目录管理规定。同时，发布《第一批节约能源、使用新能源车辆减免车船税的车型目录》的公告，共涉及222多款车型，其中，节能型乘用车共计49款，涉及12家汽车公司；插电式混合动力乘用车3款，涉及3个品牌车型；插电式混合动力客车12款，涉及8个品牌车型；纯电动汽车154款，涉及52个品牌车型；燃料电池汽车4款，涉及2个品牌车型。

2012年3月9日　美国白宫提议投资47亿美元推广先进技术车辆的应用并加大税额减免力度。这笔47亿美元的投资中，有10亿美元用于为10~15个示范社区配置必要的基础设施，解除法规限制、采取激励措施将先进科技车辆推向市场。另外37亿美元主要用于向购买电动车、商用卡车以及其他类型先进技术车辆（包括矿物燃料动力车辆）的消费者提供税额减免等方面的激励政策。

2012年3月12日　柳州市印发《柳州市新能源汽车示范推广规划》，按照推广规划，到2013年，柳州企业向各市场、各领域投放示范运营的新能源汽车达到1000辆；建设充电站一座，建成公共充电桩（柜）150个；建立5家新能源汽车维修服务网点，初步形成具有柳州特色的新能源汽车示范体系。到2015年，力争形成年产2万辆新能源汽车生产能力，成为广西新能源汽车研发生产基地。

2012年3月13日　海南耀兴运输集团有限公司此次投放的12辆新能源混合动力公交车正式投放到海南省海口市22路公交线路上，该批混合动力公交车由郑州宇通客车股份有限公司生产。

2012年3月15日　威海市公交集团新购进的10辆气

电混合动力新能源公交全部投入33路公交车运营。

2012年3月15日 湘电莱特电气有限公司批量生产的非晶电机下线，这种高效节能的非晶电机还将应用于国产电动汽车上。

2012年3月16日 南通市首座电动汽车充换电站建成并正式投入运行。南通市首座电动汽车充电站能同时容纳6辆充电汽车充电，其中包含三个专为公交车充电的充电桩。

2012年3月16日 “国际电动汽车技术验证与对比研究”国家863课题推进研讨会在上海国际汽车城召开。上海国际汽车城集团有限公司、同济大学、中国汽车工程协会的领导及课题负责人出席了此次会议。

2012年3月20日 福建省莆田市公交公司投资4000万元分批次采购100辆LNG公交车，4月又有12辆LNG公交车投入运营。

2012年3月21日 河南稀土高新科技应用产业园奠基暨安阳市稀土应用协会成立仪式在安阳市殷都区隆重举行。河南稀土高新科技应用产业园占地1000余亩，由河南中天钢铁公司等六家企业共同投资建设。园区拟计划总投资53亿元，分三期建设，2014年年底全部建成投产，安排就业6000余人，计划三年内入驻企业12家。达产后将成为中原地区最大的稀土新材料生产、产品应用、科技研发、人才培养、营销基地，年产值将达到160亿元。

2012年3月27日 科技部发布《电动汽车科技发展“十二五”专项规划》。

2012年3月30日 全国第五家电动出租车运营公司——宁夏元光电动出租车运维分公司正式在银川成立，同时，首批20辆电动出租车将在投入试运营。此次试运营的20辆电动出租车，车辆主体由一汽海马汽车有限公司生产，动力部分由浙江万向电动汽车公司生产和组装，整车价格为18万元，在充满电的情况下行驶里程约为100公里，车辆时速可达100公里。

4月

2012年4月11日 美国能源部拨款1200万美元联邦资金，资助专门从事电动汽车无线充电系统研发的公司。根据这项资助方案，无线充电计划最高个人单项奖金为800万美元，该计划将优先考虑向推动轻型电动汽车的静态和拟动态无线充电技术发展提供资金支持。美国能源部的资助计划旨在证明，无线充电技术的成本竞争力和符合当前的安全标准。

2012年4月13日 北汽集团首款自主品牌纯电动轿车规模化示范运营交车仪式在北京举行，此次交付示范运行的500辆北汽首款自主研发生产的纯电动轿车E150EV。

2012年4月20日 江苏省昆山市首批36辆油电混合动力新能源公交车正式投入运营。该批新能源公交车投运于昆山市市区公交3路、4路和9路等主要线路。

2012年4月20日 “全国新能源汽车产业数据中心”揭牌仪式在同济大学汽车学院举行。全国新能源汽车产业数据中心是由国家信息中心与同济大学联合设立，旨在配合国家新能源汽车发展战略，应对能源与环境压力，促进产业升级，建设可持续交通体系。

2012年4月25日 海口公交集团新投放140辆混合动力公交车。此次投放的140辆新能源公交车中，100辆为油电混合，40辆是气电混合。

2012年4月27日 重庆市渝北空港电动客车专用充换电站建成投运。同时，25辆装用钛酸锂电池的恒通牌纯电动公交正式投入运营，只需充电10分钟，即可跑30~50公里。渝北空港电动客车充换电站是国内首个可实用化公交快充专用站，全站占地2065平方米，采用750V电压，双枪600A电流充电技术，该技术属国内首创，并申请2项专利。该充换电站装有6个直流快速充电桩，可满足25~30辆纯电动客车的充电需求。

5月

2012年5月3日 北京市怀柔区首座电动汽车充电站正式开工建设。该充电站占地约为6500平方米，主要为电动出租车充电站，充电模式将采用交流低压整车充电方式，并将安装50个一桩双充型交流整车充电桩，每个充电桩可同时为2辆电动出租车提供交流充电服务，正常充电时间6~8小时，充满电之后，电动出租车可行驶100公里。

2012年5月6日 奥迪、宝马、克莱斯勒、戴姆勒、福特、通用、保时捷和大众等八大汽车公司在第二十六届世界纯电动车、混合动力车和燃料电池车大会暨展览会(EVS26)上推出新的快速充电技术标准，该标准由SAE(国际汽车工程师学会)开发，联合充电系统(Combined Charging System)插头可以对任何装有输入装置的车辆进行快速直流充电。该标准旨在将所有国家和所有车型的充电器标准统一化，从而降低充电设备的复杂性，并减少维修成本费用。对多数汽车而言，快速充电时间只需15~20分钟。快速直流充电方面，联合充电系统插头还可以进行单相交流充电、快速三相交流充电和家庭直流充电。

2012年5月9日 天津市纯电动公交车示范运行海泰综合充换电站开工建设。该项目位于华苑产业区海泰南路与海泰大道交汇处，总占地25亩，建成后每天可为120辆纯电动公交车提供充换电服务。

2012年5月11日 由工业和信息化部组织全国汽车标准化技术委员会牵头，天津清源电动车辆有限责任公司、东风汽车公司、奇瑞、长安、上汽等企业及清华大学、同济大学等高校共同参与制定的《纯电动乘用车技术条件》，获国家质量监督检验检疫总局、国家标准化管理委员会批准，成为国家标准（GB/T 28382-2012）并以2012年第9号公告发布。该项标准2012年7月1日起正式实施，适用于使用动力蓄电池驱动、5座以下的纯电动汽车，提出了30分钟最高车速不低于80公里/小时、工况续驶里程大于80公里的基本要求，同时规定了电动汽车安全、质量分配、加速性能、爬坡性能、低温性能、可靠性等方面的技术指标。

2012年5月15日 20台插电增程式电动LNG空调车正式在成都市99路及112路公交路线上运行。本次投入运行的插电增程式电动LNG空调车是成都客车股份有限公司利用自身天然气客车和电动客车技术方面的优势和经验，联合上海申沃、南车时代等企业联合开发。

2012年5月18日 福建首座电动汽车充换电站——厦门华荣电动汽车充换电站通过竣工验收。华荣电动汽车充换电站占地面积1213平方米，充电容量210kVA，配备2台直流500V/200A中型充电机、2台5kW交流充电桩，并投运充电机50套、动力电池100箱、电池更换设备2套、可为小型电动汽车提供直接充电和快速换电服务，日最高服务能力300车次。

2012年5月24日 灵宝新能源汽车物流园项目正式开工。该项目总投资4000万元，是集运输、储备、物流、车辆改装和维修于一体的新能源汽车物流园。项目占地25亩，日供气2.5万立方米，年上缴税收约500万元。

2012年5月28日 财政部、国家税务总局、工业和信息化部联合发布《第二批节约能源、使用新能源车辆减免车船税的车型目录》的公告，共涉及70多款车型，其中，节能型乘用车共计65款，涉及九家汽车公司；纯电动商用车共计7款，涉及华林、金华奥、亚星三个品牌车型。这些车型自2012年1月1日起可享车船税减免优惠。

2012年5月31日 江门市电动汽车关键材料及报废电池项目被列入广东省“十二五”规划项目，该项目江门市长优实业有限公司及江门市优美科长信新材料有限公司联合建设，预计年产能达1万吨，每年实现产值6亿~8亿元。

6月

2012年6月6日 投资5亿元的追日电气科技工业园项目在襄阳市高新区开工。该工业园建筑面积10万余平方米，追日电气科技工业园建成后，可形成年产智能电网配套产品5000台套、大功率光伏逆变器5000台套、户用型光伏逆变器50000台套、新能源电动汽车充电机2000台套的能力，并形成光伏电站年装机容量500兆瓦的工程总包能力，预计“十二五”末实现销售收入30亿元，创利税3亿元。

2012年6月6日 比亚迪纯电动大巴K9在荷兰弗里斯兰省公共交通的电动车招标项目中成功中标，此招标共包括6台电动大巴及15年的售后服务。这是比亚迪公司首次参加欧洲的公开招标项目，同时该项目也是欧洲在纯电动大巴领域的首个公开招标项目。

2012年6月6日 美国纽约州州长宣布向10家公司、市政当局和其他实体资助440万美元，在纽约州境内安装超过325个电动汽车充电桩，这个计划还得到了纽约州能源研究和发展管理局（NYSERDA）和美国能源部的支持。

2012年6月13日 国能电动汽车瑞典有限公司（NEVS）与萨博汽车公司资产监管人就收购萨博汽车公司签署收购协议，收购范围萨博汽车、萨博动力总成、萨博工具的全部资产，以及萨博汽车瑞典特罗尔海坦生产基地的所有地产股份。

2012年6月15日 神龙汽车有限公司隆重举行新研发中心综合试验大楼、整车试验大楼工程项目开工仪式。神龙新研发中心建设工程包含一个新发动机试验室、一个新研发综合试验大楼和一个全新整车试验室，全面实施整车排放、发动机开发、变速箱、汽车电子电器、材料技术、竞争对手分析、试制试装、新能源等14个研发阵地的能力建设，规划建设面积31000平方米，总投资5．18亿元。2013年4月正式投用，该中心打造的新能源试验室，将为多款新能源汽车的本土化提供技术支持。

2012年6月15日 广东省电动汽车标准化技术委员会成立大会在深圳举行。广东省电动汽车标准化技术委员会秘书处工作由深圳市标准技术研究院与比亚迪股份有限公司联合承担，主要负责电动汽车的基础通用、系统及部件、安全、性能试验、基础设施、能效和排放及储能设施等电动汽车相关领域省地方标准的制修订工作，以及相关的标准化交流研讨、人才培养、标准推广实施等工作，将有助于提升广东省电动汽车产业的自主创新能力和产业竞争力，发挥电动汽车产业对广东经济发展的重要支撑作用。

2012年6月16日 国务院印发《关于印发“十二五”节能环保产业发展规划的通知》。《规划》涉及的汽车相关节能环保产业的重点项目有以下几项：一是节能汽车及汽油直喷技术，二是汽车零部件再制造及再制造表面工程技术，三是报废汽车资源化利用，四是柴油机（车）排气净化技术。上述四项重点任务是《规划》的重要组成部分，汽车及相关企业应重点关注并争取政策支持。

2012年6月25日 财政部、国家税务总局印发《关于城市公交企业购置公共汽电车辆免征车辆购置税的通知》。为减轻城市公交企业负担，促进道路运输行业健康稳定发展，经国务院批准，财政部和国家税务总局就城市公交企业购置公共汽电车辆免征车辆购置税政策印发通知。对城市公交企业自2012年1月1日起至2015年12月31日止购置的公共汽电车辆，免征车辆购置税。

2012年6月26日 东风扬子江汽车（武汉）有限责任公司与武汉市公交集团举办新车交车仪式，首批600台新型纯天然气公交客车在武汉市区内的537等线路中投入运营。

2012年6月28日 国务院正式发布《节能与新能源汽车产业发展规划（2012—2020年）》，明确了我国节能与新能源汽车发展的技术路线和主要目标：到2015年，纯电动汽车和插电式混合动力汽车累计产销量力争达到50万辆，2020年产能达到200万辆、累计产销量500万辆以上。《规划》提出了实施节能与新能源汽车技术创新工程、科学规划产业布局、加快推广应用和试点示范、积极推进充电设施建设、加强动力电池梯级利用和回收管理等五大任务。产业布局方面，要重点建设动力电池产业聚集区域，力争形成2~3家产销规模超过百亿瓦时、具有关键材料研发生产能力的龙头企业，在正负极、隔膜、电解质等关键材料领域分别形成2~3家骨干生产企业。市场应用推广方面，要在大中型城市扩大公共服务领域新能源汽车示范推广范围，开展私人购买新能源汽车补贴试点，探索新能源汽车及电池租赁、充换电服务等多种商业模式，大力推广普及节能汽车。充电设施建设方面，重点在试点城市建设充电设施，将充电设施纳入城市综合交通运输体系规划和城市建设相关行业规划，积极试行个人和公共停车位分散慢充等充电技术模式。

7月

2012年7月4日 加利福尼亚空气质量委员会（California Air Resources Board，CARB）又拨款2700万美元，用于发展纯电动汽车和混合动力汽车。此次拨款项目是加州政府空气质量改善计划（Air Quality Improvement Program，AQIP）的一部分。未来，加州能源委员会（California Energy Commission）还将拨款500万美元，继续推进新能源汽车的发展。

2012年7月9日 国务院办公厅发布《“十二五”国家战略性新兴产业发展规划》，新能源汽车列入国务院20项重大工程。

2012年7月11日 交通运输部印发《节能产品惠民工程推广信息监管实施方案》。本方案监管对象是列入节能产品惠民工程推广目录的五大类节能家电以及节能汽车、高效电机、高效照明产品的生产企业和销售企业。因此，节能汽车生产和销售企业应予重点关注。

2012年7月18日 由国家电网公司牵头、中国电科院主编的国家标准GB/T 28569-2012《电动汽车交流充电桩电能计量》正式发布，并将于2012年11月1日正式实施。《电动汽车交流充电桩电能计量》标准涵盖了电动汽车交流充电桩电能计量的技术要求及电能计量装置的配置安装要求、试验方法和检验规则。

2012年7月25日 宝马集团在伦敦的全球首家BMW i店面正式开业。BMW i Park Lane展厅为公众提供一种专注于可持续机动性的全新品牌体验。

2012年7月28日 博能上饶客车新能源客车产业化项目在上饶经济技术开发区博能客车产业园内举行奠基仪式。博能上饶客车新能源客车产业化项目投资3.5亿元，建设期为两年，包括厂房、研发中心、产品展示厅和员工中心等，总建筑面积达9万平方米。项目建成后，将大大提升新能源客车的综合开发与生产能力，年达产新能源客车2000辆。

8月

2012年8月1日 法国政府实行了新的电动汽车和混合动力汽车环保奖金发放标准，根据该标准，每公里二氧化碳排放量低于20克的电动汽车可享受的环保奖金将相当于汽车本身售价（包括电池使用价格在内）的30%，最高奖金金额由5000欧元增加至7000欧元；每公里二氧化碳排放量低于110克的混合动力汽车可享受的环保奖金最高金额由2000欧元增加至4000欧元，与之前公布的标准相同。二氧化碳排放量在每公里21克至50克之间的插电式混合动力汽车可享受的最高奖金仍为5000欧元，但排放量在每公里51克至60克之间的车型可享受的奖金则由此前的3500欧元增加至4500欧元。另外，混合动力汽车可享受的奖金将不可超过车辆本身售价的10%，最高金额为2000欧元。二氧化碳排放量在每公里91克至105克之间的汽车可享受的环保奖金由100欧元增加至200欧元，排放量在每公里61克至90克之间的汽车可享受的奖金由400欧元增加至550欧元，排放量在每公里51克至60克之间的汽车可享受的奖金由3500欧元增加至4500欧元。此外，法国政府对每公里二氧化碳排放量超过180克的汽车征收的环保罚金金额将增加一倍，该类型汽车缴纳的罚金总金额几乎可以抵消政府2013年在汽车环保奖金方面的开支。针对每公里排放量超过180克的车型实施的惩罚标准将试行至2012年12月31日，在此之后国家将在2013年的预算法案中正式规定新的惩罚标准。

2012年8月2日 美国能源部向部分电池企业以及相关研究中心提供4300万美元的补贴。在能源部向电池产业提供的总计4300万美元补贴中，有7个相关研究项目获得大约1300万美元的补贴，这些项目主要包括固定发电设备以及电动汽车蓄能技术的研究工作。剩余的3000万美元将提供给一些电池企业，支持电池产业发展。获得这项补贴的电动汽车电池企业以及研究中心包括GE全球研究中心（310万美元）、福特（310万美元）、帕洛阿尔托研究中心（400万美元）、橡树岭国家研究实验室（Oak Ridge National）（400 万美元）等。同时，犹他州获得 300 万美元的电源管理补贴。

2012 年 8 月 6 日 财政部、工信部、科技部、发改委联合下发《关于扩大混合动力城市公交客车示范推广范围有关工作通知》。

2012 年 8 月 8 日 天津市首座电动汽车综合充换电站——海泰综合充换电站正式投入使用。该充换电站占地 1.28 万平方米，项目一期集电动商用车充换电、电池集中充电、光伏新能源接入等功能于一体，每天可为 120 辆纯电动公交车及各类电动乘用车提供充换电服务。同日，天津市公交集团首批 40 辆纯电动公交客车正式投入运营。

2012 年 8 月 13 日 北京怀柔区举行电动出租车发车仪式，怀柔区首批投入的 50 辆电动出租车正式投入运行。

2012 年 8 月 22 日 位于江苏首江宁高新园的江苏省首座电动公交车充换电站——中国药科大学充换电站正式投运，同时，首条全部采用纯电动公交车运行的公交线路——江宁区 19 路线也将在 2012 年 9 月正式上路运行。充换电站整体用地面积为 4587 平方米，设有 1 个电动公交车换电工位和 4 个整车充电工位，以及纯电动公交车停车场，整车换电时间约 6 ~8 分钟，每天可服务 72 车次，最大可满足 30 辆纯电动公交车换电需求。

2012 年 8 月 23 日 宝马公司在美国旧金山启动了一项名为 DriveNow 的汽车共享计划，通过该计划向消费者租赁 70 辆宝马 ActiveE 电动汽车。租赁这款车的消费者还可以享受免费充电服务。这项汽车共享计划是由宝马公司和库仑科技公司合作推出的，后者为租车者提供 ChargePoint 充电网络，消费者可以在任何 ChargePoint 充电站免费为 ActiveE 充电。

2012 年 8 月 31 日 投资 20 亿元的中国汽车技术研究中心新院区在天津正式落成。这是目前我国规模最大、技术最先进、具备国际一流水平的汽车产业综合研发基地。中汽中心新院区坐落在天津市滨海新区，占地 460 亩，由科研大楼和 8 大试验室组成，装备了 800 多台（套）具有世界一流水平的试验设备以及先进的科研技术，每年可以对上万辆国内外车辆进行各种检测和认证。8 大试验室中的发动机综合试验室，配备了最大功率 550kW 电力测功机，拥有国内第一套四驱重型车用转鼓；整车排放试验室可以模拟高度范围 0 ~5000 米，温度范围零下 40 摄氏度到零上 60 摄氏度，湿度控制范围 0 ~95% 的高压海拔仓；整车耐久试验室拥有 19 套转毂的国内最大、功能最全的整车排放耐久研发系统；汽车电子试验室拥有国内最大的十米法半电波暗室；汽车安全试验室面积超过 4 万平方米，拥有 8 条跑道多角度实车碰撞试验系统及模拟碰撞试验系统；零部件试验室、新能源汽车试验室、性能开发综合试验室，都拥有全球领先的先进设备和检测技术。

2012 年 8 月 31 日 美国能源部向电动汽车项目（Electric Vehicle）拨款 1.2 亿美元，用于推动美国电动汽车的发展。美国电动汽车项目的目标是在全美境内建造 14000 座免费充电桩，其中包括家庭智能充电器。电动汽车项目由美国赛伯乐投资公司（Ecotality）主导运营，参加此项目的美国州包括，亚利桑那州（Arizona）、加利福尼亚州（California）、乔治亚州（Georgia）、伊利诺伊州（Illinois）、俄勒冈州（Oregon）、宾夕法尼亚州（Pennsylvania）、田纳西州（Tennessee）、得克萨斯州（Texas）和华盛顿州（Washington）。根据此项目规定，购买日产聆风（Nissan LEAF）和雪佛兰沃蓝达（Chevy Volt）的消费者都可以在自家中安装免费的充电桩。

2012 年 8 月 31 日 欧洲投资银行（Banque Européenne d’Investissements，BEI）同意向法国博洛雷（Bolloré）集团发放 7500 万欧元贷款用于发展巴黎 Autolib’电动汽车自助租赁服务。据悉，博洛雷申请的贷款总金额为 1.57 亿欧元。

9 月

2012 年 9 月 1 日 50 辆纯电动出租车在北京市昌平区正式投入运营。此次投入的 50 辆纯电动出租车均为北汽福田生产的迷迪电动汽车，最大续驶里程为 165 公里，最高时速达 135 公里/小时，起步价为（3 公里以内）8 元，基本单价 2 元/公里。这 50 辆纯电动出租车的电机电控和电池管理系统均由北京亿马先锋汽车科技有限公司提供，该公司是美国 ACP 公司在中国的研发、生产、销售以及技术服务中心，以研发生产电机、电控、电池管理系统为主，并提供电动车整体设计方案。

2012 年 9 月 4 日 广州市花都区首批纯电动汽车投入运营，21 辆日产纯电动汽车聆风将投入广州市花都区公务车与出租车领域，其中 6 辆将作为出租车运营，这也是广州市首次将纯电动汽车引入出租车领域。

2012 年 9 月 7 日 北京“新能源汽车中央党校体验中心”在中央党校正式启动运行，该中心占地面积约 1500 平方米，核心功能区超过 300 平方米，将专题宣传、技术与产品展示、试乘试驾体验融为一体。随后，23 辆电动汽车首次驶入 11 个中央部门投入使用。

2012 年 9 月 14 日 “十一五”863 计划节能与新能源汽车重大项目在北京市通过验收。“十一五”期间，项目组织产学研单位按照“三纵三横”的研发布局，在节能与新能源汽车关键零部件、动力系统、整车集成、测试平台、示范推广以及标准政策研究等方面安排课题 270 项，以整车集成为载体、动力系统为核心，重点突破关键零部件瓶颈技术，支撑产业化示范推广。其中国家拨款 11.6 亿元，带动地方和企业等投入超过75亿元，国内整车及零部件企业、研究机构、大学院校等432家单位1.46万科技人员参与研发工作，构建了我国电动汽车产学研联合研发创新体系。

2012年9月17日 财政部、科技部、工信部、国家发展改革委联合下发《关于扩大混合动力城市公交客车示范推广范围有关工作的通知》，文中提及“决定将混合动力公交客车推广范围由目前25个节能与新能源汽车示范推广城市扩大到全国所有城市”“推广目标为3000~5000辆”。

2012年9月26日 国务院机关事务管理局、工信部、科技部共同启动中央国家机关新能源电动公务用车试点示范工作，首批23辆新能源电动车作为公务用车试用。

10月

2012年10月3日 法国政府宣布正式启动了旨在推动消费者购买和使用电动汽车、发展相关基础设施的“伊尔茨曼项目”。该项目的具体措施包括，将购买一辆电动汽车可享受7000欧元（约合9036美元）环保津贴的政策延长至2013年，同时把优惠对象扩大至企业和公共机构用车。此外，政府还宣布，将拨出5000万欧元（6456万美元）专用款项，用于资助发展电动汽车充电设施，并简化申请这一专款的手续。

2012年10月15日 财政部、工信部、科技部制定了《关于组织开展新能源汽车产业技术创新工程的通知》，并于2012年12月3日公布25个拟支持项目名单。

2012年10月17日 长春净月电动汽车换电站正式建成并投入使用，这是我国东北高寒地区第一座电动汽车换电站。长春净月电动汽车换电站位于净月区彩宇广场东北角，是长春市第一座以换电为主、充电为辅的电动汽车换电站。换电站占地面积3650平方米，现有换电设备4个，设计预计可同时满足30辆公交车的换电需求。

2012年10月25日 福建福州闽运公交公司引进的20辆油电混合动力公交车，正式投放在福州310线路上运行。

2012年10月31日 武汉市自主品牌节能与新能源出租车投放运营仪式在东风汽车公司隆重举行，300辆东风风神BSG出租车正式启动运营。

2012年10月31日 欧委会发布新的汽车安全条例，对汽车安全提出了新的要求，规定欧盟内的新车型须配有视觉或发声安全带警告装置、电动汽车须满足严格的安全需要以确保使用人不被电击、必须配有至少两个ISOFIX儿童座椅固定装置、后排座椅必须加固以防后备箱内的行李冲击、必须配有车载胎压监视系统等。该规定适用于2012年11月1日以后的新车型，到2014年将适用所有在欧盟内出售的车型。欧盟数据显示，2011年欧盟27国交通事故死亡人数达31000人，欧盟希望到2020年将这一数字降低50%。

11月

2012年11月1日 49辆比亚迪e6电动汽车的出口哥伦比亚的波哥大。

2012年11月5日 上汽股份推出首款荣威E50A00级纯电动车，并正式上市销售。

2012年11月8日 苏州高新区首批13辆LNG气电清洁能源新型公交车开始上路投入运行，13辆新能源车中的9辆将投放在从爱河桥到东菱科技的333路上，4辆将投放在从金山东路到红庄的37路上。

2012年11月9日 国内首家国家新能源机动车产品质量监督检验中心（以下简称“国家新能源中心”）成立启动仪式在上海机动车检测中心举行。国家质检总局根据国家汽车产业发展的战略要求，于2010年4月批准在上海机动车检测中心基础上筹建国家新能源机动车产品质量监督检验中心。

2012年11月14日 福田汽车公司与北京公共交通控股（集团）有限公司签订了160辆纯电动公交车（规格型号BJ6123EVCA-4/5/7）的销售合同。

2012年11月19日 “国家电动客车整车系统集成工程技术研究中心”在安凯客车新能源汽车新基地举行了揭牌和奠基仪式。该中心建成后将成为中国新能源汽车产业重要的技术研发中心、行业优秀人才培训基地和国内外科技交流平台。

2012年11月21日 河南安阳市新能源气电混合动力空调公交车上线启动仪式在安阳市政府举行，32台新能源气电混合动力空调车上线。

2012年11月22日 上海通用汽车有限公司首款赛欧SRINGO纯电动车上市。

2012年11月30日 财政部、科技部、工信部、发展改革委联合发出《关于开展节能与新能源汽车示范推广试点总结验收工作的通知》。

2012年11月30日 投资1.2亿美元建立的储能研究联合中心在美国芝加哥市正式揭幕，该组织包括美国五大国家实验室（阿贡国家实验室、国劳斯柏克莱国度实验室、西北太平洋国家实验室、桑迪亚国家实验室、斯坦福大学直线加速国家实验室）、五所大学（美国西北大学、芝加哥大学、芝加哥伊利诺大学、伊利诺大学—香槟分校、密歇根大学）以及四家私人企业（陶氏化学公司、应用材料公司、江森自控、清洁能源信托公司），致力于动力电池研发革命性突破。该机构从事高级蓄能电池的研发工作，从而使电动车价格更为消费者所接受。

12月

2012年12月7日 由西门子提供创新技术与意大利公

共汽车专业厂 Rampini 共同开发的电动公交车在维也纳城区正式投入使用。该车内部设 40 个乘客座椅，最高时速可达 62 公里每小时。在动力方面，该电动公交车电池容量为 96 千瓦时，满电行驶里程在 120 ~150 公里。在线路终点的充电站内通过车顶受电弓可在 15 分钟内完成电池快速充电，而夜间停放在车库内通过 15 千瓦功率慢速充电。同时该车配有制动能量回收系统，可回收制动力的 20% 补充电池消耗。

2012 年 12 月 8 日 万向集团以 2. 566 亿美元取得美国 A123 Systems 系统公司资产。

2012 年 12 月 17 日 欧洲首条电动汽车共享街道落户德国柏林波茨坦广场，可供电动汽车充电。

2012 年 12 月 18 日 日产汽车公司建于美国田纳西州士麦那的汽车锂离子电池工厂正式启动。其生产的电池将提供相邻的即设车辆组装工厂，用于 2013 年年初开始生产的 2013 年款纯电动汽车“LEAF（聆风）”。新工厂将成为美国最大的汽车锂离子电池工厂。

2012 年 12 月 20 日 大连市节能与新能源汽车动力控制与整车技术重点实验室在大连理工大学揭牌成立。该实验室设在大连理工大学汽车学院，建有节能与新能源汽车动力总成平台、整车控制平台两个研发平台和一个轻量化电动轿车样车制造基地，为省级重点实验室。

2012 年 12 月 20 日 东莞核心城区首批 250 辆 LNG 清洁能源公交车投入运营，这批新车主要在东城和万江运行，替换 11 路、35 路等 25 条线路车况较差的黄标中巴车型。

2012 年 12 月 24 日 中国一汽新能源汽车分公司首批 25 辆新能源示范车交付长春市交通局、市社科院、市贸促会、市政法委、市工信局、市药监局、市粮食局、民主党派服务中心、市侨联、市台联、民盟、九三学社、民革、民建、农工党、民进党等十六家相关部门使用。

2012 年 12 月 25 日 上海市发布《上海市鼓励私人购买新能源汽车试点实施暂行办法》。

2012 年 12 月 25 日 浙江大东南集团全额出资 50 万元成立了“浙江大东南锂电池隔膜研究院”。业务范围：锂电池隔膜的研究、开发、应用，锂电池隔膜的产品检测技术和标准化。

2012 年 12 月 25 日 襄阳市城管局、襄阳市襄州区城管局作为买方，向东风汽车公司采购共计 200 台（襄阳市城市管理执法局采购 181 辆东风牌 EQ5020ZLJACBEV 型纯电动挂桶式自卸垃圾车，襄阳市襄州区城市管理采购 19 辆东风牌 EQ5020ZZZACBEV2-001 型纯电动自卸式垃圾车）的东风纯电动环卫车，合同标的于 2012 年 12 月 31 日前交付买方。

2012 年 12 月 27 日 “深圳市公安局新能源警用车辆启动仪式”在深圳市公安局大楼广场举行。比亚迪向深圳市公安局交付 500 台 e6 纯电动警务用车。

2012 年 12 月 28 日 大连市新能源电池研发与检测重点实验室揭牌仪式在大连交通大学校隆重举行。

2012 年 12 月 28 日 哈佛大学的工程师以及科学家使用了来自能源部高等研发项目能源项目开发出了一种新的电池存储设备。该项目总款项为 1. 3 亿美元，用来支持创新型能源项目。

二、企业合资合作

1 月

2012 年 1 月 19 日 SK 集团的成员公司 SK 新技术与德国大陆集团在底特律车展现场签订协议，决定成立合资公司。SK 新技术与德国大陆集团预计以 51:49 的投资比率筹建合资公司。合资公司将结合 SK 新技术提供的电池单元格技术和德国大陆集团提供的电池管理系统技术，开发生产锂离子电池。

2 月

2012 年 1 月 14 日 中国燃料电池汽车技术创新战略联盟在同济大学揭牌成立，由同济大学发起倡议，首批成员单位由同济大学、清华大学、武汉理工大学、重庆大学 4 所高校，中科院大连物理化学研究所等 3 家研究机构，以及中国第一汽车集团公司等国内 12 家汽车整车及零部件企业组成，集中了我国燃料电池汽车研发和生产的优势力量，力争早日攻克相关核心及瓶颈技术，加快我国燃料电池汽车产业化进程。

2012 年 2 月 16 日 重庆恒通客车有限公司与美国微宏公司联合成立了国内首个专业纯电动客车制造基地，注册资金为 1 亿元，占地超过 100 亩，预计两年后年产 1000 台电动客车，形成 10 亿元产值的客车基地。提供核心动力电池技术的美国微宏公司控股 70%，重庆恒通客车有限公司占股 30%，新组建的重庆恒通电动客车动力系统有限公司，未来产品将有限进入美国市场。

2012 年 2 月 17 日 中国万向集团与美国史密斯电动车公司（Smith Electric Vehicles Corp.）签订协议，将建立合资子公司，由万向投资 1 亿美元用于开发并生产电动商用车，包括纯电动校车。

2012 年 2 月 28 日 武汉海西汽车部件产业园项目开工。该项目由泉州汽车工程机械配件行业协会发起，由智汇融城武汉交通科技有限公司投资实施。项目形成以整车生产带动配套零部件快速发展的产业格局，建设配套体系完善的新能源汽车生产基地。项目总规划用地 2.6 平方公里，全部投产实施后，进驻企业总数将达到 50 家，投资总量达 150 亿元，年产值可达 300 亿元，年度利税 30 亿元，并将创造 3 万个就业岗位，间接带动 2 万个就业岗位。

3月

2012 年 3 月 6 日　济南铸造锻压机械研究所有限公司和郑州宇通客车股份有限公司合作推出“新能源校车专用汽车纵梁冲孔生产线”，可适用于 4 ~12m 的专用校车底盘纵梁加工，自动上料、自动冲孔加工、自动下料码垛，一气呵成完成专用校车底盘纵梁的加工，同时也很好地满足了宇通专业校车目前 6 ~10m 系列产品的生产。

2012 年 3 月 6 日　“创新电动汽车产业联盟”在山东济南齐鲁产业园成立。该联盟由山东鲁能智能技术有限公司、山东沂星电动汽车有限公司、河南环宇集团、苏州润邦电气有限公司、惠州亿能电子有限公司 5 家发起单位。

2012 年 3 月 9 日　沃尔沃汽车公司与吉利汽车公司在上海签署“沃尔沃汽车公司向吉利汽车公司转让技术协议”。根据这份协议，沃尔沃与吉利汽车将准备联合开发小排量、高性能、绿色环保系列发动机，环保型的小型车平台，电动车、油电混合车及插入式混合动力等新能源汽车总成系统技术。

2012 年 3 月 12 日　河南科隆集团有限公司与航天新长征电动汽车技术有限公司、上海航天电源技术有限责任公司在河南大厦签署了新能源汽车产业战略合作协议。三方鼎力合作，打造具有核心竞争力的新能源汽车动力锂离子电池电源系统及动力总成产业链。该项目设在平原新区，总投资 50 亿元，预计 3 ~5 年建成。其产品为新能源汽车电源动力系统总成，每年可实现产值 150 亿元。

2012 年 3 月 13 日　中石化集团与北京市人民政府在京签署战略合作协议，联合推广 LNG（液化天然气）清洁能源公交车辆在北京的应用。根据协议，中石化下属北京石油分公司将与北京燃气集团成立合资公司，共同开展清洁能源推广工作。中石化将捐赠 LNG 公交车，并进行加气站建设。中石化表示，计划 9 月底前启动长安街沿线清洁能源车辆公交线路运营。

2012 年 3 月 16 日　中大集团与中国电力开发有限公司在北京正式签署中大汽车股权转让协议。协议确定：中大集团将其持有的中大汽车中威公司 60% 股权转让给中国电力开发有限公司，以此分期引进战略资本 10 亿元。正式协议签订后，首期注入项目启动资金 1.5 亿元，全面启动中大新能源客车项目。

2012 年 3 月 26 日　通用汽车（中国）有限公司与中国汽车技术研究中签署合作备忘录，将联合在中国测试雪佛兰沃蓝达电动车，测试车辆于 2012 年 4 月份交付，该项目将持续一年。

2012 年 3 月 29 日　美国能源部向两个研究项目投资 500 万美元，用于降低先进燃料电池的成本。其中 300 万美元将由明尼苏达州圣保罗市的 3M 公司获得，200 万美元将由密歇根州菲尔德市的伊顿公司（Eaton Corporation）所有。该为期 3 年的项目将集中于提高用于车辆及固定型应用的燃料电池系统的性能，同时降低其成本。

2012 年 3 月 30 日　位于德国奥古斯特霍希博物馆的一座为电动汽车充电的太阳能充电站投入使用，这座充电站的全部电力来自一块大型太阳能板。

2012 年 3 月 31 日　美国加州与 NRG 能源公司签署一份 1.2 亿美元（1 美元约为 6.3 元人民币）的协议，在全州范围内建成零排放汽车充电站网络。这份协议包括至少 200 座公共快速充电站，另外还有分布在全州 1000 个地点的 1 万个充电桩，主要位于旧金山海湾区、圣华金河谷、洛杉矶盆地和圣迭戈县。加州州长布朗还发布了一项行政命令，设置了以下目标：

2015 年，加州的所有主要城市将拥有足够的基础设施，“为零排放车辆做好准备”。

到 2020 年，加州将建成足够支持 100 万辆零排放车辆的基础设施。

到 2025 年，加州将有 150 万零排放车辆投入使用。

到 2050 年，基本上全州所有的个人交通将基于零排放车辆。

到 2050 年，运输部门的温室气体排放量将比 1990 年减少 80%。

4月

2012 年 4 月 2 日　麦格纳 E-Car 系统公司（Magna E-CarSystems）与韩国现代重工 HHI（Hyundai HeavyIndustries）签订合作协议，双方将成立合资公司 MAHY E-CELL 公司，共同开发电池以及电池组业务。麦格纳 E-Car 持有该合资公司 60% 的股份，HHI 持股 40%，按照协议，双方将联手从事电池以及电池组技术的工程、设计、研发以及测试。这些电池以及电池组主要用于电动车以及混合动力汽车。

2012 年 4 月 5 日　中山大学东莞研究院、美国 EDI 公司和广汽集团研究院三方签订了协议《东莞市电动汽车研发制造与示范运行合作备忘录》，专门开发销售一系列应用于插电式混合动力车、混合动力车和纯电动车的拥有专利的先进动力传动系统产品与技术。

2012 年 4 月 8 日　青岛动力集成及储能系统工程技术研究中心暨电动车辆核心零部件产业化基地项目在高新区举行开工奠基仪式。该项目由山东泰汽投资控股有限公司与中国电池工业协会、中科院化学所、青岛大学、北京有色金属研究总院、山东科技大学等合作建设，其中青岛动力集成及储能系统工程技术研究中心主要依托青岛大学为建设。项目总投资5.5亿元，主要开展车辆动力电池、动力控制系统、动力驱动系统的研发和产业化。项目达产后，年产320万只锂离子动力电池、10万套动力电池组管理系统、15万套汽车专用电机，

2012年4月9日　奇瑞汽车股份有限公司与比克电池股份有限公司签订了采购合同，按照合同，比克公司在2012年，为奇瑞供应1000组用于电动汽车瑞麟M1的高功率锂电池。奇瑞瑞麟M1是中国政府于2012年2月指定的5款党政机关公务用新能源汽车之一。

2012年4月10日　新能源汽车研究院与美国俄亥俄州立大学汽车研究中心签署了《共建新能源汽车联合实验室合作协议》和《一种插电式混合动力汽车传动系统技术开发协议》，全面建立人才培养与研究开发合作关系。

2012年4月12日　贵州万达客车股份有限公司与贵阳市公共交通（集团）有限公司的《战略合作框架协议》签约仪式在贵阳市公交公司举行，双方就LNG城市客车、新能源客车的研发、生产及示范运行将进行广泛、深入合作。

2012年4月17日　新加坡力和投资控股有限公司、中国河北尚宏电子科技有限公司以及美国美通动力科技有限公司签署了一项合作意向书，计划投资9亿美元，在中国河北省衡水市投资打造电动汽车城，在当地研发电动车技术，测试并生产电动汽车。该投资项目名为美通新能源汽车城，该项目占地约80万平方米，其中67万平方米为生产基地，位于衡水市经济开发区；13万平方米为研发和测试中心，位于衡水湖畔。总建筑面积约75万平方米，其中生产厂区建设面积约为55万平方米，其余20万平方米则作为研发及测试中心。在该项目中，新加坡的力和投资占51%的股权，尚宏电子科技与美通动力科技分别占30%与19%的股权。

2012年4月24日　长城汽车股份有限公司与CODA Automotive，Inc.（以下简称“CODA公司”）签署了战略合作协议，将联合开发纯电动汽车，预计将于2014年投产并销售。在北美市场的销售将以CODA品牌推出，国内市场的销售将以长城品牌推出。

5月

2012年5月8日　三星和高通公司与全球无线充电领先企业Ever Win Industries、Gill Industries、Peiker Acustic、Powermat Technologies和韩国SK电讯公司在美国新奥尔良举行无线充电联盟（Alliance for Wireless Power，A4WP）启动仪式。该联盟力图促进全球无线充电技术的标准化，促进产业与监管机构就无线充电政策的制定展开对话，以便制定产品检验、认证和合规程序，并欢迎更多的企业和组织加入其中。

2012年5月14日　美国UL公司与国家电网公司中国电力科学研究院在北京正式签署合作谅解备忘录，着力发展电动汽车充电及换电技术及相关网络安全技术。

2012年5月15日　日立汽车系统株式会社汽车零部件生产及研发基地项目在增城市开发区举行奠基仪式。该项目由日立汽车系统株式会社和日立（中国）有限公司共同投资，首期投资总额12.6亿元，注册资本4.2亿元，达产后年产值15亿~20亿元，税前利润达到1.2亿元。

6月

2012年6月1日　北京市首个“新能源汽车北京实验室”在北京理工大学正式授牌。此次授牌的新能源汽车北京实验室是由北京理工大学、北京交通大学、北京汽车集团有限公司等单位联合组成，实验室将针对新能源汽车产业关键、前沿技术、基础设施建设及系统应用推广、产业政策、人才培养、国际交流合作等方面，协同开展新能源汽车的应用基础理论与产业化技术开发研究，构建一个产学研深度融合的技术创新体系。

2012年6月4日　长春新能源汽车高新技术孵化器基地项目正式落户绿园西新工业集中区。该项目由威固武汉科技有限责任公司与一汽普雷特科技服务有限公司投资建设，主要开展为新能源汽车配套的自动变速器与传动技术研发及产业化工作。项目计划总投资6亿元，占地面积9.6万平方米，计划2014年投产，2016年实现新能源汽车变速器产能10万台、销售额15亿元、利税0.6亿元。

2012年6月14日　湖南南车时代电动汽车股份有限公司与浙江金华青年客车有限公司成功签订10套纯电动动力系统和2套无轨电车系统商务合同，其中，10套纯电动动力系统用于天津公交集团公司，2套无轨电车系统用于杭州公交集团公司。

2012年6月14日　华晨汽车集团与比克电池股份有限公司签署合约，根据合约，比克电池将向华晨汽车递交5单位高功率锂电池样品，华晨汽车将测试其性能和可靠性。

2012年6月16日　山东衡远新能源科技有限公司在衡远工厂举行磷酸铁锂动力电池投产仪式。在投产仪式上，山东衡远新能源科技有限公司与吉利汽车、广通汽车、长城汽车、浙江晶视宝科技有限公司、中国外运山东公司、新松机器人等企业签署了长期战略合作协议。衡远公司位于山东邹城，总投资2.14亿美元，占地总面积13万平方米，三期建成后将实现年产各类动力电池120万kW·h。此次投产的是一期项目，建成一条电池生产线，产能15万kW·h；二期项目将新建3条电池生产线，增加产能45万kW·h；三期新建4条电池生产线，增加产能60万kW·h。

2012年6月20日 福田汽车公司分别与嘉峪关市供热公司、中国石油天然气运输公司北京物资装备分公司、北京凯捷风公交客运有限责任公司签订了共计85辆福田欧辉新能源客车的销售合同，上述三家买方分别购买数量为5辆、20辆和60辆。

2012年6月20日 德国交通建设与城市发展部（BMVBS）与法国液化空气集团（Air Liquide）、美国空气化工产品公司（Air Products）、戴姆勒（Daimler）、林德（Linde）和道达尔德国（Total Germany）等企业共同签署了加氢站网络扩建设联合意向书，由德国联邦政府资助成立的国家氢能与燃料电池组织（NOW GmbH）也将在加氢站建设中发挥协调作用。到2015年，德国将建成至少50座公共加氢站，以确保2015年德国5000辆燃料电池汽车的加氢需求，投资额约为4000万欧元。

2012年6月24日 大连市政府与东风汽车有限公司共同推进大连市电动汽车示范运营项目签约仪式在棒棰岛宾馆举行。根据合作协议，东风日产计划在2015年前，将交付1000台启辰纯电动车作为出租车等公用车用于大连市示范运营。

2012年6月26日 东风扬子江汽车（武汉）有限责任公司与武汉市公交集团举办新车交车仪式，首批600台新型纯天然气公交客车在武汉市区内的537等线路中投入运营。

2012年6月29日 丰田汽车与宝马公司签约拓展长期战略关系。根据备忘录，丰田与宝马将在四个领域进行合作：①共同开发一套燃料电池系统。②共同开发车辆整体架构与零部件，可用于新跑车。③共同开发电气化/混合动力总成。④共同研究开发轻量化技术。

7月

2012年7月 来自德国科学界，汽车和零部件供应商的15位合作伙伴，将携手参与SafeBatt项目，研究如何进一步改进电动汽车和混合动力汽车的锂离子电池的安全性。SafeBatt是德国国家电动汽车平台（NPE）9个“标杆（lighthouse）项目”其中一项灯塔计划，由德国政府选出与电动行动力最具相关性的议题，将为电动行动力的技术进展和成本缩减做出极重要的贡献。计划总花费大约3600万欧元，其中专案成员投入约1700万欧元，德国联邦教育与研究部（BMBF）则投入约1900万欧元。SafeBatt计划成员包括BASF SE、宝马股份公司（BMW）、戴姆勒克莱斯勒集团（Daimler AG）、大众汽车股份公司、Deutsche ACCUmotive GmbH & Co. KG、Evonik Litarion GmbH、英飞凌（Infineon Technologies AG）、Li-Tec Battery GmbH、SGS Germany GmbH、福斯汽车（Volkswagen AG）、瓦克化学（Wacker Chemie AG）、佛罗恩霍夫研究院化学所（ICT）、布伦瑞克工业大学及粉体技术所（iPAT）、明斯特大学及其电池研究中心MEET，以及慕尼黑工业大学电源储存学系。SafeBatt将于2015年6月30日结束。

2012年7月3日 韩国LG化学与法国雷诺汽车公司签署协议，为雷诺旗下的电动汽车Twizy和Zoe生产电池包。

2012年7月4日 中法新能源汽车零部件技术合作项目——TRE微型涡轮发电系统技术转让合同签字仪式，在东风扬子江汽车（武汉）有限责任公司隆重举行。TRE微型涡轮发电系统技术转让合同是扬子江汽车旗下控股公司武汉英康汇通电气公司与法国Levidac公司达成的新能源汽车零部件技术合作项目，为促进中国城市交通新能源体系发展，加速推进新能源汽车产业化，落实国家科技兴国战略，促进环保科技创新，而展开的深度技术合作。

2012年7月4日 福田汽车公司与北京公共交通控股（集团）有限公司签订了90辆国5排放标准的LNG（液化天然气）公交车销售合同。

2012年7月25日 中国比克电池股份公司与中国一汽集团直属分公司富奥汽车零部件股份有限公司签订战略合作协议，共同开发电动车用电池模组及高功率电池产品。

2012年7月30日 天津公交集团与比亚迪股份有限公司共同组建天津比亚迪汽车有限公司协议签字仪式武清海关举行。项目落户在武清区汽车零部件产业园，将生产新能源汽车，在武清建设国内一流的新能源汽车生产基地和出口基地，比亚迪天津基地预期总投资为20亿元，一期投资额10亿元，努力实现年生产1万辆新能源汽车的目标。

8月

2012年8月9日 美国波士顿电源公司与北汽集团新能源汽车公司签署了合作协议。根据协议，未来两年内，波士顿电源将向北汽新能源旗下的数千辆电动汽车提供锂离子电池系统。这套锂离子电池系统是基于第二代Swing 5300电池制造的。

2012年8月22日 东莞市政府与深圳市五洲龙汽车有限公司签署了电动汽车产业化合作框架协议。签约仪式包括两个事项：一是由市政府与深圳市五洲龙汽车有限公司签订电动汽车产业化合作框架意向书；二是由东莞三新电动汽车技术有限公司与深圳五洲龙汽车有限公司签署合作合同。

2012年8月23日 深圳市五洲龙汽车有限公司分别与东莞市人民政府和东莞三新电动汽车技术有限公司（中山大学东莞研究院）签订合作协议，根据协议，三方要在轻量化电动中巴合作基础上全面开展东莞新能源汽车产业化合作，利用深莞交通一体化的契机，共同推进城市公共交通的新能源化。

9 月

2012 年 9 月 5 日　云南省投资控股集团有限公司（以下简称“云投集团”）与比亚迪签订战略合作协议。根据协议，双方合作将分为三个阶段：首先，云投集团与比亚迪共同在云南省内主要城市推广比亚迪纯电动出租车；在推广纯电动出租车的基础上，推广纯电动大巴。车辆用途涵盖城市公交、景点旅游大巴、政府公务用车、市政配套用车等；最终，云投集团将与比亚迪合作，建立比亚迪在云南的纯电动汽车生产基地，推广范围扩大至整个西南地区乃至部分南亚周边国家。

2012 年 9 月 15 日　上海市科学技术委员会和上汽集团签署科技创新战略合作框架协议，共同设立“上汽科研专项”，通过整合产学研多方资源来加速研制沪产自主品牌与新能源汽车。

2012 年 9 月 28 日　福特公司与法国施耐德电气公司合作，在欧洲所有销售福克斯纯电动汽车和福特混合动力汽车的国家建造充电桩，这意味着在住地或者商业区，电动汽车用户可以在 3 小时之内完成对电动汽车的充电。

10 月

2012 年 10 月 1 日　NEC、住友商事、日产汽车与昭和壳牌石油的合资公司“Japan Charge Network”（JCN）启动收费的纯电动汽车（EV）充电服务，先利用 50 个场所设置的处快速充电器提供服务，并“在 2020 年之前增至 4000 个”。

2012 年 10 月 3 日　法国两大汽车生产商标致雪铁龙集团（PSA）和雷诺（Renault）公司、法国电网输送公司（ERDF）以及法国信托局签署了一份名为“Gireve”的电动车充电柱项目的合作议定书，这四所机构将共同致力于建立电动汽车充电柱索引目录并设定充电柱在手机应用程序中的使用标准，这一项目也得到了法国政府的支持。

2012 年 10 月 17 日　北欧组织在丹麦首都哥本哈根与丰田、本田、日产以及现代签订了氢燃料电池电动车（FECV）谅解备忘录，这四家日韩厂商将向北欧国家引入燃料电池电动车。2014—2017 年，北欧将引入氢燃料电池车并且建立加氢站等基础设施。签署备忘录的基础设施提供商包括挪威的 HyOP、丹麦 H2Logic 和哥本哈根氢气网络公司，挪威 HyNor 公司、瑞典氢气、冰岛新能源、丹麦氢键协会以及斯堪的纳维亚氢气高速合营企业也签署了上述备忘录。

2012 年 10 月 18 日　由中科院理化所和三花控股集团合作建立的新能源汽车空调联合研发中心在杭州三花研究院挂牌成立，以进一步提升三花控股集团在电动汽车空调及热管理系统的研发能力，加快推动电动汽车国家战略新兴产业的发展。

2012 年 10 月 18 日　河北洁神新能源产业园项目开工仪式在河北洁神新能源科技有限公司汽车产业园举行。该项目由河北洁神新能源科技有限公司与东莞嘉华实业投资公司和四川汽车工业集团公司共同投资建设，项目总投资 100 亿元，占地面积 50 万平方米（750 亩）。

2012 年 10 月 29 日　南通大学与江苏尼欧凯汽车研发有限公司在苏通科技产业园签署协议，全面推进产学研合作，共同推动南通市汽车产业链形成和新能源汽车产业基地建设。根据协议，南通大学充分发挥现有的实验设备资源及人才优势，帮助尼欧凯公司解决生产和技术改造过程中遇到的技术难题，为企业提供技术咨询和技术服务；促进南通大学专业教学与生产实际相结合，推动科研成果转化。

2012 年 10 月 29 日　四川汽车工业股份有限公司与深圳市五洲龙汽车有限公司签署战略合作框架协议，双方采取优势互补的原则，共同拓展中国西部地区的混合动力新能源公交市场。协议签署后，双方将依托混合动力公交车产品为合作基础，运用深圳五洲龙公交车混合动力系统的成熟技术，以及近 4000 辆规模示范应用经验，结合川汽野马现有的客车生产技术、设施设备和场地，以及在四川市场的优势，以混合动力公交车产品开展前期合作，逐渐将合作项目扩展至公务车、专用车、乘用车等其他产品。双方在产品成功合作的基础上，将视四川省新能源汽车发展的需要，在条件成熟时筹备建立合资公司。

2012 年 10 月 29 日　中原工学院能源与环境学院与中科院、河南贝迪制冷集团联合开发的国内首台超低温热泵型纯电动汽车空调系统，在车载性能试验中获得成功。

11 月

2012 年 11 月 6 日　广汽集团与奇瑞汽车在北京签署了战略联盟合作框架协议。根据协议，合作双方将在整车开发、动力总成、关键零部件、研发资源、节能与新能源汽车、国际业务、生产制造管理等领域开展合作。

2012 年 11 月 25 日　福汽集团与榕籍院士郭孔辉共同建立福汽集团汽车工程研究院院士工作站，开展“A 级纯电动轿车研发”项目合作。该项目总投资 8000 万元，预计可实现产值 9 亿元。

2012 年 11 月 29 日　清华大学苏州汽研院与日产汽车集团举行签约仪式，双方就联合研究、共同开发新型节能安全型先进汽车、电动汽车和智能汽车等领域签署协议。双方在汽车核心技术开发、汽车发展战略研究等领域，一直保持着密切的合作关系。

12 月

2012 年 12 月 5 日　德国北威州能源事务署来汉与武汉电动汽车示范运营有限公司成功签订了“就电动汽车示范

车辆互换、车辆评价和充电基础设施的示范项目开展技术合作交流”框架协议书。协议中，双方将在推进以东风公司为首的整车企业开展新能源汽车示范车辆交换、车辆评价、用户行为特征、充电基础设施等方面，在两国示范区域已取得的项目成果的基础上，进一步加深合作，建立长期定期对话机制，开展相互考察，积极推动双方共同倡议的国际交流会议召开，学习借鉴双方的先进经验，有效地促进武汉与德国新能源汽车主要零部件生产企业间的技术交流与合作。

2012 年 12 月 8 日 由江苏大学组织牵头，与同济大学、中国汽车工程研究院股份有限公司、金龙联合汽车工业（苏州）有限公司、江苏常隆客车有限公司、扬州亚星客车股份有限公司、盐城新能源汽车产业园、美国韦恩（WAYNE）大学等单位联合共建的“江苏省新能源汽车协同创新中心”合作签约仪式在江苏大学会议中心举行。

2012 年 12 月 11 日 比亚迪与保加利亚 Bulmineral 公司正式签约，双方以 50:50 的比例成立电动大巴合资公司 Auto Group Motors。双方将在保加利亚的布雷兹尼克市实现当地生产纯电动大巴 K9，并在未来辐射到其他欧洲市场。

2012 年 12 月 26 日 北京汽车新能源汽车有限公司与英飞凌科技亚太有限公司在北京举行联合实验室签字挂牌仪式。双方计划利用联合实验室，首先开展基于整车控制器平台的联合开发，特别是在英飞凌 16 位单片机快速硬件平台开发、规范化底层软件的开发与基于控制模型的软件集成开发方面，探索更加高效的新能源汽车控制系统的集成开发流程。

2012 年 12 月 27 日 中大汽车集团与中国电力开发有限公司在盐城签署新能源客车产业战略合作协议。中大汽车集团以新能源汽车项目股份分期引进战略资本 10 亿元，以此推动中大新能源客车产业的发展，双方将在新能源客车产业化等方面开展全面战略合作。中大集团与中国电力开发有限公司通过多次交流和磋商，本着平等互利、优势互补的原则，一致达成建立战略合作力开发公司将充分发挥其优势，积极引进金融资本及战略性产业资源，扩大新能源客车的规模及影响力。在此基础上，中大集团将进一步发挥自身优势，积极做大做强新能源客车产业，提升战略新兴产业的规模。计划通过 5 年的发展，形成 2 万辆新能源客车和动力电池的生产规模，使整车、电池年产出规模 500 亿元。

2012 年 12 月 30 日 武汉市市政府与武汉理工大、东风公司等共同组建武汉新能源汽车工业技术研究院。

三、地方项目合作

1 月

2012 年 1 月 27 日 湖南省永州市零陵区人民政府与湖南瑞翔新材料股份有限公司在永州市零陵区签约动力锂电池材料工业园项目，该项目总投资额 6 亿元，建设期限为三年。该公司落户在零陵工业园区，总用地面积 500 亩，经营期限不少于 20 年。项目第一期完工后，每年上缴税收 1200 万元以上，全面完工后年产值达 10 亿元，各项税收达 1 亿元。

2 月

2012 年 2 月 6 日 北京市人民政府与中国石油天然气集团公司签署了关于联合推广液化天然气（LNG）清洁能源公交车辆战略合作协议。根据协议，中石油将向本市捐赠 100 辆 LNG 清洁能源公交车，建设相应的 LNG 撬装加注站，本市将逐步在全市范围内推广应用 LNG 清洁能源公交车辆，2 月底前启动长安街沿线公交线路运营。

2012 年 2 月 8 日 位于襄阳市高新区的国家动力电池产品质量监督检验中心正式奠基，2013 年将投入使用。该项目总投资约 2.44 亿元，该中心建成后，将拥有环境及安全综合检测试验室、动力电池检测试验室、驱动电机及控制器检测试验室、充电系统检测试验室、动力系统综合检测试验室 5 大试验室，形成对 28 类新能源产品的质量检验及产品研发的能力，具体包括动力电池 17 类（含铅酸电池 10 类、锂离子电池 4 类、镍氢电池 1 类、锌空电池 1 类、车用超级电容 1 类）、驱动电机 4 类、电控器 1 类、DC/DC 转换 1 类、充电器 4 类、电池管理系统 1 类。

2012 年 2 月 13 日 广西壮族自治区来宾市与广西浩神新能源科技有限公司就合作开发年产 4 亿安时磷酸铁钒锂动力电池生产线项目举行签约仪式。该项目落户于来宾市工业区凤凰工业园，总投资 43.33 亿元，占地约 2000 亩。项目分三期进行，共建设 31 条、年产总量达 4 亿安时的磷酸铁钒锂动力电池生产线及配套设施，预计年产值可达 45 亿元，年上缴销售税金 4.73 亿元，安排 4500 人就业。一期项目设计建设 6 条年产 8000 万安时磷酸铁钒锂动力电池生产线及配套设施，计划于 2012 年 12 月基本建成，竣工投产后，预计年产值约 9 亿元。项目所生产的动力电池是高性能高科技产品，广泛应用于电动汽车、电动自行车、电动摩托车储能电源等。

2012 年 2 月 17 日 中美经贸合作论坛在美国加利福尼亚州洛杉矶市举行，期间中国中大集团与美方正式签订合作协议，将启动新能源客车项目，在美国投资建厂。项目总投资3.1亿美元，于2012年5月启动，预计在18~24个月内完工。项目合面投资达产后将在美新增就业5000多名。

2012年2月20日 常州市钟楼区与同济大学新能源汽车工程中心签订了合作意向协议书，双方将在建立工作联席制度、促进科技成果转化、加强产学研合作、共建新能源汽车公共服务平台、人才培养和交流等方面进行深入合作。

3月

2012年3月7日 德阳经济技术开发区管委会与南京嘉远特种电动车制造有限公司正式签订投资协议。南京嘉远特种电动车制造有限公司总投资120亿元，在德阳经开区建设电动汽车整车生产制造总部基地。该项目分两期建设，一期投资10亿元，用地200亩，按年产5万辆电动汽车产能规模建设。项目计划2012年9月前完成试生产厂房的建设并试制出样车，2013年年底前完成一期厂房的建设并投产，投产后预计年实现销售收入60亿元以上，上缴税额约3.5亿元，解决就业人员2500人。二期总投资110亿元，按年产30万辆电动汽车产能规模建设，达产后预计年实现销售收入450亿元，上缴税额约25亿元，增加就业岗位约15000个。

2012年3月21日 辽宁丹东曙光汽车集团黄海新能源汽车产业基地举行开工仪式。黄海新能源汽车产业基地将于2013年10月竣工、投产。曙光汽车集团黄海新能源汽车产业基地规划面积1155亩，总建筑面积20多万平方米，项目总投资25亿元，主要建设整车生产的制件、焊装、涂装、总装、检测五大生产车间，以及底盘生产的车架焊装、车架涂装、底盘装配、底盘改制以及机修、试制六大生产车间。产品定位除常规动力大中型客车外，将生产新能源客车产品，包括纯电动客车、混合动力客车、超级电容客车等。项目达产后年营业收入可达81亿元，税金3.6亿元，新增就业人数1300人。

2012年3月27日 “成都市天府新区龙泉起步区暨成都国际汽车城重大项目集中开工仪式”在成都经开区举行。一汽大众扩能项目、一汽大众发动机生产、沃尔沃成都生产基地项目、瑞华特新能源汽车项目等60个天府新区重大项目集中开工，投资总额678亿元。同时，美国江森自控、美国哈曼集团、法国佛吉亚利民项目、一汽铸造等112个产业化项目签约落户，协议投资金额736亿元，开工及落户项目累计投资总金额突破1000亿元。

2012年3月28日 上海通用汽车有限公司与武汉市政府正式签约建新工厂。该项目位于武汉市江夏区大桥新区，总投资70亿元。按照规划，未来大桥新区将形成一条新能源汽车产业链。上海通用在武汉的基地将分两期建成，一期和二期均为30万辆乘用车项目。预计2014年一期建成投产后，将形成年产30万辆整车的生产能力。

2012年3月31日 辽宁省营口开发区与美国正道汽车公司共同签署了预计总投资100亿元的美国正道新能源汽车项目合作框架协议。该项目落户在营口开发区新兴装备制造产业园内，建设内容包括汽车电动动力总成系统，轻量化镁合金车身以及超级电池组。项目预计总投资100亿元，一期投资50亿元，计划于2013年3月开工建设，项目全部达产后可实现产值1000亿元，实现年税收100亿元，新创造就业岗位1万人。

4月

2012年4月16日 御捷马集团投资20亿元、年产10万辆电动汽车项目入驻武进高新区签约仪式隆重举行。预计项目建成后可以实现年产值40亿元，利税2亿元。

2012年4月18日 东风悦达起亚技术中心成立暨揭牌仪式在江苏省盐城市举行。该技术中心成立的目的是提升本土的研发能力，加大对低油耗节能及新能源汽车的研发。

8月

2012年8月28日 江苏省新能源汽车检测中心正式揭牌。该中心位于盐城市开发区新能源汽车及零部件园区内，占地48.96亩，建筑面积26500平方米，规划实验室53个。该中心的建立，将为全省新能源汽车产业的发展提供质量检验、计量检测、标准制定、新产品研发等功能齐全的检验检测服务。

2012年8月29日 广平县年产25万辆新能源汽车项目在北京签约。该项目由广平县政府与河北天罡汽车制造有限公司（宇康公司）、上海同捷科技股份有限公司、上海特斯克汽车科技有限公司合作兴办，总投资50亿元，达产后年产值250亿元，年税收25亿元。

9月

2012年9月3日 徐州市人民政府、徐州经济技术开发区、协鑫（集团）控股有限公司、协鑫动力科技控股有限公司动力电池项目签约仪式隆重举行。协鑫动力电池项目总投资超百亿元，第一期计划投资建设300兆瓦汽车动力电池，并逐步每年增加产量，在未来3~5年时间内不断吸引战略合作伙伴，引入新能源汽车制造厂商及上下游产业企业入驻徐州经济技术开发区，建成新能源汽车产业园，逐步打造从核心部件到新能源整车制造的整条产业链。

2012年9月4日 安凯新能源汽车新基地项目在合肥市包河工业园区举行了开工奠基仪式安凯新能源汽车基地项目总投资达到15亿元，占地374亩，新建总建筑面积11.5万平方米，其中还包括2万平方米的技术研发中心。安凯新能源汽车新基地建成后，预计可形成年产6000辆新能源客车整车、12000套客车关键动力总成、150000套新能源汽车关键核心动力总成的生产能力，实现产值81亿元，成为我国最重要的新能源汽车生产基地和技术研发中心。

10月

2012年10月24日 由河北省广平县人民政府、邯郸宇康集团公司、上海同捷公司及上海特恩科公司共同投资的新能源汽车生产基地项目在河北省广平县城南省级经济开发区开工建设。该项目投资50亿元，项目占地2000亩，一期占地600亩，由新能源汽车、非公路工矿车、专用车和商用车四大板块组成，其中新能源汽车投资25亿元，商用车及其他投资20亿元，一期投资10亿元。建筑面积22.158万平方米，项目投产后，年产25万辆新能源轿车、5000台非公路工矿车、2万辆专用车、10万辆商用车，年产值250亿元，利税25亿元，将成为华北最大的新能源汽车生产基地。

11月

2012年11月2日 汝南县举行总投资20亿元的河南立马新能源产业园二期项目开工奠基仪式。河南立马新能源产业园二期总投资20亿元，占地600余亩，厂房、办公楼、宿舍楼总建筑面积22万平方米，主要生产电动三轮车、四轮车及电动汽车，项目建成投产后，年产电动三轮车、四轮车30万辆以上，年实现产值50亿元以上，可安排3000人就业。

2012年11月5日 吉林市人民政府和金沙江创业投资管理有限公司关于在吉林市建设新能源汽车产业园合作框架协议在北京钓鱼台国宾馆举行签约仪式。根据协议，新能源汽车产业园区以电动汽车产业链为主线，建设项目包括新能源汽车整车产业基地、电池包合资企业、动力电池芯生产企业、轮毂电机生产企业、汽车设计及研发中心、其他相关材料和产业配套等。拟落地项目包括新能源汽车生产基地、波士顿电池动力电池包合资企业、电动汽车工程中心（包括轮毂电机本地开发）等。新能源汽车生产基地目标最终年产能轿车50万台（包括新能源汽车和传统车），围绕新能源汽车建设上下游电池、电机生产研发等，配合多方位金融服务平台，争取建成全国最大、模式创新的电动汽车产业基地，助力我国新能源汽车产业蓬勃发展。

2012年11月16日 坪山新区与深圳大学化工学院签订合作框架协议，双方联合成立深圳大学坪山电化学动力与储能电源产业化基地，并正式落户坪山新区。此次深圳大学电化学动力与储能电源产业化基地的落地，将为坪山新区新能源产业发展再添新的动力。该基地将承担动力和储能电池领域的重大研发项目，开发具有自主知识产权的高新技术产品，并逐步实现产业化。

2012年11月18日 台湾实联集团总投资1亿美元锂电池项目已签约落户江苏省盐城市。台湾实联锂电池项目总投资1亿美元、注册资本3300万美元，分两期新上12条电池生产线，一期将建厂房4.4万平方米，主要从事磷酸铁锂储能电池、汽车启动电池以及汽车动力电池等系列产品的生产和销售。

2012年11月19日 福田汽车与潍坊市人民政府共同签署合作协议，根据协议，福田汽车将在潍坊斥资20亿元建设福田汽车研究总院山东研究工程中心，重点从事新能源汽车和发动机的研发。

2012年11月29日 通用汽车中国前瞻技术科研中心二期正式在上海市落成。通用汽车前瞻技术科研中心由前瞻设计中心、通用汽车中国研发部、车辆和动力总成工程实验以及安吉星实验室等共同组成，主要涵盖5个重点创新领域：电池、轻量化材料、先进制造工艺、发动机与变速箱以及车联网的驾驶体验。

12月

2012年12月19日 于都县与思卡多有限公司电动汽车生产项目签约仪式举行。该项目计划总投资16.5亿元，分两期实施，主要建设增程式纯电动大巴车生产基地，包括汽车装配、汽车电池、汽车电机等六个配套厂的建设。一期工程竣工投产后，年产大巴车将达2000辆，年产电动车及电动自行车40000辆，年销售总额达40亿元，年税收达6000万元以上。

2012年12月31日 金龙集团年产6亿平方米锂离子电池隔膜项目一期项目工程正式完工，并已进入设备安装阶段。金龙集团锂离子电池隔膜项目位于新乡市平原新区，一期总投资16亿元，建设锂离子电池隔膜生产线52条，年产锂离子电池隔膜3亿平方米。项目全部建成投产后年产锂离子电池隔膜6亿平方米，年产值可达25亿元，将成为亚洲最大的锂电池隔膜生产基地，也将为新乡市电池和电动车产业的发展注入新的活力。

第十篇
附　录

一、节能与新能源汽车标准目录

1. 国家标准

(1) 电动汽车

序号	标准号	标准名称	标准英文名称	起草单位	发布部门	标准主要内容	代替标准号	发布日期	实施日期
1	GB/T 28382-2012	纯电动乘用车技术条件	Battery electric passenger cars-Specifications	中国汽车技术研究中心、天津清源电动车辆有限责任公司	全国汽车标准化技术委员会	本标准规定了座位数在5座及以下的纯电动乘用车的术语和定义、技术要求和试验方法。 本标准适用于使用动力蓄电池驱动的纯电动乘用车		2012-05-11	2012-07-01
2	GB/T 28816-2012	燃料电池术语	Fuel cell-Terminology	机械工业北京电工技术经济研究所、武汉银泰科技燃料电池有限公司、上海神力科技有限公司、北京清能华通科技发展有限公司、同济大学、清华大学、武汉理工大学、中科院大连化学物理研究所、新源动力公司等	全国燃料电池标准化技术委员会	本标准以图表、定义和方程等方式提供了统一的燃料电池术语 本标准适用于固定式、交通、便携式和微型发电等所有燃料电池技术相关的应用 本标准中没有的词或短语，可在标准词典、工程参考资料或IEC60050系列标准中找到 注：IEC62282的第一版意在为使用燃料电池标准IECTC105系列燃料电池标准的工作组和用户提供一个资源，而第二版已经扩展为通用燃料电池术语源		2012-11-05	2013-02-01
3	GB/T 29126-2012	燃料电池电动汽车 车载氢系统 试验方法	Fuel cell electric vehicles - On-board hydrogen system-Test methods	中国汽车技术研究中心、浙江大学化工机械研究所、清华大学、同济大学、深圳市标准技术研究院、上海神力科技有限公司、大连化学物理研究所、上海舜华新能源系统有限公司	全国汽车标准化技术委员会	本标准规定了燃料电池电动汽车的车载氢系统的试验方法 本标准适用于使用压缩氢作为燃料，在环境温度15℃时，工作压力不超过35MPa的燃料电池电动汽车		2012-12-31	2013-07-01
4	GB/T 29307-2012	电动汽车用驱动电机系统可靠性试验方法	The reliability test methods of drive motor system for electric vehicles	北京理工大学、中国汽车技术研究中心、上海电驱动有限公司、南车株洲电力机车研究所有限公司等	全国汽车标准化技术委员会	本标准规定了电动汽车用驱动电机系统在台架上的一般可靠性试验方法，其中包括可靠性试验负荷规范及可靠性评定方法 本标准适用于最终动力输出为电动机驱动或电动机和发动机联合驱动的电动汽车用驱动电机系统		2012-12-31	2013-06-01

续表

序号	标准号	标准名称	标准英文名称	起草单位	发布部门	标准主要内容	代替标准号	发布日期	实施日期
5	GB/T 29124-2012	氢燃料电池电动汽车示范运行配套设施规范	Hydrogen fuel cell vehicles facilities for demonstration specifications	清华大学、中国汽车技术研究中心	全国汽车标准化技术委员会			2012-12-31	2013-07-01
6	GB/T 29123-2012	示范运行氢燃料电池电动汽车技术规范	Specifications for hydrogen fuel cell vehicles in demonstration	清华大学、中国汽车技术研究中心	全国汽车标准化技术委员会			2012-12-31	2013-07-01
7	GB/T 29318-2012	电动汽车非车载充电机电能计量	Electric energy metering for electric vehicle off-board charger	国家电网公司、中国电力科学研究院、国网电力科学研究院、中国计量科学研究院、云南电力试验研究院、许继集团有限公司、冀北电力有限公司、辽宁省电力公司	中国电力企业联合会			2012-12-31	2013-06-01
8	GB/T 29317-2012	电动汽车充换电设施术语	Terminology of electric vehicle charging/battery swap infrastructure	国家电网公司、中国电力科学研究院、南方电网科学研究院、国网电力科学研究院、许继集团有限公司、浙江省电力公司、天津市电力公司、广东电网公司电力科学研究院、天津清源电动车辆有限责任公司	中国电力企业联合会			2012-12-31	2013-06-01
9	GB/T 29316-2012	电动汽车充换电设施电能质量技术要求	Power quality requirements for electric vehicle charging/battery swap infrastructure	中国南方电网有限责任公司、南方电网科学研究院、国网电力科学研究院、中国电力科学研究院、广东电网公司电力科学研究院、广东省电力设计研究院、深圳供电规划设计院有限公司	中国电力企业联合会			2012-12-31	2013-06-01
10	GB/T 28569-2012	电动汽车交流充电桩电能计量	Electric energy metering for electric vehicle AC charging spot	国家电网公司、中国电力科学研究院、国网电力科学研究院、中国计量科学研究院、云南电力试验研究院等	中国电力企业联合会	本标准规定了电动汽车交流充电桩电能计量的技术要求及电能计量装置的配置安装要求、试验方法和检验规则 本标准适用于交流充电桩的电能计量		2012-06-29	2012-11-01

(2) 代用燃料汽车(含 CNG、LNG、LPG 及醇醚类)

序号	标准号	标准名称	标准英文名称	起草单位	发布部门	标准主要内容	代替标准号	发布日期	实施日期
1	GB/T 29125-2012	压缩天然气汽车燃料消耗量试验方法	Test methods for fuel consumption of CNG vehicles	中国汽车技术研究中心、东风朝阳柴油机有限责任公司、联合汽车电子有限公司、广西玉柴机器股份有限公司	全国汽车标准化技术委员会			2012-12-31	2013-07-01
2	GB 19159-2012	车用液化石油气	Automotive liquefied petroleum gases	中国石油天然气股份有限公司规划总院、中国石油化工股份有限公司石油化工科学研究院、吉林大学、龙井众诚能源发展有限公司、长春汽车燃气发展有限公司	中国石油化工集团公司		GB 19159-2003	2012-11-05	2013-04-01
3	GB/T 28962-2012	液化石油气汽车定型试验规程	Approval evaluation test program for liquefied petroleum gas vehicles	中国汽车技术研究中心	全国汽车标准化技术委员会			2012-12-31	2013-07-01

2. 地方标准

(1) 电动汽车

序号	标准号	标准名称	标准英文名称	起草单位	发布部门	标准主要内容	代替标准号	发布日期	实施日期
1	DB11/T 862-2012	电动汽车识别标志	Electric vehicle identification marking	北京市标准化研究所、北京工业设计促进中心、北京市科学技术委员会、北京市交通委员会、北京市市政市容委员会、北京市经济和信息化委员会、北京市公安局公安交通管理局、北京公共交通控股(集团)有限公司、北京环境卫生工程集团有限公司、北汽福田汽车股份有限公司、北京汽车新能源汽车有限公司、长安汽车北京汽车工程研究院	北京市质量技术监督局(北京市科学技术委员会负责实施)	本标准规定了电动汽车识别标志的样式和设置要求 本标准适用于纯电动汽车		2012-05-07	2012-09-01

续表

序号	标准号	标准名称	标准英文名称	起草单位	发布部门	标准主要内容	代替标准号	发布日期	实施日期
2	DB11/Z 876-2012	电动汽车电能供给与保障技术规范总则	Technical specifications of electricity supply and assurance for electric vehicle-general principle	北京市标准化交流服务中心、北京市标准化研究所、北京理工大学、中国电力科学研究院、北京市公安局、北京市计量检测科学研究院、北京市汽车行业协会、北京交通大学、北京市公共交通（控股）集团有限公司、中信国安盟固力动力科技有限公司、北汽福田汽车股份有限公司	北京市质量技术监督局（北京市发展改革委员会负责实施）	本指导性技术文件规定了电动汽车电能供给与保障系统（以下简称系统）的架构、总体要求和技术要求 本指导性技术文件适用于电动汽车电能供给与保障系统的建设与运营管理		2012-05-07	2012-05-07
3	DB11/Z 877-2012	电动汽车电能供给与保障技术规范商用车电池更换设备	Technical specifications of Electricity supply and security system for electric vehicle - commercial vehicle battery replacing device	北汽福田汽车股份有限公司、北京电巴科技有限公司、沈阳中科正方新能源技术有限公司、北京市标准化研究所、北京理工大学、北京汽车新能源汽车有限公司、北京公共交通控股（集团）有限公司、普天海油新能源动力有限公司、中国电力科学研究院、北京普莱德新能源电池科技有限公司、北京电力公司、北京中石化首科新能源科技有限公司	北京市质量技术监督局（北京市发展改革委员会负责实施）	本指导性技术文件规定了电动汽车充电站中商用车动力蓄电池包自动更换设备（以下简称更换设备）的功能、要求、试验方法和标志与标识 本指导性技术文件适用于商用车动力蓄电池包自动更换设备的设计、制造及检验		2012-05-07	2012-05-07
4	DB11/Z 878-2012	电动汽车电能供给与保障技术规范动力蓄电池系统维护	Technical specifications of electricity supply and assurance for electric vehicle - power battery system maintenance	中信国安盟固利动力科技有限公司、北京市标准化研究所、北京交通大学、北汽福田汽车股份有限公司、普天新能源有限责任公司、中国电力科学研究院、北京中石化首科新能源科技有限公司、北京普莱德新能源电池科技有限公司、中国科学院电工研究所、北京市电力公司	北京市质量技术监督局（北京市发展改革委员会负责实施）	本指导性技术文件规定了电动汽车动力蓄电池系统（以下简称“蓄电池系统”）的维护要求和继续使用的条件 本指导性技术文件适用于锂离子动力蓄电池系统的日常维护		2012-05-07	2012-05-07

续表

序号	标准号	标准名称	标准英文名称	起草单位	发布部门	标准主要内容	代替标准号	发布日期	实施日期
5	DB11/Z 879-2012	电动汽车电能供给与保障技术规范安全技术防范系统	Technical specifications of electricity supply and assurance for electric vehicle - security technical protection system	北京市公安局内部单位保卫局、北京富盛星电子有限公司、北京市标准化研究所、北京安全防范行业协会、中国石化工程建设公司、中信国安盟固利动力科技有限公司、普天新能源有限责任公司、北京公共交通控股（集团）有限公司、北大先行科技产业有限公司、北京普莱德新能源电池科技有限公司	北京市质量技术监督局（北京市公安局组织实施）	本指导性技术文件规定了安全技术防范系统的基本要求、系统设置、系统技术要求、系统运行管理与维护 本指导性技术文件适用于电动汽车充电站新建、改建、扩建过程中安全技术防范系统的建设与管理。集中建设的交流充电桩可参照执行		2012-05-07	2012-05-07
6	DB11/Z 880-2012	电动汽车电能供给与保障技术规范充电站运营管理	Technical specifications of electricity supply and assurance for electric vehicle - electric vehicle charging station operation management	北京公共交通控股（集团）有限公司、北京交通大学、北京市标准化研究所、北京市电力公司、普天新能源有限责任公司、北京中石化首科新能源科技有限公司、中信国安盟固利动力科技有限公司、北京电巴新能源科技有限公司、北京普莱德新能源电池科技有限公司	北京市质量技术监督局（北京市发展改革委员会负责实施）	本指导性技术文件规定了电动汽车充电站运营管理的基本要求、场站要求、人员要求、服务要求、安全管理、突发事件的应急处理、记录以及评价与改进 本指导性技术文件适用于电动汽车充电站的运营管理。集中建设的交流充电桩可参照执行		2012-05-07	2012-05-07
7	DB12/T 475-2012	电动汽车用锂离子动力蓄电池技术条件			天津市质量技术监督局			2012-11-15	2013-02-15
8	DB31/T658-2012	混合动力城市客车动力系统燃料经济性台架试验方法	Methods of fuel economy bench testing for the power system of city HEV bus	上海机动车检测中心、上海交通大学	上海市质量技术监督局	本标准规定了混合动力城市客车动力系统的术语和定义、燃料经济性台架试验要求、方法等方面的技术规范 本标准适用于混合动力城市客车动力系统		2012-11-26	2013-02-01
9	DB31/T659-2012	轻型混合动力客车动力系统燃料经济性台架试验方法	Methods of fuel economy bench testing for the Power system of Light duty HEV	上海交通大学、上海机动车检测中心	上海市质量技术监督局	本标准规定了轻型混合动力汽车混合动力系统的术语和定义、燃料经济性台架试验要求、方法等方面的技术规范 本标准适用于轻型混合动力汽车的混合动力系统		2012-11-26	2013-02-01

续表

序号	标准号	标准名称	标准英文名称	起草单位	发布部门	标准主要内容	代替标准号	发布日期	实施日期
10	DB31/T660-2012	轻型混合动力客车动力总成台架试验方法	Bench testing methods for the engine - motor combined assembly of Light duty HEV	上海交通大学、上海机动车检测中心	上海市质量技术监督局	本标准规定了轻型混合动力汽车动力总成的术语和定义、性能测试台架试验要求、方法等方面的技术规范 本标准适用于轻型混合动力汽车发动机电机耦合混动总成		2012-11-26	2013-02-01
11	DB31/T634-2012	电动乘用车运行安全和维护保障技术规范	Safety and maintenance guarantee specifications for electric passenger cars demonstration operating on roads	上海机动车检测中心、同济大学、上海市汽车工程学会	上海市质量技术监督局	本标准规定了在上海市范围内销售、注册，座位数在5座及以下电动乘用车产品应满足的安全和维护保障技术要求、限值规定和试验方法 本标准适用于进入国家《车辆生产企业及产品公告》和《节能与新能源汽车示范推广应用工程推荐车型目录》、使用车载动力蓄电池驱动的纯电动乘用车和插电式混合动力乘用车		2012-10-16	2012-11-1 日

（2）代用燃料汽车（含 CNG、LNG、LPG 及醇醚类）

序号	标准号	标准名称	标准英文名称	起草单位	发布部门	标准主要内容	代替标准号	发布日期	实施日期
1	DB11/T 857-2012	车用压缩天然气纤维缠绕气瓶使用与定期检查要求	Requirements of using and periodic check for fiber wrapped cylinder of compressed natural gas vehicle	北京市特种设备检测中心、北京公共交通控股（集团）有限公司	北京市质量技术监督局	本标准规定了在用车用压缩天然气纤维缠绕气瓶基本要求、使用要求和定期检查要求 本标准适用于在用车用压缩天然气纤维缠绕气瓶的日常使用与定期检查		2012-05-07	2012-09-01
2	DB52/T 744-2012	燃气汽车改装技术要求 液化天然气客车			贵州省质量技术监督局			2012-04-18	2012-05-18
3	DB51/T 929-2012	在用汽车压缩天然气专用装置检验规范			四川省质量技术监督局		DB51/T 929-2009	2012-03-30	2012-04-01

二、关于对2012年度新能源汽车产业技术创新工程拟支持项目名单进行公示的通知

财建便函〔2012〕103号

各有关单位：

按照《财政部 工业和信息化部 科技部关于组织开展新能源汽车产业技术创新工程的通知》（财建〔2012〕780号）和《关于组织申报2012年度新能源汽车产业技术创新工程项目的通知》（财办建〔2012〕141号）等文件规定，财政部、工业和信息化部、科技部组织了2012年新能源汽车产业技术创新工程项目申报工作，并组织专家对申报项目进行了详细评审，初步确定了2012年新能源汽车产业技术创新工程拟支持项目名单（见附表），现予以公示。公示期为2012年12月3日—10日。

任何单位和个人对公示的项目如有不同意见，请将意见以书面（实名）形式，反馈至财政部经建司、工信部装备司、科技部高新司。

财政部经建司　010-68552977

工信部装备司　010-68205613

科技部高新司　010-58881535

附表：2012年度新能源汽车产业技术创新工程拟支持项目名单

财政部经建司

工信部装备司

科技部高新司

2012年11月30日

附表　2012年度新能源汽车产业技术创新工程拟支持项目名单

序号	项目类型	项目单位	项目名称
1	纯电动乘用车项目	安徽江淮汽车股份有限公司	江淮第五代纯电动轿车平台技术开发项目
2		东风汽车公司	东风小型纯电动轿车技术开发项目
3		北京汽车股份有限公司	北京牌全新平台纯电动轿车技术开发项目
4		浙江吉利汽车有限公司	基于帝豪EC7的全新纯电动轿车技术开发项目
5		重庆长安汽车股份有限公司	长安C206纯电动汽车技术开发项目
6	插电式乘用车项目	比亚迪汽车有限公司	比亚迪新型插电式混合动力车（秦）技术开发项目
7		中国第一汽车集团公司	一汽红旗插电式混合动力轿车技术开发项目
8		奇瑞汽车股份有限公司	奇瑞插电式混合动力汽车技术开发项目
9		长城汽车股份有限公司	全新插电式混合动力SUV开发项目
10		上海汽车集团股份有限公司	上汽荣威550PHEV插电式混合动力轿车技术开发项目
11	纯电动商用车项目	安徽安凯汽车股份有限公司	纯电动客车全新车型技术开发项目
12		东风汽车股份有限公司（襄阳）	东风新能源城市客车技术开发项目
13		深圳市五洲龙汽车有限公司	五洲龙新能源客车技术开发项目
14	插电式商用车项目	湖南南车时代电动汽车股份有限公司	新能源客车技术开发项目
15		郑州宇通客车股份有限公司	宇通纯电驱动客车系列化产品技术开发项目
16		中通客车控股股份有限公司	插电式混合动力与纯电动商用车技术开发项目
17	燃料电池乘用车项目	上海汽车集团股份有限公司	上汽荣威750燃料电池轿车技术开发项目
18	动力电池项目	深圳市比克电池有限公司	电动汽车用锂离子电池关键材料、单体及模块技术开发项目
19		万向电动汽车有限公司	车用锂离子动力电池技术开发项目
20		中航锂电（洛阳）有限公司	电动汽车动力电池技术开发项目
21		天津力神电池股份有限公司	下一代动力电池技术开发项目
22		福建宁德时代新能源锂离子	锂离子动力电池技术开发项目
23		山东神工海特电子科技有限公司	电动汽车用动力电池项目
24		潍坊威能环保电源有限公司	新能源汽车产业动力电池技术开发项目
25		深圳市沃特玛电池有限公司	深圳沃特玛动力电池技术开发项目

三、关于不属于车船税征收范围的纯电动燃料电池乘用车车型目录（第二批）的公告

根据《中华人民共和国车船税法》有关规定，纯电动、燃料电池乘用车不属于车船税征收范围。为维护纳税人的合法权益，便于税务机关和扣缴义务人准确掌握政策，现将第二批不属于车船税征收范围的纯电动、燃料电池乘用车车型目录予以公告。

财政部
国家税务总局
工业和信息化部
二〇一二年五月二十八日

附件：不属于车船税征收范围的纯电动燃料电池乘用车车型目录（第二批）

一、纯电动乘用车

序号	企业名称	商标	产品型号	产品名称
1	北京汽车股份有限公司	北京	BJ7000B3D-BEV	纯电动轿车
2	长城汽车股份有限公司	长城	CC7002BMA00BEV	纯电动轿车
3	奇瑞汽车股份有限公司	奇瑞	SQR7000EAS11	纯电动轿车

注：企业名单按拼音顺序排列

二、燃料电池乘用车（无）

四、关于节约能源使用新能源车辆减免车船税的车型目录的公告

节约能源　使用新能源车辆减免车船税的车型目录（第一批）

一、节能型乘用车

序号	通用名称	车辆型号	排量（mL）	额定载客人数	变速器		整车整备质量（kg）	综合燃料消耗量（L/100km）	目录日期
					型式	挡位数			
（一）安徽江淮汽车股份有限公司									
1	悦悦	HFC7100W	999	5	MT	5	915	5.3	2012-03-06
2	同悦	HFC7130ATF	1299	5	AMT	5	1100	6.3	2012-03-06
（二）比亚迪汽车有限公司									
1	比亚迪 F3	QCJ7150A9	1497	5	MT	5	1210	6.2	2012-03-06
2	比亚迪 G3	QCJ7152A5	1497	5	MT	5	1210	6.2	2012-03-06
3	比亚迪 L3	QCJ7153A5	1497	5	MT	5	1210	6.2	2012-03-06
（三）重庆长安汽车股份有限公司									
1	奔奔 mini	SC7106B4	999	5	AMT	5	870，910	5.7	2012-03-06
2		SC7106B4B	999	5	AMT	5	870	5.7	2012-03-06
3	志翔	SC7155A4	1497	5	MT	5	1390	6.4	2012-03-06
4		SC7155HEV	1497	5	MT	5	1390	6.4	2012-03-06
5	欧诺	SC6449B	1298	7，8	MT	5	1235	6.4	2012-03-06

续表

序号	通用名称	车辆型号	排量(mL)	额定载客人数	变速器		整车整备质量(kg)	综合燃料消耗量(L/100km)	目录日期
					型式	挡位数			
(四)东风汽车有限公司									
1	阳光	DFL7151VAK1	1498	5	CVT	–	1041	5.8	2012-03-06
2		DFL7151VAK2	1498	5	CVT	–	1069	5.8	2012-03-06
3		DFL7151VAK3	1498	5	CVT	–	1072	5.8	2012-03-06
4	骐达	DFL7165VAK1	1598	5	CVT	–	1211	6.2	2012-03-06
5		DFL7165VAK2	1598	5	CVT	–	1211	6.2	2012-03-06
(五)东南(福建)汽车工业有限公司									
1	V3 菱悦	DN7152HAS	1499	5	MT	5	1100	5.8	2012-03-06
2		DN7152MAS	1499	5	MT	5	1100	5.8	2012-03-06
3		DN7154HS	1488	5	MT	5	1150	5.8	2012-03-06
4		DN7154MS	1488	5	MT	5	1150	5.8	2012-03-06
(六)奇瑞汽车股份有限公司									
1	奇瑞 QQ3	SQR7080S110	848	5	MT	5	890	4.9	2012-03-06
2		SQR7083S110	848	5	MT	5	890	4.9	2012-03-06
3		SQR7102S110	998	5	MT	5	890	5.0	2012-03-06
4		SQR7103S110	998	5	MT	5	890	5.0	2012-03-06
5	奇瑞 A3	SQR7161M117	1598	5	MT	5	1360	6.5	2012-03-06
6		SQR7161M127	1598	5	MT	5	1355	6.6	2012-03-06
(七)上海大众汽车有限公司									
1	PASSAT	SVW71410BR	1390	5	DCT	7	1460	6.7	2012-03-06
2	朗逸	SVW7147FRD	1390	5	DCT	7	1325	6.5	2012-03-06
3	明锐	SVW7146ARD	1390	5	MT	5	1360	6.5	2012-03-06
4		SVW7146BRD	1390	5	DCT	7	1380	6.4	2012-03-06
5		SVW7146CRD	1390	5	DCT	7	1326	6.1	2012-03-06
6	昊锐	SVW7149ERD	1390	5	DCT	7	1480	6.7	2012-03-06
(八)上海通用汽车有限公司									
1	EXCELLE	SGM7160MTB	1598	5	MT	5	1375	6.7	2012-03-06
(九)上海通用东岳汽车有限公司									
1	爱唯欧	SGM7146MTA	1399	5	MT	5	1180	6.0	2012-03-06
2		SGM7142MTB	1399	5	MT	5	1206	6.1	2012-03-06
3		SGM7143MTB	1399	5	MT	5	1210	6.1	2012-03-06
4	赛欧	SGM7126AMT	1206	5	AMT	5	1050	5.9	2012-03-06
5		SGM7140MTB	1399	5	MT	5	1092	5.9	2012-03-06
6		SGM7140AMTB	1399	5	AMT	5	1095	6.1	2012-03-06
7		SGM7141AMTB	1399	5	AMT	5	1095	6.1	2012-03-06
8		SGM7121AMT	1206	5	AMT	5	1030	5.9	2012-03-06
(十)一汽—大众汽车有限公司									
1	迈腾 1.4T 自动	FV7147TATG	1390	5	DCT	7	1460	6.5	2012-03-06
2	速腾 1.4T 手动	FV7146TG	1390	5	MT	5	1405	6.5	2012-03-06
3	速腾 1.4T 自动	FV7146TATG	1390	5	DCT	7	1425	6.4	2012-03-06

续表

序号	通用名称	车辆型号	排量（mL）	额定载客人数	变速器		整车整备质量（kg）	综合燃料消耗量（L/100km）	目录日期
					型式	挡位数			
4	宝来 1.4T 自动	FV7142TXATG	1390	5	DCT	7	1335	6.4	2012-03-06
5	高尔夫 1.4T 自动	FV7144TFATG	1390	5	DCT	7	1370	6.0	2012-03-06
6	高尔夫 1.4T 手动	FV7144TFG	1390	5	MT	5	1330	6.3	2012-03-06
7	高尔夫 1.6 自动	FV7164FATG	1598	5	DCT	7	1295	6.6	2012-03-06
（十一）一汽海马汽车有限公司									
1	福美来	HMC7165G4S1	1598	5	CVT	-	1325	6.7	2012-03-06
（十二）浙江豪情汽车制造有限公司									
1	SC510-RVMT	JL7100E4	997	5	MT	5	1100	5.6	2012-03-06

二、插电式混合动力乘用车

序号	企业名称	商标	产品型号	产品名称	目录日期
1	中国第一汽车集团公司	红旗	CA7155PHEV	混合动力轿车	2012-03-06
2	浙江吉利汽车有限公司	吉利美日	MR7100BH4	混合动力轿车	2012-03-06
3	比亚迪汽车有限公司	比亚迪	QCJ7100ADM	混合动力轿车	2012-03-06

三、新能源车辆（非乘用车部分）

（一）纯电动汽车

序号	企业名称	商标	产品型号	产品名称	目录日期
1	中国第一汽车集团公司	解放	CA6730URE21	纯电动城市客车	2012-03-06
2	东风汽车公司	东风	EQ6102HBEVA	纯电动城市客车	2012-03-06
			EQ5039XXYL	纯电动厢式运输车	2012-03-06
			EQ6102EVL	纯电动城市客车	2012-03-06
			EQ5038XXYL	纯电动厢式运输车	2012-03-06
			EQ6102BEVL1	纯电动城市客车	2012-03-06
			EQ5031ZXXBEVAC	纯电动车厢可卸式垃圾车	2012-03-06
3	北京北方华德尼奥普兰客车股份有限公司	北方	BFC6110EV-1	纯电动大客车	2012-03-06
			BFC6110EV-2	纯电动大客车	2012-03-06
4	北汽福田汽车股份有限公司	福田	BJ6123C6B4D	纯电动城市客车	2012-03-06
			BJ6123C6B4D-1	纯电动城市客车	2012-03-06
			BJ5020CTYEV-2	纯电动桶装垃圾运输车	2012-03-06
			BJ5020ZLJEV-2	纯电动自卸式垃圾车	2012-03-06
			BJ5071TCAEV-1	纯电动压缩式垃圾车	2012-03-06
			BJ5163GSSEV-3	纯电动洒水车	2012-03-06
			BJ6105EVCA	纯电动城市客车	2012-03-06
			BJ6123EVCA	纯电动城市客车	2012-03-06
			BJ6123EVCA-1	纯电动城市客车	2012-03-06
5	北京汽车股份有限公司	北京	BJ6400L3R-BEV	纯电动客车	2012-03-06
			BJ5020XXYV3R-BEV	纯电动厢式运输车	2012-03-06
6	一汽客车大连客车厂	解放	CA6127URE31	纯电动城市客车	2012-03-06
7	丹东黄海汽车有限责任公司	黄海	DD6129EV11	纯电动城市客车	2012-03-06

续表

序号	企业名称	商标	产品型号	产品名称	目录日期
8	上海申沃客车有限公司	申沃	SWB6121EV	纯电动城市客车	2012-03-06
			SWB6121EV1	纯电动城市客车	2012-03-06
			SWB6121EV2	纯电动城市客车	2012-03-06
			SWB6121SC	纯电动城市客车	2012-03-06
			SWB6121EV3	纯电动城市客车	2012-03-06
			SWB6121EV5	纯电动城市客车	2012-03-06
			SWB6121EV6	纯电动城市客车	2012-03-06
			SWB6121EV7	纯电动城市客车	2012-03-06
			SWB6117EV4	纯电动城市客车	2012-03-06
9	南京汽车集团有限公司	依维柯	NJ5056XFWD	依维柯纯电动服务车	2012-03-06
			NJ6593ERD	依维柯纯电动客车	2012-03-06
		畅达	NJ5090GQXEV	纯电动高压清洗车	2012-03-06
10	扬州亚星客车股份有限公司	亚星	JS6127GHBEV	纯电动城市客车	2012-03-06
11	宁波神马汽车制造有限公司	浙江	NPS6120BEV	纯电动城市客车	2012-03-06
12	安徽安凯汽车股份有限公司	安凯	HFF5120XFW	服务车	2012-03-06
			HFF6110G03EV	电动城市客车	2012-03-06
			HFF6120G03EV	电动城市客车	2012-03-06
			HFF6127K46EV	电动客车	2012-03-06
			HFF6700BEV	纯电动客车	2012-03-06
			HFF6121G03EV	纯电动城市客车	2012-03-06
			HFF6111G03EV	纯电动城市客车	2012-03-06
			HFF6127K46EV-1	纯电动客车	2012-03-06
			HFF6124G03EV	纯电动城市客车	2012-03-06
			HFF6122G03EV	纯电动城市客车	2012-03-06
			HFF6125G03EV	纯电动城市客车	2012-03-06
			HFF6112G03EV	纯电动城市客车	2012-03-06
			HFF6127K46EV-2	纯电动客车	2012-03-06
			HFF6127K46EV-3	纯电动客车	2012-03-06
			HFF6100G03EV	纯电动城市客车	2012-03-06
			HFF6101G03EV	纯电动城市客车	2012-03-06
13	安徽江淮汽车股份有限公司	江淮	HFC5040XGCEVR	纯电动电力工程车	2012-03-06
14	东南（福建）汽车工业有限公司	东南	DN5020XXYBEV	纯电动厢式运输车	2012-03-06
			DN5020XYZBEV	纯电动邮政车	2012-03-06
15	郑州宇通客车股份有限公司	宇通	ZK6126EGA9	纯电动城市客车	2012-03-06
			ZK6100EGAA	纯电动城市客车	2012-03-06
			ZK6129EGQA	纯电动城市客车	2012-03-06
			ZK6120BEVGQAA	纯电动城市客车	2012-03-06
			ZK6125BEVGQAA	纯电动城市客车	2012-03-06
16	郑州日产汽车有限公司	东风	ZN5031XGCW1C	纯电动工程车	2012-03-06
			ZN5033XGCH2C	纯电动工程车	2012-03-06

续表

序号	企业名称	商标	产品型号	产品名称	目录日期
17	长沙市比亚迪客车有限公司	陆胜	CK6120HGEV	纯电动城市客车	2012-03-06
			CK6120LGEV	纯电动城市客车	2012-03-06
			CK6120LGEV1	纯电动城市客车	2012-03-06
18	广州汽车集团客车有限公司	广汽	GZ6120EV	纯电动城市客车	2012-03-06
			GZ6120EV1	纯电动城市客车	2012-03-06
19	桂林客车工业集团有限公司	桂林	GL6120BEV	纯电动城市客车	2012-03-06
			GL6100BEV	纯电动城市客车	2012-03-06
20	四川汽车工业股份有限公司	野马	SQJ6111B1CH	纯电动城市客车	2012-03-06
			SQJ6121B1BEV	纯电动城市客车	2012-03-06
21	陕西汽车集团有限责任公司	陕汽	SX4186ZG331N	纯电动牵引汽车	2012-03-06
22	金龙联合汽车工业（苏州）有限公司	海格	KLQ6129GEV	纯电动城市客车	2012-03-06
			KLQ6702EV	纯电动客车	2012-03-06
23	厦门金龙联合汽车工业有限公司	金龙	XMQ6126YE	纯电动客车	2012-03-06
			XMQ6127AGBEV2	纯电动城市客车	2012-03-06
			XMQ6127AGBEV3	纯电动城市客车	2012-03-06
			XMQ6127AGBEV4	纯电动城市客车	2012-03-06
			XMQ6530DBEV	纯电动轻型客车	2012-03-06
24	厦门金龙旅行车有限公司	金旅	XML6125JEV10C	纯电动城市客车	2012-03-06
25	中通客车控股股份有限公司	中通博发	LCK6128EV	纯电动客车	2012-03-06
		中通	LCK6120GEV	纯电动城市客车	2012-03-06
26	河南少林汽车股份有限公司	少林	SLG6105EV	纯电动城市客车	2012-03-06
			SLG6120EV	纯电动城市客车	2012-03-06
			SLG6106EV	纯电动城市客车	2012-03-06
			SLG6700EV	纯电动客车	2012-03-06
27	重庆恒通客车有限公司	恒通客车	CKZ6127HBEV	纯电动城市客车	2012-03-06
28	北京市京华客车有限责任公司	京华	BK6122EV	纯电动城市客车	2012-03-06
			BK6122EV2	纯电动城市客车	2012-03-06
			BK6122EV3	纯电动城市客车	2012-03-06
29	北京华林特装车有限公司	华林	HLT5074ZYSEV	纯电动压缩式垃圾车	2012-03-06
			HLT5162GSSEV	纯电动洒水车	2012-03-06
			HLT5021ZLJEV	纯电动自卸式垃圾车	2012-03-06
			HLT5020JHQLJEV	纯电动桶装垃圾运输车	2012-03-06
			HLT5071ZZZEV	纯电动自装卸式垃圾车	2012-03-06
			HLT5076ZYSEV	纯电动压缩式垃圾车	2012-03-06
			HLT5166GSSEV	纯电动洒水车	2012-03-06
			HLT5020ZLJEV	纯电动自卸式垃圾车	2012-03-06
			HLT5021JHQLJEV	纯电动桶装垃圾运输车	2012-03-06
			HLT5022CTYEV	纯电动桶装垃圾运输车	2012-03-06
			HLT5022ZLJEV	纯电动自卸式垃圾车	2012-03-06
			HLT5023JHQLJEV	纯电动桶装垃圾运输车	2012-03-06
			HLT5024CTYEV	纯电动桶装垃圾运输车	2012-03-06
			HLT5072ZZZEV	纯电动自装卸式垃圾车	2012-03-06
			HLT5165GSSEV	纯电动洒水车	2012-03-06
			HLT5025CTYEV	纯电动桶装垃圾运输车	2012-03-06
			HLT5026CTYEV	纯电动桶装垃圾运输车	2012-03-06

续表

序号	企业名称	商标	产品型号	产品名称	目录日期
30	北京天路通科技有限责任公司	天路	BTL5071TSLEV	纯电动吸尘车	2012-03-06
			BTL5072TSLEV	纯电动吸尘车	2012-03-06
31	天津清源电动车辆有限责任公司	清源	QY5020XFWBEVEL	纯电动服务车	2012-03-06
			QY5020XYZBEVEL	纯电动邮政车	2012-03-06
32	吉林省高新电动汽车有限公司	环菱	CCQ6750EV1	纯电动城市客车	2012-03-06
33	上海申龙客车有限公司	申龙	SLK6121USBEV	纯电动城市客车	2012-03-06
			SLK6105USBEV	纯电动城市客车	2012-03-06
			SLK6855USBEV	纯电动城市客车	2012-03-06
34	上海万象汽车制造有限公司	象	SXC6120GD-1	纯电动城市客车	2012-03-06
			SXC6120GBEV	纯电动城市客车	2012-03-06
			SXC6120GD	纯电动城市客车	2012-03-06
35	江苏常隆客车有限公司	马可	YS6120DG	纯电动城市客车	2012-03-06
		常隆	YS6128BEV	纯电动客车	2012-03-06
			YS6120GBEV	纯电动城市客车	2012-03-06
36	张家港市江南汽车制造有限公司	春洲	JNQ6100BEV	纯电动城市客车	2012-03-06
37	盐城中威客车有限公司	中大	YCK6128BEVC	纯电动城市客车	2012-03-06
			YCK6126BEVL	纯电动客车	2012-03-06
38	金华市康迪新能源车辆有限公司	康迪	KD5011XXYEV	纯电动厢式运输车	2012-03-06
39	安徽安凯车辆制造有限公司	星凯龙	HFX6120GEV	纯电动城市客车	2012-03-06
40	福建龙马环卫装备股份有限公司	福龙马	FLM5070TSLEV	纯电动扫路车	2012-03-06
41	江西博能上饶客车有限公司	上饶	SR6700HBEV	纯电动客车	2012-03-06
42	江西凯马百路佳客车有限公司	江西	JXK6120AG	纯电动城市客车	2012-03-06
			JXK6113BEV	纯电动城市客车	2012-03-06
			JXK6113BEV1	纯电动城市客车	2012-03-06
43	江西江铃汽车集团改装车有限公司	江铃全顺	JX5041XEV-LI	纯电动服务车	2012-03-06
		江铃	JX5033XGCEV	纯电动工程车	2012-03-06
44	山东沂星电动汽车有限公司	飞燕	SDL6120EVG	纯电动城市客车	2012-03-06
			SDL6110EVSG	纯电动双层城市客车	2012-03-06
45	中上汽车有限公司	中上	ZS6121BEV	纯电动城市客车	2012-03-06
46	东风扬子江汽车（武汉）有限责任公司	扬子江	WG6120BEVHM	纯电动城市客车	2012-03-06
47	长沙中联重工科技发展股份有限公司	中联	ZLJ5071TSL	纯电动扫路车	2012-03-06
48	湖南南车时代电动汽车股份有限公司	南车时代	TEG6120EV	纯电动城市客车	2012-03-06
			TEG6750EV	纯电动客车	2012-03-06
			TEG6751EV	纯电动客车	2012-03-06
49	珠海市广通汽车有限公司	广通	GTQ6107BEVB1	纯电动城市客车	2012-03-06
50	深圳市五洲龙汽车有限公司	五洲龙	FDG6751EVG1	纯电动城市客车	2012-03-06
			FDG6751EVG2	纯电动城市客车	2012-03-06
			FDG6113EVG	纯电动城市客车	2012-03-06
			FDG6113EVG1	纯电动城市客车	2012-03-06
			FDG6700EV	纯电动客车	2012-03-06
			FDG6113EVG2	纯电动城市客车	2012-03-06

续表

序号	企业名称	商标	产品型号	产品名称	目录日期
51	重庆五洲龙新能源汽车有限公司	五洲龙	WZL6100EVG	纯电动城市客车	2012-03-06
52	重庆瑞驰汽车实业有限公司	瑞驰	CRC5020XYZ-LBEV	纯电动邮政车	2012-03-06
			CRC5020XXY-LBEV	纯电动厢式运输车	2012-03-06
53	成都客车股份有限公司	蜀都	CDK6122CAEV	纯电动城市客车	2012-03-06
54	成都客车股份有限公司	蜀都	CDK6122CABEV	纯电动城市客车	2012-03-06
			CDK6122CA1BEV	纯电动城市客车	2012-03-06

（二）插电式混合动力汽车

序号	企业名称	商标	产品型号	产品名称	目录日期
1	上海申沃客车有限公司	申沃	SWB6117SHEV	混合动力城市客车	2012-03-06
2	扬州亚星客车股份有限公司	亚星	JS6126GHEV	混合动力城市客车	2012-03-06
3	安徽安凯汽车股份有限公司	安凯	HFF6121G03SHEV	混合动力城市客车	2012-03-06
4	桂林客车工业集团有限公司	桂林	GL6120PHEV	混合动力城市客车	2012-03-06
5	金龙联合汽车工业（苏州）有限公司	海格	KLQ6129GQHEV2	混合动力城市客车	2012-03-06
			KLQ6129GQHEV1	混合动力城市客车	2012-03-06
6	中通客车控股股份有限公司	中通	LCK6105CHEV	混合动力城市客车	2012-03-06
7	江西凯马百路佳客车有限公司	江西	JXK6122PHEV	混合动力城市客车	2012-03-06
			JXK6116BCHEV	混合动力城市客车	2012-03-06
8	湖南南车时代电动汽车股份有限公司	南车时代	TEG6129PEV	混合动力城市客车	2012-03-06
9	深圳市五洲龙汽车有限公司	五洲龙	FDG6111HEVG2	混合动力城市客车	2012-03-06
10	重庆五洲龙新能源汽车有限公司	五洲龙	WZL6100PHEVGEG3	混合动力城市客车	2012-03-06

（三）燃料电池汽车

序号	企业名称	商标	产品型号	产品名称	目录日期
1	北汽福田汽车股份有限公司	福田	BJ6123C6N4D	燃料电池混合动力城市客车	2012-03-06
2	上海申沃客车有限公司	申沃	SWB6129FC	燃料电池城市客车	2012-03-06
			SWB6129FC2	燃料电池城市客车	2012-03-06
			SWB6129FC1	燃料电池城市客车	2012-03-06

节约能源 使用新能源车辆减免车船税车型目录（第二批）

一、节能型乘用车

序号	通用名称	车辆型号	排量（mL）	额定载客人数	变速器		整车整备质量（kg）	综合燃料消耗量（L/100km）	目录日期
					型式	挡位数			
（一）长城汽车股份有限公司									
1	腾翼 C30	CC7150CE0A	1497	5	MT	5	1140	5.9	2012-05-28
2		CC7150CE0B	1497	5	AMT	5	1125	6.2	2012-05-28
3		CC7150CE0C	1497	5	MT	5	1125	6.0	2012-05-28
4		CC7150CE0D	1497	5	AMT	5	1125	6.3	2012-05-28
5	炫丽	CC7152SM0B	1497	5	AMT	5	1091	6.3	2012-05-28
6		CC7152SM0C	1497	5	MT	5	1091	6.0	2012-05-28
7	腾翼 C20R	CC7152BMA0J	1497	5	AMT	5	1120	6.3	2012-05-28
8		CC7152BMA0K	1497	5	MT	5	1120	6.0	2012-05-28
9		CC7152BMA0H	1497	5	MT	5	1120	5.9	2012-05-28

续表

序号	通用名称	车辆型号	排量(mL)	额定载客人数	变速器		整车整备质量(kg)	综合燃料消耗量(L/100km)	目录日期
					型式	挡位数			
10	哈弗 M2	CC7151AMA0A	1497	5	AMT	5	1215	6.6	2012-05-28
11		CC7151AMA0B	1497	5	MT	5	1210	6.3	2012-05-28
12	哈弗 M4	CC7151SMA07	1497	5	AMT	5	1106	6.3	2012-05-28
13		CC7151SMA05	1497	5	MT	5	1106	6.0	2012-05-28
14	腾翼 V80	CC6460VM0D	1497	6, 7	MT	5	1435/1490	6.9	2012-05-28
15	腾翼 C50	CC7150QE09	1497	5	MT	5	1255	6.3	2012-05-28
(二) 长安福特马自达汽车有限公司									
1	福克斯	CAF7163A4	1596	5	DCT	6	1338	6.4	2012-05-28
2		CAF7163B4	1596	5	DCT	6	1337	6.4	2012-05-28
3		CAF7163M4	1596	5	MT	5	1286	6.2	2012-05-28
4		CAF7163N4	1596	5	MT	5	1282	6.2	2012-05-28
5		CAF7201A4	1999	5	DCT	6	1401	6.8	2012-05-28
6		CAF7201B4	1999	5	DCT	6	1391	6.8	2012-05-28
7		CAF7201N4	1999	5	MT	5	1367	6.7	2012-05-28
(三) 上海大众汽车有限公司									
1	新朗逸	SVW7147RRD	1390	5	MT	5	1305	6.3	2012-05-28
2		SVW7147SRD	1390	5	DCT	7	1325	6.3	2012-05-28
3	PASSAT	SVW71410GR	1390	5	MT	5	1435	6.7	2012-05-28
4	昊锐	SVW7149FRD	1390	5	MT	5	1445	6.7	2012-05-28
5	TOURAN	SVW6440JGD	1390	5	DCT	7	1550	6.9	2012-05-28
6		SVW6440KGD	1390	7	DCT	7	1580	6.9	2012-05-28
7	帕萨特	SVW7193RTi	1896	5	MT	5	1430	6.1	2012-05-28
(四) 上海汽车集团股份有限公司									
1	MG3	CSA7130ACS	1343	5	AMT	5	1125	6.1	2012-05-28
2		CSA7130MCS	1343	5	MT	5	1115	5.9	2012-05-28
3		CSA7153ACS	1498	5	AMT	5	1150/1175	6.2	2012-05-28
(五) 上海通用东岳汽车有限公司									
1	赛欧	SGM7120AMT	1206	5	AMT	5	1030	5.9	2012-05-28
2		SGM7125AMT	1206	5	AMT	5	1050	5.9	2012-05-28
3		SGM7125MTA	1206	5	MT	5	1040	5.6	2012-05-28
4		SGM7126MTA	1206	5	MT	5	1040	5.6	2012-05-28
5		SGM7120AMTB	1206	5	AMT	5	1050	5.9	2012-05-28
6		SGM7127AMT	1206	5	AMT	5	1050	5.9	2012-05-28
7		SGM7127MTA	1206	5	MT	5	1040	5.6	2012-05-28
8		SGM7128MTA	1206	5	MT	5	1040	5.6	2012-05-28
9		SGM7141MTB	1399	5	MT	5	1092	5.9	2012-05-28
10		SGM7148MTB	1399	5	MT	5	1092	5.9	2012-05-28

续表

序号	通用名称	车辆型号	排量（mL）	额定载客人数	变速器		整车整备质量（kg）	综合燃料消耗量（L/100km）	目录日期
					型式	挡位数			
11	爱唯欧	SGM7147MTA	1399	5	MT	5	1190	6.0	2012-05-28
12		SGM7148MTA	1399	5	MT	5	1180	6.0	2012-05-28
13		SGM7149MTA	1399	5	MT	5	1190	6.0	2012-05-28
14	EXCELLE	SGM7160MTC	1598	5	MT	5	1375	6.7	2012-05-28
（六）上汽通用五菱汽车股份有限公司									
1	宝骏乐驰	LZW7128KFA	1206	5	MT	5	890	5.1	2012-05-28
2	宝骏630	LZW7151ABF	1485	5	MT	5	1206	6.3	2012-05-28
（七）天津一汽丰田汽车有限公司									
1	卡罗拉	TV7182GLX-S	1798	5	CVT	–	1340	6.8	2012-05-28
2		TV7182GLX-SA	1798	5	CVT	–	1340	6.8	2012-05-28
3		TV7182GLX-i	1798	5	CVT	–	1335	6.8	2012-05-28
4		TV7182GLX-iA	1798	5	CVT	–	1335	6.8	2012-05-28
（八）天津一汽夏利汽车股份有限公司									
1	夏利 N5	TJ7133UE4Q	1339	5	MT	5	915	5.3	2012-05-28
2	威志 V2	CA7137E4Z1Q	1339	5	AMT	5	985	6.0	2012-05-28
3		CA7137E4Q	1339	5	MT	5	981	5.6	2012-05-28
4	威志 V5	CA7150BUE4Z1	1497	5	AMT	5	995	6.0	2012-05-28
5		CA7150BUE4Q	1497	5	MT	5	995	5.6	2012-05-28
（九）一汽一大众汽车有限公司									
1	新速腾 1.4T 自动	FV7146FBDGG	1390	5	DCT	7	1380	6.4	2012-05-28
2	新速腾 1.4T 手动	FV7146FBMGG	1390	5	MT	5	1350	6.5	2012-05-28
3	高尔夫 1.4T 自动	FV7144FBDGB	1390	5	DCT	7	1350	5.6	2012-05-28
4	大众 1.4T 自动	FV7147TFATG	1390	5	DCT	7	1470	6.9	2012-05-28
5	捷达 1.9 手动柴油	FV7190GDF	1896	5	MT	5	1114/1170	5.4	2012-05-28
6	捷达 1.9 柴油 手动	FV7190FSDI	1896	5	MT	5	1114	5.3	2012-05-28
7	奥迪 A6L 2.0 T 自动	FV7201BACWG	1984	5	CVT	–	1740	6.9	2012-05-28
8	奥迪 A6L 2.7T CVT	FV7271FTDICVTG	2698	5	CVT	–	1870	6.8	2012-05-28

二、新能源车辆

纯电动商用车

序号	企业名称	商标	产品型号	产品名称	目录日期
1	北京华林特装车有限公司	华林	HLT5023ZLJEV	纯电动自卸式垃圾车	2012-05-28
2			HLT5030CTYEV	纯电动桶装垃圾运输车	2012-05-28
3			HLT5031CTYEV	纯电动桶装垃圾运输车	2012-05-28
4			HLT5032CTYEV	纯电动桶装垃圾运输车	2012-05-28
5			HLT5033CTYEV	纯电动桶装垃圾运输车	2012-05-28
6	长春华奥汽车制造有限公司	金华奥	CCA6120BEV	纯电动城市客车	2012-05-28
7	扬州亚星客车股份有限公司	亚星	JS6126UC	纯电动城市客车	2012-05-28

五、"节能产品惠民工程"节能汽车(1.6升及以下乘用车)推广目录(第八批)

序号	通用名称	车辆型号	排量(mL)	额定载客人数	变速器		整车整备质量(kg)	综合燃料消耗量(L/100km)	批次	公告日期
					型式	挡位数				
一、安徽江淮汽车股份有限公司										
1	和悦	HFC7150B1F	1499	5	MT	5	1325	6.6	8	2012-07-10
2	和悦 RS	HFC7150M1F	1499	5	MT	5	1395	6.7	8	2012-07-10
3	同悦	HFC7130A2F	1332	5	MT	5	1100	5.9	8	2012-07-10
4	同悦 RS	HFC7130L2F	1332	5	MT	5	1060	5.5	8	2012-07-10
5		HFC7130L1TF	1299	5	AMT	5	1060	5.9	8	2012-07-10
6	悦悦	HFC7100WF	999	5	MT	5	915	5.1	8	2012-07-10
二、北京现代汽车有限公司										
1	朗动	BH7161HMY	1591	5	MT	6	1233	6.3	8	2012-07-10
2		BH7161HMZ	1591	5	MT	6	1233	6.3	8	2012-07-10
3		BH7161HAY	1591	5	AT	6	1267	6.6	8	2012-07-10
4		BH7161HAZ	1591	5	AT	6	1267	6.6	8	2012-07-10
三、比亚迪汽车有限公司										
1	比亚迪 F0	QCJ7100L	998	5	MT	5	870	5.2	8	2012-07-10
2	比亚迪 F3 速锐	QCJ7150W	1497	5	MT	5	1330	6.5	8	2012-07-10
3		QCJ7150WT1	1497	5	MT	6	1385	6.5	8	2012-07-10
4		QCJ7150WT2	1497	5	DCT	6	1395	6.5	8	2012-07-10
5		QCJ7150W1	1497	5	DCT	6	1370	6.5	8	2012-07-10
6	比亚迪 G6	QCJ7151ET1	1497	5	MT	6	1450	6.7	8	2012-07-10
7		QCJ7151ET2	1497	5	DCT	6	1450	6.9	8	2012-07-10
8	比亚迪 F3	QCJ7150A10	1497	5	DCT	6	1210	6.5	8	2012-07-10
9	比亚迪 G3	QCJ7152A6	1497	5	DCT	6	1210	6.5	8	2012-07-10
10	比亚迪 L3	QCJ7153A6	1497	5	DCT	6	1210	6.5	8	2012-07-10

续表

序号	通用名称	车辆型号	排量（mL）	额定载客人数	变速器		整车整备质量（kg）	综合燃料消耗量（L/100km）	批次	公告日期
					型式	挡位数				
四、长安福特马自达汽车有限公司										
1	福克斯	CAF7163M4	1596	5	MT	5	1286	6.2	8	2012-07-10
2		CAF7163A4	1596	5	DCT	6	1338	6.4	8	2012-07-10
3		CAF7163N4	1596	5	MT	5	1282	6.2	8	2012-07-10
4		CAF7163B4	1596	5	DCT	6	1337	6.4	8	2012-07-10
5	马自达 3	CAF7162M	1598	5	MT	5	1225	6.3	8	2012-07-10
6		CAF7162N	1598	5	MT	5	1246	6.3	8	2012-07-10
7		CAF7162MC5	1598	5	MT	5	1225	6.3	8	2012-07-10
8		CAF7162NC5	1598	5	MT	5	1246	6.3	8	2012-07-10
五、长城汽车股份有限公司										
1	哈弗 M2	CC7151AMA0B	1497	5	MT	5	1210	6.3	8	2012-07-10
2	哈弗 M4	CC7151SMA05	1497	5	MT	5	1106	6.0	8	2012-07-10
3	腾翼 C20R	CC7152BMA0K	1497	5	MT	5	1120	6.0	8	2012-07-10
4	腾翼 C30	CC7150CE0A	1497	5	MT	5	1140	5.9	8	2012-07-10
5		CC7150CE0B	1497	5	AMT	5	1125	6.2	8	2012-07-10
6		CC7150CE0C	1497	5	MT	5	1125	6.0	8	2012-07-10
7	腾翼 C50	CC7150QE09	1497	5	MT	5	1255	6.3	8	2012-07-10
8	腾翼 V80	CC6460VM0D	1497	6，7	MT	5	1435，1490	6.9	8	2012-07-10
9	炫丽	CC7152SM0B	1497	5	AMT	5	1091	6.3	8	2012-07-10
10		CC7152SM0C	1497	5	MT	5	1091	6.0	8	2012-07-10
六、重庆长安铃木汽车有限公司										
1	奥拓	SC7103H	996	5	MT	5	890	5.2	8	2012-07-10
2		SC7103E	996	5	AT	4	915	5.7	8	2012-07-10
3		SC7103F	996	5	MT	5	890	5.2	8	2012-07-10
4		SC7103G	996	5	AT	4	915	5.7	8	2012-07-10
5	天语 SX4 三厢	SC7161KY	1586	5	AT	4	1225	6.6	8	2012-07-10
6	天语 SX4 两厢	SC7162LY	1586	5	AT	4	1225	6.6	8	2012-07-10
7		SC7162NY	1586	5	AT	4	1225	6.6	8	2012-07-10

续表

序号	通用名称	车辆型号	排量(mL)	额定载客人数	变速器		整车整备质量(kg)	综合燃料消耗量(L/100km)	批次	公告日期
					型式	挡位数				
七、重庆长安汽车股份有限公司										
1	奔奔 Mini	SC7106AY	999	5	MT	5	900	5.2	8	2012-07-10
2	奔奔 Mini	SC7106CY	999	5	MT	5	900	5.2	8	2012-07-10
3	奔奔 Mini	SC7106D	999	5	AMT	5	910	5.7	8	2012-07-10
4	奔奔 mini	SC7106CYB5	999	5	MT	5	900	5.2	8	2012-07-10
5	奔奔 mini	SC7106DB5	999	5	AMT	5	910	5.7	8	2012-07-10
6	逸动	SC7169B	1598	5	MT	5	1323	6.5	8	2012-07-10
7	逸动	SC7169BH	1598	5	MT	5	1325	6.2	8	2012-07-10
8	悦翔	SC7151DY	1499	5	MT	5	1120	6.0	8	2012-07-10
9	悦翔	SC7136G	1298	5	AMT	5	1100	6.3	8	2012-07-10
10	悦翔 V3	SC7134C	1298	5	MT	5	985	5.6	8	2012-07-10
11	悦翔 V3	SC7134AH	1298	5	MT	5	985	5.4	8	2012-07-10
12	CX30	SC7163C	1590	5	MT	5	1325	6.7	8	2012-07-10
13	悦翔 V5	SC7151EY	1499	5	MT	5	1120	6.0	8	2012-07-10
14	EADO	SC7169BB5	1598	5	MT	5	1323	6.5	8	2012-07-10
八、重庆力帆乘用车有限公司										
1	520	LF7130G	1342	5	MT	5	1095	6.0	8	2012-07-10
2	520i	LF7131D	1342	5	MT	5	1110	6.0	8	2012-07-10
3	620	LF7152C	1498	5	MT	5	1150	6.0	8	2012-07-10
4	320	LF7132D	1342	5	MT	5	985	5.6	8	2012-07-10
九、东风柳州汽车有限公司										
1	风行景逸	LZ6432BQBE	1499	5	MT	5	1280	6.2	8	2012-07-10
2	风行景逸	LZ6431BQCE	1499	5	AMT	6	1300	6.5	8	2012-07-10
3	风行景逸	LZ6431BQEE	1590	5	MT	5	1370	6.6	8	2012-07-10
十、东风汽车有限公司										
1	阳光	DFL7151VAL1	1498	5	CVT	-	1041	5.8	8	2012-07-10
2	阳光	DFL7151VAL2	1498	5	CVT	-	1069	5.8	8	2012-07-10
3	阳光	DFL7151VAL3	1498	5	CVT	-	1072	5.8	8	2012-07-10

续表

序号	通用名称	车辆型号	排量（mL）	额定载客人数	变速器		整车整备质量（kg）	综合燃料消耗量（L/100km）	批次	公告日期
					型式	挡位数				
4	骐达	DFL7165VAL1	1598	5	CVT	-	1211	6.2	8	2012-07-10
5		DFL7165VAL2	1598	5	CVT	-	1211	6.2	8	2012-07-10
6	轩逸	DFL7168MAK2	1598	5	MT	5	1217	6.3	8	2012-07-10
7		DFL7168MAL2	1598	5	MT	5	1217	6.3	8	2012-07-10
8		DFL7168VAK1	1598	5	CVT	-	1237	6.2	8	2012-07-10
9		DFL7168VAL1	1598	5	CVT	-	1237	6.2	8	2012-07-10
十一、东南（福建）汽车工业有限公司										
1	V3 菱悦	DN7154ES	1488	5	MT	5	1100	5.8	8	2012-07-10
十二、哈飞汽车股份有限公司										
1	哈飞骏意	HFJ6400C4Y	999	7-8	MT	5	1095	6.3	8	2012-07-10
2	哈飞路尊小霸王	HFJ6392G4Y	999	7-8	MT	5	1045	5.9	8	2012-07-10
3		HFJ6392B4Y	970	7-8	MT	5	1045	6.0	8	2012-07-10
4	哈飞新民意	HFJ6372A4Y	970	7-8	MT	5	985	6.0	8	2012-07-10
5		HFJ6372C4Y	999	7-8	MT	5	985	5.9	8	2012-07-10
6	哈飞路宝	HFJ7100G4Y	999	5	MT	5	895	5.3	8	2012-07-10
十三、海马轿车有限公司										
1	爱尚	HMA7101AB2F	999	5	MT	5	888	5.2	8	2012-07-10
十四、海马商务汽车有限公司										
1	福仕达·腾达Ⅱ	ZQ6421A73AF	1244	7，8	MT	5	1115	6.2	8	2012-07-10
2		ZQ6423A72AF	999	7，8	MT	5	1115	6.2	8	2012-07-10
3	福仕达Ⅱ	ZQ6390A63AF	1244	7，8	MT	5	1045，1065	6.0	8	2012-07-10
4		ZQ6392A62AF	999	7，8	MT	5	1045，1065	6.0	8	2012-07-10
十五、华晨汽车集团控股有限公司										
1	骏捷 FSV	SY7150X1SHEVBAB	1499	5	MT	5	1240	6.3	8	2012-07-10
2	中华 H230	SY7150E1SBAE	1498	5	MT	5	1207	6.3	8	2012-07-10
3	中华 H230	SY7150E1ZBAE	1498	5	AT	6	1214	6.6	8	2012-07-10
4	骏捷 FRV	SY7151E1SBAA	1498	5	MT	5	1240	6.3	8	2012-07-10

续表

序号	通用名称	车辆型号	排量(mL)	额定载客人数	变速器		整车整备质量(kg)	综合燃料消耗量(L/100km)	批次	公告日期
					型式	挡位数				
十六、江西昌河铃木汽车有限责任公司										
1	SPLASH	CH7142D1	1372	5	MT	5	1070	5.6	8	2012-07-10
2	北斗星	CH7140A3	1372	5	MT	5	900	5.3	8	2012-07-10
3		CH7140B3	1372	5	MT	5	900	5.3	8	2012-07-10
4		CH7143B	1372	5	MT	5	940	5.3	8	2012-07-10
5	利亚纳	CH7145A1	1372	5	MT	5	1140	6.0	8	2012-07-10
6		CH7146A1	1372	5	MT	5	1150	6.0	8	2012-07-10
十七、奇瑞汽车股份有限公司										
1	开瑞优优	SQR6400Q22D6	999	6-8	MT	5	1240，1247，1252	5.6	8	2012-07-10
2	旗云 1	SQR7102S210	998	5	MT	5	990	5.6	8	2012-07-10
3	瑞虎	SQR7163T110	1598	5	MT	5	1343	6.7	8	2012-07-10
4	瑞麒 M1	SQR7102S180	998	5	MT	5	990	5.6	8	2012-07-10
5	奇瑞 QQ3	SQR7084S110	812	5	MT	5	880	5.3	8	2012-07-10
6	奇瑞 QQ	SQR7100J000	998	5	MT	5	936	5.3	8	2012-07-10
7	奇瑞 A1	SQR7101S120	998	5	MT	5	1020	5.6	8	2012-07-10
8	旗云 2	SQR7153A150	1497	5	MT	5	1100	6.0	8	2012-07-10
9	奇瑞 E5/旗云 3	SQR7153A210	1497	5	MT	5	1285	6.3	8	2012-07-10
10	瑞麒 G3	SQR7161J180	1598	5	MT	5	1325	6.7	8	2012-07-10
十八、上海大众汽车有限公司										
1	PASSAT	SVW71410GR	1390	5	MT	5	1435	6.7	8	2012-07-10
2	昊锐	SVW7149FRD	1390	5	MT	5	1445	6.7	8	2012-07-10
3	明锐	SVW7146DRD	1390	5	DCT	7	1365	5.9	8	2012-07-10
4	新朗逸	SVW7147RRD	1390	5	MT	5	1305	6.3	8	2012-07-10
5		SVW7147SRD	1390	5	DCT	7	1325	6.3	8	2012-07-10
6	TOURAN	SVW6440JGD	1390	5	DCT	7	1550	6.9	8	2012-07-10
7		SVW6440KGD	1390	7	DCT	7	1580	6.9	8	2012-07-10

续表

序号	通用名称	车辆型号	排量（mL）	额定载客人数	变速器		整车整备质量（kg）	综合燃料消耗量（L/100km）	批次	公告日期
					型式	挡位数				
8	POLO	SVW71411ER	1390	5	MT	5	1092	6.0	8	2012-07-10
9		SVW71611FS	1598	5	MT	5	1092	6.0	8	2012-07-10
十九、上海华普汽车有限公司										
1	海景 1.5MT	SMA7151K06	1498	5	MT	5	1245	6.2	8	2012-07-10
二十、上海汽车集团股份有限公司										
1	MG3	CSA7130ACS	1343	5	AMT	5	1125	6.1	8	2012-07-10
2		CSA7130MCS	1343	5	MT	5	1115	5.9	8	2012-07-10
3		CSA7153ACS	1498	5	AMT	5	1150，1175	6.2	8	2012-07-10
二十一、上海通用东岳汽车有限公司										
1	赛欧	SGM7127AMT	1206	5	AMT	5	1050	5.9	8	2012-07-10
2		SGM7120AMTB	1206	5	AMT	5	1050	5.9	8	2012-07-10
3		SGM7148MTB	1399	5	MT	5	1092	5.9	8	2012-07-10
4		SGM7127MTA	1206	5	MT	5	1040	5.6	8	2012-07-10
5		SGM7128MTA	1206	5	MT	5	1040	5.6	8	2012-07-10
6	EXCELLE	SGM7160MTC	1598	5	MT	5	1375	6.7	8	2012-07-10
二十二、上汽通用五菱汽车股份有限公司										
1	宝骏乐驰	LZW7128KFA	1206	5	MT	5	890	5.1	8	2012-07-10
2	宝骏 630	LZW7151ABF	1485	5	MT	5	1206	6.3	8	2012-07-10
二十三、天津一汽夏利汽车股份有限公司										
1	威志 V2	CA7137E4Z1Q	1339	5	AMT	5	985	6.0	8	2012-07-10
2		CA7137E4Q	1339	5	MT	5	981	5.6	8	2012-07-10
3	威志 V5	CA7150BUE4Q	1497	5	MT	5	995	5.6	8	2012-07-10
4		CA7150BUE4Z1	1497	5	AMT	5	995	6.0	8	2012-07-10
5	夏利 N5	TJ7133UE4Q	1339	5	MT	5	915	5.3	8	2012-07-10
二十四、一汽一大众汽车有限公司										
1	高尔夫 1.4T 自动	FV7144FBDGB	1390	5	DCT	7	1350	5.6	8	2012-07-10
2	新速腾 1.4T 手动	FV7146FBMGG	1390	5	MT	5	1350	6.5	8	2012-07-10

续表

序号	通用名称	车辆型号	排量（mL）	额定载客人数	变速器		整车整备质量（kg）	综合燃料消耗量（L/100km）	批次	公告日期
					型式	挡位数				
3	新速腾 1.4T 自动	FV7146FBDGG	1390	5	DCT	7	1380	6.4	8	2012-07-10
二十五、一汽海马汽车有限公司										
1	Haima2	HMC7133C4H0	1299	5	MT	5	1095	5.9	8	2012-07-10
2		HMC7151D4H0	1497	5	ASG	6	1095	6.1	8	2012-07-10
3	福美来	HMC7165R4H0	1598	5	CVT	—	1240	6.4	8	2012-07-10
4		HMC7165A4S1	1598	5	MT	5	1270	6.2	8	2012-07-10
5		HMC7165T4H0	1598	5	MT	5	1225	6.2	8	2012-07-10
6	海福星	HMC7154C4S0	1497	5	MT	5	1100	5.9	8	2012-07-10
7	普力马	HMC6446F4M0	1598	7	MT	5	1350	6.7	8	2012-07-10
二十六、浙江豪情汽车制造有限公司										
1	吉利熊猫 1.0MT	HQ7101K02	997	5	MT	5	937	5.1	8	2012-07-10
2	GC715 1.5MT	JL7152K12	1498	5	MT	5	1210	6.2	8	2012-07-10
3	远景 1.5MT	JL7152K05	1498	5	MT	5	1210	6.1	8	2012-07-10
二十七、浙江吉利汽车有限公司										
1	自由舰 1.0MT	MR7101K02	997	5	MT	5	1029	5.2	8	2012-07-10
2	帝豪 1.5 MT	MR7152K03	1498	5	MT	5	1258	6.1	8	2012-07-10
3		MR7152K04	1498	5	MT	5	1244	6.1	8	2012-07-10

六、2012年车辆生产企业及产品公告（第233～第243批）（节能与新能源汽车节选）

1. 纯电动汽车及底盘（共计166款车型及底盘，其中包括28款底盘、客车及专用车各14款）

序号	企业名称	目录序号	商标	产品名称	产品型号	批次	公告日期
1	北京汽车股份有限公司	11	北京	纯电动轿车	BJ7000	233	2012-01-19
2	北汽福田汽车股份有限公司	9	福田	纯电动多用途乘用车	BJ6438	233	2012-01-19
3	长城汽车股份有限公司	15	长城	纯电动轿车	CC7002	233	2012-01-19

续表

序号	企业名称	目录序号	商标	产品名称	产品型号	批次	公告日期
4	上海申沃客车有限公司	42	申沃	纯电动城市客车	SWB6107	233	2012-01-19
5	上海申沃客车有限公司	42	申沃	纯电动客车底盘	SWB6107	233	2012-01-19
6	扬州亚星客车股份有限公司	49	亚星	纯电动城市客车	JS6126	233	2012-01-19
7	北京华林特装车有限公司	（一）31	华林	纯电动桶装垃圾运输车	HLT5033CTY	233	2012-01-19
8	天津清源电动车辆有限责任公司	（二）22	清源	纯电动厢式运输车	QY5020X	233	2012-01-19
9	安徽安凯汽车股份有限公司	55	安凯	纯电动城市客车	HFF6123	234	2012-02-29
10	安徽安凯汽车股份有限公司	55	安凯	纯电动客车底盘	HFF6123	234	2012-02-29
11	湖南江南汽车制造有限公司	84	江南	纯电动载货车	JNJ1021	234	2012-02-29
12	湖南江南汽车制造有限公司	84	江南	纯电动轿车	JNJ7000	234	2012-02-29
13	奇瑞汽车股份有限公司	119	瑞麒	纯电动轿车	SQR7000	234	2012-02-29
14	厦门金龙联合汽车工业有限公司	123	金龙	纯电动城市客车	XMQ6127	234	2012-02-29
15	厦门金龙联合汽车工业有限公司	123	金龙	纯电动客车底盘	XMQ6110	234	2012-02-29
16	北京华林特装车有限公司	（一）31	华林	纯电动桶装垃圾运输车	HLT5032CTY	234	2012-02-29
17	盐城中威客车有限公司	（十）62	中大	纯电动城市客车	YCK6118	234	2012-02-29
18	金华市康迪新能源车辆有限公司	（十一）27	康迪	纯电动厢式运输车	KD5021X	234	2012-02-29
19	东风扬子江汽车（武汉）有限责任公司	（十七）48	扬子江	纯电动城市客车	WG6110	234	2012-02-29
20	东风汽车有限公司	3	启辰	纯电动轿车	DFL7000	235	2012-03-23
21	北汽福田汽车股份有限公司	9	福田	纯电动城市客车	BJ6123	235	2012-03-23
22	东风悦达起亚汽车有限公司	47	典悦	纯电动轿车	YQZ7000	235	2012-03-23
23	郑州宇通客车股份有限公司	71	宇通	纯电动城市客车	ZK6125	235	2012-03-23
24	中国重汽集团成都王牌商用车有限公司	101	王牌	纯电动载货汽车底盘	CDW1160	235	2012-03-23
25	中国重汽集团成都王牌商用车有限公司	101	王牌	纯电动洒水车	CDW5164GSS	235	2012-03-23
26	江铃控股有限公司	121	江铃	纯电动轿车	JX7003	235	2012-03-23
27	上海汽车集团股份有限公司	122	荣威	纯电动轿车	CSA7000	235	2012-03-23
28	南京金龙客车制造有限公司	（十）15	东宇	纯电动城市客车	NJL6100	235	2012-03-23
29	金华市康迪新能源车辆有限公司	（十一）27	康迪	纯电动仓栅式运输车	KD5021CCY	235	2012-03-23
30	江西凯马百路佳客车有限公司	（十四）03	江西	纯电动城市客车	JXK6121	235	2012-03-23
31	中联重科股份有限公司	（十八）20	中联	纯电动扫路车	ZLJ5071TSL	235	2012-03-23

续表

序号	企业名称	目录序号	商标	产品名称	产品型号	批次	公告日期
32	珠海市广通汽车有限公司	（十九）28	广通	纯电动城市客车	GTQ6117	235	2012-03-23
33	一汽（四川）专用汽车有限公司	（二十二）01	远达	纯电动洒水车	SCZ5168GSS	235	2012-03-23
34	中国第一汽车集团公司	1	解放	纯电动城市客车	CA6120	236	2012-04-27
35	中国第一汽车集团公司	1	解放	纯电动客车底盘	CA6120	236	2012-04-27
36	中国第一汽车集团公司	1	解放	纯电动客车底盘	CA6121	236	2012-04-27
37	北汽福田汽车股份有限公司	9	福田	纯电动城市客车	BJ6123	236	2012-04-27
38	沈阳华晨金杯汽车有限公司	33	金杯	纯电动轻型客车	SY6548	236	2012-04-27
39	沈阳华晨金杯汽车有限公司	33	金杯	纯电动轻型客车	SY6521	236	2012-04-27
40	安徽江淮汽车股份有限公司	56	江淮	纯电动载货汽车底盘	HFC1070	236	2012-04-27
41	郑州宇通客车股份有限公司	71	宇通	纯电动城市客车	ZK6120	236	2012-04-27
42	重庆力帆乘用车有限公司	93	力帆	纯电动轿车	LF7002	236	2012-04-27
43	金龙联合汽车工业（苏州）有限公司	112	海格	纯电动城市客车	KLQ6129	236	2012-04-27
44	中通客车控股股份有限公司	125	中通	纯电动城市客车	LCK6122	236	2012-04-27
45	北京华林特装车有限公司	（一）31	华林	纯电动清洗车	HLT5070GQX	236	2012-04-27
46	上海万象汽车制造有限公司	（九）26	象	纯电动城市客车	SXC6105	236	2012-04-27
47	江苏常隆客车有限公司	（十）17	常隆	纯电动城市客车	YS6121	236	2012-04-27
48	成都客车股份有限公司	（二十二）10	蜀都	纯电动城市客车	CDK6122	236	2012-04-27
49	北京北方华德尼奥普兰客车股份有限公司	7	北方	纯电动运钞车	BFC5040	237	2012-06-07
50	南京汽车集团有限公司	44	依维柯	纯电动载货车底盘	NJ1047	237	2012-06-07
51	安徽安凯汽车股份有限公司	55	安凯	纯电动城市客车	HFF6127	237	2012-06-07
52	安徽安凯汽车股份有限公司	55	安凯	纯电动城市客车	HFF6128	237	2012-06-07
53	安徽安凯汽车股份有限公司	55	安凯	纯电动城市客车	HFF6126	237	2012-06-07
54	安徽安凯汽车股份有限公司	55	安凯	纯电动客车底盘	HFF6127	237	2012-06-07
55	安徽安凯汽车股份有限公司	55	安凯	纯电动客车底盘	HFF6128	237	2012-06-07
56	郑州宇通客车股份有限公司	71	宇通	纯电动城市客车	ZK6120	237	2012-06-07
57	广州汽车集团客车有限公司	89	广汽	纯电动城市客车	GZ6100	237	2012-06-07
58	南京金龙客车制造有限公司	（十）15	东宇	纯电动城市客车	NJL6129	237	2012-06-07
59	江苏奥新新能源汽车有限公司	（十）74	达福迪	纯电动厢式运输车	JAX5020X	237	2012-06-07

续表

序号	企业名称	目录序号	商标	产品名称	产品型号	批次	公告日期
60	江苏奥新新能源汽车有限公司	（十）74	达福迪	纯电动车厢可卸式垃圾车	JAX5020ZXX	237	2012-06-07
61	江西江铃汽车集团改装车有限公司	（十四）15	江铃全顺	纯电动商务车	JX5041XSW	237	2012-06-07
62	山东沂星电动汽车有限公司	（十五）25	飞燕	纯电动城市客车	SDL6120	237	2012-06-07
63	深圳市五洲龙汽车有限公司	（十九）47	五洲龙	纯电动城市客车	FDG6117	237	2012-06-07
64	一汽（四川）专用汽车有限公司	（二十二）01	远达	纯电动清洗车	SCZ5090GQX	237	2012-06-07
65	中国第一汽车集团公司	1	解放	纯电动客车底盘	CA6120	238	2012-07-11
66	东风汽车公司	3	东风	纯电动客车底盘	EQ6101	238	2012-07-11
67	金华青年汽车制造有限公司	7	青年	纯电动城市客车	JNP6120	238	2012-07-11
68	安徽安凯汽车股份有限公司	55	安凯	纯电动客车	HFF6127	238	2012-07-11
69	长沙市比亚迪客车有限公司	79	比亚迪	纯电动城市客车	CK6120	238	2012-07-11
70	四川汽车工业股份有限公司	101	野马	纯电动城市客车	SQJ6111	238	2012-07-11
71	厦门金龙联合汽车工业有限公司	123	金龙	纯电动城市客车	XMQ6127	238	2012-07-11
72	厦门金龙联合汽车工业有限公司	123	金龙	纯电动客车底盘	XMQ6110	238	2012-07-11
73	天津清源电动车辆有限责任公司	（二）22	清源	纯电动垃圾车	QY5020ZLJ	238	2012-07-11
74	一汽客车（无锡）有限公司	（十）10	解放	纯电动城市客车	CA6121	238	2012-07-11
75	湖南南车时代电动汽车股份有限公司	（十八）23	南车时代	纯电动客车	TEG6110	238	2012-07-11
76	深圳市五洲龙汽车有限公司	（十九）47	五洲龙	纯电动城市客车	FDG6801	238	2012-07-11
77	深圳市五洲龙汽车有限公司	（十九）47	五洲龙	纯电动城市客车	FDG6113	238	2012-07-11
78	安徽安凯汽车股份有限公司	55	安凯	纯电动双层城市客车	HFF6110	239	2012-08-03
79	长沙市比亚迪客车有限公司	79	比亚迪	纯电动城市客车底盘	CK6120	239	2012-08-03
80	中国重汽集团成都王牌商用车有限公司	101	王牌	纯电动载货汽车底盘	CDW1080	239	2012-08-03
81	中国重汽集团成都王牌商用车有限公司	101	王牌	纯电动垃圾车	CDW5080ZLJ	239	2012-08-03
82	江苏奥新新能源汽车有限公司	（十）74	达福迪	纯电动厢式运输车	JAX5021X	239	2012-08-03
83	江苏奥新新能源汽车有限公司	（十）74	达福迪	纯电动车厢可卸式垃圾车	JAX5021ZXX	239	2012-08-03
84	湖南南车时代电动汽车股份有限公司	（十八）23	南车时代	纯电动城市客车	TEG6129	239	2012-08-03
85	东风汽车公司	3	东风	纯电动载货汽车底盘	EQ1020	240	2012-09-19
86	北汽福田汽车股份有限公司	9	福田	纯电动厢式运输车	BJ5036X	240	2012-09-19
87	哈飞汽车股份有限公司	39	哈飞	纯电动轿车	HFJ7001	240	2012-09-19

续表

序号	企业名称	目录序号	商标	产品名称	产品型号	批次	公告日期
88	一汽解放青岛汽车有限公司	64	解放	纯电动载货汽车底盘	CA1164	240	2012-09-19
89	湖南江南汽车制造有限公司	84	众泰	纯电动多用途乘用车	JNJ6290	240	2012-09-19
90	中国重汽集团成都王牌商用车有限公司	101	王牌	纯电动载货汽车底盘	CDW1030	240	2012-09-19
91	中国重汽集团成都王牌商用车有限公司	101	王牌	纯电动垃圾车	CDW5030ZLJ	240	2012-09-19
92	中国重汽集团成都王牌商用车有限公司	101	王牌	纯电动工程车	CDW5030X	240	2012-09-19
93	厦门金龙联合汽车工业有限公司	123	金龙	纯电动城市客车	XMQ6127	240	2012-09-19
94	河南少林汽车股份有限公司	126	少林	纯电动城市客车	SLG6105	240	2012-09-19
95	江西江铃汽车集团改装车有限公司	（十四）15	江铃	纯电动厢式运输车	JX5020X	240	2012-09-19
96	山东昊宇车辆有限公司	（十五）78	超雷	纯电动自卸汽车	CLP3020	240	2012-09-19
97	山东昊宇车辆有限公司	（十五）78	超雷	纯电动厢式货车	CLP5020	240	2012-09-19
98	中联重科股份有限公司	（十八）20	中联	纯电动扫路车	ZLJ5071TSL	240	2012-09-19
99	中联重科股份有限公司	（十八）20	中联	纯电动桶装垃圾运输车	ZLJ5020CTY	240	2012-09-19
100	中联重科股份有限公司	（十八）20	中联	纯电动自卸式垃圾车	ZLJ5023ZLJ	240	2012-09-19
101	中联重科股份有限公司	（十八）20	中联	纯电动自装卸式垃圾车	ZLJ5021ZZZ	240	2012-09-19
102	一汽（四川）专用汽车有限公司	（二十二）01	远达	纯电动洒水车	SCZ5160GSS	240	2012-09-19
103	一汽（四川）专用汽车有限公司	（二十二）01	远达	纯电动自卸式垃圾车	SCZ5031ZLJ	240	2012-09-19
104	东风汽车公司	3	风神	纯电动轿车	DFM7000	241	2012-10-16
105	上海通用汽车有限公司	6	赛欧（SAIL）	纯电动轿车	SGM7001	241	2012-10-16
106	金华青年汽车制造有限公司	7	青年	纯电动城市客车	JNP6120	241	2012-10-16
107	南京汽车集团有限公司	44	跃进	纯电动载货汽车	NJ1027	241	2012-10-16
108	南京汽车集团有限公司	44	跃进	纯电动载货汽车底盘	NJ1027	241	2012-10-16
109	安徽安凯汽车股份有限公司	55	安凯	纯电动客车	HFF6101	241	2012-10-16
110	中国重汽集团成都王牌商用车有限公司	101	王牌	纯电动载货汽车底盘	CDW1160	241	2012-10-16
111	中国重汽集团成都王牌商用车有限公司	101	王牌	纯电动工程车	CDW5030X	241	2012-10-16
112	中国重汽集团成都王牌商用车有限公司	101	王牌	纯电动洒水车	CDW5164GSS	241	2012-10-16
113	中联重科股份有限公司	（十八）20	中联	纯电动路面养护车	ZLJ5020TYH	241	2012-10-16
114	中联重科股份有限公司	（十八）20	中联	纯电动车厢可卸式垃圾车	ZLJ5021ZXX	241	2012-10-16
115	深圳市五洲龙汽车有限公司	（十九）47	五洲龙	纯电动城市客车	FDG6113	241	2012-10-16

续表

序号	企业名称	目录序号	商标	产品名称	产品型号	批次	公告日期
116	中国第一汽车集团公司	1	解放	纯电动客车底盘	CA6100	242	2012-11-05
117	北汽福田汽车股份有限公司	9	福田	纯电动城市客车	BJ6123	242	2012-11-05
118	天津一汽夏利汽车股份有限公司	18	威志	纯电动轿车	CA7000	242	2012-11-05
119	华晨汽车集团控股有限公司	33	中华	纯电动轿车	SY7000	242	2012-11-05
120	安徽安凯汽车股份有限公司	55	安凯	纯电动客车	HFF6127	242	2012-11-05
121	山东唐骏欧铃汽车制造有限公司	68	欧铃	纯电动载货汽车	ZB1010	242	2012-11-05
122	山东唐骏欧铃汽车制造有限公司	68	欧铃	纯电动载货汽车	ZB1020	242	2012-11-05
123	山东唐骏欧铃汽车制造有限公司	68	欧铃	纯电动载货汽车底盘	ZB1010	242	2012-11-05
124	山东唐骏欧铃汽车制造有限公司	68	欧铃	纯电动载货汽车底盘	ZB1020	242	2012-11-05
125	湖南江南汽车制造有限公司	84	江南	纯电动载货车	JNJ1021	242	2012-11-05
126	中国重汽集团成都王牌商用车有限公司	101	王牌	纯电动厢式运输车	CDW5160X	242	2012-11-05
127	四川汽车工业股份有限公司	101	野马	纯电动乘用车	SQJ6452	242	2012-11-05
128	厦门金龙联合汽车工业有限公司	123	金龙	纯电动客车底盘	XMQ6110	242	2012-11-05
129	天津客车装配厂	（二）04	金马	纯电动城市客车	TJK6122	242	2012-11-05
130	一汽客车（无锡）有限公司	（十）10	解放	纯电动城市客车	CA6100	242	2012-11-05
131	江苏奥新新能源汽车有限公司	（十）74	达福迪	纯电动仓栅式运输车	JAX5020CCY	242	2012-11-05
132	中联重科股份有限公司	（十八）20	中联	纯电动自装卸式垃圾车	ZLJ5070ZZZ	242	2012-11-05
133	深圳市五洲龙汽车有限公司	（十九）47	五洲龙	纯电动城市客车	FDG6123	242	2012-11-05
134	中国第一汽车集团公司	1	一汽	纯电动轿车	CA7005	243	2012-12-18
135	东风汽车公司	3	东风	纯电动载货汽车底盘	EQ1020	243	2012-12-18
136	东风汽车公司	3	东风	纯电动城市客车	EQ6110	243	2012-12-18
137	东风汽车公司	3	东风	纯电动客车底盘	EQ6100	243	2012-12-18
138	东风汽车公司	3	东风	纯电动自卸式垃圾车	EQ5020ZLJ	243	2012-12-18
139	东风汽车公司	3	东风	纯电动自装卸式垃圾车	EQ5020ZZZ	243	2012-12-18
140	东风汽车公司	3	东风	纯电动车厢可卸式垃圾车	EQ5020ZXX	243	2012-12-18
141	南京汽车集团有限公司	44	依维柯	纯电动客车	NJ6697	243	2012-12-18
142	合肥昌河汽车有限责任公司	59	昌河	纯电动载货汽车	CH1020	243	2012-12-18
143	合肥昌河汽车有限责任公司	59	昌河	纯电动载货汽车	CH1021	243	2012-12-18

续表

序号	企业名称	目录序号	商标	产品名称	产品型号	批次	公告日期
144	合肥昌河汽车有限责任公司	59	昌河	纯电动多用途乘用车	CH6390	243	2012-12-18
145	深圳市比亚迪汽车有限公司	79	比亚迪	纯电动轿车	QCJ7006	243	2012-12-18
146	上汽通用五菱汽车股份有限公司	92	五菱	纯电动邮政车	LZW5027XYZ	243	2012-12-18
147	中国重汽集团成都王牌商用车有限公司	101	王牌	纯电动载货汽车底盘	CDW1030	243	2012-12-18
148	中国重汽集团成都王牌商用车有限公司	101	王牌	纯电动载货汽车底盘	CDW1080	243	2012-12-18
149	中国重汽集团成都王牌商用车有限公司	101	王牌	纯电动载货汽车底盘	CDW1160	243	2012-12-18
150	中国重汽集团成都王牌商用车有限公司	101	王牌	纯电动垃圾车	CDW5080ZLJ	243	2012-12-18
151	中国重汽集团成都王牌商用车有限公司	101	王牌	纯电动洒水车	CDW5164GSS	243	2012-12-18
152	中国重汽集团成都王牌商用车有限公司	101	王牌	纯电动自卸式垃圾车	CDW5030ZLJ	243	2012-12-18
153	南京金龙客车制造有限公司	(十) 15	东宇	纯电动客车	NJL6118	243	2012-12-18
154	江苏奥新新能源汽车有限公司	(十) 74	达福迪	纯电动仓栅式运输车	JAX5020CCY	243	2012-12-18
155	江苏奥新新能源汽车有限公司	(十) 74	达福迪	纯电动篷式运输车	JAX5020CPY	243	2012-12-18
156	江苏奥新新能源汽车有限公司	(十) 74	达福迪	纯电动自卸式垃圾车	JAX5020ZLJ	243	2012-12-18
157	金华市康迪新能源车辆有限公司	(十一) 27	康迪	纯电动厢式运输车	KD5022X	243	2012-12-18
158	金华市康迪新能源车辆有限公司	(十一) 27	康迪	纯电动厢式运输车	KD5010X	243	2012-12-18
159	金华市康迪新能源车辆有限公司	(十一) 27	康迪	纯电动厢式运输车	KD5023X	243	2012-12-18
160	山东沂星电动汽车有限公司	(十五) 25	飞燕	纯电动城市客车	SDL6120	243	2012-12-18
161	山东沂星电动汽车有限公司	(十五) 25	飞燕	纯电动城市客车	SDL6100	243	2012-12-18
162	中联重科股份有限公司	(十八) 20	中联	纯电动自装卸式垃圾车	ZLJ5070ZZZ	243	2012-12-18
163	广东信源物流设备有限公司	(十九) 37	上元	纯电动邮政车	GDY5022X	243	2012-12-18
164	深圳市五洲龙汽车有限公司	(十九) 47	五洲龙	纯电动城市客车	FDG6601	243	2012-12-18
165	深圳市五洲龙汽车有限公司	(十九) 47	五洲龙	纯电动城市客车	FDG6113	243	2012-12-18
166	柳州五菱汽车工业有限公司	(二十) 09	五菱	纯电动仓栅式运输车	LQG5021CCY	243	2012-12-18

2. 混合动力汽车及底盘(共计 130 款车型及底盘,其中包括 30 款底盘,全部是客车底盘)

序号	企业名称	目录序号	商标	产品名称	产品型号	批次	公告日期
1	北汽福田汽车股份有限公司	9	福田	混合动力城市客车	BJ6105	233	2012-01-19
2	扬州亚星客车股份有限公司	49	亚星	混合动力城市客车	JS6126	233	2012-01-19

续表

序号	企业名称	目录序号	商标	产品名称	产品型号	批次	公告日期
3	广州汽车集团乘用车有限公司	89	传祺（Trumpchi）	混合动力轿车	GAC7180	233	2012-01-19
4	重庆恒通客车有限公司	127	恒通客车	混合动力城市客车	CKZ6116	233	2012-01-19
5	重庆恒通客车有限公司	127	恒通客车	混合动力客车底盘	CKZ6109	233	2012-01-19
6	东风汽车公司	3	东风	混合动力电动城市客车	EQ6120	234	2012-02-29
7	东风汽车公司	3	东风	混合动力电动客车底盘	EQ6120	234	2012-02-29
8	金龙联合汽车工业（苏州）有限公司	112	海格	混合动力城市客车	KLQ6109	234	2012-02-29
9	厦门金龙联合汽车工业有限公司	123	金龙	混合动力城市客车	XMQ6127	234	2012-02-29
10	厦门金龙联合汽车工业有限公司	123	金龙	混合动力城市客车	XMQ6106	234	2012-02-29
11	厦门金龙联合汽车工业有限公司	123	金龙	混合动力客车底盘	XMQ6121	234	2012-02-29
12	厦门金龙联合汽车工业有限公司	123	金龙	混合动力客车底盘	XMQ6102	234	2012-02-29
13	厦门金龙旅行车有限公司	124	金旅	混合动力城市客车	XML6125	234	2012-02-29
14	中通客车控股股份有限公司	125	中通	混合动力城市客车	LCK6105	234	2012-02-29
15	中通客车控股股份有限公司	125	中通	混合动力客车底盘	LCK6104	234	2012-02-29
16	盐城中威客车有限公司	（十）62	中大	混合动力城市客车	YCK6128	234	2012-02-29
17	江西博能上饶客车有限公司	（十四）02	上饶	插电式串联混合动力客车	SR6700	234	2012-02-29
18	江西博能上饶客车有限公司	（十四）02	上饶	混联式混合动力城市客车	SR6110	234	2012-02-29
19	中国第一汽车集团公司	1	一汽	混合动力轿车	CA7155	235	2012-03-23
20	上海申沃客车有限公司	42	申沃	混合动力客车底盘	SWB6127	235	2012-03-23
21	郑州宇通客车股份有限公司	71	宇通	混合动力电动城市客车	ZK6108	235	2012-03-23
22	郑州宇通客车股份有限公司	71	宇通	混合动力电动城市客车	ZK6126	235	2012-03-23
23	郑州宇通客车股份有限公司	71	宇通	混合动力电动客车底盘	ZK6100	235	2012-03-23
24	郑州宇通客车股份有限公司	71	宇通	混合动力电动客车底盘	ZK6118	235	2012-03-23
25	中通客车控股股份有限公司	125	中通	混合动力城市客车	LCK6122	235	2012-03-23
26	中通客车控股股份有限公司	125	中通	混合动力客车底盘	LCK6124	235	2012-03-23
27	南京金龙客车制造有限公司	（十）15	东宇	混合动力城市客车	NJL6129	235	2012-03-23
28	成都客车股份有限公司	（二十二）10	蜀都	混合动力城市客车	CDK6122	235	2012-03-23
29	丹东黄海汽车有限责任公司	29	黄海	混合动力城市客车	DD6129	236	2012-04-27
30	丹东黄海汽车有限责任公司	29	黄海	混合动力客车底盘	DD6129	236	2012-04-27
31	上海申沃客车有限公司	42	申沃	混合动力城市客车	SWB6127	236	2012-04-27

续表

序号	企业名称	目录序号	商标	产品名称	产品型号	批次	公告日期
32	扬州亚星客车股份有限公司	49	亚星	混合动力城市客车	JS6106	236	2012-04-27
33	郑州宇通客车股份有限公司	71	宇通	混合动力电动城市客车	ZK6105	236	2012-04-27
34	郑州宇通客车股份有限公司	71	宇通	混合动力电动城市客车	ZK6125	236	2012-04-27
35	广州汽车集团客车有限公司	89	广汽	混合动力城市客车	GZ6112	236	2012-04-27
36	广州汽车集团客车有限公司	89	广汽	混合动力城市客车	GZ6103	236	2012-04-27
37	广州汽车集团客车有限公司	89	广汽	混合动力城市客车	GZ6113	236	2012-04-27
38	广州汽车集团客车有限公司	89	广汽	混合动力城市客车底盘	GZ6112	236	2012-04-27
39	广州汽车集团客车有限公司	89	广汽	混合动力城市客车底盘	GZ6103	236	2012-04-27
40	广州汽车集团客车有限公司	89	广汽	混合动力城市客车底盘	GZ6113	236	2012-04-27
41	广汽丰田汽车有限公司	89	丰田（TOYOTA）	混合动力轿车	GTM7251	236	2012-04-27
42	金龙联合汽车工业（苏州）有限公司	112	海格	混合动力城市客车	KLQ6109	236	2012-04-27
43	中通客车控股股份有限公司	125	中通	混合动力城市客车	LCK6125	236	2012-04-27
44	中通客车控股股份有限公司	125	中通	混合动力客车底盘	LCK6124	236	2012-04-27
45	江西凯马百路佳客车有限公司	（十四）03	江西	混合动力城市客车	JXK6116	236	2012-04-27
46	东风扬子江汽车（武汉）有限责任公司	（十七）48	扬子江	混合动力城市客车	WG6120	236	2012-04-27
47	湖南南车时代电动汽车股份有限公司	（十八）23	南车时代	混合动力城市客车	TEG6129	236	2012-04-27
48	湖南南车时代电动汽车股份有限公司	（十八）23	南车时代	混合动力城市客车	TEG6106	236	2012-04-27
49	湖南南车时代电动汽车股份有限公司	（十八）23	南车时代	混合动力客车	TEG6700	236	2012-04-27
50	金华青年汽车制造有限公司	7	青年	混合动力城市客车	JNP6120	237	2012-06-07
51	上海申沃客车有限公司	42	申沃	混合动力城市客车	SWB6107	237	2012-06-07
52	安徽安凯汽车股份有限公司	55	安凯	混合动力城市客车	HFF6111	237	2012-06-07
53	安徽安凯汽车股份有限公司	55	安凯	混合动力客车底盘	HFF6111	237	2012-06-07
54	郑州宇通客车股份有限公司	71	宇通	混合动力电动城市客车	ZK6180	237	2012-06-07
55	广州汽车集团客车有限公司	89	广汽	混合动力城市客车	GZ6102	237	2012-06-07
56	金龙联合汽车工业（苏州）有限公司	112	海格	混合动力城市客车	KLQ6109	237	2012-06-07
57	金龙联合汽车工业（苏州）有限公司	112	海格	混合动力城市客车	KLQ6119	237	2012-06-07
58	厦门金龙旅行车有限公司	124	金旅	混合动力城市客车	XML6105	237	2012-06-07
59	重庆五洲龙新能源汽车有限公司	（二十一）07	五洲龙	混合动力城市客车	WZL6123	237	2012-06-07

续表

序号	企业名称	目录序号	商标	产品名称	产品型号	批次	公告日期
60	郑州宇通客车股份有限公司	71	宇通	混合动力电动城市客车	ZK6140	238	2012-07-11
61	郑州宇通客车股份有限公司	71	宇通	混合动力电动客车底盘	ZK6130	238	2012-07-11
62	桂林客车工业集团有限公司	90	桂林	混合动力城市客车	GL6121	238	2012-07-11
63	金龙联合汽车工业（苏州）有限公司	112	海格	混合动力城市客车	KLQ6129	238	2012-07-11
64	厦门金龙旅行车有限公司	124	金旅	混合动力城市客车	XML6125	238	2012-07-11
65	江西凯马百路佳客车有限公司	（十四）03	江西	混合动力城市客车	JXK6116	238	2012-07-11
66	中联重科股份有限公司	（十八）20	中联	混合动力清洗车	ZLJ5100GQX	238	2012-07-11
67	郑州宇通客车股份有限公司	71	宇通	混合动力城市客车	ZK6120	239	2012-08-03
68	郑州宇通客车股份有限公司	71	宇通	混合动力电动城市客车	ZK6125	239	2012-08-03
69	郑州宇通客车股份有限公司	71	宇通	混合动力电动城市客车	ZK6120	239	2012-08-03
70	郑州宇通客车股份有限公司	71	宇通	混合动力电动客车底盘	ZK6118	239	2012-08-03
71	广州汽车集团客车有限公司	89	广汽	混合动力城市客车	GZ6112	239	2012-08-03
72	广州汽车集团客车有限公司	89	广汽	混合动力城市客车	GZ6113	239	2012-08-03
73	桂林客车工业集团有限公司	90	桂林	混合动力城市客车	GL6121	239	2012-08-03
74	厦门金龙联合汽车工业有限公司	123	金龙	混合动力城市客车	XMQ6106	239	2012-08-03
75	厦门金龙联合汽车工业有限公司	123	金龙	混合动力客车底盘	XMQ6102	239	2012-08-03
76	中国第一汽车集团公司	1	一汽	混合动力轿车	CA7155	240	2012-09-19
77	中国第一汽车集团公司	1	解放	混合动力城市客车	CA6120	240	2012-09-19
78	中国第一汽车集团公司	1	解放	混合动力客车底盘	CA6120	240	2012-09-19
79	上海申沃客车有限公司	42	申沃	混合动力城市客车	SWB6107	240	2012-09-19
80	上海申沃客车有限公司	42	申沃	混合动力客车底盘	SWB6107	240	2012-09-19
81	安徽安凯汽车股份有限公司	55	安凯	混合动力城市客车	HFF6122	240	2012-09-19
82	郑州宇通客车股份有限公司	71	宇通	混合动力电动城市客车	ZK6125	240	2012-09-19
83	郑州宇通客车股份有限公司	71	宇通	混合动力电动城市客车	ZK6120	240	2012-09-19
84	上海汽车集团股份有限公司	122	荣威	插电式混合动力轿车	CSA7150	240	2012-09-19
85	厦门金龙联合汽车工业有限公司	123	金龙	混合动力城市客车	XMQ6120	240	2012-09-19
86	厦门金龙联合汽车工业有限公司	123	金龙	混合动力城市客车	XMQ6127	240	2012-09-19
87	厦门金龙联合汽车工业有限公司	123	金龙	混合动力客车底盘	XMQ6121	240	2012-09-19

续表

序号	企业名称	目录序号	商标	产品名称	产品型号	批次	公告日期
88	厦门金龙联合汽车工业有限公司	123	金龙	混合动力客车底盘	XMQ6114	240	2012-09-19
89	厦门金龙旅行车有限公司	124	金旅	混合动力城市客车	XML6115	240	2012-09-19
90	中通客车控股股份有限公司	125	中通	混合动力城市客车	LCK6105	240	2012-09-19
91	中通客车控股股份有限公司	125	中通	混合动力城市客车	LCK6125	240	2012-09-19
92	中通客车控股股份有限公司	125	中通	混合动力城市客车	LCK6121	240	2012-09-19
93	中通客车控股股份有限公司	125	中通	混合动力客车底盘	LCK6104	240	2012-09-19
94	厦门金龙联合汽车工业有限公司	123	金龙	混合动力城市客车	XMQ6127	241	2012-10-16
95	厦门金龙联合汽车工业有限公司	123	金龙	混合动力城市客车	XMQ6106	241	2012-10-16
96	厦门金龙联合汽车工业有限公司	123	金龙	混合动力客车底盘	XMQ6121	241	2012-10-16
97	厦门金龙联合汽车工业有限公司	123	金龙	混合动力客车底盘	XMQ6102	241	2012-10-16
98	重庆恒通客车有限公司	127	恒通客车	混合动力城市客车	CKZ6126	241	2012-10-16
99	重庆恒通客车有限公司	127	恒通客车	混合动力客车底盘	CKZ6129	241	2012-10-16
100	东风汽车公司	3	东风	混合动力城市客车	EQ6101	242	2012-11-05
101	东风汽车公司	3	东风	混合动力城市客车	EQ6121	242	2012-11-05
102	东风汽车公司	3	东风	混合动力客车底盘	EQ6101	242	2012-11-05
103	东风汽车公司	3	东风	混合动力客车底盘	EQ6121	242	2012-11-05
104	安徽安凯汽车股份有限公司	55	安凯	混合动力城市客车	HFF6110	242	2012-11-05
105	安徽安凯汽车股份有限公司	55	安凯	混合动力城市客车	HFF6124	242	2012-11-05
106	安徽安凯汽车股份有限公司	55	安凯	混合动力城市客车	HFF6123	242	2012-11-05
107	安徽安凯汽车股份有限公司	55	安凯	混合动力城市客车	HFF6102	242	2012-11-05
108	安徽安凯汽车股份有限公司	55	安凯	混合动力客车	HFF6100	242	2012-11-05
109	安徽江淮汽车股份有限公司	56	江淮	混合动力轿车	HFC7100	242	2012-11-05
110	广州汽车集团乘用车有限公司	89	传祺（Trumpchi）	混合动力轿车	GAC7100	242	2012-11-05
111	厦门金龙联合汽车工业有限公司	123	金龙	混合动力城市客车	XMQ6106	242	2012-11-05
112	厦门金龙联合汽车工业有限公司	123	金龙	混合动力客车底盘	XMQ6102	242	2012-11-05
113	厦门金龙旅行车有限公司	124	金旅	混合动力城市客车	XML6105	242	2012-11-05
114	厦门金龙旅行车有限公司	124	金旅	混合动力城市客车	XML6125	242	2012-11-05
115	上海申龙客车有限公司	129	申龙	混合动力城市客车	SLK6129	242	2012-11-05

续表

序号	企业名称	目录序号	商标	产品名称	产品型号	批次	公告日期
116	上海申龙客车有限公司	129	申龙	混合动力城市客车	SLK6109	242	2012-11-05
117	湖南南车时代电动汽车股份有限公司	（十八）23	南车时代	混合动力城市客车	TEG6129	242	2012-11-05
118	北汽福田汽车股份有限公司	9	福田	混合动力城市客车	BJ6105	243	2012-12-18
119	北汽福田汽车股份有限公司	9	福田	混合动力城市客车	BJ6123	243	2012-12-18
120	扬州亚星客车股份有限公司	49	亚星	混合动力城市客车	JS6106	243	2012-12-18
121	安徽安凯汽车股份有限公司	55	安凯	混合动力城市客车	HFF6124	243	2012-12-18
122	安徽安凯汽车股份有限公司	55	安凯	混合动力城市客车	HFF6125	243	2012-12-18
123	郑州宇通客车股份有限公司	71	宇通	混合动力城市客车	ZK6125	243	2012-12-18
124	郑州宇通客车股份有限公司	71	宇通	混合动力城市客车	ZK6105	243	2012-12-18
125	郑州宇通客车股份有限公司	71	宇通	混合动力城市客车	ZK6140	243	2012-12-18
126	郑州宇通客车股份有限公司	71	宇通	混合动力客车底盘	ZK6130	243	2012-12-18
127	郑州宇通客车股份有限公司	71	宇通	混合动力电动城市客车	ZK6105	243	2012-12-18
128	广州汽车集团客车有限公司	89	广汽	混合动力城市客车	GZ6102	243	2012-12-18
129	金龙联合汽车工业（苏州）有限公司	112	海格	混合动力城市客车	KLQ6109	243	2012-12-18
130	重庆五洲龙新能源汽车有限公司	（二十一）07	五洲龙	混合动力城市客车	WZL6101	243	2012-12-18

3. 代用燃料汽车（含 CNG、LNG、LPG 及醇醚类）示范推广保有量统计（共计 35 款车型及底盘，其中包括 9 款底盘，全部是专用车底盘）

序号	企业名称	目录序号	商标	产品名称	产品型号	批次
1	中国第一汽车集团公司	1	红旗	两用燃料轿车	CA7165	233
2	河北长安汽车有限公司	22	长安	两用燃料客车	SC6443	233
3	一汽解放青岛汽车有限公司	64	解放	天然气牵引车	CA4226	234
4	一汽解放青岛汽车有限公司	64	解放	天然气牵引车	CA4253	234
5	陕西通家汽车股份有限公司	109	通家福	两用燃料客车	STJ6402	235
6	中国第一汽车集团公司	1	解放	燃气载货汽车	CA1160	238
7	中国第一汽车集团公司	1	解放	燃气载货汽车底盘	CA1160	238
8	中国第一汽车集团公司	1	解放	天然气自卸汽车	CA3310	238
9	中国第一汽车集团公司	1	解放	天然气自卸汽车底盘	CA3310	238
10	河北长安汽车有限公司	22	长安	两用燃料载货汽车	SC1026	238

续表

序号	企业名称	目录序号	商标	产品名称	产品型号	批次
11	浙江豪情汽车制造有限公司	52	吉利	两用燃料轿车	JL7182	238
12	一汽解放青岛汽车有限公司	64	解放	天然气载货汽车	CA1167	238
13	一汽解放青岛汽车有限公司	64	解放	天然气载货汽车	CA1169	238
14	一汽解放青岛汽车有限公司	64	解放	天然气载货汽车	CA1313	238
15	一汽解放青岛汽车有限公司	64	解放	天然气载货汽车底盘	CA1167	238
16	一汽解放青岛汽车有限公司	64	解放	天然气载货汽车底盘	CA1169	238
17	一汽解放青岛汽车有限公司	64	解放	天然气载货汽车底盘	CA1313	238
18	一汽解放青岛汽车有限公司	64	解放	天然气自卸汽车	CA3310	238
19	一汽解放青岛汽车有限公司	64	解放	天然气自卸汽车底盘	CA3310	238
20	一汽解放青岛汽车有限公司	64	解放	液化天然气自卸汽车	CA3312	238
21	哈飞汽车股份有限公司	39	松花江	两用燃料客车	HFJ6392	239
22	浙江吉利汽车有限公司	52	吉利美日	两用燃料轿车	MR7182	239
23	东南（福建）汽车工业有限公司	58	东南	两用燃料轿车	DN7156	239
24	一汽解放青岛汽车有限公司	64	解放	天然气载货汽车	CA1148	239
25	一汽解放青岛汽车有限公司	64	解放	天然气载货汽车底盘	CA1148	239
26	河北长安汽车有限公司	22	长安	两用燃料载货汽车	SC1025	240
27	上海华普汽车有限公司	52	英伦	甲醇轿车	SMA7181	240
28	上海华普汽车有限公司	52	英伦	甲醇轿车	SMA7151	240
29	东南（福建）汽车工业有限公司	58	东南	两用燃料轿车	DN7156	240
30	一汽解放青岛汽车有限公司	64	解放	天然气载货汽车底盘	CA1250	240
31	东南（福建）汽车工业有限公司	58	三菱	两用燃料轿车	DN7160	241
32	北京现代汽车有限公司	11	北京现代	两用燃料轿车	BH7162	242
33	一汽解放青岛汽车有限公司	64	解放	天然气载货汽车	CA1191	242
34	一汽解放青岛汽车有限公司	64	解放	天然气载货汽车底盘	CA1191	242
35	东风汽车公司	3	风神	两用燃料轿车	DFM7160	243

七、2012年节能与新能源汽车示范推广应用工程推荐车型目录

1. 纯电动汽车

序号	企业名称	目录序号	商标	产品名称	产品型号	节油率/节气率（%）	最大电功率比（%）	目录批次	公告批次	批次日期
1	北汽福田汽车股份有限公司	9	福田	纯电动多用途乘用车	BJ6438EVAA3	100	—	30	233	2012-01-19
2	北京汽车股份有限公司	9	北京	纯电动轿车	BJ7000B3D-BEV	100	—	30	233	2012-01-19
3	长城汽车股份有限公司	15	长城	纯电动轿车	CC7002BMA00BEV	100	—	30	233	2012-01-19
4	上海申沃客车有限公司	42	申沃	纯电动城市客车	SWB6107EV8	100	—	30	233	2012-01-19
5	扬州亚星客车股份有限公司	49	亚星	纯电动城市客车	JS6126UC	100	—	30	233	2012-01-19
6	北京华林特装车有限公司	（一）31	华林	纯电动桶装垃圾运输车	HLT5033CTYEV	100	—	30	233	2012-01-19
7	天津清源电动车辆有限责任公司	（二）22	清源	纯电动厢式运输车	QY5020XXYBEVEL	100	—	30	233	2012-01-19
8	天津清源电动车辆有限责任公司	（二）22	清源	纯电动厢式运输车	QY5020XXYBEVYL	100	—	30	233	2012-01-19
9	安徽安凯汽车股份有限公司	55	安凯	纯电动城市客车	HFF6123G03EV	100	—	31	234	2012-02-29
10	湖南江南汽车制造有限公司	84	江南	纯电动载货车	JNJ1021EV1	100	—	31	234	2012-02-29
11	湖南江南汽车制造有限公司	84	江南	纯电动载货车	JNJ1021EVA1	100	—	31	234	2012-02-29
12	湖南江南汽车制造有限公司	84	江南	纯电动轿车	JNJ7000EVA2	100	—	31	234	2012-02-29
13	奇瑞汽车股份有限公司	119	瑞麒	纯电动轿车	SQR7000BEVS184	100	—	31	234	2012-02-29
14	厦门金龙联合汽车工业有限公司	123	金龙	纯电动城市客车	XMQ6127AGBEV5	100	—	31	234	2012-02-29
15	北京华林特装车有限公司	（一）31	华林	纯电动桶装垃圾运输车	HLT5032CTYEV	100	—	31	234	2012-02-29
16	盐城中威客车有限公司	（十）62	中大	纯电动城市客车	YCK6118BEVC	100	—	31	234	2012-02-29
17	金华市康迪新能源车辆有限公司	（十一）27	康迪	纯电动厢式运输车	KD5021XXYBEV	100	—	31	234	2012-02-29
18	东风扬子江汽车（武汉）有限责任公司	（十七）48	扬子江	纯电动城市客车	WG6110BEVHM	100	—	31	234	2012-02-29
19	东风汽车有限公司	3	启辰	纯电动轿车	DFL7000A1BEV	100	—	32	235	2012-03-23
20	北汽福田汽车股份有限公司	9	福田	纯电动城市客车	BJ6123EVCA-2	100	—	32	235	2012-03-23
21	东风悦达起亚汽车有限公司	47	典悦	纯电动轿车	YQZ7000BEV	100	—	32	235	2012-03-23
22	郑州宇通客车股份有限公司	71	宇通	纯电动城市客车	ZK6125BEVG1	100	—	32	235	2012-03-23
23	中国重汽集团成都王牌商用车有限公司	101	王牌	纯电动洒水车	CDW5164GSSEV	100	—	32	235	2012-03-23
24	江铃控股有限公司	121	江铃	纯电动轿车	JX7003BEV	100	—	32	235	2012-03-23

续表

序号	企业名称	目录序号	商标	产品名称	产品型号	节油率/节气率(%)	最大电功率比(%)	目录批次	公告批次	批次日期
25	上海汽车集团股份有限公司	122	荣威	纯电动轿车	CSA7000BEV	100	—	32	235	2012-03-23
26	南京金龙客车制造有限公司	（十）15	东宇	纯电动城市客车	NJL6100BEV	100	—	32	235	2012-03-23
27	金华市康迪新能源车辆有限公司	（十一）27	康迪	纯电动仓栅式运输车	KD5021CCYBEV	100	—	32	235	2012-03-23
28	江西凯马百路佳客车有限公司	（十四）03	江西	纯电动城市客车	JXK6121BEV	100	—	32	235	2012-03-23
29	中联重科股份有限公司	（十八）20	中联	纯电动扫路车	ZLJ5071TSLBEV	100	—	32	235	2012-03-23
30	珠海市广通汽车有限公司	（十九）28	广通	纯电动城市客车	GTQ6117BEVB	100	—	32	235	2012-03-23
31	一汽（四川）专用汽车有限公司	（二十二）01	远达	纯电动洒水车	SCZ5168GSSBEV	100	—	32	235	2012-03-23
32	中国第一汽车集团公司	1	解放	纯电动城市客车	CA6120URBEV21	100	—	33	236	2012-04-27
33	北汽福田汽车股份有限公司	9	福田	纯电动城市客车	BJ6123EVCA-3	100	—	33	236	2012-04-27
34	沈阳华晨金杯汽车有限公司	33	金杯	纯电动轻型客车	SY6521BEVD1GB	100	—	33	236	2012-04-27
35	沈阳华晨金杯汽车有限公司	33	金杯	纯电动轻型客车	SY6548BEVD3HB	100	—	33	236	2012-04-27
36	郑州宇通客车股份有限公司	71	宇通	纯电动城市客车	ZK6120BEVG2	100	—	33	236	2012-04-27
37	重庆力帆乘用车有限公司	93	力帆	纯电动轿车	LF7002CEV	100	—	33	236	2012-04-27
38	金龙联合汽车工业（苏州）有限公司	112	海格	纯电动城市客车	KLQ6129GEV1	100	—	33	236	2012-04-27
39	金龙联合汽车工业（苏州）有限公司	112	海格	纯电动城市客车	KLQ6129GEV2	100	—	33	236	2012-04-27
40	中通客车控股股份有限公司	125	中通	纯电动城市客车	LCK6122GEV1	100	—	33	236	2012-04-27
41	北京华林特装车有限公司	（一）31	华林	纯电动清洗车	HLT5070GQXEV	100	—	33	236	2012-04-27
42	上海万象汽车制造有限公司	（九）26	象	纯电动城市客车	SXC6105GBEV	100	—	33	236	2012-04-27
43	江苏常隆客车有限公司	（十）17	常隆	纯电动城市客车	YS6121GBEV	100	—	33	236	2012-04-27
44	成都客车股份有限公司	（二十二）10	蜀都	纯电动城市客车	CDK6122CA2BEV	100	—	33	236	2012-04-27
45	北京北方华德尼奥普兰客车股份有限公司	7	北方	纯电动运钞车	BFC5040EVXYC21	100	—	34	237	2012-06-07
46	安徽安凯汽车股份有限公司	55	安凯	纯电动城市客车	HFF6126G03EV	100	—	34	237	2012-06-07
47	安徽安凯汽车股份有限公司	55	安凯	纯电动城市客车	HFF6127G03EV	100	—	34	237	2012-06-07
48	安徽安凯汽车股份有限公司	55	安凯	纯电动城市客车	HFF6128G03EV	100	—	34	237	2012-06-07
49	郑州宇通客车股份有限公司	71	宇通	纯电动城市客车	ZK6120BEVG1	100	—	34	237	2012-06-07
50	广州汽车集团客车有限公司	89	广汽	纯电动城市客车	GZ6100EV	100	—	34	237	2012-06-07
51	四川汽车工业股份有限公司	101	野马	纯电动乘用车	SQJ6452BEV	100	—	34	237	2012-06-07

续表

序号	企业名称	目录序号	商标	产品名称	产品型号	节油率/节气率（%）	最大电功率比（%）	目录批次	公告批次	批次日期
52	南京金龙客车制造有限公司	（十）15	东宇	纯电动城市客车	NJL6129BEV	100	—	34	237	2012-06-07
53	江苏奥新新能源汽车有限公司	（十）74	达福迪	纯电动厢式运输车	JAX5020XXYBEV	100	—	34	237	2012-06-07
54	江苏奥新新能源汽车有限公司	（十）74	达福迪	纯电动车厢可卸式垃圾车	JAX5020ZXXBEV	100	—	34	237	2012-06-07
55	山东沂星电动汽车有限公司	（十五）25	飞燕	纯电动城市客车	SDL6120EVG1	100	—	34	237	2012-06-07
56	山东沂星电动汽车有限公司	（十五）25	飞燕	纯电动城市客车	SDL6120EVG2	100	—	34	237	2012-06-07
57	深圳市五洲龙汽车有限公司	（十九）47	五洲龙	纯电动城市客车	FDG6117EVG	100	—	34	237	2012-06-07
58	一汽（四川）专用汽车有限公司	（二十二）01	远达	纯电动清洗车	SCZ5090GQXBEV	100	—	34	237	2012-06-07
59	江西江铃汽车集团改装车有限公司	（十四）15	江铃全顺	纯电动商务车	JX5041XSWMEV	100	—	34	237	2012-06-07
60	金华青年汽车制造有限公司	7	青年	纯电动城市客车	JNP6120BEV	100	—	35	238	2012-07-11
61	安徽安凯汽车股份有限公司	55	安凯	纯电动客车	HFF6127K46EV-4	100	—	35	238	2012-07-11
62	长沙市比亚迪客车有限公司	79	比亚迪	纯电动城市客车	CK6120LGEV2	100	—	35	238	2012-07-11
63	四川汽车工业股份有限公司	101	野马	纯电动城市客车	SQJ6111B1BEV	100	—	35	238	2012-07-11
64	厦门金龙联合汽车工业有限公司	123	金龙	纯电动城市客车	XMQ6127AGBEV6	100	—	35	238	2012-07-11
65	天津清源电动车辆有限责任公司	（二）22	清源	纯电动垃圾车	QY5020ZLJBEVYL	100	—	35	238	2012-07-11
66	一汽客车（无锡）有限公司	（十）10	解放	纯电动城市客车	CA6121URBEV80	100	—	35	238	2012-07-11
67	湖南南车时代电动汽车股份有限公司	（十八）23	南车时代	纯电动客车	TEG6110EV	100	—	35	238	2012-07-11
68	深圳市五洲龙汽车有限公司	（十九）47	五洲龙	纯电动城市客车	FDG6801EVG	100	—	35	238	2012-07-11
69	深圳市五洲龙汽车有限公司	（十九）47	五洲龙	纯电动城市客车	FDG6113EVG3	100	—	35	238	2012-07-11
70	安徽安凯汽车股份有限公司	55	安凯	纯电动双层城市客车	HFF6110GS03EV	100	—	36	239	2012-08-03
71	中国重汽集团成都王牌商用车有限公司	101	王牌	纯电动垃圾车	CDW5080ZLJEV	100	—	36	239	2012-08-03
72	江苏奥新新能源汽车有限公司	（十）74	达福迪	纯电动车厢可卸式垃圾车	JAX5021ZXXBEV	100	—	36	239	2012-08-03
73	江苏奥新新能源汽车有限公司	（十）74	达福迪	纯电动厢式运输车	JAX5021XXYBEV	100	—	36	239	2012-08-03
74	湖南南车时代电动汽车股份有限公司	（十八）23	南车时代	纯电动城市客车	TEG6129BEV	100	—	36	239	2012-08-03
75	北汽福田汽车股份有限公司	9	福田	纯电动厢式运输车	BJ5036XXYEV-1	100	—	37	240	2012-09-19
76	哈飞汽车股份有限公司	39	哈飞	纯电动轿车	HFJ7001AEV	100	—	37	240	2012-09-19
77	湖南江南汽车制造有限公司	84	众泰	纯电动多用途乘用车	JNJ6290EV	100	—	37	240	2012-09-19
78	中国重汽集团成都王牌商用车有限公司	101	王牌	纯电动垃圾车	CDW5030ZLJEV2	100	—	37	240	2012-09-19

续表

序号	企业名称	目录序号	商标	产品名称	产品型号	节油率/节气率（%）	最大电功率比（%）	目录批次	公告批次	批次日期
79	中国重汽集团成都王牌商用车有限公司	101	王牌	纯电动工程车	CDW5030XGCEV	100	—	37	240	2012-09-19
80	厦门金龙联合汽车工业有限公司	123	金龙	纯电动城市客车	XMQ6127AGBEV7	100	—	37	240	2012-09-19
81	河南少林汽车股份有限公司	126	少林	纯电动城市客车	SLG6105EV	100	—	37	240	2012-09-19
82	江西江铃汽车集团改装车有限公司	（十四）15	江铃	纯电动厢式运输车	JX5020XXYMEV	100	—	37	240	2012-09-19
83	山东昊宇车辆有限公司	（十五）78	超雷	纯电动自卸车	CLP3020ZEV	100	—	37	240	2012-09-19
84	山东昊宇车辆有限公司	（十五）78	超雷	纯电动厢式货车	CLP5020EV-XXY	100	—	37	240	2012-09-19
85	中联重科股份有限公司	（十八）20	中联	纯电动扫路车	ZLJ5071TSLHBEV	100	—	37	240	2012-09-19
86	中联重科股份有限公司	（十八）20	中联	纯电动桶装垃圾运输车	ZLJ5020CTYBEV	100	—	37	240	2012-09-19
87	中联重科股份有限公司	（十八）20	中联	纯电动自装卸式垃圾车	ZLJ5021ZZZBEV	100	—	37	240	2012-09-19
88	中联重科股份有限公司	（十八）20	中联	纯电动自卸式垃圾车	ZLJ5023ZLJBEV	100	—	37	240	2012-09-19
89	一汽（四川）专用汽车有限公司	（二十二）01	远达	纯电动自卸式垃圾车	SCZ5031ZLJBEV	100	—	37	240	2012-09-19
90	一汽（四川）专用汽车有限公司	（二十二）01	远达	纯电动洒水车	SCZ5160GSSBEV	100	—	37	240	2012-09-19
91	东风汽车公司	3	风神	纯电动轿车	DFM7000B1ABEV	100	—	38	241	2012-10-16
92	上海通用汽车有限公司	6	赛欧（SAIL）	纯电动轿车	SGM7001EV	100	—	38	241	2012-10-16
93	金华青年汽车制造有限公司	7	青年	纯电动城市客车	JNP6120BEV1	100	—	38	241	2012-10-16
94	南京汽车集团有限公司	44	跃进	纯电动载货汽车	NJ1027PBEVNZ	100	—	38	241	2012-10-16
95	南京汽车集团有限公司	44	跃进	纯电动载货汽车	NJ1027PBEVNS	100	—	38	241	2012-10-16
96	安徽安凯汽车股份有限公司	55	安凯	纯电动客车	HFF6101K10EV	100	—	38	241	2012-10-16
97	中国重汽集团成都王牌商用车有限公司	101	王牌	纯电动洒水车	CDW5164GSSEV1	100	—	38	241	2012-10-16
98	中国重汽集团成都王牌商用车有限公司	101	王牌	纯电动工程车	CDW5030XGCEV1	100	—	38	241	2012-10-16
99	中国重汽集团成都王牌商用车有限公司	101	王牌	纯电动工程车	CDW5030XGCEV2	100	—	38	241	2012-10-16
100	中联重科股份有限公司	（十八）20	中联	纯电动路面养护车	ZLJ5020TYHBEV	100	—	38	241	2012-10-16
101	中联重科股份有限公司	（十八）20	中联	纯电动车厢可卸式垃圾车	ZLJ5021ZXXBEV	100	—	38	241	2012-10-16
102	深圳市五洲龙汽车有限公司	（十九）47	五洲龙	纯电动城市客车	FDG6113EVG5	100	—	38	241	2012-10-16
103	北汽福田汽车股份有限公司	9	福田	纯电动城市客车	BJ6123EVCA-8	100	—	39	242	2012-11-05
104	北汽福田汽车股份有限公司	9	福田	纯电动城市客车	BJ6123EVCA-9	100	—	39	242	2012-11-05

续表

序号	企业名称	目录序号	商标	产品名称	产品型号	节油率/节气率（%）	最大电功率比（%）	目录批次	公告批次	批次日期
105	天津一汽夏利汽车股份有限公司	18	威志	纯电动轿车	CA7000EV	100	—	39	242	2012-11-05
106	华晨汽车集团控股有限公司	33	中华	纯电动轿车	SY7000BEVDAE	100	—	39	242	2012-11-05
107	安徽安凯汽车股份有限公司	55	安凯	纯电动客车	HFF6127K46EV-5	100	—	39	242	2012-11-05
108	安徽安凯汽车股份有限公司	55	安凯	纯电动客车	HFF6127K46EV-6	100	—	39	242	2012-11-05
109	山东唐骏欧铃汽车制造有限公司	68	欧铃	纯电动载货汽车	ZB1010BEVADA	100	—	39	242	2012-11-05
110	山东唐骏欧铃汽车制造有限公司	68	欧铃	纯电动载货汽车	ZB1020BEVADA	100	—	39	242	2012-11-05
111	湖南江南汽车制造有限公司	84	江南	纯电动载货车	JNJ1021EVAL	100	—	39	242	2012-11-05
112	湖南江南汽车制造有限公司	84	江南	纯电动载货车	JNJ1021EVL	100	—	39	242	2012-11-05
113	中国重汽集团成都王牌商用车有限公司	101	王牌	纯电动厢式运输车	CDW5160XXYEV	100	—	39	242	2012-11-05
114	四川汽车工业股份有限公司	101	野马	纯电动乘用车	SQJ6452BEV	100	—	39	242	2012-11-05
115	天津客车装配厂	（二）04	金马	纯电动城市客车	TJK6122BEV	44.60	51.00	39	242	2012-11-05
116	一汽客车（无锡）有限公司	（十）10	解放	纯电动城市客车	CA6100URBEV80	100	—	39	242	2012-11-05
117	江苏奥新新能源汽车有限公司	（十）74	达福迪	纯电动仓栅式运输车	JAX5020CCYBEVF135LAB15M1C1	100	—	39	242	2012-11-05
118	中联重科股份有限公司	（十八）20	中联	纯电动自装卸式垃圾车	ZLJ5070ZZZHBEV	100	—	39	242	2012-11-05
119	深圳市五洲龙汽车有限公司	（十九）47	五洲龙	纯电动城市客车	FDG6123EVG	100	—	39	242	2012-11-05
120	中国第一汽车集团公司	1	一汽	纯电动轿车	CA7005EV1	100	—	40	243	2012-12-18
121	中国第一汽车集团公司	1	一汽	纯电动轿车	CA7005EV2	100	—	40	243	2012-12-18
122	东风汽车公司	3	东风	纯电动车厢可卸式垃圾车	EQ5020ZXXACBEV	100	—	40	243	2012-12-18
123	东风汽车公司	3	东风	纯电动自卸式垃圾车	EQ5020ZLJACBEV	100	—	40	243	2012-12-18
124	东风汽车公司	3	东风	纯电动自装卸式垃圾车	EQ5020ZZZACBEV	100	—	40	243	2012-12-18
125	东风汽车公司	3	东风	纯电动车厢可卸式垃圾车	EQ5020ZXXACBEV1	100	—	40	243	2012-12-18
126	东风汽车公司	3	东风	纯电动自卸式垃圾车	EQ5020ZLJACBEV1	100	—	40	243	2012-12-18
127	东风汽车公司	3	东风	纯电动自装卸式垃圾车	EQ5020ZZZACBEV1	100	—	40	243	2012-12-18
128	东风汽车公司	3	东风	纯电动自装卸式垃圾车	EQ5020ZZZACBEV2	100	—	40	243	2012-12-18
129	东风汽车公司	3	东风	纯电动车厢可卸式垃圾车	EQ5020ZXXACBEV2	100	—	40	243	2012-12-18
130	东风汽车公司	3	东风	纯电动自卸式垃圾车	EQ5020ZLJACBEV2	100	—	40	243	2012-12-18
131	东风汽车公司	3	东风	纯电动城市客车	EQ6110CBEV	100	—	40	243	2012-12-18

续表

序号	企业名称	目录序号	商标	产品名称	产品型号	节油率/节气率(%)	最大电功率比(%)	目录批次	公告批次	批次日期
132	金华青年汽车制造有限公司	7	青年	纯电动城市客车	JNP6122BEVC	100	—	40	243	2012-12-18
133	北汽福田汽车股份有限公司	9	福田	纯电动厢式运输车	BJ5036XXYEV	100	—	40	243	2012-12-18
134	南京汽车集团有限公司	44	依维柯	纯电动客车	NJ6697CEVZ-Y	100	—	40	243	2012-12-18
135	合肥昌河汽车有限责任公司	59	昌河	纯电动双排载货汽车	CH1021BEV	100	—	40	243	2012-12-18
136	合肥昌河汽车有限责任公司	59	昌河	纯电动载货汽车	CH1020BEV	100	—	40	243	2012-12-18
137	合肥昌河汽车有限责任公司	59	昌河	纯电动多用途乘用车	CH6390BEV	100	—	40	243	2012-12-18
138	深圳市比亚迪汽车有限公司	79	比亚迪	纯电动轿车	QCJ7006BEVC	100	—	40	243	2012-12-18
139	上汽通用五菱汽车股份有限公司	92	五菱	纯电动邮政车	LZW5027XYZEV	100	—	40	243	2012-12-18
140	中国重汽集团成都王牌商用车有限公司	101	王牌	纯电动垃圾车	CDW5080ZLJEV1	100	—	40	243	2012-12-18
141	中国重汽集团成都王牌商用车有限公司	101	王牌	纯电动洒水车	CDW5164GSSEV2	100	—	40	243	2012-12-18
142	中国重汽集团成都王牌商用车有限公司	101	王牌	纯电动自卸式垃圾车	CDW5030ZLJEV	100	—	40	243	2012-12-18
143	南京金龙客车制造有限公司	(十)15	东宇	纯电动客车	NJL6118BEV	100	—	40	243	2012-12-18
144	江苏奥新新能源汽车有限公司	(十)74	达福迪	纯电动仓栅式运输车	JAX5020CCYBEVF120LB15M1C1	100	—	40	243	2012-12-18
145	江苏奥新新能源汽车有限公司	(十)74	达福迪	纯电动蓬式运输车	JAX5020CPYBEVF120LB15M1X1	100	—	40	243	2012-12-18
146	江苏奥新新能源汽车有限公司	(十)74	达福迪	纯电动蓬式运输车	JAX5020CPYBEVF135LAB15M1X1	100	—	40	243	2012-12-18
147	江苏奥新新能源汽车有限公司	(十)74	达福迪	纯电动自卸式垃圾车	JAX5020ZLJBEVF120LB15M1Z1	100	—	40	243	2012-12-18
148	江苏奥新新能源汽车有限公司	(十)74	达福迪	纯电动自卸式垃圾车	JAX5020ZLJBEVF135LAB15M1Z1	100	—	40	243	2012-12-18
149	金华市康迪新能源车辆有限公司	(十一)27	康迪	纯电动厢式运输车	KD5010XXYEVB1	100	—	40	243	2012-12-18
150	金华市康迪新能源车辆有限公司	(十一)27	康迪	纯电动厢式运输车	KD5022XXYBEV	100	—	40	243	2012-12-18
151	金华市康迪新能源车辆有限公司	(十一)27	康迪	纯电动厢式运输车	KD5023XXYBEV	100	—	40	243	2012-12-18
152	山东沂星电动汽车有限公司	(十五)25	飞燕	纯电动城市客车	SDL6120EVG3	100	—	40	243	2012-12-18
153	山东沂星电动汽车有限公司	(十五)25	飞燕	纯电动城市客车	SDL6100EVG	100	—	40	243	2012-12-18
154	中联重科股份有限公司	(十八)20	中联	纯电动自装卸式垃圾车	ZLJ5070ZZZBEV	100	—	40	243	2012-12-18
155	广东信源物流设备有限公司	(十九)37	上元	纯电动邮政车	GDY5022XYZBEV	100	—	40	243	2012-12-18
156	深圳市五洲龙汽车有限公司	(十九)47	五洲龙	纯电动城市客车	FDG6113EVG6	100	—	40	243	2012-12-18
157	深圳市五洲龙汽车有限公司	(十九)47	五洲龙	纯电动城市客车	FDG6113EVG4	100	—	40	243	2012-12-18
158	深圳市五洲龙汽车有限公司	(十九)47	五洲龙	纯电动城市客车	FDG6601EVG	100	—	40	243	2012-12-18
159	柳州五菱汽车工业有限公司	(二十)09	五菱	纯电动仓栅式运输车	LQG5021CCYBEV	100	—	40	243	2012-12-18

2. 混合动力汽车

序号	企业名称	目录序号	商标	产品名称	产品型号	节油率/节气率(%)	最大电功率比(%)	目录批次	公告批次	批次日期
1	扬州亚星客车股份有限公司	49	亚星	混合动力城市客车	JS6126GHEV2	55.00	49.68	31	234	2012-02-29
2	扬州亚星客车股份有限公司	49	亚星	混合动力城市客车	JS6126GHEV3	55.50	51.29	31	234	2012-02-29
3	扬州亚星客车股份有限公司	49	亚星	混合动力城市客车	JS6106GHEV1	54.40	49.68	31	234	2012-02-29
4	广州汽车集团客车有限公司	89	广汽	混合动力城市客车	GZ6111HEV	31.64	30.49	31	234	2012-02-29
5	广州汽车集团客车有限公司	89	广汽	混合动力城市客车	GZ6121HEV1	30.79	34.41	31	234	2012-02-29
6	广州汽车集团客车有限公司	89	广汽	混合动力城市客车	GZ6111HEV1	31.52	34.41	31	234	2012-02-29
7	厦门金龙旅行车有限公司	124	金旅	混合动力城市客车	XML6125JHEV88C	59.90	50.33	31	234	2012-02-29
8	重庆恒通客车有限公司	127	恒通客车	混合动力城市客车	CKZ6116HNHEVA4	48.20	53.30	31	234	2012-02-29
9	东风汽车公司	3	东风	混合动力电动城市客车	EQ6120CQCHEV	30.72	42.26	32	235	2012-03-23
10	东风汽车公司	3	东风	混合动力电动城市客车	EQ6120CQCHEV3	31.73	50.33	32	235	2012-03-23
11	东风汽车公司	3	东风	混合动力电动城市客车	EQ6120CQCHEV2	31.02	50.33	32	235	2012-03-23
12	北汽福田汽车股份有限公司	9	福田	混合动力城市客车	BJ6123SHEVCA	42.41	100	32	235	2012-03-23
13	郑州宇通客车股份有限公司	71	宇通	混合动力电动城市客车	ZK6120CHEVG1	42.64	51.03	32	235	2012-03-23
14	郑州宇通客车股份有限公司	71	宇通	混合动力电动城市客车	ZK6108CHEVG2	40.73	52.35	32	235	2012-03-23
15	郑州宇通客车股份有限公司	71	宇通	混合动力电动城市客车	ZK6126CHEVG4	41.81	52.35	32	235	2012-03-23
16	广州汽车集团乘用车有限公司	89	传祺(Trumpchi)	混合动力轿车	GAC7180CHEVA4	23.26	17.51	32	235	2012-03-23
17	广州汽车集团乘用车有限公司	89	传祺(Trumpchi)	混合动力轿车	GAC7180PHEVA4	12.79	12.40	32	235	2012-03-23
18	上海申龙客车有限公司	(九)15	申龙	混合动力城市客车	SLK6115USCHEV01	33.79	51.00	32	235	2012-03-23
19	上海申龙客车有限公司	(九)15	申龙	混合动力城市客车	SLK6105USCHEV01	33.80	51.00	32	235	2012-03-23
20	东风汽车公司	3	东风	混合动力电动城市客车	EQ6120CPHEV	30.56	31.63	33	236	2012-04-27
21	东风汽车公司	3	东风	混合动力电动城市客车	EQ6120CPHEV1	31.01	31.63	33	236	2012-04-27
22	安徽安凯汽车股份有限公司	55	安凯	混合动力城市客车	HFF6123G03SHEV	100	100	33	236	2012-04-27
23	安徽安凯汽车股份有限公司	55	安凯	混合动力城市客车	HFF6122G03SHEV	100	100	33	236	2012-04-27
24	湖南南车时代电动汽车股份有限公司	(十八)23	南车时代	混合动力城市客车	TEG6106CHEV	40.77	51.83	33	236	2012-04-27

续表

序号	企业名称	目录序号	商标	产品名称	产品型号	节油率/节气率（%）	最大电功率比（%）	目录批次	公告批次	批次日期
25	广汽丰田汽车有限公司	89	丰田（TOYOTA）	混合动力轿车	GTM7251HEV	32.05	27.16	34	237	2012-06-07
26	金龙联合汽车工业（苏州）有限公司	112	海格	混合动力城市客车	KLQ6109GCHEV1A	40.86	52.22	34	237	2012-06-07
27	厦门金龙联合汽车工业有限公司	123	金龙	混合动力城市客车	XMQ6106AGHEV1	31.45	51.55	34	237	2012-06-07
28	厦门金龙旅行车有限公司	124	金旅	混合动力城市客车	XML6105JHEV88C	51.08	51.00	34	237	2012-06-07
29	厦门金龙旅行车有限公司	124	金旅	混合动力城市客车	XML6105JHEV38C	41.88	51.00	34	237	2012-06-07
30	丹东黄海汽车有限责任公司	29	黄海	混合动力城市客车	DD6129CHEV1	73.97	51.97	35	238	2012-07-11
31	上海申沃客车有限公司	42	申沃	混合动力城市客车	SWB6127CHEV	33.58	51.00	35	238	2012-07-11
32	扬州亚星客车股份有限公司	49	亚星	混合动力城市客车	JS6106GHEV2	53.26	52.61	35	238	2012-07-11
33	郑州宇通客车股份有限公司	71	宇通	混合动力电动城市客车	ZK6125CHEVNG1	40.20	51.03	35	238	2012-07-11
34	广汽丰田汽车有限公司	89	丰田（TOYOTA）	混合动力轿车	GTM7251HEV	32.05	27.16	35	238	2012-07-11
35	广州汽车集团乘用车有限公司	89	传祺（Trumpchi）	混合动力轿车	GAC7180CHEVA4	29.78	22.06	35	238	2012-07-11
36	广州汽车集团乘用车有限公司	89	传祺（Trumpchi）	混合动力轿车	GAC7180PHEVA4	20.21	12.40	35	238	2012-07-11
37	金龙联合汽车工业（苏州）有限公司	112	海格	混合动力城市客车	KLQ6109GHEV1A	41.07	52.61	35	238	2012-07-11
38	金龙联合汽车工业（苏州）有限公司	112	海格	混合动力城市客车	KLQ6119GHEV1A	40.89	51.00	35	238	2012-07-11
39	厦门金龙旅行车有限公司	124	金旅	混合动力城市客车	XML6125JHEV38C	41.51	51.00	35	238	2012-07-11
40	中通客车控股股份有限公司	125	中通	混合动力城市客车	LCK6105CHENV	36.68	52.31	35	238	2012-07-11
41	中通客车控股股份有限公司	125	中通	混合动力城市客车	LCK6101HEV1	51.99	31.54	35	238	2012-07-11
42	中通客车控股股份有限公司	125	中通	混合动力城市客车	LCK6125PHENV	30.94	31.54	35	238	2012-07-11
43	中通客车控股股份有限公司	125	中通	混合动力城市客车	LCK6122CHEV	31.46	52.31	35	238	2012-07-11
44	河南少林汽车股份有限公司	126	少林	混合动力电动城市客车	SLG6120HEV	23.80	32.08	35	238	2012-07-11
45	南京金龙客车制造有限公司	（十）15	东宇	混合动力城市客车	NJL6129HEV	51.36	51.00	35	238	2012-07-11
46	湖南南车时代电动汽车股份有限公司	（十八）23	南车时代	混合动力城市客车	TEG6129PHEV10	40.79	28.57	35	238	2012-07-11
47	成都客车股份有限公司	（二十二）10	蜀都	混合动力城市客车	CDK6122CSHEV	44.69	100	35	238	2012-07-11

续表

序号	企业名称	目录序号	商标	产品名称	产品型号	节油率/节气率(%)	最大电功率比(%)	目录批次	公告批次	批次日期
48	上海申沃客车有限公司	42	申沃	混合动力城市客车	SWB6107CHEV	33.77	53.68	36	239	2012-08-03
49	郑州宇通客车股份有限公司	71	宇通	混合动力电动城市客车	ZK6180CHEVG1	40.49	54.98	36	239	2012-08-03
50	郑州宇通客车股份有限公司	71	宇通	混合动力电动城市客车	ZK6140CHEVG1	41.01	56.85	36	239	2012-08-03
51	广汽丰田汽车有限公司	89	丰田（TOYOTA）	混合动力轿车	GTM7251HEVS	32.05	27.16	36	239	2012-08-03
52	广州汽车集团客车有限公司	89	广汽	混合动力城市客车	GZ6113HEV	30.33	50.22	36	239	2012-08-03
53	厦门金龙联合汽车工业有限公司	123	金龙	混合动力城市客车	XMQ6106AGHEV3	40.29	51.55	36	239	2012-08-03
54	重庆恒通客车有限公司	127	恒通客车	混合动力城市客车	CKZ6116HNHEV4	46.68	53.30	36	239	2012-08-03
55	一汽客车（无锡）有限公司	（十）10	解放	混合动力城市客车	CA6121URHEV1	30.98	22.97	36	239	2012-08-03
56	江西凯马百路佳客车有限公司	（十四）03	江西	混合动力城市客车	JXK6116BPHEV2	36.19	34.23	36	239	2012-08-03
57	江西凯马百路佳客车有限公司	（十四）03	江西	混合动力城市客车	JXK6116BPHEV	36.01	51.55	36	239	2012-08-03
58	深圳市五洲龙汽车有限公司	（十九）47	五洲龙	混合动力城市客车	FDG6115HEVG1	64.70	51.00	36	239	2012-08-03
59	深圳市五洲龙汽车有限公司	（十九）47	五洲龙	混合动力城市客车	FDG6115HEVG2	65.38	51.00	36	239	2012-08-03
60	金华青年汽车制造有限公司	7	青年	混合动力城市客车	JNP6120PHEV	30.33	51.55	37	240	2012-09-19
61	丹东黄海汽车有限责任公司	29	黄海	混合动力城市客车	DD6129CHEV2	75.15	51.97	37	240	2012-09-19
62	郑州宇通客车股份有限公司	71	宇通	混合动力电动城市客车	ZK6125CHEVG2	40.24	53.58	37	240	2012-09-19
63	广州汽车集团客车有限公司	89	广汽	混合动力城市客车	GZ6103HEV1	30.79	50.22	37	240	2012-09-19
64	广州汽车集团客车有限公司	89	广汽	混合动力城市客车	GZ6103HEV	30.10	50.22	37	240	2012-09-19
65	厦门金龙旅行车有限公司	124	金旅	混合动力城市客车	XML6105JHEV88CN	50.72	52.31	37	240	2012-09-19
66	厦门金龙旅行车有限公司	124	金旅	混合动力城市客车	XML6105JHEV38CN	40.95	52.31	37	240	2012-09-19
67	厦门金龙旅行车有限公司	124	金旅	混合动力城市客车	XML6125JHEV88CN	51.14	52.31	37	240	2012-09-19
68	厦门金龙旅行车有限公司	124	金旅	混合动力城市客车	XML6125JHEV38CN	42.72	52.31	37	240	2012-09-19
69	重庆五洲龙新能源汽车有限公司	（二十一）07	五洲龙	混合动力城市客车	WZL6123PHEVGEG4	56.61	52.22	37	240	2012-09-19
70	北汽福田汽车股份有限公司	9	福田	混合动力城市客车	BJ6105PHEVCA	30.58	23.12	38	241	2012-10-16
71	郑州宇通客车股份有限公司	71	宇通	混合动力电动城市客车	ZK6105CHEVNG1	40.39	51.03	38	241	2012-10-16
72	郑州宇通客车股份有限公司	71	宇通	混合动力电动城市客车	ZK6120CHEVNG2	41.38	52.38	38	241	2012-10-16
73	郑州宇通客车股份有限公司	71	宇通	混合动力电动城市客车	ZK6120CHEVPG1	74.69	53.58	38	241	2012-10-16

续表

序号	企业名称	目录序号	商标	产品名称	产品型号	节油率/节气率(%)	最大电功率比(%)	目录批次	公告批次	批次日期
74	郑州宇通客车股份有限公司	71	宇通	混合动力电动城市客车	ZK6120CHEVG2	41.81	53.58	38	241	2012-10-16
75	厦门金龙联合汽车工业有限公司	123	金龙	混合动力城市客车	XMQ6127GHEV7	86.14	100	38	241	2012-10-16
76	厦门金龙联合汽车工业有限公司	123	金龙	混合动力城市客车	XMQ6127GHEV8	41.33	52.61	38	241	2012-10-16
77	厦门金龙联合汽车工业有限公司	123	金龙	混合动力城市客车	XMQ6127GHEV6	41.50	50.22	38	241	2012-10-16
78	厦门金龙联合汽车工业有限公司	123	金龙	混合动力城市客车	XMQ6127GHEV12	41.65	51.29	38	241	2012-10-16
79	厦门金龙联合汽车工业有限公司	123	金龙	混合动力城市客车	XMQ6127GHEV10	42.80	51.55	38	241	2012-10-16
80	厦门金龙联合汽车工业有限公司	123	金龙	混合动力城市客车	XMQ6106AGHEV2	41.15	50.22	38	241	2012-10-16
81	厦门金龙旅行车有限公司	124	金旅	混合动力城市客车	XML6115JHEV38C	40.57	51.00	38	241	2012-10-16
82	厦门金龙旅行车有限公司	124	金旅	混合动力城市客车	XML6115JHEV88C	52.20	51.00	38	241	2012-10-16
83	厦门金龙旅行车有限公司	124	金旅	混合动力城市客车	XML6115JHEV38CN	41.02	52.31	38	241	2012-10-16
84	厦门金龙旅行车有限公司	124	金旅	混合动力城市客车	XML6115JHEV88CN	51.06	52.31	38	241	2012-10-16
85	中通客车控股股份有限公司	125	中通	混合动力城市客车	LCK6105PHENV1	41.33	52.31	38	241	2012-10-16
86	中通客车控股股份有限公司	125	中通	混合动力城市客车	LCK6125PHENV1	67.92	50.76	38	241	2012-10-16
87	中通客车控股股份有限公司	125	中通	混合动力城市客车	LCK6121HEV1	40.76	52.31	38	241	2012-10-16
88	江西凯马百路佳客车有限公司	（十四）03	江西	混合动力城市客车	JXK6116BPHEV1	36.45	52.09	38	241	2012-10-16
89	上海申沃客车有限公司	42	申沃	混合动力城市客车	SWB6107SHEV1	100	100	39	242	2012-11-05
90	郑州宇通客车股份有限公司	71	宇通	混合动力电动城市客车	ZK6140CHEVNG1	40.21	56.85	39	242	2012-11-05
91	郑州宇通客车股份有限公司	71	宇通	混合动力电动城市客车	ZK6125CHEVPG1	70.62	53.58	39	242	2012-11-05
92	金龙联合汽车工业（苏州）有限公司	112	海格	混合动力城市客车	KLQ6119GCHEV1A	41.82	51.29	39	242	2012-11-05
93	金龙联合汽车工业（苏州）有限公司	112	海格	混合动力城市客车	KLQ6129GCHEV1A	40.92	51.29	39	242	2012-11-05
94	上海汽车集团股份有限公司	122	荣威	插电式混合动力轿车	CSA7150PHEV	71.25	39.39	39	242	2012-11-05
95	厦门金龙联合汽车工业有限公司	123	金龙	混合动力城市客车	XMQ6106AGHEV5	41.73	52.61	39	242	2012-11-05
96	厦门金龙联合汽车工业有限公司	123	金龙	混合动力城市客车	XMQ6120BCHEV	41.90	41.28	39	242	2012-11-05
97	厦门金龙联合汽车工业有限公司	123	金龙	混合动力城市客车	XMQ6106AGHEV6	40.53	51.29	39	242	2012-11-05
98	厦门金龙旅行车有限公司	124	金旅	混合动力城市客车	XML6105JHEV58C	40.37	52.31	39	242	2012-11-05
99	厦门金龙旅行车有限公司	124	金旅	混合动力城市客车	XML6125JHEV58C	41.51	52.31	39	242	2012-11-05
100	上海申龙客车有限公司	129	申龙	混合动力城市客车	SLK6109USCHEV01	100	—	39	242	2012-11-05

续表

序号	企业名称	目录序号	商标	产品名称	产品型号	节油率/节气率（%）	最大电功率比（%）	目录批次	公告批次	批次日期
101	东风汽车公司	3	东风	混合动力城市客车	EQ6101CLPHEV	80.30	57.89	40	243	2012-12-18
102	东风汽车公司	3	东风	混合动力城市客车	EQ6121CLPHEV	77.38	55.99	40	243	2012-12-18
103	北汽福田汽车股份有限公司	9	福田	混合动力城市客车	BJ6105PHEVCA-1	41.85	52.09	40	243	2012-12-18
104	北汽福田汽车股份有限公司	9	福田	混合动力城市客车	BJ6123PHEVCA-1	40.93	52.09	40	243	2012-12-18
105	安徽安凯汽车股份有限公司	55	安凯	混合动力城市客车	HFF6111G03PHEV	40.24	51.55	40	243	2012-12-18
106	安徽江淮汽车股份有限公司	56	江淮	混合动力轿车	HFC7100B1HEVF	67.59	100	40	243	2012-12-18
107	安徽江淮汽车股份有限公司	56	江淮	混合动力轿车	HFC7100BHEVF	67.59	100	40	243	2012-12-18
108	广州汽车集团客车有限公司	89	广汽	混合动力城市客车	GZ6113HEV1	31.11	50.22	40	243	2012-12-18
109	广州汽车集团客车有限公司	89	广汽	混合动力城市客车	GZ6112HEV	32.05	51.55	40	243	2012-12-18
110	广州汽车集团客车有限公司	89	广汽	混合动力城市客车	GZ6112PHEV	70.26	51.55	40	243	2012-12-18
111	金龙联合汽车工业（苏州）有限公司	112	海格	混合动力城市客车	KLQ6129GHEV4A	40.90	50.18	40	243	2012-12-18
112	金龙联合汽车工业（苏州）有限公司	112	海格	混合动力城市客车	KLQ6109GHEV2	40.92	28.81	40	243	2012-12-18
113	上海申龙客车有限公司	（九）15	申龙	混合动力城市客车	SLK6129USCHEV01	42.72	51.00	40	243	2012-12-18

八、节能与新能源汽车示范推广应用工程推荐车型参数

1. 纯电动汽车

东风牌 EQ6102BEVL1 型纯电动客车

生产企业		东风汽车公司		
整车	公告批次	232		
	目录序号	3		
	识别代号	LGK4GXGS××××××××		
	外形尺寸（长×宽×高）(mm)	10350×2480×3100		
	总质量（kg）	16500	整备质量（kg）	11500
	轴距（mm）	5600	轴荷（kg）	5500/11000
	底盘型号	EQ6102EVL1	生产厂家	东风汽车公司
电机	类型	交流感应电机	型号	YCVF250L-4C
	峰值功率（kW）	100	连续功率（kW）	200
	连续扭矩（N·m）	637	峰值扭矩（N·m）	1244
	生产企业	襄阳宇清传动科技有限公司		
储能装置	类型	磷酸铁锂蓄电池	型号	GF-LiFe-160A
	单体标称电压（V）	3.2	单体标称容量（A·h）	160
	生产企业	湖北京远新能源科技有限公司		
性能指标	最高车速（km/h）	69	0~50m/h 加速时间（s）	18
	最大爬坡度（%）	15	百公里能耗（kW·h/100km）	—

五洲龙牌 FDG6113EVG 型纯电动城市客车

生产企业		深圳市五洲龙汽车有限公司		
整车	公告批次	235		
	目录序号	（十九）47		
	识别代号	LA9BCDBG×××MC1×××		
	外形尺寸（长×宽×高）(mm)	11490×2440×3050		
	总质量（kg）	12500	整备质量（kg）	14200
	轴距（mm）	4800	轴荷（kg）	6500/11500
	底盘型号	承载式车身	生产厂家	深圳市五洲龙汽车有限公司
电机	类型	三相异步电机	型号	YPQ220M-6
	峰值功率（kW）	136	连续功率（kW）	90
	连续扭矩（N·m）	1170	峰值扭矩（N·m）	1800
	生产企业	大连天元电机股份有限公司		
储能装置	类型	磷酸铁锂	型号	—
	生产企业	深圳市沃特玛电池有限公司		
性能指标	最高车速（km/h）	80	0~50m/h 加速时间（s）	≤25
	最大爬坡度（%）	≥15	百公里能耗（kW·h/100km）	—

五洲龙牌 FDG6117EVG 型纯电动城市客车

生产企业		深圳市五洲龙汽车有限公司		
整车	公告批次	237		
	目录序号	（十九）47		
	识别代号	LA9BCDBG×××MC1×××		
	外形尺寸（长×宽×高）（mm）	11490×2480×3110		
	总质量（kg）	18000	整备质量（kg）	14500
	轴距（mm）	6000	轴荷（kg）	6500/11500
	底盘型号	承载式车身	生产厂家	深圳市五洲龙汽车有限公司
电机	类型	三相异步电机	型号	YPQ220M-6
	峰值功率（kW）	136	连续功率（kW）	90
	连续扭矩（N·m）	1170	峰值扭矩（N·m）	1800
	生产企业	大连天元电机股份有限公司		
储能装置	类型	磷酸铁锂	型号	—
	生产企业	广东五洲龙电源科技有限公司		
性能指标	最高车速（km/h）	80	0~50m/h 加速时间（s）	≤25
	最大爬坡度（%）	≥15	百公里能耗（kW·h/100km）	—

五洲龙牌 FDG6601EVG 型纯电动城市客车

生产企业		深圳市五洲龙汽车有限公司		
整车	公告批次	243		
	目录序号	（十九）47		
	识别代号	LA9BBDBG4CSMC1415		
	依据标准			
	外形尺寸（长×宽×高）（mm）	6400×2095×2370		
	总质量（kg）	3500	整备质量（kg）	2100
	轴距（mm）	3380	轴荷（kg）	1530/1970
	底盘型号	LA9BBDBG4CSMC1415	生产厂家	深圳市五洲龙汽车有限公司
电机	类型	永磁同步电机	型号	3i-PMSM-336-A
	峰值功率（kW）	50	连续功率（kW）	30
	连续扭矩（N·m）	95.5	峰值扭矩（N·m）	185
	生产企业	东莞三新电动汽车技术有限公司		
储能装置	类型	磷酸铁锂	型号	32650
	单体标称电压（V）	320	单体标称容量（A·h）	110
	总电压（V）	320	总容量（A·h）	110
	生产企业	深圳沃特玛电池有限公司		
性能指标	最高车速（km/h）	65	0~50m/h 加速时间（s）	—
	最大爬坡度（%）	20%	百公里能耗（kW·h/100km）	16-22

安凯牌 **HFF6127K46EV** 型纯电动客车

生产企业		安徽安凯汽车股份有限公司		
整车	公告批次	240		
	目录序号	55		
	识别代号	LA81K1KT×××××××××		
	外形尺寸（长×宽×高）(mm)	12000×2550/2500×3780/3550		
	总质量（kg）	17800	整备质量（kg）	14100
	轴距（mm）	6080	轴荷（kg）	6300/11500
驱动电机	类型	变频调速三相异步电动机	型号	YTSP280L1—4Q
	峰值功率（kW）	291	连续功率（kW）	147
	连续扭矩（N·m）	1160	峰值扭矩（N·m）	2761
	生产企业	上海南洋电机有限公司		
储能装置	类型	磷酸铁锂电池	型号	ANX-1280-1
	单体标称电压（V）	3.2	单体标称容量（A·h）	100
	总电压（V）	600	总容量（A·h）	500
	生产企业	北京安耐信储能技术有限公司		
性能指标	最高车速（km/h）	80	0~50m/h 加速时间（s）	≤25
	最大爬坡度（%）	18	百公里能耗（kW·h/100km）	≤110

安凯牌 **HFF6127K46EV-1** 型纯电动客车

生产企业		安徽安凯汽车股份有限公司		
整车	公告批次	240		
	目录序号	55		
	识别代号	LA81K1HT×××××××××		
	外形尺寸（长×宽×高）(mm)	12000×2550/2500×3780/3550		
	总质量（kg）	17800	整备质量（kg）	14100
	轴距（mm）	6080	轴荷（kg）	6300/11500
驱动电机	类型	交流异步电机	型号	YTSP280L1—4Q
	峰值功率（kW）	291	连续功率（kW）	100
	连续扭矩（N·m）	1160	峰值扭矩（N·m）	2761
	生产企业	上海南洋电机有限公司		
储能装置1	类型	超级电容	型号	2.7V/3000F，48V/165F
	单体标称电压（V）	2.7	单体标称容量（F）	3000
	容器组总电压（V）	600	容器组总容量（F）	11.8
	生产企业	Maxwell Technologies. Inc.		
储能装置2	类型	磷酸铁锂电池	型号	1865140
	单体标称电压（V）	3.2	单体标称容量（A·h）	100
	总电压（V）	600	总容量（A·h）	500
	生产企业	合肥国轩高科动力能源有限公司		
性能指标	最高车速（km/h）	80	0~50m/h 加速时间（s）	≤25
	最大爬坡度（%）	18	百公里能耗（kW·h/100km）	≤110
	续驶里程（km）	≥250（等速工况，不带空调）		

安凯牌 HFF6127K46EV-2 型纯电动客车

生产企业		安徽安凯汽车股份有限公司		
整车	公告批次	244		
	目录序号	55		
	识别代号	LA81K1HT×××××××××		
	外形尺寸（长×宽×高）(mm)	12000×2550/2500×3620/3550/3360		
	总质量（kg）	18000	整备质量（kg）	14100
	轴距（mm）	6080	轴荷（kg）	6500/11500
	底盘型号	承载式车身	生产厂家	安徽安凯汽车股份有限公司
驱动电机	类型	变频调速三相异步电动机	型号	QYS100-6/400
	峰值功率（kW）	250	连续功率（kW）	100
	连续扭矩（N·m）	950	峰值扭矩（N·m）	2400
	生产企业	东方电气集团东风电机有限公司		
储能装置 1	类型	磷酸铁锂	型号	3.2V 10Ah
	单体标称电压（V）	3.2	单体标称容量（A·h）	10
	总电压（V）	544	总容量（A·h）	500
	生产企业	深圳市沃特玛电池有限公司		
储能装置 2	类型	磷酸铁锂	型号	1865140
	单体标称电压（V）	3.2	单体标称容量（A·h）	10
	总电压（V）	544	总容量（A·h）	500
	生产企业	合肥国轩高科动力能源有限公司		
性能指标	最高车速（km/h）	80	0~50m/h 加速时间（s）	—

安凯牌 HFF6127K46EV-3 型纯电动客车

生产企业		安徽安凯汽车股份有限公司		
整车	公告批次	240		
	目录序号	55		
	识别代号	LA81K1HT×××××××××		
	外形尺寸（长×宽×高）(mm)	12000×2550/2500×3620/3550/3360		
	总质量（kg）	18000	整备质量（kg）	14100
	轴距（mm）	6080	轴荷（kg）	6500/11500
	底盘型号	承载式车身	生产厂家	安徽安凯汽车股份有限公司
驱动电机	类型	永磁同步电机	型号	GLMP80L0
	峰值功率（kW）	180	连续功率（kW）	100
	连续扭矩（N·m）	350	峰值扭矩（N·m）	800
	生产企业	深圳大地和电气有限公司		
储能装置	类型	磷酸铁锂	型号	1865140
	单体标称电压（V）	3.2	单体标称容量（A·h）	10
	总电压（V）	544	总容量（A·h）	500
	生产企业	合肥国轩高科动力能源有限公司		
性能指标	最高车速（km/h）	80	0~50m/h 加速时间（s）	—

安凯牌 HFF6127K46EV-4 型纯电动客车

生产企业		安徽安凯汽车股份有限公司		
整车	公告批次	238		
	目录序号	55		
	识别代号	LA81K1FT×××××××××		
	外形尺寸（长×宽×高）（mm）	12000×2550/2500×3620/3550/3360		
	总质量（kg）	18000	整备质量（kg）	14100
	轴距（mm）	6080	轴荷（kg）	6500/11500
	底盘型号	承载式车身	生产厂家	安徽安凯汽车股份有限公司
驱动电机	类型	交流感应电动机	型号	1PV5138
	峰值功率（kW）	180	连续功率（kW）	85
	连续扭矩（N·m）	220	峰值扭矩（N·m）	392
	生产企业	西门子电气传动有限公司		
储能装置 1	类型	磷酸铁锂	型号	3.2V 10AH
	单体标称电压（V）	3.2	单体标称容量（A·h）	10
	总电压（V）	624	总容量（A·h）	450
	生产企业	深圳市沃特玛电池有限公司		
储能装置 2	类型	磷酸铁锂	型号	1865140
	单体标称电压（V）	3.2	单体标称容量（A·h）	10
	总电压（V）	624	总容量（A·h）	450
	生产企业	合肥国轩高科动力能源有限公司		
性能指标	最高车速（km/h）	80	0~50m/h 加速时间（s）	—

安凯牌 HFF6127K46EV-5 型纯电动客车

生产企业		安徽安凯汽车股份有限公司		
整车	公告批次	242		
	目录序号	55		
	识别代号	LA81K1FT×××××××××		
	外形尺寸（长×宽×高）（mm）	12000×2550/2500×3620/3550/3360		
	总质量（kg）	18000	整备质量（kg）	14100
	轴距（mm）	6080	轴荷（kg）	6500/11500
	底盘型号	承载式车身	生产厂家	安徽安凯汽车股份有限公司
驱动电机	类型	交流感应电动机	型号	1PV5138
	峰值功率（kW）	180	连续功率（kW）	85
	连续扭矩（N·m）	220	峰值扭矩（N·m）	392
	生产企业	西门子电气传动有限公司		
储能装置	类型	磷酸铁锂	型号	36130185-60AH
	单体标称电压（V）	3.2	单体标称容量（A·h）	60
	总电压（V）	650	总容量（A·h）	480
	生产企业	朝阳立塬新能源有限公司		
性能指标	最高车速（km/h）	80	0~50m/h 加速时间（s）	—

安凯牌 HFF6127K46EV-6 型纯电动客车

生产企业		安徽安凯汽车股份有限公司		
整车	公告批次	245		
	目录序号	55		
	识别代号	LA81K1HT×××××××××		
	外形尺寸（长×宽×高）（mm）	12000×2550/2500×3620/3550/3360		
	总质量（kg）	18000	整备质量（kg）	14100
	轴距（mm）	6080	轴荷（kg）	6500/11500
	底盘型号	承载式车身	生产厂家	安徽安凯汽车股份有限公司
驱动电机	类型	变频调速三相异步电动机	型号	420YS-XS100
	峰值功率（kW）	250	连续功率（kW）	100
	连续扭矩（N·m）	1005	峰值扭矩（N·m）	2400
	生产企业	安徽安凯汽车股份有限公司		
储能装置	类型	磷酸铁锂蓄电池	型号	HJ29019173
	单体标称电压（V）	3.2	单体标称容量（A·h）	200
	总电压（V）	544	总容量（A·h）	600
	生产企业	安徽恒基伟业科技有限公司		
性能指标	最高车速（km/h）	80	0~50m/h 加速时间（s）	—

安凯牌 HFF6120G03EV 型纯电动客车

生产企业		安徽安凯汽车股份有限公司		
整车	公告批次	247		
	目录序号	55		
	识别代号	LA86J0LW×××××××××		
	外形尺寸（长×宽×高）（mm）	12000×2500×3100/33000		
	总质量（kg）	18000	整备质量（kg）	13500，13800
	轴距（mm）	6080	轴荷（kg）	6500/11500
	底盘型号	HFF6120D03EV	生产厂家	安徽安凯汽车股份有限公司
驱动电机	类型	交流异步电机	型号	YTSP280L1—4Q
	峰值功率（kW）	291	连续功率（kW）	160
	连续扭矩（N·m）	1160	峰值扭矩（N·m）	2761
	生产企业	上海南洋电机有限公司		
储能装置	类型	磷酸铁锂电池	型号	3.2V 10AH
	单体标称电压（V）	3.2	单体标称容量（A·h）	100
	总电压（V）	538	总容量（A·h）	500
	生产企业	北京安耐信储能技术有限公司		
性能指标	最高车速（km/h）	69	0~50m/h 加速时间（s）	≤25
	最大爬坡度（%）	15	百公里能耗（kW·h/100km）	≤110
	续驶里程（Km）	≥250（等速工况，不带空调）		

安凯牌 HFF6122G03EV 型纯电动客车

生产企业		安徽安凯汽车股份有限公司		
整车	公告批次	247		
	目录序号	55		
	识别代号	LA86G0HT×××××××××		
	外形尺寸（长×宽×高）(mm)	12000×2550×2950/3150		
	总质量（kg）	18000	整备质量（kg）	13500，13800
	轴距（mm）	6100	轴荷（kg）	6500/11500
	底盘型号	HFF6122D03EV	生产厂家	安徽安凯汽车股份有限公司
驱动电机	类型	变频调速三相异步电动机	型号	YQSL250L1-4
	峰值功率（kW）	250	连续功率（kW）	90
	连续扭矩（N·m）	866	峰值扭矩（N·m）	866
	生产企业	上海南洋电机有限公司		
储能装置	类型	磷酸铁锂蓄电池	型号	—
	单体标称电压（V）	3.2	单体标称容量（A·h）	10
	总电压（V）	538	总容量（A·h）	500
	生产企业	—		
性能指标	最高车速（km/h）	80	0~50m/h 加速时间（s）	—

安凯牌 HFF6123G03EV 型纯电动客车

生产企业		安徽安凯汽车股份有限公司		
整车	公告批次	247		
	目录序号	55		
	识别代号	LA81K1FT×××××××××		
	外形尺寸（长×宽×高）(mm)	12000×2550×2950/3150		
	总质量（kg）	18000	整备质量（kg）	13500，13800
	轴距（mm）	6100	轴荷（kg）	6500/11500
	底盘型号	HFF6123D03EV	生产厂家	安徽安凯汽车股份有限公司
驱动电机	类型	交流异步电机	型号	QYS100-6/400
	峰值功率（kW）	250	连续功率（kW）	100
	连续扭矩（N·m）	1005	峰值扭矩（N·m）	2400
	生产企业	东方电气集团东风电机有限公司		
储能装置	类型	磷酸铁锂蓄电池	型号	—
	单体标称电压（V）	3.2	单体标称容量（A·h）	10
	总电压（V）	538	总容量（A·h）	500
	生产企业	—		
性能指标	最高车速（km/h）	69	0~50m/h 加速时间（s）	—

安凯牌 HFF6124G03EV 型纯电动客车

生产企业		安徽安凯汽车股份有限公司		
整车	公告批次	247		
	目录序号	55		
	识别代号	LA86G0HT××××××××		
	外形尺寸（长×宽×高）（mm）	12000×2550×3100/3300		
	总质量（kg）	18000	整备质量（kg）	13500，13800
	轴距（mm）	6100	轴荷（kg）	6500/11500
	底盘型号	HFF6124D03EV	生产厂家	安徽安凯汽车股份有限公司
驱动电机	类型	交流异步电机	型号	QYS100-6/400
	峰值功率（kW）	250	连续功率（kW）	100
	连续扭矩（N·m）	1005	峰值扭矩（N·m）	2400
	生产企业	东方电气集团东风电机有限公司		
储能装置	类型	磷酸铁锂蓄电池	型号	—
	单体标称电压（V）	3.2	单体标称容量（A·h）	10
	总电压（V）	538	总容量（A·h）	350
	生产企业	—		
性能指标	最高车速（km/h）	69	0~50m/h 加速时间（s）	—

安凯牌 HFF6125G03EV 型纯电动客车

生产企业		安徽安凯汽车股份有限公司		
整车	公告批次	247		
	目录序号	55		
	识别代号	LA86G0HT××××××××		
	外形尺寸（长×宽×高）（mm）	12000×2550×3100/3300		
	总质量（kg）	18000	整备质量（kg）	13500，13800
	轴距（mm）	6100	轴荷（kg）	6500/11500
	底盘型号	HFF6125D03EV	生产厂家	安徽安凯汽车股份有限公司
驱动电机	类型	永磁同步电机	型号	GLMP80L0
	峰值功率（kW）	180	连续功率（kW）	100
	连续扭矩（N·m）	350	峰值扭矩（N·m）	800
	生产企业	深圳大地和电气有限公司		
储能装置	类型	磷酸铁锂蓄电池	型号	—
	单体标称电压（V）	3.2	单体标称容量（A·h）	10
	总电压（V）	538	总容量（A·h）	350
	生产企业	—		
性能指标	最高车速（km/h）	69	0~50m/h 加速时间（s）	—

安凯牌 HFF6126G03EV 型纯电动客车

生产企业		安徽安凯汽车股份有限公司		
整车	公告批次	247		
	目录序号	55		
	识别代号	LA83J1HT×××××××××		
	外形尺寸（长×宽×高）（mm）	12000×2550×3100/3300		
	总质量（kg）	18000	整备质量（kg）	13500，13800
	轴距（mm）	6100	轴荷（kg）	6500/11500
	底盘型号	—	生产厂家	安徽安凯汽车股份有限公司
驱动电机	类型	交流异步电机	型号	QYS100-6/400
	峰值功率（kW）	250	连续功率（kW）	100
	连续扭矩（N·m）	1005	峰值扭矩（N·m）	2400
	生产企业	东方电气集团东风电机有限公司		
储能装置1	类型	镍氢电池	型号	UCQNF200
	单体标称电压（V）	1.2	单体标称容量（A·h）	200
	总电压（V）	576	总容量（A·h）	200
	生产企业	淄博国利新电源科技有限公司		
储能装置2	类型	镍氢电池	型号	NMCH200
	单体标称电压（V）	1.2	单体标称容量（A·h）	200
	总电压（V）	496.8	总容量（A·h）	200
	生产企业	淄博齐盛新能源科技有限公司		
性能指标	最高车速（km/h）	69	0~50m/h 加速时间（s）	—

安凯牌 HFF6127G03EV 型纯电动客车

生产企业		安徽安凯汽车股份有限公司		
整车	公告批次	247		
	目录序号	55		
	识别代号	LA86G0DT×××××××××		
	外形尺寸（长×宽×高）（mm）	12000×2550×/2950/3200		
	总质量（kg）	18000	整备质量（kg）	13500，13800
	轴距（mm）	6000	轴荷（kg）	6500/11500
	底盘型号	HFF6127D03EV	生产厂家	安徽安凯汽车股份有限公司
驱动电机	类型	异步感应电机	型号	AS1619C
	峰值功率（kW）	120	连续功率（kW）	60
	连续扭矩（N·m）	136	峰值扭矩（N·m）	382
	生产企业	采埃孚传动技术（苏州）有限公司		
储能装置	类型	磷酸铁锂	型号	UCQNF200
	单体标称电压（V）	3.2	单体标称容量（A·h）	72
	总电压（V）	576	总容量（A·h）	288
	生产企业	—		
性能指标	最高车速（km/h）	69	0~50m/h 加速时间（s）	—

安凯牌 HFF6128G03EV 型纯电动客车

生产企业		安徽安凯汽车股份有限公司		
整车	公告批次	247		
	目录序号	55		
	识别代号	LA86G0HT×××××××××		
	外形尺寸（长×宽×高）（mm）	12000×2550×2950/3200		
	总质量（kg）	18000	整备质量（kg）	13500，13800
	轴距（mm）	6100	轴荷（kg）	6500/11500
	底盘型号	HFF6128D03EV	生产厂家	安徽安凯汽车股份有限公司
驱动电机	类型	异步感应电机	型号	420YS-XS100
	峰值功率（kW）	250	连续功率（kW）	100
	连续扭矩（N·m）	1005	峰值扭矩（N·m）	3000
	生产企业	安徽安凯汽车股份有限公司		
储能装置	类型	磷酸铁锂	型号	UCQNF200
	单体标称电压（V）	3.2	单体标称容量（A·h）	16.5
	总电压（V）	538	总容量（A·h）	300
	生产企业	—		
性能指标	最高车速（km/h）	69	0~50m/h 加速时间（s）	—

安凯牌 HFF6110G03EV 型纯电动客车

生产企业		安徽安凯汽车股份有限公司		
整车	公告批次	247		
	目录序号	55		
	识别代号	LA86G0LT×××××××××		
	外形尺寸（长×宽×高）（mm）	11220×2500×3100/3300		
	总质量（kg）	17200	整备质量（kg）	12400，12600
	轴距（mm）	5700	轴荷（kg）	6000/11200
	底盘型号	HFF6113D08	生产厂家	安徽安凯汽车股份有限公司
驱动电机	类型	交流异步电机	型号	YTSP280L1—4Q
	峰值功率（kW）	350	连续功率（kW）	160
	连续扭矩（N·m）	1015	峰值扭矩（N·m）	2747
	生产企业	上海南洋电机有限公司		
储能装置	类型	磷酸铁锂电池	型号	—
	单体标称电压（V）	3.2	单体标称容量（A·h）	100
	总电压（V）	538	总容量（A·h）	300
	生产企业	—		
性能指标	最高车速（km/h）	69	0~50m/h 加速时间（s）	≤25
	最大爬坡度（%）	18	百公里能耗（kW·h/100km）	≤110
	续驶里程（km）	≥200（空调关闭）		

安凯牌 HFF6112G03EV 型纯电动城市客车

生产企业		安徽安凯汽车股份有限公司		
整车	公告批次	247		
	目录序号	55		
	识别代号	LA86G0HT×××××××××		
	外形尺寸（长×宽×高）(mm)	11220×2550×2950/3150		
	总质量（kg）	17500	整备质量（kg）	13000，13300
	轴距（mm）	5700	轴荷（kg）	6500/11000
	底盘型号	HFF6112D03EV	生产厂家	安徽安凯汽车股份有限公司
驱动电机	类型	交流异步电机	型号	QYS100-6/400
	峰值功率（kW）	250	连续功率（kW）	100
	连续扭矩（N·m）	1005	峰值扭矩（N·m）	2400
	生产企业	东方电气集团东风电机有限公司		
储能装置	类型	磷酸铁锂电池	型号	—
	单体标称电压（V）	3.2	单体标称容量（A·h）	10
	总电压（V）	496.8	总容量（A·h）	450
	生产企业	—		
性能指标	最高车速（km/h）	69	0~50m/h 加速时间（s）	≤25
	最大爬坡度（%）	18	百公里能耗（kW·h/100km）	≤110
	续驶里程（km）	≥200（空调关闭）		—

安凯牌 HFF6700BEV 型纯电动客车

生产企业		安徽安凯汽车股份有限公司		
整车	公告批次	240		
	目录序号	55		
	识别代号	LA81A1CT×××××××××		
	外形尺寸（长×宽×高）(mm)	7005×2040×2645/2725/2785		
	总质量（kg）	7200	整备质量（kg）	5870
	轴距（mm）	3935	轴荷（kg）	2500/4700
	底盘型号	HFC6685KY1D3	生产厂家	安徽安凯汽车股份有限公司
驱动电机	类型	三相异步电动机	型号	YTSP200L2-4Q
	峰值功率（kW）	211	连续功率（kW）	80
	连续扭矩（N·m）	289	峰值扭矩（N·m）	770
	生产企业	上海南洋电机有限公司		
储能装置	类型	磷酸铁锂电池	型号	ANX-1280-1
	单体标称电压（V）	3.2	单体标称容量（A·h）	10
	总电压（V）	384	总容量（A·h）	250
	生产企业	北京安耐信储能技术有限公司		
性能指标	最高车速（km/h）	100	0~50m/h 加速时间（s）	≤25
	最大爬坡度（%）	18	百公里能耗（kW·h/100km）	≤70
	续驶里程（km）	≥150		—

安凯牌 HFF6701BEV 型纯电动客车

<table>
<tr><td colspan="2">生产企业</td><td colspan="3">安徽安凯汽车股份有限公司</td></tr>
<tr><td rowspan="6">整车</td><td>公告批次</td><td>248</td><td colspan="2" rowspan="4"></td></tr>
<tr><td>目录序号</td><td>55</td></tr>
<tr><td>识别代号</td><td>LA81A1FT×××××××××</td></tr>
<tr><td>外形尺寸（长×宽×高）（mm）</td><td>7005×2040×2645/2725/2785</td></tr>
<tr><td>总质量（kg）</td><td>7200</td><td>整备质量（kg）</td><td>5870</td></tr>
<tr><td>轴距（mm）</td><td>3935</td><td>轴荷（kg）</td><td>2500/4700</td></tr>
<tr><td rowspan="4">驱动电机</td><td>类型</td><td>交流异步电机</td><td>型号</td><td>YQSL160L-4</td></tr>
<tr><td>峰值功率（kW）</td><td>211</td><td>连续功率（kW）</td><td>80</td></tr>
<tr><td>连续扭矩（N·m）</td><td>289</td><td>峰值扭矩（N·m）</td><td>772</td></tr>
<tr><td>生产企业</td><td colspan="3">上海南洋电机有限公司</td></tr>
<tr><td rowspan="4">储能装置 1</td><td>类型</td><td>超级电容</td><td>型号</td><td>UCEY-2.7V3000F</td></tr>
<tr><td>单体标称电压（V）</td><td>2.7</td><td>单体标称容量（F）</td><td>3000</td></tr>
<tr><td>容器组总电压（V）</td><td>576</td><td>容器组总容量（F）</td><td>13.75</td></tr>
<tr><td>生产企业</td><td colspan="3">上海三玖电气设备有限公司</td></tr>
<tr><td rowspan="4">储能装置 2</td><td>类型</td><td>磷酸铁锂电池</td><td>型号</td><td>1865140</td></tr>
<tr><td>单体标称电压（V）</td><td>3.2</td><td>单体标称容量（A·h）</td><td>12.5</td></tr>
<tr><td>总电压（V）</td><td>500</td><td>总容量（A·h）</td><td>250</td></tr>
<tr><td>生产企业</td><td colspan="3">合肥国轩高科动力能源有限公司</td></tr>
<tr><td rowspan="3">性能指标</td><td>最高车速（km/h）</td><td>100</td><td>0~50m/h 加速时间（s）</td><td>≤25</td></tr>
<tr><td>最大爬坡度（%）</td><td>18</td><td>百公里能耗（kW·h/100km）</td><td>≤70</td></tr>
<tr><td>续驶里程（km）</td><td>≥150</td><td></td><td>—</td></tr>
</table>

安凯牌 HFF6702BEV 型纯电动客车

<table>
<tr><td colspan="2">生产企业</td><td colspan="3">安徽安凯汽车股份有限公司</td></tr>
<tr><td rowspan="6">整车</td><td>公告批次</td><td>248</td><td colspan="2" rowspan="4"></td></tr>
<tr><td>目录序号</td><td>55</td></tr>
<tr><td>识别代号</td><td>LA81A1FT×××××××××</td></tr>
<tr><td>外形尺寸（长×宽×高）（mm）</td><td>7005×2040×2645/2725/2785</td></tr>
<tr><td>总质量（kg）</td><td>7200</td><td>整备质量（kg）</td><td>5870</td></tr>
<tr><td>轴距（mm）</td><td>3935</td><td>轴荷（kg）</td><td>2500/4700</td></tr>
<tr><td rowspan="4">驱动电机</td><td>类型</td><td>永磁同步电机</td><td>型号</td><td>GLMP120L0</td></tr>
<tr><td>峰值功率（kW）</td><td>150</td><td>连续功率（kW）</td><td>80</td></tr>
<tr><td>连续扭矩（N·m）</td><td>400</td><td>峰值扭矩（N·m）</td><td>1200</td></tr>
<tr><td>生产企业</td><td colspan="3">深圳市大地和电气有限公司</td></tr>
<tr><td rowspan="4">储能装置</td><td>类型</td><td>磷酸铁锂电池</td><td>型号</td><td>1865140</td></tr>
<tr><td>单体标称电压（V）</td><td>3.2</td><td>单体标称容量（A·h）</td><td>12.5</td></tr>
<tr><td>总电压（V）</td><td>524</td><td>总容量（A·h）</td><td>250</td></tr>
<tr><td>生产企业</td><td colspan="3">合肥国轩高科动力能源有限公司</td></tr>
<tr><td rowspan="3">性能指标</td><td>最高车速（km/h）</td><td>100</td><td>0~50m/h 加速时间（s）</td><td>≤25</td></tr>
<tr><td>最大爬坡度（%）</td><td>18</td><td>百公里能耗（kW·h/100km）</td><td>≤70</td></tr>
<tr><td>续驶里程（km）</td><td>≥150</td><td></td><td>—</td></tr>
</table>

安凯牌 HFF6100G03EV 型纯电动城市客车

生产企业		安徽安凯汽车股份有限公司		
整车	公告批次	247		
	目录序号	55		
	识别代号	LA86E0HT××××××××××		
	外形尺寸（长×宽×高）(mm)	10320×2500×2950/3150		
	总质量（kg）	16500	整备质量（kg）	12000，12300
	轴距（mm）	5100	轴荷（kg）	6000，10500
	底盘型号	HFF6100D03EV	生产厂家	安徽安凯汽车股份有限公司
驱动电机	类型	交流异步电机	型号	QYS100-6/400
	峰值功率（kW）	250	连续功率（kW）	100
	连续扭矩（N·m）	1005	峰值扭矩（N·m）	2400
	生产企业	东方电气集团东风电机有限公司		
储能装置	类型	磷酸铁锂电池	型号	1865140
	单体标称电压（V）	3.2	单体标称容量（A·h）	10
	总电压（V）	600	总容量（A·h）	400
	生产企业	—		
性能指标	最高车速（km/h）	69	0~50m/h 加速时间（s）	≤25
	最大爬坡度（%）	15	百公里能耗（kW·h/100km）	≤90
	续驶里程（km）	≥180		—

安凯牌 HFF6101G03EV 型纯电动城市客车

生产企业		安徽安凯汽车股份有限公司		
整车	公告批次	247		
	目录序号	55		
	识别代号	LA86E0HT××××××××××		
	外形尺寸（长×宽×高）(mm)	10320×2500×2950/3150		
	总质量（kg）	16500	整备质量（kg）	12000，12300
	轴距（mm）	5100	轴荷（kg）	6000，10500
	底盘型号	HFF6101D03EV	生产厂家	安徽安凯汽车股份有限公司
驱动电机	类型	交流异步电机	型号	QYS100-6/400
	峰值功率（kW）	250	连续功率（kW）	100
	连续扭矩（N·m）	1005	峰值扭矩（N·m）	2400
	生产企业	东方电气集团东风电机有限公司		
储能装置	类型	磷酸铁锂电池	型号	1865140
	单体标称电压（V）	3.2	单体标称容量（A·h）	10
	总电压（V）	538	总容量（A·h）	240
	生产企业	—		
性能指标	最高车速（km/h）	69	0~50m/h 加速时间（s）	≤25
	最大爬坡度（%）	15	百公里能耗（kW·h/100km）	≤100
	续驶里程（km）	≥150（空调关闭 40Km 等速工况）		—

比亚迪牌 K9（CK6120LGEV）型纯电动城市客车

生产企业		长沙市比亚迪客车有限公司		
整车	公告批次	225		
	目录序号	79		
	识别代号	LC06S24S		
	外形尺寸（长×宽×高）(mm)	12000×2550×3200		
	总质量（kg）	17000	整备质量（kg）	13800
	轴距（mm）	6200	轴荷（kg）	7000/10000
	底盘型号	CK6120DGBEV	生产厂家	长沙市比亚迪客车有限公司
驱动电机	类型	永磁同步电机	型号	BYD-TYC90A
	电机峰值功率（kW）	180（90×2）	电机连续功率（kW）	150（75×2）
	连续扭矩（N·m）	—	峰值扭矩（N·m）	—
	生产企业	深圳市比亚迪汽车有限公司		
储能装置	类型	磷酸铁钴锂电池	型号	FADM07315
	单体标称电压（V）	—	单体标称容量（A·h）	—
	总电压（V）	540	总容量（A·h）	600
	生产企业	惠州比亚迪电池有限公司		
性能指标	最高车速（km/h）	80	0~50m/h 加速时间（s）	—

蜀都牌 CDK6122CABEV 型纯电动城市客车

生产企业		成都客车股份有限公司		
整车	公告批次	227		
	目录序号	二十二（10）		
	识别代号	—		
	依据标准	—		
	外形尺寸（长×宽×高）(mm)	12000×2550×3220		
	总质量（kg）	18000	整备质量（kg）	14100
	轴距（mm）	6150	轴荷（kg）	6500/11500
	底盘型号	CA6120CREV23	生产厂家	中国第一汽车集团公司
驱动电机	类型	变频调速三相异步电动机	型号	YQSL250L1-4
	峰值功率（kW）	250	连续功率（kW）	额定功率 90
	连续扭矩（N·m）	866	峰值扭矩（N·m）	2512
	生产企业	上海南洋电机有限公司		
储能装置	类型	磷酸铁锂蓄电池	型号	DLP85260395-300Ah
	单体标称电压（V）	3.2	单体标称容量（A·h）	300
	总电压（V）	550	总容量（A·h）	600
	生产企业	北京安耐信储能技术有限公司		
性能指标	最高车速（km/h）	80	0~50m/h 加速时间（s）	20
	最大爬坡度（%）	20	百公里能耗（kW·h/100km）	—

蜀都牌 CDK6122CA1BEV 型纯电动力城市客车

生产企业		成都客车股份有限公司		
整车	公告批次	229		
	目录序号	二十二（10）		
	识别代号	—		
	依据标准	—		
	外形尺寸（长×宽×高）(mm)	12000×2550×3220		
	总质量（kg）	18000	整备质量（kg）	14100
	轴距（mm）	6150	轴荷（kg）	6500/11500
	底盘型号	CA6120CREV22	生产厂家	中国第一汽车集团公司
驱动电机	类型	变频调速三相异步电动机	型号	YCVF280M-4
	峰值功率（kW）	220	连续功率（kW）	额定功率 110
	连续扭矩（N·m）	额定扭矩 761.3	峰值扭矩（N·m）	1530
	生产企业	襄樊特种电机有限公司		
储能装置	类型	磷酸铁锂蓄电池	型号	SE180AHA
	单体标称电压（V）	3.2	单体标称容量（A·h）	180
	总电压（V）	576	总容量（A·h）	360
	生产企业	中航锂电（洛阳）有限公司		
性能指标	最高车速（km/h）	80	0~50m/h 加速时间（s）	20
	最大爬坡度（%）	20		

蜀都牌 CDK6122CA2BEV 型纯电动力城市客车

生产企业		成都客车股份有限公司		
整车	公告批次	236		
	目录序号	二十二（10）		
	识别代号	—		
	依据标准	—		
	外形尺寸（长×宽×高）(mm)	12000×2550×3220		
	总质量（kg）	18000	整备质量（kg）	14100
	轴距（mm）	6150	轴荷（kg）	6500/11500
	底盘型号	CA6120CREV22	生产厂家	中国第一汽车集团公司
驱动电机	类型	交流异步电机	型号	YCVF280M2-6B
	峰值功率（kW）	200	连续功率（kW）	额定功率 110
	连续扭矩（N·m）	额定扭矩 1050	峰值扭矩（N·m）	1910
	电机生产企业	襄樊特种电机有限公司		
储能装置	类型	金属氢化物镍蓄电池	型号	QNF90
	单体标称电压（V）	1.2	单体标称容量（A·h）	90
	总电压（V）	576	总容量（A·h）	270
	生产企业	四川宝生新能源电池有限公司		
性能指标	最高车速（km/h）	80	0~50m/h 加速时间（s）	23
	最大爬坡度（%）	20		

象牌 SXC6105GBEV 型纯电动城市客车

生产企业		上海万象汽车制造有限公司		
整车	公告批次	236		
	目录序号	（九）26		
	识别代号	LWXCD5E3×××××××××		
	依据标准	—		
	外形尺寸（长×宽×高）（mm）	10500×2490×3060/3260		
	总质量（kg）	16500	整备质量（kg）	12200，12500
	轴距（mm）	5000	轴荷（kg）	5500/11000
驱动电机	类型	变频调速交流电机	型号	YQSL250L1-4
	峰值功率（kW）	250	连续功率（kW）	90
	连续扭矩（N·m）	866	峰值扭矩（N·m）	2512
	生产企业	上海南洋电机有限公司		
储能装置	类型	磷酸铁锂蓄电池	型号	DLP85300320-250Ah
	单体标称电压（V）	3.2	单体标称容量（A·h）	250
	总电压（V）	544	总容量（A·h）	500
	生产企业	安耐信（北京）储能技术有限公司		
性能指标	最高车速（km/h）	85	0~50km/h 加速时间（s）	24.9
	最大爬坡度（%）	20	百公里能耗（kW·h/100km）	86.76

飞燕牌 SDL6120EVG 型纯电动城市客车

生产企业		山东沂星电动汽车有限公司		
整车	公告批次	245		
	目录序号	（十五）25		
	识别代号	L6941RCF×××××××××		
	外形尺寸（长×宽×高）（mm）	12000×2530×3250		
	总质量（kg）	18000	整备质量（kg）	12000
	轴距（mm）	6200	轴荷（kg）	6500/11500
驱动电机	类型	三项异步交流电机	型号	MDPQ/S120-4-SJ；YCVF280M - 4；QYS100-6/400
	峰值功率（kW）	210；220；250	连续功率（kW）	—
	生产企业	大连电机集团有限公司；襄樊特种电机有限公司；东方电气集团东风电机有限公司		
储能装置	类型	磷酸铁锂电池	型号	SE180AHA；HYLFP001S-200Ah
	单体标称电压（V）	3.2	单体标称容量（A·h）	180/200
	总电压（V）	576	总容量（A·h）	360/400
	生产企业	中航锂电（洛阳）有限公司；河南环宇赛尔新能源科技有限公司		
性能指标	最高车速（km/h）	69	0~50m/h 加速时间（s）	<20
	最大爬坡度（%）	20	百公里能耗（kW·h/100km）	—

飞燕牌 SDL6120EVG1 型纯电动城市客车

生产企业		山东沂星电动汽车有限公司		
整车	公告批次	247		
	目录序号	（十五）25		
	识别代号	L6941RCF××××××××		
	外形尺寸（长×宽×高）（mm）	12000×2530×3250		
	总质量（kg）	18000	整备质量（kg）	12000
	轴距（mm）	6200	轴荷（kg）	6500/11500
驱动电机	类型	三项异步交流电机	型号	MDPQ/S120-4-SJ
	峰值功率（kW）	210	连续功率（kW）	—
	生产企业	大连电机集团有限公司		
储能装置	类型	磷酸铁锂电池	型号	WX12I3250
	单体标称电压（V）	3.2	单体标称容量（A·h）	50
	总电压（V）	538	总容量（A·h）	300
	生产企业	万向电动汽车有限公司		
性能指标	最高车速（km/h）	69	0~50m/h 加速时间（s）	<20
	最大爬坡度（%）	20	百公里能耗（kW·h/100km）	—

飞燕牌 SDL6120EVG2 型纯电动城市客车

生产企业		山东沂星电动汽车有限公司		
整车	公告批次	247		
	目录序号	（十五）25		
	识别代号	L6941RCF××××××××		
	外形尺寸（长×宽×高）（mm）	12000×2530×3250		
	总质量（kg）	18000	整备质量（kg）	12000
	轴距（mm）	6200	轴荷（kg）	6500/11500
驱动电机	类型	三项异步交流电机	型号	MDPQ/S120-4-SJ
	峰值功率（kW）	210	连续功率（kW）	—
	生产企业	大连电机集团有限公司		
储能装置	类型	磷酸铁锂电池	型号	2770120
	单体标称电压（V）	3.2	单体标称容量（A·h）	16.5
	总电压（V）	538	总容量（A·h）	264
	生产企业	力神迈尔斯动力电池系统有限公司		
性能指标	最高车速（km/h）	69	0~50m/h 加速时间（s）	<20
	最大爬坡度（%）	20	百公里能耗（kW·h/100km）	—

飞燕牌 SDL6120EVG3 型纯电动城市客车

生产企业		山东沂星电动汽车有限公司		
整车	公告批次	247		
	目录序号	（十五）25		
	识别代号	L6941RCF×××××××××		
	外形尺寸（长×宽×高）（mm）	12000×2530×3250		
	总质量（kg）	18000	整备质量（kg）	12000
	轴距（mm）	6200	轴荷（kg）	6500/11500
驱动电机	类型	三项异步交流电机	型号：	MDPQ/S120-4-SJ
	峰值功率（kW）	210	连续功率（kW）	—
	生产企业	大连电机集团有限公司		
储能装置	类型	磷酸铁锂电池	型号	32650-5AH
	单体标称电压（V）	3.2	单体标称容量（A·h）	5
	总电压（V）	582.4	总容量（A·h）	400
	生产企业	深圳市沃特玛电池有限公司		
性能指标	最高车速（km/h）	69	0~50m/h 加速时间（s）	<20
	最大爬坡度（%）	20	百公里能耗（kW·h/100km）	—

飞燕牌 SDL6120EVG4 型纯电动城市客车

生产企业		山东沂星电动汽车有限公司		
整车	公告批次	249		
	目录序号	（十五）25		
	识别代号	L6941RCF×××××××××		
	外形尺寸（长×宽×高）（mm）	12000×2530×3250		
	总质量（kg）	18000	整备质量（kg）	12000
	轴距（mm）	6200	轴荷（kg）	6500/11500
驱动电机	类型	三项异步交流电机	型号	MDPQ/S120-4-SJ
	峰值功率（kW）	210	连续功率（kW）	—
	生产企业	大连电机集团有限公司		
储能装置	类型	磷酸铁锂电池	型号	1865140
	单体标称电压（V）	3.2	单体标称容量（A·h）	12.5
	总电压（V）	538	总容量（A·h）	300
	生产企业	合肥国轩高科动力能源有限公司		
性能指标	最高车速（km/h）	69	0~50m/h 加速时间（s）	<20
	最大爬坡度（%）	20	百公里能耗（kW·h/100km）	—

飞燕牌 SDL6100EVG 型纯电动城市客车

生产企业		山东沂星电动汽车有限公司		
整车	公告批次	243		
	目录序号	（十五）25		
	识别代号	L6941RCF×××××××××		
	外形尺寸（长×宽×高）（mm）	10500×2500×3250		
	总质量（kg）	16500	整备质量（kg）	11400
	轴距（mm）	5200	轴荷（kg）	5000/11500
驱动电机	类型	三项异步交流电机	型号	MDPQ/S120 - 4 -SJ
	峰值功率（kW）	210	连续功率（kW）	—
	生产企业	大连电机集团有限公司		
储能装置	类型	磷酸铁锂电池	型号	32650-5AH
	单体标称电压（V）	3.2	单体标称容量（A·h）	5
	总电压（V）	582.4	总容量（A·h）	300
	生产企业	深圳市沃特玛电池有限公司		
性能指标	最高车速（km/h）	69	0~50m/h 加速时间（s）	<18
	最大爬坡度（%）	20	百公里能耗（kW·h/100km）	—

飞燕牌 SDL6100EVG1 型纯电动城市客车

生产企业		山东沂星电动汽车有限公司		
整车	公告批次	245		
	目录序号	（十五）25		
	识别代号	L6941RCF×××××××××		
	外形尺寸（长×宽×高）（mm）	10500×2500×3250		
	总质量（kg）	16500	整备质量（kg）	11400
	轴距（mm）	5200	轴荷（kg）	5000/11500
驱动电机	类型	三项异步交流电机	型号	MDPQ/S120 - 4 -SJ
	峰值功率（kW）	210	连续功率（kW）	—
	电机生产企业	大连电机集团有限公司		
储能装置	类型	磷酸铁锂电池	型号	LJY-LFMP100Ah
	单体标称电压（V）	3.2	单体标称容量（A·h）	100
	总电压（V）	582.4	总容量（A·h）	300
	生产企业	中宇锂电能源股份有限公司		
性能指标	最高车速（km/h）	69	0~50m/h 加速时间（s）	<18
	最大爬坡度（%）	20	百公里能耗（kW·h/100km）	—

飞燕牌 SDL6110EVSG 型纯电动双层城市客车

生产企业		山东沂星电动汽车有限公司		
整车	公告批次	243		
	目录序号	（十五）25		
	识别代号	L6941RCF×××××××××		
	外形尺寸（长×宽×高）（mm）	11010×2530×4160		
	总质量（kg）	18000	整备质量（kg）	13000
	轴距（mm）	6200	轴荷（kg）	5000/11500
驱动电机	类型	三项异步交流电机	型号	YCVF280M-4；MDPQ/S120-4-SJ
	峰值功率（kW）	220；210	连续功率（kW）	—
	生产企业	襄樊特种电机有限公司；大连电机集团有限公司		
储能装置	类型	磷酸铁锂电池	型号	HYLFP001S-200Ah
	单体标称电压（V）	3.2	单体标称容量（A·h）	200
	总电压（V）	576	总容量（A·h）	400
	生产企业	河南环宇电池股份有限公司		
性能指标	最高车速（km/h）	69	0~50m/h 加速时间（s）	<20
	最大爬坡度（%）	20	百公里能耗（kW·g/100km）	—

江西牌 JXK6121BEV 型纯电动城市客车

生产企业		江西凯马百路佳客车有限公司		
整车	公告批次	235		
	目录序号	（十四）03		
	识别代号	LA9DJLMT9BBJXK001		
	依据标准	GB/T 18388－2005；QC/T 900－1997；GB 7258-2004		
	外形尺寸（长×宽×高）（mm）	11980×2495×3170		
	总质量（kg）	18000	整备质量（kg）	13200
	轴距（mm）	6100	轴荷（kg）	6500/11500
电机	类型	交流感应电动机	型号	WXE02-Y250L-4
	生产企业	钱潮轴承有限公司		
储能装置	类型	锂电池	型号	WX1213250（单体）
	单体标称电压（V）	3.2	单体标称容量（A·h）	50
	生产企业	万向电动汽车有限公司		
性能指标	最高车速（km/h）	75	最大爬坡度（%）	20

风神牌 DFM7000B1ABEV 型纯电动轿车

生产企业		东风汽车公司		
整车	公告批次	241		
	目录序号	3		
	识别代号	LGJE13E0××××××××××		
	外形尺寸（长×宽×高）（mm）	4502×1740×1465		
	总质量（kg）	1600	整备质量（kg）	1300
	轴距（mm）	2610	轴荷（kg）	846/754
	底盘型号	承载式车身	生产厂家	东风汽车公司
电机	类型	永磁同步电机	型号	Z70TYZ-XS02R
	峰值功率（kW）	90	连续功率（kW）	42
	连续扭矩（N·m）	100	峰值扭矩（N·m）	210
	生产企业	上海电驱动有限公司		
储能装置	类型	磷酸铁锂蓄电池	型号	300386
	单体标称电压（V）	3.23	单体标称容量（A·h）	20
	总电压（V）	336	总容量（A·h）	60
	生产企业	上海捷新动力电池系统有限公司		
性能指标	最高车速（km/h）	130	0~50m/h 加速时间（s）	10.03
	最大爬坡度（%）	30	百公里能耗（kW·h/100km）	14.1（工况法）

风神牌 DFM7000H2BBEV 型纯电动轿车

生产企业		东风汽车公司		
整车	公告批次	248		
	目录序号	3		
	识别代号	LGJE33E4××××××××××		
	外形尺寸（长×宽×高）（mm）	2695×1540×1585		
	总质量（kg）	1070	整备质量（kg）	920
	轴距（mm）	1860	轴荷（kg）	478/592
	底盘型号	承载式车身	生产厂家	东风汽车公司
电机	类型	永磁直流无刷电机	型号	A170010J - H0100; A170010J-H0101
	峰值功率（kW）	23.8	连续功率（kW）	10.5
	连续扭矩（N·m）	45	峰值扭矩（N·m）	80
	生产企业	东风汽车公司		
储能装置	类型	磷酸铁锂蓄电池	型号	55Ah-2P
	单体标称电压（V）	3.2	单体标称容量（A·h）	55
	总电压（V）	153.6	总容量（A·h）	110
	生产企业	上海航天电源电源技术有限责任公司		
性能指标	最高车速（km/h）	80	0~50m/h 加速时间（s）	9.8
	最大爬坡度（%）	20	百公里能耗（kW·h/100km）	13.2（工况法）

江淮牌 HFC7000AEV 型纯电动轿车

生产企业		安徽江淮汽车股份有限公司		
整车	公告批次	242		
	目录序号	56		
	识别代号	LJ1EFKRN××××××××		
	外形尺寸（长×宽×高）(mm)	4155×1650×1445		
	总质量（kg）	1500	整备质量（kg）	1200
	轴距（mm）	2400	轴荷（kg）	685/815
驱动电机	类型	永磁同步电机	型号	BLT11/27 - 3000/312；JEEMC01002B
	峰值功率（kW）	27，42	连续功率（kW）	11，13
	连续扭矩（N·m）	35，58	峰值扭矩（N·m）	140，170
	生产企业	浙江尤奈特电机有限公司，安徽巨一自动化装备有限公司		
储能装置	类型	磷酸铁锂电池	型号	1865140，18650
	单体标称电压（V）	3.2；3.2	单体标称容量（A·h）	10/12.5；1.4
	总电压（V）	320/304；345	总容量（A·h）	50/62.5；44.8
	生产企业	合肥国轩高科动力能源有限公司；华霆（合肥）动力技术有限公司		
性能指标	最高车速（km/h）	100	0~50m/h 加速时间（s）	6.3
	最大爬坡度（%）	25	能耗（kW·h/100km）	0

瑞麒牌 SQR7000BEVS184 型纯电动轿车

生产企业		奇瑞汽车股份有限公司		
整车	公告批次	234		
	目录序号	119		
	识别代号	LVVDB17B××××××××		
	外形尺寸（长×宽×高）(mm)	3601×1587×1527，1564（带行李架）		
	总质量（kg）	1360	整备质量（kg）	1060
	轴距（mm）	2330	轴荷（kg）	660/700
驱动电机	类型	永磁同步电机	型号	2103AAC
	峰值功率（kW）	40	连续功率（kW）	29
	连续扭矩（N·m）	92	峰值扭矩（N·m）	145
	生产企业	上海电驱动有限公司		
储能装置	类型	锂离子电池	型号	2101AAQ
	单体标称电压（V）	336	单体标称容量（A·h）	45
	总电压（V）	336	总容量（A·h）	45
	生产企业	比克国际（天津）有限公司		
性能指标	最高车速（km/h）	120	0~50m/h 加速时间（s）	8
	最大爬坡度（%）	20	百公里能耗（kW·h/100km）	—

比亚迪牌 e6（QCJ7006BEVF）型纯电动轿车

生产企业		比亚迪汽车有限公司		
整车	公告批次	216		
	目录序号	108		
	识别代号	LGXCE4DB×××××××××		
	外形尺寸（长×宽×高）(mm)	4560×1822×1630		
	总质量（kg）	2670	整备质量（kg）	2295
	轴距（mm）	2830	轴荷（kg）	1345/1325
驱动电机	类型	永磁同步电机	型号	BYD-TY120A
	峰值功率（kW）	120	连续功率（kW）	75
	生产企业	深圳市比亚迪汽车有限公司		
电储能装置池	类型	磷酸铁钴锂电池	型号	FADM07315
	总电压（V）	316.8	总容量（A·h）	200
	生产企业	惠州比亚迪电池有限公司		
性能指标	最高车速（km/h）	140	最大爬坡度（%）	30

江铃牌 JX7003BEV 纯电动轿车

生产企业		江铃控股有限公司		
整车	公告批次	240		
	目录序号	121		
	识别代号	LVXMAZBA×××××××××		
	外形尺寸（长×宽×高）(mm)	4410×1768×1640		
	总质量（kg）	2095	整备质量（kg）	1720
	轴距（mm）	2710	轴荷（kg）	1088/1007
驱动电机	类型	三相交流异步电机	型号	QYS20-4/180
	峰值功率（kW）	60	连续功率（kW）	20
	连续扭矩（N·m）	53	峰值扭矩（N·m）	159
	生产企业	东方电气集团东风电机有限公司		
储能装置	类型	磷酸铁锂离子电池	型号	32750 型
	单体标称电压（V）	3.2	单体标称容量（A·h）	5.6
	总电压（V）	288	总容量（A·h）	90
	生产企业	深圳市沃特玛电池有限公司		
性能指标	最高车速（km/h）	120	0~50m/h 加速时间（s）	8
	最大爬坡度（%）	30	百公里能耗（kW·h/100km）	19.3

陕汽牌 SX4186ZG331N 型纯电动牵引汽车

生产企业		陕西汽车集团有限责任公司		
整车	公告批次	239		
	目录序号	110		
	识别代号	LZGJDP41×××××××××		
	外形尺寸（长×宽×高）（mm）	5450×2700×3820		
	总质量（kg）	70000	整备质量（kg）	8400
	轴距（mm）	3380	轴荷（前/后）（kg）	8000/13000
电机	类型	三相异步交流电动机	型号	YJ152A
	峰值功率（kW）	200	连续功率（kW）	100
	连续扭矩（N·m）	1200	峰值扭矩（N·m）	2500
	生产企业	永济新时速电机电器有限责任公司		
储能装置	类型	超级电容	型号	UCE15V80000A
	单体标称电压（V）	1.5	单体标称容量（F）	80000
	总电压（V）	403-590	静电容量（F）	800
	生产企业	上海奥威科技开发有限公司		
性能指标	最高车速（km/h）	35	最大爬坡度（%）	8

清源牌 QY5020XFWBEVEC 型纯电动服务车

生产企业		天津清源电动车辆有限责任公司		
整车	公告批次	239		
	目录序号	（二）22		
	识别代号	LECEC25H09T000002		
	依据标准	QY5020XFWBEVEC 企业标准		
	外形尺寸（长×宽×高）（mm）	3930×1505×1875		
	总质量（kg）	1610		
	整备质量（kg）	1180	额定载质量（kg）	300
	轴距（mm）	2470	轴荷	662/948
电机	类型	三相交流感应电机	型号	XYQ-7.5-1AH
	峰值功率（kW）	26	连续功率（kW）	7.5
	连续扭矩（N·m）	46	峰值扭矩（N·m）	160
	生产企业	常州市华盛电机厂		
储能装置	类型	铅酸密封电池	型号	6DMJ150
	单体标称电压（V）	12	单体标称容量（A·h）	150
	额定电压（V）	72	额定容量（A·h）	150
	生产企业	天津蓝天电池股份有限公司		
性能指标	最高车速（km/h）	80	0~50m/h 加速时间（s）	17.4
	最大爬坡度（%）	20	百公里能耗（kW·h/100km）	22.5
	续驶里程（km）	100		

清源牌 QY5020XFWBEVEL 型纯电动服务车

生产企业		天津清源电动车辆有限责任公司		
整车	公告批次	217		
	目录序号	(二) 22		
	识别代号	LECEC25G××T××××××		
	依据标准	QY5020XFWBEVEL 企业标准		
	外形尺寸(长×宽×高)(mm)	3930×1505×1875		
	总质量(kg)	1610		
	整备质量(kg)	1059	额定载质量(kg)	421
	轴距(mm)	2470	轴荷(kg)	618/992
电机	类型	三相交流感应电机	型号	XYQ-7.5-1AH
	峰值功率(kW)	26	连续功率(kW)	7.5
	连续扭矩(N·m)	46	峰值扭矩(N·m)	160
	生产企业	常州市华盛电机厂		
储能装置	类型	磷酸铁锂电池	型号	LP2770106AB
	单体标称电压(V)	3.2	单体标称容量(A·h)	10.5
	电池额定电压(V)	77	电池额定容量(A·h)	136.5
	生产企业	天津力神电池股份有限公司		
性能指标	最高车速(km/h)	80	0~50m/h 加速时间(s)	20
	最大爬坡度(%)	20	百公里能耗(kW·h/100km)	20
	续驶里程(km)	100		

清源牌 QY5020XYZBEVEC 型纯电动邮政车

生产企业		天津清源电动车辆有限责任公司		
整车	公告批次	245		
	目录序号	(二) 22		
	识别代号	LECEC25H××T××××××		
	依据标准	QY5020XYZBEVEC 企业标准		
	外形尺寸(长×宽×高)(mm)	3930×1505×1875		
	总质量(kg)	1610		
	整备质量(kg)	1180	额定载质量(kg)	300
	轴距(mm)	2470	轴荷(kg)	662/948
电机	类型	三相交流感应电机	型号	XYQ-7.5-1AH
	峰值功率(kW)	26	连续功率(kW)	7.5
	连续扭矩(N·m)	46	峰值扭矩(N·m)	160
	生产企业	常州市华盛电机厂		
储能装置	类型	铅酸密封电池	型号	6DMJ150
	单体标称电压(V)	12	单体标称容量(A·h)	150
	电池额定电压(V)	72	电池额定容量(A·h)	150
	生产企业	天津蓝天电池股份有限公司		
性能指标	最高车速(km/h)	80	0~50m/h 加速时间(s)	17.4
	最大爬坡度(%)	20	百公里能耗(kW·h/100km)	22.5
	续驶里程(km)	100		

清源牌 QY5020XYZBEVEL 型纯电动邮政车

生产企业		天津清源电动车辆有限责任公司		
整车	公告批次	238		
	目录序号	（二）22		
	识别代号	LECEC25G××T××××××		
	依据标准	QY5020XYZBEVEL 企业标准		
	外形尺寸（长×宽×高）（mm）	3930×1505×1875		
	总质量（kg）	1610		
	整备质量（kg）	1059	额定载质量（kg）	421
	轴距（mm）	2470	轴荷（kg）	618/992
电机	类型	三相交流感应电机	型号	XYQ-7.5-1AH
	峰值功率（kW）	26	连续功率（kW）	7.5
	连续扭矩（N·m）	46	峰值扭矩（N·m）	160
	生产企业	常州市华盛电机厂		
储能装置	类型	磷酸铁锂电池	型号	LP2770106AB
	单体标称电压（V）	3.2	单体标称容量（A·h）	10.5
	电池额定电压（V）	77	电池额定容量（A·h）	136.5
	生产企业	天津力神电池股份有限公司		
性能指标	最高车速（km/h）	80	0~50m/h 加速时间（s）	20
	最大爬坡度（%）	20	百公里能耗（kW·h/100km）	20
	续驶里程（km）	100		

清源牌 QY5020XXYBEVYC 型纯电动厢式运输车

生产企业		天津清源电动车辆有限责任公司		
整车	公告批次	245		
	目录序号	（二）22		
	识别代号	LECYC22H××T××××××		
	依据标准	QY5020XXYBEVYC 企业标准		
	外形尺寸（长×宽×高）（mm）	4320×1528×1975		
	总质量（kg）	1770		
	整备质量（kg）	1218	额定载质量（kg）	422
	轴距（mm）	2600	轴荷（kg）	618/992
	底盘型号	QY5020HBEVA	生产厂家	天津清源电动车辆有限责任公司
电机	类型	三相交流感应电机	型号	XYQ-7.5-1AH
	峰值功率（kW）	26	连续功率（kW）	7.5
	连续扭矩（N·m）	46	峰值扭矩（N·m）	160
	生产企业	常州市华盛电机厂		
储能装置	类型	铅酸密封电池	型号	LP2770106AB
	单体标称电压（V）	12	单体标称容量（A·h）	150
	电池额定电压（V）	72	电池额定容量（A·h）	150
	生产企业	天津蓝天电池股份有限公司		
性能指标	最高车速（km/h）	80	0~50m/h 加速时间（s）	17.4
	最大爬坡度（%）	20	百公里能耗（kW·h/100km）	22.5
	续驶里程（km）	100		

清源牌 QY5020XXYBEVYL 型纯电动厢式运输车

生产企业		天津清源电动车辆有限责任公司		
整车	公告批次	238		
	目录序号	（二）22		
	识别代号	LECYC22J×××××××××		
	依据标准	QY5020XXYBEVYL 企业标准		
	外形尺寸（长×宽×高）(mm)	4320×1528×1975		
	总质量（kg）	1770		
	整备质量（kg）	1107	额定载质量（kg）	533
	轴距（mm）	2600	轴荷（kg）	761/1009
电机	类型	三相交流感应电机	型号	XYQ-7.5-1AH
	峰值功率（kW）	26	连续功率（kW）	7.5
	连续扭矩（N·m）	46	峰值扭矩（N·m）	160
	生产企业	常州市华盛电机厂		
储能装置	类型	磷酸铁锂动力电池	型号	JL-3.2V-190Ah
	单体标称电压（V）	3.2	单体标称容量（A·h）	190
	电池额定电压（V）	76.8	电池额定容量（A·h）	190
	生产企业	山东久力电子科技有限公司		
性能指标	最高车速（km/h）	60	0~50m/h 加速时间（s）	15
	最大爬坡度（%）	20	百公里能耗（kW·h/100km）	19
	续驶里程（km）	100		

清源牌 QY5020XXYBEVEL 型纯电动厢式运输车

生产企业		天津清源电动车辆有限责任公司		
整车	公告批次	238		
	目录序号	（二）22		
	识别代号	LECEC25J×××××××××		
	依据标准	QY5020XXYBEVEL 企业标准		
	外形尺寸（长×宽×高）(mm)	3930×1505×1875		
	总质量（kg）	1610		
	整备质量（kg）	1005	额定载质量（kg）	475
	轴距（mm）	2470	轴荷（kg）	720/890
电机	类型	三相交流感应电机	型号	XYQ-7.5-1AH
	峰值功率（kW）	26	连续功率（kW）	7.5
	连续扭矩（N·m）	46	峰值扭矩（N·m）	160
	生产企业	常州市华盛电机厂		
储能装置	类型	磷酸铁锂动力电池	型号	JL-3.2V-190Ah
	单体标称电压（V）	3.2	单体标称容量（A·h）	190
	电池额定电压（V）	76.8	电池额定容量（A·h）	190
	生产企业	山东久力电子科技有限公司		
性能指标	最高车速（km/h）	60	0~50m/h 加速时间（s）	15
	最大爬坡度（%）	20	百公里能耗（kW·h/100km）	16
	续驶里程（km）	100		

清源牌 QY5020ZLJBEVYC 型纯电动垃圾车

生产企业		天津清源电动车辆有限责任公司		
整车	公告批次	245		
	目录序号	（二）22		
	识别代号	LECYC22H××T××××××		
	依据标准	QY5020ZLJBEVYC 企业标准		
	外形尺寸（长×宽×高）（mm）	4320×1528×2030		
	货厢尺寸（长×宽×高）（mm）	2310×1500×1200		
	总质量（kg）	1770		
	整备质量（kg）	1329	额定载质量（kg）	311
	轴距（mm）	2600	轴荷（kg）	670/1100
	底盘型号	QY5020HBEVA	生产厂家	天津清源电动车辆有限责任公司
电机	类型	三相交流感应电机	型号	XYQ-7.5-1AH
	峰值功率（kW）	26	连续功率（kW）	7.5
	连续扭矩（N·m）	46	峰值扭矩（N·m）	160
	生产企业	常州市华盛电机厂		
储能装置	类型	铅酸密封电池	型号	6DMJ150
	单体标称电压（V）	12	单体标称容量（A·h）	150
	电池额定电压（V）	72	电池额定容量（A·h）	150
	生产企业	天津蓝天电池股份有限公司		
性能指标	最高车速（km/h）	40	0~50m/h 加速时间（s）	11.4
	最大爬坡度（%）	20	百公里能耗（kW·h/100km）	10.8
	续驶里程（km）	100		

清源牌 QY5021ZLJBEVYC 型纯电动垃圾车

生产企业		天津清源电动车辆有限责任公司		
整车	公告批次	245		
	目录序号	（二）22		
	识别代号	LECYC22H××T××××××		
	依据标准	QY5021ZLJBEVYC 企业标准		
	外形尺寸（长×宽×高）（mm）	4115×1540×2000		
	货厢尺寸（长×宽×高）（mm）	1934×1525×1178		
	总质量（kg）	1770		
	整备质量（kg）	1400	额定载质量（kg）	240
	轴距（mm）	2600	轴荷（kg）	670/1100
	底盘型号	QY5020HBEVA	生产厂家	天津清源电动车辆有限责任公司
电机	类型	三相交流感应电机	型号	XYQ-7.5-1AH
	峰值功率（kW）	26	连续功率（kW）	7.5
	连续扭矩（N·m）	46	峰值扭矩（N·m）	160
	生产企业	常州市华盛电机厂		
储能装置	类型	铅酸密封电池	型号	6DMJ150
	单体标称电压（V）	12	单体标称容量（A·h）	150
	电池额定电压（V）	72	电池额定容量（A·h）	150
	生产企业	天津蓝天电池股份有限公司		
性能指标	最高车速（km/h）	55	0~50m/h 加速时间（s）	12.4
	最大爬坡度（%）	20	百公里能耗（kW·h/100km）	10.6
	续驶里程（km）	100		

清源牌 QY5020ZXXBEVYC 型纯电动车厢可卸式垃圾车

生产企业		天津清源电动车辆有限责任公司		
整车	公告批次	245		
	目录序号	(二) 22		
	识别代号	LECYC22H××T××××××		
	依据标准	QY5020ZXXBEVYC 企业标准		
	外形尺寸 (长×宽×高) (mm)	4240×1528×1930		
	总质量 (kg)	1770		
	整备质量 (kg)	1440	额定载质量 (kg)	200
	轴距 (mm)	2600	轴荷 (kg)	670/1100
	底盘型号	QY5020HBEVA	生产厂家	天津清源电动车辆有限责任公司
电机	类型	三相交流感应电机	型号	XYQ-7.5-1AH
	峰值功率 (kW)	26	连续功率 (kW)	7.5
	连续扭矩 (N·m)	46	峰值扭矩 (N·m)	160
	生产企业	常州市华盛电机厂		
储能装置	类型	铅酸密封电池	型号	6DMJ150
	单体标称电压 (V)	12	单体标称容量 (A·h)	150
	电池额定电压 (V)	72	电池额定容量 (A·h)	150
	生产企业	天津蓝天电池股份有限公司		
性能指标	最高车速 (km/h)	55	0~50m/h 加速时间 (s)	12.6
	最大爬坡度 (%)	20	百公里能耗 (kW·h/100km)	10.8
	续驶里程 (km)	100		

清源牌 QY5020ZLJBEVYL 型纯电动车厢可卸式垃圾车

生产企业		天津清源电动车辆有限责任公司		
整车	公告批次	238		
	目录序号	(二) 22		
	识别代号	LECYC22J××××××××		
	依据标准	QY5020ZLJBEVYL 企业标准		
	外形尺寸 (长×宽×高) (mm)	4140×1528× 1840		
	货厢尺寸 (长×宽×高) (mm)	1882×1467×1057		
	总质量 (kg)	1770		
	整备质量 (kg)	1162	额定载质量 (kg)	478
	轴距 (mm)	2600	轴荷 (kg)	761/1009
电机	类型	三相交流感应电机	型号	XYQ-7.5-1AH
	峰值功率 (kW)	26	连续功率 (kW)	7.5
	连续扭矩 (N·m)	46	峰值扭矩 (N·m)	160
	生产企业	常州市华盛电机厂		
储能装置	类型	磷酸铁锂动力电池	型号	HYLFP 64182295/160AH
	单体标称电压 (V)	3.2	单体标称容量 (A·h)	160
	电池额定电压 (V)	76.8	电池额定容量 (A·h)	160
	生产企业	河南环宇赛尔新能源科技有限公司		
性能指标	最高车速 (km/h)	55	0~50m/h 加速时间 (s)	19
	最大爬坡度 (%)	20	百公里能耗 (kW·h/100km)	12
	续驶里程 (km)	90		

瑞驰牌 CRC5020XYZ-LBEV 型纯电动邮政车

生产企业		重庆瑞驰汽车实业有限公司		
整车	公告批次	217		
	目录序号	（二十一）14		
	识别代	LR83VPG6×××××××××		
	外形尺寸（长×宽×高）(mm)	4070×1560×2380		
	总质量（kg）	2050	整备质量（kg）	1320
	轴距（mm）	2510	轴荷（kg）	920/1130
	底盘型号	CRC6390LBEV 三类	生产厂家	重庆瑞驰汽车实业有限公司
电机	类型	交流永磁同步电机	型号	190ZWS011
	峰值功率（kW）	20	连续功率（kW）	8
	连续扭矩（N·m）	32	峰值扭矩（N·m）	80
	生产企业	上海电驱动有限公司		
储能装置	类型	磷酸铁锂动力电池	型号	SE180AHA
	单体标称电压（V）	3.2	单体标称容量（A·h）	180
	总电压（V）	144	总容量（A·h）	180
	生产企业	中航锂电（洛阳）有限公司		
性能指标	最高车速（km/h）	85	0~50m/h 加速时间（s）	10
	最大爬坡度（%）	20	能耗（kW·h/60km）	12.76

瑞驰牌 CRC5020XYZ-QBEV 型纯电动邮政车

生产企业		重庆瑞驰汽车实业有限公司		
整车	公告批次	217		
	目录序号	（二十一）14		
	识别代号	LR83UPF6×××××××××		
	外形尺寸（长×宽×高）(mm)	4210×1560×2100		
	总质量（kg）	1860	整备质量（kg）	1230
	轴距（mm）	2515	轴荷（kg）	760/1100
	底盘型号	CRC5020QBEV 二类	生产厂家	重庆瑞驰汽车实业有限公司
电机	类型	直流串励电机	型号	ZC6.3-72
	峰值功率（kW）	18	连续功率（kW）	6.3
	连续扭矩（N·m）	23	峰值扭矩（N·m）	76
	电机生产企业	淄博休普电机电器有限公司		
储能装置	类型	铅酸动力电池	型号	4DM135 8V135Ah
	单体标称电压（V）	8	单体标称容量（A·h）	135
	总电压（V）	72	总容量（A·h）	135
	生产企业	浙江超威电源有限公司		
性能指标	最高车速（km/h）	75	0~50m/h 加速时间（s）	10
	最大爬坡度（%）	20	能耗（kW·h/30km）	9.7

瑞驰牌 CRC5020XSH-QBEV 型纯电动售货车

生产企业		重庆瑞驰汽车实业有限公司		
整车	公告批次	225/242		
	目录序号	（二十一）14		
	识别代号	LR83UPF6×××××××××		
	外形尺寸（长×宽×高）（mm）	4240×1660×2180		
	总质量（kg）	2000	整备质量（kg）	1330
	轴距（mm）	2515	轴荷（kg）	840/1160
	底盘型号	CRC5020QBEV 二类	生产厂家	重庆瑞驰汽车实业有限公司
电机	类型	直流串励电机	型号	ZC6.3-72
	峰值功率（kW）	18	连续功率（kW）	6.3
	连续扭矩（N·m）	23	峰值扭矩（N·m）	76
	电机生产企业	淄博休普电机电器有限公司		
储能装置	类型	铅酸动力电池	型号	4DM135 8V135Ah
	单体标称电压（V）	8	单体标称容量（A·h）	135
	总电压（V）	72	总容量（A·h）	135
	生产企业	浙江超威电源有限公司		
性能指标	最高车速（km/h）	75	0~50m/h 加速时间（s）	10
	最大爬坡度（%）	20	能耗（kW·h/30km）	9.7

瑞驰牌 CRC5020CCY-QBEV 型纯电动仓栅式运输车

生产企业		重庆瑞驰汽车实业有限公司		
整车	公告批次	224		
	目录序号	（二十一）14		
	识别代号	LR83UPF6×××××××××		
	外形尺寸（长×宽×高）（mm）	4240×1560×2440		
	总质量（kg）	1960	整备质量（kg）	1280
	轴距（mm）	2515	轴荷（kg）	800/1160
	底盘型号	CRC5020QBEV 二类	生产厂家	重庆瑞驰汽车实业有限公司
电机	类型	直流串励电机	型号	ZC6.3-72
	峰值功率（kW）	18	连续功率（kW）	6.3
	连续扭矩（N·m）	23	峰值扭矩（N·m）	76
	生产企业	淄博休普电机电器有限公司		
储能装置	类型	铅酸动力电池	型号	4DM135 8V135Ah
	单体标称电压（V）	8	单体标称容量（A·h）	135
	总电压（V）	12	总容量（A·h）	135
	生产企业	浙江超威电源有限公司		
性能指标	最高车速（km/h）	75	0~50m/h 加速时间（s）	10
	最大爬坡度（%）	20	能耗（kW·h/30km）	9.7

瑞驰牌 CRC5021XXY-QBEV 型纯电动厢式运输车

生产企业		重庆瑞驰汽车实业有限公司		
整车	公告批次	224		
	目录序号	（二十一）14		
	识别代号	LR83VPG6×××××××××		
	外形尺寸（长×宽×高）（mm）	3795×1560×1925		
	总质量（kg）	2050	整备质量（kg）	1350
	轴距（mm）	2515	轴荷（kg）	870/1180
	底盘型号	CRC6350DQBEV 三类	生产厂家	重庆瑞驰汽车实业有限公司
电机	类型	永磁同步电机	型号	190ZWS011
	峰值功率（kW）	20	连续功率（kW）	8
	连续扭矩（N·m）	32	峰值扭矩（N·m）	80
	生产企业	上海电驱动有限公司		
储能装置	类型	铅酸免维护	型号	6DM100
	单体标称电压（V）	12	单体标称容量（A·h）	100
	总电压（V）	144	总容量（A·h）	100
	生产企业	超威电源有限公司		
性能指标	最高车速（km/h）	75	0～50m/h 加速时间（s）	10
	最大爬坡度（%）	20	能耗（kW·h/30km）	9.9

瑞驰牌 CRC5020XXY-QBEV 型纯电动厢式运输车

生产企业		重庆瑞驰汽车实业有限公司		
整车	公告批次	224		
	目录序号	（二十一）14		
	识别代号	LR83VPG6×××××××××		
	外形尺寸（长×宽×高）（mm）	4210×1560×2110		
	总质量（kg）	2050	整备质量（kg）	1320
	轴距（mm）	2515	轴荷（kg）	800/1250
	底盘型号	CRC5021QBEV 二类	生产厂家	重庆瑞驰汽车实业有限公司
电机	类型	永磁同步电机	型号	190ZWS011
	峰值功率（kW）	20	连续功率（kW）	8
	连续扭矩（N·m）	32	峰值扭矩（N·m）	80
	生产企业	上海电驱动有限公司		
储能装置	类型	铅酸免维护	型号	6DM100
	单体标称电压（V）	12	单体标称容量（A·h）	100
	总电压（V）	144	总容量（A·h）	100
	生产企业	超威电源有限公司		
性能指标	最高车速（km/h）	80	0～50m/h 加速时间（s）	10
	最大爬坡度（%）	20	能耗（kW·h/30km）	9.9

瑞驰牌 CRC5020XXY-LBEV 型纯电动厢式运输车

生产企业		重庆瑞驰汽车实业有限公司		
整车	公告批次	224		
	目录序号	(二十一) 14		
	识别代号	LR83VPG6×××××××××		
	外形尺寸(长×宽×高)(mm)	4070×/1560×/2105		
	总质量(kg)	2050	整备质量(kg)	1320
	轴距(mm)	2515	轴荷(kg)	920/1130
	底盘型号	CRC6390LBEV 三类	生产厂家	重庆瑞驰汽车实业有限公司
电机	类型	交流永磁同步电机	型号	190ZWS011
	峰值功率(kW)	20	连续功率(kW)	8
	连续扭矩(N·m)	32	峰值扭矩(N·m)	80
	生产企业	上海电驱动有限公司		
储能装置	类型	磷酸铁锂动力电池	型号	SH180AHA
	单体标称电压(V)	3.2	单体标称容量(A·h)	180
	总电压(V)	144	总容量(A·h)	180
	生产企业	中航锂电(洛阳)有限公司		
性能指标	最高车速(km/h)	85	0~50m/h 加速时间(s)	10
	最大爬坡度(%)	20	能耗(kW·h/60km)	12.76

五菱牌 LQG5021CCYBEV 锂电池纯电动仓栅式运输车

生产企业		柳州五菱汽车工业有限公司		
整车	公告批次	243		
	目录序号	(二十) 09		
	识别代号	LLWPCCSB×××××××××		
	外形尺寸(长×宽×高)(mm)	4115×1560×2390		
	总质量(kg)	1980	整备质量(kg)	1115;1145
	轴距(mm)	2080	轴荷(kg)	760/1220;790/1190
	底盘型号	LQG1021LEV 二类	生产厂家	柳州五菱汽车工业有限公司
驱动电机	类型	交流异步电机	型号	QYF10-4/70
	峰值功率(kW)	30	连续功率(kW)	10
	生产企业	东方电气集团东风电机有限公司		
储能装置	类型	三元锂电池	型号	W210100015
	单体标称电压(V)	2.6	单体标称容量(A·h)	2.0
	总电压(V)	144	总容量(A·h)	108
	生产企业	捷源绿能科技上海有限公司		
性能指标	最高车速(km/h)	100	0~50m/h 加速时间(s)	—

五菱牌 LQG5021ZLJBEV 锂电池纯电动自卸式环卫车

生产企业		柳州五菱汽车工业有限公司		
整车	公告批次	246		
	目录序号	（二十）09		
	识别代号	LLWPXCSB×××××××××		
	外形尺寸（长×宽×高）（mm）	4060×1560×1840		
	总质量（kg）	2100	整备质量（kg）	1360；1390
	轴距（mm）	2080	轴荷（kg）	770/1330；800/1300
驱动电机	类型	交流异步电机	型号	QYF10-4/70
	峰值功率（kW）	30	连续功率（kW）	10
	生产企业	东方电气集团东风电机有限公司		
储能装置	类型	三元锂电池	型号	W210100012
	单体标称电压（V）	3.7	单体标称容量（A·h）	5.4
	总电压（V）	148	总容量（A·h）	145
	生产企业	捷源绿能科技上海有限公司		
性能指标	最高车速（km/h）	100	0~50m/h 加速时间（s）	—

五菱牌 LQG5020CCYBEV 纯电动仓栅式运输车

生产企业		柳州五菱汽车工业有限公司		
整车	公告批次	233		
	目录序号	（二十）09		
	识别代号	LLWPCASA×××××××××		
	外形尺寸（长×宽×高）（mm）	4115×1560×2390		
	总质量（kg）	1880	整备质量（kg）	1180；1210
	轴距（mm）	2080	轴荷（kg）	810/1070；835/1045
	底盘型号	LQG1020LEV	生产厂家	柳州五菱汽车工业有限公司
驱动电机	类型	三相交流异步电机	型号	CAMT9006YA
	峰值功率（kW）	18	连续功率（kW）	6
	连续扭矩（N·m）	29	峰值扭矩（N·m）	83
	生产企业	柳州市科尔数字化制造技术有限公司		
储能装置	类型	铅酸动力电池	型号	6DM100
	单体标称电压（V）	12	单体标称容量（A·h）	100
	总电压（V）	96	总容量（A·h）	100
	生产企业	浙江超威电源（集团）有限公司		
性能指标	最高车速（km/h）	≥65	最大爬坡度（%）	≥15

五菱牌 WLD1142Q1P 电动货车

生产企业		柳州五菱汽车工业有限公司		
整车	公告批次	—		
	目录序号	—		
	识别代号	LLWTL0A6×××××××××		
	外形尺寸（长×宽×高）(mm)	4115×1560×1840		
	总质量（kg）	1360	整备质量（kg）	1180
	轴距（mm）	2080	轴荷（kg）	772/588
	底盘型号	LQG1020LEV	生产厂家	柳州五菱汽车工业有限公司
驱动电机	类型	三相交流异步电机	型号	CAMT9006YA
	峰值功率（kW）	18	连续功率（kW）	6
	连续扭矩（N·m）	29	峰值扭矩（N·m）	83
	生产企业	四川东风电机厂有限公司		
电机驱动器	最大电流（A）	200	额定电压（V）	96
	驱动器生产企业	柳州市科尔数字化制造技术有限公司		
储能装置	类型	铅酸动力电池	型号	12TB115
	单体标称电压（V）	12	单体标称容量（A·h）	115
	总电压（V）	96	总容量（A·h）	115
	生产企业	荷贝克电源系统（上海）有限公司		
性能指标	最高车速（km/h）	40	最大爬坡度（%）	14

五菱牌 WLD1040Q5 电动社区车

生产企业		柳州五菱汽车工业有限公司		
整车	公告批次	—		
	目录序号	—		
	识别代号	LLWVL0A6×××××××××		
	外形尺寸（长×宽×高）(mm)	4115×1560×/1840		
	总质量（kg）	1360	整备质量（kg）	1120
	轴距（mm）	2500	轴荷（kg）	610/750
	底盘型号	LZW6376NF	生产厂家	上汽通用五菱
驱动电机	类型	三相交流异步电机	型号	CAMT9006YA
	峰值功率（kW）	18	连续功率（kW）	6
	连续扭矩（N·m）	29	峰值扭矩（N·m）	83
	生产企业	四川东风电机厂有限公司		
电机驱动器	最大电流（A）	200	额定电压（V）	96
	驱动器生产企业	柳州市科尔数字化制造技术有限公司		
储能装置	类型	铅酸动力电池	型号	6DM100
	单体标称电压（V）	12	单体标称容量（A·h）	100
	总电压（V）	96	总容量（A·h）	100
	生产企业	浙江超威电源（集团）有限公司		
性能指标	最高车速（km/h）	40	最大爬坡度（%）	14

五菱牌 WLD2080 电动观光车

生产企业		柳州五菱汽车工业有限公司		
整车	公告批次	—		
	目录序号	—		
	识别代号	LLWABBAA×××××××××		
	外形尺寸（长×宽×高）（mm）	3710×1550×2030		
	总质量（kg）	1600	整备质量（kg）	960
	轴距（mm）	2580	轴荷（kg）	750/850
驱动电机	类型	直流串励	型号	XQ-3-1M
	峰值功率（kW）	—	连续功率（kW）	3
	连续扭矩（N·m）	14.3	峰值扭矩（N·m）	64
	生产企业	江苏常牵电机有限公司		
电机驱动器	最大电流（A）	275	额定电压（V）	48
	生产企业	郑州嘉晨电器有限公司		
储能装置	类型	铅酸动力电池	型号	3DM180
	单体标称电压（V）	6	单体标称容量（A·h）	180
	总电压（V）	48	总容量（A·h）	180
	生产企业	浙江超威电源（集团）有限公司		
性能指标	最高车速（km/h）	20	最大爬坡度（%）	9

五菱牌 WLD1083 电动观光车

生产企业		柳州五菱汽车工业有限公司		
整车	公告批次	—		
	目录序号	—		
	识别代号	—		
	外形尺寸（长×宽×高）（mm）	3995×1585×2090		
	总质量（kg）	1900	整备质量（kg）	1260
	轴距（mm）	2615	轴荷（kg）	920/1035
驱动电机	类型	三相交流异步电机	型号	—
	峰值功率（kW）	18	连续功率（kW）	—
	连续扭矩（N·m）	29	峰值扭矩（N·m）	83
储能装置	类型	超威铅酸电池	型号	—
	电池额定电压（V）	72	电池额定容量（A·h）	180
性能指标	最高车速（km/h）	30	最大爬坡度（%）	7/12.3

五菱牌 WLD1113 电动观光车

生产企业		柳州五菱汽车工业有限公司		
整车	公告批次	—		
	目录序号	—		
	识别代号	LLWABCAB×××××××××		
	依据标准	—		
	外形尺寸（长×宽×高）（mm）	4615×1600×2090		
	总质量（kg）	2415	整备质量（kg）	1535
	轴距（mm）	3235	轴荷（kg）	1110/1305
驱动电机	类型	三相交流异步电机	型号	CAMT9006YA
	峰值功率（kW）	18	连续功率（kW）	6
	连续扭矩（N·m）	19	峰值扭矩（N·m）	76
	生产企业	四川东风电机厂有限公司		
电机驱动器	最大电流（A）	200	额定电压（V）	96
	驱动器生产企业	柳州市科尔数字化制造技术有限公司		
储能装置	类型	铅酸动力电池	型号	3DM180
	单体标称电压（V）	6	单体标称容量（A·h）	180
	总电压（V）	96	总容量（A·h）	180
	生产企业	浙江超威电源（集团）有限公司		
性能指标	最高车速（km/h）	30	最大爬坡度（%）	11

五菱牌 WLD4020C 电动社区车

生产企业		柳州五菱汽车工业有限公司		
整车	公告批次	—		
	目录序号	—		
	识别代号	LLWCL0A3××××××××		
	外形尺寸（长×宽×高）（mm）	2295×1330×1720		
	总质量（kg）	736	整备质量（kg）	550
	轴距（mm）	1595	轴荷（kg）	265/471
驱动电机	类型	直流他励电动机	型号	C3201-10001
	连续扭矩（N·m）	8.3	连续功率（kW）	3.1
	生产企业	江苏常牵电机有限公司		
电机驱动器	最大电流（A）	300		
	额定电压（V）	48		
	生产企业	柳州市科尔数字化制造技术有限公司		
储能装置	类型	铅酸动力电池	型号	6DM100
	单体标称电压（V）	12	单体标称容量（A·h）	100
	总电压（V）	48	总容量（A·h）	100
	生产企业	浙江超威电源（集团）有限公司		
性能指标	最高车速（km/h）	40	最大爬坡度（%）	18

飞燕牌 SDL6140EBD 电动旅客摆渡车

生产企业		山东沂星电动汽车有限公司		
整车	公告批次	—		
	目录序号	（十五）25		
	识别代号	L6943RDF×××××××××		
	外形尺寸（长×宽×高）（mm）	13900×3100×3130		
	总质量（kg）	20900	整备质量（kg）	14000
	轴距（mm）	7450	轴荷（kg）	8500/12400
驱动电机	类型	三项异步交流电机	型号	MDPQ/S120-4-SJ
	峰值功率（kW）	220	连续功率（kW）	—
	生产企业	大连电机集团有限公司		
储能装置	类型	磷酸铁锂电池	型号	32650-5Ah
	单体标称电压（V）	3.2	单体标称容量（A·h）	5
	总电压（V）	576	总容量（A·h）	250
	生产企业	深圳市沃特玛电池有限公司		
性能指标	最高车速（km/h）	50	0~50m/h 加速时间（s）	<30

飞燕牌 SDL6700EVL 纯电动公务客车

生产企业		山东沂星电动汽车有限公司		
整车	公告批次	—		
	目录序号	（十五）25		
	识别代号	L6941RCF×××××××××		
	外形尺寸（长×宽×高）（mm）	6970×2035×2865		
	总质量（kg）	8600	整备质量（kg）	7000
	轴距（mm）	3935	轴荷（kg）	3100/5500
驱动电机	类型	三项异步交流电机	型号	QYS60-6/220
	峰值功率（kW）	150	连续功率（kW）	—
	生产企业	东方电气集团东风电机有限公司		
储能装置	类型	磷酸铁锂电池	型号	32650-5Ah
	单体标称电压（V）	3.2	单体标称容量（A·h）	5
	总电压（V）	336	总容量（A·h）	200
	生产企业	深圳市沃特玛电池有限公司		
性能指标	最高车速（km/h）	100	0~50m/h 加速时间（s）	<15

2. 混合动力汽车

东风牌 EQ6121CLPHEV 型混合动力客车

生产企业		东风汽车公司		
整车	公告批次	242		
	目录序号	3		
	识别代号	LGK4FWHU × × × × × × × × ×		
	依据标准	GB11340－2005，GB18285－2005，GB17691-2005 国Ⅳ		
	外形尺寸（长×宽×高）(mm)	12000×2480×3320		
	总质量（kg）	18000	整备质量（kg）	12750
	轴距（mm）	6300	轴荷（kg）	6000/12000
	底盘型号	EQ6121KRLPHEV	生产厂家	东风汽车公司
发动机	型号	NQ200N4	生产商	东风南充汽车有限公司
	排量（mL）	5638	功率（kW）	147
电机	类型	交流感应电动机	型号	YCVF280M-8C
	峰值功率（kW）	220	连续功率（kW）	110
	连续扭矩（N·m）	778	峰值扭矩（N·m）	1556
	生产企业	襄阳宇清传动科技有限公司		
储能装置	类型	磷酸铁锂蓄电池	型号	JY-LiFe-3.2V160AHAI
	单体标称电压（V）	3.2	单体标称容量（A·h）	160
	生产企业	湖北京远新能源科技有限公司		
性能指标	最高车速（km/h）	69	0~50m/h 加速时间（s）	20
	最大爬坡度（%）	15	油耗（L/100km）	30

五洲龙牌 FDG6115HEVG1 型混合动力城市客车

生产企业		深圳市五洲龙汽车有限公司		
整车	公告批次	247		
	目录序号	（十九）47		
	识别代号	LA9ACCBA × × × MC1 × × ×		
	依据标准	GB17691-2005 国Ⅳ，GB3847-2005		
	外形尺寸（长×宽×高）(mm)	11490×2500×3140		
	总质量（kg）	18000	整备质量（kg）	13000
	轴距（mm）	5600	轴荷（kg）	6500/11500
	底盘型号	五洲龙底盘	生产厂家	深圳市五洲龙汽车有限公司
发动机	型号	YC6J200-42	生产商	广西玉柴机器股份有限公司
	排量（mL）	6494	功率（kW）	146
电机	类型	三相异步电机	型号	YPQ220M-6
	峰值功率（kW）	153	连续功率（kW）	90
	连续扭矩（N·m）	1170	峰值扭矩（N·m）	1800
	生产企业	大连天元电机股份有限公司		
储能装置	类型	磷酸铁锂	型号	—
	生产企业	哈尔滨光宇电源股份有限公司；广东五州龙电源科技有限公司		
性能指标	最高车速（km/h）	70	0~50m/h 加速时间（s）	≤25
	最大爬坡度（%）	≥15	油耗（L/100km）	—

安凯牌 HFF6120G03SHEV 型混合动力城市客车

生产企业		安徽安凯汽车股份有限公司		
整车	公告批次	242		
	目录序号	55		
	识别代号	LA86G0KU×××××××××		
	依据标准	GB17691-2005 国Ⅳ，GB3847-2005		
	外形尺寸（长×宽×高）（mm）	12000×2550×2970/3150		
	总质量（kg）	17500	整备质量（kg）	11580，11980
	轴距（mm）	6000	轴荷（kg）	6500/11000
	底盘型号	HFF6120D03SHEV	生产厂家	安徽安凯汽车股份有限公司
发动机	型号	YC4G180-40	生产商	广西玉柴机器股份有限公司
	排量（mL）	5200	功率（kW）	132
驱动电机	类型	交流异步电机	型号	1PV5138
	峰值功率（kW）	205	连续功率（kW）	85
	连续扭矩（N·m）	220	峰值扭矩（N·m）	530
	生产企业	西门子电气传动有限公司		
储能装置	类型	锰酸锂锂离子电池	型号	SPIM24HP
	单体标称电压（V）	3.6	单体标称容量（A·h）	8
	总电压（V）	650	总容量（A·h）	24
	生产企业	中信国安盟固利动力科技有限公司		
性能指标	最高车速（km/h）	69	0~50m/h 加速时间（s）	≤25 s
	最大爬坡度（%）	20	油耗（L/100km）	24.10/100（空调关闭） 33.02/100（空调开启）

安凯牌 HFF6121G03PHEV 型混合动力城市客车

生产企业		安徽安凯汽车股份有限公司		
整车	公告批次	247		
	目录序号	55		
	识别代号	LA86J0KU×××××××××， LA86J0LU×××××××××		
	依据标准	GB17691-2005 国Ⅳ，GB3847-2005		
	外形尺寸（长×宽×高）（mm）	12000×2550×3100/3250		
	总质量（kg）	16700	整备质量（kg）	11200，11500
	轴距（mm）	6100	轴荷（kg）	5700/11000
	底盘型号	HFF6121D03PHEV	生产厂家	安徽安凯汽车股份有限公司
发动机	型号	YC6J200-42，WP6.220E40	生产商	广西玉柴机器股份有限公司，潍坊潍柴道依茨柴油机有限公司
	排量（mL）	6494/6750	功率（kW）	147，162
驱动电机	类型	交流异步电机	型号	FGHEV3E120-96
	峰值功率（kW）	165	连续功率（kW）	96
	连续扭矩（N·m）	1146	峰值扭矩（N·m）	1973
	生产企业	福建尤迪电机制造有限公司		
储能装置	类型	超级电容	型号	BMOD0165 P048
	单体标称电压（V）	48	单体标称容量（F）	165
	容器总电压（V）	384	电容个数（个）	16
	生产企业	美国麦克斯威科技公司		
性能指标	最高车速（km/h）	69	0~50m/h 加速时间（s）	≤25
	最大爬坡度（%）	22	油耗（L/100km）	26.05

安凯牌 HFF6110G03PHEV 型混合动力城市客车

生产企业		安徽安凯汽车股份有限公司		
整车	公告批次	247		
	目录序号	55		
	识别代号	LA86G0LU×××××××××		
	依据标准	GB17691-2005 国Ⅲ，GB3847-2005		
	外形尺寸（长×宽×高）(mm)	11220×2500×2950/3150		
	总质量（kg）	16500	整备质量（kg）	10500，10700
	轴距（mm）	5700	轴荷（kg）	5500/11000
	底盘型号	HFF6110D03PHEV	生产厂家	安徽安凯汽车股份有限公司
发动机	型号	YC6J220-30	生产商	广西玉柴机器股份有限公司
	排量（mL）	6500	功率（kW）	162
驱动电机	类型	永磁同步电机	型号	TQD101
	峰值功率（kW）	67	连续功率（kW）	45
	连续扭矩（N·m）	167	峰值扭矩（N·m）	250
	生产企业	湖南南车时代电动汽车股份有限公司		
储能装置	类型	超级电容	型号	BNOD0165FP048
	单体标称电压（V）	48.6	单体标称容量（F）	165
	总电压（V）	486	电容个数（个）	10
	生产企业	美国麦克斯威科技公司		
性能指标	最高车速（km/h）	69	0~50m/h 加速时间（s）	≤30
	最大爬坡度（%）	24.4	油耗（L/100km）	25

安凯牌 HFF6111G03PHEV 型混合动力城市客车

生产企业		安徽安凯汽车股份有限公司		
整车	公告批次	247		
	目录序号	55		
	识别代号	LA86G0KU×××××××××		
	依据标准	GB17691-2005 国Ⅳ，GB3847-2005		
	外形尺寸（长×宽×高）(mm)	11220/11350×2500×2950/3150		
	总质量（kg）	16500	整备质量（kg）	10500/10700
	轴距（mm）	5700	轴荷（kg）	5500/11000
	底盘型号	HFF6111D03PHEV	生产厂家	安徽安凯汽车股份有限公司
发动机	型号	YC6J200-42	生产商	广西玉柴机器股份有限公司
	排量（mL）	6500	功率（kW）	147
驱动电机	类型	永磁电动机	型号	SL-DM-120
	峰值功率（kW）	120	连续功率（kW）	92
	连续扭矩（N·m）	606	峰值扭矩（N·m）	791
	生产企业	—		
储能装置	类型	磷酸铁锂锂离子电池	型号	—
	单体标称电压（V）	3.2	单体标称容量（A·h）	6.5
	总电压（V）	345.6	总容量（A·h）	—
	生产企业	—		
性能指标	最高车速（km/h）	69	0~50m/h 加速时间（s）	≤30 S
	最大爬坡度（%）	24.2	油耗（L/100km）	25

安凯牌 HFF6122G03SHEV 型混合动力城市客车

生产企业		安徽安凯汽车股份有限公司		
整车	公告批次	247		
	目录序号	55		
	识别代号	LA86G0GU×××××××××		
	依据标准	GB17691-2005 国Ⅳ，GB3847-2005		
	外形尺寸（长×宽×高）（mm）	12000×2550×2970/3150		
	总质量（kg）	18000	整备质量（kg）	13500/13800
	轴距（mm）	6100	轴荷（kg）	6500/11500
	底盘型号	HFF6122D03SHEV	生产厂家	安徽安凯汽车股份有限公司
发动机	型号	HFC4DA1-2C	生产商	安徽江淮汽车股份有限公司
	排量（mL）	2771	功率（kW）	88
驱动电机	类型	水冷交流变频电机	型号	QYS100-6/400
	峰值功率（kW）	250	连续功率（kW）	100
	连续扭矩（N·m）	1005	峰值扭矩（N·m）	2400
	生产企业	东方电气集团东风电机有限公司		
储能装置	类型	磷酸铁锂锂离子电池	型号	IFC1865L140
	单体标称电压（V）	3.2	单体标称容量（A·h）	10
	总电压（V）	538	总容量（A·h）	300
	生产企业	安赛锂能（合肥）有限公司		
性能指标	最高车速（km/h）	69	0~50m/h 加速时间（s）	≤25
	最大爬坡度（%）	≥15	油耗（L/100km）	13

安凯牌 HFF6123G03SHEV 型混合动力城市客车

生产企业		安徽安凯汽车股份有限公司		
整车	公告批次	243		
	目录序号	55		
	识别代号	LA86G0GU×××××××××， LA86G0HU×××××××××		
	依据标准	GB17691-2005 国Ⅳ，GB3847-2005		
	外形尺寸（长×宽×高）（mm）	12000×2550×2970/3150		
	总质量（kg）	18000	整备质量（kg）	13500/13800
	轴距（mm）	6100	轴荷（kg）	6500/11500
	底盘型号	HFF6123D03SHEV	生产厂家	安徽安凯汽车股份有限公司
发动机	型号	HFC4DA1-2C ISF2.8s4129V	生产商	安徽江淮汽车股份有限公司；北京福田康明斯发动机有限公司
	排量（mL）	2771，2780	功率（kW）	88，96
驱动电机	类型	交流异步电机	型号	QYS100-6/400
	峰值功率（kW）	250	连续功率（kW）	100
	连续扭矩（N·m）	1005	峰值扭矩（N·m）	2400
	生产企业	东方电气集团东风电机有限公司		
储能装置	类型	磷酸铁锂锂离子电池	型号	1865140
	单体标称电压（V）	3.2	单体标称容量（A·h）	10
	总电压（V）	544	总容量（A·h）	300
	生产企业	合肥国轩高科动力能源有限公司		
性能指标	最高车速（km/h）	69	0~50m/h 加速时间（s）	≤25
	最大爬坡度（%）	15	油耗（L/100km）	—

安凯牌 HFF6124G03SHEV 型混合动力城市客车

生产企业		安徽安凯汽车股份有限公司		
整车	公告批次	243		
	目录序号	55		
	识别代号	LA83J1HU×××××××××		
	依据标准	GB17691-2005 国Ⅳ，GB3847-2005		
	外形尺寸（长×宽×高）（mm）	12000×2550×3250		
	总质量（kg）	18000	整备质量（kg）	12800
	轴距（mm）	6100	轴荷（kg）	6500/11500
发动机	型号	YC4D140-41	生产商	广西玉柴机器股份有限公司
	排量（mL）	4200	功率（kW）	103
驱动电机	类型	交流异步电机	型号	1PV5138
	峰值功率（kW）	150	连续功率（kW）	85
	连续扭矩（N·m）	220	峰值扭矩（N·m）	400
	生产企业	西门子电气传动有限公司		
储能装置	类型	磷酸铁锂电池	型号	1865140
	单体标称电压（V）	3.2	单体标称容量（A·h）	10
	总电压（V）	614	总容量（A·h）	70
	生产企业	合肥国轩高科动力能源有限公司		
性能指标	最高车速（km/h）	69	0~50m/h 加速时间（s）	≤25
	最大爬坡度（%）	18	油耗（L/100km）	13/100（空调关闭） 23/100（空调开启）

安凯牌 HFF6125G03SHEV 型混合动力城市客车

生产企业		安徽安凯汽车股份有限公司		
整车	公告批次	243		
	目录序号	55		
	识别代号	LA83J1HU×××××××××		
	依据标准	GB17691-2005 国Ⅳ，GB11340-2005，GB18285-2005		
	外形尺寸（长×宽×高）（mm）	12000×2550×3250		
	总质量（kg）	18000	整备质量（kg）	13500
	轴距（mm）	6100	轴荷（kg）	6500/11500
发动机	型号	YC4D140N-40	生产商	广西玉柴机器股份有限公司
	排量（mL）	4214	功率（kW）	103
驱动电机	类型	交流异步电机	型号	1PV5138
	峰值功率（kW）	150	连续功率（kW）	85
	连续扭矩（N·m）	220	峰值扭矩（N·m）	400
	生产企业	西门子电气传动有限公司		
储能装置	类型	磷酸铁锂电池	型号	1865140
	单体标称电压（V）	3.2	单体标称容量（A·h）	10
	总电压（V）	614	总容量（A·h）	70
	生产企业	合肥国轩高科动力能源有限公司		
性能指标	最高车速（km/h）	69	0~50m/h 加速时间（s）	≤25
	最大爬坡度（%）	18	油耗（L/100km）	—

安凯牌 HFF6122G03PHEV 型混合动力城市客车

生产企业		安徽安凯汽车股份有限公司		
整车	公告批次	248		
	目录序号	55		
	识别代号	LA83G1LU×××××××××		
	依据标准	GB17691-2005 国Ⅴ，GB11340-2005，GB18285-2005		
	外形尺寸（长×宽×高）（mm）	11500×2550×3000/3200		
	总质量（kg）	16700	整备质量（kg）	11500/11700
	轴距（mm）	5800	轴荷（kg）	5200/11500
发动机	型号	WP7NG210E50	生产商	潍柴动力西港（潍坊）新能源发动机有限公司
	排量（mL）	7140	功率（kW）	155
驱动电机	类型	交流异步电机	型号	FGHEV3E120-96
	峰值功率（kW）	165	连续功率（kW）	96
	连续扭矩（N·m）	1146	峰值扭矩（N·m）	1973
	生产企业	福建省福工动力股份有限公司		
储能装置1	类型	超级电容	型号	BCAP3000/BM-OD0165
	电压（V）	2.7	容量（F）	3000
	总电压（V）	388.8	总容量（F）	41.25
	生产企业	美国麦克斯威科技公司		
储能装置2	类型	磷酸铁锂电池	型号	3.2V/40Ah
	单体标称电压（V）	3.2	单体标称容量（A·h）	40
	总电压（V）	256	总容量（A·h）	40
	生产企业	微宏动力系统（湖州）有限公司		
性能指标	最高车速（km/h）	69	0~50m/h 加速时间（s）	≤25
	最大爬坡度（%）	18	油耗（L/100km）	—

安凯牌 HFF6124G03PHEV 型混合动力城市客车

生产企业		安徽安凯汽车股份有限公司		
整车	公告批次	247		
	目录序号	55		
	识别代号	LA83J1LU×××××××××		
	依据标准	GB17691-2005 国Ⅳ，GB11340-2005，GB18285-2005		
	外形尺寸（长×宽×高）（mm）	12000×2550×3000/3200		
	总质量（kg）	16700	整备质量（kg）	11500/11700
	轴距（mm）	5800	轴荷（kg）	5200/11500
发动机	型号	WP7NG210E50	生产商	潍柴动力西港（潍坊）新能源发动机有限公司
	排量（mL）	7140	功率（kW）	155

续表

生产企业		安徽安凯汽车股份有限公司		
驱动电机	类型	交流异步电机	型号	FGHEV3E120-96
	峰值功率（kW）	165	连续功率（kW）	96
	连续扭矩（N·m）	1146	峰值扭矩（N·m）	1973
	生产企业	福建省福工动力股份有限公司		
储能装置1	类型	超级电容	型号	BCAP3000/BM-OD0165
	单体标称电压（V）	2.7	单体标称容量（F）	3000
	总电压（V）	388.8	总容量（F）	41.25
	生产企业	美国麦克斯威科技公司		
储能装置2	类型	磷酸铁锂电池	型号	3.2V/40Ah
	单体标称电压（V）	3.2	单体标称容量（A·h）	40
	总电压（V）	256	总容量（A·h）	40
	生产企业	微宏动力系统（湖州）有限公司		
性能指标	最高车速（km/h）	69	0~50m/h 加速时间（s）	≤25
	最大爬坡度（%）	18	油耗（L/100km）	—

安凯牌 HFF6113G03SHEV 型混合动力城市客车

生产企业		安徽安凯汽车股份有限公司		
整车	公告批次	248		
	目录序号	55		
	识别代号	LA83G1HU×××××××××		
	依据标准	GB17691-2005 国Ⅴ，GB11340-2005，GB18285-2005		
	外形尺寸（长×宽×高）（mm）	11350×2500×3250		
	总质量（kg）	17000	整备质量（kg）	11100/11300
	轴距（mm）	5700	轴荷（kg）	6000/11000
发动机	型号	YC4D140N-50	生产商	广西玉柴机器股份有限公司
	排量（mL）	4214	功率（kW）	103
驱动电机	类型	交流感应电机	型号	1PV5138
	峰值功率（kW）	150	连续功率（kW）	85
	连续扭矩（N·m）	220	峰值扭矩（N·m）	400
	生产企业	西门子电气传动有限公司		
储能装置	类型	磷酸铁锂蓄电池	型号	—
	单体标称电压（V）	3.2	单体标称容量（A·h）	50
	总电压（V）	614	总容量（A·h）	100
	生产企业	广州力柏能源科技有限公司		
性能指标	最高车速（km/h）	69	0~50m/h 加速时间（s）	≤25
	最大爬坡度（%）	18	油耗（L/100km）	—

安凯牌 HFF6102G03PHEV 型混合动力城市客车

生产企业		安徽安凯汽车股份有限公司		
整车	公告批次	244		
	目录序号	55		
	识别代号	LA83E1KU×××××××××		
	依据标准	GB17691-2005 国Ⅳ，GB3847-2005		
	外形尺寸（长×宽×高）（mm）	10490×2500×3150/2960		
	总质量（kg）	16000	整备质量（kg）	10500/10200
	轴距（mm）	5100	轴荷（kg）	5000/11000
发动机	型号	YC6J200-42	生产商	广西玉柴机器股份有限公司
	排量（mL）	6500	功率（kW）	147
驱动电机	类型	交流感应电机	型号	FGHEV3E120-96
	峰值功率（kW）	165	连续功率（kW）	96
	连续扭矩（N·m）	1146	峰值扭矩（N·m）	1973
	生产企业	福建省福工动力股份有限公司		
储能装置1	类型	超级电容	型号	BCAP3000 K2 系列/BMOD0165
	单体标称电压（V）	2.7（单体）	单体标称容量（F）	3000
	总电压（V）	388.8	总容量（F）	41.25
	生产企业	美国麦克斯威科技公司		
储能装置2	类型	磷酸铁锂电池	型号	MPS0304P
	单体标称电压（V）	3.2	单体标称容量（A·h）	4.4
	总电压（V）	256	总容量（A·h）	39.6
	生产企业	微宏动力系统（湖州）有限公司		
性能指标	最高车速（km/h）	69	0~50m/h 加速时间（s）	≤25
	最大爬坡度（%）	18	油耗（L/100km）	—

安凯牌 HFF6103G03PHEV 型混合动力城市客车

生产企业		安徽安凯汽车股份有限公司		
整车	公告批次	246		
	目录序号	55		
	识别代号	LA83D1LU×××××××××		
	依据标准	GB17691-2005 国Ⅴ，GB11340-2005，GB18285-2005		
	外形尺寸（长×宽×高）（mm）	10320×2500×2950/3150		
	总质量（kg）	16500	整备质量（kg）	10500/10700
	轴距（mm）	5000	轴荷（kg）	5000/11500
	底盘型号	承载式车身	生产厂家	—
发动机	型号	WP7NG210E50	生产商	潍柴动力西港（潍坊）新能源发动机有限公司
	排量（mL）	7140	功率（kW）	155

续表

生产企业		安徽安凯汽车股份有限公司		
驱动电机	类型	交流感应电机	型号	FGHEV3E120-96
	峰值功率（kW）	165	连续功率（kW）	96
	连续扭矩（N·m）	1146	峰值扭矩（N·m）	1973
	生产企业	福建省福工动力股份有限公司		
储能装置1	类型	超级电容	型号	BCAP3000 K2 系列/BMOD0165
	单体标称电压（V）	2.7	单体标称容量（F）	3000
	总电压（V）	388.8	总容量（F）	41.25
	生产企业	美国麦克斯威科技公司		
储能装置2	类型	磷酸铁锂电池	型号	MPS0304P
	单体标称电压（V）	3.2	单体标称容量（A·h）	4.4
	总电压（V）	256	总容量（A·h）	39.6
	生产企业	微宏动力系统（湖州）有限公司		
性能指标	最高车速（km/h）	69	0~50m/h 加速时间（s）	≤25
	最大爬坡度（%）	18	油耗（L/100km）	—

安凯牌 HFF6110G03SHEV 型混合动力城市客车

生产企业		安徽安凯汽车股份有限公司		
整车	公告批次	244		
	目录序号	55		
	识别代号	LA83G1HU×××××××××		
	依据标准	GB17691-2005 国Ⅴ，GB11340-2005，GB18285-2005		
	外形尺寸（长×宽×高）(mm)	11350×2500×3250		
	总质量（kg）	17000	整备质量（kg）	11100/11300
	轴距（mm）	5700	轴荷（kg）	5500/11500
发动机	型号	YC4D140N-50	生产商	广西玉柴机器股份有限公司
	排量（mL）	4214	功率（kW）	103
驱动电机	类型	交流感应电动机	型号	1PV5138
	峰值功率（kW）	150	连续功率（kW）	85
	连续扭矩（N·m）	220	峰值扭矩（N·m）	400
	生产企业	西门子电气传动有限公司		
储能装置	类型	磷酸铁锂电池	型号	1865140
	单体标称电压（V）	3.2	单体标称容量（A·h）	10
	总电压（V）	614	总容量（A·h）	70
	生产企业	合肥国轩高科动力能源有限公司		
性能指标	最高车速（km/h）	69	0~50m/h 加速时间（s）	≤25
	最大爬坡度（%）	18	油耗（L/100km）	—

安凯牌 HFF6123G03PHEV 型混合动力城市客车

生产企业		安徽安凯汽车股份有限公司		
整车	公告批次	242		
	目录序号	55		
	识别代号	LA83J1GU×××××××××		
	依据标准	GB17691-2005 国Ⅳ，GB3847-2005		
	外形尺寸（长×宽×高）(mm)	12000×2550×2970/3150		
	总质量（kg）	18000	整备质量（kg）	13100/13300
	轴距（mm）	6100	轴荷（kg）	6500/11500
发动机	型号	YC4FA130-40	生产商	广西玉柴机器股份有限公司
	排量（mL）	2982	功率（kW）	95
驱动电机	类型	交流感应电机	型号	WTEMT100/4-08
	峰值功率（kW）	160	连续功率（kW）	80
	连续扭矩（N·m）	954	峰值扭矩（N·m）	477
	生产企业	武汉通宇新源动力有限公司		
储能装置	类型	磷酸铁锂电池	型号	1865140
	单体标称电压（V）	3.2	单体标称容量（A·h）	12.5
	总电压（V）	576	总容量（A·h）	162.5
	生产企业	合肥国轩高科动力能源有限公司		
性能指标	最高车速（km/h）	69	0～50m/h 加速时间（s）	≤25
	最大爬坡度（%）	18	油耗（L/100km）	32

南车时代牌 TEG6102PHEV 型混合动力城市客车

生产企业		湖南南车时代电动汽车股份有限公司		
整车	公告批次	247		
	目录序号	十八（23）		
	识别代号	LHWMJ73B××××××××× LHWMJ74B×××××××××		
	依据标准	GB17691-2005（国Ⅲ）GB3847-2005		
	外形尺寸（长×宽×高）(mm)	10490×2490×3180/3000		
	总质量（kg）	15500	整备质量（kg）	11090
	轴距（mm）	5000	轴荷（kg）	5000/10500
	底盘型号	TEG6103PHEV	生产厂家	湖南南车时代电动汽车股份有限公司
发动机	型号	YC6J220-30； YC6J200-30； SC8DK215Q3； WP7.210E30	生产厂家	广西玉柴机器股份有限公司； 广西玉柴机器股份有限公司； 上海柴油机股份有限公司； 潍柴动力股份有限公司
	排量（mL）	6500； 6500； 8270； 7140	功率（kW）	162； 147； 158； 155

续表

生产企业		湖南南车时代电动汽车股份有限公司		
电机	类型	永磁同步电机	型号	TQD101
	峰值功率（kW）	45	连续功率（kW）	60
	连续扭矩（N·m）	159	峰值扭矩（N·m）	250
	生产企业	湖南南车时代电动汽车股份有限公司		
储能装置	类型	超级电容	型号	BCAP3000； 2.8V/3000F
	单体标称电压（V）	2.7； 2.8	单体标称容量（F）	3000 3000
	生产企业	美国麦克斯威科技公司 LS Mtron Ltd.		
性能指标	最高车速（km/h）	69	0~50m/h 加速时间（s）	19.7
	最大爬坡度（%）	≥20	油耗（L/100km）	27.6

南车时代牌 TEG6106CHEV 混合动力城市客车

生产企业		湖南南车时代电动汽车股份有限公司		
整车	公告批次	247		
	目录序号	十八（23）		
	识别代号	LHWMJ74B×××××××××		
	依据标准	GB17691-2005（国Ⅳ）GB3847-2005		
	外形尺寸（长×宽×高）(mm)	10490×2490×3450		
	总质量（kg）	16000	整备质量（kg）	11900/11600
	轴距（mm）	5000	轴荷（kg）	5500/10500
	底盘型号	TEG6106CHEV	生产厂家	湖南南车时代电动汽车股份有限公司
发动机	型号	YC6J200-42； SC8DK215Q4； SC7H215Q4	生产厂家	广西玉柴机器股份有限公司； 上海柴油机股份有限公司； 上海柴油机股份有限公司
	排量（mL）	6500； 8270； 6440	功率（kW）	158； 155； 155
电机	类型	三相电机	型号	JD160
	峰值功率（kW）	135	连续功率（kW）	110
	连续扭矩（N·m）	868	值扭矩（N·m）	2500
	生产企业	湖南南车时代电动汽车股份有限公司		
储能装置	类型	超级电容	型号	BCAP3000； UCPY3000F
	单体标称电压（V）	2.7； 2.7	单体标称容量（F）	3000 3000
	生产企业	美国麦克斯威科技公司 凯迈嘉华（洛阳）新能源有限公司		
性能指标	最高车速（km/h）	69	0~50m/h 加速时间（s）	21.3
	最大爬坡度（%）	≥20	油耗（L/100km）	22.5

南车时代牌 TEG6127PHEV 混合动力城市客车

生产企业		湖南南车时代电动汽车股份有限公司		
整车	公告批次	247		
	目录序号	十八（23）		
	识别代号	LHWMK94B×××××××××		
	依据标准	GB17691-2005（国Ⅲ）GB3847-2005		
	外形尺寸（长×宽×高）（mm）	11980×2550×3280/3000		
	总质量（kg）	17500	整备质量（kg）	11090
	轴距（mm）	6000	轴荷（kg）	6000/11500
	底盘型号	TEG6121PHEV	生产厂家	湖南南车时代电动汽车股份有限公司
发动机	型号	YC6J220-30； SC8DK230.1Q3； SC8DK250Q3	生产厂家	广西玉柴机器股份有限公司； 上海柴油机股份有限公司； 上海柴油机股份有限公司
	排量（mL）	6500； 8270； 8270	功率（kW）	162； 170； 184
电机	类型	永磁同步电机	型号	TQD101
	峰值功率（kW）	45	连续功率（kW）	60
	连续扭矩（N·m）	159	峰值扭矩（N·m）	250
	生产企业	湖南南车时代电动汽车股份有限公司		
储能装置	类型	超级电容	型号	BCAP3000
	单体标称电压（V）	2.7	单体标称容量（F）	3000
	生产企业	美国麦克斯威科技公司		
性能指标	最高车速（km/h）	69	0~50m/h 加速时间（s）	22.5
	最大爬坡度（%）	≥20	油耗（L/100km）	27.6

南车时代牌 TEG6129PHEV 混合动力城市客车

生产企业		湖南南车时代电动汽车股份有限公司		
整车	公告批次	225		
	目录序号	十八（23）		
	识别代号	LHWMK94B×××××××××		
	依据标准	GB17691-2005（国Ⅳ）GB3847-2005		
	外形尺寸（长×宽×高）（mm）	11980×2540×3300		
	总质量（kg）	18000	整备质量（kg）	13100/12800
	轴距（mm）	5900	轴荷（kg）	6500/11500
	底盘型号	TEG6123PHEV	生产厂家	湖南南车时代电动汽车股份有限公司
发动机	型号	SC8DK230Q4	生产厂家	上海柴油机股份有限公司
	排量（mL）	8270	功率（kW）	170

续表

生产企业		湖南南车时代电动汽车股份有限公司		
电机	类型	永磁同步电机	型号	JF226
	峰值功率（kW）	50	连续功率（kW）	70
	连续扭矩（N·m）	310	峰值扭矩（N·m）	610
	生产企业	湖南南车时代电动汽车股份有限公司		
储能装置	类型	超级电容	型号	BCAP3000
	单体标称电压（V）	2.7	单体标称容量（F）	3000
	生产企业	美国麦克斯威科技公司		
性能指标	最高车速（km/h）	69	0~50m/h 加速时间（s）	21.39
	最大爬坡度（%）	≥20	油耗（L/100km）	28.07

南车时代牌 TEG6129CHEV 混合动力城市客车

生产企业		湖南南车时代电动汽车股份有限公司		
整车	公告批次	247		
	目录序号	十八（23）		
	识别代号	LHWMK94B×××××××××		
	依据标准	GB17691-2005（国Ⅳ） GB3847-2005		
	外形尺寸（长×宽×高）（mm）	11980×2540×3300		
	总质量（kg）	18000	整备质量（kg）	13500/13200
	轴距（mm）	5900	轴荷（kg）	6500/11500
	底盘型号	TEG6121CHEV	生产厂家	湖南南车时代电动汽车股份有限公司
发动机	型号	SC8DK230Q4	生产厂家	上海柴油机股份有限公司
	排量（mL）	8270	功率（kW）	170
电机	类型	异步牵引电动机	型号	JD160
	峰值功率（kW）	150	连续功率（kW）	110
	连续扭矩（N·m）	900	峰值扭矩（N·m）	2500
	生产企业	湖南南车时代电动汽车股份有限公司		
储能装置	类型	超级电容	型号	BCAP3000
	单体标称电压（V）	2.7	单体标称容量（F）	3000
	生产企业	美国麦克斯威科技公司		
性能指标	最高车速（km/h）	69	0~50m/h 加速时间（s）	23.84
	最大爬坡度（%）	≥20	油耗（L/100km）	25.38

南车时代牌 TEG6129PEV 混合动力城市客车

生产企业		湖南南车时代电动汽车股份有限公司		
整车	公告批次	247		
	目录序号	十八（23）		
	识别代号	LHWMK94B×××××××××		
	依据标准	GB17691-2005（国Ⅳ） GB3847-2005		
	外形尺寸（长×宽×高）(mm)	11980×2540×3420		
	总质量（kg）	18000	整备质量（kg）	13050/12750
	轴距（mm）	5900	轴荷（kg）	6500/11500
	底盘型号	TEG6129PEV	生产厂家	湖南南车时代电动汽车股份有限公司
发动机	型号	D19TCID1	生产厂家	昆明雷默动力系统有限公司
	排量（mL）	1800	功率（kW）	100
电机	类型	异步牵引电动机	型号	JD156
	峰值功率（kW）	150	连续功率（kW）	100
	连续扭矩（N·m）	810	峰值扭矩（N·m）	2500
	生产企业	湖南南车时代电动汽车股份有限公司		
储能装置	类型	磷酸铁锂	型号	WX12I3222
	单体标称电压（V）	3.2	单体标称容量（F）	22
	生产企业	万向电动汽车有限公司		
性能指标	最高车速（km/h）	69	0~50m/h 加速时间（s）	22.67
	最大爬坡度（%）	≥20	油耗（L/100km）	20.38

南车时代牌 TEG6129PHEV-N50 混合动力城市客车

生产企业		湖南南车时代电动汽车股份有限公司		
整车	公告批次	247		
	目录序号	十八（23）		
	识别代号	LHWMK94B×××××××××		
	依据标准	GB11340-2005，GB18285-2005，GB17691-2005 国Ⅳ，		
	外形尺寸（长×宽×高）(mm)	11980×2540×3180/3380/3510		
	总质量（kg）	18000	整备质量（kg）	13200/12800
	轴距（mm）	5900	轴荷（kg）	6500/11500
	底盘型号	TEG6129PHEV-N50	生产厂家	湖南南车时代电动汽车股份有限公司
发动机	型号	SC8DT230Q4	生产厂家	上海柴油机股份有限公司
	排量（mL）	8270	功率（kW）	170

续表

生产企业		湖南南车时代电动汽车股份有限公司		
电机	类型	永磁同步电机	型号	TQD101
	峰值功率（kW）	60	连续功率（kW）	45
	连续扭矩（N·m）	159	峰值扭矩（N·m）	250
	生产企业	湖南南车时代电动汽车股份有限公司		
储能装置	类型	超级电容	型号	BCAP3000
	单体标称电压（V）	2.7	单体标称容量（F）	3000
	生产企业	美国麦克斯威科技公司		
性能指标	最高车速（km/h）	69	0~50m/h 加速时间（s）	22.35
	最大爬坡度（%）	≥20	气耗（L/100km）	35.27

金旅牌 XML6105JHEV38C 型混合动力城市客车

生产企业		厦门金龙旅行车有限公司		
整车	公告批次	242		
	目录序号	124		
	识别代号	LL3AGCDG××××××××		
	依据标准	GB/T 19751-2005		
	外形尺寸（长×宽×高）（mm）	10480×2500×3200×3125		
	总质量（kg）	17500	整备质量（kg）	11230
	轴距（mm）	5000	轴荷（kg）	6000/11500
发动机	型号	YC6J200-42；SC7H200Q4	生产商	广西玉柴机器股份有限公司 上海柴油机股份有限公司
	排量（mL）	6500；6440	功率（kW）	147；147
电机	类型	—	型号	GHS280M-4
	峰值功率（kW）	155	连续功率（kW）	90
	连续扭矩（N·m）	780	峰值扭矩（N·m）	1950
	生产企业	厦门金龙旅行车有限公司		
储能装置	类型	超级电容	型号	BMOD0165 P048；LSUM 050R4P 0166F EA
	单体标称电压（V）	48.6，50.4	单体标称容量（A·h）	—
	总电压（V）	388.8，403.2	总容量（A·h）	—
	生产企业	美国麦克斯威科技公司；深圳市今朝时代新能源技术有限公司		
性能指标	最高车速（km/h）	75	0~50m/h 加速时间（s）	20.3
	最大爬坡度（%）	20	油耗（L/100km）	23.7

金旅牌 XML6125JHEV38C 型混合动力城市客车

生产企业		厦门金龙旅行车有限公司		
整车	公告批次	242		
	目录序号	124		
	识别代号	LL3AHCDG×××××××××		
	依据标准	GB/T 19751-2005		
	外形尺寸（长×宽×高）（mm）	11980×2540×3300		
	总质量（kg）	18000	整备质量（kg）	12590
	轴距（mm）	5980，6100	轴荷（kg）	6500/11500
发动机	型号	YC6J200-42	生产商	广西玉柴机器股份有限公司
	排量（mL）	6500	功率（kW）	147
电机	类型	—	型号	GHS280M-4
	峰值功率（kW）	155	连续功率（kW）	90
	连续扭矩（N·m）	780	峰值扭矩（N·m）	1950
	生产企业	厦门金龙旅行车有限公司		
储能装置	类型	超级电容	型号	BMOD0165 P048
	单体标称电压（V）	48.6	单体标称容量（A·h）	—
	总电压（V）	388.8	总容量（A·h）	—
	生产企业	美国麦克斯威科技公司		
性能指标	最高车速（km/h）	75	0~50m/h 加速时间（s）	26.1
	最大爬坡度（%）	20	油耗（L/100km）	24.8

金旅牌 XML6105JHEV38CN 型混合动力城市客车

生产企业		厦门金龙旅行车有限公司		
整车	公告批次	242		
	目录序号	124		
	识别代号	LL3AGCHG×××××××××		
	依据标准	GB17691-2005 国Ⅳ，GB18285-2005		
	外形尺寸（长×宽×高）（mm）	10480×2500×3500		
	总质量（kg）	17500	整备质量（kg）	12035
	轴距（mm）	5000	轴荷（kg）	6000/11500
发动机	型号	YC6J210N-40	生产商	广西玉柴机器股份有限公司
	排量（mL）	155	功率（kW）	6.494
电机	类型	—	型号	GHS280M-4A
	峰值功率（kW）	180	连续功率（kW）	100
	连续扭矩（N·m）	796	峰值扭矩（N·m）	2140
	生产企业	厦门金龙旅行车有限公司		
储能装置	类型	超级电容	型号	—
	生产企业	美国麦克斯威科技公司；深圳市今朝时代新能源技术有限公司		
性能指标	最高车速（km/h）	75	0~50m/h 加速时间（s）	23.5
	最大爬坡度（%）	20	油耗（L/100km）	23.5

金旅牌 XML6125JHEV38CN 型混合动力城市客车

生产企业		厦门金龙旅行车有限公司		
整车	公告批次	242		
	目录序号	124		
	识别代号	LL3AGCHG×××××××××		
	依据标准	GB17691-2005 国Ⅳ， GB18285-2005		
	外形尺寸（长×宽×高）(mm)	11980×2540×3500		
	总质量（kg）	18000	整备质量（kg）	13000
	轴距（mm）	5980，6100	轴荷（kg）	6500/11500
发动机	型号	YC6J210N-40	生产商	广西玉柴机器股份有限公司
	排量（mL）	155	功率（kW）	6.494
电机	类型	—	型号	GHS280M-4A
	峰值功率（kW）	180	连续功率（kW）	100
	连续扭矩（N·m）	796	峰值扭矩（N·m）	2140
	生产企业	厦门金龙旅行车有限公司		
储能装置	类型	超级电容	型号	—
	生产企业	美国麦克斯威科技公司		
性能指标	最高车速（km/h）	75	0~50m/h 加速时间（s）	26.6
	最大爬坡度（%）	20	油耗（L/100km）	30.3
联系方式		—	售价（万元）	71.5

上饶牌 SR6110CHEV 混联式混合动力城市客车

生产企业		江西博能上饶客车有限公司		
整车	公告批次	234		
	目录序号	（十四）02		
	识别代号	LE3BJJNW×××××××××		
	依据标准	GB3847-2005， GB17691-2005 国Ⅳ		
	外形尺寸（长×宽×高）(mm)	11490×2500×3110/3365（带空调）		
	总质量（kg）	17500	整备质量（kg）	12000
	轴距（mm）	5980	轴荷（kg）	6000/11500
	底盘型号	SR6111CHEV	生产厂家	江西博能上饶客车有限公司
发动机	型号	YC4G180-40	生产商	广西玉柴发动机有限公司
	排量（mL）	5200	功率（kW）	132

续表

产品名称				
电机	类型	永磁同步电机	型号	SJ2103P100-L0
	峰值功率（kW）	167	连续功率（kW）	88
	连续扭矩（N·m）	420	峰值扭矩（N·m）	800
	生产企业	上海中科深江电动车辆有限公司		
储能装置	类型	磷酸铁锂电池	型号	TB-32180FH
	单体标称电压（V）	3.2	单体标称容量（A·h）	180
	总电压（V）	576	总容量（A·h）	180
	生产企业	深圳拓邦股份有限公司		
性能指标	最高车速（km/h）	85	0~50m/h 加速时间（s）	≤25
	最大爬坡度（%）	25	油耗（L/100km）	—

上饶牌 SR6700SHEV 插电式串联混合动力客车

生产企业		江西博能上饶客车有限公司		
整车	公告批次	234		
	目录序号	（十四）02		
	识别代号	LE3MAEPL×××××××××		
	依据标准	GB3847-2005，GB17691-2005 国Ⅳ		
	外形尺寸（长×宽×高）（mm）	7005×2040×2645		
	总质量（kg）	6800	整备质量（kg）	4550
	轴距（mm）	3935	轴荷（kg）	2480/4320
	底盘型号	SR6701SHEV	生产厂家	江西中科博能上饶客车有限公司
发动机	型号	D19TCID3	生产商	昆明雷默动力系统有限公司
	排量（mL）	1850	功率（kW）	82
电机	类型	永磁同步电机	型号	SJ2103P50-B
	峰值功率（kW）	80	连续功率（kW）	50
	连续扭矩（N·m）	238	峰值扭矩（N·m）	382
	生产企业	上海中科深江电动汽车有限公司		
储能装置	类型	磷酸铁锂蓄电池	型号	TB—32100FH
	单体标称电压（V）	3.2	单体标称容量（A·h）	100
	总电压（V）	380	总容量（A·h）	100
	生产企业	深圳拓邦股份有限公司		
性能指标	最高车速（km/h）	100	0~50m/h 加速时间（s）	≤25
	最大爬坡度（%）	20	油耗（L/100km）	—

长安牌 SC7158BHEV 型混合动力轿车

生产企业		重庆长安汽车股份有限公司		
整车	公告批次	247		
	目录序号	96		
	识别代号	LS5A2AFE×××××××× LS5A2DFE×××××××		
	外形尺寸（长/宽/高）(mm)	4620/1820/1490		
	总质量（kg）	1765	整备质量（kg）	1390
	轴距（mm）	2660	轴荷（kg）	933/832
发动机	型号	JL478QCE	生产商	重庆长安汽车股份有限公司
	排量（mL）	1499	功率（kW）	84
电机	类型	永磁同步	型号	DJ00YAQL
	峰值功率（kW）	20.5	连续功率（kW）	13.5
	连续扭矩（N·m）	42	峰值扭矩（N·m）	105
	生产企业	重庆长安新能源汽车有限公司		
储能装置	类型	镍氢	型号	ND06ACHN
	单体标称电压（V）	144	单体标称容量（Ah）	6
	总电压（V）	144	总容量（Ah）	6
	生产企业	重庆长安新能源汽车有限公司		
性能指标	最高车速（km/h）	185	油耗（L/100km）	5.4
	最大爬坡度（%）	30		

江淮牌 HFC7100B1HEVF 型混合动力轿车

生产企业		安徽江淮汽车股份有限公司		
整车	公告批次	242		
	目录序号	56		
	识别代号	LJ1HFKSP×××××××××		
	依据标准	—		
	外形尺寸（长×宽×高）(mm)	4590×1765×1465		
	总质量（kg）	1900	整备质量（kg）	1600
	轴距（mm）	2400	轴荷（kg）	1010/890
	底盘型号	承载式车身	生产厂家	安徽江淮汽车股份有限公司
发动机	型号	HFC3GB4.C1	生产商	安徽江淮汽车股份有限公司
	排量（mL）	999	功率（kW）	37
电机	类型	永磁同步电机	型号	ECMV-BR306AMJ
	峰值功率（kW）	58	连续功率（kW）	30
	连续扭矩（N·m）	96	峰值扭矩（N·m）	185
储能装置	类型	磷酸铁锂电池	型号	LP2714897
	总电压（V）	301	总容量（A·h）	40
性能指标	最高车速（km/h）	120	0~50km/h 加速时间（s）	<9
	最大爬坡度（%）	>25	油耗（L/100km）	城市工况第一个 100km 燃油消耗量低于 4L

江铃牌 JX7152PHEV 混合动力轿车

生产企业		江西江铃控股有限公司		
整车	公告批次	232		
	目录序号	121		
	识别代号	LVXKARBA×××××××××		
	依据标准	GB18352.3-2005 国Ⅳ		
	外形尺寸（长×宽×高）（mm）	4410×1768×1640		
	总质量（kg）	1950	整备质量（kg）	1501
	轴距（mm）	2710	轴荷（kg）	957/993
	底盘型号	JX7152PHEV	生产厂家	江铃控股有限公司
发动机	型号	JL475Q3	生产商	重庆长安汽车股份有限公司
	排量（mL）	1497	功率（kW）	72
电机	类型	永磁同步内转子电机	型号	SL000AQL
	峰值功率（kW）	19.5	连续功率（kW）	13
	连续扭矩（N·m）	42	峰值扭矩（N·m）	110
	生产企业	重庆长安新能源汽车有限公司		
储能装置	类型	镍氢蓄电池	型号	ND06ACHN
	单体标称电压（V）	144	单体标称容量（A·h）	6
	总电压（V）	144	总容量（A·h）	6
	生产企业	重庆长安新能源汽车有限公司		
性能指标	最高车速（km/h）	160	0~50m/h 加速时间（s）	—

江西牌 JXK6116BPHEV1 型混合动力城市客车

生产企业		江西凯马百路佳客车有限公司		
整车	公告批次	236		
	目录序号	（十四）03		
	识别代号	LA9BJKMT5CBJXK001		
	依据标准	GB/T 19750-2005；QC/T 900-1997		
	外形尺寸（长×宽×高）（mm）	11280×2495×3320		
	总质量（kg）	16500	整备质量（kg）	11500
	轴距（mm）	5600	轴荷（kg）	5500/11000
发动机	型号	YC6J200-42	生产商	广西玉柴机器股份有限公司
	排量（mL）	6500	功率（kW）	147
电机	类型	永磁同步	型号	368TYZ-XIS02B
	连续扭矩（N·m）	—	峰值扭矩（N·m）	750
	电机生产企业	南京绿控传动科技有限公司		
储能装置	类型	锂离子电池	型号	DPMP16N-1
	单体标称电压（V）	3.6	单体标称容量（A·h）	16
	生产企业	苏州新中能源科技有限公司		
性能指标	最高车速（km/h）	68	0~50m/h 加速时间（s）	17.2
	最大爬坡度（%）	20	油耗（L/100km）	27.18

江西牌 JXK6116BPHEV2 型混合动力城市客车

生产企业		江西凯马百路佳客车有限公司		
整车	公告批次	236		
	目录序号	（十四）03		
	识别代号	LA9BJKMT9CBJXK003		
	依据标准	GB/T 19750-2005； QC/T 900-1997		
	外形尺寸（长×宽×高）(mm)	11280×2495×3320		
	总质量（kg）	16500	整备质量（kg）	11500
	轴距（mm）	5600	轴荷（kg）	5500/11000
发动机	型号	YC6J200-42	生产商	广西玉柴机器股份有限公司
	排量（mL）	6500	功率（kW）	147
电机	类型	永磁同步	型号	DKQ101
	连续扭矩（N·m）	—	峰值扭矩（N·m）	750
	生产企业	湖南南车时代电动汽车股份有限公司		
储能装置	类型	超级电容	型号	BMOD0165
	单体标称电压（V）	2.7	单体标称容量（A·h）	3000F
	生产企业	美国麦克斯威科技公司		
性能指标	最高车速（km/h）	68	0~50m/h 加速时间（s）	17.1
	最大爬坡度（%）	20	油耗（L/100km）	27.43

江西牌 JXK6116BPHEV 型混合动力城市客车

生产企业		江西凯马百路佳客车有限公司		
整车	公告批次	232		
	目录序号	（十四）03		
	识别代号	LA9BJLMT0DBJXK101		
	依据标准	GB/T 19750-2005； QC/T 900-1997		
	外形尺寸（长×宽×高）(mm)	11280×2495×3220		
	总质量（kg）	17000	整备质量（kg）	12800
	轴距（mm）	5600/5400	轴荷（kg）	5700/11300
发动机	型号	YC6J220-42	生产商	广西玉柴机器股份有限公司
	排量（mL）	6494	功率（kW）	162
电机	类型	永磁同步	型号	GC-TM100-01
	峰值功率（kW）	—	连续功率（kW）	—
	连续扭矩（N·m）	—	峰值扭矩（N·m）	750
	生产企业	苏州绿控传动科技有限公司		
储能装置	类型	铅酸蓄电池	型号	DPME20N
	单体标称电压（V）	3.6	单体标称容量（A·h）	20
	生产企业	苏州新中能源科技有限公司		
性能指标	最高车速（km/h）	68	0~50m/h 加速时间（s）	24.5
	最大爬坡度（%）	20	油耗（L/100km）	27.85

蜀都牌 CDK6122CSHEV 型混合动力城市客车

生产企业		成都客车股份有限公司		
整车	公告批次	235		
	目录序号	二十二（10）		
	外形尺寸（长×宽×高）（mm）	12000×2550×3420		
	总质量（kg）	18000	整备质量（kg）	13350
	轴距（mm）	6150	轴荷（kg）	6500/11500
	底盘型号	SWB6127SHEV2	生产厂家	上海申沃客车有限公司
发动机	型号	SC5DT180Q4	生产商	上海柴油机股份有限公司
	排量（mL）	5308	功率（kW）	132
电机	类型	异步牵引电动机	型号	JD156
	峰值功率（kW）	150	额定功率（kW）	100
	额定扭矩（N·m）	810	峰值扭矩（N·m）	2500
	生产企业	湖南南车时代电动汽车股份有限公司		
储能装置	类型	磷酸亚铁锂电池	型号	3.2V100Ah
	单体标称电压（V）	3.2	单体标称容量（A·h）	100
	总电压（V）	333	总容量（A·h）	200
	生产企业	赛恩斯能源科技有限公司		
性能指标	最高车速（km/h）	70	0~50m/h 加速时间（s）	≤30
	最大爬坡度（%）	20	气耗（m^3/100km）	30

蜀都牌 CDK6122CEHEV 型混合动力城市客车

生产企业		成都客车股份有限公司		
整车	公告批次	244		
	目录序号	二十二（10）		
	外形尺寸（长×宽×高）（mm）	12000×2550×3335		
	总质量（kg）	18000	整备质量（kg）	12500
	轴距（mm）	6000	轴荷（kg）	6500/11500
	底盘型号	EQ6121KRLPHEV1	生产厂家	东风汽车公司
发动机	型号	YC6J210N-52	生产商	广西玉柴机器股份有限公司
	排量（mL）	6494	功率（kW）	155
电机	类型	永磁同步	型号	GC-TM100-01
	峰值功率（kW）	130	连续功率（kW）	100
	连续扭矩（N·m）	600	峰值扭矩（N·m）	850
	生产企业	苏州绿控传动科技有限公司		
储能装置	类型	磷酸铁锂	型号	346V 100AH
	单体标称电压（V）	3.2	单体标称容量（A·h）	5
	总电压（V）	346	总容量（A·h）	100
	生产企业	深圳市沃特玛电池有限公司		
性能指标	最高车速（km/h）	69	0~50 Km/h 加速时间（s）	≤30
	最大爬坡度（%）	20	气耗（m^3/100km）	30.2

比亚迪牌 F3DM（QCJ7100ADM）型混合动力轿车

生产企业		比亚迪汽车有限公司		
整车	公告批次	228		
	目录序号	108		
	识别代号	LGXC76D2		
	外形尺寸（长×宽×高）（mm）	4533×1705×1520		
	总质量（kg）	2055	整备质量（kg）	1680
	轴距（mm）	2600	轴荷（kg）	1110/945
	底盘型号	承载式车身	生产厂家	—
发动机	型号	BYD371QA	生产商	比亚迪汽车有限公司
	排量（mL）	998	功率（kW）	50
电机	类型	永磁同步电机	型号	F3DMB-2103
	峰值功率（kW）	—	连续功率（kW）	37
	连续扭矩（N·m）	—	峰值扭矩（N·m）	—
	生产企业	深圳市比亚迪汽车有限公司		
储能装置	类型	磷酸铁锂蓄电池	型号	FADM07305
	单体标称电压（V）	3.3	单体标称容量（A·h）	57
	总电压（V）	330	总容量（A·h）	57
	生产企业	比亚迪股份有限公司		
性能指标	最高车速（km/h）	150	油耗（L/100km）	2.67

3. 代用燃料汽车（含 CNG、LNG、LPG 及醇醚类）

江西牌 JXK6930BL4N 型城市客车

生产企业		江西凯马百路佳客车有限公司		
整车	燃料类型	天然气		
	外形尺寸（长×宽×高）（mm）	9345×2495×3220		
	总质量（kg）	13500		
	整备质量（kg）	9900		
	轴距（mm）	4460		
	轴荷（kg）	4500/9000		
发动机	型号	CA6SF2-21E4N	排量（mL）	7130
	功率（kW）	155	燃料	天然气
	生产商	一汽解放汽车有限公司无锡柴油机厂		
变速箱	类别	QJ805	形式	机械式
性能指标	最高车速（km/h）	85	最大爬坡度（%）	20

江西牌 JXK6930BA4N 型城市客车

生产企业名		江西凯马百路佳客车有限公司		
整车	燃料类型	天然气		
	外形尺寸（长×宽×高）（mm）	9345×2495×3220		
	总质量（kg）	13500		
	整备质量（kg）	9900		
	轴距（mm）	4460		
	轴荷（kg）	4500/9000		
发动机	型号	CA6SF2-21E4N	排量（mL）	7130
	功率（kW）	155	燃料	天然气
	生产商	一汽解放汽车有限公司无锡柴油机厂		
变速箱	类别	QJ805	形式	机械式
性能指标	最高车速（km/h）	85	最大爬坡度（%）	20

江西牌 JXK6113BL4N 型城市客车

生产企业		江西凯马百路佳客车有限公司		
整车	燃料类型	天然气		
	外形尺寸（长×宽×高）（mm）	11280×2495×3220		
	总质量（kg）	16200		
	整备质量（kg）	11200		
	轴距（mm）	5400/5600		
	轴荷（kg）	5400/10800		
发动机	型号	CA6SL1-26E4N	排量（mL）	7100
	功率（kW）	194	燃料	天然气
	生产商	一汽解放汽车有限公司无锡柴油机厂		
变速箱	类别	QJ120	形式	手动
性能指标	最高车速（km/h）	80	最大爬坡度（%）	20

江西牌 JXK6113BA4N 型城市客车

生产企业		江西凯马百路佳客车有限公司		
整车	燃料类型	天然气		
	外形尺寸（长×宽×高）（mm）	11280×2495×3220		
	总质量（kg）	16200		
	整备质量（kg）	11200		
	轴距（mm）	5400/5600		
	轴荷（kg）	5400/10800		
发动机	型号	CA6SL1-26E4N	排量（mL）	7100
	功率（kW）	194	燃料	天然气
	生产商	一汽解放汽车有限公司无锡柴油机厂		
变速箱	类别	QJ120	形式	手动
性能指标	最高车速（km/h）	80	最大爬坡度（%）	20

江西牌 JXK6900BA4N 型城市客车

生产企业		江西凯马百路佳客车有限公司		
整车	燃料类型	天然气		
	外形尺寸（长×宽×高）(mm)	8995×2495×3215		
	总质量（kg）	13500		
	整备质量（kg）	9700		
	轴距（mm）	4250		
	轴荷（kg）	4500/9000		
发动机	型号	NC6AR220	排量（mL）	6494
	功率（kW）	162	燃料	天然气
	生产商	南昌凯马柴油机有限公司		
变速箱	类别	QJ805	形式	手动
性能指标	最高车速（km/h）	70	最大爬坡度（%）	20

江西牌 JXK6900BL4N 型城市客车

生产企业		江西凯马百路佳客车有限公司		
整车	燃料类型	天然气		
	外形尺寸（长×宽×高）(mm)	8995×2495×3215		
	总质量（kg）	13500		
	整备质量（kg）	9700		
	轴距（mm）	4250		
	轴荷（kg）	4500/9000		
发动机	型号	CA6SF2-21E4N	排量（mL）	7130
	功率（kW）	158	燃料	天然气
	生产商	一汽解放汽车有限公司无锡柴油机厂		
变速箱	类别	QJ805	形式	手动
性能指标	最高车速（km/h）	70	最大爬坡度（%）	20

江西牌 JXK120BA4N 型城市客车

生产企业		江西凯马百路佳客车有限公司		
整车	燃料类型	天然气		
	外形尺寸（长×宽×高）(mm)	11980×2495×3220		
	总质量（kg）	18000		
	整备质量（kg）	12750		
	轴距（mm）	6000		
	轴荷（kg）	6500/11500		
发动机	型号	YC6L280N-40	排量（mL）	8424
	功率（kW）	206	燃料	天然气
	生产商	广西玉柴机器股份有限公司		
变速箱	类别	QJ120	形式	手动
性能指标	最高车速（km/h）	68	最大爬坡度（%）	20

江西牌 JXK120BL4N 型城市公交客车

生产企业		江西凯马百路佳客车有限公司		
整车	燃料类型	天然气		
	外形尺寸（长×宽×高）（mm）	11980×2495×3220		
	总质量（kg）	18000		
	整备质量（kg）	12750		
	轴距（mm）	6000		
	轴荷（kg）	6500/11500		
发动机	型号	CS6SL2-29E4N	排量（mL）	8600
	功率（kW）	216	燃料	天然气
	生产商	一汽解放汽车有限公司无锡柴油机厂		
变速箱	类别	QJ120	形式	手动
性能指标	最高车速（km/h）	68	最大爬坡度（%）	20

蜀都牌 CDK6182CA1R、CDK6182CH1R 型城市客车

生产企业		成都客车股份有限公司		
整车	燃料类型	NG		
	外形尺寸（长×宽×高）（mm）	17990×2550×3400		
	总质量（kg）	28000		
	整备质量（kg）	18380		
	轴距（mm）	6000+6200		
	轴荷（kg）	6500/10000/11500		
发动机	型号	SC9DT280Q5	排量（mL）	8820
	功率（kW）	206	燃料	NG
	生产商	上海柴油机股份有限公司		
变速箱	类别	T310R	形式	AT
性能指标	最高车速（km/h）	69	0~50m/h 加速时间（s）	35
	最大爬坡度（%）	20	综合燃料消耗量（m^3/100km）	59

蜀都牌 CDK6852CE 型城市客车

生产企业		成都客车股份有限公司		
整车	燃料类型	NG		
	外形尺寸（长×宽×高）（mm）	8535×/2400× 3020/3160		
	总质量（kg）	10400		
	整备质量（kg）	6590/6880		
	轴距（mm）	4000		
	轴荷（kg）	3800/6600		
发动机	型号	YC4D140N-40,; Q140N4	排量（mL）	4214/3759
	功率（kW）	103	燃料	NG
	生产商	广西玉柴机器股份有限公司，东风南充汽车有限公司		
变速箱	类别	1700010-FF52	形式	MT
性能指标	最高车速（km/h）	69	0~50m/h 加速时间（s）	37
	最大爬坡度（%）	20	综合燃料消耗量（m^3/100km）	25

蜀都牌 CDK6122CA1R/ /CDK6122CS2R 型城市客车

生产企业		成都客车股份有限公司		
整车	燃料类型	NG		
	外形尺寸（长×宽×高）(mm)	12000×2550×3420		
	总质量（kg）	18000		
	整备质量（kg）	12200		
	轴距（mm）	6150		
	轴荷（kg）	6500/11500		
发动机	型号	SC8DT250Q5	排量（mL）	8270
	功率（kW）	184	燃料	NG
	生产商	上海柴油机股份有限公司		
变速箱	类别	T280R	形式	AT
性能指标	最高车速（km/h）	69	0~50m/h 加速时间（s）	35
	最大爬坡度（%）	20	综合燃料消耗量（m^3/100km）	42

蜀都牌 CDK6702CN 型城市客车

生产企业		成都客车股份有限公司		
整车	燃料类型	NG		
	外形尺寸（长×宽×高）(mm)	7045×2180×2900		
	总质量（kg）	7100		
	整备质量（kg）	5470/5145		
	轴距（mm）	3800		
	轴荷（kg）	2400/4700		
发动机	型号	CA4N28C5	排量（mL）	2771
	功率（kW）	83	燃料	NG
	生产商	长春一汽四环发动机制造有限公司		
变速箱	类别	1700010-FF52	形式	MT
性能指标	最高车速（km/h）	69	0~50m/h 加速时间（s）	30
	最大爬坡度（%）	25	综合燃料消耗量（m^3/100km）	17

五菱牌 GL6481NCQ 客车

生产企业		桂林客车工业集团有限公司		
整车	燃料类型	汽油和 NG 两用燃料		
	外形尺寸（长×宽×高）(mm)	4805×1900×2450/2550/2650		
	总质量（kg）	3050		
	整备质量（kg）	1895/1965		
	轴距（mm）	3340		
	轴荷（kg）	1430/1620		
发动机	型号	LJ475QNE1	排量（mL）	1590
	功率（kW）	71（汽油）；67.5（NG）	燃料	汽油
	生产商	柳州五菱柳机动力有限公司		
变速箱	类别	手动变速箱	形式	五前一倒，5T15A1，软轴远距离操纵
性能指标	最高车速（km/h）	105	0~100km/h 加速时间（s）	—
	最大爬坡度（%）	23（汽油）；21（NG）	综合燃料消耗量（L/100km）	11.3

五菱牌 GL6505NCQ 客车

生产企业		桂林客车工业集团有限公司		
整车	燃料类型	汽油和 NG 两用燃料		
	外形尺寸（长×宽×高）（mm）	5035×1900×2450/2550/2650		
	总质量（kg）	3200		
	整备质量（kg）	2180		
	轴距（mm）	3570		
	轴荷（kg）	1430/1770		
发动机	型号	LJ475QNE1	排量（mL）	1590
	功率（kW）	71 汽油，67.5（LNG）	燃料	汽油
	生产商	柳州五菱柳机动力有限公司		
变速箱	类别	手动变速箱	形式	五前一倒，5T15A1，软轴远距离操纵
性能指标	最高车速（km/h）	105	0~100km/h 加速时间（s）	—
	最大爬坡度（%）	21（汽油）；18（LNG）	综合燃料消耗量（L/100km）	11

陕汽牌 SX3255DR384H 德龙 F3000 双燃料自卸车

生产企业		陕西汽车集团有限责任公司		
整车	燃料类型：	柴油/LNG		
	外形尺寸（长×宽×高）（mm）	8329×2490×3450		
	货厢尺寸（长×宽×高）（mm）	5600×2300×1050		
	总质量（kg）	25000		
	整备质量（kg）	8650		
	额定载质量（kg）	12500		
	轴距（mm）	3800+1350		
	轴荷（kg）	7000/18000		
发动机	型号	WP10.336（SQH）； WP10.340E32（SQH）	排量（mL）	9725； 9725
	功率（kW）	247/250	燃料	柴油/LNG
	生产商	潍柴动力股份有限公司； 陕西汽车集团有限责任公司		
性能指标	最高车速（km/h）	77	0~100km/h 加速时间（s）	—

陕汽牌 SX4256NR384H 德龙 F3000 双燃料牵引车

生产企业		陕西汽车集团有限责任公司		
整车	燃料类型	柴油/LNG		
	外形尺寸（长×宽×高）（mm）	8329×2490×3210/3750/3710/4000		
	货厢尺寸（长×宽×高）（mm）	5600×2300×1050		
	总质量（kg）	25000		
	整备质量（kg）	9500		
	准拖挂车总质量（kg）	39300		
	轴距（mm）	3775+1350		
	轴荷（kg）	7000/18000		
发动机	型号	WP10.336（SQH）； WP10.340E32（SQH）	排量（mL）	9726； 9726
	功率（kW）	247/250	燃料	柴油/LNG
	生产商	潍柴动力股份有限公司； 陕西汽车集团有限责任公司		
性能指标	最高车速（km/h）	99	0~100km/h 加速时间（s）	—

陕汽牌 SX4256GR384H 德龙 M3000 双燃料牵引车

生产企业		陕西汽车集团有限责任公司		
整车	燃料类型	柴油/LNG		
	外形尺寸（长×宽×高）(mm)	7335×2490×3410		
	总质量（kg）	25000		
	整备质量（kg）	8800		
	准拖挂车总质量（kg）	40000		
	轴距（mm）	3775+1350		
	轴荷（kg）	7000/18000		
发动机	型号	WP10.336（SQH）； WP10.340E32（SQH）	排量（mL）	9726； 9726
	功率（kW）	247/250	燃料	柴油/LNG
	生产商	潍柴动力股份有限公司； 陕西汽车集团有限责任公司		
性能指标	最高车速（km/h）	87	0~100km/h 加速时间（s）	—

九、节能与新能源汽车关键零部件及参数

1. 车用电机及其控制系统技术参数

生产企业	湖南南车时代电动汽车股份有限公司	
产品名称	电动汽车用电机及其控制器	
产品型号	电机控制器：DKQ101A 同步电动机：TQD101D	
峰值功率（kW）	90	
额定功率（kW）	45	
峰值转矩（N·m）	450	
额定转矩（N·m）	200	
峰值转速（rpm）	6000	
额定转速（rpm）	2150	
直流母线电压等级（V）	384	
工作电压范围（V）	250~720	
控制方式（转矩控制/转速控制）	转矩控制	
转矩/转速控制精度	转矩误差<5%	
通信方式	CAN2.0	
电机及其控制系统峰值效率（%）	≮94	
电机及其控制线系统高效区（效率≥80%的高效区占整个运行区域）	>80%	
电机冷却方式（液冷时注明冷却液流量、入口水温）	水冷。流量≮10L/min、入口水温≯65℃	
控制器冷却方式（液冷时注明冷却液流量、入口水温）	水冷。流量≮10L/min、入口水温≯65℃	
电机工作环境温度（℃）	-20~50	
控制工作环境温度（℃）	-20~50	
电机外形（∅D×L）(mm)	294×427	
控制器外形（L×W×H）(mm)	492.5×310×220	

生产企业	湘电莱特电气有限公司	
产品名称	非晶增程器	
峰值功率（kW）	6	
额定功率（kW）	5	
峰值转速（rpm）	4000	
额定转速（rpm）	3000	
控制方式（转矩控制/转速控制）	PWM	
通信方式	CAN2.0	
电机及其控制系统峰值效率（%）		
电机冷却方式（液冷时注明冷却液流量、入口水温）		水冷
控制器冷却方式（液冷时注明冷却液流量、入口水温）		水冷
电机工作环境温度（℃）		-30～85
控制工作环境温度（℃）		-30～85

生产企业	大洋电机新动力科技有限公司	
产品名称	驱动电机/电机控制器	
产品型号	YTD020W02/KM6025W06	 
峰值功率（kW）	45	
额定功率（kW）	20	
峰值转矩（N·m）	144	
额定转矩（N·m）	64	
峰值转速（rpm）	9000	
额定转速（rpm）	3000	
直流母线电压等级（V）	336	
工作电压范围（V）	255～372	
控制方式（转矩控制/转速控制）	转矩控制	
转矩/转速控制精度	转矩精度：≤100Nm：±5Nm；＞100Nm：＊5% 转速精度：±50RPM	
通信方式	CAN-2.0-B	
电机及其控制系统峰值效率（%）		94
电机及其控制线系统高效区（效率≥80%的高效区占整个运行区域）		86
电机冷却方式（液冷时注明冷却液流量、入口水温）		液冷（8～12L，入口温度＜65°）
控制器冷却方式（液冷时注明冷却液流量、入口水温）		液冷（8～12L，入口温度＜60°）
电机工作环境温度（℃）		-30～＋65
控制工作环境温度（℃）		-30～＋65
电机外形（∅D×L）/mm		245×275
控制器外形（L×W×H）/mm		379×237×130

生产企业	湘电莱特电气有限公司
产品名称	非晶直流发电机组
峰值功率（kW）	6 
额定功率（kW）	5
峰值转速（rpm）	4000
额定转速（rpm）	3000
工作电压范围（V）	300–400
电机冷却方式（液冷时注明冷却液流量、入口水温）	水冷
控制器冷却方式（液冷时注明冷却液流量、入口水温）	水冷
电机工作环境温度（℃）	-30 ~85
控制工作环境温度（℃）	-30 ~85

生产企业	大洋电机新动力科技有限公司
产品名称	驱动电机/电机控制器
产品型号	YTD115F01/KM6060F02  
峰值功率（kW）	150
额定功率（kW）	115
峰值转矩（N·m）	775
额定转矩（N·m）	550
峰值转速（rpm）	4500
额定转速（rpm）	2000
直流母线电压等级（V）	384
工作电压范围（V）	250 ~440
控制方式（转矩控制/转速控制）	转矩控制
转矩/转速控制精度	转矩精度：≤100Nm：±5Nm；>100Nm：*5% 转速精度：±50RPM
通信方式	CAN-2. 0-B
电机及其控制系统峰值效率（%）	95
电机及其控制线系统高效区（效率≥80%的高效区占整个运行区域）	86
电机冷却方式（液冷时注明冷却液流量、入口水温）	风冷
控制器冷却方式（液冷时注明冷却液流量、入口水温）	风冷
电机工作环境温度（℃）	-30 ~ +65
控制工作环境温度（℃）	-30 ~ +65
电机外形（∅D×L）（mm）	440×595
控制器外形（L×W×H）（mm）	710×465×497

生产企业	大洋电机新动力科技有限公司	
产品名称	驱动电机/电机控制器	
产品型号	YTD015W01/KM1010W06	
峰值功率（kW）	30	
额定功率（kW）	15	
峰值转矩（N·m）	130	
额定转矩（N·m）	64	
峰值转速（rpm）	6500	
额定转速（rpm）	2400	
直流母线电压等级（V）	288	
工作电压范围（V）	218～318	
控制方式（转矩控制/转速控制）	转矩控制	
转矩/转速控制精度	转矩精度：≤100Nm：±5Nm；>100Nm：＊5% 转速精度：±50RPM	
通信方式	CAN-2.0-B	
电机及其控制系统峰值效率（%）		92
电机及其控制线系统高效区（效率≥80%的高效区占整个运行区域）		86
电机冷却方式（液冷时注明冷却液流量、入口水温）		液冷
控制器冷却方式（液冷时注明冷却液流量、入口水温）		液冷
电机工作环境温度（℃）		-30～+65
控制工作环境温度（℃）		-30～+65
电机外形（∅D×L）（mm）		235×275
控制器外形（L×W×H）（mm）		388×256×112

生产企业	福建尤迪电机制造有限公司	
产品名称	尤迪混合动力/纯电动大巴车驱动电机	
产品型号	YHD/YCD 280M-4	产品照片（略）
峰值功率（kW）	180	
额定功率（kW）	110	
峰值转矩（N·m）	2000	
峰值转速（rpm）	2500	
额定转速（rpm）	1480	
工作电压范围（V）	额定电压340V	
电机冷却方式（液冷时注明冷却液流量、入口水温）		风冷

生产企业	大洋电机新动力科技有限公司	
产品名称	驱动电机/电机控制器	
产品型号	YTD130W02/KM6060W02	 
峰值功率（kW）	170	
额定功率（kW）	130	
峰值转矩（N·m）	850	
额定转矩（N·m）	590	
峰值转速（rpm）	5400	
额定转速（rpm）	2000	
直流母线电压等级（V）	384	
工作电压范围（V）	250～440V（DC）	
控制方式（转矩控制/转速控制）	转矩控制	
转矩/转速控制精度	转矩精度：≤100Nm：±5Nm；>100Nm：*5% 转速精度：±50RPM	
通信方式	CAN-2.0-B	
电机及其控制系统峰值效率（%）		95
电机及其控制线系统高效区（效率≥80%的高效区占整个运行区域）		86
电机冷却方式（液冷时注明冷却液流量、入口水温）		液冷
控制器冷却方式（液冷时注明冷却液流量、入口水温）		液冷
电机工作环境温度（℃）		-30～+65
控制工作环境温度（℃）		-30～+65
电机外形（∅D×L）（mm）		410×310
控制器外形（L×W×H）（mm）		540×410×190

生产企业	福建尤迪电机制造有限公司	
产品名称	车用空调压缩机电机	
产品型号	YTD132S-4	产品照片（略）
额定功率（kW）	3000	
峰值转矩（N·m）	70	
额定转速（rpm）	3000	
工作电压范围（V）	额定电压380V	
电机冷却方式（液冷时注明冷却液流量、入口水温）		风冷

生产企业	大洋电机新动力科技有限公司
产品名称	驱动电机/电机控制器
产品型号	BOMM060/KM4535W01
峰值功率（kW）	110
额定功率（kW）	60
峰值转矩（N·m）	300
额定转矩（N·m）	164
峰值转速（rpm）	4500
额定转速（rpm）	2000
直流母线电压等级（V）	384
工作电压范围（V）	250~440
控制方式（转矩控制/转速控制）	转矩控制
转矩/转速控制精度	转矩精度：≤100Nm：±5Nm；>100Nm：*5% 转速精度：±50RPM
通信方式	CAN-2.0-B
电机及其控制系统峰值效率（%）	94
电机及其控制线系统高效区（效率≥80%的高效区占整个运行区域）	86
电机冷却方式（液冷时注明冷却液流量、入口水温）	液冷
控制器冷却方式（液冷时注明冷却液流量、入口水温）	液冷
电机工作环境温度（℃）	-30~+65
控制工作环境温度（℃）	-30~+65
电机外形（∅D×L）（mm）	270×310
控制器外形（L×W×H）（mm）	360×285×224

生产企业	福建尤迪电机制造有限公司
产品名称	车用水箱冷却风扇电机
产品型号	KDF400-6
额定功率（kW）	400
额定转速（rpm）	3500
工作电压范围（V）	额定电压24V
电机冷却方式（液冷时注明冷却液流量、入口水温）	风冷

产品照片（略）

生产企业	武汉理工通宇新源动力有限公司	
产品名称	电动汽车驱动电机及控制器	
产品型号	电机：WTM250F-4/400 控制器：WTMC-160F/400-1	产品及试验图片 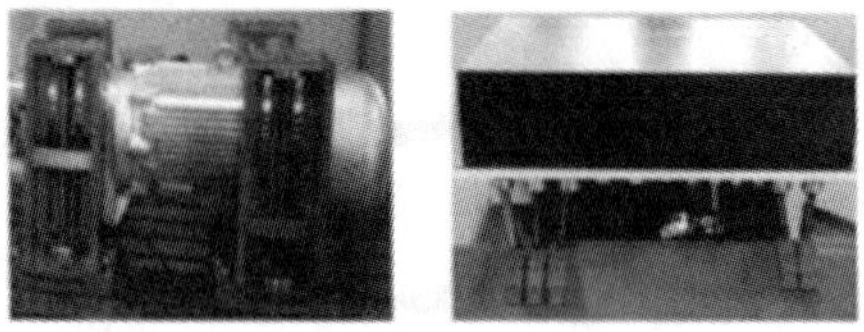 样品图
峰值功率（kW）	200	
额定功率（kW）	100	
峰值转矩（N·m）	1274	
额定转矩（N·m）	637	
峰值转速（rpm）	3000	
额定转速（rpm）	1480	
电机冷却方式（液冷时注明冷却液流量、入口水温）		风冷
控制器冷却方式（液冷时注明冷却液流量、入口水温）		风冷
电机外形（∅D×L）（mm）		245×702
控制器外形（L×W×H）（mm）		540×470×305

生产企业	武汉理工通宇新源动力有限公司	
产品名称	电动汽车驱动电机及控制器	
产品型号	电机：WTM280W-8/400 控制器：WTMC-160F/400-1	产品及试验阳片 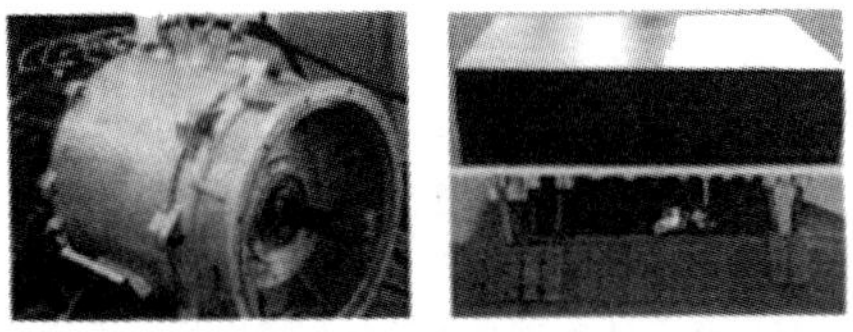 样品图
峰值功率（kW）	220	
额定功率（kW）	110	
峰值转矩（N·m）	1556	
额定转矩（N·m）	778	
峰值转速（rpm）	3000	
额定转速（rpm）	1335	
电机冷却方式（液冷时注明冷却液流量、入口水温）		水冷
控制器冷却方式（液冷时注明冷却液流量、入口水温）		水冷
电机外形（∅D×L）（mm）		275×507
控制器外形（L×W×H）（mm）		540×470×305

生产企业	武汉理工通宇新源动力有限公司	
产品名称	电动汽车驱动电机及控制器	
产品型号	电机：WTEMT100/4-08/4 控制器：WTMC-132F/400-1	
峰值功率（kW）	160	
额定功率（kW）	80	
峰值转矩（N·m）	954	
额定转矩（N·m）	477	
峰值转速（rpm）	3200	
额定转速（rpm）	1600	
电机冷却方式（液冷时注明冷却液流量、入口水温）		水冷
控制器冷却方式（液冷时注明冷却液流量、入口水温）		水冷
电机外形（∅D×L）（mm）		446×623
控制器外形（L×W×H）（mm）		450×572×336

生产企业	武汉理工通宇新源动力有限公司	
产品名称	电动汽车驱动电机及控制器 4	
产品型号	电机：WTEMT018/2-E02/18 控制器：WTMC-30S/200-1	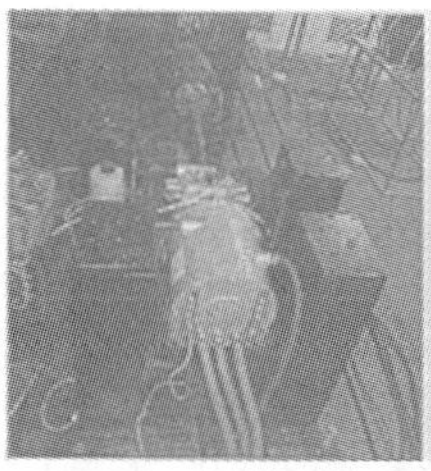 
峰值功率（kW）	60	
额定功率（kW）	20	
峰值转矩（N·m）	159	
额定转矩（N·m）	53	
峰值转速（rpm）	9000	
额定转速（rpm）	3600	
电机冷却方式（液冷时注明冷却液流量、入口水温）		水冷
控制器冷却方式（液冷时注明冷却液流量、入口水温）		水冷
电机外形（∅D×L）（mm）		270×285
控制器外形（L×W×H）（mm）		313×245×140

生产企业	武汉理工通宇新源动力有限公司	
产品名称	电动汽车驱动电机及控制器 5	
产品型号	电机：WTEMT100/4-08/4-0 控制器：WTMC160WV400-1	 
峰值功率（kW）	160	
额定功率（kW）	80	
峰值转矩（N·m）	954	
额定转矩（N·m）	477	
峰值转速（rpm）	3200	
额定转速（rpm）	1600	
电机冷却方式（液冷时注明冷却液流量、入口水温）		水冷
控制器冷却方式（液冷时注明冷却液流量、入口水温）		水冷
电机外形（∅D×L）（mm）		446×623
控制器外形（L×W×H）（mm）		640×475×211

生产企业	武汉理工通宇新源动力有限公司	
产品名称	电动汽车驱动电机及控制器	
产品型号	电机：WTEMT100/4-08/4 控制器：WTMC160WV400-1	 
峰值功率（kW）	160	
额定功率（kW）	80	
峰值转矩（N·m）	954	
额定转矩（N·m）	477	
峰值转速（rpm）	3200	
额定转速（rpm）	1600	
电机冷却方式（液冷时注明冷却液流量、入口水温）		水冷
控制器冷却方式（液冷时注明冷却液流量、入口水温）		水冷
电机外形（∅D×L）/mm		446×623
控制器外形（L×W×H）/mm		640×475×211

生产企业	天津清源电动车辆有限责任公司	
产品型号	QYPCU0102	
峰值功率（kW）	90	
额定功率（kW）	30	
峰值转矩（N·m）	270	
额定转矩（N·m）	90	
峰值转速（rpm）	9000	
额定转速（rpm）	3000	
直流母线电压等级（V）	320	
工作电压范围（V）	220~400	
控制方式（转矩控制/转速控制）	兼有	
转矩/转速控制精度	额定转速以下：±50rpm；额定转速以上：与目标转速的偏差在1%范围内 额定扭矩以下：±5Nm；额定扭矩以上：与目标转矩的偏差在5%范围内	
通信方式	CAN	
电机绝缘等级	H	
电机及其控制系统峰值效率（%）		95
电机及其控制线系统高效区（效率≥80%的高效区占整个运行区域）		60
电机冷却方式（液冷时注明冷却液流量、入口水温）		水冷，进水水温小于等于65℃，循环冷却水量16L/min条件下保持稳定运行
控制器冷却方式（液冷时注明冷却液流量、入口水温）		水冷，进水水温小于等于65℃，循环冷却水量16L/min条件下保持稳定运行
电机工作环境温度（℃）		-30~85
控制工作环境温度（℃）		-30~85
电机外形（∅D×L）（mm）		272×350
控制器外形（L×W×H）（mm）		324×310×190

生产企业	天津清源电动车辆有限责任公司	
产品型号	QYKZL05W30xxB	
峰值电流（A）	300	
额定电流（A）	100	
直流母线电压等级（V）	48	
工作电压范围（V）	36-60	
控制方式（转矩控制/转速控制）	转矩控制	
是否可编程参数	是	
控制器冷却方式（液冷时注明冷却液流量、入口水温）		自然冷却
控制工作环境温度（℃）		-25~+55
控制器外形（L×W×H）（mm）		330×254×108

生产企业	天津清源电动车辆有限责任公司
产品型号	QYPCU1201
峰值功率（kW）	90
额定功率（kW）	30
峰值转矩（N·m）	270
额定转矩（N·m）	90
峰值转速（rpm）	9000
额定转速（rpm）	3000
直流母线电压等级（V）	320
工作电压范围（V）	220~400
控制方式（转矩控制/转速控制）	兼有
转矩/转速控制精度	额定转速以下：±50rpm；额定转速以上：与目标转速的偏差在1%范围内 额定扭矩以下：±5Nm；额定扭矩以上：与目标转矩的偏差在5%范围内
通信方式	CAN
电机绝缘等级	H
电机及其控制系统峰值效率（%）	95
电机及其控制线系统高效区（效率≥80%的高效区占整个运行区域）	60
电机冷却方式（液冷时注明冷却液流量、入口水温）	水冷，进水水温小于等于65℃，循环冷却水量16L/min条件下保持稳定运行
控制器冷却方式（液冷时注明冷却液流量、入口水温）	水冷，进水水温小于等于65℃，循环冷却水量16L/min条件下保持稳定运行
电机工作环境温度（℃）	-30~85
控制工作环境温度（℃）	-30~85
电机外形（∅D×L）（mm）	272×350
控制器外形（L×W×H）（mm）	400×290×134

生产企业	天津清源电动车辆有限责任公司
产品型号	QYKZL05W40xxB
峰值电流（A）	400
额定电流（A）	125
直流母线电压等级（V）	48
工作电压范围（V）	36-60
控制方式（转矩控制/转速控制）	转矩控制
是否可编程参数	是
控制器冷却方式（液冷时注明冷却液流量、入口水温）	自然冷却
控制工作环境温度（℃）	-25~+55
控制器外形（L×W×H）（mm）	330×254×108

生产企业	天津清源电动车辆有限责任公司
产品型号	QYPCU-1200MN-W018
峰值功率（kW）	150
额定功率（kW）	100
峰值转矩（N·m）	1000
额定转矩（N·m）	672
峰值转速（rpm）	4400
额定转速（rpm）	1420
直流母线电压等级（V）	365
工作电压范围（V）	250~400
控制方式（转矩控制/转速控制）	转矩
转矩/转速控制精度	—
通信方式	CAN
电机绝缘等级	H
电机及其控制系统峰值效率（%）	93
电机及其控制线系统高效区（效率≥80%的高效区占整个运行区域）	50
电机冷却方式（液冷时注明冷却液流量、入口水温）	风冷
控制器冷却方式（液冷时注明冷却液流量、入口水温）	风冷
电机工作环境温度（℃）	-30~85
控制工作环境温度（℃）	-30~85
电机外形（∅D×L）（mm）	470×740
控制器外形（L×W×H）（mm）	560×285×210

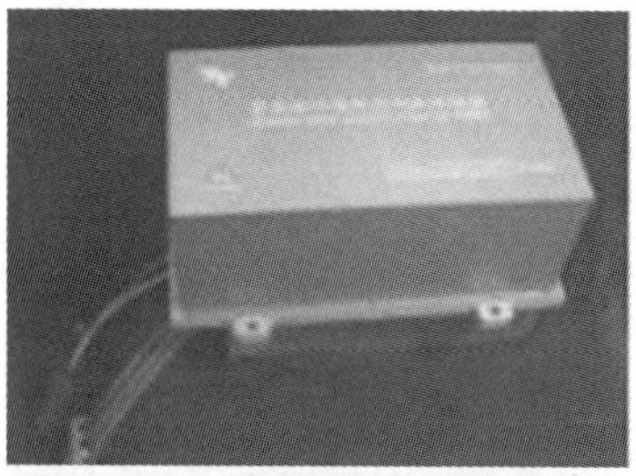

生产企业	天津清源电动车辆有限责任公司
产品型号	QYKZL06W30xxB
峰值电流（A）	300
额定电流（A）	100
直流母线电压等级（V）	60
工作电压范围（V）	45-75
控制方式（转矩控制/转速控制）	转矩控制
是否可编程参数	是
控制器冷却方式（液冷时注明冷却液流量、入口水温）	自然冷却
控制工作环境温度（℃）	-25~+55
控制器外形（L×W×H）（mm）	330×254×108

生产企业	天津清源电动车辆有限责任公司	
产品型号	QYKZL06W40xxB	
峰值电流（A）	400	
额定电流（A）	125	
直流母线电压等级（V）	60	
工作电压范围（V）	45-75	
控制方式（转矩控制/转速控制）	转矩控制	
是否可编程参数	是	
控制器冷却方式（液冷时注明冷却液流量、入口水温）		自然冷却
控制工作环境温度（℃）		25 ~ +55
控制器外形（L×W×H）（mm）		330×254×108

生产企业	东方电气集团东风电机有限公司	
产品名称	100kW 驱动系统	产品照片（略）
产品型号	QYS100-6/400	
峰值功率（kW）	250	
额定功率（kW）	100	
峰值转矩（N·m）	2500	
额定转矩（N·m）	1005	
峰值转速（rpm）	3000	
额定转速（rpm）	950	
直流母线电压等级（V）	600	
工作电压范围（V）	500-700	
控制方式（转矩控制/转速控制）	转矩控制	
转矩/转速控制精度	±5%	
通信方式	CAN	
电机及其控制系统峰值效率（%）		93/96
电机及其控制线系统高效区（效率≥80%的高效区占整个运行区域）		85
电机冷却方式（液冷时注明冷却液流量、入口水温）		水冷
控制器冷却方式（液冷时注明冷却液流量、入口水温）		水冷
电机工作环境温度（℃）		-20 ~ +40
控制工作环境温度（℃）		-40 ~ +65
电机外形（∅D×L）（mm）		490×623
控制器外形（L×W×H）（mm）		640×390×250

生产企业	东方电气集团东风电机有限公司	
产品名称	80kW 驱动系统	
产品型号	QYS80-6/400	产品照片（略）
峰值功率（kW）	180	
额定功率（kW）	80	
峰值转矩（N·m）	954	
额定转矩（N·m）	477	
峰值转速（rpm）	3200	
额定转速（rpm）	1600	
直流母线电压等级（V）	600	
工作电压范围（V）	500-700	
控制方式（转矩控制/转速控制）	转矩控制	
转矩/转速控制精度	±5%	
通信方式	CAN 通信	
电机及其控制系统峰值效率（%）		93%
电机及其控制线系统高效区（效率≥80%的高效区占整个运行区域）		85%
电机冷却方式（液冷时注明冷却液流量、入口水温）		水冷
控制器冷却方式（液冷时注明冷却液流量、入口水温）		水冷
电机工作环境温度（℃）		-20~60
控制工作环境温度（℃）		-20~60
电机外形（∅D×L）（mm）		446×452

生产企业	东方电气集团东风电机有限公司	
产品名称	48kW 驱动系统	
产品型号	QYS80-6/200	产品照片（略）
峰值功率（kW）	96	
额定功率（kW）	48	
峰值转矩（N·m）	610	
额定转矩（N·m）	305	
峰值转速（rpm）	3000	
额定转速（rpm）	1500	
直流母线电压等级（V）	336	
工作电压范围（V）	284~400	
控制方式（转矩控制/转速控制）	转矩控制	
转矩/转速控制精度	±5%	
通信方式	CAN	
电机及其控制系统峰值效率（%）		93
电机冷却方式（液冷时注明冷却液流量、入口水温）		水冷（40L/min）
控制器冷却方式（液冷时注明冷却液流量、入口水温）		水冷
电机工作环境温度（℃）		-20~60
控制工作环境温度（℃）		-20~60
电机外形（∅D×L）（mm）		356×468

生产企业	东方电气集团东风电机有限公司	
产品名称	20kW 驱动系统	
产品型号	QYS20-4/180	产品照片（略）
峰值功率（kW）	60	
额定功率（kW）	20	
峰值转矩（N·m）	53	
额定转矩（N·m）	159	
峰值转速（rpm）	9000	
额定转速（rpm）	3600	
直流母线电压等级（V）	336	
工作电压范围（V）	284~400（DC）	
控制方式（转矩控制/转速控制）	转矩控制	
转矩/转速控制精度	±5%	
通信方式	CAN	
电机及其控制系统峰值效率（%）		93/96
电机及其控制线系统高效区（效率≥80%的高效区占整个运行区域）		85
电机冷却方式（液冷时注明冷却液流量、入口水温）		水冷（16L/min）
控制器冷却方式（液冷时注明冷却液流量、入口水温）		水冷
电机工作环境温度（℃）		-20~60
控制工作环境温度（℃）		-20~60
电机外形（∅D×L）（mm）		270×341
控制器外形（L×W×H）（mm）		376×240×180

生产企业	东方电气集团东风电机有限公司	
产品名称	7.5kW 驱动系统	
产品型号	QYF7.5-4/72	产品照片（略）
峰值功率（kW）	22.5	
额定功率（kW）	7.5	
峰值转矩（N·m）	69	
额定转矩（N·m）	23	
峰值转速（rpm）	6000	
额定转速（rpm）	3000	
直流母线电压等级（V）	96	
工作电压范围（V）	72~144（DC）	
控制方式（转矩控制/转速控制）	转矩控制	
转矩/转速控制精度	±5%	
通信方式	CAN	
电机及其控制系统峰值效率（%）		93/96
电机冷却方式（液冷时注明冷却液流量、入口水温）		风冷
控制器冷却方式（液冷时注明冷却液流量、入口水温）		风冷
电机工作环境温度（℃）		-20~40
控制工作环境温度（℃）		-20~40
电机外形（∅D×L）（mm）		218×237.5×324.5
控制器外形（L×W×H）（mm）		342×264×195

生产企业	东方电气集团东风电机有限公司	
产品名称	10.5kW 永磁驱动系统	
产品型号	QTF10.5-8/144	产品照片（略）
峰值功率（kW）	25	
额定功率（kW）	10.5	
峰值转矩（N·m）	83	
额定转矩（N·m）	35	
峰值转速（rpm）	9000	
额定转速（rpm）	2850	
直流母线电压等级（V）	144	
工作电压范围（V）	120~180（DC）	
控制方式（转矩控制/转速控制）	转矩/转速闭环	
转矩/转速控制精度	5%	
通信方式	CAN	
电机及其控制系统峰值效率（%）		95
电机冷却方式（液冷时注明冷却液流量、入口水温）		风冷
控制器冷却方式（液冷时注明冷却液流量、入口水温）		风冷
电机工作环境温度（℃）		-20~40
控制工作环境温度（℃）		-30℃~+85
电机外形（∅D×L）（mm）		190×251

生产企业	东方电气集团东风电机有限公司	
产品名称	25kW 永磁驱动系统	
产品型号	QTS25-8/180	产品照片（略）
峰值功率（kW）	47	
额定功率（kW）	25	
峰值转矩（N·m）	179	
额定转矩（N·m）	95	
峰值转速（rpm）	9000	
额定转速（rpm）	2500	
直流母线电压等级（V）	180	
工作电压范围（V）	250~440（DC）	
控制方式（转矩控制/转速控制）	转矩/转速闭环	
转矩/转速控制精度	±5%	
通信方式	CAN	
电机及其控制系统峰值效率（%）		95
电机及其控制线系统高效区（效率≥80%的高效区占整个运行区域）		85
电机冷却方式（液冷时注明冷却液流量、入口水温）		水冷
控制器冷却方式（液冷时注明冷却液流量、入口水温）		水冷（10L/min）
电机工作环境温度（℃）		-20~40
控制工作环境温度（℃）		-30~+85
电机外形（∅D×L）（mm）		230×260

生产企业	东方电气集团东风电机有限公司	
产品名称	35kW 永磁驱动系统	
产品型号	QTS35-8/220	产品照片（略）
峰值功率（kW）	75	
额定功率（kW）	35	
峰值转矩（N·m）	200	
额定转矩（N·m）	93	
峰值转速（rpm）	12000	
额定转速（rpm）	3600	
直流母线电压等级（V）	220	
工作电压范围（V）	250~440（DC）	
控制方式（转矩控制/转速控制）	转矩/转速闭环	
转矩/转速控制精度	±5%	
通信方式	CAN	
电机及其控制系统峰值效率（%）		95
电机及其控制线系统高效区（效率≥80%的高效区占整个运行区域）		85
电机冷却方式（液冷时注明冷却液流量、入口水温）		水冷
控制器冷却方式（液冷时注明冷却液流量、入口水温）		水冷（16L/min）
电机工作环境温度（℃）		-20~40℃
控制工作环境温度（℃）		-30~+85
电机外形（∅D×L）（mm）		265×277

生产企业	东方电气集团东风电机有限公司	
产品名称	40kW 永磁驱动系统	
产品型号	QTS40-8/220	产品照片（略）
峰值功率（kW）	90	
额定功率（kW）	40	
峰值转矩（N·m）	207	
额定转矩（N·m）	83	
峰值转速（rpm）	12000	
额定转速（rpm）	4600	
直流母线电压等级（V）	200	
工作电压范围（V）	250~440（DC）	
控制方式（转矩控制/转速控制）	转矩/转速闭环	
转矩/转速控制精度	±5%	
通信方式	CAN	
电机及其控制系统峰值效率（%）		95
电机冷却方式（液冷时注明冷却液流量、入口水温）		水冷
控制器冷却方式（液冷时注明冷却液流量、入口水温）		水冷（≥10L/min）
电机工作环境温度（℃）		-20~40
控制工作环境温度（℃）		-30~+85
电机外形（∅D×L）（mm）		270×313

产品名称	交流感应电机及控制器（75kW）			
生产企业	东方电气集团东风电机有限公司			
识别代号	QD12E21BB2521			
依据标准	GB/T18488.1-2006《电动汽车用电机及控制器第一部分：技术条件》 GB/T18488.1-2006《电动汽车用电机及控制器第二部分：试验方法》			
电机	类型	三相交流异步电机	型号	QYS75-6/350
	额定功率（kW）	75	峰值功率（kW）	150
	额定扭矩（N·m）	542	峰值扭矩（N·m）	1500
	额定转速（r/min）	1320	峰值转速（r/min）	3000
	绝缘等级	H	防护等级	IP55
	外形尺寸	565×524		
	生产企业	东方电气集团东风电机有限公司		
控制器	控制器型号	KY75/550S	控制电源（V）	24（DC）
	输入电压（V）	DC 450-700	额定输入电流（A）	153
	额定输出电压（V）	350	额定输出电流（A）	160
	额定容量（kVA）	150	最大容量（kVA）	300
	最高输出频率（Hz）	150	外形尺寸（mm）	640×473×211
	控制器生产企业	东方电气集团东风电机有限公司		

产品名称	交流感应电机及控制器（90kW）			
生产企业	东方电气集团东风电机有限公司			
识别代号	QD12E21BB2531			
依据标准	GB/T18488.1-2006《电动汽车用电机及控制器第一部分：技术条件》 GB/T18488.1-2006《电动汽车用电机及控制器第二部分：试验方法》			
电机	类型	三相交流异步电机	型号	QYS90-6/350
	额定功率（kW）	90	峰值功率（kW）	180
	额定扭矩（N·m）	904	峰值扭矩（N·m）	2000
	额定转速（r/min）	950	峰值转速（r/min）	3000
	绝缘等级	H	防护等级	IP55
	生产企业	东方电气集团东风电机有限公司		
控制器	控制器型号	KY90/600S	控制电源（V）	DC24
	输入电压（V）	DC 450-700	额定输入电流（A）	168
	额定输出电压（V）	350	额定输出电流（A）	190
	额定容量（kVA）	150	最大容量（kVA）	300
	最高输出频率（Hz）	150	外形尺寸（mm）	640×475×211
	控制器生产企业	东方电气集团东风电机有限公司		

产品名称	交流感应电机及控制器（100kW）			
生产企业	东方电气集团东风电机有限公司			
识别代号	QD11E21BB1571			
依据标准	GB/T18488.1-2006《电动汽车用电机及控制器第一部分：技术条件》 GB/T18488.1-2006《电动汽车用电机及控制器第二部分：试验方法》			
电机	类型	三相交流异步电机	型号	QYS100-6/400
	额定功率（kW）	100	峰值功率（kW）	250
	额定扭矩（N·m）	1005	峰值扭矩（N·m）	2400
	额定转速（r/min）	950	峰值转速（r/min）	2400
	绝缘等级	H	防护等级	IP54
	外形尺寸（mm）	Φ490mm×623m		
	生产企业	东方电气集团东风电机有限公司		
控制器	控制器型号	KY100/600S	控制电源（V）	DC 600V
	输入电压（V）	DC 500-700	额定输入电流（A）	208-250
	额定输出电压（V）	400	额定输出电流（A）	179
	额定容量（kVA）	125	最大容量（kVA）	—
	最高输出频率（Hz）	50	外形尺寸（长×宽×高）（mm）	640×390×250
	控制器生产企业	东方电气集团东风电机有限公司		

生产企业	华域汽车电动系统有限公司	
产品名称	50kW 永磁同步电机及其控制器	
产品型号		 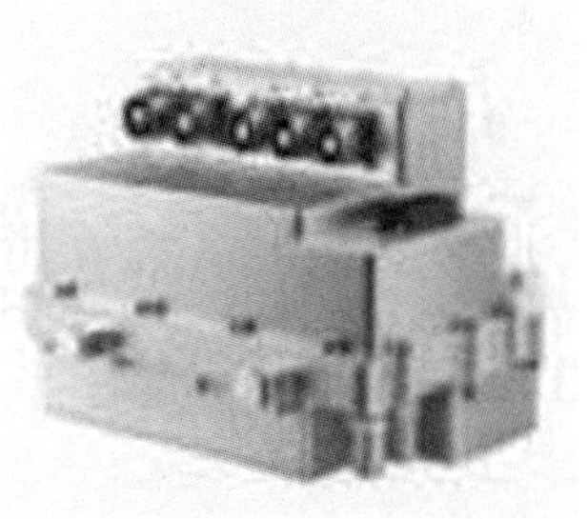
峰值功率（kW）	62	
额定功率（kW）	38	
峰值转矩（N·m）	155	
额定转矩（N·m）	90	
峰值转速（rpm）	8000	
额定转速（rpm）	3000	
直流母线电压等级（V）	250~380	
工作电压范围（V）	250~380	
控制方式（转矩控制/转速控制）	转矩控制/转速控制	
转矩/转速控制精度	3%	
通信方式	CAN	
电机及其控制系统峰值效率（%）	97	
电机及其控制线系统高效区（效率≥80%的高效区占整个运行区域）	90	
电机冷却方式（液冷时注明冷却液流量、入口水温）	水冷，≥8L/min，-30~75	
控制器冷却方式（液冷时注明冷却液流量、入口水温）	水冷，≥8L/min，-30~75	
电机工作环境温度（℃）	-40~105	
控制工作环境温度（℃）	-40~105	
电机外形（∅D×L）（mm）	231×282	
控制器外形（L×W×H）（mm）	285×261×219	

生产企业	厦门金龙旅行车有限公司	
产品名称	驱动电机控制器及驱动电机	
产品型号	GHSV6H-150/GHS280M-4； GHSV6H-180/GHS280M-4A	
峰值功率（kW）	155/180	
额定功率（kW）	90/100	
峰值转矩（N·m）	1950/2140	
额定转矩（N·m）	780/796	
峰值转速（rpm）	3000/3000	
额定转速（rpm）	800/1200	
直流母线电压等级（V）	IP51/IP51	
工作电压范围（V）	200～400/200～400	
控制方式（转矩控制/转速控制）	转矩控制；转矩控制	
转矩/转速控制精度	±5%；±5%	
通信方式	CAN；CAN	
电机及其控制系统峰值效率（%）		90/90
电机及其控制线系统高效区（效率≥80%的高效区占整个运行区域）		500～1800；500～1800
电机冷却方式（液冷时注明冷却液流量、入口水温）		强制风冷/强制风冷
控制器冷却方式（液冷时注明冷却液流量、入口水温）		强制风冷/强制风冷
电机工作环境温度（℃）		-40～150/-40～150
控制工作环境温度（℃）		-40～80/-40～80
电机外形（∅D×L）（mm）		890×565×630/890×565×630
控制器外形（L×W×H）（mm）		692×540×320/680×278.8×346

生产企业	柳州科尔数字化制造技术有限公司	
产品名称	车用异步电机驱动器	
产品型号	CAMC223320YA	
峰值功率（kW）	60	
额定功率（kW）	20	
峰值转矩（N·m）	159	
额定转矩（N·m）	53	
峰值转速（rpm）	9500	
额定转速（rpm）	3600	
直流母线电压等级（V）	320	
工作电压范围（V）	280～360	
控制方式（转矩控制/转速控制）	矢量控制	
通信方式	CAN \ RS232	
电机及其控制系统峰值效率（%）		>92
电机冷却方式（液冷时注明冷却液流量、入口水温）		水冷
控制器冷却方式（液冷时注明冷却液流量、入口水温）		水冷
控制工作环境温度（℃）		-20～75
控制器外形（L×W×H）（mm）		362×264×208

生产企业	江苏吉泰科电气股份有限公司	
产品名称	电机控制器	
产品型号	HB100-4Z200W	产品照片（略）
峰值功率（kW）	300	
额定功率（kW）	200	
直流母线电压等级（V）	540	
工作电压范围（V）	400～800	
控制方式（转矩控制/转速控制）	转矩控制	
转矩/转速控制精度	±5%	
通信方式	CAN	
电机及其控制系统峰值效率（%）		96
电机及其控制线系统高效区（效率≥80%的高效区占整个运行区域）		90
控制器冷却方式（液冷时注明冷却液流量、入口水温）		水冷（20L/min　40℃）
控制器工作环境温度（℃）		40
控制器外形（L×W×H）（mm）		452×413×148

2. 动力电池系统技术参数

生产企业	环宇赛尔新能源科技有限公司	
产品型号	EV-HYLFP001S-200Ah	
标称容量（A·h）	200	
标称电压（V）	3.2	
内阻（mΩ）	≤0.5，半电态下用交流法测试内阻	
充电截止电压（V）	3.65	
放电截止电压（V）	2.0	
最大（快速）持续充电电流	1C	
最大放电电流	3C	
工作温度（℃）	充电：0～45　放电：-20～60	
储存温度（℃）	小于三个月：-10～45°　小于一年：-10～25	
储存湿度	60±25% RH	
循环寿命	2000次（80% DOD）　3000次（70% DOD）	

生产企业	湖南南车时代电动汽车股份有限公司	
产品名称	超级电容系统	
产品规格	TVV2-10	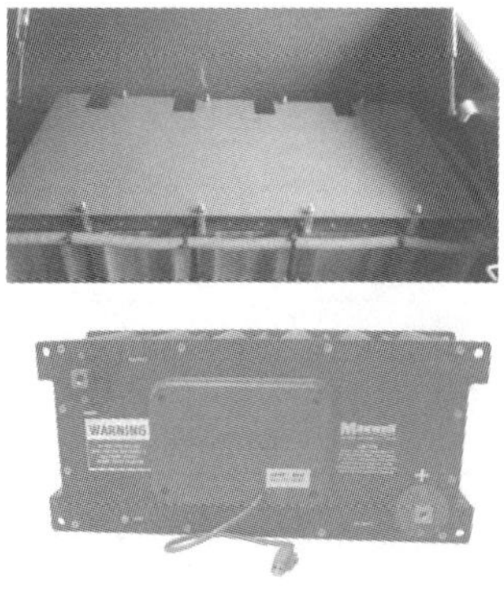
尺寸（长×宽×高）（mm）	2010×500×350	
额定电压（V）	480	
额定容量（F）	16.5	
内阻（mΩ）	80	
工作温度范围（℃）	-40～65	
贮存温度范围（℃）	-40～70	
绝缘电阻（MΩ）	>100	
工作电压范围（V）	200～430	
充放电效率（%）	≮93	
SOC估算误差（%）	<8	
防护等级	IP43	
循环寿命（年/万公里）	10/60	任何一个条件达到要求即可

生产企业		湖南科霸汽车动力电池有限责任公司
产品名称		圆柱形镍氢动力电池单体
产品型号		HHR600D
产品规格		D-size
尺寸（H×D）		60.8×33
额定电压（V）		1.2
额定容量（A·h）		6
内阻（mΩ）		0.001
低温启动	功率（kW）	0.075（-15℃）
	时间（s）	10
	状态	—
	最低电压（V）	1.0
工作温度范围（℃）		-20~50
贮存温度范围（℃）		-20~3（6个月）
绝缘电阻（mΩ）		>200
工作电压范围（V）		5.4~9.6
充放电效率（%）		99

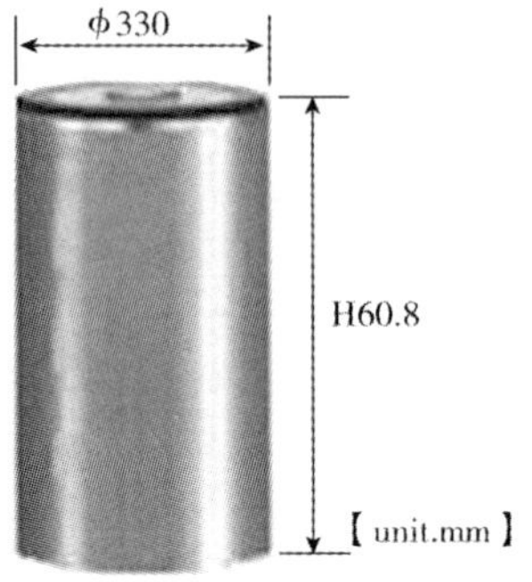

生产企业		湖南科霸汽车动力电池有限责任公司
产品名称		圆柱形镍氢动力电池模组
产品规格		D-size
尺寸（mm）		34.8×397
额定电压（V）		7.2
额定容量（A·h）		6
内阻（mΩ）		0.0065
低温启动	功率（kW）	0.45（-15℃）
	时间（s）	10
	状态	—
	最低电压（V）	6.0
工作温度范围（℃）		-20~50
贮存温度范围（℃）		-20~35（6个月）35~45（3个月）
绝缘电阻（mΩ）		>200
工作电压范围（V）		5.4~9.6
充放电效率（%）		99

生产企业	中航锂电（洛阳）有限公司
产品名称	磷酸铁锂动力电池
产品型号	CAM10
产品规格	CAM10
尺寸（长×宽×高）（mm）	85×14×120
额定电压（V）	3.2
额定容量（A·h）	60
内阻（mΩ）	≤1
工作温度范围（℃）	-20~55
贮存温度范围（℃）	-20~45
工作电压范围（V）	2.5~3.65
SOC估算误差（%）	10~90
安全性	高
循环寿命（年/万公里）	≥20

生产企业	中航锂电（洛阳）有限公司
产品名称	磷酸铁锂动力电池
产品型号	CAM25
产品规格	CAM25
尺寸（mm）	148×26×112
额定电压（V）	3.2
额定容量（A·h）	60
内阻（mΩ）	≤1
工作温度范围（℃）	-20~55
贮存温度范围（℃）	-20~45
工作电压范围（V）	2.5~3.65
SOC 估算误差（%）	10~90
安全性	高
循环寿命（年/万公里）	≥20

生产企业	中航锂电（洛阳）有限公司
产品名称	磷酸铁锂动力电池
产品型号	CA40
产品规格	CA40
尺寸（mm）	116×46×180.5
额定电压（V）	3.2
额定容量（A·h）	40
内阻（mΩ）	≤1
工作温度范围（℃）	-20~55
贮存温度范围（℃）	-20~45
工作电压范围（V）	2.5~3.65
SOC 估算误差（%）	10~90
安全性	高
循环寿命（年/万公里）	≥20

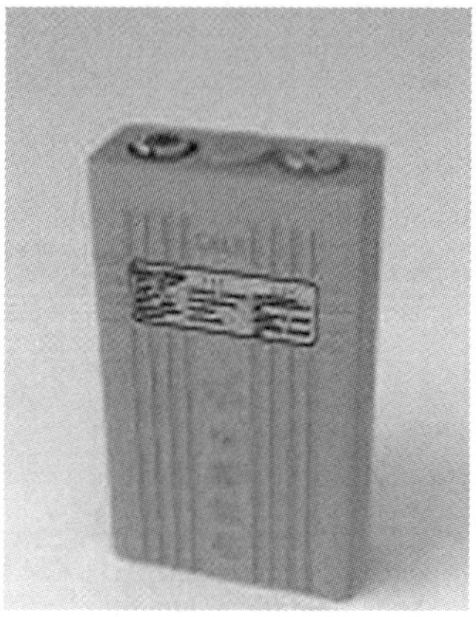

生产企业	中航锂电（洛阳）有限公司
产品名称	磷酸铁锂动力电池
产品型号	CA60 FⅠ
产品规格	CA60 FⅠ
尺寸（mm）	115×41×243
额定电压（V）	3.2
额定容量（A·h）	60
内阻（mΩ）	≤1
工作温度范围（℃）	-20~55
贮存温度范围（℃）	-20~45
工作电压范围（V）	2.5~3.65
SOC 估算误差（%）	10~90
安全性	高
循环寿命（年/万公里）	≥20

生产企业	中航锂电（洛阳）有限公司
产品名称	磷酸铁锂动力电池
产品型号	CA100 FⅠ
产品规格	CA100FⅠ
尺寸（mm）	142×67×215
额定电压（V）	3.2
额定容量（A·h）	60
内阻（mΩ）	≤1
工作温度范围（℃）	-20~55
贮存温度范围（℃）	-20~45
工作电压范围（V）	2.5~3.65
SOC 估算误差（%）	10~90
安全性	高
循环寿命（年/万公里）	≥20

生产企业	美国麦克斯威科技公司；深圳市今朝时代新能源技术有限公司
产品名称	超级电容
产品型号	BMOD0165 P048；LSUM 050R4P 0166F EA
产品规格	48.6V 165F；50.4V 166F
尺寸（mm）	418×191×15；416×190×184
额定电压（V）	48.6/50.4
内阻（mΩ）	7.1/6.5
工作温度范围（℃）	-40~65
贮存温度范围（℃）	-40~70
绝缘电阻（mΩ）	20/20
工作电压范围（V）	0~48.6；0~50.4
防护等级	IP65；IP54
循环寿命（年/万公里）	8

产品照片（略）

生产企业		广东五洲龙电源科技有限公司
产品名称		五洲龙 HEV 100Ah/336V 混合动力钛锰合金电池
产品型号		BTEV6115
产品规格		39200279
尺寸（mm）		39×200×279
额定电压（V）		336
额定容量（A·h）		100
内阻（mΩ）		≤0.06
低温启动	功率（kW）	—
	时间（s）	—
	状态	—
	最低电压（V）	265
工作温度范围（℃）		-20
贮存温度范围（℃）		20~60
绝缘电阻（mΩ）		10
工作电压范围（V）		265~383
SOC 估算误差（%）		10
防护等级		IP67
安全性		通过《QC-T 743-2006 电动汽车用锂离子蓄电池标准》

3. 燃料电池技术参数表

生产企业	上海燃料电池汽车动力系统有限公司	
产品名称	5kW 车载燃料电池发动机系统总成	
净输出功率（kW）	80%	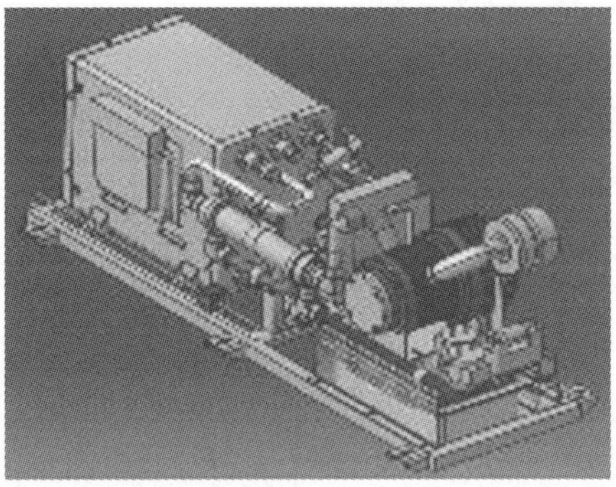
最大稳定输出功率（kW）	5	
电压（V）	45 ~100	
电流（A）	120	
氢燃料能量转化效率（%）	≥95	
温度（℃）	60	
工作温度（℃）	-10 ~42	
重量（kg）	80	
噪音（dB）	≤78	
燃料类型	氢气	
储存方式	车载高压氢瓶	
工作压力（bar）	350	

生产企业	上海燃料电池汽车动力系统有限公司	
产品名称	50kW 车载燃料电池发动机系统总成	
净输出功率（kW）	≥40%	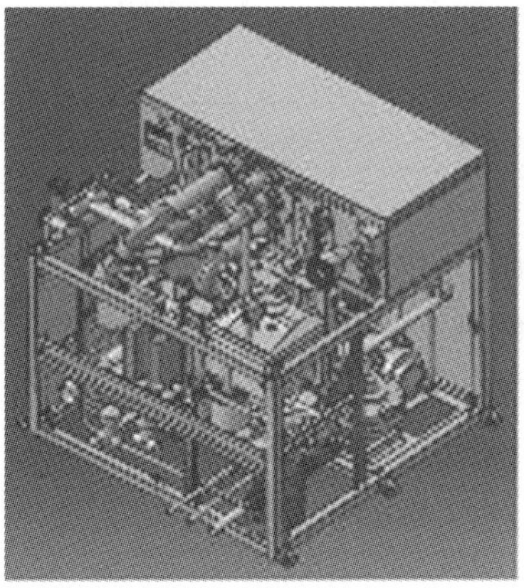
最大稳定输出功率（kW）	55	
电压（V）	280 ~450	
电流（A）	150	
氢燃料能量转化效率（%）	≥95	
温度（℃）	60	
工作温度（℃）	-10 ~40	
重量（kg）	160	
噪音（dB）	≤80	
燃料类型	氢气	
储存方式	车载高压氢瓶	
工作压力（bar）	350	

4. 天然气发动机（LNG、LPG、CNG、LCNG 等）

生产企业	玉柴发动机厂	
产品名称	天然气发动机	
产品型号	YC6J210N-40	产品照片（略）
型式	六缸直列增压中冷气体机	
燃料类型	NG	
总排量（L）	6.5	
额定功率（kW）	155	
额定转速（r/min）	2500	
最大扭矩（N·m）	710	
最大扭矩时转速（r/min）	1500	
怠速转速（r/min）	750±20	
最低燃料消耗（g/kW·h）	≤215	
排放指标	国4	
噪音（dB）	≤120	
缸数-缸径×行程（mm）	6-105X125	
机油压力（kPa）	怠速≥100，标定转速 300-600	
机油容量（L）	17—20，实际容量以油标尺的刻度为准	
净质量（kg）	≤760	

5. 混合动力汽车专用发动机

生产企业	玉柴发动机厂	
产品名称	柴油发动机	
产品型号	YC6J200-42	
型式	六缸直列增压中冷柴油机	
燃料类型	车用柴油	
缸数-缸径×行程（mm）	6-105×125	
总排量（L）	6.5	
额定功率（kW）	147	
额定转速（r/min）	2500	
最大扭矩（N·m）	730	
最大扭矩时转速（r/min）	1500	
怠速转速（r/min）	750±25	
最低燃料消耗（g/kW·h）	≤205	
排放指标	国4	
噪音（dB）	≤118	
机油压力（kPa）	怠速≥100，标定转速 300~600	
机油容量（L）	24~28，实际容量以油标尺的刻度为准	
净质量（kg）	≤760	

奔腾插电式混合动力轿车（B50PHEV）

成果来源：奔腾插电式混合动力轿车中试

成果类别：产品技术

技术先进性：国际水平

成果状态：年度成果

“奔腾插电式混合动力轿车中试”项目2010年6月开始，2013年12月SOP，项目目标是完成插电式混合动力系统奔腾B50产品开发。年度目标是设计改进、整车标定、整车驾驶性能评价以及整车定型试验。截至2012年8月，该项目共完成三轮36台样车试制。整车已在一汽新能源汽车分公司生产。B50PHEV动力系统构型与B70HEV基本相同，仅增加了充电机和充电接口。

该车设计载荷下0～100km/h的加速时间＜14s，GB/T19753试验方法的平均油耗为＜3.2L/100km，电池35A・h，驱动电机额定功率20kW，起动发电机额定功率7.5kW，发动机（CA4GA5H混合动力化）额定功率75kW，五挡自动变速箱。经济性达到国内领先水平。

图1 整车图

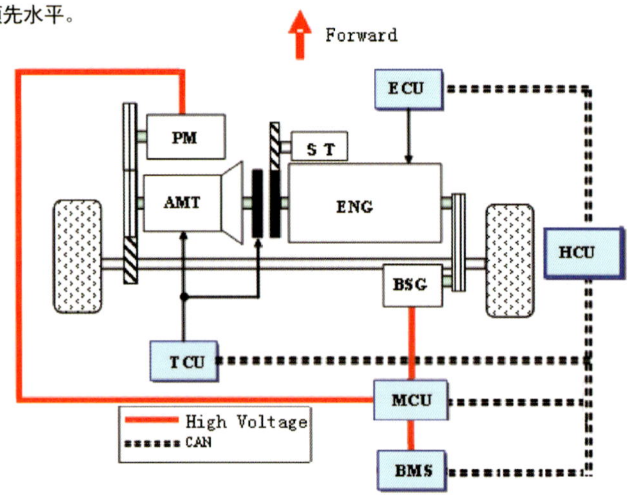

图2 动力总成结构原理

图3 整车总布置图

B70混合动力轿车

成果来源：混合动力乘用车产品开发

成果类别：产品技术

技术先进性：国际水平

成果状态：最终成果

面对日益严重的全球变暖和石油危机问题，一汽技术中心以节能环保为己任，在成熟车型奔腾B70的基础上，于2008年成功开发出了奔腾B70HEV深度混合动力轿车，通过了“国家863计划课题验收”，获得了“第十一届中国国际高新技术成果交易会” 优秀产品奖证书，先后参加“2008年北京奥运示范运行”与“2009年大连达沃斯”。申请发明专利17项，实用新型相关专利60余项。其中，关于双电机混动力系统的专利共7项，关于动力耦合装置的专利共12项，关于整车控制策略的专利共14项。

B70HEV混合动力轿车打破了国外深度混合动力系统的技术壁垒，节油效果显著，经国家“863”专家组鉴定，一汽奔腾B70HEV混合动力轿车技术水平达到了国内领先、国际先进水平。

图1 整车图

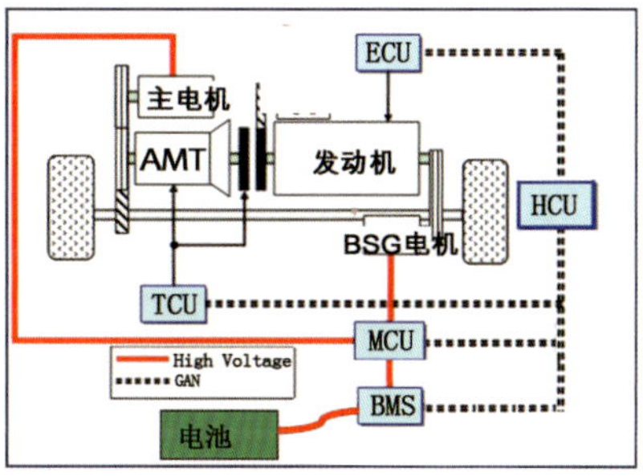

图2 系统结构图

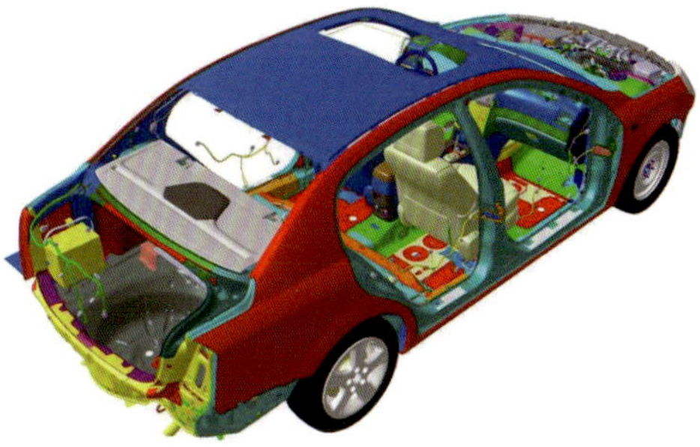

图3 整车总布置图

H平台插电式混合动力轿车

成果来源：H平台混合动力产品开发

成果类别：产品技术

技术先进性：国际水平

成果状态：年度成果

“H平台混合动力产品开发”项目2012年1月启动，2015年12月SOP，项目目标是完成H平台插电式混合动力产品开发。年度目标是确定技术方案，开展A样车试制工作。截至2012年11月，该项目已完成整车技术方案确定工作，并且已经开始组织A1样车试制。H平台插电式混合动力采用‘P2’构型，混合动力系统核心部件离合器耦合式电机、整车控制系统等均为自主开发。

该车设计载荷下0～100km/h的加速时间<8.6s，NEDC综合油耗<3.5L/100km，NEDC综合电耗<9.2kW·h/100km，锂离子电池容量为25A·h，离合器耦合式电机采用湿式多片离合器，驱动电机额定功率20kW，发动机（CA4GC20TD混合动力化）额定功率150kW，变速器采用混合动力化后的7DCT350R。经济性达到国际领先水平。

图1 整车图

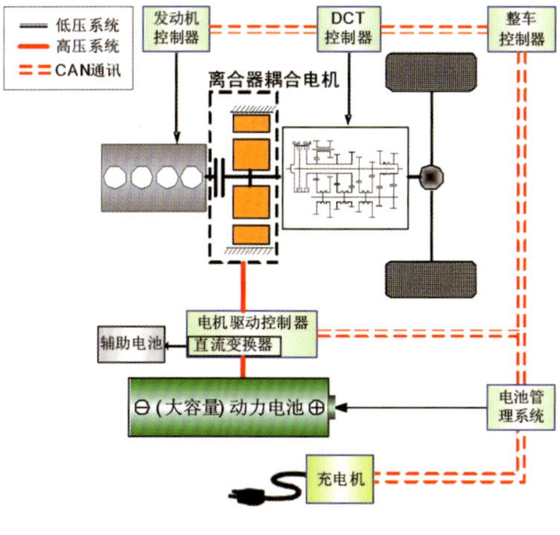

图2 动力总成结构原理

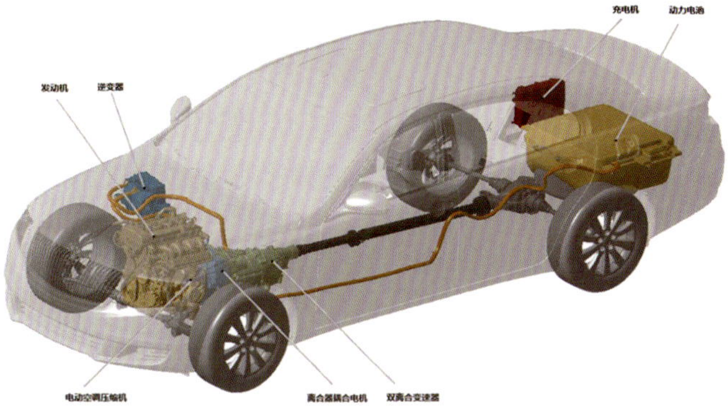

图3 整车总布置图

江铃·陆风新能源汽车

——做好纯电动车，稳步推进产业化进程

目前，我国已成为世界第二大能源消费国，在资源紧张的今天，新能源汽车产业成为未来汽车的发展方向。在国家“863”连续两个五年计划的引导支持下，新能源汽车技术研发取得重大进展，基本掌握了新能源汽车的核心技术，建立了具有自主知识产权的新能源汽车技术平台、构成了比较完整的关键零部件体系。近几年江铃控股相继开发出了具有自主知识产权的新能源汽车产品，实现了小批量的整车生产能力和局部区域商业化示范运行的能力。

贴近市场 造百姓买得起的纯电动汽车

先进的技术造出好的产品，最终都要贴近市场，服务消费者。在新能源汽车的产业化过程中，江铃控股坚持以市场为导向，通过政企合作，建立渠道，结合终端的消费者体验和服务反馈，陆风新能源车将建立一系列的市场化运作体系，保证新能源汽车配套示范运营工作的正常开展。

随着时间的推移，老百姓对新能源汽车的认识越来越多，新能源基础设施越来越完善，我们相信陆风纯电动汽车将进入城市的大街小巷，逐步成为家庭购物、短途上下班和接送小孩的代步工具。

后来居上 突破关键技术

在《节能与新能源汽车产业规划》政策的指导下，江铃控股从2008年开始新能源汽车的研发与产业化推进工作，以现有风尚风华整车平台为基础，重点攻关电机、电机控制器等核心零部件的应用，并对目前市场上的主流电池管理系统进行优化改进。

江铃控股研发的纯电动汽车，采用高效变频电驱动系统集成技术和DSP电驱动控制系统集成技术，动力电池BMS管理系统借鉴国内较好相对成熟的技术，以及相关的整车电控技术、整车匹配技术、车载充电技术、电转向技术、电制动技术等关键电子辅助系统配套系列技术。

优化改良 做精纯电动汽车

江铃控股在新能源产业化进程中的不断进取，通过与国内一流院校和企业的合作，在现有产品平台上，自主创新，进行车型改造优化设计，已开发陆风风华、风尚纯电动车和风尚混合动力三款产品，推动节能与新能源汽车整车和关键零部件的研发，基本具有独立开发新能源纯电动车的开发能力。

地址：中国江西省南昌市迎宾中大道319号　　邮政编码：330052
传真：0791—85975799　　电话号码：0791—83806666

奇瑞新能源
CHERY NEW ENERGY

"净·世界"

是奇瑞新能源一以贯之的绿色事业

"Green World" is
the permanent undertakings
of Chery New Energy.

奇瑞新能源简介

COMPANY INTRODUCTION

为了加快新能源汽车产业化进程，奇瑞公司于2010年4月正式成立了奇瑞新能源汽车技术有限公司，奇瑞公司自2000年开始从事新能源汽车的研发，通过十余年的自主创新，公司新能源汽车事业经历了三个重要的发展阶段：从2001年到2005年，公司以国家863项目为载体，联合国内顶尖的高校及科研院所，承担并完成了多项国家863电动汽车重大专项研发课题，在短短3年左右的时间内，完成ISG中度混合动力和纯电动汽车的原理性样车研发。

2005年至2008年，以科技部批准组建的"国家节能环保汽车工程技术研究中心"为依托，基本完成了新能源汽车的产业化研发，建立了完善的节能与新能源汽车研发体系、世界一流的新能源试验中心、试制中心等，在电动汽车关键零部件和核心技术方面，公司已经形成一整套关键零部件研发、试验、应用标定及产业化的能力，在电机、电机驱动系统、DC/DC，先进动力电池，电池管理系统，整车控制器等方面都初步形成了批量生产能力，完全掌握了新能源汽车的核心技术、标定技术和试验验证技术。新能源汽车专用的整车附件系统，包括：电动空调、电动转向（EPS）、电动真空、电加热、电子制动等，已形成了系列化产品，具备了批量生产的能力。第一款A5-BSG混合动力汽车于2008年批量上市，在芜湖、大连等城市作为出租车深受客户欢迎，同时也成为河南、广东、新疆、山西、福建、浙江等私人用户的私家车。中度混合动力（ISG）汽车已进入小批量生产阶段，目前被多个新能源汽车示范试点城市作为出租、公务用车的首选车型。微型纯电动汽车、中级纯电动汽车、微型电动客车、纯电动中巴、纯电动大巴的产业化开发也取得了重大进展。同时，公司也非常注重高效节能汽油机、柴油机技术、灵活燃料汽车技术、强混合动力技术、燃料电池汽车技术等全面发展，多项技术均处于国内领先水平。

2009年至今，公司全面启动了新能源汽车大规模产业化及应用，奇瑞A5ISG、A5BSG、S11EV和A01EV已经获得了工信部发布的产品公告并入选了国家节能环保产品推荐目录；2009年1月，奇瑞公司"节能环保汽车技术平台建设项目"获得"国家科技进步奖一等奖"。2010年3月份第一批经济型纯电动轿车交付用户使用和奇瑞新能源汽车技术有限公司成立，标志着公司新能源汽车事业翻开了崭新的篇章。

净世界 未来

西安兰德新能源
汽车技术开发有限公司

西安兰德新能源汽车技术开发有限公司（以下简称兰德公司）是西北五省唯一专业从事新能源汽车技术开发和服务的高科技企业。公司以陕西汽车集团有限责任公司（以下简称陕汽集团）为依托，经陕西省国有资产监督管理委员会同意，于2010年1月注册成立，注册资金5000万元人民币。

兰德公司秉承陕汽集团40多年的军车及商用车研发经验，不断创新进取，发展迅速。研发方向涉及纯电动汽车、混合动力汽车以及替代燃料汽车技术，产品涵盖新能源整车、零部件和系统集成等多个领域。公司确立了“以高技术工作吸引人才，以和谐的工作氛围留住人才”的人力资源管理理念，经过几年的发展，科研实力雄厚。拥有多名国内外知名专家和学者，研发团队50%以上具有硕士、博士学位。公司拥有重卡新能源研究开发与应用实验室，建立了核心零部件实验室。参与两项国家“十二五”863项目《甲醇柴油双燃料重型柴油机关键技术研究》以及《增程/插电式重型商用车底盘开发》，自主研发的“柴油-天然气双燃料商用车”取得国家资质。

新能源汽车是未来全球汽车行业发展的方向。兰德公司将立足并服务于陕汽集团，全面落实服务型制造战略，以新能源产品为载体，为客户提供产品全生命周期的服务，关注客户运营的全过程，努力建设成为“国内领先，世界一流的新能源重载移动服务综合解决方案提供商”。

上海梅亿实业集团

集团董事长肖忠礼先生

梅亿实业集团位于上海南翔高科技园区的嘉前路583号、沪宜公路1399号梅亿总部大楼。

梅亿集团是一家集科研、开发、生产、销售和服务于一体的新兴企业，集团下属上海梅亿新能源科技有限公司、上海梅亿生物科技有限公司、上海梅亿商贸有限公司、上海梅亿电动汽车有限公司等五家全资公司，同时拥有山东梅亿邦赛电动车制造有限公司、广西梅亿忠玉新能源汽车制造有限公司、江苏梅亿电动车制造有限公司三大整车制造基地；2013年拟建江西梅亿、辽宁梅亿和河北梅亿三大整车制造基地，争取2015年前完成全国生产基地建设的战略布局；在其他产业发展方面，梅亿集团旗下还拥有“中国招工就业网”、“全球幸福联盟网”两大网络科技产业。

梅亿集团成立以来，长期追求最前沿科技的研发和应用，一向致力于新能源汽车、太阳能发电机组、家用机器人、生物科技及健康食品、网络科技的研发和制造等，为解决人类的可再生能源和节能环保开创了一条光明之路。

梅亿集团控股的梅亿系列纯电动汽车制造产业，在技术上一直领先于国际和国内纯电动车行业。梅亿纯电动轿车突破了“续驶里程、常规充电和快速充电”的三大技术难关，实现了一次充电续驶150–350公里，而且无需专业充电站，在任何220V电源插头即可完成充电，应急充电时快充10分钟可充满80%电能的三大技术，为让电动车迅速大范围进入普通百姓家庭排除了技术障碍，梅亿系列纯电动汽车使用成本非常低廉，普通车型百公里电耗消费不足10元，与燃油车相比节省了百分之六十的能源和费用。

山东梅亿邦赛电动车制造有限公司 占地面积520亩，生产车间16万平方米，累计投资131.8亿元，年产能8–10万辆。

广西梅亿忠玉新能源汽车制造有限公司

占地面积126亩，累计投资31亿元，设计年产能3万–5万辆。

江苏梅亿电动汽车制造有限公司

厂房面积22000平方米，主要辐射苏、鲁、皖、豫和东南沿海及长三角地区市场。兼顾梅亿系列电动汽车全国各地生产基地底盘及小件制做。

总部地址：上海市嘉定区南翔高科技园区沪宜公路1399号 网址：http://www.mysmw.com.cn
电话：021-69898036 传真：021-69898048 网址：http://www.ddqc.info

新结构、新动力、新能源

东莞中山大学研究院、东莞三新电动汽车技术有限公司（属“研究院”孵化公司）与深圳五洲龙汽车有限公司开展合作生产轻量化纯电动中巴。其中，两款车型已经通过国家工信部目录公告，并投入批量生产。该车型 70% 零部件来自东莞本地企业，是东莞第一款具有全部自主知识产权的纯电动汽车产品。

节能、高效、经济、安全、易造

基本参数	车型	FDG6601EVG
	长宽高	6400mm×2095mm×2400 mm
	轴距	3380mm
	轮距	1445/1425mm
	整备质量	2300kg
	乘员人数	20 人
	续驶里程（满载）	160～200km
	最高时速	69 km/h
	百公里能耗	约 16～22kWh
	电池类型	磷酸铁锂（可选铅酸）

动力系统	电压	320V
	电机额定功率	30kw，永磁同步（可选交流电机）
	电机最大扭矩	180N·m
	电机最高转速	6000rpm
	驱动系统效率	85%～93%
底盘操控	悬架类型	前：扭力杆弹簧式 后：板簧式
	驱动方式	集成式后轮驱动
	制动	前碟后鼓＋电助力真空泵
车身机构&内外饰	乘客座椅	通道式铝座椅
	车身机构	三元结构

开发了多款自主知识产权的纯电动汽车

轻型纯电动汽车	轻型纯电动乘用车	节能赛车
轻量化场地中巴	轻量化穿梭中巴	轻量化商务中巴

掌握了部分关键零部件的开发技术

车用 BMS

快换电池设计方案

整车控制器

高效动力总成

行车数据记录仪

轻量化结构试验件

安徽亿诺新能源有限责任公司

公司简介

本公司是一家专业从事镍氢和锂离子充电电池技术研发、生产和经营的高新技术企业，拥有多项专利技术。公司位于安徽省六安市舒城省级经济开发区，固定资产总投资规模为1.12亿元，占地140亩，一期工程投资5600万，建设工业厂房、办公及生活用房共3.6万m2，已建成“日产30万只镍氢动力型电池”生产规模，今年年初已正式投产。

目前公司产、供、销顺畅运转。日产环保型充电电池8万只，产品已遍布全国并已涉足欧美市场销售网络已全面形成，设立了华南、华东、华北销售中心，产品广泛应用于各种数码产品、LED照明、应急灯、太阳能灯具、无绳电话及对讲机、电动自行车、助力车、电动摩托、备用电源等。

公司自成立以来，秉承“诚信，品质，服务，共赢”的经营理念，坚持“技术创新、质量至上、绿色环保、造福人类”的发展方向，在产业化建设过程中，公司深刻认识到培育拥有自主知识产权的核心技术的重要性，始终高度重视技术研发进程，不断增加研发投入。目前产品质量和性能已跻身行业一流水平，未来，公司将进一步加大对新型动力电池的投入，加大新产品研发力度，着力推进电动汽车电池、储能系统等新能源产业的发展，致力于成为能够为客户提供整体电源解决方案的国际化、技术型、质量型一流公司，建成绿色新能源基地和科、工、贸一体的多元化经营集团，为中国新能源产业的发展贡献力量。

装配车间

电动自行车 48V12AH

地址：安徽省舒城经济开发区　电话：0564-2780555 2780777　总经理：翟恩宏　联系人：尹德义

达能科技
DANENG SCIENCE & TEC.
共赢 / 专注 / 创新

型号规格：DHCZ-500V/10A车载充电机

功能特点

1）采用功率MOSFET电力器件

2）采用DSP数字控制器

3）先进的移相全桥软开关变流、高频整流等技术

整机输入输出参数

1）输入电压：交流 380VAC ± 15 %

2）额定输出功率：60kW

3）输出电压：36-100Vdc(可设定）

4）输出电流：4*（5-150Adc）可设定

5）整机效率：≥95 %

6）输出电流精度：≤± 1 %

7）输出电压精度：≤± 1 %

8）通讯方式：CAN2.0(BMS通讯）

9）充电时间：0-24 小时（可数字设定）

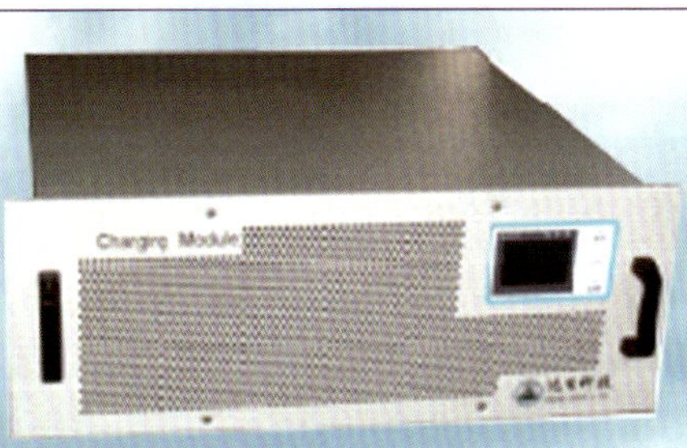

分箱充电模块（换电站用）

分箱充电机（集成式）

交流充电桩

用于国内各型电动轿车充电，充电插头采用国际标准插头，最大功率7kVA，自助式充电，充电时间6～8小时。

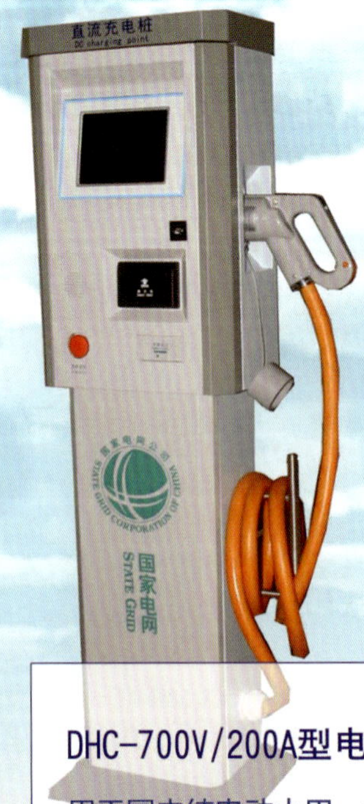

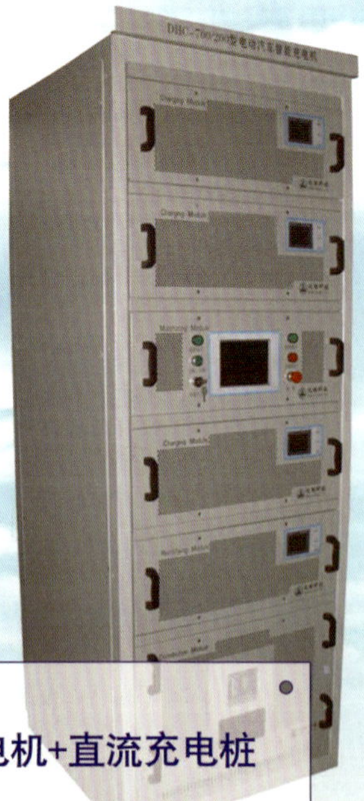

DHC-700V/200A型电动汽车智能充电机+直流充电桩

用于国内纯电动大巴、电动中巴的快速充电，专业人员充电，充电时间0.5～3小时。

地址：株洲市高新技术产业开发区橡树园A3栋　　电话：0731-22660663
传真：0731-22609060　　公司网址：www.dnkj.com.cn

DOSTAR®多思达
使命决定产品－多思达愿为新能源汽车普及作出不懈努力！
GB/T20234.2-2011 交流标准
GB/T20234.3-2011 直流标准
IEC62196-2 模式 2 标准
IEC62196-2 模式 1 标准
DOSTAR 多思达科技
多思达EV充电接口、高性能连接器，助力新能源汽车的发展
专业用于电动汽车、电动大巴等电动车辆的充电连接；可应用于专业充电桩充电站等充电设施，能满足专业充电站快速充电、充电桩中速充电、家用慢速充电的使用要求。
EV
EV
功的案例
世博会新能源汽车项目——“上海世博园区电动汽车及充电站”
首座电动汽车充电站——“漕溪电动汽车充电站”
首座国家电网标准大型电动汽车充电站——“唐山南湖国家充电示范站”
省首座大型电动汽车充电站—“扬州吴州路充电站”
首座电动汽车充电站——迈皋桥电动汽车充电站
省首座大型电动汽车充电站——“临沂焦庄电动汽车充电站”
省首座大型电动汽车充电站——“合肥柳树塘电动汽车充电站”
首座民用电动汽车充电站——“芜湖电动汽车充电站”
省首座大型电动汽车充电站——“成都石羊电动汽车充电站”
省首座大型电动汽车充电站——“郑州郑东电动汽车充电站”
苏州工业园区多思达科技有限公司
地　址：苏州工业园区星汉街 5 号　　电　话：0512-62531886 传真：0512-62531887
网　址：www.dostarchina.com　　邮　箱：daijx@dostarchina.com
DOSTAR 多思达科技
www.dostar-ev.com

北京亿马先锋汽车科技有限公司系美国AC PROPULSION INC.在中国的研发中心、生产基地、销售中心、技术服务中心。北京亿马先锋汽车科技有限公司注册于北京经济技术开发区，以研发生产纯电动汽车驱动电机及电机控制器为主，为电动汽车提供整体设计方案及改制服务。亿马先锋为落实新能源汽车产业规划、低碳经济、节能减排，全力打造绿色生产体系、绿色消费体系和绿色环境体系做出贡献。

AC PROPULSION公司成立于美国加利福尼亚州，是电动汽车行业的先锋代表，是美国电动车技术的一面旗帜。目前，AC Propulsion公司的电动汽车技术被应用于各类电动汽车，如特斯拉（Tesla）纯电动跑车Roadster、Model-S、宝马（BMW）公司的Mini-E、台湾裕隆集团的LUXGEN、福田汽车Midi等。

在中国，搭载亿马先锋动力系统的200辆福田迷迪纯电动出租车目前在怀柔、昌平广泛运行，整套系统无论从安全性、动力性和充电时间方面，还是续驶里程和能量回收方面，都得到了客户的一致好评，深受市场欢迎。

在国外，通过技术授权获得ACP电动车技术的特斯拉TESLA公司已成为全球最成功的电动汽车公司；AC PROPULSION为宝马研发的620辆MINI-E已在全球范围内行驶了3年，得到了用户的一致好评；我们为台湾裕隆公司开发的纳智捷纯电动汽车,已生产2000辆，成为台湾电动车技术和绿色环保的移动标志。

AC PROPULSION

北京亿马先锋汽车科技有限公司
E. Motor Adavance Corporation Ltd.
地址：北京经济技术开发区科创十四街99号2号楼B130室
电话：010-80481472　　传真：010-80481021
邮箱：info@emotoradvance. com
网址：www. emotoradvance. com　www. acpropulsion. com

尤迪电机
UDE MOTOR
2010年首届中国新能源公交客车精英赛冠军配套动力
2011年第二届中国新能源公交客车精英赛配套动力
2011年第二届中国新能源客车精英赛“优秀动力奖”
2011年节能与新能源汽车产业年度最佳创新力电机
2012年第三届中国新能源公交客车精英赛冠军配套动力
2012年第三届中国新能源公交客车精英赛“优秀动力奖”
2012年第七届中国国际客车大赛年度节能减排客车零部件奖
2012年福建省科技发明一等奖